VBA-Programmierung mit Excel 97

Michael Kofler

VBA-Programmierung mit Excel 97

Anwendungen erstellen mit Visual Basic für Applikationen

ADDISON-WESLEY

An imprint of Addison Wesley Longman, Inc.

Bonn • Reading, Massachusetts • Menlo Park, California • New York • Harlow, England
Don Mills, Ontario • Sydney • Mexico City • Madrid • Amsterdam

Die Deutsche Bibliothek - CIP-Einheitsaufnahme

VBA-Programmierung mit Excel 97:
Anwendungen erstellen mit Visual Basic für Applikationen /
Michael Kofler. - Bonn : Addison-Wesley-Longman, 1997
ISBN 3-8273-1207-8
NE: Kofler, Michael

2., unveränderter Nachdruck 1998

Lektorat: Irmgard Wagner
Korrektorat: Andrea Stumpf
Produktion: Claudia Lucht
Satz: Michael Kofler
Belichtung, Druck und Bindung: Bercker Graphischer Betrieb, Kevelaer
Umschlaggestaltung: Hommer DesignProduction, Haar bei München

Das verwendete Papier ist aus chlorfrei gebleichten Rohstoffen hergestellt und alterungsbeständig. Die Produktion erfolgt mit Hilfe umweltschonender Technologien und unter strengsten Auflagen in einem geschlossenen Wasserkreislauf unter Wiederverwendung unbedruckter, zurückgeführter Papiere.

Kapitelübersicht

Themenübersicht

Oberflächengestaltung

Umfangreiche Beispiele

Syntaxzusammenfassungen

V

Vorwort

Excel bietet bereits in seiner »normalen« Anwendung ein fast unüberschaubares Spektrum von Funktionen. Wozu also brauchen Sie überhaupt Makros? Mit VBA können Sie ...

- eigene Tabellenfunktionen programmieren, die einfacher anzuwenden sind als komplizierte Formeln.
- Excel nach Ihren Vorstellungen konfigurieren und auf diese Weise eine einfachere und effizientere Bedienung erreichen.
- komplexe Arbeitsschritte – etwa das Ausfüllen von Formularen – durch »intelligente« Formulare (Mustervorlagen) strukturieren und erleichtern.
- immer wieder auftretende Arbeitsvorgänge automatisieren. Das empfiehlt sich besonders dann, wenn regelmäßig große Datenmengen anfallen, die verarbeitet, analysiert und grafisch aufbereitet werden sollen.
- eigenständige Excel-Programme erstellen, die sich durch eigene (kurze) Menüs, eigene Dialoge etc. auszeichnen. Damit lassen sich Excel-Anwendungen in ihrer Bedienung so weit vereinfachen, daß sie von anderen Personen (auch von Excel-Laien) ohne lange Einweisung verwendet werden können.

Was ist neu in Excel 97?

»Gib dem Programmierer keine Chance« lautet offenbar das Motto bei Microsoft: Excel 97 ist die dritte Excel-Version in Folge, bei der es tiefgreifende Änderungen für Programmierer gibt: In Excel 5 wurden herkömmliche Makros durch den deutschen VBA-Dialekt ersetzt. In Excel 7 ist Microsoft zu der Erkenntnis gekommen, daß der englische VBA-Dialekt vielleicht doch die bessere Wahl ist – mit riesigem Umstellungsaufwand für Excel-5-Programme.

In Excel 97 gibt es nun eine neue Entwicklungsumgebung, eine Neukonzeption benutzerdefinierter Formulare (MS-Forms-Bibliothek), neue Menü- und Symbolleisten (*CommandBar*-Objekt), unzählige neue Ereignisprozeduren etc. Beinahe die Hälfte der 120 Objekte aus Excel 7 wurden durch neue Objekte ersetzt oder wesentlich verändert. Als Draufgabe gibt es noch eine Menge Inkompatibilitäten und Bugs, die den Programmierern das Leben schwer machen.

Warum gerade dieses Buch?

Das eigentliche Problem bei der VBA-Programmierung ist nicht VBA an sich: Die Formulierung einer Schleife oder Abfrage, der Umgang mit Methoden und Eigenschaften etc. ist wie in jeder anderen Programmiersprache leicht zu verstehen und wird Ihnen nach zwei oder drei Tagen keine Schwierigkeiten mehr machen. Das Problem besteht darin, die komplexe Objektbibliothek von Excel mit weit über 1000 Schlüsselwörtern zu überblicken und effizient zu nutzen. Der Schwerpunkt dieses Buchs und der vorgestellten Beispiele liegt daher bei dieser Objektbibliothek.

Dieses Buch nennt aber auch die Probleme Excels beim Namen und hilft bei deren Lösung. Es gibt Tips zur Umstellung deutscher VBA-Programme auf den englischen Dialekt. Gleichzeitig demonstriert es anhand realitätsnaher Beispiele, wie weit Excel-Programmierung gehen kann –die Möglichkeiten sind wirklich beinahe unbegrenzt!

Dieses Buch bietet mehr!

Wenn Sie die Datei `Office97/Office/Beispiel.xls` öffnen, werden Sie mit dem folgenden Text begrüßt:

> »Microsoft liefert Beispiele von Visual Basic für Applikationen lediglich zur Veranschaulichung, ohne ausdrückliche oder konkludente Gewährleistung, einschließlich, aber nicht beschränkt auf konkludente Gewährleistungen der Handelsüblichkeit und/oder Eignung für einen bestimmten Zweck. Die Visual-Basic-Beispiele in dieser Arbeitsmappe werden wie besehen zur Verfügung gestellt, und Microsoft garantiert nicht dafür, daß sie in allen Situationen angewendet werden können. Während Ihnen Microsoft AnswerPoint-Fachleute dabei helfen können, die Funktionalität eines bestimmten Makros zu erklären, werden sie diese Beispiele weder bearbeiten, um zusätzliche Funktionalität zu bieten, noch werden sie Ihnen dabei helfen, Makros zu erstellen, um sie Ihren speziellen Bedürfnissen anzupassen. Wenn Sie über begrenzte Programmierkenntnisse verfügen, wenden Sie sich an einen der Solution Providers von Microsoft.«

Da hat Microsoft ja mal wieder klar gemacht, was es unter Kundenfreundlichkeit versteht! Erklärtes Ziel dieses Buch ist es, in jeder Beziehung mehr zu bieten: Ein verständliches Deutsch, kompetente Information, realitätsnahe Beispiele, echte Hilfestellung ...

Mit diesem Buch sollten Sie den *Answer Point*-Fachleuten und *Solution Provider* von Microsoft eigentlich entkommen. Nach ein paar Wochen werden Sie das Excel-Objektmodells selbst durchschauen – und dann kann das VBA-Programmieren sogar Spaß machen. In diesem Sinne: Viel Erfolg bei der Excel-Programmierung!

Michael Kofler <kofler@ping.at>, August 1997

http://www.addison-wesley.de/Service/Kofler

Konzeption

K

Visual Basic für Applikationen stellt gegenüber der herkömmlichen Makrosprache eine enorme Verbesserung dar. Die schier unglaubliche Zahl von Schlüsselwörtern bringt aber auch viele Probleme mit sich. Während des Einstiegs ist es so gut wie unmöglich, auch nur einen Überblick über VBA zu gewinnen. Und selbst nach monatelanger Programmierung mit VBA wird die Online-Hilfe der wichtigste Ratgeber zu den Details eines bestimmten Schlüsselwortes bleiben.

Dieses Buch versucht deswegen ganz bewußt das zu bieten, was in der Originaldokumentation bzw. in der Online-Hilfe zu kurz kommt:

- »echte« Anwendungen in Form von konkreten, realitätsbezogenen Beispielen
- themenorientierte Syntaxzusammenfassungen (z. B. alle Eigenschaften und Methoden zur Bearbeitung von Zellbereichen)
- detaillierte Informationen zur Anwendung von DLL-Funktionen, zu ActiveX-Automation, zur Gestaltung eigener Online-Hilfetexte, zur Programmierung eigener Add-Ins etc.
- aussagekräftige Beschreibungen aller Objekte von VBA und ihre Einordnung in die Objekthierarchie
- Informationen über Ungereimtheiten und Fehler von VBA (davon gab es schon immer viele, aber in Excel 97 sind es mehr denn je!)

Einem Anspruch wird das Buch aber ganz bewußt nicht gerecht: dem der Vollständigkeit. Es erscheint mir sinnlos, Hunderte von Seiten mit einer Referenz aller Schlüsselwörter zu füllen, wenn Sie beinahe dieselben Informationen auch in der Online-Hilfe finden können. Anstatt zu versuchen, zumindest den Anschein der Vollständigkeit zu vermitteln, habe ich mich bemüht, wichtigeren Themen den Vorrang zu geben und diese ausführlich und fundiert zu behandeln.

Der Aufbau des Buchs

Das Buch ist in vier Teile gegliedert:

Teil I gibt einen möglichst intuitiven und beispielorientierten Einstieg in die Gestaltung eigener Excel-Anwendungen und in die Programmierung mit Visual Basic für Applikationen (VBA).

Teil II vermittelt in sehr detaillierter Form Grundlagenwissen zu VBA. Entscheidend sind dabei die Kapitel 4 bis 6: Kapitel 4 beschreibt die Bedienung von Excel (Makroaufzeichnung, Codeeingabe, Direktbereich). Kapitel 5 geht auf die Grundkonzepte von VBA ein: Variablen, Abfragen, Schleifen, Objekte. Kapitel 6 zeigt, wie diese Grundkonzepte auf alltägliche Probleme angewendet werden können: Bearbeitung von Tabellen und Zellbereichen, Umgang mit Zeichenketten, Lesen und Schreiben von Dateien etc.

Der Grundlagenteil wird durch drei weitere Kapitel abgerundet, die der Fehlersuche und Fehlerabsicherung, der Gestaltung eigener Dialoge sowie der Konfiguration Excels (Menüs, Symbolleisten) gewidmet sind.

In *Teil III* stehen konkrete Anwendungen im Vordergrund, die kapitelweise den Bereichen »intelligente Formulare« (Mustervorlagen), Datenbanken und Diagramme zugeordnet sind. Das letzte Kapitel in Teil III richtet sich an fortgeschrittene bis professionelle Programmierer und behandelt Themen wie die Programmierung von Add-Ins, die Verwendung von DLLs (Dynamic Link Libraries), ActiveX-Automation, eigene Online-Hilfe, etc.

Teil IV besteht nur aus einem einzigen Kapitel. Dieses enthält eine alphabetische Referenz der wichtigsten Objekte zur VBA-Programmierung (beinahe 200). Diese Referenz enthält Informationen darüber, wie die Objekte in die Objekthierarchie einzuordnen sind, und welche charakteristischen Methoden und Eigenschaften existieren. In der Referenz werden nicht nur die Excel-, sondern auch die DAO-, Office-, Binder-, VBE- und MS-Forms-Bibliothek berücksichtigt.

Für wen ist dieses Buch konzipiert?

Das Buch richtet sich generell an alle, die mit VBA entweder für sich selbst oder für andere Anwender Excel-Programme erstellen möchten. Der Begriff »Excel-Programm« reicht dabei von der Vereinfachung und Automatisierung einzelner Arbeitsschritte bis hin zum eigenständigen Programm. Dementsprechend beginnen die Beispiele dieses Buchs mit ganz einfachen Makros, die die Bedienung von Excel erleichtern. Sie enden mit echten Excel-Programmen, die über eigene Menüs, Symbolleisten und Dialoge zu bedienen sind.

Vorausgesetzt wird in jedem Fall, daß Sie Excel bedienen können, daß Sie also mit Formeln umgehen, Zellen formatieren, Diagramme erstellen können etc. Wenn Sie bereits Erfahrungen mit herkömmlicher Makroprogrammierung, mit Visual Basic oder mit einer anderen Programmiersprache haben, wird Ihnen der Einstieg in VBA sicherlich leichter fallen. Dieses Vorwissen ist aber nicht Voraussetzung.

Ganz egal, wie groß Ihr Vorwissen ist: VBA ist – der Werbung zum Trotz – so komplex, daß Sie in jedem Fall viel dazulernen werden (müssen)! Dieses Buch versucht, Ihnen diese Lernphase so leicht wie möglich zu machen.

Wie sollen Sie dieses Buch lesen?

Am einfachsten natürlich von vorne nach hinten! Vermutlich wird es aber kaum jemand wirklich vollständig und in dieser Reihenfolge lesen. Daher einige Tips zu möglichen Lesestrategien:

Wenn Sie keine Grundkenntnisse zur Makroprogrammierung haben, sollten Sie wirklich am Anfang beginnen. Kapitel 1 zeigt Ihnen, was Sie bereits mit ganz kurzen Programmen (5-10 Zeilen) erreichen können und welchen Sinn die Makroprogrammierung überhaupt hat. Ein minimales Grundlagenwissen zur Programmierung in VBA vermitteln anschließend Kapitel 4 (Bedienung der Programmierumgebung), Kapitel 5 (Grundkonzepte in VBA) sowie Abschnitt 6.1 (Zellbereiche), 6.2 (Arbeitsmappen) und 6.6 (benutzerdefinierte Tabellenfunktionen).

Wenn Sie von Excel 5 / 7 auf Excel 97 umsteigen, finden Sie in Kapitel 3 eine Zusammenfassung der Neuerungen und Tips zur Umstellung deutscher VBA-Programme auf den englischen Visual-Basic-Dialekt.

Wenn Sie am liebsten beispielorientiert arbeiten und Grundkenntnisse in irgendeiner Programmiersprache haben, sollten Sie sich zuerst die Einführungsbeispiele in Kapitel 1 ansehen. Anschließend überblättern Sie die Kapitel 4 bis 9, damit Sie ungefähr wissen, wo welche Grundlagenthemen behandelt werden, und lesen in Kapitel 10 weiter. (Das ist das erste Kapitel des Anwendungteils.) Dabei müssen Sie natürlich damit rechnen, daß Sie immer wieder zurückblättern müssen.

Wenn Sie einen Einstieg in die Excel-Programmierung per Mausklick suchen, werden Sie in Kapitel 2 fündig: Dort wird die Installation der Beispiele von der CD-ROM beschrieben. Außerdem gibt das Kapitel einführende Informationen zu den interessantesten Beispieldateien.

Wenn Sie einen Überblick über die Objekte von VBA gewinnen möchten, sehen Sie sich Kapitel 14 an. Obwohl dieses Kapitel Referenzcharakter hat, habe ich mich bemüht, es »lesbar« zu gestalten.

Wenn Sie Detailinformationen zu konkreten Themen suchen, werden Sie am schnellsten im Inhaltsverzeichnis II (Themenübersicht) fündig.

Formalitäten

Tastaturabkürzungen werden in der Form Strg+F2 angegeben. Menükommandos, Symbole (also deren gelber Info-Text) und Buttontexte werden in Kapitälchen dargestellt: DATEI | ÖFFNEN, ABBRUCH oder OK. Die Anweisung BEARBEITEN | INHALTE EINFÜGEN | VERKNÜPFUNG EINFÜGEN meint, daß Sie zuerst das Menükommando BEARBEITEN | INHALTE EINFÜGEN ausführen und im daraufhin erscheinenden Dialog den Button VERKNÜPFUNG EINFÜGEN auswählen sollen.

VBA-Schlüsselwörter sowie eigene Variablen und Prozeduren werden in *kursiv* angegeben, etwa *Application*-Objekt oder *Visible*-Eigenschaft. Tabellenfunktionen sind in der gleichen Schrift, aber in Großbuchstaben angegeben, etwa *WENN*. (Tabellenfunktionen sind auch anhand der Sprache von VBA-Schlüsselwörtern zu unterscheiden: VBA-Schlüsselwörter sind englisch, Tabellenfunktionen deutsch.) Schlüsselwörter, die zum erstem Mal im Text auftreten und näher erklärt werden oder die gerade besonders wichtig sind, werden durch ***diese Schrift*** hervorgehoben.

Und eine Entschuldigung

Ich bin mir bewußt, daß unter den Lesern dieses Buchs auch zahlreiche Frauen sind. Dennoch ist in diesem Buch immer wieder von *dem Anwender* die Rede, wenn ich keine geschlechtsneutrale Formulierung gefunden habe. Ich bitte dafür alle Leserinnen ausdrücklich um Entschuldigung. Ich bin mir des Problems bewußt, empfinde Doppelgleisigkeiten der Form *der/die Anwender/in* oder kurz *AnwenderIn* aber sprachlich nicht schön – sowohl beim Schreiben als auch beim Lesen.

Teil I

Intuitiver Einstieg

Der erste Teil dieses Buchs vermittelt auf intuitive Weise, also ohne viele Detailinformationen, dafür mit einer Menge konkreter Beispiele, wie Excel-Anwendungen aussehen können, was Makros sind, und wie sie erstellt werden.

Kapitel 1 führt anhand einiger Schritt-für-Schritt-Einleitungen zu den ersten Makroanwendungen, die von diversen Konfigurationsdetails bis hin zu einer einfachen Literaturdatenbank reichen.

Kapitel 2 will auf die weiteren Themen des Buchs neugierig machen. Es erklärt die Installation der Beispieldateien von der beiliegenden CD-ROM, gibt Hinweise zu den interessantesten Dateien und Querverweise auf die Abschnitte, in denen das Beispiel behandelt wird.

1

Das erste Makro

Im Verlauf des Kapitels lernen Sie Begriffe wie Makro oder Visual Basic für Applikationen kennen, zeichnen selbst Makros auf, verbinden Makros mit neuen (und von Ihnen gestalteten) Symbolen in der Symbolleiste, verändern die Menüstruktur, stellen eine einfache Datenbankanwendung zusammen etc. Das Kapitel gibt – soweit dies mit einfachen Beispielen möglich ist – einen kleinen Einblick in das Wissen, das im Verlauf des weiteren Buchs in einer sehr viel detaillierteren Form vermittelt wird.

Kapitelübersicht

1.1 Begriffsdefinition

Makro

Das Kapitel steht unter dem Motto »Das erste Makro«. Daher soll zunächst einmal der Begriff »Makro« erkläret werden: *Ein Makro bezeichnet eine Reihe von Anweisungen an den Computer, die dieser ausführt, sobald er dazu aufgefordert wird.*

Welchen Sinn haben Makros? Mit Makros können Arbeitsschritte vereinfacht und automatisiert werden, die sich häufig wiederholen. Sie können Excel ganz an Ihre Bedürfnisse anpassen und mit neuen Menükommandos und Symbolen ausstatten. Zudem können Sie die Bedienung von Excel für andere Anwender vereinfachen, so daß diese praktisch ohne Einschulung konkrete Excel-Anwendungen bedienen können. Und schließlich können Sie echte »Programme« schreiben, denen man kaum mehr anmerkt, daß sie in Excel entstanden sind.

Da der Computer Anweisungen wie »Speichere diese Datei!« oder »Stelle die drei markierten Zellen in einer größeren Schrift dar!« leider nicht versteht, müssen Makroanweisungen in einer speziellen Sprache formuliert werden. Aus Kompatibilitätsgründen stellt Excel zwei Sprachen zur Auswahl:

- Die herkömmliche Makroprogrammiersprache hat sich im Verlauf der ersten Excel-Versionen gebildet. Makros in dieser Sprache heißen »herkömmliche Makros« oder »Excel-4-Makros«, weil die Grundkonzepte dieser Sprache seit Version 4 nicht mehr verändert oder erweitert wurden. Die Schlüsselwörter der herkömmlichen Makroprogrammiersprache werden in deutscher Sprache angegeben.
- Mit Version 5 wurde die neue Sprache Visual Basic für Applikationen (kurz VBA) eingeführt. Sie bietet mehr und ausgefeiltere Möglichkeiten der Programmsteuerung, wirkt aber vielleicht auf ersten Blick etwas umständlich (insbesondere dann, wenn Sie schon einmal ein herkömmliches Makro geschrieben haben).

In Version 5 war der deutsche VBA-Dialekt die Defaulteinstellung. Es war zwar prinzipiell möglich, auch den englischen Dialekt zu verwenden, mangels Online-Hilfe zu den englischen Schlüsselwörtern war das aber ein mühsames Unterfangen. Bereits mit Version 7 vollzog Microsoft dann aber eine Kehrtwendung: plötzlich wurden wurden englische Schlüsselwörter bevorzugt. In Version 97 wurde der deutsche Dialekt dann vollständig gestrichen. Deutschsprachiger VBA-Code wird beim Laden alter Dateien automatisch konvertiert.

HINWEIS

Dieses Buch beschreibt ausschließlich die englische VBA-Variante! Abschnitt 3.4 gibt einige Hinweise zu möglichen Problemen, die bei der automatischen Übersetzung von deutschem Code ins Englische auftreten können.

Zu den Makrosprachen gleich ein Beispiel, in dem die aktuelle Datei gespeichert wird (zuerst als herkömmliches Makro, dann in VBA):

```
=SPEICHERN()                         'herkömmliches Makro (Excel 4)
AktiveArbeitsmappe.Speichern         'VBA deutsch (Excel 5 und 7)
ActiveWorkbook.Save                  'VBA englisch (Excel 5 bis 97)
```

Das zweite Beispiel stellt in zuvor markierten Zellen eine etwas größere Schriftart ein (wiederum zuerst als herkömmliches Makro, dann in VBA):

```
=SCHRIFTART.EIGENSCHAFTEN(;;ZELLE.ZUORDNEN(19)+2)      'Excel 4
Selection.Font.Size = Selection.Font.Size + 2          'VBA englisch
```

Aus dem Begriff Makro allein geht die gewählte Makrosprache nicht hervor. In diesem Buch meint Makro aber immer ein VBA-Makro.

ANMERKUNG

Die obigen Beispiele sind in dieser Form nicht verwendbar. Ein Excel-4-Makro muß mit dem Namen dieses Makros beginnen und mit dem Kommando *=RÜCKSPRUNG()* enden. VBA-Makros müssen zwischen *Sub Name()* und *End Sub* eingeklammert werden. Die Syntaxkonventionen von Visual Basic gehen aus den Beispielen dieses Kapitels hervor. Eine detaillierte Beschreibung der VBA-Syntax bietet Kapitel 5.

Makros aufzeichnen

Generell bestehen zwei Möglichkeiten, Makros zu erstellen: Entweder Sie tippen die Kommandos über die Tastatur ein, oder Sie lassen sich das Makro von Excel »aufzeichnen«. Damit ist gemeint, daß Sie (über Maus und Tastatur) Daten eingeben, Zellen formatieren, Kommandos ausführen etc. Excel verfolgt Ihre Aktionen und schreibt die entsprechenden VBA-Anweisungen in ein Modul. Wenn Sie das so erzeugte Makro später ausführen, werden exakt dieselben Arbeitsschritte, die Sie vorher manuell ausgeführt haben, durch das Makro wiederholt.

In der Realität erfolgt die Erstellung von Makros zumeist in einem Mischmasch aus beiden Methoden. Sie werden zwar immer wieder einzelne Arbeitsschritte von Excel aufzeichnen lassen, ebenso wird es aber auch oft notwendig sein, diese Makros anschließend zu ändern oder zu erweitern.

Makros ausführen

Die unbequemste Form, ein Makro auszuführen, bietet das Kommando EXTRAS|MAKRO. Es stellt Ihnen eine Liste mit allen definierten Makros in allen geladenen Arbeitsmappen zur Auswahl. Sobald Sie einen der Makronamen anklicken, wird dieses ausgeführt.

Daneben bestehen aber zahlreiche elegantere Varianten: Sie können ein Makro mit einem beliebigen (neuen) Symbol in der Symbolleiste, mit einem neuen Menüeintrag oder mit einer Tastaturabkürzung Strg+Anfangsbuchstabe verbinden. Sobald Sie den Menüeintrag auswählen, das Symbol anklicken oder die Tastaturabkürzung eingeben, wird das Makro sofort ausgeführt. Solcherart definierte Makros können eine enorme Arbeitserleicherung bedeuten, wie die Beispiele der folgenden Abschnitte beweisen.

Es besteht sogar die Möglichkeit, Makros automatisch beim Eintreten bestimmter Ereignisse ausführen zu lassen. Excel 97 kennt eine ganze Menge solcher Ereignisse – etwa den Wechsel des aktiven Blatts, die Neuberechnung des Blatts, das Speichern der Arbeitsmappe etc. Ereignisprozeduren werden in Abschnitt 5.4 ausführlich behandelt.

Programm

Vielen Excel-Anwendern – sogar solchen, die bereits Makros erstellt haben – stehen die Haare zu Berge, wenn Sie den Begriff »programmieren« hören. Programmieren, das sei nur etwas für Profis mit Fach- oder Hochschulausbildung, lautet eine immer wieder vertretene Ansicht. In Wirklichkeit sind Sie bereits ein Programmierer, sobald Sie das erste – vielleicht nur dreizeilige – Makro erstellt haben. Jedes Makro stellt im Prinzip ein echtes Programm dar.

In diesem Buch wird der Begriff Programm zumeist etwas weiter gefaßt. Ein Programm meint eine eigenständige Excel-Anwendung, die sich zumeist durch eigene Menükommandos, eigene Dialoge und einer oft großen Anzahl von Makros auszeichnet. In diesem Buch werden Sie vom ersten Makro (in diesem Kapitel) bis zu umfangreichen Programmen geleitet.

1.2 Was ist Visual Basic für Applikationen?

Visual Basic für Applikationen ist eine Makroprogrammiersprache. Mit VBA können Sie Excel-Anwendungen automatisieren oder in ihrer Bedienung vereinfachen. Die Einsatzmöglichkeiten von VBA reichen so weit, daß Sie damit vollkommen eigenständige Programme erstellen können, denen kaum mehr anzumerken ist, daß es sich eigentlich um Excel-Anwendungen handelt. Einführungs- und Anwendungsbeispiele einfacher Makros finden Sie in diesem Kapitel.

Geschichtliches

Die herkömmliche Makrosprache von Excel hat sich ursprünglich aus dem Wunsch heraus entwickelt, neue Tabellenfunktionen zu definieren und wiederholt auftretende Kommandos zu einer Einheit (zu einem Makro) zusammenzufassen. Um die Bedienung von Excel-Anwendungen möglichst einfach zu gestalten, wurde außerdem die Veränderung der Menüs und die Definition eigener Dialoge ermöglicht. Verbunden mit dem riesigen Funktionsspektrum von Excel hat sich daraus bis Version 4 eine ziemlich unübersichtliche Makrosprache entwickelt.

Diese Makrosprache hat zwar eine fast uneingeschränkte Programmierung aller Excel-Funktionen erlaubt, viele Programmierprobleme ließen sich allerdings nur umständlich lösen. Die resultierenden Programme waren fehleranfällig und langsam. Bei größeren Projekten traten die Grenzen dieser Makrosprache besonders deutlich zum Vorschein. Für Anwender, die gleichzeitig mehrere Microsoft-Programme (Excel, WinWord, Access) verwenden, kam als weiteres Problemen hinzu, daß jedes Programm mit einer eigenen Makrosprache ausgestattet ist.

Aufgrund all dieser Unzulänglichkeiten beschloß Microsoft, eine vollkommen neue Makroprogrammiersprache zu entwickeln, die zuerst für Excel zur Verfügung stand, mittlerweile aber in alle Office-Komponenten integriert ist.

Die besonderen Merkmale von VBA

- VBA ist im Gegensatz zu bisherigen Makrosprachen eine vollwertige Programmiersprache: VBA kennt alle in »echten« Programmiersprachen üblichen Variablentypen, kann mit Zeichenketten umgehen, dynamische Felder verwalten, zur Definition rekursiver Funktionen eingesetzt werden etc.
- VBA ist objektorientiert: Als *Objekte* gelten etwa markierte Zellbereiche, Diagramme etc. Typische Merkmale von Objekten – etwa die Ausrichtung des Zellinhalts, die Hintergrundfarbe eines Diagramms – werden über sogenannte *Eigenschaften* eingestellt. Eigenschaften sind also vordefinierte Schlüsselwörter, die zur Manipulation von Objekten vorgesehen sind. Neben den Eigenschaften gibt es noch *Methoden*, die zur Ausführung komplexer Operationen vorgesehen sind: etwa zum Erzeugen von Objekten (neuen Diagrammen, Pivottabellen ...) oder zum Löschen vorhandener Objekte. Methoden lassen sich am ehesten mit herkömmlichen Kommandos vergleichen. Der wesentliche Unterschied besteht darin, daß Methoden nur auf speziell dafür vorgesehene Objekte angewendet werden können.
- VBA ist ereignisorientiert: Die Auswahl eines Menüeintrags, das Anklicken eines Buttons oder eines Symbols führt zum automatischen Aufruf des dazugehörenden Makros. Als Programmierer müssen Sie sich nicht um die Verwaltung der Ereignisse kümmern, sondern lediglich Makros erstellen, die dann von Excel selbständig aufgerufen werden.
- VBA stellt professionelle Hilfsmittel zur Fehlersuche zur Verfügung: Programmteile können Schritt für Schritt ausgeführt, die Inhalte von Variablen überwacht werden. Die Programmausführung kann beim Eintreffen von bestimmten Bedingungen unterbrochen werden.
- VBA ist erweiterungsfähig. In jedem VBA-Dialekt kann auf Objekte anderer Anwendungen zugegriffen werden. Beispielsweise ist es möglich, in einem Excel-VBA-Programm auch die Schlüsselwörter (im Fachjargon: die Objektbibliothek) von Access oder WinWord zu nutzen. Mit Add-Ins können Sie neue Excel-Funktionen und Objekte erstellen. Falls Ihnen Visual Basic zur Verfügung steht, können Sie sogar ActiveX-Komponenten erstellen, mit denen Excel beinahe unbegrenzt erweiterbar ist.

- Mit in VBA integriert sind ein Dialog- und ein Menüeditor. Die Verwaltung von Dialogen erfolgt nach dem gleichen objekt- und ereignisorientierten Schema wie die Verwaltung von Excel-Objekten.

Nachteile

Nach der Beschreibung der Vorzüge von VBA könnten Sie als Programmierer den Eindruck gewinnen, sich bereits im siebten Himmel zu befinden. Das wäre eine Fehleinschätzung. VBA hat viele Vorzüge, es hat aber auch erhebliche Nachteile:

- Der Sprachumfang von VBA ist unübersichtlich, um nicht zu sagen unüberschaubar. Mit weit über 1000 Schlüsselwörtern (ohne die vordefinierten Konstanten) sprengt die VBA-Programmierung für Excel bei weitem den Rahmen dessen, was ein Programmierer bisher zu erdulden hatte. Sie werden bei der Suche nach der für eine konkrete Aufgabe gerade geeigneten Methode/Eigenschaft eine Menge Zeit verlieren.
- VBA-Programme sind langatmig in ihrer Formulierung. Wenn Sie ein und dasselbe Kommando mit der Makroaufzeichnung einmal als herkömmliches Makro und ein zweites Mal als VBA-Makro aufzeichnen, wird der VBA-Code im Mittel mindestens 50 Prozent länger ausfallen. (Es ist unbestritten, daß er dafür auch etwas leichter zu lesen ist.)

1.3 Eine eigene Formatvorlage mit einem Symbol verbinden

Im ersten Beispiel wird zuerst eine Formatvorlage definiert. (Eine Formatvorlage sammelt ein Bündel von Formatinformationen zu Schriftart, Ausrichtung, Rahmen und Farben. Formatvorlagen können zur Formatierung von Zellen verwendet werden.) Anschließend wird ein Makro aufgezeichnet, das den markierten Zellen diese Formatvorlage zuweist. Dann wird in die Symbolleiste ein neues Symbol eingefügt und diesem Makro zugewiesen. Damit besteht die Möglichkeit, die zuvor markierten Zellen durch einen Klick auf das neue Symbol mit der definierten Formatvorlage zu formatieren.

TIP

Alle Beispiele dieses Kapitels befinden sich natürlich auch in den Beispieldateien der beiliegenden CD-ROM: `Intro1.xls`, `Intro2.xls` etc.

Schritt 1: Definition der Formatvorlage »Ergebnis«

Zellen, die das (Zwischen)-Ergebnis einer Berechnung beinhalten, sollen folgendermaßen aussehen:

Schrift: Arial, 14 Punkt, fett
Rahmen: doppelte Linie unten
Zahlenformat: zwei Dezimalstellen

Wenn Sie möchten, können Sie natürlich auch andere Formatierungsmerkmale auswählen. Es geht in diesem Beispiel nur darum, ein neues, eindeutig erkennbares Format zu definieren.

Zur Definition der Formatvorlage öffnen Sie eine neue Arbeitsmappe mit DATEI | NEU, schreiben in eine beliebige Zelle eine Zahl und formatieren diese Zelle anschließend mit den oben aufgezählten Merkmalen. Anschließend führen Sie das Kommando FORMAT | FORMATVORLAGE aus. Im nun erscheinenden Dialog geben Sie als Formatvorlagenname »Ergebnis« ein und klicken zuerst HINZUFÜGEN und dann OK an.

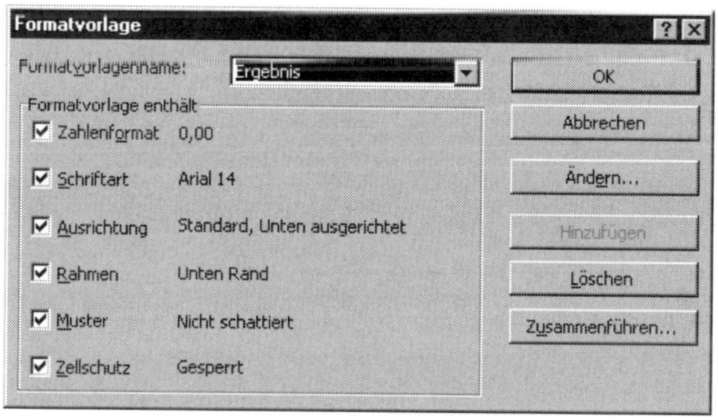

Bild 1.1: Die Definition einer neuen Formatvorlage

Geben Sie in Ihrer Tabelle in einer beliebigen Zelle eine weitere Zahl ein, und testen Sie die neue Formatvorlage: Führen Sie FORMAT | FORMATVORLAGE aus, wählen Sie als Vorlage »Ergebnis« und klicken Sie OK an. Die zweite Zelle sollte nun ebenso formatiert sein wie die erste.

Schritt 2: Makro aufzeichnen

Die Arbeitsschritte, die Sie gerade zur Formatierung einer Testzelle ausgeführt haben, sollen in Zukunft automatisch von einem Makro erledigt werden. Dazu müssen diese Arbeitsschritte in einem Makro aufgezeichnet werden. Bewegen Sie den Zellzeiger in eine neue Zelle, und geben Sie dort (um das Ergebnis zu kontrollieren) eine Zahl ein. Schließen Sie die Eingabe mit Return ab, und bewegen Sie den Zellzeiger gegebenenfalls zurück in die gerade veränderte Zelle. Wählen Sie nun das Kommando EXTRAS | MAKRO | AUFZEICHNEN, und geben Sie als Makroname »FormatiereErgebnis« ein (siehe Bild 1.2).

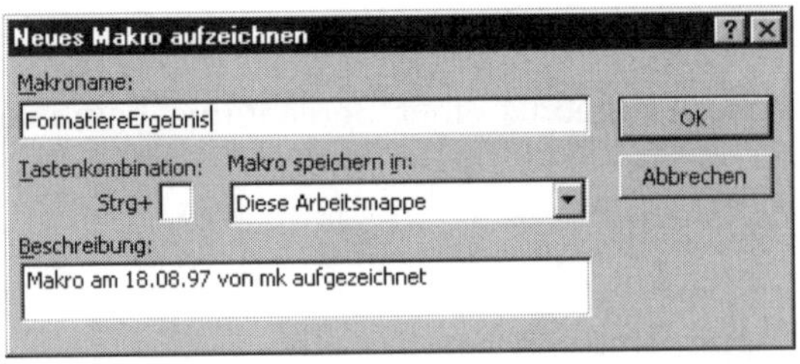

Bild 1.2: Der Dialog zum Aufzeichnen von Makros

Sobald Sie OK drücken, beginnt Excel mit der Aufzeichnung des neuen Makros. Formatieren Sie die gerade aktive Zelle mit dem Druckformat »Ergebnis« (ebenso wie am Ende von Schritt 1, als Sie die Formatvorlage getestet haben). Beenden Sie die Makroaufzeichnung mit EXTRAS | MAKRO | AUFZEICHNUNG BEENDEN oder durch das Anklicken des rechteckigen schwarzen Quadrats, das seit Beginn der Aufzeichnung in einem winzigen Symbolfenster am Bildschirm angezeigt wird.

Jetzt können Sie sich das fertige Makro ansehen, indem Sie mit Alt+F11 in die Entwicklungsumgebung wechseln und dort »Modul1« ansehen. (Dieses Modul wurde im Zuge der Makroaufzeichnung automatisch erzeugt. Wenn »Modul1« schon existiert, legt Excel ein neues Modul mit dem Namen »Modul2« an.) Das neue Modul sollte so aussehen:

```
' Beispieldatei Intro1.xls
' FormatErgebnis Makro
' Makro am 18.08.97 von mk aufgezeichnet
'
Sub FormatErgebnis()
   Selection.Style = "Ergebnis"
End Sub
```

Jetzt sollten Sie das neue Makro noch testen: Wechseln Sie wieder zurück in das Tabellenblatt, geben Sie in einer beliebigen Zelle eine weitere Zahl ein, und schließen Sie die Eingabe mit Return ab. Wählen Sie mit dem Kommando EXTRAS | MAKROS das Makro »Ergebnis« aus. Excel führt Ihr Makro aus, die Zelle sollte anschließend in dem nun schon vertrauten Ergebnisformat erscheinen.

Schritt 3: Definition eines neuen Symbols

Damit das Makro bequemer aufgerufen werden kann, soll jetzt eine neue Symbolleiste erzeugt werden. In diese Symbolleiste wird ein Symbol zum Aufruf des Makros eingefügt. ANSICHT | SYMBOLLEISTEN | ANPASSEN führt in den dafür vorgesehenen Dialog. Mit dem Button NEU erzeugen Sie eine neue, vorerst leere Symbolleiste, der Sie beispielsweise den Namen »Intro1« geben. Nun wechseln Sie im »Anpassen«-Dialog in das Blatt BEFEHLE. Von dort verschieben Sie den Eintrag »Schaltfläche anpassen« aus der Gruppe »Makros« mit der Maus in Ihre neue Symbolleiste.

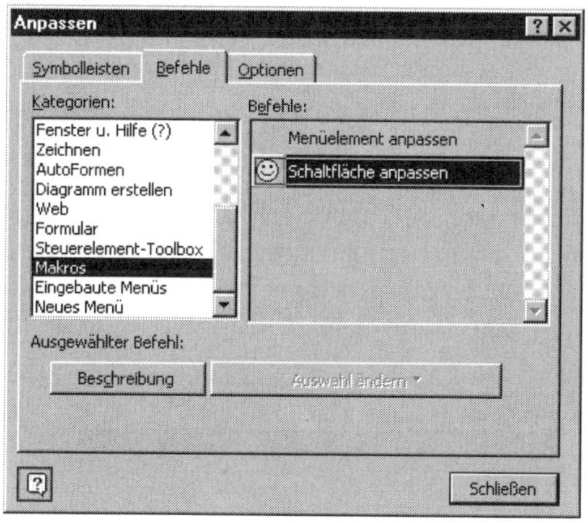

Bild 1.3: Der Dialog zur Veränderung von Menüs und Symbolleisten

Nun muß das neue Symbol geändert und korrekt beschriftet werden. Außerdem muß ihm das vorhin aufgezeichnete Makro *FormatErgebnis* zugewiesen werden. Diese Schritte erledigen Sie, indem Sie das Symbol mit der rechten Maustaste anklicken. (Der »Anpassen«-Dialog bleibt dabei weiterhin geöffnet.)

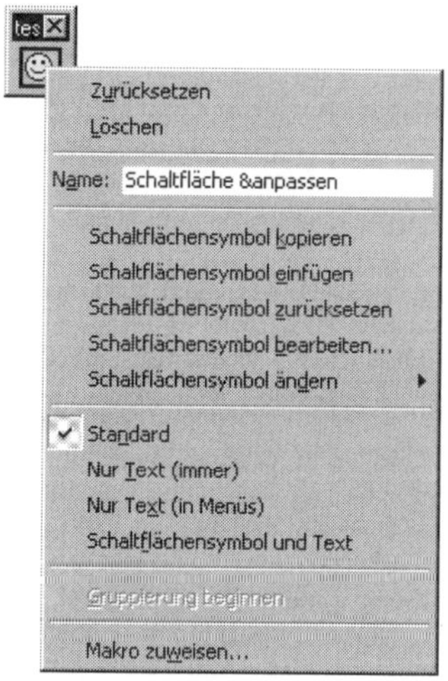

Bild 1.4: Symbol verändern

Die Beschriftung ändern Sie im Menüfeld NAME. Geben Sie beispielsweise »Formatvorlage Ergebnis« ein. (Der hier eingegebene Text wird in einem gelben Infofeld angezeigt, sobald der Anwender einige Momente mit der Maus über dem Symbol verharrt.) Die Makrozuweisung erfolgt über den Eintrag MAKRO ZUWEISEN. Es erscheint ein Dialog, in dem alle zur Verfügung stehenden Makros zur Auswahl angezeigt werden.

Schritt 4: Gestalten Sie das neue Symbol nach Ihren Vorstellungen

Da Sie sich vermutlich nur wenige Tage merken werden, welche Bedeutung das Smiley-Symbol hat, sollten Sie es grafisch gestalten. Der Kontextmenüeintrag SYMBOL BEARBEITEN führt in einen kleinen Symboleditor. Dort wurde versucht, die Formatierungsmerkmale der Formatvorlage (fette Schrift, doppelt unterstrichen) in einem Symbol darzustellen.

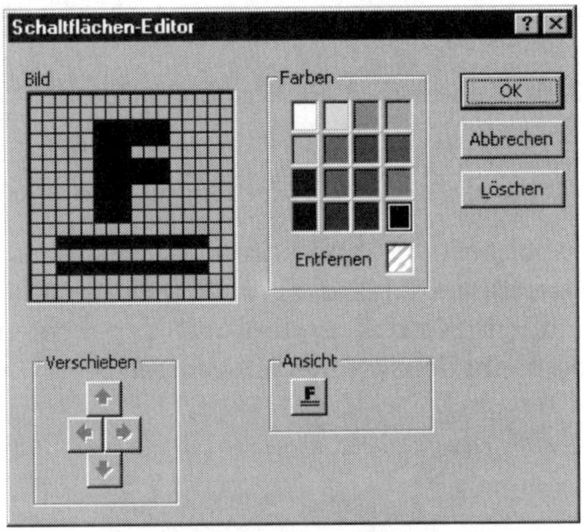

Bild 1.5: Der Symboleditor

Das Symbol wieder aus der Symbolleiste entfernen

Wenn Sie das Beispiel beendet haben, wird Ihnen das neue Symbol vermutlich im Weg stehen. Mit ANSICHT | SYMBOLLEISTEN | ANPASSEN können Sie die neue Symbolleiste auswählen und löschen.

Anmerkungen für Fortgeschrittene

Obwohl das Beispiel recht einfach war, wirft es interessante Probleme auf. Es ist nicht ohne weiteres möglich, die gesamten Informationen dieses Beispiels (also die Definition der Formatvorlage, des neuen Symbols und des Makros) in einer Makroarbeitsmappe so zu speichern, daß ein anderer Excel-Anwender das neue Symbol zur Formatierung von Zellen in seiner eigenen Tabelle verwenden kann. Selbst wenn Sie den Button nur dazu verwenden möchten, um eine Zelle in einer anderen Arbeitsmappe zu formatieren, kommt es zu einer Fehlermeldung. Die Gründe:

- Formatvorlagen gelten nur für eine Arbeitsmappe und können nicht problemlos in einer anderen Arbeitsmappe verwendet werden. (Das Makro könnte natürlich so erweitert werden, daß es die Formatvorlage zuerst in die jeweilige Arbeitsmappe kopiert. Das übersteigt aber den Charakter eines Einführungsbeispiels.)

- Symbole werden normalerweise in einer eigenen Datei (`Benutzername8.xlb` im Windows-Verzeichnis) gespeichert und gehören zu den persönlichen Konfigurationsdaten von Excel. Das neu definierte Symbol steht daher nur zur Verfügung, wenn Sie sich unter Ihrem Namen anmelden. Andere Benutzer desselben Rechners (mit eigenen Login-Namen) können das neue Symbol nur dann verwenden, wenn Sie die Symbolleiste mit der Arbeitsmappe verbinden: Dazu führen Sie das Kommando ANSICHT | SYMBOLLEISTEN | ANPASSEN | ANBINDEN aus.

Die Beispieldatei `Intro1.xls` enthält im Modul »Diese Arbeitsmappe« zwei Prozeduren, die sich darum kümmern, daß die Symbolleiste beim Laden der Datei automatisch angezeigt und beim Schließen ebenso automatisch entfernt wird. Eine Beschreibung der Hintergründe würde den Einführungscharakter dieses Beispiels aber sprengen. Detaillierte Informationen zu Ereignisprozeduren und zum Umgang mit eigenen Menüs und Symbolleisten finden Sie in den Abschnitten 5.4 und 9.1.

1.4 Neues Symbol für den Modus »Ganzer Bildschirm«

Der Modus »Ganzer Bildschirm« dient dazu, die zur Verfügung stehende Fläche des Bildschirms möglichst optimal auszunutzen. Störend an diesem Modus ist allerdings die Tatsache, daß Excel dann nicht mehr unmittelbar in ein Icon verkleinert werden kann (beispielsweise zum Wechseln in ein anderes Programm). Vielmehr muß zuerst der Modus »Ganzer Bildschirm« deaktiviert werden, bevor das Verkleinerungsfeld des Excel-Fensters wieder erscheint. Eben diese Aufgabe soll in Zukunft ein Makro erledigen.

Schritt 1: Makro aufzeichnen

Bevor Sie den ersten Entwurf dieses Makros aufzeichnen, aktivieren Sie den Modus »Ganzer Bildschirm« (ANSICHT | GANZER BILDSCHIRM). Mit EXTRAS | MAKRO | AUFZEICHNEN gelangen Sie in den »Aufzeichnen Dialog«. Dort wählen Sie diesmal die persönliche Makroarbeitsmappe als Aufzeichnungsort. Als Makronamen geben Sie *GanzerBildschirm_Icon* an.

Während die Aufzeichnung läuft, schalten Sie den Modus »Ganzer Bildschirm« ab, verkleinern Excel auf ein Icon in der Task-Leiste und vergrößern es anschließend per Mausklick wieder auf die Normalgröße. Anschließend stoppen Sie die Aufzeichnung mit EXTRAS | MAKRO | AUFZEICHNUNG BEENDEN oder klicken den schwarzen rechteckigen STOP-Button an.

Das resultierende Makro befindet sich in der persönlichen Makroarbeitsmappe `Office97\Office\Xlstart\Personl.xls`). Der Code dieser Arbeitsmappe wird zwar in der Entwicklungsumgebung angezeigt, in Excel ist die Datei aber unsichtbar, weil ihr Fenster ausgeblendet ist. (Sie können das leere Tabellenblatt mit mit FENSTER | EINBLENDEN sichtbar machen, das ist aber selten notwendig.) Das gerade aufgezeichnete Makro sieht folgendermaßen aus:

```
' Beispieldatei Intro2.xls
Sub GanzerBildschirm_Icon()
  Application.DisplayFullScreen = False
  Application.WindowState = xlMinimized
  Application.WindowState = xlNormal     'diese Zeile löschen
End Sub
```

Die vorletzte Zeile dieses Makros vergrößert Excel wieder auf seine normale Fenstergröße. Da die Makroaufzeichnung erst gestoppt werden kann, wenn Excel sichtbar ist, kann diese Zeile während der Aufzeichnung nicht vermieden werden. Sie entspricht aber nicht dem Zweck des Makros, das ja Excel in ein Icon verkleinern soll. Aus diesem Grund müssen Sie die vorletzte Zeile manuell löschen.

Schritt 2: Symbol definieren

Damit Sie dieses Makro bequem verwenden können, müssen Sie ein neues Symbol erzeugen (siehe auch Schritt 3 und 4 im vorangegangenen Abschnitt). Sie können dieses Symbol wahlweise in eine vorhandene Symbolleiste einfügen oder eine neue Symbolleiste definieren. Anschließend weisen Sie dem Symbol das soeben aufgezeichnete Makro *GanzerBildschirm_Icon* zu und gestalten es wie in Bild 1.6.

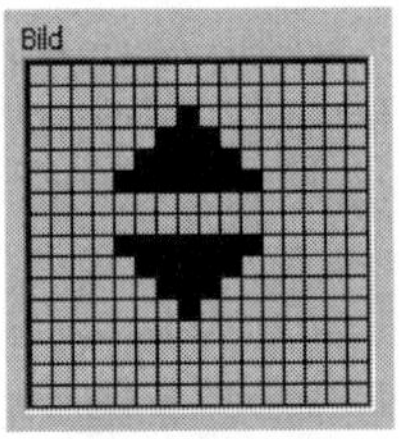

Bild 1.6: Das Symbol zur Verkleinerung von Excel in ein Icon

Testen Sie das neue Symbol, indem Sie Excel zuerst in den Modus »Ganzer Bildschirm« schalten und anschließend das neue Symbol anklicken. Excel sollte dadurch in ein Icon verkleinert werden.

Schritt 3: Verbesserung des Makros

In der gegenwärtigen Form kann das Makro nur zum Verkleinern des Fensters auf ein Icon verwendet werden. Das ist zwar praktisch, wenn Excel gerade im Modus »Ganzer Bildschirm« betrieben wird, ansonsten aber überflüssig (weil dann ohnedies das Verkleinerungssymbol am rechten Ende des Fenstertitels zur Verfügung steht). In diesem Fall wäre es sinnvoller, wenn das Makro eine zweite Aufgabe übernimmt: das Umschalten in den Modus »Ganzer Bildschirm«. Adaptieren Sie dazu das Makro nach folgendem Vorbild:

```
Sub GanzerBildschirm_Icon()
  If Application.DisplayFullScreen Then
    Application.WindowState = xlMinimized  'Fenster verkleinern
  Else
    Application.DisplayFullScreen = True   'Modus »Ganzer Bildschirm«
  End If
End Sub
```

Das Makro testet jetzt, ob sich Excel gerade im Modus »Ganzer Bildschirm« befindet. Wenn das der Fall ist, wird Excel in ein Icon verkleinert (und der Modus »Ganzer Bildschirm« auf diese Weise deaktiviert), andernfalls wird dieser Modus aktiviert. Im Makro wird diese Fallunterscheidung durch eine *If*-Abfrage realisiert: Nach dem Schlüsselwort *If* wird eine Bedingung formuliert. Wenn die Bedingung erfüllt ist, wird die Programmzeile nach *Then* ausgeführt, andernfalls jene nach *Else*. Das Ende der Abfrage wird durch *End If* angezeigt.

Persönliche Makroarbeitsmappe speichern

Wenn Sie Excel verlassen, werden Sie gefragt, ob Sie die persönliche Makroarbeitsmappe speichern möchten (das sollten Sie tun, sofern Sie das soeben aufgezeichnete Makro weiterhin verwenden möchten). Die Datei `Office97\Office\Xlstart\Personl.xls` wird in Zukunft bei jedem Programmstart automatisch geladen, alle darin definierten Makros stehen somit jederzeit zur Verfügung.

Anmerkung für Fortgeschrittene

Im vorliegenden Beispielprogramm hätte das Schlüsselwort *Application* samt des nachfolgenden Punkts ersatzlos eliminiert werden können. Excel nimmt bei fehlender Objektangabe in normalen Modulen automatisch *Application* als Defaultobjekt an.

Damit Sie das Beispiel ohne langes Hin und Her ausprobieren können, wurde es in der Datei `Intro2.xls` gespeichert. An diese Datei wurde die Symbolleiste »Intro2« angebunden, die nach dem Laden automatisch angezeigt wird.

1.5 Makro zur Eingabeerleichterung

Bei der Eingabe tabellarischer Daten kommt es häufig vor, daß in einer Zelle derselbe Wert bzw. derselbe Text eingegeben werden muß, der bereits in der unmittelbar darüberstehenden Zelle zu finden ist. Excel stellt zwar verschiedene Möglichkeiten zur Verfügung, mit der Sie die Zelle nach unten kopieren können, alle Varianten setzen aber entweder die Verwendung der Maus voraus (das stört bei einer reinen Tastatureingabe erheblich) oder erfordern umständliche Cursorbewegungen. Es liegt nahe, hierfür wiederum ein Makro aufzuzeichnen, das mit einer einfachen Tastaturkombination (z. B. Strg+K zum Kopieren) aufgerufen werden kann.

Vorbereitungsarbeiten

Excel kann bei der Makro-Aufzeichnung zwischen absoluten und relativen Zellbezügen unterscheiden:

- Normalerweise gilt der absolute Modus. Wenn Sie den Zellzeiger während der Aufzeichnung von B2 nach D4 bewegen, resultiert daraus das Kommando *Range("D4").Select*.
- Im relativen Modus würde das Kommando dagegen folgendermaßen aussehen: *ActiveCell.Offset(2, 2).Range("A1").Select*. Mit *ActiveCell.Offset(2,2)* wird also die Zelle zwei Zeilen unterhalb und zwei Spalten neben der gerade aktiven Zelle angesprochen. *Range("A1")* bezieht sich auf diese neue Adresse.

Unterschiede zwischen diesen beiden Varianten ergeben sich erst bei der Ausführung der Makros. Im ersten Fall wird immer die Zelle D4 bearbeitet, ganz egal, wo sich der Zellzeiger vorher befindet. Im zweiten Fall wird die zu bearbeitende Zelle relativ zur aktuellen Zelle ausgewählt.

Zur Umschaltung zwischen relativer und absoluter Aufzeichnung ist seit Excel 97 kein Menükommando mehr vorgesehen. Statt dessen müssen Sie das Symbol RELATIVER BEZUG in der Symbolleiste »Aufzeichnung beenden« anklicken. Wenn das Symbol als gedrückter Button angezeigt wird, gilt die relative Aufzeichnung, sonst die absolute. Der Modus kann auch während der Aufzeichnung umgeschaltet werden. Für das Makro dieses Abschnitts sind relative Bezüge erforderlich.

Makroaufzeichnung

Bevor Sie mit der Aufzeichnung des Makros beginnen, bereiten Sie die Tabelle vor: Geben Sie in einer Zelle irgendeinen Text ein, und bewegen Sie den Zellzeiger anschließend in die Zelle unmittelbar darunter.

Starten Sie die Aufzeichnung mit EXTRAS | MAKRO | AUFZEICHNEN, und geben Sie dabei als Makronamen *Kopiere_NachUnten*, als Shortcut (das ist die Tastaturabkürzung) Strg+K und als Zielort die persönliche Makroarbeitsmappe an. Anschließend stellen Sie den Aufzeichnungsmodus auf »relativ«, falls dies nicht bereits der Fall ist. Das ist bei diesem Makro erforderlich, weil es an jeder beliebigen Stelle in der Tabelle funktionieren soll (und immer die – relativ zum Zellzeiger – darüberliegende Zelle kopieren soll).

Während die Aufzeichnung läuft, führen Sie die folgenden Tastatureingaben bzw. Kommandos aus: Shift+↑ (damit markieren Sie die aktuelle und die darüberliegende Zelle), BEARBEITEN | AUSFÜLLEN | UNTEN (damit kopieren Sie die Zelle nach unten) und schließlich → (damit bewegen Sie den Zellzeiger in die nächste Zelle nach rechts, wo die nächste Eingabe erfolgen kann). Beenden Sie die Aufzeichnung mit EXTRAS | MAKRO | AUFZEICHNUNG | BEENDEN.

In der persönlichen Arbeitsmappe sollte sich jetzt folgendes Visual-Basic-Makro befinden:

```
' Intro3.xls
Sub Kopiere_NachUnten()
  ActiveCell.Offset(-1, 0).Range("A1:A2").Select
  ActiveCell.Activate
  Selection.FillDown
  ActiveCell.Offset(0, 1).Range("A1").Select
End Sub
```

Wenn Sie das Makro nun ausprobieren, werden Sie feststellen, daß es zwar prinzipiell funktioniert, daß sich der Zellzeiger anschließend aber nicht wie bei der Aufzeichnung rechts von der Startzelle befindet, sondern eine Zeile weiter oben. Hier gibt es also einen kleinen Widerspruch zwischen den aufgezeichneten Kommandos und dem resultierenden Code. Sie können das Problem beseitigen, in dem Sie den ersten *Offset*-Wert in der letzten Zeile des Makros folgendermaßen ändern:

```
  ActiveCell.Offset(1, 1).Range("A1").Select
```

ANMERKUNG

Wenn Sie bei der Aufzeichnung vergessen, das Tastenkürzel Strg+K anzugeben, können Sie einem vorhandenen Makro auch nachträglich ein Kürzel zuweisen. Dazu führen Sie in Excel (nicht in der Entwicklungsumgebung) EXTRAS | MAKROS | MAKRO aus, wählen das Makro aus und stellen das Kürzel mit OPTIONEN ein.

1.6 Einfache Literaturdatenbank

Das folgende Beispiel ist eigentlich schon eine ziemlich konkrete (wenn auch noch immer sehr einfache) Anwendung. Es befindet sich auf der CD-ROM unter dem Dateinamen `Intro4.xls`.

Die Arbeitsmappe (oder »das Programm«) ermöglicht die Verwaltung von Büchern, beispielsweise für eine kleine Bibliothek. Die Liste der Bücher kann beliebig erweitert, wahlweise nach Autoren oder Titeln sortiert, nach verschiedenen Kriterien selektiert (z. B. nur Computerbücher), nach Begriffen durchsucht werden etc. Die Bedienung der Anwendung ist durch einige Buttons vereinfacht, so daß zum Suchen eines Buchs oder zur Erweiterung der Datenbank kaum Excel-spezifische Kenntnisse erforderlich sind.

Schritt 1: Datenbank einrichten, Fenstergestaltung

Die Erstellung dieser Anwendung beginnt damit, daß Sie die Daten einiger Bücher eingeben und die Tabelle in etwa nach dem Vorbild von Bild 1.7 gestalten. Das hat vorläufig noch nichts mit Makroprogrammierung zu tun, es handelt sich lediglich um den alltäglichen Aufbau einer neuen Excel-Tabelle. Die Buttons und Filterpfeile sollten Sie vorläufig ignorieren.

(Wenn Sie möchten, können Sie genausogut eine Adreßdatenbank, eine Schülerkartei oder was auch immer anlegen. Sie müssen sich durchaus nicht exakt an die Vorlage halten! Lernen werden Sie um so mehr, je kreativer und eigenständiger Sie vorgehen.)

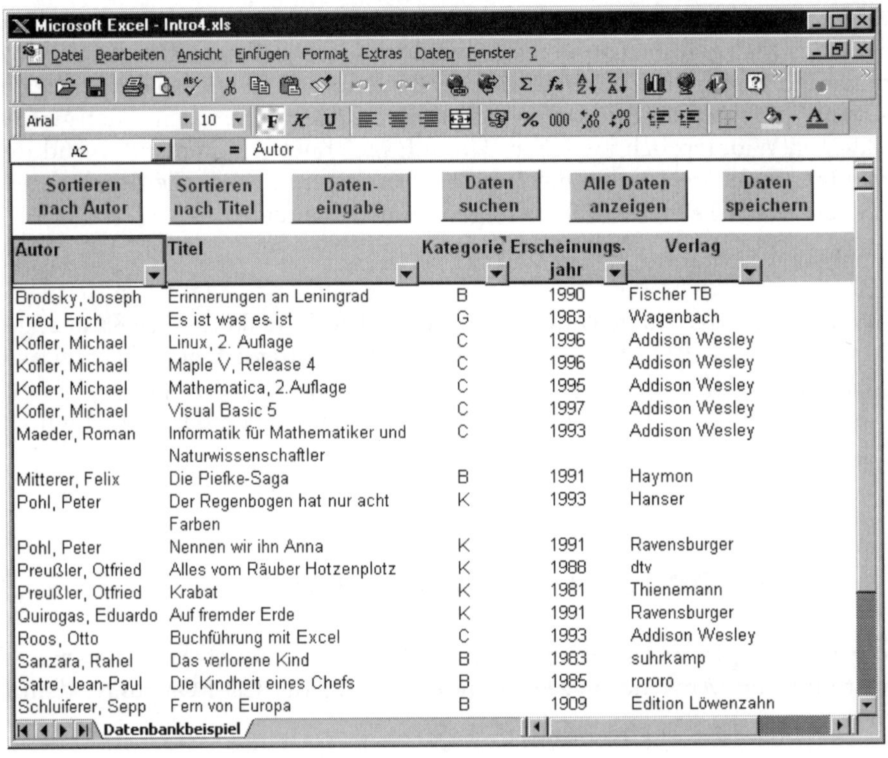

Autor	Titel	Kategorie	Erscheinungs-jahr	Verlag
Brodsky, Joseph	Erinnerungen an Leningrad	B	1990	Fischer TB
Fried, Erich	Es ist was es ist	G	1983	Wagenbach
Kofler, Michael	Linux, 2. Auflage	C	1996	Addison Wesley
Kofler, Michael	Maple V, Release 4	C	1996	Addison Wesley
Kofler, Michael	Mathematica, 2.Auflage	C	1995	Addison Wesley
Kofler, Michael	Visual Basic 5	C	1997	Addison Wesley
Maeder, Roman	Informatik für Mathematiker und Naturwissenschaftler	C	1993	Addison Wesley
Mitterer, Felix	Die Piefke-Saga	B	1991	Haymon
Pohl, Peter	Der Regenbogen hat nur acht Farben	K	1993	Hanser
Pohl, Peter	Nennen wir ihn Anna	K	1991	Ravensburger
Preußler, Otfried	Alles vom Räuber Hotzenplotz	K	1988	dtv
Preußler, Otfried	Krabat	K	1981	Thienemann
Quirogas, Eduardo	Auf fremder Erde	K	1991	Ravensburger
Roos, Otto	Buchführung mit Excel	C	1993	Addison Wesley
Sanzara, Rahel	Das verlorene Kind	B	1983	suhrkamp
Satre, Jean-Paul	Die Kindheit eines Chefs	B	1985	rororo
Schluiferer, Sepp	Fern von Europa	B	1909	Edition Löwenzahn

Bild 1.7: Eine einfache Datenbankanwendung

Einige Hinweise zur Formatierung der Tabelle: Alle Zellen der Tabelle wurden vertikal nach oben ausgerichtet (FORMAT | ZELLEN | AUSRICHTUNG). Bei den Zellen der Titelspalte wurde außerdem das Attribut »Zeilenumbruch« aktiviert, so daß längere Titel automatisch über mehrere Zeilen verteilt werden. Bei den beiden obersten Zeilen wurde die Zeilenhöhe deutlich vergrößert. Die gesamte zweite Zeile wurde mit der Hintergrundfarbe Hellgrau formatiert (FORMAT | ZELLEN | MUSTER).

In Zelle C2 (Inhalt: Kategorie-Überschrift) wurde eine Notiz gespeichert. (Notizen werden mit EINFÜGEN | KOMMENTAR eingegeben. Seit Excel 7 werden Notizen automatisch angezeigt, sobald die Maus über eine Zelle mit einer Notiz bewegt wird.) Die Notiz in Zelle C2 wird dazu verwendet, den Kategorie-Code zu erklären: B ... Belletristik, C ... Computerliteratur etc. Zellen, zu denen eine Notiz gespeichert ist, werden in der rechten oberen Ecke mit einem roten Punkt markiert. Falls dieser Punkt bei Ihnen nicht erscheint, wählen Sie EXTRAS | OPTIONEN | ANSICHT, und aktivieren Sie die Option »Indikatoren«.

Einige Tips zur Gestaltung des Fensters: Das Fenster wurde horizontal geteilt und so fixiert, daß im oberen Fensterbereich die Überschrift der Datenbank (zwei ziemlich hohe Zeilen) zu sehen ist (FENSTER | TEILEN, das Teilungskreuz mit der Maus einstellen, FENSTER | FIXIEREN). Mit EXTRAS | OPTIONEN | ANSICHT wurde die Beschriftung der Zeilen- und Spaltenköpfe sowie die Anzeige der Gitternetzlinien, der horizontalen Bildlaufleiste und der Blattregister abgeschaltet.

Daß es sich bei der Tabelle um eine Datenbank handelt, brauchen Sie Excel nicht mitzuteilen. (In Version 4 gab es noch ein Menükommando DATENBANK EINRICHTEN. In Version 5 wurde dieses Kommando eliminiert. Damit Excel die Datenbank erkennt, müssen Sie lediglich den Zellzeiger irgendwo in die Datenbank bewegen. Als »Datenbank« gilt in Excel einfach jeder zusammenhängende Zellbereich.)

Sie können daher sofort die Datenbankkommandos ausprobieren, etwa zum Sortieren der Tabelle nach einem beliebigen Kriterium (Autor, Titel, Erscheinungsjahr ...). Führen Sie einfach DATEN | SORTIEREN aus. Ein weiteres wichtiges Datenbankkommando lautet DATEN | MASKE: Damit wird ein Dialogfeld zur Eingabe und Veränderung der Daten angezeigt.

Schritt 2: Die Datenbank mit Filtern ausstatten

Mit dem Kommando DATEN | FILTER | AUTOFILTER werden die kleinen Filterpfeile in den Überschriftszellen der Tabelle angezeigt. Wenn Sie diese Pfeile mit der Maus anklikken, können Sie Filterkriterien auswählen, z. B. einen bestimmten Verlag, ein Erscheinungsjahr etc. In der Datenbank werden dann nur noch jene Daten angezeigt, die dieses Kriterium erfüllen. Zur Kennzeichnung, daß nicht alle Daten sichtbar sind, stellt Excel den Filterpfeil jetzt blau dar. Es können mehrere Filterkriterien kombiniert werden (beispielsweise alle Bücher des Verlags *xxx* aus dem Jahr *yyy*). Sie können sogar eigene Kriterien aufstellen, etwa um alle Bücher anzuzeigen, die zwischen 1980 und 1990 erschienen sind (Kriterium »Benutzerdefiniert«).

Schritt 3: Buttons und Makros

Als erfahrener Excel-Anwender haben Sie vermutlich keine Probleme, die Datenbank im aktuellen Zustand zu bedienen. Über die Menüleiste können Sie die Daten nach beliebigen Kriterien sortieren, Sie können Daten eingeben und verändern etc. Wenn Sie aber möchten, daß auch ein vollkommener Excel-Laie mit dieser Datenbank umgehen kann, müssen Sie die Bedienung noch ein wenig vereinfachen. Im vorliegenden Beispiel wurden dazu einige Buttons in die Tabelle eingefügt, mit denen die wichtigsten Funktionen ohne langes Suchen in der Menüleiste ausgeführt werden können. (Natürlich wären auch andere Gestaltungsmöglichkeiten denkbar: Etwa eine eigene Symbolleiste, ein eigenes Menü, das auf die wirklich notwendigen Einträge reduziert ist etc.)

Zum Einfügen von Buttons aktivieren Sie die Symbolleiste »Steuerelement-Toolbox«. Anschließend klicken Sie das Symbol »Befehlschaltfläche« an und fügen den Button mit der Maus in das Tabellenblatt ein. (Dabei wird automatisch der Entwurfsmodus aktiviert, der eine weitere Bearbeitung des Buttons ermöglicht.)

Nun folgt die Formatierung des Buttons: Per Kontextmenükommando BEFEHLSSCHALTFLÄCHE-OBJEKT | BEARBEITEN können Sie die Beschriftung ändern. Strg+Return beginnt eine neue Zeile, Esc schließt die Eingabe ab.

Alle anderen Eigenschaften werden mit einem eigenen Eigenschaftsfenster eingestellt, das ebenfalls per Kontextmenü oder durch das EIGENSCHAFTEN-Symbol aufgerufen wird. Dort sollten Sie die folgenden Einstellungen vornehmen:

- *Name:* Geben Sie dem Steuerelement einen aussagekräftigen Namen, etwa *btnSort* für den Button zum Sortieren.
- *Font:* Vergrößern Sie die Schriftart auf 10 Punkt und wählen Sie das Attribut fett.
- *ForeColor:* Falls Sie gerne bunte Buttons haben, stellen Sie eine andere Textfarbe ein.
- *TakeFocusOnClick*: Stellen Sie diese Eigenschaft auf *False*, damit der VBA-Code später korrekt verarbeitet wird (siehe auch Seite 330).

TIP

Sie können etwas Zeit sparen, wenn Sie diese Formatierungsschritte nur für den ersten Button durchführen. Anschließend kopieren Sie den Button mehrmals, indem Sie ihn mit der Maus bei gedrückter Strg-Taste verschieben. Wenn Sie zusätzlich Shift drücken, bleibt außerdem die horizontale Position gleich, so daß die Steuerelemente zueinander ausgerichtet erscheinen. Anschließend müssen Sie nur noch die Beschriftung und den Steuerelementnamen einstellen.

Jetzt müssen Sie die Buttons noch mit Programmcode verbinden. Ein Doppelklick auf den Button fügt im Modul »Tabelle1« eine Schablone für die Ereignisprozedur ein, die beim Anklicken des Buttons später automatisch ausgeführt wird. Der Name der Prozedur setzt sich aus dem Steuerelementnamen (etwa *btnSortAuthor*) und dem Ereignis (meist *Click*) zusammen:

```
' Intro4.xls, Modul »Tabelle1«
Private Sub btnSortAuthor_Click()

End Sub
```

Zur Aufzeichnung des Programmcodes gehen Sie wie in den vorangegangenen Beispielen vor. Die resultierenden Anweisungen übertragen Sie anschließend mit KOPIEREN und EINFÜGEN vom Aufzeichnungsmodul in die Codeschablone. Falls Sie zuletzt das Beispiel des vorherigen Abschnitts abgearbeitet haben, ist noch der Modus »relative Aufzeichnung« aktiv. Sie sollten diesen Modus bei Beginn der Aufzeichnung wieder deaktivieren.

Nun zum Inhalt der Makros: Für die beiden SORTIEREN-Makros klicken Sie zuerst die Zelle A2 an, führen anschließend DATEN | SORTIEREN aus und geben im Dialog das gewünschte Sortierkriterium (Autoren oder Titel) an. Für die Dateneingabe stellen Sie den Zellzeiger abermals auf A2 und wählen DATEN | MASKE. Bevor Sie das Makro ALLE DATEN ANZEIGEN aufzeichnen können, müssen Sie irgendein Filterkriterium auswählen (z. B. alle Bücher anzeigen, die 1993 erschienen sind). Das Kommando DATEN | FILTER | ALLE ANZEIGEN steht nämlich nur zur Verfügung, wenn mindestens ein Filterkriterium aktiv ist.

Für das SPEICHERN-Makro führen Sie einfach das Kommando DATEI | SPEICHERN aus. Das Makro DATENSUCHEN müssen Sie im Modulblatt über die Tastatur eingeben (Code siehe unten). Die Makros sollten schließlich folgendermaßen aussehen:

```
' Intro4.xls, »Tabelle1«
' Sortieren nach Autorennamen
Private Sub btnSortAuthor_Click()
  Range("A2").Select
  Selection.Sort Key1:=Range("A3"), Order1:= _
    xlAscending, Header:=xlGuess, OrderCustom:=1, _
    MatchCase:=False, Orientation:=xlTopToBottom
End Sub

' Sortieren nach Titeln
Private Sub btnSortTitle_Click()
  Range("A2").Select
  Selection.Sort Key1:=Range("B3"), Order1:= _
    xlAscending, Header:=xlGuess, OrderCustom:=1, _
    MatchCase:=False, Orientation:=xlTopToBottom
End Sub

' Datenbankmaske anzeigen, »Neu«-Button anklicken
Private Sub btnInput_Click()
  Range("A2").Select
  SendKeys "%n"
  ActiveSheet.ShowDataForm
End Sub

' Dialog zum Suchen anzeigen
Private Sub btnFind_Click()
  SendKeys "^f"
End Sub
```

```
' alle Datensätze anzeigen
Private Sub btnShowAll_Click()
  On Error Resume Next
  ActiveSheet.ShowAllData
End Sub

' Speichern
Private Sub btnSave_Click()
  ActiveWorkbook.Save
End Sub
```

TIP

Zum Ausprobieren der Buttons müssen Sie den Entwurfsmodus für die Steuerelemente deaktivieren (erstes Symbol in der Symbolleiste »Steuerelemente-Toolbox«).

Anmerkungen für Fortgeschrittene

Das Anklicken der Zelle A2 beim Aufzeichnen der Makros (es könnte auch eine beliebige andere Zelle des Datenbankbereichs sein) ist notwendig, weil die Datenbankkommandos nur funktionieren, wenn der Zellzeiger sich im Datenbankbereich befindet. Da die Buttons später auch dann angeklickt werden können, wenn der Zellzeiger woanders steht, muß er am Beginn des Makros explizit in den Datenbankbereich gestellt werden.

In das Makro *btnInput_Click* muß nach der Makroaufzeichnung das *SendKeys*-Kommando eingefügt werden. Es simuliert die Tastatureingabe Alt+N, durch die im Dialog der Datenbankmaske der Button NEU ausgewählt wird. Damit wird verhindert, daß der Anwender irrtümlich einen bereits bestehenden Eintrag überschreibt. (Wegen der nicht ganz einleuchtenden Bedienung der Datenbankmaske passiert das beim ersten Mal fast zwangsläufig.)

Die Anordnung der Kommandos *SendKeys* und *ShowDataForm* erscheint zugegebenermaßen unlogisch. Eigentlich sollte man meinen, daß zuerst der Dialog geöffnet und erst anschließend die Tastatureingabe simuliert werden muß. Das Kommando *SendKeys* bewirkt aber lediglich, daß die Tastenkombination Alt+N in einen Tastaturpuffer eingetragen und von dort (irgendwann) vom Windows-System weiterverarbeitet wird. Würde *SendKeys* unter *ShowDataForm* im Makro stehen, würde Excel mit der Ausführung von *SendKeys* warten, bis die Eingaben in der Datenbankmaske ausgeführt sind – und dann ist es natürlich zu spät.

Auch das Makro *btnFind_Click* verwendet *SendKeys* zum Aufruf des SUCHEN-Dialogs. Es wäre zwar auch möglich, den Dialog mit *Dialogs(xlDialogFormulaFind).Show* anzuzeigen, aus unerklärlichen Gründen ist es dann aber nicht möglich, tatsächlich Daten zu finden. Dieses Problem besteht übrigens schon seit Version 5!

Schließlich ist noch eine Erläuterung zum Makro *btnShowAll_Click* notwendig, wo Ihnen die Anweisung *On Error Resume Next* auffallen wird. Diese Anweisung bewirkt, daß das Makro auch dann ohne Fehlermeldung in der nächsten Zeile fortgesetzt wird, wenn ein Fehler auftritt. In diesem Makro kann es sehr leicht zu einem Fehler kommen kann: nämlich immer dann, wenn der Anwender den Button ALLE DATEN ANZEIGEN anklickt, obwohl momentan gar kein Filterkriterium aktiv ist.

1.7 Formular zur Berechnung der Verzinsung von Spareinlagen

Das vorletzte Beispiel dieses Kapitels beweist, daß die Gestaltung vorgefertigter Anwendungen nicht zwangsläufig mit Programmieren verbunden ist. In der in Bild 1.8 dargestellten Tabelle können Sie im grau unterlegten Bereich vier Parameter eingeben: Die jährliche Verzinsung der Spareinlagen, die monatlichen Spareinlagen, den ersten Einzahlungstag und die Laufzeit des Sparvertrags. Die Tabelle ist so dimensioniert, daß die Laufzeit maximal sechs Jahre betragen darf.

Aus den Eingaben berechnet Excel selbständig den Termin der letzten Einzahlung, das Vertragsende, die monatliche Verzinsung, die im Verlauf der Vertragszeit erreichte Zinsgutschrift sowie das Gesamtguthaben nach Ende der Laufzeit. Außerdem generiert Excel eine Tabelle mit den monatlichen Zinsgutschriften und Guthaben, so daß leicht festgestellt werden kann, wie groß das Guthaben zu einem beliebigen Zeitpunkt innerhalb der Laufzeit ist.

Die Tabelle eignet sich beispielsweise als Grundlage (und Werbemittel) in einem Bankinstitut, das die Kunden von der Sinnhaftigkeit eines Sparvertrages überzeugen möchte. Das Erstellen einer Tabelle nach den Vorstellungen des Kunden erfolgt in Sekunden. Die Tabelle kann anschließend in einer ansprechenden Form ausgedruckt werden.

VERWEIS

Das Beispiel kommt zwar ohne Makroprogrammierung aus, basiert dafür aber auf ziemlich komplexen *WENN*-Formeln. Wenn Ihnen der Umgang mit *WENN*-Formeln Probleme bereitet, finden Sie in Abschnitt 10.1 einige Informationen.

Das Formelmodell

Das Formular sieht einen vierzeiligen Eingabebereich vor, in dem sich zur einfacheren Orientierung bereits voreingestellte Werte befinden:

E5 (jährlicher Zinssatz): 2.5 Prozent
E6 (Sparbetrag): 100 DM
E7 (erster Einzahlungstermin): =*HEUTE()*
E8 (Laufzeit): 1 Jahr

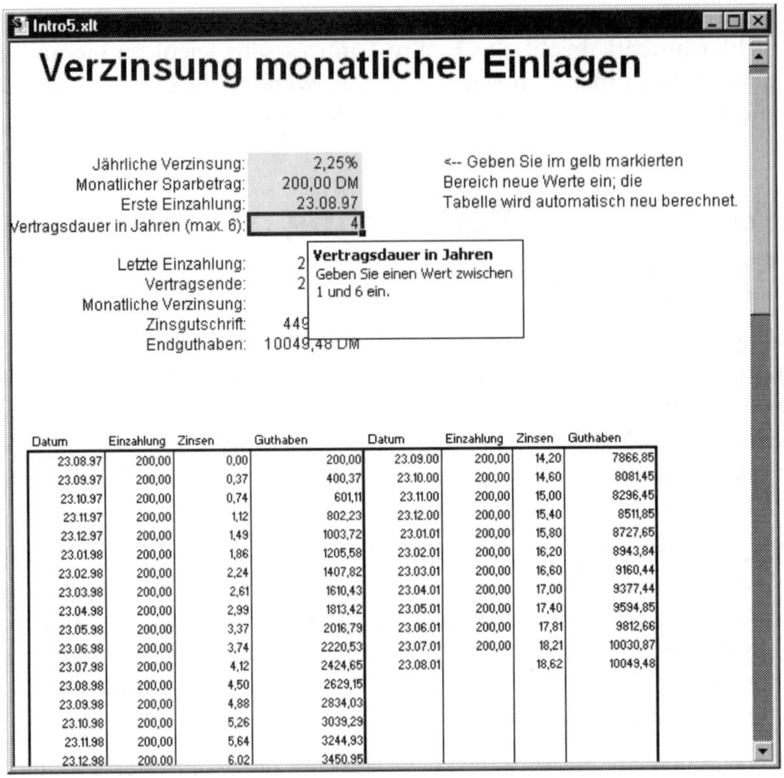

Datum	Einzahlung	Zinsen	Guthaben	Datum	Einzahlung	Zinsen	Guthaben
23.08.97	200,00	0,00	200,00	23.09.00	200,00	14,20	7866,85
23.09.97	200,00	0,37	400,37	23.10.00	200,00	14,60	8081,45
23.10.97	200,00	0,74	601,11	23.11.00	200,00	15,00	8296,45
23.11.97	200,00	1,12	802,23	23.12.00	200,00	15,40	8511,85
23.12.97	200,00	1,49	1003,72	23.01.01	200,00	15,80	8727,65
23.01.98	200,00	1,86	1205,58	23.02.01	200,00	16,20	8943,84
23.02.98	200,00	2,24	1407,82	23.03.01	200,00	16,60	9160,44
23.03.98	200,00	2,61	1610,43	23.04.01	200,00	17,00	9377,44
23.04.98	200,00	2,99	1813,42	23.05.01	200,00	17,40	9594,85
23.05.98	200,00	3,37	2016,79	23.06.01	200,00	17,81	9812,66
23.06.98	200,00	3,74	2220,53	23.07.01	200,00	18,21	10030,87
23.07.98	200,00	4,12	2424,65	23.08.01		18,62	10049,48
23.08.98	200,00	4,50	2629,15				
23.09.98	200,00	4,88	2834,03				
23.10.98	200,00	5,26	3039,29				
23.11.98	200,00	5,64	3244,93				
23.12.98	200,00	6,02	3450,95				

Bild 1.8: Verzinsung monatlicher Spareinlagen

Unmittelbar daraus werden drei Ergebnisse berechnet: das Datum der letzten Einzahlung (*n* Jahre minus 1 Monat nach der ersten Einzahlung), das Ende der Laufzeit (1 Monat später) und der monatliche Zinssatz.

Die Datumsberechnungen demonstrieren den Umgang mit der Funktion *DATUM*, mit der ein gültiges Datum aus der Angabe *(Jahr, Monat, Tag)* erstellt wird. Die *DATUM*-Funktion ist dabei unglaublich flexibel: *DATUM(1997,13,1)* führt zum 1.1.1998, *DATUM(1998,2,31)* zum 3.3.1998, *DATUM(1998,-3,-3)* zum 28.8.1997. Es kann also wirklich beinahe bedenkenlos gerechnet werden; ungültige Monats- und Tagesangaben werden automatisch in sinnvolle Daten umgerechnet.

Bei der Berechnung des monatlichen Zinssatzes wird angenommen, daß die Verzinsung wirklich monatlich erfolgt. Daher darf der Zinssatz nicht einfach durch 12 dividiert werden, weil der daraus resultierende Jahreszinssatz dann wegen des resultierenden Zinseszins zu hoch ausfallen würde.

E10 (letzte Einzahlung): *=DATUM(JAHR(E7)+E8;MONAT(E7)-1;TAG(E7))*
E11 (Vertragsende): *=DATUM(JAHR(E7)+E8;MONAT(E7);TAG(E7))*
E12 (monatlicher Zinssatz): *=(1+E5)^(1/12)-1*

Die eigentlichen Ergebnisse des Formulars – die im Verlauf der Vertragsdauer gutgeschriebenen Zinsen und das Endguthaben – resultieren aus der Monatstabelle im unteren Bereich des Formulars (B17:I53). Die Zinsgutschrift ergibt sich aus der Summe aller monatlichen Zinsen, das Endguthaben aus dem maximalen Betrag, der in den beiden Guthaben-Spalten gefunden werden kann. (Da die Länge der Tabelle von der Laufzeit des Vertrags abhängt, existiert keine genau definierte Zelle, in der das Ergebnis steht.)

E13 (gesamte Zinsgutschrift): *=SUMME(D17:D53;H17:H53)*
E14 (Gesamtguthaben): *=MAX(E17:E53;I17:I53)*

Nun zur Monatstabelle, deren Aufbau die meisten Formelprobleme verursacht. Die Tabelle ist aus Platzgründen zweispaltig konzipiert. Dadurch kann das gesamte Formular bis zu einer Laufzeit von sechs Jahren auf einer einzigen Seite ausgedruckt werden.

Die erste Zeile der Tabelle ist trivial und verweist einfach auf die entsprechenden Zellen des Eingabebereichs. In der Zinsspalte steht starr der Wert 0, weil am ersten Einzahlungstag noch keine Zinsen angefallen sind.

B17 (Datum): *=E7*
C17 (Einzahlung): *=E6*
D17 (Zinsen): 0
E17 (Guthaben): *=C17*

Ab der zweiten Zeile beginnen die allgemeingültigen Formeln, die nach einer einmaligen Eingabe durch Ausfüllen bzw. Kopieren auf die gesamte Tabelle verteilt werden. Wesentlich beim Formelapparat ist, daß sich zwar in allen Zellen der Tabelle Formeln befinden, daß aber nur in einer durch die Laufzeit vorgegebenen Anzahl von Zellen Ergebnisse angezeigt werden sollen. In den verbleibenden Zellen müssen die Formeln erkennen, daß die Vertragslaufzeit überschritten ist und daher als Ergebnis eine leere Zeichenkette "" liefern.

In der Datumspalte wird getestet, ob die Zelle oberhalb ein Datum enthält (also nicht leer ist) und ob dieses Datum kleiner als das Datum des Vertragsendes ist. Wenn das der Fall ist, wird das neue Datum durch die Vergrößerung des Monats um 1 berechnet. In der Einzahlungsspalte wird getestet, ob sich in der Datumspalte des *Vormonats* ein Datum befindet. Wenn das der Fall ist, wird der monatliche Einzahlungsbetrag angezeigt, sonst "". Der Vormonatstest ist deswegen notwendig, weil in der letzten Zeile der Tabelle (Vertragsende) keine Einzahlung mehr erfolgt, wohl aber ein letztes Mal Zinsen gutgeschrieben werden.

Auch in der Zinsspalte erfolgt der Datumtest. Die Formel liefert als Ergebnis das Vormonatsguthaben multipliziert mit dem monatlichen Zinssatz oder "". In der Guthabenspalte werden zum Guthaben des Vormonats die Zinsen und die Einzahlung des aktuellen Monats addiert.

B18 (Datum): *=WENN(UND(B17<>"";B17<$E$11);*
DATUM(JAHR(B17);MONAT(B17)+1;TAG(B17)); "")
C18 (Einzahlung): *=WENN(B19<>"";C17;"")*
D18 (Zinsen): *=WENN(B18<>"";E17*$E$12;"")*
E18 (Guthaben): *=WENN(B18<>"";SUMME(E17;C18:D18);"")*

Beachten Sie bei der Eingabe der Formeln, daß einige Zellbezüge ($E$11, $E$12) absolut sind, sonst gibt es beim Kopieren/Ausfüllen der Zellen Probleme.

Die für eine Zeile eingegebenen Formeln können nun durch Ausfüllen nach unten kopiert werden. Markieren Sie dazu die vier Zellen B18:E18, und ziehen Sie das kleine Ausfüllkästchen (rechte untere Ecke des Zellbereichs) bis zur Zelle E53 nach unten.

Excels Ausfüllfunktion ist nicht in der Lage, die Formeln selbständig so zu adaptieren, daß die Tabelle in der zweiten Spalte fortgesetzt wird. Sie können sich aber leicht behelfen, indem Sie die Formeln der ersten Spalte zwei Zeilen weiter ausfüllen (bis E55) und anschließend den Zellbereich B54:E55 nach F17 verschieben (Zellen markieren und am Rand der Markierung mit der Maus verschieben). Anschließend können Sie die zweite Spalte ebenso wie die erste Spalte der Tabelle mit Formeln ausfüllen.

ANMERKUNG

Die Datumsformel (B18) ist in einer Beziehung nicht optimal: Wenn als Startdatum der 31.1.94 angegeben wird, dann ergibt sich als nächstes Datum der 3.3.94 (es gibt ja keinen 31.2.94). In der Folge verrutschen alle Einzahldaten um drei Tage, das Enddatum stimmt nicht mit E11 überein etc. Dieses Problem könnte vermieden werden, wenn eine weitere Spalte mit durchlaufenden Nummern für die Einzahlungen eingeführt würde (1 für die erste Einzahlung, 2 für die zweite etc.). Damit kann das Einzahldatum in der Form *DATUM(JAHR(E7); MONAT(E7)+Laufnummer-1; TAG(E7))* berechnet werden.

Tabellenlayout, Zellschutz, Druckoptionen

Mit dem Aufbau des Formelmodells ist die mühsamste Arbeit erledigt. Sie müssen jetzt die Tabelle noch so formatieren, daß sie äußerlich ansprechend aussieht (kleine Schrift (8 Punkt) für die Monatstabelle, Rahmenlinien, Zahlen- und Datumsformate, Ausrichtung, Hintergrundfarbe für den Eingabebereich etc.). Über EXTRAS | OPTIONEN | ANSICHT können Sie die Anzeige der Rasterlinien, der Zeilen- und Spaltenköpfe, der horizontalen Bildlaufleiste und der Blattregister deaktivieren.

Testen Sie mit DATEI | SEITENANSICHT, ob das Formular auf einer Druckseite Platz hat und diese Seite gut füllt. Gegebenenfalls können Sie die Breite/Höhe einzelner Zeilen oder Spalten anpassen, um so eine bessere Nutzung der Seite zu erzielen. Über den Button LAYOUT (oder das Menükommando DATEI | SEITE EINRICHTEN) können Sie Kopf- und Fußzeilen verändern (am besten stellen Sie »keine« ein) und im Diagrammblatt RÄNDER eine horizontale und vertikale Zentrierung des Ausdrucks einstellen.

Als nächstes sollten Sie die Tabelle vor irrtümlichen Veränderungen durch den Anwender schützen. Markieren Sie dazu zuerst den Eingabebereich, und deaktivieren Sie für diese Zellen die Option »gesperrt« (Kontextmenü ZELLEN FORMATIEREN | SCHUTZ). Anschließend schützen Sie die gesamte Tabelle (mit Ausnahme der soeben formatierten Zellen) durch EXTRAS | DOKUMENT SCHÜTZEN | BLATT. Auf die Angabe eines Kennwortes sollten Sie dabei verzichten.

Validitätskontrolle

Die vier Eingabezellen des Tabellenblatts sind gegen fehlerhafte Eingaben abgesichert. Dazu wurden mit DATEN | GÜLTIGKEIT das gewünschte Datenformat, Gültigkeitsregeln, ein kurzer Infotext und eine Text für die Fehlermeldung (im Fall einer ungültigen Eingabe formuliert). Die Möglichkeit, Validitätsregeln zu formulieren, zählt zu den sinnvollsten Neuerung in Excel 97.

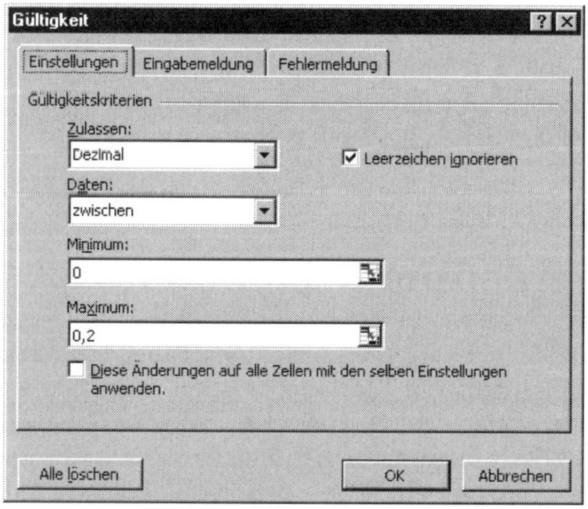

Bild 1.9: Formulierung der Gültigkeitsregeln für die Verzinsung

Mustervorlagen

Die Tabelle hat jetzt den Zustand erreicht, daß der Anwender sie mühelos verwenden kann: Er muß lediglich die vier Daten des Eingabebereichs verändern und kann das Ergebnis sofort ausdrucken. Damit die Tabelle in diesem Zustand belassen und nicht unbeabsichtigt verändert wird, speichern Sie sie mit DATEI | SPEICHERN UNTER als Mustervorlage im Verzeichnis `Office97\Vorlagen`.

Mustervorlagen sind Excel-Dateien, die als Vorlagen für neue Tabellen dienen. Der Benutzer lädt die Mustervorlage, ändert darin einige Informationen und speichert die Tabelle anschließend unter einem neuen Namen ab. Excel sorgt automatisch dafür, daß der Benutzer beim Speichern einen eigenen Dateinamen angeben muß und die Mustervorlage nicht durch eigene Veränderungen überschreiben kann.

In Version 5.0 reichte zur Kennzeichnung von Mustervorlagen die Dateikennung `*.xlt` aus. Mit Version 7.0 ist der Umgang mit Mustervorlagen umständlicher geworden: Die `*.xlt`-Datei muß jetzt im Verzeichnis `Office\Vorlagen` oder einem seiner Unterverzeichnisse gespeichert werden. Außerdem darf die Datei nicht mit DATEI | ÖFFNEN geöffnet werden, sondern muß mit DATEI | NEU aus der nun angezeigten Liste der Mustervorlagen ausgewählt werden.

HINWEIS

Um die Besonderheiten von Mustervorlagen richtig ausprobieren zu können, müssen Sie die Beispieldatei `Intro5.xlt` also in das Verzeichnis `Office97\-Vorlagen` oder `Office97\Vorlagen\Tabellenvorlagen` kopieren. Außerdem müssen Sie zum Öffnen DATEI | NEU verwenden (nicht DATEI | ÖFFNEN)!

VERWEIS

Weitere Beispiele für Mustervorlagen und »intelligente« Formulare finden Sie in Kapitel 10. Dieses Kapitel ist zur Gänze der Programmierung und Anwendung solcher Tabellen gewidmet. Beispielsweise kann durch Programmcode erreicht werden, daß die Vorlage beim Laden automatisch initialisiert wird, daß Buttons zum Ausdruck bereitgestellt werden etc.

1.8 Benutzerdefinierte Funktionen

Das vorangegangene Beispiel hat gezeigt, wie eine Tabelle durch den Einsatz ziemlich komplizierter Formeln »intelligent« gestaltet werden kann. Die Verwendung von Formeln wie im vorherigen Beispiel stößt allerdings bald auf Grenzen – die Formeln werden zu lang und praktisch nicht mehr handhabbar. Dieses Problem können Sie vermeiden, indem Sie selbst neue Funktionen definieren. Eigene Funktionen können aber auch Aufgaben erfüllen, die durch Tabellenformeln unlösbar wären – etwa die Umwandlung einer Zahl in einen Text (etwa 12,34 in "eins zwei Komma drei vier"), wie es bei der Ausstellung von Schecks erforderlich ist.

Die Definition eigener Funktionen setzt bereits ein etwas tiefergehendes Wissen über die Programmierung in VBA voraus. Die Makroaufzeichnung ist für diesen Zweck leider nicht brauchbar, weil es sich ja um eine Rechenfunktion und nicht um eine Kommandoabfolge handelt. Die folgenden Beispiele sind allerdings ganz einfach gehalten und sollten eigentlich auch ohne Programmierkenntnisse verständlich sein.

Die erste Funktion berechnet den Flächeninhalt eines Kreises. Bevor Sie die neue Funktion in einer Tabelle verwenden können, müssen Sie den Code in ein Modulblatt eingeben. Öffnen Sie dazu eine neue Arbeitsmappe, fügen Sie mit EINFÜGEN | MAKRO | VBA-MODUL ein neues Blatt ein und geben Sie die folgenden drei Zeilen ein.

```
' Beispieldatei Intro6.xls
Function Kreisfläche(radius)
  Kreisfläche = radius ^ 2 * Application.Pi
End Function
```

Function leitet ähnlich wie *Sub* aus den vorangegangenen Beispielen eine Prozedur ein. Der Unterschied zu einer *Sub*-Prozedur besteht darin, daß eine *Function*-Prozedur einen Wert zurückgeben kann. Aus diesem Grund wird dem Funktionsnamen *Kreisfläche* in der zweiten Zeile ein Berechnungsausdruck zugewiesen. *radius* ist ein Parameter der Funktion. Wenn Sie im Tabellenblatt die Formel *=Kreisfläche(5)* eingeben, dann führt Excel die Funktion aus und setzt dabei automatisch den Wert 5 in den Parameter *radius* ein. Mit *Application.Pi* greifen Sie auf die Zahl 3,1415927 zurück.

Nun zur zweiten Funktion, die schon ein bißchen sinnvoller ist: Sie berechnet das Produkt aus Preis und Anzahl. Dabei wird automatisch ein Rabatt von fünf Prozent berücksichtigt, wenn die Stückzahl mindestens zehn beträgt. Zur Erkennung dieses Sonderfalls wird eine *If*-Abfrage eingesetzt.

```
Function Rabatt(preis, stück)
  If stück >= 10 Then
    Rabatt = stück * preis * 0.95
  Else
    Rabatt = stück * preis
  End If
End Function
```

VERWEIS

Normalerweise werden benutzerdefinierte Funktionen natürlich für anspruchsvollere Aufgaben eingesetzt. Details zur Programmierung benutzerdefinierter Funktionen finden Sie in Abschnitt 6.6.

1.9 Analyse komplexer Tabellen

Als Excel-Anwender sind Sie immer wieder mit komplexen Tabellen konfrontiert, die Sie nicht selbst (oder vor sehr langer Zeit) erstellt haben. Im Regelfall ist es recht schwierig, sich in solchen Tabellen zu orientieren. Es ist nicht klar, welche Zellen aus Eingaben resultieren, welche Zellen sich aus Formeln ergeben etc. Die Symbole der »Detektiv«-Symbolleiste helfen bei der Analyse eines komplexen Formelmodells zwar ausgezeichnet weiter, sind für eine erste Orientierung aber auch nicht optimal geeignet. Eben diese Aufgabe übernimmt das hier vorgestellte Makro: Es analysiert alle Zellen des aktiven Arbeitsblatts. Zeichenketten werden blau, Formeln rot formatiert. (Natürlich wären weitere Untersuchungen des Inhalts oder andere Formatierungen möglich.)

Das Beispiel zeichnet sich unter anderem dadurch aus, daß es nicht mit der Makroaufzeichnung erstellt werden kann – es gibt ja keine vergleichbaren eingebauten Funktionen in Excel. Die Programmierung eines Makros in dieser Art erfordert daher schon ein relativ ausführliches Wissen über die Objektbibliothek von Excel und insbesondere über den Umgang mit Zellen (siehe Abschnitt 6.1).

Der Programmcode beginnt mit einem Test, ob es sich beim aktiven Blatt überhaupt um ein Tabellenblatt handelt (es könnte ja auch ein Diagramm sein). *TypeName* liefert als Ergebnis den Namen des Objekttyps, also beispielsweise *Worksheet* oder *Chart*. Wenn ein Tabellenblatt vorliegt, werden aus Geschwindigkeitsgründen vorübergehend die automatische Neuberechnung und Bildschirmaktualisierung abgeschaltet. Anschließend werden alle benutzten Zellen der Reihe nach analysiert:

Mit *HasFormula* kann ganz einfach festgestellt werden, ob es sich um eine Formel handelt. Mit *TypeName(c.Value)="String"* werden Zeichenketten erkannt. (Mit vergleichbaren Abfragen könnten Sie auch Daten oder Währungswerte – etwa 25,50 DM – feststellen.) Zur Formatierung wird die *Color*-Eigenschaft des *Font*-Objekts der gerade bearbeiteten Zelle verändert.

```
' Intro7.xls
Sub AnalyseWorksheet()
  Dim c As Range   'cell
  If TypeName(ActiveSheet) <> "Worksheet" Then Exit Sub
  Application.Calculation = xlCalculationManual
  Application.ScreenUpdating = False
  For Each c In ActiveSheet.UsedRange
    If c.HasFormula Then
      c.Font.Color = RGB(192, 0, 0)
    ElseIf TypeName(c.Value) = "String" Then
      c.Font.Color = RGB(0, 0, 192)
    Else
      c.Font.Color = RGB(0, 0, 0)
    End If
  Next
  Application.Calculation = xlCalculationAutomatic
  Application.ScreenUpdating = True
End Sub
```

2

Die CD-ROM zum Buch

Ganz nach dem Motto: »Zuerst probieren, dann lesen« sind Sie eingeladen, sich quasi per Mausklick einen Überblick über die Themen dieses Buchs zu verschaffen: Das Kapitel beschreibt die Besonderheiten aller Beispieldateien und gibt Querverweise auf die dazugehörenden Kapitel.

Kapitelübersicht

2.1 Installation

Die Beispieldateien zu diesem Buch befinden sich auf der beiliegenden CD-ROM im Verzeichnis `Beispiele`. Zur Installation kopieren Sie dieses Verzeichnis an einen beliebigen Ort auf Ihre Festplatte. Anschließend führen Sie per Doppelklick die Batch-Datei `ReadWrite.bat` aus. Diese Datei enthält das DOS-Kommando:

```
ATTRIB /s -r *.*
```

Dadurch wird für alle Dateien (auch in den Unterverzeichnissen) das Read-Only-Attribut deaktiviert. Dieses Attribut ist automatisch bei allen Dateien gesetzt, die von einer CD-ROM kopiert werden.

HINWEIS

Die CD-ROM wurde im Joliet-Format erstellt. Dieses Format erlaubt die Verwendung langer Dateinamen, setzt allerdings Windows 95 bzw. Windows NT voraus. Falls trotz Windows 95 nur kurze Dateinamen angezeigt werden, liegt dies an der Installation eines alten (DOS-kompatiblen) CD-ROM-Treibers. Sie können das mit START | EINSTELLUNGEN | SYSTEMSTEUERUNG | SYSTEM | LEISTUNGSMERKMALE feststellen. Abhilfe schafft nur die korrekte Installation der Windows-95-Treiber.

Falls Sie die beiden Beispielprogramme zum Thema ActiveX-Automation im Verzeichnis `VB5` verwenden möchten, müssen Sie nach der Installation der Dateien die Programme `VB5\Diagramm\Setup\Setup.exe` und `VB5\ClipBoard\Setup\Setup.exe` ausführen. Dadurch werden die erforderlichen Visual-Basic-Bibliotheken auf Ihrem Rechner installiert.

2.2 Highlights der Excel-Programmierung

Dieser Abschnitt gibt eine kurze Beschreibung der interessantesten Beispiele dieses Buchs. Der Abschnitt lädt dazu ein, die Beispiele einfach einmal zu laden und anzusehen. Wenn die Beispiele in etwa dem entsprechen, was Sie selbst mit Excel vorhaben, können Sie in den angegebenen Abschnitten die Details nachlesen. Der Abschnitt zeigt gleichzeitig auf, wie weitreichend die Möglichkeiten sind, die sich durch die VBA-Programmierung ergeben.

HINWEIS

Ein Teil der Beispieldateien kann nicht direkt von der CD-ROM verwendet werden. Installieren Sie die Beispieldateien zuerst wie oben beschrieben in ein Verzeichnis Ihrer Festplatte!

Kalender und Feiertage

In vielen Excel-Anwendungen tritt das Problem auf, daß Feiertage korrekt berücksichtigt werden sollen. `Feiertag.xls` zeigt, wie Feiertage berechnet werden. Ganz nebenbei fällt noch ein kleines Programm ab, das einen Kalender für ein beliebiges Jahr erzeugt.

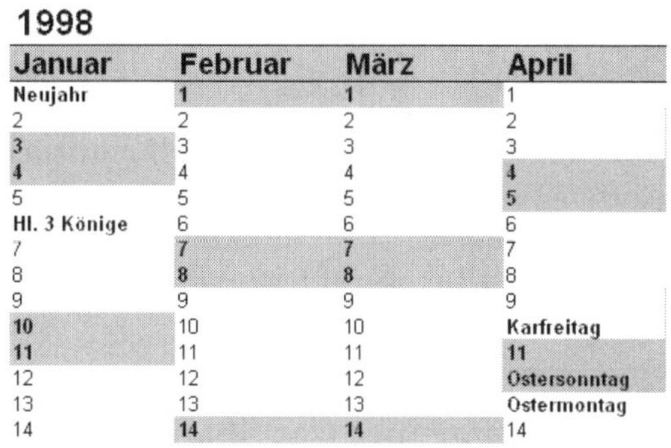

Eigene Dialoge gestalten

Excel bietet die Möglichkeit, selbst Dialoge zu gestalten, anzuzeigen und per Programmcode auszuwerten. Eine große Anzahl solcher Dialoge finden Sie in der Datei `Dialog.xls`. Die Dialoge können per Mausklick aufgerufen werden.

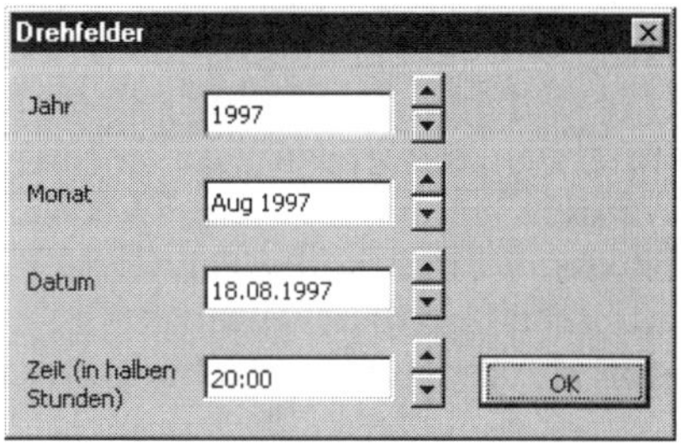

»Intelligentes« Rechnungsformular für eine Versandgesellschaft

Das Schreiben von Rechnungen kann durch sogenannte »intelligente« Formulare in einem hohen Ausmaß erleichtert werden. Die Mustervorlage `Speedy.xlt` gibt dafür ein einfaches Beispiel. Raffiniertere Variationen dieses Themas zeigen die Beispieldateien `DBCars.xls` und `Vertret.xls`.

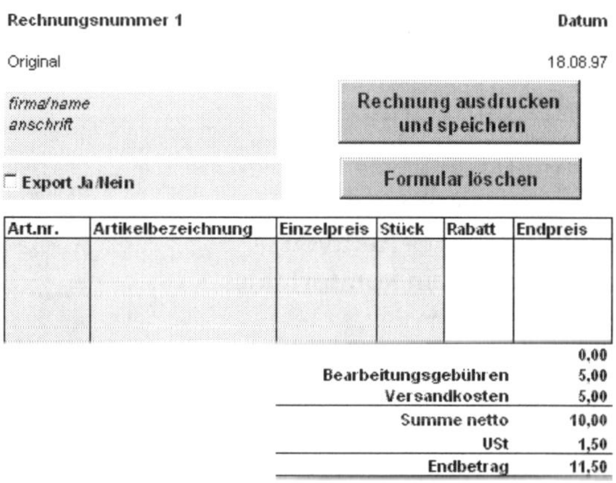

Automatische Datenprotokollierung mit Diagrammen

Die umfassenden Möglichkeiten zur Gestaltung von Diagrammen in Excel werden oft dazu verwendet, um große Datenmengen in grafischer Form zu protokollieren. Dieser Prozeß lädt natürlich zur Automatisierung ein. In `Protokol.xls` wird gezeigt, wie (ausgehend von simulierten Testdaten) automatisch Tages- und Monatsprotokolle erstellt werden können.

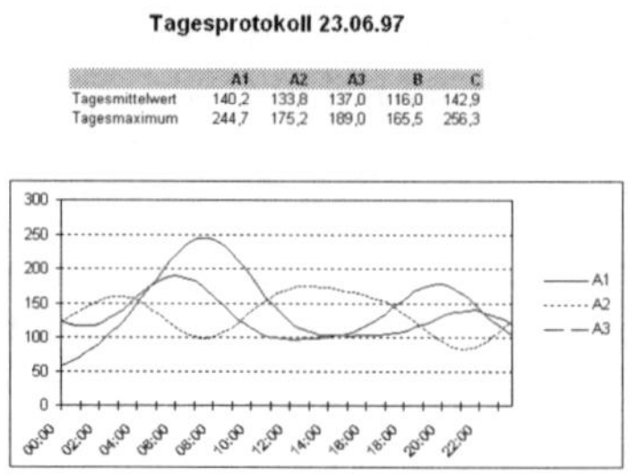

Abrechnung eines Car-Sharing-Vereins

Als Mitglied eines Car-Sharing-Vereins besitzen Sie kein eigenes Auto, sondern leihen es sich aus, wenn Sie es benötigen. Das Beispiel `DB_Cars.xls` zeigt, wie ein »intelligentes« Formular (nämlich `Share.xlt`) zu einer einfachen Datenbankanwendung ausgebaut werden kann. Mit `DB_Cars` verwalten Sie den Fuhrpark, die Teilnehmeradressen und drucken die Abrechnungen für einzelne Fahrten aus.

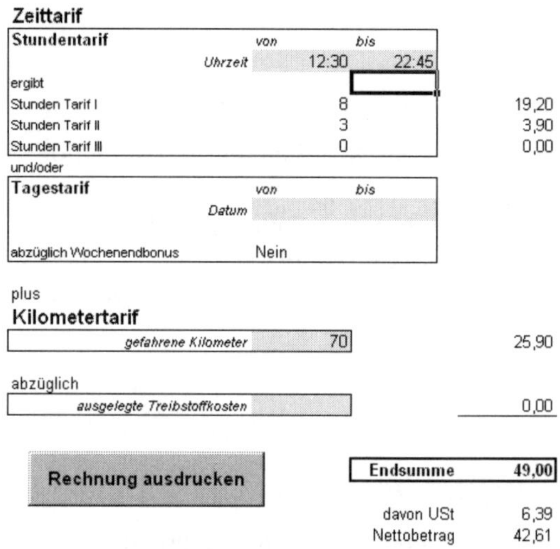

Verlagsabrechnung

Das umfangreichste Beispiel dieses Buchs ermöglicht den Vertretern eines (fiktiven) Buchverlags ein komfortables Ausfüllen von Bestellformularen (Datei `Verlag\Vertret.xls`).

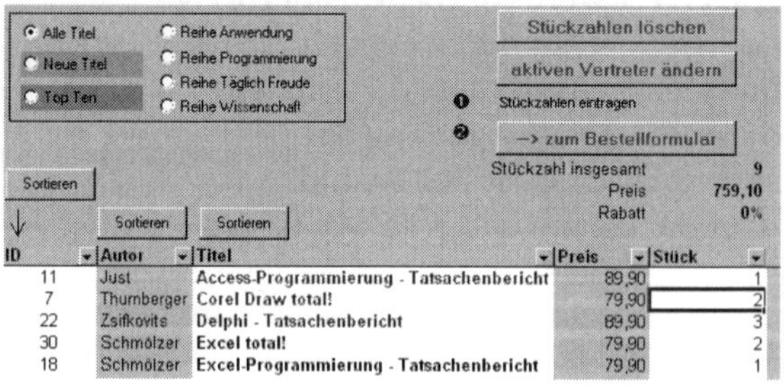

In der Zentrale des Verlags werden die automatisch erzeugten Wochenberichte in die Datenbankdatei `Verlag.mdb` übertragen und mit Pivottabellen analysiert (`Verlag.xls`).

Verkaufszahlen für alle Vertreter | Verkaufszahlen nach Titel | Top 10 | Verkaufszahlen per Monat | Wochenberichte einlesen

Summe - Stück	Jahre Zeit								
	1996				1997				Gesamtergebnis
Titel	Qrtl1	Qrtl2	Qrtl3	Qrtl4	Qrtl1	Qrtl2	Qrtl3	Qrtl4	
Täglich Freude mit Windows 95	4085	2688	1544	395	112	11	0	0	8835
Täglich Freude mit Excel 95	4104	2648	1543	398	115	8	1	0	8817
Täglich Freude mit Lotus Notes				2458	2457	1537	527	147	7126
Täglich Freude mit WinWord 97	9				1500	2814	1951	781	7055
Täglich Freude mit Corel Draw	9					2526	2570	1625	6730
Täglich Freude mit Windows NT	10				3075	2061	1159	337	6642
Täglich Freude mit Access 95	1				2223	2234	1438	482	6378
Täglich Freude mit OS/2	9		3073	1799	984	265	79	0	6209
Täglich Freude mit Access 97					1880	1884	1221	399	5384
Täglich Freude mit Excel 97	2				1163	2048	1439	597	5249
Gesamtergebnis	8229	5336	6160	5050	13509	15388	10385	4368	68425

ActiveX-Automation

Auch `Verlag\ActiveX_Access.xls` greift auf die Verlagsdatenbank zurück. Das Beispiel zeigt, wie Access – ferngesteuert via ActiveX-Automation – einen Bericht mit Verkaufszahlen ausdruckt. Voraussetzung ist allerdings, daß Sie Access besitzen (und einen leistungsfähigen Rechner!).

Gesamtverkaufszahlen in Stück

Autor	Titel	
Baumgartner		
	Täglich Freude mit Windows 95	8835
	Täglich Freude mit Windows NT	6642
	Windows 3.1 total!	4039
	Windows 95 total!	4431
		24747
Behounek		
	Täglich Freude mit Lotus Notes	7126
		7126
Gaulhofer		
	Täglich Freude mit WinWord 95	4998
	Täglich Freude mit WinWord 97	7055
	WinWord 97 total!	3856
		15909

Nicht nur Excel kann via ActiveX-Automation fremde Programme steuern – auch der umgekehrte Weg ist möglich. Das Visual-Basic-Programm `Vb5\Diagramm\ExcelGrafik.exe` nutzt die Diagrammfunktionen von Excel, um eigene Daten in einem Excel-Diagramm anzuzeigen.

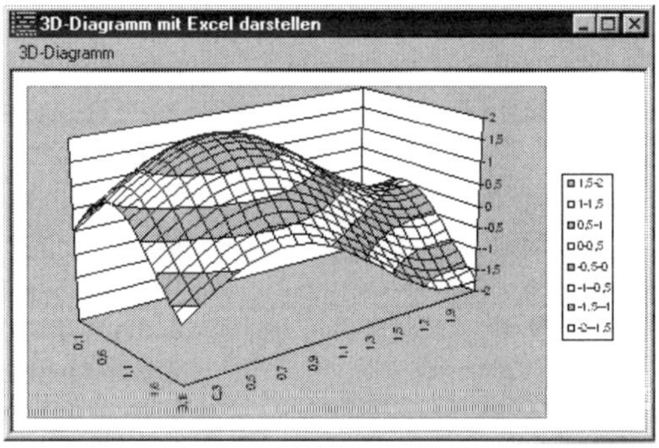

2.3 Alphabetische Beschreibung der Beispieldateien

Der Abschnitt gibt eine Kurzbeschreibung aller Beispieldateien (mit Abschnittnummern).

`ActiveX-Explorer.xls`	Steuerung des Internet-Explorers per VBA	13.6.1
`AddIn*.*`	Umgang mit Add-In-Dateien	13.1
`Blätter.xls`	Fenster, Arbeitsmappen und Blätter	6.2
`Car_Vorl.xlt`	Mustervorlage zu `DB_Cars.xls`	11.6
`CommandBar*.xls`	eigene Menüs und Symbolleisten	9.1
`Data.txt`	Testdatei für `Textdat.xls`	11.5.1
`Datei.xls`	Umgang mit Dateien	6.5
`Datum.xls`	Berechnungen mit Datum und Uhrzeit	6.4
`DB_Funktionen.xls`	Anwendung von Datenbanktabellenfunktionen	11.2.4
`DB_Cars.xls`	Abrechnung eines Car-Sharing-Vereins	11.6
`Dialog.xls`	Beispiele zur Gestaltung eigener Dialoge	8.4
`DLL_Test.xls`	Verwendung von DLL-Funktionen in VBA	13.3
`Excel.htm`	Datei zu `ActiveX-Explorer.xls`	13.6.1
`Feiertag.xls`	Funktion zur Berechnung von Feiertagen	6.4.4
`Funkt.xls`	Definition neuer Tabellenfunktionen mit VBA	6.6
`Häufigk.xls`	Ermittlung einer Häufigkeitsverteilung	11.2.4
`Intro?.xls`	Einführungsbeispiele	1.3
`Konsolid.xls`	Tabellenblätter konsolidieren	11.3.1
`Konzepte.xls`	Grundkonzepte der VBA-Programmierung	5.1
`Kreuztab.xls`	Anwendung von Pivottabellen	11.4.2
`Mappe.xlt`	Mustervorlage für neue Mappen	9.3.3
`Mitarbei.xls`	Mitarbeiterdatenbank	11.2.1
`Mitarbei.doc`	WinWord-Serienbrief zu `Mitarbei.xls`	11.3.6
`Namen.xls`	Programmierung von benannten Bereichen	6.1
`OLE_*.xls`	OLE und ActiveX-Automation	13.5
`Protokol.xls`	Programmierung von Diagrammen	12.3
`QueryTable.xls`	Umgang mit dem neuen *QueryTable*-Objekt	11.5.1
`Share.xlt`	Abrechnung eines Car-Sharing-Vereins	10.3
`Speedy.xlt`	Formular zum Schreiben von Rechnungen	10.2
`Teilerg.xls`	Beispiel zum Kommando DATEN | TEILERGEBNISSE	11.4.1
`Textdat.xls`	Textdatei einlesen	11.5.1
`Tips&Tri.xls`	Tips und Tricks	6.7
`Trend.xls`	Trendfunktion in Diagrammen	12.1
`Zellen.xls`	Umgang mit Zellbereichen	6.1

Das Verzeichnis Hilfe

Excel bietet die Möglichkeit, selbst erstellte Hilfedateien in eigene Anwendungen einzubinden. `HilfeBsp.xls` demonstriert die Möglichkeiten, die sich daraus ergeben, anhand der Hilfedatei `Hilfebsp.hlp`.

`HilfeBsp.*`	eigene Online-Hilfe	13.2

Das Verzeichnis VB5

Das Verzeichnis enthält in den beiden Subverzeichnissen `ClipBoard` und `Diagramm` zwei eigenständige Programme, die mit der Programmiersprache Visual Basic 5 erstellt wurden. Falls Sie Visual Basic nicht auf Ihrem Rechner installiert haben, müssen Sie für beide Verzeichnisse das Programm `Setup.exe` ausführen, um die erforderlichen Bibliotheken zur Ausführung der Programme zu installieren.

Das Programm `ExcelGrafik.exe` im Verzeichnis `Diagramm` demonstriert, wie Excel via ActiveX-Automation durch ein fremdes Programm gesteuert werden kann. `ExcelGrafik.exe` zeigt in seinem Fenster ein Diagramm an; die Parameter des Diagramms können verändert werden, das Diagramm kann ausgedruckt werden. Der Clou an der Sache: Visual Basic hat gar keine Diagrammfunktionen, sondern nutzt die von Excel.

Der ActiveX-Server `ClipBoard.dll` wird durch `Setup.exe` in das Windows-Systemverzeichnis installiert. Der Server stellt das neue *ClipBoard*-Objekt zur Verfügung. `ActiveX_Clip.xls` zeigt, wie dieses neue Objekt in Excel via ActiveX-Automation benutzt werden kann.

`ClipBoard\*`	Verwendung neuer ActiveX-Objekte in Excel	13.6.3
`Diagramm\*`	ActiveX-Steuerung durch Visual Basic	13.6.2

Das Verzeichnis Verlag

Das Verzeichnis enthält einige Dateien, die auf die gemeinsame Datenbank `Verlag.mdb` zugreifen bzw. in irgendeinem Zusammenhang damit stehen. Die Dateien `Verlag.xls` und `Vertret.xls` ergeben gemeinsam ein recht umfangreiches Beispiel zur Datenbankprogrammierung unter Excel.

`9732_08.xls`	Wochenberichtbeispiel zu `Vertret.xls`	11.7
`ActiveX_Access.xls`	Access-Datenbankberichts durch Excel drucken	13.6.1
`Archive\`	durch `Verlag.xls` verarbeitete Wochenberichte	11.8
`Bucher.xls`	Prozeduren zum Erzeugen der Testdaten	11.1
`DAO-Bsp.xls`	Anwendung der DAO-Bibliothek	11.5.3
`Query1.xls`	MS-Query-Beispielabfrage	11.5.1
`Verlag.mdb`	Verlagsdatenbank Access-Format	11.1
`Verlag.xls`	Analyse der Verlagsdatenbank	11.8
`Vertret.xls`	Bestellformular für Buchhandelsvertreter	11.7

Teil II

Grundlagen

In Teil II geht es vor allem darum, das Grundlagenwissen zu vermitteln, auf dem die weiteren Kapitel in Teil III zum Thema »Anwendung« aufbauen. Dabei wurde versucht, möglichst viele und kurze Beispiele unterzubringen.

Generell gibt es zwei mögliche Ansätze, um dieses Buch zu lesen. Der systematische Ansatz führt Sie zuerst durch die sechs Kapitel dieses Grundlagenteils, bevor Sie in Teil III auf konkrete Anwendungen stoßen. Der zweite Ansatz besteht darin, daß Sie diesen Teil diagonal lesen oder überhaupt nur durchblättern und sich gleich Teil III zuwenden. Erst wenn Sie dort auf Verständnisprobleme stoßen, blättern Sie zurück und suchen sich die relevanten Informationen in Teil II. Dieser Ansatz ist zweifellos interessanter und abwechslungsreicher, er setzt aber ein relativ hohes Grundverständnis im Programmieren voraus.

Kurz ein Überblick über die Kapitel von Teil II: Kapitel 3 geht auf die Neuigkeiten von Version 7 ein. Kapitel 4 beschreibt die Bedienung der VBA-Entwicklungsumgebung (Codeeingabe, Objektkatalog etc.).

Die Kapitel 5 bis 7 vermitteln dann konkretes Programmier-Know-how: Kapitel 5 beschreibt die Konzepte von VBA (Variablen, Schleifen etc.), Kapitel 6 die Excel-spezifischen Programmiertechniken (Umgang mit Tabellenblättern, Zellen etc.). Kapitel 7 ist der Fehlersuche und der Absicherung von Programmen gegen Laufzeitfehler gewidmet.

In Kapitel 8 und 9 geht es schließlich um die Gestaltung der Oberfläche von Excel-Anwendungen: Kapitel 8 beschreibt, wie Sie eigene Dialoge erstellen und verwalten können. Kapitel 9 zeigt Möglichkeiten, Excel individuell zu konfigurieren. Einen besondereren Schwerpunkt stellen dabei eigene Menüs und Symbolleisten dar.

3 Neuerungen in Excel 97

Dieses Kapitel vermittelt einen Überblick über die wichtigsten Neuerungen und Änderungen in Excel 97 gegenüber den beiden Vorgängerversionen Excel 5 und Excel 7 (alias 95). Auch wenn sich der Funktionsumfang von Excel nicht grundlegend geändert hat, gibt es für VBA-Programmierer eine Menge Neuigkeiten und (wenn Sie Ihre Programme an den aktuellen Status anpassen möchten) viel Portierungsaufwand. Falls Sie gar von Excel 5 auf Excel 97 umsteigen, werden Sie Ihre eigenen Programme nicht mehr wiedererkennen: Alle deutschen Schlüsselwörter werden automatisch in den englischen VBA-Dialekt übersetzt.

Kapitelübersicht

3.1 Neuerungen gegenüber Excel 7 (alias 95)

»Gib dem Programmierer keine Chance« lautet offenbar das Motto bei Microsoft: Excel 97 ist die dritte Excel-Version in Folge, bei der es tiefgreifende Änderungen für Programmierer gibt: Nach der Einführung des deutschen VBA-Dialekts in Excel 5 und der Umstellung auf den englischen Dialekt in Excel 7 gibt es nun in Excel 97 eine neue Entwicklungsumgebung und eine Neukonzeption benutzerdefinierter Formulare (MS-Forms-Bibliothek). Beinahe die Hälfte der rund 120 Excel-7-Objekte wurden durch neue Objekte ersetzt, darüber hinaus wurden zahllose neue Objekte eingefügt. Als Draufgabe gibt es noch diverse Inkompatibilitäten, die dem Programmierer das Leben schwer machen. Daß bei soviel Neuerungen keine Zeit blieb, Fehler aus früheren Versionen endlich zu korrigieren, überrascht wenig ...

Damit Sie mich nicht falsch verstehen: Natürlich gibt es für meisten Neuerungen sinnvolle Begründungen. (Das Standardargument lautet, die VBA-Programmierung solle für alle Office-Komponenten so weit wie möglich vereinheitlicht, Entwurfsschwächen bisheriger VBA-Versionen ausgebessert werden.) Natürlich ist der Komfort der neuen Programmierumgebung eine echte Verbesserung, natürlich ist der effizientere Datenbankzugriff erfreulich. Nur stellt sich so oft die Frage: Warum nicht gleich? Warum nicht ein etwas langsamerer Produktzyklus und dafür ausgereifte Programme, durchdachte und konsistente Schnittstellen?

Das Mehr an Eleganz in den Programmierschnittstellen von Excel 97 bringt dem *Anwender* von Excel-Programmen nur in sehr wenigen Fällen einen echten Vorteil. Für den *Programmierer* ist die Anpassung seines Codes an den aktuellen Standard aber mit erheblichem Aufwand verbunden. In Anbetracht des Umstellungsaufwands mit jeder neuen Version sind die Update-Gebühren geradezu vernachlässigbar.

Wenn Sie momentan mit Excel 7 arbeiten und damit zufrieden sind, sollten Sie sich die Frage stellen, ob die Vorteile eines Umstiegs die Nachteile rechtfertigen. (Für Neueinsteiger in die VBA-Programmierung ist Excel 97 sicherlich die bessere Wahl. Und langfristig bleibt Ihnen die Umstellung Ihres Codes vermutlich nicht erspart. Excel 97 unterstützt zwar alle Excel-7-Objekte als sogenannte verborgene Objekte, aber ob das auch noch in den folgenden Versionen der Fall sein wird, steht in den Sternen.)

HINWEIS

Selbst Microsoft räumt die Umstellungsprobleme mittlerweile ein und zählt auf Web-Seite `http://www.microsoft.com/kb/articles/q162/7/21.htm` nicht weniger als 75 Einzelprobleme auf (Stand: August 97). Mitte August gab es vorübergehend ein Service-Pack zur englischen Version von Office 97, das aber wegen noch mehr Fehler wieder zurückgezogen wurde. Ein Service-Pack zur deutschen Version ist für Herbst 97 versprochen – wieviele Probleme damit behoben werden, bleibt abzuwarten.

3.1.1 Entwicklungsumgebung

Die offensichtlichste Neuerung in Excel 97 ist die von Excel getrennte Entwicklungsumgebung. Diese Trennung ist zwar gewöhnungsbedürftig, bringt aber viele Vorteile mit sich. Der wohl größte Fortschritt ist die Erweiterung unvollständiger Schlüsselwörter durch automatisch angezeigte Auswahllisten bzw. durch Strg+Leertaste.

Modulblätter: Die Zweiteilung in eine Anwendungs- und eine Programmierkomponente hat auch Auswirkungen auf die Programmierung: Die Aufzählung *Modules* und die Objektklasse *Module* für Modulblätter werden nicht mehr unterstützt und stehen nur noch aus Kompatibilitätsgründen zur Verfügung.

Schutz von Modulblättern: Wegen der Trennung von Excel in eine Anwendungs- und eine VBA-Komponente wurden auch die Schutzfunktionen für Module überarbeitet. Das wäre nicht weiter schlimm, wenn dabei ein Minimum an Kompatibiltät gewahrt worden wäre. Das ist leider nicht der Fall: In Excel 7 ausgeblendete und geschützte Module werden in Excel 97 angezeigt, als wären sie ungeschützt. Na ja, Ihre Kunden bzw. Anwender wollten ja schon immer wissen, wie Sie all die Funktionen programmiert haben ... Das ist ein Vertrauensbruch Microsofts von der übelsten Sorte!

3.1.2 Sprachmerkmale

VBA-Sprachkonzepte

Ereignisse: Die Verwaltung von Ereignissen wurde in Excel 97 vollständig überarbeitet. Während in Excel 5 und 7 eine kleine Zahl vordefinierter Ereignisse über *OnEvent*-Eigenschaften angemeldet wurden, werden Ereignisse jetzt wie in Visual Basic verwaltet: Zu allen möglichen Ereignissen – etwa dem Aktivieren eines Tabellenblatts – sind die Namen von Ereignisprozeduren fix vorgegeben (etwa *Worksheet_Activate*). Wenn Sie diese Prozedur mit Code füllen, wird der Code automatisch jedesmal ausgeführt, wenn das Ereignis auftritt. Auch Ereignisse zu Objekten, die in der Entwicklungsumgebung nicht in eigenen Modulen angezeigt werden, können über den Umweg eines Klassenmoduls empfangen werden.

Die Schattenseite des neuen Ereigniskonzepts besteht darin, daß die Excel-Programmierer vielleicht ein wenig zu überschwenglich waren: Beinahe jedes Objekt ist mit zahllosen Ereignissen ausgestattet. Die Übersichtlichkeit ist dabei auf der Strecke geblieben. Abzuwarten bleibt, ob es wirklich Anwendungen für all diese Ereignisse gibt.

Klassenmodule: In VBA können nun wie in Visual Basic neue Objektklassen mit Methoden und Eigenschaften definiert werden (allerdings ohne eigene Ereignisse und ohne *Enum*-Konstanten). Die Implementierung macht allerdings einen halbfertigen Eindruck. Zudem stellt sich die Frage, ob für selbstdefinierte Klassenmodule innerhalb von Excel-Anwendungen ein großer Bedarf besteht.

***Collection*-Objekt:** Das *Collection*-Objekt stellt eine komfortable Alternative zu Feldern dar. Der Vorteil gegenüber normalen Feldern besteht darin, daß *Collections* nicht im voraus in einer bestimmten Größe deklariert werden müssen. Außerdem kann als Index ein beliebiger Text verwendet werden (statt einer fortlaufenden Nummer).

Benutzerdefinierte Funktionen: In Excel 5 und 7 konnten selbstdefinierte Tabellenfunktionen unterschiedlichen Kategorien zugeordnet werden, die im Dialog FUNKTION EINFÜGEN (dem ehemaligen Funktionsassistenten) berücksichtigt wurde. In Excel 97 besteht diese Möglichkeit nicht mehr; es ist unklar, ob das lediglich an der schlampigen Realisierung des dafür zuständigen Dialogs ELEMENTOPTIONEN liegt, oder ob diese Feature absichtlich entfernt wurde.

Immerhin gibt es auch eine positive Nachricht für die Anwender benutzerdefinierter Funktionen: Die Neuberechnung von Tabellen mit F9 funktioniert jetzt viel besser als in der letzten Version (aber noch immer weigert sich Excel manchmal, mit der Neuberechnung zu beginnen). Auch sonst gibt es weniger Probleme mit solchen Funktionen als in früheren Versionen.

Veränderte oder erweiterte Objekte

Eine Menge Excel-Objekte wurden in Version 97 neu eingeführt oder geändert bzw. anderen Bibliotheken zugeordnet (und dabei auch neu benannt). Die wichtigsten Änderungen werden auf den folgenden Seiten zusammengefaßt. Eine vollständige Aufzählung finden Sie in »Neue Eigenschaften und Methoden« in der VBA-Hilfe.

Das ***Application***-Objekt ist mit diversen neuen Eigenschaften ausgestattet. Die wichtigste ist *WorksheetFunction*, die auf ein gleichnamiges neues Objekt verweist. Über dieses Objekt können die meisten Excel-Tabellenfunktionen im VBA-Code genutzt werden. (Bisher erfolgte der Zugriff direkt über das *Application*-Objekt.) Die Methode *SaveWorkspace* ersetzt die bisher übliche *Save*-Methode zum Speichern der aktuellen Arbeitsmappe.

Die Festlegung des Diagrammtyps bei ***Chart***-Objekten erfolgt nicht mehr durch *Type* und *SubType*, sondern mit der neuen Eigenschaft *ChartType*, für deren Einstellung 73 (!) Konstanten vordefiniert sind. Falls Sie benutzerdefinierte Formate verwenden (die in der letzten Version noch Autoformate hießen), werden diese jetzt mit *ApplyCustomType* zugewiesen (bisher *AutoFormat*). Die neue Methode *Export* erlaubt das Speichern von Diagrammen in diversen Grafikformaten.

Beim ***PlotArea***-Objekt kann nun die Innengröße des Diagrammbereichs (also des Bereichs ohne Achsenbeschriftung) aus den Eigenschaften *InsideLeft*, *-Top*, *-Width* und *-Height* gelesen werden. Eine Veränderung ist weiterhin nur via *Left*, *Top* etc. möglich. Diese Eigenschaften verändern aber den Innenbereich (im Widerspruch zu dem, was die Dokumentation beschreibt und im Gegensatz zu früheren Excel-Versionen), was eine korrekte Einstellung nicht eben erleichert.

Die wichtigsten Erweiterungen beim ***Workbook***-Objekt betreffen die gemeinsame Nutzung einer Excel-Datei durch mehrere Anwender (Freigabefunktionen). Um eine Excel-Datei gemeinsam nutzen zu können, muß sie mit *SaveAs* mit *AccessMode:=xlShared* als freigegebene Datei gespeichert werden. (Manuell erfolgt die Freigabe von

Excel-Dateien übrigens nicht durch SPEICHERN UNTER, sondern durch EXTRAS | ARBEITSMAPPE FREIGEGEBEN.)

Um die Freigabe wieder aufzuheben, steht die Methode *ExclusiveAccess* zur Verfügung. (Dadurch wird die aktuelle Arbeitsmappe unter dem aktuellen Namen gespeichert.) Der aktuelle Zustand kann der Eigenschaft *MultiUserEditing* entnommen werden.

Zur Protokollierung, Verwaltung und Synchronisation gemeinsam genutzer Dateien gibt es eine Menge neuer Eigenschaften und Methoden: *AcceptAllChanges, AutoUpdateFrequency, AutoUpdateSaveChanges, HighlightChangesOnScreen, HighlightChangesOptions, KeepChangesHistory, ListChangesOnNewSheet, PersonalViewListSettings, PersonalViewPrintSettings, ProtectSharing, RejectAllChanges* und *UnprotectSharing*.

Neue Objekte

Das ***FillFormat***-Objekt ermöglicht eine flexiblere Einstellung von Hintergrundfarben, -mustern und -effekten für diverse *Chart*- und *Shape*-Objekte. Der Zugriff erfolgt über die Eigenschaft *Fill*.

Mit dem ***FormatCondition***-Objekt kann die Formatierung einer Zelle bzw. eines Zellbereichs (*Range*-Objekt) von dessen Inhalt abhängig gemacht werden. Beispielsweise können Sie erreichen, daß sich die Farbe eines Zahlenwerts ändert, wenn dieser größer als der Inhalt einer Vergleichszelle ist. Pro Zelle können maximal drei Bedingungen angegeben werden. Manuell können Sie diese Art der Formatierung mit FORMAT | BEDINGTE FORMATIERUNG durchführen. (Ähnliche Effekte konnten in früheren Excel-Versionen durch bedingte Zahlenformate erreicht werden. Allerdings gab es dabei viel weniger Gestaltungsmöglichkeiten und keine VBA-Schnittstelle.)

Mit dem ***Validation***-Objekt können Validitätskontrollen für die Eingabe in Zellen definiert werden. Damit lassen sich beispielsweise Eingaben auf ein bestimmtes Format (Datum) oder auf einen bestimmten Wertebereich eingrenzen. Manuell können Sie solche Regeln mit DATEN | GÜLTIGKEIT formulieren.

Natürlich ist auch das Internet nicht spurlos an Excel vorbeigegangen: Mit dem ***Hyperlink***-Objekt können Verweise zu Excel-Blättern ebenso wie zu anderen Dateien (lokal oder im Internet) hergestellt werden.

Die Orte manueller Seitenumbrüche in Arbeitsmappen werden seit Excel 97 durch die Objekte ***HPageBreak*** bzw. ***VPageBreak*** ausgedrückt. (Die früheren Excel-Versionen haben das mit der *PageBreak*-Eigenschaft des *Range*-Objekts auch zufriedenstellend erledigt.)

Die Parameter externer Daten (die durch MS-Query in die Tabelle eingefügt wurden) werden als ***QueryTable***-Objekte in den Tabellenblättern gespeichert. Excel 97 sieht zwar keine direkte Steuerung von MS-Query mehr vor (in den vorangegangenen Versionen hat das ohnedies nie zufriedenstellend funktioniert), Sie können einen Import jetzt aber durch das Einfügen eines *QueryTable*-Objekts, die Veränderung dessen Eigenschaften und schließlich den Aufruf der Methode *Refresh* durchführen.

Eine ganze Objektfamilie (***Shape, ShapeRange, ShapeNode, GroupShapes*** etc.) ersetzt die Zeichnungsobjekte aus Excel 5 / 7 (*Arc, Line* etc.) Außer den Zeichnungsobjekten, die jetzt AutoForm-Objekte heißen und erheblich mehr Gestaltungsmöglichkeiten bieten, werden auch alle anderen Objekte in Tabellen durch *Shape*-Objekte verwaltet: Steuerelemente, OLE-Objekte, Objektgruppen etc.

Neue Eigenschaften und Methoden

Durch die Einstellung ***AutoScaleFont****=True* kann für diverse Objekte (*AxisTitle, LegendEntry* etc.) erreicht werden, daß die Schriftgröße an die Größe des Objekts angepaßt wird.

Durch ***FormulaLabel****=xlColumn/RowLabel* kann der Inhalt einer Zelle als Name für die durch diese Zelle laufende Zeile oder Spalte definiert werden. In der Folge können diese Namen in Formeln verwendet werden. Formeln werden dadurch besser lesbar. Voraussetzung ist, daß ***AcceptLabelsInFormulas*** auf *True* gestellt ist (Defaulteinstellung). Manuell kann *FormulaLabel* mit EINFÜGEN | NAMEN | BESCHRIFTUNG verändert werden.

In Bild 3.1 gilt für die Zellen A1:C1 *FormulaLabel=xlColumnLabels*. Daher kann in C2 die Formel *=Einnahmen-Ausgaben* verwendet werden. Wenn in A1 ein anderer Text eingegeben wird, wird die Formel automatisch geändert!

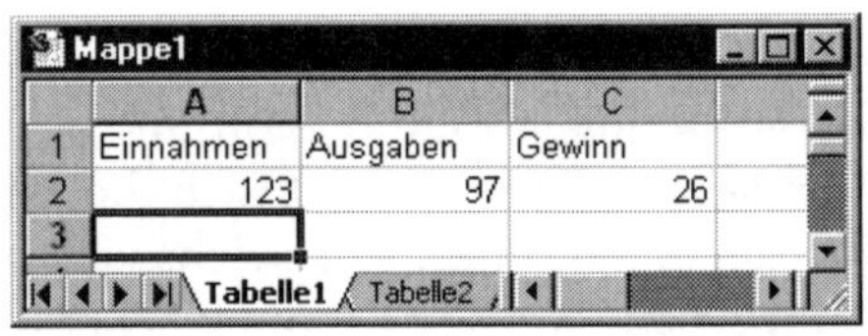

Bild 3.1: Beispiel für FormulaLabel

Gleich eine ganze Reihe neuer Formatierungsmöglichkeiten ergibt sich durch neue Eigenschaften zum *Range*-Objekt: ***IndentLevel*** gibt an, wie weit der Inhalt einer Zelle eingerückt werden soll. (Der zulässige Wertebereich geht von 0 bis 15.) Über ***Borders*** lassen sich jetzt auch diagonale Linien durch eine Zelle zeichnen (bisher konnte die Zelle nur eingerahmt werden). Mit ***Orientation*** kann die Textausrichtung im Bereich zwischen -90 bis 90 Grad beliebig eingestellt werden (bisher waren nur Vielfache von 90 Grad möglich). Die *Orientation*-Eigenschaft steht auch für zahlreiche andere Objekte zur Verfügung, etwa um die Beschriftung von Diagrammen zu verändern.

VERWEIS

Einen guten und weitgehend vollständigen Überblick über die zahllosen neuen Objekte in Excel 97 gibt die Objektreferenz in Kapitel 14. Dort wird im rechten oberen Eck bei jeder Syntaxbox die Objektbibliothek angegeben (z.B. Excel, DAO, Office). Neue Objekte sind durch die nachgestellte Zahl 97 hervorgehoben (Excel 97, DAO 97 etc.).

3.1.3 Objektbibliotheken

Menüs/Symbolleisten (Office-Bibliothek): Sicher ist Ihnen aufgefallen, daß sich das Aussehen von Menüs und Symbolleisten wieder einmal geändert hat. Die Auswirkung für VBA-Programmierer besteht darin, daß die *Toolbar*- und *Menu*-Objekte durch eine Familie neuer *CommandBar*-Objekte (Office-Bibliothek) ersetzt wurde. Daraus ergeben sich nicht nur gravierende Änderungen für die Verwaltung eigener Menüs und Symbolleisten, sondern auch diverse Inkompatibilitäten. Es gibt keinen Menüeditor mehr, statt dessen müssen Sie sich beim Entwurf neuer Menüleisten durch eine Fülle unübersichtlicher Kontextmenüs quälen (Startpunkt ist ANSICHT | SYMBOLLEISTEN | ANPASSEN). Der einzige Vorteil als Gegenleistung für den Adaptions- und Umstellungsaufwand besteht darin, daß die neuen Menü- und Symbolleisten bzw. die zugrundeliegende Office-Objektbibliothek in allen Office-Komponenten gemeinsam genutzt werden kann.

Dialoge (MS-Forms-Bibliothek): Zur Gestaltung von Dialogen steht die neue MS-Forms-Bibliothek zur Auswahl. Damit erstellte Dialoge sehen genauso aus wie Dialoge in Excel 5 und 7, der Dialogeditor ist aber anders zu bedienen und die Verwaltung des Dialogs per Programmcode weist erhebliche Unterschiede auf. Es gibt zwei wesentliche Vorteile: Sie können nun mehrblättrige Dialoge erstellen (in der Art der Optionen-Dialoge) und externe Steuerelemente nutzen (sogenanne ActiveX-Steuerelemente).

Im Gegensatz zu herkömmlichen Menüs und Symbolleisten werden Excel-5/7-Dialoge unter Excel 97 weiterhin uneingeschränkt unterstützt, d.h., auch der Dialogeditor wird noch mitgeliefert. Neue Projekte sollten aber unbedingt auf MS-Forms-Dialogen aufbauen, denn wer weiß, wie lange Microsoft die alten Dialoge noch pflegt?

Datenbankzugriff (DAO-Bibliothek): Die Data Access Objects zum Datenbankzugriff wurden durch ODBCDirect-Funktionen erweitert. Diese Funktionen ermöglichen einen effizienteren Zugriff auf Daten, die durch einen Datenbank-Server (Microsoft SQL-Server, Oracle etc.) verwaltet werden. Während diese Verbesserungen für Visual-Basic- und Access-Programmierer von großer Bedeutung sind, spielt ODBCDirect für die überwiegende Mehrheit der Excel-Anwendungen keine Rolle.

VBIDE-Bibliothek: Die Entwicklungsumgebung ist durch eine eigene Bibliothek programmierbar: Microsoft Visual Basic for Applications Extensibility, VBIDE im Objektkatalog, Startobjekt *VBE*. Die Bibliothek ist dann von Nutzen, wenn Sie die Bedienung der Entwicklungsumgebung verbessern möchten oder per Programmcode den Code einer Excel-Datei verändern mochten.

3.2 Neuerungen gegenüber Excel 5

Wenn Sie von Excel 5 direkt auf Excel 97 umsteigen, besteht der wohl gravierendste Unterschied darin, daß Ihr gesamter VBA-Code von dem in Excel 5 üblichen deutschen Dialekt ins Englische übersetzt wird. Die daraus resultierenden Probleme werden im nächsten Abschnitt behandelt. Dieser Abschnitt faßt die wichtigsten Änderungen der Sprache VBA und der Excel-Objektbibliothek zusammen, soweit diese Änderungen nicht schon wieder überholt sind. Auf den vorangegangenen Seitenn wurde der neueste Stand präsentiert.

Sprachmerkmale

VBA: Die Programmiersprache VBA wurde in zahllosen Kleinigkeiten verbessert. Diverse Limits wurden aufgehoben oder vergrößert. So können Zeichenketten jetzt mehr als 65000 Zeichen umfassen.

***Application*-Objekt:** Die Methode *GetOpenFileName* unterstützt jetzt die gleichzeitige Auswahl mehrerer Dateien. Über die Eigenschaften (*EnableAutoFilter, EnableOutlining, EnablePivotTable* und *Protection*) können die Schutzmechanismen genauer als bisher gesteuert werden. Die Eigenschaften *TemplatesPath* und *NetworkTemplatesPath* geben die Verzeichnisse an, in denen Mustervorlagen gespeichert werden.

***AutoCorrect*-Objekt:** Das neue Objekt steuert zusammen mit einigen ebenfalls neuen Eigenschaften und Methoden die Möglichkeiten der Autokorrektur während der Texteingabe in Excel.

***Chart*-Objekt:** Mit der Methode *SetBackgroundPicture* kann ein Hintergrundbild für die Tabelle eingestellt werden.

***Name*-Objekt:** Die Eigenschaft *RefersToRange* gibt ein *Range*-Objekt eines benannten Bereichs (nur wenn das *Name*-Objekt auf einen Zellbereich eines Tabellenblatts verweist).

***Range*-Objekt:** Mit der Eigenschaft *ListHeaderRows* kann die Anzahl der Überschriftszeilen einer Tabelle (Datenbank) ermittelt werden. Die Methode *AutoComplete* simuliert die AutoEingabe-Funktion.

***Window*-Objekt:** Die Eigenschaft *RangeSelection* gibt ein *Range*-Objekt der markierten Zellen zurück, und zwar (im Gegensatz zur *Range*-Eigenschaft) auch dann, wenn gleichzeitig ein Diagramm oder ein anderes Objekt ausgewählt wurde.

***Worksheet*-Objekt:** Die Aufzählmethode *Names* ermöglicht den Zugriff auf benannte Bereiche. (*Names* stand bisher nur für das *Workbook*-Objekt zur Verfügung.) Mit der Methode *SetBackgroundPicture* kann ein Hintergrundbild für die Tabelle eingestellt werden. Die Eigenschaft *RangeSelection* gibt ein *Range*-Objekt der markierten Zellen zurück, selbst wenn gerade ein anderes Objekt (OLE-Objekt, Grafik, Diagramm) in der Tabelle markiert ist.

Objektbibliotheken

Seit Version 7 wird der Mechanismus ActiveX-Automation (der damals noch Object Automation hieß) dazu genutzt, um diverse Erweiterungen in Excel einzugliedern. Die in diesem Teilabschnitt beschriebenen Erweiterungen müssen vor ihrer Verwendung mit EXTRAS | VERWEISE aktiviert werden. Anschließend steht eine ganze Bibliothek neuer Objekte, Methoden und Eigenschaften zur Verfügung, die wie Excel-Schlüsselwörter im VBA-Code verwendet werden können.

DAO-Bibliothek: Die Data Access Objects sind eine Sammlung von Objekten mit Methoden und Eigenschaften, über die alle Datenbankfunktionen von Access genutzt werden können. Sie können damit neue Datenbanken anlegen, Daten daraus lesen, neue Daten speichern etc. Aus der Sicht des Programmierers stellen die DAOs sicher die wichtigste Verbesserung in Excel 7 dar. Die DAO-Bibliothek wird in Kapitel 12 zum Thema Datenbanken ausführlich behandelt.

Office-Bibliothek: Um die Suche nach Office-Dokumenten zu vereinfachen und zu vereinheitlichen, werden jetzt mit jedem Dokument zusätzliche Informationen gespeichert. Die Möglichkeiten, die sich daraus ergeben, erkennen Sie an den Dialogen bei DATEI | ÖFFNEN zum Suchen nach Dateien bzw. bei DATEI | EIGENSCHAFTEN zum Einstellen von Zusatzinformationen. Im VBA-Code können Sie auf die Zusatzinformationen über die Eigenschaften *BuiltinDocumentProperties* und *CustomDocumentProperties* zugreifen. Die Objekte *DocumentProperties* und *DocumentProperty* werden in der Objektreferenz in Kapitel 14 kurz beschrieben, aber nicht detailliert behandelt.

Office-Binder-Bibliothek: Eine weitere Neuerung des Office-Pakets besteht darin, daß beliebige Office-Dokumente (Texte, Tabellen, Datenbanken etc.) in Form von Sammelmappen zusammengefaßt werden können. In der normalen Anwendung lassen sich so zusammengehörende Dateien übersichtlicher verwalten. Im Programmcode werden Sammelmappen über die neuen Objekte *Binder* und *Section* verwaltet. Auch die Objekte der Binder-Bibliothek werden in der Objektreferenz in Kapitel 14 dokumentiert.

Sonstiges

Mustervorlagen werden seit Version 7 nur mehr dann als solche akzeptiert, wenn die Vorlagendatei (Kennung `*.xlt`) im Verzeichnis `Office\Vorlagen` oder einem seiner Unterverzeichnisse gespeichert wird und die Datei mit DATEI | NEU geöffnet wird. Mit Excel 7 werden einige Mustervorlagen mitgeliefert, die gleichzeitig ein gutes Beispiel für die Möglichkeiten der VBA-Programmierung darstellen.

Excel verwaltet seit Version 7 mehrere **Konfigurationsdateien** – für jeden registrierten Nutzer eine. (In Version 5 wurden die Konfigurationsdaten generell in `Excel5.xlb` gespeichert. Wenn ein Benutzer die Symbolleisten änderte, galt diese Änderung auch für alle anderen Benutzer – eine Quelle endlosen Ärgers, wenn mehrere Personen Excel auf einem Rechner benutzen wollten.) Mehr Informationen zum Thema Konfigurationsdateien finden Sie in Abschnitt 9.3.3.

3.3 Fehler und Probleme

Leider nicht neu ...

Alle hier aufgezählten Probleme sind in Excel 97 nicht neu, sondern schon alte Bekannte aus Excel 7 und zum Teil sogar schon aus Excel 5. Vor lauter neuer Funktionen bleibt Microsoft wohl keine Zeit mehr, alte Fehler endlich zu beseitigen.

- Die Verwendung der Analysefunktionen in VBA schafft nach wie vor mehr Probleme als dadurch gelöst werden (Datei `Atpvbade.xla` bzw. `Atpvbaen.xla`). Online-Dokumentation zu den Funktionen gibt es überhaupt keine mehr, Excel-7-Arbeitsmappen, die die damals mitgelieferten deutschen Analysefunktionen in Tabellen verwenden, funktionieren in Excel 97 nicht mehr etc. Fazit: Hände weg von den Analysefunktionen, so verlockend deren statistische Funktionen auch sein mögen!

- Die Makroaufzeichnung funktioniert nur für Excel-Kernfunktionen zufriedenstellend. Es ist aber beispielsweise unmöglich, die Veränderung einer Symbolleiste aufzuzeichnen. Ebensowenig klappt die Makroaufzeichnung beim Import externer Daten durch MS-Query (obwohl die Abfrage-Parameter als *QueryTable*-Objekt in der Tabelle gespeichert werden und somit voll durch VBA kontrolliert werden können).

- VBA kennt noch immer keine Optimierungen bei der Auswertung von Bedingungen: Eine Abfrage in der Form *If x>=0 And Sqr(x)<3* führt bei negativen Zahlen in *x* zu einem Fehler. (Dieses Problem besteht in Visual Basic schon seit der ersten Version, d.h., ich habe die Hoffnung auf Besserung in diesem Punkt eigentlich aufgegeben.)

- Der Textassistent bzw. die entsprechende Methode *OpenText* funktionieren nicht übereinstimmend (und beide auf ihre Weise unzufriedenstellend): Im interaktiven Betrieb kann der Textassistent keine Zahlen mit einem Punkt als Dezimalkennung einlesen. Im VBA-Code mit *OpenText* funktioniert das zwar, dafür scheitert *OpenText* jetzt an Zahlen mit Kommas. Ein Parameter, mit dem das Zeichen für die Dezimalkennung eingestellt werden kann, wäre kein Luxus.

- Im Vergleich zu Excel 5 und 7 ist die Version 97 viel absturzfreudiger. VBA-Methoden, die fehlerhaft implementiert oder unzureichend abgesichert sind, zwingen Excel immer wieder in die Knie. Sie verlieren dabei alle zur Zeit ungesicherten Arbeitsmappen.

  Eine mögliche Absturzursache sind falsche Objektverweise – d.h., Sie möchten ein Objekt *x* bearbeiten, Ihre Objektvariable oder die Eigenschaft *Selection* zeigt aber in Wirklichkeit auf ein anderes Objekt. Im Regelfall erkennt Excel solche Probleme selbst – aber offensichtlich nicht immer.)

  Besonders heimtückisch sind Objektvariablen, die auf Arbeitsmappen verweisen (Objekttyp *Workbook*). Wenn Sie die Datei schließen, wird der Objektverweis ungültig; dies läßt sich per Code aber weder durch *IsEmpty(obj)* noch durch den Vergleich *obj Is Nothing* feststellen. (Generell sind im Verlauf der Arbeit an diesem Buch immer wieder Zweifel aufgetreten, wie zuverlässig der Vergleich *Is Nothing* funktioniert.) Der Versuch, jetzt auf eine Eigenschaft des Objekts zuzugreifen (etwa *obj.Name*), führt zu einem Absturz. Leider ist die Ursache nicht immer so klar wie in diesem Fall.

Verwenden Sie das Add-In AUTOMATISCHES SPEICHERN, um das Risiko eines Datenverlusts in Grenzen zu halten. Beachten Sie aber, daß das Add-In Probleme bereitet, wenn Sie Excel per ActiveX-Automation steuern möchten! (Ein automatisches Speichern vor jedem VBA-Prozedurstart wie in der Programmiersprache Visual Basic ist leider nicht möglich.)

- Zumindest ebenso absturzgefährdet wie Excel ist die Online-Hilfe. Glücklicherweise hat deren Absturz aber keine Konsequenzen für Excel und ist mit keinem Datenverlust verbunden.
- Das Zusatzprogramm MS-Query möchte in dieser Beziehung natürlich nicht hinanstehen und verärgert den Anwender ebenfalls durch regelmäßige Abstürze. Excel ist auch in diesem Fall nicht betroffen, nicht gespeicherte Abfrageeinstellungen in MS-Query gehen aber natürlich verloren.

Fehler bei MS-Forms-Dialogen bzw. -Steuerelementen

- Alle globalen und statischen Variablen verlieren ihren Inhalt, sobald ein benutzerdefinierter Dialog in der Entwicklungsumgebung angezeigt wird. Während der Entwicklung solcher Dialoge ist das ständig der Fall, daher entsteht der Eindruck, als würde der Aufruf eigener Dialoge die Variablen löschen. So schlimm ist es aber glücklicherweise doch nicht – sobald Sie alle *UserForm*-Fenster in der Entwicklungsumgebung schließen oder die Entwicklungsumgebung ganz beenden, verschwindet das Problem.
- Excel und die meisten VBA-Kommandos sind blockiert, solange sich der Eingabecursor in einem MS-Forms-Steuerelement in einem Tabellenblatt befindet. Nur bei Buttons kann das durch *TakeFocusOnClick=False* verhindert werden. (Die Defaulteinstellung lautet allerdings *True* und ist der Grund, weswegen es mit Buttons in Tabellenblättern oft nicht leicht erkennbare Probleme gibt. Die auftretenden Fehlermeldungen sind ohne jede Aussagekraft.)

  Wenn im Tabellenblatt auch andere Steuerelemente verwendet werden, muß der Eingabecursor per Programmcode (etwa durch *Worksheets(n).[A1].Activate*) in eine Zelle gesetzt werden, um so sicher zu stellen, daß er nicht auf ein Steuerelement gerichtet ist.
- Beim Kopieren eines Tabellenblatts mit eingelagerten MS-Forms-Steuerelementen werden diese zwar kopiert, sie erhalten dabei aber neue Namen (*CommandButton1, CommandButton2* etc.). Der Programmcode wird natürlich nicht entsprechend geändert. Daraus resultieren zwei Probleme: Zum einen werden die zu

den Steuerelementen gehörenden Ereignisprozeduren nicht mehr berücksichtigt. (Wenn ein Button angeklickt wird, gibt es keine Reaktion.) Zum anderen treten beim automatischen Kompilieren Syntaxfehler auf, wenn im Code auf die Steuerelemente verwiesen wird (etwa um die Eigenschaft eines Listenfelds zu verändern).

Inkompatibilitäten gegenüber Excel 7

Wie nicht anders zu erwarten gibt es einige Inkompatibilitäten zwischen Excel 7 und 97, die sich darin äußern, daß Excel-7-VBA-Programme unter Excel 97 entweder gar nicht mehr oder zumindest anders als bisher funktionieren. Die meisten der hier geschilderten Probleme sind zweifellos Kleinigkeiten. Aber es sind solche »Kleinigkeiten«, die oft einen Tag intensiver Fehlersuche kosten und einmal mehr die Frage aufwerfen, ob das Update wirklich gerechtfertigt war.

- Wenn auf Tabellenblätter zugegriffen wird, funktionieren manche Methoden nur mit *Worksheets(n)*, nicht aber mit *Sheets(n)* (auch wenn in beiden Fällen auf dasselbe Tabellenblatt verwiesen wird).
- Die Formatierung von Diagrammen per Programmcode liefert zum Teil andere Ergebnisse als unter Excel 7. Selbst innerhalb von Excel 97 ergeben sich unterschiedliche Ergebnisse, je nachdem, ob eine Prozedur vollständig oder Zeile für Zeile im Einzelschrittmodus ausgeführt wird. Dieser Umstand macht die Fehlersuche zur Qual. (Genaugenommen suchen Sie ja nicht einen Fehler in Ihrem Code, sondern einen Fehler in der Implementierung von Excel, um den Sie quasi rundherum programmieren müssen.)
- VBA-Code, der auf *Selection* zurückgreift, bereitet manchmal Schwierigkeiten. Das ist umso ärgerlicher, weil im Regelfall die automatische Makroaufzeichnung die Quelle problematischen Codes ist. Abhilfe: Ändern Sie die beiden folgenden Zeilen

  ```
  object.Select oder object.Activate
  Selection.methode
  ```

  zu

  ```
  object.methode.
  ```

  Dieselbe Vorgehensweise gilt natürlich auch, wenn *Selection* durch *With* für mehrere Zeilen verwendet wird. (Geben Sie beim *With*-Kommando statt *Selection* das tatsächliche Objekt an.)
- Zuweisungen an *OnEventXxx*-Eigenschaften werden in Excel-97-Dateien gespeichert, in Excel-5/7-Dateien hingegen nicht. Die meisten Excel-5/7-Anwendungen verlassen sich darauf, daß beim Laden einer Datei alle *OnEventXxx*-Eigenschaften leer sind. Dies trifft in Excel 97 nicht mehr zu und kann erheblich Probleme bereiten.

Probleme gibt es zumeist auch beim Versuch, *OnEventXxx*-Prozeduren durch die in Excel 97 neu eingeführten Ereignisprozeduren zu ersetzten: Excel beklagt sich plötzlich darüber, daß es die in *OnEventXxx*-Eigenschaften eingestellten Prozeduren nicht mehr findet.

Erschwerend kommt hinzu, daß keine Möglichkeit dazu besteht, alle initialisierten *OnEventXxx*-Eigenschaften festzustellen. Sie müssen vielmehr im Direktfenster für jede mögliche *OnEventXxx*-Eigenschaft (für jedes Tabellenblatt!!) testen, ob die Eigenschaft belegt ist. Wenn ja, müssen Sie die Eigenschaft durch die Zuweisung einer leeren Zeichenkette "" löschen. Viel Spaß!

- Die Methode *OpenText* lieferte in Excel 7 als Rückgabewert *True* oder *False*, je nach dem, ob der Import der Daten gelungen ist oder nicht. In Excel 97 darf die Mehode überhaupt nicht mehr als Funktion verwendet werden, Rückgabewert gibt es keinen mehr. Mögliche Fehler müssen mit einer Fehlerbehandlungsroutine abgefangen werden.
- Der von Excel 7 an den unmöglichsten Stellen erzwungene Zeilenumbruch durch das Zeichen _ führt in Excel 97 gelegentlich zu Syntaxfehlern. Abhilfe: Verschieben Sie das Zeichen _ an einen günstigeren Ort. Immerhin maßt sich die Entwicklungsumgebung von Excel 97 nicht mehr das Recht an, dieses Zeichen wieder eigenmächtig woanders hin zu verschieben.
- Die Syntax der Parameter *Destination* und *Connection* zur Angae externer Datenquellen bei der Methode *PivotTableWizard* hat sich geändert. Excel-7-Programmcode läuft im Regelfall nicht mehr.

Inkompatibilitäten bei Dialogen

- MS-Forms-Dialoge (neu in Excel 97) können nicht mit Zeichenelementen, Textfeldern oder anderen Office-Objekten dekoriert werden. Es gibt daher viel weniger optische Gestaltungsmöglichkeiten als bei Dialogen aus Excel 5 / 7.
- Im Kompatibilitätsmodus zur Anzeige und Verwaltung von Dialogen aus Excel 5 / 7 tritt ein Problem auf, wenn Sie einem Listenfeld einen Zellbereich zuzuweisen versuchen:

  ```
  Set listenfeld.List = Sheets("Tabelle1").[a1:a4]
  ```

  Die direkte Zuweisung von Zellbereichen an Listen wird offensichtlich nicht mehr unterstützt. Sie müssen entweder eine Schleife über alle Zellen ausführen und die Einträge einzeln mit *AddItem* hinzufügen, oder aber auf das MS-Forms-Listenfeld von Excel 97 umsteigen.

Inkompatibilitäten bei Menü- und Symbolleisten

Ein Kapitel für sich sind die neuen Menü- und Symbolleisten, die durchaus nicht nur mit Verbesserungen verbunden sind.

- Vorhandenen Menüs, die auf der Basis der *Menu*-Objekte von Excel 5 / 7 erstellt wurden, können keine neuen Ereignisprozeduren zugewiesen werden. (Genaugenommen funktioniert die Zuweisung, nur wird diese nicht gespeichert.) Sie können vorhandene Menüs also weiterverwenden, aber nicht mehr ändern. Die Umwandlung in neue *CommandBar*-Menüs ist nur manuell und mit großem Aufwand möglich.
- Es gibt keinen Menüeditor mehr. Das manuelle Zusammenstellen neuer Menüs erfolgt über den Dialog ANSICHT | SYMBOLLEISTEN | ANPASSEN und ist mit Hunderten von Mausklicks verbunden. Kontextmenüs können überhaupt nur noch per Programmcode verändert werden.
- Neue Menüs auf der Basis der *CommandBar*-Objekte kennen kein Auswahlhäkchen (ehemals Eigenschaft *Checked*), um den Zustand einer Option anzuzeigen. Abschnitt 9.1.4 zeigt, wie diese Einschränkung durch einen Trick umgangen werden kann.
- Veränderungen in vordefinierten Menüs werden nicht mehr in der Excel-Datei gespeichert (sondern nur in der benutzerspezifischen Datei `Username8.xlb` im Windows-Verzeichnis). Diese Einschränkung erfordert zusätzlichen Code, wenn in Excel-Anwendungen Veränderungen an vorhandenen Menüs oder Symbolleisten durchgeführt werden sollen. (Neue Symbolleisten können wie in Excel 5 / 7 angebunden werden.)

> HINWEIS
>
> Eine fast endlose Liste weiterer Probleme und Inkompatibilitäten (im August 97 waren es über 70) finden Sie im Internet:
>
> `http://www.microsoft.com/kb/articles/q162/7/21.htm`

Fazit

Wenn Sie neu in die Excel-Programmierung einsteigen, ist Excel 97 trotz aller Fehler die richtige Wahl. Wenn Sie aber vor der Entscheidung stehen, von Excel 7 auf Excel 97 umzusteigen, sollten Sie Sie sich die Frage stellen, wie weit der zu erwartende Umstellungsaufwand durch die (unbestrittenen) Vorteile von Excel 97 gerechtfertigt ist. Möglicherweise sparen Sie eine Menge Zeit und Ärger, wenn Sie auf die nächste Version oder zumindest auf ein Bugfix (oder Service-Pack) warten.

3.4 Englische VBA-Schlüsselwörter

Excel-5-Programme, die normalerweise im deutschen VBA-Dialekt erstellt wurden, werden beim Laden in Excel 97 automatisch ins Englische übersetzt. Dieser Abschnitt geht auf die Probleme ein, die sich durch die Konvertierung ergeben können.

3.4.1 Babylonische Sprachverwirrungen

Als in Excel 5 Visual Basic für Applikationen (kurz VBA) als neue Programmiersprache eingeführt wurde, entschloß sich Microsoft, eigene Versionen mit übersetzten Schlüsselwörtern für die wichtigsten Sprachen herauszugeben. Neben der englischen VBA-Version gab es also auch eine deutsche, eine italienische, eine französische etc. Das allein wäre noch nicht so schlimm gewesen – in allen Versionen war auch die Verwendung der englischen Schlüsselwörter erlaubt. Da die deutsche Excel-Version aber nur mit einer Online-Hilfe für deutsche Schlüsselwörter ausgestattet war, wurden die Programmierer gleichsam gezwungen, sich dem von Microsoft verordneten Sprachdiktat zu unterwerfen.

Allzuviel Lob erntete Microsoft für die Übersetzung der Schlüsselwörter freilich nicht: Gerade erfahrene Programmierer, die bisher mit anderen (englischen) Sprachen gearbeitet hatten, stöhnten darüber, daß eine *For*-Schleife plötzlich mit *Für* eingeleitet und mit *Nächste* beendet wurde. Die deutschen Schlüsselwörter führten zu haarsträubenden »deutschen« Formulierungen. Ein herausragendes Beispiel war die Anweisung *Bei Fehler Weiter Nächste* (gemeint ist *On Error Resume Next*). Das führte dann zu Spekulationen, ob Microsoft Windows 95 vielleicht in »Winzigweich Fenster 95« umbenannt werden würde.

Ein wesentlicher Nachteil der verschiedenen Sprachversionen bestand darin, daß VBA nur eingeschränkt portabel war: Um ein deutsches VBA-Programm auf einer englischen Excel-Version ausführen zu können, mußte die deutsche Objektbibliothek mitgeliefert und installiert werden. Nachteile ergaben sich auch im Zusammenhang mit ActiveX-Automation. (ActiveX-Automation ist ein Mechanismus, um fremde Programme zu steuern; Details siehe Kapitel 13.) Wenn manche Programme nur englische Schlüsselwörter unterstützen, andere dagegen auch anderssprachige, kann dies dazu führen, daß in *einem* Programm gleichzeitig Schlüsselwörter aus mehreren Sprachen verwendet werden müssen.

Das Ende der deutschen Schlüsselwörter

Aus all diesen Gründen (und vielleicht noch dem des riesigen Wartungsaufwands für die gleichzeitige Aktualisierung zahlreicher VBA-Dialekte) entschloß sich Microsoft nach nicht einmal eineinhalb Jahren, diesem Unfug ein Ende zu machen. Bereits in Excel 7 galt die englische VBA-Version als Standard, der deutscher Dialekt wurde nur noch aus Kompatibilitätsgründen unterstützt.

Excel 97 geht noch einen Schritt weiter: der deutsche Dialekt existiert nicht mehr. Dennoch stellt Excel 97 gegenüber der Vorgängerversion in einer Beziehung einen riesigen Fortschritt dar: Vorhandener deutscher VBA-Code wird anstandslos und automatisch ins Englische übersetzt. Die Konvertierung funktioniert bis auf wenige Ausnahmen problemlos.

3.4.2 Konvertierung von VBA-Programmen ins Englische

Die neue Syntax

Zu glauben, nur die Schlüsselwörter hätten sich geändert, wäre natürlich recht naiv. So einfach wird es Ihnen (leider) nicht gemacht. Geändert haben sich auch die Bedeutung von Komma, Punkt und Strichpunkt sowie einige andere »Kleinigkeiten«.

	Deutsche VBA-Version	**Englische VBA-Version**
Schlüsselwörter	*Wenn, Fenster, Anwendung ...*	*If, Window, Application ...*
Aufzählungen	*FensterListe* (mit *-Liste*)	*Windows* (mit Plural-s)
Parametertrennung	*Befehl x; y; z*	*Befehl x, y, z*
(Komma / Semikolon)	*ergebnis = Funktion(x; y; z)*	*ergebnis = Funktion(x, y, z)*
Dezimalzahlen	*0,14*	*0.14*
Datum	*#31.12.95#*	*#12/31/95#*
Uhrzeit	*#17:30:00#*	*#5:30:00 PM#*

Durch die Sprachumstellung hat sich auch die Wirkung der *Formula*-Eigenschaften verändert. In der deutschen VBA-Version lieferte *Formula* die deutsche Formel einer Zelle, also beispielsweise *=SUMME(A1:B3)*. Nunmehr gibt *Formula* die englische Formel zurück (*=SUM(A1:B3)*). Zur Ermittlung der deutschen Formel, die ja tatsächlich in der Zelle steht, muß *FormulaLocal* verwendet werden.

Probleme bei der automatischen Übersetzung

Deutscher VBA-Code wird beim Laden der Datei in Excel 97 automatisch ins Englische übersetzt. Im Vergleich zum Übersetzungsprogramm `Vbatrans`, das als Zusatzprogramm zu Excel 95 erhältlich war, ist die Qualität der Excel-97-Übersetzung schon erheblich besser. Ganz ohne Probleme klappt es aber noch immer nicht (und alle hier beschriebenen Probleme wurden bereits in der letzten Auflage beschrieben).

- Der zweite Parameter der *Format*-Funktion wird nicht übersetzt. Dieser Parameter beschreibt das gewünschte Format der Ausgabe. Im deutschen VBA-Dialekt erfolgt auch die Formatbeschreibung mit deutschen Schlüsselwörtern. *Format(1/3; "Prozentzahl")* wird in *Format(1/3, "Prozentzahl")* übersetzt. Wenn diese Anweisung ausgeführt wird, kommt es zu einem Fehler, weil VBA das Zahlenformat »Prozentzahl« nicht kennt. Korrekt wäre *Format(1/3, "Percent")*. Auch die Formatierungscodes sind in der englischen Version geändert: *Format(datum, "jjmmtt")* muß manuell zu *Format(datum, "yymmdd")* geändert werden.

- Anfällig für fehlende Übersetzungen sind auch *TypeName*-Vergleiche: Die Anweisung *Wenn TypeName(AktivesBlatt) = "Tabellenblatt"* wird in *If TypeName(ActiveSheet) = "Tabellenblatt"* übersetzt. Da der Objektname in der englischen Version *"Worksheet"* lautet, funktioniert der Vergleich nicht mehr wie beabsichtigt. Besonders unangehm ist der Umstand, daß der Vergleich syntaktisch korrekt ist und daher keine Fehlermeldung liefert.

- Auch bei *SendKeys* müssen die Zeichenketten zur Beschreibung der zu simulierenden Tasteneingaben manuell übersetzt werden.

- In manchen (zum Glück seltenen) Fällen kommt es zu falschen Übersetzungen. So heißen die englischen Schlüsselwörter *Val* (eine Funktion) und *Value* (eine Eigenschaft) in der deutschen Version jeweils *Wert*. Bei der Übersetzung müßte der Konverter den Zusammenhang testen, in dem *Wert* verwendet wird. Darauf wurde aber offensichtlich verzichtet, *Wert* wird generell zu *Value* übersetzt. Ein ähnliches Problem tritt bei der Übersetzung der VBA-Funktion *IstZahl* und der Tabellenfunktion *ISTZAHL* auf, die beide zu *IsNumber* übersetzt werden. Diese Übersetzung ist für *ISTZAHL* korrekt, *IstZahl* müßte dagegen zu *IsNumeric* übersetzt werden. Ein weiteres Beispiel liefern die Funktionen *IstLeer* und *ISTLEER*, die beide in *ISBLANK* (statt in *IsEmpty*) übersetzt werden.

ACHTUNG

Ein sehr merkwürdiges Problem tritt bei konvertierten Excel-5/7-Dateien im Zusammenhang mit den *Range*-Eigenschaften *FormulaR1C1* und *FormulaR1C1-Local* auf: Beide Eigenschaften liefern Formeln in der deutschen ZS-Schreibweise, beispielsweise *=Z(1)S*, obwohl eigentlich nur *FormulaR1C1Local* die Schreibweise der jeweiligen Landessprache verwenden sollte.

Dieses Problem tritt nur auf, wenn der Code im Modul ausgeführt wird. Im Direktbereich liefert *FormulaR1C1* dagegen ebenso wie in neuen Excel-97-Dateien ordnungsgemäß Formeln in der englischen RC-Schreibweise, etwa *=R[1]C*. Es wird also offensichtlich an irgendeinem Ort eine Einstellung gespeichert, die dieses Verhalten steuert. Trotz gründlicher Suche konnte aber weder eine passende Option noch eine entsprechende Eigenschaft gefunden werden.

4 Die Entwicklungsumgebung

Dieses Kapitel beschreibt detailliert die Bedienung der VBA-Entwicklungsumgebung, die seit Excel 97 in einem getrennten Fenster mit eigenen Menüs, Symbolleisten etc. erscheint. Die Entwicklungsumgebung ermöglicht die Eingabe von Programmcode und die Definition neuer Formulare, hilft bei der Fehlersuche, enthält eine Objektreferenz (Objektkatalog) mit Querverweisen zur Online-Hilfe, einen Direktbereich zum Test einzelner Anweisungen etc.

Kapitelübersicht

4.1 Komponenten von VBA-Programmen

Ein VBA-Programm ist immer Teil einer Excel-Arbeitsmappe – es ist also unmöglich, Excel-Programme außerhalb einer normalen Excel-Datei zu speichern, zu editieren oder auszuführen. Wenn hier von den Komponenten eines VBA-Programms die Rede ist, sind also die VBA-Komponenten einer Excel-Datei gemeint, die in der VBA-Entwicklungsumgebung angezeigt werden.

ANMERKUNG

Es gibt zwei Sonderfälle zur Speicherung von VBA-Code: Zum einen können Sie den Code eines Moduls oder Dialogs als ASCII-Datei exportieren – Sie können diese Dateien aber nicht ausführen. Zum anderen können Sie eine Excel-Datei als Add-In speichern – dann werden die Tabellenblätter unsichtbar, der Code wird in einem kompakteren Format gespeichert und kann nicht mehr geändert werden. Obwohl ein Add-In rein optisch wenig mit einer Excel-Arbeitsmappe gemeinsam und eine ganz andere Aufgabe hat (siehe Abschnitt 13.1), handelt es sich nichtsdestotrotz nur um einen Sonderfall einer normalen Excel-Datei.

Eine Excel-Anwendung kann folgende VBA-Komponenten umfassen:

- Normaler Programmcode (Module): »Programmcode mit der Definition von Variablen, Prozeduren und Funktionen wird in sogenannten Modulen gespeichert. Ein Modul ist also eine Gruppe eigens programmierter Prozeduren (Unterprogramme), die in Excel genutzt werden können. In der Entwicklungsumgebung wird ein Modul in einem Textfenster für den Code angezeigt.
- Programmcode zur Definition von neuen Objektklassen (Klassenmodule): Rein optisch sieht ein Klassenmodul wie ein normales Modul aus – es handelt sich also ebenfalls um ein Textfenster mit Programmcode. Der Unterschied besteht darin, daß Klassenmodule zur Definition neuer Objekte dienen. Eine Einführung in die Programmierung von Klassenmodulen gibt Abschnitt 5.3.5.
- Programmcode mit Ereignisprozeduren zu Excel-Objekten: Jedes Excel-Blatt (Tabelle, Diagramm) sowie die gesamte Excel-Arbeitsmappe kennt Ereignisse – etwa den Wechsel von einem Blatt zum anderen, das Speichern oder Drucken der Arbeitsmappe etc. Wenn so ein vordefiniertes Ereignis auftritt, kann automatisch eine sogenannt Ereignisprozedur ausgelöst werden. Der Programmcode für diese Ereignisprozeduren befindet sich in eigenen Modulen, die jeweils dem entsprechendem Excel-Objekt zugeordnet sind. Detaillierte Informationen zu Ereignisprozeduren gibt Abschnitt 5.4.
- Dialoge (*UserForm*): Dialoge bestehen seit Excel 97 aus zwei zusammengehörenden Teilen: Dem eigentlichen Dialog mit seinen Steuerelementen und dem Programmcode mit den Ereignisprozeduren zu den Steuerelementen. (Diese Ereignisprozeduren sind zur Verwaltung des Dialogs erforderlich.) Der Entwurf und die Verwaltung von Dialogen sind Thema von Kapitel 8.

- Verweise: Solange Sie nur die Excel-Standardobjekte verwenden, brauchen Sie sich um Verweise nicht zu kümmern. Sobald Sie aber Objekte verwenden möchten, die in externen Objektbibliotheken definiert sind (etwa in der DAO-Bibliothek zur Datenbankprogrammierung), müssen Sie diese mit EXTRAS | VERWEISE aktivieren. Die Verweise auf die genutzen Objektbibliotheken werden in der Excel-Datei gespeichert.

Die ersten vier Punkte dieser Aufzählung haben eine Gemeinsamkeit: Der VBA-Code wird in immer gleich aussehenden Codefenstern angezeigt. Die Werkzeuge zur Codeeingabe und zur Fehlersuche sind also in jedem Fall dieselben.

4.2 Komponenten der Entwicklungsumgebung

Primäre Aufgabe der Entwicklungsumgebung ist es, die Eingabe von Programmcode und die Definition von Formularen zu ermöglichen. Seit Excel 97 ist die VBA-Entwicklungsumgebung nicht mehr in Excel integriert, sondern verhält sich beinahe wie ein eigenständiges Programm. Die Entwicklungsumgebung wird in Excel durch EXTRAS | MAKRO | VISUAL BASIC EDITOR bzw. mit Alt+F11 aufgerufen und erscheint dann in einem eigenständigen Fenster.

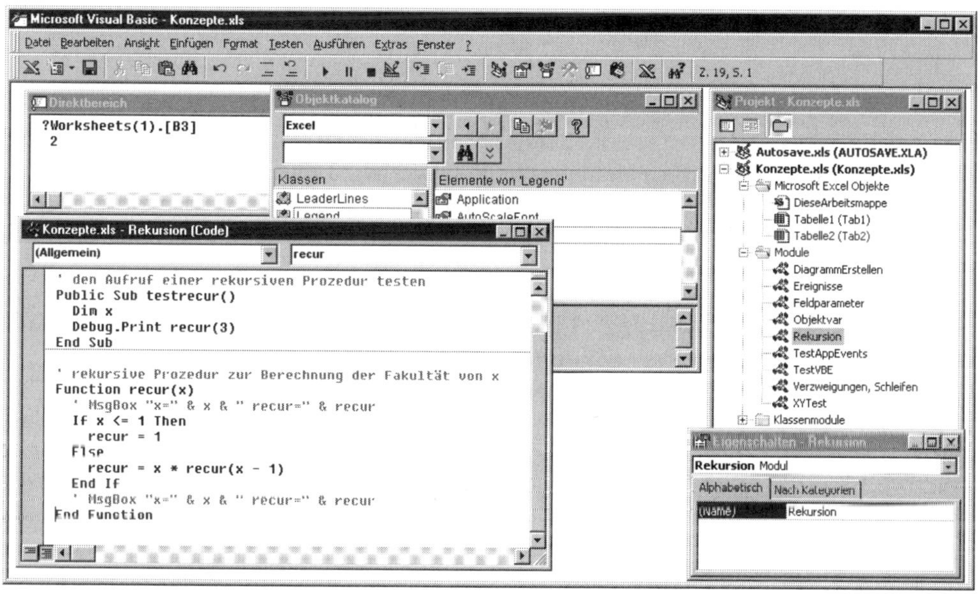

Bild 4.1: Die VBA-Entwicklungsumgebung

Der Wechsel von Excel in die Entwicklungsumgebung kann auch durch ein Symbol erfolgen: Führen Sie ANSICHT | SYMBOLLEISTEN | ANPASSEN | BEFEHLE aus und ziehen Sie mit der Maus das Symbol VISUAL BASIC EDITOR in die Standardsymbolleiste.

Zu beinahe allen Komponenten der Entwicklungsumgebung sind Kontextmenüs definiert, die mit der rechten Maustaste aufgerufen werden und eine effiziente Ausführung der wichtigsten Kommandos ermöglichen. Probieren Sie es aus!

HINWEIS

Der Wechsel zwischen Excel und der Entwicklungsumgebung funktioniert nur, wenn in der gerade aktiven Komponente kein Dialog geöffnet ist. In Excel darf keine Zelle bzw. kein Objekt bearbeitet werden. In der Entwicklungsumgebung darf der Objektkatalog nicht das aktive Fenster sein. In all diesen Fällen wird der Blattwechsel (ohne Fehlermeldung) verweigert.

VERWEIS

Nicht alle Schritte zur Programmentwicklung werden tatsächlich in der VBA-Entwicklungsumgebung durchgeführt. Beispielsweise wird die Makroaufzeichnung direkt in Excel gesteuert. Ebenso erfolgt die Definition neuer Symbolleisten oder Menüeinträge in Excel. Aus diesem Grund, und um thematisch zusammengehörende Themen gemeinsam zu behandeln, finden Sie weitere Informationen zur Entwicklungsumgebung in anderen Kapiteln:

Hintergründe zum Objektkatalog und zu Bibliotheksverweisen: Abschnitt 5.3
Hilfsmittel zur Fehlersuche: Abschnitt 7.1
Dialog-Editor: Abschnitt 8.3
Definition von Menüs / Symbolleisten: Abschnitt 9.1

Projektfenster

Das Projektfenster (ANSICHT | PROJEKTFENSTER oder Strg+R) dient zur Orientierung in Excel-Programmen. Zu jeder geladenen Excel-Datei wird im Projektfenster eine Gruppe mit allen dazugehörenden Modulen und Dialogen angezeigt. Durch einen Doppelklick auf den jeweiligen Eintrag werden die Komponenten in einem Fenster angezeigt und können bearbeitet werden.

Die einzelnen Komponenten eines Projekts können wahlweise alphabetisch geordnet oder wie in Bild 4.1 thematisch gruppiert werden. Die Umschaltung erfolgt durch das dritte Symbol im Projektfenster (mit der irreführenden Bezeichnung ORDNER WECHSELN).

TIP

Wenn Sie mehrere Excel-Dateien gleichzeitig bearbeiten, können Sie einzelne Dateien (»Projekte«) im Projektfenster zusammenklappen (Klick auf das Symbol + oder -). Alle Fenster dieses Projekts werden damit ausgeblendet. Das erleichtert die Orientierung im Fensterwirrwarr der Entwicklungsumgebung ganz erheblich.

Eigenschaftsfenster

Im Eigenschaftsfenster (ANSICHT | EIGENSCHAFTSFENSTER oder F4) können diverse Merkmale des gerade aktuellen Objekts eingestellt werden. Als »Objekte« gelten Module ebenso wie die Formulare oder darin enthaltene Steuerelemente. Die größte Rolle spielt das Eigenschaftsfenster beim Entwurf neuer Dialoge: Jedes Element eines solchen Dialogs kennt Dutzende von Eigenschaften. Bei normalen Codemodulen kann dagegen nur der Name des Moduls eingestellt werden. Dieser Name darf keine Leerzeichen enthalten. Bei Objekt-Modulen weicht der VBA-Name im Regelfall vom Excel-Blattnamen ab.

Wie im Projektfenster können auch im Eigenschaftsfenster die Einträge alphabetisch oder nach Gruppen geordnet werden. Die Umschaltung erfolgt hier allerdings mit Blattregistern und ist nur dann sinnvoll, wenn Objekte sehr viele Eigenschaften unterstützen.

Falls Sie Steuerelemente direkt in Tabellenblätter einbetten, können Sie das Eigenschaftsfenster auch dort benutzen. Der Aufruf in Excel erfolgt allerdings nicht mit F4, sondern über den Kontextmenüeintrag EIGENSCHAFTEN bzw. über das EIGENSCHAFTEN-Symbol der Symbolleiste »Steuerelemente-Toolbox«.

Objektkatalog

Die Programmierung in Excel basiert auf diversen Objektbibliotheken, deren wichtigste die Excel-Bibliothek ist. Jede Bibliothek ist mit zahlreichen Objekten ausgestattet, die Objekte wiederum mit vielen Eigenschaften, Methoden und Ereignissen. Die einzige Chance, in dieser Fülle von Schlüsselwörtern den Durchblick zu bewahren, bietet der Objektkatalog, der mit ANSICHT | OBJEKTKATALOG bzw. mit F2 angezeigt wird. (Wenn sich der Cursor gerade über einem Schlüsselwort im Codefenster befindet, wird im Objektkatalog automatisch danach gesucht.) Der Objektkatalog bietet in vielen Situationen auch den schnellsten Weg in die Online-Hilfe.

Im Objektkatalog werden sowohl die Objekte aller aktivierten Bibliotheken als auch (in fetter Schrift) alle in Modulen selbst definierten Funktionen und Prozeduren angezeigt. Im Listenfeld links oben können Sie die Anzeige auf Objekte einer bestimmten Bibliothek einschränken. Das ist besonders praktisch, wenn die Suche nach einer Zeichenkette sehr viele Ergebnisse liefert. Eine Suche führen Sie durch, indem Sie im zweiten Listenfeld eine Zeichenkette eingeben und Return drücken.

Normalerweise werden im Katalog nur »offiziell« unterstützte Schlüsselwörter angezeigt. Daneben gibt es eine Menge verborgener Schlüsselwörter, die entweder intern verwendet werden oder aus Gründen der Kompatibilität zu früheren Versionen aufgenommen wurden. Mit dem Kontextmenükommando AUSGEBLENDETE ELEMENTE ANZEIGEN können Sie auch diese Schlüsselwörter in grauer Schrift anzeigen.

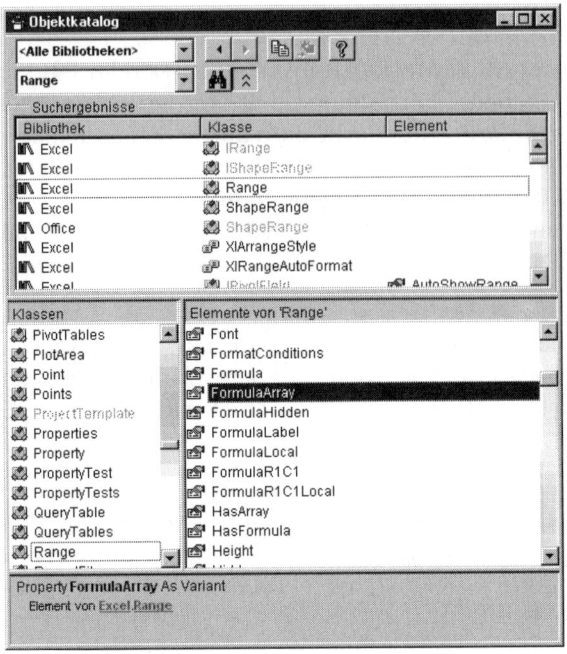

Bild 4.2: Der Objektkatalog

TIP

Normalerweise sind alle Schlüsselwörter alphabetisch geordnet. Durch das Kontextmenükommando ELEMENTE GRUPPIEREN erreichen Sie, daß die Einträge statt dessen in Gruppen geordnet werden, d.h. zuerst alle Eigenschaften, dann die Methoden und schließlich die Ereignisse. Im Regelfall ist diese Form der Anzeige übersichtlicher.

Editor-Optionen

Durch EXTRAS | OPTIONEN wird ein vierblättriger Dialog für diverse Einstellungen der Entwicklungsumgebung angezeigt. Die meisten Einstellungen sind leicht verständlich, zu den anderen einige Anmerkungen:

AUTOMATISCHE SYNTAXÜBERPRÜFUNG (Blatt EDITOR): Wenn diese Option aktiviert ist, wird nach der Eingabe einer fehlerhaften Zeile eine Fehlermeldung angezeigt. Während der ersten VBA-Gehversuche ist das vielleicht ganz nützlich, nach ein paar Tagen werden die ständigen Fehlermeldungen aber lästig. Wenn Sie Sie die Option deaktivieren, werden fehlerhafte Zeilen immer noch in roter Farbe angezeigt, was vollkommen ausreichend ist.

VARIABLENDEKLARATION ERFORDERLICH: Wenn diese Option aktiviert ist, wird in jedes neue Modul die Zeile *Option Explicit* eingefügt. Das bedeutet, daß Sie nur Variablen verwenden können, die Sie mit *Dim* deklariert haben. Diese Option vermeidet Tippfehler und führt zu einem korrekten Code. Unbedingt aktivieren!

ELEMENTE AUFLISTEN, QUICKINFOS, DATENTIPS: Diese drei Optionen geben an, ob im Codefenster automatisch Informationen über die erlaubten Methoden und Eigenschaften, den aktuellen Inhalt von Variablen sowie über die erlaubten Parameter eingeblendet werden. Lassen Sie die Optionen in der Defaulteinstellung (also aktiviert) – die Informationen sind ausgesprochen nützlich.

GANZES MODUL ANZEIGEN: Diese Option bewirkt, daß im Codefenster nicht nur eine einzelne Prozedur, sondern alle Prozeduren des gesamten Moduls angezeigt werden.

Blatt EDITORFORMAT: Hier können Sie den gewünschten Zeichensatz sowie die Farben für verschiedene Syntaxelemente einstellen.

Allgemeine Optionen

PROJEKTAUSBLENDUNG SCHLIESST FENSTER (Blatt ALLGEMEIN): Wenn diese Option aktiviert ist, werden alle Fenster eines Projekts geschlossen, sobald das Projekt im Projektfenster zusammengeklappt wird (Klick auf Minus-Symbol). Beim Aufklappen erscheinen die Fenster wieder. Die Option dient dazu, auch bei mehreren Projekten gleichzeitig eine gewisse Ordnung in der Entwicklungsumgebung zu halten.

BEARBEITEN UND FORTFAHREN: Bei manchen Änderungen im Code – etwa bei der Deklaration neuer Variablen – müssen alle aktuellen Variableninhalte gelöscht werden. Wenn die Option BENACHRICHTIGEN aktiviert ist, werden Sie vor der Durchführung solcher Änderungen gewarnt.

BEI JEDEM FEHLER UNTERBRECHEN: Diese Option hebt die Wirkung von Fehlerbehandlungsroutinen auf. Trotz *On-Error*-Anweisungen wird das Programm unterbrochen. Die Option ist manchmal zur Fehlersuche sehr praktisch (siehe auch Kapitel 7).

IN KLASSENMODUL / BEI NICHT VERARBEITETEN FEHLERN UNTERBRECHEN: Die beiden Optionen führen nur dann zu unterschiedlichen Resultaten, wenn Sie Klassenmodule entwickeln. Wenn in einem Klassenmodul ein Fehler auftritt, wird das Programm im ersten Fall im Klassenmodul und im zweiten Fall dort unterbrochen, wo die Methode oder Eigenschaft der Klasse aufgerufen wurde, die den Fehler verursacht hat (siehe auch Abhscnitt 5.3.5).

KOMPILIEREN: VBA-Programme werden automatisch zu einem Pseudo-Code kompiliert, der effizienter ausgeführt werden kann als der zugrundeliegende ASCII-Code. (Es handelt sich aber nicht um einen Maschinencode, wie er von C-Compilern erzeugt wird.) Die beiden KOMPILIEREN-Optionen steuern, wann kompiliert wird. Die Defaulteinstellung (beide Optionen aktiviert) bedeutet, daß sofort mit der Programmausführung begonnen wird und nur jene Prozeduren kompiliert werden, die gerade benötigt werden. Der Vorteil: ein rascher Programmstart. Der Nachteil: manche offensichtliche Fehler werden erst spät gemeldet.

Blatt VERANKERN: In der Defaultkonfiguration gelten die meisten Fenster als sogenannte verankerte Fenster. Diese Fenster kleben gewissermaßen an einem Ende der Entwicklungsumgebung. Wenn Sie nicht gerade mit einem 21-Zoll-Monitor arbeiten, kosten diese verankerten Fenster zuviel Platz und stellen einen Rückschritt in die Zeiten von Windows 1 dar (als überlappende Fenster noch nicht erlaubt waren). Sie können diesen Unfug abstellen, indem Sie die meisten (am besten alle) Kontrollkästchen dieses Dialogblatts deaktivieren. Anschließend können Sie alle Fenster ohne Einschränkungen verschieben und überlappend anordnen.

Projekteigenschaften

Mit EXTRAS | EIGENSCHAFTEN wird ein Dialog zur Einstellung der Eigenschaften des gerade aktuellen Projekts angezeigt. Im Blatt ALLGEMEIN können Sie eine Kurzbeschreibung des Projekts und den Dateinamen einer dazugehörenden Hilfedatei angeben (siehe Abschnitt 13.2). Im Blatt SCHUTZ können Sie den VBA-Teil einer Excel-Datei ausblenden und durch ein Paßwort absichern. (Verlassen Sie sich aber lieber nicht darauf, daß dieser Paßwortschutz auch noch in der nächsten Excel-Version gilt. In Excel 7 ausgeblendete und per Paßwort abgesicherte Module sind in Excel 97 jederman zugänglich ...)

Bedingte Kompilierung

Manchmal kommt es vor, daß Sie parallel zu einem Programm eine zweite Version verwalten möchten (etwa eine Demoversion mit eingeschränkten Merkmalen oder eine Debugversion mit zusätzlichen Sicherheitsabfragen). Dazu können Sie in PROJEKT | EIGENSCHAFTEN | ALLGEMEIN im Textfeld ARGUMENTE FÜR BEDINGTE KOMPILIERUNG eine Konstante definieren, beispielsweise *demo=1*. Im Programmcode können Sie den Inhalt der Konstanten dann mit *#If*-Anweisungen ausgewerten.

Je nach Ergebnis der *#If*-Abfrage wird entweder der eine oder andere Zweig ausgeführt. Im Unterschied zu normalen *If*-Abfragen erfolgt die Unterscheidung zwischen den beiden Varianten allerdings schon bei der Kompilierung. Das Kompilat enthält nur eine Variante und keine *#If*-Abfragen, es ergibt sich also kein Geschwindigkeitsnachteil. Die folgenden Zeilen zeigen, wie Programmcode mit *#If*-Anweisungen aussehen kann:

```
Sub Command1_Click()
  #If demo Then
    MsgBox "In der Demoversion kann nichts gespeichert werden"
  #Else
    ' ... Programmcode zum Speichern
  #End If
End Sub
```

4.3 Codeeingabe in Modulen

Voraussetzung für die Eingabe neuen Codes ist ein Modulblatt. Wenn eine Excel-Datei noch keines besitzt, können Sie ein neues Modul mit EINFÜGEN | MODUL erzeugen und anschließend im Eigenschaftsfenster benennen. (Der Name des Moduls spielt für die Ausführung des Codes keine Rolle, erleichtert aber die Orientierung in großen Projekten, wo der Code oft nach inhaltlichen Gesichtspunkten auf mehrere Module verteilt wird.)

Erste Experimente

Das kürzeste mögliche VBA-Makro, das Sie zu Testzwecken eingeben können, sieht folgendermaßen aus:

```
Sub beispiel()
  Debug.Print "Mein erstes Programm!"
End Sub
```

Mit der Methode *Print*, die auf das Objekt *Debug* angewendet wird, gibt dieses Programm den Text »Mein erstes Programm« im Direktbereich aus. Sie können dieses Programm einfach mit F5 starten (dazu muß sich der Eingabecursor innerhalb der Prozedur befinden). Das Ergebnis wird im Direktbereich angezeigt. Da dieses Fenster normalerweise unsichtbar ist, muß es über ANSICHT | DIREKTFENSTER oder mit Strg+G aktiviert werden.

Wenn Sie das Programm eingeben, werden Sie feststellen, daß Excel einige Programmteile – nämlich die Schlüsselwörter *Sub, Debug, Print, End* und *Sub* – farbig heraushebt. Das erhöht nicht nur die Übersichtlichkeit, es deutet auch darauf hin, daß die Programmzeilen syntaktisch korrekt sind.

Falls Excel bei der Eingabe einer Programmzeile einen Fehler erkennt, meldet es sich mit einer Fehlermeldung. Sie können diese Meldung vorläufig ignorieren; die gesamte Zeile wird dann rot dargestellt. Das Makro kann aber erst ausgeführt werden, wenn alle Syntaxfehler beseitigt sind.

Automatische Vervollständigung von Schlüsselwörtern und Variablennamen

Bei der Codeeingabe gibt es in Excel 97 eine Menge Neuerungen, die den Bedienungskomfort steigern. (Microsoft nennt diese Techniken *IntelliSense*.) So werden während der Eingabe automatisch kleine Listenfelder angezeigt, die alle möglichen – im Kontext der bisherigen Eingabe gültigen – Vervollständigungen der Eingabe anzeigen. Bei der Eingabe von Funktionen bzw. Methoden wird deren Parameterliste angezeigt etc.

IntelliSense hat einige neue Tastenkürzel mit sich gebracht: Wenn gerade kein Listenfeld angezeigt wird, können Sie mit Strg+Leertaste das gerade eingegebene Schlüsselwort (oder den Variablenname) vervollständigen. Wenn es dabei mehrere Möglichkeiten gibt, erscheint automatisch das Listenfeld.

Wenn das Listenfeld bereits angezeigt wird, können Sie mit den Cursortasten den gewünschten Eintrag auswählen. Tab (nicht Return!) vollendet die Auswahl. Mit Esc entkommen Sie dem Listenfeld und können die manuelle Eingabe fortsetzen (beispielsweise zur Eingabe eines noch nicht definierten Variablennamens).

Falls Sie auf einem sehr leistungsschwachen Rechner das Bedürfnis verspüren, die neuen Funktionen zu deaktivieren, werfen Sie einen Blick in EXTRAS | OPTIONEN | EDITOR! Sie können die neuen Funktionen dann immer noch nützen, müssen dazu aber BEARBEITEN-Menükommandos bzw. die entsprechenden Tastenkürzel verwenden.

Definition neuer Prozeduren

Wenn Sie eine neue Prozedur schreiben möchten, bestehen dazu mehrere Möglichkeiten. Bei allgemeinen Prozeduren (Unterprogramme, Funktionen) können Sie mit EINFÜGEN | PROZEDUR eine Schablone für eine neue Prozedur per Mausklick erstellen. (Die Bedeutung der Schlüsselwörter *Sub, Function, Property, Public, Privat* und *Static* werden in Abschnitt 5.2 genau beschrieben.)

Wenn Sie ein wenig Übung und Erfahrung mit Visual Basic haben, werden Sie die Definition einer neuen Prozedur noch schneller erledigen, indem Sie die Anweisungen *Function Name* oder *Sub Name* im Codefenster eingeben. Visual Basic vervollständigt die Prozedurdefinition automatisch durch *End Function* oder *End Sub*.

Cursorbewegung im Programmcodefenster

Der Textcursor kann innerhalb eines Unterprogramms bzw. einer Funktion wie gewohnt mit den Cursortasten bewegt werden. Bild ↑ bzw. Bild ↓ bewegen den Textcursor seitenweise durch eine Prozedur. Wenn der Cursor bereits am Anfang bzw. am Ende des Unterprogramms steht, wird die vorangegangene bzw. nächste Prozedur angezeigt. (Die Reihenfolge der Prozeduren orientiert sich an der Reihenfolge, in der die Prozeduren definiert wurden.)

Strg+↑ und Strg+Bild ↑ bzw. Strg+↓ und Strg+Bild ↓ zeigen unabhängig von der aktuellen Position des Textcursors in jedem Fall das vorige bzw. das nächste Unterprogramm an. F6 wechselt den aktiven Ausschnitt, wenn das Fenster geteilt ist.

Shift+F2 bewegt den Cursor zum Code der Prozedur, auf dessen Name der Cursor gerade steht (Kommando ANSICHT | DEFINITION). Wenn die betroffene Prozedur in einer anderen Datei des Projekts definiert ist, wechselt Visual Basic automatisch in das betreffende Codefenster. Strg+Shift+F2 springt zurück zur vorherigen Position. Visual Basic verwaltet dazu einen mehrstufigen Puffer für die Rücksprungpositionen.

Zum raschen Springen zu einem anderen Programmteil können Sie schließlich auch den Objektkatalog verwenden, in dem (unter anderem) sämtliche von Ihnen programmierte Prozeduren verzeichnet sind – siehe den folgenden Abschnitt.

Blöcke ein- und ausrücken

Damit der Programmcode leichter zu lesen ist, werden Blöcke innerhalb von Verzweigungen und Schleifen normalerweise eingerückt (wie in allen Programmlistings dieses Buchs). Die Einrückungen erfolgen nicht automatisch, sondern müssen durch die Eingabe von Leer- oder Tabulatorzeichen vorgenommen werden. Wenn Sie später die Struktur des Programms ändern (z.B. durch eine zusätzliche Sicherheitsabfrage), müssen Sie oft zahlreiche Zeilen ein- oder ausrücken. Anstatt das für jede Zeile manuell zu erledigen, können Sie sich von Visual Basic helfen lassen: Markieren Sie den gesamten Zeilenblock mit der Maus, und geben Sie dann Tab bzw. Shift+Tab ein. Visual Basic rückt den gesamten Block um eine Tabulatorposition ein oder aus.

Die Tabulatorweite kann im Optionenfenster (EXTRAS | OPTIONEN | EDITOR) beliebig eingestellt werden – sogar auf ein einziges Zeichen. Die Defaulteinstellung lautet 4 Zeichen, in diesem Buch wurden aber nur 2 Zeichen verwendet, was zu einem weniger stark auseinandergezogenen Programmcode führt. (Visual Basic arbeitet übrigens nicht mit echten Tabulatoren. Die Tabulatorweite gibt nur an, wie viele Leerzeichen durch Tab eingefügt werden.)

Variablendeklaration

In leeren Modulen steht in der ersten Zeile zumeist die Anweisung *Option Explicit*. Die Anweisung bewirkt, daß alle Variablen vor ihrer Verwendung deklariert werden müssen. Wenn die Anweisung nicht automatisch erscheint, sollten Sie in EXTRAS | OPTIONEN | EDITOR den Eintrag »Variablendeklaration erforderlich« aktivieren. Excel fügt die Anweisung dann in neuen Modulen automatisch ein. (In bereits geöffneten Modulen müssen Sie die beiden Schlüsselwörter selbst eintippen.)

Kommentare

Das Zeichen »'« (Shift+#) leitet Kommentare ein. Kommentare sind sowohl am Zeilenanfang als auch im Anschluß an eine Anweisung erlaubt. Das Kommentarzeichen kann unter anderem dazu verwendet werden, fehlerhafte Zeilen vorläufig in Kommentare zu verwandeln. Kommentare werden üblicherweise grün angezeigt.

TIP

Während des Tests eines Programms ist es oft praktisch, einige Zeilen Code vorübergehend durch vorangestellte Kommentar-Zeichen zu deaktivieren. Die Entwicklungsumgebung sieht zum Auskommentieren mehrerer Zeilen bzw. zum Widerrufen dieses Kommandos zwar zwei Symbole in der BEARBEITEN-Symbolleiste, aber keine Menükommandos vor. Diesen Mangel können Sie mit ANSICHT | SYMBOLLEISTEN | ANPASSEN leicht beheben.

Mehrzeilige Anweisungen

Sehr lange Anweisungen können auf mehrere Zeilen verteilt werden. Dazu muß an einer beliebigen Stelle (aber nicht *in* einem Schlüsselwort) ein Leerzeichen und anschließend der Unterstrich »_« eingegeben werden. Beispiel:

```
Selection.Sort Key1:=Range("A3"), Order1:= xlAscending, _
  Header:=xlGuess, OrderCustom:=1, MatchCase:=False, _
  Orientation:=xlTopToBottom
```

HINWEIS

Variablen können so deklariert werden, daß sie nur in einer Prozedur, im ganzen Modul oder in der gesamten Programm (global) verwendet werden können. Details zum Gültigkeitsbereich von Variablen finden Sie in Abschnitt 5.2.2.

Wenn Sie mehrzeilige Anweisungen mit Kommentaren versehen, dürfen Sie das erst in der letzten Zeile der Anweisung tun. Die folgende Anweisung ist *nicht* erlaubt:

```
Selection.Sort Key1:=Range("A3"), _ 'Kommentar verursacht Fehler!
  Order1:= xlAscending, _           'Kommentar verursacht Fehler!
  Header:=xlGuess                   'dieser Kommentar ist erlaubt
```

Änderungen rückgängig machen

Wenn Sie versehentlich einen markierten Bereich löschen oder eine Änderung am Programmcode rückgängig machen möchten, können Sie den bisherigen Zustand des Programms mit dem Kommando BEARBEITEN | RÜCKGÄNGIG bzw. mit Alt+Backspace wiederherstellen. Mit BEARBEITEN | WIEDERHERSTELLEN bzw. mit Strg+Z können Sie auch das Rückgängig-Kommando wieder rückgängig machen. Diese Undo- und Redo-Funktion arbeitet mehrstufig, d.h., Sie können mehrere Änderungen zurücknehmen.

Automatisch speichern

Excel läuft zwar einigermaßen stabil, ganz ist ein Absturz aber auch in Version 97 nicht ausgeschlossen. Aus diesem Grund sollten Sie Ihre Arbeitsmappe möglichst oft speichern! Sie können auch die Add-In-Erweiterung »Automatisch speichern« aktivieren, die Ihre Arbeitsmappe in regelmäßigen Abständen speichert. Dazu führen Sie in Excel (nicht in der Entwicklungsumgebung) EXTRAS | ADD-IN-MANAGER aus und aktivieren die Option AUTOMATISCHES SPEICHERN. Es erscheint nun alle zehn Minuten eine Rückfrage, ob Sie momentan ungesicherte Dateien speichern möchten.

4.4 Makros ausführen

Es wurde oben bereits erwähnt, daß Sie das Makro, in dessen Codebereich sich der Cursor gerade befindet, sehr bequem durch F5 aufrufen können. Diese Art des Makrostarts ist allerdings nur in der Entwicklungsumgebung möglich. Allgemeingültig ist dagegen das Kommando EXTRAS | MAKRO, das sowohl in Excel als auch in der Entwicklungsumgebung zur Verfügung steht. Damit können Sie alle parameterlosen Makros starten, die in irgendeiner der zur Zeit geladenen Dateien definiert sind.

Daneben bestehen einige erheblich elegantere Möglichkeiten zum Makrostart:

- Im Dialog EXTRAS | MAKROS können Sie über den Button OPTIONEN jedem Makro eine Tastaturabkürzung Strg+Anfangsbuchstabe zuweisen. Aus unerfindlichen Gründen steht der OPTIONEN-Button nur im MAKROS-Dialog von Excel, nicht aber im MAKROS-Dialog der Entwicklungsumgebung zur Verfügung.
- Makros können mit dafür vorgesehenen Ereignisroutinen verbunden werden. Sie werden dann beim Auftreten bestimmter Ereignisse (etwa dem Verstreichen einer vorgegebenen Zeit, dem Aktivieren eines Tabellenblatts etc.) automatisch aufgerufen. Ereignisse sind Thema von Abschnitt 5.4.
- Über das Kommando ANSICHT | SYMBOLLEISTEN | ANPASSEN | BEFEHLE können Sie den Menüeintrag »Menüelement anpassen« oder das Symbol »Schaltfläche anpassen« (beide in der Gruppe »Makros«) in ein Menü oder in eine Symbolleiste einfügen. Anschließend können Sie per Kontextmenü den Menütext bzw. das Symbol ändern. Wenn Sie den Eintrag bzw. das Symbol zum ersten Mal anklicken, können Sie bequem das Makro auswählen, dem der Eintrag in Zukunft zugewiesen wird. Mehr Informationen zu eigenen Menüs und Symbolleisten finden Sie in Kapitel 9.

Die gerade aufgezählten Verfahren gelten für Befehlsmakros, die mit dem Schlüsselwort *Sub* eingeleitet werden. Funktionsmakros (Schlüsselwort *Function*) sind dagegen nicht zum direkten Aufruf geeignet. Sie können innerhalb anderer Makros sowie als Rechenfunktionen in der Formel einer Tabellenzelle eingesetzt werden.

Makros unterbrechen

Alle Makros können jederzeit mit Strg+Untbr gestoppt werden. Wenn Sie im daraufhin erscheinenden Dialog »Makrofehler« den Button TESTEN auswählen, können Sie den Code bearbeiten. Sie können sich dort einzelne Variablen ansehen und das Makro anschließend mit F5 fortsetzen.

Der Direktbereich (Testfenster)

Das Fenster des Direktbereichs stellt eine Hilfe zum Testen neuer Prozeduren und zur Fehlersuche dar. (In früheren Versionen wurde der Direktbereich als Testfenster bezeichnet.) Die Anweisung *Debug.Print* führt eine Ausgabe im Direktbereich durch. Der Direktbereich wird über ANSICHT | DIREKTFENSTER oder mit Strg+G aktiviert.

»Direkt« enthält die letzten 200 mit *Debug.Print* durchgeführten Ausgaben. Im Direktbereich können Sie Anweisungen angeben, die mit Return sofort (direkt) ausgeführt werden. Der Direktbereich eignet sich besonders zum Austesten von Variablen oder Eigenschaften – etwa durch die Anweisungen wie *?varname* oder *?Application.Active-*

Sheet.Name (gibt den Namen des gerade aktiven Modulblatts aus). Das Fragezeichen gilt dabei als Abkürzung für die *Print*-Methode. Fließkommazahlen werden im Testfenster generell mit maximal acht Nachkommastellen angezeigt, auch wenn 16 Nachkommastellen existieren.

Im Direktbereich sind auch Wertzuweisung an Variablen oder Eigenschaften sowie der Start von Makros durch die Angabe des Namens ist möglich. Sie dürfen im Direktbereich ohne vorherige Deklaration neue Variablen einführen (auch dann, wenn im Programmcode *Option Explicit* gilt).

Die »Überwachung« ermöglicht die Definition von bedingten Haltepunkten und die stetige Anzeige des Inhalts diverser Eigenschaften oder Variablen in einem eigenen Überwachungsfenster. Der Umgang mit dem Überwachungsbereich wird ausführlich in Kapitel 7 beschrieben, wo es um die Fehlersuche (Debugging) geht. Dort wird auch das Fenster zur Anzeige aller gerade aktiven Prozeduren beschrieben.

4.5 Makroaufzeichnung

Prinzipiell bestehen zwei Möglichkeiten zur Erstellung eines Makros: Entweder Sie geben das Makro über die Tastatur ein, oder Sie verwenden das Kommando EXTRAS | MAKRO AUFZEICHNEN | AUFZEICHNEN, um die Abfolge einiger Excel-Kommandos in Form von VBA-Anweisungen aufzuzeichnen. In der Realität kommt die Mischform dieser beiden Varianten am häufigsten vor: Sie verwenden zuerst die Makroaufzeichnung, um das Grundgerüst des Makros zu erstellen, und verändern anschließend via Tastatur die Details des Makros nach Ihren Vorstellungen.

Der große Vorteil der Makroaufzeichnung besteht darin, daß Sie sich die endlose Suche nach den gerade erforderlichen Schlüsselwörtern ersparen. Selbst wenn das aufgezeichnete Makro nur in Grundzügen dem entspricht, was Sie eigentlich erreichen möchten, sind doch zumindest die angegebenen Objekte, Eigenschaften und Methoden brauchbar.

Nachteile der Makroaufzeichnung bestehen unter anderem darin, daß Excel oft einen unnötig umständlichen Code aufzeichnet; bei der Aufzeichnung von Dialogeingaben werden etwa *alle* Einstellmöglichkeiten in den Code aufgenommen werden (auch wenn nur eine einzige Einstellung verändert wurde).

Aufzeichnung starten und beenden

Die Makroaufzeichnung beginnt normalerweise in einem Tabellenblatt mit dem oben erwähnten Kommando. Anschließend müssen Sie den Namen des aufzuzeichnenden Makros und die gewünschte Arbeitsmappe angeben, in der das Makro aufgezeichnet werden soll (üblicherweise in »Dieser Arbeitsmappe«).

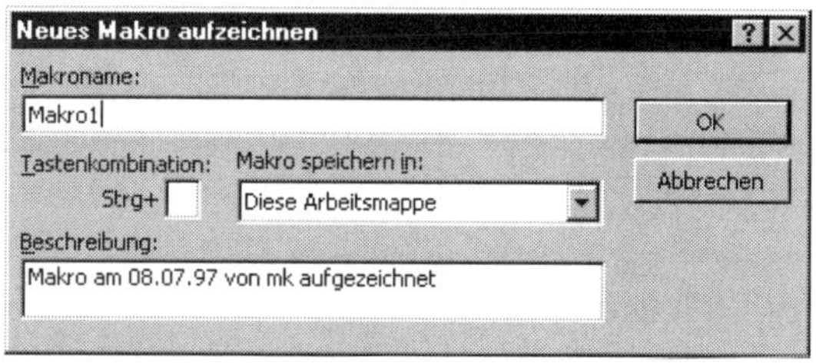

Bild 4.3: Start der Makroaufzeichnung

Die Makroaufzeichnung wird durch EXTRAS | MAKRO AUFZEICHNEN | AUFZEICHNUNG BEENDEN oder durch das Anklicken des entsprechenden Symbols (ein kleines schwarzes Quadrat) beendet.

Excel erzeugt bei der Makroaufzeichnung meistens ein neues Modulblatt. Sie können den Code des Makros aber ohne weiteres nach der Aufzeichnung in ein anderes Modulblatt kopieren (über die Zwischenablage) und das nun leere Modul wieder löschen.

HINWEIS

Im Gegensatz zu Excel 5 / 7 ist es nicht mehr möglich, Makrocode in einer schon vorhandenen Prozedur aufzuzeichen (ehemals Kommandos POSITION FESTLEGEN und AB POSITION AUFZEICHNEN). Das macht aber nichts: Zeichnen Sie den Code in einer neuen Prozedur auf und kopieren Sie den Code anschließend dorthin, wo Sie ihn benötigen.

Die persönliche Makroarbeitsmappe

Makros, die speziell zu einer Arbeitsmappe gehören, sollten immer in »Dieser Arbeitsmappe« aufgezeichnet werden. Makros, die immer zur Verfügung stehen sollen (etwa für allgemeine Bedienungserleichterungen, für eigene Symbole etc.), sollten dagegen in der »Persönlichen Makroarbeitsmappe« gespeichert werden. Diese Arbeitsmappe wird unter dem Namen `Personl.xls` im Verzeichnis `Office97/Office/Xlstart` gespeichert und bei jedem Start von Excel automatisch geladen. Damit stehen die darin gespeicherten Makros jederzeit zur Verfügung.

ANMERKUNG

Besonders »persönlich« ist die persönliche Makroarbeitsmappe übrigens nicht. Es gibt nämlich nur eine persönliche Makroarbeitsmappe, auch dann, wenn auf dem Rechner mehrere Personen arbeiten, die sich mit unterschiedlichen Namen anmelden. Änderungen in der persönlichen Makroarbeitsmappe gelten daher für alle Excel-Anwender (während sonstige Konfigurationseinstellungen – etwa die Anordnung der Symbolleisten – für jeden Anwender getrennt gespeichert werden).

Häufig ist das Fenster der persönlichen Makroarbeitsmappe ausgeblendet, damit die Arbeitsmappe nicht Platz am Bildschirm wegnimmt. Gleichzeitig stellt dieses Verfahren einen Schutz gegen ungewollte Veränderungen dar. Die Arbeitsmappe kann über FENSTER | EINBLENDEN sichtbar gemacht werden.

Absolute und relative Makroaufzeichnung

Zellbezüge können während er Makroaufzeichnung wahlweise relativ zur Startposition oder mit absoluten Adressen aufgezeichnet werden. Welche der beiden Varianten günstiger ist, hängt von der Anwendung Ihres Makros ab. Zur Umschaltung zwischen den beiden Modi gibt es im Gegensatz zu Excel 5 / 7 kein Menükommando mehr. Statt dessen müssen Sie das Symbol RELATIVER / ABSOLUTER BEZUG der Symbolleiste »Aufzeichnung beenden« verwenden.

Es ist erlaubt, diese Einstellung während der Makroaufzeichnung (beliebig oft) zu verändern. Die falsche Einstellung dieses Menüeintrags ist häufige Ursache dafür, daß zuvor aufgezeichnete Makros nicht richtig funktionieren!

4.6 Tastenkürzel

Der Abschnitt gibt einen Überblick über die wichtigsten Tastenkürzel, die während der Programmentwicklung benötigt werden. Nicht mit aufgenommen wurden Tastenkürzel, die generell unter Windows gelten (etwa Strg+C zum Kopieren in die Zwischenablage). Die Tastenkürzel wurden nach Bereichen geordnet, in denen sie am häufigsten benötigt werden.

Wechsel des aktuellen Fensters	
Alt+F11	wechselt zwischen Excel und der Entwicklungsumgebung
Strg+Tab	wechselt zwischen allen Visual-Basic-Fenstern
Alt+F6	wechselt zwischen den beiden zuletzt aktiven Fenstern
Strg+G	ins Direktfenster (Debugfenster) wechseln
Strg+R	ins Projektfenster wechseln
F2	in den Objektkatalog wechseln
F4	ins Eigenschaftsfenster wechseln
F7	ins Codefenster wechseln

Eigenschaftsfenster	
Shift+Tab	springt ins Objektlistenfeld
Strg+Shift+X	springt zur Eigenschaft mit dem Anfangsbuchstaben X

Programmausführung	
F5	Programm starten
Strg+Untbr	Programm unterbrechen
F8	ein einzelnes Kommando ausführen (single step)
Shift+F8	Kommando / Prozeduraufruf ausführen (procedure step)
Strg+F8	Prozedur bis zur Cursorposition ausführen
Strg+Shift+F8	aktuelle Prozedur bis zum Ende ausführen
F9	Haltepunkt setzen
Strg+F9	Ort des nächsten Kommandos bestimmen

Codefenster	
Tab	markierten Zeilenblock einrücken
Shift+Tab	markierten Zeilenblock ausrücken
Strg+Y	Zeile löschen
Alt+Backspace	Änderung widerrufen (Undo)
Strg+Z	Widerruf rückgängig machen (Redo)
Strg+↑ / ↓	Cursor zur vorigen / nächsten Prozedur
Shift+F2	zur Prozedurdefinition bzw. zur Variablendeklaration
Strg+Shift+F2	zurück zur letzten Cursorposition (Undo zu Shift+F2)
F6	Codeausschnitt wechseln (bei zweigeteiltem Fenster)
Strg+F	Suchen
F3	Weitersuchen
Strg+H	Suchen und Ersetzen
Strg+Leertaste	Schlüsselwort / Variablennamen vervollständigen
Tab	Auswahl im IntelliSense-Listenfeld durchführen
Esc	IntelliSense-Listenfeld verlassen

VBA-Konzepte

5

Dieses Kapitel beschreibt die Sprachkonzepte von VBA und liefert den theoretischen Hintergrund für die Programmierung in VBA. Die behandelten Themen umfassen den Umgang mit Variablen, die prozedurale Programmierung (Schleifen, Verzweigungen), die Objekt- und die Ereignisverwaltung. Es liegt in der Natur der Sache, daß dieses Kapitel eher trocken und die Beispiele realitätsfern (dafür aber leicht verständlich) sind. Das vermittelte Wissen ist aber unabdingbar für die Programmierung eigener Makros.

Kapitelübersicht

5.1 Variablen und Felder

5.1.1 Variablenverwaltung

Variablen sind Platzhalter für Zahlen, Textzeichen oder andere Daten. Variablen werden dazu verwendet, Daten während des Programmablaufs vorübergehend zu speichern und mit ihnen Berechnungen durchzuführen. Das folgende Beispielprogramm zeigt eine triviale Anwendung von Variablen:

```
Option Explicit
'
Sub makro1()
  Dim länge, breite, fläche
  länge = 3
  breite = 4
  fläche = l * b
  Debug.Print fläche
End Sub
```

In den Variablen *länge* und *breite* werden Länge und Breite eines Rechtecks gespeichert. Daraus wird der Flächeninhalt berechnet und in *fläche* gespeichert. Das Ergebnis der Berechnung wird mit *Debug.Print* im Direktbereich ausgegeben und kann dort mit Strg+G angesehen werden.

Die Anweisungen *Sub makro1()* und *End Sub* sind erforderlich, weil VBA nur Programmcode in Prozeduren ausführen kann. Mehr Details zum Thema Prozeduren finden Sie in Abschnitt 5.2. Für die Variablenverwaltung relevant sind hingegen die Zeilen *Option Explicit* und *Dim länge, breite, fläche.*

Variablendefinition

Sofern am Beginn des Moduls die Anweisung *Option Explicit* angegeben wird, müssen alle Variablen vor ihrer Verwendung mit dem Kommando ***Dim*** definiert werden. Das sieht auf den ersten Blick lästig aus, ist in Wirklichkeit aber ein wichtiger und wirksamer Schutz gegen Tippfehler. Excel weigert sich jetzt nämlich, eine Prozedur auszuführen, bevor es nicht alle darin vorkommenden Variablennamen kennt.

HINWEIS

Wenn Sie in EXTRAS | OPTIONEN | MODUL ALLGEMEIN die Option »Variablendeklaration erforderlich« aktivieren, fügt Excel in jedes neue Modul automatisch die Anweisung *Option Explicit* ein.

Variablen können so deklariert werden, daß sie nur in einer Prozedur, im ganzen Modul oder in der gesamten Arbeitsmappe verwendet werden können. Auf den Gültigkeitsbereich von Variablen und auf das Schlüsselwort *Static* wird in Abschnitt 5.2.2 näher eingegangen.

Variablennamen

Variablennamen müssen mit einem Buchstaben beginnen, dürfen maximal 255 Zeichen lang sein und keine Leerzeichen, Punkte und einige weitere Sonderzeichen enthalten. Deutsche Sonderzeichen (ä, ö, ü, ß) sind hingegen erlaubt. Zwischen Groß- und Kleinschreibung wird nicht unterschieden. Variablennamen dürfen nicht mit den in VBA vordefinierten Schlüsselwörtern übereinstimmen. Beispiele für vordefinierte Schlüsselwörter sind etwa *Sub, Function, End, For, To, Next, Dim* oder *As*. Eine Liste aller Schlüsselwörter finden Sie in der VBA-Online-Hilfe unter dem Suchbegriff »Schlüsselwörter«.

HINWEIS

Objekt-, Methoden- und Eigenschaftsnamen gelten in der Regel *nicht* als Schlüsselwörter, können also auch als Variablennamen verwendet werden. VBA hat damit normalerweise keine Probleme und erkennt aus dem Zusammenhang, ob Sie die Variable oder die gleichnamige Eigenschaft oder Methode meinen. (Bei Eigenschaften oder Methoden, bei denen die Objektangabe sonst optional ist, muß im Fall von gleichnamigen Variablen eine Objektangabe erfolgen – siehe Abschnitt 5.3 zum Thema Objekte.) Gleichnamige Variablennamen stiften allerdings oft Verwirrung beim Lesen oder Analysieren von Makros und sollten aus diesem Grund eher vermieden werden.

Variablentypen (Datentypen)

Im obigen Beispiel wurden die drei Variablen zwar mit *Dim* als Variablen definiert, es wurde aber kein Variablentyp angegeben. Das ist in VBA zulässig – das Programm wählt dann automatisch einen geeigneten Variablentyp aus. Dennoch ist es sinnvoll, wenn Sie die in VBA vorgesehenen Variablentypen kennen und Variablen mit der Angabe des gewünschten Variablentyps definieren. Auf diese Weise erhöhen Sie die Verarbeitungsgeschwindigkeit, reduzieren den Speicherverbrauch und vermindern die Fehlergefahr.

VBA kennt folgende Variablentypen (jeweils mit Kennungszeichen, falls eins existiert):

Byte: ganze Zahlen zwischen 0 und 255; 1 Byte Speicherbedarf
Boolean: Wahrheitswerte (*True, False*); 2 Byte
% ***Integer***: ganze Zahlen zwischen -32768 und +32767; 2 Byte
& ***Long***: ganze Zahlen zwischen -2147483648 und +2147483647; 4 Byte
@ ***Currency***: Festkommazahlen mit 15 Stellen vor und 4 Stellen nach dem Komma; 8 Byte
Decimal: hierbei handelt es sich nicht um einen eigenständigen Datentyp, sondern um einen Untertyp von *Variant*; die Genauigkeit beträgt 28 Stellen; die Anzahl der Stellen hinter dem Komma hängt von der Größe der Zahl ab – bei einer zehnstelligen Zahl bleiben noch 18 Stellen hinter dem Komma; der zulässige Zahlenbereich beträgt $\pm 10^{28}$; 12 Byte

\# ***Double***: Fließkommazahlen mit 16 Stellen Genauigkeit; 8 Byte
! ***Single***: Fließkommazahlen mit 8 Stellen Genauigkeit; 4 Byte
Date: für Datum und Uhrzeit; der Datumsbereich ist eingeschränkt auf den Bereich zwischen dem 1.1.100 und dem 31.12.9999, die Uhrzeit auf den Bereich zwischen 00:00 und 23:59:59; 8 Byte
$ ***String***: Zeichenketten; die Zeichenanzahl ist seit Version 4.0 nur noch durch das RAM beschränkt (2147483647 Zeichen); 10 Byte plus 2 Byte pro Zeichen
Object: Objekte; die Variable speichert einen Verweis auf ein Objekt; 4 Byte
Variant: Defaultvariablentyp, nimmt je nach Bedarf einen der obigen Variablentypen an (mit automatischer Konvertierung); der Speicherbedarf beträgt mindestens 16 Byte, bei Zeichenkette sogar 22 Byte plus 2 Byte pro Zeichen

Neben den hier aufgezählten Datentypen dürfen Variablen in allen in Excel definierten Objekttypen (beispielsweise als *Chart, Worksheet* etc.) definiert werden. In diesem Fall wird die Variable als Objektvariable bezeichnet. Der Umgang mit Objekten wird in Abschnitt 5.3 noch näher beschrieben.

Bei der Definition von Variablen mit *Dim* kann der Variablentyp entweder durch die Angabe des Kennungszeichens unmittelbar hinter dem Variablennamen oder durch die Angabe von *As datentyp* bestimmt werden.

VORSICHT

Es ist syntaktisch erlaubt, mehrere Variablen zwischen *Dim* und *As* zu stellen. Allerdings bekommt nur die letzte Variable den gewünschten Variablentyp, alle anderen Variablen gelten als *Variant*-Variablen!

```
Dim a, b, c As Integer   'nur c ist eine Integerzahl, a und b
                         'haben den Datentyp Variant!
```

Mit den Schlüsselwörtern *DefBool, DefCur, DefDbl, DefDate, DefInt, DefLng, DefObj, DefSng, DefStr* und *DefVar* kann der Defaultdatentyp für Variablen mit bestimmten Anfangsbuchstaben anders voreingestellt werden. Die Kommandos müssen am Beginn eines Moduls (vor dem Beginn der ersten Prozedur) angegeben werden und gelten für das gesamte Modul. Die Wirkungsweise ist am einfachsten anhand eines Beispiels zu verstehen:

```
DefSng a-f
DefLng g, h
```

Alle Variablen, die mit »a« bis »f« bzw. mit »g« oder »h« anfangen, weisen jetzt den Defaultdatentyp *Single* bzw. *Long* auf. Der Defaultdatentyp gilt nur für jene Variablen, bei denen im *Dim*-Befehl nicht explizit ein anderer Datentyp angegeben wurde!

Der Datentyp Variant

Variant ist der bei weitem universellste Datentyp. Er gilt gleichzeitig als Voreinstellung für alle Variablen, deren Typ nicht explizit angegeben ist. *Variant*-Variablen passen sich automatisch an die gespeicherten Daten an, können also ganze Zahlen, Fließkommazahlen, Texte, Daten, Excel-Objekte etc. enthalten. Allerdings ist der Verwaltungsaufwand für *Variant*-Variablen am höchsten.

Variant-Variablen können im Gegensatz zu anderen Variablen auch Fehlernummern sowie zwei Sonderwerte beinhalten: *Empty* (zeigt an, daß die Variable leer ist; *Empty* ist nicht identisch mit 0 oder einer leeren Zeichenkette) und *Null* (zeigt an, daß die Variable überhaupt nicht belegt ist). Der in einer *Variant*-Variable gerade aktuelle Datentyp kann über die Funktionen *VarType, IsObject, IsError, IsEmpty* und *IsNull* festgestellt werden. Die Funktionen *IsNumeric* und *IsDate* stellen fest, ob der Inhalt der Variablen in eine Zahl oder in einen Datumswert verwandelt werden kann.

ACHTUNG

Der Vergleich *x = Null* ist zwar syntaktisch korrekt, wird aber falsch verarbeitet und liefert selbst dann *False*, wenn *x* tatsächlich *Null* ist! Verwenden Sie unbedingt *IsNull(x)*!

Rechnen mit ganzen Zahlen

Das Rechnen mit ganzen Zahlen bereitet VBA (übrigens genauso wie auch Visual Basic 4) gewisse Schwierigkeiten. So liefert das folgende Beispiel einen »Überlauffehler«. Ein Überlauffehler tritt normalerweise dann auf, wenn der zulässige Zahlenbereich überschritten wird. Die Multiplikation der beiden Zahlen liefert den Wert 65280, der eigentlich mühelos in einer *Long*-Variablen gespeichert werden kann (siehe oben).

```
Sub macro()
  Dim l As Long
  l = 255 * 256   'hier tritt ein Überlauffehler auf
End Sub
```

Das Problem des Beispiels liegt darin, daß Excel die Zahlen 255 und 256 intern jeweils als *Integer*-Zahlen interpretiert und daher auch die Multiplikationsroutine für *Integer*-Zahlen verwendet. Das Ergebnis überschreitet den Zahlenbereich für *Integer*-Zahlen und führt daher schon vor der Zuweisung an *l* zur Fehlermeldung. Abhilfe liefert das Kennungszeichen »&«, das einer der beiden Zahlen nachgestellt werden muß. Daran erkennt Excel, daß es die Multiplikationsroutine für *Long*-Zahlen verwenden soll:

```
Sub macro()
  Dim l As Lang
  l = 255& * 256   'jetzt klappt es
End Sub
```

Zuweisungen zwischen unterschiedlichen Datentypen

VBA nimmt Typenkonversionen normalerweise automatisch vor. Je nach Format der Zielvariablen kann es dabei zu Datenverlusten kommen. Wenn Sie etwa eine *Variant*-Variable mit dem Wert 3.5 einer *Integer*-Variablen zuweisen, dann wird dort der Wert 4 gespeichert. *Date*-Werte werden bei Zuweisungen in Fließkommazahlen umgewandelt, deren Nachkommateil die Uhrzeit und deren ganzzahliger Teil das Datum angibt.

Definitionen eigener Datentypen

Aus den in VBA vordefinierten Datentypen können Sie auch eigene Datentypen zusammensetzen. Solche Datentypen (die in anderen Programmiersprachen als Strukturen, Records oder ähnlich bezeichnet werden) können zur übersichtlichen Verwaltung zusammengehörender Daten verwendet werden.

Die Definition eines neuen Datentyps wird durch das Kommando ***Type*** eingeleitet und endet mit ***End Type***. Innerhalb des Datentyps dürfen beliebig viele einzelne Variablen in der Form *name As vartyp* (jeweils in einer eigenen Zeile) angegeben werden. Bei Zeichenketten kann dem Schlüsselwort *String* ein »*« und eine Zahl nachgestellt werden. In diesem Fall wird die Länge der Zeichenkette auf eine vorgegebene Maximalzahl von Zeichen beschränkt.

Im Beispiel unten wird der neue Datentyp *artikel* definiert, in dem Artikelname und Preis gespeichert werden können. In realen Anwendungen würden Sie vermutlich einige weitere Elemente wie Artikelnummer, Lieferant etc. vorsehen. *makro* zeigt die Verwendung des Datentyps: Auf einzelne Elemente wird durch die nachgestellte Angabe des Elementnamens zugegriffen.

```
Type artikel
  artname As String
  preis As Currency
Ende Type
Sub makro()
  Dim a As artikel, b As artikel
  a.artname = "Schraube"
  a.preis = 3.5
  b = a
  Debug.Print b.preis
End Sub
```

Datentypen gelten normalerweise nur innerhalb des Moduls, in dem sie definiert sind. Sie können aber *Type* das Schlüsselwort *Public* voranstellen – dann gilt der Datentyp für alle Module der Arbeitsmappe. Die möglichen Gültigkeitsbereiche von Variablen werden in Abschnitt 5.2.2 noch behandelt. Innerhalb von eigenen Datentypen sind auch Felder erlaubt. Felder werden im folgenden Abschnitt behandelt.

Konstanten

Wenn Sie Symbole verwenden, die während des gesamten Programmablaufs ihren Wert nicht verändern, sollten Sie diese Symbole mit ***Const*** als Konstanten definieren. Dabei können Sie wie bei normalen Variablen einen Variablentyp angeben.

```
Const maximalgröße = 3
Const PiHalbe As Double = 1.570796327
```

In VBA sind zahllose Konstanten bereits vordefiniert. Neben den Wahrheitswerten *True* und *False* und den *Variant*-Werten *Null* und *Empty* handelt es sich dabei um diverse Werte, die zur Einstellung von Eigenschaften oder zur Auswertung von Methoden verwendet werden können. Diese Konstanten beginnen mit den Buchstaben *vb* (für Visual-Basic-Konstante) oder *xl* (für Excel-Konstante). *Pi* ist nur als Methode von *Application* definiert, muß also in der Form *Application.Pi* angeschrieben werden.

5.1.2 Felder

Felder sind Listen von Variablen gleichen Namens, die über eine oder mehrere Indexnummern angesprochen werden. Felder werden immer dann eingesetzt, wenn mehrere ähnliche Informationen (z. B. Namenslisten, die Zahlenwerte einer Matrix) bearbeitet werden sollen.

Felder dimensionieren

Vor der Verwendung von Feldern müssen diese definiert werden. Dazu dient abermals der Befehl *Dim,* wobei hinter dem Feldnamen der größte erlaubte Index in Klammern angegeben wird. Der Datentyp des Felds wird wie bei Variablen mit dem Kennungszeichen oder mit dem Schlüsselwort *As* angegeben.

HINWEIS

Sie sollten sich bei großen Feldern unbedingt überlegen, welcher Datentyp erforderlich ist. Wenn Sie keinen Datentyp angeben, wählt VBA automatisch *Variant*-Variablen, die mit Abstand den meisten Speicherplatz beanspruchen. Bei einem Feld mit 1000 Elementen spielt es schon eine Rolle, ob ein einzelnes Element 2 oder 16 Byte beansprucht!

```
Dim feld(10) As Integer
```

Der Zugriff auf das Feld erfolgt dann immer mit der Angabe des Indexes. Das Beispiel unten demonstriert gleichzeitig, daß zwei Anweisungen in einer Zeile angeschrieben werden dürfen, wenn sie durch einen Doppelpunkt voneinander getrennt werden.

```
feld(4) = 10: feld(5) = feld(4)/2
```

Der Index darf im Bereich zwischen 0 und *max_index* liegen (es sei denn, Sie verwenden *Option Base 1,* siehe unten). Mit *Dim feld(10)* wird daher ein Feld mit elf Elementen erzeugt. Wenn Sie möchten, können Sie Felder dimensionieren, deren erlaubte Index-Werte in einem beliebigen Bereich liegen – etwa zwischen -5 und +7:

```
Dim feld(-5 To 7) As Integer
```

Visual Basic erlaubt auch die Dimensionierung mehrdimensionaler Felder, etwa in der Form:

```
Dim feld(10, 20) As Integer
```

Es liegt jetzt ein Feld mit 11 mal 21 Elementen vor. Auch bei mehrdimensionalen Feldern dürfen die Indizes als Bereiche angegeben werden.

Mit der Anweisung *Option Base 1* am Beginn eines Moduls erreichen Sie, daß der Index 0 nicht zulässig ist. Alle Felder werden dadurch ein wenig kleiner. *Option Base* hat keinen Einfluß auf die Indizes von Aufzählmethoden, die durch Excel vorgegeben sind. (In den meisten Fällen lautet der kleinste zulässige Index dort 1.)

Dynamische Felder

Visual Basic unterstützt auch Felder, deren Größe während des Programmablaufs verändert wird. Solche Felder müssen zuerst ohne die Angabe von Indizes als Feld dimensioniert werden, also beispielsweise:

```
Dim feld() As Integer
```

An der Stelle im Programm, an der das Feld in einer bestimmten Größe benötigt wird, steht der Befehl ***ReDim***, beispielsweise:

```
ReDim feld(anzahl)
```

Die Größe des Felds kann später mit einem weiteren *ReDim*-Befehl verändert werden. Wenn Sie das zusätzliche Schlüsselwort ***Preserve*** verwenden, bleibt dabei sogar der Inhalt des Felds erhalten. In Abschnitt 6.5.2 finden Sie ein Beispiel zur Verwendung dynamischer Felder. Dort werden die Dateinamen eines Verzeichnisses in ein Zeichenkettenfeld gelesen. Wenn sich das ursprünglich mit 100 Elementen dimensionierte Feld als zu klein herausstellt, wird es im Verlauf der Prozedur nach Bedarf vergrößert.

```
ReDim Preserve feld(anzahl+10)
```

Felder dürfen beliebig groß und in beliebig vielen Dimensionen definiert werden. Die einzige Einschränkung stellt der zur Verfügung stehende Speicherplatz dar.

Felder löschen

Die Anweisung ***Erase*** löscht den Inhalt der Elemente von statischen Feldern (d.h., Zahlenwerte werden auf 0 zurückgesetzt, Zeichenketten auf "", *Variant*-Variablen auf *Empty*). Bei dynamischen Feldern wird durch *Erase* das ganze Feld gelöscht und der belegte Speicher freigegeben. Das Feld muß vor einer weiteren Verwendung mit *ReDim* neu dimensioniert werden.

Indexgrenzen ermitteln

Die Funktionen ***LBound*** und ***UBound*** ermitteln den kleinsten und größten erlaubten Index eines Felds. Bei mehrdimensionalen Feldern muß im optionalen zweiten Parameter die Dimension angegeben werden, deren Indexgrenze bestimmt werden soll. Ein Beispiel zur Anwendung der beiden Funktionen finden Sie in Abschnitt 5.2.1, wo unter anderem die Übergabe von Feldern an Prozeduren behandelt wird.

Datenfelder

Als ob normale Felder nicht ausreichen würden, hat Microsoft in VBA auch den Begriff des »Datenfelds« geprägt. Datenfelder werden intern in einer einzelnen *Variant*-Variablen gespeichert, obwohl sie sich nach außen hin ähnlich wie ein Feld verhalten. Manche Operationen sind nur mit normalen Feldern möglich, andere nur mit Datenfeldern, wieder andere mit beiden Feldtypen. Umwandlungsfunktionen zwischen den beiden Feldtypen fehlen.

Datenfelder werden mit dem Kommando *Array* erzeugt, in dem die einzelnen Feldelemente aufgezählt werden. Der *Array*-Ausdruck wird dann der *Variant*-Variablen zugewiesen. Das erste Element hat je nach der Einstellung von *Option Base* den Index 0 oder 1.

In der Praxis haben Datenfelder gegenüber normalen Feldern den Vorteil, daß sie sich bequemer initialisieren lassen. Bei normalen Feldern müssen Sie jedes Element einzeln zuweisen, also: *a(0)=1: a(1)=7: a(2)=3* etc. Bei Datenfeldern geht das einfacher: *a= Array(1, 7, 3)*. Das Schlüsselwort *Array* kann leider nicht für Zuweisungen an normale Felder verwendet werden.

```
Dim x
x = Array(10, 11, 12)
Debug.Print x(1)          'liefert 11
```

Im obigen Beispiel stellt *x* eigentlich ein *Variant*-Feld dar. Im Unterschied zu einem normalen Feld, das mit *Dim x(2)* deklariert wird, kann *x* ohne die Angabe eines leeren Klammernpaares als Feld an eine Prozedur übergeben werden.

Datenfelder können (im Gegensatz zu normalen Feldern) auch als Parameter für manche Excel-Methoden verwendet werden. In den beiden folgenden Beispielen werden die als Datenfeld angegebenen Blätter der Arbeitsmappe ausgewählt bzw. die vier nebeneinanderliegenden Zellen von »Tabelle1« mit Inhalten gefüllt.

```
Sheets(Array("Kette1", "Kette2", "Kette3", "Modul Kette")).Select
Sheets("Tabelle1").[a1:d1] = Array("abc", "def", 1, 4)
```

HINWEIS

Es ist nicht immer ganz durchsichtig, wann ein Datenfeld unterstützt wird und wann nicht. Wenn Sie im vorherigen Beispiel *[a1:d1]* durch *[a1:a4]* ersetzen, also vier untereinanderliegende Zellen ändern möchten, funktioniert die Zuweisung nicht mehr! Die korrekte Anweisung würde jetzt so lauten:

```
Sheets("Tabelle1").[a1:a4] = Array(Array("abc"), Array("def"), _
  Array(1), Array(4))
```

Es ist also ein zweidimensionales (verschachteltes) Datenfeld erforderlich. Da ist es schon einfacher, die Zellen gleich einzeln zu belegen.

VERWEIS

Wie die obigen Beispiele bereits angedeutet haben, eignen sich Datenfelder unter anderem dazu, Zellbereiche mittlerer Größe effizient zwischen Tabellenblättern und Programmcode zu übertragen. (Das geht um ein Vielfaches schneller als der Zugriff auf jede einzelne Zelle!) Mehr Informationen dazu finden Sie in Abschnitt 6.7.3.

5.1.3 Syntaxzusammenfassung

Variablentypen (Datentypen)		
$	*String*	Zeichenketten
%	*Integer*	ganze Zahlen (-32768 bis +32767)
&	*Long*	ganze Zahlen (-2^31 bis +2^31)
!	*Single*	Fließkommazahlen mit 8 Stellen
#	*Double*	Fließkommazahlen mit 16 Stellen
@	*Currency*	Ganzkommazahlen (15 Vor-, 4 Nachkommastellen)
	Date	Datum- und Zeitwerte
	Boolean	Wahr oder Falsch
	Object	Verweis auf Objekte
	Variant	beliebige Daten

Deklaration von Variablen und Konstanten

Option Explicit
Dim var1, var2%, var3 As typ
Const konst1, konst2#, konst3 As typ

Vordefinierte Konstanten		
True	*Empty*	*vbXxx*
False	*Null*	*xlXxx*

Umgang mit Variant-Variablen	
IsNumeric(variable)	Test, ob Konversion in Zahl möglich
IsDate(variable)	Test, ob Konversion in Datum oder Uhrzeit möglich
IsObject(variable)	Test, ob Verweis auf Objekt
IsError(variable)	Test, ob Fehlerwert
IsEmpty(variable)	Test, ob leer
IsNull(variable)	Test, ob nicht initialisiert
VarType(variable)	numerischer Wert, der den Datentyp angibt
TypeName(variable)	Zeichenkette, die Daten- / Objekttyp beschreibt

Eigene Datentypen

```
Type neuertyp
  element1 As typ
  element2 As typ
  ...
End Type
```

Felder	
Option Base 1	kleinster zulässiger Index ist 1 (statt default 0)
Dim feld1(5), feld2(10,10)	ein- und zweidimensionales Feld
Dim feld3(-3 bis 3)	Feld mit negativen Indizes
Dim feld4()	vorläufig leeres Feld
Redim feld4(10)	dynamische Neudimensionierung
Redim Preserve feld4(20)	wie oben, aber ohne Daten zu löschen
Erase feld()	löscht das Feld
LBound(feld())	ermittelt den kleinsten erlaubten Index
UBound(feld())	ermittelt den größten erlaubten Index
L/UBound(feld(), n)	wie oben, aber für die *n*-te Dimension

Datenfelder	
Dim x	normale Variant-Variable
x = Array(x1, x2, ...)	Zuweisung

5.2 Prozedurale Programmierung

Prozedurale Programmiersprachen zeichnen sich dadurch aus, daß der Programmcode in kleinen, voneinander getrennten Programmteilen angeschrieben wird. Diese Programmteile (Prozeduren) können sich gegenseitig aufrufen und Parameter übergeben. Beinahe alle zur Zeit populären Programmiersprachen – etwa Pascal, C und modernere Basic-Dialekte – zählen zu den prozeduralen Programmiersprachen (im Gegensatz etwa zu den Sprachen LISP oder Prolog).

Dieser Abschnitt beschreibt die für eine prozedurale Sprache charakteristischen Kommandos zur Steuerung des Programmablaufs und zur Unterteilung des Programms in Funktionen und Prozeduren.

5.2.1 Prozeduren und Parameter

Aus den vorangegangenen Beispielen sind die beiden generellen Syntaxvarianten für Prozeduren bereits hervorgegangen: ***Sub*** *name()* ... ***End Sub*** definiert ein *Unterprogramm* (= Makro, = Befehlsmakro). Prozeduren dieser Art können zwar bestimmte Aktionen durchführen (beispielsweise die aktuelle Arbeitsmappe speichern), aber keine Ergebnisse zurückgeben. Aus diesem Grund gibt es einen zweiten Prozedurtyp, die *Funktion* (= Funktionsmakro, = benutzerdefinierte Funktion). Funktionen werden mit ***Function*** *name()* eingeleitet und mit ***End Function*** beendet. Vor dem Verlassen der Funktion, also spätestens in der letzten Zeile, muß der Rückgabewert der Funktion durch eine Zuweisung an *name* angegeben werden.

Beachten Sie bitte, daß Prozeduren sich gegenseitig aufrufen dürfen. Wenn Sie ein neues Kommando programmieren möchten, darf die dem Kommando unmittelbar zugewiesene Prozedur durchaus andere Unterprogramme oder Funktionen aufrufen. Prozeduren dienen nicht zuletzt dazu, umfangreiche Programmierprobleme in kleine, überschaubare Module zu zerlegen.

Am leichtesten ist das Konzept von Unterprogrammen und Funktionen anhand eines Beispiels zu verstehen. Das Unterprogramm *macro* ruft zweimal die Funktion *func* auf. In *func* wird getestet, ob der erste Parameter größer als der zweite Parameter ist. Wenn das der Fall ist, berechnet die Funktion die Differenz der beiden Parameter und gibt diesen Wert zurück. Andernfalls wird das Ergebnis der Funktion aus dem Produkt der beiden Werte gebildet. Nach der Ausführung von *macro* werden im Direktbereich die beiden Werte 12 (3*4) und 1 (7-6) angezeigt.

```
Sub macro()
  Dim result1, result2
  result1 = func(3, 4)
  result2 = func(7, 6)
  Debug.Print result1, result2
End Sub
Function func(a, b)
```

```
  If a > b Then func = a - b: Exit Function
  func = a * b
End Function
```

Die Funktion *func* kann übrigens auch in Tabellen verwendet werden: Geben Sie in A1 und B1 beliebige Werte und in C1 die Formel *=func(A1;B1)* ein – Sie werden feststellen, daß die soeben definierte Funktion anstandslos ausgeführt wird! (Beachten Sie, daß in Tabellenformeln Parameter durch einen Strichpunkt getrennt werden, während in VBA ein Komma verwendet wird.) Im Funktionsassistenten wird die Funktion in der Kategorie »Benutzerdefiniert« angeführt (allerdings ohne Online-Hilfe). Über den Objektkatalog (F2) und OPTIONEN können Sie der Funktion eine andere Kategorie zuweisen und eine kurze Beschreibung zur Funktion angeben, die dann im Funktionsassistenten angezeigt wird. Praktische Beispiele zur Definition benutzerdefinierter Funktionen finden Sie in Abschnitt 6.6.

Prozedurnamen

Für Prozedurnamen gelten dieselben Regeln wie für Variablennamen: Der Name muß mit einem Buchstaben beginnen, darf maximal 255 Zeichen lang sein und sollte außer dem Unterstrich »_« keine Sonderzeichen enthalten. Er darf nicht mit dem Namen eines vordefinierten Schlüsselwortes übereinstimmen (siehe VBA-Online-Hilfe zum Suchbegriff »Schlüsselwörter«). Namen von Objekten, Eigenschaften und Methoden zählen in der Regel *nicht* zu diesen Schlüsselwörtern und können daher auch als Prozedurnamen verwendet werden. Es ist somit erlaubt, einer Prozedur den Namen *Add* zu geben, obwohl für zahlreiche Objekte die gleichnamige Methode *Add* existiert. VBA erkennt aus der Objektangabe, ob es sich um die *Add*-Methode oder um Ihre *Add*-Prozedur handelt.

Es ist nicht erlaubt, zwei Prozeduren innerhalb eines Moduls denselben Namen zu geben. Gleichnamige Prozeduren in unterschiedlichen Modulen sind hingegen erlaubt, allerdings muß dann beim Aufruf der Name des Moduls vorangestellt werden. Siehe auch Abschnitt 5.2.2.

Prozeduren vorzeitig verlassen

Das obige Beispiel *funk* enthält die Schlüsselwörter ***Exit Function***. Damit wird die Funktion vorzeitig – d. h. vor dem Erreichen von *End Function* – verlassen. *Exit Function* kann an jeder beliebigen Stelle in der Funktion stehen. Allerdings sollte der Rückgabewert der Funktion durch die Zuweisung an den Funktionsnamen vorher bestimmt werden (sonst gibt die Funktion je nach Datentyp 0, "", *False* oder *Empty* zurück). Unterprogramme können jederzeit durch ***Exit Sub*** beendet werden. Sie kennen keinen Rückgabewert, auf den Rücksicht genommen werden muß.

Der Datentyp des Rückgabewerts von Funktionen

Funktionen unterscheiden sich von Unterprogrammen durch den Rückgabewert. Der Datentyp des Rückgabewerts sollte wie bei einer Variablendefinition angegeben werden. Im Beispiel oben wurde darauf verzichtet, *func* gibt das Ergebnis daher im Defaultdatentyp *Variant* zurück. Die zwei Zeilen unten demonstrieren die beiden Varianten, mit denen die Funktion *func* für den Datentyp *Double* definiert werden kann.

```
Function func(a, b) As Double
Function func#(a, b)
```

Die Parameterliste

Was für die Definition des Datentyps von Variablen und Funktionen gilt, hat natürlich auch für die Parameter eines Unterprogramms bzw. einer Funktion Gültigkeit: Aus Gründen der Effizienz und der Zuverlässigkeit sollten für alle Parameter einer Prozedur Datentypen angegeben werden. Wenn die beiden Parameter der Funktion *funk* als *Double*-Parameter deklariert werden, dann sehen die beiden Definitionsvarianten folgendermaßen aus:

```
Function func(a As Double, b As Double) As Double
Function func#(a#, b#)
```

Aus dem Beispiel geht hervor, daß die Verwendung der Kennungszeichen zu deutlich kürzeren und übersichtlicheren Funktionsdefinitionen führt.

Wert- und Rückgabeparameter

Normalerweise gelten die Parameter in VBA-Prozeduren als Rückgabeparameter. Das bedeutet, daß ihr Inhalt in der Prozedur verändert werden kann und sich diese Änderung auch auf die Variable der aufrufenden Prozedur auswirkt. Am schnellsten werden Sie dieses Prinzip anhand eines Beispiels verstehen:

```
Sub makro1()
  Dim a%, b%
  a = 4: b = 6
  makro2 a, b
  Debug.Print a, b
End Sub
'
Sub makro2(x%, y%)
  x = x * 2
  y = y / 2
End Sub
```

Nach der Ausführung von *makro1* stehen im Direktbereich die Werte 8 und 3. *makro2* hat also die beiden Variablen *a* und *b* aus *makro1* nachhaltig verändert. Die Parameter *x* und *y* in *makro2* heißen Rückgabeparameter, weil sich eine Veränderung auf den

Ursprung der Daten auswirkt. (In höheren Programmiersprachen wird diese Art der Datenübergabe als Referenz- oder Zeigerübergabe bezeichnet, weil nicht die eigentlichen Daten übergeben wird, sondern ein Verweis auf die Daten an die Prozedur.) Eine Wertrückgabe ist natürlich nur dann möglich, wenn beim Aufruf der Prozedur tatsächlich eine Variable angegeben wird. Beim Makroaufruf *makro2 1,2* kann keine Rückgabe erfolgen (1 und 2 sind Konstanten), ebensowenig bei zusammengesetzten Ausdrücken, etwa *makro2 a+1,b/c*.

Wenn Sie generell vermeiden möchten, daß die Prozedur die übergebenen Variablen verändern kann, müssen Sie in der Parameterliste der Prozedurdefinition das Schlüsselwort ***ByVal*** angeben. Der jeweilige Parameter gilt dann als Wertparameter und tritt innerhalb der Prozedur wie eine eigenständige Variable auf. Eine Veränderung des Parameters in der Prozedur hat keinen Einfluß auf Variablen außerhalb der Prozedur.

```
Sub makro2(ByVal x%, ByVal y%)
```

Übergabe von Feldern

An Prozeduren können nicht nur einzelne Werte, sondern auch Felder übergeben werden. Dazu muß der Parameter in der Parameterliste als Feld gekennzeichnet sein (Klammernpaar () anhängen). Felder gelten immer als Rückgabeparameter, das Schlüsselwort *ByVal* ist nicht erlaubt.

Der Variablentyp des Felds, das beim Aufruf der Prozedur angegeben wird, muß mit dem Variablentyp des Prozedurparameters übereinstimmen. Es ist daher nicht erlaubt, ein *Integer*-Feld an eine Prozedur zu übergeben, deren Parameter als *Variant*-Feld definiert ist. (Das ist ein Unterschied zu normalen Parametern: Sie können ohne weiteres eine *Integer*-Zahl an eine Prozedur übergeben, die einen *Variant*-Wert erwartet – bei der Übergabe erfolgt eine automatische Konversion.)

Das Beispiel unten zeigt eine Schleife, in der alle Elemente des Felds im Direktbereich ausgegeben werden. Bei mehrdimensionalen Feldern werden in dieser Schleife zuerst die vorderen Indizes variiert (d. h. Reihenfolge *f(0,0), f(1,0), ...; f(0,1), f(1,1), ...;* etc.). Dieses Verhalten ist allerdings nicht dokumentiert, es ist daher nicht auszuschließen, daß es sich in künftigen VBA-Versionen ändert! Die *For*-Schleife wird in Abschnitt 5.2 noch näher erklärt.

```
Sub makro2(feld%())
  Dim var
  For Each var In feld()
    Debug.Print var
  Next var
End Sub
```

Innerhalb der Prozedur können Sie mit den Funktionen *LBound* und *UBound* die zulässigen Indexbereiche innerhalb der einzelnen Dimensionen des Felds ermitteln. Eine Funktion, die die Anzahl der Dimensionen des übergebenen Felds bestimmt, fehlt allerdings. Sie können die Anzahl der Dimensionen aber relativ leicht ermitteln, wenn Sie eine einfache Fehlerbehandlungsroutine einrichten.

Im Beispiel unten werden drei Felder dimensioniert, das erste leer, das zweite mit drei Dimensionen und das dritte mit zwei Dimensionen. *feldaufruf* ruft die Prozedur *feldtest* für jedes dieser Felder auf und übergibt als Parameter die einzelnen Felder. In *feldtest* wird zuerst eine Schleife durchlaufen, die einen Fehler verursacht, sobald *UBound* für eine gar nicht vorhandene Dimension ausgeführt wird. Dieser Fehler wird im Programmteil *fehlerbehandlung* abgefangen, die Prozedur wird bei *feldtestfortsetzung* fortgesetzt. In der nachfolgenden Schleife wird für jede Dimension der Indexbereich angegeben.

TIP

Informationen zur *For*-Schleife finden Sie in Abschnitt 5.2.4. Die Mechanismen der Fehlerbehandlung werden in Kapitel 7 beschrieben.

```
' Beispieldatei Konzepte.xls
Sub feldaufruf()
  Dim feld1()
  Dim feld2(4, 5, 6)
  Dim feld3(-2 To 2, 1 To 4)
  feldtest feld1()
  feldtest feld2()
  feldtest feld3()
End Sub
'
Sub feldtest(feld())
  Dim i, anzahl
  On Error GoTo fehlerbehandlung
  For i = 1 To 10: anzahl = UBound(feld, i): Next i
feldtestfortsetzung:
  anzahl = i - 1     'Anzahl der Dimensionen
  Debug.Print anzahl, " Dimensionen"
  For i = 1 To anzahl
    Debug.Print "Dimension "; i; ": "; LBound(feld, i); _
      " Bis "; UBound(feld, i)
  Next i
  Exit Sub
fehlerbehandlung:
  ' dieser Programmteil wird aufgerufen, sobald in der Schleife auf
  ' eine nicht vorhandene Felddimension zugegriffen wird
  Resume feldtestfortsetzung
End Sub
```

feldaufruf führt zu folgender Ausgabe im Direktbereich:

```
 0  Dimensionen
 3  Dimensionen
Dimension  1 :  0  bis  4
Dimension  2 :  0  bis  5
Dimension  3 :  0  bis  6
 2  Dimensionen
Dimension  1 : -2  bis  2
Dimension  2 :  1  bis  4
```

Übergabe von Matrizen

An Prozeduren dürfen auch Excel-Matrizen übergeben werden. Matrizen sind zusammengehörende Zellbereiche in Excel-Tabellen. Excel kennt einige Tabellenfunktionen wie *RGP* (englisch *LINEST*), die als Ergebnis nicht einen einzelnen Wert, sondern eine Matrix mit mehreren Werten zurückgeben. Siehe auch Abschnitt 6.6.1, wo die Verwendung der Funktion *RGP* und die Programmierung eigener Matrixfunktionen beschrieben wird.

Excel verwandelt Matrizen automatisch in ein ein- oder zweidimensionales Feld um. Dennoch müssen Matrixparameter in der Form normaler *Variant*-Variablen in der Parameterliste angegeben werden, und nicht etwa (was logischer wäre) als Feld-Parameter. (Intern werden Matrizen nicht als Felder, sondern als Datenfelder (Arrays) behandelt.) Innerhalb der Prozedur kann dann auf die einzelnen Elemente der Matrix wie bei einem Feld zugegriffen werden (*matrix(n)* bei ein-, *matrix(n,m)* bei zweidimensionalen Matrizen).

Das folgende Beispiel zeigt eine Funktion, die die Anzahl der Matrizenelemente zurückgibt. Innerhalb der Tabelle können Sie diese Funktion in der Form *=matrixanzahl({a;b;c})* aufrufen. Die Funktion liefert dann das Ergebnis 3. *=matrixanzahl(RGP(...))* liefert die Anzahl der Ergebniszellen, die die Funktion *RGP* ermittelt.

```
Function matrixanzahl(matrix)
  Dim x
  For Each x In matrix
    matrixanzahl = matrixanzahl + 1
  Next x
End Function
```

Optionale Parameter

Normalerweise müssen beim Aufruf einer Prozedur alle Parameter angegeben werden, die in der Prozedurdefinition angeführt sind. Durch das Schlüsselwort ***Optional*** entfällt der Zwang zur Parameterangabe. Innerhalb der Funktion müssen Sie jetzt allerdings mit ***IsMissing*** testen, ob beim Prozeduraufruf überhaupt ein Parameter angegeben wurde.

Seit Excel 97 können optionale jeden Datentyp aufweisen (bisher war der Typ auf *Variant* eingeschränkt). Sobald ein Parameter als *Optional* gekennzeichnet wird, müssen auch alle weiteren Parameter in dieser Form gekennzeichnet werden. (Es ist also erforderlich, zuerst alle nicht-optionalen Parameter und anschließend alle optionalen Parameter in der Parameterliste anzugeben.)

Das Beispiel unten zeigt eine neue Variante der Funktion *funk*. Durch die *If*-Abfrage wird getestet, ob an *y* ein Wert übergeben wurde. Nur wenn das der Fall ist, wird dieser Wert halbiert.

```
Sub makro2(x%, Optional y)
  x = x * 2
  If Not IsMissing(y) Then y = y / 2
End Sub
```

Variable Parameteranzahl

Optionale Parameter haben den Nachteil, daß ihre Anzahl vorgegeben ist. Wenn Sie eine Prozedur formulieren möchten, an die beliebig viele Parameter übergeben werden können, müssen Sie das Schlüsselwort ***ParamArray*** verwenden und ein *Variant*-Feld angeben. An die Prozedur können dann beliebig viele Parameter übergeben werden, die in einer *For Each*-Schleife ausgewertet werden können. *ParamArray* verträgt sich nicht mit *Optional* – Sie müssen sich entweder für optionale Parameter oder für eine variable Parameteranzahl entscheiden. Beachten Sie außerdem, daß alle Parameter der *ParamArray* Wertparameter sind. Eine Veränderung der ursprünglichen Variablen ist daher nicht möglich!

Das Beispiel unten zeigt die Funktion *addiere*, die die Summe aller übergebenen Parameter bildet. Die *For*-Schleife wird in Abschnitt 5.2 noch näher behandelt. Sie können auf die einzelnen Parameter auch über *x(0), x(1), x(2)* zugreifen – das Problem dabei ist, daß VBA keine Möglichkeit vorsieht, die Anzahl der übergebenen Parameter festzustellen (siehe oben).

```
Function addiere(ParamArray x())
  Dim var
  For Each var In x()
    sum = sum + var
  Next var
End Function
```

Der Aufruf von Prozeduren

Beim Aufruf von Prozeduren muß prinzipiell zwischen Unterprogrammen und Funktionen unterschieden werden. Bei Unterprogrammen wird einfach der Name der Prozedur und anschließend die Liste der Parameter angeschrieben. Bei Funktionen müssen die Parameter in Klammern gestellt werden, außerdem muß der Rückgabewert in irgendeiner Form weiterverarbeitet werden (etwa in einer Variablenzuweisung oder als Parameter einer anderen Funktion):

```
makro1                            'Unterprogramm ohne Parameter
makro2 para1, para2               'Unterprogramm mit zwei Parametern
ergebnis = funk1()                'Funktion ohne Parameter
ergebnis = funk2(para1, para2)    'Funktion mit zwei Parametern
```

Benannte Parameter

Bei Prozeduren mit sehr vielen optionalen Parametern führt die oben beschriebene Form der Parameterübergabe oft zu sehr unübersichtlichen Anweisungen. Sollen z. B. der 1., 2. und 8. Parameter angegeben werden, sieht der Aufruf folgendermaßen aus:

```
makro para1, para2, , , , , , para8
```

Es ist jetzt nur noch durch mühsames Zählen zu ergründen, welche Bedeutung der Parameter *para8* eigentlich besitzt. Aus diesem Grund besteht eine alternative Form der Parameterübergabe, bei der nur jene Parameter angegeben werden müssen, die wirklich erforderlich sind. Damit VBA erkennt, welche Bedeutung die Parameter haben, muß jeweils auch der Parametername angegeben werden.

Das Konzept ist anhand eines Beispiels leicht zu verstehen. Nehmen Sie an, Sie hätten für eine Datenbankanwendung folgendes Unterprogramm erstellt:

```
Sub DatensatzEinfügen(Name, Adresse, Optional TelNr, _
       Optional GebDat, Optional Bildung)
```

Sie müssen beim Aufruf dieser Prozedur also mindestens Name und Adresse angeben. Wenn Sie außerdem noch das Geburtsdatum angeben, sehen die beiden Aufrufvarianten – zuerst herkömmlich, dann mit benannten Parametern – folgendermaßen aus:

```
DatensatzEinfügen "Huber M.", "Langg. 7, 12345 Wiesbach", , _
  #03/24/1965#
'
DatensatzEinfügen Name:="Huber M.", _
  Adresse:="Langg. 7, 12345 Wiesbach", GebDat:=#03/24/1965#
```

Obwohl es nirgendwo dokumentiert ist, besteht auch die Möglichkeit, beide Formen der Parameterübergabe zu kombinieren: Sie können die ersten *n* Parameter unbenannt und alle weiteren Parameter benannt angeben. Daraus ergibt sich eine dritte Variante zum Aufruf von *DatensatzEinfügen*, die kürzer und übersichtlicher als die beiden anderen Varianten ist:

```
DatensatzEinfügen "Huber M.", "Langg. 7, 12345 Wiesbach", _
  GebDat:=#03/24/1965#
```

Wenn Sie mit benannten Parametern arbeiten, spielt die Reihenfolge der Parameter keine Rolle. Es ist aber in jedem Fall erforderlich, daß Sie alle nicht-optionalen Parameter angeben. Das Konzept der benannten Parameter gilt selbstverständlich auch für alle VBA-Methoden und Funktionen. Die automatische Makroaufzeichnung nutzt das Konzept der benannten Parameter intensiv, was dann zu Anweisungen wie der folgenden führen kann:

```
ActiveChart.ChartWizard Source:=Range("A1:A4"), Gallery:=xlColumn, _
  Format:=6, PlotBy:=xlColumns, CategoryLabels:=0, SeriesLabels:=0, _
  HasLegend:=1
```

Rekursion

Ein Unterprogramm oder eine Funktion wird als »rekursiv« bezeichnet, wenn sie sich selbst aufruft. Durch rekursive Unterprogramme oder Funktionen können insbesondere Programmierprobleme bei der Bearbeitung komplexer Datenstrukturen sehr elegant und einfach gelöst werden. Das bekannteste und einfachste Beispiel für rekursive Funktionen ist die Berechnung der Fakultätsfunktion. Die Fakultät ganzer Zahlen ist definiert als das Produkt aller Zahlen zwischen 1 und der angegebenen Zahl. Die Fakultät von 5 beträgt somit 1*2*3*4*5=120.

```
' Beispieldatei Konzepte.xls
' rekursive Prozedur zur Berechnung der Fakultät von x
Sub testreku()
  Debug.Print reku(3)
End Sub
Function reku(x)
  If x <= 1 Then
    reku = 1
  Else
    reku = x * reku(x - 1)
  End If
End Function
```

Der Programmablauf sieht für die Berechnung der Fakultät von 3 folgendermaßen aus: Die Funktion *reku* wird aufgerufen, *x* hat den Wert drei. In der *If*-Bedingung wird daher der *Else*-Block abgearbeitet. Dort wird Fakultät neuerlich mit *x*=2 aufgerufen. Abermals wird der *Else*-Block ausgeführt, jetzt mit *x*=1. Diesmal ist die *If*-Bedingung erfüllt, der dritte Aufruf gibt den Wert 1 zurück. Die Programmausführung befindet sich jetzt in der zweiten Ebene, in der *x*=2 ist. Das Ergebnis wird mit dem Rückgabewert 1 multipliziert (ergibt 2) und an die erste Aufrufebene zurückgegeben, wo *x*=3 gilt. Dort wird der Rückgabewert 2 mit *x*=3 multipliziert und an die *Print*-Methode in *restreku* zurückgegeben, wo die Berechnung gestartet wurde.

Im Verlauf dieser Berechnung gab es also zugleich (!) drei verschiedene Variablen *x* mit unterschiedlichen Werten! Mit jedem neuen Aufruf der Funktion wird eine neue (»lokale«) Variable *x* definiert. (Siehe auch den folgenden Abschnitt zum Gültigkeitsbereich von Variablen.)

Wenn Sie bei der Berechnung der Fakultätsfunktion zum ersten Mal mit rekursiven Funktionen gearbeitet haben, werden Sie vermutlich Schwierigkeiten haben, sich den Programmablauf vorzustellen. Fügen Sie als erste und als letzte Zeile in die Fakultätsfunktion

```
MsgBox "x=" & x & " reku=" & reku
```

ein: Sie können dann den Ablauf der Berechnung besser verfolgen. *MsgBox* zeigt den Text, der aus den Zeichenketten "x=" und "reku=" und den dazugehörenden Variablenwerten besteht, in einem kleinen Dialogfenster an, das Sie mit Ok bestätigen müssen.

VERWEIS

Sie können auch die Möglichkeiten von Visual Basic zur Fehlersuche nutzen, um die Berechnung besser nachzuvollziehen (siehe Kapitel 7). Ein praktisches Beispiel zur Anwendung rekursiver Funktionen finden Sie in Abschnitt 6.5.2. Dort wird eine Funktion vorgestellt, die den Verzeichnisbaum der Festplatte rekursiv abarbeitet.

5.2.2 Gültigkeitsbereich von Variablen und Prozeduren

Alle Variablen und Prozeduren können nur in einem bestimmten Gültigkeitsbereich verwendet werden. Der »Gültigkeitsbereich« bezeichnet jenen Bereich im Programmcode bzw. in Excel, in dem eine Variable gelesen und verändert bzw. eine Prozedur aufgerufen werden kann. VBA kennt je nach Betrachtungsweise drei oder vier Gültigkeitsebenen:

- innerhalb einer Prozedur (lokale Variablen),
- innerhalb eines Moduls (Modulvariablen),
- innerhalb einer Arbeitsmappe (globale Variablen) oder
- innerhalb Excels (also für mehrere Excel-Dateien).

Für Variablen kommen alle vier Ebenen in Frage, für Prozeduren nur die letzten drei.

Variablen und Konstanten

Variablen, die am Beginn eines Moduls (noch außerhalb einer Prozedur) mit ***Dim*** definiert werden, können im gesamten Modul, also in allen darin definierten Prozeduren, verwendet werden. Modulvariablen ermöglichen somit die Verwendung gemeinsamer Daten in mehreren Prozeduren und erleichtern einen effizienten Datenaustausch.

Im Gegensatz dazu stehen Variablen, die innerhalb einer Prozedur definiert werden: Diese »lokalen« Variablen können ausschließlich im Code dieser Prozedur verwendet werden.

Dieses Konzept erlaubt es, in verschiedenen Prozeduren gleichnamige Variablen zu verwenden, die einander nicht beeinflussen. Wenn zwei gleichnamige Variablen sowohl auf Modul- als auch auf Prozedurebene definiert werden, gilt innerhalb der Prozedur die Prozedurvariable, außerhalb (d. h. in allen anderen Prozeduren) die gleichnamige Modulvariable.

Öffentliche (= globale) Variablen

Statt des Schlüsselworts *Dim* kann auf Modulebene (außerhalb von Prozeduren) ***Public*** verwendet werden. Die so definierten Variablen können dann in *allen* Modulen der Arbeitsmappe verwendet werden. *Public* hat dieselbe Syntax wie *Dim* (siehe Abschnitt 5.1.1).

Wenn Sie auf eine öffentliche Variable der einen Arbeitsmappe auch in einer zweiten Arbeitsmappe zugreifen möchten, müssen Sie in der zweiten Arbeitsmappe einen Verweis auf die erste Arbeitsmappe einrichten (Kommando EXTRAS | VERWEISE; siehe auch Abschnitt 5.3 zum Thema Objektbibliotheken und Verweise).

Wenn am Beginn des Moduls die Anweisung ***Option Private Module*** angegeben wird, kann auf die Variablen nur innerhalb der Arbeitsmappe zugegriffen werden. Ohne die Anweisung (also standardgemäß) können globale Variablen auch von anderen Arbeitsmappen verwendet werden.

Modulvariablen

Alle Variablen, die außerhalb einer Prozedur mit *Private* oder *Dim* definiert sind, gelten als Modulvariablen. *Private* unterscheidet sich hier in seiner Wirkung nicht von *Dim*, ist aber möglicherweise übersichtlicher (weil der Gültigkeitsbereich der Variable so zweifelsfrei feststeht).

Lokale Variablen

Lokale Variablen werden durch *Dim* definiert. Das Kommando muß dazu innerhalb einer Prozedur verwendet werden. (*Private* und *Public* können innerhalb einer Prozedur nicht verwendet werden.)

Statische Variablen

Lokale Variablen werden normalerweise nach dem Ende der Prozedur wieder gelöscht, der von ihnen beanspruchte Speicher wird also wieder freigegeben. Wenn Sie möchten, daß eine Variable zu einem späteren Zeitpunkt jenen Inhalt aufweist, den sie beim letzten Aufruf der Prozedur hatte, müssen Sie die Variable als »statisch« definieren. Dazu verwenden Sie statt *Dim* das Schlüsselwort ***Static***. Wenn Sie das Schlüsselwort *Static* in der Prozedurdefinition vor *Sub* oder *Function* angeben, gelten *alle* Variablen der Prozedur als statisch.

Prozedurparameter

Parameter von Prozeduren wirken innerhalb der Prozedur wie lokale (durch *Dim* definierte) Variablen. Beim rekursiven Aufruf von Prozeduren wirken *ByVal*-Parameter wie statische Variablen, d. h., ihr alter Wert steht nach dem rekursiven Rücksprung wieder zur Verfügung.

Zusammengesetzte Variablennamen

Wenn Sie auf gleichnamige Variablen außerhalb der gerade aktuellen Modul- oder Prozedurebene zugreifen möchten, müssen Sie den Namen des Moduls und gegebenenfalls auch den Namen der Arbeitsmappe voranstellen, also etwa:

```
modulname.variablenname
[MAPPE.XLS].modulname.variablenname
```

Lebensdauer von Variablen

Normalerweise werden die Inhalte von Variablen nur solange gespeichert, wie Code im gültigen Kontextbereich ausgeführt wird. Beispielsweise verliert eine lokale Variable in einer Prozedur ihre Gültigkeit (und ihren Inhalt), sobald die Ausführung des Prozedurcodes beendet wird. Die einzige Ausnahme von dieser Regel sind statische Variablen (Schlüsselwort *Static*), die auch nach dem Verlassen einer Prozedur gespeichert werden, bis die Datei geschlossen wird.

Globale Variablen, die in Modulen definiert sind, haben dieselbe Lebensdauer wie statische Variablen – ihr Wert bleibt also erhalten, bis die Datei geschlossen wird.

Unabhängig vom Typ werden die Inhalte aller Variablen auch dann gelöscht, wenn der Programmcode geändert (und daher neu kompiliert) wird.

ACHTUNG

Sobald ein benutzerdefinierter Dialog im Dialogeditor der VBA-Entwicklungsumgebung angezeigt wird, werden sämtliche Variablen gelöscht. Während der Entwicklung von Dialogen ist das meistens der Fall, so daß der Eindruck entsteht, der Aufruf benutzerdefinierter Dialoge würde alle Variablen löschen. Abhilfe: Schließen Sie alle *UserForm*-Fenster in der Entwicklungsumgebung (oder beenden Sie die Entwicklungsumgebung). Siehe auch:

`http://www.microsoft.com/kb/articles/q169/6/21.htm`

HINWEIS

Die Inhalte von Variablen – ganz egal, ob lokal, global oder statisch – werden auf keinen Fall in der Excel-Datei der Arbeitsmappe gespeichert. Wenn Sie das erreichen möchten, müssen Sie den Variableninhalt vor dem Speichern in Zellen eines Tabellenblatts kopieren und beim Öffnen der Datei von dort wieder auslesen. Zur automatischen Ausführung des dazu erforderlichen Codes können Sie Ereignisprozeduren verwenden (siehe Abschnitt 5.4.2).

Konstanten

Für Konstanten gilt im wesentlichen dasselbe wie für Variablen. Konstanten, die in allen Modulen einer Arbeitsmappe gelten sollen, muß das Schlüsselwort *Public* vorangestellt werden.

Prozeduren

Prozeduren gelten generell als öffentlich, d. h., sie können in allen Modulen derselben Arbeitsmappe verwendet werden. Soll eine Prozedur auch in anderen Arbeitsmappen verwendet werden, muß in jener Arbeitsmappe ein Verweis auf die Arbeitsmappe eingerichtet werden, in der die Funktion definiert ist (mit dem Kommando EXTRAS | VERWEISE; siehe auch Abschnitt 5.3.2 zum Thema Objektbibliotheken und Verweise).

Wenn innerhalb einer Arbeitsmappe gleichnamige Prozeduren existieren, muß der Modulname vorangestellt werden. Bei gleichnamigen Prozeduren in unterschiedlichen Arbeitsmappen muß zur eindeutigen Identifizierung auch der Dateiname der Arbeitsmappe angegeben werden.

```
modulname.makro                    'innerhalb der aktuellen Arbeitsmappe
[MAPPE.XLS].makro                  'in anderer Arbeitsmappe
[MAPPE.XLS].modulname.makro        'in anderer Arbeitsmappe
```

Falls Sie die Verwendung einer Prozedur außerhalb des Moduls, in dem sie definiert ist, ausschließen möchten, müssen Sie ***Private*** vor dem Schlüsselwort *Sub* oder *Function* angeben. Das empfiehlt sich für alle jene Prozeduren, die nur für den internen Gebrauch innerhalb eines Moduls konzipiert sind. Die Deklaration als »privat« schließt nicht nur eine irrtümliche und oft fehlerhafte Verwendung aus, sondern bewirkt auch eine bessere Übersichtlichkeit in den Listen zur Auswahl von Makros (EXTRAS | MAKROS) und im Funktionsassistenten.

Wenn Sie die Anweisung *Option Private Module* am Beginn des Moduls verwenden, werden *alle* Prozeduren des Moduls von einer Verwendung außerhalb des Arbeitsblatts ausgeschlossen. Die Option ist mißverständlich formuliert: Die Prozeduren können nämlich weiterhin in anderen Modulen derselben Arbeitsmappe verwendet werden. Die Option ist damit weniger restriktiv als das Schlüsselwort *Private*.

Ebenso wie *Private* können Sie Prozeduren auch das Schlüsselwort *Public* voranstellen. Dieses Schlüsselwort bleibt aber ohne Wirkung, da Prozeduren ja ohnedies automatisch als »öffentlich« gelten. Der Programmcode wird dadurch allerdings etwas klarer.

ANMERKUNG

Wenn Sie Prozeduren als *Private* deklarieren, hat das unter anderem den Vorteil, daß diese Prozeduren in den Dialogen »Makro ausführen« und »Makro zuweisen« nicht mit aufgezählt werden. Das erhöht die Übersichtlichkeit dieser Dialoge ganz erheblich (vor allem bei umfangreichen Projekten oder wenn mehrere Arbeitsmappen gleichzeitig geladen sind).

Add-Ins

Excel-Programme, die zu Add-Ins kompiliert wurden (siehe Abschnitt 13.1), unterscheiden sich in einem Punkt von normalen Arbeitsmappen: Den Prozedurnamen muß kein Dateiname vorangestellt werden, auch dann nicht, wenn die Prozeduren außerhalb des Add-Ins verwendet werden.

Zugriff auf Variablen und Prozeduren aus anderen Arbeitsmappen

Damit Sie innerhalb einer Arbeitsmappe auf Variablen bzw. Prozeduren anderer Arbeitsmappen zugreifen können, müssen zwei Voraussetzungen erfüllt sein: Erstens müssen Variablen in der anderen Arbeitsmappe als *Public* deklariert sein, und Prozeduren dürfen nicht als *Private* definiert sein. Zweitens muß über EXTRAS | VERWEISE ein Verweis auf jene Arbeitsmappe eingerichtet werden, deren Variablen bzw. Prozeduren verwendet werden sollen. Falls in den Arbeitsmappen gleichnamige Variablen/Prozeduren definiert sind, muß dem Variablennamen auch der Modul- und/oder Dateiname vorangestellt werden (siehe oben).

Interna der Variablenverwaltung

Excel speichert in einer unsichtbaren Tabelle alle Variablen- und Prozedurnamen, die während der Programmentwicklung auftreten. Erfahrungsgemäß ändern sich Variablennamen während der Programmierung häufig, manche Testprozeduren werden wieder gelöscht etc. Daher besteht diese interne Namenstabelle nach einiger Zeit zum größten Teil aus Datenmüll und bläht Excel-Dateien unnötig auf. Die einzige Methode, diese unsichtbare Tabelle zu löschen, besteht darin, alle Module als Textdateien zu speichern, dann alle Module zu löschen und schließlich aus den Textdateien wieder neue Module anzulegen. Diese umständliche Vorgehensweise ist eigentlich nur sinnvoll, wenn Sie eine Anwendung in Form eines Add-Ins weitergeben möchten.

Zusammenfassung der Schlüsselwörter

Da die Online-Hilfe in diesem Punkt mißverständlich ist, hier nochmals kurz ein Überblick über die Schlüsselwörter und ihre Einsatzbereiche:

Dim var	definiert lokale Prozedur- oder Modulvariablen.
Private var	hat bei der Variablendeklaration die gleiche Wirkung wie *Dim*.
Public var	definiert globale Variablen (nur auf Modulebene möglich); der Gültigkeitsbereich richtet sich nach der Einstellung durch *Option Private Module*.
Static var	definiert lokale statische Variablen (nur auf Prozedurebene möglich).
Sub/Function	definiert öffentliche Prozeduren; Gültigkeitsbereich je nach *Option Private Module*.

Private Sub/Function	definiert lokale Prozeduren, nur innerhalb des Moduls verwendbar.
Public Sub/Function	wie normales *Sub/Function*, d. h. ebenfalls öffentlich.
Static Sub/Function	definiert alle *Variablen* der Prozedur als statisch.
Option Private Module	schränkt den Gültigkeitsbereich öffentlicher Variablen und Prozeduren auf die aktuelle Arbeitsmappe ein. Ohne die Option können die Variablen/Prozeduren auch in anderen Arbeitsmappen verwendet werden, sofern dort Verweise eingerichtet werden.

5.2.3 Verzweigungen (Abfragen)

Verzweigungen mit If - Then - Else

Mit ***If***-Abfragen können Programmteile wahlweise – je nach dem Eintreffen einer Bedingung – ausgeführt werden. Der Programmcode »verzweigt« sich also auf mehrere Äste, von denen in einem Durchlauf immer nur einer ausgeführt werden kann.

Das folgende Beispiel demonstriert das Schema einer *If*-Abfrage: *InputBox* (Details siehe Abschnitt 8.1.2) fordert Sie zur Eingabe einer Zahl auf. Die Eingabe wird anschließend ausgewertet: In der ersten *If*-Abfrage wird überprüft, ob Sie womöglich gar keine Zahl, sondern Text eingegeben haben. Wenn das der Fall ist, erscheint die Meldung »Das ist keine Zahl«. Andernfalls wird mit *ElseIf* weiter differenziert, ob die Zahl größer oder kleiner-gleich 10 ist.

```
' Beispieldatei Konzepte.xls
Sub makro()
  Dim zahl
  zahl = InputBox("Geben Sie eine Zahl ein!")
  If Not IsNumeric(zahl) Then
    MsgBox "Das ist keine Zahl"
  ElseIf zahl > 10 Then
    MsgBox "Die Zahl  ist größer 10"
  Else
    MsgBox "Die Zahl ist kleiner oder gleich 10"
  End If
End Sub
```

Das Beispiel veranschaulicht fast alles, was zu *If*-Abfragen erklärenswert ist: Die generelle Syntax wird durch *If bedingung Then* eingeleitet und durch *End If* abgeschlossen. Dazwischen kann ein einfacher Codeteil (eine oder mehrere Zeilen) stehen, der nur dann ausgeführt wird, wenn die Bedingung erfüllt ist. Zusätzlich kann nach *Else* ein zweiter Codeteil stehen, der dann zur Geltung kommt, wenn alle vorher ausgeführten Bedingungen nicht erfüllt waren. Und schließlich können vor *Else* beliebig viele *ElseIf-bedingung-Then*-Blöcke eingeschoben werden, um zwischen verschiedenen Einzelfällen zu unterscheiden.

Jeder Block nach *Then* oder *Else* darf selbst wiederum prozedurale Strukturen (also weitere Verzweigungen oder Schleifen) enthalten. Neben der mehrzeiligen *If*-Syntax existiert auch eine einzeilige Syntax. Diese ist aber nur für einfache Abfragen geeignet:

```
If eing>10 Then MsgBox "..."
If eing<5 Then eing=eing*2 Else MsgBox "..."
```

Formulierung und Auswertung logischer Bedingungen

In *If*-Verzweigungen und in Schleifen (siehe den folgenden Teilabschnitt) müssen Sie immer wieder logische Bedingungen formulieren. Dazu stehen Ihnen die Vergleichsoperatoren =, <>, <, >, <= und >= zur Verfügung, mit denen Sie feststellen, ob zwei Ausdrücke gleich/ungleich sind bzw. ob einer der beiden Ausdrücke kleiner, kleinergleich, größer oder größer-gleich ist. Für den Vergleich von Zeichenketten steht außerdem noch der Operator *Like* zur Verfügung, mit dem Sie Zeichenkettenmuster ("M*r" für "Mayr", "Meier" oder "Mayer") erkennen.

Das Ergebnis eines Vergleichs ist der sogenannte Wahrheitswert. Im binären System eines Computers kommen nur zwei Werte in Frage: *True* oder *False*. Für die beiden Schlüsselwörter *True* und *False* verwendet VBA intern die Werte -1 und 0. In logischen Bedingungen gilt jeder Wert ungleich 0 als *True*, d. h., bei der Anweisung *If 3 Then* gilt die *If*-Bedingung ebenfalls als erfüllt.

Neben Bedingungen können auch diverse Funktionen einen Wahrheitswert als Ergebnis liefern: Etwa die *IsXxx*-Funktionen, die feststellen, ob ein Ausdruck einem bestimmten Datentyp entspricht (*IsNumeric, IsDate* etc.).

In VBA können Sie mehrere Vergleiche (Teilbedingungen) miteinander verknüpfen. Auch in diesem Fall ergibt sich als Gesamtergebnis ein Wahrheitswert. Das erste Beispiel unten testet, ob *a* kleiner 5 oder größer 10 ist, das zweite Beispiel, ob *a* zwischen diesen beiden Werten liegt. Im dritten Beispiel wird ausgeschlossen, daß die Variant-Variable *a* den Wert *Null* enthält oder überhaupt noch nicht belegt ist.

```
If a<5 Or a>10 Then ...
'
If a>5 And a<10 Then ...
'
If Not (IsEmpty(a) Or IsNull(a)) Then ...
```

Als Verknüpfungsoperatoren kommen *And, Or* sowie seltener *Xor, Imp* und *Eqv* in Frage. Durch *Not* kann der Wahrheitswert »umgedreht« werden (entspricht dem negativen Vorzeichen bei Zahlen).

ACHTUNG

VBA kennt keine Optimierungen bei der Auswertung von Bedingungen: Eine Abfrage in der Form *If x>=0 And Sqr(x)<3* führt bei negativen Zahlen in *x* zu einem Fehler. (In vielen Programmiersprachen wird der zweite Teil der Abfrage gar nicht mehr ausgewertet, wenn der erste Teil ohnedies schon falsch und somit das Ergebnis der zusammengesetzten *And*-Bedingung klar ist.)

VERWEIS

Abschnitt 5.5 gibt eine Übersicht der in VBA definierten Operatoren. Informationen zum Umgang mit Zeichenketten (inklusive des Vergleichs zweier Zeichenketten) finden Sie in Abschnitt 6.3.

Verzweigungen mit Select Case

Alternativ zur *If*-Abfrage kennt VBA eine zweite Verzweigungsstruktur, die mit den Schlüsselwörtern ***Select Case*** eingeleitet wird. Diese Variante kann bei der Formulierung von Verzweigungen mit vielen Fällen übersichtlicher sein. Auch diese Verzweigungsstruktur ist am leichtesten anhand eines Beispiels zu verstehen, das abermals den Wertebereich einer eingegebenen Zahl feststellt. Beachten Sie, daß diesmal auf die Überprüfung verzichtet wird, ob es sich bei der Eingabe überhaupt um eine Zahl handelt. Wenn Sie ein »x« eingeben, wird sich VBA mit einem Fehler melden (weil es den Text »x« nicht mit einer Zahl vergleichen kann).

```
' Beispieldatei Konzepte.xls
Sub makro()
  Dim eing
  eing = InputBox("Geben Sie eine Zahl ein!")
  Select Case eing
  Case 1, 2, 3
    MsgBox "1, 2 oder 3"
  Case 4 To 10
    MsgBox "Zwischen 4 und 10"
  Case Is > 10
    MsgBox "Größer 10"
  Case Else
    MsgBox "Kleiner 1"
  End Select
End Sub
```

Die Syntax von *Select Case* ist an diesem Beispiel gut erkennbar. Im Anschluß an *Select Case* muß der zu analysierende Ausdruck angegeben werden. Dieser gilt für die gesamte Verzweigungskonstruktion (was gegenüber *If*-Verzweigungen eine Einschränkung darstellt). In den nachfolgenden *Case*-Zweigen müssen Bedingungen formuliert werden, die der Ausdruck erfüllt. Dazu können Sie einzelne Werte aufzählen, Bereiche mit dem Schlüsselwort *To* angeben oder mit *Is*-Bedingungen ähnlich wie in *If*-Verzweigungen formulieren. *Is* stellt dabei eine Referenz auf den anfangs angegebenen Ausdruck dar.

5.2.4 Schleifen

Schleifen dienen dazu, Programmteile mehrfach hintereinander auszuführen. VBA kennt dazu drei Kommandogruppen: *For-Next*, *Do-Loop* und *While-Wend*.

Schleifen mit For - Next

Die einfachste Schleifenform wird mit den Kommandos *For* und *Next* gebildet. Dabei wird einer Variablen zu Beginn der Schleifen ein Startwert zugewiesen. Dieser Wert wird mit jedem Schleifendurchlauf erhöht, bis schließlich der Endwert erreicht ist. Das folgende Beispiel zeigt die einfachste Variante einer ***For***-Schleife. Die Variable *i* durchläuft dabei die Werte von 1 bis 5.

```
Sub schleife1()
  Dim i
  For i = 1 To 10
    If i > 5 Then Exit For
    Debug.Print i
  Next i
End Sub
```

Durch das optionale Schlüsselwort *Step* kann jener Wert angegeben werden, der mit jedem Durchlauf zur Schleifenvariablen addiert wird (Defaultwert ohne *Step*: 1). Im Beispiel unten wird die Schleife von -0.3 bis +0.3 mit der Schrittweite 0.1 durchlaufen. Für die Schleifenvariable *i* wird dazu der Datentyp *Double* angegeben.

```
Sub schleife2()
  Dim i As Double
  For i = -0.3 To 0.3 Step 0.1
    Debug.Print i
  Next i
End Sub
```

Das Ergebnis dieser Schleife ist allerdings nicht restlos überzeugend. Im Dirketbereich werden folgende Zahlenwerte ausgegeben:

```
-0,3
-0,2
-0,1
 2,77555756156289E-17
 0,1
 0,2
```

Durch die beständige Addition von 0.1 tritt ein Rundungsfehler auf. Dieser Rundungsfehler führt nicht nur zur optisch wenig ansprechenden Anzeige von $2.8*10^{-17}$, sondern vor allem dazu, daß der Endwert 0.3 nicht erreicht wird. (Am Ende der Schleife hat *i* den Wert 0,30000000000000006. Dieser Wert ist minimal größer als 0.3

und führt dazu, daß die Schleife vorzeitig abgebrochen wird.) Das Problem läßt sich beheben, indem die Schleife etwas vorsichtiger formuliert wird:

```
For i = -0.3 To 0.300000001 Step 0.1
```

ANMERKUNG

Rundungsfehler im Umgang mit Fließkommazahlen gehören zu den charakteristischen Eigenschaften *aller* Programmiersprachen. Sie stellen also keine besondere Schwäche von VBA dar (auch wenn es Programmiersprachen gibt, denen der obige Fehler nicht passiert). Sie sollten sich als Programmierer dieses Problems immer bewußt sein.

For-Schleifen sind abweisend. Das bedeutet, daß bereits vor dem ersten Schleifendurchgang überprüft wird, ob die Schleifenbedingungen sinnvoll sind. Eine Schleife, die mit *For i=5 To 1* beginnt, wird daher kein einziges Mal durchlaufen (es sei denn, es wird mit *Step* ein negativer Schrittwert bestimmt).

Am Ende einer *For*-Schleife weist die Schleifenvariable jenen Wert auf, der die Schleifenbedingung zum ersten Mal nicht erfüllt. Nach der Schleife *For i=1 To 10* beinhaltet *i* daher den Wert 11.

For-Schleifen können vorzeitig mit ***Exit For*** beendet werden. Im folgenden Beispiel werden die Werte 1, 2, 3, 4 und 5 ausgegeben. Bei *i*=6 ist die *If*-Bedingung erfüllt, was zum vorzeitigen Ausstieg aus der Schleife führt.

```
For i = 1 To 10
  If i > 5 Then Exit For
  Debug.Print i
Next i
```

Schleifen mit For Each - Next

In VBA existiert eine Sonderform der *For*-Schleife, die speziell zur Abarbeitung von Feldern bzw. von Aufzählmethoden geeignet ist. (Aufzählmethoden werden Sie in Abschnitt 5.3 noch kennenlernen. Damit können Sie auf eine Gruppe zusammengehörender Objekte – etwa auf alle Blätter einer Arbeitsmappe oder auf alle Symbole einer Symbolleiste – zugreifen.) Das Beispiel unten gibt die Namen aller Blätter der aktuellen Arbeitsmappe aus:

```
Sub schleife3()
  Dim i
  For Each i In ActiveWorkbooks.Sheets
    Debug.Print i.Name
  Next i
End Sub
```

Die Syntax unterscheidet sich ein wenig von der normaler *For*-Schleifen: Die Variable wird nach ***For Each*** angegeben, die Aufzählmethode nach dem Schlüsselwort *In*.

Während der Abarbeitung der Schleife kann über die Laufvariable direkt auf die Aufzählelemente zugegriffen werden.

Bei der Anwendung von *For-Each*-Schleifen sollten Sie nicht von einer bestimmten Reihenfolge der Elemente ausgehen. Es ist nicht dokumentiert, in welcher Abfolge die Elemente der Schleifenvariablen zugewiesen werden. Sie können aber bei den meisten Aufzählmethoden statt einer *For-Each*-Schleife auch eine herkömmliche Schleife verwenden und auf die einzelnen Elemente wie bei Feldern über Indizes zugreifen.

```
Sub schleife4()
  Dim i
  For i = 1 To Application.Sheets.Count
    Debug.Print Application.Sheets(i).Name
  Next i
End Sub
```

Schleifen mit Do - Loop

For-Schleifen sind in einer Beziehung unflexibel: Es steht von Anfang an fest, wie oft die Schleife durchlaufen wird. Die Schlüsselwörter ***Do*** und ***Loop*** helfen bei der Formulierung von allgemeingültigeren Schleifen. In der einfachsten Form bilden diese beiden Kommandos eine Endlosschleife:

```
Sub endlos()
  Do
    Debug.Print "und so weiter"
  Loop
End Sub
```

Wenn Sie die obige Prozedur starten, können Sie die Ausführung der Schleife nur noch mit der Tastenkombination Strg+Untbr stoppen. Endlosschleifen sind in der Praxis selten sinnvoll. Daher bestehen zwei Möglichkeiten, die obige Schleife zu beenden: Durch das schon aus der *For*-Schleife bekannte Kommando *Exit*, dem hier das Schlüsselwort *Do* (nicht etwa *Loop*) folgen muß, oder durch die Angabe einer Bedingung am Anfang oder am Ende der Schleife. Bedingungen können wahlweise durch die Schlüsselwörter *While* oder *Until* angegeben werden. Im ersten Fall wird die Schleife solange ausgeführt, wie die angegebene Bedingung erfüllt ist. Im zweiten Fall verhält es sich gerade umgekehrt: Die Schleife wird ausgeführt, bis die Bedingung wahr wird (oder anders formuliert: solange die Bedingung *nicht* erfüllt ist).

Obwohl es auf den ersten Blick so aussieht, als ob es egal wäre, die Bedingung oben oder unten anzugeben, ist das nicht der Fall: Wenn Sie die Bedingung nach *While* angeben, kann es passieren, daß die Schleife überhaupt nie durchlaufen wird. Wenn die Bedingung dagegen bei *Loop* formuliert wird, muß der Inhalt der Schleife mindestens einmal ausgeführt werden.

Im Beispiel unten wird die Variable *i* mit jedem Schleifendurchlauf um Eins erhöht, bis die Schleife beim Erreichen des Werts 11 abgebrochen wird.

```
Sub schleife5()
  Dim i As Integer
  i = 1
  Do
    Debug.Print i
    i = i + 1
  Loop Until i > 10
End Sub
```

Schleifen mit While - Wend

Schleifen mit ***While ... Wend*** bieten inhaltlich nichts Neues im Vergleich zu den soeben behandelten Schleifen mit *Do ... Loop*. Der einzige Unterschied besteht darin, daß keine Möglichkeit besteht, die Schleife vorzeitig mit *Exit* abzubrechen.

```
While i < 10
  i = i + 1: Debug.Print i
Wend
'
Do While i < 10    'dieselbe Schleife mit Durchlaufe
  i = i + 1: Debug.Print i
Loop
```

5.2.5 Syntaxzusammenfassung

Eckige Klammern kennzeichnen optionale Kommandos, die angegeben werden dürfen, aber nicht angegeben werden müssen.

Prozedurdefinition	
Sub makro([parameterliste])	
...	
[Exit Sub]	Unterprogramm vorzeitig verlassen
...	
End Sub	
Function funk([parameterliste]) [As datentyp]	
...	
[funk = ...: Exit Function]	Funktion vorzeitig verlassen
...	
funk = ...	
End Function	

Definition der Parameterliste	
para1, para2, para3	3 Parameter im Defaultdatentyp *Variant*
para As datentyp	Parameter im angegebenen Datentyp
para() [As datentyp]	Feld
ByVal para [As datentyp]	Wertparameter
Optional para [As datentyp]	optionaler Parameter
ParamArray para()	Liste mit variabler Anzahl von Parametern

Auswertung der Parameter im Prozedurcode	
wahr_falsch = IsMissing(para)	Test, ob optionaler Paramater übergeben wurde
For Each x In para() *...* *Next x*	Schleife für alle Parameter einer Argumentliste

Prozeduraufruf	
makro x1, x2, x3	herkömmliche Angabe aller Parameter (Unterprogramm)
ergebnis = funktion(x1, x2, x3)	herkömmliche Angabe aller Parameter (Funktion)
makro para1:=x1, para3:=x3	benannte Parameter (Unterprogramm)
ergebnis = funktion(para1:=x1)	benannte Parameter (Funktion)

Definition von Variablen auf Modulebene	
Dim var	Modulvariable
Private var	Modulvariable (gleiche Wirkung wie *Dim*)
Public var	öffentliche Variable (alle Module)
Option Private Module	öffentliche Variablen nur innerhalb der Arbeitsmappe verwendbar (auch bei Verweis)

Definition von Variablen auf Prozedurebene	
Dim var	lokale Variable, nur in Prozedur verwendbar
Static var	wie oben, behält aber Wert andauernd
Static Sub/Function name()	alle Variablen der Prozedur sind statisch

Definition von Prozeduren	
Sub/Function name()	öffentlich, für alle Arbeitsblätter
Private Sub/Function name()	nur im aktuellen Modul verwendbar
Option Private Module	öffentliche Prozeduren nur innerhalb der Arbeitsmappe verwendbar (auch bei Verweis)

Verzweigungen mit If-Then

If bedingung Then kommando	einzeilige Variante
If bedingung Then k1 Else k2	einzeilige Variante mit *Else*
If bedingung1 Then	mehrzeilige Variante
kommandos	
ElseIf bedingung2 Then	optional, beliebig oft
kommandos	
Else	optional
kommandos	
End If	

Verzweigungen mit Select - Case

Select Case ausdruck	
Case möglichkeit1	beliebig viele Fälle
kommandos	
Case Else	optional
kommandos	
End Select	

Möglichkeiten in Select - Case

wert	Einzelwert
wert1, wert2, wert3	Aufzählung
wert1 To wert2	Wertebereich
Is operator vergleichswert	Vergleichsbedingung mit =, < oder >

Schleifen mit While - Wend

While bedingung
kommandos
Wend

Schleifen mit For - Next

For var=start To ende [Step schritt]
kommandos
[If bedingung Then Exit For]
kommandos
Next var

Schleifen mit For Each - Next

For Each var In Aufzählmethode oder *feld()*
kommandos
[If bedingung Then Exit For]
kommandos
Next var

Schleifen mit Do - Loop

Do [While bedingung oder *Until bedingung]* Variante 1
kommandos
[If bedingung Then Exit Do]
kommandos
Loop
Do Variante 2
kommandos
[If bedingung Then Exit Do]
kommandos
Loop [While bedingung oder *Until bedingung]*

5.3 Objekte

5.3.1 Der Umgang mit Objekten, Methoden und Eigenschaften

Objekte

Als Objekte werden in VBA Elemente von Excel bezeichnet. Die folgende Liste zählt einige häufig vorkommende Objekte auf:

Application (Anwendung, also Excel als Ganzes), *PageSetup* (Seitengestaltung für den Ausdruck), *Workbook* (Arbeitsmappe), *Window* (Fenster), *Worksheet* (Tabellenblatt), *Range* (Bereich von Zellen in einer Tabelle), *Chart* (Diagramm), *ChartArea* (Hintergrund eines Diagramms), *Axis* (Koordinatenachse eines Diagramms), *Line* (Linie zur optischen Gestaltung von Tabellen, Dialogen etc.), *Oval* (Kreis oder Ellipse) etc.

Insgesamt sind in Excel rund 150 Objekte definiert. (Dazu kommen noch Objekte anderer Bibliotheken hinzu – doch dazu später mehr.) Diese Objekte sind hierarchisch organisiert. An oberster Stelle steht das *Application*-Objekt. Über Eigenschaften dieses Objekts kann auf die geladenen Arbeitsmappen (*Workbooks*) zugegriffen werden, über deren Eigenschaften wiederum auf die Blätter (*Chart* und *Worksheet*) der Arbeitsmappe etc. Kapitel 14 enthält eine Referenz aller in Excel definierten Objekte und veranschaulicht die Hierarchie der Objekte.

Der Zugriff auf die Objekte von Excel wird erst dann sinnvoll, wenn der Programmierer deren spezifische Daten lesen und verändern sowie neue Objekte hinzufügen und löschen kann. Um das zu ermöglichen, stehen zu allen Objekten zahllose Eigenschaften und Methoden zur Verfügung.

Eigenschaften

Eigenschaften bestimmen die Merkmale eines Objekts, also etwa die Hintergrundfarbe eines Diagramms, die Ausrichtung einer Tabellenzelle, die zahlreichen Optionen von Excel oder die Parameter einer Seite (z. B. Kopf- und Fußzeilen). Für den Programmierer sehen Eigenschaften wie vordefinierte Variablen aus. Der einzige formale Unterschied besteht darin, daß fast ausnahmslos vor der Eigenschaft das Objekt angegeben werden muß, auf das sich die Eigenschaft bezieht (z. B. *Application.DisplayFullScreen*). Die meisten Eigenschaften können sowohl gelesen als auch verändert werden.

```
' gibt an, ob sich Excel im Modus »ganzer Bildschirm«
' befindet (True) oder nicht (False)
Debug.Print Application.DisplayFullScreen
'
' aktiviert den Modus »ganzer Bildschirm«
Application.DisplayFullScreen = True
'
' verändert den Modus
Application.DisplayFullScreen = Not Application.DisplayFullScreen
```

Ein weiterer Unterschied zwischen Variablen und Eigenschaften besteht darin, daß die Veränderung einer Eigenschaft in vielen Fällen sofort sichtbar wird. Wenn Sie wie im obigen Beispiel die Eigenschaft *DisplayFullScreen* verändern, hat das die gleiche Wirkung wie die Ausführung des Menükommandos ANSICHT | GANZER BILDSCHIRM. Excel reagiert also unmittelbar auf die Veränderung von Eigenschaften.

Methoden

Während Eigenschaften am ehesten mit Variablen vergleichbar sind, entsprechen Methoden eher Prozeduren. Mit Methoden führen Sie Anweisungen aus, speichern also beispielsweise die aktuelle Arbeitsmappe unter einem neuen Namen, löschen ein Diagramm, erstellen eine neue Symbolleiste etc. Methoden ermöglichen auch den Zugriff auf andere Objekte: beispielsweise geben *Sheets(n)* oder *Sheets("blattname")* ein bestimmtes Blatt der Arbeitsmappe zurück.

Es existieren zwei Typen von Methoden: solche, die einem Unterprogramm entsprechen und keinen Rückgabewert aufweisen (*Select, Activate, Delete* etc.), und solche, die einer Funktion entsprechen und ein konkretes Ergebnis zurückgeben. Viele Methoden können sowohl mit als auch ohne Rückgabewert verwendet werden, etwa die *Add*-Methode.

Aufzählmethoden und -objekte

Eine besondere Rolle spielen die sogenannten Aufzählmethoden, die mit Plural-s enden (*Sheets, Windows* etc.). Über diese Methoden kann auf eine Gruppe gleichartiger Subobjekte zugegriffen werden. (Subobjekt meint dabei ein hierarchisch untergeordnetes Objekt, etwa *Window* zu *Application*.) Aufzählmethoden können auch als Ausgangspunkt für Schleifen mit *For Each* verwendet werden.

Wenn Aufzählmethoden ohne Parameterangabe verwendet werden, verweisen sie auf zumeist gleichnamige Aufzählobjekte. Ein Aufzählobjekt meint also die Gesamtheit mehrerer gleichartiger Objekte. Für diese Objekte existieren – unabhängig von ihrem Inhalt – einige übereinstimmende Eigenschaften und Methoden: *Count* gibt die Anzahl der vorhandenen Objekte an. Durch *Add* und *Delete* können die meisten Aufzählungen erweitert bzw. verkleinert werden.

Wird die *Objects*-Methode dagegen mit einem Parameter verwendet, dann verweist sie auf das Element mit dem angegebenen Namen (*Sheets("name")*) oder auf das *n*-te Element (*Sheets(n)*), in jedem Fall also auf ein einzelnes Objekt. Der Index des ersten Elements lautet immer 1 (nicht 0). Diese Parameterangabe erfolgt eigentlich in einer Kurzschreibweise. Die vollständige Syntax würde lauten: *Sheets.Item("name")*.

Defaultobjekte

Generell muß zu jeder Eigenschaft und Methode das Objekt angegeben werden, auf das sich die Eigenschaft/Methode bezieht. Das ist nicht zuletzt deswegen erforderlich, weil es viele Eigenschaften/Methoden gibt, die (zum Teil sogar mit unterschiedlicher Syntax) verschiedene Objekte bearbeiten können. (Mit *Add* können Sie je nach Ausgangsobjekt ein neues Diagramm, einen neuen Menüeintrag, eine neue Arbeitsmappe etc. erstellen.)

Es gibt allerdings einige Eigenschaften und Methoden, zu denen Defaultobjekte definiert sind. Wenn diese Eigenschaften/Methoden ohne die Angabe eines Objekts verwendet werden, beziehen sie sich automatisch auf das Defaultobjekt. Die Eigenschaft *ActiveSheet* bezieht sich etwa automatisch auf das Defaultobjekt *Application*. Die Eigenschaft kann sich auch auf ein Fenster oder auf eine Arbeitsmappe beziehen – dann muß dieses Objekt aber angegeben werden.

HINWEIS

Application gilt zwar in allen normalen Modulen als Defaultobjekt, nicht jedoch in Klassenmodulen! Dort gilt das durch das Modul beschriebene Objekt als Defaultobjekt. In den Klassenmodulen »DieseArbeitsmappe«, »Tabelle1« etc. gelten daher *Workbook* bzw. *Worksheets(...)* als Defaultobjekte.

Defaulteigenschaften

Bei manchen Objekten existieren Defaulteigenschaften. Das bedeutet, daß Sie diese Eigenschaft lesen bzw. verändern können, ohne sie im Code zu nennen. Aus diesem Grund sind die beiden folgenden Anweisungen gleichwertig:

```
Debug.Print Application
Debug.Print Application.Value
```

Im obigen Beispiel ist *Value* also die Defaulteigenschaft von *Application*. (*Value* liefert in diesem Fall eine Zeichenkette mit dem Inhalt *"Microsoft Excel"*.) Defaulteigenschaften haben zwei Nachteile: Erstens machen sie den Code unübersichtlich, und zweitens sind sie nicht dokumentiert.

Unterscheidung zwischen Objekten, Eigenschaften und Methoden

Für die Unterscheidung zwischen Methoden und Eigenschaften gilt im allgemeinen die Faustregel: »Schlüsselwort mit Parameter gleich Methode, Schlüsselwort ohne Parameter gleich Eigenschaft« Aufzählobjekte wie *Sheets* stellen dazu eine Ausnahme dar, sie können sowohl mit als auch ohne Parameter verwendet werden.

Es ist nicht immer möglich, nach inhaltlichen Aspekten zwischen Methoden und Eigenschaften zu unterscheiden: Viele Aktionen, die in VBA durch Methoden ausgelöst werden, könnten ebensogut durch anders formulierte Eigenschaften gesteuert werden (und umgekehrt). Letzten Endes ist es eine Entscheidung von Microsoft, was als Methode und was als Eigenschaft gilt.

Zur Unterscheidung zwischen Objekten im Gegensatz zu Methoden und Eigenschaften kann folgende Regel aufgestellt werden: »Objekte kommen in Anweisungen des Programmcodes fast nie direkt vor.« Auch wenn es oft so aussieht, als würden Objekte direkt genannt, handelt es sich immer um gleichnamige Methoden oder Eigenschaften. Zu dieser Regel gibt es eine wesentliche Ausnahme: Bei der Deklaration von Objektvariablen werden Objekte (genaugenommen Objektklassen) direkt genannt.

Beispiel 1

Die folgende Anweisung fügt der aktuellen Arbeitsmappe ein leeres Diagrammblatt hinzu. Das Beispiel demonstriert gleich mehrere Aspekte im Umgang mit Objekten: das Zusammenspiel von Objekten, Methoden und Eigenschaften, die Verwendung benannter Parameter, den Einsatz vordefinierter Konstanten etc.

```
Application.ActiveWorkbook.Sheets.Add Type:=xlChart
```

Application gibt das Basisobjekt an (das Anwendungsprogramm Excel). *ActiveWorkbook* ist eine Eigenschaft des Objekts *Application* und verweist auf ein *Workbook*-Objekt. *Sheets* ist eine Methode (auch wenn sie wie eine Eigenschaft aussieht), die auf ein *Sheets*-Objekt verweist. *Add* ist wiederum eine Methode von *Sheets* und ermöglicht das Hinzufügen neuer Arbeitsblätter. *Add* kennt vier benannte Parameter, die alle vier optional sind. Wenn kein Parameter angegeben wird, erzeugt die Methode ein neues Tabellenblatt, das vor dem gerade aktiven Blatt eingefügt wird. Durch die vier Parameter kann die Einfügeposition, der Typ des Blatts (Diagramm, Tabelle, Modul, Makrovorlage etc.) und die Anzahl der einzufügenden Blätter bestimmt werden. Im Beispiel oben wurde nur der Typ spezifiziert, und zwar mit der vordefinierten Konstante *xlChart*.

Die Eigenschaft *ActiveSheet* und die Methode *Sheets* beziehen sich automatisch auf die aktive Arbeitsmappe von Excel (die aktive Arbeitsmappe gilt als Defaultobjekt). Aus diesem Grund ist es in der obigen Anweisung erlaubt, auf die Objektangabe *Application.ActiveWorkbook* zu verzichten. In den drei folgenden Anweisungen wird diese Eingabeerleichterung wahrgenommen.

Der Name des neuen Blatts kann mit *Add* nicht eingestellt werden. Das neue Blatt ist nach der *Add*-Methode das aktive Blatt. Der Name kann daher problemlos in einer weiteren Anweisung durch die Veränderung der *Name*-Eigenschaft eingestellt werden.

```
Sheets.Add Type:=xlChart
ActiveSheet.Name = "Mein Diagramm"
```

Statt der beiden obigen Zeilen reicht auch eine einzige, etwas längere Zeile aus:

```
Sheets.Add(Type:=xlChart).Name = "Mein Diagramm"
```

Die Methode *Add* wird jetzt nicht mehr wie ein Unterprogramm ohne Rückgabewert eingesetzt, sondern wie eine Funktion. Aus diesem Grund ist der Parameter jetzt eingeklammert. Das Ergebnis der Methode (nämlich ein Verweis auf das neue *Chart*-Objekt) wird über die Eigenschaft *Name* gleich weiterverarbeitet.

Beispiel 2

Manche Methoden sind mit einer Unmenge von Parametern ausgestattet. Ein in dieser Beziehung bemerkenswertes Beispiel ist die Methode *ChartWizard* mit nicht weniger als 11 Parametern (alle optional). Diese Methode ist sowohl zur Erstellung neuer als auch zur raschen Veränderung vorhandener Diagramme geeignet. (Siehe auch Kapitel 12, das sich speziell mit Diagrammen beschäftigt.)

Wenn Sie mit so komplexen Methoden wie *ChartWizard* arbeiten, können Sie sich eine Menge Zeit und Mühe sparen, wenn Sie zuerst die Makroaufzeichnung verwenden. Damit gelangen Sie auf Anhieb zu einem lauffähigen Code, den Sie dann sukzessive so verändern können, bis er Ihren Anforderungen entspricht.

Im Beispiel unten wird im aktiven Tabellenblatt ein neues Diagrammobjekt erzeugt. Die vier Zahlenwerte geben Position und Größe des Diagramms innerhalb der Tabelle an und resultieren aus der Auswahl eines Rahmens während der Makroaufzeichnung. (Die Positionsangaben erfolgen in der Einheit »Punkt«, wobei ein Punkt mit 0.35 mm definiert ist.) Die Methode *Add* wird hier als Funktion (und nicht wie oben als Kommando) eingesetzt: die Parameter sind eingeklammert. Das Ergebnis der Methode wird durch *Select* gleich weiterbearbeitet und zum aktiven Diagramm gemacht. Auf dieses Objekt (das aktive Diagramm) bezieht sich im folgenden die Methode *ChartWizard*.

```
ActiveSheet.ChartObjects.Add(184, 5, 110, 25, 187, 5, 69, 75). _
  Select
ActiveChart.ChartWizard Source:=Range("B3:B7"), _
  Gallery:=xlColumn, Format:=6, PlotBy:=xlColumns, _
  CategoryLabels:=0, SeriesLabels:=0, HasLegend:=1
```

Zugriff auf »aktive« Objekte

Excel kennt eine Menge »aktiver« Objekte. Damit sind markierte oder ausgewählte Teile von Excel gemeint – das aktive Fenster, das darin ausgewählte Blatt, die dort markierten Zellen etc. Der Zugriff auf diese Objekte erfolgt durch diverse *ActiveXxx*- oder *SelectXxx*-Eigenschaften. Die meisten dieser Eigenschaften sind für das *Application*-Objekt definiert, das nicht extra angegeben werden muß (*Application* gilt also als Defaultobjekt). Ein Teil der Eigenschaften kann aber auch explizit auf ein anderes Objekt angewendet werden. Beispielsweise liefert *ActiveSheet* automatisch das aktuelle Blatt der aktiven Arbeitsmappe. *ActiveSheet* kann aber auch die Bezeichnung einer anderen Arbeitsmappe oder ein *Window*-Objekt vorangestellt werden – dann liefert die Eigenschaft einen Verweis auf das jeweils aktive Blatt der jeweiligen Arbeitsmappe bzw. des Fensters.

Besondere Erwähnung verdient die Eigenschaft *ThisWorkbook*: Diese Eigenschaft verweist auf die Arbeitsmappe, in der sich der VBA-Code befindet, der gerade ausgeführt wird. Diese Arbeitsmappe muß nicht automatisch mit *ActiveWorkbook* übereinstimmen – es kann ja mit dem Code aus einer Arbeitsmappe ein Tabellenblatt einer anderen Arbeitsmappe bearbeitet werden. Für Visual-Basic-Programmierer: *ThisWorkbook* kann am ehesten mit dem Visual-Basic-Schlüsselwort *Me* verglichen werden, das es in VBA nicht gibt.

ActiveCell	aktive Zelle in einem Tabellenblatt
ActiveChart	aktives Diagramm in Tabellenblatt / Fenster / Arbeitsmappe / Excel
ActiveDialog	aktiver (zur Zeit sichtbarer) Dialog in Excel
ActiveMenuBar	aktive (zur Zeit sichtbare) Menüleiste in Excel
ActivePane	aktiver Ausschnitt eines Fensters
ActivePrinter	eingestellter Drucker in Excel
ActiveSheet	aktives Blatt in Fenster / Arbeitsmappe / Excel
ActiveWorkbook	aktive Arbeitsmappe in Excel
SelectedSheets	ausgewählte Blätter eines Fensters
Selection	ausgewählte Objekte in Blatt / Fenster / Arbeitsmappe / Excel; die Eigenschaft kann je nach Auswahl auf die unterschiedlichsten Objekte verweisen; am häufigsten wird *Selection* zum Zugriff auf die ausgewählten Zellen eines Tabellenblatts verwendet
ThisWorkbook	Arbeitsmappe, deren Code gerade ausgeführt wird

5.3.2 Der Objektkatalog (Verweise)

Eine unverzichtbare Arbeitshilfe im Umgang mit Objekten, Methoden und Eigenschaften stellt der Objektkatalog dar. Dabei handelt es sich um einen Dialog, der mit ANSICHT | OBJEKTKATALOG oder bequemer mit F2 aufgerufen wird. Die Bedienung des Dialogs wurde bereits in Abschnitt 4.2 beschrieben.

In diesem Katalog sind (fast) alle zur Zeit verfügbaren Objekte, Methoden und Eigenschaften inklusive der selbstdefinierten Prozeduren enthalten. Die Einträge im Objektkatalog sind nach sogenannten Bibliotheken geordnet. Die beiden wichtigsten Bibliotheken lauten »VBA« und »Excel«.

Die *VBA-Bibliothek* enthält alle Anweisungen und Funktionen, die zur Programmiersprache VBA gehören, die aber nicht spezielle Excel-Merkmale betreffen. Unter anderem finden Sie in der VBA-Bibliothek Kommandos zur Bearbeitung von Zeichenketten, zur Verwaltung von Dateien, zur Bearbeitung von Datums- und Zeitwerten etc. Die VBA-Bibliothek ist leider unvollständig. Zum einen fehlen alle Schlüsselwörter zur prozeduralen Programmierung. (Diese Einschränkung ist möglicherweise systembedingt, d. h., es kann sein, daß dieser Typ von Schlüsselwörtern in das Katalogkonzept nicht integrierbar ist. Es wäre natürlich angenehm, wenn die Dokumentation auf diesen Umstand hinweisen würde, was aber nicht der Fall ist.) Zum anderen fehlen auch ganz normale Funktionen, die schlicht und einfach vergessen wurden (etwa die Zeichenkettenfunktion *InStr*).

Die *Excel-Bibliothek* umfaßt eine vollständige Referenz aller definierten Objekte (rund 150), der zugeordneten Eigenschaften und Methoden und der vordefinierten Konstanten. Der Objektkatalog stellt gleichzeitig eine wichtige Schnittstelle zur Online-Hilfe dar: Nach dem Auswählen eines Schlüsselworts kann mit dem »?«-Button der Hilfetext zu diesem Schlüsselwort aufgerufen werden.

Ebenfalls im Objektkatalog enthalten sind Bibliotheken der gerade geladenen Arbeitsmappen und Add-Ins. Mit der Bibliothek einer Arbeitsmappe ist ganz einfach das Verzeichnis aller Module und der darin enthaltenen Prozeduren gemeint. (In Arbeitsmappen definierte Konstanten werden nicht angezeigt.)

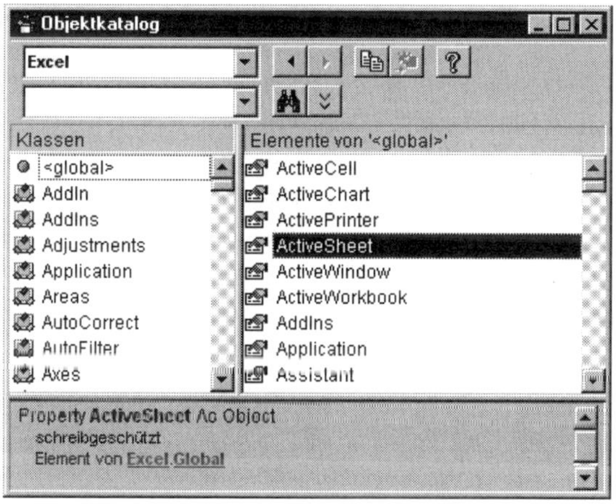

Bild 5.1: Der Objektkatalog

Objektbibliotheken von Excel

Mit Excel werden unter anderem folgende Objektbibliotheken mitgeliefert:

`Vba332.dll`	VBA-Objektbibliothek (Verzeichnis `Gemeinsame Dateien\Microsoft Shared\VBA`)
`Excel8.olb`	Excel-97-Objektbibliothek englisch (Verzeichnis `Office\Excel`)
`StdOle2.tlb`	Basisfunktionen für ActiveX Automation (ehemals Object Automation)
`Fm20.dll`	MS-Forms-Bibliothek zur Gestaltung von Formularen (Windows-Systemverzeichnis)
`Mso97.dll`	MS-Office-97-Objektbibliothek mit gemeinsamen Objekten aller Office-Komponenten (Verzeichnis `Office97\Office`)
`Dao350.dll`	Objektbibliothek zur Datenbankprogrammierung (Verzeichnis `Gemeinsame Dateien\Microsoft Shared\Dao`)
`Xl5de32.olb`	Excel-5/7-Objektbibliothek deutsch (Verzeichnis `Office\Excel`)
`Xl5en32.olb`	Excel-5/7-Objektbibliothek englisch (Verzeichnis `Office\Excel`)

Normalerweise sind die ersten fünf der oben aufgezählten Bibliotheken aktiv. Die Dateien `Xl5de/en32.olb` werden nur aus Kompatiblitätsgründen mitgeliefert (zur Umwandlung deutscher VBA-Programme in den englischen Dialekt). Die DAO-Bibliothek muß manuell mit EXTRAS | VERWEISE aktiviert werden, wenn Sie im VBA-Code Datenbankfunktionen verwenden möchten.

> VERWEIS
>
> Die VBA- und Excel-Bibliotheken sind so umfangreich, daß deren Beschreibung auf das gesamte hier vorliegende Buch verteilt wurde. Darüber hinaus wird die MS-Forms-Bibliothek ausführlich in Kapitel 8 beschrieben, die DAO-Bibliothek in Kapitel 12.

Neben diesen Standardbibliotheken kann das Objektmodell im Dialog EXTRAS | VERWEISE mit diversen weiteren Bibliotheken erweitert werden. Generell gelten alle Arbeitsmappen und Add-Ins als Objektbibliotheken, sofern darin VBA-Prozeduren enthalten sind. (Add-Ins erweitern den Funktionsumfang von Excel. Sie werden üblicherweise mit dem Add-In-Manager verwaltet. Die Erstellung eigener Add-Ins wird in Abschnitt 13.1 behandelt.) Zusammen mit Excel 97 werden unter anderem folgende Add-In-Dateien mit zusätzlichen VBA-Funktionen ausgeliefert:

`Atpvbaen.xla`	zusätzliche Tabellen- und Statistikfunktionen (im Verzeichnis `Office97\Office\Makro\Analyse`); wie in den vergangenen Versionen ist `Atpvbaen.xla` auch in Excel 97 eine Quelle ständigen Ärgers und Ursache diverser Inkompatibilitäten; vermeiden Sie deren Verwendung!
`Solver.xla`	Funktionen zur Steuerung der Solver-Kommandos (im Verzeichnis `Office97\Office\Makro\Solver`)
`Xlquery.xla`	Funktionen zur Steuerung von MS-Query (im Verzeichnis `Office97\Office\Makro\MSQuery`)

`Xlodbc.xla`	Funktionen zum Zugriff auf SQL-Server (im Verzeichnis `Office97\Office\Makro\MSQuery`); dieses Add-In steht nur noch aus Kompatibilitätsgründen zur Verfügung; verwenden Sie für neue Programme die DAO-Bibliothek

Das Objektmodell kann schließlich noch durch fremde Bibliotheken erweitert werden, die an sich nichts mit Excel zu tun haben. Auf diese Weise können fremde Programme – etwa WinWord, Access etc. – von Excel aus gesteuert werden. Mehr Informationen zu diesem Steuerungsmechanismus finden Sie in Kapitel 13, Stichwort ActiveX-Automation.

Verweise auf Objektbibliotheken einrichten

Damit die in externen Objektbibliotheken definierten Funktionen, Objekte, Methoden und Eigenschaften beim Programmieren verwendet werden können, muß mit EXTRAS | VERWEISE ein Verweis darauf aktiviert werden.

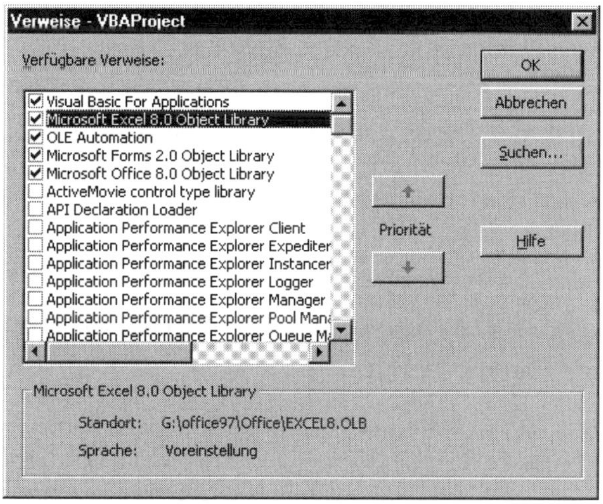

Bild 5.2: Der »Verweise«-Dialog

Falls der Name der benötigten Objektbibliothek im »Verweise«-Dialog noch nicht angezeigt wird, können Sie die Datei über den Button DURCHSUCHEN auswählen und hinzufügen. Automatisch angezeigt werden nur die schon geladenen Dateien (also auch jene Dateien, die über den Add-In-Manager aktiviert wurden). Als aktiv gelten nur jene Bibliotheken, die mit einem Auswahlhäkchen gekennzeichnet sind. Das bloße Anzeigen der Bibliothek im »Verweise«-Dialog ist nicht ausreichend.

Die Informationen darüber, welche Verweise aktiv sind, werden für jede Arbeitsmappe getrennt gespeichert. Auch wenn in einer Arbeitsmappe eine Objektbibliothek aktiviert ist, gilt diese Bibliothek in einer anderen Arbeitsmappe weiterhin als inaktiv, bis sie auch dort aktiviert wird.

Verweise auf nicht mehr benötigte Dateien können einfach durch die Deaktivierung des Auswahlkästchens gelöscht werden. (Der Dateiname bleibt weiterhin in der Verweisliste stehen, solange die Objektdatei geladen ist. Der Dateiname an sich stört aber nicht und beansprucht keinen Speicherplatz.) Die Verweise auf die Bibliotheken `Vba332.dll`, `Excel8.olb` und `Fm20.dll` bleiben immer aktiv und können nicht deaktiviert werden.

Verweise auf andere Arbeitsmappen

So wie Sie Verweise auf Objektbibliotheken einrichten können, können Sie auch Verweise auf andere Arbeitsmappen einrichten. Dazu werden im »Verweise«-Dialog die Dateinamen aller gerade aktiven Objektbibliotheken angezeigt. (Der Name der gerade aktiven Arbeitsmappe ist nicht enthalten. Begründung: Die Arbeitsmappe benötigt keinen Verweis auf sich selbst.)

Das Einrichten eines Verweises auf eine andere Arbeitsmappe hat den Vorteil, daß Sie deren öffentliche Prozeduren und Variablen auch in der gerade aktiven Arbeitsmappe nutzen können. (Öffentliche Variablen müssen mit *Public* deklariert werden. Prozeduren gelten automatisch als öffentlich, sofern nicht das Schlüsselwort *Private* verwendet wird.)

Die Verweise zählen zu den Daten der gerade aktiven Arbeitsmappe und werden zusammen mit ihr gespeichert. Wenn die Arbeitsmappe später wieder geladen wird, ist Excel aufgrund der Verweise in der Lage, auch die dazugehörenden anderen Arbeitsmappen und Bibliotheken zu aktivieren.

5.3.3 Übersichtlicher Objektzugriff durch das Schlüsselwort With

Die in den vorherigen Abschnitten angeführten Beispiele haben bereits gezeigt, daß sich oft endlose Verschachtelungen von Eigenschaften und Methoden ergeben, von denen jeweils die eine das Objekt für die nächste Eigenschaft/Methode liefert. Bis Sie zu dem Objekt gelangen, das Sie eigentlich ansprechen möchten, ist die Zeile voll.

Durch die Schlüsselwortkombination ***With ... End With*** können Sie ein bestimmtes Objekt vorübergehend festhalten und anschließend diverse Eigenschaften einstellen oder Methoden ausführen, ohne jedesmal den gesamten Objektverweis neu einzugeben.

Ein Beispiel macht die Wirkungsweise sofort sichtbar. In der ersten Variante werden die einzelnen Anweisungen so lang, daß sie auf je zwei Zeilen verteilt werden müssen. In der zweiten Variante wird das Objekt (nämlich das erste Symbol der Symbolleiste »Neue Symbolleiste«) durch *With* fixiert. Achten Sie darauf, daß innerhalb von *With* und *End With* alle Anweisungen, die sich auf das fixierte Objekt beziehen, mit einem Punkt beginnen müssen.

```
' herkömmlich
CommandBars("Neue Symbolleiste").Controls("Datei").Controls(1). _
  Caption = "Beenden"
CommandBars("Neue Symbolleiste").Controls("Datei").Controls(1). _
  OnAction = "Menu_Quit"
'
' mit dem Schlüsselwort With
With CommandBars("Neue Symbolleiste").Controls("Datei").Controls(1)
  .Caption = "Beenden"
  .OnAction = "Menu_Quit"
End With
```

With darf auch verschachtelt verwendet werden. Im Beispiel unten wird durch das erste *With* die Symbolleiste und durch das zweite *With* zuerst das erste und dann das zweite Symbol innerhalb der Symbolleiste festgehalten.

```
With Toolbars("Neue Symbolleiste")
  With .ToolbarButtons(1)
    .PasteFace
    .OnAction = "AktionSymbol1"
  End With
  With .ToolbarButtons(2)
    .PasteFace
    .OnAction = "AktionSymbol2"
  End With
End With
```

Innerhalb von *With*-Konstrukten sind auch »normale« VBA-Anweisungen erlaubt, die sich nicht auf das aktuelle Objekt beziehen (und daher ohne ».« beginnen). Im Beispiel unten werden in alle Symbole der Symbolleiste neue Bilder aus der Zwischenablage kopiert. Außerdem werden den Symbolen die Makros *AktionSymboli* zugewiesen, wobei für *i* der aktuelle Inhalt der Schleifenvariablen eingesetzt wird.

```
Dim i
With Toolbars("Neue Symbolleiste")
  For i=1 To .Count
    With ToolbarButtons(i)
      .PasteFace
      .OnAction = "AktionSymbol" & i
    End With
   Next i
End With
```

Alternativ zu *With* ist übrigens auch eine Vorgehensweise mit Objektvariablen (siehe nächsten Teilabschnitt) möglich. Dadurch kann ebenfalls eine umständliche Referenzierung von Objekten vermieden werden.

5.3.4 Objektvariablen

Normalerweise werden in Variablen Zahlen oder Zeichenketten gespeichert. Variable können aber auch auf Objekte verweisen. Die Zuweisung von Objektvariablen erfolgt nicht durch den Zuweisungsoperator »=«, sondern durch ***Set***.

Das folgende Beispiel demonstriert den Umgang mit Objektvariablen: In *objvar1* wird die Variable *f* vom Objekttyp *Window* definiert. In dieser Variablen wird ein Verweis auf das aktive Fenster gespeichert, anschließend wird das Unterprogramm *objvar2* aufgerufen. Dort wird der Fenstertitel der Objektvariablen *x* verändert. Das Beispiel beweist, daß Objektvariablen auch als Parameter an Unterprogramme und Funktionen übergeben werden können.

```
Sub objvar1()
  Dim w As Window
  Set w = Application.ActiveWindow
  objvar2 w
End Sub
'
Sub objvar2(w As Window)
  w.Caption = "neuer Fenstertitel"
End Sub
```

Manche Objekte können auch mit *Dim x As **New** Object* deklariert werden. Dabei wird das entsprechende Objekt gleich erzeugt. Diese Syntax ist normalerweise nur bei Objektklassen möglich, die entweder durch externe Bibliotheken (ActiveX-Server) zur Verfügung gestellt werden oder durch Excel-Klassenmodule definiert sind (siehe den folgenden Abschnitt).

Objektvariablen werden vor allem zur übersichtlicheren Gestaltung des Programmcodes eingesetzt. Wenn Sie auf ein Objekt zugreifen möchten, müssen Sie nicht jedesmal eine oft endlose Kette von Methoden und Eigenschaften angeben, sondern können über eine Objektvariable darauf verweisen (siehe Beispiel unten). Diese Vorgehensweise ist flexibler als die Verwendung von *With* (siehe vorangegangenen Abschnitt), weil parallel mehrere Objektvariablen verwendet werden können. Die Möglichkeit der Übergabe von Objektvariablen läßt eine noch bessere Modularisierung des Programmcodes zu.

```
' herkömmlich
CommandBars("Neue Symbolleiste").Controls(1).CopyFace
CommandBars("Neue Symbolleiste"). _
  Controls(1).OnAction = "AktionSymbol1"
' mit Objektvariablen
Dim tb
Set tb = CommandBars("Neue Symbolleiste").Controls(1)
tb.CopyFace
tb.OnAction = "AktionSymbol1"
```

Objektvariablen unterscheiden sich von normalen Variablen dadurch, daß nur ein Verweis auf das Objekt und nicht eine Kopie gespeichert wird. Die Objektvariable zeigt also auf ein Objekt, dessen Verwaltung aber weiterhin Excel obliegt. Es existiert für den Programmierer keine Möglichkeit, wirklich *neue* Objekte zu erzeugen (außer über die dafür vorgesehenen Methoden wie *Add*).

Mehrere Objektvariablen können auf das gleiche Objekt zeigen. Eine Veränderung der Eigenschaften über die eine Objektvariable wirkt sich dann auch auf alle anderen Objektvariablen aus.

Der Verweis auf Objekte kann durch *Set var* = ***Nothing*** gelöscht werden. (Das Objekt selbst wird durch diese Anweisung nicht beeinflußt oder gar gelöscht!)

Objektvariablen können mit *Dim, Private* oder *Public* in einem bestimmten Objekttyp definiert werden und sind dann explizit auf diesen Objekttyp eingeschränkt (beispielsweise *Dim f As Window*). Weniger restriktiv ist die Definition als allgemeine Objektvariable (*Dim f As Object*) – denn dann kann *f* zwar Verweise auf Objekte, aber keine normalen Variableninhalte (Werte, Zeichenketten) aufnehmen. Es ist aber auch eine allgemeine Deklaration als *Variant*-Variable ausreichend (*Dim f*). Die Variable nimmt dann automatisch den geeigneten Typ an. VBA reagiert auf Zuweisungen mit falschen Typen zum Teil allergisch (nämlich mit Absturz). Daher kann es sinnvoll sein, statt der Definition mit einem konkreten Objekttyp eine allgemeine Definition als *Object*- oder *Variant*-Variable anzugeben.

Objektvariablen treten implizit auch in *For-Each*-Schleifen (Abschnitt 5.2.4) auf. Die beiden folgenden Schleifen sind gleichwertig und geben jeweils die Namen aller Blätter der aktiven Arbeitsmappe aus:

```
Sub objvar3()
  Dim b, i
  For i = 1 To Sheets.Count
    Set b = Sheets(i)
    Debug.Print b.Name
  Next i
  '
  For Each b In Sheets
    Debug.Print b.Name
  Next b
End Sub
```

Mit dem Operator ***Is*** können zwei Objektvariablen verglichen werden. Das Ergebnis lautet *True*, wenn beide Variablen auf dasselbe Objekt verweisen. Neu in Excel 97 ist, daß dieser Objektvergleich nun tatsächlich funktioniert (in den vorangegangenen VBA-Versionen war das Ergebnis immer *False*).

Über die Funktion *TypeName* können Sie den Typ einer Objektvariablen ermitteln. *TypeName* liefert als Ergebnis eine Zeichenkette, etwa *"Window"* oder *"Workbook"*. In manchen Fällen hilft es auch weiter, die *Name*-Eigenschaft von zwei Objekten zu vergleichen. Wenn beispielsweise zwei *Workbook*-Objekte denselben Namen haben, kann daraus geschlossen werden, daß es sich um dasselbe *Workbook*-Objekt handelt.

```
Sub obtest()
  Dim a, b
  Set a = Sheets(1)
  Set b = Sheets(1)
  If a Is b Then Debug.Print "hurra"     'funktioniert seit Excel 97
  Debug.Print TypeName(a), TypeName(b)  'liefert jeweils "Sheet"
  Debug.Print a.Name, b.Name            'liefert jeweils den Blattnamen
End Sub
```

5.3.5 Klassenmodule

Im Projektfenster der Entwicklungsumgebung werden normalerweise Objekte von drei Typen angezeigt:

- Module: »Normaler« Programmcode (ehemals Modulblätter in Excel 5 / 7).
- Klassen: Programmcode zum *Workbook* »Diese Arbeitsmappe« und zu allen Tabellen- und Diagrammblättern. Diese Klassen enthalten oft überhaupt keinen Code bzw. lediglich Ereignisprozeduren zu den jeweiligen Objekten (siehe den nächsten Abschnitt).
- Dialoge: Programmcode zur Verwaltung von Dialogen.

Klassen sind eine konzeptionelle Neuerung in Excel 97. Bei den vorhandenen Objekten dient das Klassenkonzept in erster Linie dazu, Ereignisprozeduren zu diesen Objekten in einer formal eleganteren Form als bisher zu realisieren.

Darüber hinaus bietet Excel 97 die Möglichkeit, neue Objektklassen zu definieren. (Diese Idee ist offensichtlich so neu, daß sie in die Online-Dokumentation keinen Eingang mehr gefunden hat.) Zur Definition einer neuen Klasse führen Sie in der Entwicklungsumgebung EINFÜGEN | KLASSENMODUL aus. Mit F4 öffnen Sie nun das Eigenschaftsfenster und geben der neuen Klasse einen Namen. Anschließend können Sie diese Klasse mit Eigenschaftsprozeduren und Methoden ausstatten. Bevor diese Schritte kurz erklärt werden, einige Informationen dazu, was Sie mit Klassenmodulen überhaupt anfangen können.

Wozu Klassenmodule?

Nehmen Sie an, Sie wollten Excel um ein Paket mit Statistikfunktion erweitern: Eine Möglichkeit bestünde darin, einfach eine Sammlung von Funktionen anzubieten, die die erforderlichen Algorithmen enthalten. Das war bereits in bisherigen Excel-Versionen möglich. Diese Vorgehensweise macht es allerdings unmöglich, nach einem objektorientierten Ansatz vorzugehen, bei der sich die Erweiterung auch um die Verwaltung der statistischen Daten kümmert.

Dank Klassenmodulen können Sie die neuen Objektklassen *XYPoints* und *XYPoint* definieren. *XYPoint* dient zur Speicherung eines zweidimensionalen Datenpunkts. *XYPoints* verwaltet eine ganze Gruppe solcher Objekte und ermöglicht dank diverser Methoden bzw. Eigenschaften die Ermittelung statistischer Kenngrößen.

Die Verwendung dieser beiden Klassen für den Anwender Ihres Statistikpakets könnte etwa so aussehen:

```
' Konzepte.xls, Modul XYTest
Sub TestXYStatistics()
  Dim xypts As New XYPoints
  xypts.Add 3, 4
  xypts.Add 7, 2
  xypts.Add 6, 5
  MsgBox xypts.Count & " Punkte sind gespeichert." & _
    "Der Mittelwert der X-Komponenten beträgt " & _
    xypts.XMean
  Set xypts = Nothing
End Sub
```

Der Anwender erzeugt also ein neues Objekt des Typs *XYPoints* und fügt diesem Objekt mit der Methode *Add* drei Datenpunkte hinzu. Anschließend wird mit den Eigenschaften *Count* und *XMean* die Anzahl der gespeicherten Punkte und deren X-Mittelwert ermittelt.

Einschränkungen

Im Vergleich zu Visual Basic 5 gibt es eine Menge Einschränkungen im Klassenkonzept:

- Eigene Klassen können keine neuen Ereignisse definieren bzw. auslösen (*RaiseEvent* in Visual Basic 5).
- Sie können keine Konstanten definieren, die nach außen hin zugänglich sind (*Enum* in Visual Basic 5).
- Fortgeschrittene Mechanismen wie Polymorphismus oder Multi-Threading werden nicht unterstützt.

Generell stellt sich die Frage, ob Excel wirklich der geeignete Ort zur Programmierung einer Klassenbibliothek ist. In vielen Fällen – d.h. wenn professionelle Anforderungen gestellt werden – ist es sinnvoller, die Klassenbibliothek in Visual Basic zu programmieren und als ActiveX-Server anderen Programmen (und damit auch Excel) zur Verfügung zu stellen. Aus diesem Grund werden Klassenmodule und die damit verbundenen Konzepte eher knapp behandelt.

HINWEIS

Für Klassenmodule gibt es noch eine – etwas exotische – Anwendung: Sie können darin Ereignisse externer Objekte empfangen. Der Mechanismus setzt voraus, daß Sie vorher eine Objektvariable mit dem Schlüsselwort *WithEvents* deklarieren. Eine detaillierte Beschreibung finden Sie im nächsten Abschnitt, wo es um die Verarbeitung von Ereignissen geht.

Klasse versus Objekt

Der vermutlich schwierigste Schritt zum Verständnis von Klassenmodulen besteht im Unterschied zwischen Klasse und Objekt. Eine Klasse enthält die Regeln (Methoden, Eigenschaften) sowie Variablen zur Speicherung von Daten. Ein Objekt ist eine Instanz dieser Klasse. Die Klasse ist gleichsam die Schablone für Objekte. Natürlich können mehrere Objekte derselben Klasse verwendet werden, deren Inhalte dann voneinander unabhängig sind (obwohl die Methoden/Eigenschaften denselben Code verwenden).

```
Dim a As New XYPoints
Dim b As New XYPoints
```

Im Beispiel oben wären *a* und *b* zwei Objektvariablen, die auf zwei Objekte der Klasse *XYPoints* verweisen. Die beiden Objekte werden wegen des *New*-Schlüsselworts gleich erzeugt. Ein wenig anders sieht das folgende Beispiel aus:

```
Dim a As New XYPoints
Dim b As XYPoints
Set b = a
```

Hier gibt es nur ein Objekt, aber zwei Variablen, die darauf verweisen. Jede Änderung in *a* wirkt sich also auch in *b* aus.

Klassen mit Methoden ausstatten

Die Definition einer Methode für eine Objektklasse ist denkbar einfach: Jede Prozedur, die als *Public* deklariert ist, gilt als Methode. (Prozeduren, die als *Private* deklariert sind, können nur innerhalb des Klassenmoduls verwendet werden – genauso wie bei herkömmlichen Modulen.)

Einen Unterschied zwischen öffentlichen Prozeduren in einem Modul und einer Methode in einem Klassenmodul werden Sie erst beim Aufruf bemerken: Während bei normalen Modulen der Aufruf einfach durch den Prozedurnamen erfolgt, muß bei Methoden eine Objektvariable vorangestellt werden:

```
Dim a As New XYPoints
Debug.Print a.Count
```

Klasse mit Eigenschaften ausstatten (Eigenschaftsprozeduren)

Eigenschaftsprozeduren stellen eine syntaktische Variante zu normalen Prozeduren dar. Dabei handelt es sich um Prozeduren, die sich in ihrer Anwendung (beim Aufruf) formal wie Eigenschaften verhalten. Mit Eigenschaftsprozeduren können Sie quasi Eigenschaften eines Moduls definieren und verwalten.

> ACHTUNG
>
> Um etwaige Mißverständnisse gleich zu klären: Sie können mit Eigenschaftsprozeduren weder den definierten Excel-Objekten neue Eigenschaften geben, noch können Sie schon vorhandene Eigenschaften ändern. Die neu definierten Eigenschaften beziehen sich ausschließlich auf ein Klassenmodul. (Theoretisch sind Eigenschaftsprozeduren auch in normalen Modulen erlaubt, dort ergeben sie aber keinen Sinn.) Eigenschaftsprozeduren dürfen außerdem nicht mit Ereignisprozeduren verwechselt werden, die im nächsten Abschnitt beschrieben werden.

Der wesentliche Unterschied zwischen normalen Prozeduren und Eigenschaftsprozeduren besteht darin, daß gleich zwei gleichnamige (!) Prozeduren geschrieben werden müssen. Eine davon wird mit ***Property Get*** eingeleitet und zum Lesen einer Eigenschaft verwendet, die andere wird mit ***Property Let*** eingeleitet und verwendet, um einer Eigenschaft einen neuen Inhalt zuzuweisen.

```
' im Klassenmodul
Private daten
Property Get MeineEigenschaft()                   'Eigenschaft lesen
  MeineEigenschaft = daten
End Property
Property Let MeineEigenschaft(einstellung)        'Eigenschaft verändern
  daten = einstellung
End Property
```

Das obige Beispiel zeigt auch gleich, wie Sie in Klassenmodulen Daten speichern: Durch die Deklaration lokaler Variablen. Der Zugriff auf diese Daten sollte ausschließlich durch Eigenschaften oder Methoden erfolgen. (Global deklarierte Variablen verhalten sich ähnlich wie Eigenschaften, lassen allerdings keine Sicherheitsmechanismen zu.)

Wenn eine Eigenschaft mit Objekten zurechtkommen soll, muß statt *Property Let* die verwandte Eigenschaftsprozedur ***Property Set*** definiert werden. Zum Lesen der Eigenschaft wird weiterhin *Property Get* verwendet, allerdings muß auch darin der Code verändert werden (Zuweisung des Rückgabewerts mit *Set*).

```
' im Klassenmodul
Dim daten As ObjectXY
Property Get MeineEigenschaft() As ObjectXY          'Eigenschaft lesen
  Set MeineEigenschaft = daten
End Property
```

```
Property Set MeineEigenschaft(einstellung As ObjectXY) 'verändern
  Set daten = einstellung
End Property
```

Das Schlüsselwort Me

Innerhalb des Codes von Klassenmodulen können Sie mit ***Me*** auf das aktuelle Objekt zugreifen. Bei selbstprogrammierten Klassenmodulen ist das selten notwendig. Ausgesprochen praktisch ist das Schlüsselwort dagegen bei den vorgegebenen Klassenmodulen für Tabellenblätter etc. Beispielsweise können Sie in der Ereignisprozedur *Worksheet_Activate*, die jedesmal aufgerufen wird, wenn das betreffende Tabellenblatt aktiviert wird, über *Me* auf das *Worksheet*-Objekt dieses Blatts zugreifen.

Initialize- und Terminate-Prozedur

In Klassenmodulen können die Prozeduren ***Class_Initialize*** und ***Class_Terminate*** definiert werden. Diese Prozeduren werden automatisch ausgeführt, wenn ein Objekt der Klasse erzeugt bzw. bevor es wieder gelöscht wird. Die Prozeduren können zur Durchführung von Initialisierungs- oder Aufräumarbeiten verwendet werden. (Bei diesen beiden Prozeduren handelt es sich übrigens um Ereignisprozeduren, die eigentlich erst im nächsten Abschnitt behandelt werden.)

Das Collection-Objekt

> HINWEIS
> Das *Collection*-Objekt eignet sich zwar besonders gut zur Klassenprogrammierung, es kann aber auch in normalen Modulen verwendet werden und stellt oft eine komfortable Alternative zu Feldern dar.

Das VBA-Objekt ***Collection*** ermöglicht die Definition eigener Auflistungen (Aufzählobjekte). Sie können also denselben Mechanismus verwenden, der in der Excel-Bibliothek so oft für Aufzählungen von Objekten verwendet wird (*Workbooks, Windows* etc.)

Der Umgang mit dem *Collection*-Objekt ist ausgesprochen einfach. Sie müssen mit *Dim New* eine neues Objekt des *Collection*-Typs erzeugen. Anschließend können Sie mit der *Add*-Methode Variablen, Felder, Objektverweise, ja selbst weitere *Collection*-Objekte in die Auflistung einfügen. Im Gegensatz zu Feldern können die Elemente einer *Collection* also unterschiedliche Typen aufweisen.

Als zweiten Parameter müssen Sie eine Zeichenkette angeben, die als Schlüssel zum Objektzugriff verwendet wird. Diese Zeichenkette muß eindeutig sein, darf also nicht mit einer schon vorhandenen Zeichenkette übereinstimmen. Bei den Schlüsseln wird wie bei Variablennamen nicht zwischen Groß- und Kleinschreibung unterschieden.

```
Dim c As New Collection
c.Add eintrag, "schlüssel"
```

Der Zugriff auf Objekte erfolgt wie bei allen Auflistungen: Durch die Angabe eines Indexwerts (zwischen 1 und *c.Count*) oder durch die Angabe der Zeichenkette, die bei *Add* als Schlüssel verwendet wurde. Über die Eigenschaft *Count* können Sie feststellen, wie viele Elemente die Auflistung enthält. Mit *Remove* können Sie einzelne Objekte wieder entfernen.

```
Dim c As New Collection
c.Add "eine Zeichenkette", "abc"
c.Add 123123, "def"
Debug.Print c.Count                'liefert 2
Debug.Print c(1)                   'wie oben (Items ist Defaultmethode)
Debug.Print c("def")               'liefert 123123
```

Im obigen Beispiel sind "abc" und "def" also die Schlüssel, mit denen auf die Elemente zugegriffen werden kann. Wenn Sie eine bereits verwendete Zeichenkette als Schlüssel für ein neues Element verwenden, kommt es zum Fehler 457 (»Dieser Schlüssel ist bereits einem Element dieser Auflistung zugeordnet.«).

Erwartungsgemäß können die Elemente einer Collection in einer *For-Each*-Schleife angesprochen werden. *element* hat dann den Typ des jeweiligen Elements. Falls Sie in einer *Collection* Daten unterschiedlichen Typs speichern, müssen Sie den Typ mit *TypeName* feststellen und eine entsprechende Fallunterscheidung vorsehen.

```
Dim element As Object
For Each element In c
  ...
Next
```

Beispiel

Das Beispiel besteht aus den beiden Klassenmodulen *XYPoint* und *XYPoints* der eingangs bereits erwähnten Statistik-Bibliothek. Die Klasse *XYPoint* beweist, daß eine Klasse auch ohne viel Codeaufwand definiert werden kann: Die beiden globalen Variablen *x* und *y* stellen die einzigen Datenelemente der Klasse dar (also einen zweidimensionalen Punkt). Der Zugriff erfolgt direkt (ohne den Umweg über Eigenschaftsprozeduren), also durch *objektname.x* bzw. *objektname.y*.

```
' Datei Konzepte.xls, Klasse XYPoint
Public x As Double, y As Double
```

Interessanteren Code enthält die Aufzählklasse *XYPoints,* die sowohl zur Verwaltung mehrerer *XYPoint*-Objekte als auch zu deren statischischen Auswertung dient. Die Verwaltung der Daten erfolgt durch die lokale Variable *points,* die auf ein *Collection*-Objekt verweist, das für jedes neue *XYPoints*-Objekt automatisch erzeugt wird.

Die Methode *Add* ermöglicht es, der Aufzählung einen neuen Punkt hinzuzufügen. Dazu wird ein *XYPoint*-Objekt erzeugt und *x* und *y* darin gespeichert. Anschließend wird dieses Objekt der *Collection points* hinzugefügt. Die Methode liefert das neue *XYPoint*-Objekt als Ergebnis zurück.

Denkbar einfach ist die Realisierung der *Count*-Eigenschaft: Es muß lediglich die gleichnamige Eigenschaft des *Collection*-Objekts *points* zurückgegeben weren. Die Eigenschaftsprozedur ist nur für den Lesezugriff definiert. Eine Veränderung der *Count*-Eigenschaft gäbe ja keinen Sinn.

In der Eigenschaftsprozedur *XMean* (ebenfalls nur für den Lesezugriff) wird der Mittelwert aller *x*-Werte aller gespeicherten *XYPoint*-Objekte berechnet und zurückgegeben.

```
' Datei Konzepte.xls, Klasse XYPoints
Private points As New Collection
Public Function Add(x, y) As XYPoint
  Dim xyp As New XYPoint
  xyp.x = x
  xyp.y = y
  points.Add xyp
  Set Add = xyp
End Function
Property Get Count()
  Count = points.Count
End Property
Property Get XMean()
  Dim p, xm
  If points.Count = 0 Then XMean = 0: Exit Property
  For Each p In points
    xm = xm + p.x
  Next
  xm = xm / points.Count
  XMean = xm
End Property
```

5.3.6 Syntaxzusammenfassung

Methoden und Eigenschaften	
ergebnis = objekt.eigenschaft	Eigenschaft lesen
objekt.eigenschaft = ...	Eigenschaft verändern
objekt.methode para1, para2	Methode ohne Rückgabewert
erg = objekt.methode(para1, para2)	Methode mit Rückgabewert
obj.methode(para1, para2).methode	sofortige Weiterverarbeitung durch weitere Methode

Zugriff auf aktive Objekte	
ActiveCell	aktive Zelle in einem Tabellenblatt
ActiveChart	aktives Diagramm
ActiveDialog	aktiver (zur Zeit sichtbarer) Dialog

ActiveMenuBar	aktive (zur Zeit sichtbare) Menüleiste
ActivePane	aktiver Ausschnitt eines Fensters
ActivePrinter	eingestellter Drucker
ActiveSheet	aktives Blatt in Fenster / Arbeitsmappe / Excel
ActiveWorkbook	aktive Arbeitsmappe
SelectedSheets	ausgewählte Blätter eines Fensters
Selection	ausgewählte Objekte in Blatt / Fenster / Arbeitsmappe
ThisWorkbook	Arbeitsmappe, deren Code gerade ausgeführt wird

Aufzählmethoden und -objekte	
Objects	das Plural-s verweist auf eine Aufzählung; z. B. *Axes, Sheets, Windows*
Objects(n)	verweist auf das *n*-te Objekt
Objects("name")	verweist auf das benannte Objekt
Objects.Count	gibt die Anzahl der Objekte an
Objects.Add obj	fügt der Aufzählung ein neues Objekt hinzu
obj.Delete	löscht das Objekt aus der Aufzählung

Objektzugriff durch With	
With objekt	fixiert das Objekt
.Eigenschaft = ...	der einleitende Punkt verweist auf das fixierte Objekt
.Methode para1, para2	
End With	

Objektvariablen	
Dim var As objekttyp	Platzhalter für Objekt
Dim var As New objekttyp	Objekt gleich erzeugen
Set var = objekt	*var* verweist auf das angegebene Objekt
Set var = Nothing	löscht den Verweis (nicht das Objekt)
name = TypeName(var)	ermittelt den Objektnamen

Klassenmodule

Schlüsselwort *Me*	
Me	verweist auf die aktuelle Instanz des Objekts

Ereignisse innerhalb der Klasse	
Class_Initialize	Objekt der Klasse wird erzeugt
Class_Terminate	Objekt der Klasse wird gelöscht

Methoden programmieren	
Public Sub/Function methode(paraliste)	Methode ohne / mit Rückgabewert
[methode = ...]	Rückgabewert (bei Funktionen)
End Sub/Function	

Eigenschaftsprozeduren für Daten programmieren (Zahlen/Zeichenketten)	
Property Get eigenschaft() *eigenschaft = ...* *End Property*	Eigenschaft lesen
Property Let eigenschaft(wert) *... = wert* *End Property*	Eigenschaft verändern

Eigenschaftsprozeduren für Objekte programmieren	
Property Get eigenschaft() As Object *Set eigenschaft = ...* *End Property*	Eigenschaft lesen
Property Set eigenschaft(obj As Object) *Set ... = obj* *End Property*	Eigenschaft verändern

Collection-Objekt	
Dim c As New Collection	c enthält eine neue Aufzählung
c.Count	liefert die Zahl der Elemente
c.Add daten, "index"	Element hinzufügen
c(n) oder *c("index")* oder *c!index* oder *c![index]*	verschiedene Syntaxvarianten zum Zugriff auf ein Element
c.Remove(n) oder *("index")*	Element löschen
Set c = Nothing	Aufzählung löschen

Verwendung von Objektklassen (Code außerhalb des Klassenmoduls)	
Dim x As New klassenname	Objekt *x* der Klasse *klassenname* erzeugen
x.variable	auf globale Variable dieses Objekts zugreifen
x.eigenschaft	Eigenschaft dieses Objekts verwenden
x.methode	Methode dieses Objekts verwenden
Set x = Nothing	Objekt löschen

5.4 Ereignisse

VBA ist eine ereignisorientierte Programmiersprache. Mit ereignisorientiert ist gemeint, daß Makros als Reaktion auf bestimmte Ereignisse automatisch von Excel gestartet werden. Wenn Sie ein Symbol anklicken, einen Menüeintrag auswählen etc., führt Excel selbständig die zugeordnete Prozedur aus. »Ereignisse« werden also vom Anwender durch eine Eingabe über Maus oder Tastatur ausgelöst. (In herkömmlichen Programmiersprachen müßten Sie – beispielsweise in einer Endlosschleife – ständig auf das Eintreffen eines Ereignisses warten, dieses Ereignis auswerten und im Anschluß daran die dafür vorgesehene Prozedur aufrufen. Diese Arbeit nimmt Ihnen Excel ab.)

Folgende Ereignisse können zum Aufruf von selbsterstellten Prozeduren führen:

- Die Auswahl des Makros über EXTRAS | MAKROS.
- Die Auswahl eines eigenen Menüeintrags oder Symbols, dem ein Makro zugewiesen ist (siehe Kapitel 9).
- Das Anklicken von Steuerelementen (unabhängig davon, ob sich diese in einem Dialog oder direkt auf einem Tabellenblatt befinden).
- Die Neuberechnung eines Tabellenblatts (wenn darin benutzerdefinierte Funktionen verwendet werden).
- Das Öffnen, Speichern und Schließen einer Arbeitsmappe, das Aktivieren und Deaktivieren eines Tabellenblatts, das Verstreichen einer bestimmten Zeit, das Drücken einer Taste, der Doppelklick auf ein Tabellenblatt etc.

VERWEIS

Das Drücken von Strg+Untbr führt üblicherweise zu einer Unterbrechung des Programms. Dieses Ereignis wird in VBA nicht im Rahmen von Ereignisprozeduren verarbeitet, sondern als Fehler betrachtet. Abschnit 7.3 beschreibt, wie auf Programmunterbrechungen reagiert werden kann.

Automatisches Laden von Excel-Dateien

Alle Dateien, die sich im Verzeichnis `Office97\Xlstart` befinden, werden beim Start von Excel automatisch geladen. In Verbindung mit einer *Auto_Open-* oder *Workbook-_Open-*Ereignisprozedur kann dies dazu genutzt werden, automatisch beim Programmstart von Excel diverse Einstellungen durchzuführen. Eine besondere Rolle innerhalb der `Xlstart`-Dateien spielt die »persönliche« Arbeitsmappe `Personl.xls`. Diese Datei ist zur Speicherung von ständig verfügbaren Makros, Symbolen, Menüeinträgen etc. vorgesehen. Weitere Informationen über die individuelle Konfiguration von Excel durch Dateien in `Xlstart` finden Sie in Abschnitt 9.3.3.

5.4.1 Auto-Prozeduren

Wenn in einem beliebigen Modul einer Excel Datei eine Prozedur mit dem Namen ***Auto_Open*** existiert, wird diese Prozedur automatisch beim Öffnen der Datei ausgeführt. Analog dazu ist auch eine ***Auto_Close***-Prozedur vorgesehen, die unmittelbar vor dem Schließen der Datei ausgeführt wird (d. h. spätestens vor dem Programmende von Excel). An die zwei Prozeduren werden keine Parameter übergeben. Die Prozeduren werden in der Regel dazu eingesetzt, Initialisierungsaufgaben durchzuführen. Eine Excel-Anwendung könnte in *Auto_Open* etwa das Menü um einige Einträge erweitern, eine Symbolleiste an einer bestimmten Stelle anzeigen, alle bisher geöffneten Fenster schließen etc. *Auto_Close* ist für Aufräumungsarbeiten vorgesehen und sollte die zusätzlichen Menüeinträge wieder entfernen etc.

Für Add-Ins sind zwei weitere Auto-Prozeduren vorgesehen: *Auto_Add* wird ausgeführt, wenn ein Add-In in die Liste des Add-In-Managers aufgenommen (also quasi installiert) wird, *Auto_Remove*, wenn das Add-In aus dieser Liste wieder entfernt wird. Mehr Informationen zum Thema Add-Ins finden Sie in Abschnitt 13.1.

HINWEIS

Genaugenommen stehen die *Auto*-Prozeduren in Excel 97 nur noch aus Kompatibilitätsgründen zur Verfügung. Die »richtige« Vorgehensweise in Excel 97 besteht darin, statt *Auto_Open* oder *_Close* die Ereignisse ***Open*** bzw. ***BeforeClose*** des *Workbook*-Objekts zu verwenden (Excel-Objekt »Diese Arbeitsmappe im Projektfenster). Statt *Auto_Add* und *_Remove* stehen die Ereignisse ***AddinInstall*** und ***-Remove*** zur Verfügung. Ereignisprozeduren sind Thema des nächsten Abschnitts.

ANMERKUNG

Im Gegensatz zu Excel 4 werden ab Version 5 ausschließlich Prozeduren mit den beiden Namen *Auto_Open* oder *Auto_Close* aufgerufen, nicht aber Prozeduren mit davon abgeleiteten Namen (*Auto_Open1*, *Auto_Open_Init* etc.). Das ist im Prinzip keine Einschränkung, Sie können ja innerhalb von *Auto_Open* beliebig viele andere Prozeduren starten.

Es darf nur je eine einzige *Auto_Open*- bzw. *Auto_Close*-Prozedur definiert werden. Wenn in mehreren Modulen gleichnamige *Auto_Xxx*-Prozeduren existieren, führt Excel *keine* davon aus.

Auto-Prozeduren werden nicht ausgeführt, wenn das Laden oder Schließen einer Excel-Datei durch VBA-Code ausgelöst wird (also durch die *Workbook*-Methoden *Open* oder *Close*). Um die Prozeduren dennoch auszuführen, müssen Sie die Methode *RunAutoMacros* für die betreffende Arbeitsmappe ausführen.

Beispiel

Das folgende Beispiel für eine *Auto_Open*-Prozedur verkleinert alle zur Zeit in Excel sichtbaren Fenster anderer Arbeitsmappen in Icons. Kurz einige Erläuterungen zum Verständnis des Beispiels: *Parent* verweist bei Fenstern auf die Arbeitsmappe, zu der das Fenster gehört. Der Name dieser Arbeitsmappe wird mit dem Namen der gerade aktiven Arbeitsmappe verglichen. Wenn die beiden Namen ungleich sind, handelt es sich somit um ein Fenster einer anderen Arbeitsmappe. Die Zusatzbedingung *Visible* bezieht sich auf ausgeblendete Fenster, die nicht in Icons verwandelt werden können. Die Eigenschaft *WindowState* gibt an, welche Größe das Fenster momentan hat (normal, minimiert oder maximiert).

```
' Beispieldatei Konzepte.xls
Sub Auto_Open()
  Dim w
  MsgBox "Die Auto_Open-Prozedur wird ausgeführt."
```

```
  For Each w In Windows
    If w.Parent.Name <> ActiveWorkbook.Name And w.Visible Then
      w.WindowState = xlMinimized
    End If
  Next f
End Sub
```

Das zweite Beispiel für eine *Auto_Open*-Prozedur kann in die persönliche Makroarbeitsmappe `Office97\Xlstart\Personl.xls` eingefügt werden. Es lädt automatisch beim Programmstart die zuletzt verwendete Datei.

```
Sub Auto_Open()
  Application.RecentFiles(1).Open
End Sub
```

Auto-Prozeduren in Excel-4-Makros

Auch in der alten Makrosprache gab es die Möglichkeit, *Auto*-Makros einzurichten: Beim Laden einer Arbeitsmappe führt Excel – auch noch in der aktuellen Version – alle Makros aus, deren Name mit *Auto_Öffnen* beginnt, also beispielsweise *Auto_Öffnen1, Auto_Öffnen_Test* etc. Entsprechend werden beim Schließen bzw. beim Aktivieren oder Deaktivieren der Datei alle Makros ausgeführt, deren Namen mit *Auto_Schließen, Auto_Aktivieren* oder *Auto_Deaktivieren* beginnen. (Beachten Sie, daß die Auto-Makros deutsche Namen aufweisen müssen.)

5.4.2 Ereignisprozeduren

Ereignisse in Excel 5 / 7

Das Konzept für Ereignisprozeduren wurde in Excel 97 vollkommen überarbeitet. Unter Excel 5 / 7 mußten Sie den *OnEventXxx*-Eigenschaften oder -Methoden diverser Objekte den Namen einer Prozedur zuweisen. (Aus Kompatibilitätsgründen ist diese Vorgehensweise auch weiterhin möglich.) Diese Prozedur wurde in der Folge automatisch aufgerufen, wenn das betreffende Ereignis auftrat.

Dazu gleich ein Beispiel: Die Anweisung unten führt dazu, daß bei jeder Aktivierung des ersten Tabellenblatts die Prozedur *BeiEreignisTest1* aufgerufen wird.

```
Worksheets(1).OnSheetActivate = "BeiEreignisTest1"
```

Der automatische Aufruf der Prozedur wird durch die Zuweisung einer leeren Zeichenkette "" an die jeweilige Eigenschaft wieder gestoppt.

```
Worksheets(1).OnSheetActivate = ""
```

Die eigentliche Ereignisprozedur kann in irgendeinem Modul stehen:

```
Public Sub BeiEreignisTest1()
  MsgBox "OnSheetActivate-Prozedur"
End Sub
```

HINWEIS

Es wurden zwar die meisten *OnEventXxx*-Methoden und -Eigenschaften durch neue Ereignisse ersetzt, vier Schlüsselwörter sind aber unverändert erhalten geblieben: *OnKey, OnRepeat, OnTime* und *OnUndo*. Die vier Methoden werden zusammen mit wichtigen Excel-97-Ereignissen im nächsten Abschnitt beschrieben.

ACHTUNG

Aus Kompatibilitätsgründen können alle *OnEventXxx*-Prozeduren weiter verwendet werden. Beachten Sie aber, daß in Excel 97 alle *OnEventXxx*-Einstellungen mit in der Excel-Datei gespeichert werden und beim nächsten Laden wieder zur Verfügung stehen. An sich ist das keine schlechte Idee. Das Problem besteht vielmehr darin, daß dieses Verhalten inkompatibel zu Excel 5 / 7 ist. Viele Excel-5/7-Programme verlassen sich darauf, daß sämtliche *OnEventXxx*-Eigenschaften beim Laden einer Datei leer sind. Das ist nicht mehr der Fall!

Ereignisse in Excel 97

Seit Excel 97 sind für die meisten Objekte explizit Ereignisse definiert, die im Objektkatalog auch als solche angezeigt werden (Kennzeichnung durch einen gelben Blitz). Der Name von Ereignisprozeduren ist starr vorgegeben und setzt sich aus dem Objektnamen und dem Ereignisnamen zusammen – etwa *Worksheet_Activate*. Wenn eine entsprechend benannte Prozedur existiert, wird sie von Excel automatisch ausgeführt. Damit entfällt die Anmeldung durch *OnEventXxx*-Eigenschaften.

Die Verarbeitung von Ereignissen von Blättern und der Arbeitsmappe ist besonders einfach, weil in der Entwicklungsumgebung für diese Objekte ein eigenes Klassenmodul mit Codeschablonen für die Ereignisprozeduren vorgesehen ist. Auch andere Objekte können Ereignisse auslösen – deren Empfang ist aber etwas umständlicher und wird in Abschnitt 5.4.4 behandelt.

Zur Illustration auch hier gleich ein Beispiel: Um eine Prozedur immer dann auszuführen, wenn das Tabellenblatt 1 aktiviert wird, öffnen Sie in der Entwicklungsumgebung das Codefenster für dieses Blatt (Gruppe »Microsoft Excel Objekte« im Projektfenster). Dort wählen Sie zuerst im ersten Listenfeld das Objekt *Worksheet* und dann im zweiten Listenfeld das Ereignis *Activate* aus. Die Entwicklungsumgebung erzeugt daraufhin automatisch eine Codeschablone bestehend aus den *Sub*- und *End-Sub*-Anweisungen. Sie brauchen jetzt nur noch den gewünschten Code einzugeben.

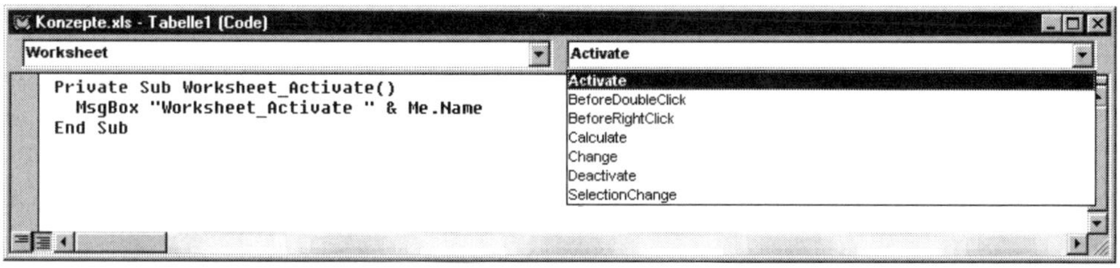

Bild 5.3: Auswahl der Worksheet-Ereignisprozeduren im Codefenster

Das hier angegebene Beispiel zeigt bei jedem Aktivieren des Blatts dessen Namen an. Dabei wird das Schlüsselwort *Me* verwendet, das in Klassenmodulen auf das aktuelle Objekt verweist. (Der Code zu einem Excel-Objekt gilt als Klassenmodul.)

```
Private Sub Worksheet_Activate()
  MsgBox "Worksheet_Activate-Prozedur " & Me.Name
End Sub
```

ACHTUNG

In normalen Modulen gilt *Application* als Defaultobjekt, alle davon abgeleiteten Methoden und Eigenschaften können daher ohne explizite Nennung von *Application* verwendet werden. In Klassenmodulen – und dazu zählen die Module für Ereignisprozeduren – gilt dagegen das Objekt als Defaultobjekt, auf dem die Klasse basiert – also etwa *Worksbook* beim Modul »DieseArbeitsmappe« bzw. *Worksheet(...)* bei einem Klassenmodul für ein Tabellenblatt. Aus diesem Grund müssen Sie in Klassenmodulen *Application* explizit angeben, wenn Sie dessen Eigenschaften oder Methoden verwenden möchten!

Vorteile des neuen Konzepts

Die neue Form der Verwaltung von Ereignissen ist auf jeden Fall übersichtlicher und einfacher nachzuvollziehen – alle Ereignisprozeduren zu einem Objekt sind in einer zum Objekt gehörenden Datei vereint und können nicht mehr über mehrere Module verteilt werden.

Ein weiterer Vorteil besteht darin, daß die Ereignisprozeduren gleichsam fest verdrahtet sind, also mit der Arbeitsmappe gespeichert werden. (In Excel 5 / 7 wurden zwar die Prozeduren auch gespeichert, die Zuordnung zwischen Ereignis und Prozedur mußte aber nach jedem Laden – üblicherweise in der *Auto_Open*-Prozedur – neu hergestellt werden.) Auch auf die unselige *Caller*-Eigenschaft kann verzichtet werden – die Übergabe von Informationen an die Ereignisprozedur kann einfach durch Parameter erfolgen.

VERWEIS

Wenn Sie per VBA-Code ein neues Tabellenblatt erzeugen, können Sie dessen Ereignisse nicht ohne weiteres vorhandenen Prozeduren zuordnen, wie dies in Excel 5 / 7 dank der *OnEventXxx*-Eigenschaften der Fall war. Es bestehen zwei Varianten, das Problem zu umgehen: Die eine besteht darin, ein vorhandenes Tabellenblatt, das schon mit Ereignisprozeduren ausgestattet ist, zu kopieren. Dabei wird auch der Programmcode kopiert. Die andere Variante baut auf der VBE-Bibliothek auf und fügt die gewünschte Ereignisprozedur durch entsprechende VBE-Methoden ein. Diese Variante setzt schon ein umfassendes Verständnis der VBA-Programmierung voraus und wird in Abschnitt 5.4.5 anhand eines Beispiels beschrieben.

Ereignisprozeduren deaktivieren

Der einzig wesentliche Nachteil des neuen Konzepts besteht darin, daß das Aktivieren und Deaktivieren von Ereignissen per Programmcode etwas schwieriger ist. Wenn Sie beispielsweise den Aufruf einer bestimmten Ereignisprozedur vorübergehend deaktivieren möchten, müssen Sie sich mit dem folgenden Code behelfen:

```
' im Klassenmodul eines Tabellenblatts
Public activateEvents
Private Sub Worksheet_Activate()
  If activateEvents <> True Then Exit Sub
  MsgBox "Worksheet_Activate " & Me.Name
End Sub
```

Durch die Variable *activateEvents* kann also gesteuert werden, ob Ereignisse verarbeitet werden sollen (*True*) oder nicht. Beachten Sie, daß Sie zur Veränderung von *activateEvents* den internen Namen des Tabellenblatts voranstellen müssen, also etwa *Tabelle1.activateEvents=True*. (Dieser Name muß nicht mit dem im Blattregister angezeigten Namen übereinstimmen! Es gilt der Name, der im Projektfenster angezeigt und der über das Eigenschaftsfenster verändert werden kann.)

Wenn Sie alle Ereignisprozeduren vorübergehend deaktivieren möchten (und nicht nur eine einzelne Prozedur wie im Beispiel oben), können Sie die Eigenschaft ***EnableEvents*** für das *Application*-Objekt auf *False* setzen. Das kann beispielsweise in Prozeduren sinnvoll sein, deren VBA-Codeanweisungen normalerweise Ereignisse hervorrufen würden.

ACHTUNG

In Excel 5 / 7 konnten Ereignisse nur durch den Anwender (also per Maus oder Tastatur) ausgelöst werden. Excel-97-Ereignisprozeduren werden aber auch dann aufgerufen, wenn die zugrundeliegende Aktion per Programmcode ausgeführt wird. Das ist ein fundamentaler Unterschied zwischen dem alten und dem neuen Ereigniskonzept!

5.4.3 Überblick über wichtige Excel-Ereignisse

Während Excel 5 / 7 mit rund 15 Ereignissen sein das Auslangen fand, sind im Objektmodell von Excel 97 über 50 Ereignisse definiert. Ob diese Fülle von Ereignissen wirklich erforderlich ist, sei dahingestellt. Für die meisten Anwendungen waren die wenigen Excel-5/7-Ereignisse eigentlich vollkommen ausreichend ...

Manche Ereignisse sind mehrfach definiert. Beispielsweise kennt das *Worksheet*-Objekt ein *Activate*-Ereignis, das *Workbook*-Objekt und das *Application*-Objekt jeweils ein *SheetActivate*-Ereignis. Diese Doppelgleisigkeit ist beabsichtigt. Wenn Sie beispielsweise das Aktivieren *jeden* Blatts einer Arbeitsmappe durch eine Ereignisprozedur feststellen möchten, müssen Sie nicht jedes *Worksheet*-Objekt mit einer *Activate*-Prozedur ausstatten – es reicht eine *Workbook_SheetActivate*-Prozedur, die fortan bei jedem Blattwechsel aufgerufen wird. Der Prozedur wird als Parameter ein Verweis auf das jeweilige Blatt übergeben. Wenn Sie statt dessen eine Ereignisprozedur für *SheetActivate* des *Application*-Objekts einrichten (siehe den nächsten Abschnitt), wird diese Prozedur sogar für jedes Blatt *jeder* Arbeitsmappe aufgerufen.

Die folgende Beschreibung beschränkt sich auf die wichtigsten Ereignisse der Objekte *Workbook* und *Worksheet*, die in der Entwicklungsumgebung besonders einfach zu implementieren sind. Außerdem werden die vier auch in Excel 97 noch unterstützten *OnEventXxx*-Ereignisse gemäß dem alten Ereigniskonzept behandelt. Die Syntaxzusammenfassung am Ende dieses Abschnitts zählt alle Ereignisse für einige wichtige Excel-Objekte auf.

Datei öffnen/schließen (Ereignisse Open/BeforeClose)

Nach dem Laden einer Excel-Datei wird die Prozedur *Workbook_Open* ausgeführt, sofern diese existiert. Analog wird vor dem Schließen einer Arbeitsmappe (d.h. auch beim Programmende von Excel) *Workbook_Close* ausgeführt, wenn diese Prozedur im Modul »Diese Arbeitsmappe« Code enthält. Die beiden Prozeduren stellen eine Alternative zu den etwas weiter oben beschriebenen *Auto_Open* und *_Close*-Prozeduren dar.

Datei speichern/drucken (Ereignisse BeforeSave/BeforePrint)

Bevor eine Datei gespeichert wird, wird die Ereignisprozedur *Workbook BeforeSave* ausgeführt. Das ermöglicht es, unmittelbar vor dem Speichern diverse Informationen in der Arbeitsmappe zu aktualisieren, etwa den Inhalt einer Variablen in ein Tabellenblatt zu kopieren. An die Prozedur werden zwei Parameter übergeben: *SaveAsUI* zeigt an, ob der Dialog SPEICHERN UNTER angezeigt wird. *Cancel* ermöglicht es, den Speichervorgang abzubrechen (etwa um dem Anwender die Möglichkeit zu geben, noch vorhandene Fehler in der Arbeitsmappe zu korrigieren.)

Ganz ähnlich funktioniert die Ereignisprozedur *Workbook_BeforePrint*, die immer dann aufgerufen wird, wenn ein Teil einer Arbeitsmappe ausgedruckt wird. (Überraschenderweise gibt es keine eigenen Ereignisse für den Ausdruck eines speziellen Arbeitsblatts oder Diagramms. An die *BeforePrint*-Prozedur werden auch keinerlei Informationen übergeben, welche Daten ausgedruckt werden sollen.)

Blattwechsel (Ereignisse Activate/Deactivate)

Ein Blattwechsel findet statt, wenn ein Anwender innerhalb einer Arbeitsmappe ein anderes Blatt aktiviert. Mögliche Reaktionen in der Ereignisprozedur können eine Validitätskontrolle für Eingaben oder eine Adaption des Menüs bzw. der Symbolleiste an das neu angezeigte Blatt sein.

Für jedes einzelne Blatt kann ein *Activate*- und ein *Deactivate*-Ereignis festgestellt werden. Außerdem kann auf der Ebene der Arbeitsmappe (*Workbook*-Objekt) das *Sheet-[De]Activate* festgestellt werden, wenn Sie nicht für jedes Blatt eine eigene Ereignisprozedur schreiben möchten.

Falls Sie Ereignisprozeduren sowohl für einzelne Blätter- als auch für die ganze Arbeitsmappe schreiben, sieht die Reihenfolge der Prozeduraufrufe bei einem Wechsel von Tabelle1 zu Tabelle2 so aus:

Ereignisprozedur	Objekt
Worksheet_Deactivate	Tabellenblatt1
Workbook_SheetDeactivate	Arbeitsmappe, Verweis auf Tabellenblatt 1 als Parameter
Worksheet_Activate	Tabellenblatt 2
Workbook_SheetActivate	Arbeitsmappe, Verweis auf Tabellenblatt 2 als Parameter

Über das Anlegen einer neuen Arbeitsmappe werden Sie ebenfalls informiert, und zwar durch die *Workbook_NewSheet*-Ereignisprozedur. Eine analoges Ereignis, das vor dem Löschen eines Blatts ausgelöst wird, fehlt überraschenderweise.

Wechsel der aktiven Arbeitsmappe (Ereignisse Activate/Deactivate)

Die Ereignisse *[De]Activate* sind auch für die Arbeitsmappe definiert. Sie treten dann auf, wenn nicht ein Blatt innerhalb einer Arbeitsmappe gewechselt wird, sondern in das Fenster einer anderen Arbeitsmappe gewechselt wird. Ansonsten ist die Funktionsweise wie oben.

Mausereignisse (Ereignisse BeforeDoubleClick/BeforeRightClick)

Der etwas merkwürdige Name der beiden Ereignisses bedeutet nicht, daß die Ereignisse in hellseherischer Voraussicht bereits ausgelöst werden, bevor Sie sich zum Mausklick überhaupt entschlossen haben – soweit sind selbst modernste Microsoft-Produkte noch nicht. Das *Before* bezieht sich vielmehr darauf, daß die Ereignisprozedur (für Blätter oder Diagramme) ausgeführt wird, bevor Excel auf den Mausklick reagiert.

Als Parameter wird (bei Tabellenblättern) ein *Range*-Objekt übergeben, das auf die angeklickte Zelle verweist. Durch eine Veränderung des *Cancel*-Parameter kann eine mögliche Reaktion Excels auf den Doppelklick verhindert werden. Vor der Verarbeitung eines Klicks mit der rechten Maustaste können unter Umständen noch die Einträge eines Kontextmenüs verändert werden. Für das *Workbook*-Objekt lauten die Ereignisnamen *SheetBeforeDoubleClick* bzw. *SheetBeforeRightClick*.

Veränderung einer Zelle (Ereignis Change)

Das *Change*-Ereignis für Tabellenblätter bzw. das *SheetCalculate*-Ereignis für die Arbeitsmappe tritt ein, *nachdem* eine Zelle in einem Tabellenblatt durch eine Eingabe verändert oder gelöscht wurde. Als Parameter wird ein *Range*-Objekt des veränderten Bereichs übergeben. Als Ereignis gilt nur die Veränderung des Inhalts über die Eingabezeile bzw. direkt in der Zelle, nicht aber eine Formateinstellung. Wenn Zellbereiche über die Zwischenablage verschoben werden, treten zwei *Change*-Ereignisse auf.

Veränderung der Markierung (Ereignis SelectionChange)

Das *SelectionChange*-Ereignis tritt auf, wenn der Anwender die Auswahl der markierten Zellen verändert. Als Parameter wird der neu markierte Zellbereich übergeben.

Neuberechnung des Tabellenblatts (Ereignis Calculate)

Das *Calculate*-Ereignis für Tabellenblätter bzw. das *SheetCalculate*-Ereignis für die Arbeitsmappe tritt ein, *nachdem* ein Tabellenblatt neu berechnet wurde (auch wenn nur eine einzige Zelle von der Neuberechnung betroffen ist). Sie könnte beispielsweise dazu verwendet werden, um von Tabellendaten abhängige Variablen zu aktualisieren.

Fensterereignisse (Ereignisse WindowActivate, -Deactivate, -Resize)

Überraschenderweise kennt das *Window*-Objekt keine Ereignisse. Statt dessen werden Fensterereignisse an das zugehörende *Workbook*-Objekt weitergegeben. In den Ereignisprozeduren dieser Objekte kann ein Fensterwechsel oder die Veränderung der Fenstergröße festgestellt werden.

Mausklick (OnAction-Eigenschaft)

OnAction war in Excel 5/7 vermutlich die am häufigsten benutzte Eigenschaft zur Zuweisung von Ereignisprozeduren an diverse Objekte (Steuerelemente, Menükommandos, Bildfelder etc.) In Excel 97 wird die Eigenschaft offiziell nur noch für das neu eingeführte *Shape*-Objekt unterstützt. Für alle anderen Objekte gibt es als Ersatz »echter« Ereignisse. Aus Kompatibilitätsgründen wird *OnAction* aber auch bei diesen Objekten weiter unterstützt.

Tastaturereignisse (OnKey-Methode)

Über die Methode ***OnKey*** kann eine Prozedur definiert werden, die beim Drücken einer bestimmten Taste aufgerufen wird. Die Methode kann nur für das *Application*-Objekt eingestellt werden, weswegen eine differenzierte Reaktion auf eine Taste je nachdem, welche Arbeitsmappe bzw. welches Blatt gerade aktiv ist, nur mit erhöhtem Aufwand möglich ist (nämlich durch die Auswertung der Eigenschaften *ActiveWorkbook* oder *ActiveSheet*).

OnKey ist keine Eigenschaft, sondern eine Methode. Diese Unterscheidung ist notwendig, weil an eine Eigenschaft kein zusätzlicher Parameter (zur Angabe der Taste) übergeben werden kann. Aus diesem Grund sieht die Aktivierung von *OnKey*-Ereignisprozeduren ein wenig anders als bei anderen Ereignissen aus:

```
Application.OnKey "{F4}", "Makro"   '<F4> ruft die Prozedur Makro auf
Application.OnKey "{F4}", ""        'automatischen Aufruf stoppen
```

Die Syntax zur Angabe der Tasten können Sie der Online-Hilfe entnehmen. Das obige Beispiel führt dazu, daß mit jeder Eingabe von F4 die Prozedur *Makro* aufgerufen wird. Beachten Sie bitte, daß durch die Definition einer Prozedur für eine bestimmte Tastenkombination die automatische Reaktion Excels auf diese Tastenkombination deaktiviert wird! Normalerweise bewirkt F4 die Wiederholung des letzten Kommandos – statt dessen wird jetzt *Makro* aufgerufen.

Die Neubelegung der Tasten gilt übrigens nicht in allen Bereichen Excels. Während der Eingabe einer Formel sowie in Dialogen gelten weiterhin die üblichen Tastaturkonventionen. So kann F4 in der Eingabeleiste weiterhin zum Umschalten zwischen absoluter und relativer Adressierung verwendet werden.

Ein weiteres Beispiel zu *OnKey* finden Sie in Abschnitt 6.2.2, wo für die Tastaturkombinationen Shift+Strg+Bild ↑ sowie Shift+Strg+Bild ↓ Makros für den Sprung zum ersten bzw. zum letzten Blatt einer Arbeitsmappe definiert werden.

Rückgängig und Wiederholen (Methoden OnUndo, OnRepeat)

Durch die beiden Methoden ***OnUndo*** und ***OnRepeat*** können Prozeduren angegeben werden, die Excel ausführt, wenn der Anwender die Kommandos BEARBEITEN | RÜCKGÄNGIG oder | WIEDERHOLEN ausführt. Die beiden Methoden sind nur für das Objekt *Application* definiert. Die Verwendung der Methoden ist in Makros sinnvoll, die der Anwender zur Durchführung verschiedener Aktionen ausführen kann.

An die beiden Methoden werden zwei Parameter übergeben: Der erste gibt den im Menü angezeigten Text an und sollte die Form "Rückgängig: Xxx" bzw. "Wiederholen: Xxx" aufweisen. Der zweite Parameter gibt die Prozedur an, die bei der Auswahl dieser Menükommandos ausgeführt werden soll.

```
Application.OnRepeat "Wiederholung: Daten analysieren", "MakroXxx"
```

Die durch die beiden Methoden eingestellten Menütexte und Prozeduren gelten nur bis zur Ausführung des nächsten Kommandos (unabhängig davon, ob es sich dabei um ein normales Excel-Kommando oder um ein weiteres Makro handelt). Es ist daher nicht notwendig, die Einträge später wieder durch die Zuweisung von leeren Zeichenketten zu löschen.

Die Methoden müssen in der letzten Prozedur einer Prozedurkette ausgeführt werden. Bei einer Ausführung in einer *Sub*-Prozedur werden die Einstellungen von *OnUndo* bzw. *OnRepeat* beim Rücksprung in die aufrufende Prozedur wieder gelöscht!

Wenn in einem Makro die beiden Methoden *nicht* verwendet werden, zeigt Excel in den beiden dafür vorgesehenen Einträgen des BEARBEITEN-Menüs die Einträge RÜCKGÄNGIG: NICHT MÖGLICH sowie WIEDERHOLEN: MAKRONAME an und führt gegebenenfalls das gerade ausgeführte Makro noch einmal aus.

Zeitereignisse (Methode OnTime)

Auch das Zeitereignis ist nur für das *Application*-Objekt definiert. Durch die Ausführung der ***OnTime***-Methode können Sie eine Prozedur zu einem bestimmten Zeitpunkt starten – etwa um 12 Uhr mittags oder in 10 Minuten. An die Methode werden mindestens zwei Parameter übergeben: Der Zeitpunkt, zu dem die Prozedur gestartet werden soll, und der Name der Prozedur. Die folgende Anweisung startet das Makro 30 Sekunden nach der Ausführung der Anweisung.

```
Application.OnTime Now + TimeValue("0:00:30"), "Makro"
```

Über *OnTime* dürfen mehrere Prozeduren für verschiedene Zeitpunkte vorgemerkt werden. VBA kümmert sich automatisch um die Verwaltung der Liste der auszuführenden Prozeduren. Es ist sogar erlaubt, mehrere Prozeduren für eine bestimmte Zeit vorzumerken.

Die Ausführung der vorgemerkten Prozeduren kann sich verzögern, wenn Excel gerade mit anderen Dingen beschäftigt ist. Beispielsweise ist ein Aufruf einer Prozedur nicht möglich, solange ein Dialog aktiv ist, ein Makro ausgeführt wird, Excel auf MS-Query wartet, in Excel gerade OLE-Daten bearbeitet werden etc.

Die *OnTime*-Methode kennt zwei weitere, optionale Parameter: Im dritten Parameter kann der späteste Zeitpunkt angegeben werden, zu dem die Prozedur gestartet wird. Verstreicht dieser Zeitpunkt, ohne daß Excel die Möglichkeit hat, die Prozedur aufzurufen, wird auf einen Aufruf ganz verzichtet.

Durch die Angabe von *False* im vierten Parameter kann eine terminisierte Prozedur wieder gelöscht werden. Dazu muß sowohl die anvisierte Zeit als auch der Name der Prozedur angegeben werden. Wenn VBA in der Liste der vorgemerkten Prozeduren die zu löschende Prozedur für den angegebenen Zeitpunkt nicht findet, kommt es zu einem Fehler.

```
Application.OnTime #8:30#, "Makro"             'Makro für 8:30 anmelden
Application.OnTime #8:30#, "Makro", , False    'Makro wieder abmelden
```

Wenn Sie einen periodischen Aufruf einer Prozedur erreichen möchten, müssen Sie mit *OnTime* innerhalb der Prozedur einen weiteren Aufruf anmelden. Die folgende

Prozedur ändert, wenn sie einmal gestartet ist, alle zehn Sekunden den Text der Statuszeile und zeigt dort die aktuelle Uhrzeit an.

```
Sub statuszeile()
  Application.OnTime Now + Timevalue("0:00:10"), "statuszeile"
  Application.Statusbar = Now
End Sub
```

Es ist übrigens nicht ganz einfach, diese Prozedur wieder zu stoppen. Sie können entweder den Namen der Prozedur verändern (dann kommt es zum Zeitpunkt des nächsten Aufrufs zur Fehlermeldung: »Kann Makro statuszeile nicht finden.») oder die *OnTime*-Anweisung durch »'« in einen Kommentar umwandeln (dann endet der Spuk nach dem nächsten Aufruf der Prozedur). Wenn Sie möchten, daß in der Statuszeile wieder die normalen Infotexte von Excel angezeigt werden, müssen Sie im Direktbereich die folgende Anweisung ausführen:

```
Application.Statusbar = False
```

TIP Weitere Informationen zum Umgang mit der Statuszeile finden Sie in Abschnitt 6.7.2.

5.4.4 Ereignisse beliebiger Objekte empfangen

Für Tabellenblätter und für die Arbeitsmappe sind im Projektfenster der Entwicklungsumgebung bereits Module mit Codeschablonen für die Ereignisprozeduren vorgesehen, die die Programmierung dieser Prozeduren sehr erleichern. Es gibt aber unzählige andere Objekte, die Ereignisse auslösen können (auch Objekte aus externen Bibliotheken, die mit EXTRAS | VERWEISE aktiviert werden). Besonders gut mit Ereignissen ausgestattet sind die Excel-Objekte *Application* (20 Ereignisse) und *Chart* (13).

Das Empfangen solcher Ereignisse ist leider ausgesprochen umständlich. Der erste Schritt besteht darin, daß Sie ein Klassenmodul anlegen (ein gewöhnliches Modul reicht nicht aus) und darin eine öffentliche Variable der Objektklasse definieren, deren Ereignisse Sie empfangen möchten. Dabei verwenden Sie das Schlüsselwort ***WithEvents***. In den Listenfeldern des Modulfensters können Sie daraufhin alle für dieses Objekt bekannten Ereignisse auswählen und so die gewünschten Ereignisprozeduren einfügen.

```
' Klassenmodul »ereignisklasse«
Public WithEvents x As objname
Private Sub x_Ereignisname(parameterliste)
  ' ... die Ereignisprozedur
End Sub
```

Damit nun tatsächlich Ereignisse empfangen werden, muß zuerst ein Objekt der neuen Klasse und darin wiederum ein Objekt der Klasse mit den Ereignissen erstellt werden:

```
' in einem beliebigen Modul
Dim obj As New ereignisklasse  'obj ist ein Objekt der »ereignisklasse«
Sub startevents
  Set obj.x = [New] objname    'x ist ein Objekt der Klasse »objname«
End Sub
```

Nachdem *startevents* ausgeführt wurde, wird die Ereignisprozedur im Klassenmodul solange ausgeführt, bis *obj.x* oder überhaupt *obj* gelöscht wird (also *Set obj = Nothing*).

Beispiel

Ein konkretes Beispiel macht die Vorgehensweise deutlicher: Das *NewWorkbook*-Ereignis des Excel-*Application*-Objekts soll dazu benutzt werden, um in jede neu erzeugte Arbeitsmappe in die Zelle A1 des ersten Tabellenblatts einen Text einzutragen. (In der Praxis könnte eine vergleichbare Prozedur dazu verwendet werden, um für jede neue Arbeitsmappe diverse Initialisierungsarbeiten durchzuführen.)

Der Code besteht aus zwei Teilen: Die Ereignisprozedur wird im Klassenmodul »ClassAppEvents« definiert. An die Prozedur *app_NewWorkbook* wird automatisch ein Verweis auf das neue *Workbook*-Objekt übergeben.

```
' Datei Konzepte.xls, Klassenmodul ClassAppEvents
Public WithEvents app As Application
Private Sub app_NewWorkbook(ByVal wb As Excel.Workbook)
  wb.Worksheets(1).[A1] = "dieser Text wurde von einer " & _
                          "Application-Ereignisprozedur eingefügt"
End Sub
```

Der zweite Teil des Testprogramms befindet sich im Modul »TestAppEvents«. In *InitializeApplicationEvents* wird der Variablen *app* des *ClassAppEvents*-Objekts ein Verweis auf das *Application*-Objekts zugewiesen. Wenn Sie nach der Ausführung dieser Prozedur eine neue Arbeitsmappe einfügen (DATEI | NEU), wird *app_NewWorkbook* zum ersten Mal ausgeführt. *StopApplicationEvents* beendet die automatische Veränderung neuer Arbeitsmappen wieder.

```
' Datei Konzepte.xls, Modul TestAppEvents
Option Explicit
Dim appObject As New ClassAppEvents
' startet die Ereignisprozeduren
Sub InitializeApplicationEvents()
  Set appObject.app = Application
End Sub
' beendet die Ereignisprozeduren wieder
Sub StopApplicationEvents()
  Set appObject.app = Nothing
End Sub
```

5.4.5 Ereignisprozeduren per Programmcode erzeugen

Dieses Beispiel zeigt, wie in eine Arbeitsmappe ein neues Tabellenblatt eingefügt wird und für dieses Blatt anschließend eine *Worksheet_Activate*-Ereignisprozedur erzeugt wird. Das Beispiel setzt auf der VBE-Bibliothek auf, mit der die VBA-Entwicklungsumgebung gesteuert werden kann. Das Beispiel ist explizit für fortgeschrittene Programmierer gedacht und setzt voraus, daß Sie einige Routine im Umgang mit Objekten haben.

Die VBE-Bibliothek

Auf eine detaillierte Beschreibung dieser Bibliothek wird in diesem Buch verzichtet. Zur Verständnis des Beispiels ist es aber erforderlich, daß Sie zumindest die wichtigsten Objekte kennen:

VBE	Startobjekt (Zugriff via *Application.VBE*)
└ *VBProject[s]*	Projekte (Excel-Dateien)
└ *VBComponent[s]*	Module, Klassen, Dialoge der Datei etc.
├ *CodeModule*	Codeanteil der Komponente
└ *Properties/Property*	Zugriff auf Objekteigenschaften (Eigenschaftsfenster)

Die für dieses Beispiel interessanten Methoden *CreateEventProc* und *InsertLine* sind beide dem *CodeModule*-Objekt zugeordnet. Das Problem besteht nun darin, bis zu diesem Objekt vorzudringen: Die *Name*-Eigenschaft eines Excel-*Workbook*-Objekts ist nämlich nicht ident mit der *Name*-Eigenschaft des *VBComponent*-Objekts. Vielmehr gibt es zwei Namen, einen, der in Excel im Blattregister angezeigt wird, und der andere, der in der VBA-Entwicklungsumgebung verwendet wird und über das Eigenschaftsfenster verändert werden kann. Hier hilft die *Properties*-Aufzählung weiter:

```
Dim vbc As VBComponent
Set vbc = ...
Debug.Print vbc.Name                          'liefert den VBA-Namen
Debug.Print vbc.Properties("Name").Value      'liefert den Excel-Namen
```

Über die *Properties*-Aufzählung kann also auf diverse Objekteigenschaften zugegriffen werden, die nicht von der VBE-Bibliothek, sondern vom zugrundeliegenden Objekt stammen (in diesem Fall von einem *Workbook*-Objekt der Excel-Bibliothek).

Beispiel

Der Programmcode beginnt mit einem Test, ob ein Tabellenblatt mit dem Namen »neues Tabellenblatt« schon existiert. Dieser Test ist ein wenig ungewöhnlich formuliert: Es wird einfach versucht, die *Name*-Eigenschaft dieses *Workbook*-Objekts zu lesen. Wenn dabei kein Fehler auftritt, existiert das Tabellenblatt schon. Es wird eine Warnung angezeigt und die Prozedur verlassen. (*On Error* lernen Sie in Kapitel 7 kennen. Eine alternative Vorgehensweise bestünde darin, in einer Schleife für alle existierenden *Workbook*-Objekte zu testen, ob deren Name mit der Konstanten *newname* identisch ist.)

```
' Datei Konzepte.xls, Modul TestVBE
Sub AddWorksheetWithEvents()
  Const newname$ = "neues Tabellenblatt"
  Dim ws As Worksheet
  Dim vbc As VBComponent
  Dim wsname$, linenr, dummy
  ' testen, ob Tabellenblatt schon existiert
  On Error Resume Next
  dummy = ThisWorkbook.Worksheets(newname).Name
  If Err = 0 Then
    MsgBox "Das Tabellenblatt " & newname & " existiert schon. " & _
           "Bitte löschen Sie das Tabellenblatt und führen Sie " & _
           "die Prozedur nochmals aus."
    Exit Sub
  End If
  Err = 0
  On Error GoTo 0
```

Wenn das Tabellenblatt noch nicht existiert, wird es jetzt mit *Worksheets.Add* erzeugt. Anschließend wird dem Blatt der neuer Name »neues Tabellenblatt« gegeben. In der folgenden Schleife werden alle *VBComponent*-Objekte der Datei durchlaufen, um jenes Modul zu finden, dessen *Properties("Name")*-Eigenschaft »neues Tabellenblatt« lautet. Der VBA-interne Name dieses Objekts wird in der Variablen *wsname* zwischengespeichert. *ThisWorkbook.VBProject* ist dabei eine Kurzschreibweise für *Application.VBE.VBProjects(ThisWorkbook.Name)*.

```
  ' Tabellenblatt erzeugen, den Namen »neues Tabellenblatt« zuweisen
  Set ws = ThisWorkbook.Worksheets.Add
  ws.Name = newname
  ' VBE-internen Namen für dieses Tabellenblatt ermitteln
  For Each vbc In ThisWorkbook.VBProject.VBComponents
    If vbc.Properties("Name").Value = newname Then
      wsname = vbc.Name
      Exit For
    End If
  Next
```

Nachdem nun der Zugriff auf den Code des Tabellenblatts möglich ist, gestaltet sich das Einfügen der Ereignisprozedur als vollkommen unproblematisch: Zuerst wird die Prozedur mit ***CreateEventProc*** erzeugt. Diese Methode liefert die Zeilennummer der *Sub*-Anweisung zurück. Eine Zeile weiter unten wird dann mit der Methode ***InsertLines*** die Anweisung *MsgBox "Ereignisprozedur"* eingefügt.

```
  ' Prozedur hinzufügen
  With ThisWorkbook.VBProject.VBComponents(wsname).CodeModule
    linenr = .CreateEventProc("Activate", "Worksheet")
    .InsertLines linenr + 1, "  MsgBox ""Ereignisprozedur"""
  End With
End Sub
```

Wenn Sie nach der Ausführung dieses Makros in Excel wechseln, dort zuerst ein beliebiges Blatt und dann das neue Tabellenblatt anklicken, wird die Meldung »Ereignisprozedur« angezeigt – es hat also funktioniert.

5.4.6 Virengefahr durch Auto-Prozeduren und Ereignisse

Ereignisprozeduren und die *Auto_Open-* bzw. *Auto_Close*-Prozeduren sind an sich eine praktische Einrichtung; sie sind allerdings gleichzeitig der Schlüssel zur Viren-Programmierung in VBA. (Der erste Excel-Virus ist im Sommer 96 aufgetaucht.) VBA bietet alle Voraussetzungen, um einen Virus zu programmieren:

- Die Möglichkeit, Programmcode automatisch auszuführen (*Auto_Open* oder *Auto_-Close*, diverse Ereignisprozeduren).
- Die Möglichkeit, andere Excel-Dateien zu verändern (wichtig für die »Fortpflanzung« von Viren).
- Die Möglichkeit, neuen Programmcode einzufügen oder vorhandenen Code zu verändern. (Die in Excel 97 neu eingeführte VBIDE-Objektbibliothek bietet ungeahnte neue Möglichkeiten für Viren-Programmierer. Ob das wirklich im Sinne des Erfinders ist?)
- Die Möglichkeit, auf vielfältigste Art und Weise Schaden am Rechner anzurichten. (Beispielsweise können dank DLL-Unterstützung fast alle Betriebssystemfunktionen aufgerufen werden.)

Auf die Details einzugehen, ist an dieser Stelle sicherlich nicht sinnvoll. Entscheidend ist, daß Sie sich bewußt sind, daß *jede* Excel-Datei einen Virus beinhalten kann, auch wenn die Datei aussieht wie eine ganz harmlose Tabelle! Selbstredend gilt das auch für Mustervorlagen und für Add-Ins (das sind ja ebenfalls VBA-Programme).

Automatische Makroausführung verhindern

In EXTRAS | OPTIONEN | ALLGEMEIN kann die Option MAKROVIRUS-SCHUTZ aktiviert werden. Diese Option bewirkt, daß beim Laden jeder Excel-Datei mit VBA-Funktionen eine Sicherheitsabfrage erscheint, in der Sie gefragt werden, ob die Makros deaktiviert (also nicht ausgeführt) werden sollen. Diese Deaktivierung gilt allerdings nicht nur für die *Auto*-Prozeduren, sondern für alle VBA-Prozeduren. VBA-Code kann zwar angezeigt, aber nicht ausgeführt werden (auch nicht zur Berechnung benutzerdefinierter

Funktionen, als Reaktion auf Menükommandos oder durch F5 in der Entwicklungsumgebung).

Wenn Sie viel mit Excel-Makros arbeiten, werden Sie die Makrovirus-Option vermutlich deaktivieren, weil die ständige Fragerei zu sehr nervt, und Sie die Makros im Regelfall ja tatsächlich verwenden möchten. Sie sollten sich aber bewußt sein, daß Sie damit ein Sicherheitsrisiko eingehen.

Wenn Sie trotz der Deaktivierung beim Öffnen einer unbekannten Datei die Ausführung von *Auto*-Prozeduren vermeiden möchten, können Sie beim Öffnen durch das Menükommando DATEI | ÖFFNEN oder durch Auswahl einer der vier zuletzt bearbeiteten Dateien die Shift-Taste drücken. Shift wirkt sich lediglich auf die *Auto*-Prozeduren aus, in der Folge können aber alle Prozeduren ganz normal verwendet werden.

ACHTUNG

> Beim Verlassen von Excel hilft Shift dagegen nichts: beim Schließen der noch geöffneten Arbeitsmappen wird *Auto_Close* dennoch ausgeführt. Sie müssen also alle Arbeitsmappen bei gedrückter Shift-Taste schließen, bevor Sie Excel verlassen. Vorsicht ist auch beim Öffnen von Excel-Dateien per Explorer (Doppelklick auf den Dateinamen) oder durch irgendein anderes Programm geboten: Es besteht in diesem Fall keine Möglichkeit, die Ausführung von *Auto_Open* zu vermeiden.

Wenn Ihnen eine Excel-Datei verdächtig vorkommen, laden Sie die Datei mit Shift oder bei aktivierten Virenschutz. Anschließend sollten Sie einen Blick auf folgenden Code werfen:

- *Auto*-Prozeduren. (Verwenden Sie das Kommando BEARBEITEN | SUCHEN und erweitern Sie den Suchbereich auf das gesamte Projekt.)
- Alle Ereignisprozeduren. (Potentiell gefährlicher Code kann auch in Ereignisprozeduren versteckt sein, die beispielsweise beim Speichern der Datei, beim Blattwechsel etc. aufgerufen werden. Ereignisprozeduren werden im nächsten Teilabschnitt ausführlich beschrieben.)
- Testen Sie mit EXTRAS | VERWEISE, ob die Bibliothek VBIDE aktiviert ist. Diese Bibliothek ist der Schlüssel zur Manipulation des Programmcodes anderer Excel-Dateien. Wenn diese Bibliothek aktiviert ist, muß es dafür schon plausible Gründe geben, die vom Entwickler der Excel-Datei dokumentiert sein sollten.

Excel-4-Auto-Makros

Auch die herkömmliche Makrosprache von Excel (bis Version 4) kannte verschiedene *Auto*-Makros, die aus Kompatiblitätsgründen bis zur aktuellen Version automatisch ausgeführt werden. Diese *Auto*-Makros werden über *Name* Objekte gestartet, deren Namen mit »Auto_Open« beginnt. *Name*-Objekte können auch Verweise auf externe Dateien enthalten (z. B. auf Add-In-Dateien). Außerdem kann die *Visible*-Eigenschaft von *Name*-Objekten auf *False* gestellt werden. Wenn Sie Virenverdacht schöpfen und keine *Auto_Open*-Prozedur finden, sollten Sie also (für alle Tabellenblätter sowie für das *Workbook*-Objekt) einen Blick auf alle *Name*-Objekte werfen. Im Direktbereich sehen die beiden Anweisungen so aus.

```
For Each s In Worksheets: For Each n In s.Names: _
    ?n.Name: Next: Next
For Each n In ActiveWorkbook.Names: ?n.Name: Next
```

5.4.7 Syntaxzusammenfassung

Auto-Prozeduren	
Sub Auto_Open() ... End Sub	wird beim Öffnen der Datei gestartet
Sub Auto_Close() ... End Sub	wird beim Schließen der Datei gestartet
Sub Auto_Add() ... End Sub	wird gestartet, wenn ein Add-In in die Liste des Add-In-Managers eingetragen wird (Abschnitt 13.1)
Sub Auto_Remove() ... End Sub	wird beim Entfernen aus der Add-In-Liste gestartet

Ereignisempfang für beliebige Objekte	
Public WithEvents x As objname	im Klassenmodul »ereignisklasse«
Private Sub x_Ereignisname(param)	
' ... die Ereignisprozedur	
End Sub	
Dim obj As New ereignisklasse	in einem beliebigen Modul
Sub startevents	
Set obj.x = [New] objname	ab jetzt können Ereignisse empfangen werden
End Sub	

***Application*-Ereignisse**	
NewWorkbook	eine neue Arbeitsmappe wurde eingefügt
SheetActivate	Blattwechsel
SheetBeforeDoubleClick	Doppelklick
SheetBeforeRightClick	Klick mit rechter Maustaste
SheetCalculate	Tabellenblatt wurde neu berechnet
SheetChange	Zellen des Tabellenblatts wurden verändert (Inhalt)
SheetDeactivate	Blattwechsel
SheetSelectionChange	Markierungswechsel
WindowActivate	Fensterwechsel
WindowDeactivate	Fensterwechsel
WindowResize	neue Fenstergröße
WorkbookActivate	Wechsel der aktiven Arbeitsmappe
WorkbookAddinInstall	eine Arbeitsmappe wurde als Add-In installiert
WorkbookAddinUninstall	eine Arbeitsmappe wurde als Add-In deinstalliert
WorkbookBeforeClose	eine Arbeitsmappe soll geschlossen werden

WorkbookBeforePrint	eine Arbeitsmappe soll ausgedruckt werden
WorkbookBeforeSave	eine Arbeitsmappe soll gespeichert werden
WorkbookDeactivate	Wechsel der aktiven Arbeitsmappe
WorkbookNewSheet	in die Arbeitsmappe wurde ein neues Blatt eingefügt
WorkbookOpen	die Arbeitsmappe wurde gerade geöffnet

***Workbook*-Ereignisse**	
Activate	die Arbeitsmappe wurde aktiviert (Fensterwechsel)
AddinUninstall	die Arbeitsmappe wurde als Add-In installiert
BeforeClose	die Arbeitsmappe soll geschlossen werden
BeforePrint	die Arbeitsmappe soll ausgedruckt werden
BeforeSave	die Arbeitsmappe soll gespeichert werden
Deactivate	die Arbeitsmappe wurde aktiviert (Fensterwechsel)
NewSheet	ein neues Blatt wurde eingefügt
Open	die Arbeitsmappe wurde gerade geöffnet
SheetActivate	Blattwechsel
SheetBeforeDoubleClick	Doppelklick in einem Blatt
SheetBeforeRightClick	Klick mit der rechten Maustaste in einem Blatt
SheetCalculate	der Inhalt eines Blatts wurde neu berechnet
SheetChange	Eingabe oder Veränderung einer Zelle
SheetDeactivate	Blattwechsel
SheetSelectionChange	Veränderung der Markierung
WindowActivate	Fensterwechsel
WindowDeactivate	Fensterwechsel
WindowResize	Änderung der Fenstergröße

***Worksheet*-Ereignisse**	
Activate	Blattwechsel
BeforeDoubleClick	Doppelklick
BeforeRightClick	Klick mit rechter Maustaste
Calculate	Inhalt des Blatts wurde neu berechnet
Change	Eingabe bzw. Veränderung einer Zelle
Deactivate	Blattwechsel
SelectionChange	Veränderung der Markierung

***Chart*-Ereignisse**	
Activate	Blatt- (oder Diagramm-)Wechsel
BeforeDoubleClick	Doppelklick
BeforeRightClick	Klick mit rechter Maustaste
Calculate	Diagramm wurde auf der Basis veränderter Daten neu gezeichnet
Deactivate	Blatt- (oder Diagramm-)Wechsel
DragOver	Zellbereich wird über Diagramm bewegt (aber noch nicht losgelassen)

DragPlot	Zellbereich wurde losgelassen
MouseDown	Maustaste wurde gedrückt
MouseMove	Maus wird bewegt
MouseUp	Maustaste wurde losgelassen
Resize	Diagrammgröße wurde verändert
Select	Diagramm wurde ausgewählt (markiert)
SeriesChange	Veränderung der ausgewählten Datenreihe

Ereignisse gemäß dem herkömmlichen Konzept (Excel 5 / 7)	
OnAction "makro"	ruft die Prozedur *makro* beim Anklicken des Objekts auf
OnKey "taste", "makro"	nach dem Drücken der Taste
OnUndo "menütext", "makro"	bei der EINGABE | RÜCKGÄNGIG
OnRepeat "menütext", "makro"	bei der EINGABE | WIEDERHOLUNG
OnTime zeit, "makro"	zur angegebenen Zeit
OnTime zeit, "makro", endzeit	wie oben, aber spätestens zur Endzeit
OnTime zeit, "makro", , False	vorgemerktes Makro löschen

Konversion Excel 5 / 7 →	**Excel 97**
OnAction	*Click, Change* etc.
OnCalculate	*Calculate, SheetCalculate*
OnData	*Change, SheetChange*
OnDoubleClick	*DoubleClick, BeforeDoubleClick, SheetBeforeDoubleClick*
OnEntry	*Change, SheetChange*
OnSheetActivate	*Activate, SheetActivate*
OnSheetDeactivate	*Deactivate, SheetDeactivate*
OnWindow	*Activate, WindowActivate*

5.5 Operatoren in VBA

Zu den Operatoren von VBA gehören Zeichen wie »+ - * / = > «< sowie Schlüsselwörter wie *And, Or, Not* etc. Operatoren müssen normalerweise ohne nicht lang erklärt werden. Dieser Abschnitt gibt eine knappe Übersicht darüber, welche Operatoren existieren, und weist auf einige Besonderheiten hin.

Arithmetische Operatoren werden zur Durchführung von Berechnungen verwendet. Während + - * und / keiner weiteren Erklärung bedürfen, sind \ und *Mod* schon interessanter: \ führt eine ganzzahlige Division durch. Die beiden Argumente werden vorher zu ganzen Zahlen gerundet, wenn das nicht der Fall war. 5\2 liefert daher ebenso wie 5.5\1.5 das Ergebnis 2. ***Mod*** führt ebenfalls eine ganzzahlige Division nach dem Schema von \ durch, liefert als Ergebnis aber den Rest der Division. *21 Mod 5* liefert daher den Rest 1.

Zur Verkettung von Zeichenketten stehen zwei Operatoren zur Auswahl: + kann nur mit Zeichenketten umgehen und verbindet etwa *"ab"+"cd"* zu *"abcd"*. & kommt auch mit Zahlen zurecht und wandelt diese in Zeichenketten um. *"12" & 3* liefert *"123"*.

Bei den Vergleichsoperatoren stechen *Is* und *Like* hervor. ***Is*** dient zum Vergleich zweier Objektvariablen und sollte *True* liefern, wenn beide Variablen auf dasselbe Objekt verweisen. In der aktuellen Version von Excel kann *Is* allerdings nur zum Vergleich mit dem Schlüsselwort *Nothing* verwendet werden (also *If x Is Nothing Then ...*). Der Vergleich zweier Objekte (also *If x Is y Then ...*) liefert dagegen immer das Ergebnis *False* und ist damit unbrauchbar.

Like ermöglicht die Mustererkennung in Zeichenketten. Im Suchmuster (rechts von *Like*) dürfen die Jokerzeichen »?« (ein beliebiges Zeichen) und »*« (beliebig viele Zeichen) verwendet werden. Ein Beispiel: *"Mayr" Like "M*r"* liefert *True*.

VERWEIS

Wenn Sie viel mit Zeichenketten zu tun haben, ist oft die Anweisung *Option Compare Text* am Beginn des Moduls hilfreich. Damit werden bei normalen Vergleichen Groß- und Kleinbuchstaben als gleichwertig behandelt, Sonderzeichen werden korrekt eingeordnet. Siehe Abschnitt 6.3.2.

Logische Operatoren ermöglichen die Verknüpfung mehrerer Bedingungen. *a* ***Or*** *b* liefert *True*, wenn zumindest eine der beiden Teilbedingungen *a* oder *b* *True* ist. ***And*** ist restriktiver und verlangt, daß beide Teilbedingungen gleichzeitig *True* sind. *Xor* entspricht dem sprachlichen »entweder oder«: Es muß entweder *a* oder *b* *True* sein, andernfalls liefert ***Xor*** das Ergebnis *False*. Seltener benötigt werden *Imp* und *Eqv*: ***Imp*** liefert immer *True*, es sei denn *a=True* und *b=False*. ***Eqv*** liefert dann *True*, wenn *a* und *b* übereinstimmen.

ACHTUNG

VBA kennt offensichtlich keine Optimierungen bei der Auswertung von Bedingungen: Eine Abfrage in der Form *If x>=0 And Sqr(x)<3* führt bei negativen Zahlen in *x* zu einem Fehler. (In vielen Programmiersprachen wird der zweite Teil der Abfrage gar nicht mehr ausgewertet, wenn der erste Teil ohnedies schon falsch und somit das Ergebnis der zusammengesetzten *And*-Bedingung klar ist.)

Hierarchie der Operatoren

Die Operatoren sind untereinander nicht gleichberechtigt. Bei der Anweisung *a+b*c* wird beispielsweise zuerst *b*c* und dann die Summation mit *a* durchgeführt. An oberster Stelle in der Hierarchie der Operatoren stehen die arithmetischen Operatoren für Zahlen bzw. die Verknüpfungsoperatoren für Zeichenketten. Ihnen folgen die Vergleichs- und schließlich die logischen Operatoren. Die beiden Zuweisungsoperatoren spielen bei der Auswertung von Ausdrücken keine Rolle. Eine vollständige Rangliste aller Operatoren finden Sie in der Online-Hilfe zum Suchthema »Operatoren: Vorrang«.

Syntaxzusammenfassung

Arithmetische Operatoren	
-	negatives Vorzeichen
+ - * /	Grundrechenarten
^	Potenz (3^2 ergibt 9)
\	ganzzahlige Division
Mod	Modulo-Operator (Rest einer ganzzahligen Division)

Operatoren zur Verknüpfung von Zeichenketten	
+	nur für Zeichenketten
&	Zahlen werden automatisch in Zeichenketten umgewandelt

Vergleichsoperatoren	
=	gleich
<>	ungleich
< <=	kleiner bzw. kleiner-gleich
> >=	größer bzw. größer-gleich
Is	Verweis auf dasselbe Objekt
Like	Mustervergleich

Logische Operatoren	
And	logisches Und
Or	logisches Oder
Xor	exklusives Oder (entweder a oder b, aber nicht beide)
Imp	Implikation (wenn a wahr ist, dann muß auch b wahr sein)
Aqv	Äquivalenz (a und b müssen übereinstimmen)
Not	logische Negation

Zuweisungsoperatoren	
=	Zuweisung an Variablen und Eigenschaften
:=	Zuweisung an benannte Parameter beim Prozeduraufruf

6 Programmiertechniken

Dieses Kapitel gibt Antworten auf alltägliche Programmierfragen: Wie erfolgt der Zugriff auf Tabellen, Bereiche oder Zellen? Wie werden Berechnungen mit Datum und Uhrzeit durchgeführt? Wie werden Zeichenketten bearbeitet? Wie werden neue Tabellenfunktionen definiert?

6.1 Zellen und Zellbereiche

Der Zugriff auf einzelne Zellen oder ganze Zellbereiche von verschiedenen Tabellenblättern ist ein wenig verwirrend, weil Excel zwischen zahlreichen, inhaltlich ähnlichen Objekten bzw. Begriffen unterscheidet. In vielen Fällen existieren sogar mehrere mögliche Vorgehensweisen.

Teilabschnitt 6.1.1 beschreibt alle wichtigen Objekte, Methoden und Eigenschaften, die den Zugriff auf Zellbereiche ermöglichen. Anschließend stellt Teilabschnitt 6.1.2 konkrete Techniken zur Anwendung dieser Schlüsselwörter vor, etwa zur einzelnen Bearbeitung aller Zellen eines Bereichs, zur Durchführung von Mehrfachmarkierungen etc. Teilabschnitt 6.1.3 geht schließlich auf die Möglichkeiten des Datentransfers über die Zwischenablage ein.

6.1.1 Begriffsdefinitionen, Objekte, Methoden, Eigenschaften

Die **aktive Zelle** (*ActiveCell*) ist jene Zelle eines Tabellenblatts, in der sich der Zellzeiger befindet. An dieser Stelle sind Eingaben mit der Tastatur möglich. (Per Programmcode können auch Veränderungen in nicht-aktiven Zellen vorgenommen werden.) Ein **Bereich** (*Range*) ist eine Gruppe von Zellen. Eine **Auswahl** (*Selection*) gibt den gerade markierten (ausgewählten) Bereich an. Eine Auswahl ist nur in einem aktiven Tabellenblatt möglich.

Zu diesen drei Begriffen ein Beispiel: Wenn Sie in aktiven Tabellen mehrere Zellen markieren, gelten diese Zellen als Auswahl. Eine Zelle dieser Auswahl ist die aktive Zelle. Die Auswahl stellt *einen* von unendlich vielen möglichen Bereichen dar.

Das Range-Objekt (Bereich von Zellen)

Range: Das Schlüsselwort kann sowohl das *Range*-Objekt als auch die gleichnamige Methode (siehe unten) meinen. Das *Range*-Objekt ist das zentrale Objekt dieses Abschnitts. Ein Bereich kann sowohl aus einer einzelnen Zelle als auch aus einer Gruppe von Zellen bestehen. Auch ganze Zeilen oder Spalten sind als Bereiche erlaubt. Obwohl Excel generell auch mit 3D-Bereichen arbeiten kann (*=SUMME(Tabelle1:Tabelle2!A1:B2)* bildet die Summe über 8 Felder), ist das *Range*-Objekt in der gegenwärtigen Version auf Zellbereiche in *einem* Tabellenblatt eingeschränkt.

VBA kennt kein eigenes Objekt für eine einzelne Zelle. Zellen gelten als Sonderfall eines Bereichs (mit *Range.Count*=1). Zahlreiche Eigenschaften von Bereichen können nur für den Sonderfall eines Ein-Zellen-Bereichs verwendet werden, beispielsweise *Formula* (liefert bzw. verändert die Formel einer Zelle).

Die Bearbeitung von Bereichen kann entweder direkt oder über den Umweg einer Markierung erfolgen. In der ersten Variante werden die Eigenschaften und Methoden eines Bereichs unmittelbar im Anschluß an die *Range*-Methode ausgeführt, etwa

Range("A1:B2").Count. In der zweiten Variante wird ein Bereich zuerst durch die Methoden *Select* oder *Activate* zum »aktuellen Bereich« gemacht. Anschließend wird über *ActiveCell* oder *Selection* auf den Bereich zugegriffen, etwa *Selection.Count*.

Statt der etwas langatmigen Schreibweise *Range("A1:B2")* zur Auswahl des Zellbereichs A1:B2 ist die Kurzschreibweise *[A1:B2]* erlaubt. Sowohl in *Range* als auch bei der Kurzschreibweise ist auch die Angabe eines benannten Zellbereichs möglich. Sie können also mit *[gewinn]* auf die Zelle C20 zugreifen, wenn Sie dieser Zelle vorher mit EINFÜGEN | NAMEN | FESTLEGEN den Namen »gewinn« zugewiesen haben.

Wenn die Zellen eines Bereichs einzeln bearbeitet werden sollen, kann über *Cells* auf jede einzelne Zelle des Bereichs zugegriffen werden. (*Cells* liefert wiederum *Range*-Objekte!)

Probleme bereiten oft Zellbereiche, die aus mehreren rechteckigen Regionen zusammengesetzt sind (manuelle Markierung mit der Maus und Strg): Die meisten Eigenschaften bzw. Methoden, die sich auf ein *Range*-Objekt beziehen, berücksichtigen nur Zellen des ersten rechteckigen Teilbereichs! Zur Abarbeitung aller Teilbereiche steht die Methode *Areas* zur Verfügung, die weiter unten noch im Detail beschrieben wird.

In vielen Fällen kann statt *Range* auch ***Evaluate*** verwendet werden. *Evaluate* wertet die übergebene Zeichenkette aus und liefert als Ergebnis das zugeordnete Objekt zurück. *Range("A1")* entspricht *Evaluate("A1")*, und das entspricht wiederum der Kurzschreibweise *[A1]*. Alle drei Varianten liefern ein *Range*-Objekt als Ergebnis zurück. Bei *Range* und *Evaluate* ist es außerdem erlaubt, den Bereich durch eine Stringvariable auszudrücken – das ist in der Kurzschreibweise nicht möglich.

Evaluate hat übrigens nicht exakt die gleiche Funktion wie *Range*, auch wenn es auf den ersten Blick so aussieht: während *Range* ausschließlich für Zellbereiche geeignet ist, kommt *Evaluate* auch mit anderen benannten Objekten (z. B. Zeichnungselementen) zurecht. Für fast alle Anwendungen von *Evaluate* existiert die Kurzschreibweise mit den eckigen Klammern.

Zugriff auf bereits ausgewählte Bereiche

ActiveCell: Die Eigenschaft zeigt auf die aktive Zelle der Anwendung bzw. eines Fensters (also auf jene Zelle, in der der Zellzeiger steht). *ActiveCell* kann nur gelesen, aber nicht verändert werden. Wenn Sie den Zellzeiger in eine andere Zelle bewegen möchten, müssen Sie die Methoden *Activate*, *Select* oder *Offset* verwenden.

ActiveCell liefert *Nothing*, wenn im aktiven Fenster (für das *Application*-Objekt) bzw. im angegebenen Fenster gerade kein Tabellenblatt angezeigt wird. *ActiveCell* kann nicht für ein bestimmtes Tabellenblatt verwendet werden. (Die Eigenschaft ist nur für das *Application*- und das *Window*-Objekt definiert.) Wenn Sie die aktive Zelle eines zur Zeit nicht aktiven Tabellenblatts ermitteln möchten, müssen Sie dieses Tabellenblatt zuerst mit *Worksheets(...).Activate* zum aktiven Blatt des jeweiligen Fensters machen.

Selection: Die Eigenschaft ist wie *ActiveCell* nur auf *Application-* bzw. *Window*-Ebene definiert. Sie verweist auf das im aktuellen Fenster gerade ausgewählte Objekt. Dabei kann es sich um eine einzelne Zelle, um den markierten Zellbereich, aber auch um ein Diagramm, einen Button etc. handeln. (Den Objekttyp können Sie durch *Typename(Selection)* feststellen.) Die Eigenschaft kann nur gelesen, aber nicht direkt verändert werden. Das ausgewählte Objekt kann vielmehr durch die Methoden *Select* oder *Activate* eingestellt werden.

RangeSelection: Diese Eigenschaft stellt eine Variante zu *Selection* dar. Sie liefert selbst dann den ausgewählten Zellbereich, wenn gerade ein anderes Objekt (Diagramm, Button etc.) aktiv ist.

UsedRange: Die Eigenschaft liefert jenen Bereich eines Tabellenblatts, dessen Zellen mit Inhalten belegt sind. Im Gegensatz zu *Selection* steht die Eigenschaft auch für Tabellenblätter zur Verfügung (nicht nur für Fenster).

Auswahl von Bereichen

Range: Die *Range*-Methode liefert ein *Range*-Objekt als Ergebnis. Ein *Range* stellt eine Gruppe von Tabellenzellen dar (im einfachsten Fall nur eine einzige Zelle). Beispiele: *Range("A1"), Range("A1:B3"), Range("Tabelle2!B7").*

Range bezieht sich normalerweise auf das aktive Tabellenblatt. Wenn *Range* auf ein anderes *Range*-Objekt angewendet wird, gelten die Zellbezüge relativ zur linken oberen Ecke des Bereichs. Beispiel: *Range("B3:D4").Select: Selection.Range("B1")* liefert einen Verweis auf die Zelle D3. (B1 meint in diesem Beispiel also: »Spalte plus eins, gleiche Zeile« und bezieht sich auf den Startpunkt B3.)

Im Programm-Code ist die Angabe von Zellbezügen in der Schreibweise "A1" oft umständlich. Daher darf innerhalb von *Range* auch *Cells(zeile,spalte)* verwendet werden. *Range(Cells(1,1), Cells(4,2))* entspricht *Range("A1:B4")*. Der Vorteil der Schreibweise mit *Cells* liegt darin, daß *Cells* numerische Parameter erwartet und daher sehr bequem in Schleifen eingesetzt werden kann.

HINWEIS

Cells bezieht sich automatisch auf das aktive Tabellenblatt. Wenn auf Zellen einer anderen Tabelle zugegriffen werden soll, lautet die korrekte Schreibweise nicht *Worksheets(n).Range(Cells(...), Cells(...))*, sondern *Range(Worksheets(n).Cells(...), Worksheets(n).Cells(...))*!

Beachten Sie, daß mit *Range(Cells(...), Cells(...))* nur einfache rechteckige Bereiche definiert werden können. Bereiche mit komplexer Form müssen mit *Union* aus mehreren rechteckigen Bereichen zusammengesetzt werden. Für einzelne Zellen ist die Schreibweise *Range(Cells(z,s))* nicht erlaubt – in diesem Fall kann aber ohnedies auf *Range* verzichtet werden, weil *Cells* dann direkt eine einzelne Zelle liefert.

Offset: Die Methode liefert einen Bereich, der versetzt zu dem als Objekt angegebenen Bereich liegt: *[A1].Offset(3,1)* liefert also einen Verweis auf die Zelle B4. Die Methode verändert (im Gegensatz zu *Select* und *Activate*) den aktiven Bereich nicht. Mit der Anweisung *ActiveCell.Offset(0,1).Select* bewegen Sie den Zellzeiger um eine Zelle nach rechts.

VORSICHT

Sowohl *Offset* als auch *Cell* erwarten die Parameter in der Reihenfolge *(zeile, spalte)*. Das widerspricht sowohl der üblichen Nomenklatur von Zellen (etwa B5, wo zuerst die Spalte B und dann die Zeile 5 angegeben wird) als auch den mathematischen Gepflogenheiten (wo in der Regel zuerst die X-, dann die Y-Koordinate angegeben wird).

Select und ***Activate***: Die erste Methode wählt das angegebene Objekt aus, die zweite Methode aktiviert das angegebene Objekt. Beide Methoden werden ohne Parameter verwendet und liefern kein unmittelbares Ergebnis. Sie verändern lediglich Eigenschaften wie *ActiveCell, Selection* etc.

Laut Online-Hilfe ist *Activate* für einzelne Zellen und *Select* für Zellbereiche vorgesehen. Tatsächlich gibt es aber keinen konkreten Unterschied zwischen den beiden Methoden. Unabhängig davon, ob Sie den Bereich *Range("A1:B3")* durch *Activate* oder durch *Select* auswählen, wird A1 zur aktiven Zelle und A1:B3 zum ausgewählten Bereich.

Mit beiden Methoden können nur Zellen oder Zellbereiche im aktiven Blatt ausgewählt werden. *Range("Tabelle2!A1").Activate* führt zu einem Fehler, wenn zur Zeit *Tabelle1* das aktive Tabellenblatt ist!

GoTo: Die Methode wählt einen Bereich aus, ist in ihrer Wirkung also mit *Select* vergleichbar. Die Syntax weicht allerdings stark von *Select* ab – der auszuwählende Bereich wird nicht als Objekt (durch *Range*) angegeben, sondern in einem Parameter: *GoTo Worksheets(n).Range("C10")*. Der Zellbereich darf auch in einem anderen Tabellenblatt liegen (dieses Tabellenblatt wird dann automatisch aktiviert). Durch den optionalen Bildlaufparameter kann zudem erreicht werden, daß die Bildlaufleisten so eingestellt werden, daß der gerade ausgewählte Bereich auch tatsächlich sichtbar ist. Automatisch ist das nicht immer der Fall.

Zugriff auf Zellen und Zellbereiche

Cells: Mit der Methode *Cells* kann auf eine einzelne Zelle des Tabellenblatts oder eines rechteckigen Bereichs zugegriffen werden. Dabei ist sowohl eine zweidimensionale Angabe in der Form *Cells(zeile, spalte)* möglich als auch die Angabe einer durchlaufenden Nummer: *Cells(n)*. Bei der zweiten Variante werden die Zellen zeilenweise durchnumeriert. Wenn als Objekt ein ganzes Tabellenblatt verwendet wird, entspricht 1 der Zelle A1, 2 der Zelle B1, 256 der Zelle IV1, 257 der Zelle A2 etc. (Beachten Sie, daß 256 von der Anzahl der zulässigen Spalten abhängt. Es kann sein, daß in einer künftigen Excel-Version mehr als 256 Spalten erlaubt sind!) Die zeilenweise Numerierung von Zellen gilt auch für eigene Bereiche: *Range("A1:B3").Cells(4)* meint daher A2. Die durch

Cells angegebene Zelle darf auch außerhalb des Bereichs liegen, etwa *Range("A1:B3").-Cells(10)* oder *Range("A1:B3").Cells(4,1)* jeweils für A4.

HINWEIS

Bei zusammengesetzten Bereichen kann über *Cells* nur der erste rechteckige Teilbereich bearbeitet werden. Damit alle rechteckigen Bereiche bearbeitet werden können, muß die Methode *Areas* eingesetzt werden.

Areas: Die Methode ist ähnlich wie *Cells*, sie liefert aber zusammengehörende (rechteckige) Zellbereiche als Ergebnis. Die Anwendung von *Areas* ist zur Verarbeitung von Bereichen notwendig, die aus mehreren rechteckigen Teilbereichen zusammengesetzt sind (etwa nach einer Mehrfachauswahl mit Strg).

Row, Column: Die Eigenschaften liefern die Zeilen- bzw. Spaltennummer einer Zelle (bzw. die Nummer der ersten Zeile / Spalte eines Bereichs).

Columns, Rows: Die beiden Methoden erlauben einen bequemen Zugriff auf die vom Bereich beanspruchten Spalten bzw. Zeilen. Die Anzahl der Spalten bzw. Zeilen eines Bereichs kann mit *bereich.Columns.Count* bzw. mit *bereich.Rows.Count* ermittelt werden.

EntireColumn, EntireRow: Die beiden Eigenschaften liefern jene Spalten bzw. Zeilen als Ergebnis, in denen sich der angegebene Bereich befindet. Zeilen und Spalten sind keine eigenen Objekte, sondern werden als normale Zellbereiche behandelt.

Offset, Resize: ***Offset*** liefert zum angegebenen Bereich einen um einige Zeilen oder Spalten versetzten Bereich. Beispielsweise liefert *[A1].Offset(3,1)* die Zelle B4 als Ergebnis. Mit ***Resize*** kann die Größe eines Bereich verändert werden. Als Parameter werden die gewünschte Anzahl von Zeilen und Spalten übergeben. *[A1].Resize(2,3)* gibt A1:C2 als Ergebnis.

SpecialCells, RowDifferences, ColumnDifferences, CurrentRegion, CurrentArray, [Direct]Precedents, [Direct]Dependents: Über die aufgezählten Methoden bzw. Eigenschaften können besondere Zellen eines Bereichs angesprochen werden: etwa alle leeren Zellen, alle sichtbaren Zellen, alle zusammengehörenden Zellen etc. Die Schlüsselwörter ermöglichen den Zugriff auf all jene Bereiche, die mit BEARBEITEN | GEHE ZU | INHALTE markiert werden können.

ACHTUNG

Die Methoden *SpecialCells* und *CurrentRegion* funktionieren nicht, wenn sie bei der Ausführung selbstdefinierter Tabellenfunktionen auftreten. Anstatt die Methoden einzusetzen, müssen Sie deren Funktionen durch Schleifen nachbilden, was bei der Programmierung mühsam und in der Ausführung langsam ist. Siehe dazu die selbstdefinierte Tabellenfunktion *Feiertag*, die in Abschnitt 6.4.4 beschrieben ist.

Union und ***Intersect***: Die beiden Methoden bilden aus mehreren Bereichen einen zusammengesetzten Bereich (Vereinigung) bzw. ermitteln jenen Bereich, der in allen angegebenen Bereichen vorkommt (Schnittmenge). Für erfahrene Programmierer: *Union* entspricht dem logischen Oder, *Intersect* dem logischem Und. *Intersect* eignet sich beispielsweise dazu, aus einem Bereich alle Zellen auszuwählen, die in einer bestimmten Zeile oder Spalte liegen. Mit *Union* können Sie aus mehreren rechteckigen Bereichen einen zusammengesetzten Bereich bilden.

Adresse eines Zellbereichs ermitteln

Address: Die Methode liefert die Adresse eines Bereichs als Zeichenkette. Wenn der Zellbereich A1:B4 markiert ist, liefert *Selection.Address* die Zeichenkette *"$A$1:$B$4"*. Über diverse Paramter kann die Umwandlung in eine Zeichenkette gesteuert werden (absolute/relative Adressierung, A1- oder R1C1-Schreibweise, lokale/externe Referenzierung etc.). ***AddressLocal*** funktioniert wie *Address*, liefert Adressen aber in der Schreibweise der jeweiligen Landessprache (d. h. Z1S1 statt R1C1). Beachten Sie, daß *Address* im Englischen anders als im Deutschen mit Doppel-D geschrieben wird.

Wenn Sie eine Adresse – egal ob in A1- oder R1C1-Notation – einmal besitzen, können Sie die Adresse mit der *Application*-Methode *ConvertFormula* weiterverarbeiten: *ConvertFormula* ermöglicht unter anderem eine Konversion zwischen A1- und R1C1-Notation, zwischen absoluter und relativer Adressierung etc.

Benannte Zellbereiche

Names: Diese Methode des gerade aktiven Tabellenblatts ermöglicht den Zugriff auf benannte Zellbereiche. Mit *Add* kann ein neuer Name definiert bzw. ein vorhandener Name umdefiniert werden. Wesentlich ist, daß der Zellbereich absolut und mit einem vorangestellten »=«-Zeichen angegeben wird, etwa: *Names.Add "bereichname", "=d5"*. Benannte Zellbereiche können in der Folge über *Range* oder in der Kurzschreibweise *[bereichname]* verwendet werden. *Names("bereichname").Delete* löscht die Definition eines Namens wieder. Mit der Methode *Goto* können Sie den Zellzeiger rasch in eine benannte Zelle bzw. einen benannten Bereich setzen.

> **TIP** Zahlreiche kurze Codebeispiele zur Umgang mit benannten Zellbereichen finden Sie in der Beispieldatei `Namen.xls`.

Name-Objekte können übrigens nicht nur zur Benennung von Zellbereichen eingesetzt werden, sondern auch für andere Aufgaben. Das Zusatzprogramm MS-Query speichert beispielsweise seine Abfrageparameter in einer ganzen Palette von *Name*-Objekten. Dabei wird die *Visible*-Eigenschaft der Objekte auf *False* gesetzt, so daß diese Objekte nicht im Dialog EINFÜGEN | NAMEN | ANWENDEN aufscheinen. Der Inhalt der Parameter kann der *Value*-Eigenschaft entnommen werden.

ACHTUNG

Die Excel-Programmierer waren sich wohl nicht ganz im Klaren darüber, ob sie die Definition eines neuen benannten Bereichs der Arbeitsmappe oder einem speziellen Tabellenblatt zuordnen soll. Auf der einen Seite sollte es möglich sein, in jedem Tabellenblatt dieselben Namen zu verwenden, ohne daß sich diese Name gegenseitig stören. Andererseits ist es wünschenswert, wenn ein nur einmal vergebener Name global in allen Tabellenblättern zur Verfügung steht.

Das Ergebnis sieht so aus: Wird ein Name erstmalig definiert, gilt die Definition für die gesamte Arbeitsmappe. Wird derselbe Name ein weiteres Mal in einem anderen Tabellenblatt definiert, gilt diese Definition lokal für dieses Tabellenblatt; die alte Definition gilt weiter für alle anderen Tabellenblätter. Die Folge: Es ist bisweilen nur extrem schwer nachzuvollziehen, ob eine Namensdefinition via *ActiveWorkbook.Names(...)* oder via *ActiveSheet.Names(...)* angesprochen werden muß. Entscheiden Sie sich im Zweifelsfall für die erste Variante: Dort enthält die *Names*-Auflistung alle lokalen Definitionen (des gerade aktuellen Tabellenblatts) sowie alle globalen Definitionen, die nicht durch das aktuelle Tabellenblatt überlagert sind.

Notizen/Kommentare

Zu jeder Zelle kann eine Notiz gespeichert werden. Der Zugriff erfolgt über die Methode ***NoteText***. Da mit Excel-Methoden nur Zeichenketten mit maximal 255 Zeichen übergeben werden können, weist diese Methode zwei Parameter auf, mit denen die Start- und Endposition innerhalb der Notiz angegeben werden kann. Diese Parameter ermöglichen es, auch Notizen, die länger als 255 Zeichen sind, auszulesen bzw. zu verändern.

Seit Excel 97 heißen Notizen auch Kommentare. Sie werden jetzt über das neue *Comment*-Objekt verwaltet. (*NoteText* kann aber weiter verwendet werden.) Mit der Methode *AddComment* können neue Kommentare definiert werden. *ClearComment* löscht vorhandene Kommentare. Die Aufzählung *Comments* für das *WorkSheet*-Objekt hilft beim Aufspüren aller Kommentare in einem Tabellenblatt.

Zellbereiche einfügen / löschen

Zum Löschen von Zellen stehen gleich fünf Methoden zur Verfügung: ***ClearContents*** löscht nur die Inhalte von Zellen, beläßt aber deren Formatierung. ***ClearFormats*** funktioniert gerade umgekehrt und löscht nur die Formatierung. ***ClearNotes*** löscht die Notizen zu den Zellen. ***Clear*** löscht Formatierung und Inhalte. Eine ganz andere Wirkung hat ***Delete***: Dadurch werden die Zellen aus der Tabelle entfernt; die Zellen rechts davon bzw. darunter rücken entsprechend nach (entspricht dem Kommando BEARBEITEN | ZELLEN LÖSCHEN).

Zum Einfügen neuer Zellen in die Tabelle steht die Methode ***Insert*** zur Verfügung. Ähnlich wie bei *Delete* kann durch einen optionalen Parameter angegeben werden, ob dabei Zellen nach rechts oder nach unten verschoben werden sollen. (Wenn auf die Angabe des Parameters verzichtet wird, versucht Excel, die sinnvollere Variante zu erraten.)

Inhalt und Format von Zellen

Die folgenden Absätze beschreiben die wichtigsten Eigenschaften des *Range*-Objekts zur Einstellung von Inhalt und Format von Zellen. Die meisten der im folgenden aufgezählten Eigenschaften werden üblicherweise auf einzellige Bereiche angewendet. Das Lesen der Eigenschaften bei mehrzelligen Bereichen führt zu unterschiedlichen Resultaten (Fehler, Einstellung der ersten Zelle des Bereichs etc.). Einheitlicher ist die Reaktion bei der Veränderung von Eigenschaften für mehrzellige Bereiche – damit werden die Einstellungen *aller* betroffenen Zellen verändert.

Value: Die Eigenschaft enthält den Wert der Zelle (bei Formeln das Ergebnis). Leere Zellen können mit *IsEmpty(obj.Value)* festgestellt werden. Durch die Zuweisung an die *Value*-Eigenschaft kann der Inhalt von Zellen verändert werden. Formeln werden als Zeichenketten angegeben, die mit einem Gleichheitszeichen beginnen: *obj.Value= "=A4"*. Die *Value*-Eigenschaft gilt als Defaulteigenschaft. Das bedeutet, daß auch die Kurzschreibweise *obj="=A4"* zulässig ist. ***Value2*** unterscheidet sich insofern von *Value,* als Daten und Währungswerte nicht in den Formaten *Date* bzw. *Currency* angesprochen werden, sondern als Fließkommazahlen. Das vereinfacht in manchen Fällen die Weiterverarbeitung.

Text: Die Eigenschaft enthält den Inhalt der Zelle als Zeichenkette. Gegenüber *Value* zeichnet sich *Text* durch zwei wesentliche Unterschiede aus: Bei Werten liefert *Text* eine entsprechend formatierte Zeichenkette (während *Value* direkt den Wert, also eine Zahl oder ein Datum liefert); außerdem kann *Text* nur gelesen (aber nicht verändert) werden. Zuweisungen an die Zelle müssen über *Value* erfolgen.

Characters: Über die Methode kann auf einzelne Zeichen einer Textkonstanten in einer Zelle zugegriffen werden (beispielsweise um die Schriftart einzelner Zeichen einzustellen).

FormulaLocal und ***FormulaR1C1Local***: Die Eigenschaften liefern die Formel der Zelle in der A1- oder in der Z1S1-Schreibweise (siehe unten). Bei leeren Zellen wird eine leere Zeichenkette, bei Formeln mit Konstanten der Wert der Konstante zurückgegeben. Wenn A5 die Formel *=SUMME(A1:A4)* enthält, gibt *[A1].FormulaLocal* die Zeichenkette *=SUMME(A1:A4)* zurück. *[A1].FormulaR1C1Local* liefert *=SUMME(Z(-4)S:Z(-1)S).*

Formula, FormulaR1C1: Die beiden verwandten Eigenschaften liefern die ins Englische übersetzte Formel in der A1- oder in der R1C1-Schreibweise. *[A1].Formula* gibt also die Zeichenkette *=SUM(A1:A4)* zurück. *[A1].FormulaR1C1* liefert *=SUM(R[-4]C:R[-1]C)*. Beachten Sie bitte, daß sich durch die VBA-Umstellung von Deutsch auf Englisch die Wirkung der *Formula*-Eigenschaften verändert hat. In Excel 5 (VBA deutsch) gab *Formula* deutsche Funktionsnamen zurück, in Excel 7 muß zu diesem Zweck *FormulaLocal* verwendet werden.

HasFormula: Die Eigenschaft gibt an, ob sich in der Zelle eine Formel befindet (*True*) oder nicht (*False*).

Font: Die Eigenschaft verweist auf das *Font*-Objekt, das seinerseits über eine Menge Eigenschaften die Schriftart der Zelle bestimmt: *Name* (des Zeichensatzes), *Size*, *Bold*, *Italic* etc.

Orientation, HorizontalAlignment, VerticalAlignment, WrapText: Die Eigenschaften bestimmen die Textrichtung (horizontal oder vertikal), die Ausrichtung (links / zentriert / rechts / bündig bzw. oben / mitte / unten) und den Zeilenumbruch (wahr / falsch). Neu in Excel 97 ist die Möglichkeit, durch *Orientation* einen beliebigen Winkel im Bereich -90 bis 90 Grad anzugeben, der die Textrichtung angibt. 0 Grad entspricht normalem horizontalem Text, der Drehwinkel wird von dieser Position aus im Gegen-Uhrzeigersinn gerechnet (wie in der Mathematik üblich). Bei 45 Grad verläuft der Text diagonal nach oben, bei -45 Grad diagonal nach unten.

Mit ***IndentLevel*** kann bestimmt werden, wie weit der Inhalt einer Zelle nach rechts eingerückt werden soll. (Der zulässige Wertebereich geht von 0 bis 15.)

ColumnWidth, RowHeight: Die Eigenschaften bestimmen die Breite der ganzen Spalte bzw. die Höhe der ganzen Zeile.

NumberFormat, Style: Die Eigenschaften geben in Zeichenketten das gewünschte Zahlenformat oder die gültige Formatvorlage an.

Borders: Die Methode verweist auf bis zu sechs *Border*-Objekte (links / rechts / oben / unten sowie diagonal-auf und -ab), deren Eigenschaften das Aussehen des Rahmens steuern: *LineStyle*, *Weight*, *Color*.

BorderAround: Die Methode ermöglicht eine rasche Einstellung des Gesamtrahmens.

A1- versus Z1S1-Schreibweise

Generell werden Zellbezüge in der A1-Schreibweise angegeben. *Range("Z1S1")* bzw. *Range("R1C1")* sind nicht erlaubt. Im Programmcode ist es oft praktischer, Zellbezüge mit *Cells* herzustellen. Diese Methode erwartet numerische Parameter zur Angabe von Zeilen- und Spaltennummern und entspricht damit der Z1S1-Syntax.

Einen Sonderfall stellen Formeln in Tabellenblättern dar. Über die Eigenschaft *Formula* kann die Formel einer Zelle in der A1-Schreibweise gelesen bzw. verändert werden, über *FormulaR1C1* in der R1C1-Schreibweise und über *FormulaR1C1Local* in der Z1S1-Schreibweise.

Die Eigenschaft *Application.ReferenceStyle* bestimmt, wie in Excel Zellbezüge angezeigt werden. Die Eigenschaft kann die beiden Werte *xlA1* oder *xlR1C1* aufweisen. Das Format, in dem Zellbezüge angezeigt werden sollen, kann auch über EXTRAS | OPTIONEN | ALLGEMEIN eingestellt werden.

6.1.2 Programmiertechniken

Aktive Zelle bestimmen bzw. versetzen

```
Range("B1").Select                'aktiviert B1
[B1].Select                       'aktiviert ebenfalls B1
Cells(1,2).Select                 'aktiviert ebenfalls B1
ActiveCell.Range("A2").Select 'aktiviert die Zelle eine Zeile unterhalb
ActiveCell.Offset(1,0).Select 'aktiviert die Zelle eine Zeile unterhalb
```

> **TIP** Alle längeren Beispiele dieses Abschnitts befinden sich in der Beispieldatei `Zellen.xls`.

Bereiche auswählen und bearbeiten

Die Makroaufzeichnung führt in der Regel zu einem Code, der in etwa wie das Beispiel unten aussieht.

```
Range("D11:F14").Select
With Selection.Font
  .Name = "Courier New"
  .Bold = True
End With
```

Das bei der Makroaufzeichnung vorherrschende Schema – zuerst einen Zellbereich auswählen, dann diverse Einstellungen durchführen – ist nicht zwingend. Das folgende Codebeispiel erfüllt dieselbe Aufgabe, ohne die aktuelle Position des Zellzeigers bzw. den aktuell markierten Bereich zu verändern:

```
With Range("D11:F14").Font
  .Name = "Courier New"
  .Bold = True
End With
```

Die Verwendung von *With* führt in vielen Fällen zu einem übersichtlicheren und effizienteren Code, ist aber ebenfalls nicht zwingend, wie das letzte Beispiel beweist:

```
Range("D11:F14").Font.Name = "Courier New"
Range("D11:F14").Font..Bold = True
```

Die Angabe von Zellbezügen in der Form A1 ist erstens unübersichtlich und zweitens extrem unflexibel bei Veränderungen in der Tabellenstruktur. Sobald Sie in der Tabelle eine Zeile oder eine Spalte einfügen, müssen Sie den Code des gesamten Makros verändern!

Aus diesem Grund sollten Sie mit EINFÜGEN | NAMEN | FESTLEGEN für häufig benötigte Zellbereiche Namen definieren. Anschließend können Sie diese Namen im Code verwenden: *Range("Name")*. (Die Makroaufzeichnung ist leider nicht in der Lage, automatisch vordefinierte Namen zu verwenden. Sie müssen den erzeugten Code also anschließend selbst anpassen.)

Auswahl von komplexeren Bereichen

In der Praxis kommt es häufig vor, daß Sie zusammengehörende Zellbereiche markieren möchten, deren Größe variabel ist. Über die Tastatur markieren Sie solche Bereiche oft mit Ende, Shift+Cursortaste. Im VBA-Code können Sie mit der Methode *End(xlXxx)* eine einzelne Zelle am Ende eines Blocks ermitteln. Über *Range* können Sie dann auf einen entsprechenden Bereich zwischen zwei Eckzellen zugreifen. (Die Makroaufzeichnung benutzt diese Methode leider nicht und produziert statt dessen starre Zellbezüge. Das so erzeugte Makro kann sich daher nicht an eine veränderte Tabellenstruktur anpassen und muß gegebenenfalls manuell angepaßt werden.)

Manchmal helfen auch die Eigenschaften *CurrentRegion* oder *CurrentArray* bzw. die Methode *SpecialCells* weiter. In selbstdefinierten Tabellenfunktionen bereiten diese Funktionen aber oft Schwierigkeiten. Gegebenenfalls müssen Sie den in Frage kommenden Bereich Zelle für Zelle abarbeiten, um die Position der Start- und der Endzelle zu finden.

Das Beispiel unten zeigt eine Prozedur, die – ausgehend von der aktuellen Position des Zellzeigers – den Bereich einer Zeile markiert. Dabei ist nicht die gesamte Zeile einer Tabelle gemeint, sondern nur eine zusammengehörende Gruppe von belegten (nicht leeren) Zellen. Die Prozedur demonstriert lediglich das Schema einer solchen Markierung. Die beiden Zellen *zelle1* und *zelle2* könnten aber einfacher durch *End*-Anweisungen ermittelt werden.

Kurz zur Funktion der Prozedur: Ausgangspunkt ist die aktive Zelle *aktz*. Wenn diese leer ist, wird die Prozedur sofort verlassen. Andernfalls wird in einer *For*-Schleife die letzte Zelle links von der aktuellen Zelle gesucht, die nicht leer ist. Mit *Set* wird in *zelle1* ein Verweis auf diese Zelle gespeichert. Die *If*-Abfrage am Ende der Schleife berücksichtigt den Sonderfall, daß die Zeile bis zur ersten Spalte mit Werten gefüllt ist – in diesem Fall wird die Schleife beendet, ohne in *zelle1* einen Verweis zu speichern.

```
' Beispieldatei Zelle.xls
Sub ZeileAuswählen()
  Dim aktz As Object, Cell1 As Object, Cell2 As Object
  Dim zeil As Integer, spalt As Integer
  Set aktz = ActiveCell
  zeil = aktz.Row: spalt = aktz.Column
  If IsEmpty(aktz) Then Exit Sub
  ' linkes Zeilenende suchen, Endzelle in zelle1 speichern
  For spalt = aktz.Column To 1 Step -1
    If IsEmpty(Cells(zeil, spalt).Value) Then
      Set Cell1 = Cells(zeil, spalt + 1)
      Exit For
```

```
    End If
  Next spalt
  If Cell1 Is Nothing Then Set Cell1 = Cells(zeil, 1)
  ' rechtes Zeilenende suchen, Endzelle in zelle1 speichern
  For spalt = aktz.Column To 256
    If IsEmpty(Cells(zeil, spalt).Value) Then
      Set Cell2 = Cells(zeil, spalt - 1)
      Exit For
    End If
  Next spalt
  If Cell2 Is Nothing Then Set Cell2 = Cells(zeil, 256)
  ' den Bereich zwischen zelle1 und zelle2 markieren
  Range(Cell1, Cell2).Select
End Sub
```

Analog zur ersten Schleife wird in der zweiten Schleife die letzte nicht leere Zelle rechts gesucht und in *zelle2* gespeichert. Anschließend wird der Bereich zwischen *zelle1* und *zelle2* ausgewählt (markiert).

Bereiche zusammensetzen (Vereinigung und Schnittmenge)

Die Methode *Union* wird eingesetzt, um mehrere Bereiche zu einem größeren Bereich zusammenzusetzen. Der entstehende Bereich muß nicht zusammenhängend sein. Die Bearbeitung solcher Bereiche erfordert allerdings den Einsatz des *Areas*-Objekts (siehe unten).

Im ersten Beispiel wird *Union* verwendet, um eine bereits bestehende Auswahl um die Zelle A4 zu erweitern (entspricht Anklicken von A4 bei gedrückter Strg-Taste).

```
Union(Selection, Range("A4")).Select
```

Im zweiten Beispiel wird zuerst der Bereich A1:D4 ausgewählt. Anschließend wird mit *Intersect* daraus jener Bereich ausgewählt, der sich in der Spalte A befindet. Die neue Markierung umfaßt daher den Bereich A1:A4.

```
Range("A1:D4").Select
Intersect(Selection, Range("A:A")).Select
```

Alle Zellen eines rechteckigen Bereichs bearbeiten

Über die Methode *Cells* kann auf die Zellen eines rechteckigen Bereichs zugegriffen werden. Das Beispiel unten zeigt ein konkretes Anwendungsbeispiel: Das Makro *ZeichensatzVergrößern* stellt für alle Zellen der aktuellen Auswahl eine um 2 Punkt größere Schriftart ein. Das Makro hat damit eine ähnliche Funktion wie das Symbol SCHRIFTART VERGRÖßERN. Der wesentliche Unterschied besteht darin, daß das Makro jede Zelle individuell bearbeitet, während das Anklicken des Symbols dazu führt, daß die Zeichensatzgröße aller markierten Zellen durch die Zeichensatzgröße der ersten markierten Zelle bestimmt wird.

Die Abfrage *If Selection Is Nothing* ist erforderlich, damit das Makro keine Fehlermeldung liefert, wenn es irrtümlich in einem Diagramm- oder Modulblatt gestartet wird. (Dort gibt es keine Zellen, deren Schriftart verändert werden kann.)

```
Sub ZeichensatzVergrößern()
  Dim Cell As Object
  If Selection Is Nothing Then Exit Sub
  For Each Cell In Selection.Cells
    Cell.Font.Size = Cell.Font.Size + 2
  Next Cell
End Sub
```

Die Schleife hätte übrigens auch anders (weniger elegant) formuliert werden können:

```
Dim i As Integer
If Selection Is Nothing Then Exit Sub
For i = 1 To Selection.Cells.Count
  Selection.Cells(i).Font.Size = _
    Selection.Cells(i).Font.Size + 2
Next Cell
```

Alle Zellen eines zusammengesetzten Bereichs bearbeiten

Das obige Beispiel hat einen Mangel: Es kommt mit zusammengesetzten Zellbereichen nicht zurecht. Solche Zellbereiche entstehen, wenn Sie mehrere Zellbereiche bei gedrückter Strg-Taste markieren oder wenn Sie Zellbereiche mit *Union* oder *Intersect* bilden. Das obige Makro ändert in diesem Fall nur die Zellen des ersten Rechtecks. Damit wirklich alle Zellen geändert werden, muß auf die einzelnen Bereiche über die Methode *Areas* zugegriffen werden:

```
' Beispieldatei Zellen.xls
Sub ZeichensatzVergrößern()
  Dim r As Range, ar As Range
  If Selection Is Nothing Then Exit Sub
  For Each ar In Selection.Areas
    For Each r In ar
      r.Font.Size = r.Font.Size + 2
    Next r
  Next ar
End Sub
```

Schriftart einstellen

Die Einstellung der Schriftart der gesamten Zelle kann einfach durch die Veränderung der Eigenschaften des *Font*-Objekts erfolgen.

```
With Selection.Font
  .Name = "Courier New"
  .Bold = True
  .Size = 10
  .Strikethrough = False
  ' etc.
End With
```

Etwas komplizierter wird es, wenn Sie nicht die Schriftart der gesamten Zelle, sondern nur einzelne Buchstaben verändern möchten. Das ist generell nur dann möglich, wenn die Zelle eine Textkonstante (keine Zahl, keine Formel) enthält. Der Zugriff auf die einzelnen Zellen erfolgt über die Methode *Characters*. Das Makrobeispiel unten formatiert die Zeichen einer Zelle mit zunehmend größerer Schrift, d. h. den ersten Buchstaben mit 10 Punkt, den zweiten mit 11 Punkt etc.

```
Sub Spezialschrift()
  Dim i
  If IsEmpty(ActiveCell.Value) Or ActiveCell.HasFormula Then Exit Sub
  If IsNumeric(ActiveCell.Value) Then Exit Sub
  For i = 1 To ActiveCell.Characters.Count
    ActiveCell.Characters(i, 1).Font.Size = 9 + i
  Next i
End Sub
```

Das letzte Beispiel ist stärker praxisbezogen. Es stellt den Schriftstil der ausgewählten Zellen zwischen den Schriftstilen normal, fett, kursiv und fett-kursiv um. Dabei wird mit jedem Aufruf in den jeweils nächsten Darstellungsmodus umgeschaltet. Das Makro kann damit einem neuen Symbol in der Symbolleiste zugewiesen werden. Dieses Symbol ersetzt die beiden vorhandenen Symbole FETTDRUCK und KURSIVDRUCK, beansprucht aber nur halb so viel Platz in der ohnedies immer zu kleinen Symbolleiste.

```
'wechselt zwischen normal, fett, kursiv und fett-kursiv
Sub FettKursiv()
  Dim bld, ital
  If Selection Is Nothing Then Exit Sub
  bld = Selection.Font.Bold: ital = Selection.Font.Italic
  If Not bld And Not ital Then
    bld = True
  ElseIf bld And Not ital Then
    ital = True: bld = False
  ElseIf Not bld And ital Then
    bld = True
  Else
    bld = False: ital = False
  End If
  Selection.Font.Bold = bld: Selection.Font.Italic = ital
End Sub
```

Rahmen

Excel verwaltet für jede Zelle sechs *Border*-Objekte, die den linken, rechten, oberen und unteren Rand der Zelle sowie diagonale Linien innerhalb der Zelle beschreiben. Auf die einzelnen Rahmenobjekte können Sie über *zelle.Borders(n)* zugreifen, wobei Sie für *n* die Konstanten *xlEdgeTop, xlEdgeBottom, xlEdgeLeft, xlEdgeRight, xlInsideVertical, xlInsideVertical, xlDiagonalDown* oder *xlDiagonalUp* einsetzen können. (*xlInsideVertical* und *xlInsideVertical* können nur bei Zellbereichen verwendet werden, die sich über mehrere Zellen erstrecken. Sie bewirken eine Veränderung der betroffenen *Top/Bottom/Left/Right*-Rahmen.)

VORSICHT

Die Linientypen *xlInsideVertical, xlInsideVertical, xlDiagonalDown* und *xlDiagonalUp* sind neu in Excel 97. Bei der Erweiterung des Rahmenkonzepts ist allerdings eine Schlamperei passiert: Die Schleife

```
For Each b In rangeobjekt.Borders
  b ...
Next b
```

erfaßt nicht mehr wie in früheren Versionen alle möglichen Rahmen. Verwenden Sie statt dessen die folgende Formulierung:

```
For Each i In Array(xlEdgeTop, xlEdgeBottom, xlEdgeLeft, _
                    xlEdgeRight, xlDiagonalDown, xlDiagonalUp)
  rangeobjekt.Borders(i) ...
Next i
```

Die wichtigsten Eigenschaften des *Border*-Objekts sind *LineStyle* (etwa *xlLineStyleNone, xlContinuous* und *xlDouble*), *Weight* (*xlHairline, xlThin, xlMedium, xlThick*) und *Color*.

Rahmen bereiten sowohl im manuellen Betrieb von Excel als auch bei der Programmierung oft Ärger. Der Grund liegt in der Tatsache, daß jeder Zellrand doppelt bestimmt ist – nämlich durch die zwei benachbarten Zellen. Dies ist besonders beim Löschen eines bestimmten Rahmens lästig. Wenn zwischen zwei Zellen ein Rahmen sichtbar ist, dann kann dieser Rahmen von der einen, von der anderen oder sogar von beiden Zellen stammen. Der Versuch, den Rahmen über ZELLEN FORMATIEREN | RAHMEN zu entfernen, gelingt nur, wenn Sie das Kommando in der richtigen Zelle starten (bzw. wenn Sie es für beide betroffenen Zellen ausführen).

Das folgende Makro bietet Abhilfe. Es löscht *alle* Rahmen der zuvor ausgewählten Zellen, und zwar auch dann, wenn die Rahmen eigentlich zu einer benachbarten Zelle gehören:

```
' Beispieldatei Zellen.xls
Sub AlleRahmenEliminieren()
  Dim berechn_modus, aktual_modus, i
  Dim rng As Range, ar As Range
  If Selection Is Nothing Then Exit Sub
  ' Geschwindigkeitsoptimierung
  berechn_modus = Application.Calculation
```

```
  aktual_modus = Application.ScreenUpdating
  Application.Calculation = xlManual
  Application.ScreenUpdating = False
  '
  For Each ar In Selection.Areas    'für jeden separaten Zellbereich
    For Each rng In ar              'für jede Zelle
      ' alle Rahmen der aktuellen Zelle löschen
      For Each i In Array(xlEdgeTop, xlEdgeBottom, xlEdgeLeft, _
                         xlEdgeRight, xlDiagonalDown, xlDiagonalUp)
        rng.Borders(i).LineStyle = xlLineStyleNone
      Next i
      ' rechten Rahmen der links angrenzenden Zelle löschen
      If rng.Column > 1 Then
        rng.Offset(0, -1).Borders(xlRight).LineStyle = xlLineStyleNone
      End If
      ' linken Rahmen der rechts angrenzenden Zelle löschen
      If rng.Column < 256 Then
         rng.Offset(0, 1).Borders(xlLeft).LineStyle = xlLineStyleNone
      End If
      ' unteren Rahmen der Zelle oberhalb löschen
      If rng.Row > 1 Then
        rng.Offset(-1, 0).Borders(xlBottom).LineStyle = xlLineStyleNone
      End If
      ' oberen Rahmen der Zelle unterhalb löschen
      If rng.Row < 65536 Then
         rng.Offset(1, 0).Borders(xlTop).LineStyle = xlLineStyleNone
      End If
    Next rng
  Next ar
  ' Geschwindigkeitsoptimierung Ende
  Application.Calculation = berechn_modus
  Application.ScreenUpdating = aktual_modus
End Sub
```

Geschwindigkeitsoptimierung

Die Ausführung von Prozeduren, die umfangreiche Änderungen im Tabellenblatt durchführen, kann relativ langsam vonstatten gehen. Zwei mögliche Gründe sind der Zeitaufwand für das beständige Aktualisieren des Bildschirminhalts und die Neuberechnung der Tabelle nach jeder Änderung. Sie können die Geschwindigkeit Ihrer Makros stark erhöhen, wenn Sie während der Ausführung sowohl die Bildschirmaktualisierung als auch die Neuberechnung deaktivieren. Dazu müssen Sie die *Application*-Eigenschaften *ScreenUpdating* und *Calculation* am Anfang und am Ende der Prozedur entsprechend einstellen.

Die Prozedur *AlleRahmenEliminieren* (siehe Beispiel oben) speichert zu Beginn die aktuellen Werte der beiden Eigenschaften und stellt sie anschließend auf *False* bzw. *xlManual*. Am Ende der Prozedur werden die ursprünglichen Einstellungen wiederhergestellt.

6.1.3 Datentransfer über die Zwischenablage

Wenn Sie einen Zellbereich an eine andere Stelle versetzen oder kopieren möchten, bedienen Sie sich am besten der Zwischenablage – wie beim manuellen Betrieb von Excel. Zum Datentransfer von und zur Zwischenablage sind folgende Methoden vorgesehen:

Copy: Kopiert den als Objekt angegebenen Zellbereich in die Zwischenablage. Wenn die Methode mit einem optionalen Bereichsparameter verwendet wird, dann werden die Daten nicht in die Zwischenablage, sondern direkt in den angegebenen Bereich kopiert.

Cut: Funktioniert wie *Copy*, allerdings werden die Ausgangsdaten gelöscht. Wenn im optionalen Parameter »Zielbereich« ein Zellbereich angegeben wird, dann werden die Zellen dorthin verschoben. Aus diesem Grund existiert keine eigene Methode zum Verschieben von Zellen.

Paste: Fügt Daten aus der Zwischenablage ein. Als Objekt muß ein Tabellenblatt angegeben werden. Wenn der Zielbereich nicht in einem optionalen Parameter angegeben wird, gilt die aktuelle Auswahl im Tabellenblatt als Zielbereich.

HINWEIS

Wenn Sie Excel via ActiveX-Automation durch ein anderes Programm steuern, tritt bei *Paste* eine Inkompatibilität zwischen Excel 7 und Excel 97 auf. In Excel 7 mußten Dezimalzahlen mit einem Komma übergeben werden, in Excel 97 dagegen mit einem Dezimalpunkt. Dieses Verhalten gilt nur bei der externen Steuerung – innerhalb der deutschen Excel-Version (bei deutscher Ländereinstellung) ist das korrekte Zeichen für den Dezimalpunkt weiterhin ein Komma.

PasteSpecial: Ermöglicht wie das Kommando BEARBEITEN | INHALTE EINFÜGEN komplexere Bearbeitungsschritte, etwa das Einfügen von Werten (statt von Formeln) oder die Durchführung von Rechenoperationen. Die Methode kennt zahlreiche optionale Parameter, die in der Online-Hilfe beschrieben sind. Insbesondere können Sie mit der Hilfe dieser Parameter die Zellen, die durch das Einfügen überschrieben wurden, nach rechts oder nach unten verschieben.

Zwei Eigenschaften des Objekts *Application* geben Zusatzinformationen über den aktuellen Inhalt der Zwischenablage und den aktuellen Kopier- bzw. Ausschneidemodus:

CutCopyMode: Die Eigenschaft gibt an, ob sich Excel gerade im Kopier- oder Ausschneidemodus befindet. Mögliche Werte sind *False*, *xlCut* und *xlCopy*. Durch die Zuweisung von *False* kann ein begonnener Kopier- oder Ausschneidevorgang abgebrochen werden. Damit verschwindet auch der Laufrahmen rund um die kopierten bzw. ausgeschnittenen Daten.

ClipboardFormats: Diese Aufzähleigenschaft gibt an, welche Formate die in der Zwischenablage befindlichen Daten aufweisen. Die Eigenschaft ist als Feld organisiert, weil die Zwischenablage gleichzeitig Daten in mehreren Formaten enthalten kann. Mögliche Formate sind *xlClipboardFormatText* oder *xlClipboardFormatBitmap* (siehe Online-Hilfe).

ANMERKUNG

Bedauerlicherweise fehlt in Excel-VBA eine Möglichkeit, direkt Daten (z. B. Zeichenketten) in die Zwischenablage zu schreiben oder von dort zu lesen. Das in der Programmiersprache Visual Basic zu diesem Zweck vorgesehene *Clipboard*-Objekt wird von VBA-Excel nicht unterstützt. Auf der beiliegenden CD-ROM befindet sich ein Programm (ein ActiveX-Server), das diesen Mißstand behebt – siehe Abschnitt 13.6.3.

Zellbereich in ein anderes Blatt kopieren

Die folgenden Anweisungen kopieren die Daten der aktuellen Region, in der sich der Zellzeiger gerade befindet, von Tabelle1 in Tabelle2. Dabei wird durch *SpecialCells(xlVisible)* erreicht, daß nur die sichtbaren Daten kopiert werden. Diese Einschränkung ist beispielsweise bei Datenbankanwendungen sinnvoll, wenn nur die gefilterten Daten übertragen werden sollen. Wenn Sie einfach nur die markierten Daten übertragen möchten, reicht die Anweisung *Selection.Copy*.

Beachten Sie beim Aufruf von *Paste*, daß als Objekt zwar das aktive Blatt angegeben wird, die Daten aber beginnend bei Zelle A1 in die Tabelle2 kopiert werden.

```
' sichtbare Daten in die Zwischenablage kopieren
Selection.CurrentRegion.SpecialCells(xlVisible).Copy
' Daten beginnend bei A1 in Tabelle 2 einfügen
ActiveSheet.Paste Range("Tabelle2!A1")
' Kopiermodus (blinkender Rahmen) auflösen
Application.CutCopyMode = False
```

Daten einfügen und verknüpfen

Je nach Datenherkunft besteht beim Einfügen von Daten aus der Zwischenablage die Möglichkeit, eine Verknüpfung zu dem Programm herzustellen, aus dem die Daten stammen. Die Daten werden dann bei jeder Veränderung im Ursprungsprogramm auch in Excel aktualisiert.

Am häufigsten werden Datenverknüpfungen innerhalb von Excel benötigt – nämlich dann, wenn Daten aus einer Datei auch in einer anderen Datei benötigt werden. Im manuellen Betrieb von Excel kopieren Sie dazu die Daten in der einen Datei und fügen sie dann mit BEARBEITEN | INHALTE EINFÜGEN | VERKNÜPFUNG EINFÜGEN in die andere Datei ein.

Im Programmcode verwenden Sie für diese Aktion allerdings nicht die Methode *PasteSpecial*, sondern die bereits im vorigen Beispiel eingesetzte Methode *Paste*. Allerdings müssen Sie jetzt den optionalen Parameter *Link:=True* angeben. Außerdem muß der Zielbereich jetzt mit der aktiven Auswahl übereinstimmen. Im obigen Beispiel müssen daher vor dem Einfügen Tabelle2 aktiviert und der Zellzeiger nach A1 gestellt werden.

```
' sichtbare Daten in die Zwischenablage kopieren
Selection.CurrentRegion.SpecialCells(xlVisible).Copy
' Daten beginnend bei A1 in Tabelle 2 einfügen und verknüpfen
Worksheets("Tabelle2").Select
Range("A1").Select
ActiveSheet.Paste Link:=True
Worksheets("Tabelle1").Select
' Kopiermodus (blinkender Rahmen) auflösen
Application.CutCopyMode = False
```

6.1.4 Syntaxzusammenfassung

Zugriff auf ausgewählte Bereiche	
ActiveCell	aktive Zelle (Postion des Zellzeigers)
Selection	markierter Bereich oder markiertes Objekt im Fenster
RangeSelection	markierter Bereich (auch dann, wenn zusätzlich ein anderes Objekt ausgewählt wurde)
UsedRange	genutzter Bereich in Tabellenblatt

Auswahl von Bereichen	
Range("A3")	eine Zelle
Range("A3:B5")	Zellbereich
Range("A3:B5,C7")	nicht zusammenhängender Zellbereich
Range("name")	Zugriff auf einen benannten Bereich
Evaluate("name")	Zugriff auf einen benannten Bereich, zweite Variante
[A3] oder *[A3:B5]* oder *[name]*	Kurzschreibweise für *Range* bzw. *Evaluate*
Range(brch1, brch2)	Bereich zwischen zwei Zellen; *brch1* und *brch2* können auch durch *Cells* angegeben werden
brch.Offset(z, sp)	liefert einen um *z* Zeilen und *sp* Spalten versetzten Bereich
brch.Resize(z, sp)	verändert die Bereichsgröße auf *z* Zeilen und *sp* Spalten
brch.Select	wählt den angegebenen Bereich aus
brch.Activate	wie oben
GoTo brch	wählt den angegebenen Bereich aus
GoTo brch, True	wie oben, zeigt Bereich aber auch an
Union(brch1, brch2,..)	Vereinigung der angeführten Bereiche
Intersect(brch1, brch2,..)	Schnittmenge der angeführten Bereiche

Zugriff auf spezielle Zellen

brch.Cells	Aufzählobjekt aller Zellen
brch.Cells(n)	*n*-te Zelle (1=A1, 2=B1, 257=A2 etc.)
brch.Cells(z, sp)	Zelle der *z*-ten Zeile und *sp*-ten Spalte
brch.Areas	Aufzählobjekt aller rechteckiger Bereiche
brch.Areas(n)	*n*-ter rechteckiger Bereich
brch.EntireColumn	Spalten, in denen sich der Bereich befindet
brch.EntireRow	wie oben für Zeilen
brch.Columns(n)	Zugriff auf einzelne Spalten
brch.Rows(n)	Zugriff auf einzelne Zeilen
brch.SpecialCells(typ)	Zugriff auf leere, sichtbare ... Zellen
brch.End(xlXxx)	Zugriff auf letzte Zelle in einer Richtung
brch.CurrentRegion	Zugriff auf zusammengehörenden Zellbereich
brch.[Direct]Precedents	Zugriff auf Vorgängerzellen (Ausgangsdaten)
brch.[Direct]Dependents	Zugriff auf Nachfolgerzellen (Formeln)
brch.ListHeaderRows	ermittelt die Anzahl der Überschriftszeilen eines Bereichs

Benannte Zellbereiche, Adressen von Bereichen

Names.Add "test", "=d5"	definiert den Namen »test« mit dem Bezug auf die Zelle D5
[test].Select	wählt den Zellbereich »test« aus
Names("test").RefersTo	liefert Bereichsbezeichnung (z. B. *"=Tabelle1!$F$4:$G$6"*)
Names("test").RefersToR1C1	wie oben, aber in R1C1-Schreibweise
Names("test").RefersToR1C1Local	wie oben, aber in Z1S1-Schreibweise
Names("test").Delete	löscht den Namen »test«
brch.Address(..)	liefert Zeichenkette mit Bereichsadresse
brch.AddressLocal(..)	wie oben, aber Z1S1- statt R1C1-Schreibweise

Zellbereiche einfügen / löschen

brch.ClearContents	Zellinhalte löschen
brch.ClearFormats	Formatierung der Zellen löschen
brch.Clear	Inhalte und Formate löschen
brch.ClearNotes	Notizen löschen
brch.Delete [xlToLeft oder *xlUp]*	Zellen löschen
brch.Insert [xlToRight oder *xlDown]*	Zellen einfügen

Datentransfer über die Zwischenablage

brch.Copy	Bereich in die Zwischenablage kopieren
brch1.Copy brch2	Daten aus *brch1* in *brch2* kopieren
brch.Cut	wie Kopieren, *brch* wird aber gelöscht
brch1.Cut brch2	Daten aus *brch1* in *brch2* versetzen
blatt.Paste	fügt Daten in der Auswahl des Blatts ein
blatt.Paste Link:=True	wie oben, aber mit bleibender Verknüpfung
blatt.Paste brch	fügt Daten im angegebenen Bereich ein (ohne Verzeichnis)

blatt.PasteSpecial format	fügt Daten in bestimmtem Format ein
Application.CutCopyMode	gibt den aktuellen Modus an
Application.ClipboardFormats(n)	enthält Informationen über Daten in der Zwischenablage

Inhalt und Format von Zellen	
zelle.Value	Wert der Zelle
zelle.Text	formatierte Zeichenkette mit Inhalt der Zelle (read-only)
zelle.Characters(start, anzahl)	einzelne Zeichen einer Textkonstanten
zelle.Formula	Formel der Zelle in A1-Schreibweise, englische Funktionsnamen
zelle.FormulaR1C1	Formel in R1C1-Schreibweise, englische Funktionsnamen
zelle.FormulaLocal	Formel der Zelle in A1-Schreibweise, deutsche Funktionsnamen
zelle.FormulaR1C1Local	Formel in Z1S1-Schreibweise, deutsche Funktionsnamen
zelle.HasFormula	gibt an, ob Zelle Formel enthält oder nicht
zelle.NoteText(text, start, end)	liest oder verändert bis zu 255 Zeichen der Notiz zur Zelle
zelle.Font	Verweis auf Schriftartobjekt
zelle.VerticalAlignment	vertikale Ausrichtung (links / rechts / zentriert / bündig)
zelle.HorizontalAlignment	horizontale Ausrichtung (oben / unten / Mitte)
zelle.Orientation	Textrichtung (horizontal / vertikal)
zelle.WrapText	Zeilenumbruch
zelle.ColumnWidth	Breite der ganzen Spalte
zelle.RowHeight	Höhe der ganzen Zeile
zelle.NumberFormat	Zeichenkette mit Zahlenformat
zelle.Style	Zeichenkette mit Formatvorlagenname
zelle.BorderAround art, stärke	stellt den Gesamtrahmen ein
zelle.Borders	Verweis auf Rahmenobjekt
zelle.Row	Zeilennummer der Zelle
zelle.Column	Spaltennummer der Zelle

6.2 Arbeitsmappen, Fenster und Arbeitsblätter

Dieser Abschnitt behandelt den Umgang mit Arbeitsmappen, Fenstern und Arbeitsblättern. Alle drei Begriffe werden durch Objekte repräsentiert, wobei zusätzlich zwischen Typen von Arbeitsblättern (Tabelle, Diagramm, Dialog) unterschieden wird. Teilabschnitt 6.2.1 beschreibt alle wichtigen Methoden und Eigenschaften zur Bearbeitung dieser Objekte, Teilabschnitt 6.2.2 gibt einige Beispiele für deren Anwendung.

6.2.1 Objekte, Methoden und Eigenschaften

Das Application-Objekt

Application stellt das Basisobjekt innerhalb von Excel dar. *Application* meint nicht eine spezielle Excel-Datei, sondern das Programm Excel als Ganzes. Eigenschaften und Methoden von *Application* beeinflussen daher zumeist Einstellungen, die für alle geladenen Dateien gelten (allgemeine Optionen etc.). In diesem Abschnitt ist das Objekt *Application* insofern von großer Bedeutung, als es der Ausgangspunkt praktisch aller Methoden und Eigenschaften zur Verwaltung von Arbeitsmappen, Fenstern und Blättern ist. *Application* gilt dabei häufig als Defaultobjekt: Wenn Methoden wie *Worksheets* ohne Objektangabe eingesetzt werden, dann gilt automatisch *Application* als gültiges Objekt.

Arbeitsmappen

Arbeitsmappen (*Workbook*-Objekte) sind ein Synonym zu Excel-Dateien. Sie umfassen zumeist mehrere Blätter und können in einem oder mehreren Fenstern angezeigt werden. Es besteht auch die Möglichkeit, daß die Fenster einer Arbeitsmappe ausgeblendet sind. Solche Arbeitsmappen sind zwar nicht sichtbar, ihre Daten sind aber präsent, und darin definierte Prozeduren können jederzeit ausgeführt werden. Für den Zugriff auf die geladenen Arbeitsmappen existieren drei Methoden/Eigenschaften, die alle ein *Workbook*-Objekt als Ergebnis liefern.

Workbooks: Diese Methode ermöglicht den Zugriff auf alle geladenen Arbeitsmappen. Auf einzelne Mappen kann durch die Angabe eines numerischen Indexes (1 bis *Count*) oder durch die Angabe des Dateinamens zugegriffen werden. Falls noch keine Arbeitsmappe geladen wurde, liefert *Count* den Wert 0.

ActiveWorkbook: Die Eigenschaft verweist auf die gerade aktive Arbeitsmappe. Als »aktiv« gilt jene Arbeitsmappe, die sich im obersten Fenster befindet und Einnahmen entgegennehmen kann.

ThisWorkbook: Die Eigenschaft verweist auf jene Arbeitsmappe, in der sich der gerade ausgeführte Code befindet. Diese Arbeitsmappe muß nicht zwangsläufig mit *ActiveWorkbook* übereinstimmen – mit einer Prozedur aus Arbeitsmappe A können Sie ja auch ein Blatt aus Arbeitsmappe B bearbeiten. Die Eigenschaft muß insbesondere dann verwendet werden, wenn sich der Code in einer ausgeblendeten Arbeitsmappe befindet, weil in diesem Fall immer eine andere Arbeitsmappe als »aktiv« gilt.

Methoden zur Bearbeitung von Arbeitsmappen

Activate: Die Methode verwandelt die angegebene Arbeitsmappe in die aktive Arbeitsmappe. Beachten Sie, daß die bei anderen Objekten gleichwertige Methode ***Select*** für Arbeitsmappen nicht verwendet werden darf!

Add: Die Methode muß auf *Workbooks* angewendet werden und erstellt eine neue leere Arbeitsmappe. Optional kann dabei ein Blatttyp (etwa *xlChart*) angegeben werden – dann enthält die neue Arbeitsmappe nur ein Blatt.

Close: Die Methode schließt die als Objekt angegebene Arbeitsmappe. Falls sich darin noch nicht gespeicherte Daten befinden, erscheint automatisch eine Sicherheitsabfrage. (Diese Sicherheitsabfrage kann durch *Application.DisplayAlerts=False* unterbunden werden.)

Open: Die Methode muß auf *Workbooks* angewendet werden. Sie lädt die durch ihren Dateinamen angegebene Arbeitsmappe. Eine Menge optionaler Parameter steuern die diversen Ladevarianten (Umwandlung von einem anderen Datenformat, Kennwort, Schreibschutz etc.).

Save: Speichert die angegebene Arbeitsmappe (oder die aktive Arbeitsmappe, falls *Application* als Objekt angegeben wird) unter ihrem bisherigen Namen. Falls die Datei noch keinen Namen hat, erscheint automatisch der Dateiauswahldialog.

SaveAs: Wie oben, allerdings muß hier ein gültiger Dateiname angegeben werden. Falls der Dateiname schon existiert, erscheint eine Sicherheitsabfrage, ob die Datei überschrieben werden soll. *SaveAs* darf nicht auf das *Application*-Objekt angewendet werden, dafür aber auf einzelne Tabellen- oder Diagrammblätter.

SaveCopyAs: Wie oben, allerdings ändert sich der Dateiname der Arbeitsmappe nicht. Nur für *Workbook*-Objekte.

GetOpenFilename: Die Methode zeigt den Dialog zur Dateiauswahl an. Wenn ein gültiger Dateiname ausgewählt wird, gibt die Methode diesen zurück, andernfalls den Wahrheitswert *False*. Die ausgewählte Datei wird aber in keinem Fall geöffnet. Die Methode muß auf das *Application*-Objekt angegeben werden.

GetSaveAsFilename: Wie oben, es darf aber auch eine noch nicht existierende Datei angegeben werden.

Wichtige Eigenschaften von Arbeitsmappen

Name, Path, FullName: Die drei Eigenschaften geben den Dateinamen ohne Pfad, nur den Pfad und schließlich den gesamten Dateinamen mit Pfad an. *Path* enthält eine leere Zeichenkette, wenn die Mappe noch nie gespeichert wurde und daher noch keinen Dateinamen hat.

Saved: Gibt an, ob die Datei seit dem letzten Speichern unverändert geblieben ist (*True*) oder gespeichert werden muß (*False*).

Fenster

Fenster werden zur Darstellung von Arbeitsmappen eingesetzt, wobei die Möglichkeit besteht, mehrere Fenster für dieselbe Arbeitsmappe zu öffnen. Auch ausgeblendete oder in Icons verkleinerte Fenster gelten aus der Sicht Excels als »normale« Fenster, die sich nur durch die Eigenschaften *Visible* und *WindowState* von sichtbaren Fenstern unterscheiden. Die Verwaltung von Fenstern erfolgt ähnlich wie jene der Arbeitsmappen.

Windows: Die Methode ermöglicht den Zugriff auf einzelne Fenster, die durch eine Indexnummer oder durch ihren Namen angegeben werden. Beachten Sie, daß die Methode auch in Icons verkleinerte oder unsichtbare Fenster liefert. Wenn als Objekt *Application* angegeben wird, liefert *Windows* ein Aufzählobjekt *aller* Fenster. Die Methode kann aber auch auf ein *Workbook*-Objekt angewendet werden und liefert dann nur die Fenster dieser Arbeitsmappe.

ActiveWindow: Die Eigenschaft des *Application*-Objekts verweist auf das aktive Fenster.

Methoden zur Bearbeitung von Fenstern

Activate: Die Methode aktiviert das als Objekt angegebene Fenster. Beachten Sie, daß die oft gleichwertige Methode ***Select*** für Fenster nicht verwendet werden darf!

ActivatePrevious, ActivateNext: Aktiviert das in der Fensterliste letzte bzw. nächstfolgende Fenster und reiht das als Objekt angegebene Fenster an letzter Stelle in die Fensterliste ein.

Close: Die Methode schließt das angegebene Fenster. Falls es sich dabei um das letzte Fenster einer Arbeitsmappe handelt und diese noch nicht gespeicherte Daten enthält, erscheint automatisch eine Sicherheitsabfrage, ob gespeichert werden soll.

NewWindow: Die Methode (angewendet auf ein vorhandenes Fenster oder auf ein *Workbook*-Objekt) erzeugt ein neues Fenster. Das Fenster enthält eine Kopie des angegebenen Fensters bzw. des aktiven Fensters der Arbeitsmappe. Beachten Sie, daß die Methode *Add* zwar für fast alle anderen Objekte definiert ist, nicht aber für Fenster!

Wichtige Fenster-Eigenschaften

WindowState: Bestimmt das Aussehen des Fensters. Mögliche Werte: *xlMaximized*, *xlMinimized* (Icon) und *xlNormal*.

Visible: Gibt an, ob das Fenster sichtbar (*True*) ist oder nicht (*False*). Unsichtbare Fenster werden im üblichen Excel-Sprachgebrauch als »ausgeblendet« bezeichnet (Kommando FENSTER | AUSBLENDEN).

Caption: Gibt den Fenstertitel an.

DisplayGridlines, DisplayHeadings: Bestimmen, ob im Fenster Gitternetzlinien sowie Zeilen- und Spaltenköpfe angezeigt werden sollen.

Zoom: Bestimmt den Zoomfaktor (10 bis 400 Prozent).

ScrollColumn, ScrollRow: Bestimmt die Spalten/Zeilennummer im linken oberen Eck des Fensters.

Split, FreezePanes: Geben an, ob das Fenster geteilt und ob die Teilung fixiert ist.

SplitRow, SplitColumn: Bestimmen die Position der Fensterteilungslinien.

Width, Height, Left, Top: Geben Ausmaß und Position des Fensters in Punkt (0.35 mm) an.

UsableWidth, UsableHeight: Geben die Innenausmaße des Fensters (ohne Fensterrand, Titelzeile, Bildlaufzeilen etc.) an.

Fensterausschnitte

Geteilte Fenster können bis zu vier Ausschnitte aufweisen. Fensterausschnitte werden über eigene *Pane*-Objekte verwaltet. Der Zugriff auf diese Objekte erfolgt entweder über die *Window*-Eigenschaft ***ActivePane*** oder über die *Window*-Methode *Panes.ActivePane*. Die Aufzähung *Panes* kann auch bei ungeteilten Fenstern eingesetzt werden, allerdings existiert dann nur ein einziger Ausschnitt.

Der gerade aktive Ausschnitt kann mit *Activate* verändert werden. Die beiden wichtigsten Eigenschaften eines *Pane*-Objekts lauten *Line*- und *SplitColumn*, die analog zu Fenstern definiert sind (siehe oben).

Arbeitsblätter

Der Zugriff auf Blätter erfolgt durch Aufzählmethoden bzw. über einige *ActiveXxx*-Eigenschaften. Excel kennt drei Typen von Arbeitsblättern: Tabellenblätter (auch zur Speicherung von Excel-4-Makros), Diagramme und Dialoge im Format von Excel 5 / 7.

HINWEIS

Genaugenommen gibt es noch einen vierten Blatttyp, der in Excel 97 aber nicht mehr offiziell unterstützt wird: Modulblätter (Objekttyp *Module*). Module wurden in Excel 5 / 7 wie Tabellenblätter angezeigt, können in Excel 97 aber nur noch im VBA-Fenster angezeigt werden. Beachten Sie aber, daß in einer Schleife *For Each s In Sheets* auch alle Module durchlaufen werden, obwohl es diesen Objekttyp ja gar nicht mehr geben sollte.

Sheets: Ermöglicht den Zugriff auf alle Blätter einer Arbeitsmappe bzw. auf die Blätter der gerade aktiven Arbeitsmappe, wenn das *Application*-Objekt angegeben wird. Die Methode liefert das Ergebnis je nach Blatttyp als *Worksheet-*, *Chart-* oder *DialogSheet-*Objekt.

ACHTUNG

Es gibt keinen allgemeinen Objekttyp für Blätter (also kein *Sheet*-Objekt). Wenn *x* wie im folgenden Beispiel als *Worksheet* definiert wird (statt als allgemeine Objekt-Variable), kommt es zu einer Fehlermeldung, wenn der Variablen ein anderer Blatttyp zugewiesen wird. Abhilfe: Definieren Sie *x* allgemein als *Object* und stellen Sie den Objekttyp der Variable mit *Typename* fest.

```
' Achtung, dieses Beispiel produziert einen Fehler, wenn die
' Arbeitsmappe außer Tabellenblättern andere Blätter enthält!
Dim x As Worksheet
For Each x In ActiveWorkbook.Sheets
  Debug.Print x.Name
Next x
```

Worksheets, Charts, DialogSheets, Excel4MacroSheets, Excel4IntlMacroSheets: Wie *Sheets*, allerdings liefern die sechs Methoden nur Blätter des jeweiligen Typs.

SelectedSheets: Ermöglicht den Zugriff auf alle ausgewählten Blätter eines Fensters. Diese Methode ist zur Bearbeitung von Blattgruppen nützlich, also nachdem mehrere Blätter gleichzeitig ausgewählt wurden.

ActiveSheet, ActiveChart, ActiveDialog: Die drei Eigenschaften verweisen auf das gerade aktive Blatt des jeweiligen Typs. (Bei der ersten Eigenschaft kommen wiederum alle drei Blatttypen in Frage.)

Methoden zur Bearbeitung von Blättern

Select, Activate: Die beiden Methoden aktivieren das angegebene Blatt. Solange nur ein einzelnes Blatt bearbeitet wird, sind die beiden Methoden gleichwertig. Bei *Select* kann aber noch in einem optionalen Parameter *False* angegeben werden: Das ausgewählte Blatt ersetzt dann nicht das bisher aktive Blatt, vielmehr kommt es zu einer Mehrfachauswahl. Auf diese Weise können Gruppen von Blättern bearbeitet werden.

Add: Fügt ein neues leeres Blatt ein. Durch vier optionale Parameter können Position, Anzahl und Typ der neuen Blätter angegeben werden. Ohne diese optionalen Parameter fügt VBA ein leeres Tabellenblatt vor dem gerade aktiven Tabellenblatt ein. Das neue Blatt wird gleichzeitig zum aktiven Blatt. Der Name des Tabellenblatts kann über die Eigenschaft *Name* eingestellt werden.

Copy: Kopiert das als Objekt angegebene Blatt in eine neue, ansonsten leere Arbeitsmappe. Wenn in *Copy* in einem optionalen Parameter ein Blatt angegeben wird, dann wird das neue Blatt vor diesem Blatt eingefügt. Damit kann das neue Blatt auch innerhalb der Arbeitsmappe vervielfältigt werden. Mit dem Blatt werden auch alle darin enthaltenen Objekte sowie der zum Blatt gehörende Programmcode kopiert.

ACHTUNG

Beim Kopieren eines Tabellenblatts mit eingelagerten MS-Forms-Steuerelementen (siehe auch Abschnitt 8.5) werden diese Steuerelemente zwar kopiert, sie erhalten dabei aber neue Namen (*CommandButton1, CommandButton2* etc.). Der Programmcode wird allerdings nicht entsprechend geändert. Das hat gleich mehrere negative Konsequenzen:

- Die zu den Steuerelementen gehörenden Ereignisprozeduren werden nicht mehr berücksichtigt. (Wenn ein Button angeklickt wird, gibt es keine Reaktion.)
- Wenn im Programmcode Referenzen auf die Steuerelemente benutzt werden – etwa um die Eigenschaft eines Listenfelds zu verändern – treten beim automatischen Kompilieren des neuen Programmcodes Syntaxfehler auf (weil auf Objekte verwiesen wird, die es im neuen Blatt unter diesem Namen nicht gibt.)

Delete: Löscht das als Objekt angegebene Blatt. Dabei kommt es zu einer Sicherheitsabfrage, in der der Anwender bestätigen muß, daß das Blatt endgültig gelöscht wird. Diese Abfrage kann in der aktuellen Version nicht verhindert werden! Im folgenden Teilabschnitt wird aber gezeigt, wie die Abfrage ohne Zutun des Anwenders durch *SendKeys* sofort bestätigt werden kann.

Die wichtigsten Blatt-Eigenschaften

Name: Bestimmt den Namen des Blatts.

Visible: Gibt an, ob ein Blatt ein- oder ausgeblendet ist. Ausgeblendete Blätter können nur im Programmcode (*Sheets(...).Visible=True*) wieder eingeblendet werden. Es existiert für diese Operation kein gleichwertiges Menükommando! Unsichtbare Blätter können nicht mit *Select* aktiviert werden.

6.2.2 Programmiertechniken

Dateinamen auswählen und Arbeitsmappe laden

Zur Auswahl eines Dateinamens stellt VBA zwei Methoden zur Verfügung, nämlich *GetOpenFilename* und *GetSaveAsFilename*. Diese Methoden führen jeweils zur Anzeige eines Dialogs für die Dateiauswahl und geben anschließend den Dateinamen oder *False* zurück. Der einzige Unterschied zwischen den beiden Methoden besteht darin, daß bei *GetSaveAsFilename* auch der Dateiname einer noch gar nicht existierenden Datei angegeben werden darf.

Das folgende Codebeispiel fordert den Anwender zur Auswahl einer Excel-Datei auf, die anschließend geladen wird. Der Parameter von *GetOpenFilename* gibt den Dateifilter an; im Dialog werden nur Dateinamen angezeigt, die dem Muster `*.xl?` entsprechen. Weitere Details zum Umgang mit *GetOpenFilename* bzw. *GetSaveAsFilename* finden Sie in Abschnitt 6.5.2.

```
' Beispieldatei Blätter.xls
Sub Dateiladen()
  Dim ergebnis
  ergebnis = Application.GetOpenFilename("Excel-Dateien,*.xl?", 1)
  If ergebnis = False Then Exit Sub
  Workbooks.Open ergebnis
End Sub
```

Fenster in Icons verwandeln

Wenn Sie vor lauter Fenstern den Überblick verloren haben, kann es von Vorteil sein, alle Fenster quasi auf Knopfdruck in Icons zu verkleinern. Die einzige Besonderheit im folgenden Codebeispiel ist die Abfrage *If f.Visible*. Damit wird verhindert, daß auch ausgeblendete Fenster verkleinert werden (was zu einem Fehler führt).

```
' Beispieldatei Blätter.xls
Sub AlleFensterInIconsVerwandeln()
  Dim f As Object
  For Each f In Windows
    If f.Visible Then f.WindowState = xlMinimized
  Next f
End Sub
```

Fenster an der aktuellen Position des Zellzeigers teilen

Das folgende Codebeispiel teilt das Fenster an der aktuellen Position des Zellzeigers. Falls die Fensterteilung bisher fixiert war, wird sie auch nach der neuen Teilung wieder fixiert. *win* wird als Abkürzung zum Zugriff auf das aktive Fenster benutzt. Der Ort, an dem das Fenster geteilt wird, resultiert aus der Zeilen- und Spaltendifferenz zwischen der aktiven Zelle und der in der linken oberen Fensterecke sichtbaren Zelle (deren Position aus den Fenstereigenschaften *Row-* und *ScrollColumn* ermittelt wird).

```
' Beispieldatei Blätter.xls
Sub FensterHierTeilen()
  Dim fixierung, win As Window
  If TypeName(ActiveSheet) <> "Worksheet" Then Exit Sub
  Set win = ActiveWindow
  fixierung = win.FreezePanes
  win.FreezePanes = False     'sonst kann Teilung nicht verändert werden
  If win.Split Then win.Split = False: Exit Sub       'Teilung aufheben
  win.SplitRow = ActiveCell.Row - win.ScrollRow
  win.SplitColumn = ActiveCell.Column - win.ScrollColumn
  win.FreezePanes = fixierung                'Fixierung wiederherstellen
End Sub
```

Durch die *TypeName*-Abfrage wird erreicht, daß das Makro sofort abgebrochen ist, wenn momentan kein Tabellenblatt aktiv ist. (Das Teilen eines Fensters ist nur bei Tabellenblättern möglich.)

Gitterlinien und Zellköpfe ein- und ausschalten

Zwei Fenstereigenschaften werden in der praktischen Arbeit mit Tabellen besonders oft umgeschaltet: Die Anzeige der Gitterlinien und die Anzeige der Zeilen- und Spaltenköpfe. Das Codebeispiel unten testet den aktuellen Zustand der beiden Einstellungen und schaltet in den jeweils nächsten von vier möglichen Modi um: beide Fensterelemente sichtbar, nur Gitterlinien, nur Zellköpfe, weder noch.

Das Makro kann einem neuen Symbol in der Symbolleiste zugeordnet werden. Über ein einziges Symbol (Platzersparnis in den ohnedies immer zu kleinen Symbolleisten) kann so zwischen vier verschiedenen Einstellungen gewechselt werden. Selbst wenn Sie das Symbol dreimal anklicken müssen, bis der gerade erwünschte Modus erreicht ist, ist diese Vorgehensweise erheblich bequemer als das Kommando EXTRAS | OPTIONEN | ANSICHT.

```
' Beispieldatei Blätter.xls
Sub Zeilen_Spaltenköpfe()
  Dim gitter, köpfe
  On Error Resume Next
  köpfe = ActiveWindow.DisplayHeadings
  gitter = ActiveWindow.DisplayGridlines
  If köpfe And Not gitter Then
    köpfe = False
  ElseIf Not köpfe And Not gitter Then
    gitter = True
  ElseIf Not köpfe And gitter Then
    köpfe = True
  Else
    gitter = False
  End If
  ActiveWindow.DisplayHeadings = köpfe
  ActiveWindow.DisplayGridlines = gitter
End Sub
```

HINWEIS

Durch *On Error Resume Next* wird erreicht, daß das Makro auch dann ohne Fehlermeldung ausgeführt wird, wenn gar kein Tabellenblatt aktiv ist (und das Makro daher keinen Sinn gibt).

Blatt löschen

Eigentlich ist zum Löschen eines Blatts nur die Ausführung der *Delete*-Methode erforderlich. Das Problem dabei besteht in der Sicherheitsabfrage, die Excel vor dem Löschen anzeigt. Je nach Anwendung kann es für den Anwender aber überaus irritierend sein, wenn er plötzlich mit einer Sicherheitsabfrage zu einem Blatt konfrontiert wird, das gar nicht er selbst (sondern das Programm) erzeugt hat. Aus diesem Grund kann über die Eigenschaft *DisplayAlerts* die Anzeige von Warnungen während der Makroausführung deaktiviert werden.

```
Sub AktivesBlattLöschen()
  Application.DisplayAlerts = False
  ActiveSheet.Delete
  Application.DisplayAlerts = True
End Sub
```

Abschließend noch ein Hinweis: Die Prozedur ist nicht in der Lage, das eigene Modulblatt zu löschen. Wenn Sie die Prozedur im Modul mit F5 starten, dann passiert gar nichts. VBA ist mit einem Sicherheitsmechanismus ausgestattet, der verhindert, daß ein Blatt mit gerade ausgeführtem Code gelöscht wird.

Erstes bzw. letztes Blatt der Blattliste anspringen

Mit den Tastenkombinationen Strg+Bild ↑ bzw. Strg+Bild ↓ kann das nächste bzw. vorherige Arbeitsblatt ausgewählt werden. Es existieren aber keine Tastaturkombinationen, um zum ersten oder letzten Tabellenblatt zu springen. Die folgenden vier Prozeduren, die Sie in Ihre persönliche Arbeitsmappe `Personl.xls` kopieren können, sehen für diesen Zweck die Tastaturkombination Strg+Shift+Bild ↑ bzw. Strg+Shift+Bild ↓ vor.

In der Prozedur *Workbook_Open*, die beim Laden der Datei automatisch ausgeführt wird, werden die Ereignisprozeduren für die erwähnten Tastenkombinationen angemeldet (siehe auch Abschnitt 5.4 zum Thema Auto- und Ereignisprozeduren). *Workbook_BeforeClose* deaktiviert die beiden Makros beim Schließen der Datei wieder. *SpringeZumErstenBlatt* und *SpringeZumLetztenBlatt* sehen komplizierter aus, als es auf den ersten Blick notwendig erscheint. Die Anweisungen

```
Sheets(1).Select              'erstes Blatt auswählen
Sheets(Sheets.Count).Select   'letztes Blatt auswählen
```

wären für die meisten Fälle ebenfalls ausreichend. Sie haben aber den Nachteil, daß sie zu einem Fehler führen, falls das erste bzw. das letzte Blatt unsichtbar (ausgeblendet) ist. Außerdem muß getestet werden, daß es sich beim zu aktivierenden Blatt nicht um ein Modul handelt, das in der *Sheets*-Aufzählung zwar vorkommt, aber seit Excel 97 nicht mehr als reguläres Blatt gilt.

```
' Blätter.xls, »Diese Arbeitsmappe«
Private Sub Workbook_Open()
  Application.OnKey "+^{BILDO}", "SpringeZumErstenBlatt"
  Application.OnKey "+^{BILDU}", "SpringeZumLetztenBlatt"
End Sub
Private Sub Workbook_BeforeClose(Cancel As Boolean)
  Application.OnKey "+^{BILDU}", ""
  Application.OnKey "+^{BILDO}", ""
End Sub
' Blätter.xls, »Modul1«
' aktiviert das erste Blatt
Sub SpringeZumErstenBlatt()
  Dim i
  For i = 1 To Sheets.Count
    If Sheets(i).Visible And TypeName(Sheets(i)) <> "Module" Then
      Sheets(i).Select
      Exit Sub
    End If
  Next i
End Sub
' aktiviert das letzte Blatt
Sub SpringeZumLetztenBlatt()
  Dim i
  For i = Sheets.Count To 1 Step -1
    If Sheets(i).Visible And TypeName(Sheets(i)) <> "Module" Then
      Sheets(i).Select
      Exit Sub
    End If
  Next i
End Sub
```

6.2.3 Syntaxzusammenfassung

Alle angegebenen Methoden und Eigenschaften können sich auf das *Application*-Objekt beziehen, einige auch auf *Workbook*- oder *Window*-Objekte.

Zugriff auf Arbeitsmappen, Fenster und Blätter	
Workbooks	Zugriff auf alle Arbeitsmappen
Windows	Zugriff auf alle Fenster
Sheets	Zugriff auf alle Blätter einer Mappe
SelectedSheets	Zugriff auf Blattgruppe (bei Mehrfachauswahl)
Worksheets	Zugriff nur auf Tabellenblätter
Charts	Zugriff nur auf Diagrammblätter
DialogSheets	Zugriff nur auf Dialogblätter

Modules	Zugriff nur auf Modulblätter
Excel4MacroSheets	Zugriff nur auf Excel-4-Makroblätter
Excel4IntlMacroSheets	Zugriff auf internationale Makroblätter
ActiveWorkbook	zur Zeit aktive Arbeitsmappe
ThisWorkbook	Arbeitsmappe, in der sich der Code befindet
ActiveWindow	aktives Fenster
ActiveSheet	aktives Blatt von Fenster / Mappe / Anwendung
ActiveChart	aktives Diagramm von Fenster / Mappe / Anwendung
ActiveDialog	aktiver Dialog von Fenster / Mappe / Anwendung

Umgang mit Arbeitsmappen	
mappe.Activate	bestimmt die aktive Arbeitsmappe
Workbooks.Add	erstellt eine neue leere Arbeitsmappe
mappe.Close	schließt die Arbeitsmappe
mappe.Open "datname"	lädt die angegebene Datei
mappe.Save	speichert die Arbeitsmappe
mappe.SaveAs "datname"	wie oben, aber unter dem angegebenen Namen
mappe.SaveCopyAs "dn"	wie oben, ohne Namen der Arbeitsmappe zu ändern
mappe.Name	enthält den Dateinamen ohne Pfad
mappe.Path	nur Pfad
mappe.FullName	Pfad plus Dateiname
mappe.Saved	gibt an, ob Arbeitsmappe gespeichert ist
Application.GetOpenFilename	vorhandenen Dateinamen auswählen
Application.GetSaveAsFilename	neuen Dateinamen auswählen

Umgang mit Fenstern	
fnst.Activate	aktiviert das angegebene Fenster
fnst.ActivatePrevious	aktiviert das zuletzt aktive Fenster
fnst.ActivateNext	aktiviert das nächste Fenster der Fensterliste
fnst.Close	schließt das angegebene Fenster
fnst.NewWindow	erzeugt ein neues Fenster
fnst.WindowState	*xlMaximized/xlMinimized/xlNormal*
fnst.Visible	ein- / ausgeblendet (*True/False*)
fnst.Caption	gibt den Fenstertitel an
fnst.DisplayGridlines	Gitter anzeigen (*True/False*)
fnst.DisplayHeadings	Zeilen- und Spaltenköpfe anzeigen (*True/False*)
fnst.Zoom	Zoomfaktor (10-400)
fnst.ScrollColumn	sichtbare Spaltennummer am linken Rand
fnst.ScrollRow	sichtbare Zeilennummer am oberen Rand
fnst.Split	gibt an, ob Fenster geteilt ist (*True/False*)
fnst.FreezePanes	gibt an, ob Fensterteilung fixiert ist
fnst.SplitRow	bestimmt Zeilenanzahl im oberen Fensterteil
fnst.SplitColumn	bestimmt Spaltenanzahl im linken Fensterteil
fnst.Width / Height	Außenmaße in Punkt (0.35 mm)
fnst.UsableWidth / UsableHeight	Innenmaße in Punkt
fnst.Left, fnst.Top	Position in Punkt

Umgang mit Fensterausschnitten	
fnst.Panes	Zugriff auf alle Ausschnitte des Fensters
fnst.ActivePane	Zugriff auf den aktiven Ausschnitt des Fensters
ausschn.Activate	bestimmt den aktiven Ausschnitt
ausschn.SplitColumn	Zeilennummer am oberen Rand
ausschn.SplitRow	Spaltennummer am linken Rand

Umgang mit Arbeitsblättern	
blt.Activate	wählt ein Blatt aus
blt.Select False	Mehrfachauswahl
mappe.Add	fügt ein leeres Tabellenblatt hinzu
mappe.Add before:= , typ:=	wie oben, plus Positions- und Blatttyp
blt.Copy	kopiert das Blatt in eine neue Mappe
blt1.Copy blt2	kopiert Blatt1 und fügt es vor Blatt2 ein
blt.Delete	löscht das Blatt (mit Sicherheitsabfrage)
blt.Name	Name des Blatts
blt.Visible	ein- oder ausgeblendet

6.3 Umgang mit Zahlen und Zeichenketten

6.3.1 Numerische Funktionen, Zufallszahlen

Generell tritt bei numerischen Funktionen das Problem auf, daß diese zum Teil doppelt definiert sind – zum einen in der Programmiersprache VBA und zum anderen als Tabellenfunktionen in Excel. Aus diesem Grund kommt es auch vor, daß es für eine Aufgabe mehrere Funktionen gibt, die zwar ähnlich aussehen, zumeist aber nicht ganz gleich funktionieren.

Der inhaltliche Schwerpunkt dieses Teilabschnitts liegt bei den zahllosen Funktionen zum Runden – weniger deswegen, weil es verwirrend viele ähnliche Funktionen gibt, sondern weil diese Funktionen in der Praxis am häufigsten benötigt werden.

Verwendung von Excel-Tabellenfunktionen

Sie können in VBA alle Excel-Tabellenfunktionen verwenden. Manche Funktionen – etwa trigonometrische Funktionen – sind sowohl in Excel als auch in VBA definiert und können ohne weitere Schlüsselwörter verwendet werden, etwa *Sin(0.7)*. Tabellenfunktionen, die in VBA keine Entsprechung finden, muß *Application.WorksheetFunction* vorangestellt werden, beispielsweise *Application.WorksheetFunction.Sum(...)* zur Verwendung der *SUMME*-Funktion.

Es müssen die englischen Funktionsnamen verwendet werden (siehe Objektkatalog), obwohl in der Online-Hilfe nur die deutschen Namen angegeben werden. Wenn Sie nicht wissen, wie der englische Name einer deutschen Funktion lautet (oder wo sich die deutschsprachige Beschreibung zu einer englischen Funktion befindet), müssen Sie ein Wörterbuch zu Hilfe nehmen oder raten – selbst in der Datei `Office97/Office/-Vbaliste.xls` fehlt eine passende Übersetzungsliste.

HINWEIS

In Excel 5 / 7 wurden Tabellenfunktionen direkt mit *Application.Name()* aufgerufen, d.h. ohne die in Excel 97 eingeführte Eigenschaft *WorksheetFunction*, die auf das gleichnamige Objekt mit einer Liste aller Tabellenfunktionen verweist. Der größte Fortschritt von *WorksheetFunctions* besteht darin, daß jetzt mehr Tabellenfunktionen als bisher in VBA verfügbar sind.

In Excel 97 ist die Kurzschreibweise *Application.Name()* zwar aus Kompatibiltätsgründen weiterhin erlaubt, die Funktionen werden im Objektkatalog aber nicht angezeigt. Verwenden Sie bei neuem Code *WorksheetFunction*, um möglichen Kompatibiltätsproblemen in künftigen Excel-Versionen aus dem Weg zu gehen.

Zahlen runden

In Excel bzw. in VBA gibt es zahllose Funktionen, die angeblich »runden«. An die einfache mathematische Formel, wonach ab einem Nachkommaanteil von 0.5 aufgerundet wird, hält sich allerdings keine einzige dieser Funktionen. Die Funktionen *CInt*, *CLng* und *Application.Round* nähern sich an diese Regel noch am ehesten an.

CInt und ***CLng*** runden bei einem Nachkommaanteil größer 0.5 auf und bei einem Anteil kleiner 0.5 ab. Eigentümlich ist das Verhalten allerdings bei einem Nachkommaanteil von genau 0.5. Dort runden die Funktionen zur nächsten geraden (!) Zahl: 1.5 wird ebenso wie 2.5 zu 2 gerundet. (Begründung: damit wird erreicht, daß die Summe einer Reihe zufälliger Zahlen nach dem Runden möglichst nahe der Summe der ungerundeten Zahlen bleibt.)

CInt und *CLng* unterscheiden sich von allen anderen hier genannten Funktionen in zwei weiteren Punkten: Erstens darf als Parameter auch eine Zeichenkette angegeben werden, und zweitens liefern die Funktionen eine Fehlermeldung, wenn der Bereich der Variablentypen *Integer* (±32767) bzw. *Long* (±2^31) über- bzw. unterschritten wird.

Die Tabellenfunktion *Application.**Round*** kommt dem mathematischen Runden auch ziemlich nahe, allerdings rundet sie negative Zahlen bei einem Nachkommaanteil von 0.5 ab statt auf. Außerdem verlangt die Funktion einen zweiten Parameter, der die Anzahl der Stellen angibt. *Round(1.5, 0)* liefert 2. *Round(-1.5, 0)* liefert -2. *Round(1.57, 1)* liefert 1.6. *Round(157, -1)* liefert 160.

Int rundet Fließkommazahlen generell ab: 1.9 wird zu 1, -1.9 wird zu -2. Die Tabellenfunktion *Application.**RoundDown*** funktioniert ganz ähnlich, allerdings muß wie bei *Round* in einem zweiten Parameter die gewünschte Anzahl der Nachkommastellen angegeben werden. *RoundDown(1.98, 1)* liefert 1.9. Analog dazu rundet *Application.**RoundUp*** für die gewünschte Anzahl von Nachkommastellen auf.

Fix schneidet einfach die Nachkommastellen ab: 1.9 wird wiederum zu 1, -1.9 wird aber zu -1.

*Application.**Even*** und .***Odd*** runden zur betragsmäßig größeren geraden bzw. ungeraden Zahl auf. *Even(0.1)* liefert 2, *Even(-0.1)* liefert -2. *Application.**Ceiling*** und .***Floor*** runden zu einem Vielfachen des zweiten Parameters auf. *Ceiling(1.55, 0.3)* liefert 1.8. Beide Funktionen sind nur für positive Argumente definiert.

Nachkommaanteil, Modulo

Die Anweisung *x-Fix(x)* liefert den Nachkommaanteil einer Zahl, wobei das Vorzeichen von *x* übernommen wird. Gegebenenfalls können Sie das Vorzeichen ja mit *Abs* eliminieren.

Mit dem Modulo-Operator kann der Rest zu einem Vielfachen ermittelt werden. *x Mod 60* liefert die Anzahl der Minuten, die nicht in einer vollen Stunde Platz haben (Ergebnis 10 bei *x=70*, Ergebnis 50 bei *x=230*). Der Modulo-Operator funktioniert allerdings nur für ganze Zahlen.

Eine Modulo-Funktion für Fließkommazahlen können Sie mit Hilfe von *Ceiling* leicht selbst definieren. *Modf(2.1, 0.5)* liefert 0.1, *Modf(0.123, 0.1)* liefert 0.023. Die so definierte Funktion kann übrigens auch in Tabellen verwendet werden.

```
Funktion Modf(a, b)
  Modf = Abs(a) - Application.Ceiling(Abs(a), Abs(b))
Ende Funktion
```

Vorzeichen, Absolutwert

Abs liefert den Absolutwert (Betrag) einer Zahl – aus negativen Zahlen werden also positive. ***Sgn*** (diese Abkürzung steht für Signum) liefert -1 für negative Zahlen, +1 für positive Zahlen und 0 für 0.

Trigonometrische und logarithmische Funktionen

VBA kennt alle grundlegenden trigonometrischen Funktionen, nämlich ***Sin, Cos, Tan, Atn, Log, Exp*** und ***Sqr***. In der Online-Hilfe zum Thema »abgeleitete Funktionen« finden Sie Informationen darüber, wie Sie aus diesen grundlegenden Funktionen andere (etwa Sinh oder ArcCos) bilden können.

Zufallszahlen

Rnd liefert eine 16-stellige Zufallszahl zwischen 0 (inklusive) und 1 (exklusive). Damit Sie Zufallszahlen in einem bestimmten Zahlenbereich erhalten, müssen Sie mit *Rnd* weiterrechnen. Dazu zwei Beispiele:

```
a + Rnd * (b-a)              'liefert zufällige Kommazahlen zwischen
                             'a (inklusive) und b (exklusive)
Int(a + Rnd * (b-a+1))       'liefert ganze Zufallszahlen zwischen
                             'a (inklusive) und b (inklusive)
```

Wenn Sie vermeiden möchten, daß VBA nach jedem Start von Excel die gleiche Abfolge von Zufallszahlen generiert, dann müssen Sie in Ihrem Programm ***Randomize*** ausführen.

Spezialfunktionen

Neben den in Excel und VBA definierten Funktionen (die hier keineswegs vollzählig beschrieben wurden) sind in der Datei `Office\Excel\Makros\Analyse\Atpvbaen.xla` zahlreiche weitere Funktionen definiert. Leider schafft die undokumentierte Bibliothek `Atpvbaen.xla` in ihrer Anwendung so viele Probleme, daß eine Verwendung nicht empfohlen werden kann.

6.3.2 Zeichenketten

Zeichenketten werden immer dann benötigt, wenn Informationen im Textformat bearbeitet werden müssen. Zeichenketten müssen in VBA zwischen Hochkommata eingeschlossen werden, also *"abc"*. Damit Zeichenketten in Variablen gespeichert werden können, müssen diese im Typ *Variant* oder *String* definiert werden. Die Länge von Zeichenketten ist seit Excel 7 / Windows 95 praktisch nur noch durch den verfügbaren Speicherplatz beschränkt.

HINWEIS

Manche Funktionen und Eigenschaften, die im Regelfall eine Zeichenkette liefern, können in besonderen Situationen den *Variant*-Spezialwert *Null* liefern. Die Weiterverarbeitung dieses Werts mit Zeichenkettenfunktionen kann zu Fehlern führen. Solche Fehler können Sie durch einen vorsorglichen Test mit der Funktion *IsNull* vermeiden.

Funktionen zur Bearbeitung von Zeichenketten

Die drei wichtigsten Funktionen lauten *Left*, *Right* und *Mid*. ***Left*** ermittelt die ersten *n* Zeichen einer Zeichenkette, ***Right*** die letzten *n* Zeichen. Mit ***Mid*** kann ein beliebiger Teil der Zeichenkette gelesen und verändert werden. Einige Beispiele: *Left("abcde",2)* liefert *"ab"*, *Right("abcde",3)* liefert *"cde"*. *Mid("abcde",3,2)* liest ab dem dritten Zeichen zwei Zeichen, liefert also *"cd"*. Wenn *Mid* ohne optionalen dritten Parameter verwendet wird, liefert die Funktion alle Zeichen ab der durch den zweiten Parameter angegebenen Position. *Mid("abcde",4)* ergibt daher *"de"*.

Mid kann auch als Anweisung verwendet werden und ändert damit jenen Teil der Zeichenkette, der sonst gelesen wird. Auch dazu ein Beispiel, das im Direktbereich ausgeführt werden kann:

```
s="abcde"            'Variable s mit "abcde" belegen
Mid(s, 3, 1)="x"     'das dritte Zeichen in s verändern
?s                   'Ergebnis "abxde"
```

Eine weitere, häufig benötigte Funktion lautet ***Len***. Sie ermittelt die Anzahl der Zeichen einer Zeichenkette. *Len("abcde")* liefert daher 5.

Die drei Funktionen *UCase, LCase* und *Trim* vereinfachen die Auswertung von Benutzereingaben: ***UCase*** wandelt alle Buchstaben einer Zeichenkette in Großbuchstaben um, ***LCase*** liefert lauter Kleinbuchstaben. *LCase("aAäÄ")* liefert also "aaää". ***Trim*** eliminiert Leerzeichen am Beginn und am Ende von Zeichenketten.

Zum Suchen von Zeichenketten ist die Funktion ***InStr*** vorgesehen. Die Funktion gibt die Position der zweiten Zeichenkette innerhalb der ersten Zeichenkette zurück. Wenn die Suche erfolglos bleibt, gibt *InStr* den Wert 0 zurück. *InStr("abcde","cd")* liefert daher 3. Durch einen optionalen Parameter am Anfang von *InStr* kann angegeben werden, mit welchem Zeichen die Suche begonnen wird. Die folgende Schleife kann im Direktbereich ausprobiert werden; sie gibt alle Positionen an, an denen sich "ab" in der Zeichenkette "abcdeababcd" befindet (1, 6, 8).

```
p=0
Do: p=InStr(p+1,"abcdeababcd","ab"): ?p: Loop Until p=0
```

Wenn im optionalen vierten Parameter von *InStr* der Wert 1 angegeben wird, ignoriert Excel bei der Suche eventuelle Unterschiede in der Groß- und Kleinschreibung.

String erzeugt eine Zeichenkette, die sich aus n Wiederholungen eines gegebenen Zeichens ergibt. *String(4,"a")* liefert also *"aaaa"*. ***Space*** ist speziell für Leerzeichen geeignet: *Space(2)* liefert *" "* (also eine Zeichenkette mit zwei Leerzeichen).

Der Verkettungsoperator &

Mehrere Zeichenketten können mit dem Operator »+« zusammengesetzt werden. *"ab"+"cde"* liefert die nun schon vertraute Beispielzeichenkette "abcde". Erheblich flexibler als »+« ist dagegen der Operator »&«. Er wandelt automatisch numerische Werte in Zeichenketten um. *"ab" & 1/3* ergibt damit *"ab 0,3333333"*.

Vergleich von Zeichenketten

Zeichenketten können wie Zahlen mit den Operatoren =, < und > und den resultierenden Kombinationen verglichen werden (siehe auch die Operatorübersicht in Abschnitt 5.5). Beim Vergleich von Zeichenketten sind allerdings einige Besonderheiten zu beachten:

VBA vergleicht generell binär, d. h., beim Vergleich werden nur die Codes der Buchstaben berücksichtigt. Aus diesem Grund werden Großbuchstaben immer »kleiner« als Kleinbuchstaben gewertet. Es gilt also etwa *"Z"<"a"*. Außerdem gelten deutsche Sonderzeichen »größer« als alle anderen Buchstaben. Es gilt also *"ä">"b"*.

Statt der Operatoren können Sie auch die Funktion ***StrComp*** einsetzen. Diese Funktion liefert -1, wenn die erste Zeichenkette »kleiner« als die zweite ist, 0, wenn beide Zeichenketten gleichwertig sind, und 1, wenn die erste Zeichenkette »größer« als die zweite ist. *StrComp("a","b")* liefert daher -1.

Ein Beispiel für die Anwendung des Zeichenkettenvergleichs, nämlich eine Prozedur, die die Dateinamen des aktuellen Verzeichnisses ermittelt und sortiert, finden Sie in Abschnitt 6.5 zum Thema »Umgang mit Dateien«.

Berücksichtigung landessprachlicher Besonderheiten

Durch die Anweisung ***Option Compare Text***, die zu Beginn eines Moduls angegeben werden muß und die für das gesamte Modul gilt, können Sie einen anderen Vergleichsmodus aktivieren. Dieser Modus berücksichtigt die Besonderheiten der unter Windows eingestellten Landessprache. Insbesondere gelten jetzt Klein- und Großbuchstaben als gleichwertig. Die Zeichen »äÄöÖßüÜ« werden jetzt zwischen »A« und »B«, zwischen »O« und »P«, zwischen »S« und »T« bzw. zwischen »U« und »V« eingeordnet.

Option Compare Text gilt nicht nur für die Vergleichsoperatoren, sondern auch für den Operator *Like* (siehe unten) und die Funktion *InStr*. Bei der Funktion *StrComp* kann unabhängig von der gewählten Vergleichsoption durch einen optionalen dritten Parameter der gewünschte Vergleichsmodus angegeben werden (0: binär, 1: landesspezifisch).

Mustervergleich

Der Operator ***Like*** ermöglicht einen Mustervergleich. Dabei gelten »?« und »*« als sogenannte Jokerzeichen, die für genau ein unbekanntes Zeichen bzw. für beliebig viele (auch 0!) unbekannte Zeichen stehen. *"Huber" Like "*u*r"* liefert beispielsweise *True*.

Zeichenkettenvergleich im Direktbereich

Sie können die Prinzipien des Zeichenkettenvergleichs übrigens auch im Direktbereich ausprobieren. Wenn Sie etwa *?"a"<"b"* eingeben, antwortet VBA mit *True*.

Im Direktbereich gilt generell *Option Compare Binary*, es sei denn, eine Prozedur aus einem Modul mit *Option Comparison Text* wurde unterbrochen. Diesen Zustand erreichen Sie am einfachsten, wenn Sie in einem Modul die folgenden vier Zeilen eingeben und *vgl* anschließend starten:

```
Option Compare Text
Sub vgl()
  Stop
End Sub
```

Zeichenketten ein- und ausgeben

In VBA existieren im Gegensatz zu vielen herkömmlichen Programmiersprachen keine einfachen Kommandos in der Art von *Print* oder *Input*, mit denen eine Zeichenkette am Bildschirm ausgegeben werden kann. *Debug.Print* ermöglicht Ausgaben im Direktbereich, diese Ausgaben bleiben aber unsichtbar, solange das Fenster des Direktbereichs nicht geöffnet wird.

Wenn Sie dem Anwender eines Excel-Programms etwas mitteilen möchten, setzen Sie am besten das Kommando ***MsgBox*** ein. VBA zeigt dann ein Dialogfenster mit dem angegebenen Text und einem OK-Button an. *MsgBox* kann auch als Funktion für einfache Auswahlentscheidungen (JA/NEIN oder OK/ABBRECHEN) verwendet werden. Die beiden folgenden Programmzeilen zeigen die beiden Anwendungsvarianten. Die Parameter und Rückgabewerte von *MsgBox* sind ausführlich in der Online-Hilfe beschrieben.

```
MsgBox "kurze Nachricht"
ergebnis = MsgBox("Soll die Datei gespeichert werden?", vbYesNo)
```

Die Funktion ***InputBox*** funktioniert ähnlich wie *MsgBox*, ermöglicht aber die Eingabe einer Zeichenkette. Der Dialog ist mit den Buttons OK und ABBRECHEN ausgestattet. Falls der Anwender den Dialog mit ABBRECHEN beendet, liefert die Funktion eine leere Zeichenkette.

```
ergebnis = InputBox("Geben Sie bitte eine Zahl ein!")
```

VERWEIS

Neben *MsgBox* und *InputBox* existiert noch die Excel-spezifische Variante *Application.InputBox*, die auch die Eingabe von Formeln und Zellbezügen ermöglicht. Mehr zum Thema Dialoge finden Sie in Kapitel 8.

6.3.3 Umwandlungsfunktionen

Dieser Abschnitt faßt zahlreiche Funktionen zusammen, mit denen Zeichenketten in Zahlen (und umgekehrt) verwandelt werden können. Berücksichtigt werden auch sogenannte Informationsfunktionen, mit denen der Datentyp einer Variablen oder einer Eigenschaft festgestellt werden kann. Umwandlungsfunktionen für Datums- und Zeitwerte finden Sie im nächsten Abschnitt 6.4, der dem Thema »Datum und Uhrzeit« gewidmet ist.

Zeichenketten in Zahlen verwandeln

Die einfachste Möglichkeit zur Datenkonversion in numerisches Format bieten die Funktionen ***CInt***, ***CLng***, ***CSng***, ***CDbl*** und ***CCur***. Diese Funktionen nehmen als Argument sowohl Zeichenketten als auch Zahlen in einem beliebigen *Variant*-Format entgegen und liefern als Ergebnis eine Zahl im jeweiligen Variablentyp. *CSng* liefert also einfach genaue Fließkommazahlen (Datentyp *Single*). Bei *CInt* und *CLng* wird gerundet (siehe Beginn dieses Abschnitts).

Bei allen fünf Funktionen kommt es zu Fehlermeldungen, wenn der Zahlenbereich des jeweiligen Variablentyps überschritten wird oder wenn das Argument überhaupt keine gültige Zahl bezeichnet (z. B. *CInt("abc")*). Die Funktionen erwarten (bei einer deutschen Ländereinstellung für Windows) ein Komma zur Trennung von Vor- und Nachkommaanteil. Punkte werden als Tausendertrennung interpretiert und bei der Umwandlung einfach ignoriert. (Das gilt auch in der englischen VBA-Variante von Excel 7! Die Konvertierungsfunktionen orientieren sich nicht an der Einstellung der Entwicklungssprache durch EXTRAS | OPTIONEN | MODUL ALLGEMEIN, sondern nur an der systemweit gültigen Ländereinstellung.)

Die Funktionen verarbeiten auch Datums- und Zeitwerte. *CDbl(#12/31/95#)* liefert 35795. Details zum Umgang mit Datum und Zeit folgen in Abschnitt 6.4.

Die Funktion ***Val*** weicht in ihrer Funktion relativ stark von den oben genannten Funktionen ab: Der wichtigste Unterschied besteht darin, daß Vor- und Nachkommaanteil mit einem Punkt voneinander getrennt werden müssen. Die Funktion liefert das Ergebnis automatisch im geeigneten Datentyp, verhält sich also wie eine *Variant*-Variable. *Val* ist weitgehend unempfindlich bei der Interpretation der Zeichenkette. *Val("abc")* liefert einfach 0. *Val("1.2abc")* liefert 1.2. *Val("1,2")* liefert 1 (weil das Komma wie jedes andere Textzeichen behandelt wird). An *Val* dürfen keine Zahlen oder Datums- und Zeitwerte übergeben werden.

Asc ermittelt den ANSI-Code des ersten Zeichens. Dieser Code regelt die interne Repräsentation von Buchstaben unter Windows. *Asc("A")* liefert 65, weil Windows den Buchstaben »A« durch den Code 65 darstellt.

Zahlen in Zeichenketten verwandeln

CStr nimmt als Argument einen beliebigen numerischen Wert, ein Datum oder eine Uhrzeit entgegen und liefert davon eine Zeichenkette. Die Funktion verwendet (bei deutscher Ländereinstellung) ein Komma als Trennzeichen zwischen Vor- und Nachkommaanteil. *CStr(1/3)* liefert *"0,333333"*.

Die Funktion ***Str*** paßt inhaltlich insofern zur *Val*-Funktion, als sie in den resultierenden Zeichenketten einen Punkt als Trennzeichen zwischen Vor- und Nachkommaanteil einfügt. *Str(1/3)* liefert *".333333"*. Die Funktion kommt nicht mit Datumswerten zurecht. *Str* eignet sich besonders zur Weiterverarbeitung von Zeichenketten, die aus Textdateien gelesen werden.

Mit der Funktion ***Format*** können Sie das gewünschte Aussehen des Ergebnisses in einem sehr weiten Rahmen selbst beeinflussen. Im ersten Parameter muß eine Zeichenkette mit einer Zahl oder direkt ein numerischer Wert angegeben werden, im zweiten Parameter entweder der Name eines vordefinierten Formats (etwa »Prozentzahl«) oder eine Formatierungszeichenkette. Diese Zeichenkette kann ähnliche Zeichen wie zur Formatierung von Excel-Zellen aufweisen. Die zahlreichen erlaubten Formatkennzeichen sind in der Online-Hilfe ausführlich dokumentiert. Zwei Beispiele demonstrieren das Anwendungsspektrum: *Format(1/3, "Percent")* liefert 33,33%, *For-*

mat(1234.5678, "#,##0.##") liefert 1.234,57. (Das Formatzeichen ».« steht für den Dezimalpunkt. Bei der Formatierung der Zeichenkette wird es je nach Ländereinstellung durch ein anderes Zeichen – im Deutschen durch ein Komma – ersetzt. Ähnliches gilt auch für das Formatzeichen »,« [Tausendertrennung].)

Chr stellt die Umkehrfunktion zu *Asc* dar. *Chr(65)* ergibt *"A"*. Die Funktion kann beispielsweise dazu eingesetzt werden, um mit *Chr(34)* das Zeichen »"« darzustellen.

Datentyp feststellen

Mit den in Kapitel 5 (Thema Variablentypen) schon erwähnten *IsXxx*-Funktionen können Sie feststellen, ob ein noch unbekannter Ausdruck (zumeist ein *Variant*-Ergebnis) einen bestimmten Datentyp aufweist bzw. ob es in diesen Typ konvertiert werden kann. Die wichtigsten Funktionen lauten ***IsNumeric, IsDate, IsEmpty*** und ***IsNull***. Beachten Sie bitte, daß *IsNumeric* und *IsDate* nicht feststellen, ob das Argument eine Zahl oder ein Datumswert ist, sondern ob das Argument in diesen Typ konvertiert werden kann. *IsNumeric(1)* liefert *True*, ebenso *IsNumeric("1")*! Dagegen führt *IsNumeric("ab")* zum Ergebnis *False*.

Ein direkter Test, ob eine Variant-Variable eine Zeichenkette enthält, ist nur über ***VarType*** möglich. Diese Funktion liefert für jeden Datentyp eine spezifische Kennzahl. Für Zeichenketten lautet diese Kennzahl 8.

6.3.4 Syntaxzusammenfassung

Bei allen Funktionen, denen das Schlüsselwort *Application* vorangestellt wird, handelt es sich um Tabellenfunktionen von Excel. Alle anderen Funktionen gehören zum unmittelbaren Sprachumfang von VBA. Die Parameter *v, f, n* und *z* stehen für *Variant*-Werte, Fließkommazahlen, ganze Zahlen und Zeichenketten.

Runden	
CInt(v)	rundet bei 0.5
CLng(v)	rundet bei 0.5
Int(f)	rundet immer ab
Fix(f)	schneidet die Nachkommastellen ab
WorksheetFunction.Round(f, n)	rundet bei 0.5 auf die Stellenanzahl *n*
WorksheetFunction.RoundDown(f, n)	rundet immer ab (*n* Nachkommastellen)
WorksheetFunction.RoundUp(f, n)	rundet immer auf (*n* Nachkommastellen)
WorksheetFunction.Even(f)	rundet zur betragsmäßig größeren geraden Zahl
WorksheetFunction.Odd(f)	rundet zur betragsmäßig größeren ungeraden Zahl
WorksheetFunction.Ceiling(f1, f2)	rundet zu Vielfachem von *f2* auf
WorksheetFunction.Floor(f1, f2)	rundet zu Vielfachem von *f2* ab

Sonstige numerische Funktionen	
Abs(z)	entfernt das Vorzeichen
Sgn(z)	liefert je nach Vorzeichen -1, 0, 1
Sqr(z)	Quadratwurzel
Sin(z), Cos(z), Tan(z)	trigonometrische Funktionen
Atn(z)	Umkehrfunktion zu Tan
Log(z), Exp(z)	logarithmische Funktionen
Rnd	liefert Zufallszahl zwischen 0 und 1
Randomize	initialisiert den Zufallszahlengenerator

Zeichenketten	
Left(z, n)	liefert die ersten *n* Zeichen
Right(z, n)	liefert die letzten *n* Zeichen
Mid(z, n)	liefert alle ab dem *n*-ten Zeichen
Mid(z, n1, n2)	liefert *n2* Zeichen ab dem *n1*-ten Zeichen
Mid(z1, n1, n2) = z2	setzt *z2* in *z1* ein
Len(z)	ermittelt die Länge der Zeichenkette
InStr(z1, z2)	sucht *z2* in *z1*; Ergebnis: Position oder 0
InStr(n, z1, z2)	wie oben, Suche beginnt mit *n*-ten Zeichen
InStr(n, z1, z2, 1)	wie oben, Groß- und Kleinschreibung egal
UCase(z)	wandelt alle Klein- in Großbuchstaben um
LCase(z)	wandelt alle Groß- in Kleinbuchstaben um
Trim(z)	eliminiert Leerzeichen am Anfang und Ende
String(n, "x")	liefert eine Zeichenkette aus *n* mal *"x"*
Space(n)	liefert *n* Leerzeichen
Option Comparison Text	dann gilt *"a"="A"* und *"A"<"Ä"<"B"*
StrComp(z1, z2)	-1 wenn *z1<z2*, 0 wenn *z1=z2*, sonst +1
StrComp(z1, z2, 0)	wie oben, aber immer binärer Vergleich
StrComp(z1, z2, 1)	wie oben, aber landesspezif. Vergleich
MsgBox "text"	zeigt den Text in einem Dialog an
MsgBox("text", buttons)	wie oben; ermöglicht Auswahlentscheidung
InputBox("text")	ermöglicht die Eingabe einer Zeichenkette

Umwandlungsfunktionen	
CInt(v)	liefert eine ganze Zahl
CLng(v)	wie oben, aber größerer Zahlenbereich
CSng(v)	einfache Fließkommazahl
CDbl(v)	doppelte Fließkommazahl
CCur(v)	Zahl im Währungsformat

CBool(v)	Wahrheitswert (*True/False*)
CDate(v)	Datum/Uhrzeit
CStr(v)	Zeichenkette
Val(s)	liefert den Wert der Zeichenkette
Str(z)	wandelt Zahl in Zeichenkette um
Format(v, s)	liefert Zeichenkette, wobei die Formatanweisungen in *s* berücksichtigt werden
Asc(s)	liefert den ANSI-Code des ersten Zeichens
Chr(z)	liefert das Zeichen zum Code (0-255)

Datentyp feststellen	
IsNumeric(variable)	Test, ob Konversion in Zahl möglich
IsDate(variable)	Test, ob Konversion in Datum oder Uhrzeit möglich
IsArray(variable)	Test, ob nicht Variable, sondern Feld
IsError(variable)	Test, ob Fehlerwert
IsMissing(variable)	Test, ob optionaler Parameter nicht angegeben
IsEmpty(variable)	Test, ob leer
IsNull(variable)	Test, ob nicht initialisiert
IsObject(variable)	Test, ob Verweis auf Objekt
VarType(variable)	numerischer Wert, der den Datentyp angibt
TypeName(variable)	Zeichenkette, die Daten-/Objekttyp beschreibt

6.4 Rechnen mit Datum und Uhrzeit

Der Umgang mit Datum und Uhrzeit war schon immer eine Angelegenheit, die einfacher aussieht, als sie in Wirklichkeit ist. Microsoft hat durch eine Unzahl von Funktionen wenig dazu beigetragen, das Ganze übersichtlicher zu machen.

Daten und Zeiten im Programmcode angeben

In VBA-Prozeduren werden Daten und Zeiten zwischen zwei »#«-Zeichen eingeschlossen, also beispielsweise *#12/31/97#* oder *#17:30#* oder auch zusammen *#12/31/97 17:30#*. Excel macht aus *#17:30#* leider *#5:30:00 PM#*, akzeptiert *#17:30#* aber immerhin als gültige Eingabe. *#31.12.97#* ist dagegen nicht zulässig und führt zu einer Fehlermeldung. Daten müssen also im amerikanischem Format (Monat/Tag/Jahr) angegeben werden.

Excel eliminiert für die Jahreszahlen 1930 bis 1999 automatisch das Jahrhundert (also 19). Die Eingabe *#12/31/1997#* wird also zu *#12/31/97#*. Auch wenn intern der richtige Wert gespeichert wird, ist dieses Verhalten im Hinblick auf die Jahrtausendwende mehr als irritierend. Da werden Heerscharen von Programmierern angehalten, Jahreszahlen vierstellig anzuschreiben, nur Microsoft kocht wieder mal ein Extra-Süppchen.

Die amerikanische Schreibweise ist nur unmittelbar im VBA-Code erforderlich. Bei der Konvertierung von oder zu Zeichenketten beachtet VBA die unter Windows geltende Landeseinstellung. Mit dem amerikanischen Format sind damit nur Sie im Programmcode konfrontiert, nicht aber der Anwender Ihres VBA-Programms. *MsgBox "Datum: " & #12/31/97#* zeigt aus diesem Grund wunschgemäß die Zeichenkette *"Datum: 31.12.97"* an. Ebenso wird die Zeichenkette *"31.12.97"* von den meisten Funktionen korrekt verarbeitet.

Wenn Sie die deutsche Schreibweise auch im Programmcode verwenden möchten, können Sie Daten und Zeiten als Zeichenketten in der *CDate*-Funktion angeben, etwa *CDate("31.12.97")* statt *#12/31/97#* oder *CDate("17:30")* statt *#5:30:00 PM#*. Diese Zeitangaben werden entsprechend der unter Windows gültigen Landeseinstellung korrekt konvertiert. Diese Form der Zeitangabe hat allerdings zwei Nachteile: Erstens wird der Code (minimal) langsamer ausgeführt, und zweitens ist der Code nicht portabel (weil die *CDate*-Konvertierung bei einer anderen Landeseinstellung – etwa in England – versagt).

Eine weitere Alternative zur Angabe von Daten und Zeiten bieten die Funktionen *DateSerial(j,m,t)* und *TimeSerial(h,m,s)*. Besonders übersichtlich sieht das zwar auch nicht aus, es ist aber zumindest eindeutig *und* absolut unabhängig von irgendwelchen Ländereinstellungen.

Interne Darstellung von Daten und Zeiten

Datum und Uhrzeit werden intern durch Fließkommazahlen dargestellt. Die Zahl 0 entspricht dem 1.1.1900, 1 dem 2.1.1900 etc. Uhrzeiten werden im Nachkommaanteil gespeichert: 0.25 entspricht dem 1.1.1900 6:00, 34335.75 entspricht dem 1.1.1994 18:00 etc.

> ANMERKUNG
>
> In Tabellen werden Fließkommazahlen nur dann als Datum oder als Uhrzeit angezeigt, wenn für die jeweilige Zelle ein Datums- oder Zeitformat eingestellt wird. Bei der Tastatureingabe eines Datums oder einer Uhrzeit wählt Excel automatisch ein geeignetes Format. Wenn Sie dagegen Rechenoperationen mit Datum und Uhrzeit durchführen, müssen Sie sich um die Formatierung der Ergebniszellen selbst kümmern.

Aus der Sicht Excels sind Daten und Zeiten also ganz gewöhnliche Zahlen, mit denen ohne vorherige Umwandlung gerechnet werden kann. Sie können also mühelos die Differenz zweier Daten oder zweier Zeiten berechnen oder zu einem Datum eine bestimmte Anzahl von Tagen addieren.

In Excel-Tabellen reicht der gültige Datumsbereich nur vom 1.1.1900 bis zum 31.12.2078. In VBA-Prozeduren, wo der Variablentyp *Date* verwendet wird, sind Daten zwischen dem 1.1.100 und dem 31.12.9999 erlaubt. Daten vor dem 1.1.1900 werden dabei durch negative Zahlen dargestellt.

Aus Kompatibilitätsgründen zur Macintosh-Version von Excel besteht über EXTRAS | OPTIONEN | BERECHNEN die Möglichkeit, auf den Stichtag 1.1.1904 umzustellen. Die Zahl 0 entspricht dann dem 1.1.1904. Der geänderte Stichtag gilt sowohl in Tabellen als auch in VBA-Prozeduren.

Fehler

Daten zwischen dem 1.1.1900 und dem 28.2.1900 werden zwischen VBA und Excel-Tabellen falsch konvertiert. Wenn Sie die Anweisung *Worksheets(1).[A1]=#1/1/1900#* ausführen, steht in der Zelle A1 anschließend der 2.1.1900! Wenn Sie direkt (also über die Tastatur) den 1.1.1900 in die Zelle A1 eintragen und anschließend im Direktbereich mit der VBA-Anweisung *?Worksheets(1).[A1]* lesen, lautet das Ergebnis 31.12.1899.

Die Fehlerursache ist leicht festzustellen: In Excel-Tabellen ist der 29.2.1900 erlaubt, in VBA dagegen nicht. (VBA hat recht.) Im Jahr 2000, das ebenfalls kritisch ist, arbeiten beide Datumsfunktionen korrekt und akzeptieren den 29.2.2000.

Fazit: Innerhalb von Excel-Tabellen gibt es mit Daten vor dem 1.3.1900 Schwierigkeiten. Da der zulässige Datumsbereich dort ohnedies erst mit dem 1.1.1900 beginnt, ist das ganze Problem auf zwei Monate beschränkt. Die VBA-Datumsfunktion scheint ausnahmslos zu funktionieren (auf jeden Fall ist es nicht gelungen, einen Fehler zu finden).

Für die Leser, die es interessiert, noch rasch das Hintergrundwissen: Nach dem bei uns gültigen gregorianischen Kalender hat jedes durch 4 teilbare Jahr einen Schalttag, also etwa 1988, 1992 und 1996. Durch 100 teilbare Jahre sind von dieser Regel ausgenommen, weswegen 1700, 1800 und 1900 keinen Schalttag hatten. Durch 400 teilbare Jahre sind wiederum von der Ausnahmeregel ausgenommen, so daß in den Jahren 1600 und 2000 doch ein Schalttag auftrat bzw. auftreten wird.

Überblick über diesen Abschnitt

Bei den zahlreichen Funktionen herrscht leider eine babylonische Sprachverwirrung: Es gibt Funktionen, die *nur* in Tabellen verwendet werden können, andere, die *nur* in VBA-Prozeduren zur Verfügung stehen, wieder andere, die doppelt definiert sind und daher sowohl in Tabellen als auch im VBA-Code verwendet werden können, solche, die im VBA-Code nur durch das Voranstellen von *Application* benutzt werden dürfen etc.

Damit Sie den Überblick nicht vollkommen verlieren, ist die folgende Beschreibung in Teilabschnitte gegliedert. In Abschnitt 6.4.1 werden jene Funktionen beschrieben, die im VBA-Code verwendet werden dürfen. Abschnitt 6.4.2 beschreibt Tabellenfunktionen; bei gleichnamigen Funktionen wird nur auf den ersten Abschnitt verwiesen. Abschnitt 6.4.3 zeigt Anwendungstechniken in Tabellen sowie im VBA-Code auf. Abschnitt 6.4.4 geht speziell auf das Problem der Feiertage ein, die von Land zu Land unterschiedlich sind und daher von Excel nicht selbständig ermittelt werden können. Abschnitt 6.4.5 liefert dann die gewohnte Syntaxzusammenfassung.

6.4.1 VBA-Funktionen

Die im folgenden beschriebenen Funktionen können nur im VBA-Code, nicht aber in Tabellen verwendet werden. Es existieren aber zu allen Funktionen weitgehend gleichwertige Tabellenfunktionen (allerdings mit deutschen Funktionsnamen).

Date liefert das aktuelle Datum, ***Time*** liefert die aktuelle Uhrzeit. Die beiden Schlüsselwörter (und nur diese, nicht aber die im folgenden beschriebenen Schlüsselwörter *Now, Timer* etc.) dürfen auch in Zuweisungen verwendet werden und verändern dann das Systemdatum bzw. die Uhrzeit des Rechners. Dabei dürfen sowohl Zeichenketten als auch *Date*-Werte zugewiesen werden, etwa: *Time= #8:30#: Date=#12/31/97#*. Die Funktion ***Now*** liefert das aktuelle Datum und die Zeit. ***Timer*** liefert die Anzahl der Sekunden seit Mitternacht.

Beachten Sie bitte, daß die drei Eigenschaften *Date, Time* und *Now* nur einmal pro Sekunde aktualisiert werden. *Timer* hat eine etwas feinere Zeitauflösung und ändert sich unter Windows 95 17 mal pro Sekunden, unter Windows NT sogar 100 mal.

DateValue und ***TimeValue*** nehmen als Argument eine Zeichenkette in der unter Windows eingestellten Sprache entgegen und liefern das Ergebnis im *Date*-Format von Excel. *DateValue("31.Dezember 97")* liefert daher den 31.12.97.

DateSerial und ***TimeSerial*** nehmen jeweils drei Argumente entgegen, entweder *Jahr, Monat, Tag* oder *Stunde, Minute, Sekunde*. Das Ergebnis ist wiederum ein *Date*-Wert. *DateSerial(1997,12,31)* liefert somit den 31.12.97. Die Funktionen sind bei der Auswertung der Parameter ungeheuer flexibel. So liefert *DateSerial(1997,13,1)* den 1.1.1998, *DateSerial(1997,2,31)* den 3.3.1998, *DateSerial(1998,0,-1)* den 29.11.97. *TimeSerial(4,-5,0)* ergibt 3:55. Gerade bei der Durchführung von Berechnungen (etwa das aktuelle Datum plus einen Monat) ist diese Flexibilität sehr wertvoll.

Hour, Minute und ***Second*** ermitteln die Bestandteile der Uhrzeit. *Minute(#6:45:33#)* liefert 45. Die Uhrzeit darf sowohl als *Date*-Wert als auch in Form einer Zeichenkette angegeben werden.

Year, Month und ***Day*** sind die äquivalenten Funktionen für Jahr, Monat (1-12) und Tag (1-31) eines Datums. *Month("1.April 95")* liefert 4.

WeekDay funktioniert wie *Day* und liefert den Wochentag (1-7 für Sonntag bis Samstag). Sie können statt dessen auch die Tabellenfunktion *Application.WeekDay* verwenden. Diese Funktion unterscheidet sich von der gleichnamigen VBA-Funktion durch einen zweiten optionalen Parameter für den Modus m. Für m=2 liefert die Funktion die Werte 1 bis 7 für Montag bis Sonntag, für m=3 die Werte 0 bis 6. (Siehe auch die Online-Hilfe zu *Wochentag*. Tabellenfunktionen müssen zwar auf englisch im VBA-Code verwendet werden, sind in der Online-Hilfe aber nur unter den deutschen Namen verzeichnet.)

Speziell zum Rechnen in Jahren zu 360 Tagen, die in manchen Branchen üblich sind, eignet sich *WorksheetFunction.**Days360***. Die Tabellenfunktion ermittelt die Anzahl von Tagen zwischen zwei Daten auf Basis von 12 Monaten zu je 30 Tagen. Wenn als optionaler dritter Parameter *False* angegeben wird, rechnet die Funktion nach der europäischen Methode, andernfalls (Defaulteinstellung) nach der amerikanischen. Details zur Wirkungsweise der Funktion können Sie der Online-Hilfe zu *Tage360* entnehmen. Ein Beispiel, bei dem die Funktion ein anderes Ergebnis als bei einer direkten Subtraktion der Daten ergibt, lautet *Days360(#4/30/95#, #5/31/95#, False)*: Der Funktionsaufruf liefert 30, obwohl 31 Tage zwischen den beiden Monatsenden liegen.

Zur Umwandlung von Zeichenketten und Zahlen in *Date*-Werte bzw. umgekehrt stehen die im vorangegangenen Abschnitt schon beschriebenen Funktionen ***CDate, CStr, CSng*** und ***CDbl*** zur Verfügung. *CDate* entspricht im wesentlichen einer Kombination aus *DateValue* und *TimeValue* (weil Datum und Zeit gleichzeitig berücksichtigt werden). Zwei Beispiele: *CDate(34418.4)* liefert den 25.3.1994 um 09:36, *CDbl(#31/12/95 11:30#)* liefert 35064.479.

Rechnen mit Daten

Die in Visual Basic schon seit Version 4 zur Verfügung stehenden Funktionen *DateAdd, DateDiff* und *DatePart* haben nun auch ihren Weg in VBA gefunden. ***DateAdd*** eignet sich dazu, zu einem Datum oder zu einer Uhrzeit ein oder mehrere Zeitintervalle zu addieren. Das Intervall wird in Form eine Zeichenkette angegeben: *"yyyy"* zum Addieren von Jahren, *"q"* für Quartale, *"m"* für Monate, *"ww"* für Wochen, *"y"*, *"w"* oder *"d"* für Tage, *"h"* für Stunden, *"m"* für Minuten und *"s"* für Sekunden. Der zweite Parameter gibt an, wie oft das Intervall addiert werden soll. (Mit negativen Zahlen können Sie auch rückwärts rechnen. Es sind allerdings nur ganze Intervalle möglich, halbe oder viertel Stunden müssen Sie in Minuten rechnen.) Der dritte Parameter enthält die Ausgangszeit:

```
DateAdd("yyyy", 1, Now)      'Datum und Zeit in einem Jahr
DateAdd("h", -2, Now)        'Datum und Zeit vor zwei Stunden
```

Wenn sich durch die Addition ungültige Daten ergeben (etwa der 31.4.), ermittelt Visual Basic den ersten gültigen Tag vorher (30.4.). Beachten Sie, daß sich *DateSerial* hier anders verhält und aus *DateSerial(1998,4,31)* den 1.5.98 macht!

Mit ***DateDiff*** können Sie auf einfache Weise ermitteln, wie viele Zeitintervalle sich zwischen zwei Daten oder Zeiten befinden. Das Intervall wird wie bei *DateAdd* durch eine Zeichenkette angegeben. Die Online-Hilfe beschreibt im Detail, wie die Funktion rechnet. (Im Regelfall wird einfach auf das jeweilige Intervall rückgerechnet. Die Zeitdifferenz vom 31.1. zum 1.2. gilt deswegen als ganzer Monat, während die viel längere Zeitdifferenz vom 1.1. zum 31.1. keinen Monat ergibt.)

```
DateDiff("m", Now, "1.1.98")  'Anzahl der Monate bis/vom 1.1.98
```

DatePart ermittelt die Anzahl der Perioden für einen bestimmten Zeitpunkt: Bei Jahren wird vom Jahr 0 aus gerechnet, bei Quartalen, Monaten, Wochen, Kalenderwochen (*"ww"*) und Tagen (*"y"*) vom 1.1. des Jahres, bei Monatstagen (*"w"*) vom ersten Tag des Monats, bei Wochentagen (*"d"*) vom ersten Tag der Woche (ohne optionale Parameter ist das der Sonntag) und bei Stunden von 0:00, bei Minuten und Sekunden von der letzten vollen Stunde oder Minute. *DatePart* erfüllt also in den meisten Fällen dieselbe Aufgabe wie die schon erwähnten Funktionen *Year, Month, Day, Weekday* etc.

```
DatePart("m", Now)          'Anzahl der Monate seit dem 1.1.
DatePart("y", Now)          'Anzahl der Tage seit dem 1.1.
DatePart("d", Now)          'Anzahl der Monatstage
DatePart("w", Now)          'Anzahl der Wochentage
```

6.4.2 Tabellenfunktionen

Die im folgenden beschriebenen Tabellenfunktionen können – von den schon erwähnten Ausnahmen *Days360* und *WeekDay* abgesehen – nur in Tabellen verwendet werden. Sie entsprechen diversen oben beschriebenen VBA-Funktionen, weisen aber fallweise abweichende Namen auf.

HEUTE und *JETZT* entsprechen den VBA-Funktionen *Date* und *Now* und ermitteln das aktuelle Datum bzw. eine Kombination aus Datum und Uhrzeit.

DATUM und *ZEIT* entsprechen *DateSerial* und *TimeSerial* und setzen aus den drei Werten Jahr / Monat / Tag bzw. Stunde / Minute / Sekunde ein Datum bzw. eine Uhrzeit zusammen.

DATWERT und *ZEITWERT* entsprechen *DateValue* und *TimeValue.* Sie wandeln Zeichenketten (etwa *"3.April"*) in Daten bzw. Uhrzeiten um. Wenn kein Jahr angegeben wird, verwendet Excel automatisch das aktuelle Jahr. (Diese Besonderheit gilt nur für die Tabellen-, nicht aber für die VBA-Funktionen.)

JAHR, MONAT, TAG, STUNDE, MINUTE und *SEKUNDE* entsprechen den VBA-Funktionen *Year, Month* etc. Die ebenfalls schon oben beschriebenen Tabellenfunktionen *WOCHENTAG* (in VBA *WeekDay)* und *TAGE360* (also *Days360)* dürfen auch im VBA-Code verwendet werden, wenn *Application* vorangestellt wird.

> **HINWEIS**
> Die Funktionen *HEUTE, JETZT, DATUM, DATWERT, ZEIT* und *ZEITWERT* liefern das Ergebnis Zahlenwerte. Aus diesen Werten wird erst durch die Formatierung der Zelle im Datums- oder Zeitformat ein Datum bzw. eine Uhrzeit.

Allen Funktionen dürfen sowohl numerische Datumswerte (z. B. 34393.72917) als auch Zeichenketten ("28. Feb 94 17:30") übergeben werden. (In Tabellen gilt generell die Landeseinstellung, Sie müssen sich also nicht wie im Programmcode mit dem amerikanischen Datumsformat ärgern.) *DATWERT* und *ZEITWERT* berücksichtigen jeweils nur die für sie relevanten Informationen. Wenn Datum und Zeit aus einer Zeichenkette gelesen werden sollen, ist die Formel *DATWERT(z)+ZEITWERT(z)* erforderlich.

> **TIP**
> Die Eingabe von Daten in Zellen darf auch in der Form 1-2-98 oder noch kürzer 1-2 erfolgen, wenn der 1.2.1998 gemeint ist und das aktuelle Jahr 1998 lautet. Diese Eingabeformen haben den Vorteil, daß sie ausschließlich mit der Zehnertastatur und ohne Shift durchgeführt werden können.

6.4.3 Anwendungs- und Programmiertechniken

Dieser Teilabschnitt beschreibt die Anwendung der soeben vorgestellten Funktionen sowohl in Tabellen als auch im VBA-Code. Fallweise werden nur Tabellenformeln angegeben, fallweise auch die gleichwertigen Anweisungen in der VBA-Syntax. Die Tabellenfunktionen zu den hier beschriebenen Techniken finden Sie in der Beispieldatei `Datum.xls`.

Generell kann mit Daten und Zeiten ganz »normal« gerechnet werden, d. h. die Daten können verglichen, addiert und subtrahiert werden. Beachten Sie, daß Excel für Zellen mit Funktionen, die ein Datum als Ergebnis liefern, automatisch ein Datumsformat einstellt. Das ist in der Regel praktisch, kann aber auch irritieren; etwa dann, wenn statt dem Ergebnis 31 (eine Zeitdifferenz) das Datum 31.1.1900 angezeigt wird. In solchen Fällen müssen Sie das Format der Zelle verändern.

Eine Woche zu einem Datum addieren

```
=d+7
```

Einen Monat zu einem Datum addieren

```
=DATUM(JAHR(d);MONAT(d)+1;TAG(d))             'Tabellenformel
DateSerial(Year(d), Month(d)+1, Day(d))       'VBA
```

Die obige Formel bildet aus dem 23.3.96 den 23.4.96. Abweichungen von dieser einfachen Regel entstehen, wenn ungültige Daten auftreten. Aus dem 31.1.96 wird der 2.3.96 (weil es den 31.2.96 trotz Schaltjahrs nicht gibt).

Ein Jahr zu einem Datum addieren

```
=DATUM(JAHR(d)+1; MONAT(d); TAG(d))
DateSerial(Year(d)+1, Month(d), Day(d))
```

Anzahl der Tage des aktuellen Monats

```
=DATUM(JAHR(d);MONAT(d)+1;1)-DATUM(JAHR(d);MONAT(d);1)
DateSerial(Year(d),Month(d)+1,1) - DateSerial(Year(d),Month(d),1)
```

Anzahl der Tage des aktuellen Jahrs

```
=DATUM(JAHR(d)+1;1;1)-DATUM(JAHR(d);1;1)
DateSerial(Year(d)+1,1,1) - DateSerial(Year(d),1,1)
```

Anzahl der Tage des laufenden Jahrs bis zu einem gegebenen Datum

```
=1+d-DATUM(JAHR(d);1;1)
1 + d - DateSerial(Year(d),1,1)
```

Datum des Monatsletzten ermitteln

```
=DATUM(JAHR(d); MONAT(d); 0)            'Tabellenformel
DateSerial(Year(d),Month(d)+1,0)        'VBA
```

Zeitdifferenz in Jahren (Altersberechnung)

Die Formel *Year(d2)-Year(d1)* bzw. *JAHR(d2)-JAHR(d1)* ist unzureichend, wenn das Alter von Personen berechnet werden soll. So liefert *Year("1.7.50")-Year("1.1.96")* das Ergebnis 46, obwohl die Person am 1.1.96 erst 45 Jahre alt ist.

Die Lösung zu diesem Problem ist etwas umständlich, einfacher geht es aber anscheinend nicht: Es wird die Jahresdifferenz um 1 korrigiert, wenn das aktuelle Datum d2 kleiner ist als das Geburtsdatum d1, wobei in d1 aber das Jahr d2 eingesetzt wird. Um nochmals auf das obige Beispiel zurückzukommen: Die unmittelbare Jahresdifferenz beträgt 44, da aber der 1.1.96 »kleiner« als der 1.7.96 ist, wird dieser Wert um 1 reduziert.

```
=JAHR(d2)-JAHR(d1)-WENN(d2<DATUM(JAHR(d2);MONAT(d1);TAG(d1));1;0)
```

Die Formulierung in VBA ist etwas umständlicher, aber vermutlich besser lesbar:

```
diff = Year(d2) - Year(d1)
If d2 < DateSerial(Year(d2), Month(d1), Day(d1)) Then
  diff = diff - 1
End If
```

Zeitdifferenz in Monaten

Das gleiche Problem tritt auch beim Rechnen mit Monaten auf. Wenn die Zeitdifferenz zwischen dem 25.1.94 und dem 3.3.94 als zwei Monate gelten soll, können Sie die erste (einfachere) Formel anwenden. Wenn die Zeitdifferenz erst ab dem 25.3.94 zwei Monate betragen soll, müssen Sie die zweite Formel anwenden (fließende Datumsgrenzen).

```
=(JAHR(d2)-JAHR(d1))*12 + MONAT(d2)-MONAT(d1)     'Monatsgrenze 1.
=(JAHR(d2)-JAHR(d1))*12 + MONAT(d2)-MONAT(d1) -   'fließende Monatsgr.
 WENN(d2<DATUM(JAHR(d2);MONAT(d2);TAG(d1));1;0)
```

Datum des nächsten Montags

Manchmal tritt das Problem auf, daß Sie ein beliebiges Datum haben und daraus das Datum des nächsten Montags (oder eines beliebigen anderen Wochentags) benötigen. Die VBA-Formel zur Berechnung des nächsten Montags sieht so aus:

```
d = d + (9 - WeekDay(d)) Mod 7
```

Dazu ein Beispiel: Angenommen, *d* ist ein Mittwoch: Dann liefert *WeekDay* den Wert 4. *(9 - 4) Mod 7* liefert 5, es werden zum aktuellen Datum also fünf Tage hinzugezählt. Wenn *d* bereits ein Montag war, ändert sich das Datum nicht. Wenn Sie die Formel so ändern möchten, daß der nächste Dienstag, Mittwoch etc. berechnet werden soll, ersetzen Sie einfach die Zahl 9 durch 10, 11 etc.

Rechnen mit Zeiten

Beim Rechnen mit Zeiten müssen Sie überlegen, ob Sie es mit einer reinen Zeit zwischen 00:00 und 23:59 (also einen Zahlenwert zwischen 0 und 1) zu tun haben, oder mit einem Zeitwert, der auch das Datum einschließt. Im Zeitformat von Excel werden beide Zeiten gleich angezeigt, obwohl es sich im ersten Fall um die Zeit am 1.1.1900 handelt, im zweiten Fall dagegen um die Zeit an einem beliebigen anderen Datum.

Dieser Unterschied wirkt sich beispielsweise dann aus, wenn Sie die Anzahl der Minuten seit Mitternacht berechnen möchten. Wenn Sie hierfür den Zeitwert einfach mit 24*60 multiplizieren, erhalten Sie im ersten Fall das richtige Ergebnis, im zweiten Fall aber die Minuten seit dem 1.1.1900! Die richtige Formel lautet daher *=(z-GANZZAHL(z))*24*60* bzw. in VBA *(z-Fix(z))*24*60*.

Zellenformate für Zeiten größer 24 Stunden / 60 Minuten / 60 Sekunden

Problematisch ist der Vorkommaanteil von Zeiten auch dann, wenn das Ergebnis einer Berechnung in Stunden/Minuten/Sekunden ausgedrückt werden soll und dabei Ergebnisse mit mehr als 24 Stunden / 60 Minuten / 60 Sekunden erlaubt sind. So werden 30 Stunden intern durch 1.25 repräsentiert und im üblichen Zeitformat als 6:00 dargestellt. In solchen Fällen müssen Sie eigene Zeitformate verwenden, in denen die Formatzeichen für Stunden/Minuten/Sekunden in eckige Klammern gesetzt werden. Die eckigen Klammern lösen die sonst gültigen Zeitgrenzen (24 h, 60 m, 60 s) auf. Sinnvolle Formatketten sind *[h]:mm:ss*, *[m]:ss* und *[s]*. Eckige Klammern für Tage und Monate sind nicht erlaubt.

Zeitdifferenzen über Mitternacht

Die unmittelbare Berechnung der Differenz zweier reiner Zeiten über Mitternacht – etwa von 20:30 bis 6:40 – liefert einen negativen Wert. Dem kann mit einer Addition um 1 (entspricht 24 Stunden) abgeholfen werden:

```
=WENN(z2<z1;1+z2-z1;z2-z1)
```

Wenn in *z1* und *z2* dagegen auch das Datum gespeichert ist (etwa 30.3.94 20:30 bis 31.3.94 6:40), dann reicht die einfache Berechnung der Differenz aus. Die obige Formel bereitet aber auch in diesem Fall keine Schwierigkeiten, weil jetzt ohnedies *z2>z1* gilt.

6.4.4 Feiertage

Ein Thema für sich sind Feiertage. Neben all den anderen Problemen im Umgang mit Daten kommt hier noch die Schwierigkeit hinzu, daß sich die Daten mancher Feiertage jedes Jahr ändern! Für viele Planungsaufgaben ist es aber erforderlich, daß Feiertage auf eine einfache Weise mitberücksichtigt werden können. Die Beispieldatei `Feiertag.xls` enthält die gleichnamige Funktion *Feiertag(datum)*, die testet, ob es sich beim angegebenen Tag um einen Feiertag handelt und gegebenenfalls dessen Namen zurückgibt. Wenn es kein Feiertag war, liefert *Feiertag* eine leere Zeichenkette.

Vorweg einige Grundlagen: Es gibt Feiertage, die jedes Jahr das gleiche Datum haben (z. B. die Weihnachtsfeiertage) und Feiertage, die sich von Jahr zu Jahr ändern (Ostern, Fronleichnam etc.). Die zweite Gruppe von Feiertagen orientiert sich an Ostern. Beispielsweise ist der Pfingstmontag immer 50 Tage nach dem Ostersonntag. Wenn es also gelingt, den Ostersonntag für ein beliebiges Jahr auszurechnen, dann sollte auch die Berechnung der restlichen Feiertage möglich sein.

Die Frage, wie Ostern allgemeingültig berechnet werden kann, hat die Mathematiker schon vor vielen Jahren beschäftigt. Die folgende Funktion berechnet das Datum von Ostern für ein beliebiges Jahr nach einem Algorithmus von Gauß. Angeblich liefert dieser Algorithmus bis 2078 korrekte Daten (ich habe es nicht überprüft; für die nächsten Jahre stimmt es aber auf jeden Fall).

```
Function OsterDatum(jahr) As Date       ' Feiertag.xls
  Dim ZR1%, ZR2%, ZR3%, ZR4%, ZR5%, ZR6%, ZR7%
  ZR1 = jahr Mod 19 + 1
  ZR2 = Fix(jahr / 100) + 1
  ZR3 = Fix(3 * ZR2 / 4) - 12
  ZR4 = Fix((8 * ZR2 + 5) / 25) - 5
  ZR5 = Fix(5 * jahr / 4) - ZR3 - 10
  ZR6 = (11 * ZR1 + 20 + ZR4 - ZR3) Mod 30
  If (ZR6 = 25 And ZR1 > 11) Or ZR6 = 24 Then ZR6 = ZR6 + 1
  ZR7 = 44 - ZR6
  If ZR7 < 21 Then ZR7 = ZR7 + 30
  ZR7 = ZR7 + 7
  ZR7 = ZR7 - (ZR5 + ZR7) Mod 7
  If ZR7 <= 31 Then
    OsterDatum = CDate(CStr(ZR7) & ". 3. " & CStr(jahr))
  Else
    OsterDatum = DateValue(CStr(ZR7 - 31) & ". 4. " & CStr(jahr))
  End If
End Function
```

Die zweite Hilfsfunktion lautet *Feiertagstabelle(jahr)*. Diese Funktion erstellt eine Liste aller Feiertage für das angegebene Jahr und speichert deren Daten und Namen in den beiden Feldern *feierdatum* und *feiername*. Diese Felder stehen in der Folge für die *Feiertag*-Funktion zur Verfügung und müssen nur dann neu berechnet werden, wenn sich das Jahr ändert.

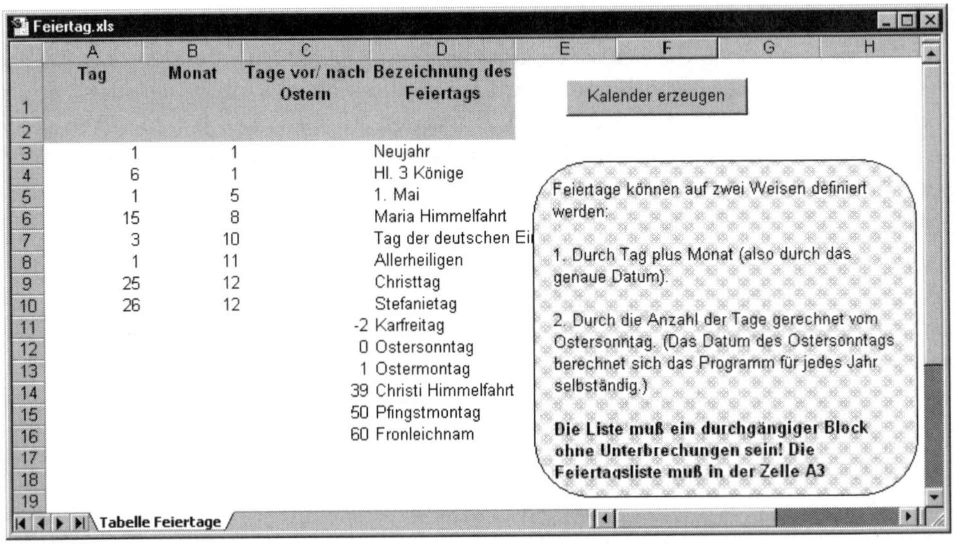

Bild 6.1: Die Berechnungsgrundlage für die Feiertagsfunktion

Die Berechnung der Feiertagstabellen basiert auf dem Tabellenblatt »Tabelle Feiertage«. Diese Tabelle enthält eine Liste aller Feiertage, wobei entweder deren Datum absolut oder relativ zu Ostern angegeben werden muß. Die Feiertagstabelle kann problemlos geändert werden, um die Feiertagsberechnung an die Besonderheiten verschiedener Länder oder an geänderte gesetzliche Bestimmungen anzupassen.

Der Großteil des Codes der Funktion *Feiertagstabelle* ist dafür zuständig, den in der Zelle A3 beginnenden Feiertagsblock auszulesen. Da die Eigenschaften *CurrentRegion* oder *SpecialCells* versagen, wenn *Feiertagstabelle* via *Feiertag* während der Berechnung in einem Tabellenblatt ausgeführt wird, muß die Größe des Blocks in einer *For-Next*-Schleife ermittelt werden. Ansonsten zeigt das Beispiel gut, wie der Programmcode durch den Einsatz von Objektvariablen (*feiertage* für den Block im Tabellenblatt, *zeile* für eine Zeile dieses Blocks etc.) übersichtlich gehalten werden kann.

```
Dim berechnungsjahr
Dim feierdatum() As Date, feiername() As String
Private Sub Feiertagstabelle(jahr)
  Dim ostern As Date
  Dim feiertage As Range, zeile As Range
  Dim linksoben As Range, rechtsunten As Range
  Dim ftab As Worksheet
```

```
  Dim i%
  If Not IsNumeric(jahr) Then Exit Sub
  If jahr < 1900 Or jahr > 2078 Then Exit Sub
  If berechnungsjahr = jahr Then Exit Sub 'Tabelle ist schon berechnet
  ostern = OsterDatum(jahr)
  ' das Tabellenblatt muß »Tabelle Feiertage« heißen!
  Set ftab = ThisWorkbook.Sheets("Tabelle Feiertage")
  ' die Liste mit den Feiertagen beginnt in A3
  Set linksoben = ftab.[A3]
  ' aber wo endet sie?
  For i = 1 To 300  'soviele Feiertage gibt es sicher nicht
    If ftab.[D3].Offset(i, 0).Text = "" Then
      Set rechtsunten = ftab.[D3].Offset(i - 1, 0)
      Exit For
    End If
  Next
  Set feiertage = ftab.Range(linksoben, rechtsunten)
  ' Schleife über alle Zeilen des Feiertagblocks
  ReDim feierdatum(feiertage.Rows.Count - 1)
  ReDim feiername(feiertage.Rows.Count - 1)
  i = 0
  For Each zeile In feiertage.Rows
    If zeile.Cells(3).Text <> "" Then
      'Feiertag relativ zu Ostern
      feierdatum(i) = CDate(CDbl(ostern) + zeile.Cells(3))
    Else
      'Feiertag mit absolutem Datum
      feierdatum(i) = DateSerial(jahr, zeile.Cells(2), zeile.Cells(1))
    End If
    feiername(i) = zeile.Cells(4)
    i = i + 1
  Next zeile
  ' Jahr speichern, damit die beiden Felder nur bei einer
  ' Jahresänderung neu erstellt werden müssen
  berechnungsjahr = jahr
End Sub
```

Wenn die Felder *feierdatum* und *feiername* einmal vorliegen, ist die Ermittlung eines Feiertags ein Kinderspiel. In einer Schleife werden einfach alle Daten des *feierdatum*-Felds mit dem übergebenen Datum verglichen. Wenn eine Übereinstimmung gefunden wird, liefert die Funktion den Namen des entsprechenden Feiertags zurück. Beachten Sie die Konstruktion *CDate(Int(datum))*: Dadurch wird die eventuell übergebene Uhrzeit aus dem Datum entfernt; der Nachkommaanteil wird gelöscht, anschließend wird die resultierende ganze Zahl wieder in ein Datum umgewandelt.

```
Function Feiertag(ByVal datum As Date)
  Dim i%
  If Year(datum) <> berechnungsjahr Then
    ' Felder neu bestimmen, wenn sich das Jahr geändert hat
    Feiertagstabelle Year(datum)
  End If
  datum = CDate(Int(datum))  'Uhrzeit eliminieren
  For i = 0 To UBound(feierdatum())
    If datum = feierdatum(i) Then
      Feiertag = feiername(i): Exit Function
    End If
  Next
  ' es ist kein Feiertag
  Feiertag = ""
End Function
```

Jahreskalender erzeugen

Die Funktion *Feiertag* kann sowohl als benutzerdefinierte Tabellenfunktion als auch in anderen VBA-Prozeduren eingesetzt werden. Die Prozedur *Kalendererzeugen* zeigt, wie in die gerade aktive Arbeitsmappe ein neues Tabellenblatt eingefügt und darin ein Jahreskalender eingetragen wird. Ein beträchtlicher Anteil des Codes ist nur für die Formatierung des Kalenders zuständig. Die Prozedur setzt intensiv *With* ein, um den Zugriff auf einzelne Zellen effizienter und übersichtlicher zu gestalten. Durch *Application.ScreenUpdating = False* wird erreicht, daß der Bildschirm erst am Ende der Prozedur aktualisiert wird. Dadurch geht die Erzeugung des Kalenders rascher vor sich. Wenn Ihnen Aufbau oder Gestaltung des Kalenders nicht zusagen, können Sie das Schema der Prozedur als Ausgangspunkt für eigene Kalenderprozeduren verwenden.

```
' fügt in die aktuelle Arbeitsmappe einen Jahreskalender ein
Sub Kalendererzeugen()
  Dim jahr, i%, monat%, tag%, f$
  Dim ws As Worksheet
  Dim start As Range
  Dim d As Date
  jahr = InputBox("Für welches Jahr soll der Kalender erzeugt " & _
    "werden?", "Kalender erzeugen", Year(Now))
  If jahr = "" Or Not IsNumeric(jahr) Then Exit Sub
  ' Geschwindigkeitsoptimierung
  Application.ScreenUpdating = False
  ' neues Blatt in der aktuellen Arbeitsmappe erzeugen
  Set ws = Worksheets.Add()
  ws.Name = "Kalender " & jahr
  ActiveWindow.DisplayGridlines = False
```

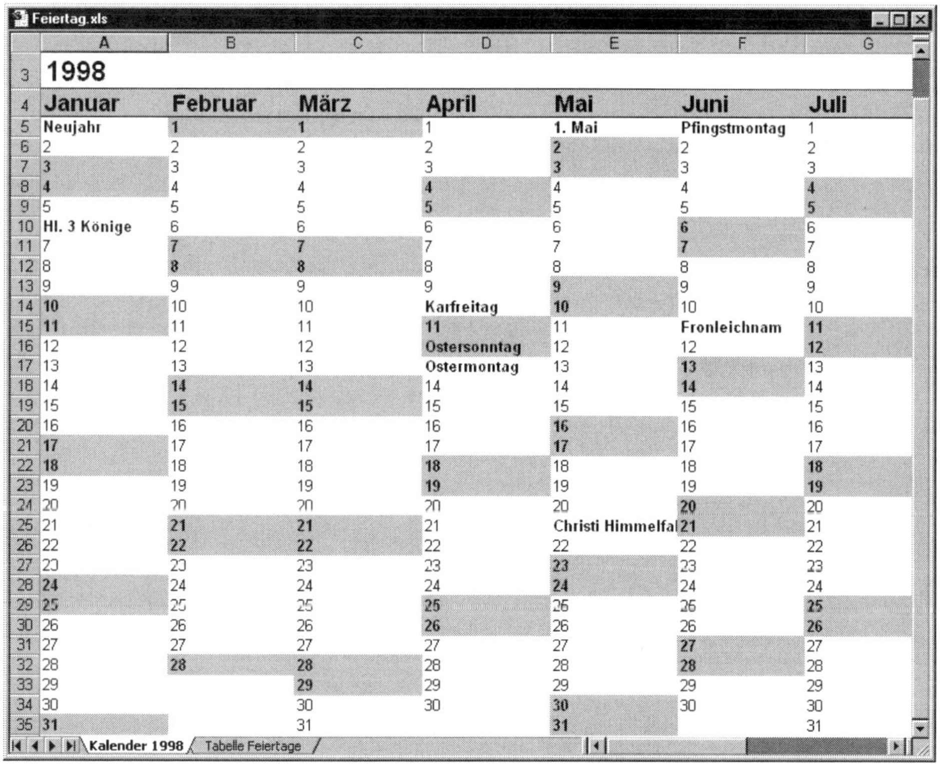

Bild 6.2: Der Kalender für 1996

```
' Jahr in die Zelle A3 eintragen und formatieren
Set start = ws.[A3]
With start
  .Formula = jahr
  .Font.Bold = True
  .Font.Size = 18
  .HorizontalAlignment = xlLeft
End With
' Januar bis Dezember eintragen
With start.Offset(1, 0)
  For i = 1 To 12
    d = DateSerial(jahr, i, 1)
    .Offset(0, i - 1).Formula = Format(d, "mmmm")
  Next
End With
' Januar bis Dezember formatieren
With Range(start.Offset(1, 0), start.Offset(1, 11))
  .Font.Bold = True                    'Schriftart
  .Font.Size = 14
```

```
    .HorizontalAlignment = xlLeft      'Ausrichtung
    .Borders(xlTop).Weight = xlThin    'Linie oben und unten
    .Borders(xlBottom).Weight = xlThin
    .Interior.ColorIndex = 15          'grauer Hintergrund
    .Interior.Pattern = xlSolid
    .Interior.PatternColorIndex = 15
    .ColumnWidth = 15                  'Spaltenbreite
  End With
  ' Datum eintragen: Schleifen für 12 Monate und alle Tage je Monat
  For monat = 1 To 12
    For tag = 1 To Day(DateSerial(jahr, monat + 1, 0))
      With start.Offset(tag + 1, monat - 1)
        d = DateSerial(jahr, monat, tag)
        f = Feiertag(d)
        If f = "" Then
          .Value = tag
        Else
          .Value = f
        End If
        'Samstag, Sonntag und Feiertage fett
        If f <> "" Or WeekDay(d) = 1 Or WeekDay(d) = 7 Then
          .Font.Bold = True
        End If
        'außerdem Samstage und Sonntage grau
        If WeekDay(d) = 1 Or WeekDay(d) = 7 Then
          .Interior.ColorIndex = 15
          .Interior.Pattern = xlSolid
          .Interior.PatternColorIndex = 15
        End If
      End With
    Next
  Next
  ' Datumsbereich formatieren
  With Range(start.Offset(2, 0), start.Offset(32, 11))
    .HorizontalAlignment = xlLeft
  End With
End Sub
```

6.4.5 Syntaxzusammenfassung

In den folgenden Zeilen steht *dz* für einen *Date*-Wert, *z* für eine Zeichenkette.

VBA-Funktionen	
Date	liefert das aktuelle Datum
Date = dz	verändert das Systemdatum
Time	liefert die aktuelle Zeit
Time = dz	verändert die Systemzeit
Now	liefert Datum und Zeit
Timer	liefert die Sekunden seit 00:00
DateValue(z)	wandelt Zeichenkette in ein Datum um
DateSerial(jahr, mon, tag)	setzt die drei Werte zu einem Datum zusammen
Year(dz)	liefert Jahreszahl
Month(dz)	liefert Monat (1-12)
Day(dz)	liefert Tag (1-31)
WeekDay(dz)	liefert Wochentag (1-7 für So-Sa)
WorksheetFunction.WeekDay(dz, 2)	liefert Wochentag (1-7 für Mo-So)
WorksheetFunction.WeekDay(dz, 3)	liefert Wochentag (0-6 für Mo-So)
WorksheetFunction.Days360(dz1, dz2)	Tagesdifferenz in 360-Tage-Jahr
WorksheetFunction.Days360(dz1, dz2, False)	wie oben, europäischer Modus
TimeValue(z)	wandelt Zeichenkette in Zeit um
TimeSerial(st, min, sek)	setzt die drei Werte zu einer Zeit zusammen
Hour(dz)	liefert Stunde (0-23)
Minute(dz)	liefert Minute (0-59)
Second(dz)	liefert Sekunde (0-59)
CDate(v)	Umwandlung ins *Date*-Format
CStr(dz)	Umwandlung in Zeichenkette
CSng(dz)	Umwandlung in einfach genaue Fließkommazahl
CDbl(dz)	Umwandlung in doppelt genaue Fließkommazahl

Tabellenfunktionen	
HEUTE()	aktuelles Datum
JETZT()	aktuelle Zeit
DATUM(jahr, mon, tag)	setzt die drei Werte zu einem Datum zusammen
DATWERT(z)	wandelt Zeichenkette in ein Datum um
JAHR(dz)	liefert Jahreszahl
MONAT(dz)	liefert Monat (1-12)
TAG(dz)	liefert Tag (1-31)
WOCHENTAG(dz)	liefert Wochentag (1-7 für So-Mo)
WOCHENTAG(dz, 2)	liefert Wochentag (1-7 für Mo-So)
WOCHENTAG(dz, 3)	liefert Wochentag (0-6 für Mo-So)
TAGE360(dz1, dz2)	Tagesdifferenz in 360-Tage-Jahr
TAGE360(dz1, dz2, Falsch)	wie oben, europäischer Modus

ZEIT(st, min, sek)	setzt die drei Werte zu einer Zeit zusammen
ZEITWERT(z)	wandelt Zeichenkette in eine Zeit um
STUNDE(dz)	liefert Stunde (0-23)
MINUTE(dz)	liefert Minute (0-59)
SEKUNDE(dz)	liefert Sekunde (0-59)

6.5 Umgang mit Dateien

Dieser Abschnitt beschreibt Kommandos und Techniken für den Umgang mit Dateien. Die Notwendigkeit, selbst Dateien zu lesen oder zu schreiben, ergibt sich in der Praxis zumeist dann, wenn Sie Daten mit anderen – Excel unbekannten – Programmen austauschen möchten. Zwei Beispiele in diesem Kapitel zeigen, wie Sie numerische Daten aus einer Textdatei lesen bzw. in einer Textdatei im Listenformat von Mathematica speichern können.

6.5.1 Kommandos und Methoden

Informationsfunktionen zu Dateien

Die beiden Methoden ***GetOpenFilename*** und ***GetSaveAsFilename*** zeigen jeweils einen Dialog zur Auswahl eines bereits vorhandenen bzw. eines neuen Dateinamens an. *GetOpenFilename* läßt dabei nur die Auswahl einer vorhandenen Datei zu, während *GetSaveAsFilename* auch die Angabe eines neuen Dateinamens ermöglicht. In einem optionalen Parameter kann eine Liste mit möglichen Dateifiltern (etwa `*.xl?`) als Zeichenkette angegeben werden. Die Filterliste enthält paarweise und durch Kommas getrennt die Beschreibung der Datei und den dazu passenden Filter. Im folgenden Beispiel, das im Direktbereich ausgeführt werden kann, enthält die Filterliste je einen Eintrag für Text- und für Excel-Dateien. Der zweite Parameter bestimmt, welcher dieser Filter beim Start des Dialogs aktiv ist.

```
?Application.GetOpenFilename( _
  "Textdateien (*.txt), *.txt,Excel-Dateien (*.xl?), *.xl?", 2)
```

Bei *GetSaveAsFilename* kann vor den beiden Filterparametern ein Defaultdateiname eingestellt werden:

```
?Application.GetSaveAsFilename("name.xls", _
  "Textdateien (*.txt), *.txt,Excel-Dateien (*.xl?), *.xl?", 2)
```

FileLen ermittelt die Länge einer Datei, ***FileDateTime*** das Entstehungsdatum und die Uhrzeit, ***GetAttr*** die Attribute einer Datei (schreibgeschützt, versteckt, archiviert, Systemdatei, Verzeichnis). Bei allen drei Funktionen muß als Parameter der Dateiname angegeben werden.

Mit ***Dir*** kann eine Liste der Dateien eines Verzeichnisses ermittelt werden. Beim ersten Aufruf der Funktion müssen der Ort des Verzeichnisses und das Suchmuster angegeben werden, etwa *Dir("c:*.*")*. Durch einen optionalen zweiten Parameter können Attribute der Dateien bestimmt werden, die ermittelt werden sollen (siehe Online-Hilfe). Die Funktion liefert den ersten Dateinamen des Verzeichnisses zurück. In der Folge liefert *Dir* bei jedem weiteren Aufruf *ohne* Parameter einen weiteren Dateinamen des Verzeichnisses. Nachdem alle Dateinamen ermittelt wurden, gibt die Funktion nur noch leere Zeichenketten zurück. Im folgenden Teilabschnitt finden Sie ein Beispiel zur Anwendung der Funktion, wobei die gelesenen Dateinamen auch sortiert werden.

HINWEIS

Seit Windows 95 können Dateinamen praktisch beliebig lang werden, mehrere Punkte (statt bisher nur einen) enthalten etc. Code, der sich auf das alte Dateinamenschema (8 plus 3 Zeichen) verläßt, muß geändert werden.

Dir kann übrigens auch für den einfachen Test eingesetzt werden, ob eine Datei mit einem bestimmten Dateinamen schon existiert oder nicht:

```
If Dir(datname)<>"" Then             'Datei existiert
```

Dateien umbenennen, kopieren und löschen

Name As gibt einer vorhandenen Datei einen neuen Namen. Dabei darf sich das Verzeichnis, nicht aber das Laufwerk verändern. ***FileCopy*** kopiert die angegebene Datei (auch in ein anderes Laufwerk), ***Kill*** löscht die angegebene Datei. ***SetAttr*** verändert die Attribute einer Datei (Schreibschutz, Systemdatei, versteckte Datei etc.).

Dateien lesen und schreiben

Das Lesen und Schreiben von Dateien beginnt damit, daß zuerst ein sogenannter »Datenkanal« zur Datei eingerichtet wird. Ein Datenkanal ist eine durch eine Nummer gekennzeichnete Verbindung zu einer Datei. Diese Nummer wird zumeist als Kanal- oder Dateinummer bezeichnet. Alle Schreib- und Leseoperationen können nur bei Angabe der Kanalnummer erfolgen.

Das Einrichten eines Datenkanals wird in der Regel als das »Öffnen« einer Datei bezeichnet – daher heißt das dafür vorgesehene Kommando auch ***Open***. Bei der Ausführung des Kommandos muß neben dem Dateinamen und der Kanalnummer auch der Zweck des Zugriffs angegeben werden. *Input*, *Edition* und *Append* beziehen sich auf Textdateien und implizieren bereits die Art des Zugriffs (*Input*: nur lesen; *Edition*: nur schreiben; *Append*: beides). *Binary* ist für den Zugriff auf binäre Daten vorgesehen und ermöglicht sowohl das Lesen als auch das Schreiben von Daten. Optional kann bei *Binary* die Zugriffsart auf ausschließliches Lesen oder Schreiben eingeschränkt werden. Die sechs folgenden Zeilen zeigen die in der Realität sinnvollen Varianten des *Open*-Kommandos.

```
Open "datname" For Input As #1                     '(1)
Open "datname" For Output As #1                    '(2)
Open "datname" For Append As #1                    '(3)
Open "datname" For Binary As #1                    '(4)
Open "datname" For Binary Access Read As #1        '(5)
Open "datname" For Binary Access Write As #1       '(6)
```

Beispiel (1) öffnet eine Textdatei, aus der Daten gelesen werden. Eine unbeabsichtigte Veränderung der Datei ist ausgeschlossen. (2) öffnet eine Datei zum Schreiben. Falls die Datei schon existiert, wird sie gelöscht! (3) öffnet die Datei zum Lesen und Schreiben. Eine eventuell schon existierende Datei wird nicht geschlossen. Schreib- und Leseoperationen werden standardgemäß am Ende der Datei durchgeführt (im Gegensatz zu allen anderen Varianten, bei denen die Daten vom Beginn der Datei gelesen bzw. dort verändert werden). Siehe auch *Seek* etwas weiter unten.

(4) bis (6) öffnen jeweils eine Binärdatei. Bei (4) ist sowohl das Lesen als auch das Schreiben von Daten erlaubt, bei (5) nur das Lesen, bei (6) nur das Schreiben. Eine schon vorhandene Datei wird in keinem Fall gelöscht.

Wenn mehrere Dateien gleichzeitig geöffnet werden sollen, muß bei jeder Datei eine andere Kanalnummer angegeben werden. Der zulässige Zahlenbereich reicht von 1 bis 511. Die Funktion ***FreeFile*** ermittelt eine noch nicht benutzte Kanalnummer.

Nach dem Lesen bzw. Schreiben der Datei muß die Datei wieder »geschlossen« werden. Erst durch das Schließen der Datei werden Schreiboperationen endgültig durchgeführt. Die Datei kann jetzt wieder von anderen Programmen genutzt werden. Es ist sinnvoll, Dateien möglichst rasch wieder zu schließen, wenn sie nicht länger gebraucht werden. Das dafür vorgesehene Kommando lautet ***Close***, wobei die Kanalnummer angegeben werden muß. ***Reset*** schließt alle noch offenen Dateien.

Informationsfunktionen für Datenkanäle

Nun zu den Kommandos, die ausgeführt werden können, sobald eine gültige Kanalnummer vorliegt: ***LOF*** ermittelt die Größe der Datei. Die Funktion ***Seek*** ermittelt die aktuelle Schreib- bzw. Leseposition der Datei. Diese Position gibt an, welches Byte der Datei als nächstes gelesen bzw. verändert wird. (Der kleinstmögliche Wert lautet 1, nicht 0!) *Seek* kann auch als Anweisung verwendet werden und bestimmt dann die neue Position. ***EOF*** stellt fest, ob bereits das Ende der Datei erreicht ist (*Seek* und *LOF* also übereinstimmen).

Textdaten schreiben und lesen

Texte (Zeichenketten) werden mit ***Print #*** in Dateien geschrieben. *Print #* gilt als Anweisung und nicht als Methode. Hinter dem »#« werden zuerst die Kanalnummer, anschließend die zu übertragenden Daten angegeben. Die Daten werden automatisch in das Format der jeweiligen Landessprache übersetzt (also 12,5 statt 12.5).

```
variable = 12.5
Print #1, "ein Text"; variable, 57
Print #1, "noch ein Text";
```

Die Zeichen »,« und »;« haben bei *Print* eine besondere Bedeutung: »,« trennt die Parameter und fügt bei der Ausgabe einige Leerzeichen bis zur nächsten Tabulatorposition (definiert als ein Vielfaches von 8 Zeichen) ein. »;« verzichtet dagegen auf eine Trennung zwischen den Parametern, d. h., zwischen *"ein Text"* und der Variablen werden bei der Ausgabe keine Leerzeichen eingefügt. »,« und »;« können auch am Ende der Anweisung angegeben werden und bewirken dann, daß die Ausgabe durch die nächste *Print*-Anweisung fortgesetzt wird. Zu einem Zeilenumbruch kommt es erst dann, wenn ein *Print*-Kommando ohne ein abschließendes Semikolon oder Komma ausgeführt wird.

Write # funktioniert ähnlich wie *Print #*, gibt aber zusätzliche Formatierungszeichen aus, so daß die Daten später mit *Input #* wieder in Variablen eingelesen werden können. Während *Print* ein Datum in der Form »31.12.1995« speichert, umgibt *Write* das Datum mit »#«-Zeichen, also »#1995-12-31#«. Die Unterschiede zwischen *Print #* und *Write #* gehen am deutlichsten aus einem kurzen Beispiel hervor:

```
Sub test()
  Open "test.dat" For Output As #1
  Print #1, True; 1.3, "abc"; Now
  Write #1, True; 1.3, "abc"; Now
  Close #1
End Sub
```

`Test.dat` enthält anschließend die folgenden Daten:

```
Wahr 1,3      abc18.12.95 10:26:29
#TRUE#,1.3,"abc",#1995-12-18 10:26:29#
```

Write behandelt also die Trennzeichen »,« und »;« gleichwertig und trennt einzelne Ausdrücke in jedem Fall durch ein Komma. Zahlen, Daten und Zeiten werden unabhängig vom VBA-Dialekt einheitlich formatiert und können mit *Input #* von jedem VBA-Dialekt und unabhängig von der Landeseinstellung wieder eingelesen werden.

Line Input # liest eine ganze Zeile einer Textdatei in eine Zeichenketten- oder *Variant*-Variable ein und stellt damit das Gegenstück zu *Print* dar. ***Input #*** ist zum Lesen einzelner Ausdrücke in Variablen geeignet. Die Ausdrücke müssen durch Zeilenumbrüche oder Semikola getrennt sein (bei der deutschen Ländereinstellung).

Das folgende Beispiel zeigt den erforderlichen Code, um drei Variablen im Textformat in einer Datei zu speichern und anschließend wieder einzulesen.

```
a=1,77: b="ein kurzer Text": c=#12/31/97#
' drei Variablen speichern
Open "test.dat" For Output As #1
Write #1, a, b, c
Close #1
```

```
' Variablen wieder einlesen
Open "test.dat" For Input As #1
Input #1, a, b, c
Close #1
```

Die Datei `Test.dat` sieht folgendermaßen aus:

```
1.77,"ein kurzer Text",#1997-12-31#
```

Binärdaten schreiben und lesen

Zum Schreiben und Lesen binärer Daten existieren zwei Kommandos: ***Put*** und ***Get***. Bei beiden Kommandos wird als erster Parameter die Datenkanalnummer und als dritter Parameter die jeweilige Variable angegeben. Der zweite Parameter ist nur dann von Interesse, wenn Sie mehrere gleichartige Daten (z. B. lauter *Double*-Variablen) in einer Binärdatei speichern. Dann können Sie durch die Angabe des zweiten Parameters bestimmen, daß nicht einfach die nächste Zahl gelesen/geschrieben wird, sondern die n-te Zahl in der Datei.

Das folgende Beispiel zeigt, wie Sie zwei Variablen binär speichern und später wieder laden. Die Verwendung von binären Dateien hat Vor- und Nachteile: Der Vorteil besteht darin, daß binäre Dateien platzsparender (kleiner) als Textdateien sind, und daß ein Zugriff auf einzelne Daten viel rascher möglich ist. Der Nachteil liegt darin, daß der Inhalt der Datei ausschließlich durch ein geeignetes Programm rekonstruiert werden kann. Die Daten werden quasi verschlüsselt darin abgelegt.

```
Dim d As Double, e As Date
d=1.33: e=#12/31/97 12:30:00 PM#
' zwei Variablen in Binärdatei speichern
Open "test.bin" For Binary As #1
Put #1, , d: Put #1, , e
Close 1
' zwei Variablen aus Binärdatei lesen
Open "test.bin" For Binary As #1
Get #1,,d: Get #1,,e
Close 1
```

Laufwerke und Verzeichnisse

ChDir wechselt das aktuelle Verzeichnis, ***ChDrive*** wechselt das aktuelle Laufwerk. Mit ***MkDir*** kann ein neues Verzeichnis erstellt werden, ***RmDir*** löscht das angegebene Verzeichnis, sofern sich darin keine Dateien oder weitere Verzeichnisse befinden.

Die Funktionen zum Ermitteln von Verzeichnissen sind zahllos:

- ***CurDir*** ermittelt eine Zeichenkette mit dem momentan aktuellen Verzeichnis, beispielsweise `C:\Eigene Dateien\VBA-Beispiele`. Wenn Sie das aktuelle Verzeichnis wechseln möchten, achten Sie darauf, sowohl *ChDir* als auch *ChDrive* einzusetzen! Jedes Kommando für sich kümmert sich nur um eine Komponente!
- *ActiveWorkbook.**Path*** ermittelt den Pfad der aktuellen Excel-Datei, *ActiveWorkbook. Name* deren Dateinamen.
- *Application.**Path*** ermittelt den Pfad zur Excel-Programmdatei (z. B. `C:\Office97\-Office`).
- *Application.**DefaultFilePath*** ermittelt den Pfad zu jenem Verzeichnis Excels, das nach dem Programmstart als gültiges Verzeichnis gilt (z. B. `C:\WINNT4\Profiles\Administrator\Personal`).
- *Application.**LibraryPath*** liefert den Pfad des `Makro`-Verzeichnisses von Excel, beispielsweise `C:\Office97\Office\Makro`.
- *Application.* ***TemplatesPath*** liefert den Pfad zum Vorlagenverzeichnis, also etwa `C:\Office97\Vorlagen\`. (*TemplatesPath* liefert aus unerfindlichen Gründen den Pfad mit einem abschließenden `\`-Zeichen zurück – im Gegensatz zu allen anderen hier erwähnten *Path*-Eigenschaften.)

TIP

Bei der Programmierung werden immer wieder zwei Verzeichnisse benötigt, für die es keine speziellen Eigenschaften gibt: Das temporäre Verzeichnis und das Windows-Verzeichnis. Hier hilft die Funktion *Environ* weiter, die seit Excel 97 endlich zu den VBA-Funktionen zählt:

```
Environ("temp")    'gibt das temporäre Verzeichnis zurück,
                   ' etwa C:\Temp oder C:\Windows\Temp
Environ("windir")  'Windows-Verzeichnis, etwa C:\WinNT4
```

VERWEIS

Kommandos zum Laden und Speichern von Excel-Arbeitsmappen wurden bereits in Abschnitt 6.2 zum Thema Arbeitsmappen vorgestellt. Informationen darüber, wie Sie Textdateien mit dem Textassistenten bzw. mit *OpenText* importieren können, finden Sie in den Abschnitten 11.3.2 und in 11.5. Auch der Umgang mit Datenbankdateien in vielfältiger Form ist in Kapitel 11 beschrieben.

6.5.2 Programmiertechniken

Beispiel 1: Alphabetisch sortierte Liste der Dateinamen eines Verzeichnisses ermitteln

Die Prozedur *verzliste* ermittelt eine alphabetische Liste aller Verzeichnisse im gerade aktuellen Verzeichnis. Dieses Verzeichnis kann vor dem Aufruf der Prozedur mit *ChDir* eingestellt werden. Die Prozedur zeigt nicht nur den Umgang mit der Funktion

Dir zum Lesen aller Dateinamen eines Verzeichnisses, sondern führt auch den Umgang mit dynamischen Feldern und das Sortieren eines Felds vor. Die sortierte Liste wird im Direktbereich ausgegeben und kann dort angesehen werden.

verzliste beginnt damit, daß das Zeichenkettenfeld *dat* zuerst als leeres dynamisches Feld deklariert und anschließend mit *ReDim* für 100 Elemente dimensioniert wird. Die maximale Elementanzahl wird in der Variablen *datmaxzahl* gespeichert.

Durch *Dir("*.*")* wird die *Dir*-Funktion initialisiert: Es sollen alle Dateien im aktuellen Verzeichnis gelesen werden. Der erste Dateiname wird sofort in *dat(0)* gespeichert. Falls *dat(0)* leer bleibt, befindet sich im aktuellen Verzeichnis keine einzige Datei. Die Prozedur zeigt eine kurze Fehlermeldung an und bricht ab.

Andernfalls beginnt jetzt eine nach oben hin praktisch unbeschränkte *For*-Schleife, die solange mit *Dir()* den jeweils nächsten Dateinamen ermittelt, bis diese Funktion eine leere Zeichenkette liefert. Falls sich während der Schleife herausstellt, daß das ursprünglich mit 100 Elementen dimensionierte Feld zu klein ist, wird es um 100 weitere Elemente vergrößert. Dieser Vergrößerungsvorgang kann beliebig oft durchgeführt werden.

Grundsätzlich wäre es auch denkbar, das Feld einfach mit jedem Schleifendurchgang um ein Element zu erweitern. Das würde aber zu einem extrem langsamen Programm führen. Eine zu hohe Dimensionierung, etwa mit 1000 Elementen, bedeutet im Normalfall eine unnötige Verschwendung von Speicherplatz. Aus diesem Grund wurde – sozusagen als Kompromiß zwischen Geschwindigkeit und Sparsamkeit – eine Schrittweite von 100 gewählt.

```
' Beispieldatei Datei.xls
Option Explicit
Option Compare Text   'beim Sortieren Klein- und Großbuchstaben gleich
                      'behandeln
Sub verzliste()
  Dim i, j, datmaxzahl, datanzahl, zwischen, dat$()
  datmaxzahl = 100        'anfänglich nur 100 Dateien
  ReDim dat(datmaxzahl)   'Feld für Dateinamen
  'Dateien des aktuellen Verzeichnisses einlesen
  dat(0) = Dir("*.*")
  If dat(0) = "" Then Debug.Print "Das Verzeichnis ist leer": Exit Sub
  For i = 1 To 10000
    If i > datmaxzahl Then      'falls Feld zu klein ist: größer machen
      datmaxzahl = datmaxzahl + 100
      ReDim Preserve dat(datmaxzahl)
    End If
    dat(i) = Dir()
    If dat(i) = "" Then Exit For
  Next i
  datanzahl = i
```

```
  ' Feld mit den Dateinamen sortieren
  For i = 0 To datanzahl - 1
    For j = i + 1 To datanzahl
      If dat(i) > dat(j) Then
        zwischen = dat(i): dat(i) = dat(j): dat(j) = zwischen
      End If
    Next j
  Next i
  ' sortiere Dateinamen ausgeben
  For i = 0 To datanzahl
    Debug.Print dat(i)
  Next i
End Sub
```

Dir ermittelt die Dateinamen in willkürlicher Reihenfolge. Um daraus eine geordnete Liste zu gewinnen, müssen die Namen sortiert werden. Das geschieht in den beiden *For*-Schleifen im letzten Drittel der Prozedur. Der hier vorgestellte Sortieralgorithmus ist ebenso einfach wie allgemeingültig; für sehr große Datenmengen existieren aber deutlich schnellere Algorithmen. Um zu erreichen, daß Dateinamen mit Klein- und Großbuchstaben bzw. mit deutschen Sonderzeichen korrekt sortiert werden, gilt für das Modul *Option Compare Text* (statt der Defaulteinstellung *Option Compare Binary*, nach der Zeichen nach deren ANSI-Code sortiert werden).

Beispiel 2: Verzeichnisbaum rekursiv abarbeiten

Das Beispiel oben berücksichtigt nur die Dateien *eines* Verzeichnisses. Schwieriger wird es, wenn Sie eine Datei in einem beliebigen Subverzeichnis suchen, den Gesamtspeicherbedarf eines Verzeichnisses (inklusive des Speicherbedarfs der Subverzeichnisse) ermitteln wollen etc. Entscheidend ist in solchen Fällen die Berücksichtigung der beliebig tief verschachtelten Verzeichnisstruktur.

Das folgende Beispiel ermittelt den Gesamtspeicherbedarf des als Parameter angegebenen Verzeichnisses. *verzspeicher("c:")* ermittelt den Speicherverbrauch des Laufwerks C:, *verzspeicher("")* den Speicherbedarf des aktuellen Verzeichnisses. Das Beispiel soll als Vorlage dienen, auf der Sie bei der Entwicklung eigener Prozeduren zur rekursiven Bearbeitung von Verzeichnissen aufbauen können.

Die Funktion arbeitet rekursiv. Sie ermittelt zuerst alle Subverzeichnisse und speichert diese im Feld *vrz*. Gleichzeitig wird die Dateigröße aller Dateien des gerade aktuellen Verzeichnisses summiert. Anschließend wird *verzspeicher* für alle Subverzeichnisse aufgerufen. Die Funktion gibt jeweils den Speicherbedarf innerhalb der aktuellen Aufrufebene zurück. Wenn Sie den Ablauf der Funktion verfolgen möchten, können Sie am Beginn der Prozedur die Anweisung *Debug.Print pfd* angeben.

Der wichtigste Unterschied gegenüber dem obigen Beispiel besteht darin, daß beim ersten Aufruf der Funktion *Dir* als zweiter Parameter 2+4+16 angegeben wird. Dadurch liefert *Dir* nicht nur normale Dateien, sondern auch versteckte Dateien, Systemdateien und – besonders wichtig – Verzeichnisse. Bei jedem Eintrag wird mit *GetAttr* getestet, ob es sich um ein Verzeichnis handelt. Wenn das der Fall ist, wird der Name im Verzeichnisfeld gespeichert, andernfalls wird die Größe der Datei ermittelt und zur Variablen *gesamtspeicher* addiert.

Wenn *Dir* mit dem Attributsparameter 16 verwendet wird, liefert es unter anderem auch die Verzeichnisnamen "." und "..". Diese Namen sind zwar für die interne Verwaltung der Verzeichnisstruktur von Bedeutung, im vorliegenden Beispiel stören sie aber nur. Sie werden deswegen durch die *If*-Abfrage in der ersten Schleife von der weiteren Bearbeitung ausgeschlossen. In der zweiten Schleife erfolgt der rekursive Aufruf von *verzspeicher*, wobei die Ergebnisse zu *gesamtspeicher* addiert werden.

Die Hilfsfunktion *datname* verbindet Laufwerks- und Pfadangabe mit dem Dateinamen zu einem gültigen Namen. Kritisch ist dabei das Zeichen »\«, das fallweise zwischen den beiden Komponenten eingesetzt werden muß.

```
Function VerzSpeicher(pfad$)
  Dim gesamtspeicher&, i&, verznr&, verzmax&, vrz$(), dat$
  verzmax = 20: ReDim vrz(verzmax)
  If pfad = "" Then pfad = CurDir()
  dat = Dir(datname(pfad, "*.*"), 2 + 4 + 16)
  ' Unterverzeichnisse in vrz()-Feld eintragen
  Do While dat <> ""
    If dat <> "." And dat <> ".." Then
      dat = datname(pfad, dat)
      If GetAttr(dat) = 16 Then    'Verzeichnis
        vrz(verznr) = dat: verznr = verznr + 1
        If verznr > verzmax Then
          verzmax = verzmax + 20: ReDim Preserve vrz(verzmax)
        End If
      Else                          'Datei: Länge summieren
        gesamtspeicher = gesamtspeicher + FileLen(dat)
      End If
    End If
    dat = Dir()
  Loop
  ' Unterverzeichnisse rekursiv durcharbeiten
  For i = 0 To verznr - 1
    gesamtspeicher = gesamtspeicher + VerzSpeicher(vrz(i))
  Next i
  ' Rückgabewert der Funktion
  VerzSpeicher = gesamtspeicher
End Function
```

```
' aus Pfad und Dateiname einen vollständigen Namen zusammensetzen
' z. B. c: + name.abc -> c:\name.abc
Function datname(pfad$, dat$)
  If Right(pfad, 1) = "\" Then
    datname = pfad + dat
  Else
    datname = pfad + "\" + dat
  End If
End Function
```

HINWEIS

Die Funktion *CurDir* liefert den aktuellen Pfad normalerweise *mit* einem abschließenden »\«-Zeichen, etwa *"C:\verzeichnis\"*. Wenn es sich beim aktuellen Pfad allerdings direkt um das Wurzelverzeichnis eines Laufwerks handelt, liefert *CurDir* eine Zeichenkette *ohne* abschließendes »\«-Zeichen, also etwa *"C:"*.)

Beispiel 3: Tabellenbereich als Mathematica-Liste speichern

Das folgende Beispiel zeigt, wie Sie einen zuvor markierten Zellbereich in einer Textdatei speichern können. Die Prozedur verwendet dabei das Listenformat von Mathematica – die Textdatei kann also anschließend von Mathematica gelesen werden. (Mathematica ist ein Programm zur Bearbeitung mathematischer Daten und Formeln. Es kann beispielsweise dazu eingesetzt werden, aus Excel stammende Daten grafisch darzustellen. Insbesondere zur dreidimensionalen Visualisierung von Daten stellt Mathematica viel flexiblere und effizientere Kommandos als Excel zur Verfügung.)

Die Prozedur demonstriert einige allgemeingültige Verfahren, wie sie bei ähnlichen Aufgaben immer wieder auftreten: Die Auswahl eines Dateinamens, das Erstellen einer Sicherheitskopie, falls die ausgewählte Datei schon existiert, das Schreiben einer Textdatei, das Auslesen eines dreidimensionalen Zellbereichs (über mehrere Blätter) etc.

Spezifisch auf Mathematica ausgerichtet sind lediglich die Formatierungszeichen in der Textdatei: In Mathematica müssen zusammengehörende Daten (z. B. einer Zeile) durch geschwungene Klammern gruppiert werden. Ein zweidimensionales Feld mit 2*2 Elementen sieht in Mathematica so aus: *{{a,b},{c,d}}*.

Wenn Sie Excel-Daten an ein anderes Programm weitergeben möchten, müssen Sie nur jene Teile der Prozedur ändern, die diese Klammern ausgeben. Je nach Programm sind statt dessen andere Formatierungszeichen erforderlich, etwa Tabulatoren (wird mit *Chr(9)* erzeugt), Line-Feed (»Wagenrücklauf«, *Chr(10)*) und/oder Carriage Return (»Papiervorschub«, *Chr(13)*).

Das Makro testen

Um die Prozedur zu testen, laden Sie `Datei.xls`, wechseln in das Blatt »Tabelle1« und markieren darin die Zellen B4:D6. Anschließend markieren Sie bei gedrückter Strg-Taste das Blatt »Tabelle2«. Jetzt rufen Sie mit EXTRAS | MAKROS die Prozedur *BereichAlsMathListeSpeichern* auf. Sie werden nach dem Dateinamen gefragt, unter dem der markierte Bereich gespeichert werden soll. Geben Sie beispielsweise `Test.dat` an. Die so erzeugte Textdatei kann nun in Mathematica mit dem Kommando *Get* eingelesen werden:

```
list1=Get["C:\\Eigene Dateien\\Test.dat"]
```

Dateiauswahl mit SpeichernUnterErmitteln

Die Prozedur *BereichAlsMathListeSpeichern* beginnt mit einem Test, ob überhaupt ein Bereich von mehreren Zellen in der Tabelle ausgewählt ist. Die Prozedur kommt nicht mit Bereichen zurecht, die aus mehreren Teilbereichen zusammengesetzt sind – dieser Fall wird durch die dritte *If*-Abfrage ausgeschlossen.

Wenn eine brauchbare Auswahl vorliegt, wird in der Funktion *SpeichernUnter* die Methode *GetSaveAsFilename* ausgeführt. Es erscheint ein Dialog zur Auswahl eines Dateinamens. Falls der Name einer bereits existierenden Datei ausgewählt wurde, zeigt das Programm mit *MsgBox* eine Sicherheitsabfrage an. Darin muß der Anwender das Überschreiben der Datei mit JA bestätigen. Die Dateiauswahl ist in einer Schleife plaziert, damit der Anwender die Gelegenheit hat, gegebenenfalls einen neuen Dateinamen auszuwählen. Die Schleife wird solange durchlaufen, bis der Anwender einen gültigen Dateinamen auswählt oder die Auswahl abbricht.

In den folgenden Programmzeilen wird nochmals getestet, ob die angegebene Datei schon existiert. Wenn das der Fall ist, bekommt diese Datei einen neuen Namen mit der Kennung `*.bak`. Eine eventuell schon vorhandene Sicherheitskopie wird vorher gelöscht.

Die Funktion *SpeichernUnter* gibt als Ergebnis den Dateinamen an die Prozedur *BereichAlsMathListeSpeichern* zurück. Dort wird der Name in der statischen Variablen *datname* gespeichert. Bei einem abermaligen Aufruf der Prozedur wird dieser Name dann bereits als Voreinstellung im Dialog zur Dateiauswahl angezeigt.

Open richtet einen Datenkanal zur ausgewählten Datei ein. Beachten Sie dabei den Einsatz der Funktion *FreeFile* zur Ermittlung einer neuen, noch unbenutzten Kanalnummer! Diese Vorgehensweise ist insbesondere dann empfehlenswert, wenn die Prozedur von anderen Stellen in einem Excel-Programm aufgerufen werden kann. Wenn Sie einfach #1 als Kanalnummer angeben, riskieren Sie einen Fehler bei der Ausführung der Prozedur. Dieser Fehler tritt auf, wenn die Kanalnummer #1 bereits an einer anderen Stelle im Programm in Verwendung ist.

Blattgruppe bearbeiten

Die Prozedur speichert einen normalen Zellbereich in der Form {{a,b...},{c,d...}...}, also in zwei Klammerebenen. Die Prozedur kommt aber auch mit einem dreidimensionalen Zellbereich zurecht, der sich über mehrere Blätter erstreckt. Dreidimensionale Zellbereiche werden markiert, indem zuerst der Zellbereich in *einem* Blatt ausgewählt und anschließend mit Strg oder Shift weitere Tabellenblätter angeklickt werden. Das Programm speichert dreidimensionale Zellbereiche in der Form {{{a1,b1}, {c1,d1}}, {{a2,b2}, {c2,d2}}}, also in drei Klammerebenen.

Im Programm kann über *ActiveSheet.SelectedSheets.Count* festgestellt werden, wie viele Blätter zur Zeit ausgewählt sind. In der Prozedur wird die Variable *bliste* als Verweis auf das Blattliste-Objekt verwendet, um etwas Tipparbeit zu sparen und das Programm übersichtlicher zu gestalten. In *b1* und *b2* werden Verweise auf das erste und letzte Blatt gespeichert. Beachten Sie, daß die Variablen *bliste, b1, b2* und *bjetzt* nicht durch einfache Variablenzuweisungen belegt werden können. Der Variableninhalt ist ein Verweis auf ein Objekt, der nur mit *Set* zugewiesen werden kann.

Daten im Textformat speichern

Die Initialisierung von *z1, z2, sp1* und *sp2* ist leicht nachvollziehbar. Über *Row* bzw. *Column* wird die erste Zeile bzw. Spalte des ausgewählten Zellbereichs ermittelt. *Rows.Count* bzw. *Columns.Count* ergibt die Anzahl der markierten Zeilen und Spalten.

Es beginnen nun drei ineinander verschachtelte Schleifen, in denen der dreidimensionale Zellbereich Element für Element ausgelesen und mit *Print #* in der Textdatei gespeichert wird. Falls nur ein zweidimensionaler Zellbereich (in einem Tabellenblatt) markiert wurde, enthält *banz* den Wert 1. Die *Print*-Kommandos für die äußerste Klammerebene werden dann nicht ausgeführt.

Die äußerste Schleife wählt das gerade aktive Blatt aus. Der Zusatzparameter *False* ist notwendig, damit die Mehrfachauswahl von Tabellenblättern (bei 3D-Zellbereichen) nicht aufgehoben wird.

```
' aktiven Zellbereich als Mathematica-Liste speichern
Sub BereichAlsMathListeSpeichern()
  Dim b, b1, b2, bliste, banz                'Blätter
  Dim z, z1, z2                              'Zeilen
  Dim sp, sp1, sp2                           'Spalten
  Dim element, kanal                         'sonstige Var.
  Static datname, dat
  If Selection Is Nothing Then Exit Sub
  If Selection.Cells.Count = 1 Then Exit Sub
  If Selection.Areas.Count > 1 Then
    MsgBox "Nur einfache Zellbereiche": Exit Sub
  End If
```

```
  ' Dateiname auswählen
  dat = SpeichernUnter(datname)
  If dat = "" Then Exit Sub Else datname = dat
  kanal = FreeFile()
  Open dat For Output As #kanal
  ' Initialisierung
  Set bliste = ActiveWindow.SelectedSheets
  banz = bliste.Count
  Set b1 = bliste(1)
  Set b2 = bliste(bliste.Count)
  z1 = Selection.Row
  z2 = z1 + Selection.Rows.Count - 1
  sp1 = Selection.Column
  sp2 = sp1 + Selection.Columns.Count - 1
  If banz > 1 Then Print #kanal, "{"
  For Each b In bliste                 'Schleife für alle Blätter
    Print #kanal, "{";
    For z = z1 To z2                   'Schleife für alle Zeilen
      Print #kanal, "{";
      For sp = sp1 To sp2              'Schleife für alle Spalten
        element = b.Cells(z, sp)
        If IsNumeric(element) Then     'Zahl oder Zeichenkette ?
          Print #kanal, Str(element);
        Else
          Print #kanal, Chr(34); element; Chr(34);
        End If
        If sp = sp2 Then Print #kanal, "}"; Else Print #kanal, ", ";
      Next sp
      If z = z2 Then Print #kanal, "}" Else Print #kanal, ","
    Next z
    If banz > 1 Then
      If b.Name = b2.Name Then
        Print #kanal, "}"
      Else
        Print #kanal, "},{"
      End If
    End If
  Next b
  Close #kanal
End Sub
```

```
'Dateinamen zum Speichern auswählen
'evt. vorhandene Datei in *.bak umbenennen
Function SpeichernUnter(datname)
  Dim pos, dat, ergebnis, bakdat
  Do   'Schleife, bis gültiger Dateiname oder Abbruch
    dat = Application.GetSaveAsFilename(datname, , , _
      "Als Mathematica-Liste speichern")
    If dat = "" Then Exit Function
    ergebnis = vbYes
    If Dir(dat) <> "" Then    'Achtung, Datei existiert schon
      ergebnis = MsgBox( _
        "Die Datei " & dat & " existiert schon! Überschreiben?", _
        vbYesNoCancel)
      If ergebnis = vbCancel Then Exit Function
    End If
  Loop Until ergebnis = vbYes
  ' falls Datei schon existiert: Sicherheitskopie erstellen
  If Dir(dat) <> "" Then      'die Datei existiert schon
    bakdat = dat + ".bak"
    'evt. schon vorhandene Backup-Datei löschen
    If Dir(bakdat) <> "" Then Kill bakdat
    'vorhandene Datei umbenennen
    Name dat As bakdat
  End If
  SpeichernUnter = dat
End Function
```

Bei jedem Element wird getestet, ob es sich um einen Text oder um eine Zahl handelt. Im ersten Fall wird der Text bei der Ausgabe in Hochkommas gestellt. Die Hochkommas werden dabei mit *Chr(34)* erzeugt. (»"« hat den ANSI-Code 34. *Chr* liefert als Ergebnis das Zeichen, dessen Code angegeben wird.) Zahlen werden mit *Str* in Zeichenketten umgewandelt. Diese Umwandlungsfunktion hat den Vorteil, daß sie einen Dezimalpunkt (kein Komma) erzeugt, wie es praktisch alle internationalen Programme vorschreiben.

Im Anschluß an jedes Element wird entweder ein »,« (zur Trennung von zwei Elementen) oder ein »}« (als Abschluß der Elemente einer Zeile) ausgegeben. Beachten Sie bei der *Print*-Methode die abschließenden Strichpunkte. Diese bewirken, daß *Print* nicht nach jeder Ausgabe eine neue Zeile beginnt. Die sich daraus ergebende Datei wird dadurch erheblich übersichtlicher.

6.5.3 Syntaxzusammenfassung

In den folgenden Zeilen steht *d* für einen Dateinamen (etwa *"Test.dat"*) und *k* für eine Kanalnummer.

Datei- und Verzeichnisverwaltung	
Application.GetOpenFilename	Dialog »Datei öffnen«
Application.GetSaveAsFilename	Dialog »Datei speichern unter«
Name d1 As d2	gibt der Datei einen neuen Namen
FileCopy d1, d2	kopiert eine Datei
Kill d1	löscht eine Datei
SetAttr d1, attr	ändert die Attribute einer Datei
FileLen(d)	ermittelt die Dateilänge
FileDateTime(d)	ermittelt die Entstehungszeit
GetAttr(d)	ermittelt die Attribute
Dir(d [,attr])	ermittelt die erste Datei eines Verzeichnisses
Dir()	ermittelt die nächste Datei

Daten schreiben und lesen	
	Datenkanal öffnen, um
Open d For Input As #k	Textdatei zu lesen
Open d For Output As #k	Textdatei zu schreiben
Open d For Append As #k	Textdatei zu lesen und zu schreiben
Open d For Binary As #k	Binärdatei zu lesen und zu schreiben
Open d For Binary Access Read As #k	Binärdatei nur zu lesen
Open d For Binary Access Write As #k	Binärdatei nur zu schreiben
FreeFile()	ermittelt freie Kanalnummer
Close #k	Datenkanal schließen
Reset	alle offenen Kanäle schließen
LOF(#k)	ermittelt Größe der Datei (len of file)
Seek(#k)	ermittelt Schreib- / Leseposition
Seek #k, n	verändert Schreib- / Leseposition
EOF(#k)	Dateiende erreicht? (end of file) *True/False*
Print #k, var1, var2, ..	Zeile im Textformat schreiben
Line Input #k, var	ganze Zeile lesen
Write #k, var1, var2, ...	wie *Print*, aber Formatzeichen
Input #k, var1, var2, ...	einzelne Variablen lesen
Put #k, , var	Variable binär speichern
Get #k, , var	Variable binär lesen

Laufwerke und Verzeichnisse	
CurDir	ermittelt aktuelles Laufwerk und Verzeichnis
ActiveWorkbook.Path	Pfad der aktiven Arbeitsmappe
ActiveWorkbook.Name	Dateiname der aktiven Arbeitsmappe

Application.Path	Pfad zu `Excel.exe`
Application.DefaultFilePath	Pfad zum Arbeitsverzeichnis
Application.LibraryPath	Pfad zu `Makro`-Verzeichnis
Application.StartupPath	Pfad zum `Xlstart`-Verzeichnis
Application.TemplatesPath	Pfad zum `Vorlagen`-Verzeichnis
Application.AltStartupPath	Pfad zu einem zweiten Autostart-Verzeichnis (kann mit EXTRAS | OPTIONEN eingestellt werden)
ChDir d	wechselt aktuelles Verzeichnis
ChDrive laufw	wechselt aktuelles Laufwerk
MkDir d	erzeugt neues Verzeichnis
RmDir d	löscht vorhandenes Verzeichnis

6.6 Benutzerdefinierte Tabellenfunktionen

6.6.1 Grundlagen

Excel stellt eine sehr große Anzahl vordefinierter Tabellenfunktionen zur Verfügung, deren bekannteste und wohl wichtigste *SUMME* ist. Für komplexere Anwendungen spielt die Funktion *WENN* eine große Rolle. Damit lassen sich in Tabellenformeln Fallunterscheidungen durchführen. Bei komplexeren Aufgabenstellungen werden *WENN*-Formeln aber rasch so unübersichtlich, daß ihre Anwendung praktisch unmöglich (oder doch extrem fehleranfällig wird). Es existieren auch Situationen, in denen die Formelsyntax ganz einfach überfordert ist.

Für solche Situationen bietet Excel die Möglichkeit, eigene Funktionen in VBA zu definieren. Diese Funktionen werden dann als benutzerdefinierte Tabellenfunktionen bezeichnet. Ein wesentlicher Vorteil von benutzerdefinierten Funktionen besteht darin, daß die Funktion nur ein einziges Mal zentral in einem VBA-Modul definiert werden muß. Eine Änderung der benutzerdefinierten Funktion ist daher problemlos möglich. (Im Gegensatz dazu müssen Tabellenformeln in alle Zellen kopiert werden. Bei nachträglichen Änderungen müssen alle betroffenen Zellen geändert werden!)

Die Programmierung von benutzerdefinierten Funktionen ist oft sehr viel einfacher als die Erstellung »echter« Excel-Programme. In den meisten Fällen benötigen Sie keine Objekte, Methoden und Eigenschaften, oft sind einfache *If-Then*-Abfragen ausreichend.

HINWEIS: Die Berechnung einer benutzerdefinierten Tabellenfunktion ist in jedem Fall ungleich langsamer als die Verwendung einer in Excel vordefinierten Funktion. Bevor Sie also damit beginnen, eine neue Tabellenfunktion zu programmieren, sehen Sie zuerst in der Online-Hilfe nach, ob es nicht ohnedies eine vordefinierte Funktion gibt, die Ihren Anforderungen entspricht!

Definition eigener Funktionen

Sie haben es wohl schon vermutet – eine benutzerdefinierte Tabellenfunktion wird einfach durch eine ganz normale VBA-Funktion definiert. (Der Funktionsdefinition darf nicht *Private* vorangestellt sein – das würde den Gültigkeitsbereich auf das aktuelle Modul einschränken!) Dazu gleich ein Beispiel: Die Funktion *Rabatt* berechnet aus Einzelpreis und Stückanzahl den Endpreis. Ab einer Anzahl von 10 wird ein Rabatt von 5 Prozent gewährt.

```
' Beispieldatei Funktion.xls
Function Rabatt(preis, stück)
  If stück >= 10 Then
    Rabatt = stück * preis * 0.95
  Else
    Rabatt = stück * preis
  End If
End Function
```

Die Funktion kann in der Tabelle wie eine vordefinierte Tabellenfunktion eingesetzt werden. Es ist sowohl eine unmittelbare Zahlenangabe als auch die Angabe von Zellverweisen erlaubt.

```
=Rabatt(8; 12)          'liefert 91.2
=Rabatt(A1; B1)
```

ACHTUNG

Wie in den bisherigen Versionen sieht sich Excel nicht veranlaßt, bei einer Veränderung von VBA-Code für Tabellenfunktionen die davon betroffenen Zellen automatisch neu zu berechnen. Die explizite Aufforderung zur Neuberechnung durch F9 funktioniert in Excel 97 zwar häufiger als in Excel 5 und 7, aber leider noch immer nicht zuverlässig. In hartnäckigen Fällen hilft es meistens, eine neue Zeile oder Spalte oberhalb bzw. links von den betroffenen Zellen in die Tabelle einzufügen und anschließend wieder zu entfernen.

VORSICHT

Manche Excel-Methoden bzw. -Eigenschaften funktionieren nicht, wenn der Code durch die Verwendung der Funktion im Tabellenblatt ausgeführt wird. (Derselbe Code funktioniert einwandfrei, wenn die Funktion etwa im Direktbereich ausprobiert wird.) Beispielsweise ist es nicht möglich, mit *SpecialCells* oder *CurrentRegion* auf besondere Zellen oder Zellbereiche zuzugreifen. Diese Einschränkungen sind selbstredend nirgendwo dokumentiert, weswegen schwer zu sagen ist, welche anderen Methoden oder Eigenschaften vielleicht sonst noch betroffen sind.

Kurzbeschreibung der Funktionen für den Funktionsassistenten

Im Dialog FUNKTIONEN EINFÜGEN (das war in früheren Versionen der Funktionsassistent) wird zu allen Funktionen eine kurze Beschreibung angezeigt. Für benutzerdefinierte Funktionen können Sie diese Beschreibung eingeben, wenn Sie im Objektkatalog die Funktion markieren und mit der rechten Maustaste das Kommando EIGENSCHAFTEN auswählen. Der daraufhin erscheinende Dialog ELEMENTOPTIONEN macht zwar einen etwas unfertigen Eindruck, erfüllt aber seine Aufgabe.

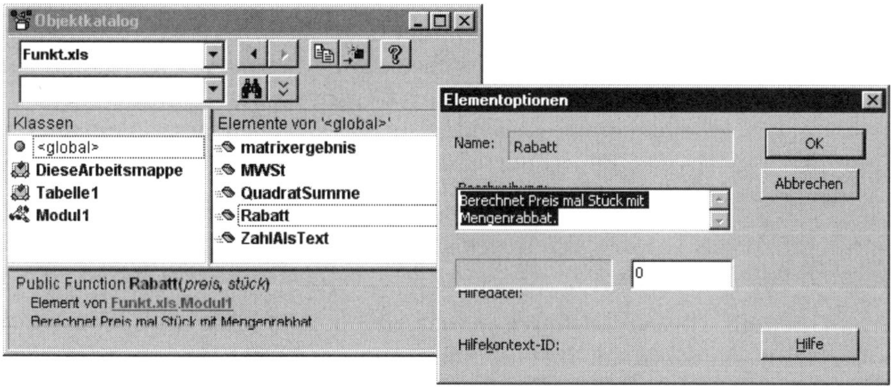

Bild 6.3: Kurzbeschreibung der Rabatt-Funktion

ANMERKUNG

In Excel 5 / 7 konnten selbstdefinierte Tabellenfunktionen unterschiedlichen Kategorien zugeordnet werden, etwa »Finanzmathematik«, »Datum und Zeit« etc. In Excel 97 besteht diese Möglichkeit nicht mehr, alle selbstdefinierten Funktionen fallen in die Kategorie »benutzerdefiniert« des Dialogs FUNKTION EINFÜGEN. Es ist unklar geblieben, ob das lediglich an der schlampigen Umsetzung des Dialogs ELEMENTOPTIONEN liegt, oder ob diese Feature absichtlich entfernt wurde.

Benutzerdefinierte Funktionen in anderen Arbeitsmappen verwenden

Die Funktion *Rabatt* darf nur in den Tabellen jener Arbeitsmappe verwendet werden, in deren Modul sie definiert ist. Wenn Sie *Rabatt* auch in anderen Arbeitsmappen verwenden möchten, müssen Sie den Dateinamen jener Arbeitsmappe angeben, in der die Funktion definiert ist – also: *=Funktion.xls!Rabatt(8,12)*. Alternativ dazu können Sie in der aktuellen Arbeitsmappe mit EXTRAS|VERWEISE einen Verweis auf `Funktion.xls` einrichten – dann ist eine Verwendung auch ohne den vorangestellten Dateinamen möglich. (Das Kommando EXTRAS|VERWEISE kann nur verwendet werden, wenn gerade ein Modulblatt aktiv ist.)

HINWEIS

Beachten Sie bitte, daß Excel zwischen der Verwendung benutzerdefinierter Funktionen in Tabellen und im VBA-Code unterscheidet. Wenn Sie *Rabatt* nicht im VBA-Code einer anderen Arbeitsmappe verwenden möchten, dann müssen Sie auf jeden Fall einen Verweis einrichten! Das Voranstellen des Dateinamens ist im VBA-Code nicht möglich.

Benutzerdefinierte Funktionen in Add-Ins

Sie können eine Arbeitsmappe mit den Definitionen mehrerer eigener Funktionen in ein Add-In kompilieren. Die Funktionen stehen dann in allen Arbeitsmappen zur Verfügung, sobald dieses Add-In aktiviert ist. Im Gegensatz zur Definition der Funktionen in normalen Arbeitsmappen ist weder ein Voranstellen des Dateinamens beim Funktionsaufruf noch das Einrichten eines Verweises erforderlich. Ausführlichere Informationen zur Erstellung eigener Add-Ins finden Sie in Abschnitt 13.1.

Zellbereiche als Parameter

Wenn eine benutzerdefinierte Funktion mit einem Zellbezug (etwa *=Rabatt(A1,B1)* aufgerufen wird, dann wird an die Funktion ein *Range*-Objekt übergeben. Im Fall einer einzelnen Zelle ist die weitere Auswertung des Parameters problemlos: Die *Value*-Eigenschaft des *Range*-Objekts gilt als Defaulteigenschaft, weswegen ohne weitere Komplikationen auf den Inhalt der Zelle zugegriffen werden kann. Problematischer wird es, wenn als Parameter ein (womöglich aus Teilbereichen zusammengesetzter) Zellbereich übergeben wird – etwa A1:A3.

```
'liefert die Summe der Quadrate aller angegebenen Zellen
Function QuadratSumme(ParamArray x())
  Dim var As Variant, a As Range, c As Range, result As Double
  For Each var In x()
    If TypeName(var) = "Range" Then
      For Each a In var.Areas  'alle Teilbereiche
        For Each c In a.Cells  'alle Zellen je Teilbereich
          result = result + c ^ 2
        Next c
      Next a
    Else
      result = result + var ^ 2
    End If
  Next var
  QuadratSumme = result
End Function
```

Eine besondere Komplikation stellt der Umstand dar, daß »A1:A3;C1:C3« in Excel üblicherweise einen Zellbereich meint, der aus den Teilbereichen A1:A3 und C1:C3 zusammengesetzt ist. Bei »A1:A3;C1:C3« kann es sich aber genausogut auch um *zwei* Argumente (für eine Funktion mit zwei Parametern) handeln! Wenn Zellbereiche unmittelbar in dieser Form angegeben werden, interpretiert Excel die Zeichen tatsächlich als zwei Argumente. Wenn dagegen aus Gründen der Eindeutigkeit der gesamte Zellbereich geklammert wird (also »(A1:A3;C1:C3)«) oder wenn der Zellbereich in einem Namen gespeichert wird, dann betrachtet Excel das Argument als zu *einem* Parameter gehörend.

Aus diesem Grund ist die Programmierung von Funktionen, die mit beliebig zusammengesetzten Zellbereichen zurechtkommen sollen, ein wenig umständlich: Die Funktion *QuadratSumme* quadriert die Werte aller angegebenen Zellen. Dabei wird der Parameter der Funktion als *ParamArray* definiert, so daß beliebig viele Parameter übergeben werden dürfen. Für jeden dieser Parameter werden alle Zellen der Teilbereiche quadriert und in *result* summiert.

Dank der Abfrage *TypeName(var)="Range"* kommt *QuadratSumme* auch mit numerischen Parametern zurecht. *QuadratSumme(1; 2; 3)* liefert also 14.

Fehlerabsicherung

Wenn Sie eine Funktion programmieren möchten, die *nicht* für Zellbereiche, sondern ausschließlich für Einzelwerte konzipiert ist, sollten Sie eine falsche Parameterübergabe durch Sicherheitsabfragen ausschließen. Die so abgesicherte *Rabatt*-Funktion sieht dann folgendermaßen aus:

```
Function Rabatt(preis, stück)
  On Error Resume Next
  If TypeName(preis) = "Range" Then
    If preis.Count > 1 Then Rabatt = CVErr(xlErrValue): Exit Function
  End If
  If TypeName(stück) = "Range" Then
    If stück.Count > 1 Then Rabatt = CVErr(xlErrValue): Exit Function
  End If
  If stück >= 10 Then
    Rabatt = stück * preis * 0.95
  Else
    Rabatt = stück * preis
  End If
  If Err Then Rabatt = CVErr(xlErrValue)
End Function
```

Mit *CVErr(xlErrValue)* wird ein »#WERT!«-Fehler als Ergebnis zurückgegeben. Mögliche Konstanten für *CVErr* finden Sie im Objektkatalog in der Konstantengruppe *xlCVError*. Mehr Informationen zum Thema Fehlerabsicherung finden Sie in Kapitel 7.

Matrixfunktionen

Excel kennt sogenannte Matrixfunktionen. Da diese Funktionen im alltäglichen Betrieb von Excel eher selten vorkommen, finden Sie hier zuerst ein Beispiel zur Anwendung bereits vorhandener Matrixfunktionen. Die Funktion *RGP* berechnet die Parameter *a* und *b* für die Formel $y=a_1*x_1+a_2*x_2+...$ Dabei stehen x_i und y für die als Ausgangsdaten gegebenen Zahlenreihen. Die Ergebnisparameter werden so berechnet, daß die Beziehung zwischen x und y möglichst exakt widergespiegelt wird. (Ausführliche Informationen über *RGP* finden Sie in der Online-Hilfe.)

Die Funktion *RGP* ist hier deshalb interessant, weil sie als Ergebnis eine Matrix von Werten liefert (nämlich in dieser Reihenfolge ...,a3, a2, a1, b). Da in einer Zelle nur ein Ergebnis dargestellt werden kann, müssen Matrixfunktionen auf mehrere Zellen verteilt werden. Außerdem müssen Matrixformeln als solche gekennzeichnet werden. Excel sieht hierfür eine recht umständliche Eingabeform vor:

Sie müssen zuerst alle Zellen, in denen die Ergebnisse der Matrixfunktion angezeigt werden sollen, mit der Maus oder mit Shift und den Cursortasten als Bereich markieren. Anschließend drücken Sie F2, um in der gerade aktiven Zelle des Bereichs (es ist egal, in welcher Zelle des Bereichs) die Funktion einzugeben. Die Eingabe muß schließlich mit Strg+Shift+Return abgeschlossen werden. Dadurch wird die Formel in alle Zellen des Bereichs kopiert. Der gesamte Bereich gilt jetzt als Matrix.

Sie können übrigens eine normale Formel auch nachträglich in eine Matrixformel umwandeln: Bewegen Sie den Zellzeiger in die Zelle, die die Formel enthält, markieren Sie davon ausgehend die restlichen Zellen, drücken Sie F2 und bestätigen Sie die unveränderte Formel mit Strg+Shift+Return. Es ist nicht möglich, einzelne Zellen einer Matrix zu verändern. Sie können Änderung nur mit Strg+Shift+Return durchführen – dann gelten sie wiederum für alle Zellen der Matrix. Ebenso ist es unmöglich, einzelne Zellen zu löschen – Sie können nur die gesamte Matrix löschen.

Matrixfunktionen selbst programmieren

Die Programmierung von Matrixfunktionen ist (rein formal) einfacher als die Eingabe einer Matrixformel in eine Tabelle. Der einzige Unterschied zu normalen Funktionen besteht darin, daß Sie als Ergebnis nicht einen einzelnen Wert, sondern ein Feld zurückgeben müssen. Das folgende Beispiel zeigt eine Matrixfunktion, die keine Parameter entgegennimmt und als Ergebnis eine 2*2-Matrix mit den Werten 1, 2, 3 und 4 zurückgibt. Die Funktion demonstriert also lediglich die Syntax einer Matrixfunktion, ohne eine sinnvolle Aufgabe zu erfüllen.

```
Function matrixergebnis()
  Dim x(1, 1)
  x(0, 0) = 1: x(0, 1) = 2
  x(1, 0) = 3: x(1, 1) = 4
  matrixergebnis = x()
End Function
```

Komplexe Parameter

Die meisten Probleme bei der Programmierung neuer Funktionen – etwa für Statistikanwendungen – bereiten oft deren Parameter. Mal sollen zwei Zellbereiche übergeben werden, die exakt gleich groß sein müssen, dann soll die Anzahl der Zellbereiche wieder variabel sein etc. Bei den zwei folgenden Beispielen richtet sich das Augenmerk daher auf die Auswertung der Parameterliste.

SummeProduktMittel erwartet zwei Zellbereiche als Parameter. Die Zellbereiche dürfen nicht aus Teilbereichen zusammengesetzt sein (Kontrolle mit *Area.Count*) und müssen die gleiche Anzahl Zellen umfassen (Kontrolle mit *Cells.Count*). Wenn das der Fall ist, wird die erste Zelle des ersten Bereichs mit der ersten Zelle des zweiten Bereichs multipliziert. Das Produkt wird mit dem der zweiten, der dritten, der vierten ... Zellen summiert und schließlich durch die Anzahl der Zellen dividiert. Ein korrekter Aufruf der Funktion sieht beispielsweise so aus: *=ProduktSummeMittel(F19:F22; G19:G22)*

```
' Funktion.xls, »Modul1«
Public Function ProduktSummeMittel(p As Range, q As Range)
  Dim i, result
  If p.Areas.Count > 1 Or q.Areas.Count > 1 Then
    ProduktSummeMittel = CVErr(xlErrRef): Exit Function
  End If
  If p.Cells.Count <> q.Cells.Count Then
    ProduktSummeMittel = CVErr(xlErrRef): Exit Function
  End If
  For i = 1 To p.Cells.Count
    result = result + p.Cells(i) * q.Cells(i)
  Next
  ProduktSummeMittel = result / p.Cells.Count
End Function
```

MaxMittel erwartet eine beliebige Anzahl von Zellbereichen, die unterschiedlich groß sein dürfen. Für jeden Zellbereich wird dessen Durchschnitt berechnet. Als Ergebnis wird die Nummer des Zellbereichs geliefert, dessen Durchschnittswert am höchsten ist. (Bei zwei oder mehreren Bereichen mit dem gleichen Durchschnitt liefert die Funktion die Nummer des ersten Bereichs.) Ein möglicher Aufruf der Funktion sieht so aus: *=MaxMittel(F25:F27; G25:G26; H25:H28)*

Wegen der Verwendung von *ParamArray* ist es nicht möglich, *p* als *Range* zu deklarieren. Die korrekte Übergabe von Zellbereichen wird daher im Programmcode durch den *TypeName*-Test sichergestellt. Wie im Beispiel oben werden zusammengesetzte Zellbereiche zurückgewiesen. Ebenso ist die Funktion dagegen abgesichert, daß ein Zellbereich nur Texte (keine Zahlen) enthält und die Berechnung des Durchschnitts mit der Funktion *Average* zu einem Fehler führt (Test mit *IsNumeric* für das Ergebnis von *Average*).

```
Public Function MaxMittel(ParamArray p())
  Dim pnr, i, averg()
  Dim tmp, maxnr
  pnr = UBound(p())   'Achtung: UBound liefert 2, wenn 3 Parameter
  ReDim averg(pnr)    ' übergeben werden (LBound ist immer 0)
  ' Durschnittswerte für alle Zellbereiche errechnen und speichern
  For i = 0 To pnr
    If TypeName(p(i)) <> "Range" Then
      MaxMittel = CVErr(xlErrValue): Exit Function
    End If
    If p(i).Areas.Count > 1 Then
      MaxMittel = CVErr(xlErrRef): Exit Function
    End If
    averg(i) = WorksheetFunction.Average(p(i))
    If Not IsNumeric(averg(i)) Then
      MaxMittel = CVErr(xlErrValue): Exit Function
    End If
  Next
  ' größten Wert suchen
  For i = 0 To pnr
    If averg(i) > tmp Then
      tmp = averg(i)
      maxnr = i
    End If
  Next
  ' Ergebnis zurückgeben
  ' plus 1, damit 1 für ersten Bereich (und nicht 0)
  MaxMittel = maxnr + 1
End Function
```

Die Volatile-Methode

Eine benutzerdefinierte Funktion kann durch die Anweisung *Application.**Volatile*** als »grundsätzlich neuberechnend« gekennzeichnet werden. Dadurch wird die Funktion jedesmal neu berechnet wird, wenn irgendeine Zelle des Tabellenblatts neu berechnet wird. (Normalerweise werden Funktionen nur dann neu berechnet, wenn sich deren Vorgängerzellen verändern. Das ist im Regelfall ausreichend und natürlich deutlich effizienter.) Dieses Verhalten, das schon seit Excel 7 in der Online-Dokumentation beschrieben wird, funktioniert in Excel 97 tatsächlich.

```
Public Function VolatileTest()
  Application.Volatile True
  VolatileTest = Rnd
End Function
```

Wenn Sie in einer Zelle die Formel =*VolatileTest()* eingeben, ändert sich der angezeigte Wert jedesmal, wenn irgendeine Zelle der Tabelle verändert oder neu berechnet wird.

Besonderheiten

Grundsätzlich gelten für den Code für benutzerdefinierte Funktionen dieselben Regeln wie für alle anderen Prozeduren. Allerdings gibt es einige – natürlich undokumentierte – Ausnahmen:

- Das Kommando *Stop* (zum Debugging) wird ignoriert. Haltepunkte sind dagegen zulässig und werden korrekt verarbeitet.
- Wenn in einer benutzerdefinierten Funktion ein Fehler auftritt (etwa eine Division durch 0), wird in der Ergebniszelle die Fehlermeldung *#Wert!#* angezeigt. Es gibt aber keine VBA-Fehlermeldung. Gleiches gilt auch, wenn schon bei der Parameterübergabe ein Fehler auftritt (etwa falscher Datentyp). Dieses Verhalten erschwert die Fehlersuche in benutzerdefinierten Funktionen erheblich. Abhilfe: Versuchen Sie die Funktion mit vergleichbaren Parametern vom Direktfenster aus zu starten.
- Die Kommandos *MsgBox* und *InputBox* können nicht verwendet werden. Prinzipiell ist jede wie immer geartete Interaktion mit dem Anwender unzulässig, wenn die Funktionen während der Neuberechnung einer Tabelle aufgerufen wurde. Immerhin können Sie Kontrollausgaben im Direktfenster mit *Debug.Print* durchführen.
- Es ist nicht möglich, das Format von Zellen der Tabelle zu verändern. (Das wäre ein attraktives Merkmal, um eine Zelle je nach Ergebnis zu verändern, und das unabhängig von den Einschränkungen durch das *FormatCondition*-Objekt. Zwar gibt es in benutzerdefinierten Funktionen keine Möglichkeit, die Adresse der gerade berechneten Zelle festzustellen, dieses Problem ließe sich aber leicht durch einen zusätzlichen Parameter beheben.)

6.6.2 Beispiele

Die Funktion *MWSt* ermittelt den Mehrwertsteuersatz. Wenn die Funktion ohne Parameter verwendet wird, liefert sie 15 Prozent, andernfalls je nach Parameter 7 oder 15 Prozent. Die Funktion hat gegenüber der direkten Verwendung der Werte 0.07 bzw. 0.15 den Vorteil, daß eine Änderung des Mehrwertsteuersatzes jederzeit durchgeführt werden kann, ohne die gesamte Tabelle nach Formeln zu durchsuchen, in denen in irgendeiner Form der Mehrwertsteuersatz enthalten ist.

```
' liefert den  MWSt-Satz
Function MWSt(Optional n)
  If IsMissing(n) Then MWSt = 0.15: Exit Function
  If n = 1 Then MWSt = 0.07 Else MWSt = 0.15
End Function
```

Das zweite Beispiel ist vor allem für Anwendungen im Bankbereich (etwa zum Ausfüllen von Schecks) geeignet. Die Funktion *ZahlAlsText* ermittelt aus einer gegebenen Zahl eine Zeichenkette, in der jede Ziffer als Text angegeben wird. Für 12.34 liefert die Funktion »---- eins zwei Komma drei vier ----«. Die Funktion funktioniert für den Zahlenbereich +/-9999999999,99. Es werden maximal zwei Nachkommastellen berücksichtigt. Zahlen zwischen -0.005 bis 0.005 werden durch »--- null ---« dargestellt.

```
' Beispieldatei Funktion.xls
Function ZahlAlsText(x)
  Dim ziffer$(9), i, erg, zeich, letzteszeichen
  ziffer$(0) = "null": ziffer$(1) = "eins": ziffer$(2) = "zwei"
  ziffer$(3) = "drei": ziffer$(4) = "vier": ziffer$(5) = "fünf"
  ziffer$(6) = "sechs": ziffer$(7) = "sieben": ziffer$(8) = "acht"
  ziffer$(9) = "neun"
  If IsEmpty(x) Then ZahlAlsText "": Exit Function
  If x >= 10000000000# Or x <= -10000000000# Then
    ZahlAlsText = "Zahl zu groß oder klein"
    Exit Function
  End If
  If x < 0 Then erg = "Minus ": x = -x
  x = Format$(x, "0.00")
  x = Space(13 - Len(x)) + x
  If Right(x, 3) = ",00" Then
    letzteszeichen = 10
  Else
    letzteszeichen = 13
  End If
  For i = 1 To letzteszeichen
    zeich = Mid(x, i, 1)
    If zeich >= "0" And zeich <= "9" Then
      erg = erg + ziffer(Val(zeich)) + " "
    ElseIf zeich = "," Then
      erg = erg + "Komma "
    End If
  Next i
  ZahlAlsText = "---- " + Trim(erg) + " ----"
End Function
```

ZahlAlsText testet zuerst, ob der übergebene Parameter *x* eine zur Umwandlung geeignete Zahl enthält. Wenn das der Fall ist, wird die Zahl mit *Format* in eine Zeichenkette umgewandelt. Damit diese Zeichenkette anschließend leichter weiterverarbeitet werden kann, werden zu Beginn der Zeichenkette mit *Space* so viele Leerzeichen eingefügt, daß die Zeichenkette immer gleich lang ist. Falls die Zeichenkette mit »,00« endet, werden die drei letzten Zeichen der Zeichenkette bei der Umwandlung in den Ziffertext nicht berücksichtigt.

VERWEIS

Eine weitere benutzerdefinierte Funktion wurde einige Seiten weiter oben beim Thema Datum und Uhrzeit vorgestellt: *Feiertag(datum)* testet, ob der angegebene Tag ein Feiertag ist und gibt gegebenenfalls den Namen des Feiertags zurück.

6.7 Tips und Tricks

Dieser Abschnitt faßt nützliche Tips und Tricks zusammen, die den anderen Abschnitten dieses Kapitels nicht zuzuordnen sind, aber dennoch einen so elementaren Charakter haben, daß sie inhaltlich in dieses Kapitel gehören.

6.7.1 Geschwindigkeitsoptimierung

Prozeduren, die umfangreiche Änderungen im Tabellenblatt durchführen, können sehr langsam werden. Zwei mögliche Gründe sind der Zeitaufwand für das beständige Aktualisieren des Bildschirminhalts und die Neuberechnung der Tabelle nach jeder Änderung. Sie können die Geschwindigkeit Ihrer Makros stark erhöhen, wenn Sie während der Ausführung sowohl die Bildschirmaktualisierung als auch die Neuberechnung deaktivieren. Dazu müssen Sie die *Application*-Eigenschaften ***ScreenUpdating*** und ***Calculation*** am Anfang und am Ende der Prozedur entsprechend einstellen.

```
Sub SpeedMakro()
  Dim berechn_modus, aktual_modus
  '
  ' Geschwindigkeitsoptimierung Anfang
  berechn_modus = Application.Calculation
  aktual_modus = Application.ScreenUpdating
  Application.Calculation = xlManual
  Application.ScreenUpdating = False
  '
  ' hier folgt der eigentliche Code des Makros
  '
  ' Geschwindigkeitsoptimierung Ende
  Application.Calculation = berechn_modus
  Application.ScreenUpdating = aktual_modus
End Sub
```

Die Prozedur *SpeedMakro* speichert zu Beginn der Prozedur die aktuellen Werte der beiden Eigenschaften und stellt sie anschließend auf *False* bzw. *xlManual*. Am Ende der Prozedur werden die ursprünglichen Einstellungen wiederhergestellt.

Falls im Verlauf der Prozedur die Notwendigkeit besteht, die Tabelle oder auch nur einen Bereich davon neu zu berechnen, können Sie dies mit der Methode *Calculate* veranlassen.

> ANMERKUNG
>
> Falls Sie in der Prozedur das Kommando *Exit Sub* verwenden, dürfen Sie nicht vergessen, *Calculation* vorher in den bisherigen Zustand zurückzuversetzen. Weniger kritisch ist die Eigenschaft *ScreenUpdating*, die von VBA am Ende des ausgeführten Makros automatisch wieder auf *True* gestellt wird. Insofern ist die Zuweisung mit *True* nur dann erforderlich, wenn Sie den Bildschirminhalt schon während des Makroablaufs aktualisieren möchten.

Kompilieren von Modulen

VBA ist eigentlich eine Interpreter-Sprache: Bei der Ausführung des Programmcodes wird einfach der Reihe nach jedes Kommando interpretiert – d. h., Excel analysiert den Inhalt der Anweisung und führt sie aus. Um diesen Prozeß zu beschleunigen, wird jedes Modul vorher »kompiliert«. Durch dieses Kompilieren wird allerdings kein echter Maschinencode erzeugt (daher die Anführungszeichen), sondern ein Pseudo-Code. Damit ist VBA ein Mittelding zwischen einer Interpreter- und einer Compiler-Sprache: Jedes Modul wird zuerst in Pseudo-Code kompiliert, der Pseudo-Code wird dann von einem Interpreter ausgeführt. Dadurch wird eine etwas höhere Geschwindigkeit als bei einer reinen Interpretersprache erzielt (aber immer noch eine sehr geringe Geschwindigkeit im Vergleich zu einer »echten« Compiler-Sprache wie C).

Das Kompilieren eines Moduls erfolgt automatisch, bevor die erste Prozedur eines Moduls ausgeführt wird. Nach jeder noch so kleinen Änderung im Modul ist ein Neukompilieren erforderlich. Bei kleinen Modulen fällt das Kompilieren kaum auf, bei umfangreichen Modulen (und weniger leistungsstarken Rechnern) kommt es aber zu einer deutlich spürbaren Verzögerung.

Wenn Sie eine Excel-Anwendung entwickelt haben und weitergeben möchten, sollten Sie darauf achten, daß alle Module in einem kompilierten Zustand gespeichert werden. Dazu führen Sie vor dem Speichern TESTEN | KOMPILIEREN aus. (Dieses Kommando steht seit Excel 97 zur Verfügung.)

6.7.2 Zeitaufwendige Berechnungen

Unter Windows 3.1 trat bei umfangreichen Berechnungen das Problem auf, daß dadurch nicht nur Excel, sondern auch alle anderen laufenden Programme blockiert wurden (also keine Spur von Multitasking). Abhilfe bot die regelmäßige Ausführung von *DoEvents* im VBA-Programmcode.

Seit Windows 95 ist die Ausführung von *DoEvents* nicht mehr erforderlich: Ein Multitasking verschiedener Programme ist auch ohne *DoEvents* gewährleistet, und innerhalb von Excel können während der Abarbeitung einer VBA-Prozedur ohnedies keine Eingaben durchgeführt werden, die *DoEvents* ermöglichen würde. Das gilt auch für die Ausführung von angemeldeten Ereignisprozeduren (siehe *OnTime* bzw. *OnKey* in Abschnitt 5.4.2), die unabhängig von *DoEvents* blockiert sind.

Infotext in der Statuszeile

Während länger andauernder Berechnungen sollten Sie den Anwender durch einen Text in der Statuszeile über den Stand der Berechnung informieren. Diese Maßnahme gibt dem Anwender eine Rückmeldung und zeigt an, daß der Rechner noch nicht abgestürzt ist. Die Statuszeile sollte zumindest Auskunft darüber geben, was der Rechner gerade tut. Noch besser ist es, wenn Sie außerdem in einem Prozentwert angeben können, wie weit die Berechnung bereits fortgeschritten ist – das ist allerdings nicht immer möglich.

Der Text der Statuszeile wird mit *Application.**StatusBar*** eingestellt. Sobald Sie der Eigenschaft *False* zuweisen, kümmert sich Excel wieder um die Anzeige von Texten in der Statuszeile (beispielsweise während der Menüauswahl).

Die Eigenschaft ***DisplayStatusBar*** bestimmt, ob die Statusleiste angezeigt wird oder nicht. Wenn das gerade nicht der Fall ist, können Sie die Statuszeile vorübergehend anzeigen und am Ende der Prozedur wieder verschwinden lassen.

ANMERKUNG

Leider besteht in Excel nach wie vor keine Möglichkeit, den Zustand einer länger andauernden Berechnung durch einen Statusbalken (mit den kleinen blauen Quadraten) anzuzeigen. Excel verwendet dieses Gestaltungsobjekt zwar selbst häufig – etwa beim Laden und Speichern von Dateien – es fehlen aber VBA-Methoden zur Steuerung des Statusbalkens.

Das folgende Beispiel (Datei `Tips&Tri.xls`) zeigt, wie eine längere Berechnung in einer Weise durchgeführt werden kann, die für den Anwender des Programms erträglich ist. Die Prozedur beginnt damit, daß der aktuelle Zustand der Statuszeile (sichtbar oder nicht) in *status* gespeichert wird. Anschließend wird die Statuszeile aktiviert, falls sie das nicht ohnedies schon war.

In der *For*-Schleife für die Berechnung sind zwei *If*-Abfragen eingebaut. Die erste Abfrage testet, ob die Schleifenvariable ein Vielfaches von 20 beträgt. Diese Abfrage hat nur den Zweck, die nachfolgende – sehr zeitaufwendige – Zeitabfrage nicht allzuoft auszuführen. Die zweite Abfrage testet, ob seit der letzten Aktualisierung der Statuszeile mehr als eine Sekunde vergangen ist. Wenn das der Fall ist, wird die Anzeige in der Statuszeile aktualisiert und die Variable *zeitgrenze* um eine Sekunde erhöht.

Der eigentliche Rechenteil der Prozedur hat nur Beispielcharakter und führt keine wirklich sinnvolle Berechnung durch. Am Ende der Prozedur wird der Text in der Statuszeile durch die Zuweisung von *False* wieder gelöscht. Damit wird die Kontrolle über den Statuszeilentext an Excel zurückgegeben. Außerdem wird die Statuszeile deaktiviert, falls sie am Beginn der Prozedur unsichtbar war.

Die Rechenzeit der Prozedur steigt durch den Verwaltungsoverhead für die Statuszeile etwa um 25 Prozent an. Reale Berechnungen halten sich oft nicht an das in *langsam* skizzierte Schema einer einfachen Schleife. Wenn Sie eine umfangreiche Prozedur auf Hintergrundberechnung umstellen möchten, können Sie die beiden *If*-Abfragen in eine eigene Prozedur auslagern. *zeitgrenze* müssen dann als Modulvariablen außerhalb der Prozedur definiert und am Beginn der Prozedur auf 0 gestellt werden. Die Auslagerung hat den Vorteil, daß Sie die Abfragen durch einen einfachen Prozeduraufruf von mehreren Stellen der Hauptprozedur aus vornehmen können.

```
Sub langsam()
  Application.EnableCancelKey = xlErrorHandler
  On Error GoTo unterbrechung
  Const ende = 60000
  Dim status, zeitgrenze
  zeitgrenze = Timer
  Dim i, x, ergebnis
  status = Application.DisplayStatusBar    'Zustand der Statusleiste
  Application.DisplayStatusBar = True      'Statusleiste anzeigen
  '
  For i = 1 To ende
    If i Mod 20 = 0 Then                   'nur bei jedem 20. Durchlauf
      If Timer > zeitgrenze Then
        zeitgrenze = Timer + 1             'einmal pro Sekunde reicht
        'Statuszeile regelmäßig aktualisieren
        Application.StatusBar = "Berechnung zu " & _
            CInt(i / ende * 100) & " Prozent ausgeführt"
      End If
    End If
    '
    x = Sin(i) * Cos(i) ^ 3 * Sqr(i)       'Rechenzeit simulieren
    x = Sin(i) * Cos(i) ^ 3 * Sqr(i)
    x = Sin(i) * Cos(i) ^ 3 * Sqr(i)
    x = Sin(i) * Cos(i) ^ 3 * Sqr(i)
  Next i
  '
  Application.StatusBar = False            'Steuerung an Excel zurück
  Application.DisplayStatusBar = status    'alter Zustand
  Exit Sub
unterbrechung:
  If Err = 18 Then
    ergebnis = MsgBox("Soll das Programm fortgesetzt werden?", vbYesNo)
    If ergebnis = vbYes Then Resume Next
  End If
  ' sonst Prozedur abbrechen
  Application.StatusBar = False            'Steuerung an Excel zurück
  Application.DisplayStatusBar = status    'alten Zustand
  Error Err                                'Fehlermeldung
End Sub
```

Programmunterbrechungen

Das obige Beispiel beginnt und endet mit einigen Zeilen, die für einen ordnungsgemäßen Abschluß des Programms sorgen, wenn ein Fehler auftritt oder der Anwender Strg+Untbr drückt. Eine wichtige Rolle spielt dabei die Eigenschaft ***EnableCancelKey***, die das Verhalten von Excel beim Drücken von Strg+Untbr steuert. Wenn *EnableCancelKey* auf *xlErrorHandler* gesetzt wird, tritt als Reaktion auf Strg+Untbr ein Fehler mit der Nummer 18 auf, der in einer Fehlerbehandlungsroutine aufgefangen werden kann. Details zum Thema Fehlerbehandlung und Programmunterbrechungen finden Sie in den Abschnitten 7.2 und 7.3.

Warnungen

Excel zeigt während der Ausführung von Makros dieselben Warnungen an wie im normalen Betrieb. Das kann fallweise lästig sein. Eine unterbrechungsfreie Ausführung von Makros kann erreicht werden, indem die *Application*-Eigenschaft *DisplayAlerts* auf *False* gesetzt wird.

Eingaben blockieren

Über die Zuweisung von *False* an die Eigenschaft *Application.**Interactive*** kann Excel gegenüber allen Eingaben (Tastatur und Maus) blockiert werden. Im Regelfall ist das nicht erforderlich, weil Excel während der Makroausführung ohnedies keine Eingaben entgegennimmt.

ACHTUNG

Die Eigenschaft *Interactive* muß am Ende der Prozedur unbedingt wieder auf *True* gesetzt werden, auch dann, wenn die Prozedur vorzeitig durch *Exit Sub* abgebrochen wird! Die Prozedur muß gegen eventuelle Fehler abgesichert sein (siehe Kapitel 7), so daß auch im Fehlerfall sichergestellt ist, daß die Eigenschaft zurückgesetzt wird. Es gibt keine Möglichkeit, die Eigenschaft außerhalb des VBA-Codes zurückzusetzen. Excel wird durch diese Eigenschaft nicht nur blockiert, das Programm kann nicht einmal mehr beendet werden! Eventuell noch nicht gespeicherte Daten sind verloren.

6.7.3 Effizienter Umgang mit Tabellen

Excel-Anwendungen bringen es mit sich, daß ihre Hauptaufgabe in sehr vielen Fällen darin besteht, riesige Tabellenblätter zu bearbeiten. Dieser Abschnitt faßt diverse Programmiertechniken zusammen, mit denen der Umgang mit Tabellenblättern effizienter gestaltet werden kann.

Den sichtbaren Bereich von Tabellenblättern verkleinern

Eine Tabelle kann 256 Spalten breit und mehr als 65000 Zeilen hoch sein. Nur in ganz seltenen Fällen werden Sie diese theoretische Tabellengröße tatsächlich ausnützen. Wenn Sie nur einen kleineren Zellbereich benötigen, können Sie die darüber hinausgehenden Zeilen und Spalten ausblenden (unsichtbar machen). Dadurch vermeiden Sie, daß sich der Anwender im leeren Bereich der Tabelle verirrt, dort absichtlich oder unabsichtlich Eingaben vornimmt etc.

Wenn der Zellbereich starr vorgegeben ist, können Sie das Ausblenden der Zeilen und Spalten interaktiv vornehmen: Sie markieren die betreffenden Zeilen/Spalten und führen das Kontextmenükommando AUSBLENDEN aus.

Wenn sich die Größe des benutzten Zellbereichs dagegen dynamisch ändern kann, müssen Sie das Ein- und Ausblenden per Programmcode vornehmen. Dazu setzen Sie einfach die *Hidden*-Eigenschaft von Zeilen oder Spalten auf *False* (zum Einblenden) oder *True* (zum Verbergen). Durch die folgenden Zeilen werden die Zeilen 1 bis 10 ein-, alle weiteren Zeilen ausgeblendet. Wenn Sie statt *Rows* und *EntireRow* die Eigenschaften *Column* und *EntireColumn* verwenden, funktioniert dasselbe auch für Spalten. Durch die *Protect*-Methode stellen Sie sicher, daß der Anwender die Zeilen/Spalten nicht wieder einblendet.

```
Dim ws As Worksheet, i&
Set ws = Sheets(1)
i = 10
ws.Unprotect
ws.Rows("1:" & i).EntireRow.Hidden = False
ws.Rows(i + 1 & ":16384").EntireRow.Hidden = True
ws.Protect
```

> TIP: Das Ein- und Ausblenden von Zeilen und Spalten wird in der Beispieldatei `Verlag\Vertret.xls` angewendet. Siehe Abschnitt 11.7.

Effizientes Bearbeiten von Zellbereichen

Wann immer Sie eine große Anzahl von Zellen per VBA-Code bearbeiten müssen (Werte lesen oder schreiben, ändern, analysieren etc.): die langsamste (aber leider einfachste) Methode besteht darin, jede Zelle einzeln zu bearbeiten. Daran ändern auch *ScreenUpdating = False* und *Calculation = xlManual* nicht mehr viel. Die folgenden Zeilen zeigen, wie 1000 Zellen mit Zahlen gefüllt werden.

```
' Beispieldatei Tips&Tri.xls
' die einfachste und gleichzeitig langsamste Variante: 13,69 Sekunden
Sub ZellenFüllen_Langsam()
  Dim i#, j#, k#, r As Range
  Set r = Sheets(1).[a1]
  Sheets(1).Activate
```

```
  r.CurrentRegion.Clear
  Application.ScreenUpdating = False
  Application.Calculation = xlManual
  For i = 0 To 99     ' Zeilen
    For j = 0 To 99   ' Spalten
      k = i * 100 + k
      r.Offset(i, j) = k
    Next
  Next
  Application.Calculation = xlAutomatic
  Application.ScreenUpdating = True: Beep
End Sub
```

Wenn Sie schneller vorgehen möchten, bestehen vier Möglichkeiten:

- Sie verwenden vordefinierte Excel-Methoden, arbeiten also mit Methoden wie *AutoFill* (automatisches Ausfüllen), *PasteSpecial* (Inhalte einfügen und dabei Operationen wie Subtraktion, Multiplikation etc. ausführen), *Copy* (Zellbereiche kopieren) etc. Natürlich sind diese Methoden nicht für jeden Zweck geeignet – aber wenn sie geeignet sind, dann sind sie *sehr* schnell im Vergleich zur herkömmlichen Programmierung.
- Sie arbeiten mit Feldern: Der Zugriff auf Feldelemente erfolgt viel schneller als der Zugriff auf Zellen. Felder können fertig ausgerechnet und dann als Ganzes in einen Zellbereich kopiert werden.
- Sie arbeiten mit Datenfeldern: Datenfelder haben gegenüber normalen Feldern zwar viele Nachteile, aber auch einen entscheidenden Vorteil: Sie können ganze Zellbereiche auf einmal in ein Datenfeld übertragen. (Bei normalen Feldern ist ein Datentransport nur in die umgekehrte Richtung möglich.)
- Sie arbeiten mit der Zwischenablage: Über die Zwischenablage ist ein effizienter Datentransport in beide Richtungen möglich, also aus dem Tabellenblatt und wieder dort hinein. Der Nachteil: Es fehlen entsprechende Methoden zum Zugriff auf die Zwischenablage in VBA-Code. Der in Abschnitt 13.6.3 vorgestellte OLE-Server behebt diesen Mangel.

Der Rest dieses Abschnitts beschäftigt sich mit den Varianten 2 und 3. Variante 1 ist für viele Aufgaben zu wenig allgemeingültig, zu Variante 4 gibt es in Kapitel 13 im Zusammenhang mit ActiveX-Automation ein Beispiel.

Arbeiten mit normalen Feldern

Es ist kaum bekannt, daß die Inhalte von ein- und zweidimensionalen Feldern einfach per Zuweisung in einen Zellbereich kopiert werden können. Am einfachsten wird das anhand eines Beispiels verständlich:

```
Dim y(3)                              '4 Elemente
y(i) = ...
Worksheets(1).Range("a1:d1") = y      'verändert A1:D1
'
Dim x(9, 4)                           '10*5 Elemente
x(i,j)= ...
Worksheets(1).Range("a1:e10") = x     'verändert die Zellen A1:E10
```

Beim Umgang mit Feldern müssen einige Details beachtet werden:

- Der Zielbereich muß exakt angegeben werden; wenn er kleiner ist als das Feld, werden nur entsprechend weniger Elemente übertragen; wenn er dagegen zu groß ist, werden die überzähligen Zellen mit dem Fehlerwert *#NV* gefüllt.
- Eindimensionale Felder können nur einem horizontalen Zellblock zugewiesen werden, nicht einem vertikalen.
- Bei zweidimensionalen Feldern gibt der erste Index die Zeile, der zweite Index die Spalte an (also *feld(zeile,spalte)*). Das entspricht zwar dem von *Offset* gewohnten Format, intuitiv würde man aber vielleicht dennoch die umgekehrte Reihenfolge erwarten (also *feld(x,y)*).
- Die Datenübertragung ist nur in der Richtung Feld → Tabelle möglich. Das Einlesen von Zellen in ein Feld ist dagegen nicht möglich (bzw. nur mit Datenfeldern – siehe etwas weiter unten).

Der Code zum Ausfüllen von 10000 Zellen mit der Hilfe eines Datenfelds ist nicht wesentlich komplizierter als das direkte Eintragen der Zellen, dafür aber um ein Vielfaches schneller:

```
' Tips&Tricks.xls
Sub FillCells()    'Zeit: weniger als eine Sekunde
  Dim i#, j#, k#
  Dim r As Range, r1 As Range, r2 As Range
  Dim cells(99, 99)
  Worksheets(1).Activate
  Worksheets(1).[a1].CurrentRegion.Clear
  Application.ScreenUpdating = False
  Application.Calculation = xlManual
  For i = 0 To 99          ' Zeilen
    For j = 0 To 99        ' Spalten
      k = i * 100 + j
      cells(i, j) = k
    Next
  Next
  ' Zielbereich ermitteln
  Set r1 = Worksheets(1).[a1]
  Set r2 = r1.Offset(99, 99)
  Set r = Worksheets(1).Range(r1, r2)
```

```
  r = cells
  Application.Calculation = xlAutomatic
  Application.ScreenUpdating = True
End Sub
```

TIP

In Excel 7 können nur Zellbereiche bis zu maximal 5200 Zellen verändert werden. Das obige Programm muß dann dergestalt verändert werden, daß die Zellen in Blöcken (etwa zu 10 Zeilen) verändert werden.

Arbeiten mit Datenfeldern

Datenfelder sind eine recht merkwürdige Erfindung. Sie bieten eigentlich nichts, was sich nicht auch mit gewöhnlichen Feldern machen ließe, verwenden dabei intern aber eine andere Organisation. Ihr Vorteil: Datenfelder können zusammen mit einigen Excel-Methoden verwendet werden, wo normale Felder – aus welchen Gründen auch immer – nicht zulässig sind. Das meiste, was oben für normale Felder besprochen wurde, gilt auch für Datenfelder. Neu ist, daß jetzt auch ein Datentransport aus einem Zellbereich in ein Datenfeld möglich ist.

```
Dim x As Variant
x = Worksheets(1).[a1:b4]      '8 Elemente lesen
...                            'bearbeiten
Worksheets(1).[c1:d4] = x      '8 Zellen verändern
```

Auf die einzelnen Elemente kann nun in der Form *x(1,1)* bis *x(4,2)* (für B4) zugegriffen werden. Gegenüber normalen Feldern bestehen folgende Unterschiede:

- Der Zugriff auf das erste Feld beginnt mit dem Index 1. (Bei Feldern ist es normalerweise 0. Nur wenn Sie *Option Base 1* verwenden, gilt auch bei Feldern der Index 1 als kleinster erlaubter Wert.)
- Die Größe von Datenfeldern kann nicht im voraus durch *Dim* eingestellt werden. Die Anzahl der Elemente ergibt sich erst beim Kopieren von Zellen aus dem Tabellenblatt. Daher eignen sich Datenfelder vor allem dann, wenn bereits vorhandene Zellen verändert oder analysiert werden müssen. Echte Felder sind dagegen praktischer, wenn nur Daten in das Tabellenblatt geschrieben werden sollen.

VERWEIS

Eine konkrete Anwendung für das Bearbeiten eines Zellbereichs über ein Datenfeld finden Sie in Abschnitt 11.3.2. Dort wird beschrieben, wie eine Spalte mit falsch formatierten Zahlen (Punkt statt Komma) zu richtigen Zahlen konvertiert wird.

6.7.4 Schutzmechanismen

Bei der Gestaltung von Excel-Tabellen bzw. -Anwendungen kommt es immer wieder vor, daß Sie Teile davon vor unbeabsichtigten Veränderungen (oder vor neugierigen Augen) schützen möchten. Dieser Abschnitt faßt die wichtigsten Methoden und Eigenschaften zusammen, die Excel zu diesem Zweck anbietet.

Beachten Sie aber immer, daß die meisten hier vorgestellten Schutzmechanismen nur einen Schutz gegen »normale« Excel-Anwender darstellen. Einen Schutz, den Sie in irgendeiner Form wieder auflösen können, kann auch von einem anderen Excel-Profi geknackt werden. Zu dieser Regel bestehen nur zwei Ausnahmen: Schutzfunktionen, die durch Kennwörter abgesichert sind, und Add-Ins (siehe Kapitel 13).

Blätter, Zeilen und Spalten ausblenden

Die einfachste Form, Daten vor dem Zugriff des Anwenders zu verbergen, besteht darin, diese Daten unsichtbar zu machen. Im Programmcode muß dazu lediglich die ***Hidden***-Eigenschaft (bei Zeilen oder Spalten) bzw. die ***Visible***-Eigenschaft (bei Blättern) verändert werden. Mögliche Einstellungen für beide Eigenschaften sind *True* oder *False; Visible* kann außerdem auf den Wert *xlVeryHidden* gesetzt werden – dann scheint das Blatt in der Liste zum Einblenden nicht mehr auf und kann nur noch per Programmcode sichtbar gemacht werden.

Zellen und Blätter vor Veränderungen schützen

Excel sieht einen stufenweisen Schutz von Zellen, Tabellenblättern und ganzen Arbeitsmappen vor. Der Schutz von Zellen erfolgt in zwei Schritten: Der erste Schritt besteht darin, die betreffenden Zellen mit den Attributen »gesperrt« und »Formel ausblenden« zu formatieren (FORMAT | ZELLEN | SCHUTZ). Standardgemäß gelten alle Excel-Zellen als »gesperrt«, das Attribut »Formel ausblenden« ist hingegen nicht aktiv.

Im Programmcode erfolgt das Sperren von Zellen durch eine Veränderung der ***Locked***-Eigenschaft. *Locked* kann nicht nur auf *Range*-Objekte, sondern auch auf Zeichnungsobjekte, Steuerelemente (also Buttons, Textfelder etc.), Diagramme und OLE-Objekte angewendet werden, um diese Objekte vor Veränderungen zu schützen. Zum Ausblenden von Formeln muß ***FormulaHidden*** auf *True* gesetzt werden.

Im zweiten Schritt wird das Kommando EXTRAS | SCHUTZ | BLATT ausgeführt. Erst jetzt wird der Schutz von Zellen aktiv. Das bedeutet, daß Sie jene Zellen, die trotz des Blattschutzes vom Anwender der Tabelle verändert werden dürfen, vorher explizit als »nicht gesperrt« formatieren müssen. Wenn Sie den Aufbau der Tabelle (also das Zusammenspiel der Formeln) geheimhalten möchten, sollten Sie außerdem vor der Ausführung des Schutzkommandos alle Zellen der Tabelle mit dem Attribut »Formeln ausblenden« formatieren.

Per VBA-Code wird der Blattschutz mit den Methoden ***Protect*** bzw. ***Unprotect*** aktiviert bzw. deaktiviert. Die Methoden können auf Objekte der Typen *WorkSheet, Chart* und *DialogSheet* angewendet werden. An *Protect* können fünf optionale Parameter übergeben werden, die den Grad der Schutzfunktion bestimmen. Kurz zur Bedeutung der benannten Parameter:

password enthält eine Zeichenkette, die auch bei *Unprotect* wieder angegeben werden muß, um den Schutz aufzuheben. Wenn der Parameter nicht angegeben wird, erfolgt der Schutz ohne Kennwort und kann daher problemlos wieder aufgehoben werden.

drawingObject gibt an, ob Zeichnungsobjekte (inbegriffen sind auch Steuerelemente und OLE-Objekte) vor Veränderungen geschützt werden (Defaulteinstellung *True*).

contents gibt an, ob der Inhalt des Blatts geschützt wird. Gemeint sind damit bei Tabellenblättern die Zellen, bei Modulen der Code, bei Dialogen und Diagrammen deren Aufbau und Formatierung (Defaulteinstellung *True*).

scenarios gibt an, ob Szenarios vor Veränderungen geschützt werden sollen (Defaulteinstellung *True*).

userInterfaceOnly bestimmt, ob nur die Oberfläche einer Anwendung (d. h. Formatierung, Größe und Plazierung von Objekten etc.) geschützt werden soll, nicht aber der Programmcode (Defaulteinstellung *False*). Die drei Eigenschaften ***EnableAutoFilter***, ***EnableOutlining*** und ***EnablePivotTable*** bestimmen den Grad des Schutzes. Trotz einiger Experimente ist die Anwendung dieser drei Eigenschaften (die in Version 7 neu dazugekommen sind) allerdings nicht recht klar geworden.

Der aktuelle Zustand des Blattschutzes kann den Eigenschaften ***ProtectContents***, ***ProtectScenarios*** und ***ProtectDrawingObjects*** entnommen werden. Diese Eigenschaften können nur gelesen werden. Eine Veränderung erfolgt ausschließlich mit der *Protect*-Methode.

Die ganze Arbeitsmappe schützen

Mit EXTRAS | SCHUTZ | ARBEITSMAPPE können Sie die Reihenfolge der Blätter in der Arbeitsmappe und / oder die Anordnung der Fenster schützen. Durch den zweiten Punkt können Sie eine starre Einteilung des verfügbaren Raums am Bildschirm festlegen. Auch wenn das für manche Anwendungen verlockend aussieht, sollten Sie darauf besser verzichten. Die optimale Raumeinteilung hängt nämlich von Faktoren ab, die Sie nicht immer vorhersehen können – etwa von der Bildschirmauflösung, vom Systemzeichensatz etc.

Der Arbeitsmappenschutz ist vom Schutz einzelner Blätter unabhängig. Auch wenn der Arbeitsmappenschutz aktiv ist, können Sie die Zellen der Blätter dieser Arbeitsmappe verändern, sofern diese nicht zusätzlich durch den Blattschutz gesichert sind.

Im Programmcode erfolgt der Schutz einer Arbeitsmappe abermals durch die Methode ***Protect***. Wenn die Methode auf *WorkSheet*-Objekte angewendet wird, kennt sie drei benannte Parameter:

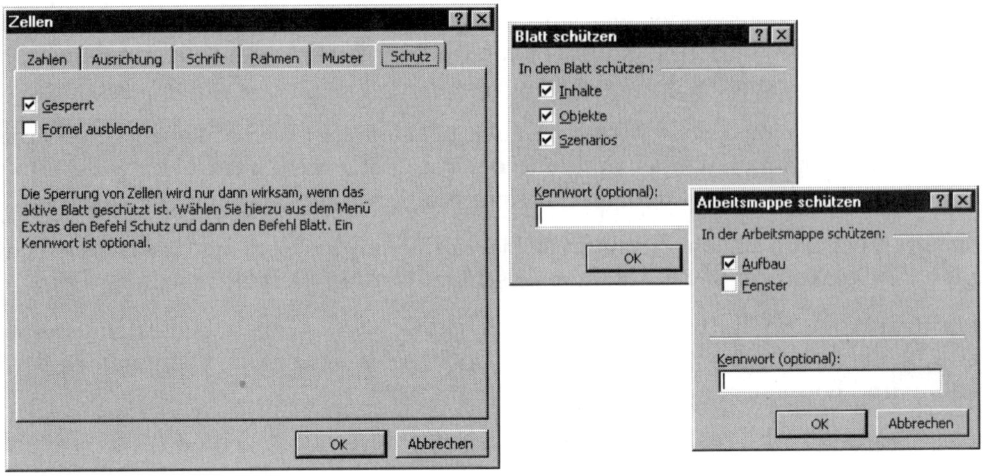

Bild 6.4: Die drei Schutzebenen (Zellen, Blätter, Arbeitsmappen)

password gibt das Kennwort zum späteren Auflösen des Schutzes auf (siehe oben). *structure* gibt an, ob die Reihenfolge der Blätter geschützt werden soll (Defaulteinstellung *False*). *windows* gibt an, ob die Anordnung der Fenster geschützt werden soll (Defaulteinstellung *False*).

HINWEIS

Da die Defaulteinstellung der benannten Parameter jeweils *False* ist, bleibt ein *Protect*-Aufruf ohne Parameter wirkungslos. Es muß zumindest einer der Parameter *structure* oder *windows* auf *True* gesetzt werden.

Der aktuelle Zustand der Schutzfunktion kann den beiden Eigenschaften ***ProtectStructure*** und ***ProtectWindows*** entnommen werden. Diese Eigenschaften können nur gelesen werden. Eine Veränderung kann nur über die *Protect*-Methode erfolgen.

Schutzmechanismen für den gemeinsamen Zugriff

Neu in Excel 97 ist die Möglichkeit, eine Excel-Datei für den gemeinsamen Zugriff in einem besonderen Format zu speichern. Dadurch können alle Veränderungen, die von verschiedenen Anwendern durchgeführt werden, in einem Änderungsprotokoll verwaltet werden. Um diesen Modus zu aktivieren, führen Sie EXTRAS | ARBEITSMAPPE FREIGEBEN | STATUS aus und aktivieren die Option BEARBEITUNG VON MEHREREN NUTZERN. Die Datei wird daraufhin neu gespeichert. (Logischer wäre es ja gewesen, diese Option im Dialog SPEICHERN UNTER vorzusehen ...)

Die Excel-Datei gilt jetzt als 'freigegeben'. Im EXTRAS-Protokoll können nun diverse Einstellungen über die Art der Protokollierung durchgeführt werden bzw. Änderungen durch mehrere Anwender zusammengeführt werden. Wenn Sie die Freigabe wieder deaktivieren möchten, führen Sie EXTRAS | ARBEITSMAPPE FREIGEBEN | STATUS aus und deakivieren die Option BEARBEITUNG VON MEHREREN NUTZERN.

Wenn Sie verhindern möchten, daß einer der Anwender die Freigabe verändert, führen Sie EXTRAS | SCHUTZ | FREIGEGEBENE MAPPE SCHÜTZEN aus und aktivieren die Option FREIGABE MIT ÄNDERUNGSPROTKOLL. Das ist die oberste Ebene der Schutzmechanismen in Excel-Arbeitsmappen. Solange der Freigabeschutz aktiv ist, können die darunterliegenden Schutzmechanismen nicht verändert werden. Der Freigabeschutz ist also ein Hilfsmittel für den Administrator einer Excel-Datei. Per Programmcode kann diese Form des Schutzes mit der Methode ***ProtectSharing*** durchgeführt und mit ***UnprotectSharing*** wieder aufgehoben werden.

ANMERKUNG

Solange eine Datei freigegeben ist, können VBA-Module weder angesehen noch verändert werden. (Die Makros können aber weiterhin ausgeführt werden.) Die meisten Freigabefunktionen der Freigabe inklusive dem Protokollieren und Zusammenführen von Änderungen können über diverse *Workbook*-Eigenschaften und -Methoden gesteuert werden, die in Excel 97 neu eingeführt wurden.

Symbolleisten schützen

Um Symbolleisten bzw. eigene Menüs vor Veränderungen zu schützen, kann die ***Protection***-Eigenschaft des *CommandBar*-Objekts eingestellt werden. Als mögliche Einstellungen kommen gleich acht Werte in Frage, mit denen sowohl der Inhalt, die Position und die Sichtbarkeit des Objekts vor Veränderungen geschützt werden kann (*msoBarNoProtection, msoBarNoCustomize, msoBarNoResize, msoBarNoMove, msoBarNoChangeVisible, msoBarNoChangeDock, msoBarNoVerticalDock* oder *msoBarNoHorizontalDock*). Diese Schutzfunktionen stehen ausschließlich über das Objektmodell zur Verfügung, eine manuelle Änderung der Schutzeinstellung ist hingegen nicht möglich.

Programmcode schützen

Ebenso unübersichtlich wie die Schutzmechanismen in Excel sind auch die im VBA-Editor. Wenn Sie verhindern möchten, daß andere Anwender Ihren Code ansehen oder verändern, führen Sie EXTRAS | VBA-PROJEKTEIGENSCHAFTEN | SCHUTZ aus, aktivieren die Option PROJEKT FÜR DIE ANZEIGE SPERREN und geben zweimal dasselbe Kennwort ein. Wenn Sie die Datei später neu laden, können die Module erst nach der Eingabe dieses Kennworts angezeigt werden.

Wenn Sie im Schutzdialog die Option SPERREN nicht aktivieren, besteht die einzige Auswirkung des Kennworts darin, daß Sie ein Kennwort benötigen, um den EIGENSCHAFTEN-Dialog neuerlich anzuzeigen. Der VBA-Code kann trotz Kennwort sowohl angezeigt als auch geändert werden. Damit der Schutzmechanismus wirkt, muß die Option also in jedem Fall aktiviert werden! Eine Deaktivierung ist nur erforderlich, wenn Sie den Schutz aufheben und das Kennwort entfernen möchten.

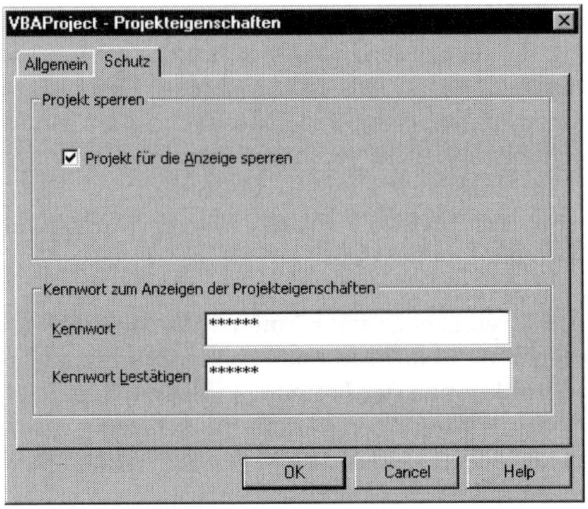

Bild 6.5: Schutz des VBA-Code vor neugierigen Augen und vor Veränderungen

ANMERKUNG

Wie ernst Microsoft die Schutzmechanismen in Excel nimmt, hat sich beim Versionswechsel von Excel 7 auf Excel 97 gezeigt: In Excel 7 konnte VBA-Code verborgen werden, indem die Modulblätter ausgeblendet und anschließend der Aufbau der Arbeitsmappe durch ein Paßwort geschützt wurden. Sobald eine so geschützte Datei in Excel 97 geladen wird, stehen alle Module ohne jeden Schutz allen Anwender offen! Wenn Sie also Excel-Arbeitsmappen an andere Anwender weitergegeben oder verkauft haben, ist Ihr Code jetzt jedem interessierten Programmierer zugänglich. (Dieses Problem tritt nur bei normalen Excel-Dateien auf. Der Code von Excel-7-Add-Ins bleibt selbst in Excel 97 unzugänglich.)

Add-Ins erstellen

Add-Ins enthalten den Programmcode einer Arbeitsmappe in kompilierter Form. Eventuell enthaltene Tabellenblätter sind – wie das gesamte Add-In - für den Anwender unsichtbar. Add-Ins stellen die ideale Form zur Weitergabe von Anwendungen dar, weil der Programmcode nicht nur geschützt ist, sondern auch besonders platzsparend gespeichert wird (d.h. nur in kompilierter Form). Add-Ins eignen sich aber leider nicht bzw. nur sehr eingeschränkt für Arbeitsmappen, bei denen die Eingabe in Tabellenblättern erfolgt. Details zu diesem Thema folgen in Abschnitt 13.1.

6.7.5 Zusammenspiel mit Excel-4-Makros

Es besteht keine Möglichkeit, herkömmliche Makros quasi auf Knopfdruck in VBA-Makros zu konvertieren. Sie können herkömmliche Makros aber problemlos weiterverwenden. In VBA-Modulen formulierte Funktionen bzw. Prozeduren können in Tabellenblättern bzw. in Makrovorlagen direkt durch Namensnennung aufgerufen werden (=*Makro1()*). Umgekehrt können herkömmliche Makros in VBA-Programmteilen mit der Methode *Run* weiterverwendet werden:

```
Run "makroname1"
Run "makroname2", parameter1, parameter2
```

Makrofunktionen im VBA-Code aufrufen

Auch einzelne Makrokommandos können direkt in VBA ausgeführt werden. Dazu wird das gesamte Kommando ohne das vorangestellte »=«-Zeichen als Zeichenkette an die Methode *ExecuteExcel4Macro* übergeben. Beachten Sie, daß Sie dabei den deutschen Kommandonamen angeben müssen! (In Excel 7 wurde zwar VBA auf englisch umgestellt, herkömmliche Makros müssen aber nach wie vor auf deutsch angegeben werden!)

```
ExecuteExcel4Macro "BILDSCHIRMANZEIGE(,FALSCH,,,,,)"
```

HINWEIS

Zur Wiederholung hier nochmals der Hinweis, wie Excel-Tabellenfunktionen im VBA-Code genutzt werden: Mit den englischen Funktionsnamen und mit vorangestelltem *WorksheetFunction:*

WorksheetFunction.Sum(Range("A1:A3"))

6.7.6 Syntaxzusammenfassung

Alle Eigenschaften und Methoden beziehen sich – wenn nichts anderes angegeben wird – auf das Objekt *Application*.

Hintergrundberechnungen, Optionen für die Programmausführung	
Interactive = True/False	Eingaben zulassen oder nicht
EnableCancelKey = xlDisabled	keine Reaktion auf Strg+Untbr
.. = xlErrorHandler	Fehler 18 bei Strg+Untbr
DisplayAlerts = True/False	Warnmeldungen während der Makroausführung
DisplayStatusBar = True/False	Statusleiste anzeigen
StatusBar = "infotext"/False	Text in der Statuszeile einstellen

Geschwindigkeitsoptimierung	
ScreenUpdating = True/False	Bildschirmaktualisierung ein/aus
Calculation = xlAutomatic/xlManual	automatische/manuelle Berechnung
objekt.Calculate	Bereich/Blatt/ganze Anwendung neu berechnen

Schutzfunktionen	
rc.Hidden = True / False	Zeilen/Spalten aus- oder einblenden
s.Visible = True / False / xlVeryHidden	Blätter ein- oder ausblenden bzw. verstecken
obj.Locked = True / False	Objekt schützen (nur in Kombination mit *Protect*)
r.FormulaHidden = True / False	Formeln verbergen
s.Protect ...	Blatt schützen (außer Objekte mit *Locked=False*)
s.Unprotect	Blattschutz aufheben
wb.Protect ...	Aufbau der Arbeitsmappe schützen
wb.Unprotect	Schutz aufheben
cb.Protection = ...	Symbolleiste schützen

rc steht für eine Zeile oder eine Spalte (*Row* oder *Column*-Objekt), *s* für ein Blatt (*WorkSheet, Module, DialogSheet, Chart*), *obj* für einen Zellbereich oder ein Zeichnungsobjekt (inklusive Steuerelemente und OLE-Objekte), *r* für einen Zellbereich (*Range*-Objekt), *cb* für eine Symbolleiste (*CommandBar*-Objekt) und *wb* für eine Arbeitsmappe (*Workbook*-Objekt).

Excel-4-Makros / Tabellenfunktionen	
Run "makroname" [,para1, para2 ...]	Excel-4-Makro ausführen
ExecuteExcel4Macro "KOMMANDO(...)"	Excel-4-Makrokommando ausführen (deutsch)
WorksheetFunction.Function()	Tabellenfunktion ausführen (englisch)

6.8 Hilfe zur Selbsthilfe

Dieses Kapitel hat einige besonders wichtige und elementare Techniken der Excel-Programmierung behandelt. Es gäbe aber genug weitere Themen, um dieses Kapitel beinahe beliebig auszudehnen. Einige wurden in andere Kapitel verlagert – beispielsweise die Datenbankprogrammierung (Kapitel 11) oder die Programmierung von Diagrammen (Kapitel 12). Andere Themen kommen in diesem Buch aus Platzgründen aber wirklich zu kurz.

Natürlich wäre es Ihnen als Leser lieber, wenn das Buch gerade um jene 20 Seiten umfangreicher wäre, die notwendig sind, um das eine – gerade für Sie wichtige – Detailproblem zu beschreiben. Aber da bei jedem Excel-Anwender die Prioritäten anders gesetzt sind, würde das Buch beim Versuch, größere Vollständigkeit zu erzielen, bald in die 1000-Seiten-Region vordringen. Damit wäre aber den wenigsten gedient, denn der Anspruch, eine lesbare Einführung zu bieten, ginge verloren.

Nutzen Sie die Online-Hilfe!

Ein Blick in die Online-Hilfe kann nie schaden. Auch wenn diese fallweise einen lieblosen Eindruck vermittelt, hat sie doch einen wesentlichen Vorteil: Sie ist weitgehend vollständig, d. h., es werden wirklich alle Schlüsselwörter beschrieben (wenn auch nicht immer so informativ, wie Sie es sich wünschen würden).

Das größte Problem bei der Online-Hilfe besteht darin, Informationen zu finden, wenn Sie ein Schlüsselwort noch nicht kennen. Dabei können die verschiedenen Suchmechanismen der Online-Hilfe weiterhelfen. (Das Dialogblatt SUCHEN der Online-Hilfe ermöglicht eine Volltextsuche im gesamten Hilfetext, die manchmal in aussichtslos erscheinenden Fällen zum Erfolg führt. Manchmal hilft auch der Hilfeassistent weiter.)

Den vermutlich besten Zugang zur Online-Hilfe stellt aber sicherlich der Objektkatalog dar. Wenn Sie einmal wissen, mit welchem Objekt Sie es zu tun haben, finden Sie über den Objektkatalog rasch alle dazu passenden Methoden und Eigenschaften und können direkt zur Hilfe springen.

Insgesamt ist die Suche nach Detailinformationen um so leichter, je besser Sie Excel bzw. VBA bereits kennen. Aus diesem Grund kann es durchaus sinnvoll sein, einmal die Objektreferenz in Kapitel 14 zu überfliegen. Diese Referenz vermittelt einen guten Überblick darüber, welche Objekte in VBA überhaupt existieren. Auch wenn Sie sich nicht alles auswendig merken können, bleibt oft gerade so viel im Gedächtnis hängen, daß Sie das Schlüsselwort im Objektkatalog wiedererkennen.

Experimentieren Sie im Direktbereich!

Oft bleibt nur die Möglichkeit, unbekannte Eigenschaften oder Methoden einfach selbst auszuprobieren. Am leichtesten kann dies im Direktbereich erfolgen. Ein großer Monitor ist dabei hilfreich – dann haben Sie nämlich genug Platz, um die Excel- und VBA-Fenster neben- oder übereinander zu plazieren.

Sie können innerhalb des Direktbereichs beinahe alle Sprachstrukturen von VBA verwenden – selbst Schleifen! Die einzige Bedingung besteht darin, daß die gesamte Anweisung in einer Zeile Platz haben sollte (bzw. in mehreren Zeilen, wenn diese durch »_« verbunden sind). Sie dürfen beliebig viele neue Variablen (direkt ohne *Dim*) verwenden.

Sehr wertvoll bei der Analyse von unbekannten Daten oder Eigenschaften sind die Funktionen *VarType* und *TypeName*. *VarType* liefert einen numerischen Wert, der den Datentyp eines *Variant*-Werts bzw. einer Variablen angibt. Eine Liste der möglichen Zahlenwerte finden Sie in der Online-Hilfe. *TypeName* liefert den Namen eines Objekttyps, beispielsweise *"Module"*, *"Window"* oder *"Nothing"*. Damit haben Sie wieder ein Schlüsselwort zum Suchen in der Online-Hilfe. Übrigens können Sie vom Direktbereich sehr bequem zu einem konkreten Hilfethema gelangen, indem Sie den Eingabecursor in ein Schlüsselwort stellen und F1 drücken.

Während der Arbeit an diesem Buch hat es sich als nützlich erwiesen, in der Symbolleiste ein oder zwei normalerweise unbelegte Symbole vorzusehen, denen mit wenig Aufwand ein Makro zugewiesen werden kann. Wenn der Direktbereich für Ihre Experimente nicht mehr ausreicht, programmieren Sie einfach ein kurzes Makro, das Sie dann über die Symbolleiste sehr bequem (und in jedem beliebigen Blatt) starten können. Den größten Komfort erzielen Sie, wenn Sie zwei Fenster derselben Arbeitsmappe öffnen, eines zur Anzeige des Modulblatts, ein zweites zur Anzeige des Tabellenblatts, in dem Sie das Makro testen.

Nützen Sie die Makroaufzeichnung zur Suche nach Schlüsselwörtern!

Wenn es darum geht, Prozeduren zu programmieren, die Bedienungsabläufe vereinfachen oder automatisieren sollen, dann bietet die Makroaufzeichnung oft den schnellsten Weg zu einem lauffähigen Makro. Auch wenn der so produzierte Code nur selten unverändert belassen werden kann, enthält er doch zumeist die richtigen Schlüsselwörter. Details zur Makroaufzeichnung finden Sie in Abschnitt 4.5.

Der letzte Ausweg: SendKeys

Obwohl eigentlich zu jedem Excel-Kommando eine dazugehörende VBA-Anweisung existieren sollte, gestaltet sich die Suche nach den richtigen Schlüsselwörtern oft mühsam. Die Anzeige eines bestimmten Excel-Dialogs, für die scheinbar kein eigenes Kommando existiert, gelingt oft mit der Methode *Dialogs(xlDialogName...).Show*.

Wenn sich keine Möglichkeit findet, bietet sich als letzter Ausweg die Methode ***SendKeys*** an. Damit können Sie Tastatureingaben simulieren und praktisch jede Aktion, die mit der Tastatur durchgeführt werden kann, auch im Programm ausführen. Als Parameter dieser Methode wird eine Zeichenkette übergeben, welche die einzugebenden Buchstaben, die Zeichen »+«, »^« und »%« für Shift, Strg und Alt sowie Bezeichnungen für Sondertasten (etwa "{F1}") enthalten darf. Die Codes für die Sondertasten sind in der Online-Hilfe ausführlich dokumentiert.

Die Anwendung von *SendKeys* verlangt manchmal eine unlogisch erscheinende Kommandoabfolge. Wenn Sie eine Eingabe in einem Dialog durchführen möchten, dann müssen Sie zuerst *SendKeys* und erst dann das Kommando zum Öffnen des Dialogs ausführen! Der Grund: *SendKeys* überträgt die simulierte Eingabe nur in den Tastaturpuffer von Windows. Von dort werden die Eingaben erst dann verarbeitet, wenn dazu Gelegenheit besteht, Excel also in der Lage ist, Eingaben entgegenzunehmen.

Sie sollten sich bewußt sein, daß das Simulieren von Tastatureingaben nicht ganz unproblematisch ist. Bei der nächsten Excel-Version werden sich vermutlich wieder die Hälfte der Tastaturabkürzungen ändern, d.h., Ihr Makro kann vermutlich nicht mehr korrekt ausgeführt werden. Ein weiteres Problem besteht darin, daß Excel die Tastatureingaben erst nach dem Ende des Makros verarbeiten kann (auch *DoEvents* hilft da nicht weiter).

7 Fehlersuche, Fehlerabsicherung

Wo programmiert wird, da passieren Fehler! Diese Regel hat sich im Verlauf der letzten Jahrzehnte als unumstößlich herausgestellt. Selbst in jahrelang ausgereiften Programmen werden immer wieder Fehler entdeckt. (Ganz zu schweigen von Programmen wie Excel oder Winword, wo es anscheinend alle paar Monate eine neue Version geben muß: Da bleibt dann zur Fehlersuche wirklich zu wenig Zeit.) Ziel dieses Kapitels ist es aber nicht, über die Qualität vorhandener Software zu schimpfen, sondern Ihnen zu zeigen, wie Sie es besser machen können. Vielleicht kommt dann sogar Verständnis dafür auf, daß auch bei Microsoft Fehler passieren.

Das Kapitel gliedert sich in zwei Abschnitte: Der erste beschreibt die Möglichkeiten zur Analyse fehlerhafter Programme. Die englische Bezeichnung für diese Tätigkeit lautet »Debugging«. VBA bietet zu diesem Zweck eine ausgezeichnete Arbeitsumgebung, die unter anderem die Schritt-für-Schritt-Ausführung von Programmen, bedingte Haltepunkte und die Überwachung von Variablen ermöglicht. Der zweite Abschnitt dieses Kapitels zeigt, wie Sie Ihr Programm gegen ein unkontrolliertes Verhalten absichern, wenn doch ein Fehler auftreten sollte (z. B. aus dem Grund, weil der Anwender Ihr Programm falsch bedient).

Kapitelübersicht

7.1 Hilfsmittel zur Fehlersuche (Debugging)

7.1.1 Syntaxkontrolle

Fehler, die bereits vor dem Programmstart gemeldet werden

VBA weigert sich, irgendeine Prozedur zu starten, solange es im Code noch irgendeinen formalen Fehler feststellen kann. VBA erkennt dabei falsch oder gar nicht deklarierte Variablen (siehe unten), die fehlerhafte Verwendung von Schlüsselwörtern als Variablen- oder Prozedurnamen, den Versuch, eine gar nicht existente Prozedur aufzurufen, doppelt definierte Prozeduren, die irrtümliche Verwendung von »;« statt »,« etc. Die meisten dieser Fehler sind einfach zu erkennen und mit wenig Aufwand zu beseitigen.

TIP

Manche Fehler – etwa Tippfehler bei Methoden und Eigenschaften – können erst beim Kompilieren festgestellt werden (und unter Umständen sogar erst bei der Ausführung des Codes). In der Defaulteinstellung werden allerdings nur die Programmteile kompiliert, die tatsächlich benötigt werden. Daher kann es vorkommen, daß formale Fehler erst nach einiger Zeit, d.h., wenn die jeweilige Prozedur zum ersten Mal benötigt wird, entdeckt werden.

Oft ist es angenehmer, vor dem richtigen Test alle formalen Fehler aufzuspüren. Dazu können Sie entweder das gesamte Projekt mit TESTEN|KOMPILIEREN in Pseudo-Code umwandeln oder die beiden Kompiliereinstellungen in EXTRAS|OPTIONEN deaktivieren.

Fehler bei der Variablendeklaration

Wenn am Beginn Ihres Moduls die Anweisung *Option Explicit* steht, dann muß jede Variable vor ihrer Verwendung mit *Dim, Private* oder *Public* deklariert werden. Das sieht zwar nach zusätzlicher Arbeit aus, ist aber ein wichtiger und effizienter Mechanismus zur Vermeidung von Tippfehlern. Gerade bei den ungemein langatmigen Schlüsselwörtern (etwa die Methode *ToolbarButtons*) sind Tippfehler quasi schon vorprogrammiert. *Ohne* die Option *Explicit* interpretiert VBA ein falsch geschriebenes Schlüsselwort in der Regel wie eine nicht deklarierte *Variant*-Variable. Es kann ohne weiteres vorkommen, daß ein solches Programm trotz des offensichtlichen inhaltlichen Fehlers syntaktisch gesehen korrekt ist! Das Programm wird also anstandslos gestartet, womöglich tritt nicht einmal während der Ausführung ein Problem auf – wenn man davon absieht, daß die Prozedur den beabsichtigten Zweck nicht erfüllt.

Verwenden Sie daher immer die Option *Explicit*! Wenn Sie über EXTRAS|OPTIONEN|MODUL ALLGEMEIN die Option »Variablendeklaration erforderlich« anklicken, dann fügt VBA bei allen *neuen* Modulen die Anweisung *Option Explicit* automatisch ein.

Wenn Sie in Ihren Prozeduren den Typ der Parameter exakt angeben (das sollten Sie!), dann muß dieser Typ mit dem Typ der beim Aufruf übergebenen Variablen exakt übereinstimmen; andernfalls kommt es zu einer Fehlermeldung.

7.1.2 Reaktion auf Fehler

In EXTRAS | OPTIONEN | ALLGEMEIN können Sie zwischen drei Optionen wählen, wie Visual Basic auf Fehler beim Ausführen von Code reagieren soll. Die Option BEI JEDEM FEHLER bedeutet, daß jeder Fehler selbst dann zu einer Programmunterbrechung führt, wenn dieser Fehler durch *On Error* abgefangen würde. (Informationen zur Programmierung von Fehlerbehandlungsroutinen finden Sie im nächsten Abschnitt.) Die Option ist insofern sehr praktisch, als durch *On-Error*-Routinen oft Fehler verborgen bleiben, an die Sie bei der Programmentwicklung gar nicht gedacht hatten. Die Option BEI JEDEM FEHLER deaktiviert alle *On-Error*-Anweisungen.

Bei den beiden anderen Optionen (IN KLASSENMODUL, BEI NICHTVERARBEITETEN FEHLERN) führt ein Fehler nur dann zur Programmunterbrechung, wenn es keine Fehlerbehandlungsroutine gibt. Einen Unterschied zwischen den beiden Optionen gibt es nur, wenn Sie Klassenmodule testen.

TIP

Während die Programmausführung unterbrochen ist, werden in den Codefenstern automatisch die Inhalte von Variablen angezeigt, sobald Sie die Maus über den Variablennamen bewegen.

HINWEIS

Während die Programmausführung in der Entwicklungsumgebung unterbrochen ist, sind diverse Kommandos und Funktionen in Excel gesperrt. Das kann irritierend sein, weil in Excel die Ursache der Blockierung nicht sichtbar ist. Wenn Sie die fehlerhafte Prozedur nicht fortsetzen möchten, führen Sie in der Entwicklungsumgebung AUSFÜHREN | BEENDEN aus!

Der Direktbereich (Testfenster)

Ein wichtiges Hilfsmittel zur Fehlersuche ist das Fenster des Direktbereichs. Während der Programmausführung gelangen Sie in dieses Fenster, wenn Sie das Programm mit Strg+Untbr unterbrechen und TESTEN anklicken, wenn Sie nach dem Auftreten eines Fehlers den Button TESTEN anklicken oder im Programmcode die Anweisung *Stop* einfügen. (Außerdem öffnet VBA den Direktbereich, wenn es bei der Ausführung eines Programms auf einen Haltepunkt stößt – siehe einige Absätze weiter unten.)

Sie können den Direktbereich aber auch vor dem Start einer Prozedur mit ANSICHT | DIREKTFENSTER (bzw. Strg+G) öffnen und die Prozedur anschließend durch eine Anweisung im Direktbereich ausführen. Bei Unterprogrammen ohne Parameter reicht dazu einfach die Eingabe des Namens und Return. Falls Parameter vorgesehen sind, müssen Sie hierfür sinnvolle Werte angeben. Bei Funktionen müssen Sie darauf achten, daß die Parameter in Klammern stehen und daß der Rückgabewert der Funktion ausgewertet wird. Am leichtesten erfolgt diese Auswertung durch ein vorangestelltes »?« (die Abkürzung für *Print*): VBA gibt dann das Ergebnis der Funktion in der nächsten Zeile des Direktbereichs aus.

Prozedurliste (Aufrufeliste)

Mit Strg+L bzw. dem Menükommando ANSICHT | AUFRUFELISTE können Sie ein Dialogfenster anzeigen, das alle Vorläuferprozeduren aufzählt, die zum Aufruf der gerade aktuellen Prozedur geführt haben. Die Liste ist verkehrt sortiert: Ganz oben steht die aktuelle Prozedur, in der Zeile darunter jene Prozedur, aus der die aktuelle Prozedur aufgerufen wurde etc. Bei rekursiven (sich selbst aufrufenden) Prozeduren kann es vorkommen, daß derselbe Prozedurname unzählige Male in der Liste der Prozeduraufrufe steht. Der AUFRUFE-Dialog gibt also Rückschluß, wie es zum Aufruf der aktuellen Prozedur gekommen ist. Durch einen Doppelklick auf eine der Prozeduren verändern Sie den aktuellen Gültigkeitsbereich (Kontext) für Variablen im Direktfenster.

In Bild 7.1 sehen Sie die Liste der Prozeduraufrufe, die sich aus dem Start von *testrecur* im Modul *Rekursion* der Beispieldatei `Konzepte.xls` ergeben hat. Nachdem *recur* das erste Mal durch *testrecur* ausgeführt wurde, haben sich die beiden weiteren *recur*-Einträge in der Liste durch den rekursiven Aufruf ergeben.

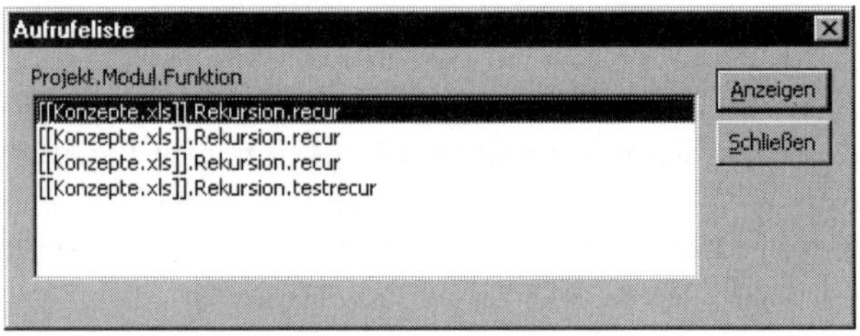

Bild 7.1: Die Aufrufeliste

```
' Blatt Rekursion, Datei Konzepte.xls
Public Sub testrecur()
  Debug.Print recur(3)
End Sub
' rekursive Prozedur zur Berechnung der Fakultät von x
Function recur(x)
  If x <= 1 Then
    recur = 1
    Stop    'hier wird die Ausführung unterbrochen
  Else
    recur = x * recur(x - 1)
  End If
End Function
```

Programmänderungen im laufenden Programm

Eine Neuerung gegenüber Excel 5 / 7 besteht darin, daß Sie manche Änderungen im Programmcode vornehmen und das Programm anschließend fortsetzen können. (Eine Fortsetzung ist allerdings nicht möglich, wenn sich die Struktur des Programms ändert, also etwa die Deklaration der Parameter einer gerade aktiven Prozedur. Falls Sie die Option »Benachrichtigung vor Zustandsänderung« in EXTRAS | OPTIONEN | ALLGEMEIN aktiviert haben, warnt die Entwicklungsumgebung vor solchen Änderungen.)

Programm fortsetzen

Unterbrochene Programme können mit F5 oder F8 (Einzelschritt) fortgesetzt werden. Das gilt auch für Programme, in denen ein Fehler aufgetreten ist. Eine Fortsetzung ist allerdings nur dann sinnvoll, wenn die Ursache des Fehlers behoben werden konnte (was nur selten möglich ist). Ein Beispiel: In einem Programm tritt bei der Anweisung *a=b/c* eine Division durch 0 auf. Sie können im Direktbereich *c=1* ausführen und das Programm mit F5 fortsetzen.

Kontrollausgaben durch das Programm

In vielen Fällen ist es zweckmäßig, vom Programm aus Kontrollausgaben durchzuführen, ohne die Programmausführung zu stoppen. Dazu gibt es zwei Möglichkeiten:

- Sie verwenden den Befehl *MsgBox*, mit dem Sie einen beliebigen (kurzen) Text in einem kleinen Fenster anzeigen können. Sobald Sie den OK-Button dieses Fensters drücken, wird das Programm fortgesetzt.
- Sie verwenden die *Print*-Methode für das *Debug*-Objekt, um Texte oder Zahlenfenster im Direktbereich auszugeben.

7.1.3 Kontrollierte Programmausführung

Mit F8 bzw. mit dem Menükommando TESTEN | EINZELSCHRITT können Sie das Programm Zeile für Zeile (bzw. Schritt für Schritt, falls sich in einer Zeile mehrere Anweisungen befinden) ausführen. Visual Basic führt also die jeweils nächste Anweisung aus und unterbricht das Programm danach selbständig wieder. Mit dem Kommando können Sie den Programmverlauf (beispielsweise in verschachtelten Schleifen, Verzweigungen oder Ereignisprozeduren) genau verfolgen. Sie können jederzeit den Inhalt verschiedener Variablen überprüfen und so einzelne Berechnungsschritte nachvollziehen. F8 kann sowohl zum Start einer neuen Prozedur im Einzelschrittmodus als auch zur Fortsetzung eines unterbrochenen Programms verwendet werden.

Zum Einzelschrittkommando gibt es einige Varianten:

- TESTEN | PROZEDURSCHRITT bzw. Shift+F8 führt normalerweise ebenfalls nur eine einzige Anweisung aus. Wenn in dieser Anweisung allerdings ein Unterprogramm oder eine Funktion aufgerufen wird, dann wird diese Prozedur als Ganzes sofort ausgeführt.
- TESTEN | PROZEDUR ABSCHLIEßEN bzw. Strg+Shift+F8 führt alle Anweisungen bis zum Ende der aktuellen Prozedur aus. Wenn dabei andere Prozeduren aufgerufen werden, werden auch diese vollständig ausgeführt.
- TESTEN | AUSFÜHREN BIS CURSORPOSITION bzw. Strg+F8 funktioniert ähnlich, allerdings wird die Ausführung bereits in der Zeile der aktuellen Prozedur wieder gestoppt, in der sich gerade der Cursor befindet. Das Kommando erspart in vielen Fällen das Setzen eines Haltepunkts.

Anweisungen überspringen oder wiederholen

Das Programm wird normalerweise Anweisung für Anweisung ausgeführt. Wenn die Programmausführung (durch einen Haltepunkt, bei der Ausführung im Einzelschritt-Modus etc.) unterbrochen ist, können Sie mit dem Kommando TESTEN | NÄCHSTE ANWEISUNG FESTLEGEN bzw. mit Strg+F9 die Zeile bestimmen, an der das Programm mit F5 oder F8 fortgesetzt werden soll. Es ist nicht möglich, eine Zeile, die sich außerhalb der aktuellen Prozedur befindet, auf diese Weise zu markieren. Das Kommando NÄCHSTE ANWEISUNG FESTLEGEN eignet sich insbesondere dazu, einige schon ausgeführte Programmzeilen nochmals auszuführen oder einen Programmteil zu überspringen.

Programmunterbrechung durch Haltepunkte

Bevor Sie das Programm starten bzw. solange die Programmausführung unterbrochen ist, können Sie mit F9 bzw. mit dem Menükommando TESTEN | HALTEPUNKT EIN/AUSSCHALTEN einzelne Programmzeilen als Haltepunkt (Breakpoint) markieren. Haltepunkte werden im Programmcode durch eine eigene Farbe (in der Standardeinstellung: durch einen roten Hintergrund) gekennzeichnet. Visual Basic unterbricht die Ausführung automatisch bei jeder so markierten Zeile (und zwar *bevor* diese Zeile ausgeführt wird).

Haltepunkte eignen sich hervorragend dazu, kritische Programmteile zu überprüfen. Setzen Sie einfach einen Haltepunkt in der ersten Zeile einer Prozedur, in der Sie einen Fehler vermuten. Sobald diese Prozedur im Programmverlauf erreicht wird, unterbricht Visual Basic die Programmausführung. Sie können jetzt einzelne Variablen im Testfenster überprüfen oder das Programm im Einzelschrittmodus fortsetzen.

Programmunterbrechung durch Überwachungsausdrücke (Watch-Expressions)

Eine ausgefeiltere Möglichkeit zur Definition von Haltepunkten stellen Überwachungsausdrücke dar. Dabei handelt es sich zumeist um einfache Variablen oder Eigenschaften, deren Zustand überwacht werden soll. (Erlaubt sind aber auch einfache zusammengesetzte Ausdrücke.) Die Eingabe der Überwachungsausdrücke erfolgt am einfachsten in Codefenstern, indem Sie über der jeweiligen Variablen mit der rechten Maustaste den Kontextmenüeintrag ÜBERWACHUNG HINZUFÜGEN auswählen. Es erscheint dann der in Bild 7.2 dargestellte Dialog.

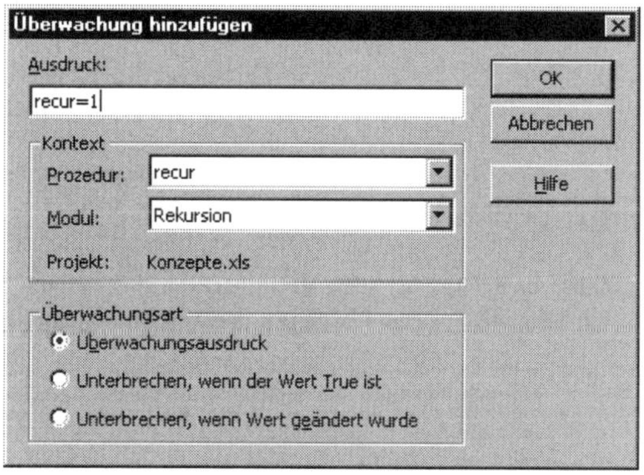

Bild 7.2: Überwachungsausdruck definieren

Sie können zwischen drei Formen der Überwachung auswählen: Die einfachste Variante lautet AUSDRUCK ÜBERWACHEN, d.h., Visual Basic zeigt den aktuellen Wert bei einer Programmunterbrechung im Testfenster an. Bei den beiden anderen Varianten kommt es zu einer Programmunterbrechung, wenn der gesamte Ausdruck den Wahrheitswert *True* annimmt oder sich nur ändert. Sie können Überwachungsausdrücke also dazu verwenden, um ein Programm automatisch zu unterbrechen, sobald eine Variable größer als 100 wird.

Im ÜBERWACHUNGS-Dialog können Sie auch angeben, aus welchem Kontext die Variable gelesen werden soll (d.h. welches Modul, welche Prozedur; diese Frage ist wichtig, weil es gleichnamige lokale Variablen in verschiedenen Kontexten geben kann). Alle definierten Überwachungsausdrücke werden im Überwachungsfenster angezeigt.

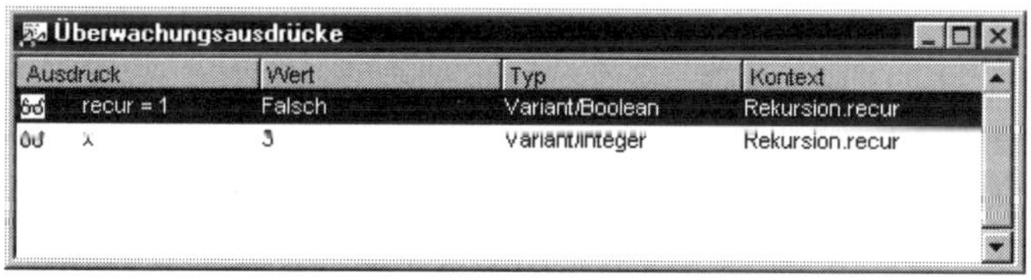

Bild 7.3: Das Überwachungsfenster

7.2 Fehlertolerantes Verhalten von Programmen

Normalerweise kommt es beim Auftreten eines Fehlers zu einer Unterbrechung. VBA zeigt eine Dialogbox an, über die Sie die Programmausführung endgültig beenden oder den Code im Testfenster analysieren können; eine Fortsetzung des Programms ist aber so gut wie nie möglich. Während der Programmentwicklung sind Unterbrechungen wegen Fehlern unvermeidlich. Ein Anwender, der ein von Ihnen entwickeltes Excel-Programm verwendet, sollte dagegen nie mit der Dialogbox »Makrofehler« konfrontiert werden!

Da es auch in einem »ordentlich« entwickelten Programm nicht auszuschließen ist, daß es unter bestimmten Umständen zu Fehlern kommt (krasse Fehlbedienung, Speichermangel, Festplatte voll etc.), besteht die Möglichkeit, mit dem Kommando *On Error* eine kontrollierte Fortsetzung des Programms auch im Fehlerfall zu erreichen.

Das Kommando On Error

Das Kommando ***On Error*** bestimmt, wie sich das Programm beim Auftreten eines Fehlers verhalten soll. Es bestehen drei Varianten zur Anwendung dieses Kommandos:

```
On Error Resume Next         '(1) nächste Anweisung ausführen
On Error GoTo sprungmarke    '(2) Fehlerbehandlungsroutine aufrufen
On Error GoTo 0              '(3) normal: Makrofehler-Dialog
```

Variante (1): On Error Resume Next

Variante (1) stellt entschieden die bequemste Methode dar, die Anzeige von Fehlermeldungen zu unterdrücken: Das Programm wird kompromißlos mit der nächsten Anweisung fortgesetzt. Da die Anweisungen eines Programms in der Regel aufeinander aufbauen, ist die Wahrscheinlichkeit groß, daß es zu weiteren Fehlern kommt. Diesen wird aber in der gleichen Weise begegnet, so daß die Prozedur über kurz oder lang fertig abgearbeitet wird. Daß die Prozedur dabei vermutlich die ihr zugedachte Aufgabe nicht erfüllen wird, liegt auf der Hand.

Im Regelfall stellt Variante (1) keine vernünftige Form der Reaktion auf Fehler dar. Es kann aber auch Ausnahmen geben. Betrachten Sie etwa die Prozedur *Zeilen_Spaltenköpfe*. Diese Prozedur ändert im gerade aktiven Fenster die Anzeige der Zeilen- und Spaltenköpfe. Wenn die Prozedur einem Symbol zugeordnet wird, kann damit die mühsame Einstellung mit EXTRAS | OPTIONEN | ANSICHT vermieden werden.

Natürlich ist die Ausführung dieser Prozedur nur sinnvoll, wenn gerade ein Tabellenblatt angezeigt wird. Ist dagegen ein anders Blatt aktiv, kommt es zu einem Fehler (weil beispielsweise ein Diagrammblatt die Eigenschaft *DisplayHeadings* nicht kennt). Anstatt sich lang Gedanken darüber zu machen, wie getestet werden kann, ob das aktive Blatt überhaupt ein Tabellenblatt ist, wird einfach die Anweisung *On Error Resume Next* in die Prozedur eingefügt: Erledigt!

```
Sub Zeilen_Spaltenköpfe()
  On Error Resume Next
  ActiveWindow.DisplayHeadings = _
    Not ActiveWindow.DisplayHeadings
End Sub
```

Innerhalb der Prozedur kann durch die Auswertung von *Err* das Auftreten eines Fehlers festgestellt werden. Diese Funktion enthält die Nummer des zuletzt aufgetretenen Fehlers (auch dann, wenn dieser Fehler aufgrund *On Error Resume Next* gar nicht zu einer Fehlermeldung führt). Durch die Anweisung *On Error* wird *Err* auf 0 gestellt.

Variante (2): On Error GoTo sprungmarke

Variante (2) ermöglicht die Programmierung »echter« Fehlerbehandlungsroutinen. VBA verzweigt beim Auftreten eines Fehlers in den durch *sprungmarke* angegebenen Teil der Prozedur. Dort kann eine Reaktion auf den Fehler erfolgen (z. B. Anzeige einer Fehlermeldung, Speicherung von ungesicherten Daten etc.). Anschließend kann die Prozedur verlassen oder mit *Resume* fortgesetzt werden.

Zum Verständnis der Kommandos ist zuerst der Begriff einer Sprungmarke zu klären: Eine Sprungmarke ist eine Programmzeile, die nur aus einem Namen und einem nachfolgenden Doppelpunkt besteht. Innerhalb von Prozeduren kann mit dem Kommando *Goto* zu einer Marke gesprungen werden, d. h., die Ausführung des Programms wird in der Zeile nach der Marke fortgesetzt. Sprünge mit *Goto* können das Verständnis über die Funktion einer Prozedur verschleiern und entsprechen nicht den Regeln der strukturierten Programmierung. Das Kommando *Goto* sollte daher möglichst überhaupt nie verwendet werden. (Es besteht auch keine Notwendigkeit. Alle Beispiele dieses Buchs kommen ohne *Goto* aus.)

Zurück zur Fehlerbehandlung, bei der Sprungmarken und Sprünge nicht nur erlaubt, sondern sogar unumgänglich sind: VBA springt also nach dem Auftreten eines Fehlers zu jenem Ort, der durch die Sprungmarke angegeben wird. Die Sprungmarke muß innerhalb der aktuellen Prozedur liegen. Normalerweise wird die Fehlerbehandlungsroutine am Ende der Prozedur angeordnet. Um zu vermeiden, daß die Fehlerbehandlungsroutine im Verlauf der normalen Ausführung der Prozedur erreicht wird, steht unmittelbar vor der Sprungmarke üblicherweise *Exit Sub* oder *Exit Function*.

Innerhalb der Fehlerbehandlungsfunktion können Sie mit *Err()* die Nummer des aufgetretenen Fehlers feststellen und dementsprechend darauf reagieren. Eine Liste aller in VBA vorgesehenen Fehlernummern finden Sie in der Online-Hilfe unter dem Thema »Fehlernummer«. Zur Reaktion auf den Fehler ist es durchaus möglich, andere Prozeduren aufzurufen (beispielsweise zum Speichern von Daten).

Beachten Sie aber, daß sowohl innerhalb der Fehlerbehandlungsroutine als auch in den von ihr aufgerufenen Prozeduren weitere Fehler auftreten können. Variante (2) von *On Error* gilt nur für *einen* Fehler! Der nächste Fehler bewirkt wieder das normale Verhalten (also die Anzeige des Dialogs »Makrofehler«). Sie können das vermeiden, indem Sie innerhalb der Fehlerbehandlungsroutine abermals *On Error xxx* ausführen.

Das Kommando Resume

Die fehlerhafte Prozedur kann aus der Fehlerbehandlungsroutine mit ***Resume*** fortgesetzt oder mit *Exit Sub/Function* beendet werden. Wenn das Ende der Fehlerbehandlungsroutine ohne *Resume* erreicht wird, gilt die Prozedur als beendet und der Fehler als behoben. Es existieren drei Varianten des *Resume*-Kommandos:

```
Resume              'führt die fehlerhafte Anweisung neuerlich aus
Resume Next         'setzt die Proz. mit der nächsten Anweisung fort
Resume sprungmarke  'setzt die Prozedur bei der Sprungmarke fort
```

In allen drei Fällen wird das Programm in der Prozedur fortgesetzt, in der auch die Fehlerbehandlungsroutine steht. Es ist nicht möglich, mit *Resume* in eine andere Prozedur zu springen. Damit auch beim Auftreten eines weiteren Fehlers ein kontrolliertes Verhalten möglich ist, sollte spätestens vor *Resume* eine neue (oder auch dieselbe) Fehlerbehandlungsroutine eingerichtet werden. (Beachten Sie aber, daß Sie eine Endlosschleife durch die unablässige Wiederholung eines fehlerhaften Programmteils vermeiden!)

Beispiel zu Variante (2)

Eine Prozedur mit einer Fehlerbehandlungsroutine kann nach dem Schema der Prozedur *beispiel* aufgebaut werden: Im Normalfall, d. h., wenn kein Fehler auftritt, wird die Prozedur bis zur Anweisung *Exit Sub* durchlaufen. Tritt ein Fehler auf, wird das Programm in der Zeile nach *beispielfehler* fortgesetzt. Falls die Behandlung des Fehlers gelingt, wird die Prozedur bei *beispielweiter* fortgesetzt, andernfalls wird sie abgebrochen. Falls ein zweiter Fehler auftreten sollte, wird zu *beispielnocheinfehler* verzweigt. Dort wird nicht mehr versucht, die Prozedur fortzusetzen. Je nach Anwendung kann hier eine Meldung ausgegeben werden, können Daten gespeichert werden etc.

Verlassen Sie sich in Ihrer Fehlerbehandlungsroutine nicht darauf, daß es gelingt, den Fehler tatsächlich zu beheben. Berücksichtigen Sie auch die Möglichkeit, daß in der Fehlerbehandlungsroutine selbst ein Fehler auftritt! Vermeiden Sie unbedingt eine daraus resultierende Endlosschleife (ein Fehler führt zum Aufruf der Fehlerbehandlungsroutine, von dort wird die Prozedur fortgesetzt, der Fehler tritt abermals auf, neuer Aufruf der Fehlerbehandlungsroutine etc.)!

Aus der Sicht des Anwenders ist vor allem eines wichtig: Ganz egal, wann und wo ein Fehler auftritt, es dürfen keine Daten verlorengehen.

```
Sub beispiel()
  On Error Resume beispielfehler
  ...
beispielweiter:            'hier wird Proz. nach Fehler fortgesetzt
  ...
  Exit Sub                 'Ende der Prozedur
beispielfehler:            'hier beginnt Fehlerbehandlungsroutine
  If Err()=... Then
    On Error Resume beispielnocheinfehler
    ...                    'Reaktion auf einen erkannten Fehler
    Resume beispielweiter  'Prozedur fortsetzen
  End If
beispielnocheinfehler:     'unbekannter Fehler oder noch ein Fehler
  ...                      'Fehlermeldung, evt. Daten sichern
End Sub
```

Variante (3): On Error GoTo 0

Die dritte Variante von *On Error* dient nur dazu, eine zuvor eingerichtete Fehlerbehandlungsroutine zu deaktivieren. Nach *On Error GoTo 0* gilt wieder das »normale« Verhalten von VBA, also die Anzeige des »Makrofehler«-Dialogs.

Fehlerbehandlung in verschachtelten Prozeduren

Angenommen, durch das Anklicken eines Symbols wird das Unterprogramm A aufgerufen, A ruft B auf und B ruft C auf. Wenn nun in C ein Fehler auftritt, wird die zu C gehörende Fehlerbehandlungsroutine aufgerufen. Existiert in C keine Fehlerbehandlungsroutine, dann erfolgt ein Rücksprung in B, existiert auch dort keine, wird das Programm mit der Fehlerbehandlungsroutine von A fortgesetzt. Nur wenn auch in A keine Fehlerbehandlungsroutine vorgesehen ist, erscheint der bekannte »Makrofehler«-Dialog.

Visual Basic durchsucht also die sich gegenseitig aufrufenden Unterprogramme bzw. Funktionen in umgekehrter Reihenfolge nach einer geeigneten Fehlerbehandlungsroutine. Nur wenn auch in der ursächlichen Ereignisprozedur keine geeignete Fehlerbehandlungsroutine gefunden wird, meldet sich Visual Basic mit einer Fehlermeldung und bricht das Programm ab.

Die beiden Befehle *Resume* und *Resume Next* gelten immer nur für die Prozedur, in der sie eingesetzt werden. Wenn ein Fehler in der Prozedur C auftritt, dieser Fehler aber erst in der Fehlerbehandlungsroutine von Prozedur A berücksichtigt wird, dann wird das Programm an der durch *Resume* angegebenen Stelle in A fortgesetzt. Es ist nicht möglich, mit *Resume* aus der aktuellen Prozedur (beispielsweise zur fehlerhaften Anweisung in C) zu springen.

Die Funktionen Err, Error() und CVErr und das Kommando Error

Err liefert eine Identifizierungsnummer des aufgetretenen Fehlers. Die möglichen Fehlernummern sind in der Online-Hilfe angegeben. ***Error()*** liefert den Fehlertext des zuletzt aufgetretenen Fehlers. *Error(n)* liefert den Fehlertext zur Fehlernummer n.

Mit dem Kommando ***Error*** kann ein Fehler simuliert werden. Das ist beispielsweise zum Test der Fehlerbehandlungsroutine sinnvoll. Die Anweisung *Error n* führt zur Anzeige des Dialogs »Makrofehler« und kann daher auch am Ende einer Fehlerbehandlungsroutine sinnvoll sein, wenn es nicht gelungen ist, den Fehler zu beseitigen.

Mit der Funktion ***CVErr*** kann ein Fehlerwert für eine *Variant*-Variable erzeugt werden. Die Funktion kann beispielsweise dazu eingesetzt werden, bei einer benutzerdefinierten Tabellenfunktion statt eines Ergebnisses einen Fehlerwert zurückzugeben:

```
ergebnis = CVErr(xlErrValue)
```

Eine Liste der für diesen Zweck vordefinierten Fehlerkonstanten finden Sie in der Online-Hilfe zum Thema »Fehlerwerte in Zellen«. Ein Beispiel für die Anwendung von *CVErr* finden Sie in Abschnitt 6.6.1 (in der zweiten Variante der benutzerdefinierten *Rabatt*-Funktion).

Anwendungsbeispiel

Das folgende Beispiel wurde bereits in Abschnitt 5.2.1 vorgestellt, wo es darum ging, die Anzahl der Dimensionen eines Felds zu bestimmen, das als Parameter an die Prozedur übergeben wurde. Da es hierfür keine geeignete Funktion gibt, wird in der ersten *For*-Schleife mit *UBound* die obere Indexgrenze bis zur zehnten Dimension ermittelt. Da nicht anzunehmen ist, daß das Feld wirklich so viele Dimensionen hat, wird es über kurz oder lang zu einem Fehler kommen. Der Fehler ist hier also schon im voraus geplant! In der Fehlerbehandlungsroutine wird aus dem aktuellen Wert von *i*, der in *UBound* zum Fehler führte, die Anzahl der Dimensionen berechnet.

```
' Beispieldatei Konzepte.xls
Sub feldtest(feld())
  Dim i, anzahl
  On Error GoTo fehlerbehandlung
  For i = 1 To 10: anzahl = UBound(feld, i): Next i
feldtestfortsetzung:
  anzahl = i - 1     'Anzahl der Dimensionen
  Debug.Print anzahl, " Dimensionen"
  Exit Sub
fehlerbehandlung:
  ' dieser Programmteil wird aufgerufen, sobald in der Schleife auf
  ' eine nicht vorhandene Felddimension zugegriffen wird
  Resume feldtestfortsetzung
End Sub
```

7.3 Reaktion auf Programmunterbrechungen

VBA-Programme können üblicherweise mit Strg+Untbr unterbrochen werden. Während der Testphase ist das recht angenehm, in fertigen Anwendungen hingegen sind solche Programmunterbrechungen zumeist unerwünscht. Wenn Sie vermeiden möchten, daß der Anwender Ihr Programm einfach mit Strg+Untbr stoppen kann, bestehen zwei Möglichkeiten:

- Durch *Application.**EnableCancelKey** = xlDisabled* erreichen Sie, daß auf das Drücken von Strg+Untbr überhaupt keine Reaktion erfolgt. Der Vorteil dieser Maßnahme besteht darin, daß dazu nur eine einzige Anweisung (in der *Auto_Open*-Prozedur) erforderlich ist.
- Wenn Sie *EnableCancelKey* dagegen die Konstante *xlErrorHandler* zuweisen, dann tritt jedesmal, wenn der Anwender Strg+Untbr drückt, ein Fehler mit der Fehlernummer 18 auf. Sie können diesen »Fehler« ganz normal wie andere Fehler in einer Fehlerbehandlungsroutine abfangen. Der Nachteil ist offensichtlich: Es muß jede Prozedur mit einer Fehlerbehandlungsroutine ausgestattet werden. Eine andere Variante besteht darin, Unterbrechungen nur in solchen Programmteilen zuzulassen, in denen sehr zeitaufwendige Berechnungen durchgeführt werden.

Die »normale« Reaktion auf Unterbrechungen, also das Anzeigen einer Fehlermeldung, können Sie durch die Zuweisung *EnableCancelKey=xlInterrupt* wiederherstellen.

Beispiel

```
' Beispieldatei Tips&Tri.xls
Sub langsam()
  Application.EnableCancelKey = xlErrorHandler
  On Error GoTo unterbrechung
  '
  ' ... die eigentliche Prozedur
  '
  Exit Sub
unterbrechung:
  If Err = 18 Then
    ergebnis = MsgBox("Soll das Programm fortgesetzt werden?", vbYesNo)
    If ergebnis = vbYes Then Resume Next
  End If
  ' sonst Prozedur abbrechen
  '
  ' ... Aufräumarbeiten
End Sub
```

Der obige Codeausschnitt aus der Beispieldatei `Tips&Tri.xls` zeigt, wie eine ordnungsgemäße Reaktion auf Strg+Untbr realisiert werden kann. Den vollständigen Programmcode, der außerdem die Steuerung der Statuszeile und die Durchführung von Hintergrundberechnungen demonstriert, finden Sie in Abschnitt 6.7.2.

7.4 Syntaxzusammenfassung

Fehlersuche	
Debug.Print ...	Ausgabe im Testfenster
MsgBox ...	Ausgabe in Meldungsdialog
Stop	Programm unterbrechen

Reaktion auf Programmfehler	
On Error Resume Next	nächste Anweisung ausführen
On Error GoTo sprungmarke	Fehlerbehandlungsroutine aufrufen
On Error GoTo 0	normale Reaktion: »Makrofehler«-Dialog

Kommandos und Funktionen in der Fehlerbehandlungsroutine	
Resume	führt fehlerhafte Anweisung neuerlich aus
Resume Next	setzt Prozedur mit nächster Anweisung fort
Resume sprungmarke	setzt Prozedur bei der Sprungmarke fort
Err	ermittelt die aktuelle Fehlernummer
Error(n)	ermittelt den Text zur Fehlernummer
Error n	simuliert einen Fehler
CVErr(n)	verwandelt n in einen Fehlerwert (zur Rückgabe)

Reaktion auf Programmunterbrechungen	
Application. _ *EnableCancelKey = ...*	bestimmt die Reaktion auf Strg+Untbr erlaubte Werte: *xlInterrupt, xlDisabled, xlErrorHandler*

Dialoge (MS-Forms-Bibliothek) 8

Dialoge sind eigenständige Fenster, in denen Sie diverse Eingaben durchführen können. Excel kennt zahllose vordefinierte Dialoge, etwa zur Dateiauswahl oder zur Einstellung von Optionen. Daneben können Sie mit einer Palette von Steuerelementen selbst Dialoge zusammenstellen oder Tabellenblätter wie Dialoge gestalten.

Kapitelübersicht

8.1 Vordefinierte Dialoge

8.1.1 Excel-Standarddialoge

Excel ist mit einer ungeheuren Zahl von vordefinierten Dialogen ausgestattet. Diese Dialoge werden zur alltäglichen Bedienung von Excel benötigt, etwa zur Auswahl eines Dateinamens, zur Eingabe eines Suchtextes, zur Einstellung der Optionen bei INHALTE EINFÜGEN etc. Die Dialoge erscheinen automatisch, sobald Sie das entsprechende Menü- oder Tastaturkommando ausführen.

In einem VBA-Programm können Sie diese Dialoge über die *Application*-Methode ***Dialogs*** auswählen und mit ***Show*** anzeigen und ausführen. Durch das unten angegebene Kommando erscheint der Dialog zur Anordnung der Fenster. Sie können nun den gewünschten Zustand der Fenster (überlappend, unterteilt etc.) angeben. Sobald Sie OK drücken, werden die Fenster tatsächlich in dieser Weise positioniert – Sie müssen sich als Programmierer also nicht um die Auswertung des Dialogs kümmern.

```
Application.Dialogs(xlDialogArrangeAll).Show
```

Die Ausführung der *Show*-Methode ist nur dann möglich, wenn gerade ein geeignetes Blatt aktiv bzw. ein geeignetes Objekt ausgewählt ist. So ist es beispielsweise nicht möglich, den Dialog zur Einstellung der Umrahmung einiger Zellen (*xlDialogBorder*) anzuzeigen, während ein Diagrammblatt aktiv ist.

Die Methode *Show* kann sowohl als Kommando als auch als Funktion verwendet werden. Im zweiten Fall gibt sie *True* zurück, wenn der Dialog ordnungsgemäß mit OK beendet wurde, oder *False*, wenn der Dialog mit ABBRECHEN, Esc oder über das Fensterschließfeld abgebrochen wurde.

```
ergebnis = Application.Dialogs(xlDialogArrangeAll).Show
```

Vordefinierte Standarddialoge können nicht verändert werden. Wenn Sie einen Dialog benötigen, der einem vorhandenen Dialog ähnlich ist, müssen Sie den Dialog vollkommen neu definieren. Eigene Dialoge werden ab Abschnitt 8.2 behandelt.

Übergabe von Parametern an einen Dialog

Eine Liste aller *xlDialog*-Konstanten finden Sie im Objektkatalog (Bibliothek: Excel, Objekt: *xlBuiltinDialogs*). An die Methode *Show* können bis zu 30 Parameter übergeben werden, mit denen Voreinstellungen im Dialog gewählt werden. Eine sehr knappe Beschreibung der Parameter finden Sie in der Online-Hilfe unter dem Link »Integrierte Dialogfeld-Argumentlisten« im *Show*-Hilfetext. Aber auch damit bleibt die Übergabe von Parametern ein mühsames und unübersichtliches Unterfangen. Das wird an einem Beispiel deutlich: Der Dialog zum Öffnen einer Excel-Datei (*xlDialogOpen*) ist in der Online-Hilfe folgendermaßen beschrieben:

xlDialogOpen *file_text, update_links, read_only, format, prot_pwd, write_res_pwd, ignore_rorec, file_origin, custom_delimit, add_logical, editable, file_access, notify_logical, converter*

Daß es sich hierbei um einen Dialog zum Öffnen einer Datei (und nicht zum Öffnen eines Fensters, einer Arbeitsmappe etc.) handelt, können Sie mit etwas gutem Willen noch erraten. Schwierigier wird es bei der Bedeutung der Parameter – oder können Sie auf Anhieb sagen, welche Parameter *add_logical* erwartet und welche Wirkung sich diese haben?

Nun zur Übergabe der Parameter: *Show* verwendet wie alle anderen VBA-Methoden den Mechanismus der benannten Parameter. Da *Show* aber für sehr viele unterschiedliche Dialoge herhalten muß, sind die Parameternamen recht simpel ausgefallen: *Arg1, Arg2, Arg3* etc. Wenn Sie beim Öffnen einer Datei das Optionsfeld SCHREIBGESCHÜTZT aktivieren möchten, sieht die entsprechende Anweisung so aus:

```
ergebnis = Application.Dialogs(xlDialogOpen).Show(Arg3:=True)
```

Sie müssen also abzählen, welche Nummer der von Ihnen benötigte Parameter hat. Daß der resultierende Programmcode unübersichtlich wird, erkennen Sie am obigen Beispiel von selbst.

Tastatureingaben in Dialogen simulieren

Show zeigt zwar den Dialog an, die Eingabe von Parametern bleibt aber weiter dem Anwender Ihres Programms überlassen. Manchmal kann es sinnvoll sein, auch eine Tastatureingabe zu simulieren. Dazu steht Ihnen die *Application*-Methode *SendKeys* zur Verfügung. Wesentlich bei der Anwendung dieser Methode ist der Umstand, daß sie *vor* der Anzeige des Dialogs ausgeführt werden muß, was eigentlich unlogisch erscheint. Begründung: Windows speichert die simulierte Tastenfolge in einem Tastaturpuffer und führt die Tastatureingabe erst dann aus, wenn es dazu Gelegenheit findet – etwa nach der Anzeige eines Dialogs.

Das folgende Beispiel zeigt nochmals den Dialog zur Anordnung der Fenster an, wählt darin aber mit Alt+U gleich die Option »untereinander« aus. Der Anwender braucht den Dialog jetzt nur noch durch Return zu bestätigen.

```
SendKeys "%u"
Application.Dialogs(xlDialogArrangeAll).Show
```

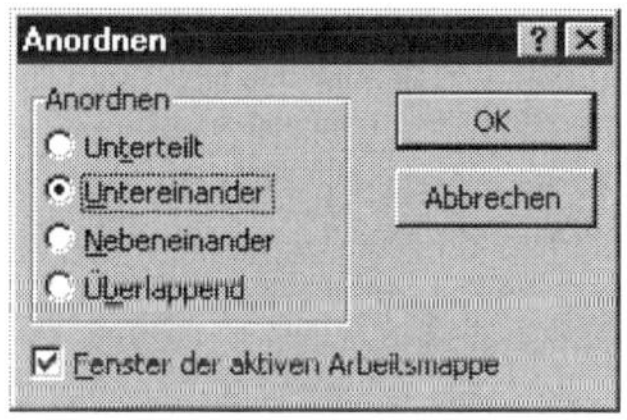

Bild 8.1: Dialog zur Anordnung der Fenster

Die Syntax der Zeichenkette, in der die simulierte Tastatureingabe in *SendKeys* angegeben wird, ist ausführlich in der Online-Hilfe zu dieser Methode beschrieben. Prinzipiell ist es mit *SendKeys* auch möglich, die Eingabe im Dialog gleich durch OK (also durch die Simulation von Return) abzuschließen. Auf diese Weise können Sie diverse Excel-Kommandos über den Umweg eines Dialogs direkt ausführen. Wenn die Eigenschaft *ScreenUpdating* auf *False* gestellt ist, sieht der Anwender Ihres Programms den Dialog nicht einmal. Dennoch ist diese Vorgehensweise nicht zu empfehlen, und zwar aus zwei Gründen:

- Durch die Ausführung geeigneter Methoden kann dasselbe Ergebnis zumeist einfacher und in jedem Fall deutlich schneller erreicht werden. (Allerdings ist es nicht immer ganz einfach, die geeignete Methode zu finden – dieses Problem ist Ihnen inzwischen ja schon bekannt. Im Fall der Fensteranordnung heißt die passende Methode *Arrange* und wird auf eine *Windows*-Aufzählung angewendet.)
- Wenn Microsoft in einer zukünftigen Version von Excel den Aufbau einzelner Dialoge verändert, wird Ihr Programm höchstwahrscheinlich nicht mehr laufen. (Die Simulation der Tastatureingaben basiert ja darauf, daß einzelne Elemente des Dialogs mit Alt+Taste ausgewählt werden können.)

Dialoge zur Dateiauswahl

Sie können den Dialog zur Dateiauswahl über *Dialogs* mit den Konstanten *xlDialogOpen* oder *xlDialogSaveAs* ausführen – dann wird die Operation (das Laden bzw. das Speichern) sofort ausgeführt.

Sie können statt dessen aber auch die beiden Methoden *GetOpenFilename* und *GetSaveAsFilename* verwenden. Damit werden ebenfalls die Dateiauswahldialoge angezeigt, allerdings wird lediglich der ausgewählte Dateiname zurückgegeben (ohne eine Datei zu laden oder zu speichern). Sie sind mit diesen Methoden also flexibler, was die weitere Reaktion anbelangt.

```
datname = Application.GetSaveAsFilename
```

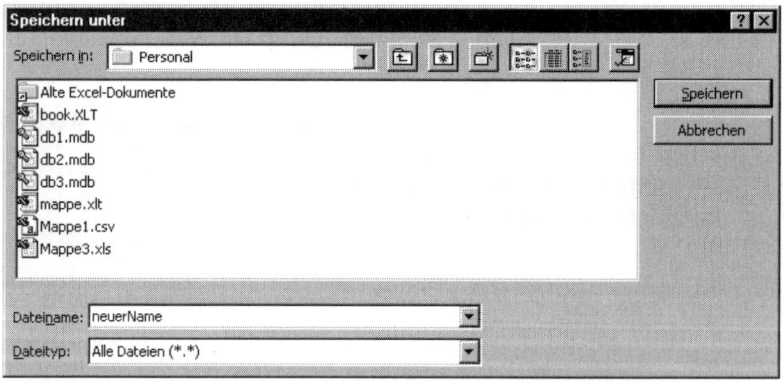

Bild 8.2: Dialog »Speichern unter« (GetSaveAsFilename)

Die Datenbankmaske

Der Dialog zur Auswahl, Veränderung und Neueingabe von Datensätzen wird nicht mit *Dialogs(...).Show*, sondern mit *ShowDataForm* aufgerufen. Der Umgang mit der Datenbankmaske wird in Abschnitt 11.2.2 beschrieben.

Excel sieht seit Version 5 keine Möglichkeit mehr vor, die vorhandene Datenbankmaske zu verändern. Wenn Sie eine eigene Datenbankmaske erstellen möchten, müssen Sie sämtliche Elemente der Datenbankmaske selbst programmieren. Das ist allerdings mit beträchtlichem Aufwand verbunden.

Warnungen

Manche Dialoge können unverhofft bei der Ausführung von Methoden auftreten. Dabei handelt es sich in der Regel um Warnungen, die vor den Konsequenzen einer Operation (etwa Datenverlust) warnen. Beispielsweise erscheint bei der Anweisung *Sheets(...).Delete* zum Löschen eines Blatts der Arbeitsmappe eine Sicherheitsabfrage, ob Sie das Blatt wirklich (unwiderruflich) löschen möchten.

Während diese Warnungen im normalen Betrieb von Excel meist ganz praktisch sind, stören sie im Programm, weil sie dessen Ausführung unterbrechen und den Anwender des Programms mit einer unverständlichen Warnung konfrontieren. Um dieses Problem zu umgehen, können Sie durch die Einstellung der *Application*-Eigenschaft *DisplayAlerts* erreichen, daß überhaupt keine Warnungen angezeigt werden.

8.1.2 Die Funktionen MsgBox und InputBox

Die beiden Funktionen *MsgBox* und *InputBox* wurden im Zusammenhang mit Zeichenketten schon einmal kurz beschrieben (Abschnitt 6.3.2). *MsgBox* zeigt einen Text in einem kleinen Fenster an, der mit Ok bestätigt werden muß. Durch die geeignete Einstellung des zweiten Parameters können auch mehrere Buttons – etwa Ja, Nein, Abbrechen – angezeigt und deren Auswahl ausgewertet werden. *InputBox* ermöglicht die Eingabe einer einfachen Zeichenkette, die als Ergebnis der Funktion zurückgegeben wird.

Bild 8.3: VBA-Eingabedialog

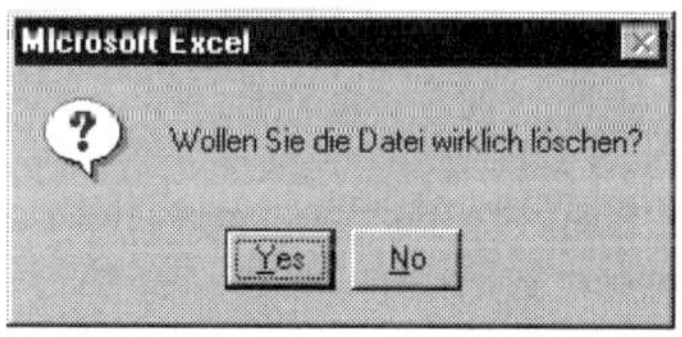

Bild 8.4: Meldungsdialog

```
ergebnis = Inputbox("Geben Sie bitte Ihren Namen ein:")
ergebnis = MsgBox("Wollen Sie die Datei wirklich löschen?", _
  vbYesNo + vbQuestion)
If ergebnis = vbYes Then ...
```

8.1.3 Die Methode InputBox

Etwas ausgefeilter als die Funktion *InputBox* ist die *Application*-Methode ***InputBox***. Die Methode eignet sich wie die gleichnamige Funktion zur Eingabe von Zeichenketten. Im Gegensatz zur Funktion *InputBox* ist aber auch die Eingabe von Formeln und Zellbereichen erlaubt. Außerdem kann die Position, an der das Eingabefenster erscheint, im voraus bestimmt werden.

Entscheidend für die Anwendung von *InputBox* ist der letzte Parameter, mit dem der Typ der Eingabe angegeben werden kann, sofern keine Texteingabe durchgeführt werden soll. Die wichtigsten Werte für diesen Parameter sind 0 (Formel), 1 (Zahl), 8 (Zellbereich) oder 64 (Matrix von Zellen).

Wenn in *InputBox* als Typ 1 (Zahl) angegeben wird, darf der Anwender auch Formeln in der Form »=2+3« eingeben. Die Formel wird automatisch ausgewertet, *InputBox* liefert als Ergebnis den Wert 5. Bei *Type:=8* kann der Anwender einen Zellbereich mit der Maus markieren. Dabei kann er sogar ein anderes Fenster, ein anderes Blatt etc. auswählen – lauter Dinge, die in normalen Windows-Dialogen nicht möglich sind.

Beim Aufruf der Funktion können Sie den ersten Parameter normal, den achten Parameter dagegen benannt angeben:

```
Dim b As Range
Set b = Application.InputBox("Geben Sie einen Zellbereich an!", _
  Type:=8)
```

Bild 8.5: Excel-Eingabedialog

InputBox liefert als Ergebnis die getroffene Auswahl in dem durch den *Type*-Parameter definierten Format. Falls der Anwender die Eingabe mit ABBRECHEN beendet, liefert die Methode den Wahrheitswert *False*. Dieser Umstand macht die Auswertung der Eingabe für *Type:=8* nicht gerade einfach: Da das Ergebnis normalerweise ein *Range*-Objekt ist, muß die Zuweisung des Ergebnisses durch *Set* erfolgen. Dabei kommt es aber zu einem Fehler, wenn *InputBox* statt eines *Range*-Objekts nur den Wert *False* zurückgibt. Daher sieht ein ordnungsgemäßer Code so aus:

```
Dim b As Range
On Error Resume Next
Set b = Application.InputBox("Geben Sie einen Zellbereich an!", _
  Type:=8)
If Err <> 0 Then  ' da ist ein Fehler aufgetreten
  MsgBox "Das war wohl kein Zellbereich!?"
End If
```

Bei Typ 64 (Matrix) gibt *InputBox* ein *Variant*-Feld mit den Werten des angegebenen Zellbereichs (z. B. ein 3*2-Feld für den Zellbereich A1:B3) zurück.

VERWEIS

Ein schon recht fortgeschrittenes Beispiel für die Anwendung von *InputBox* finden Sie gegen Ende von Abschnitt 11.6 (Überschrift »Bereits vorhandene Rechnung nochmals bearbeiten«). Dort wird das Kommando dazu verwendet, eine Zeile einer Tabelle auszuwählen. Der Anwender kann mit der Maus eine Zelle anklicken und das Programm entnimmt der von *InputBox* zurückgegebenen Formel die Zeilennummer.

Positionierung von Dialogen

Dialoge, die nicht über ein Kontextmenü, sondern via Tastatur oder über das Hauptmenü aufgerufen werden, erscheinen in der Regel gerade dort, wo man sie am allerwenigsten brauchen kann. Wenn Sie das Kommando FENSTER | ANORDNEN ausführen und sich mit der Maus im rechten oberen Eck des Bildschirms aufhalten, kann es ohne weiteres passieren, daß der Dialog im linken unteren Eck des Bildschirms erscheint. Besonders irritierend ist es dann, wenn Sie mit einer hochauflösenden Grafikkarte arbeiten und einen weiten Weg mit der Maus zurücklegen müssen, um die Eingabe durchzuführen.

Wenn Sie das Fenster des Dialogs verschieben, merkt sich Excel zwar die neue Position – diese kann aber zu einem späteren Zeitpunkt genauso ungeeignet sein wie die vorherige Position. Außerdem wird offensichtlich nicht für jeden Dialog gesondert die letzte Position gespeichert, sondern für alle Dialoge gemeinsam.

In vielen Fällen wäre es am vernünftigsten, wenn der Dialog dort erscheinen würde, wo sich die Maus gerade befindet. (Genau das ist bei allen Dialogen der Fall, die aus Kontextmenüs aufgerufen werden.) Für den Programmierer besteht aber in der aktuellen Version bei vordefinierten Dialogen keine Möglichkeit, auf die Erscheinungsposition Einfluß zu nehmen. Eine Ausnahme stellt *InputBox* dar, wo durch den vierten und fünften Parameter (*Left* und *Top*) die gewünschte Position angegeben werden kann. Mit etwas Programmieraufwand können Sie die Parameter dazu ausnutzen, daß der Dialog nicht über den gerade markierten Zellen erscheint. (Deren Position am Bildschirm können Sie über die *Range*-Eigenschaften *Left* und *Top* ermitteln.)

8.2 Selbstdefinierte Dialoge

Überblick

Selbstdefinierte Dialoge haben den Sinn, die Bedienung einer eigenen Excel-Anwendung möglichst einfach und übersichtlich zu gestalten. Dialoge können zur Eingabe mehrerer Parameter einer Berechnung, zur Einstellung diverser Optionen, zur Auswahl von Listenelementen, zur Auswahl von Programmkomponenten etc. verwendet werden. Am anschaulichsten demonstrieren die vordefinierten Dialoge von Excel das riesige Anwendungsspektrum von Dialogen.

Das Thema »selbstdefinierte Dialoge« ist ziemlich weitläufig, weswegen es auf mehrere Abschnitte verteilt wurde. Dieser Abschnitt gibt eine Einführung in den Umgang mit eigenen Dialogen. Er stellt anhand eines einfachen Beispiels die wesentlichen Prinzipien für die Definition und Verwaltung von Dialogen vor.

Die folgenden Abschnitte gehen dann in einer ausführlicheren Form auf einzelne Themen ein: Abschnitt 8.3 beschreibt den Umgang mit dem Dialogeditor. Abschnitt 8.4 gibt einen Überblick der Steuerelemente, die in Dialogen verwendet werden können. Abschnitt 8.5 zeigt, daß einzelne Dialogelemente auch direkt in Tabellen (also ohne einen Dialog) eingesetzt werden können und welche Vor- und Nachteile sich dadurch ergeben. In Abschnitt 8.6 werden Programmiertechniken zur Verwaltung von Dialogen vorgestellt, beispielsweise der Umgang mit Dialogen, deren Aufbau sich dynamisch verändert.

In allen Abschnitten finden Sie zahlreiche Beispiele zur Anwendung von Dialogen. Diese Beispiele befinden sich in der Datei `Dialog.xls`. Weitere und vor allem realitätsnähere Beispiele zur Anwendung von Dialogen finden Sie dann in den folgenden Kapiteln, wo Dialoge im Rahmen »echter« Anwendungsbeispiele eingesetzt werden.

8.2.1 Veränderungen gegenüber Excel 5 / 7

Dialoge sind in Excel 97 vollkommen neu konzipiert. Ihre Entwicklung findet nicht mehr wie bisher in einem Excel-Dialogblatt statt, sondern in einem *UserForm*-Objekt der VBA-Entwicklungsumgebung. Das *UserForm*-Objekt ist eines der vielen Objekte der sogenannten MS-Forms-Bibliothek. Diese Bibliothek enthält auch für jedes Steuerelement ein eigenes Objekt. Die Besonderheit der MS-Forms-Bibliothek besteht darin, daß sie nicht nur in Excel, sondern auch in anderen Office-Komponenten (etwa in WinWord), im Internet Explorer und in Visual Basic verwendet werden kann.

Im Gegensatz zu anderen Änderungen werden die alten Excel-5/7-Dialoge allerdings noch uneingeschränkt unterstützt. Alte Dialoge können nicht nur in den meisten Fällen unverändert weiter verwendet werden (es gibt einzelne Kompatibilitätsprobleme, etwa bei der Zuweisung eines *Range*-Objekts an ein Listenfeld). Auch der aus Excel 5 / 7 bekannte Dialogeditor steht weiterhin zur Verfügung, um vorhandene Dialoge zu bearbeiten.

In diesem Buch wurden sämtliche Dialogbeispiele auf die neue MS-Forms-Bibliothek umgestellt, und auch dieses Kapitel behandelt ausschließlich die neuen Dialoge, wie sie seit Excel 97 zur Verfügung stehen. Dafür gibt es mehrere Gründe:

- MS-Forms-Dialoge ermöglichen eine exaktere Verwaltung der Steuerelemente eines Dialogs (mehr Eigenschaften, mehr Ereignisse).
- Es ist möglich, mehrere Blätter in einem Dialog unterzubringen (wie im Dialog EXTRAS | OPTIONEN).
- Neben den mit Office 97 mitgelieferten Steuerelementen können auch externe ActiveX-Steuerelemente verwendet werden. Solche Steuerelemente können einen besonderen Funktionsumfang für Spezialanwendungen geben. Mit Visual Basic 5 (nicht mit VBA!) können Sie sogar selbst neue ActiveX-Steuerelemente programmieren, die dann in Excel verwendbar sind.
- Schließlich ist nicht sicher, wie lange Dialoge auf der Basis von Excel 5 / 7 noch unterstützt werden.

Natürlich gibt es im Vergleich zu Excel 5 / 7 auch Nachteile:

- MS-Forms-Dialoge können nicht mit Zeichenelementen, Textfeldern oder anderen Office-Objekten dekoriert werden. Es gibt in dieser Beziehung weniger optische Gestaltungsmöglichkeiten als bei Dialogen aus Excel 5 / 7.
- Die Verwendung von MS-Forms-Steuerelementen führt häufig zu Problemen, wenn der Tastaturfokus im Steuerelement bleibt. Bei Buttons kann das durch *TakeFocusOnClick=False* vermieden werden, bei anderen Steuerelementen muß der Fokus im Programmcode dezidiert in eine bestimmte Zelle gesetzt werden, bevor weiterer Anweisungen ausgeführt werden können.

Umstiegtips

Falls Sie schon Erfahrungen mit Dialogen in Excel 5 / 7 gemacht haben, finden Sie hier einige Tips zum Umstieg. (Eine automatische Konvertierung vorhandener Excel-5/7-Dialoge in MS-Forms-Dialoge ist natürlich nicht möglich! Ebenso ist es unmöglich, Steuerelemente in einem Dialog zu mischen: Entweder Sie entscheiden sich für Dialoge der alten oder der neuen Form.)

- Steuerelementen in Excel-5/7-Dialogen konnte eine beliebige Prozedur zugewiesen werden. Bei MS-Forms ist die Ereignisprozedur dagegen durch die Zusammensetzung aus Elementname und Ereignisname unveränderlich vorgegeben.
- Ereignisprozeduren zu Dialogen werden automatisch einem eigenen Dialogmodul zugeordnet. Sie können nicht mehr in irgendeinem beliebigen Modul eingegeben werden. (Das klingt wie eine Einschränkung, trägt aber in Wirklichkeit sehr dazu bei, große Projekte übersichtlicher zu machen.)

- Die Buttonoption SCHLIESSEN gibt es nicht mehr (auch keine äquivalente Eigenschaft). Wenn Sie in Reaktion auf einen Buttonklick den Dialog beenden möchten, müssen Sie in der Ereignisprozedur die Methode *Hide* aufrufen.
- Dialoge gelten als Objekte. Der Aufruf erfolgt daher mit *dialogname.Show* statt wie bisher durch *Dialogs("dialogname").Show*. Auch der Zugriff auf die Steuerelemente hat sich vereinfacht – *dialogname.steuerelementname* ohne eckige Klammern. In den Dialogereignisprozeduren ist sogar die Kurzschreibweise *steuerelementname* erlaubt, weil das Dialogmodul ein Klassenmodul ist und darin der Dialog als Defaultobjekt gilt. Damit ist die ständige Nennung von *ActiveDialog* überflüssig geworden.
- Die Methode *Show* zum Aufruf von Dialogen liefert kein Ergebnis mehr. Im Regelfall wollen Sie aber wissen, ob der Dialog nun mit OK oder ABBRUCH beendet wurde. Dazu definieren Sie im Dialogmodul eine Variable als *Public*. Dieser Variable weisen Sie in den *Button*-Ereignisprozeduren Werte zu (z.B. 0, wenn der Dialog mit ABBRUCH beendet wird, -1, wenn er mit OK beendet wird). Diese Variable kann anschließend im VBA-Code ausgewertet werden.
- Die MS-Forms-Bibliothek ist bei Excel-5/7-Dateien nicht automatisch aktiviert. Beim Einfügen des ersten *UserForm*-Dialogs erscheint automatisch eine diesbezügliche Rückfrage. Sie können die Bibliothek »Microsoft Forms Object Library« aber auch direkt mit EXTRAS | VERWEISE aktivieren.
- Die Bedienung des neuen Dialogeditors macht nicht gerade den Eindruck, als wäre sie schon ausgereift. Die Reaktion auf Doppelklicks ist selten die erwartete, die ständig erscheinende und wieder verschwindende Werkzeugsammlung ist irritierend, die breite Umrandung der ausgewählten Steuerelemente stört bei der exakten Positionierung etc.

ACHTUNG

In der gegenwärtigen Version (Excel 97, Produktversion 8.0) werden beim Anzeigen eines benutzerdefinierten Dialogs in der Entwicklungsumgebung *alle* Variablen gelöscht, auch statische Variablen, globale Variablen auf Modulebene sowie Variablen in Klassenmodulen! Ebenso werden alle bisherigen Eingaben im Dialog gelöscht. Abhilfe: Schließen Sie alle *UserForm*-Fenster in der Entwicklungsumgebung oder beenden Sie die Entwicklungsumgebung ganz.

8.2.2 Einführungsbeispiel

Zum Entwurf eines neuen Dialogs wechseln Sie mit Alt+F11 in die Entwicklungsumgebung und fügen dort mit EINFÜGEN | USERFORM einen leeren Dialog ein. Sobald das Dialogfenster aktiv ist, ist auch das Fenster »Werkzeugsammlung« mit den Steuerelementen sichtbar. Aus diesem Fenster können Sie nun einzelne Steuerelemente auswählen und mit der Maus in den Dialog einfügen. Für den Dialog in Bild 8.6 wurden zwei Buttons (»Befehlsschaltfläche«), ein Labelfeld (»Bezeichnungsfeld«) und ein Textfeld eingefügt.

Steuerelemente sind also die Bestandteile eines Dialogs. Sie dienen zur Beschriftung des Dialogs und nehmen Eingaben entgegen. Als Eingabeformen kommen beispielsweise das einfache Anklicken mit der Maus (etwa bei einem Button), die Eingabe eines Textes (im Textfeld) oder das Verschieben eines Elements (in der Bildlaufleiste) oder die Auswahl aus einer Liste (Listenfeld) in Frage. Synonym zu Steuerelement werden auch die Begriffe Dialogelement oder Dialogfeld verwendet.

Die Texte in den Steuerelementen können direkt im Dialog verändert werden. Dazu klicken Sie die Steuerelemente zweimal langsam an (aber nicht so schnell, daß die Aktion als Doppelklick gewertet wird). Der erste Klick aktiviert das Steuerelement, der zweite Klick bringt den Eingabecursor zum Vorschein.

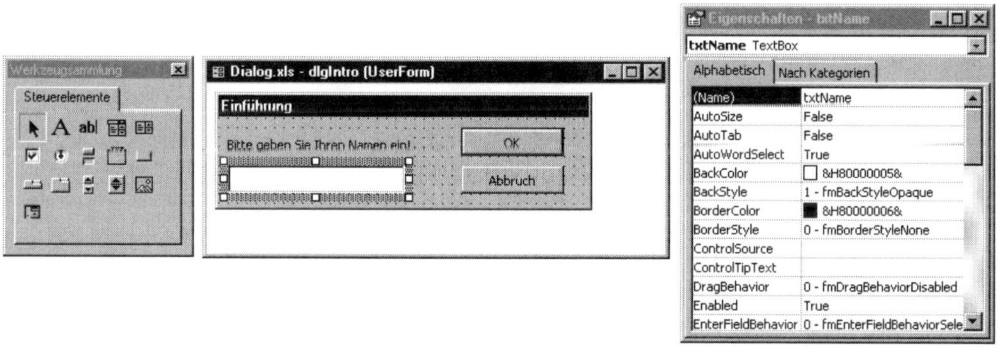

Bild 8.6: Der Entwurf des ersten Dialogs

Steuerelemente benennen

Den Steuerelementen werden beim Einfügen automatisch Namen zugewiesen (etwa »CommandButton1«, »CommandButton2« etc.). Da diese Namen auch in den Ereignisprozeduren und im restlichen Programmcode verwendet werden, ist es sinnvoll, hier aussagekräftigere Namen zu wählen. Dazu öffnen Sie mit F4 das Eigenschaftsfenster und verändern die Zeichenkette im Feld »Name«. Eine oft gewählte Vorgehensweise bei der Benennung besteht darin, die ersten drei Buchstaben zur Kennzeichnung des Steuerelementtyps zu verwenden – etwa *btn* für Buttons, *txt* für Textfelder etc. Die weiteren Buchstaben beschreiben dann den Zweck des Steuerelements. Daraus ergeben sich dann Namen wie *txtName* oder *btnOK*.

Auch der Dialog als Ganzes hat einen Namen, der verändert werden kann, wenn der Dialog (und nicht ein spezielles Steuerelement) ausgewählt ist. Wieder empfiehlt sich ein aussagekräftiger Name. Für den Beispieldialog wurde *dlgIntro* gewählt. Der Dialogtitel ist vom internen Namen unabhängig und wird über die *Caption*-Eigenschaft eingestellt.

TIP

Sobald Sie mit der Entwicklung des Programmcodes beginnen, sollten Sie die Namen der Steuerelemente nicht mehr verändern. Wenn Sie es doch tun, müssen Sie die Namen auch im gesamten Programmcode (durch Suchen und Ersetzen) austauschen.

Dialog testen

Sie können den Dialog sofort nach dem Einfügen der ersten Steuerelemente ausprobieren: Drücken Sie einfach F5. Der Dialog erscheint daraufhin als eigenständiges Fenster. (Gleichzeitig wird auch Excel aktiviert.) Der Dialog ist zwar an sich funktionsfähig, d.h., Sie können Text in das Textfeld eingeben, die Buttons anklicken etc. Allerdings erfolgt auf das Anklicken der Buttons noch keine Reaktion, weil die entsprechenden Ereignisprozeduren noch fehlen. Zum Schließen klicken Sie mit der Maus einfach auf das Schließen-Feld im rechten oberen Eck des Fensters.

Bild 8.7: Ein erster Test

Sie können den Dialog selbstverständlich auch per Programmcode starten: Dazu wenden Sie die *Show*-Methode auf das neue Dialog-Objekt an, das Sie durch den Dialogentwurf erstellt haben. Als Objektname müssen Sie den Dialognamen angeben.

```
dlgIntro.Show
```

Eigenschaften von Steuerelemente

Steuerelemente sind mit unzähligen Eigenschaften ausgestattet, die über das Eigenschaftsfenster eingestellt werden. Neben elementaren Eigenschaften *Name* (der interne Name des Objekts) und *Caption* (die Beschriftung) können mit den Eigenschaften das Aussehen und die Funktion des Steuerelements beeinflußt werden.

OK- und Abbruch-Buttons

Beinahe jeder Dialog ist mit den Buttons OK und ABBRUCH ausgestattet. Damit sich der Dialog so verhält, wie Sie es von anderen Dialogen gewöhnt sind, sollten Sie beim OK-Button die Eigenschaft *Default* und beim ABBRUCH-Button die Eigenschaft *Cancel* auf *True* setzen. Damit erreichen Sie, daß die Buttons nicht nur mit der Maus, sondern auch durch Return bzw. durch Esc ausgewählt werden können.

Ereignisprozeduren

Damit der Dialog wirklich verwendet werden kann, sind zumindest noch zwei Ereignisprozeduren erforderlich: Beim Anklicken beider Buttons muß der Dialog mit *Hide* geschlossen werden. Außerdem muß in einer globalen Variablen gespeichert werden, wie der Dialog beendet wurde (mit OK oder mit ABBRECHEN). In den meisten richtigen Anwendungen erfolgt in den Ereignisprozeduren auch eine Validitätskontrolle, ob die Eingaben zulässig sind.

Am bequemsten gelangen Sie mit einem Doppelklick auf das Steuerelement in das Modulfenster zur Eingabe einer Ereignisprozedur. Dabei wird gleich eine Codeschablone für das wichtigste Ereignis dieses Steuerelements eingefügt. Wenn Sie eine Prozedur für ein anderes Ereignis schreiben möchten, wählen Sie einfach im rechten Listenfeld des Codefensters ein anderes Ereignis aus und löschen anschließend die leere Schablone des Standardereignisses.

```
' Datei Dialog.xls, Dialogmodul »dlgIntro«
Public result As Boolean
Private Sub btnOK_Click()
  result = True
  Hide
End Sub
Private Sub btnCancel_Click()
  result = False
  Hide
End Sub
```

Dialog aufrufen und auswerten

Der Aufruf des Dialogs kann in jeder beliebigen Prozedur erfolgen. In der Datei `Dialog.xls` handelt es sich dabei um eine Ereignisprozedur, die einem Button in Tabellenblatt 1 zugeordnet ist. (Informationen zur Verwendung von Steuerelementen direkt in Tabellenblättern – also nicht in Dialogen – finden Sie in Abschnitt 8.5.) Der Aufruf erfolgt durch *Show*. Die Programmausführung in *btnIntro_Click* wird dadurch solange unterbrochen, bis der Dialog abgeschlossen wird.

Anschließend wird via *dlgIntro.result* getestet, ob der Dialog mit ABBRUCH oder OK beendet wurde. Im zweiteren Fall wird mit *dlgIntro.txtName* auf die Zeichenkette im Textfeld zugegriffen. (Dabei handelt es sich um eine Kurzschreibweise für *dlgIntro.txtName.Text*. Sie haben es vermutlich schon erraten, *Text* ist die Defaulteigenschaft für Textfelder und muß deswegen nicht angegeben werden.)

```
' Datei Dialog.xls, Klassenmodul »Tabelle1«
Private Sub btnIntro_Click()
  dlgIntro.Show
  If dlgIntro.result = False Then
    MsgBox "Abbruch"
  Else
    MsgBox "Eingabe: " & dlgIntro.txtName
  End If
End Sub
```

8.3 Der Dialogeditor

Eine erste Einführung in den Umgang mit den Dialogeditor – der ein integraler Bestandteil der VBA-Entwicklungsumgebung ist – hat der vorangegangene Abschnitt ja schon gegeben. In diesem Abschnitt finden Sie weitergehende Informationen zum effizienten Entwurf von Formularen.

Eigenschaften einstellen

Die meiste Zeit im Dialogeditor geht bei der Einstellung der zahllosen Eigenschaften verloren. Sie können etwas Zeit sparen, wenn Sie mehrere Steuerelemente gemeinsam bearbeiten: Markieren Sie die Steuerelemente durch Mausklick mit Shift oder Strg oder zeichnen Sie einen Rahmen um alle Steuerelemente. Anschließend können Sie im Eigenschaftsfenster alle Eigenschaften einstellen, die in allen markierten Steuerelementen gemeinsam vorkommen.

Größe und Position der Steuerelemente verändern

Steuerelemente können direkt mit der Maus angeklickt und an eine neue Position verschoben werden. Bei der Positionierung wird der im Dialog angezeigte Raster berücksichtigt. Die Rastergröße kann mit EXTRAS | OPTIONEN | ALLGEMEIN eingestellt werden. (Dort kann der Raster auch ganz abgeschalten werden.)

Der Dialogeditor bietet eine ganze Menge Kommandos an, mit denen mehrere Steuerelemente aneinander angeglichen werden. Diese Kommandos werden über das FORMATIEREN-Menü aufgerufen. (Die wichtigsten stehen auch über das Kontextmenü zur Verfügung.) Sie können damit unter anderem mehrere Steuerelemente an einer Kante ausrichten, eine gleiche Breite oder Höhe geben etc.

Steuerelemente kopieren

Wenn Sie mehrere gleichartige Steuerelemente benötigen, können Sie zuerst ein Steuerelement einfügen, dessen Eigenschaften einstellen und es anschließend bei gedrückter Strg-Taste mit der Maus verschieben. Das Steuerelement wird dabei an die neue Position kopiert. Es bekommt dabei automatisch einen neuen Namen, alle anderen Eigenschaften werden beibehalten. (Es ist in *UserForm*-Dialogen im Gegensatz zu Dialogen in Visual Basic 5 nicht möglich, mehreren Steuerelementen den gleichen Namen zu geben und diese dann als Steuerelementefeld zu verwalten.)

Zugriffstaste festlegen

In den meisten Excel-Dialogen können Sie den Eingabefokus mit Alt+Buchstabe in ein bestimmtes Steuerelement lenken. In eigenen Dialogen müssen Sie dazu den entsprechenden Buchstaben in der ***Accelerator***-Eigenschaft des Steuerelements angeben. Der Buchstabe wird im dazugehörenden Beschriftungstext (soweit vorhanden) automatisch unterstrichen.

Aktivierreihenfolge einstellen

Die Aktivierreihenfolge gibt die interne Reihenfolge der Steuerelemente an. Der Anwender kann mit Tab den Eingabefokus in das jeweils nächste Steuerelement bewegen, mit Shift+Tab in das vorangegangene Steuerelement. Die Aktivierreihenfolge sollte so eingestellt werden, daß die einzelnen Steuerelemente der Reihe nach in einer (räumlich wie inhaltlich) logischen Reihenfolge durchlaufen werden können. An erster Stelle der Aktivierreihenfolge sollte also das erste Eingabefeld stehen, an letzter Stelle die Buttons zur Beendigung des Dialogs.

Die Aktivierreihenfolge richtet sich an die Reihenfolge, in der die Steuerelemente in den Dialog eingefügt wurden. Sie kann aber auch später geändert werden, indem die Eigenschaft ***TabIndex*** verändert wird. Diese Eigenschaft hat für das erste Steuerelement in der Aktivierreihenfolge den Wert 0, für das nächste 1 etc. Bequemer als durch die direkte Veränderung können Sie die Aktivierreihenfolge durch einen eigenen Dialog einstellen, der mit ANSICHT | AKTIVIERREIHENFOLGE aufgerufen wird. In diesem Dialog können Sie ein zuerst markiertes Steuerelement in der Reihenfolge nach oben oder nach unten verschieben.

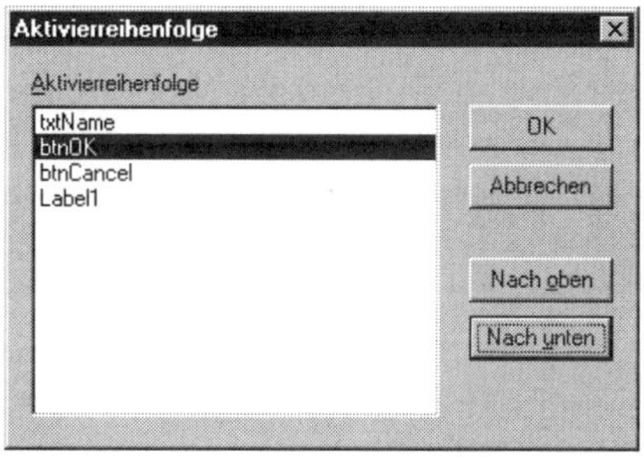

Bild 8.8: Der Dialog zur Einstellung der Aktivierreihenfolge

Falls Sie einzelne Steuerelemente von der Aktivierreihenfolge ausnehmen möchten, setzen Sie einfach deren ***TabStop***-Eigenschaft auf *False*.

Der Eingabefokus kann übrigens nicht nur vom Anwender durch Tab bzw. durch das Anklicken einzelner Elemente verändert werden, sondern auch im Programmcode durch die Methode ***SetFocus***:

```
dialogname.steuerelementname.SetFocus
```

Optische Gestaltung von Dialogen

Sie haben mehrere Möglichkeiten zur optischen Gestaltung von Dialogen:

- Sie können die Farben der Steuerelemente verändern (*BackColor, ForeColor*).
- Sie können mehrere Steuerelemente gruppieren, indem Sie ein *Image*-Feld (»Anzeige«) unterlegen und dieses durch eine andere Farbe oder einen Rahmen hervorheben.
- Sie können in die meisten Steuerelemente eine Bitmap-Datei laden. (Bedenken Sie aber den damit verbundenen Speicherverbrauch!) Wenn sich mehrere Steuerelemente überlappen, können Sie durch FORMAT | REIHENFOLGE einzelne Steuerelemente in den Vorder- oder Hintergrund bewegen.

Im Gegensatz zu Excel 5 / 7 ist es nicht mehr möglich, die zahlreichen Zeichenelemente von Excel zur Dekorierung von Dialogen zu verwenden.

Zusätzliche Steuerelemente (ActiveX-Steuerelemente)

Im Werkzeugfenster werden fünfzehn MS-Forms-Steuerelemente angezeigt. Falls Sie neben Office 97 auch andere Programme installiert haben, stehen Ihnen vermutlich auch weitere Steuerelemente zur Auswahl. In MS-Forms-Dialogen können nämlich alle ActiveX-Steuerelemente verwendet werden, die auf Ihrem Rechner installiert sind.

ANMERKUNG

ActiveX ist ein Modewort, mit dem Microsoft seit gut einem Jahr die meisten neuen Technologien bezeichnet. ActiveX-Steuerelemente sind im wesentlichen Internet-Explorer-taugliche Steuerelemente, die eine Weiterentwicklung der bisher üblichen OCX-Steuerelementen darstellen. Auch die Steuerelemente der MS-Forms-Bibliothek zählen zu den ActiveX-Steuerelementen.

Eine Liste der zur Verfügung stehenden Steuerelemente erhalten Sie mit dem Kontextmenükommando WEITERE STEUERELEMENTE, das Sie im Innenbereich des Werkzeugfensters aufrufen können.

Zur Verwendung der Steuerelemente müssen Sie diese im oben abgebildeten Dialog anklicken. Die Steuerelemente werden dann wie die MS-Forms-Steuerelemente in der Werkzeugsammlung angezeigt. Gleichzeitig wird die entsprechende Objektbibliothek aktiviert, so daß Sie das Steuerelement wie die MS-Forms-Elemente durch Methoden und Eigenschaften steuern können. Falls es zu dem ActiveX-Steuerelement Online-Hilfe gibt, kann diese über den Objektkatalog aufgerufen werden.

Falls Sie sehr viele Zusatzsteuerelemente verwenden, können Sie das Werkzeugfenster in mehrere Seiten gliedern. Die erforderlichen Kommandos finden Sie im Kontextmenü, das beim Anklicken der Blattregister im Werkzeugfenster erscheint.

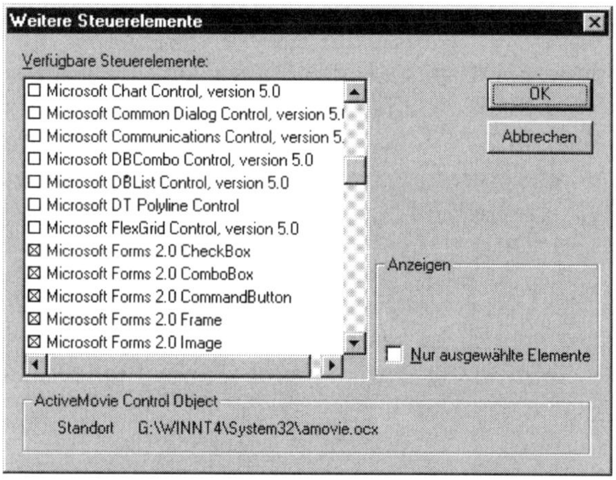

Bild 8.9: Die Liste der Steuerelemente, die am Rechner des Autors installiert sind

TIP

Wohl wird die entsprechende Objektbibliothek bei der Auswahl eines Steuerelements automatisch aktiviert, wenn Sie das Steuerelement wieder entfernen, bleibt der Bibliotheksverweis allerdings bestehen. Sie sollten den Verweis explizit in EXTRAS | VERWEISE wieder deaktivieren.

HINWEIS

Veränderungen im Werkzeugfenster gelten für *alle* Excel-Anwender auf einem Rechner. Löschen Sie daher nicht Steuerelemente, die Sie nicht benötigen – es könnte sein, daß ein anderer sie vermißt.

Neue Steuerelemente erstellen

So wie Sie Steuerelemente aus dem Werkzeugfenster in das Dialogfenster verschieben können, besteht diese Möglichkeit auch in umgekehrter Richtung. Sie können sogar mehrere Steuerelemente gemeinsam (als Gruppe) in das Werkzeugfenster verschieben. Diese Steuerelemente werden im Werkzeugfenster durch ein neues Symbol dargestellt. Über das Kontextmenü können Sie dieses Symbol bearbeiten und ihm einen neuen Namen geben.

Beim Entwurf des nächsten Dialogs können Sie diesen neuen Eintrag wie ein gewöhnliches Steuerelement in Ihren Dialog einfügen. Sie sparen auf diese Weise monotone Arbeit wie das immer wieder gleiche Einstellen von Eigenschaften. Beispielsweise könnten Sie eine Gruppe bestehend aus einem OK und einem ABBRUCH-Button als neues Steuerelement definieren: Diese Gruppe benötigen Sie in beinahe jedem Dialog.

ANMERKUNG

In das Werkzeugfenster werden nur die Steuerelemente mit Ihren Eigenschaften aufgenommen, nicht aber der Programmcode. Wenn Sie auch Programmcode speichern möchten, können Sie ganze Formulare exportieren. Beispielsweise könnten Sie ein Formulargerüst bestehend aus OK- und ABBRUCH-Button zusammen mit dem erforderlichen Programmcode exportieren und auf diese Weise den Entwurf neuer Dialoge noch mehr beschleunigen.

HINWEIS

Falls Sie Visual Basic 5 besitzen und ausreichend Programmiererfahrung haben, können Sie selbst »wirklich« neue Steuerelemente programmieren, also unabhängig von den Grenzen, die durch die MS-Forms-Bibliothek gegeben sind.

8.4 Die MS-Forms-Steuerelemente

Die folgenden Unterabschnitte beschreiben der Reihe nach die in der MS-Forms-Bibliothek vordefinierten Steuerelemente. Die Abschnittsüberschriften halten sich dabei an die Texte, die angezeigt werden, wenn Sie die Maus längere Zeit über den Symbolen des Werkzeugfensters stehen lassen. In Klammern sind die englischen Objektnamen angegeben. Weitere Beispiele zur Verwendung der einzelnen Steuerelemente und der dazu erforderlichen Programmiertechniken finden Sie in den beiden folgenden Abschnitten.

Gemeinsame Merkmale

Die MS-Forms-Steuerelemente weisen einige gemeinsame Eigenschaften, Methoden und Eigenschaften auf, die hier zur Vermeidung allzuvieler Wiederholungen vorweg beschrieben werden. Diese und einige weitere gemeinsamen Merkmale finden Sie im Objektkatalog beim *Control*-Objekt.

Die Eigenschaften ***Cancel*** und ***Default*** kennzeichnen die Steuerelemente eines Dialogs, die mit Esc bzw. mit Return ausgewählt werden können (normalerweise der ABBRUCH- und OK-Button). Die Eigenschaften können jeweils nur für ein Steuerelement im Dialog auf *True* gestellt werden. (Der Dialogeditor kümmert sich automatisch darum, die Eigenschaft bei allen anderen Steuerelementen auf *False* zurückzusetzen.)

Mit ***ControlSource*** können Sie den Inhalt eines Steuerelements mit dem Inhalt einer Zelle verbinden. Änderungen in der Tabelle spiegeln sich automatisch im Inhalt des Steuerelements wieder. (Bei Listenfeldern kann mit ***RowSource*** die ganze Liste mit einem Zellbereich einer Tabelle synchronisiert werden.)

Die ***Tag***-Eigenschaft hilft manchmal bei der Verwaltung von Steuerelementen. Es kann darin eine Zeichenkette gespeichert werden, die nicht angezeigt wird.

Die ***Visible***-Eigenschaft steuert die Sichtbarkeit der Steuerelemente. Die Eigenschaft kann dazu ausgenutzt werden, nach Bedarf einzelne Steuerelemente ein- und auszublenden.

Gemeinsame Eigenschaften	
Cancel	*True*, wenn das Steuerelement durch Esc ausgewählt werden kann
ControlTipText	gelber Infotext (Tooltip-Text)
ControlSource	stellt die Verbindung zu einer Zelle aus einem Tabellenblatt her
Default	*True*, wenn das Element durch Return ausgewählt werden kann
RowSource	stellt die Verbindung zu einem Zellbereich her (für Listenfelder)
TabIndex	Nummer, die die Aktivierreihenfolge angibt
TabStop	*True*, wenn das Steuerelement mit Tab ausgewählt werden kann
Tag	unsichtbare Zusatzinfo, die manchmal bei der Verwaltung hilft
Visible	*True*, wenn das Steuerelement sichtbar ist

Gemeinsame Methoden	
SetFocus	richtet den Eingabefokus in ein Steuerelement

Gemeinsame Ereignisse	
Enter	das Steuerelement hat den Eingabefokus erhalten
Error	es ist ein Fehler aufgetreten
Exit	das Steuerelement hat den Eingabefokus verloren

8.4.1 Bezeichnungsfeld (Label)

Das Bezeichnungsfeld dient zur Beschriftung des Dialogs. Es wird normalerweise neben oder über anderen Steuerelementen plaziert und gibt Hinweise zu deren Funktion bzw. zur erwarteten Eingabe. Der Text wird über die Eigenschaft *Caption* eingestellt und darf sich über mehrere Zeilen erstrecken. In diesem Fall muß *WordWrap* auf *True* gesetzt werden. Der Text kann wahlweise linksbündig, rechtsbündig oder zentriert angezeigt werden (*TextAlign*). Wenn *AutoSize* auf *True* gesetzt wird, paßt sich die Größe des Labelfelds automatisch an die Länge des Texts an.

Im Gegensatz zum Excel-5/7-Labelfeld kann die Schriftart und -farbe mit den Eigenschaften *Font*, *Back-* und *ForeColor* frei eingestellt werden. Weitere Gestaltungsmöglichkeiten ergeben sich aus der Umrandung (*BorderStyle, BorderColor*) und der Eigenschaft *SpecialEffect*, mit der 3D-Effekte wie bei Buttons erzielt werden können. Schließlich kann im Label sogar eine Bitmap angezeigt werden (*Picture, PicturePosition*). Sie sehen also, daß das Labelfeld mehr hält, als es verspricht.

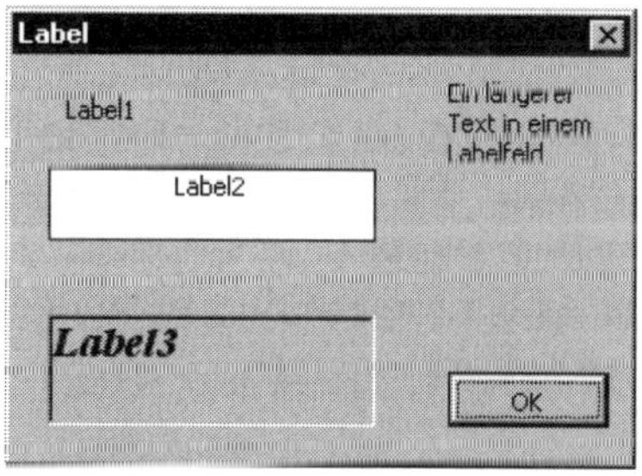

Bild 8.10: Einige Darstellungsformen des Labelfelds

Label – Eigenschaften	
AutoSize	Größe des Steuerelements paßt sich an Text an
BackColor	Hintergrundfarbe
BorderColor	Randfarbe
BorderStyle	Umrandung ein / aus
Caption	der angezeigte Text
Font	Schriftart
ForeColor	Schriftfarbe
Picture	Bitmap
PicturePosition	Position, an der die Bitmap angezeigt wird
SpecialEffect	3D-Effekte
TextAlign	Textausrichtung (links, rechts, mittig)
WordWrap	Zeilenumbruch

Label – Ereignis	
Click	das Labelfeld wurde angeklickt

8.4.2 Textfeld (TextBox)

Das Textfeld ermöglicht die Eingabe von Texten. Im Gegensatz zum Bearbeitungsfeld aus Excel 5 / 7 ist es aber nicht zur Eingabe von Zellbezügen geeignet. Zu diesem Zweck ist in Excel das *RefEdit*-Steuerelement vorgesehen, das in Abschnitt 8.4.10 beschrieben wird.

Ein Großteil der Eigenschaften des Textfelds ist mit denen des Labelfelds identisch, so daß auf eine nochmalige Beschreibung verzichtet werden kann. Der Zugriff auf den angezeigten Text erfolgt über *Text*. Die Anzahl der Zeichen kann durch *Len(textfeld.Text)* ermittelt werden, die Anzahl der Zeilen durch *LineCount*, die aktuelle Zeile durch *CurLine*.

Mit den Eigenschaften *MultiLine* und *ScrollBars* wird eine mehrzeilige Texteingabe und gegebenenfalls die Anzeige von Bildlaufleisten zugelassen. Mit *PasswordChar* können Sie ein Textzeichen einstellen (üblicherweise ein *), das statt des eingegebenen Texts angezeigt wird. Auf diese Weise können Passwörter eingegeben werden, ohne daß Ihnen jemand über die Schulter schauen kann.

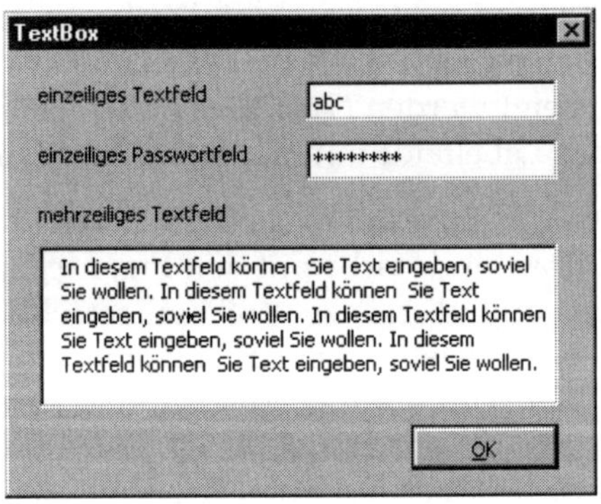

Bild 8.11: Verschiedene Formen des Textfelds

Mit *EnterFieldBehavior=0* erreichen Sie, daß beim Aktivieren des Textfelds automatisch der gesamte Inhalt markiert wird. Das ermöglicht eine bequeme Neueingabe und ist vor allem bei einzeiligen Textfeldern praktisch.

EnterKeyBehavior steuert das Verhalten bei Return. Wenn die Eigenschaft auf *True* gesetzt wird, bewirkt Return die Eingabe einer neuen Zeile. Ist die Eigenschaft dagegen auf *False* gestellt, wählt Return den mit *Default=True* markierten Button aus. Zur Eingabe einer neuen Zeile muß dann Strg+Return verwendet werden. Eine analoge Bedeutung hat *TabKeyBehavior*: Die Eigenschaft gibt an, ob im Steuerelement Tab zur Eingabe eines Tabulators verwendet werden kann oder ob Tab dem Steuerelementwechsel vorbehalten ist.

HINWEIS

Wenn Sie das Textfeld für kurze Eingabetexte verwenden, erscheint am linken Rand des Textfelds ein irritierend großer Leerraum. Dieser Leerraum wird durch die Defaulteinstellung *SelectionMargin=True* bewirkt. Diese Einstellung ermöglicht eine bequeme Markierung ganzer Zeilen, ist aber nur bei Textfeldern für mehrere Zeilen sinnvoll. Wenn Sie *SelectionMargin* auf *False* stellen, verschwindet der Leerraum am linken Rand.

Markierter Text, Zwischenablage

Der Zugriff auf den markierten Text erfolgt durch *SelText*. Die Eigenschaften *SelStart* und *SelLength* geben das erste Zeichen der Markierung bzw. die Länge der Markierung an. Die folgenden Zeilen demonstrieren den Umgang mit diesen Eigenschaften.

```
With textfel
  .SelLength = 0                   'Markierung auflösen
  .SelStart = 0: .SelLenght = 5   'die ersten fünf Zeichen markieren
  .SelText = ""                    'den markierten Text löschen
  .SelStart = 10                   'Eingabecursor an neue Position
  .SelText = "abc"                 'dort drei Zeichen einfügen
End With
```

Mit den Methoden *Copy* und *Cut* können Sie den gerade markierten Text in die Zwischenablage kopieren bzw. ausschneiden. *Paste* ersetzt den zur Zeit markierten Text durch den Inhalt der Zwischenablage.

Ereignisse

Das wichtigste Ereignis lautet *Change*. Es tritt immer dann auf, wenn sich der Inhalt des Textfelds ändert (also bei jedem eingegebenen oder gelöschten Zeichen). Das Ereignis tritt bei der Eingabe von Text sehr häufig auf – achten Sie also darauf, daß die Ereignisprozedur rasch verarbeitet werden kann.

Die Ereignisse *KeyDown*, *KeyUp* und *KeyPress* erlauben eine genaue Auswertung von Tastaturereignissen:

- *KeyPress*: Dieses Ereignis tritt beim Drücken einer alphanumerischen Taste auf. An die Ereignisprozedur wird der ANSI-Code des eingegebenen Zeichens übergeben. Neben den alphanumerischen Zeichen werden auch die Tasten Return, Esc sowie Strg-Kombinationen gemeldet. *KeyPress* tritt nicht auf, wenn der Benutzer Cursor- oder Funktionstasten, Entf, Einfg etc. drückt und ist daher für eine allgemeingültige Tastaturverwaltung nicht ausreichend.

- *KeyDown*: Dieses Ereignis tritt beim Drücken einer beliebigen Taste auf. An die Ereignisprozedur wird der interne Tastaturcode der gedrückten Taste sowie der Zustandscode der Umschalttasten übergeben. *KeyPress* tritt nicht nur beim Drücken von Cursor- oder Funktionstasten auf, sondern auch dann, wenn nur Shift oder Strg gedrückt wird!

- *KeyUp*: Dieses Ereignis ist das Gegenstück zu *KeyDown* und tritt beim Loslassen der Taste auf. An die Ereignisprozedur werden die gleichen Parameter wie bei *KeyUp* übergeben.

Wenn eine alphanumerische Taste gedrückt wird, ruft Visual Basic zuerst die *KeyDown*-Ereignisprozedur auf, dann *KeyPress* und schließlich *KeyUp*. Wenn die Taste längere Zeit gedrückt bleibt, werden die *KeyDown*- und *KeyPress*-Ereignisprozeduren mehrfach aufgerufen (Auto-Repeat). Die drei Ereignisse treten nicht auf, wenn der Benutzer

- mit Tab zwischen Steuerelementen wechselt,
- mit Esc einen Button mit *Cancel=True* auswählt oder
- mit Return einen Button mit *Default=True* auswählt.

Beim *KeyPress*-Ereignis haben Sie die Möglichkeit, den ASCII-Code zu verändern – das Textfeld erhält dann ein anderes Zeichen! Diese Möglichkeit könnten Sie beispielsweise dazu verwenden, bei der Zahleneingabe jedes Komma automatisch durch einen Dezimalpunkt zu ersetzen:

```
Private Sub TextBox1_KeyPress(ByVal KeyAscii As MSForms.ReturnInteger)
  If Chr$(KeyAscii) = "," Then KeyAscii = Asc(".")
End Sub
```

Weitere Anwendungen: Sie können mit der Funktion *UCase* Kleinbuchstaben in Großbuchstaben umwandeln; Sie können auf das Drücken von Return mit einem eigenen Programmteil reagieren.

TextBox – Eigenschaften	
CurLine	aktuelle Zeilennummer
EnterFieldBehavior	*0*, wenn der gesamte Inhalt beim Aktivieren markiert wird
EnterKeyBehavior	*True*, wenn mit Return eine neue Zeile eingegeben werden kann
LineCount	Anzahl der Zeilen
MultiLine	*True*, wenn mehrere Textzeilen verwendet werden

PasswordChar	Platzhalterzeichen für den Text
ScrollBars	gibt an, ob bei langen Texten Bildlaufleisten angezeigt werden
SelectionMargin	*True*, wenn Text in Randspalten zeilenweise markiert werden kann
SelLength	Länge des markierten Texts
SetStart	Beginn des markierten Texts
SetText	markierter Text
TabKeyBehaviour	*True*, wenn mit Tab ein Tabulatorzeichen eingeben werden kann
Text	Inhalt des Textfelds

TextBox – Methoden	
Copy	markierten Text in die Zwischenablage kopieren
Cut	markierten Text in die Zwischenablage ausschneiden
Paste	Text aus der Zwischenablage einfügen

TextBox – Ereignisse	
Change	der Inhalt des Textfelds hat sich geändert
KeyDown	eine Taste wurde gedrückt
KeyPress	Tastatureingabe
KeyUp	eine Taste wurde losgelassen

8.4.3 Listenfeld (ListBox) und Kombinationslistenfeld (ComboBox)

Die MS-Forms-Bibliothek kennt drei Typen von Listenfeldern, die sich zwar optisch ein wenig voneinander unterschieden, dafür aber viele Gemeinsamkeiten bei der Programmierung aufweisen:

- Normales Listenfeld (*ListBox*): Die Liste wird in einem rechteckigen Bereich angezeigt, dessen Größe bereits beim Formularentwurf festgelegt wird. Wenn nicht alle Elemente gleichzeitig angezeigt werden können, erscheint automatisch eine Bildlaufleiste.

- Dropdown-Listenfeld (*ComboBox* mit *Style=fmStyleDropDownList*): Wie oben, allerdings ist die Liste ausklappbar. Im eingeklappten Zustand beansprucht das Steuerelement viel weniger Platz. Diese Form des Listenfelds wird vermutlich am häufigsten benötigt, ist aber nicht die Defaulteinstellung. Vergessen Sie nicht, *Style* im Eigenschaftsfenster entsprechend einzustellen!

- Dropdown-Kombinationslistenfeld (*ComboBox* mit *Style=fmStyleDropDownCombo*): Dieser Variante verdankt die *ComboBox* ihren Namen: Das ausklappbare Listenfeld ist mit einem Textfeld kombiniert, in dem auch Texte eingegeben werden konnen, die nicht einem vorhandenen Listeneintrag entsprechen. Dieses Listenfeld ermöglicht also eine Erweiterung der Liste durch Benutzereingaben.

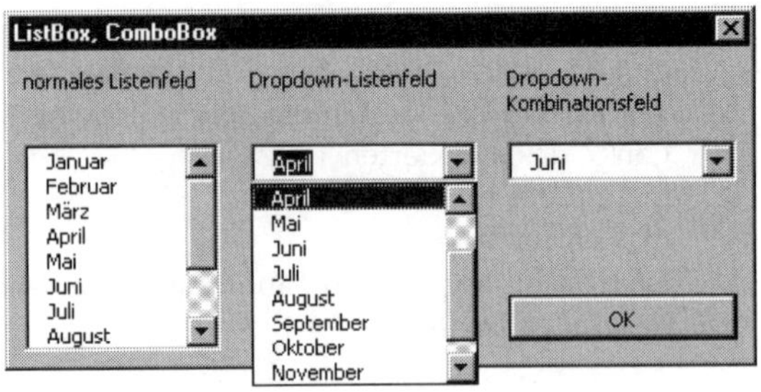

Bild 8.12: Die drei Listenfeld-Typen

Bei beiden Steuerelementen kann durch *ListStyle=fmListStyleOption* eine alternative Darstellung erzielt werden: Jeder Listeneintrag wird jetzt wie ein Optionsfeld angezeigt. An der Funktion der Listenfelder ändert diese Einstellung nichts.

TIP

Der Umgang mit Listenfeldern ist im Prinzip nicht schwierig. Das Problem ist eher, daß zuerst diverse Eigenschaften korrekt eingestellt werden müssen – die Defaulteinstellungen sind meist unbrauchbar. Die folgende Liste nennt die vier häufigsten Problemkandidaten samt einer sinnvollen Einstellung. Eine detaillierte Beschreibung der Eigenschaften folgt unten.

BoundColumn	0, damit *Value* die Nummer des Listeneintrags enthält
RowSource	Quelldaten aus einer Tabelle, z.B. *"Tabelle2!A1:A5"*
SelectMargin	*True*, damit Eintrag ohne linken Rand angezeigt wird
Style	*fmStyleDropDownList*, damit keine Texteingabe möglich ist

Zugriff auf die Listenelemente

Die einzelnen Einträge einer Liste werden mit der Methode *AddItem* an das Steuerelement übergeben (siehe Beispielprogramm). Der Zugriff auf die Listenelemente erfolgt über die Eigenschaft *List(n)*. *ListIndex* gibt den zuletzt ausgewählten Eintrag an (oder -1, falls kein Eintrag aus der Liste gewählt wurde), *ListCount* gibt die Anzahl der Einträge der Liste an. Mit *RemoveItem* können einzelne Listeneinträge wieder entfernt werden. *Clear* löscht die gesamte Liste.

Die drei Listenfelder in Bild 8.12 werden beim Anzeigen des Dialogs folgendermaßen initialisiert:

```
Private Sub UserForm_Initialize()
  Dim i
  For i = 15 To 350 Step 30  'entspricht 15.1., 14.2. etc.
    lstNormal.AddItem Format(i, "mmmm")
    cmbDropDown.AddItem Format(i, "mmmm")
    cmbCombo.AddItem Format(i, "mmmm")
  Next i
End Sub
```

Die Nummer des aktuell ausgewählte Listenelement ist über die Eigenschaft *ListIndex* zugänglich. (Die Numerierung beginnt wie bei allen Eigenschaften des Listenfelds mit 0.) *Value* enthält normalerweise denselben Wert wie *ListIndex* (sofern *BoundColumn* in der Defaulteinstellung belassen wird, siehe unten). Die *Text*-Eigenschaft enthält den Inhalt des ausgewählten Elements.

HINWEIS

Aus unerfindlichen Gründen ist im Textbereich des Kombinationslistenfelds wie im Textfeld ein Markierungsrand vorgesehen. Die Defaulteinstellung von *SelectionMargin* lautet zu allem Überfluß *True* (obwohl im Textbereich dieses Steuerelements ohnedies nur eine Zeile angezeigt werden kann). Setzen Sie die Eigenschaft auf *False*, um den irritierenden Rand zu beseitigen.

Mehrfachauswahl

In normalen Listenfeldern können mehrere Einträge gleichzeitig ausgewählt werden, wenn die Eigenschaft *MultiSelect* auf *fmMultiSelectMulti (1)* oder *fmMultiSelectExtended (2)* gesetzt wird. Zur Auswertung müssen Sie in einer Schleife alle *Selected(i)*-Eigenschaften abfragen, um festzustellen, welche Listeneinträge ausgewählt wurden. (Die Mehrfachauswahl erfolgt durch gleichzeitiges Drücken der Maustaste mit Shift oder Strg.)

Mehrspaltige Listenfelder

In Listenfeldern können auch mehrere Spalten gleichzeitig angezeigt werden. Dazu muß *ColumnCount* auf einen Wert größer 1 gestellt werden. Der Zugriff auf die einzelnen Listeneinträge erfolgt mit *List(zeile, spalte)*, wobei die Numerierung jeweils mit 0 beginnt. Zuweisungen an *List* können auch direkt durch ein zweidimensionales Feld erfolgen, also etwa *List=feld()*. In umgekehrter Richtung ist das allerdings nicht möglich.

Falls *ColumnHead* auf *True* gesetzt wird, wird Platz für eine zusätzliche Überschriftzeile gelassen. Ein direkter Zugriff auf deren Einträge scheint unmöglich zu sein. Die Überschriften werden aber automatisch aus einer Excel-Tabelle gelesen, wenn über *RowSource* eine Verbindung zu einem Zellbereich hergestellt wird. Im Listenfeld in Bild 8.13 gilt *RowSouce="Tabelle2!B2:D6"*. Die Überschriftenzellen aus B1:D1 liest das Listenfeld selbständig. Mit *ControlSource* kann ein zusätzliches Tabellenfeld angegeben werden, das die Nummer der aktuellen Spalte enthält.

Die Breite der Spalten wird durch *ColumnWidths* gesteuert. In der Defaulteinstellung -1 sind alle Spalten gleich breit (aber mindestens 95 Punkt; wenn das Listenfeld dafür zu schmal ist, wird eine horizontale Bildlaufleiste eingestellt). Durch die Einstellung *"2cm;3cm"* erreichen Sie, daß die erste Spalte 2 cm und die zweite Spalte 3 cm breit ist. Die Breite der dritten Spalte ergibt sich aus dem verbleibenden Platz.

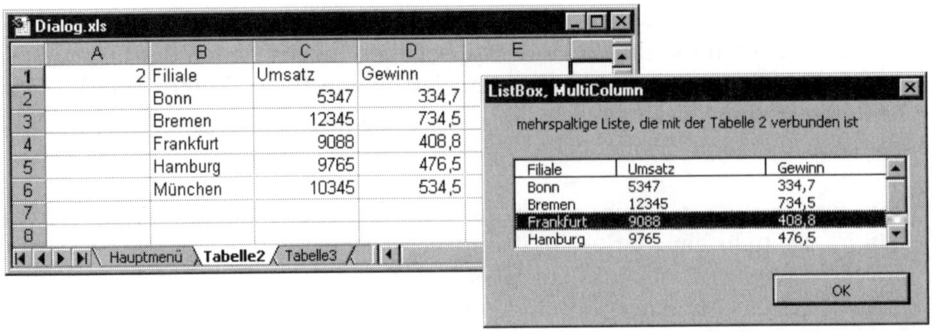

Bild 8.13: Ein mehrspaltiges Listenfeld, dessen Inhalt mit einer Tabelle verbunden ist

Da das Listenfeld jetzt aus mehreren Spalten besteht, gibt es auch mehrere Möglichkeiten, welche Werte in den Eigenschaften *Text* und *Value* stehen sollen, wenn der Anwender eine bestimmte Zeile auswählt. Dazu kann in *TextColumn* jene Spalte bestimmt werden, deren Inhalt in der *Text*-Eigenschaft stehen soll, *BoundColumn* jene Spalte, deren Inhalt in der *Value*-Eigenschaft stehen soll. Beachten Sie dabei, daß im Gegensatz zu allen anderen Listeneigenschaften die Numerierung mit 1 beginnt – also 1 für die erste Spalte etc. Die Einstellung 0 bedeutet, daß nicht der Inhalt einer Spalte sondern die Spaltennummer (also *ListIndex*) in der jeweiligen Eigenschaft stehen soll. Bei *TextColumn* ist außerdem noch die Einstellung -1 erlaubt. In diesem Fall enthält *Text* den Inhalt der ersten Spalte, deren Spaltenbreite ungleich 0 ist.

Damit im Dialog in Bild 8.13 automatisch die gesamte in Tabelle 2 verfügbare Liste berücksichtigt wird, gibt es in *btnListBoxMulti_Click* eine recht kompliziert aussehende Anweisung:

```
' Datei Dialog.xls, UserForm »dlgListBoxMultiColumn«
Private Sub btnListBoxMulti_Click()
  With dlgListBoxMultiColumn
    .ListBox1.RowSource = Worksheets(2).name & "!" & _
      Intersect(Worksheets(2).[b2].CurrentRegion, _
                Worksheets(2).[b2:d1000]).Address
    .Show
  End With
End Sub
```

Worksheets(2).Name liefert den Namen des zweiten Tabellenblatts (also *"Tabelle2"*).

Worksheets(2).[b2].CurrentRegion liefert ein *Range*-Objekt mit allen zusammenhängenden Zellen ausgehend von B2. (In Bild 8.13 liefert *CurrentRegion* den Zellbereich A1:D6.)

Für das Listenfeld wird allerdings weder die Zelle A1 benötigt (in der der Index des ausgewählten Listeneintrags angezeigt wird), noch die Überschriftszeile (die sich das Listenfeld selbst ermittelt). Daher wird der *CurrentRegion*-Bereich durch *Intersect* auf die Spalten B-D und auf die Zeilen 2-1000 beschränkt. *Intersect* bildet also jenen Zellbereich, den *CurrentRegion* und B2:D1000 gemeinsam haben.

Die ganze Anweisung liefert für die Liste in Bild 8.13 das Resultat *Tabelle2!$B$2:$D$6*.

Ereignisse

Zur Verwaltung der Listenfelder sind zwei Ereignisse von Interesse: *Click* (bei der Auswahl eines Listeneintrages) und *Change* (wenn der Text von Kombinationsfeldern durch eine Tastatureingabe verändert wird).Manchmal wird auch *DblClick* ausgewertet, um diese Form der Auswahl eines Elements gleichzeitig als Aufforderung zu interpretieren, den Dialog zu beenden.

Beim Kombinationslistenfeld wird das Ereignis *DropButtonClick* ausgelöst, bevor die DropDown-Liste erscheint, bzw. bevor sie wieder verschwindet. Das kann dazu genutzt werden, die Liste erst dann dynamisch aufzubauen,wenn sie tatsächlich benötigt wird.

List- und ComboBox – Eigenschaften	
BoundColumn	Spalte, deren Inhalt in *Value* angegeben wird
ColumnHead	Überschriftzeile für mehrspaltige Listen
ColumnWidths	Breite der Spalten
ControlSource	Tabellenzelle mit Nummer des ausgewählten Element
List(n)	Zugriff auf Listenelemente
List(zeile, spalte)	Zugriff bei mehrspaltigen Listen
ListCount	Anzahl der Listenelemente bzw. Zeilen
ListIndex	Nummer des ausgewählten Elements (beginnend mit 0)
ListStyle	Listeneinträge als Optionsfelder darstellen
MultiSelect	Mehrfachauswahl zulassen
RowSource	Tabellenbereich mit Listeninhalt (z.B. *"Tabelle1!A1:B3"*)
Style	*fmStyleDropDownList* oder *fmStyleDropDownCombo* (nur *ComboBox*)
Text	Text des ausgewählten Elements
TextColumn	Spalte, deren Inhalt in *Text* angegeben wird
Value	Nummer oder Text des Listenelements (bei *BoundColumn>0*)

List- und ComboBox – Methoden	
AddItem	Liste erweitern
Clear	Liste löschen
RemoveItem	Listeneintrag löschen

List- und ComboBox – Ereignisse	
Change	Elementauswahl oder Texteingabe bei *ComboBox*
Click	Elementauswahl
DblClick	Doppelklick auf ein Listenelement
DropButtonClick	die Dropdown-Liste soll angezeigt werden (nur *ComboBox*)

8.4.4 Kontrollkästchen (CheckBox) und Optionsfelder (OptionButton)

Kontrollkästchen eignen sich zur Durchführung von Ja/Nein-Entscheidungen. Der aktuelle Zustand wird durch ein »x« in einem kleinen, quadratischen Kästchen angezeigt.

Der Zustand des Optionsfelds wird durch einen Punkt in einem runden Kreis angezeigt. Neben diesem optischen Unterschied im Vergleich zum Kontrollkästchen existiert auch ein inhaltlicher: Wenn eines von mehreren Optionsfeldern aktiviert wird, dann werden automatisch alle anderen deaktiviert – es kann also immer nur eine Option (von mehreren) ausgewählt werden. Wenn in einem Dialog mehrere, voneinander unabhängige Gruppen von Optionsfeldern verwendet werden sollen, dann muß die *GroupName*-Eigenschaft der zusammengehörenden Steuerelemente jeweils mit identischen Zeichenketten belegt werden.

Der aktuelle Zustand der beiden Steuererelemente wird der *Value*-Eigenschaft entnommen. Zulässige Werte sind *True, False* und *Null*. (Die Einstellung *Null* markiert einen undefinierten Zustand. Das wäre beispielsweise bei einem Kontrollkästchen für fette Schrift sinnvoll, wenn ein Textbereich markiert ist, dessen Text nur teilweise fett ausgezeichnet ist.) Wenn die Eigenschaft *TripleState* auf *True* gesetzt wird, können alle drei Zustände per Maus eingestellt werden (sonst nur *True* oder *False*).

HINWEIS

Aus unerfindlichen Gründen ist es unmöglich, die *Value*-Eigenschaft im Dialogeditor voreinzustellen. Sie müssen statt dessen entsprechende Anweisungen in *User_Initialize* ausführen.

```
' Datei Dialog.xls, UserForm »dlgOption«
Private Sub UserForm_Initialize()
  OptionButton1.Value = True
End Sub
Private Sub CheckBox1_Click()
  Label1.Font.Bold = CheckBox1.Value
End Sub
Private Sub CheckBox2_Click()
  Label1.Font.Italic = CheckBox2.Value
End Sub
Private Sub OptionButton1_Click()
    Label1.Font.Name = "Arial"
End Sub
Private Sub OptionButton2_Click()
    Label1.Font.Name = "Times New Roman"
End Sub
Private Sub OptionButton3_Click()
    Label1.Font.Name = "Courier New"
End Sub
```

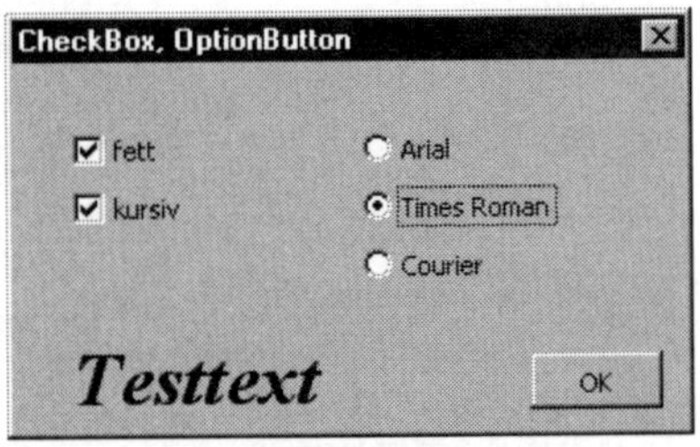

Bild 8.14: Optionsfelder und Kontrollkästchen

CheckBox, OptionButton – Eigenschaften	
Caption	Beschriftungstext
TripleState	auch »undefiniert« (*Null*) als Eingabe zulassen
Value	aktueller Zustand

CheckBox, OptionButton – Ereignis	
Click	der Zustand hat sich geändert

8.4.5 Buttons (CommandButton) und Umschaltbuttons (ToggleButton)

Der Umgang mit Buttons ist ausgesprochen einfach: Der Beschriftungstext wird durch *Caption* eingestellt. Optional kann im Button eine Grafik (Bitmap) angezeigt werden, die mit Hilfe der *Picture*-Eigenschaft geladen werden kann. Wenn auf den *Caption*-Text verzichtet wird, kann auf diese Weise ein rein grafischer Button erstellt werden. Dieser sollte dann aber zumindet mit *ControlTipText* (für den gelben Infotext) beschriftet werden.

Umschaltbuttons unterscheiden sich von normalen Buttons insofern, als sie im gedrückten Zustand verbleiben und erst durch ein nochmaliges Anklicken wieder zurückspringen. Der aktuelle Zustand kann *Value* entnommen werden (*True/False/Null* wie bei Optionsfeldern).

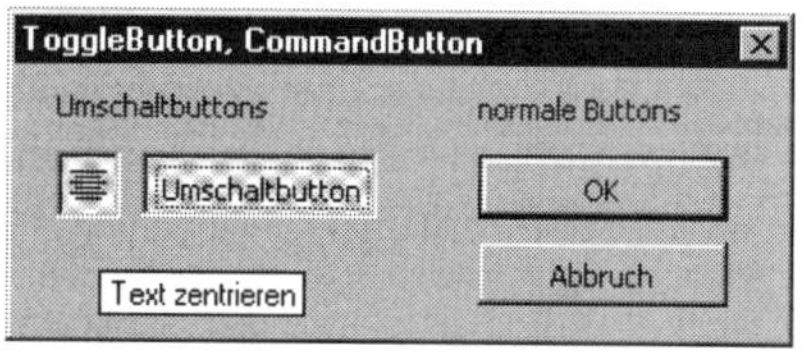

Bild 8.15: MS-Forms-Buttons

CommandButton, ToggleButton – Eigenschaften	
AutoSize	Buttongröße an Inhalt (Text/Grafik) anpassen
Cancel	Auswahl durch Esc
Caption	Beschriftungstext
ControlTipText	gelber Infotext
Default	Auswahl durch Return
Picture	Grafik
PicturePosition	Position der Grafik
TakeFocusOnClick	die Einstellung *False* verhindert, daß der Button beim Anklicken den Eingabefokus erhält (wichtig in Tabellenblättern)
TripleState	auch »undefiniert« (*Null*) als Eingabe zulassen
Value	aktueller Zustand

CommandButton, ToggleButton – Ereignis	
Click	der Button wurde angeklickt

8.4.6 Rahmenfeld (Frame)

Das Gruppenfeld hat die Aufgabe, zusammengehörende Steuerelemente optisch zusammenzufassen. Alle Steuerelemente, die sich innerhalb des Rahmenfelds befinden, gelten als eine Einheit. Beim Verschieben des Rahmenfelds werden sie ebenfalls mitverschoben.

Eine Besonderheit des Rahmenfelds besteht darin, daß ein Vergrößerungsfaktor für alle darin enthaltenen Steuerelemente angegeben werden kann. Die Steuerelemente werden entsprechend verkleinert oder vergrößert. In seltenen Fällen kann dieses Merkmal dazu ausgenutzt werden, sehr umfangreiche Formulare in einem Dialog darzustellen.

Bild 8.16: Zwei Rahmenfelder mit unterschiedlichem Zoom-Faktor

Der Inhalt eines Rahmenfelds kann mit Bildlaufleisten ausgestattet werden. Zur Anzeige von Bildlaufleisten muß *ScrollBars* auf *fmScrollBarsBoth* gesetzt werden. Wenn die Bildlaufleisten automatisch verschwinden sollen, sobald der gesamte Inhalt des Rahmenfelds sichtbar ist, empfiehlt sich außerdem die Einstellung *KeepScrollBarsVisible=fmScrollBarsNone*.

Damit das Rahmenfeld weiß, wie groß der verschiebbare Inhalt ist, müssen außerdem die Eigenschaften *ScrollWidth* und *ScrollHeight* mit Werten belegt werden. Die passenden Einstellungen müssen zumeist im Programmcode (etwa in *Form_Load*) ermittelt werden. Die Kommandos in *Form_Initialize* bewirken, daß der verschiebbare Bereich der gerade sichtbaren Innengröße des Rahmenfelds entspricht. (Bildlaufleisten werden damit erst dann erforderlich, wenn entweder der *Zoom*-Faktor vergrößert oder das Rahmenfeld verkleinert wird.) *InsideWidth* und *-Height* geben den nutzbaren Innenbereich des Rahmenfelds an.

Die folgenden Zeilen zeigen den erforderlichen Initialisierungscode, damit die Bildlaufleisten korrekt angezeigt werden. Das vorübergehende Setzen des Zoomfaktors auf 110 Prozent ist notwendig, damit wirklich immer der gesamte Innenbereich angezeigt werden kann.

```
Private Sub UserForm_Initialize()
  With Frame2
    .Zoom = 110
    .ScrollWidth = .InsideWidth
    .ScrollHeight = .InsideHeight
    .Zoom = 100
  End With
End Sub
```

Über die *Controls*-Aufzählung kann auf alle Steuerelemente innerhalb des Rahmens zugegriffen werden. *ActiveControl* verweist auf das aktive Steuerelement innerhalb des Rahmens. Die Methoden *AddControl* und *RemoveControl* ermöglichen ein komfortables Einfügen und Entfernen von Steuerelementen.

Frame – Eigenschaften	
ActiveControl	aktives Steuerelement innerhalb der Gruppe
Controls	Zugriff auf die enthaltenen Steuerelemente
InsideWidth / -Height	Größe des nutzbaren Innenbereichs
KeepScrollBarsVisible	Bildlaufleiste immer anzeigen
ScrollBars	gibt an, ob Bildlaufleisten verwendet werden sollen
ScrollLeft / -Top	linke obere Ecke des sichtbaren Bereichs
ScrollWidth / -Height	Größe des verschiebbaren Bereichs
Zoom	Vergrößerungsfaktor für Inhalt des Rahmens

Frame – Methoden	
AddControl	Steuerelement einfügen
RemoveControl	Steuerelement entfernen

8.4.7 Multiseiten (MultiPage), Register (TabStrip)

Die famos übersetzten Steuerelemente *MultiPage* und *TabStrip* bieten zwei Möglichkeiten an, mehrblättrige Dialoge zu bilden. Die resultierenden Dialoge sind voneinander nicht zu unterscheiden, der Aufwand bei der Gestaltung und Programmierung ist beim *TabStrip*-Feld aber ungleich größer. (Es ist kein vernünftiger Grund zu erkennen, weswegen das *TabStrip*-Feld sich überhaupt in der MS-Forms-Bibliothek befindet.) Dieser Abschnitt beschränkt sich daher auf die Beschreibung des *MultiPage*-Steuerelements.

Mehrblättrige Dialoge

Mehrblättrige Dialoge werden oft eingesetzt, um sehr viele Einstellmöglichkeiten von Optionen in einem Dialog unterzubringen (siehe Excel-Optionendialog). Dabei ist die Gefahr groß, daß der Anwender die Orientierung verliert. Achten Sie darauf, daß Ihre Blätter inhaltlich klar unterscheidbar sind und daß die Beschriftung verständlich ist! Weniger kann oft mehr sein! Dialoge, die so viele Blätter haben, daß zu deren Beschriftung mehrere Zeilen erforderlich sind, stellen eine Zumutung für den Anwender dar.

Mehrblättrige Dialoge sollten jederzeit verlassen werden können (unabhängig vom gerade sichtbaren Blatt). Plazieren Sie die Buttons OK, ABBRECHEN etc. daher unbedingt außerhalb der Blätter!

Das MultiPage-Steuerelement

Der Entwurf eines mehrblättrigen Dialogs ist denkbar einfach und erfordert keine einzige Zeile Code: Sie fügen ein *MultiPage*-Steuerelement ein, aktivieren durch Mausklick eines der Blätter (oder Seiten) und fügen dort die gewünschten Steuerelemente ein. Sobald Sie das zweite Blatt anklicken, verschwindet das erste im Hintergrund und Sie können ungestört Steuerelemente in das zweite Blatt einfügen. Über das Kontextmenü können Sie mit der rechten Maustaste die Beschriftung und Reihenfolge der Blätter verändern, neue Blätter hinzufügen oder löschen.

Der Umgang mit dem *MultiPage*-Steuerelement wird Ihnen noch leichter fallen, wenn Sie von Anfang an verstehen, daß Sie es hier nicht mit einem, sondern mit mehreren Steuerelementen zu tun haben. Wenn Sie ein *MultiPage*-Steuerelement in ein Formular einfügen, werden nämlich sofort zwei *Page*-Objekte in das *MultiPage*-Steuerelement eingesetzt. Das *MultiPage*-Steuerelement ist also in erster Linie ein Container für *Page*-Objekte. Die *Page*-Objekte ihrerseits nehmen dann die Steuerelemente für die einzelnen Blätter des Dialogs auf. (Genaugenommen haben Sie es nicht mit zwei, sondern sogar mit drei Objekten zu tun: *Pages* ist ein eigenständiges Aufzählobjekt, auch wenn Sie das zumeist gar nicht bemerken.)

HINWEIS

Achten Sie bei der Einstellung der Eigenschaften darauf, daß Sie das richtige Steuerelement aktiviert haben. Es ist im Dialogeditor beinahe unmöglich, das *MultiPage*-Steuerelement anzuklicken – der Editor aktiviert immer irgendein eingebettetes *Page*-Steuerelement. Wählen Sie das *MultiPage*-Steuerelement im Listenfeld des Eigenschaftsfenster aus. Eine gleichzeitige Einstellung der Eigenschaften mehrerer Blätter ist übrigens nicht möglich, ebensowenig das Kopieren und Einfügen von Blättern über die Zwischenablage.

Zu den interessantesten Eigenschaften des *MultiPage*-Objekts zählt *TabOrientation*. Damit können Sie angeben, ob die Seitenbeschriftung (die Tabulatoren) oben, unten, an der linken oder an der rechten Seite angezeigt werden soll. Wenn Sie sehr viele Tabulatoren haben (was auf einen schwer bedienbaren und unübersichtlichen Dialog wie bei den WinWord-Optionen deutet), können Sie mit *MultiRow=True* erreichen, daß die Überschriften in mehreren Zeilen angezeigt werden.

Der Zugriff auf die *Page*-Objekte erfolgt wenig überraschend über die *Pages*-Eigenschaft. Diese Eigenschaft gilt gleichzeitig als Defaulteigenschaft, so daß Sie mit *MultiPage1(1)* auf das erste *Page*-Objekt zugreifen können. Die Nummer des gerade aktuellen *Page*-Objekts kann auch über die *Value*-Eigenschaft ermittelt bzw. geändert werden.

Wenn Sie per Programmcode neue Blätter hinzufügen bzw. vorhandene Blätter löschen möchten, können Sie sich der *Pages*-Methoden *Add* und *Remove* bedienen. In der Folge kommt es für das *MultiPage*-Objekt zu *AddControl*- bzw. *RemoveControl*-Ereignissen.

Nun zu den Eigenschaften der einzelnen Blätter (also der *Page*-Objekte): Diese weisen praktisch dieselben Ereignisse / Eigenschaften / Methoden wie das Rahmenfeld auf. Sie können also einzelne Seiten mit Bildlaufleisten ausstatten, per *Zoom* vergrößern oder verkleinern etc. Neu sind die Eigenschaften *TransitionEffect* und *TransitionPeriod*, mit denen verspielte Programmierer verschiedene Effekte für den Seitenwechsel einstellen können.

Beispiel

Das Beispielprogramm hat wieder einmal reinen Demonstrationscharakter: Zur Einstellung der Schriftart einer Zelle des Tabellenblatts wird ein zweiblättriger Dialog aufgerufen. Im ersten Blatt können die Schriftattribute (fett, kursiv), im zweiten Blatt fünf Schriftfamilien eingestellt werden. Beim Anzeigen des Dialogs werden das *Font*-Objekt der Zelle analysiert und die entsprechenden Optionen gleich richtig angezeigt. (Natürlich gibt es zur Einstellung der Schriftart einen viel vollständigeren und vor allem vorgefertigten Dialog – hier geht es nur um das Prinzip.)

Bild 8.17: Ein einfacher MultiPage-Dialog

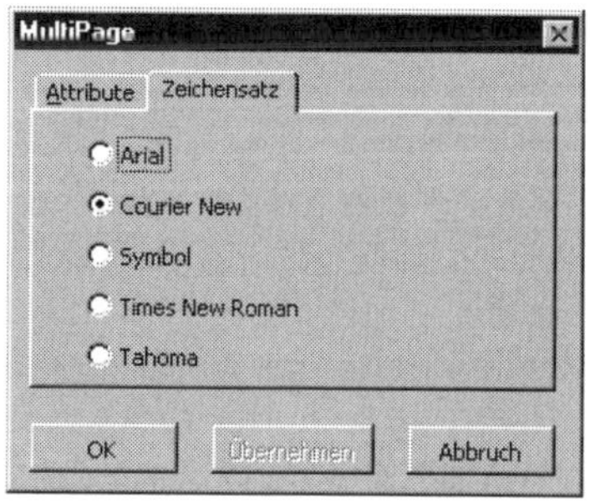

Bild 8.18: Die zweite Seite des Dialogs

Der Programmcode zum Dialog hat wenig damit zu tun, daß es sich um einen mehrseitigen Dialog handelt. Der Programmieraufwand ergibt sich mehr daraus, die Eigenschaften des *Font*-Objekts richtig zu verarbeiten. Vor dem Aufruf des Dialogs muß das zu verändernde *Font*-Objekt in die öffentliche Modulvariable *fnt* geschrieben werden. In der Prozedur *UserForm_Activate*, die automatisch beim Anzeigen des Dialogs ausgeführt wird, werden die Optionsfelder und Kontrollkästchen entsprechend den Eigenschaften von *fnt* voreingestellt.

```
' Dialog.xls, UserForm »dlgMultiPage«
Public fnt As Font
Private Sub OptionButton1_Click()    'sobald sich was ändert,
  CommandButton2.Enabled = True      'Übernehmen-Button aktivieren
End Sub
```

```
Private Sub OptionButton2_Click()     'wie oben
Private Sub OptionButton3_Click()
Private Sub OptionButton4_Click()
Private Sub OptionButton5_Click()
Private Sub CheckBox1_Click()
Private Sub CheckBox2_Click()
```

Wenig Überraschungen bieten die drei Ereignisprozeduren für die Buttons OK, ÜBERNEHMEN und ABBRUCH. Je nach Button werden die Veränderungen ausgeführt und/oder der Dialog beendet.

```
Private Sub CommandButton1_Click()     'OK
  WriteAttributes
  Hide
End Sub
Private Sub CommandButton2_Click()     'Übernehmen
  WriteAttributes
  CommandButton2.Enabled = False
End Sub
Private Sub CommandButton3_Click()     'Abbruch
  Hide
End Sub
```

Die Prozedur *ReadAttributes* testet zuerst, ob die Eigenschaften *Bold* und *Italic* des *Font*-Objekts gesetzt sind. Je nach Ergebnis werden die beiden entsprechenden Kontrollkästchen intialisiert. Etwas origineller ist die Schleife über alle Steuerelemente in der zweiten Seite des *MultiPage*-Felds: Dabei wird der Umstand ausgenutzt, daß die Beschriftungstexte der Optionsfelder exakt mit den Zeichensatznamen übereinstimmen. Wenn der Name des *fnt*-Zeichensatzes mit dem Namen des Steuerelements übereinstimmt, wird die *Value*-Eigenschaft dieses Optionsfelds auf *True* gesetzt.

Außerdem wird der Button ÜBERNEHMEN deaktiviert (also *Enabled=False*). Dieser Button wird erst dann aktiv, wenn im Dialog irgendwelche Veränderungen vorgenommen werden, also tatsächlich Daten zu übernehmen sind. Aus diesem Grund hat jedes der Steuerelemente in den beiden Seiten des Dialogs eine Ereignisprozedur mit *CommandButton2.Enabled = True*.

```
' Daten aus fnt-Variable lesen
Sub ReadAttributes()
  Dim c As Control
  If fnt.Bold Then CheckBox1 = True Else CheckBox1 = False
  If fnt.Italic Then CheckBox2 = True Else CheckBox2 = False
  For Each c In MultiPage1("Page2").Controls
    If fnt.Name = c.Caption Then c.Value = True
  Next
  CommandButton2.Enabled = False
End Sub
```

HINWEIS

Ursprünglich war geplant, *ReadAttributes* automatisch bei jedem Anzeigen des Dialogs in *UserForm_Activate* aufzurufen. Wegen eines Fehlers in Excel 97 wird die *Activate*-Ereignisprozedur aber nicht zuverlässig bei jedem Anzeigen des Dialogs ausgeführt. Aus diesem Grund muß *ReadAttributes* im Code zum Aufruf des Dialogs vor *Show* ausgeführt werden.

Gerade die umgekehrte Aufgabe hat *WriteAttributes*. Dort wird der aktuelle Zustand der Kontrollkästchen ausgewertet und das *Font*-Objekt entsprechend verändert.

```
' Daten in fnt-Variable schreiben
Sub WriteAttributes()
  Dim c As Control
  If CheckBox1 Then fnt.Bold = True Else fnt.Bold = False
  If CheckBox2 Then fnt.Italic = True Else fnt.Italic = False
  For Each c In MultiPage1("Page2").Controls
    If c.Value Then fnt.name = c.Caption
  Next
End Sub
```

Der Dialog wird durch die folgende Ereignisprozedur aufgerufen:

```
' Datei Dialog.xls, Klassenmodul »Tabelle1«
Private Sub btnMultipage_Click()
  Worksheets(3).Activate
  With dlgMultiPage
    Set .fnt = Worksheets(3).[a1].Font
    .ReadAttributes
    .Show
  End With
End Sub
```

MultiPage – Eigenschaften	
Pages	verweist auf das *Pages*-Aufzählobjekt
Pages(n)	verweist auf ein einzelnes *Page*-Objekt
MultiRow	mehrere Zeilen mit Tabulatoren zur Blattauswahl
TabOrientation	Tabulatoren links / rechts / oben / unten

Page – Eigenschaften	
Caption	Beschriftung der Seite (Tabulatortext)
ScrollBars	gibt an, ob Bildlaufleisten verwendet werden sollen
KeepScrollBarsVisible	Bildlaufleiste immer anzeigen
ScrollWidth / -Height	Größe des verschiebbaren Bereichs
ScrollLeft / -Top	linke obere Ecke des sichtbaren Bereichs
InsideWidth / -Height	Größe des nutzbaren Innenbereichs
Zoom	Vergrößerungsfaktor für Inhalt des Blatts
TransitionEffect, -Period	Effekt beim Wechsel zu einem anderen Blatt

8.4.8 Bildlaufleiste (ScrollBar) und Drehfeld (SpinButton)

Die Bildlaufleiste eignet sich dazu, eine ganze Zahl aus einem vorgegebenen Wertebereich auszuwählen. Das Steuerelement kann beispielsweise verwendet werden, um den n-ten Datensatz einer Datenbank auszuwählen, eine Farbschattierung zwischen dunkel (0) und hell (255) einzustellen etc. Im Vergleich zur Excel-5/7-Bildlaufleiste wurde der zulässige Zahlenbereich auf den *Long*-Zahlenraum erweitert (also etwa $\pm 2*10^9$). Die Bildlaufleiste kann sowohl in horizontaler als auch in vertikaler Ausrichtung verwendet werden, je nachdem, wie Sie den Rahmen beim Einfügen des Steuerelements zeichnen.

Beim Drehfeld handelt es sich um eine abgemagerte Variante der Bildlaufleiste: Es besteht nur aus zwei kleinen Pfeilen, die wahlweise nach oben / unten oder nach links / rechts zeigen. Das Drehfeld besitzt keine Bildlaufleiste.

Die wichtigsten Eigenschaften sind *Min* (kleinster erlaubter Wert), *Max* (größter erlaubter Wert), *SmallChange* (Veränderung beim Anklicken der Pfeile) und *Value* (aktueller Wert). Bei der Bildlaufleiste gibt es noch die zusätzliche Eigenschaft *LargeChange* für die seitenweise Bewegung des Schiebefelds. *Delay* gibt die Ereignisverzögerung in Millisekunden an und steuert so die maximale Veränderungsgeschwindigkeit.

Im nebenstehenden Dialog kann durch drei Bildlaufleisten die Hintergrundfarbe eines Bildfelds eingestellt werden. Der Code besteht aus sieben gleichlautenden Prozeduren:

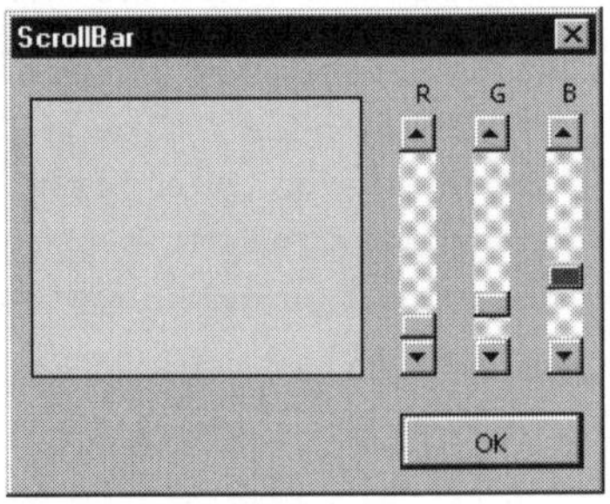

Bild 8.19: Drei Bildlaufleisten

```
' Dialog.xls, UserForm »dlgScrollBar«
Private Sub UserForm_Activate()
  Image1.BackColor = RGB(scrR, scrG, scrB)
End Sub
Private Sub scrR_Change() 'wie oben
Private Sub scrG_Change()
Private Sub scrB_Change()
Private Sub scrR_Scroll()
Private Sub scrG_Scroll()
Private Sub scrB_Scroll()
```

ScrollBar, SpinButton – Eigenschaften	
Delay	Verzögerung zwischen den Ereignissen in Millisekunden
LargeChange	seitenweise Änderung (nur für *ScrollBar*)
Min/Max	zulässiger Wertebereich
Orientation	Pfeile auf/ab oder links/rechts
SmallChange	Änderung beim Anklicken der Buttons
Value	aktueller Wert

ScrollBar, SpinButton – Ereignisse	
Change	*Value* hat sich geändert
Scroll	Schiebefeld wird gerade bewegt (nur *ScrollBar*)
SpinDown	Pfeil nach unten (nach rechts) wurde gewählt (nur *SpinButton*)
SpinUp	Pfeil nach oben (nach links) wurde gewählt (nur *SpinButton*)

8.4.9 Anzeige (Image)

Das Anzeigefeld (das in diesem Buch meist Bildfeld genannt wird) ermöglicht die Anzeige von Bitmap-Dateien, die über die *Picture*-Eigenschaft geladen werden. Wenn Sie die Grafik nicht im Eigenschaftsfenster einstellen sondern, im Programmcode laden möchten, können Sie dazu *LoadPicture* verwenden:

```
Image1.Picture = LoadPicture("dateiname")
```

Eine Menge weiterer Eigenschaften steuern die resultierende Anzeige: *PictureAlignment* gibt an, wie die Bitmap positioniert werden soll, wenn sie größer als das Bildfeld ist. *PictureSizeMode* gibt an, ob die Bitmap an die Größe des Bildfelds angepaßt werden soll (also je nach Bedarf verkleinert oder vergrößert). *PictureTiling* bestimmt, ob die Bitmap horizontal und vertikal wiederholt werden soll, um den ganzen zur Verfügung stehenden Raum zu nutzen (wie dies auch für die Hintergrund-Bitmap des Windows-Bildschirms möglich ist).

Bilder mit 256 Farben werden in MS-Forms-Dialogen zumeist in geringerer Qualität (d.h. mit weniger Farben) angezeigt. Das liegt vermutlich an der in Excel verwendeten Farbpalette.

Daneben gibt es einige bereits bekannte Eigenschaften: *AutoSize=True* bewirkt, daß das Bildfeld automatisch an die Größe der Bitmap angepaßt wird. *Border* steuert die Umrandung des Bildfelds, *SpecialEffect* 3D-Effekte für die Umrandung. Damit kann dem Bildfeld das Aussehen eines grafischen Buttons gegeben werden. Mit dem nebenstehenden Programm können Sie die diversen Effekte ausprobieren.

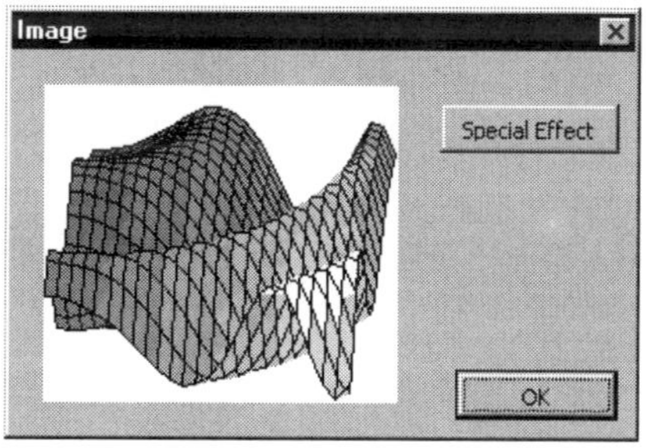

Bild 8.20: Testprogramm für die SpecialEffect-Eigenschaft

Image – Eigenschaften	
AutoSize	Bildfeld paßt sich an Bitmapgröße an
Border	Umrandung
Picture	Bitmap

PictureAlignment	Ausrichtung der Bitmap (falls Bitmap kleiner Bildfeld)
PictureSizeMode	Skalierung der Bitmap
PictureTiling	*True*, wenn Bitmap horizontal und vertikal wiederholt werden soll
SpecialEffect	3D-Effekt für Umrandung

Image – Ereignis	
Click	das Steuerelement wurde angeklickt

8.4.10 Formelfeld (RefEdit)

Das *RefEdit*-Steuerelement ermöglicht die bequeme Eingabe von Zellbezügen, also Adressen von Zellbereichen. (In Excel 5 / 7 übernahm diese Aufgabe das Textfeld, wenn *Type* entsprechend eingestellt wurde.) Das Formelfeld gehört nicht zur MS-Forms-Bibliothek, sondern ist ein eigenständiges ActiveX-Steuerelement.

Das Formelfeld weist im Vergleich zu allen anderen Steuerelementen zwei Besonderheiten auf: Erstens ist es möglich, einen Zellbereich in einem Tabellenblatt zu markieren und sogar das Tabellenblatt zu wechseln, während sich der Eingabecursor im Steuerelement befindet. (Bei allen anderen Steuerelementen reagiert Excel auf dieses Ansinnen nur mit einem Piepser.) Zweitens verkleinert sich der ganze Dialog auf die Größe des *RefEdit*-Steuerlements, so daß der Dialog nicht den Platz wegnimmt, den Sie zur Auswahl des Bereichs benötigen.

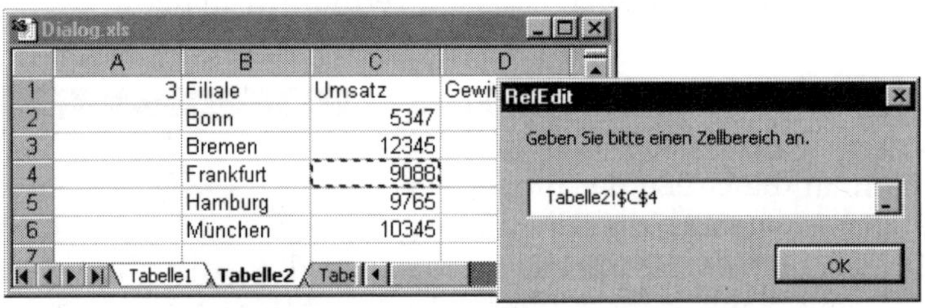

Bild 8.21: Eingabe eines Zellbezugs in einem Formelfeld

Bild 8.22: Der verkleinerter Dialog

Bild 8.23: Ergebnis der Auswahl

Das Formelfeld ist mit einer Unmenge von Eigenschaften, Methoden und Ereignissen ausgestattet, von denen Sie die meisten nie benötigen werden. (Viele Eigenschaften stimmen mit denen des Textfelds überein.) Die *Value*-Eigenschaft enthält nach der Auswahl eine Zeichenkette mit dem Zellbezug, beispielsweise *"Tabelle1!$A$1"* oder *"[Mappe2]Tabelle1!$B$13"*, wenn sich das Feld in einer anderen Excel-Datei befindet.

VORSICHT

Einen besonders ausgereiften Eindruck vermittelt das Formelfeld leider nicht: Zum einen steigt die CPU-Auslastung oft (aber nicht immer) auf 100 Prozent, während ein Dialog mit einem Formelfeld angezeigt wird. Zum anderen weist das Steuerelement zwar zahlreiche Ereignisse auf, das einzig wichtige, nämlich *Change*, wird aber durchaus nicht bei jeder Änderung ausgelöst. Wenn Sie auf der Basis der Eingabe eine Validitätskontrolle oder eine Berechnung durchführen möchten, können Sie das nur in der Ereignisprozedur eines Buttons tun.

Bedauerlicherweise können im Formelfeld nicht nur Zellbezüge, sondern beliebige Zeichenketten eingegeben werden. Nun fehlt aber eine Funktion, mit der Sie feststellen können, ob die Zeichenkette einem korrekten Zellbezug entspricht oder nicht. Sie müssen daher den nachfolgenden Code durch eine Fehlerbehandlungsroutine absichern.

Nach Abschluß des Beispieldialogs in Bild 8.21 wird in einem Meldungsdialog die Formel des ausgewählten Zellbereichs und die Summe der Zahlen in diesen Zellen angezeigt. Der erforderliche Code zur Anzeige des Meldungsdialog sieht folgendermaßen aus:

```
' Dialog.xls, UserForm »dlgRefEdit«
Private Sub CommandButton1_Click()
  On Error Resume Next
  Hide
  MsgBox "Sie haben den Bereich " & RefEdit1.Value & _
    " ausgewählt. Die Summe dieser Zellen beträgt " & _
    WorksheetFunction.Sum(Range(RefEdit1.Value))
  If Err Then
    MsgBox RefEdit1.Value & " ist kein gültiger Zellbezug"
  End If
End Sub
```

RefEdit – Eigenschaften	
Value	enthält eine Zeichenkette mit dem Zellbezug

RefEdit – Ereignisse	
Change	*Value* hat sich geändert (das Ereignis tritt leider nicht immer auf)

8.4.11 Das UserForm-Objekt

Nachdem nun alle wichtigen Steuerelemente beschrieben sind, darf auch das Objekt zur Darstellung des Dialogs nicht leer ausgehen. Alle Dialoge basieren auf dem *UserForm*-Objekt. Dieses Objekt weist eine Menge Eigenschaften auf, die Sie bereits aus anderen Steuerelementen kennen: Wie im Rahmenfeld können über die Aufzählung *Controls* alle Steuerelemente im Dialog angesprochen werden. Mit *Controls.Add* bzw. *Remove* können weitere Steuerelemente hinzugefügt bzw. entfernt werden. (Die Vorgehensweise wird in einem Beispiel in Abschnitt 8.6.3 beschrieben.) *ActiveControl* verweist auf das Steuerelement, das momentan den Eingabefokus aufweist. Mit *Zoom* kann der Skalierungsfaktor für den Innenbereich des Formulars im Bereich zwischen 10 und 400 Prozent frei eingestellt werden.

Der Hintergrund des Formulars kann mit einer Bitmap unterlegt werden. Die Bitmap wird über die *Picture*-Eigenschaft geladen. Es stehen alle Darstellungsoptionen wie beim Bildfeld zur Verfügung.

Positionierung von Dialogen

Interessanterweise gibt es einige *UserForm*-Eigenschaften und -Ereignisse, nach denen Sie im Objektkatalog vergeblich suchen werden: Beispielsweise können Sie mit der *StartupPosition* einstellen, an welcher Stelle der Dialog am Bildschirm erscheinen soll. Es gibt vier Möglichkeiten:

0 Manuelle Positionierung durch die Eigenschaften *Left* und *Top*
1 Zentriert im Excel-Fenster, Defaulteinstellung
2 Zentriert am Bildschirm
3 Windows-Defaultposition (linkes oberes Eck des Bildschirms)

Ganz unabhängig von *StartupPosition* können Sie den Dialog an jedem beliebigen Ort erscheinen lassen, wenn Sie die Eigenschaften *Left* und *Top* in der *UserForm_Activate*-Ereignisprozedur einstellen. Der ideale Ort – nämlich in der Nähe der aktuellen Mausposition – läßt sich ohne DLL-Funktionen leider nicht feststellen.

TIP

Wenn Sie im Eigenschaftsfenster *StartupPosition* anklicken und F1 drücken, erscheint die Fehlermeldung »Cannot find veenlr3.hlp file.« Sie haben nun die Gelegenheit, selbst nach der Datei zu suchen. Nun gibt es die gesuchte Datei zwar tatsächlich nicht, es findet sich aber deren deutsche Übersetzung:

```
Programme\Gemeinsame Dateien\Microsoft Shared\Vba\Vedelr3.hlp
```

Bei dieser Datei handelt es sich um die VBA-Referenz, in der die nicht Excel-spezifischen Schlüsselwörter beschrieben werden.

Ereignisse

Das *UserForm*-Objekt kennt eine Menge vertrauter Ereignisse – etwa *Click, DblClick, MouseDown, MouseMove* und *MouseUp* zur exakten Verwaltung der Maus sowie *KeyDown, KeyUp* und *KeyPress* für Tastaturereignisse.

Neu sind die Ereignisse *Activate, Deactivate, Initialize* und *Terminate. Initialize* tritt auf, wenn der Dialog in den Speicher geladen wird (vor dem ersten Anzeigen). *Terminate* sollte auftreten, wenn der Dialog wieder aus dem Speicher entfernt wird (d.h., wenn die darin enthaltenen Steuerelemente und Variablen gelöscht werden). In der so eingegrenzten Lebensspanne eines Dialogs können mehrfach *Activate* und *Deactivate* das Anzeigen bzw. Entfernen eines Dialogs anzeigen.

In der Praxis sieht es leider ein wenig anders aus. Das Auftreten der Ereignisse hängt nämlich davon ab, ob in der Entwicklungsumgebung der Dialogeditor (also ein beliebiges *UserForm*-Fenster) angezeigt wird. Dialoge verhalten sich also unterschiedlich, je nach dem, ob die Entwicklungsumgebung aktiv ist oder nicht!

Wenn ein Dialogfenster in der Entwicklungsumgebung geöffnet ist – also üblicherweise beim Test von Dialogen während deren Entwicklung –, funktionieren *Initialize, Activate* und *Deactivate* wie dokumentiert, *Terminate* tritt nie auf.

Wenn die Entwicklungsumgebung dagegen geschlossen ist oder zumindest kein Dialog darin angezeigt wird, tritt beim ersten Anzeigen eines Dialogs zuerst *Initialize* und dann *Activate* auf. Das war es dann aber auch. Beim Schließen des Dialogs gibt es kein *Deactivate*, beim nächsten Anzeigen auch kein *Activate* mehr. *Terminate* tritt auch jetzt nicht auf. (Es ist während der Tests mit diesen Ereignissen kein einziges Mal gelungen, ein *Terminate*-Ereignis auszulösen.)

Activate- und *Deactivate*-Ereignisse treten auch dann auf, wenn ein zweiter Dialog angezeigt wird, während der erste noch aktiv ist (also etwa in der Ereignisprozedur eines Buttons des ersten Dialogs). In diesem Fall spielt es keine Rolle, ob Dialogfenster in der Entwicklungsumgebung angezeigt werden oder nicht.

Außer einer ersten Initialisierung, die Sie in der aktuellen Version nach Belieben in *UserForm_Initialize* oder *UserForm_Activate* durchführen können, sollten Sie von den vier hier erwähnten *UserForm*-Ereignissen lieber die Finger lassen. Es bleibt nur zu hoffen, daß die nächste Excel-Version bzw. der für Herbst versprochene Service-Pack nicht ganz so schlampig programmiert sind.

ACHTUNG

Um es nochmals zu betonen: Die *Activate*-Ereignisprozedur wird nicht bei jedem Anzeigen des Dialogs ausgeführt. Dieses Verhalten tritt nur solange auf, wie ein Dialog in der Entwicklungsumgebung angezeigt wird. Während der Entwicklung glauben Sie daher, alles funktioniert. Sobald der Anwender Ihr Programm verwendet – natürlich ohne die Entwicklungsumgebung zu öffnen – tritt das *Activate*-Ereignis aber nur noch beim *ersten* Anzeigen des Dialogs auf. Ab dem zweiten Mal werden eventuell notwendige Initialisierungsarbeiten werden nicht mehr durchgeführt! Abhilfe: Rufen Sie eine eigene Initialisierungsprozedur manuell vor jeder *Show*-Methode aus!

UserForm – Eigenschaften	
ActiveControl	aktives Steuerelement innerhalb der Gruppe
Controls	Zugriff auf die enthaltenen Steuerelemente
InsideWidth / -Height	Größe des nutzbaren Innenbereichs
KeepScrollBarsVisible	Bildlaufleiste immer anzeigen
Picture	Bitmap
PictureAlignment	Ausrichtung der Bitmap (falls Bitmap kleiner Bildfeld)
PictureSizeMode	Skalierung der Bitmap
PictureTiling	*True,* wenn Bitmap horizontal und vertikal wiederholt werden soll
ScrollBars	gibt an, ob Bildlaufleisten verwendet werden sollen
ScrollLeft / -Top	linke obere Ecke des sichtbaren Bereichs
ScrollWidth / -Height	Größe des verschiebbaren Bereichs
Zoom	Vergrößerungsfaktor für Inhalt des Rahmens

UserForm – Ereignisse	
Activate	der Dialog wird angezeigt
Click	der Dialog (nicht ein Steuerelement) wurde angeklickt
Deactivate	der Dialog wird geschlossen
Initialize	der Dialog wird in den Speicher geladen (Initialisierung)
Terminate	der Dialog wird aus dem Speicher entfernt (Aufräumarbeiten)

8.5 Steuerelemente direkt in Tabellen verwenden

Die meisten im vorigen Abschnitt vorgestellten Steuerelemente können nicht nur in Dialogen, sondern auch unmittelbar in Tabellen- und Diagrammblättern verwendet werden. (Ausnahmen sind *MultiPage* und *TabStrip* für mehrblättrige Dialoge, *RefEdit* für Zellbezüge sowie das Rahmenfeld *Frame.*) Steuerelemente in Tabellen ermöglichen die Gestaltung von besonders einfach zu bedienenden Tabellen. Dazu einige Anwendungsbeispiele:

- Sie können einen Button zum Speichern oder Ausdrucken der aktiven Tabelle oder für andere oft benötigte Arbeitsschritte vorsehen.

- Über ein Kontrollkästchen oder ein Optionsfeld können verschiedene Berechnungsoptionen innerhalb der Tabelle ausgewählt werden.
- Ein Drehfeld kann zur bequemen Einstellung von Berechnungsparametern verwendet werden.
- Ein Listenfeld kann dazu eingesetzt werden, eines von mehreren Berechnungsmodellen auszuwählen.
- Über eine ganze Gruppe von Buttons kann eine zentrale Steuerung eines Programms realisiert werden.

Wo liegen die Vorteile von Tabellenblättern mit Steuerelementen? Der größte Vorteil gegenüber Dialogen besteht darin, daß Sie in Tabellenblättern viel flexibler sind. Der Anwender hat die Möglichkeit, den sichtbaren Bereich der Tabelle über die Bildlaufleisten einzustellen. Probleme, die bei der Bearbeitung eines zu großen Dialogs auf einem Laptop mit 640*480 Pixeln auftreten können, stellen innerhalb eines Tabellenblatts kein Problem dar.

Auch in der Anwendung gibt es mehr Flexibilität: Während ein Dialog abgeschlossen werden muß, bevor ein Weiterarbeiten in Excel möglich ist, ist ein Sprung von einem Tabellenblatt in das nächste jederzeit möglich.

Ein weiterer Pluspunkt für Tabellen besteht darin, daß alle Gestaltungs- und Rechenmerkmale von Tabellen parallel zu den Steuerelementen weiterverwendet werden können. Beispielsweise kann ein Diagramm je nach Einstellung eines Drehfelds sofort aktualisiert werden.

Wo es so viele Vorteile gibt, muß es auch Nachteile geben: der wichtigste besteht darin, daß die Bedienung der Steuerelemente in Tabellen über die Tastatur unmöglich ist. Es besteht keine Möglichkeit, Steuerelementen eine Zugriffstaste zuzuordnen oder zwischen Steuerelementen mit Tab zu springen. (Dieser Nachteil ist gerade für Anwendungen, die sehr oft und sehr effizient genutzt werden sollen, nicht zu unterschätzen! Der einzige Ausweg besteht darin, daß Sie Prozeduren zur Tastaturverwaltung einrichten (Eigenschaft *OnKey*) – das ist aber mit erheblichem Programmieraufwand verbunden.)

Ein weiterer Nachteil besteht darin, daß Tabellen mit Steuerelementen zur Steuerung von Add-Ins ungeeignet sind. (Add-Ins sind generell unsichtbar und werden zumeist durch Dialoge gesteuert. Siehe Kapitel 13!)

Schließlich bleibt noch zu erwähnen, daß Listen (»Datenbanken«) in Tabellen mit Dropdown-Listenfeldern kombiniert werden können. Diese Listenfelder werden allerdings nicht als Steuerelemente in die Tabelle eingefügt, sondern mit DATEN | FILTER | AUTOFILTER aktiviert und direkt von Excel verwaltet. Da es sich bei diesen Listenfeldern nicht um richtige Steuerelemente handelt, sondern um ein Hilfsmittel zur Strukturierung von Daten, werden Autofilter im Datenbankkapitel behandelt – siehe Abschnitt 11.2.3.

VERWEIS

Beispiele für Tabellen mit Steuerelementen geben die Blätter »Hauptmenü« und »Tabelle mit Steuerelementen« in `Dialog.xls`. Weitere Anwendungsbeispiele finden Sie in Abschnitt 1.6 (Steuerung der Literaturdatenbank) sowie in Kapitel 10 (Mustervorlagen): Dort wird beispielsweise ein Kontrollkästchen eingesetzt, um zwischen Rechnungen für das In- und das Ausland zu unterscheiden (Endbetrag mit oder ohne USt) oder um einen von mehreren möglichen Leihwagentypen (mit unterschiedlichen Preiskategorien) auszuwählen.

Arbeitstechniken

Das meiste, was Sie an Bedienungsregeln im Dialogeditor gelernt haben, können Sie jetzt wieder vergessen. Es ist wirklich verblüffend, in wie vielen Details der Umgang mit Steuerelementen in Tabellen inkonsistent zum Dialogeditor ist.

Damit Sie überhaupt Steuerelemente in ein Tabellenblatt einfügen können, müssen Sie die Symbolleiste »Steuerelement-Toolbox« aktivieren. (Achten Sie darauf, daß Sie nicht versehentlich die sehr ähnlich aussehende »Formular«-Symbolleiste verwenden. Diese Symbolleiste enthält die Excel-5/7-Steuerelemente, die gleich aussehen, aber anders zu bedienen sind!)

Das Einfügen der Steuerelemente erfolgt wie bei Dialogblättern. Der Umgang mit den Steuerelementen ist allerdings schwieriger, weil Excel bei jedem Anklicken annimmt, daß Sie das Steuerelement tatsächlich benutzen möchten. Aus diesem Grund können Sie mit dem ENTWURFSMODUS-Symbol zwischen einem Arbeits- und einem Entwurfsmodus umschalten. Nur im Entwurfsmodus können Sie die Steuerelemente bearbeiten.

Zur Beschriftung der Steuerelemente reicht kein einfacher Mausklick mehr – vielmehr müssen Sie den Kontextmenüeintrag OBJEKT | BEARBEITEN wählen. Sie können nun den Text verändern (Strg+Return fügt eine neue Zeile ein). Die Eingabe wird nicht etwa mit Return beendet, sondern mit Esc! (Das widerspricht allen Gepflogenheiten unter Windows.)

Die meisten weiteren Eigenschaften können über das Eigenschaftsfenster eingestellt werden. Allerdings stehen dort nicht alle vom Dialogeditor bekannten Eigenschaften zur Verfügung. Zu allem Überfluß haben manche Eigenschaften sogar einen anderen Namen (etwa *LinkedControl* statt *ControlSource*, *ListFillRange* statt *RowSource* etc.)

TIP

Die Markierung mehrerer Steuerelemente kann ganz einfach durch das Zeichnen eines Rahmens mit der Maus erfolgen, wenn Sie vorher den Button OBJEKTE MARKIEREN in der Symbolleiste »Zeichnen« anklicken.

TIP

Oft bereitet es Mühe, die Steuerelemente ordentlich zu plazieren: Alle Buttons sollten möglichst gleich groß sein, nach einer Linie ausgerichtet sein, den gleichen Abstand zueinander haben etc. Die aus dem Dialogeditor bekannten FORMAT-Kommandos stehen in Tabellenblättern leider nicht vollständig zur Verfügung. Ein Teil der Kommandos ist in der »Zeichnen«-Symbolleiste verborgen (Menükommando AUSRICHTEN UND VERTEILEN). Wenn Sie mehrere Steuerelemente gleich breit oder hoch machen möchten, markieren Sie die Steuerelemente (Maus plus Shift statt wie sonst üblich mit Strg) und geben im Eigenschaftsfenster für *Width* bzw. *Height* einen Zahlenwert ein.

Wenn Sie einen Button beim Kopieren nur vertikal oder nur horizontal verschieben möchten, können Sie die Maustaste zusammen mit Shift+Strg drücken.

Steuerelement formatieren

Während die MS-Forms-spezifischen Eigenschaften über das Eigenschaftsfenster eingestellt werden, gibt es einige weitere Excel-spezifische Eigenschaften, die im Dialog »Steuerelement formatieren« verändert werden können. (Genaugenommen handelt es sich hier um Eigenschaften des *Shape*-Objekts, das intern zur Einbettung der Steuerelemente verwendet wird – siehe unten.)

Der Dialog wird über das Kontextmenü zum Steuerelement aufgerufen. Die interessantesten Einstellmöglichkeiten bietet das Dialogblatt »Eigenschaften«: Dort wird bestimmt, wie sich Größe und Position des Steuerelements verändern, wenn Spaltenbreite und Zeilenhöhe verändert werden. Außerdem kann angegeben werden, ob das Steuerelement zusammen mit der restlichen Tabelle ausgedruckt werden soll (standardgemäß ist diese Option aktiviert).

TIP

Excel verwendet als Schriftart (*Font*-Eigenschaft) automatisch MS Sans Serif. Diese Schriftart ist allerdings sehr schlecht lesbar, wenn die Zoom-Faktor der Tabelle auf Werte kleiner als 100 Prozent eingestellt wird. Verwenden Sie als Schriftart daher besser Arial oder die Office-97-Schrift Tahoma.

TIP

Tabellen sind im Gegensatz zu Dialogen schlecht gegen eine (oft unbeabsichtigte) Veränderung durch den Benutzer abgesichert. Sobald Sie die Gestaltung eines Tabellenblatts abgeschlossen haben, sollten Sie das Blatt vor unbeabsichtigten Änderungen schützen. Deaktivieren Sie dazu zuerst für alle Zellen und Steuerelemente, die veränderlich bleiben sollen, den defaultmäßig aktivierten Schutz (Kontextmenüeintrag OBJEKT oder ZELLEN FORMATIEREN, danach Dialogblatt »Schutz«). Anschließend aktivieren Sie die Schutzfunktion für das gesamte Blatt mit EXTRAS | DOKUMENT SCHÜTZEN | BLATT.

Eigenschaften zur Positionierung von Steuerelementen (Shape-Objekt)

Die Einbettung von Steuerelementen in Tabellenblätter erfolgt durch ***Shape***-Objekte mit *Type=msoOLEControlObject* (siehe auch Abschnitt 14.2). Die Eigenschaften zur Positionierung der Steuerelemente basieren daher auf den *Shape*-Eigenschaften: Zu jedem Steuerelement wird der linke obere Eckpunkt (*Left* und *Top*) sowie Breite und Höhe (*Width* und *Height*) gespeichert. Diese Koordinaten beziehen sich auf das linke obere Eck des Dialogs bzw. Tabellenblatts. *TopLeftCell* und *BottomRightCell* geben darüber hinaus die Zellen unter dem linken oberen bzw. unter dem rechten unteren Eck des Steuerelements an.

Placement bestimmt, wie sich das Steuerelement bei einer Veränderung der Tabelle verhalten soll: Durch die Einstellung *xlMoveAndSize* wird erreicht, daß das Steuerelement bei einer Änderung der Breite oder Höhe der Tabelle entsprechend verschoben und in seiner Größe verändert wird. (D. h., daß die Eigenschaften *Left, Top, Width* und *Height* automatisch angepaßt werden.) Bei der Einstellung *xlMove* bleibt die Größe konstant, der Ort ist noch immer variabel. Bei der Einstellung *xlFreeFloating* sind Größe und Position vom Aufbau der Tabelle unabhängig; *Left* und *Top* ändern sich also nicht, ganz egal wie Sie Zeilen und Spalten verändern.

HINWEIS

Alle hier aufgezählten Eigenschaften gelten nicht nur für Steuerelemente, sondern auch für alle anderen Zeichnungsobjekte (Linien, Pfeile, OLE-Objekte, eingebettete Diagramme etc.)

Kommunikation zwischen Steuerelement und Tabellenblatt

Die Kommunikation zwischen Steuerelement und Tabellenblatt wird durch ein ***ControlFormat***-Objekt hergestellt, das über die gleichnamige Eigenschaft des *Shape*-Objekts angesprochen werden kann. Das *ControlFormat*-Objekt ist normalerweise transparent. Seine Eigenschaften tauchen – soweit sinnvoll – im Eigenschaftsfenster des Steuerelements auf und können auch im Programmcode wie Steuerelementeigenschaften verwendet werden (betrifft etwa *LinkedCell, ListFillRange* und *PrintObject*).

Besonderheiten bei Buttons

ACHTUNG

In der Defaulteinstellung behält der Button nach dem Anklicken den Eingabefokus. In Dialogen ist das kein Problem. Solange sich aber der Eingabefokus in irgendeinem Objekt eines Tabellenblatt befindet, weigert sich Excel, alle möglichen Operationen durchzuführen. Vollkommen korrekter Code funktioniert aus diesem Grund nicht mehr, Sie können weder Tabellenzellen noch die Benutzeroberfläche verändern. Zu allem Überfluß sind die dabei angezeigten Fehlermeldungen ohne jede Aussagekraft.

Abhilfe bietet die Einstellung der Eigenschaft *TakeFocusOnClick=False*. Damit bleibt der Fokus auch beim Klick auf den Button dort, wo er bisher war, und Sie können in der Ereignisprozedur jede Operation durchführen. Warum diese Eigenschaft nicht von vornherein auf *False* gestellt ist, weiß nur Microsoft (und sicher ist auch das nicht ...).

Die Eigenschaft *TakeFocusOnClick* existiert leider nur für Buttons, würde aber oft auch für andere Steuerelemente benötigt werden. Wenn Sie beispielsweise nach dem Anklicken eines Kontrollkästchen erreichen möchten, daß der Eingabefokus anschließend wieder auf eine Zelle des Tabellenblatts gerichtet wird, können Sie die folgende Zeile in die *Click*-Ereignisprozedur des Steuerelements einfügen:

```
Me.Range("C1").Activate
```

Me bezieht sich dabei auf das Tabellenblatt, in dem sich das Steuerelement befindet (weil sich die Ereignisprozedur im Klassenmodul des Tabellenblatts befindet). C1 ist eine beliebige Zelle. Wenn Sie den Fokus in die Zelle richten möchten, die dem Steuerelement am nächsten liegt, können Sie das folgende Kommando verwenden:

```
CheckBox1.TopLeftCell.Activate
```

Besonderheiten bei Listenfeldern

Der Inhalt des Listenfelds kann über die Eigenschaft *ListFillRange* eingestellt werden. Das Ergebnis der Auswahl wird in die durch *LinkedControl* angegebene Zelle geschrieben.

Im Unterschied zum Excel-5/7-Listenfeld wird in die *ControlSource*-Zelle der ausgewählte Listentext statt der Indexnummer übertragen. Oft wird zur weiteren Auswertung der Auswahl aber eine Indexnummer benötigt. Abhilfe: Stellen Sie *BoundColumn* auf 0.

Aber auch jetzt gibt es noch einen Unterschied zum Excel-5/7-Listenfeld: Die *ControlSource*-Zelle enthält Werte zwischen 0 und *ListCount-1* (statt wie bisher zwischen 1 und *ListCount*). Sie können diesen Umstand zwar bei der weiteren Auswertung der Auswahl berücksichtigen, es ist jetzt aber nicht mehr möglich, zwischen dem ersten Listeneintrag (Wert 0) oder überhaupt keiner Auswahl (Wert *Null*) zu unterscheiden. Der Grund: In Excel-Tabellen wird *Null* fallweise als 0 interpretiert (manchmal auch als Wert *#NV*). Eine Erkläung, warum Excel den Wert *Null* je nach Laune unterschiedlich interpretiert, muß ich leider schuldig bleiben.

Die nächste Eigenheit betrifft die Initialisierung: Beim Laden einer Tabelle mit einem Listenfeld wird kein Eintrag dieses Steuerelements aktiviert. *ListIndex* hat den Wert -1. Falls dieser undefinierte Zustand nicht erwünscht ist, muß in *Worksheet_Open* (Objekt »Diese Arbeitsmappe«) ein eindeutiger Zustand hergestellt werden. Durch *ListIndex=0* kann beispielsweise der erste Eintrag aktiviert werden.

ACHTUNG

Listenfelder mit *ListStyle=fmListStylePlain* (also in der Defaulteinstellung) werden manchmal fehlerhaft angezeigt, d.h., es sind nicht alle Listeneinträge sichtbar. Abhilfe schafft *ListStyle=fmListStyleOption*, wodurch die Listeneinträge wie Optionsfelder angezeigt werden.

Programmcode

Die Ereignisprozeduren zu den Steuerelementen befinden sich im Modul zum jeweiligen Tabellenblatt. Wenn Sie das Symbol CODE ANZEIGEN anklicken oder das gleichnamige Kontextmenükommando auswählen, erfolgt ein Wechsel in die Entwicklungsumgebung, wo die entsprechenden Anweisungen *Sub* und *End Sub* gleich eingefügt werden.

ACHTUNG

Beim Kopieren eines Tabellenblatts mit eingelagerten MS-Forms-Steuerelementen werden diese zwar kopiert, sie erhalten dabei aber neue Namen (*CommandButton1, CommandButton2* etc.). Der Programmcode wird natürlich nicht entsprechend geändert. Daraus resultieren zwei Probleme:

- Die zu den Steuerelementen gehörenden Ereignisprozeduren werden nicht mehr berücksichtigt. (Wenn ein Button angeklickt wird, gibt es keine Reaktion.)
- Wenn im Programmcode Referenzen auf die Steuerelemente benutzt werden – etwa um die Eigenschaft eines Listenfelds zu verändern – treten beim automatischen Kompilieren des neuen Programmcodes Syntaxfehler auf (weil auf Objekte verwiesen wird, die es im neuen Blatt unter diesem Namen nicht gibt).

Abhilfe: Eine wirkliche Lösung zu dem Problem – sofern Sie nicht auf die nächste oder übernächste Excel-Version warten möchten – gibt es nicht. Am einfachsten ist es, die alten Excel-5/7-Steuerelemente zu verwenden, bei denen diese Probleme nicht auftreten. (Die Steuerelemente behalten Ihren Namen. Sie verweisen auf dieselben Ereignisprozeduren wie im Original. Wenn das Blatt in eine andere oder neue Arbeitsmappe kopiert werden, verweisen die Steuerelemente auf die Ereignisprozeduren der ursprünglichen Arbeitsmappe.)

Wenn Sie den Programmcode im kopierten Blatt gar nicht benötigen, können Sie in den diversen Ereignisprozeduren einfach globale Prozeduren aufrufen, die in einem anderen Blatt definiert sind. Im kopierten Blatt klappt dann die Zuordnung zu den Ereignisprozeduren noch immer nicht, aber immerhin treten keine Kompilierfehler auf.

Das Startmenü zu Dialog.xls

Das Blatt »Hauptmenü« in `Dialog.xls` dient als zentrale Steuerung für alle Dialoge der Arbeitsmappe (siehe Bild 8.24). Das Blatt enthält eigentlich nur ein paar Buttons. Sein Reiz besteht in der optischen Formatierung der Buttons und der Gestaltung des Hintergrunds, die vergessen macht, daß das Blatt in Wirklichkeit eine ganz normale Tabelle ist.

Die den Buttons zugeordneten Ereignisprozeduren sind sehr einfach, so daß hier nur eine exemplarisch abgedruckt ist:

```
' Dialog.xls, Objekt »Tabelle1«
Private Sub btnFrame_Click()
  dlgFrame.Show
End Sub
```

Zur optischen Gestaltung des Tabellenblatts wurden einfach alle Zellen mit einer Hintergrundfarbe versehen. Unter die Buttons wurde ein Rechteck mit abgerundeten Ecken und einer anderen Farbe gelegt. Das Rechteck wurde als AutoForm-Objekt eingefügt (Symbolleiste »Zeichnen«) und mit dem Kontextmenüeintrag IN DEN HINTERGRUND unter allen Buttons plaziert. Außerdem wurden via EXTRAS | OPTIONEN die Zeilen- und Spaltenköpfe und die Gitternetzlinien unsichtbar gemacht.

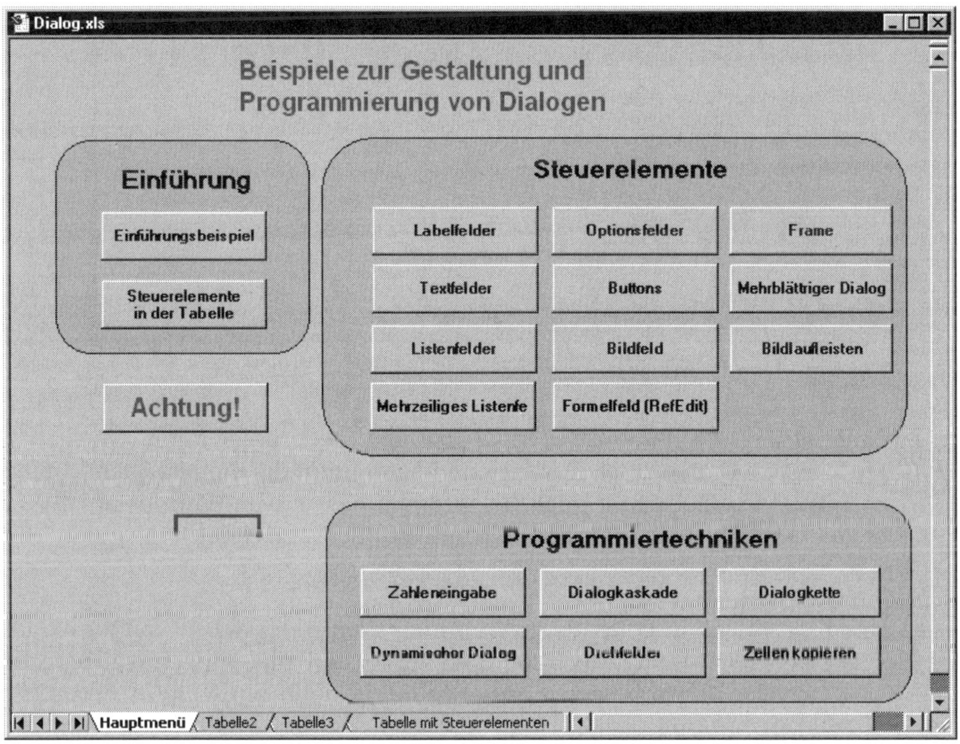

Bild 8.24: Die Buttonzentrale von Dialog.xls

Ein simples Berechnungsmodell mit Steuerelementen

Das Blatt »Tabelle mit Steuerelementen« demonstriert die Verbindung eines Kontrollkästchens und eines Listenfelds mit einer einfachen Tabelle plus Diagramm. Mit dem Kontrollkästchen wird bestimmt, ob in der darunter befindlichen Tabelle ein Rabatt berücksichtigt wird. Das Listenfeld ermöglicht die Auswahl eines von fünf verschiedenen Rabattmodellen. Die Tabelle und die dazugehörende Grafik werden sofort aktualisiert. Das Beispiel ist zwar recht einfach gehalten, es demonstriert aber eindrucksvoll, wie sich allein durch das Anklicken eines Steuerelements der Rechnungsendbetrag verändert.

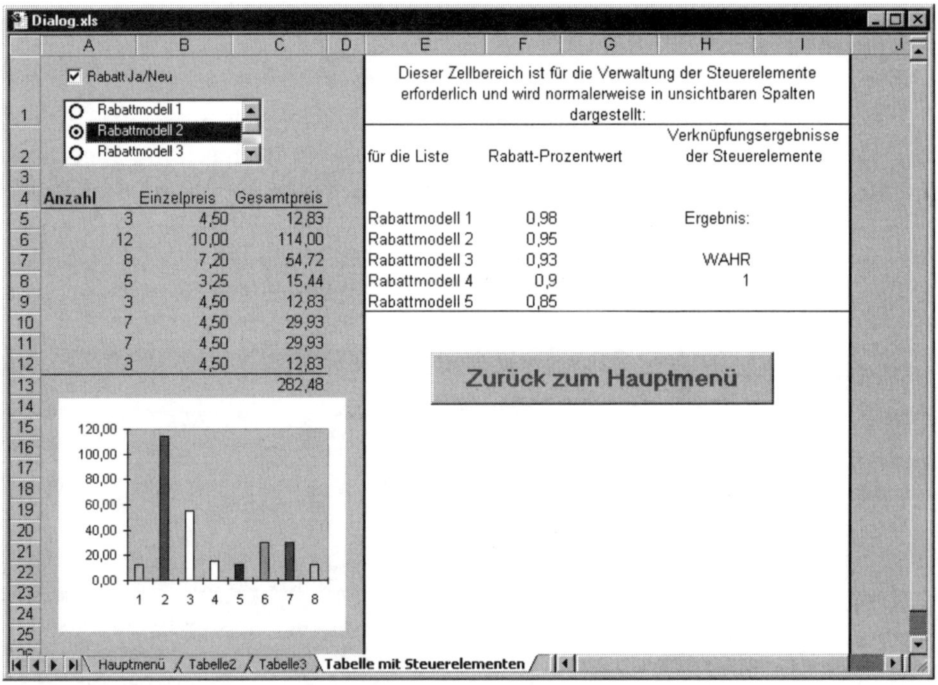

Bild 8.25: Eine Tabelle mit integrierten Steuerelementen

Der Zustand des Kontrollkästchens wird über die Steuerungsoption »Ausgabeverknüpfung« in Zelle H7 angezeigt. Das Listenfeld entnimmt die dargestellten Listeneinträge dem Zellbereich E5:E9 und trägt die Nummer des aktiven Eintrags in H8 ein. In den Zellen der Gesamtpreisspalte wird folgende Formel verwendet:

```
=WENN($H$7=FALSCH; B5*A5; B5*A5*INDEX($F$5:$F$9;$H$8))
```

Diese Formel hat folgende Bedeutung: Wenn das Kontrollkästchen inaktiv ist, dann wird der Gesamtpreis einfach als Produkt von Anzahl mal Einzelpreis berechnet. Wenn das Kontrollkästchen dagegen ausgewählt ist, dann wird dieses Produkt mit einem Rabattfaktor multipliziert, der aus der Tabelle in den Zellen F5:F9 entnommen wird. Der Zugriff auf diesen Faktor erfolgt über die Tabellenfunktion *INDEX*, mit der der Inhalt der n-ten Zeile dieses Bereichs gelesen wird.

In der Ereignisprozedur zum *CheckBox*-Steuerelement wird das Listenfeld ein- bzw ausgeblendet.

```
' Dialog.xls, Klassenmodul Tabelle4 (»Tabelle mit Steuerelementen«)
Private Sub CheckBox1_Click()
  ListBox1.Visible = CheckBox1.Value
  Me.Range("C1").Activate
End Sub
```

In einer realen Anwendung würden Sie die Spalten E bis I unsichtbar machen (Kontextmenüeintrag AUSBLENDEN). Diese Spalten enthalten lediglich Daten zur internen Verwaltung der beiden Steuerelemente und sind für den Anwender einer Tabelle in der Regel uninteressant.

8.6 Programmiertechniken

8.6.1 Zahleneingabe

Das Beispiel »Dialog Einführungsbeispiel« stellt einen Dialog zur Eingabe eines Zahlenwerts zwischen 0 und 100 vor. Der Dialog weist zwei besondere Merkmale auf:

- Gültigkeitskontrolle der Eingabe bei OK.
- Gegenseitige Aktualisierung von Bearbeitungsfeld und Bildlauffeld bei Veränderungen im jeweils anderen Steuerelement.

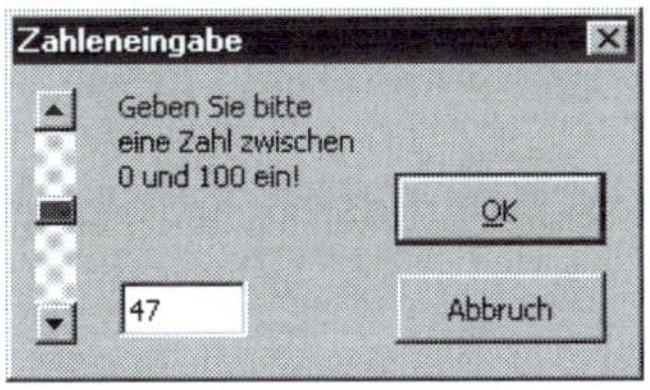

Bild 8.26: Dialog zur Eingabe eines Werts zwischen 0 und 100

Die Übergabe des Ergebnisses erfolgt wie bei den meisten Beispielen dieses Kapitels über die Modulvariable *result*. Neu bei diesem Beispiel ist der Umstand, daß über diese Variable nun auch der Startzustand des Dialogs vor dem Aufruf eingestellt werden kann. Um sicherzustellen, daß die erforderlichen Initialisierungsarbeiten trotz des unzuverlässigen *UserForm_Activate*-Ereignisses durchgeführt werden, wurde der Dialog mit einer neuen Methode *ShowMe* ausgestattet, der gleichzeitig die Initialisierung und die Anzeige übernimmt.

```
' Dialog.xls, Klassenmodul »dlgNumber«
Option Explicit
Public result
Public Sub ShowMe()
  Dim nmb
  nmb = result
  If nmb < 0 Or Not IsNumeric(nmb) Then nmb = 0
  If nmb > 100 Then nmb = 100
  txtNumber = nmb: scrSlider = nmb
  Show
End Sub
```

Die Synchronisierung zwischen Textfeld (*txtNumber*) und Bildlaufleiste (*scrSlider*) erfolgt durch die Ereignisprozeduren dieser beiden Steuerelemente.

```
Private Sub scrSlider_Change()
  txtNumber = scrSlider
End Sub
Private Sub scrSlider_Scroll()
  scrSlider_Change
End Sub
Private Sub txtNumber_Change()
  Dim nmb
  nmb = Val(txtNumber)
  If nmb >= 0 And nmb <= 100 And IsNumeric(txtNumber) Then
    scrSlider = nmb
  End If
End Sub
```

Wenn der Dialog dagegen mit OK abgeschlossen wird, überprüft *btnOK_Click* den Inhalt des Eingabefelds. Wenn dieser außerhalb des gültigen Wertebereichs liegt, wird der Anwender durch eine Meldung dazu aufgefordert, die Eingabe zu korrigieren. Gleichzeitig wird der Eingabefokus auf das Bearbeitungsfeld gesetzt (*Focus*-Methode). Wenn die Eingabe korrekt ist, wird der Dialog beendet (*Hide*-Methode).

```
Private Sub btnOK_Click()
  Dim nmb
  nmb = Val(txtNumber)
  If nmb < 0 Or nmb > 100 Or Not IsNumeric(txtNumber) Then
    MsgBox "Geben Sie bitte eine Zahl zwischen 0 und 100 ein!"
    txtNumber.SetFocus
  Else
    result = nmb
    Hide
  End If
End Sub
```

8.6.2 Dialoge gegenseitig aufrufen

Für den gegenseitigen Aufruf mehrerer Dialoge bestehen zahlreiche Anwendungsmöglichkeiten:

- Wenn dem Anwender bei der Eingabe ein Fehler unterlaufen ist, kann er über einen Meldungsdialog auf diesen Fehler hingewiesen und zur Korrektur aufgefordert werden.
- Für selten benötigte Spezialoptionen kann ein eigener Subdialog definiert werden, der über einen OPTIONEN-Button aufgerufen wird. Nach der Eingabe der Optionen erscheint wieder der ursprüngliche Dialog.
- Wenn die Eingabedaten so komplex sind, daß sie nicht in einem einzigen Dialog untergebracht werden können, kann eine ganze Dialogkette (wie bei den Assistenten) definiert werden, die der Anwender Schritt für Schritt durchläuft.

Dialogkaskaden

Die Programmierung von Kaskaden bereitet wenig Schwierigkeiten. Im wesentlichen muß einfach eine Ereignisprozedur für den jeweiligen Button programmiert werden, in dem mit *Show* der jeweils nächste Dialog gestartet wird. Bereits vorhandene Dialoge werden dadurch nicht beeinträchtigt und werden nach Ende des jeweils letzten Dialogs automatisch wieder aktiv. (Für Visual-Basic-Profis: Die Dialoge werden modal angezeigt, d.h. die jeweils vorangegangenen Dialoge sind bis zur Beendigung des letzten Dialogs blockiert.)

In `Dialog.xls` ist eine dreistufige Kaskade der Dialogblätter »Kaskade1« bis »Kaskade3« enthalten, die das Schema demonstriert (ohne wirklich eine Einstellmöglichkeit für irgendwelche Optionen zu bieten). Hier ist beispielhaft der Code zum zweiten Dialog abgedruckt; die Ereignisprozeduren für den ersten und dritten Dialog sehen ganz ähnlich aus.

```
' Dialog.xls, UserForm »dlgCascade2«
Private Sub btnOK_Click()
  Hide
End Sub
Private Sub btnCancel_Click()
  Hide
End Sub
Private Sub btnOption_Click()
  dlgCascade3.Show
End Sub
```

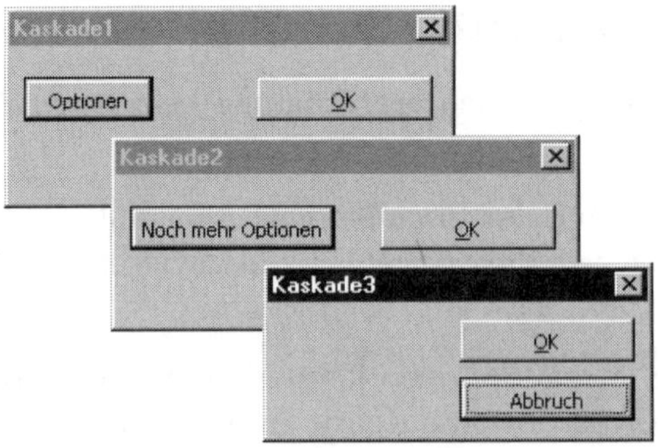

Bild 8.27: Eine dreistufige Dialogkaskade (es können alle drei Dialoge gleichzeitig sichtbar sein)

Dialogketten (Gestalten eigener Assistenten)

Bei Dialogketten gibt es mehrere Dialoge, von denen immer nur einer sichtbar ist (und nicht mehrere gleichzeitig). Über den WEITER- und ZURÜCK-Button kann zum nächsten bzw. zum vorherigen Button gesprungen werden, bis alle Eingaben durchgeführt und die Dialogkette im letzten Dialog beendet wird. Während die Programmierung von Dialogketten in Excel 5 und 7 beinahe unweigerlich zu Schwierigkeiten führte und eine zentrale Steuerungsprozedur erforderte, gibt es damit dank MS-Forms-Bibliothek in Excel 97 keine Probleme mehr.

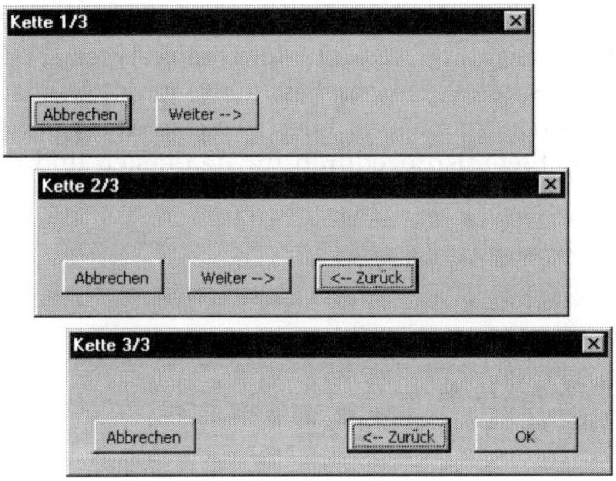

Bild 8.28: Eine dreistufige Dialogkette (es ist immer nur ein Dialog sichtbar)

Die einzige Besonderheit des Beispiels besteht in der manuellen Positionierung der Dialoge: Wenn Dialog 1 vom Anwender an eine andere Position verschoben wird, erscheinen die Dialoge 2 und 3 ebenfalls an dieser neuen Position. Um dieses Merkmal zu ermöglichen, muß in der Entwicklungsumgebung die Eigenschaft *StartupPosition* auf manuell (0) gesetzt werden. Jetzt kann die Position der Dialoge durch die Eigenschaften *Left* und *Top* vor der Anzeige durch *Show* beeinflußt werden.

Nun zum Beispiel: Es zeigt lediglich das Prinzip einer Dialogkette, ohne wirklich eine Funktion zu erfüllen. Die Ereignisprozeduren für den zweiten Dialog sehen folgendermaßen aus:

```
' Dialog.xls, UserForm »dlgChain2«
Private Sub btnNext_Click()
  dlgChain3.Left = Left
  dlgChain3.Top = Top
  Hide
  dlgChain3.Show
End Sub
Private Sub btnPrevious_Click()
  dlgChain1.Left = Left
  dlgChain1.Top = Top
  Hide
  dlgChain1.Show
End Sub
Private Sub btnCancel_Click()
  Hide
End Sub
```

8.6.3 Dialoge dynamisch verändern

Mit einer dynamischen Veränderung eines Dialogs ist gemeint, daß dieser sein Aussehen verändert, während er angezeigt wird. Ein Beispiel für einen vordefinierten dynamischen Dialog stellt der Dialog zum Suchen und Ersetzen dar. Wenn Sie BEARBEITEN | SUCHEN ausführen und anschließend den ERSETZEN-Button anklicken, wird der SUCHEN-Dialog durch einige zusätzliche Elemente erweitert.

Dynamische Dialoge werden immer dann verwendet, wenn ein Dialog für mehrere ähnliche Anwendungsfälle eingesetzt werden soll oder wenn der Anwender nicht durch eine zu große Anzahl von selten benötigten Einstellmöglichkeiten verwirrt werden soll.

Die einfachste Möglichkeit zum Erstellen dynamischer Dialoge besteht darin, schon beim Dialogentwurf alle eventuell benötigten Steuerelemente vorzusehen. Im Programmcode zum Dialog können dann einzelne Steuerelemente je nach Bedarf sichtbar bzw. unsichtbar gemacht werden. Sie können beim Dialogentwurf auch mehrere Steuerelemente übereinander plazieren, wenn Sie im Code darauf achten, daß von diesen Steuerelementen immer nur eines sichtbar ist.

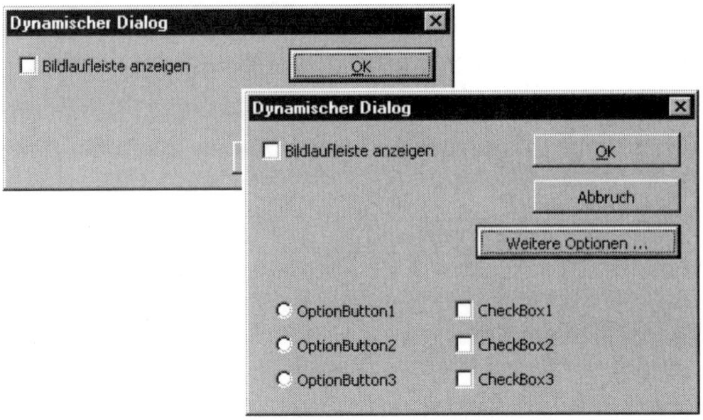

Bild 8.29: Ein dynamischer Dialog (links im Anfangszustand, rechts erweitert)

Außerdem können Sie Steuerelemente außerhalb des Dialogfeldrahmens plazieren und den Dialog bei Bedarf dynamisch vergrößern (durch die Veränderung der *Height-* oder *Width*-Eigenschaft). Beachten Sie aber, daß Steuerelemente, die außerhalb des Dialogfeldrahmens liegen, dennoch aktiv sind und über die Tastatur (mit Tab) erreicht werden können! Unabhängig von der aktuellen Größe des Dialogfelds müssen bei allen Steuerelementen, die gerade nicht verwendbar sind, die *Enabled*-Eigenschaften auf *False* gestellt werden.

Der in Bild 8.29 gezeigte Dialog kann durch den Button OPTIONEN vergrößert werden. Die Bildlaufleiste wird je nach Zustand des Kontrollkästchens angezeigt. Im Code zur Verwaltung des Dialogs muß beim Anzeigen des Dialogs ein klar definierter Zustand hergestellt werden, der von den Einstellungen beim letzten Aufruf unabhängig ist. Aus diesem Grund wird die Methode *ShowMe* definiert, die statt *Show* zum Dialogaufruf verwendet werden muß:

```
' Dialog.xls, UserForm »dlgDynamic«
Public Sub ShowMe()
  OptionButton1.Enabled = False
  OptionButton2.Enabled = False
  OptionButton3.Enabled = False
  CheckBox1.Enabled = False
  CheckBox2.Enabled = False
  CheckBox3.Enabled = False
  Show
End Sub
```

Die Ereignisprozeduren zur Anzeige der Bildlaufleiste sowie zur Vergrößerung des Dialogs sind wenig spektakulär:

```
Private Sub chkSlider_Click()
  ScrollBar1.Visible = chkSlider
End Sub
```

```
Private Sub btnExpand_Click()
  Height = 170
  OptionButton1.Enabled = True
  ...
End Sub
```

8.6.4 Umgang mit Drehfeldern

Drehfelder sind eine ungemein praktische Sache für den Anwender: Durch bloßes Anklicken mit der Maus können Sie Werte, Daten, Zeiten etc. einstellen, ohne dabei einen Syntaxfehler zu riskieren. Bild 8.30 zeigt einige Anwendungsmöglichkeiten.

Die Programmierung ist dagegen nicht ganz so einfach: Das Hauptproblem besteht darin, den Wert von Drehfeldern den jeweiligen Einstellmöglichkeiten – Daten, Zeiten, Optionen – zuzuordnen. Eine wesentliche Erleichterung ist dabei der Umstand, daß der Wertebereich von Drehfeldern nicht mehr wie in Excel 7 auf den Bereich zwischen 0 und 30000 eingeschränkt ist.

Neben der bequemen Einstellung per Maus soll meist auch eine Texteingabe möglich sein: Aus diesem Grund muß darauf geachtet werden, daß die Inhalte des Text- und des Drehfelds miteinander synchronisiert sind (siehe auch das Einführungsbeispiel in Abschnitt 8.6.1).

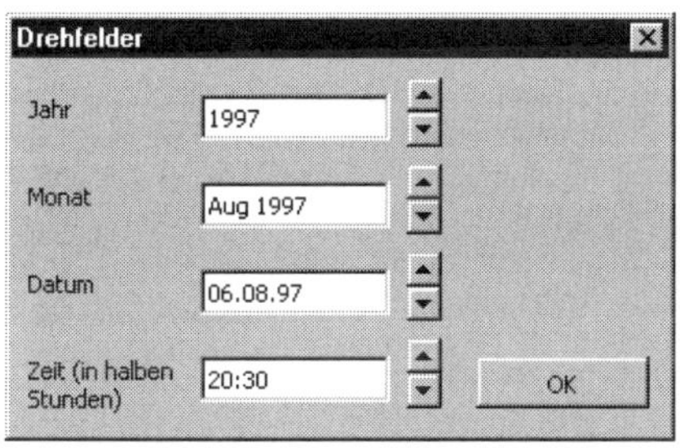

Bild 8.30: Anwendungsmöglichkeiten des Drehfelds

Einstellung des Jahrs durch ein Drehfeld

Die beiden Prozeduren *spnYear_Change* und *txtYear_Change* zeigen, wie Text- und Drehfeld im Falle einer einfachen Zahleneingabe synchronisiert werden: Bei jeder Änderung des Drehfelds wird der aktuelle Wert in eine Zeichenkette umgewandelt und in das Textfeld geschrieben. Umgekehrt wird bei jeder Änderung des Textfelds versucht, diesen Wert auch dem Drehfeld zuzuweisen. Die Begrenzung nach oben bzw. nach unten erfolgt durch die Steuerungsoptionen Minimal bzw. Maximalwert, die im Programmcode über die Eigenschaften *Min* und *Max* verfügbar sind.

```
' Dialog.xls, UserForm »dlgSpin«
Private Sub spnYear_Change()
  txtYear = spnYear
End Sub
Private Sub txtYear_Change()
  Dim y
  y = Val(txtYear)
  If y >= spnYear.Min And y <= spnYear.Max Then
    spnYear = y
  End If
End Sub
```

Einstellung des Monats durch ein Drehfeld

Schon etwas komplizierter wird es, wenn nicht nur das Jahr, sondern auch der Monat eingestellt werden soll: Zur Umrechnung des Datums in den Drehfeldwert wird die Formel *n=jahr*12+monat* verwendet. Die Eigenschaften *Min* und *Max* des Drehfelds wurden auf 0 und 30000 gesetzt, so daß jedes Datum zwischen dem Januar 0000 und dem Dezember 2499 eingestellt werden kann. Beim Anklicken des Drehfelds wird das daraus resultierende Datum errechnet und mit *Format* in eine Zeichenkette umgewandelt, die anschließend im Textfeld angezeigt wird.

Im umgekehrten Fall – also bei der Eingabe eines Datums im Textfeld – wird versucht, diese Eingabe mit *CDate* in ein Datum umzuwandeln. Wenn das nicht gelingt (weil die Eingabe einen Syntaxfehler enthält), wird der momentane Inhalt des Drehfelds unverändert belassen.

```
Private Sub spnMonth_Change()
  ' n=jahr*12 + monat
  Dim y, m, dat As Date
  y = Int(spnMonth / 12)  'year
  m = spnMonth Mod 12     'month
  dat = DateSerial(y, m, 1)
  txtMonth = Format(dat, "mmm yyyy")
End Sub
Private Sub txtMonth_Change()
  Dim dat As Date
  On Error Resume Next
  dat = CDate(txtMonth)
  If Err <> 0 Then Exit Sub 'Eingabe ist kein gültiges Datum
  spnMonth = Month(dat) + Year(dat) * 12
End Sub
```

Einstellung des Datums durch ein Drehfeld

Bei durchlaufenden Daten gibt es keine Probleme mit der Umsetzung des Wertebereichs des Drehfelds – es wird einfach das interne Datumsformat von Excel verwendet. Der voreingestellte zulässige Zahlenbereich von 0 bis 109574 entspricht den Daten zwischen dem 31.12.1899 und dem 31.12.2199.

Durch den Vergleich mit *Like "*.*.??**"* wird erreicht, daß eine Konversion in ein Datum nur dann versucht wird, wenn die Eingabe wie ein Datum aussieht. Durch diese Maßnahme wird verhindert, daß unvollständige Eingaben zu früh (und dann mit fehlerhaften Ergebnissen) konvertiert werden.

```
Private Sub spnDate_Change()
  txtDate = Format(spnDate, "dd.mm.yyyy")
End Sub
Private Sub txtDate_Change()
  Dim dat As Date
  On Error Resume Next
  If Not txtDate Like "*.*.??*" Then Exit Sub
  dat = CDate(txtDate)
  If Err <> 0 Then Exit Sub 'Eingabe ist kein gültiges Datum
  spnDate = CLng(dat)
End Sub
```

Einstellung der Uhrzeit durch Drehfelder

So wie Daten per Drehfeld eingestellt werden können, besteht diese Möglichkeit natürlich auch für Zeiten. Im vorliegenden Beispiel kann die Zeit per Tastatur exakt eingegeben werden, per Drehfeld in Halbstunden-Intervallen. Der zulässige Wertebereich für *n* (in halben Stunden) beträgt 0 bis 47.

```
Private Sub spnTime_Change()
  Dim t
  t = CDate(spnTime / 48)
  txtTime = Format(t, "Short Time")
End Sub
Private Sub txtTime_Change()
  Dim tim As Date
  On Error Resume Next
  tim = CDate(txtTime)
  If Err <> 0 Then Exit Sub
  spnTime = Int(CDbl(tim) * 48 + 0.5)
End Sub
```

Initialisierung

UserForm_Initialize kümmert sich darum, daß beim ersten Start des Dialogs sinnvolle Voreinstellungen angezeigt werden.

```
' Initialisierung
Private Sub UserForm_Initialize()
  txtYear = Year(Now)
  txtYear_Change
  txtMonth = Format(Now, "mmm yyyy")
  txtMonth_Change
  txtDate = Format(Now, "General Date")
  txtDate_Change
  txtTime = Format(Int(Now * 48 + 0.5) / 48, "Short Time")
  txtTime_Change
End Sub
```

8.6.5 Umgang mit Zellbezügen

In Formelfeldern können Zellbezügen eingegeben werden. In der Regel wird diese Eingabe mit der Maus erfolgen, d. h., der Anwender wird zuerst den Eingabecursor in das Bearbeitungsfeld stellen und dann den gewünschten Zellbereich mit der Maus auswählen. Während die Bedienung eines solchen Dialogs nicht besonders schwierig ist (und auch in zahlreichen vordefinierten Excel-Dialogen in der selben Weise erfolgt), stellt die Programmierung eine echte Herausforderung dar. Das Problem besteht vor allem darin, mit den eingegebenen Zellbereichen richtig umzugehen und den Programmcode gegen mögliche Eingabefehler abzusichern.

Zellbereiche selektiv kopieren

Das folgende Beispiel demonstriert die Programmierung eines Dialogs, der als Eingabeparameter gleich vier Zellbezüge erwartet. Das Programm kopiert eine Spalte von Daten von einer Tabelle in eine zweite Tabelle. Die Funktion geht am besten aus den beiden Abbildungen Bild 8.31 und Bild 8.32 hervor: Im Dialog wird als Quelle der Bereich B3:E9 und darin »Spalte 3« angegeben. (Diese Spalte wird im Dialog durch die Zelle E7 angegeben.) Diese Spalte soll in den Zielbereich B13:B16 kopiert werden, und zwar dort in die »Spalte A« (Zelle C15).

Bild 8.32 zeigt das Ergebnis des Kopierprozesses: Es sind nur Daten aus »Spalte 1« kopiert worden, und zwar nur für jene Zeilen, in denen die Zeilenbeschriftung übereinstimmt. Versuchen Sie einen solchen Kopierprozeß einmal ohne VBA-Programmierung durchzuführen!

Nun zum Programmcode dieses Dialogs: Er besteht eigentlich nur aus zwei Prozeduren: Der Ereignisprozedur *btnCopy_Click*, in der überprüft wird, ob die vier angegebenen Zellbereiche sinnvoll sind, und der Prozedur *SelectiveCopy*, wo der eigentliche Kopierprozeß erfolgt.

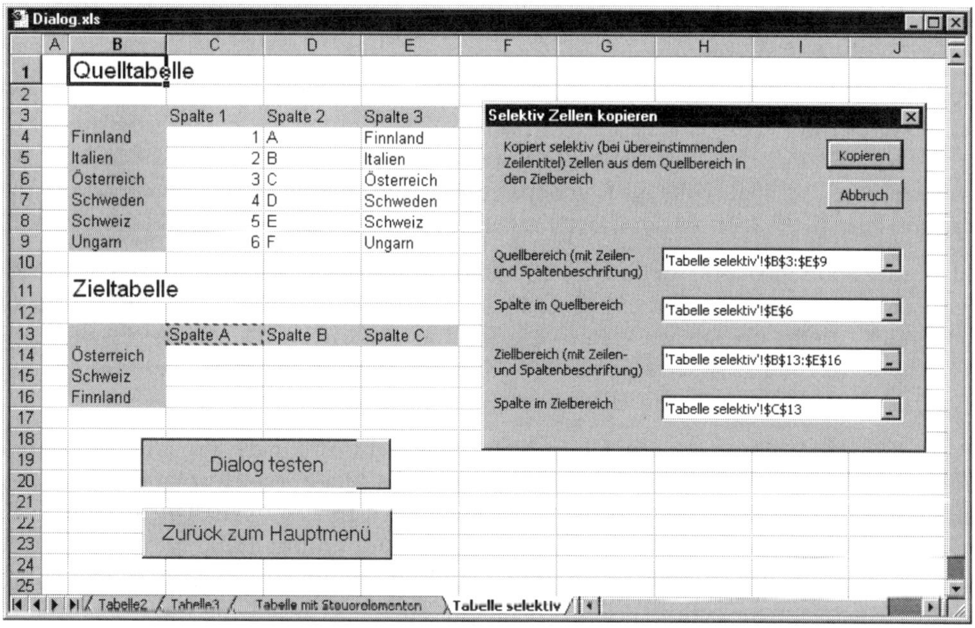

Bild 8.31: Das Beispielprogramm kopiert Zellen aus der Quelltabelle in die Zieltabelle

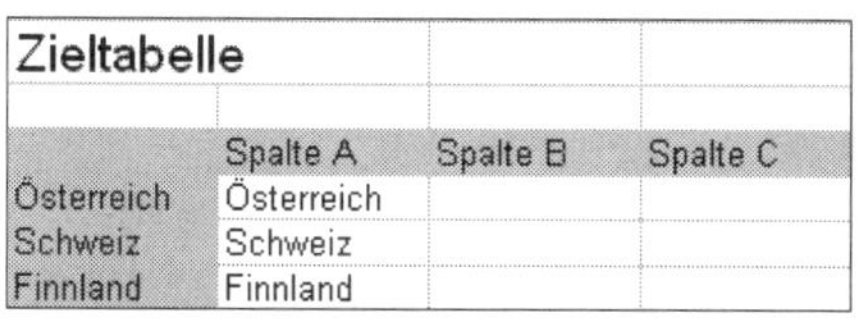

Bild 8.32: Die Zieltabelle nach der Ausführung des in Bild 8.31 gezeigten Dialogs

In *btnCopy_Click_BeiKlick* wird als erstes die automatische Programmunterbrechung bei Fehlern abgeschaltet. Zu Fehlern kann es in den Zeilen kommen, in denen versucht wird, die Eingabe (also einen Text mit einer Adreßangabe) in ein *Range*-Objekt umzuwandeln. Diese Umwandlung funktioniert nur dann, wenn ein gültiger Bereich angegeben wurde:

```
Set source = Range(refSource.Text)
```

Falls es bei der Umwandlung zu einem Fehler kommt, wird die Prozedur mit einer Warnung verlassen. Der Eingabefokus wurde schon vorher in das betreffende Eingabefeld gesetzt, so daß der Anwender das betroffene Feld sofort erkennt.

Wenn als Quellbereich nur eine einzelne Zelle (und nicht ein Block von Zellen) angegeben wurde, dann wird mit der Methode *CurrentRegion* der Block zusammengehörender Zellen ermittelt, in der sich die ausgewählte Zelle befindet. Anschließend wird noch getestet, ob dieser Bereich mindestens zwei Zeilen und zwei Spalten groß ist:

Wenn das nicht der Fall ist, ist ein sinnvolles Kopieren unmöglich und die Prozedur wird abgebrochen.

Ähnlich sieht die Vorgehensweise für die Quellspalte aus: Auch hier wird zuerst getestet, ob es bei der Umwandlung in ein *Range*-Objekt zu einem Fehler kommt. Ist das nicht der Fall, wird mit der Methode *Intersect* getestet, ob die Quellspalte innerhalb des Quellbereichs liegt. Falls als Quellspalte nur eine einzelne Zelle angegeben wurde, wird die gesamte Spalte, in der diese Zelle liegt, mit dem Quellbereich geschnitten.

Mit dem Zielbereich und der Zielspalte wird ähnlich verfahren – da der Code fast identisch ist, wurde er nicht abgedruckt. Anschließend werden der Quell- und der Zielbereich um die oberste Zeile (also die Spaltenbeschriftung) verkleinert – die Zellen dieser Zeilen sollen ja nicht verändert werden. Jetzt steht einem Aufruf von *SelectiveCopy* und dem Dialogende mit *Hide* nichts mehr entgegen.

SelectiveCopy hat zwar mit der Dialogverwaltung nichts mehr zu tun, ist aber dennoch eine interessante Prozedur: In einer Schleife wird der Quellbereich zeilenweise abgearbeitet. Die Zelle in der ersten Spalte jeder Zeile wird mit der Tabellenfunktion *Match* im Zielbereich gesucht. (Falls Sie einen Blick in die Online-Hilfe zu *Match* werfen möchten: Der deutsche Name dieser Tabellenfunktion lautet *VERGLEICH*. Die Funktion durchsucht einen Zellbereich nach einem Suchtext und liefert als Ergebnis die Adresse der ersten gefundenen Zelle. Diese Adresse kann im VBA-Code direkt weiterverarbeitet werden.)

```
' Dialog.xls, UserForm »dlgCopyCells«
Private Sub btnCopy_Click()
  ' Quell- und Zielbereich
  Dim source As Range, sourceCol As Range
  Dim dest As Range, destCol As Range
  On Error Resume Next
  ' -------------------------------------
  ' Plausibilitätskontrolle für Quellbereich
  Set source = Range(refSource.Text)
  refSource.SetFocus
  If Err <> 0 Then
    MsgBox "Das Textfeld enthält einen ungültigen Bereich."
    Exit Sub
  End If
  ' wenn nur eine Zelle ausgewählt wurde: dazugehörenden Bereich
  ' auswählen
  If source.Count = 1 Then
    Set source = source.CurrentRegion
    refSource.Text = source.Address
  End If
```

```
  ' wenn Bereich zu klein: Fehlermeldung
  If source.Rows.Count < 2 Or source.Columns.Count < 2 Then
    MsgBox "Der Quellbereich ist zu klein."
    Exit Sub
  End If
  ' -------------------------------------
  ' Plausibilitätskontrolle für Quellspalte
  Set sourceCol = Range(refSourceCol.Text)
  refSourceCol.SetFocus
  If Err <> 0 Then
    MsgBox "Das Textfeld enthält einen ungültigen Bereich."
    Exit Sub
  End If
  If TypeName(Intersect(source, sourceCol)) = "Nothing" Then
    MsgBox "Die Quellspalte liegt nicht im Quellbereich."
    Exit Sub
  End If
  ' wenn nur eine Zelle markiert wurde: ganze Spalte
  If sourceCol.Count = 1 Then
    Set sourceCol = Intersect(source, sourceCol.EntireColumn)
    refSourceCol.Text = sourceCol.Address
  End If
  ' -------------------------------------------------------------
  ' Plausibilitätskontrolle für Zielbereich und Zielspalte: analog
  ...
  ' ---------------------------------------------------
  ' Quell- und Zielbereich um die Titelzeile verkleinern
  Set source = source.Resize(source.Rows.Count - 1)
  Set source = source.Offset(1, 0)
  Set dest = dest.Resize(dest.Rows.Count - 1)
  Set dest = dest.Offset(1, 0)
  ' Aufruf der Prozedur SelectiveCopy
  SelectiveCopy source, sourceCol, dest, destCol
  Hide     ' Dialog beenden
End Sub
```

Wenn eine übereinstimmende Zeilenbeschriftung auch im Zielbereich gefunden wurde, dann ermittelt die Prozedur mit *Intersect* die Schnittzelle zwischen der aktuellen Zeile und der Quellspalte und kopiert den Inhalt dieser Zelle in die Zielzelle, die abermals mit *Intersect* ermittelt wird (diesmal als Schnittpunkt der Zeile der gefundenen Zelle und der Zielspalte).

```
Sub SelectiveCopy( _
    source As Range, sourceCol As Range, _
    dest As Range, destCol As Range)
  Dim foundLineNr As Variant 'Zeilennummer oder Fehler
```

```
  Dim cellRow As Range        'zeilenweise vorgehen
  Dim insertCell As Range
  Dim copyValue As Variant
  For Each cellRow In source.Rows
    ' die Vergleich-Tabellenfunktion (engl. Match) liefert
    ' die Position (Zeilennummer) einer gesuchten Zelle
    foundLineNr = Application.Match(cellRow. _
      Columns(1), dest.Columns(1), 0)
    If Not IsError(foundLineNr) Then
      copyValue = Intersect(cellRow, _
        sourceCol).Value
      Set insertCell = _
        Intersect(dest.Rows(foundLineNr), _
        destCol)
      insertCell.Value = copyValue
    End If
  Next
End Sub
```

Teil III

Anwendung

Nachdem Teil II primär die Aufgabe hatte, Grundlagenwissen zu vermitteln, ist Teil III stärker anwendungsorientiert. Es wird aber auch in diesem Teil versucht, allgemeine Informationen möglichst scharf von den speziellen Details der Beispielanwendungen zu trennen, so daß Sie die für Sie wesentlichen Informationen finden, ohne sich in die Interna eines Beispielprogramms einzuarbeiten.

Im Mittelpunkt von Kapitel 10 stehen »intelligente« Formulare. Damit sind Formulare gemeint, die dem Anwender durch Steuerelemente und Makros das Ausfüllen und die Weiterverarbeitung erleichtern.

Kapitel 11 behandelt die Themen Datenverwaltung, Datenanalyse (Pivottabellen), Datenimport (MS-Query) und -export sowie die neue DAO-Bibliothek. Es ist kein Zufall, daß das Kapitel zu den umfangreichsten dieses Buchs gehört!

Kapitel 12 beschreibt, wie Sie Diagramme programmgesteuert erstellen und ausdrucken können. Ein längeres Beispiel zeigt, wie Diagramme in automatisch erstellten Protokollen eingesetzt werden.

Kapitel 13 geht auf verschiedene Teilaspekte ein, die vor allem für professionelle Programmierer interessant sind: die Programmierung eigener Add-Ins, die Verwendung von DLL-Funktionen (DLL steht für Dynamic Link Library und bezeichnet Funktionsbibliotheken auf Betriebssystemebene), die Steuerung fremder Programme durch ActiveX Automation, die Erstellung und Verwaltung eigener Online-Hilfetexte etc.

Menüs und Symbolleisten, individuelle Konfiguration

9

Jeder Excel-Anwender hat eigene Vorstellungen darüber, wie die Bedienung am angenehmsten ist. Eine Motivation zur VBA-Programmierung besteht sicherlich darin, sich das Leben so bequem wie möglich zu machen.

Das Kapitel geht auf die grundlegenden Gestaltungsvarianten zur Konfiguration von Excel ein und beschreibt detailliert das Zusammensetzen eigener Symbol- und Menüleisten. Ein weiterer Schwerpunkt sind die zahlreichen Optionen und Einstellmöglichkeiten in Excel, deren Durchführung per VBA-Code und deren Speicherung in den unterschiedlichsten Dateien.

Kapitelübersicht

9.1 Menü- und Symbolleisten

Ein charakteristisches Merkmal der neuen Office-97-Programme sind die neu gestalteten Menüs und Symbolleisten. Diese optische Veränderung hat natürlich auch Einfluß auf die Programmierung: Statt der voneinander getrennten *Menu*- und *Toolbar*-Objekte gibt es jetzt eine Familie von *CommandBar*-Objekten, die gleichermaßen für Menüs und Symbolleisten zuständig sind.

Unterschiede gegenüber Excel 5 / 7

Auch wenn es Ähnlichkeiten zu den aus Excel 5 / 7 vertrauten Objekten gibt, sind die neuen Objekte und ihre Methoden und Eigenschaften doch inkompatibel. Die Portierung vorhandenen Codes von Excel 5 / 7 ist daher mit einigem Aufwand verbunden. Alter Code läuft zwar im Regelfall weiter, oft sind aber keine Änderungen mehr möglich. Beispielweise ist es nicht möglich, einem vorhandenen Menüeintrag auf der Basis eines *Menu*-Objekts eine neue Ereignisprozedur zuzuwiesen und diese bleibend zu speichern.

Wie bisher gibt es vordefinierte Standardmenüs, allerdings nur noch zwei (statt bisher vier): Die Arbeitsblatt-Menüleiste wird angezeigt, wenn keine Datei geladen ist oder wenn ein Tabellenblatt aktiv ist. Die Diagramm-Menüleiste wird angezeigt, wenn gerade ein Diagramm aktiv ist oder ein Diagrammblatt angezeigt wird.

Generell sind die neuen Objekte für Menüs und Symbolleisten vielleicht eine optische Verbesserung (über Geschmack läßt sich streiten), VBA-Programmierer werden aber über unnötige Einschränkungen enttäuscht sein:

- Es ist nicht mehr möglich, Menüs mit einem Auswahlhäkchen auszustatten. (Wie dieser Effekt dennoch erreicht werden kann, zeigt Abschnitt 9.1.4.)
- Der ohnedies schlecht konzipierte Menü-Editor aus Version 7 wurde ganz gestrichen. Der Entwurf neuer Menüs wurde noch umständlicher, als es ohnedies schon war.
- Kontextmenüs können nur noch per Programmcode verändert werden.
- Veränderungen in vordefinierten Menüs werden nicht mehr in der Excel-Datei gespeichert (sondern nur in der benutzerspezifischen Datei `Name8.xlb` im Windows-Verzeichnis).

Der größte Vorteil gegenüber den alten Symbolleisten (ja, es gibt auch Vorteile!) besteht weniger in der verbesserten Optik als in der Möglichkeit, mehr als nur Buttons in die Symbolleiste einzufügen. Das Objektmodell der Office-Bibliothek sieht zwar nur Buttons und Textlistenfelder vor, wenn Sie einen genaueren Blick in die Symbolleisten von Excel werfen, werden Sie aber feststellen, daß auch Textfelder mit Eingabemöglichkeit, grafische Listenfelder, verschiebbare Listenfelder (die dann selbst eine Symbolleiste bilden, siehe Kommando AUTOFORMEN in der Symbolleiste »Zeichnen«) etc. verwendet werden.

ACHTUNG

Mit Excel 5 / 7 erstellte Menüs und Symbolleisten können im Regelfall ohne Einschränkungen weiterverwendet werden. Die *Menu-* und *Toolbar*-Objekte werden aus Kompatibilitätsgründen auch in Excel 97 noch unterstützt.

Probleme treten erst auf, wenn Sie vorhandene Menüs ändern möchten: Es gibt keine Möglichkeit, Excel-5/7-Menüs oder -Symbolleisten in *CommandBar*-Objekte umzuwandeln. Weiters ist es nicht möglich, Veränderungen an vorhandenen Menüs zu speichern. (Sie können also beispielsweise einem vorhandenen Menüeintrag eine neue Prozedur zuweisen. Alles funktioniert, bis Sie die Datei speichern und später wieder laden. Dann ist das Menü wieder so, wie es ursprünglich war.) Dieselben Einschränkungen gelten auch, wenn Sie Teile eines alten Menüs in ein neues *CommandBar*-Objekt kopieren.

Sie stehen also vor der Wahl: Entweder lassen Sie Ihr altes Menü exakt so wie es ist, oder Sie müssen ein neues *CommandBar*-Menü von Grund auf neu erstellen (viel Spaß!). Da fällt mir noch eine dritte Option ein: Sie löschen Excel 97 von der Festplatte und bleiben bei Excel 7 ...

9.1.1 Manuelle Veränderung von Menüs und Symbolleisten

Symbolleisten plazierieren, ein- und ausblenden

Symbolleisten können mit der Maus verschoben und wahlweise an einer der vier Fensterränder verankert oder in eigenen Toolbox-Fenstern plaziert werden. Excel merkt sich diese Einstellungen, und zwar abhängig vom aktuellen Modus. Beispielsweise werden für den Modus »ganzer Bildschirm« eigene Einstellungen gespeichert.

Wenn Sie mit der rechten Maustaste das Menü oder eine Symbolleiste anklicken, gelangen Sie in ein Kontextmenü, in dem Sie die wichtigsten Symbolleisten ein- und ausschalten können. Eine vollständige Liste aller Symbolleisten gibt allerdings nur der ANPASSEN-Dialog.

Die Menüleiste verhält sich beinahe wie eine Symbolleiste, kann also ebenfalls verschoben werden. Es gibt allerdings zwei Ausnahmen: Erstens kann in dieselbe Zeile wie die Menüleiste keine andere Symbolleiste plaziert werden, selbst wenn dazu genug Platz wäre. Und zweitens ist es nicht möglich, die Standard-Menüleiste zu deaktivieren und statt dessen eine andere Menüleiste anzuzeigen.

Vorhandene Menüs/Symbolleisten ändern

Sobald der ANPASSEN-Dialog angezeigt wird, können Sie einzelne Einträge vorhandener Menüs bequem mit der Maustaste verschieben oder kopieren (drücken Sie zusätzlich Strg). Zum Löschen verschieben Sie die Einträge außerhalb der Symbolleiste.

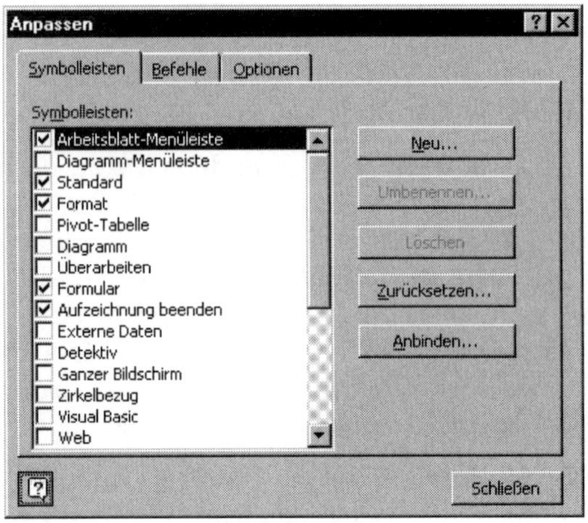

Bild 9.1: Menüs und Symbolleisten anpassen

Wenn Sie neue Kommandos oder Menüs einfügen möchten, finden Sie eine komplette (wenn auch unübersichtliche) Liste im BEFEHLE-Blatt des ANPASSEN-Dialogs. Alle im rechten Bereich dieses Dialogs angezeigten Kommandos können Sie direkt mit der Maus in eine Menü- oder in eine Symbolleiste kopieren. Wenn Sie einen Befehl in ein Menü (oder Untermenü) kopieren möchten, müssen Sie dieses vorher öffnen. (Um ein effizientes Arbeiten zu ermöglichen, verhalten sich Menüs anders als im normalen Betrieb, solange der ANPASSEN-Dialog angezeigt wird: Es können keine Kommandos ausgeführt werden, die Menüs bleiben sichtbar, selbst wenn Sie wieder den ANPASSEN-Dialog anklicken etc.)

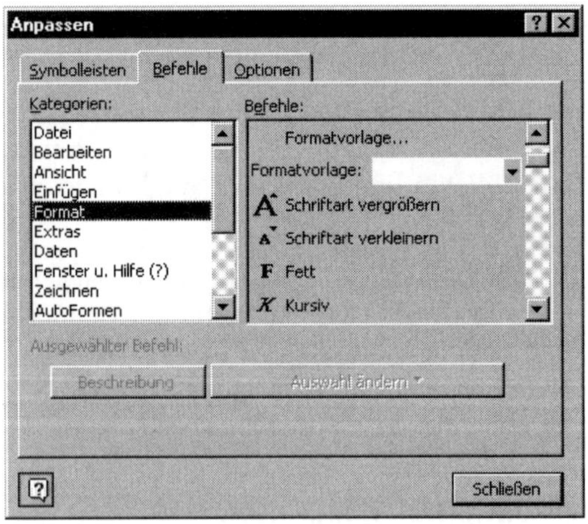

Bild 9.2: Die lange Liste vordefinierter Kommandos

HINWEIS

Wie bereits erwähnt, gibt es zwei voneinander unabhängige Menüleisten, die je nach dem angezeigt wird, ob ein Tabellenblatt oder ein Diagramm aktiv ist. Wenn Sie ein neues Menükommando einfügen möchten, das in jedem Fall verfügbar ist, müssen Sie es in *beide* Menüleisten getrennt einfügen. Dazu können Sie (nur während der ANPASSEN-Dialog sichtbar ist) beide Menüleisten gleichzeitig aktivieren. Falls Sie eine ganze Gruppe von Kommandos in einem eigenen Menü definieren, können Sie diese Gruppe zuerst für eine Menüleiste definieren und dann von einer Menüleiste in die andere kopieren.

TIP

Im SYMBOLLEISTEN-Blatt des ANPASSEN-Dialogs können Sie alle vordefinierten Menü- und Symbolleisten in den Originalzustand zurücksetzen. Das ist vor allem dann praktisch, wenn Sie Einträge gelöscht haben und diese ohne langes Suchen wieder verwenden möchten.

Neue Menü- und Symbolleisten erstellen

Im SYMBOLLEISTEN-Blatt des ANPASSEN Dialogs können Sie mit NEU eine neue Symbolleiste erzeugen. Da es seit Office 97 keine wirkliche Unterscheidung zwischen Symbol- und Menüleisten gibt, können Sie diese Leiste gleichermaßen auch für Menüs verwenden.

Sie können nun Menükommandos und Symbole aus anderen Symbolleisten in die neue Leiste kopieren. Die Vorgehensweise ist dieselbe wie bei der Veränderung vorhandener Symbolleisten. Sie können aber auch vollkommen neue Menüs und Symbole erzeugen und diese Einträge eigenen Makros zuordnen.

- Neue Menüs: Fügen Sie den Befehl »Neues Menü« der gleichnamigen Kategorie aus dem BEFEHLE-Blatt in die Symbolleiste ein.
- Einzelne Menükommandos: Fügen Sie den Befehl »Menüelement anpassen« der Kategorie »Makros« direkt in die Symbolleiste oder in ein neues Menü ein.
- Neue Symbole: Fügen Sie den Befehl »Schaltfläche anpassen« der Kategorie »Makros« in die Symbolleiste ein.

TIP

Wenn Sie nicht gerade mit einem sehr großen Monitor ausgestattet sind, nehmen die Symbolleisten eine Menge Platz weg, den Sie eigentlich zur Anzeige der Tabelle dringender benötigen würden. Eine mögliche Abhilfe besteht darin, daß Sie sich eine eigene Symbolleiste mit den Symbolen zusammenstellen, die Sie während Ihrer täglichen Arbeit am häufigsten benötigen. Diese neue Symbolleiste können Sie dann statt all der anderen Symbolleisten verwenden.

Menüeinträge und Symbole bearbeiten

Die Bearbeitung von Menüeinträgen und Symbolen erfolgt am einfachsten durch das Anklicken mit der rechten Maustaste. Es erscheint ein Kontextmenü, in dem Sie den Text des Menüeintrags, das Symbol sowie diverse Optionen einstellen können. Außerdem erfolgt an dieser Stelle die Zuordnung an ein eigenes Makro. (Dasselbe Kontextmenü erscheint übrigens auch im ANPASSEN-Dialog, wenn Sie den Button AUSWAHL ÄNDERN anklicken.)

Bild 9.3: Bearbeitung von Menüeinträgen und Symbolen durch ein Kontextmenü

Menüeinträge und Symbole werden intern durch dasselbe Objekt repräsentiert. Vier vollkommen unklar beschriftete Kontextmenüeinträge ermöglichen die Einstellung, wie das Objekt angezeigt wird:

- STANDARD: Die Wirkung dieser Einstellung hängt vom Ort des Objekts ab. Direkt in Symbolleisten wird das Kommando nur durch ein Symbol angezeigt. Befindet sich das Objekt dagegen in einem Menü, wird sowohl der Text als auch das Symbol angezeigt (sofern ein Symbol definiert ist).
- NUR TEXT (IMMER): Es wird nur der Text (ohne Symbol) angezeigt, ganz egal, ob das Objekt sich in einem Menü oder in einer Symbolleiste befindet.
- NUR TEXT (MENÜS): In Menüs wird nur der Text, in Symbolleisten nur das SYMBOL angezeigt.
- SCHALTFLÄCHENSYMBOL UND TEXT: Es wird sowohl der Text als auch das Symbol angezeigt.

Drei Einträge der Art TEXT / SYMBOL / BEIDES hätten sicherlich weniger Verwirrung gestiftet ...

Beschriftung

Die Beschriftung des Eintrags erfolgt durch den Kontextmenüeintrag NAME, dessen weißes Rechteck als Eingabefeld verwendet werden kann. Der Text wird bei Menüs direkt angezeigt, bei Symbolen als gelber Infotext, wenn die Maus lange genug über dem Symbol weilt. Bei Menüeinträgen kann durch das vorangestellte Zeichen & ein Buchstabe gekennzeichnet werden, der in Menüeinträgen unterstrichen angezeigt wird und dann durch Alt+Buchstabe ausgewählt werden kann.

Symbol verändern

Excel stellt eine ganze Gruppe vordefinierter Symbole zur Auswahl, die eigenen Einträgen durch SCHALTFLÄCHENSYMBOL ÄNDERN bequem zugewiesen werden können (siehe Bild 9.3). Eine weitere Möglichkeit, rasch zu einem Symbol zu kommen, besteht darin, bei einem vorhandenen Symbol SCHALTFLÄCHENSYMBOL KOPIEREN auszuführen und dieses Symbol dann dem neuen Eintrag durch SCHALTFLÄCHENSYMBOL EINFÜGEN zuzuordnen. Schließlich können Sie mit SCHALTFLÄCHENSYMBOL BEARBEITEN einen kleinen Editor aufrufen, mit dem Sie das Symbol nach Belieben verändern können.

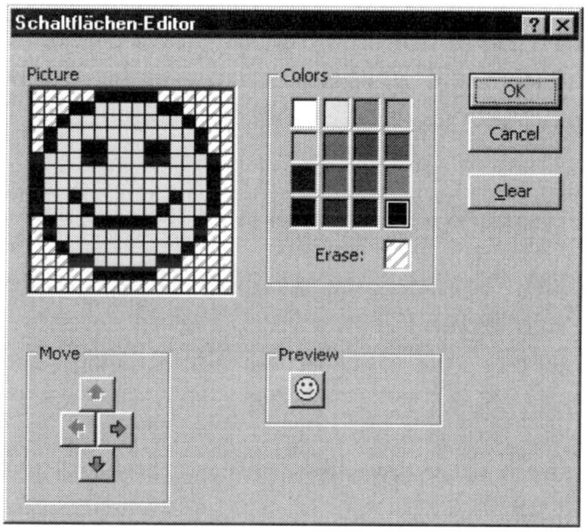

Bild 9.4: Der Symboleditor

Gruppen bilden

Mehrere Symbole oder Menükommandos können zu einer Gruppe zusammengefaßt werden. Dazu aktivieren Sie die Option GRUPPIERUNG BEGINNEN für den ersten Eintrag dieser Gruppe. Vor bzw. über dem Eintrag wird jetzt ein Trennstrich angezeigt.

Makro zuweisen

Sie können allen Symbolen bzw. Menüeinträgen ein Makro zuweisen. (Bei vorgegebenen Symbolen wird das Makro statt der Standardaktion dieses Symbols/Menüs ausgeführt.) Die Zuordnung erfolgt normalerweise durch den Kontextmenüeintrag MAKRO ZUWEISEN. Noch bequemer geht es bei den Einträgen »Menüelement anpassen« und »Schaltfläche anpassen«: Wenn Sie diese Kommandos das erste Mal benutzen, erscheint automatisch der Dialog zur Zuordnung an eine Prozedur.

Definition umfangreicher Menüs

Wenn Sie vorhaben, in einer eigenen Symbolleiste mehrere umfangreiche Menüs unterzubringen, werden Sie vor lauter Mausklicks mit beiden Maustasten bald verzweifeln. Wenn Sie etwas Zeit sparen möchten, empfiehlt sich folgende Vorgehensweise:

- Fügen Sie in die neue Symbolleiste zuerst ein »Neues Menü« (gleichnamige Kategorie) und dann dorthin den Eintrag »Menüelement anpassen« (Kategorie »Makros«) ein.
- Kopieren Sie diesen Menüeintrag innerhalb des Menüs mehrfach mit Strg und der Maus. Sie müssen dazu nicht ständig auf den ANPASSEN-Dialog zurückgreifen.
- Kopieren Sie nun das gesamte Menü abermals mit Strg und der Maus. Diese Vorgehensweise funktioniert auch für Submenüs.

Auf diese Weise gelangen Sie innerhalb einer Minute zu einem Menügerüst mit beinahe beliebig vielen Elementen. Die weiteren Schritte – also die Benennung der Einträge und eventuell der Entwurf von eigenen Symbolen – bleibt allerdings aufwendig.

9.1.2 Veränderungen speichern

Grundsätzlich werden alle Veränderungen an den Symbolleisten in der Datei `Username8.xlb` im Windows-Verzeichnis gespeichert, also in einer Datei pro Anwender. Das bedeutet, daß alle Anwender voneinander unabhängig Ihre Lieblingseinstellung speichern können.

HINWEIS

Wohl wird für jeden Anwender eine eigene Konfigurationsdatei für veränderte Menüs- und Symbolleisten angelegt, in der Defaulteinstellung von Windows NT hat aber jeder Anwender uneingeschränkte Schreib- und Leserechte auf *alle* `*.xlb`-Dateien. Das kann unter Umständen ein Sicherheitsrisiko bedeuten.

Symbolleisten anbinden

Die individuellen Konfigurationsdateien bringen es mit sich, daß neue Symbolleisten *nicht* automatisch mit einer Excel-Datei gespeichert werden. Wenn Sie eine Excel-Datei mit einer eigenen Symbolleiste an eine andere Person weitergeben möchten (oder die Datei von einer anderen Person am selben Rechner bearbeitet werden soll), müssen Sie die neue Symbolleiste an die Datei »anbinden«. Dazu klicken Sie den ANBINDEN-Button im ANPASSEN-Dialog an. Im nun erscheinenden Dialog können Sie eine oder mehrere benutzerdefinierten Symbolleisten in die zur Zeit aktive Excel-Datei kopieren.

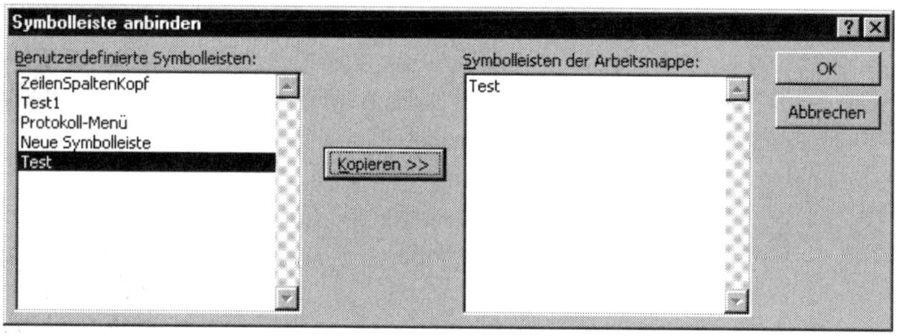

Bild 9.5: Die neue Symbolleiste »Test« wurde an die aktuelle Excel-Datei angebunden

HINWEIS

Durch das Anbinden kopieren Sie den aktuellen Zustand der Symbolleiste in die gerade aktuelle Excel-Datei. Spätere Änderungen werden weiterhin nur in `Name8.xlb` gespeichert, wirken sich aber nicht mehr auf die aktuelle Datei aus. Um auch nachtragliche Änderungen zu speichern, müssen Sie im ANBINDEN-Dialog die angebundene Symbolleiste zuerst löschen und dann das KOPIEREN-Kommando wiederholen.

TIP

Es ist zwar möglich, eine ganze Symbolleiste anzubinden, Sie können aber nicht einzelne Veränderungen an vorgegebenen Symbolleisten oder Menüs – etwa ein zusätzliches Kommando im EXTRAS-Menü – so speichern, daß die Änderungen für andere Anwender gelten. Die einzige Möglichkeit, diese Änderungen doch zu erreichen, besteht in VBA-Code, der beim Laden der Datei ausgeführt wird (*Auto_Open* oder *Workbook_Open*).

Neue Symbolleiste für alle Anwender

Wenn Sie möchten, daß eine neue Symbolleiste für alle Anwender zugänglich ist, binden Sie sie einfach an die Datei `Office97/Office/Xlstart/Personl.xls` oder an eine beliebige andere Datei im `Xlstart`-Verzeichnis. Diese Dateien werden beim Start von Excel automatisch geladen. Durch *Auto_Open-* oder *Workbook_Open*-Prozeduren in dieser Datei können Sie zudem per Programmcode einzelne Veränderungen an Standardsymbolleisten vornehmen.

9.1.3 Objekthierarchie

Die *CommandBar*-Objekte sind in der Office-Bibliothek definiert. Ausgangspunkt ist die *CommandBars*-Auflistung, die auf mehrere *CommandBar*-Objekte verweist.

CommandBar[s]	Symbol- und Menüleisten, Kontextmenüs
└─ *CommandBarControls*	Auflistung aller Einträge (Eigenschaft *Controls*)
├─ *CommandBarButton*	Menükommando oder Symbol
├─ *CommandBarComboBox*	Listenfeld
└─ *CommandBarPopup*	Menü, Submenü, Subsubmenü etc.
└─ *CommandBarControls*	Auflistung aller Einträge (Eigenschaft *Controls*)
└─ ...	siehe oben

Menü- und Symbolleisten (CommandBars)

Der Zugriff auf die ***CommandBars***-Auflistung erfolgt durch die gleichnamige Eigenschaft des *Application*-Objekts. Die drei Typen der *CommandBar*-Objekte – also »normale« Symbolleisten, Menüleisten oder Kontextmenüs – sind durch die *Type*-Eigenschaft gekennzeichnet: Die entsprechenden Einstellungen lauten *msoBarTypeNormal, msoBarTypeMenuBar* bzw. *msoBarTypePopup*. Rein optisch besteht der einzige Unterschied zwischen *msoBarTypeNormal* und *-MenuBar* darin, daß Menüs im ersten Fall mit einem kleinen Dreieck gekennzeichnet sind, im zweiten Fall dagegen nicht.

Als Index von *CommandBars* wird der englische Name der Menü- oder Symbolleiste verwendet. *CommandBars("Worksheet Menu Bar")* verweist also auf die normalerweise angezeigte Menüleiste. Die folgende Liste gibt die Übersetzungen für die wichtigsten Menü- und Symbolleisten an:

CommandBars.Name	**deutscher Name**
"Worksheet Menu Bar"	Menüleiste Arbeitsblatt
"Chart Menu Bar"	Menüleiste Diagramm
"Standard"	Symbolleiste Standard
"Formatting"	Symbolleiste Format
"PivotTable"	Symbolleiste Pivot Tabelle
"Chart"	Symbolleiste Diagramm
"External Data"	Symbolleiste Externe Daten
"Auditing"	Symbolleiste Detektiv
"Full Screen"	Symbolleiste Ganzer Bildschirm
"Cell"	Kontextmenü zur Bearbeitung von Zellen
"Row"	Kontextmenü zur Bearbeitung von Zeilen
"Column"	Kontextmenü zur Bearbeitung von Spalten
...	

Beim Zugriff auf Objekte der diversen *CommandBar*-Auflistungen brauchen Sie nicht auf Groß- und Kleinschreibung zu achten. Auch allfällige &-Zeichen können Sie ignorieren (die treten bei einzelnen Menüelementen auf, siehe unten). Die vollständige (und sehr lange) Liste aller Symbolleisten und Kontextmenüs erhalten Sie mit der folgenden Prozedur:

```
' Datei Commandbar.cls, Modul »Modul1«
Sub AnalyseCommandBars()
  Dim c
  For Each c In CommandBars
    If c.BuiltIn Then Debug.Print c.Type, c.Name, c.NameLocal
  Next c
End Sub
```

In jedem *CommandBar*-Objekt können Buttons bzw. Symbole, Listenfelder oder Menüs enthalten sein. (Menüleisten enthalten normalerweise nur *CommandBarPopup*-Objekte, Symbolleisten im einfachsten Fall nur *CommandBarButton*-Objekte, Kontextmenüs Objekte beider Typen.) Der Zugriff auf diese Elemente erfolgt über die Eigenschaft *Controls*, die auf ein *CommandBarControls*-Objekt verweist.

Über die Eigenschaft *Position* kann der Ort der Symbolleiste beeinflußt werden. Die Symbolleiste kann an einer der vier Fensterränder verankert werden oder frei schweben. Im ersten Fall wird die exakte Position durch *RowIndex* beeinflußt, im zweiten Fall kann die exakte Position und Größe mit *Left*, *Top*, *Width* und *Height* eingestellt werden.

Mit der Methode *CommandBars.Add* können Sie selbst neue Symbolleisten erzeugen. Durch die optionalen Parameter *Position* und *MenuBar* kann zwischen den drei Typen der Symbolleisten unterschieden werden:

```
Dim cb As CommandBar
With Application.CommandBars
  Set cb = .Add(Name:="normale Symbolleiste")
  Set cb = .Add(Name:="richtige Menüleiste", MenuBar:=True)
  Set cb = .Add(Name:="Popup-Menü", Position:=msoBarPopup)
End With
```

ACHTUNG

Wenn Sie versuchen, mit *Add* eine neue Symbolleiste mit einem bereits benutzten Namen zu erzeugen, kommt es zu einem Fehler. (Die wahrscheinlichste Ursache ist die, daß Sie das Menü früher schon erzeugt haben und vergessen haben, beim Programmende zu löschen). Sie können den Fehler entweder mit *On Error Resume Next* abfangen (und in der nächstfolgenden Zeile *Err* auswerten), oder vor dem *Add*-Kommando in einer Schleife über alle Symbolleisten testen, ob schon eine mit dem gewünschten Namen existiert.

Menü- und Symbolelemente (CommandBarControls)

Der Zugriff auf diese Objekte erfolgt über die ***CommandBarControls***-Aufzählung, die auf Objekte des Typs *CommandBarControl* zeigt. Der Zugriff auf diese Aufzählung erfolgt nicht wie sonst üblich durch eine gleichnamige Eigenschaft, sondern durch die Kurzform *Controls*. ***CommandBarControl*** ist ein Überobjekt, dessen Eigenschaften und Methoden davon abhängen, ob dadurch ein *CommandBarButton-*, ein *CommandBar-ComboBox-*, ein *CommandBarPopup-* oder ein anderes Objekt repräsentiert wird. Der

Objekttyp kann durch die Eigenschaft *Type* ermittelt werden. (Obwohl im Office-Objektmodell nur die drei genannten Objekttypen vorgesehen sind, existieren in Wirklichkeit erheblich mehr. Diese weiteren Objekttypen kommen in den eingebauten Menüs und Symbolleisten zum Einsatz, können aber nicht in eigenen Symbolleisten verwendet werden.)

ANMERKUNG

Für Visual-Basic-Profis: Das *CommandBarControl*-Objekt ist ein Beispiel für Polymorphismus, also für ein Objekt, das als gemeinsamer Nenner für davon abgeleitete Spezialobjekte dient. Polymorphismus ist eine abgemagerte Form der Vererbung von Klassen.

Da bei der Codeeingabe in der Entwicklungsumgebung nicht klar ist, welches Objekt sich tatsächlich hinter *CommandBarControl* verbirgt, funktioniert die automatische Expansion von Eigenschaften und Methoden nur für die Schlüsselwörter von *CommandBarControl*. Je nach Objekttyp (der im laufenden Programm mit *Type* oder *TypeName* festgestellt werden kann) existieren aber weitere Eigenschaften – etwa *Controls*, wenn es sich um ein *CommandBarPopup*-Steuerelement handelt. Lassen Sie sich bei der Codeeingabe also nicht vom Editor irritieren.

Mit *Controls.Add* können neue Symbole, Menüeinträge, Submenüs oder Listenfelder in das Menü eingefügt werden. Dabei kann mit dem optionalen *Type*-Parameter der Typ des Menüelements angegeben werden, oder mit *Id* ein vordefiniertes Kommando verwendet werden (weitere Informationen zu *Id* folgen im Abschnitt »Programmiertechniken«).

```
Add Id:=123                      'vorgegebenes Kommando
Add Type:=msoControlButton       'Button bzw. Symbol (CommandBarButton)
Add Type:=msoControlEdit         'Texteingabefeld     (CommandBarComboBox)
Add Type:=msoControlDropdown     'Listenfeld          (CommandBarComboBox)
Add Type:=msoControlComboBox     'Kombinationslist.   (CommandBarComboBox)
Add Type:=msoControlPopup        'Menü/Submenü        (CommandBarPopup)
```

Wenn Sie mit *Add* den optionalen Parameter *Temporary:=True* verwenden, gilt der neue Menüeintrag als vorübergehend. Solche Einträge müssen beim Schließen der Excel-Datei nicht explizit gelöscht werden, weil sie beim Verlassen von Excel automatisch wieder entfernt werden. (Einträge ohne *Temporary:=True* werden dagegen automatisch in der Datei `Username8.xlb` gespeichert!)

Symbole und Menüeinträge (CommandBarButton)

Das sicherlich am häufigsten eingesetzte Menüelement ist ***CommandBarButton***. Je nach Einstellung der *Style*-Eigenschaft (*msoButtonIcon, msoButtonCaption* oder *msoButtonIconAndCaption*) wird der Button als Symbol, als Text oder durch beides dargestellt.

Caption bestimmt den angezeigten Text. Dieser Text wird bei Symbolen auch für den gelben Infotext (Quickinfo) verwendet, wenn nicht durch *TooltipText* ein anderer Text eingestellt ist. Für das Symbol gibt es keine Eigenschaft. Es kann nur durch die Methode *PasteFace* verändert werden. (Diese Methode setzt voraus, daß sich die Bitmap-Informationen eines Symbols in der Zwischenablage befinden. Diese Informationen können durch *CopyFace* von einem anderen Symbol in die Zwischenablage kopiert werden.)

Mit der *OnAction*-Eigenschaft wird der Name der Ereignisprozedur angegeben, die beim Anklicken des Elements aufgerufen wird.

Wenn mehrere Menüeinträge oder Symbole zu einer Gruppe zusammengefaßt werden sollen, kann durch *BeginGroup=True* ein Trennstrich oberhalb bzw. links vom Element angezeigt werden.

Text- und Listenfelder (CommandBarComboBox)

Text- und Listenfelder können nur per Programmcode erzeugt werden, nicht aber über den ANPASSEN-Dialog. (Nichtsdestotrotz werden einmal per Code erzeugte Listenfelder aber mit allen Listeneinträgen in `Username8.xlb` gespeichert!)

Es gibt drei verschiedene Typen dieses Felds, die alle durch das Objekt ***CommandBarComboBox*** repräsentiert werden (und sich durch unterschiedliche *Style*-Eigenschaften unterscheiden: *msoControlDropdown*, *msoControlEdit* oder *msoControlComboBox*). Eine kurze Beschreibung: *Dropdown* ist ein einfaches Listenfeld, *Edit* ist ein Texteingabefeld. Die Kombination beider Felder ergibt *Combo*, also ein Listenfeld, in dem Sie zusätzlich zu den vorgegebenen Einträgen auch neuen Text eingeben können (ganz wie beim Kombinationslistenfeld, das im vorigen Kapitel beschrieben wurde). Welchen Typ Sie verwenden möchten, geben Sie im *Type*-Parameter von *Add* an.

```
Dim cbc As CommandBarComboBox
With CommandBars("...").Controls
  Set cbc = .Add(Type:=msoControlEdit)
  Set cbc = .Add(Type:=msoControlDropdown)
  Set cbc = .Add(Type:=msoControlComboBox)
End With
```

Dem Listenfeld können mit *AddItem* neue Einträge hinzugefügt werden. *RemoveItem* entfernt einzelne Einträge, *Clear* alle Einträge. Die Eigenschaft *Text* gibt den aktuellen Inhalt des Textfelds bzw. die aktuelle Auswahl eines Listeneintrags an.

Die Ereignisprozedur wird wie beim *CommandBarButton* durch die Eigenschaft *OnAction* eingestellt. An die Ereignisprozedur wird kein Parameter übergeben, d.h., es muß dort die Eigenschaft *Text* ausgewertet werden.

Bei Symbolen zeigt Excel automatisch den *Caption*-Text als gelben Infotext an. Bei Listenfeldern wird aber aus Platzgründen oft gar kein *Caption*-Text eingestellt. In diesem Fall können Sie den Infotext auch mit *TooltipText* festlegen. (Diese Eigenschaft existiert für alle *CommandBar*-Elemente, wird aber selten verwendet. Sie hat Vorrang gegenüber eventuell ebenfalls verwendeten *Caption*-Texten.)

VERWEIS

Ein Beispiel für die praktische Anwendung des Listenfelds finden Sie in Abschnitt 9.1.5. Dort wird gezeigt, wie das Feld für einen bequemen Blattwechsel in umfangreichen Excel-Dateien verwendet werden kann.

Menüs und Submenüs (CommandBarPopup)

Symbole und Menüeinträge können wahlweise direkt in eine Symbolleiste eingefügt werden oder in Menüs gruppiert werden. Innerhalb von Menüs sind wiederum Submenüs, darin Subsubmenüs erlaubt. Das *CommandBarPopup*-Objekt dient dazu, Menüeinträge zu einer Gruppe zusammenzufassen. Der Zugriff auf die einzelnen Elemente erfolgt über die Eigenschaft *Controls*, die auf ein *CommandBarControls*-Objekt verweist. Mit *Controls.Add* werden neue Menüelemente hinzugefügt. Das Menü wird mit *Caption* beschriftet.

Objektzugriff

Angesichts der Verschachtelung von Objekten ist der Zugriff auf ein spezielles Element oft recht unübersichtlich. Die folgenden Zeilen geben einige Beispiele:

Zugriff auf die Standardmenüleiste (*CommandBar*-Objekt):

```
CommandBars("Worksheet Menu Bar")
```

Zugriff auf das DATEI-Menü dieser Menüleiste (*CommandBarPopup*-Objekt):

```
CommandBars("Worksheet Menu Bar").Controls("Datei")
```

Zugriff auf den Eintrag NEU im DATEI-Menü (*CommandBarButton*-Objekt):

```
CommandBars("Worksheet Menu Bar").Controls("Datei").Controls("Neu")
```

Zugriff auf das Submenü FORMAT | BLATT (*CommandBarPopup*-Objekt):

```
CommandBars("Worksheet Menu Bar").Controls("Format"). _
  Controls("Blatt")
```

Zugriff auf den Submenüeintrag FORMAT | BLATT | UMBENNEN (*CommandBarButton*):

```
CommandBars("Worksheet Menu Bar").Controls("Format"). _
  Controls("Blatt").Controls("Umbennen")
```

Statt des direkten Zugriffs auf ein Objekt können Sie sich in manchen Fällen auch der Methode *FindControl* des *CommandBar*-Objekts behelfen. Die Methode sucht nach dem ersten Objekt in einer Symbolleiste, das bestimmten Kriterien genügt. Die Kriterien sind für viele Anwendungsfälle allerdings unzureichend – so kann etwa nicht nach dem Namen eines Eintrags gesucht werden. Am ehesten kann *FindControl* für selbstdefinierte Elemente verwendet werden, wenn diesen Elementen eindeutige *Tag*-Eigenschaften zugewiesen wurden.

9.1.4 Programmiertechniken

Alle in der Einleitung beschriebenen Schritte zur Manipulation von Symbolleisten können auch per Programmcode durchgeführt werden. Im Regelfall ist es zwar nicht sinnvoll, ganze Symbolleisten per Programmcode zu erzeugen – das geht viel einfacher im manuellen Betrieb. Oft besteht aber die Notwendigkeit, je nach Zustand des Programms Symbolleisten oder auch nur einzelne Menüeinträge ein- oder auszublenden, deren Text zu verändern etc. Excel-Anwendungen mit einer eigenen Symbolleiste sollten sich auch darum kümmern, daß diese beim Laden der Datei automatisch angezeigt und beim Schließen der Datei wieder entfernt wird.

VERWEIS

Abschnitt 9.2 enthält eine Menge weiterer Beispiele zum Umgang mit Menü- und Symbolleisten. Diese Beispiele orientieren sich alle an der Frage,wie die Benutzeroberfläche von Programmen möglichst gut in die von Excel integriert werden kann.

Symbolleisten ein- und ausblenden

Symbolleisten können durch die Veränderung der *Visible*-Eigenschaft ein- und ausgeblendet werden. Die Symbolleisten werden dabei automatisch an dem zuletzt gültigem Ort angezeigt. Wenn eine eigene Symbolleiste an eine Excel-Datei angebunden ist, kann Sie beim Laden der Datei durch die folgende Ereignisprozedur angezeigt werden:

```
' Datei CommandBar.xls, Klassenmodul »DieseArbeitsmappe«
Private Sub Workbook_Open()
  Application.CommandBars("Neue Symbolleiste").Visible = True
End Sub
```

Beim Programmende kann die Symbolleiste durch *Visible=False* wieder unsichtbar gemacht werden. Die Symbolleiste bleibt dann allerdings im Speicher und wird in der `Username8.xlb`-Datei gespeichert. Damit die Anzahl der so gespeicherten Symbolleisten nicht unbegrenzt ansteigt, ist es sinnvoll, die Symbolleiste explizit mit *Delete* zu löschen. *Delete* bezieht sich dabei auf Excel. Innerhalb der aktiven Excel-Datei bleibt die angebundene Symbolleiste erhalten.

```
Private Sub Workbook_BeforeClose(Cancel As Boolean)
  Application.CommandBars("Neue Symbolleiste").Visible = False
  Application.CommandBars("Neue Symbolleiste").Delete
End Sub
```

Menüeinträge bzw. Symbole per Code einfügen bzw. löschen

Die folgenden Zeilen zeigen, wie beim Laden einer Datei ein Menüeintrag in das EXTRAS-Menüs der Tabellenblattmenüleiste eingefügt wird. Beim Schließen der Datei wird der Eintrag wieder entfernt.

```
' Datei CommandBar, Klassenmodul »DieseArbeitsmappe«
Private Sub Workbook_Open()
  Dim cbb As CommandBarButton
  Set cbb = Application.CommandBars("Worksheet Menu Bar"). _
    Controls("Extras").Controls.Add()
  cbb.Caption = "Ein neues Kommando"
  cbb.BeginGroup = True
  cbb.OnAction = "NewCommand_OnAction"
End Sub
Private Sub Workbook_BeforeClose(Cancel As Boolean)
  Application.CommandBars("Worksheet Menu Bar"). _
    Controls("Extras").Controls("Ein neues Kommando").Delete
End Sub
```

Die Ereignisprozedur wurde nach der seit Excel 97 üblichen Nomenklatur *objekt_ereignis* benannt. Das ist nicht zwingend erforderlich – Sie können jeden beliebigen Namen verwenden. Beachten Sie aber, daß die Ereignisprozedur sich in einem normalen Modul befinden muß (nicht im Modul »DieseArbeitsmappe«, in der sich die beiden obigen Prozeduren befinden).

```
' Datei CommandBar.xls, Modul »Modul1«
Sub NewCommand_OnAction()
  MsgBox "Reaktion auf das Anklicken des neuen Kommandos."
End Sub
```

Selbstverständlich können Sie in eigene Menüs auch eines der unzähligen Standardkommandos von Excel aufnehmen. Dazu geben Sie bei *Add* den *Id*-Wert dieses Kommandos an. Wenn Sie beispielsweise im EXTRAS-Menü ein SPEICHERN-Kommando einfügen möchten, lautet die Anweisung:

```
CommandBars("Worksheet Menu Bar"). _
  Controls("Extras").Controls.Add(Id:=3)   'Id=3 ... Kommando Speichern
```

Das Problem bei den *Id*-Werten besteht darin, daß sie offensichtlich nicht dokumentiert sind (zumindest nicht an einem Ort, wo die Tabelle zu finden wäre). Die folgende Prozedur erstellt die Textdatei `CommandBar-IdList.txt` mit immerhin fast 4000 Einträgen im Zahlenbereich zwischen 2 und 30426. Das Programm erzeugt vorübergehend eine neue Symbolleiste und fügt dort testweise jedes *CommandBarControl*-Objekts mit *Id*-Werten zwischen 0 und 32000 ein. (Viele Nummern in diesem Bereich sind ungültig und führen zu Fehlern. Wegen *On Error Resume Next* werden diese Fehler ignoriert.) Das Programm ließe sich natürlich noch insofern optimieren, als durch die Auswertung weiterer Eigenschaften der Typ der Einträge (Symbole / Menüeinträge, Buttons / Listenfelder etc.) festgestellt werden könnte.

```
' CommandBar.xls, Modul »Modul1«
Sub IdList()
  On Error Resume Next
  Dim c As CommandBar, i
  Set c = CommandBars.Add
  Open ThisWorkbook.Path + "\CommandBar-IdList.txt" For Output As #1
  For i = 0 To 32000
    c.Controls.Add Id:=i
    If c.Controls(1).Caption <> "" And _
       c.Controls(1).Caption <> "Benutzerdefiniert" Then
      Print #1, i, c.Controls(1).Caption
    End If
    c.Controls(1).Delete
  Next i
  c.Delete
  Close #1
End Sub
```

Die ersten Zeilen der Liste sehen folgendermaßen aus:

```
2            Rechtschreibung...
3            Speichern
4            Drucken...
18           Neu...
19           Kopieren
21           Ausschneiden
22           Einfügen
23           Arbeitsmappe öffnen
```

Auswahlhäkchen für Menüeinträge

Das Objekt *CommandBarButton* läßt unverständlicherweise nicht zu, daß der Zustand einer Option durch ein Auswahlhäkchen angezeigt wird (Eigenschaft *Checked* in Excel 5 / 7). Ein eigenes *CommandBarCheckbox*-Element fehlt ebenso. Das ist um so ärgerlicher, als Auswahlhäkchen im Excel-Standardmenü vielfach verwendet werden.

Mit einem kleinen Trick kann aber auch in Excel 97 der Eindruck von Menüs mit Auswahlhäkchen erreicht werden. Dazu wird der Menüeintrag mit einem Symbol ausgestattet, das aussieht wie ein Häkchen. (Das Symbol kann mit SYMBOL BEARBEITEN rasch gezeichnet werden.) Dieses Symbol wird anschließend in der Ereignisprozedur ein- und ausgeschaltet:

Bild 9.6: Ein Menüeintrag mit Auswahlhäkchen

```
' Auswahlhäkchen anzeigen
Sub MenuCommand2_OnAction()
  With CommandBars("Neue Symbolleiste").Controls("neues Menü"). _
      Controls(2)
    If .Style = msoButtonIconAndCaption Then
      .Style = msoButtonCaption
    Else
      .Style = msoButtonIconAndCaption
    End If
  End With
End Sub
```

HINWEIS

Beachten Sie, daß der obigen Code geändert werden muß, wenn sich der Name oder der Ort des Menüeintrags ändert. Dieser Umstand wird gerne vergessen, wenn ein vorhandenes Projekt geändert wird, etwa wenn ein Menü oder die ganze Symbolleiste einen neuen Namen bekommt etc.

Vorhandene Kontextmenüs ändern

Im Gegensatz zu Excel 5 / 7 können Kontextmenüs nur noch per Programmcode verändert werden. Das eigentliche Problem besteht darin, die Bezeichnung des gesuchten Kontextmenüs zu finden – in Excel sind nämlich nicht weniger als 44 Kontextmenüs definiert! Die etwas weiter oben abgedruckte Prozedur *AnalyseCommandBars* kann bei der Suche helfen.

Die folgenden Zeilen zeigen, wie das Kontextmenü zur Bearbeitung von Zellen um einen Eintrag erweitert wird, der den bequemen Aufruf des Dialogs »Formatvorlage« ermöglicht:

```
Private Sub Workbook_Open()
  Dim cbb As CommandBarButton
  Set cbb = Application.CommandBars("cell").Controls.Add
  cbb.Caption = "Format&vorlage"
  cbb.OnAction = "CellFormat_OnAction"
End Sub
Private Sub Workbook_BeforeClose(Cancel As Boolean)
  Application.CommandBars("cell").Controls("Formatvorlage").Delete
End Sub
Sub CellFormat_OnAction()
  Application.Dialogs(xlDialogApplyStyle).Show
End Sub
```

Eigene Kontextmenüs

Innerhalb von Tabellenblättern und Diagrammen (und nur dort) können Sie die *BeforeRightClick*-Ereignisprozedur dazu ausnutzen, um die automatische Anzeige diverser Excel-Kontextmenüs (abhängig davon, welche Objekte gerade markiert sind) zu verhindern und statt dessen ein eigenes Kontextmenü anzeigen. Die erste Voraussetzung besteht darin, daß Sie vorher ein entsprechendes Menü mit *Position=msoBarPopup* definieren:

```
' CommandBar.xls, Modul »DieseArbeitsmappe«
Private Sub Workbook_Open()
  Dim cb As CommandBar
  Set cb = Application.CommandBars.Add(Name:="NewPopup", _
    Position:=msoBarPopup)
  With cb
     .Controls.Add Id:=3  'Speichern
     .Controls.Add ...
  End With
End Sub
Private Sub Workbook_BeforeClose(Cancel As Boolean)
  Application.CommandBars("newpopup").Delete
End Sub
```

Der Aufruf des Menüs kann prinzipiell an einer beliebigen Stelle im Code mit der Methode ***ShowPopup*** erfolgen. Für das vorliegende Beispiel wurde die *BeforeRightClick*-Ereignisprozedur des zweiten Tabellenblatts gewählt. Durch die Zuweisung *Cancel=True* wird erreicht, daß anschließend nicht auch noch Excel ein Kontextmenü anzeigt.

```
' Command.xls, Modul »Tabelle2«
Private Sub Worksheet_BeforeRightClick(ByVal Target As Excel.Range, _
                                       Cancel As Boolean)
  Application.CommandBars("NewPopup").ShowPopup
  Cancel = True
End Sub
```

Das Standardmenü durch ein eigenes Menü ersetzen

Erste Experimente mit den *CommandBar*-Objekten führen zur Annahme, daß es in Excel 97 (im Gegensatz zu den Vorgängerversionen) nicht mehr möglich wäre, das Standardmenü durch ein eigenes Menü zu ersetzen: Im interaktiven Betrieb (SYMBOLLEISTEN | ANPASSEN) ist es nämlich unmöglich, das Standardmenü zu deaktivieren.

Nach einigem Experimentieren stellt sich heraus: Es geht doch – allerdings nur per Programmcode: Die neue Menüleiste muß mit

```
Set c = CommandBars.Add(MenuBar:=True)
```

erzeugt werden und weist dann *Type=msoBarTypeMenuBar* auf (und nicht wie die durch ANPASSEN erzeugen Symbolleisten *Type=msoBarTypeNormal*). Durch

```
c.Visible = True
```

wird die neue Menüleiste sichtbar gemacht. Die Standardmenüleiste verschwindet automatisch (und erscheint ebenso automatisch wieder, wenn *Visible* wieder auf *False* gesetzt wird). Das eigentliche Problem bei diesen Menüleisten besteht darin, daß sie (vermutlich wegen der anderslautenden *Type*-Einstellung) nicht an eine Excel-Datei angebunden werden kann.

Wenn Sie ein Excel-Programm mit einer eigenen Menüleiste ausstatten möchten, müssen Sie also alle Einträge per Code erzeugen. (Der einfachste Weg besteht sicherlich darin, eine normale Symbolleiste interaktiv zu erstellen und anzubinden. In *Workbook_Open* kopieren Sie dann in einer Schleife alle Einträge aus dieser Symbolleiste in die durch *CommandBars.Add* erzeugte Menüleiste.) Sinnvoller ist es vermutlich, ganz auf eigene Menüleisten zu verzichten und statt dessen die anwendungsspezifischen Kommandos in einem zusätzlichen Menü in einer eigenen Symbolleiste anzuzeigen. (Das Standardmenü bleibt also weiterhin sichtbar.)

Falls Sie sich doch dazu entschließen, mit einem eigenen Menü zu arbeiten, sollte dieses automatisch aktiviert werden, sobald ein Blatt Ihres Programms aktiv ist. Ebenso automatisch sollte aber auch das Standardmenü wieder erscheinen, sobald ein anderes Blatt oder eine andere Excel-Datei aktiviert wird. Sie können das relativ leicht erreichen, in dem Sie die *Visible*-Eigenschaft der Menüleiste in den *Worksheet_(De)Activate* auf *True* bzw. auf *False* setzen.

Symbolleisten gegen Veränderungen schützen

Mit der ***Protection***-Eigenschaft des *CommandBar*-Objekts kann stufenweise eingestellt werden, welche Veränderungen an der Symbolleiste möglich sind: gar keine, Position ändern, Größe ändern, Inhalt ändern etc. Durch eine entsprechende Einstellung können Sie also Manipulationen durch den Anwender vermeiden.

9.1.5 Blattwechsel per Symbolleiste

Dieser Abschnitt gibt ein abschließendes Beispiel für die Anwendungsmöglichkeiten von Symbolleisten: Eine Symbolleiste soll mit einem Listenfeld ausgestattet werden, das einen bequemen Blattwechsel zuläßt. Gerade bei Excel-Dateien mit sehr vielen Blättern ist die Navigation mit den Blattregistern ja ausgesprochen mühsam.

Die hier vorgestellte Symbolleiste enthält ein Listenfeld (*CommandBarComboBox*), das diese Aufgabe erleichtert. Die eigentliche Herausforderung bei der Programmierung ist die Synchronisation des Listefelds mit der Blattliste der gerade aktiven Arbeitsmappe. Dazu müssen zwei Ereignisse des *Application*-Objekts ausgewertet werden, was ein eigenes Klassenmodul voraussetzt (siehe auch Abschnitt 5.4.4).

Bild 9.7: Ein Listenfeld zum Blattwechsel in einer Symbolleiste

Listenfeld erstellen

Das Listenfeld kann nur per Programmcode (nicht interaktiv) erzeugt werden. Wenn die Datei zum zweiten Mal von derselben Person geladen wird, kann allerdings sein, daß das Listenfeld in der Symbolleiste noch existiert. Aus diesem Grund befindet sich in *Workbook_Open* eine diesbezügliche Sicherheitsabfrage.

Das Listenfeld wird aus Platzgründen nicht beschriftet (also kein *Caption*-Text). Dafür wird an *TooltipText* eine Zeichenkette zugewiesen, die als gelber Infotext angezeigt wird. Außerdem wird die *Tag*-Eigenschaft belegt, die an anderen Stellen im Code den Einsatz der Methode *FindControl* ermöglicht (siehe unten). Die Einstellung der beiden Eigenschaften *DropDownLines* und *DropDownWidth* bewirkt, daß das Listenfeld etwas größer als in der Defaulteinstellung erscheint. (Das ist bei langen Listen übersichtlicher.)

```
' Datei CommandBar.xls, Modul »DieseArbeitsmappe«
Dim appc As New AppClass  'für die Application-Ereignisse
Private Sub Workbook_Open()
  On Error Resume Next
  Dim cbc As CommandBarControl, cbcb As CommandBarComboBox
  Dim existing As Boolean
  ' testen, ob das Listenfeld in der Symbolleiste »Neue Symbolleiste«
  ' schon existiert
  For Each cbc In Application.CommandBars("Neue Symbolleiste").Controls
    If cbc.Tag = "Blattliste" Then existing = True: Exit For
  Next
  ' Listenfeld in die Symbolleiste »Neue Symbolleiste« eintragen
  If Not existing Then
    Set cbcb = Application.CommandBars("Neue Symbolleiste"). _
      Controls.Add(Type:=msoControlDropdown, Before:=2)
```

```
    cbcb.Tag = "Blattliste"
    cbcb.TooltipText = "Blattliste"
    cbcb.OnAction = "SheetCombo_OnAction"
    cbcb.DropDownWidth = 150
    cbcb.DropDownLines = 20
  End If
  ' Symbolleiste »Neue Symbolleiste« anzeigen
  Application.CommandBars("Neue Symbolleiste").Visible = True
  ' Ereignisse für Arbeitsmappenwechsel empfangen
  Set appc.app = Application
End Sub
```

Listenfeld mit Einträgen belegen

Vielleicht haben Sie in den Zeilen oben Anweisungen vermißt, mit denen die Listeneinträge mit Blattnamen belegt werden. Da sich die Blattliste ständig ändert (beim Wechsel zwischen zwei Arbeitsmappen, beim Laden neuer Dateien, beim Einfügen und Löschen von Blättern), muß das Listenfeld immer wieder neu mit Einträgen belegt werden. Der erforderliche Code befindet sich im Klassenmodul *AppClass*, das in den oben abgedruckten Zeilen initialisiert wurde (siehe die *Dim*-Zeile bzw. die letzte Zeile).

Die Ereignisprozedur *app_SheetActivate* wird immer dann aufgerufen, wenn ein Blattwechsel in irgendeiner in Excel geladenen Datei stattfindet. In der Prozedur wird das Listenfeld zuerst mit *FindControl* gesucht. Anschließend wird der aktuelle Inhalt der Liste gelöscht und durch die Namen der Blätter der aktiven Arbeitsmappe ersetzt. (Modulblätter, die in Excel-5/7-Dateien noch existieren können, werden nicht berücksichtigt.) Schließlich wird jener Eintrag der Liste aktiviert, der dem momentan aktiven Blatt entspricht.

app_WorkbookActivate ruft einfach *app_SheetActivate* auf, um auch bei einem Wechsel der Arbeitsmappe das Listenfeld zu aktualisieren.

```
' Datei Commandbar.xls, Klassenmodul »AppClass«
' es sollen Application-Ereignisse verarbeitet werden
Public WithEvents app As Application
Private Sub app_SheetActivate(ByVal sh As Object)
  Dim cbcb As CommandBarComboBox
  Dim sheet As Object
  Dim i
  Set cbcb = Application.CommandBars.FindControl( _
    Type:=msoControlDropdown, Tag:="Blattliste")
  cbcb.Clear
  ' sh.Parent liefert ein Workbook-Objekt
  For Each sheet In sh.Parent.Sheets
    If TypeName(sheet) <> "Module" Then
      cbcb.AddItem sheet.Name
```

```
    End If
  Next
  ' richtigen Listeneintrag aktivieren
  For i = 1 To cbcb.ListCount
    If cbcb.List(i) = sh.Name Then cbcb.ListIndex = i: Exit For
  Next
End Sub
Private Sub app_WorkbookActivate(ByVal wb As Excel.Workbook)
  app_SheetActivate wb.ActiveSheet
End Sub
```

Reaktion auf die Auswahl eines Listenfelds

Vergleichsweise einfach ist die Ereignisprozedur *SheetCombo_OnAction*, die ausgeführt wird, wenn der Anwender einen Eintrag des Listenfelds auswählt und auf diese Weise in ein anderes Blatt wechseln möchte:

```
' Datei CommandBar.xls, Modul »Modul1«
Sub SheetCombo_OnAction()
  Dim cbcb As CommandBarComboBox
  On Error Resume Next
  Set cbcb = CommandBars.FindControl(Type:=msoControlDropdown, _
    Tag:="Blattliste")
  ActiveWorkbook.Sheets(cbcb.Text).Activate
End Sub
```

9.1.6 Syntaxzusammenfassung

CommandBars – Methoden und Eigenschaften	
ActiveMenuBar	verweist auf *CommandBar*-Objekt mit aktiver Menüleiste
Add	neue Symbolleiste hinzufügen
FindControls	Element in Symbolleisten suchen

CommandBar – Methoden und Eigenschaften	
BuiltIn	*True* bei vordefinierten Symbolleisten
Controls	Zugriff auf Symbole bzw. Menüeinträge
Delete	Symbolleiste löschen
Name	englischer Name der Symbolleiste
NameLocal	Name in der jeweiligen Landessprache (deutsch)
Position	Ort (verankert oder als Toolbox)
Protection	Schutz vor Veränderungen durch den Anwender
ShowPopup	als Kontextmenü anzeigen
Visible	Sichtbarkeit der Symbolleiste

CommandBarControls – Methoden und Eigenschaften	
Add	Symbol / Menüeintrag / Liste hinzufügen
Count	Anzahl der Menüelemente bzw. Symbole

CommandBarControl – Methoden und Eigenschaften	
BeginGroup	mit dem Objekt beginnt eine Gruppe
BuiltIn	*True* bei vordefinierten Elementen
Caption	Beschriftungstext
Copy	kopiert einen Eintrag aus einer anderen Symbolleiste
Delete	Eintrag löschen
Enabled	*True,* wenn das Element verwendet werden kann
Execute	führt die *OnAction*-Prozedur aus
OnAction	Name der Ereignisprozedur
TooltipText	gelber Infotext (bei *TooltipText=""* wird *Caption* verwendet)
Type	Typ (z.B. *msoControlButton, -ComboBox, -Popup*)

CommandBarButton – Methoden und Eigenschaften	
BuiltInFace	*True,* falls vordefiniertes Symbol
CopyFace	Symbol in die Zwischenablage kopieren
PasteFace	Symbol aus der Zwischenablage einfügen
Reset	Eintrag zurücksetzen (nur sinnvoll wenn *BuiltIn=True*)

CommandBarComboBox – Methoden und Eigenschaften	
AddItem	Listenelement hinzufügen
Clear	alle Listenelemente löschen
DropDownLines	gewünschte Anzahl der Zeilen für ausklappbare Liste
DropDownWidth	gewünschte Breite der ausklappbaren Liste
List(n)	Zugriff auf Listenelemente
ListCount	Anzahl der Listenelemente
ListIndex	Indexnummer des ausgewählten Elements
RemoveItem	Listenelement löschen
SetFocus	Eingabefokus auf das Listenfeld richten
Text	eingegebener Text bzw. Text des ausgewählten Elements
Type	*msoControlEdit, -Dropdown* oder *-ComboBox*

CommandBarPopup – Methoden und Eigenschaften	
Controls	Zugriff auf Elemente (verweist auf *CommandBarControls*)

Bei den Objekten *CommandBarButton, CommandBarComboBox* und *CommandBarPopup* wurden nur jene Methoden und Eigenschaften aufgezählt, die nicht ohnedies bereits von *CommandBarControl* zur Verfügung gestellt werden.

9.2 Oberflächengestaltung für eigenständige Excel-Anwendungen

Dieser Abschnitt geht davon aus, daß Sie eine Excel-Anwendung so gestalten möchten, daß Sie diese samt den Bedienungselementen auf anderen Rechnern installieren können. Grundsätzlich gibt es drei Möglichkeiten, wie sich solche Anwendungen nach dem Laden verhalten können:

- Die Anwendung bietet durch Erweiterungen an den Standardmenüs und in den Symbolleisten Steuerungsmöglichkeiten an, die *zusätzlich* zu den normalen Bedienungselementen von Excel zur Verfügung stehen. Der Vorteil: Nach dem Laden der Datei können auch andere Excel-Dateien problemlos weiterbearbeitet werden. Der Nachteil: Die neuen Bedienungselemente gehen zwischen den normalen Menüs, Symbolleisten etc. unter.
- Die Anwendung integriert alle Bedienungselemente in einer eigenen Symbolleiste, die beim Laden der Datei automatisch angezeigt wird. Der Vorteil: Es gibt eine klare Trennung zwischen »normalen« Excel-Elementen und zusätzlichen Kommandos. Der Nachteil: Die Symbolleiste beansprucht zusätzlichen Platz am Bildschirm. Außerdem sind die Einträge entweder redundant, oder der Anwender ist gezwungen, je nach Operation manchmal Standardmenüs/-symbolleisten und dann wieder die anwendungsspezifischen Menüeinträge zu verwenden.
- Die Anwendung aktiviert beim Start ein eigenes Menü, eigene Symbolleisten etc. Die Bedienungselemente der Anwendung *ersetzen* also die Bedienungselemente von Excel. Der Vorteil: Es stehen wirklich nur die Kommandos zur Verfügung, die der Anwender zur Bedienung momentan benötigt. Das ist insbesondere für Anwender praktisch, die keine Excel-Profis sind und daher durch die Fülle der Excel-Menüeinträge überfordert sind. (Außerdem mindert das die Gefahr, unbeabsichtigt Kommandos auszuführen, die Schaden anrichten können.) Der Nachteil: Excel ist kaum wiederzuerkennen; plötzlich fehlen normale Menüs und Symbolleisten. Ein »normales« Weiterarbeiten mit anderen Dateien ist nur möglich, wenn bei einem Fensterwechsel automatisch die Standardkonfiguration wiederhergestellt wird.

Seit Excel 97 können Sie wohl neue Symbolleisten zusammen mit einer Excel-Datei speichern (durch ANPASSEN | ANBINDEN), Sie können im Gegensatz zu Excel 5 / 7 aber keine Änderungen an den vordefinierten Menüs und Symbolleisten in einer Excel-Datei speichern. (Diese Änderungen werden lediglich in der Datei `Username8.xlb` gespeichert. Diese Datei können Sie aber nicht weitergeben.) Aus diesem Grund ist die zweite Variante mit dem geringstem Aufwand verbunden. Obwohl sich diesbezüglich wenig konkrete Informationen in den Handbüchern finden, ist zu vermuten, daß diese Variante auch von Microsoft bevorzugt wird.

Die folgenden drei Teilabschnitte beschreiben Techniken zur Umsetzung aller drei Varianten. Bei allen Beispielen wird darauf geachtet, die Veränderungen transparent zu machen, d.h. mit automatischer Wiederherstellung der Standardbenutzeroberfläche von Excel beim Schließen der Datei bzw. beim Blattwechsel.

9.2.1 Erweiterung des Standardmenüs

Dieser Abschnitt zeigt, wie beim Laden einer Excel-Datei ein zusätzliches Menü in die Standardmenüleiste (also in *CommandBars("Worksheet Menu Bar")*) eingefügt wird. Dieses Menü wird automatisch ausgeblendet, wenn ein Blatt angeklickt wird, das nicht zur Anwendung gehört. Das Menü wird außerdem beim Schließen der Datei entfernt. (Eine entsprechende Vorgehensweise wäre selbstverständlich auch für Symbole möglich, die in Standardsymbolleisten kopiert bzw. daraus wieder entfernt werden.)

Menüs kopieren

Wenn Sie in einem Excel-Programm ein zusätzliches Menü in der Standardmenüleiste verwenden möchten, bestehen dazu zwei Möglichkeiten:

- Sie führen alle Erweiterungen am Standardmenü durch zahlreiche VBA-Anweisungen durch, die neue Einträge erstellen, beschriften und Ereignisprozeduren zuordnen. Die prinzipielle Vorgehensweise ist in Abschnitt 9.1.4 beschrieben.
- Sie speichern Ihr neues Menü in einer angebundenen Symbolleiste. Beim Start Ihres Programms lassen Sie diese Symbolleiste unsichtbar, kopieren das Menü aber in die Standardmenüleiste. Das *CommandBarControl*-Objekt sieht dazu die ***Copy***-Methode vor. Durch das folgende Kommando wird das angegebene Objekt – ein einzelner Menüeintrag aber auch ein ganzes Menü (*CommandBarPopup*) – vor der durch *position* angegebenen Stelle in die Zielsymbolleiste kopiert.

```
quellobjekt.Copy zielsymbolleiste, position
```

Die zweite Variante hat den Vorteil, daß der Menüentwurf interaktiv erfolgen kann und viel weniger Code erforderlich ist. Dieser Abschnitt beschränkt sich daher auf diese Variante.

HINWEIS

In beiden Fällen müssen Sie vorher testen, ob sich das neue Menü nicht bereits in der Standardmenüleiste befindet! Andernfalls kann es passieren, daß Ihr Menü doppelt erscheint. Außerdem sollten Sie sich darum kümmern, daß das Menü beim Schließen der Datei wieder entfernt wird.

Beispielprogramm

An das Beispielprogramm `CommandBar-Copy.xls` ist die Symbolleiste »CommandBar-Copy« angebunden. In *Workbook_Open* wird das erste Menü dieser Symbolleiste mit *Copy* an die vorletzte Stelle der Standardmenüs kopiert. Das Menü wird mit *Visible*=

True sichtbar, die zugrundeliegende Symbolleiste dagegen mit *Visible=False* unsichtbar gemacht.

```
' CommandBar-Copy.xls, Modul »DieseArbeitsmappe«
Option Explicit
' diverse Menüs erzeugen
Private Sub Workbook_Open()
  Dim standardmenubar As CommandBar
  Dim mycommandbar As CommandBar
  Dim c As CommandBarControl
  Set standardmenubar = Application.CommandBars("worksheet menu bar")
  Set mycommandbar = Application.CommandBars("CommandBar-Copy")
  mycommandbar.Visible = False
  ' Test, ob Menü schon existiert
  For Each c In standardmenubar.Controls
    If c.Caption = mycommandbar.Controls(1).Caption Then
      c.Visible = True
      Exit Sub
    End If
  Next
  ' Menü existiert noch nicht: daher kopieren
  Set c = mycommandbar.Controls(1).Copy(standardmenubar, _
    standardmenubar.Controls.Count)
  c.Visible = True
End Sub
```

Die beiden Prozeduren *Workbook_Activate* und *Workbook_Deactivate* kümmern sich darum, daß das Menü verschwindet, wenn in eine andere Datei gewechselt wird. Sobald die Arbeitsmappe wieder aktiviert wird, erscheint auch das Menü wieder.

Die Anweisung *On Error Resume Next* verhindert einen Fehler beim Schließen der Arbeitsmappe. In diesem Fall wird zuerst *Workbook_BeforeClose* ausgeführt, wo das neue Menü gelöscht wird. Anschließend wird *Workbook_Deactivate* aufgerufen, wo jetzt natürlich nicht mehr auf das Menü zurückgegriffen werden kann.

```
' Menü aktivieren/deaktivieren
Private Sub Workbook_Activate()
  Application.CommandBars("worksheet menu bar").
    Controls("Neues Menü").Visible = True
End Sub
Private Sub Workbook_Deactivate()
  On Error Resume Next
  Application.CommandBars("worksheet menu bar"). _
    Controls("Neues Menü").Visible = False
End Sub
```

Beim Schließen der Datei wird das Menü aus der Standardmenüleiste entfernt. Außerdem wird die Symbolleiste gelöscht, so daß sie nicht in `Username8.xlb` gespeichert wird.

```
Private Sub Workbook_BeforeClose(Cancel As Boolean)
  Dim standardmenubar As CommandBar
  Dim mycommandbar As CommandBar
  Dim c As CommandBarControl
  Set standardmenubar = Application.CommandBars("worksheet menu bar")
  Set mycommandbar = Application.CommandBars("CommandBar-Copy")
  For Each c In standardmenubar.Controls
    If c.Caption = mycommandbar.Controls(1).Caption Then
      c.Delete
    End If
  Next
  mycommandbar.Delete
End Sub
```

HINWEIS

Das Beispielprogramm berücksichtigt nur das Standardmenü. Wenn Sie auch das Menü zu Diagrammen ändern möchten, müssen Sie zusätzliche Anweisungen für *CommandBars("Chart Menu Bar")* hinzufügen und auch dorthin das neue Menü kopieren bzw. wieder löschen.

9.2.2 Eigene Symbolleisten ein- und ausblenden

Die zweite Variante ist mit dem geringsten Aufwand verbunden. In der Beispieldatei `CommandBar-AutoVisible.xls` wird die Symbolleiste beim Laden sichtbar gemacht, beim Schließen wieder gelöscht. Außerdem wird die Symbolleiste automatisch ein- und ausgeblendet, je nach dem, ob gerade ein Fenster der Arbeitsmappe oder ein Fenster einer anderen Arbeitsmappe sichtbar ist.

```
' CommandBar-AutoVisible.xls, Modul »DieseArbeitsmappe«
' Symbolleiste anzeigen
Private Sub Workbook_Open()
  Application.CommandBars("Commandbar-Auto").Visible = True
End Sub
' Symbolleiste löschen
Private Sub Workbook_BeforeClose(Cancel As Boolean)
  Application.CommandBars("Commandbar-Auto").Delete
End Sub
' Symbolleiste anzeigen
Private Sub Workbook_Activate()
  Application.CommandBars("Commandbar-Auto").Visible = True
End Sub
```

```
' Symbolleiste verbergen
Private Sub Workbook_Deactivate()
  On Error Resume Next
  Application.CommandBars("Commandbar-Auto").Visible = False
End Sub
```

9.2.3 Eigenes Standardmenü verwenden

Das Beispielprogramm `CommandBar-NewMenu.xls` verfolgt eine ähnliche Strategie wie `CommandBar-Copy.xls`: In der Symbolleiste »CommandBar-New«, die nie angezeigt wird, werden die Menüeinträge für das Hauptmenü gespeichert. Beim Laden der Datei wird eine neue Menüleiste »NewMenu« erzeugt, in die der Inhalt von »CommandBar-New« kopiert wird. Sobald diese neue Menüleiste sichtbar gemacht wird, verschwindet die Standardmenüleiste. Beim Programmende wird sowohl die Symbolleiste als auch die Menüleiste wieder gelöscht, das Standardmenü erscheint automatisch wieder.

```
' CommandBar-NewMenu.xls, Modul »DieseArbeitsmappe«
Private Sub Workbook_Open()
  Dim cb As CommandBar, c As CommandBarControl
  ' Symbolleiste mit Basisdaten unsichtbar
  Application.CommandBars("Commandbar-New").Visible = False
  ' neue Menüleiste erzeugen
  Set cb = Application.CommandBars.Add(Name:="NewMenu", _
    MenuBar:=True, Position:=msoBarTop)
  ' alle Einträge von »Commandbar-New« nach »NewMenu« kopieren
  For Each c In Application.CommandBars("Commandbar-New").Controls
    c.Copy cb
  Next
End Sub
Private Sub Workbook_BeforeClose(Cancel As Boolean)
  On Error Resume Next
  ' Symbolleiste löschen
  Application.CommandBars("Commandbar-New").Delete
  ' neue Menüleiste löschen (dabei wird automatisch
  ' das Standardmenü aktiv
  Application.CommandBars("NewMenu").Delete
End Sub
```

Die beiden Prozeduren *Workbook_Activate* und *Workbook_Deactivate* kümmern sich auch in diesem Programm darum, daß das Menü verschwindet, wenn in eine andere Datei gewechselt wird. Sobald die Arbeitsmappe wieder aktiviert wird, erscheint auch das Menü wieder.

Neu im Vergleich zu den beiden vorangegangenen Programmen ist der Umgang mit den Symbolleisten: Solange `CommandBar-NewMenu.xls` aktiv ist, werden alle Symbolleisten ausgeblendet (es ist also wirklich nur das neue Menü sichtbar). Das Programm speichert beim Ausblenden die Liste aller sichtbaren Symbolleisten in der *Collection*-Variable *visibleCommandBars*. Alle Symbolleisten dieser Liste werden automatisch wieder sichtbar gemacht, sobald ein anderes Tabellenblatt aktiviert wird.

```
Dim visibleCommandBars As New Collection
Private Sub Workbook_Activate()
  Dim cb As CommandBar
  ' neue Menüleiste sichtbar
  Application.CommandBars("NewMenu").Visible = True
  ' alle Symbolleisten abschalten
  For Each cb In Application.CommandBars
    If cb.Type = msoBarTypeNormal And cb.Visible = True Then
      visibleCommandBars.Add cb, cb.Name
      cb.Visible = False
    End If
  Next
End Sub
Private Sub Workbook_Deactivate()
  Dim cb As Object
  On Error Resume Next
  Application.CommandBars("NewMenu").Visible = False
  ' die Symbolleisten wieder sichtbar machen
  For Each cb In visibleCommandBars
    cb.Visible = True
  Next
  ' Collection-Liste löschen
  Set visibleCommandBars = Nothing
End Sub
```

9.3 Konfiguration

Zur individuellen Konfiguration von Excel gibt es zahlreiche Ansatzpunkte:

- die Gestaltung eigener Symbolleisten,
- die Veränderung und Erweiterung des Menüsystems,
- die Veränderung von generellen Optionen,
- die Verwendung von Mustervorlagen und
- die Erweiterung von Excel durch Makros in der persönlichen Makroarbeitsvorlage und / oder in eigenen Add-Ins.

Dieser Abschnitt beschreibt, wie Sie solche Konfigurationseinstellungen durchführen und bleibend speichern können.

9.3.1 Optionen

Das Aussehen und Verhalten von Excel wird durch zahllose Optionen beeinflußt. Einen Großteil dieser Optionen können Sie über das Menükommando EXTRAS | OPTIONEN einstellen, einige weitere über diverse andere Kommandos. Dieser Abschnitt geht kurz auf einige wichtige Optionen ein (sowohl zur manuellen Veränderung als auch zur Veränderung per Programmcode). Beachten Sie bitte, daß Optionen trotz der zentralen Einstellung via EXTRAS | OPTIONEN unterschiedliche Geltungsbereiche haben (Excel als Ganzes, eine Arbeitsmappe, ein Fenster) und in unterschiedlichen Dateien gespeichert werden! (Details folgen im nächsten Teilabschnitt.)

Einstellungsmöglichkeiten durch das Kommando Optionen

Über das Menükommando EXTRAS | OPTIONEN kommen Sie zu einem Dialog mit insgesamt acht Dialogblättern, in denen Sie unzählige Excel-Optionen einstellen können. Die Bedeutung der meisten Einstellmöglichkeiten ist ohnedies offensichtlich oder kann unmittelbar der Online-Hilfe entnommen werden, so daß hier keine längeren Ausführungen notwendig sind.

Sonstige Einstellmöglichkeiten

Der Dialog zur Einstellung der Druckoptionen verbirgt sich hinter dem Menükommando DATEI | SEITE EINRICHTEN. Die Einstellung gilt nur für ein Tabellenblatt.

Über SPEICHERN | UNTER | OPTIONEN können Sie diverse Optionen zur Speicherung einer Datei (Kennwort, Schreibschutz, Sicherungsdatei) einstellen. Die Dateioptionen gelten nur für eine Datei. Es ist daher im Gegensatz zu WinWord nicht ohne weiteres möglich, Excel so einzustellen, daß es immer eine Sicherungskopie verwendet, beim Drukken generell links einen 4 cm breiten Rand frei läßt etc. Eine mögliche Lösung dieses Problem stellen Mustervorlagen dar (Abschnitt).

Fensteroptionen befinden sich mit einer Ausnahme in EXTRAS | OPTIONEN | ANSICHT. Lediglich die Einstellung des Zoomfaktors erfolgt über ANSICHT | ZOOM. Fensteroptionen gelten nur für das gerade aktuelle Fenster (und nicht für die ganze Arbeitsmappe oder generell für Excel).

Optionen zur Anzeige von Symbolen werden über ANSICHT | SYMBOLLEISTEN eingestellt (Details siehe Abschnitt 9.1).

9.3.2 Optionseinstellungen per Programmcode

Die Einstellung der meisten Excel-Optionen erfolgt über zahllose Eigenschaften des Objekts *Application*. Optionen, die nicht Excel als Ganzes betreffen, sondern nur eine Datei, ein Fenster, ein Diagramm etc., können über die Eigenschaften des jeweiligen Objekts (*Worksheet*, *Window* etc.) verändert werden, wobei die Zuordnung nicht in jedem Fall logisch ist.

Die Einstellungen für das Seitenformat, Kopf- und Fußzeilen etc. erfolgen übrigens über das *PageSetup*-Objekt, das für jedes Blattobjekt (*WorkSheet*, *Chart* etc.) eingestellt und auch über das *Window*-Objekt angesprochen werden kann. Der aktive Drucker wird dagegen über die *ActivePrinter*-Eigenschaft des *Application*-Objekts eingestellt. Es gibt allerdings keine Möglichkeit, per VBA-Code eine Liste der zur Verfügung stehenden Drucker zu ermitteln.

Die folgenden Tabellen geben einen Überblick über die wichtigsten Eigenschaften und Methoden.

Application-Objekt (allgemeine Optionen)	
ActivePrinter	Einstellung des momentan gültigen Druckers
AddIns(...)	Zugriff auf Add-Ins
Calculation	Neuberechnung von Tabellen automatisch / manuell
CommandBars(...)	Zugriff auf Menü- und Symbolleisten (siehe Abschnitt 9.1)
DisplayAlerts	Warnungen anzeigen
DisplayFormulaBar	Bearbeitungsleiste ein / aus (*True/False*)
DisplayFullScreen	Modus ganzer Bildschirm ein / aus
DisplayNoteIndicators	rote Markierungspunkte in Zellen mit Notizen anzeigen
DisplayStatusBar	Statuszeile
MoveAfterReturn	Cursor springt mit Return in nächste Zelle einer Tabelle
MoveAfterReturnDirection	Richtung der Cursorbewegung durch Return
OnEvent ...	diverse Ereignisprozeduren (siehe Abschnitt 5.4.2)
PromptForSummaryInformation	Dialog zur Eingabe von Informationen beim Speichern
ScreenUpdating	Bildschirmaktualisierung während Makroausführung
SheetsInNewWorkbook	Anzahl der leeren Tabellenblättern in neuen Dateien
StandardFont	Name des Defaultzeichensatzes in Tabellen
StandardFontsize	Größe des Defaultzeichensatzes in Tabellen

Workbook-Objekt (dateispezifische Optionen)	
ChangeFileAccess	Zugriffsrechte ändern
Colors	Zugriff auf die Farbpalette (56 Farben) der Datei
CreateBackup	beim Speichern Backup-Datei erzeugen
DisplayDrawingObjects	Zeichnungsobjekte anzeigen
Protect	Schutz vor Änderungen ein- / ausschalten
Styles(...)	Zugriff auf Formatvorlagen
Visible	Datei sichtbar / unsichtbar (ausgeblendet)

Worksheet-Objekt (tabellenblattspezifische Optionen)	
DisplayAutomaticPageBreaks	Seitengrenzen in den Tabellenblättern anzeigen
EnableAutoFilter	läßt die Anzeige von Autofiltern zu
EnableOutlining	läßt die Anzeige von Gliederungen (Gruppierungen) zu
EnablePivotTable	läßt das Erstellen von Pivottabellen zu
FilterMode	Autofilter an / aus
PageSetup	Zugriff auf Seiten- und Druckereinstellungen

SetBackgroundPicture	Hintergrundbild einstellen
Visible	Arbeitsblatt sichtbar / unsichtbar

Window-Objekt (Fenster-spezifische Optionen)	
DisplayFormulas	Formeln statt Ergebnisse anzeigen
DisplayGridlines	Gitterlinien anzeigen
DisplayHeadings	Zeilen- und Spaltenköpfe anzeigen
DisplayHorizontalScrollBar	horizontale Bildlaufleiste anzeigen
DisplayOutline	Gliederung (Gruppierung) anzeigen
DisplayZeros	0-Werte anzeigen (oder statt dessen leere Zelle anzeigen)
DisplayVerticalScrollBar	vertikale Bildlaufleiste anzeigen
DisplayWorkbookTabs	Blattregister anzeigen
FreezePanes	geteiltes Fenster fixiert / nicht fixiert
GridLineColor	Farbe der Gitternetzlinien einstellen (RGB-Wert)
GridLineColorIndex	Farbe der Gitternetzlinien aus Farbpalette (0 bis 55)
PageSetup	Zugriff auf Seiten- und Druckereinstellungen
Split	Fenster geteilt / nicht geteilt
SplitColumn	Spalte, in der das Fenster geteilt ist
SplitRow	Zeile, in der das Fenster geteilt ist
TabRatio	Verhältnis Blattregister / horizontale Bildlaufleiste
Zoom	Zoomfaktor

PageSetup-Objekt (Seitenlayout, muß für jedes Blatt extra eingestellt werden)	
BlackAndWhite	Ausdruck in Schwarzweiß
BottomMargin	unterer Rand in Punkt (0.35 mm)
CenterFooter	Fußzeile, mittlerer Teil
CenterHeader	Kopfzeile, mittlerer Teil
CenterHorizontal	Ausdruck horizontal zentrieren
CenterVertical	Ausdruck vertikal zentrieren
FirstPageNumber	Anfangszahl für Seitennumerierung
FooterMargin	Platz für Fußzeile
HeaderMargin	Platz für Kopfzeile
LeftFooter	Fußzeile, linker Teil
LeftHeader	Kopfzeile, linker Teil
LeftMargin	linker Rand in Punkt (0.35 mm)
Orientation	Druck im Hoch- oder Querformat
PaperSize	Papiergröße
PrintArea	zu druckender Tabellenbereich
PrintTitleColumns	Spaltenbeschriftung (wird auf jedem Blatt gedruckt)
PrintTitleRows	Zeilenbeschriftung (wird auf jedem Blatt gedruckt)
RightFooter	Fußzeile, rechter Teil
RightHeader	Kopfzeile, rechter Teil
RightMargin	rechter Rand in Punkt (0.35 mm)
TopMargin	oberer Rand in Punkt (0.35 mm)

9.3.3 Konfigurationsdateien

Excel verstreut Informationen über die aktuelle Konfiguration und die Einstellung von Optionen über eine ganze Menge von Dateien:

- Einige globale Einstellungen werden individuell für verschiedene Anwender in der Windows-Registrierdatenbank gespeichert.
- Informationen über den individuellen Inhalt und die Plazierung der Symbolleisten finden sich in `Username8.xlb`. Diese Datei wird für jeden Anwender im Windows-Systemverzeichnis angelegt.
- Allgemein verfügbare Makros und zugeordnete Änderungen am Menü werden in Dateien im `Office97\Office\Xlstart`-Verzeichnis (z. B. in der persönlichen Makroarbeitsmappe `Personl.xls`) gespeichert.
- Diverse Voreinstellungen für neue Dateien können als automatische Mustervorlagen in `Office97\Office\Xlstart` oder als normale Mustervorlagen in `Office97\Vorlagen\Tabellenvorlagen` oder dessen Unterverzeichnissen gespeichert werden.
- Diagrammvorlagen werden in `Office97\Office\Xl8galry.xls` gespeichert.
- Alle verbleibenden Einstellungen sind dateispezifisch und werden in der eigentlichen Excel-Datei gespeichert.

HINWEIS

Dateinamen und Pfade von Konfigurationsdateien ändern sich mit jeder Version – nicht zuletzt, um Konflikte durch die gleichzeitige Verwendung mehrerer Office-Versionen zu vermeiden.

Globale Einstellungen in der Registrierdatenbank

Die Registrierdatenbank enthält in den Verzeichnissen

HKeyLocalMachine\Software\Microsoft\Office\8.0\Excel
HKeyLocalMachine\Software\Microsoft\Office\8.0\New User Settings\Excel

globale Einstellungen. Das Verzeichnis

HKeyLocalMachine\Software\Microsoft\Office\8.0\New User Settings\Excel

Die Einstellungen können unter Windows 95 mit dem Programm `RegEdit.exe`, unter Windows NT mit `RegEdt32.exe` bearbeitet werden. (Das ist allerdings nur anzuraten, wenn Sie wissen, was Sie tun. Durch Veränderungen in der Registrierdatenbank können Sie Office ebenso wie Windows soweit aus dem Konzept bringen, daß nur noch eine Neuinstallation hilft!)

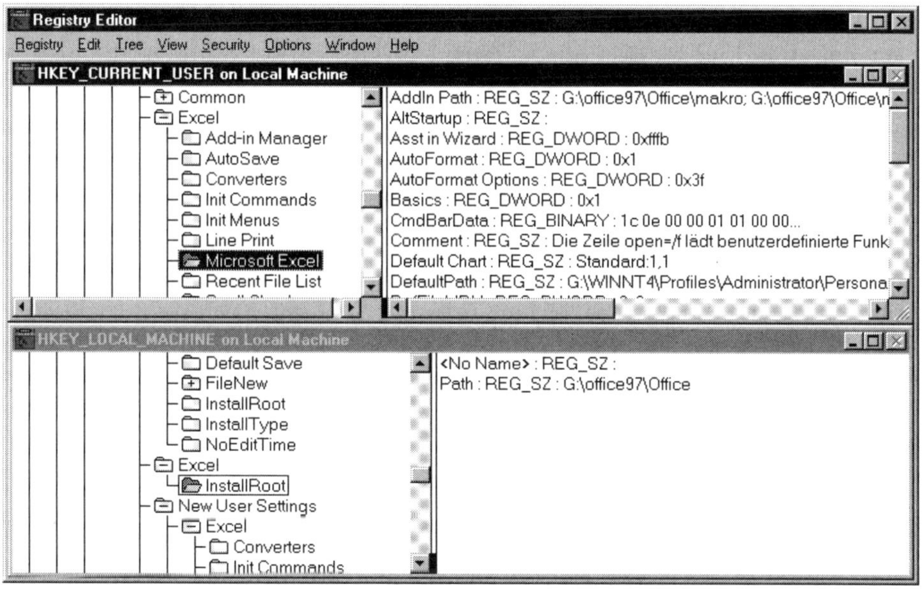

Bild 9.8. Der Registrierediter von Windows NT

Informationen zu Symbolleisten in Username.xlb

`Username8.xlb` im Windows-Verzeichnis (Excel-internes Format) enthält anwenderspezifische Informationen zur Anordnung der Symbolleisten und des Tipassistenten, zu Veränderungen an den vorhandenen Symbolleisten, Pfade zu den zugeordneten Makrofunktionen sowie neue Symbolleisten, die beim letzten Verlassen von Excel verfügbar waren. `*.xlb`-Dateien können durch DATEI | LADEN geladen werden und verändern dann den aktuellen Zustand der Symbolleisten. Der zuletzt gültige Zustand wird beim Verlassen von Excel automatisch wieder gespeichert. Es besteht aber keine Möglichkeit, die Datei durch ein Menü- oder Makrokommando zu speichern, ohne Excel gleichzeitig zu verlassen.

HINWEIS Es besteht die Möglichkeit, selbstdefinierte Symbolleisten mit ANSICHT | SYMBOLLEISTEN | ANPASSEN | ANBINDEN unmittelbar in einer Excel-Datei zu speichern. Das ist dann sinnvoll, wenn die Symbolleiste auch anderen Anwendern (womöglich auf einem anderen Rechner) zur Verfügung stehen soll.

Makrovorlagen im Verzeichnis Xlstart

Alle Excel-Dateien, die sich im Verzeichnis `Office97\Office\Xlstart` befinden, werden von Excel beim Programmstart automatisch geladen. In der Praxis ist das vor allem für Arbeitsmappen mit Makros sinnvoll. Die darin enthaltenen Makros stehen dann jederzeit zur Verfügung und müssen nicht extra vor ihrer Verwendung geladen werden. Dateien im Verzeichnis `Xlstart` können auch dazu verwendet werden, Erweiterungen oder Änderungen an der Menüstruktur durchzuführen, die alle Excel-Anwender betreffen.

Arbeitsmappen im Verzeichnis `Xlstart` werden üblicherweise im Zustand »ausgeblendet« gespeichert, so daß sie am Bildschirm nicht sichtbar sind. Ausgeblendete Dateien können mit FENSTER | EINBLENDEN angezeigt werden.

Eine besondere Stellung innerhalb der `Xlstart`-Dateien nimmt die persönliche Makroarbeitsmappe `Personl.xls` ein. In dieser Arbeitsmappe werden automatisch alle neu aufgezeichneten Makros gespeichert, wenn bei den Optionen der Makroaufzeichnung der Eintrag »persönliche Makroarbeitsmappe« aktiviert wird. Solange Sie keine selbstgeschriebenen Makros verwenden, existiert die Datei überhaupt nicht. (»Persönlich« ist diese Datei übrigens beileibe nicht. Es handelt sich vielmehr um eine gemeinsame Datei *aller* Excel-Anwender auf einem Rechner.)

Automatische Mustervorlagen im Verzeichnis Xlstart

Mustervorlagen sind Excel-Dateien mit der Dateikennung `*.xlt`, die als Muster für neue Tabellen, Diagramme oder Arbeitsmappen fungieren. Sie sind im Prinzip normale Excel-Dateien, bei denen bei SPEICHERN UNTER der Dateityp »Mustervorlage« angegeben wurde. Mustervorlagen werden normalerweise in einem eigenen Vorlagenverzeichnis gespeichert (`Office97\Vorlagen`, siehe unten) und können beim Öffnen einer neuen Datei mit DATEI | NEU ausgewählt werden.

Wenn das Verzeichnis `Xlstart` die Dateien `Mappe.xlt`, `Tabelle.xlt` und `Dialog.xlt` enthält, gelten diese Dateien als automatische Mustervorlagen und werden (ohne Rückfrage) als Muster beim Erzeugen neuer Arbeitsmappen mit dem Symbol NEUE ARBEITSMAPPE bzw. beim Einfügen neuer Tabellen- oder Diagrammblätter in schon bestehende Tabellenblätter verwendet.

`Tabelle.xlt` und `Dialog.xlt` dürfen nur genau ein Tabellen- bzw. Dialogblatt enthalten. `Mappe.xlt` kann eine beliebige Kombination von Blättern enthalten. Die Anzahl der in `Mappe.xlt` enthaltenen Tabellenblätter hat Vorrang gegenüber der Einstellung der Anzahl der leeren Tabellenblätter in EXTRAS | OPTIONEN | ALLGEMEIN.

`Mappe.xlt` und `Tabelle.xlt` können dazu verwendet werden, eine Menge von Optionen voreinzustellen, die sonst bei jedem Blatt neu in mühseliger Kleinarbeit eingestellt werden müßten: Druckformatvorlagen, Einstellungen für das Seitenlayout inklusive Kopf- und Fußzeile, Fensteroptionen (Gitterlinien, Zoom-Faktor, die Form der Zeilen- und Spaltenköpfe) etc.

HINWEIS

Für das Symbol NEUE ARBEITSMAPPE gilt ausschließlich `Mappe.xlt` als Vorlage. Falls diese Datei nicht existiert, wird eine Arbeitsmappe mit einigen leeren Tabellenblättern erzeugt, ohne die eventuell vorhandene Datei `Tabelle.xlt` zu berücksichtigen.

Mustervorlagen im Verzeichnis Vorlagen

Neben den automatischen Mustervorlagen gibt es auch normale Mustervorlagen, die im Verzeichnis `Office97\Vorlagen` oder einem seiner Unterverzeichnisse gespeichert werden. Diese Mustervorlagen werden nur dann als Vorlagen für neue Arbeitsmappen verwendet, wenn sie bei der Ausführung des Menükommandos DATEI | NEU explizit ausgewählt werden.

VERWEIS

Mustervorlagen und ihre weitergehenden Möglichkeiten werden im nächsten Kapitel noch viel ausführlicher behandelt, etwa die Unterstützung der Eingabe von Formularen durch VBA-Code (»intelligente Formulare«).

Diagrammvorlagen im Verzeichnis Office

Prinzipiell können auch Diagramme als Mustervorlagen gespeichert werden. Für Diagramme sieht Excel allerdings eine praktischere Variante vor: benutzerdefinierte Formate (ehemals Autoformate). Diese Diagrammvorlagen werden in der Datei `Office97\Office\Xl8galry.xls` gespeichert. Die so definierten Diagrammtypen können über das Kommando DIAGRAMMTYP | BENUTZERDEFINIERTE TYPEN des Diagramm-Kontextmenüs verwendet werden.

Um eigene Diagrammvorlagen zu speichern, gestalten Sie zuerst das Diagramm nach Ihren Vorstellungen. Anschließend wählen Sie das oben erwähnte Kommando und klicken den Button HINZUFÜGEN an. Sie können nun den Namen Ihres Diagrammtyps und eine kurze Beschreibung angeben. Die Diagrammvorlage wird in `Xl8galry.xls` gespeichert und steht in Zukunft allen Excel-Anwendern zur Verfügung.

Die Funktion des zusätzlichen Startverzeichnisses

Wie bereits erwähnt, ist die Bezeichnung »persönlich« für die persönliche Makroarbeitsmappe irreführend. Im Gegensatz zu den Einstellungen in der Registrierdatenbank und zu `Username8.xlb` gibt es von `Personl.xls` im `Xlstart`-Verzeichnis nur eine einzige Version, die für alle Excel-Anwender gemeinsam gilt. Dasselbe gilt auch für die automatischen Mustervorlagen, Diagrammvorlagen und alle anderen Dateien in `Xlstart`.

Wenn Sie eine wirklich persönliche Makroarbeitsmappe einrichten möchten, müssen Sie in EXTRAS | OPTIONEN | ALLGEMEIN im Feld »Zusätzlicher Startordner« ein weiteres Verzeichnis angeben. Anschließend kopieren Sie alle Dateien, die individuell unterschiedlich aussehen sollen, von `Xlstart` in das zweite Startverzeichnis.

Excel lädt nun beim Start sowohl die Excel-Dateien aus `Xlstart` als auch die des zweiten Startverzeichnisses. Die Information über das zweite Startverzeichnis wird in der Registrierdatenbank gespeichert, d.h., es kann für jeden Anwender ein eigenes zusätzliches Startverzeichnis eingerichtet werden, in dem sich benutzerspezifische Daten befinden.

Speicherung von Konfigurationsdaten in den eigentlichen Excel-Dateien

Ein Großteil aller Konfigurationsdaten wird (unabhängig von eventuell benutzten Vorlagen) unmittelbar in jeder Excel-Datei gespeichert, etwa Informationen über die Anordnung der Fenster dieser Datei, über Fensteroptionen (Gitterlinien, Zoom-Faktor, die Form der Zeilen- und Spaltenköpfe etc.), über Formatvorlagen, über die Seiteneinstellung (Druckparameter) etc.

Der Ort für die Speicherung dieser Daten ist gleichzeitig praktisch und unpraktisch: Praktisch, weil dadurch die meisten Excel-Optionen individuell für jede Datei (zum Teil sogar individuell für jedes einzelne Blatt bzw. Fenster) eingestellt werden können; und unpraktisch, weil oft dieselben Einstellungen (etwa bezüglich Kopf- und Fußzeile) immer wieder neu durchgeführt werden müssen. Das ist lästig und wird gerne vergessen.

Durch die Anwendung von automatischen Mustervorlagen können Sie diesen Formatierungsaufwand minimieren. Außerdem können Sie die bereits in Office 95 eingeführten Sammelmappen einsetzen, um mehrere Dokumente einheitlich zu formatieren (zumindest was den Ausdruck anbelangt).

»Intelligente« Formulare, Mustervorlagen

10

»Intelligente« Formulare sind vorgefertigte Tabellenblätter, die nur noch fertig ausgefüllt werden müssen, also Formularvorlagen oder Mustervorlagen, um die Excel-Nomenklatur zu gebrauchen.

Mustervorlagen können sehr einfach aufgebaut sein und nur einen Layoutrahmen darstellen, um Abläufe, Anträge, Berichte etc. zu schematisieren. Die Vorlagen können aber auch insofern »intelligent« sein, als sie durch vorgegebene Formeln aus den Eingaben des Anwenders mehr oder weniger komplexe Ergebnisse ableiten und/oder durch diverse Makros den Ausdruck, das Speichern etc. erleichtern.

Formulare dieser Art – etwa zum Schreiben von Rechnungen oder zur Durchführung immer wieder auftretender Berechnungen – stellen in der täglichen Praxis eine enorme Arbeitserleichterung dar. Sie erlauben es auch Excel-Laien, komplexe Rechenmodelle anzuwenden und die Ergebnisse in ansprechender und standardisierter Form auszudrucken.

Kapitelübersicht

10.1 Grundlagen

Prinzipiell handelt es sich bei »intelligenten« Formularen um ganz normale Excel-Tabellen, in denen einige Ausgangswerte für die spätere Eingabe frei gelassen sind. Entscheidend für die Anwendung ist die einfache Bedienung – es muß also klar sein, wo Eingaben möglich sind und wo nicht, und welche Bedeutung diese Eingaben haben. Um eine Fehlbedienung auszuschließen, sollten alle anderen Zellen vor irrtümlichen Veränderungen geschützt werden.

Excel-Formularvorlagen sind also »intelligenter« als die Formulare irgendwelcher Bürokratenburgen: Der Anwender muß nichts doppelt eingeben, alle Ergebnisse, die aus bereits durchgeführten Eingaben resultieren, werden sofort automatisch angezeigt. Eventuell wird der Anwender sofort auf Eingabefehler hingewiesen (beispielsweise wenn er statt eines Datums eine Zahl eingibt).

»Intelligente« Formulare können außer mit vorgefertigten Formeln auch mit anderen Hilfsmitteln ausgestattet sein – etwa mit einem Button, der das Formular ausdruckt und speichert, oder mit anderen Steuerelementen, die die Auswahl verschiedener Optionen erleichtern. Auch eine automatische Verbindung zwischen Formularen und Datenbankanwendungen ist möglich.

Zur Realisierung von »intelligenten« Formularen eignen sich Mustervorlagen. Dabei handelt es sich um einen speziellen Excel-Dateityp (Kennung `*.xlt`), der zur Speicherung von Dateien vorgesehen ist, die später als Vorlage für andere Excel-Dateien dienen. In Version 7 sind Mustervorlagen in zweierlei Hinsicht aufgewertet worden:

- Alle Formatvorlagen sind in einem eigenen Vorlagenverzeichnis gespeichert. Ein neu gestalteter Dialog ermöglicht eine bequeme Auswahl aller verfügbaren Vorlagen.
- Der neue Vorlagenassistent ermöglicht es, Formularvorlagen ohne Programmieraufwand zu einfachen Datenbankanwendungen auszubauen. Abschnitt 10.1.2 beschreibt den Umgang mit diesem Vorlagenassistenten, weist aber auch auf dessen Grenzen hin.

Überblick

Ein einleitendes Beispiel zum Thema »intelligente« Formulare finden Sie bereits in Abschnitt 1.7. Dort wird ein Formular zur Berechnung der Verzinsung eines Sparvertrags mit monatlicher Einzahlung vorgestellt (Datei `Intro5.xlt`). Das Formular ist sehr einfach gehalten und kommt ganz ohne Makros aus.

Der folgende Teilabschnitt 10.1.1 faßt Informationen zu einigen typischen Excel-Funktionen zusammen, die Sie zur Gestaltung eigener Formulare benötigen: Zellschutz, *WENN*-Formeln, Ausdruck von Tabellenblättern etc. Abschnitt 10.1.2 beschreibt den Umgang mit dem neuen Vorlagenassistenten und erklärt, wie damit erstellte Formulare intern verwaltet werden.

Zwei komplexere Beispiele – das Rechnungsformular der fiktiven Versandgesellschaft »Speedy« und das Abrechnungsformular eines Car-Sharing-Vereins – stehen im Mittelpunkt der Abschnitte 10.2 und 10.3. Die Beispiele zeigen das prinzipielle Schema von »intelligenten« Formularen. Denkbar wären aber auch Formulare zur bequemen Durchführung finanzmathematischer Berechnungen (Kreditrückzahlungs-, Spar- oder Versicherungsmodelle), zur Durchführung von Investitionsrechnungen, zur Abrechnung von Arbeitsstunden, zur Analyse von Meßdaten, zur Auswertung von Tests, Prüfungen oder Umfragen, zur Protokollierung von Datenreihen etc. Die mit Excel seit Version 7 mitgelieferten Mustervorlagen demonstrieren weitere Anwendungsmöglichkeiten. (Einige Informationen zu den Interna dieser Mustervorlagen gibt Abschnitt 10.1.2.)

Das Kapitel endet in Abschnitt 10.4 mit einigen kritischen Anmerkungen und generellen Verbesserungsvorschlägen.

10.1.1 Gestaltungselemente für »intelligente« Formulare

Mustervorlagen

Mustervorlagen sind im Prinzip normale Excel-Dateien, bei denen bei SPEICHERN UNTER der Dateityp »Mustervorlage« angegeben wird. Mustervorlagen haben die Kennung `*.xlt` (statt `*.xls`). Sie werden sie automatisch im Verzeichnis `Office97\Vorlagen` gespeichert.

Zum Laden einer leeren Mustervorlage muß das Menükommando DATEI | NEU verwendet werden. Im nun erscheinenden Dialog werden alle vorhandenen Mustervorlagen aus dem `Vorlagen`-Verzeichnis zur Auswahl gestellt. Beim Speichern verhindert Excel, daß die Mustervorlage überschrieben wird: Der Anwender wird dazu gezwungen, einen neuen Dateinamen anzugeben.

> TIP
> Laden Sie Mustervorlagen nur dann mit DATEI | ÖFFNEN, wenn Sie die eigentliche Mustervorlage verändern möchten! Nur DATEI | NEU verhindert, daß Sie irrtümlich die Mustervorlage ändern und als Vorlagedatei speichern (statt eine normale Excel-Datei auf der Basis dieser Vorlage zu bilden).

Mustervorlagen werden zumeist in zwei Varianten verwendet:

- Als leere Tabellen, in denen lediglich bestimmte Formatierungen durchgeführt wurden: Solche Mustervorlagen haben den Sinn, dem Anwender Formatierungsschritte zu ersparen, die sich ständig wiederholen: etwa die Einstellung der Druckparameter und der Fensteroptionen oder die Definition oft benötigter Formatvorlagen. Durch diese Mustervorlagen kann ein einheitliches Layout aller (in einem Büro oder Betrieb) produzierten Excel-Tabellen gefördert werden: Firmenlogo auf der ersten Seite, gleichbleibende Gestaltung der Kopf- und Fußzeilen, einheitliche Schriftarten etc.

- Als mehr oder weniger »intelligente« Formularvorlagen, wie sie Thema dieses Kapitels sind.

Zellschutz

Mit EXTRAS | DOKUMENT SCHÜTZEN | BLATT können Sie sämtliche Zellen eines Arbeitsblatts vor Veränderungen schützen. Auf die Angabe eines Kennworts können Sie dabei zumeist verzichten, sofern nicht zu befürchten ist, daß der Anwender der Formularvorlage diese mutwillig verändern möchte. Da es nicht sinnvoll ist, *alle* Zellen zu schützen (dann könnten ja überhaupt keine Eingaben vorgenommen werden), muß vor der Ausführung des Schutzkommandos der Zellschutz für die Eingabezellen explizit aufgehoben werden: Den dafür vorgesehenen Dialog rufen Sie mit FORMAT | ZELLEN | SCHUTZ oder über das Kontextmenü ZELLEN FORMATIEREN | SCHUTZ auf. Darin deaktivieren Sie das Optionsfeld »gesperrt«.

Wenn Sie häufig den Schutz einzelner Zellen verändern, können Sie auch das dafür vorgesehene Symbol in die Symbolleiste einfügen. Das Symbol befindet sich in der Kategorie »Werkzeug«, sein Bild zeigt ein Vorhängeschloß.

TIP

Weitere Informationen zu den unter Excel verfügbaren Schutzfunktionen und den dazugehörenden Eigenschaften und Methoden gibt Abschnitt 6.7.4.

Validitätskontrolle für Eingabezellen

Seit Excel 97 können Sie mit DATEN | GÜLTIGKEIT für einzelne Zellen oder für ganze Zellbereiche Gültigkeitsregeln formulieren (siehe auch das Einführungsbeispiel in Abschnitt 1.7). Damit können Sie sowohl das Format (ganze Zahl, Fließkommazahl, Datum, Text) als auch den zulässigen Wertebereich für die Eingabe beschränken. Falls Sie Texte in den Dialogseiten EINGABEMELDUNG und FEHLERMELDUNG angeben, wird automatisch ein Infotext angezeigt bzw. ein informativer Fehlertext angezeigt, wenn die Gültigkeitsregeln verletzt werden. Durch Validitätsregeln sichern Sie also nicht nur das Formular gegen falsche Eingaben ab, Sie geben dem Anwender zudem wertvolle Zusatzinformationen. Validitätsregeln können in geschützten Blättern nicht verändert werden.

Dokumentenvorschau für Mustervorlagen

Im Dialog »Datei neu« ist ein Bereich reserviert, der eine Vorschau auf die zu ladende Datei ermöglicht. Diese Dokumentenvorschau funktioniert allerdings nur dann, wenn Sie vor dem Speichern der Mustervorlage mit DATEI | EIGENSCHAFTEN | DATEIINFO die Option »Vorschaugrafik speichern« aktivieren. Beachten Sie aber, daß dadurch sowohl die Vorlage als auch alle darauf basierenden Dateien um einige kByte größer werden.

WENN-Formeln

Damit eine Formularvorlage einigermaßen allgemeingültig verwendbar ist, muß das dahinterliegende Rechenmodell fast immer Fallunterscheidungen durchführen. Die Formeln in der Tabelle müssen erkennen, wann eine gültige Eingabe vorliegt und wann nicht. Im ersten Fall ist ein Ergebnis auszurechnen, im zweiten Fall 0 oder einfach nur eine leere Zelle anzuzeigen. Oft sind auch in Abhängigkeit von Eingabewerten unterschiedliche Formeln erforderlich (beispielsweise ein Rabatt, der erst ab einer Stückzahl von 10 wirksam wird).

Grundlage solcher Fallunterscheidungen sind *WENN*-Formeln. Der Aufbau einer *WENN*-Formel ist prinzipiell einfach:

```
=WENN(bedingung; ergebnis1; ergebnis2)
```

Excel testet bei der Berechnung der Zellen, in denen eine *WENN*-Formel steht, ob die Bedingung erfüllt ist. Wenn das der Fall ist, berechnet es die in *ergebnis1* angegebene Formel, andernfalls die Formel in *ergebnis2*.

Dazu gleich ein Beispiel: Angenommen, in Zelle A1 befindet sich ein Einzelpreis, in B1 eine Stückzahl. In C1 soll das Produkt der beiden vorherigen Zellen berechnet werden, wobei ein Rabatt von 5 Prozent ab einer Stückzahl von 10 gewährt werden soll. Dann lautet die Formel in C1:

```
=WENN(B1<10; A1*B1; A1*B1*0,95)
```

Verschachtelte WENN-Formeln

Unübersichtlich werden *WENN*-Formeln erst dann, wenn gleichzeitig mehrere Fälle berücksichtigt werden sollen oder die Bedingung für die Formel kompliziert ist.

Zuerst zur Unterscheidung mehrerer Fälle: In diesem Fall müssen mehrere *WENN*-Funktionen ineinander verschachtelt werden, d. h., das Ergebnis der ersten *WENN*-Formel ist wiederum eine *WENN*-Formel.

Auch dazu ein Beispiel: Die Ausgangssituation (Inhalt von A1 bis C1) sei wie oben, es sollen aber zusätzlich folgende Fälle berücksichtigt werden: Wenn B1 leer ist, soll als Stückzahl 1 angenommen werden. Wenn auch A1 leer ist, soll überhaupt kein Ergebnis angezeigt werden (auch nicht 0). Die resultierende Formel sieht folgendermaßen aus:

```
=WENN(A1=""; ""; WENN(B1=""; A1; WENN(B1<10; A1*B1; A1*B1*0,95)))
```

Der Inhalt der Formel ist noch immer recht gut zu verstehen: Wenn A1 leer ist, wird kein Ergebnis angezeigt (also eine leere Zeichenkette ""). Wenn B1 leer ist (in diesem Abschnitt der Formel ist bereits sichergestellt, daß A1 *nicht* leer ist), wird als Ergebnis einfach der Inhalt von A1 angezeigt – das entspricht einer Stückzahl von 1. Die dritte *WENN*-Funktion kommt erst zur Geltung, wenn sichergestellt ist, daß sowohl A1 als auch B1 nicht leer sind; die Funktion entspricht jener des ersten Beispiels.

Zusammengesetzte Bedingungen

In den vorangegangenen Beispielen waren die Bedingungen ausgesprochen einfach. Häufig müssen aber mehrere Teilbedingungen gleichzeitig oder wahlweise erfüllt sein. Zu diesem Zweck können Sie mehrere Bedingungen in einer *UND*- oder in einer *ODER*-Funktion angeben. Natürlich können auch diese Funktionen wieder verschachtelt werden. Die Syntax sieht generell so aus:

```
=UND(bedingung1; bedingung2; bedingung3; ...)
=ODER(bedingung1; bedingung2; bedingung3; ...)
```

UND liefert als Ergebnis den Wahrheitswert *WAHR*, wenn alle aufgezählten Bedingungen (es dürfen beliebig viele sein) erfüllt sind. *ODER* liefert bereits dann *WAHR*, wenn zumindest *eine* der Bedingungen erfüllt ist.

Ein Beispiel zu zusammengesetzten Bedingungen: In den Zellen A1 und B1 sollen jeweils Werte zwischen 0 und 1 stehen. Wenn das der Fall ist, berechnet die folgende Formel das Produkt, andernfalls zeigt sie einen Fehlertext an:

```
=WENN(UND(A1>=0; A1<=1; B1>=0; B1<=1); A1*B1; "falsche Ausgangswerte")
```

TIP

Mit Shift+Strg+A können Sie nach der Eingabe des Funktionsnamens die dazugehörenden Klammern und Argumente einfügen. Diese Eingabehilfe empfiehlt sich, wenn Sie sich über die genaue Reihenfolge der Argumente unsicher sind, auf die umständliche Eingabehilfe von Excel 97 (dem ehemaligen Funktionsassistenten) aber verzichten möchten.

VERWEIS

Verschiedene fortgeschrittene Tabellenfunktionen werden unter anderem in Abschnitt 6.4.2 (Rechnen mit Datum und Uhrzeit) und in Abschnitt 11.2.4 (Datenbank-Tabellenfunktionen) beschrieben. Bei komplexeren Aufgabenstellungen können Tabellenformeln extrem unübersichtlich werden. Für solche Situationen bietet Excel die Möglichkeit, eigene Funktionen in VBA zu definieren. Details zur Erstellung benutzerdefinierter Funktionen finden Sie in Abschnitt 6.6.

Fehlertexte farbig (rot) kennzeichnen

Es besteht keine Möglichkeit, in *WENN*-Formeln das Ausgabeformat (Zahlenformat, Farbe, Ausrichtung, Rahmen etc.) einer Zelle zu beeinflussen. Über den Umweg von Zahlenformaten können Sie aber immerhin erreichen, daß Zahlen in normaler (schwarzer) Schrift und Texte in einer anderen Farbe dargestellt werden.

```
Standard;Standard;Standard;[Rot]Standard
```

Durch das obige Zahlenformat erreichen Sie beispielsweise, daß positive und negative Zahlen sowie 0 im Standardformat, Texte hingegen in roter Farbe (ansonsten ebenfalls im Standardformat) angezeigt werden. Natürlich können Sie auch für jeden der vier Fälle (Zahl positiv, negativ, 0, Text) spezielle Formate definieren.

Bedingte Formate

Noch mehr Gestaltungsmöglichkeiten bieten seit Version 97 sogenannte bedingte Formate. Damit können drei Bedingungen formuliert werden, die der Reihe nach überprüft werden, wenn sich der Inhalt einer Zelle ändert. Jeder Bedingung ist ein Format zugeordnet, das neben Farbe und Schriftart auch Rahmen und Muster umfassen kann. Die erste Bedingung, die erfüllt ist, bestimmt das für die Zelle gültige Format.

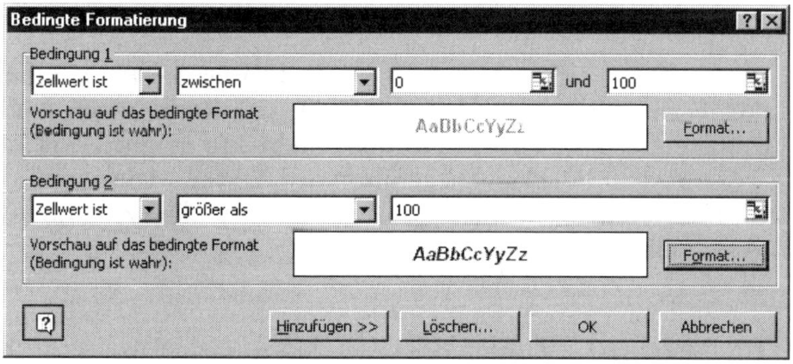

Bild 10.1: Bedingte Formate

Mit bedingten Formaten können Sie beispielsweise erreichen, daß Zahlen bei der Überschreitung bestimmter Grenzwerte farbig hervorgehoben werden. Für die VBA-Programmierung können bedingte Formate über das Objekt *FormatCondition* (über die *Range*-Eigenschaft *FormatConditions(n)*) definiert werden.

Ausdruck des Formulars

»Intelligente« Formulare sind in der Regel so konzipiert, daß sie mühelos ausgedruckt werden können. Sie sollten bei der Gestaltung des Formulars darauf Rücksicht nehmen und den Platz so einteilen, daß eine Seite ansprechend gefüllt wird. (Natürlich sind auch mehrseitige Formularvorlagen möglich.)

Kopf- und Fußzeilen

Standardgemäß sieht Excel für Tabellenblätter die Kopfzeile *Tabellenblattname* und die Fußzeile *Seite n* vor. Für Formularvorlagen sind diese Voreinstellungen in der Regel nicht sonderlich geeignet und sollten daher mit DATEI | SEITE EINRICHTEN | KOPF- / FUSSZEILE verändert bzw. gelöscht werden.

Aktuelles Datum

Falls das Formular ein aktuelles Tagesdatum enthalten soll, können Sie dieses einfach durch die Formel *=HEUTE()* in einer beliebigen Zelle angeben. Alternativ dazu können Sie das Datum auch in die Kopf- oder Fußzeile einfügen. In diesem Fall haben Sie aber erheblich weniger Gestaltungsmöglichkeiten bei der Plazierung.

Bei beiden Varianten ist zu beachten, daß sich bei einem späteren Ausdruck eines gespeicherten Formulars das Datum ändert (weil wiederum das aktuelle Tagesdatum eingesetzt wird). Wenn das unerwünscht ist, muß mit einem Makro dafür gesorgt werden, daß das Datum vor dem Speichern fixiert wird. Dazu kann entweder die Zelle mit der *HEUTE*-Formel geändert werden (KOPIEREN, INHALTE EINFÜGEN »Werte«), oder in die Kopf- bzw. Fußzeile wird ein Text mit dem aktuellen Datum eingetragen.

Seriennummer

Schon schwieriger ist es, Formulare mit einer durchlaufenden Seriennummer auszustatten, wie dies beispielsweise für den Ausdruck von Rechnungen wünschenswert wäre. Eine Lösung dieses Problems ist nur über ein Makro möglich, das zum Drucken oder unmittelbar vor dem Drucken ausgeführt wird. Dieses Makro muß die Möglichkeit haben, auf die Nummer des zuletzt gedruckten Formulars zuzugreifen. Eine Beispiel wird in Abschnitt 10.2 vorgestellt.

Optische Gestaltung des Formulars

Wenn Ihnen zur optischen Gestaltung des Formulars – beispielsweise zur Realisierung eines Firmenlogos – die Excel-Grafikmöglichkeiten nicht ausreichen, können Sie auch ein beliebiges OLE-Programm einsetzen (z. B. PaintBrush, WordArt (wird mit WinWord mitgeliefert) oder Corel Draw). Grafische Objekte können über EINFÜGEN | OBJEKT bzw. EINFÜGEN | GRAFIK in das Arbeitsblatt integriert werden. Excel zeichnet dabei einen dünnen Rahmen um das Objekt, der aber leicht über das Kontextmenü des Objekts, Eintrag OBJEKT FORMATIEREN | RAHMEN, entfernt werden kann.

Farben

Problematisch für den Ausdruck sind Texte in verschiedenen Farben oder Zellen mit farbigen Hintergrundmustern. Andererseits kann gerade durch Farben die Bedienung der Formularvorlage viel benutzerfreundlicher gestaltet werden. Einen Ausweg aus diesem Dilemma kann ein zur Durchführung des Ausdrucks vorgesehenes Makro darstellen: Dieses Makro (das mühelos aufgezeichnet werden kann) beseitigt vor dem Ausdruck alle Hintergrundfarben und stellt anschließend den ursprünglichen Zustand wieder her. Falls diese Wiederherstellung aufwendig ist, können Sie einfach die ganze Tabelle in die Zwischenablage kopieren, ein neues Tabellenblatt anlegen, dort den Inhalt der Zwischenablage einfügen, die Hintergrundfarben eliminieren, ausdrucken und anschließend wieder löschen. Das Original wird in diesem Fall gar nicht angetastet. Ein konkretes Beispiel dazu finden Sie in Abschnitt 10.3.

Steuerelemente in das Formular integrieren

Auf Excel-Tabellenblättern dürfen alle Steuerelemente plaziert werden, die auch zur Gestaltung von Dialogen (siehe Kapitel 8) verwendet werden können: Textfelder, Buttons, Auswahl- und Optionskästchen, Listenfelder, Bildlaufleisten etc. Die in der Praxis häufigste Variante stellen sicherlich Buttons dar, die zum Start diverser Makros auf das Tabellenblatt gesetzt werden.

Der Anwendungsbereich geht aber viel weiter: So können Sie Bildlaufleisten dazu einsetzen, daß der Anwender bequem einen Zahlenwert mit der Maus innerhalb eines vordefinierten Bereichs einstellen kann. Oder Sie können dem Anwender die Eingabe durch Listenfelder erleichtern, über die er aus einer vorgegebenen Auswahl von Einträgen einen sehr bequem auswählen kann. Durch Optionskästchen kann zwischen verschiedenen Berechnungs- oder Anwendungsvarianten des Formulars gewählt werden etc. Ein Einführungsbeispiel gibt Abschnitt 8.5.

Besonders praktisch im Zusammenhang mit Steuerelementen ist die Möglichkeit, über die Eigenschaft *PrintObject* bestimmen zu können, ob dieses Element ausgedruckt werden soll. (Die Defaulteinstellung lautet *True*.) Wenn Sie die Eigenschaft auf *False* setzen, können Steuerelemente als Eingabeerleichterung verwendet werden, ohne beim Ausdruck zu stören.

Diagramme im Formular

Formularvorlagen sind auch in Kombination mit Diagrammen vorstellbar. Wenn der Datenumfang von Anfang an feststeht, kann das fertige Diagramm bereits beim Formularentwurf in das Tabellenblatt integriert werden. Es verändert dann sein Aussehen unmittelbar bei der Eingabe von Daten. Wenn Aussehen und Datenumfang dagegen flexibler gehandhabt werden sollen, muß ein Makro vorgesehen werden, das ein neues Diagramm erstellt. Die Programmierung von Diagrammen wird in Kapitel 12 behandelt.

10.1.2 Mustervorlagen mit Datenbankanbindung

Seit Version 7 wird mit Excel ein sogenannter Vorlagenassistent mitgeliefert (Kommando DATEN | VORLAGENASSISTENT; falls dieses Kommando bei Ihnen nicht zur Verfügung steht, aktivieren Sie diese Erweiterung mit dem Add-In-Manager EXTRAS | ADD-IN-MANAGER; wenn auch der Add-In-Manager nichts vom Vorlagenassistent weiß, müssen Sie den Assistenten nachinstallieren). Der Vorlagenassistent stellt eine Verbindung zwischen einer Mustervorlage und einer Datenbankdatei her.

Bedienung des Vorlagenassistenten

Als erstes benötigen Sie eine fertige Mustervorlage (`*.xlt`-Datei). Nachdem Sie diese Vorlage als Datei geladen haben (nicht mit DATEI | NEU, sondern mit DATEI | ÖFFNEN!), aktivieren Sie den Vorlagenassistenten mit DATEN | VORLAGENASSISTENT.

Das Format der Datenbankdatei können Sie im ersten Schritt des Vorlagenassistenten einstellen. Zu den Möglichkeiten gehören unter anderem Excel-Tabellen und Access-Dateien. Excel-Tabellen haben den Vorteil, daß sie sehr bequem in Excel bearbeitet werden können. Access-Dateien genügen professionelleren Ansprüchen und eignen sich besonders dann, wenn größere Datenmengen anfallen. Access muß übrigens nicht installiert werden, damit Sie Access-Dateien unter Excel lesen oder schreiben können! (Siehe auch das nächste Kapitel, in dem die Datenbankkapazitäten und -beschränkungen von Excel beschrieben werden.) Nach der Definition der Datenbankdatei markieren und beschriften Sie in Schritt 3 jene Eingabe- oder Ergebniszellen, die in der Datenbank gespeichert werden sollen.

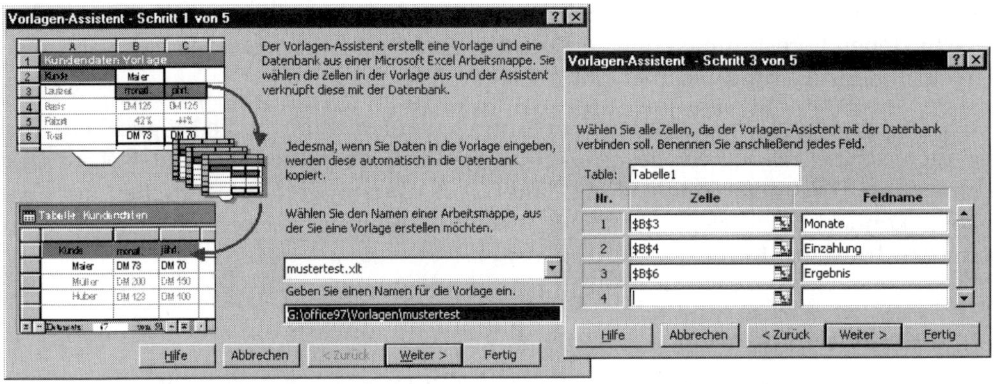

Bild 10.2: Die zwei wichtigsten Schritte des Vorlagenassistenten

Verwendung der Datenbank-Mustervorlagen

Die Verwendung der Mustervorlagen erfolgt wie bei normalen Mustervorlagen: Der Anwender lädt die Vorlage, füllt die vorgesehenen Felder aus und speichert die Datei. Beim Speichern erscheint automatisch ein Dialog, in dem der Anwender gefragt wird, ob die Daten in einer Datenbankdatei gespeichert werden sollen. Wenn der Anwender diese Frage bejaht (hoffentlich), werden alle relevanten (früher im Vorlagenassistenten markierten) Zellen in eine neue Zeile bzw. einen neuen Datensatz der Datenbank eingetragen.

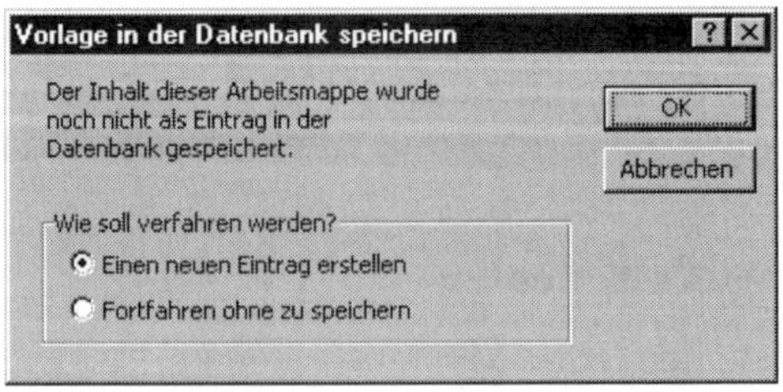

Bild 10.3:Dialog beim Speichern einer neuen Datei auf Basis der Mustervorlage

Leider enthält der Dialog keine Informationen darüber, warum dieses doppelte Speichern sinnvoll oder notwendig ist, ob sich damit das normale Speichern erübrigt etc. Eine etwas informativere Beschriftung dieses Dialogs und ein zugeordneter Hilfetext wären wirklich kein Luxus gewesen!

Im Prinzip wird die neue Mustervorlage also wie bisher verwendet: ausfüllen, speichern, drucken. Neu ist nur, daß die Daten einiger ausgewählter Zellen *zusätzlich* in einer speziellen Datei gespeichert werden.

Besonders attraktiv sind Mustervorlagen mit Datenbankanbindung in Netzwerken. Indem allen Anwendern dieselbe Vorlage zur Verfügung gestellt wird, kann erreicht werden, daß alle wesentlichen Daten von Formularen, die auf dieser Vorlage erstellt worden sind, automatisch in einer zentralen Datei eingetragen werden.

Die Auswertung der Datenbankdatei – egal, ob sie nun im Excel-, Access- oder irgendeinem anderen Format vorliegt – wird übrigens nicht durch den Vorlagenassistenten geregelt. Wenn Sie daraus monatliche Protokolle erstellen wollen, die Daten in eine Rechnungs- und Mahndatenbank überleiten möchten etc., müssen Sie selbst Hand anlegen und VBA-Makros schreiben. Eine Mustervorlage mit Datenbankanbindung ist insofern kein richtiges Datenbankprogramm, sondern bestenfalls der erste Schritt in diese Richtung.

Interna

Vielleicht interessiert es Sie, wie eine durch den Vorlagenassistenten erweiterte Mustervorlage intern funktioniert: Die Musterdatei wird durch zwei ausgeblendete Blätter ergänzt.

- Das Excel-4-Makro-Blatt »AutoOpen Stub Data« enthält das Makro *AutoOpen21*, das beim Laden der Datei automatisch ausgeführt wird. Dieses Makro lädt die Add-In-Datei `Office97\Office\Makro\Vlassist.xla`. Das Add-In enthält den eigentlichen VBA-Programmcode für die Verwaltung der Datenbankdatei. (Die Trennung zwischen Mustervorlage und Code in zwei eigene Dateien hat den Vorteil, daß die aus Mustervorlagen resultierenden Excel-Dateien nicht unnötig aufgebläht werden.)

  Sie können sich den Excel-4-Makrocode ansehen, wenn Sie das Blatt vorher in der Entwicklungsumgebung sichtbar machen:

  ```
  Sheets("AutoOpen Stub Data").Visible = True
  ```

- Das Tabellenblatt mit dem Namen »TemplateInformation« kann in der Entwicklungsumgebung sichtbar gemacht werden, in dem die Eigenschaft *Visible* von *xlSheetVeryHidden* auf *xlSheetVisible* geändert werden. Es enthält Informationen darüber, welche Zellen von welchem Blatt der Mustervorlage wo gespeichert werden sollen. Um einer gewollten oder ungewollten Manipulation durch den Anwender vorzubeugen, sind alle Zeilen und Spalten ausgeblendet. Wenn Sie sich die Informationen ansehen möchten, markieren Sie alle Zellen mit Strg+A und führen anschließend FORMAT | ZEILE | EINBLENDEN und FORMAT | SPALTE | EINBLENDEN aus.

VORSICHT

Der Programmcode in `Vlassist.xla` basiert auf den Informationen in den beiden beschriebenen Blättern und reagiert auf Veränderungen bisweilen allergisch.

Leider ist der Sourcecode der Add-In-Datei durch ein Kennwort geschützt und kann daher nicht angezeigt werden. Es ist aber unschwer zu erraten, daß in dieser Datei eine *OnSave*-Ereignisprozedur für die Mustervorlage eingerichtet wird, so daß bei jedem Speichern einer auf der Vorlage basierenden Datei automatisch eine Prozedur von `Vlassist.xla` ausgeführt wird.

Datenbankanbindung löschen

Mit DATEN|VORLAGENASSISTENT können Sie zwar eine Datenbankanbindung zu einer Mustervorlage herstellen, es besteht aber keine Möglichkeit, diese Verbindung wieder zu entfernen. In Schwierigkeiten kommen Sie auch, wenn Sie nachträglich den Typ der Datenbankanbindung ändern möchten (z. B. Access- statt Excel-Dateien).

Um eine Datenbankanbindung aus einer Mustervorlage zu entfernen, öffnen Sie die Mustervorlage mit DATEI|ÖFFNEN bei gedrückter Shift-Taste. (Dadurch wird das automatische Ausführen von Makros beim Öffnen der Datei verhindert.) Jetzt führen Sie im Direktbereich der Entwicklungsumgebung die folgende Anweisung aus:

```
For Each s In Sheets: s.Visible = True: Next
```

Damit sind alle Blätter der Arbeitsmappe sichtbar. Löschen Sie nun das eingefügte leere Modulblatt sowie die beiden Blätter »AutoOpen Stub Data« und »TemplateInformation«. Anschließend speichern Sie die Datei wieder als Mustervorlage.

Mit Excel mitgelieferte Mustervorlagen

Seit Version 7 werden mit Excel einige Mustervorlagen mitgeliefert, die beispielsweise zur Reisekostenabrechnung verwendet werden können. Diese Mustervorlagen stellen leider keine grandiosen Beispiele für Bedienungsfreundlichkeit und Übersichtlichkeit dar. Es sei auch dahingestellt ob es Sinn macht, für jede Reisekostenabrechnung eine Datei mit über 350 kByte zu speichern (die entsteht nämlich, sobald Sie ein Formular ausfüllen und speichern).

10.2 Beispiel: Das »Speedy«-Rechnungsformular

Die Firma »Speedy« stellt den Ausgangspunkt für das erste Beispiel dieses Kapitels dar. Diese Firma hat sich auf den Versandhandel spezialisiert und hierfür klare Geschäftsbedingungen fixiert: Bestellungen ab 10 Stück je Artikel werden mit einem Rabatt von 3 Prozent belohnt; ab 20 Stück erhöht sich der Rabatt sogar auf 5 Prozent. Eine Bearbeitungspauschale von 5 DM wird nur bei einem Bestellwert von unter

100 DM (netto) verrechnet. Die Versandkosten betragen bis zu einem Bestellwert von 100 DM ebenfalls 5 DM, sonst 8 DM. Bei Lieferungen ins Ausland erhöhen sich die Versandkosten um weitere 10 DM. Exporte unterscheiden sich noch in einem zweiten Punkt von Inlandsbestellungen: Es darf keine Mehrwertsteuer (bzw. Umsatzsteuer) verrechnet werden.

Bild 10.4 zeigt die wesentlichen Teile der Vorlage für das Rechnungsformular der Firma (Datei `Speedy.xlt`). Die grau unterlegten Bereiche werden am Bildschirm gelb angezeigt und kennzeichnen den Eingabebereich für den Anwender. Dieser muß Name und Adresse des Käufers sowie die bestellten Artikel mit Preis und Stückzahl eingeben. Falls es sich um eine Bestellung aus dem Ausland handelt, muß außerdem das Kontrollkästchen »Export Ja / Nein« aktiviert werden.

TIP

Damit `Speedy.xlt` als Mustervorlage verwendet werden kann, muß die Datei in das Vorlagenverzeichnis (`Office97\Vorlagen`) kopiert werden.

Durch vordefinierte Formeln werden in der Rabattspalte automatisch 3 oder 5 Prozent eingetragen. Aus Preis, Stückzahl und Rabatt wird der Endpreis berechnet. Von den einzelnen Posten wird anschließend die Summe gebildet. Je nach Bestellwert und Exportfeld werden zu dieser Summe unterschiedliche Bearbeitungsgebühren und Versandkosten addiert, so daß sich die Endsumme (netto) ergibt. Dazu wird schließlich die USt / MwSt von 15 Prozent addiert.

Die Formeln sind recht leicht zu verstehen:

Rabbat:
```
=WENN(F23<10;"";WENN(F23<20;0,03;0,05))
```
Endpreis:
```
=WENN(E23=0;"";WENN(F23=0;E23;WENN(G23="";E23*F23;E23*F23*(1-G23))))
```
Bearbeitungsgebühren:
```
=WENN(H38<100;5;0)
```
Versandkosten:
```
=WENN(H38<100;5;8)+WENN(C20=Falsch;0;10)
```
Umsatzsteuer:
```
=WENN(C20=Falsch;H41*0,15;0)
```

In den obigen Formeln haben die Zellbezüge folgende Bedeutung:

`C20`: Export J / N (die Zelle ist mit dem Kontrollkästchen verknüpft und enthält *WAHR* oder *FALSCH*)
`E23`: Einzelpreis.
`F23`: Stückzahl
`G23`: Rabatt
`H38`: Zwischensumme Endpreis
`H41`: Endsumme netto

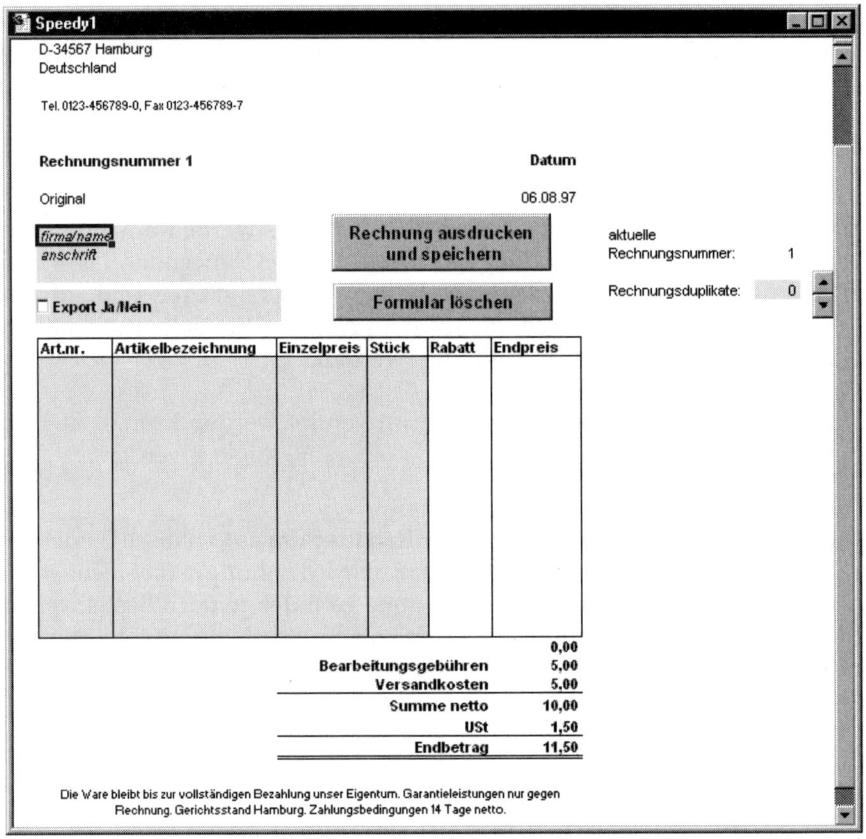

Bild 10.4: Die Vorlage für das Rechnungsformular der Firma »Speedy«

Bedienungselemente

Das Formular ist mit einem Drehfeld ausgestattet, mit dem eingestellt werden kann, wie viele Rechnungsduplikate (0 bis 3) ausgedruckt werden sollen. Der Button FORMULAR LÖSCHEN löscht alle Eingabeelemente des Formulars und ermöglicht so die bequeme Eingabe der nächsten Rechnung.

Über den Button RECHNUNG AUSDRUCKEN UND SPEICHERN wird die Rechnung ausgedruckt und in einer Datei `R_nnnnnn.xls` gespeichert, wobei *nnn* durch eine durchlaufende Rechnungsnummer ersetzt wird. Im Gegensatz zu typischen Mustervorlagen, bei denen sich der Anwender selbst um das Speichern kümmern muß, wurde dieser Arbeitsschritt bei `Speedy` automatisiert. Der Vorteil besteht darin, daß die Rechnung möglichst platzsparend gespeichert werden kann.

Damit die Rechnungsdateien möglichst wenig Speicher beanspruchen, werden dorthin nur die Zahlenwerte aus `Speedy.xls` kopiert (aber keine Formeln, keine Steuerelemente, kein VBA-Code). Sämtliche Zellen sind gesperrt, die ganze Tabelle mit dem

Kennwort »speedy« geschützt. Auf diese Weise soll nachträglichen Manipulationen in der Rechnung vorgebeugt werden.

Besonderheiten bei der Formulargestaltung

Im Formular sind alle Zellen, in denen der Anwender Einnahmen vornehmen kann, gelb markiert (siehe Bild 10.4, grauer Hintergrund). Alle anderen Zellen sind gesperrt, die ganze Tabelle geschützt. Auf diese Weise werden Eingaben außerhalb der Eingabezellen ausgeschlossen.

Ausgedruckt wird nur der Bereich A1:I47. Die Zellen in den weiteren Spalten (Rechnungsnummer, Duplikatsanzahl) dienen nur zur internen Verwaltung. Bei den Steuerelementen innerhalb des Druckbereichs wurde die Eigenschaft *PrintObject* auf *False* gestellt. Zur Gestaltung des Rechnungskopfs wurde das Programm WordArt verwendet, das mit WinWord mitgeliefert wird. Kopf- und Fußzeile wurden bei der Gestaltung von `Speedy.xlt` auf »keine« gestellt.

Das Kontrollkästchen EXPORT ist mit der Zelle C20 verbunden, in der je nach Zustand des Kontrollkästchens *WAHR* oder *FALSCH* steht. Damit dieser Wahrheitswert nicht irritiert, wurde als Textfarbe »weiß« eingestellt. Der Inhalt von C20 ist daher unsichtbar.

In `Speedy.xlt` wurden vier Namen für einzelne Zellen bzw. für Zellbereiche definiert:

```
Druckbereich:     A1:I47
Duplikatanzahl:   L19
Durchschrift:     B14
Rechnungsnummer:  L17
```

Diese Namen werden in der Prozedur *RechnungAusdrucken* zum Verweis auf die genannten Zellen verwendet. Das hat nicht nur den Vorteil, daß das Programm übersichtlicher wird, sondern es wird auch flexibler gegenüber einer Veränderung der Tabellenstruktur: Wenn Sie beispielsweise im Formular eine Leerzeile einfügen, werden automatisch alle betroffenen Namen aktualisiert. Würde im Programm direkt auf einzelne Zellen zugegriffen (etwa mit *Range("L19")* bzw. mit der Kurzschreibweise *[L19]*), müßten diese Verweise anschließend manuell verändert werden.

Im Programmcode kommen übrigens auch solche direkten Verweise vor, und zwar immer dann, wenn die Prozeduren durch die Makroaufzeichnung erstellt wurden (etwa *Workbook_Open* oder *btnClear_Click*). Die Makroaufzeichnung ist nicht in der Lage, Bereichsnamen in den Code einzusetzen.

Der Programmcode

Beim Öffnen der Datei werden durch einen Aufruf von *btnClear_Click* alle Eingabezellen des Formulars gelöscht. Außerdem wird der Zellzeiger in die Zelle B16 gesetzt, wo sofort mit der Eingabe des Firmennamens begonnen werden kann. Die Prozedur *btnClear_Click* wird auch durch den Button FORMULAR LÖSCHEN aufgerufen.

Speedy

Speedy Versand GmbH
Tiergartenstr.12
D-34567 Hamburg
Deutschland

Tel. 0123-456789-0, Fax 0123-456789-7

Rechnungsnummer 1 **Datum**

Original 11.08.97

Heinrich Müller & Co.
Müllerstr. 17
D-12345 Müllershausen

Art.nr.	Artikelbezeichnung	Einzelpreis	Stück	Rabatt	Endpreis
1234	Artikel A	57,00			57,00
1235	Artikel B	22,50			22,50
1236	Artikel C	3,20	10	3%	31,04

	110,54
Bearbeitungsgebühren	**0,00**
Versandkosten	**8,00**
Summe netto	**118,54**
USt	**17,78**
Endbetrag	**136,32**

Die Ware bleibt bis zur vollständigen Bezahlung unser Eigentum. Garantieleistungen nur gegen Rechnung.
Gerichtsstand Hamburg. Zahlungsbedingungen 14 Tage netto.

Bankverbindung: Sparkasse Hamburg, BLZ 12345, Kontonr. 1234-567890

Bild 10.5: Beispielausdruck des »Speedy«-Formulars

```
' Speedy.xlt, Modul »DieseArbeitsmappe«
Private Sub Workbook_Open()
  Worksheets(1).Select
  Worksheets(1).btnClear_Click
  Range("B16").Select
End Sub
```

```
' Speedy.xlt, Modul »Tabelle1«
Public Sub btnClear_Click()
  Worksheets(1).CheckBox1 = False
  Range("B16").Select
  ActiveCell.FormulaR1C1 = "firma/name"
  Range("B17").Select
  ActiveCell.FormulaR1C1 = "anschrift"
  Range("B18").Select
  ActiveCell.FormulaR1C1 = ""
  Range("B23:F37").Select
  Selection.ClearContents
  Range("B16").Select
End Sub
```

Beim Schließen von `Speedy.xlt` werden automatisch alle Veränderungen gespeichert. Das betrifft insbesondere die Rechnungsnummer, die sich ja mit jedem Ausdruck einer Rechnung um eins erhöht.

```
Private Sub Workbook_BeforeClose(Cancel As Boolean)
  'keine Rückfrage, ob Datei überschrieben werden darf
  Application.DisplayAlerts = False
  ThisWorkbook.SaveAs _
    Filename:=Application.TemplatesPath + "Speedy", _
    FileFormat:=xlTemplate
  Application.DisplayAlerts = True
  ThisWorkbook.Close
End Sub
```

Nun aber zum wichtigsten Teil des Programmcodes, der Prozedur *btnPrintAndSave_Click*: Diese Prozedur druckt mit der Methode *PrintOut* zuerst das Rechnungsoriginal und anschließend die gewünschte Anzahl von Duplikaten aus. Original bzw. Duplikate sind mit dem Text »Original« bzw. »n. Duplikat« eindeutig gekennzeichnet.

Anschließend wird eine neue, leere Arbeitsmappe geöffnet und der Druckbereich über die Zwischenablage darin eingefügt (nur die Zahlenwerte und die dazugehörenden Formate). Die Arbeitsmappe wird unter dem Namen `R_nnnnnn.xls` im selben Verzeichnis wie `Speedy.xls` gespeichert und anschließend wieder geschlossen. Schließlich wird die aktuelle Rechnungsnummer um eins erhöht und `Speedy.xlt` gespeichert. Der Großteil des Codes ist leicht verständlich, weswegen hier nur einige Besonderheiten erwähnt werden.

Reaktion auf Fehler

Durch *On Error Resume Next* wird erreicht, daß die Prozedur auf jeden Fall bis zum Ende ausgeführt wird. Die wahrscheinlichste Fehlerursache besteht darin, daß der Anwender den Ausdruck der Rechnung abbricht. Wenn diese Unterbrechung beim Ausdruck des Originals erfolgt, wird die Prozedur umgehend verlassen; der Anwender kann die Rechnung verändern und den Ausdruck neu starten. Tritt der Fehler dagegen erst beim Ausdruck der Duplikate auf, dann nimmt die Prozedur an, daß die Rechnung in Ordnung ist und nur eine geringere Anzahl von Duplikaten benötigt wird. In diesem Fall wird zwar der Ausdruck der Duplikate abgebrochen, die Prozedur aber ansonsten zu Ende geführt.

Anzeigen in der Statuszeile

Um dem Anwender ein Feedback zu geben, was gerade geschieht, wird in der Statuszeile zuerst »Rechnung drucken« und anschließend »Rechnung R_nnnnn speichern« angezeigt. Der Zustand der Statuszeile wird am Ende der Prozedur wiederhergestellt, d. h., wenn die Statuszeile vorher unsichtbar war, wird sie am Ende der Prozedur wieder deaktiviert.

Kopie der Rechnung in eine eigene Datei

Programmtechnisch am interessantesten ist der Abschnitt, in dem der Druckbereich von `Speedy.xlt` in eine neue, leere Arbeitsmappe kopiert wird. Nach der Kopie von Werten und Formaten durch den zweimaligen Aufruf der Methode *PasteSpecial* wird die Spaltenbreite der ersten neun Spalten korrekt eingestellt (diese Information wird beim Kopieren nicht übertragen).

Tabellenschutz

Am Beginn von *btnPrintAndSave_Click* wird der Tabellenschutz von `Speedy.xlt` mit der Methode *Unprotect* aufgehoben, damit die Zellen *[Durchschrift]* und *[Rechnungsnummer]* im Programm verändert werden können. Dieser Schutz wird am Ende der Prozedur (ohne Kennwort) mit *Protect* wieder eingerichtet. In der Rechnungsdatei werden alle per Zwischenablage eingefügten Zellen zuerst gesperrt (Eigenschaft *Locked=True*), anschließend wird die ganze Tabelle mit dem Kennwort »speedy« geschützt.

```
Private Sub btnPrintAndSave_Click()
  Dim i%, ergebnis, datname$, statuszustand
  Dim tbl As Object, arb As Object, tblkopie As Object
  On Error Resume Next
  Err = 0
  statuszustand = Application.DisplayStatusBar
  Application.DisplayStatusBar = True
  Application.StatusBar = "drucke Rechnung ..."
```

```
Set tbl = Worksheets(1)
tbl.Unprotect
' Original ausdrucken
tbl.[Durchschrift] = "Original"
tbl.[Druckbereich].PrintOut
If Err = 0 Then
  '
  ' n Duplikate ausdrucken
  For i = 1 To tbl.[Duplikatanzahl]
    tbl.[Durchschrift] = i & ". Duplikat"
    Application.StatusBar = "drucke " & i & ". Duplikat ..."
    tbl.[Druckbereich].PrintOut
    If Err Then Exit For
  Next i
  '
  ' Tabellenblatt in eine neue Arbeitsmappe kopieren und speichern
  datname = Application.DefaultFilePath & "\R_" & _
    Format(tbl.[Rechnungsnummer], "000000")
  Application.StatusBar = "speichere Rechnung " & datname & "..."
  Application.ScreenUpdating = False
  tbl.[Durchschrift] = "Original"
  tbl.[Druckbereich].Copy
  Set arb = Workbooks.Add
  Set tblkopie = arb.Worksheets(1)
  ' nur Werte und Formate kopieren (aber keine Steuerelemente, nicht
  ' den SPEEDY-Schriftzug)
  tblkopie.[A1].PasteSpecial xlValues
  tblkopie.[A1].PasteSpecial xlFormats
  ' Spaltenbreite korrekt einstellen
  For i = 1 To 8
    tblkopie.Cells(1, i).ColumnWidth = tbl.Cells(1, i).ColumnWidth
  Next i
  arb.Windows(1).DisplayGridlines = False
  ' gesamte Tabelle schützen, Kennwort »speedy«
  tblkopie.[A1:H50].Locked = True
  tblkopie.Protect "speedy"
  ' Speichern unter "R_nnnnnn", wobei n die Rechnungsnummer ist
  arb.SaveAs datname
  arb.Close
  If Err = 0 Then
    MsgBox "Die Rechnung wurde unter dem Dateinamen " & datname & _
       " gespeichert."
    ' Rechnungsnummer erhöhen, Zelle Original/Duplikat löschen
    tbl.[Rechnungsnummer] = tbl.[Rechnungsnummer] + 1
    FormularLöschen
```

```
      Application.DisplayAlerts = False  'keine Rückfrage, ob Datei
                                         'überschrieben werden darf
      ThisWorkbook.SaveAs _
        Filename:=Application.TemplatesPath + "Speedy", _
        FileFormat:=xlTemplate
      Application.DisplayAlerts = True
    End If
    Application.ScreenUpdating = True
  End If
  If Err <> 0 Then
    MsgBox "Es ist ein Fehler aufgetreten"
  End If
  tbl.Protect
  Application.StatusBar = False
  Application.DisplayStatusBar = statuszustand
End Sub
```

Verbesserungsvorschläge

`Speedy.xlt` hat mehrere Nachteile: Erstens verhindert die recht simple Verwaltung der Rechnungsnummer direkt in der Mustervorlage die Verwendung der Vorlage im Netz. (Es könnte passieren, daß zwei Anwender eine Rechnung mit derselben Rechnungsnummer ausdrucken.) Zweitens sind die Rechnungsdateien `R_nnnnn.xls` unnötig groß (in Anbetracht der Menge der darin gespeicherten Daten), und drittens sind Korrekturen in einer bereits ausgedruckten Rechnung so gut wie unmöglich.

Zur ersten Einschränkung gibt es eine einfache Lösung: Die Rechnungsnummer müßte an einer zentralen Stelle in einer eigenen Datei gespeichert werden. Von dort wird die Nummer erst unmittelbar vor dem Drucken gelesen und sofort um eins vergrößert. Die Gefahr eines gleichzeitigen Zugriffs zweier Excel-Anwendungen auf die gemeinsame Rechnungsnummerndatei ist damit zwar noch immer gegeben, aber schon recht unwahrscheinlich. Ganz professionell läßt sich das Problem nur lösen, wenn die Verwaltung der Rechnungsnummern durch ein zentrales Programm erfolgt (am besten durch eine Datenbankanwendung, die auch andere Rechnungsdaten speichert).

Der zweite Nachteil könnte so umgangen werden, daß in den Rechnungsdateien nicht einfach eine Kopie des gesamten Druckbereichs gespeichert wird, sondern nur eine Kopie der (am Bildschirm gelben) Eingabezellen und der Ergebniszellen im unteren Tabellenbereich. Es wäre auch zu überlegen, ob mehrere Rechnungen in einer Datei gespeichert werden könnten (z. B. in Form einer Art Tagesübersicht, in der alle Rechnungen eines Tages samt Tagessumme gespeichert werden).

Etwas komplizierter ist die Lösung des dritten Problems: Es müßte eine Prozedur erstellt werden, mit der die Daten einer bereits gespeicherten Rechnung wieder eingelesen, verändert und ausgedruckt werden können. Hier tritt natürlich auch ein Sicherheitsproblem auf: Soll es generell möglich sein, zwei Rechnungen mit derselben Rechnungsnummer auszudrucken? Oder muß die fehlerhafte Rechnung storniert und die korrigierte Rechnung als neue Rechnung ausgedruckt werden?

Alle Verbesserungsvorschläge weisen in die Richtung einer Datenbankanwendung. Zum Thema Datenbanken werden Sie im nächsten Kapitel noch umfangreiche Informationen erhalten – nicht zuletzt jene, daß Excel eigentlich kein Datenbankprogramm ist und nicht leichtfertig zur Datenbankprogrammierung eingesetzt werden sollte.

10.3 Beispiel: Abrechnungsformular für einen Car-Sharing-Verein

Das zweite Formular (Beispieldatei `Share.xlt`) erleichtert die Abrechnung eines Car-Sharing-Vereins. (Neudeutsch heißt diese Variante der gemeinsamen Nutzung eines PKWs »autoteilen«.) In diesem Verein können die Mitglieder ein Auto ausleihen. Neben der Kaution und dem monatlichen Mitgliedsbeitrag fallen für die Verwendung eines Autos (hier für einen Kombi) folgende Kosten an:

Stundentarif I (8-20 Uhr)	2,60 DM
Stundentarif II (20-2, 6-8 Uhr)	1,40 DM
Stundentarif III (2-6 Uhr)	0,00 DM
Tagestarif (24 h)	40,00 DM
Wochenendgutschrift	14,00 DM
Kilometertarif	0,40 DM

Bei den Stundentarifen zählt jede angebrochene Stunde. Der Tagestarif gilt für 24 Stunden, der Zeitpunkt des Beginns der Nutzungsdauer kann beliebig gewählt werden. Wenn das Auto über ein Wochenende ausgeliehen wird, vermindern sich die Benutzungsgebühren um die Wochenendgutschrift. Der Kilometertarif versteht sich inklusive der Treibstoffkosten. Falls unterwegs getankt wird, werden die ausgelegten Treibstoffkosten rückerstattet. Die oben angeführten Gebühren sollten für den Verein eine Kostendeckung ermöglichen, also die Anschaffungs- und Wartungskosten, Vollkaskoversicherung und Steuern decken.

Auch wenn die Tarife auf den ersten Blick relativ hoch erscheinen, stellt das Car-Sharing-Modell für Personen, die nur verhältnismäßig selten ein Auto benötigen, eine günstigere Variante als der Kauf eines eigenen Autos dar. Zudem ist zu berücksichtigen, daß Sie keinen Abstellplatz bzw. keine Garage benötigen, sich nicht um Wartung oder Reparaturen kümmern müssen etc.

Nach diesem kurzen Werbeblock für das Car-Sharing-Modell zurück zu Excel: Die Beispieldatei `Share.xlt` enthält die in Bild 10.6 dargestellte Formularvorlage. Damit die Datei als Mustervorlage verwendet werden kann, muß sie vorher in das Vorlagenverzeichnis des Office-Pakets kopiert werden. Zum Öffnen der Datei muß DATEI | NEU verwendet werden (nicht DATEI | ÖFFNEN).

Zur Fahrtabrechnung müssen nur verhältnismäßig wenige Eingaben durchgeführt werden: Name des Mitglieds, Autotyp (im Listenfeld), Start- und Endzeit für den Stundentarif und / oder Start- und Enddatum für den Tagestarif, die Anzahl der gefahrenen Kilometer und schließlich eventuell ausgelegte Treibstoffkosten.

Aus diesen eher spärlichen Angaben ermittelt Excel, wie viele Stunden zu welchem der drei Stundentarife angefallen sind und ob zwischen Start- und Enddatum für den Tagestarif ein Wochenende liegt. Die daraus resultierenden Tarife werden summiert. Für Firmen, die am Car-Sharing-Modell teilnehmen, wird der USt-Anteil der Endsumme angeführt. (Alle Tarife verstehen sich inklusive Mehrwertsteuer.)

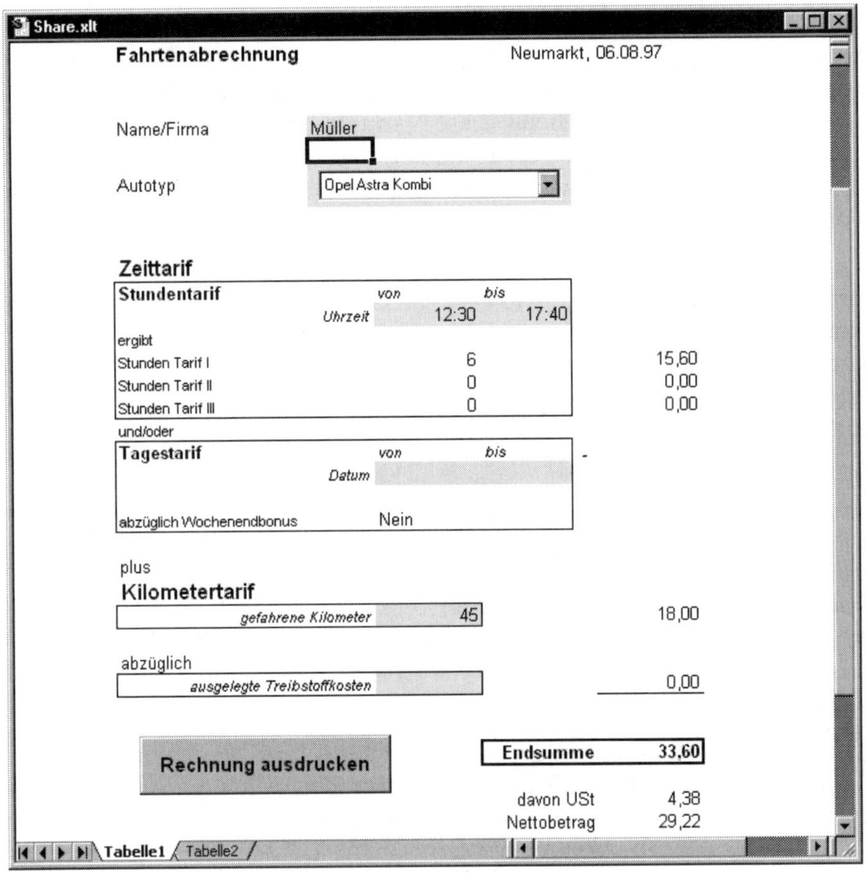

Bild 10.6: Formular zur Fahrtenabrechnung im Car-Sharing-Verein

Der Button RECHNUNG AUSDRUCKEN startet den Ausdruck des Formulars. Das dadurch aktivierte Makro kopiert das Tagesdatum und fügt es als Wert wieder ein, so daß die Rechnung anschließend mit dem fixierten Datum gespeichert werden kann. Dann wird die ganze Tabelle in ein neues Arbeitsblatt kopiert. In diesem Arbeitsblatt werden die gelben Hintergrundschattierungen (graue Bereiche in Bild 10.6) entfernt. Danach wird das Blatt ausgedruckt und schließlich wieder gelöscht. Der resultierende Ausdruck sieht wie der Beispielausdruck in Bild 10.7 aus.

Im Gegensatz zum Rechnungsformular aus Abschnitt 10.2, wo auch zum Speichern der Rechnungen ein Makro vorgesehen war, muß sich der Anwender bei `Share.xlt` selbst um das Speichern kümmern. Das Ausmaß der Automatisierung ist bei diesem Beispiel also geringer als bei dem Beispiel in Abschnitt 10.2.

Der Aufbau der Tabelle

Die beiden Eingabezellen für den Stundentarif befinden sich in D19 und E19. Die Zellen D21 bis D23 enthalten die benutzerdefinierten Funktionen *Tarif_I_Stunden* bis *Tarif_III_Stunden* (Beschreibung des Codes folgt unten). In G21 bis G23 werden die Stundenzahlen mit den dafür vorgesehenen Tarifen aus der Tariftabelle (C45 bis C50) multipliziert.

Die beiden Eingabezellen für den Tagestarif befinden sich in D26 und E26. In G26 wird die Differenz der Tage mit dem Tagestarif multipliziert. Falls G26 leer ist, wird ein Tag berechnet.

```
=WENN(D26=0;"";WENN(E26=0;C48;(E26-D26)*C48))
```

In D28 wird mit der Funktion *Wochenendtest* überprüft, ob zwischen Start- und Enddatum ein Wochenende liegt. Wenn das der Fall ist, wird in D28 der Text "Ja", andernfalls "Nein" angezeigt. Die Formeln in G28 wertet D28 aus und zeigt gegebenenfalls den negativen Wert des Wochenendbonus (C49) an.

```
=WENN(D28="Ja";-C49;"")
```

Der Button »Rechnung ausdrucken« wurde über die Dialog-Symbolleiste in die Tabelle eingefügt, beschriftet und dem Makro *FormularDrucken* zugewiesen.

Über das Listenfeld »Autotyp« kann einer der drei PKWs des Vereinsfuhrparks ausgewählt werden. Die drei Autos samt der dazugehörenden Tarife sind in einer zweiten Tabelle gespeichert (je kleiner und billiger das Auto, desto niedriger sind auch die Tarife). Das Ergebnis des Listenfelds (ein Wert zwischen 0 und 2) ist mit der Zelle G14 verknüpft. In der Zelle D14 direkt unterhalb des Listenfelds wird der Autotyp über die Indexfunktion *=INDEX(Tabelle2!A2:A4;G14+1)* angezeigt. Der Text ist normalerweise unsichtbar und wird erst beim Ausdruck sichtbar (weil das Listenfeld nicht mit ausgedruckt wird).

Im Tarifbereich C45:C50 stehen Formeln wie *=INDEX(Tabelle2!$B$2:$B$4; $G$14+1)*. Damit wird in Abhängigkeit des ausgewählten Autotyps (G14) auf die Tarifdaten in Tabelle 2 zugegriffen.

Die Tarifberechnung

Der Funktion *Wochenendtest* werden als Funktionsargumente die Zellen D24 und E24 übergeben, die das Ausleih- und Rückgabedatum enthalten. Der Code für die Funktion beginnt mit der Deklaration der Funktion und ihren beiden Parametern *datumvon* und *datumbis*. In der Funktion wird das Ergebnis mit "Nein" vordefiniert. In drei *If*-Abfragen wird überprüft, ob überhaupt in beiden Parametern Werte stehen und ob das Auto mindestens zwei Tage ausgeliehen wurde (als Bedingung für den Wochenendbonus). Wenn eine dieser Bedingungen falsch ist, wird die Funktion sofort beendet; in der Zelle D26 wird dann das Ergebnis "Nein" angezeigt.

Das Schlüsselwort *For* leitet eine Schleife ein, in der die Variable *datum* alle Tage vom Start- bis zum Vortag des Enddatums durchläuft. Zum Verständnis dieser Schleife ist das Wissen über die Excel-interne Darstellung von Datum und Uhrzeit erforderlich: Die Zahl 0 entspricht dem 1.1.1900 00:00, 34335,75 entspricht dem 1.1.1994 18:00 etc.

In der Schleife wird getestet, ob der Tag in *datum* ein Samstag ist (*WeekDay(datum)=7*). Wenn das der Fall ist, reicht die Datumsspanne sicherlich über das Wochenende, weil die Schleife ja nur bis zum Vortag des Enddatums reicht. Das Ergebnis der Funktion wird daher mit "Ja" festgelegt, die Funktion wird verlassen. Wenn die Schleife ergebnislos durchlaufen wird (weil das Auto unter der Woche ausgeliehen wurde), enthält *Wochenendtest* am Ende der Funktion noch immer die Voreinstellung "Nein".

```
' Datei Share.xlt, Modul1
Function Wochenendtest(datumvon, datumbis)
  Dim datum
  Wochenendtest = "Nein"              'Defaultergebnis
  If datumvon = 0 Then Exit Function 'wenn kein Von-Datum angegeben ist
  If datumbis = 0 Then Exit Function 'wenn kein Bis-Datum angegeben ist
  If datumbis - datumvon < 2 Then Exit Function  'wenn nur 1 Tag
  ' testen, ob im Datumsintervall ein Wochenende liegt
  For datum = datumvon To datumbis - 1
    If WeekDay(datum) = 7 Then
      Wochenendtest = "Ja": Exit Function
    End If
  Next datum
End Function
```

Die drei Funktionen *Tarif_I_Stunden* bis *Tarif_III_Stunden* sind analog zueinander aufgebaut, weswegen die Beschreibung einer dieser Funktionen ausreicht. Die Funktion beginnt mit einem Test, ob die beiden Parameter gültige Werte enthalten. (Beachten Sie, wieviel eleganter die Kombination von *If* und *Or* in VBA im Vergleich zu gleichwertigen Excel-Formeln aussieht! Beachten Sie auch die Anwendung von *IsEmpty*, mit der eine leere Zelle von einer Zelle mit 0 unterschieden werden kann! Jetzt ist auch die Eingabe von 0:00 als Uhrzeit zulässig.)

Als nächstes werden die beiden Variablen *zeit1* und *zeit2* mit den Werten aus den Parametern *zeitvon* und *zeitbis* belegt. Dabei wird der Fall berücksichtigt, daß das Auto über Mitternacht ausgeliehen wurde (beispielsweise von 20:00 bis 1:30).

```
Function Tarif_I_Stunden(zeitvon, zeitbis)
  Dim Time, zeit1, zeit2, stunden
  If IsEmpty(zeitvon) Or IsEmpty(zeitbis) Then Exit Function
  zeit1 = zeitvon
  If zeitbis < zeitvon Then  'Auto wurde über Mitternacht ausgeliehen
    zeit2 = 1 + zeitbis
  Else
    zeit2 = zeitbis
  End If
  For Time = zeit1 To zeit2 - 1 / 1441 Step 1 / 24
    stunden = Int(Time * 24) Mod 24  'Anzahl der ganzen Stunden
    If stunden >= 8 And stunden < 20 Then
      Tarif_I_Stunden = Tarif_I_Stunden + 1
    End If
  Next Time
End Function
```

Die nun folgende Schleife läuft im Stundentakt (eine Stunde entspricht im Excel-Zeitformat 1/24) von der Startzeit bis zum Zeitpunkt knapp 1 Minute vor der Endzeit. (1 Minute entspricht 1/1440; hier wurde 1/1441 verwendet, um eventuelle Rundungsfehler auszuschließen.) In der Variablen *stunden* wird die aktuelle Stundenzahl (beispielsweise 6 für die Zeit 6:30) berechnet. Dazu wird die Zeit mit 24 multipliziert (da in Excel 24 Stunden dem Wert 1 entsprechen), abgerundet und mit dem Modulo-Operator auf den Wertebereich von 0 bis 23 eingeschränkt. (Das ist für den Zeitrahmen über Mitternacht notwendig, weil in diesem Fall auch Stundenwerte größer als 24 entstehen können.)

Schließlich wird getestet, ob die aktuelle Stundenzahl sich im Zeitrahmen von Tarif 1 befindet. Wenn das der Fall ist, wird der Ergebniswert *Tarif_I_Stunden* um 1 erhöht. Relevant für den Tarif ist immer der Beginn einer Stunde. Die Funktionen *Tarif_II_-Stunden* und *Tarif_III_Stunden* unterscheiden sich von der gerade behandelten Funktion nur in den Abfragebedingungen für den Zeitrahmen der Tarife.

Verbesserungsideen für die Tarifberechnung

Beim gewählten Berechnungsmodell stört die Trennung zwischen Stunden- und Tagestarif. Wenn das Auto für eineinhalb Tage ausgeliehen wird, ist eine Kombination beider Tarife notwendig. Die erforderliche Eingabe der Daten ist fehleranfällig. Eleganter wäre es, wenn einfach Datum und Zeit für den Ausleihzeitpunkt und die Rückgabe eingegeben werden könnten. Die zugehörenden Funktionen müßten dann selbständig eine optimale (kostenminimale) Kombination von Tages- und Stundentarif ermitteln. Daß das mit einigem Programmieraufwand verbunden ist, liegt auf der Hand.

Ein weiteres Manko des Berechnungsmodells ist die fehlende Berücksichtigung von Feiertagen (sofern hierfür in den Statuten des Vereins Sonderregelungen in der Art des Wochenendbonus existieren).

Der Ausdruck der Tabelle

Als letztes Makro bleibt noch *btnPrint_Click* zu beschreiben. Das Makro druckt das Car-Share-Formular aus, ersetzt dabei das aktuelle Datum durch einen fixen Wert und entfernt die gelbe Hintergrundmarkierung der Eingabebereiche. Dazu wird die ganze Tabelle in ein neues Tabellenblatt kopiert. Dieses Tabellenblatt wird am Ende des Makros wieder entfernt.

Der prinzipielle Code wurde zuerst mit EXTRAS | MAKRO AUFZEICHNEN erstellt. Anschließend wurden verschiedene Änderungen durchgeführt, zudem wurde der Code kommentiert. Der eigentliche Ausdruck erfolgt mit *PrintOut*, wobei mit *Preview:=True* erreicht wird, daß nur eine Seitenvorschau durchgeführt wird.

Die Anweisungen am Anfang und Ende der Prozedur (*ScreenUpdating=...*) beschleunigen den Ablauf des Makros deutlich. Sie verhindern das ständige Neuzeichnen des Bildschirms während des Ablaufs des Makros. *On Error Resume Next* bewirkt, daß das Makro auch beim Auftreten eines Fehlers (beispielsweise wenn der Anwender den Ausdruck durch ABBRECHEN stoppt) bis zum Ende abgearbeitet wird.

In der vorletzten Zeile des Makros wird das aktuelle Tabellenblatt (das ja erst einige Zeilen weiter oben erzeugt wurde) wieder gelöscht. Um die Sicherheitsabfrage, ob das Blatt wirklich gelöscht werden soll, zu vermeiden, wird die Eigenschaft *DisplayAlerts* vorsorglich auf *False* gesetzt.

```
' Abrechnungsformular ausdrucken
Sub btnPrint_Click()
  Application.ScreenUpdating = False
  ' Datum kopieren und als Wert einfügen
  Range("G9").Select
  Selection.Copy
  Selection.PasteSpecial Paste:=xlValues
  Application.CutCopyMode = False
  ' ganzes Tabellenblatt kopieren
  Sheets("Tabelle1").Select
  Sheets("Tabelle1").Copy ActiveWorkbook.Sheets(1)
  With Sheets(1)
    ' im neuen Arbeitsblatt gelbe Hintergrundmarkierung löschen
    .Cells.Interior.ColorIndex = xlNone
    ' ausdrucken
    .PrintOut preview:=True
  End With
  ' neues Tabellenblatt wieder löschen
  Application.DisplayAlerts = False
  ActiveWindow.ActiveSheet.Delete
  Application.DisplayAlerts = True
  Application.ScreenUpdating = True
End Sub
```

∛Auto

Car-Sharing Neumarkt

Gemeinnütziger Verein

Fahrtenabrechnung Neumarkt, 06.08.97

Name/Firma Huber & Co.

Autotyp VW Golf

Zeittarif

Stundentarif		*von*	*bis*	
	Uhrzeit	08:30	17:30	
ergibt				
Stunden Tarif I		9		21,60
Stunden Tarif II		0		0,00
Stunden Tarif III		0		0,00

und/oder

Tagestarif		*von*	*bis*
	Datum		
abzüglich Wochenendbonus		Nein	

plus

Kilometertarif

gefahrene Kilometer	134	49,58

abzüglich

ausgelegte Treibstoffkosten	0,00

Endsumme	**71,18**
davon USt	9,28
Nettobetrag	61,90

Tarife	in DM
Stundentarif I (8-20 Uhr)	2,40
Stundentarif II (20-2, 6-8 Uhr)	1,30
Stundentarif III (2-6 Uhr)	0,00
Tagestarif (24 h)	36,00
Wochenendgutschrift	13,00
Kilometertarif	0,37

Bild 10.7: Beispielausdruck einer Abrechnung des Car-Sharing-Vereins

10.4 Möglichkeiten und Grenzen »intelligenter« Formulare

Vereinfachung der Bedienung

Der Umgang mit den beiden Beispielformularen ist zwar schon verhältnismäßig einfach, Verbesserungen wären aber dennoch möglich: Etwa durch eine eigene Menüleiste, die auf jene Kommandos reduziert ist, die für die Bedienung des Formulars sinnvoll sind.

Die Formulare sind so gut wie gar nicht gegen falsche Eingaben abgesichert. Wenn Eingaben im falschen Format erfolgen (beispielsweise Zahlen statt Datum oder Uhrzeit, Texte statt Zahlen), liefern die Rechenmodelle unverständliche Fehlermeldungen oder sogar vollkommen falsche Ergebnisse.

Eine Absicherung gegen Fehler bei direkten Eingaben in Tabellen (und nicht in Dialogen) ist verhältnismäßig schwierig. Generell bestehen zwei Möglichkeiten: Entweder Sie lassen kritische Eingaben über Dialoge durchführen, wo eine unmittelbare Kontrolle möglich ist (und der Dialog nur dann beendet werden kann, wenn alle Eingaben sinnvoll sind), oder Sie erweitern den Code des DRUCKEN- oder SPEICHERN-Buttons mit einigen Programmzeilen, die alle Eingabezellen des Formulars auf die Sinnhaftigkeit der darin enthaltenen Daten überprüfen.

Overhead beim Speichern

Das Car-Sharing-Formular beansprucht rund 50 kByte Speicherplatz (übrigens eine Verdoppelung im Vergleich zu Excel 7). Die wirklich relevanten Daten lassen sich auf zehn Zellen reduzieren (Name, Datum, Autotyp, Start- und Endzeit, Start- und Enddatum, Kilometeranzahl, Treibstoffkosten, Endsumme). Alle anderen Daten sind redundant, d. h., es wäre ausreichend, diese Daten nur einmal (und nicht in jedem Formular) zu speichern!

Zur Lösung dieses Overhead-Problems bieten sich mehrere Lösungswege an:

- Eine Variante besteht darin, die Mustervorlage und den Code in zwei Dateien zu trennen. Die Mustervorlage benötigt dazu lediglich eine *Workbook_Open*-Prozedur, durch die die Codedatei geladen und durch *OnEvent*-Prozeduren mit der Mustervorlage verbunden wird. Der Nachteil: Es kann mit beinahe hundertprozentiger Sicherheit angenommen werden, daß auf der reduzierten Mustervorlage basierende Dateien auf einen anderen Rechner weitergegeben werden, ohne die dazugehörende Programmdatei mitzukopieren. Aus der Eleganz von »intelligenten« Formularen werden dann plötzlich unverständliche Fehlermeldungen.
- Eine zweite Variante wurde in der Speedy-Beispielvorlage vorgestellt: Dort sorgt ein eigenes Speichern-Makro dafür, daß zumindestens nur das Tabellenblatt (und nicht auch der VBA-Code) gespeichert wird. Der Nachteil dieser Vorgehensweise: Wenn eine Datei, die auf der Basis einer Mustervorlage erstellt wurde, nachträglich

geändert werden soll, stehen die Eingabeerleichterungen der Mustervorlage nicht mehr zur Verfügung.

- Die dritte Variante besteht darin, daß überhaupt nur jene Daten gespeichert werden, die wirklich relevant sind. Im Prinzip ist die Idee ähnlich wie bei Mustervorlagen mit Datenbankanbindung durch den Vorlagenassistenten; der Unterschied besteht darin, daß das Formular als eigene Datei nicht mehr gespeichert werden muß. Dafür muß es jetzt Kommandos geben, um früher gespeicherte Daten aus der Datenbank wieder in die Formularvorlage einzulesen und nochmals zu bearbeiten. Der Nachteil dieser Lösung: Aus der Mustervorlage wird plötzlich eine vollwertige Datenbankanwendung mit dem damit verbundenen Programmieraufwand.

Gefahr von Insellösungen

Ein Formular zum bequemen Schreiben von Rechnungen ist zwar recht praktisch, für die Praxis des Büro- oder Betriebsalltags aber unzureichend. Normalerweise müssen die Rechnungen von einer anderen Abteilung verbucht werden, die auch auf den Zahlungseingang achtet und gegebenenfalls Mahnungen verschickt; bei Bestellungen muß eine Koordinierung mit der Lagerverwaltung erfolgen etc. Es ist daher eine klare Schnittstelle zu anderen Abteilungen notwendig.

Für solche komplexen und vernetzten Anwendungen ist es zumindest erforderlich, daß die einmal eingegebenen Daten mühelos weiterverwendet werden können. Für viele Anwendungen muß diese Weiterverarbeitung sogar vollautomatisch erfolgen.

Bei Problemstellungen dieser Art ist Excel überfordert. Excel stellt zwar recht weitreichende Datenbankkommandos zur Verfügung, für vollwertige Datenbankanwendungen ist ein richtiges Datenbankprogramm aber immer noch besser geeignet.

VERWEIS

Zum Thema Datenbanken finden Sie im folgenden Kapitel (losgelöst vom Thema Formularvorlagen) eine Menge Informationen. Die Car-Share-Mustervorlage wird in Abschnitt 11.6 zu einer Datenbankanwendung ausgebaut. Abschnitt 11.7 demonstriert ein weiteres Eingabeformular, das ähnlich aussieht wie eine Mustervorlage, aber ebenfalls mit einer Datenbankanwendung verbunden ist.

Datenbankanwendungen

11

Sehr viele Excel-Anwendungen greifen (oft unbewußt) auf die Datenbankfunktionen von Excel zurück. Die ersten vier Abschnitte dieses Kapitels vermitteln das erforderliche Grundlagenwissen und beschreiben die Datenverwaltung innerhalb von Excel, den Zugriff auf externe Datenbanken und die Analyse von Daten (unabhängig von ihrer Herkunft).

Ab Abschnitt 11.5 geht es um die VBA-Steuerung dieser Funktionen. Ein besonderer Schwerpunkt wird auf die DAO-Bibliothek gelegt, die die Nutzung aller Datenbankfunktionen von Access ermöglicht.

Kapitelübersicht

11.1 Grundlagen

Die Praxis zeigt, daß ein Großteil aller Excel-Programme in Wirklichkeit Datenbankprogramme sind. Dem trägt auch Microsoft Rechnung und erweitert die Datenbankfunktionen von Version zu Version: In Version 5 waren es die gründlich überarbeiteten Funktionen zum Erstellen von Pivottabellen und das Zusatzprogramm MS-Query; in Version 7 der Vorlagenassistent (siehe vorheriges Kapitel) und die DAO-Bibliothek, die dem Programmierer vollen Zugriff auf die Datenbankfunktionen von Access bietet. Version 97 bietet zwar keine fundamentalen Neuigkeiten, dafür aber eine Verbesserung der DAO-Bibliothek, die jetzt via ODBCDirect einen effizienteren Zugriff auf Datenbank-Server wie Oracle ermöglicht.

Dieser Abschnitt versucht, in möglichst kompakter Form Grundlagenwissen zum Thema Datenbanken zusammenzufassen. Wenn Sie Excel nur dazu verwenden möchten, um rasch eine Tabelle zu sortieren, können Sie getrost zum nächsten Abschnitt weiterblättern. Wenn Sie aber anspruchsvollere Datenbankanwendungen planen, dann ist die Zeit, die Sie zum Lesen dieses Abschnitts aufwenden, sicherlich gut investiert.

Dieser Abschnitt will auch davor warnen, Excel bedenkenlos für Anwendungen einzusetzen (um es beim Namen zu nennen: zu mißbrauchen), für die es nicht konzipiert ist. Die folgenden Teilabschnitte begründen, warum Excel als Datenbankprogramm für fortgeschrittene Anwendungen schlecht geeignet ist. Selbst wenn Sie kleinere Datenmengen weiterhin mit Excel verwalten möchten, sollten Sie zumindest die Grenzen von Excel kennen.

Was ist eine Datenbank?

Der Begriff *Datenbank* hat leider je nach dem Zusammenhang, in dem er verwendet wird, unterschiedliche Bedeutungen. Der kleinste gemeinsame Nenner ist vielleicht, daß jede Datenbank eine Gruppe zusammengehörender, geordneter Daten meint.

- In Excel kann jede Tabelle oder Liste als Datenbank interpretiert werden. Excel stellt im DATEN-Menü Kommandos zur Bearbeitung solcher Datenbanken zur Verfügung (SORTIEREN, GRUPPIEREN etc.).
- In Datenbankprogrammen wie Access umfaßt eine Datenbank neben den in mehreren Tabellen geordneten Daten auch Abfragen, Berichte und eventuell Programmcode. In Datenbankprogrammen können größere Datenmengen sicherer und effizienter verwaltet werden, als dies in Excel möglich ist.
- Gelegentlich wird auch das Datenbankprogramm selbst als Datenbank bezeichnet (und nicht die damit gespeicherten Daten). Diese sprachliche Verkürzung trägt zur Verwirrung im Datenbankbereich bei.

Bei Datenbankprogrammen gibt es Unterschiede, die den Umfang der damit verwaltbaren Daten und die Programmierung betreffen: Unter Windows sind Datenbanken wie Access, FoxPro oder Paradox, die eine einigermaßen einfache Bedienung mit guten Programmiermöglichkeiten verbinden, weit verbreitet. Daneben existiert eine ganze Palette weiterer Programme, die noch bessere Programmiermöglichkeiten bieten (etwa Delphi oder Visual Objects). Schließlich gibt es sogenannte Datenbank-Server, die speziell für den Netzwerkbetrieb optimiert sind, vornehmlich unter Unix oder Windows NT laufen und Datenmengen im GByte-Bereich verwalten (etwa Oracle oder Informix).

Excel ist kein Datenbankprogramm!

Das ganze Kapitel – und es ist eines der längsten Kapitel dieses Buchs – scheint ein Widerspruch in sich zu sein. Die obige Überschrift legt nahe, daß sich Excel für Datenbankanwendungen nicht eignet. Zum Teil ist das tatsächlich der Fall: Excel ist ein hervorragendes Werkzeug zur *Analyse* von Daten. Es bietet dazu Datenimportmöglichkeiten für beinahe alle oben aufgezählten Datenbankprogramme. Excel ist aber ungeeignet zur *Verwaltung* großer Datenmengen.

Warum wird Excel als Datenbankprogramm verwendet?

- Excel ist einfach zu bedienen. Die Einarbeitung in ein neues Datenbankprogramm kostet Zeit.
- Excel steht schon zur Verfügung. Ein anderes Programm müßte erst angeschafft werden.
- Excel stellt einfache Datenbankfunktionen zur Verfügung und ist daher für »kleine« Datenbankanwendungen geeignet.
- Excel stellt auch bei der Verwendung als Datenbank alle Tabellenfunktionen zur Verfügung. Kaum ein Datenbankprogramm kann in dieser Hinsicht mithalten.
- Excel stellt als Tabellenkalkulationsprogramm zur Zeit *den* Standard im Bürosektor bzw. für Büroanwendungen dar. Einen vergleichbaren Standard im Datenbanksektor gibt es (unter Windows) noch nicht. Aus diesem Grund eignen sich Excel-Dateien ausgezeichnet zum Datenaustausch zwischen Mitarbeitern eines Betriebs bzw. zwischen verschiedenen Firmen. Es liegt also nahe, auch die Weiterverarbeitung in Excel durchzuführen.

Aus den genannten Gründen läßt sich kaum ein Excel-Anwender davon abhalten, kleinere Datenmengen mit Excel zu verwalten. Tatsächlich gibt es fast kein Programm, mit dem eine kleine Adreßkartei derart einfach und »intuitiv« gebildet werden kann.

Unterschiede zwischen Tabellenkalkulationsprogrammen und Datenbanken

Die Grundidee eines Tabellenkalkulationsprogramms wie Excel besteht darin, daß alle Daten (also die gesamte Excel-Datei) in den Arbeitsspeicher geladen werden und dort unmittelbar und verzögerungsfrei zur Verfügung stehen. Das hat den Vorteil, daß die Bearbeitung der Daten sehr schnell vor sich geht, aber auch den Nachteil, daß die Menge der Daten limitiert ist: sowohl durch den zur Verfügung stehenden Speicher als auch durch die Begrenzung von Excel-Tabellen auf etwa 65000 Zeilen.

Ein ganz anderes Konzept wird von Datenbankprogrammen (Access, FoxPro, Paradox etc.) befolgt: Dort bleiben die Daten generell in der Datenbankdatei. In das RAM werden immer nur möglichst kleine Portionen dieser Daten geladen. Jede Veränderung der Daten wird sofort gespeichert (ohne daß dazu ein explizites Kommando DATEI SPEICHERN erforderlich ist). Der Vorteil: Sie können auf diese Weise auch Datenmengen jenseits der 100 MByte verarbeiten. Der Nachteil: Die meisten Operationen gehen langsamer vor sich als in Excel.

Dieser recht schematische Vergleich begründet zwei wesentliche Unterschiede zwischen Tabellenkalkulations- und Datenbankprogrammen: Erstens benötigen Tabellenkalkulationsprogramme selbst zur Verwaltung von kleinen Datenmengen sehr viel Anwendungsspeicher (RAM), während bei Datenbankprogrammen die Datenmenge ungleich größer als der Anwendungsspeicher sein darf. Zweitens kann ein Tabellenkalkulationsprogramm eine Datei nur als Ganzes speichern – und das dauert bei größeren Datenmengen so lange, daß dieser Vorgang viel zu selten durchgeführt wird. Im Gegensatz dazu wird in einem Datenbankprogramm jede noch so kleine Änderung sofort gespeichert. Das geht so schnell vor sich, daß Sie es normalerweise nicht einmal bemerken.

Kleines Datenbankglossar

Die folgenden Absätze beschreiben einige wichtige Begriffe aus der Datenbankwelt, die eine eindeutige Verständigung erleichtern. Die Begriffe sind vor allem dann für Sie von Bedeutung, wenn Sie das Zusatzprogramm MS-Query zum Einlesen externer Daten oder die DAO-Bibliothek zur Datenbankprogrammierung verwenden möchten.

Datenbanken sind üblicherweise in mehreren **Tabellen** organisiert. Eine typische Tabelle enthält beispielsweise alle Kundendaten: Kundennummer, Name, Adresse, Telefonnummer etc. Jede Zeile der Tabelle wird als **Datensatz** (Record) bezeichnet. Einzelne Elemente einer Zeile heißen **Datenfelder** (Fields).

Praktisch alle zur Zeit verfügbaren Datenbanken basieren auf dem **relationalen Modell**. Dieses Modell ermöglicht es, den gesamten Datenumfang auf mehrere, durch Relationen miteinander verknüpfte Tabellen zu verteilen. Daraus ergeben sich verschiedene Vorteile bezüglich Effizienz, Datensicherheit und der Vermeidung von Redundanz. Die Grundzüge relationaler Datenbanken werden auf Seite 429 anhand eines Beispiels beschrieben.

Tabellen enthalten die Daten üblicherweise ungeordnet (d. h. in der Reihenfolge, in der die Daten erstmalig gespeichert wurden). Um ein möglichst schnelles Suchen der Daten zu ermöglichen, werden zusätzlich zu den eigentlichen Daten sogenannte Indizes gespeichert. Ein **Index** oder **Schlüssel** enthält im wesentlichen die Information, wo welche Daten innerhalb einer Tabelle zu finden sind.

Um aus einer oder mehreren Tabellen eine sortierte Liste zu bilden, die nur Daten enthält, die bestimmten Kriterien entsprechen, verwenden Sie **Abfragen**. Das Ergebnis einer Abfrage ist also eine nach verschiedenen Kriterien zusammengefaßte Teilmenge der Daten. Abfragen werden erheblich rascher abgearbeitet, wenn die zugrundeliegenden Daten durch Indizes geordnet sind.

Die Formulierung von Abfragen erfolgt oft interaktiv durch das Datenbankprogramm oder in MS-Query. Intern bzw. im Programmcode werden Abfragen in **SQL** formuliert. SQL steht für Standard Query Language und stellt einen Standard zur Formulierung von Abfragen dar. SQL ist also eine Programmiersprache.

Die Programmierung von Datenbankanwendungen setzt eine eigene Programmiersprache voraus. Die Programmiersprache des Datenbankprogramms Access basiert seit Version 7 wie Excel auf VBA. Die datenbankspezifischen Funktionen werden wie in Excel über Objekte, Methoden und Eigenschaften zur Verfügung gestellt. Die dazugehörende Objektbibliothek nennt sich **DAO** (Data Access Objects) und steht auch unter Excel zur Verfügung – selbst dann, wenn Sie Access nicht installiert haben.

Jedes Datenbankprogramm verwendet naturgemäß ein eigenes Format zur Speicherung der Daten. Um einen Datenaustausch zwischen verschiedenen Datenbanken zu erleichtern, wurde das gemeinsame Protokoll ODBC (Open Database Connectivity) definiert. Über die DAO-Bibliothek können Sie auf jede Datenbank zugreifen, zu der ein ODBC-Treiber existiert (und das sind inzwischen die meisten populären Datenbanken).

Datenbank-Server und ODBC

Datenbanken, die von wenigen Anwendern genutzt werden, werden häufig mit Datenbankprogrammen wie Access, FoxPro oder Paradox erstellt. Jeder Anwender muß das entsprechende Programm auf seinem Rechner starten. Der Zugriff auf die Daten erfolgt über Datenbankdateien, die auf einem zentralen Netzwerkrechner gespeichert werden. Aus diesem Grund spricht man auch von File-Server-Datenbanken.

Mit steigender Nutzerzahl wird dieses Verfahren ineffizient. Für solche Fälle bieten sich sogenannte Datenbank-Server an, die im Regelfall auf einem eigens für diesen Zweck reservierten Rechner laufen. Der fundamentale Unterschied zu File-Server-Datenbanken besteht darin, daß die einzelnen Nutzer nun nicht mehr direkt auf die Datenbankdatei zugreifen, sondern mit dem Datenbank-Server kommunizieren. Es handelt sich also um ein Client/Server-System.

Sofern der Datenbank-Server ODBC unterstützt (und das ist beinahe bei allen Windows- und sogar bei einigen Unix-Datenbank-Servern der Fall), kann Excel via MS-Query auch auf deren Daten zugreifen.

Merkmale von Datenbankprogrammen, die in Excel fehlen

- **Excel kennt keine Indizes:** Indizes ermöglichen ein effizientes Suchen selbst in sehr großen Datenmengen, ohne die Daten vorher neu sortieren zu müssen.
- **Excel kennt keine Relationen:** Aus dem relationalen Modell ergeben sich verschiedene Vorteile bezüglich Effizienz, Datensicherheit und der Vermeidung von Redundanz.
- **Excel fehlen Schutzmechanismen gegen das Löschen oder Verändern von Daten:** Die Datensicherheit bildet neben der Zugriffsgeschwindigkeit das wesentlichste Kriterium einer Datenbank. Jedes Datenbankprogramm ist mit einer Reihe von Schutzmechanismen ausgestattet, die das versehentliche Ändern oder Löschen von Daten verhindern. In Excel fehlen diese Schutzmechanismen praktisch ganz. Besonders kritisch in Excel ist der Umstand, daß es relativ einfach ist, die Zusammengehörendkeit von Datensätzen zu zerstören. Damit ist gemeint, daß beispielsweise nach einem unvorsichtigen Einfügen oder Löschen einiger Zellen die Einträge nicht mehr zusammenpassen: Neben dem Namen von *X* steht dann die Adresse von *Y*.
- **Excel fehlt ein Berichtgenerator:** In Excel können Sie zwar beliebig große Tabellen ausdrucken, es fehlt aber ein ausreichend flexibles Kommando, diesen Ausdruck so zu formatieren, wie Sie ihn gerade benötigen. Versuchen Sie z. B. mit Excel Etiketten zu bedrucken! Mit einem Datenbankprogramm ist das kein Problem.
- **Excel ist nicht zur Verwaltung vernetzter Daten konzipiert:** Ein elementares Kennzeichen von Datenbankprogrammen ist ihre Netzwerkfähigkeit. Die Daten können zentral auf einem Rechner verwaltet werden, mehrere Benutzer können darauf zugreifen. Das Datenbankprogramm kümmert sich darum, daß es beim quasi-gleichzeitigen Zugriff mehrerer Anwender auf gemeinsame Daten nicht zu Konflikten kommt. Excel kann zwar ebenfalls in einem Netzwerk eingesetzt werden, die Verwaltung zentraler, gemeinsamer Daten, auf die von mehreren Rechnern aus koordiniert zugegriffen werden kann, ist aber nur mit vielen Einschränkungen möglich.

Die Konsequenz: Daten extern speichern, Datenanalyse mit Excel

Trotz der oben aufgezählten Einschränkungen von Excel muß nicht jede Anwendung, bei der viele Daten anfallen, automatisch mit einem Datenbankprogramm realisiert werden. Excel bietet eine Menge Vorteile, die Datenbankprogrammen bzw. Programmiersprachen für Datenbanken fehlen.

In vielen Fällen besteht die optimale Lösung in einer Mischlösung: Wenn Sie große Datenmengen haben, verwenden Sie eine richtige Datenbank zum Speichern dieser Daten! Das hindert Sie durchaus nicht daran, diverse Anwendungen zur Dateneingabe, zur Datenanalyse, zum Ausdruck von Diagrammen etc. dennoch in Excel durchzuführen bzw. entsprechende Excel-Programme zu erstellen. Excel bietet für solche Mischlösungen optimale Voraussetzungen:

- Das Zusatzprogramm MS-Query ermöglicht den interaktiven Zugriff auf jede Datenbank, zu der ein ODBC-Treiber existiert. Damit kann auf Daten zugegriffen werden, die mit beinahe jedem handelsüblichen Datenbankprogramm verwaltet werden.
- Die Objektbibliothek DAO ermöglicht den Datenbankzugriff auch per Programmcode. Über die Möglichkeiten von MS-Query hinaus können mit der DAO-Bibliothek auch Daten verändert oder neue Datensätze gespeichert werden.

Bevor Sie sich auf Mischlösungen einlassen, sollten Sie sich allerdings noch überlegen, ob es nicht noch sinnvoller ist, die gesamte Anwendung mit einem Datenbankprogramm zu realisieren. Auch wenn die DAO-Bibliothek zusammen mit ODBC den Zugriff auf fast jede Datenbank ermöglicht, ist der direkte Zugriff auf eine Datenbank unmittelbar durch das entsprechende Datenbankprogramm meist deutlich effizienter.

Wann sind Datenbanken direkt in Excel dennoch sinnvoll?

Nach so vielen kritischen Bemerkungen sind Sie jetzt womöglich soweit verunsichert, daß Sie Excel überhaupt nicht mehr zur Verwaltung von Daten einsetzen möchten. Das wäre eine Überreaktion. Excel ist durchaus für die Verwaltung von Daten geeignet, und zwar dann, wenn

- die Datenmengen klein sind (Tabellen bis zu 1000 Zeilen sind einigermaßen unproblematisch),
- die Daten sehr einfach strukturiert sind (keine Notwendigkeit von Relationen, geringe Redundanz) und
- keine Notwendigkeit einer gemeinsamen Bearbeitung der Daten via Netzwerk besteht.

Es spricht also (fast) nichts dagegen, eine kleine Adreßdatenbank, eine Literaturdatenbank oder ein einfaches Kassabuch in Excel anzulegen. Nicht sinnvoll ist dagegen der Versuch, ein ganzes Buchhaltungsprogramm oder eine umfangreiche Lagerverwaltung in Excel zu verwirklichen. Und grob fahrlässig wäre es, wirklich lebenswichtige Daten – etwa im medizinischen Bereich – mit Excel zu verwalten!

Grundkonzepte relationaler Datenbanken

Es wurde bereits erwähnt, daß Excel selbst keine Relationen kennt. Dennoch ist es für Sie als Excel-Programmierer wichtig, daß Sie das Konzept relationaler Datenbanken kennen: Sowohl das Zusatzprogramm MS-Query als auch die DAO-Bibliothek ermöglichen den Zugriff auf externe Datenbanken – und die sind so gut wie immer in einem relationalen Modell gespeichert.

Als Beispiel für die folgenden Erklärungen dient die Datenbank `Verlag.mdb`, die sich im Verzeichnis `Verlag` der Beispieldateien dieses Buchs befindet. Die Beispieldatei wird im Verlauf dieses Kapitels noch häufig als Grundlage für diverse Pivottabellen und ein längeres Codebeispiel dienen.

Die Datenbank enthält die Daten zu 31 Büchern eines fiktiven Computerbuchverlags, der 1996 gegründet wurde. Die Hauptaufgabe der Datenbank besteht darin, die Verkaufsdaten aller Bücher zu speichern. Die Datenbank wurde dazu in vier Tabellen organisiert:

Autoren enthält eine Liste aller für den Verlag tätigen Autoren mit deren Autorennummern (also eine Datenbank-interne Kennzahl zur Identifizierung des jeweiligen Datensatzes). *Reihen* enthält eine Liste mit den Namen der im Verlag erschienenen Reihen (Anwendung, Programmierung, Wissenschaft etc.). *Bücher* enthält die Daten zu allen im Verlag erschienenen Büchern: den Titel, die Autorennummer, die Reihennummer, den Preis und den Erscheinungstermin. *Vertreter* enthält eine Liste mit den acht Buchhandelsvertretern des Verlags.

Das größte Datenvolumen weist die Tabelle *Verkaufszahlen* auf: Darin werden detailliert die Verkaufszahlen von Anfang 96 bis Ende 97 gespeichert, und zwar einzeln für jeden Verkaufstag, für jeden Vertreter und für jeden Titel. Durch geeignete Datenbankabfragen bzw. durch eine Analyse der Daten mit Pivottabellen können unter anderem folgende Informationen aus der Datenbank entnommen werden:

- Wie viele Bücher wurden insgesamt verkauft? Wie viele von einem bestimmten Titel, von einer bestimmten Reihe, von einem bestimmten Vertreter, von einem bestimmten Autor, in einem bestimmten Monat?
- Welcher Vertreter hat in welchem Quartal die meisten Bücher verkauft?
- Wie haben sich die Verkaufszahlen für das Buch *Xy* während der ersten sechs Monate entwickelt?
- Welchen Anteil am Umsatz liefern die einzelnen Reihen?

ANMERKUNG

Die Beispieldatei und die Anwendung in den Abschnitten 11.7 und 11.8 sind frei erfunden. Jeder Zusammenhang mit tatsächlich erschienen Büchern, Verlagen oder Autoren aus dem EDV-Bereich ist unerwünscht und rein zufällig. Der Programmcode zum Erzeugen der Testdaten befindet sich in der Beispieldatei `Verlag\Bücher.xls`. Die mit *VerkaufstabelleErstellen* erzeugte Tabelle wurde nach Access exportiert.

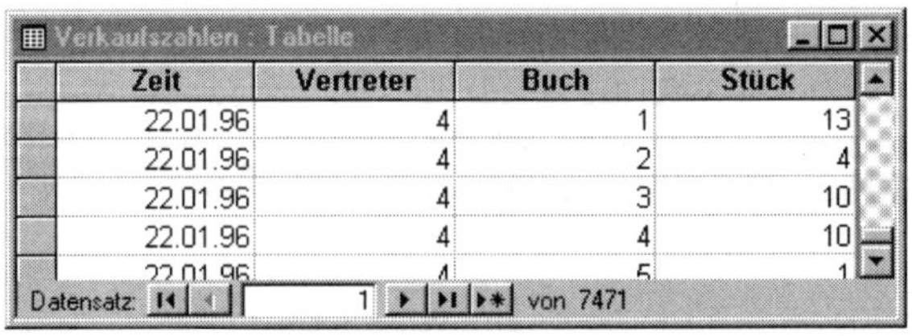

Zeit	Vertreter	Buch	Stück
22.01.96	4	1	13
22.01.96	4	2	4
22.01.96	4	3	10
22.01.96	4	4	10
22.01.96	4	5	1

Bild 11.1: Die Verkaufszahlentabelle

Nachdem die Anwendung der Datenbank damit ausreichend geklärt ist, nun einige Hintergrundinformationen zum Aufbau der Datenbank. Wenn Sie noch nie mit relationalen Datenbanken zu tun hatten, werden Sie sich vermutlich über das Aussehen der *Verkaufszahlen*-Tabellen wundern:

In der Tabelle fehlen auf den ersten Blick der Titel des verkauften Buchs und der Name des Vertreters. Auch der Verkaufspreis zu den Büchern wäre eine interessante Information. Das ist genau die Stelle, bei der Relationen ins Spiel kommen. Das Relationenmodell der Datenbank sieht folgendermaßen aus:

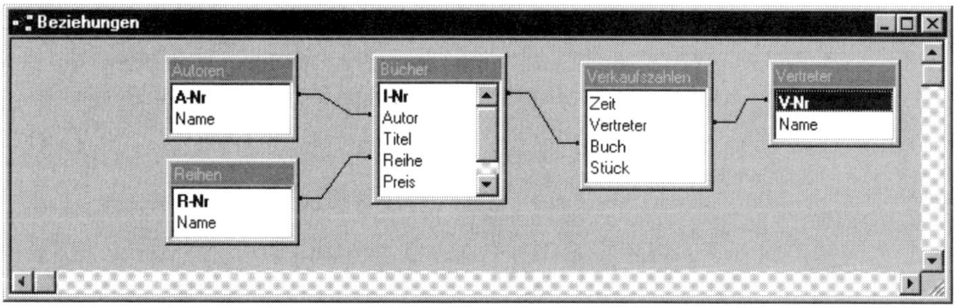

Bild 11.2: Das Relationenmodell der Verlagsdatenbank

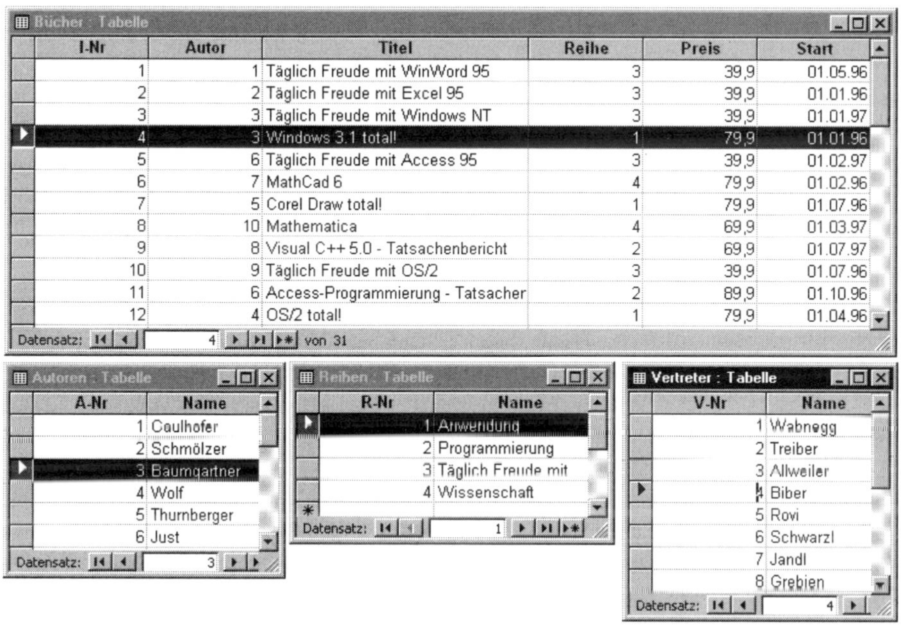

Bücher : Tabelle

I-Nr	Autor	Titel	Reihe	Preis	Start
1	1	Täglich Freude mit WinWord 95	3	39,9	01.05.96
2	2	Täglich Freude mit Excel 95	3	39,9	01.01.96
3	3	Täglich Freude mit Windows NT	3	39,9	01.01.97
4	3	Windows 3.1 total!	1	79,9	01.01.96
5	6	Täglich Freude mit Access 95	3	39,9	01.02.97
6	7	MathCad 6	4	79,9	01.02.96
7	5	Corel Draw total!	1	79,9	01.07.96
8	10	Mathematica	4	69,9	01.03.97
9	8	Visual C++ 5.0 - Tatsachenbericht	2	69,9	01.07.97
10	9	Täglich Freude mit OS/2	3	39,9	01.07.96
11	6	Access-Programmierung - Tatsacher	2	89,9	01.10.96
12	4	OS/2 total!	1	79,9	01.04.96

Datensatz: 4 von 31

Autoren : Tabelle

A-Nr	Name
1	Coulhofer
2	Schmölzer
3	Baumgartner
4	Wolf
5	Thurnberger
6	Just

Datensatz: 3

Reihen : Tabelle

R-Nr	Name
1	Anwendung
2	Programmierung
3	Täglich Freude mit
4	Wissenschaft

Datensatz: 1

Vertreter : Tabelle

V-Nr	Name
1	Wabnegg
2	Treiber
3	Allweiler
4	Biber
5	Rovi
6	Schwarzl
7	Jandl
8	Grebien

Datensatz: 4

Bild 11.3: Ausschnitte aus den Autoren-, Reihen- und Vertretertabellen

Über die in der *Verkaufszahlen*-Tabelle genannten Vertreter- bzw. Buchnummern können alle weiteren Informationen ermittelt werden. Das Buch mit der Identifikationsnummer 4 hat den Titel »Windows 3.1 total!«, kostet DM 79,90 und ist Anfang Januar ausgeliefert worden. Der Name des Autors mit der Nummer 3 und die Bezeichnung der Reihe mit der Nummer 1 finden sich in den Autoren- und Reihentabellen. Analog kann auch der Vertretername zur Vertreternummer 4 (Bild 11.3) ermittelt werden.

Es mag sein, daß Ihnen die Verteilung der Daten auf mehrere Tabellen sehr umständlich vorkommt. Tatsächlich ergeben sich daraus aber enorme Vorteile:

- Am offensichtlichsten ist der Vorteil, der sich aus der Platzersparnis ergibt: Die *Verkaufszahlen*-Tabelle ist mit über 15000 Einträgen die bei weitem umfangreichste Tabelle. Pro Zeile müssen aber nur vier numerische Informationen gespeichert werden. Ohne das relationale Modell müßten Sie in jeder Zeile zumindest den ganzen Titel, den Preis und den Namen des Vertreters speichern. Der Speicherverbrauch würde sich sofort vervielfachen, ohne daß sich daraus irgendein inhaltlicher Vorteil ergäbe. Ein Großteil der Daten wäre einfach redundant.
- Durch das Relationenmodell werden Fehler vermieden: Wenn der Vertretername jedesmal ausgeschrieben werden müßte, wäre es nur eine Frage der Zeit, bis sich die ersten Tippfehler einschleichen würden.
- Das Relationenmodell ermöglicht eine zentrale Veränderung von Daten: Wenn sich der Preis eines Buchs erhöht, muß lediglich der betreffende Eintrag in der *Bücher*-Tabelle geändert werden. Ohne die relationale Verknüpfung der Daten müßten Sie ein globales Suchen und Ersetzen nach dem Verkaufspreis durchführen, was erfahrungsgemäß sehr fehleranfällig ist. (Sie kennen dieses Problem sicher auch aus eigener Erfahrung: Sie teilen einer Firma Ihre neue Adresse mit – und dennoch werden weiterhin manche Zusendungen falsch adressiert. Der Grund: Ihre Adresse wird von der Firma mehrfach gespeichert. *Eine* Abteilung hat Ihre Mitteilung von der Adreßänderung erhalten, zwei weitere Abteilungen verwenden aber weiterhin die alte Adresse.)

Um die Zuordnung der Informationen aus den unterschiedlichen Tabellen müssen Sie sich übrigens nicht kümmern. Wenn Sie in MS-Query eine Abfrage für die Verkaufszahlen durchführen, geben Sie einfach die betreffenden Relationen an. MS-Query verknüpft die Daten dann selbständig und zeigt statt der Vertreternummer gleich den entsprechenden Namen an.

VERWEIS

Weitere Informationen zum Umgang mit dem Verlagsbeispiel finden Sie in den Abschnitten 11.3.3 (Umgang mit MS-Query), 11.4.2 (Beispiele für Pivottabellen), 11.5 (DAO-Programmierung) sowie 11.7 und 11.8 (Beschreibung der Programme zur Verlagsabrechnung).

ANMERKUNG

In einer konkreten Anwendung würden in der Datenbank sicherlich noch mehr Daten gespeichert werden, beispielsweise bei den Autoren und Vertretern jeweils Vorname, Adresse und Telefonnummer. Für den Beispielcharakter der Datenbank sind die vorliegenden Daten aber ausreichend.

Es gibt verschiedene Typen von Relationen, die sich in ihrer Wirkung und Anwendung grundlegend voneinander unterscheiden (Inner Join, Outer Join, mit und ohne referentieller Integrität). Es würde aber den Rahmen dieses Buchs sprengen, diese Typen ausführlich zu beschreiben. Für Datenbank-Profis: Die Verlagsdatenbank verwendet 1:n-Relationen ohne referentielle Integrität.

Sowohl MS-Query als auch die DAO-Bibliothek können verwendet werden, ohne daß Sie Access benötigen. Wenn Sie allerdings eine Datenbank wie die gerade beschriebene selbst erstellen möchten, werden Sie ohne Access nicht auskommen. (Theoretisch ist auch das Erstellen einer Datenbank per VBA-Code möglich, in der Praxis ist das aber zu umständlich.)

Die Nordwind-Datenbank

Eine zweite Datenbank spielt in manchen Beispielen dieses Kapitels eine Rolle – die Beispieldatenbank zu Access. Diese Datenbank befindet sich (nach einer vollständigen Office-Installation) im Verzeichnis `Office97\Office\Beispiel`. Die Beispieldatenbank enthält Daten der fiktiven Firma Nordwind, die Lebensmittelspezialitäten in aller Welt an Kunden aus aller Welt liefert.

Kurz einige Informationen zum Aufbau der Datenbank: In *Artikel* werden die Stammdaten der Artikel gespeichert. Kategorie- und Lieferantendaten sind in zwei eigene Tabellen ausgelagert, um Redundanzen zu vermeiden. Die Tabelle *Bestellung* enthält Daten zu jeder Bestellung. Dabei wird in drei 1:n-Relationen auf die *Kunden*-Tabelle, die *Versandfirmen*-Tabelle und die *Personal*-Tabelle verwiesen. Damit in einer Bestellung beliebig viele Artikel angeführt werden können, wird die n:m-Verbindung zwischen *Bestellungen* und *Artikel* wieder über eine Zwischentabelle hergestellt.

Die Datenbank enthält etwa 80 Artikel in 8 Kategorien von 30 Lieferanten. Es sind 800 Bestellungen von 90 Kunden gespeichert. Es gibt 3 Versandfirmen, das Personal besteht aus 9 Personen. Außer den eigentlichen Daten enthält die Datei zahlreiche Abfragen, Access-Formulare und -Berichte sowie eine Menge Programmcode. Unter Access kann die Datenbank als vollwertige Anwendung genutzt werden, um neue Bestellungen aufzunehmen, den Kundenstamm zu vergrößern etc.

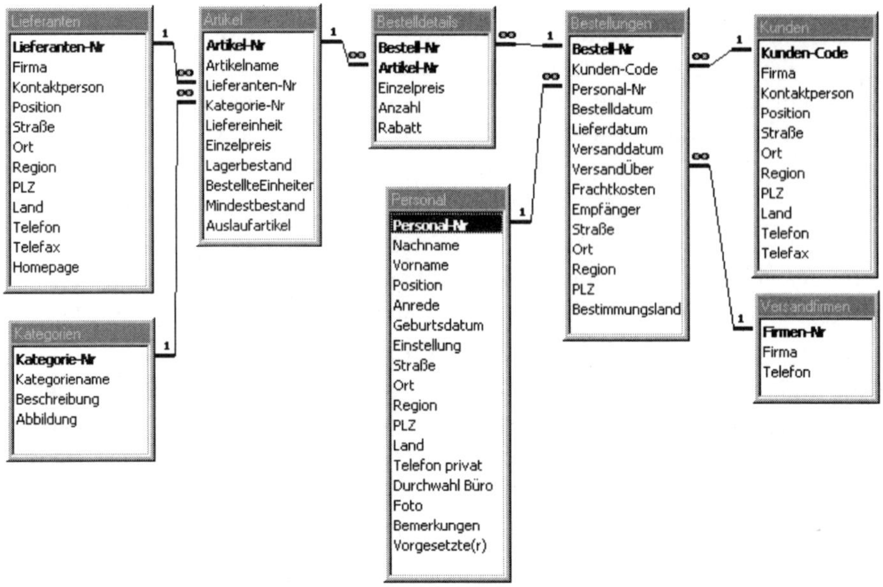

Bild 11.4: Die Tabellen der Nwind-Datenbank

ANMERKUNG

Die Tabelle *Bestelldetails* enthält unter anderem das Datenfeld *Einzelpreis*. Dieses Datenfeld widerspricht eigentlich den Regeln zum Aufbau einer relationalen Datenbank, weil es redundant ist. (Der Einzelpreis kann über die Artikelnummer aus der verknüpften Tabelle *Artikel* entnommen werden.) Eine mögliche Begründung, warum der Einzelpreis dennoch bei jeder Bestellung nochmals gespeichert wird, ist ein einfacherer Umgang mit Preisänderungen: Wenn der Preis eines Produkts geändert wird, wirkt sich diese Änderung auf bereits verbuchte Aufträge in *Bestelldetails* nicht mehr aus.

Vorgehensweise bei der Erstellung einer Excel-Datenbank

Die Entwicklung von Datenbankanwendungen in Excel (also ohne eine richtige, externe Datenbank) beginnt ähnlich wie die interaktive Nutzung der Datenbankfunktionen: Sie definieren anhand erster Testdaten den Aufbau Ihrer Arbeitsmappe und fügen dort Filter, Pivottabellen, Diagramme etc. ein. Voraussetzung für diesen Arbeitsschritt ist natürlich, daß Sie mit den Datenbankfunktionen von Excel vertraut sind. Aus diesem Grund geht dieses Kapitel in den folgenen Abschnitten relativ ausführlich auf die Anwendung dieser Funktionen ein, bevor die Interna der VBA-Programmiertechniken behandelt werden.

Wenn der Aufbau der Arbeitsmappe einigermaßen abgeschlossen ist, beginnt die Entwicklung des Programmcodes. Typische Aufgaben der VBA-Prozeduren sind das Importieren oder Exportieren von Daten, die Analyse der Daten nach verschiedenen Kriterien, der Ausdruck von Diagrammen etc. Oft kommen Datenbankanwendungen mit verhältnismäßig wenig Code aus, wenn die Datenbankfunktionen von Excel sinnvoll genutzt werden.

Falls Sie Daten außerhalb von Excel speichern möchten, müssen Sie eine externe Datenbank anlegen. Dazu benötigen Sie ein Datenbankprogramm Ihrer Wahl. (Am einfachsten ist der Datenbankzugriff mit Access, weil Microsoft natürlich versucht hat, die Komponenten seines Office-Pakets so gut wie möglich zu verbinden. Prinzipiell ist ein Datenzugriff aber auch auf jede andere Datenbank möglich, sofern dazu ein geeigneter Treiber existiert; bei vielen Datenbankformaten ist das standardgemäß der Fall, zu den wichtigsten anderen Formaten existieren ODBC-Treiber.) Nach der Entwicklung des Programmcodes unter Zuhilfenahme der DAO-Bibliothek läuft das Excel-Programm dann aber unabhängig vom Datenbankprogramm. Insbesondere ist es möglich, eine Excel-Anwendung, die auf eine Access-Datenbank zugreift, auch an Personen weiterzugeben, die Access nicht besitzen.

ANMERKUNG

Selbst wenn Sie Access nicht besitzen, können Sie dennoch eine neue Access-Datenbank erzeugen: Sie können dazu wahlweise VBA-Code unter Verwendung der DAO-Bibliothek einsetzen oder den Datenbankentwurf mit MS-Query durchführen. Beide Wege sind aber ausgesprochen mühsam und für professionelle Anwendungen sicherlich nicht zu empfehlen.

HINWEIS

Auch wenn in diesem Kapitel immer wieder die Vorteile externer Datenbanken betont werden, soll ihr wesentlicher Nachteil nicht verschwiegen werden: Die Anforderungen an Ihren Rechner für den gleichzeitigen Betrieb von Excel, seinen Datenbankerweiterungen und eventuell einer externen Datenbank sind ziemlich groß. Ich habe die Beispiele zu diesem Buch auf einem Pentium 133 mit 62 MByte RAM entwickelt und getestet – und hatte nie das Gefühl, daß mein Rechner überdimensioniert sei.

11.2 Datenverwaltung innerhalb von Excel

Dieser Abschnitt beschreibt die in Excel vorgesehenen Datenbankkommandos, wie sie sich aus der Sicht des Anwenders darstellen. In ähnlicher Reihenfolge, aber aus der Sicht des Programmierers und mit der Beschreibung der erforderlichen VBA-Kommandos, werden dieselben Funktionen nochmals in Abschnitt 11.5 beschrieben. Dort wird das hier vermittelte Grundlagenwissen natürlich vorausgesetzt.

HINWEIS

Beachten Sie bitte, daß die hier beschriebenen Kommandos generell in *jeder* Excel-Tabelle verwendet werden können. Excel kennt keinen systematischen Unterschied zwischen einer Tabelle und einer Datenbank, sondern interpretiert lediglich einen zusammengehörenden Zellbereich als Datenbank.

11.2.1 Eine Datenbank in Excel erstellen

Das Datenbankkonzept von Excel ist bestechend einfach: Jede beliebige Tabelle oder Liste kann als Datenbank interpretiert werden. Die einzige Voraussetzung besteht darin, daß Informationen des gleichen Typs in einer Spalte stehen (also alle Adressen in Spalte C, die Telefonnummern in Spalte D etc.). Daraus ergibt sich, daß zusammengehörende Informationen (also die Einheit aus Name, Anschrift, Telefonnummer) in einer Zeile stehen. Diese Informationseinheit wird häufig als Datensatz bezeichnet.

In der Praxis zeichnet sich eine Datenbanktabelle zudem dadurch aus, daß ihre erste Zeile Überschriften zu den Datenbankspalten enthält. Es ist günstig, wenn das Tabellenblatt unterhalb der Dateneinträge leer ist, so daß die Datenbank beliebig erweitert werden kann. Das Arbeitsmappenkonzept von Excel legt zudem nahe, Datenbanken in eigenen Tabellenblättern (und somit klar getrennt von den übrigen Daten einer Arbeitsmappe) abzulegen – das ist aber durchaus nicht Bedingung. Prinzipiell können Sie mehrere Datenbanken in einer Tabelle neben- oder untereinander anordnen. Sie können sogar einen beliebigen Zellbereich markieren und darauf einige Datenbankkommandos (etwa DATEN | SORTIEREN) anwenden.

Eine neue Datenbank anlegen

Das Erstellen einer neuen Datenbank innerhalb von Excel unterscheidet sich im Prinzip in keiner Weise vom Aufbau einer ganz normalen Tabelle. Sie geben einige Daten (etwa Adressen) in gewohnter Weise ein und beschriften die Spalten. Bei größeren Datenmengen ist es sinnvoll, das Fenster so zu teilen und zu fixieren, daß oben immer die Beschriftungszeile angezeigt wird.

Wenn in einzelnen Spalten fallweise sehr umfangreiche Informationen stehen, dann sollten Sie für die gesamte Spalte das Attribut »Zeilenumbruch« aktivieren: FORMAT | ZELLEN | AUSRICHTUNG. Excel kann dann längere Einträge bei Bedarf auf mehrere Zeilen (innerhalb einer Zelle) verteilen. Excel vergrößert dabei automatisch die Zeilenhöhe. Das ist in der Regel übersichtlicher als eine zu große Spaltenbreite. Gleichzeitig sollten Sie die gesamte Tabelle vertikal nach oben ausrichten (dasselbe Kommando), damit alle Einträge in einer besonders hohen Zeile oben beginnen (und nicht unten).

TIP

Bei der Formatierung von Zellen ist es generell sinnvoll, nicht einzelne Zellen, sondern immer ganze Spalten (den Spaltenkopf anklicken) oder überhaupt die gesamte Tabelle (das Eckfeld zwischen Zeilen- und Spaltenköpfen anklicken) zu formatieren. Erstens ist das aus der Sicht von Excel effizienter, und zweitens gelten diese Formate unabhängig von der Größe der Tabelle, also auch bei nachträglichen Erweiterungen.

Definition des Datenbankbereichs

Im Gegensatz zu Excel 4 gibt es seit Version 5 keine Kommandos mehr, um den Bereich einer Datenbank festzulegen. Excel erkennt jetzt selbständig den Bereich einer Datenbank, sofern sich der Zellzeiger innerhalb der Datenbanktabelle befindet. Voraussetzung ist allerdings, daß der Bereich Ihrer Datenbank durch leere Zeilen und Spalten von anderen Daten im Tabellenblatt abgegrenzt ist und die Datenbank keine vollkommen leeren Zeilen enthält (Excel würde an dieser Stelle das Tabellenende vermuten).

Falls Ihre Tabelle so gestaltet ist, daß für Excel der Datenbankbereich nicht klar erkennbar ist, müssen Sie einen Umweg gehen: Markieren Sie den Bereich Ihrer Datenbank (dabei sind auch gesamte Spalten erlaubt) und definieren Sie dafür mit EINFÜGEN | NAMEN | FESTLEGEN den Namen »Datenbank«. Excel kennt so den Bereich Ihrer Datenbank und kann die Datenbankkommandos sogar dann anwenden, wenn sich der Zellzeiger gerade außerhalb befindet.

Eine Mitarbeiterdatenbank

Als Beispieldatenbank für die folgenden Ausführungen dient die Datei `Mitarbei.xls` zur Verwaltung von Mitarbeitern (egal ob in einem Betrieb, in einem Verein, in einer Schule oder wo auch immer). In den folgenden Absätzen finden Sie einige Detailinformationen zu dieser Minidatenbank.

In der Spalte »P/F« wird in einem Kleinbuchstaben gespeichert, ob der/die Mitarbeiter/in persönlich oder formell angesprochen wird. Aus dieser Information wird in der Spalte »Anrede 2« eine Anrede gebildet, die zwischen *"Lieber Hermann!"* und *"Sehr geehrte Frau Huber"* variiert.

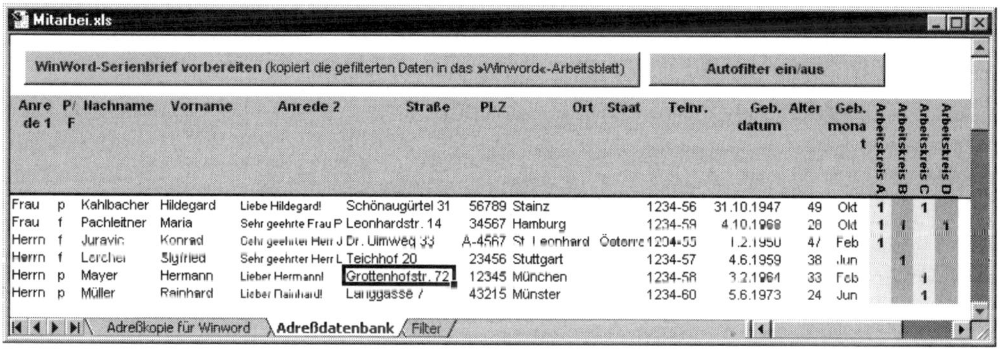

Anrede 1	P/F	Nachname	Vorname	Anrede 2	Straße	PLZ	Ort	Staat	Telnr.	Geb. datum	Alter	Geb. monat	Arbeitskreis A	Arbeitskreis B	Arbeitskreis C	Arbeitskreis D
Frau	p	Kahlbacher	Hildegard	Liebe Hildegard!	Schönaugürtel 31	56789	Stainz		1234-56	31.10.1947	49	Okt	1		1	
Frau	f	Pachleitner	Maria	Sehr geehrte Frau P	Leonhardstr. 14	34567	Hamburg		1234-59	4.10.1968	28	Okt	1	1		1
Herrn	f	Juravic	Konrad	Sehr geehrter Herr J	Dr. Ulmweg 33	A-4567	St. Leonhard	Österre	1234-55	1.2.1950	47	Feb	1			
Herrn	f	Lercher	Siegfried	Sehr geehrter Herr L	Teichhof 20	23456	Stuttgart		1234-57	4.6.1959	38	Jun		1		
Herrn	p	Mayer	Hermann	Lieber Hermann!	Grottenhofstr. 72	12345	München		1234-58	3.2.1964	33	Feb			1	
Herrn	p	Müller	Reinhard	Lieber Reinhard!	Langgasse 7	43215	Münster		1234-60	5.6.1973	24	Jun			1	

Bild 11.5: Eine Mitarbeiterdatenbank

Die Zusammenstellung dieser Anrede übernimmt die Funktion *Anrede*. Dieser Funktion werden als Parameter die Inhalte der Spalten Anrede1, PF, Vorname und Nachname übergeben. Je nach Inhalt von *Anrede1* (»Herr« oder »Frau«) und von *FörmlPer-*

sönl (»f« oder »p«) wird die resultierende Zeichenkette gebildet und als Ergebnis der Funktion zurückgegeben.

```
' Beispieldatei Mitarbei.xls
' Anrede-Funktion: bildet
' »Sehr geehrter Herr Maier« oder »Liebe Hilde«
Public Function Anrede(Anrede1, FörmlPersönl, Nachname, Vorname)
  If Left(Anrede1, 4) = "Herr" Then
    If LCase(FörmlPersönl) = "f" Then
      Anrede = "Sehr geehrter Herr " & Nachname & "!"
    Else
      Anrede = "Lieber " & Vorname & "!"
    End If
  Else
    If LCase(FörmlPersönl) = "f" Then
      Anrede = "Sehr geehrte Frau " & Nachname & "!"
    Else
      Anrede = "Liebe " & Vorname & "!"
    End If
  End If
End Function
```

In der Spalte »Geburtsmonat« wird über eine Formel das Geburtsdatum aus der vorangehenden Spalte übernommen. Allerdings wird das Datum mit dem Format "MMM" formatiert, so daß Excel statt des gesamten Datums lediglich die Abkürzung für den Geburtsmonat anzeigt. Der einzige Zweck dieser Spalte besteht darin, als Filterkriterium verwendet zu werden. (Sie werden praktisch kein Datenbankprogramm finden, in dem Sie auf derart einfache Weise alle »Geburtstagskinder« eines Monats ermitteln können! Sie sollten sich die prinzipielle Vorgehensweise – also die Bildung einer eigenen Spalte, die nur als Filterkriterium fungiert – unbedingt einprägen. Sie ist charakteristisch für Datenbanken in Excel.)

In der Spalte »Alter« wird versucht, das aktuelle Alter des Mitarbeiters als ganze Zahl darzustellen. Dazu wird vom Geburtsdatum das aktuelle Datum *JETZT()* abgezogen, das Ergebnis wird mit *JAHR()* in eine Jahreszahl umgewandelt. Da in Excel die Zeitrechnung mit 1900 beginnt, lautet das Ergebnis für eine 25-jährige Person jetzt 1925. Daher wird davon noch *JAHR(0)* abgezogen. Diese Berechnungsformel ist zwar einfach, aber nicht ganz exakt. Durch Schaltjahre kann es einen Tag vor oder nach dem Geburtstag vorkommen, daß ein um ein Jahr falsches Alter angezeigt wird.

Schließlich sind noch die Spalten »Arbeitskreis A-D« zu erwähnen, in denen durch eine Eins die Zugehörendkeit zu verschiedenen Arbeitskreisen gespeichert wird. (Sie könnten die Zugehörendkeit im Prinzip ebensogut durch ein anderes Zeichen – beispielsweise durch ein "x" – speichern. Die Zahl 1 hat aber den Vorteil, daß Sie damit am einfachsten rechnen können. Es wäre etwa möglich, eine Summenspalte zu bilden, die angibt, in wie vielen Arbeitsgruppen eine Person mitarbeitet.)

VERWEIS

Zur Datenbank `Mitarbei.xls` gehören auch die Buttons WINWORD-SERIENBRIEF VORBEREITEN und AUTOFILTER EIN / AUS. Die dazugehörenden Makros und deren Funktionen werden in Abschnitt 11.5.1 beschrieben. Informationen zum Rechnen mit Datum und Uhrzeit finden Sie in Abschnitt 6.4.

11.2.2 Daten über die Datenbankmaske eingeben, ändern und löschen

Generell können Datenbanken direkt im Tabellenblatt bearbeitet werden, d. h., es können Daten verändert, gelöscht und neu eingegeben werden. Alternativ dazu besteht aber auch die Möglichkeit, mit dem Kommando DATEN | MASKE eine sogenannte Datenbankmaske anzuzeigen. In dieser »Maske« – eigentlich handelt es sich dabei um einen ganz normalen Dialog – wird immer genau ein Datensatz angezeigt. Dieser Datensatz kann verändert oder gelöscht werden. Datenbankspalten, in denen gerechnete Formeln (und nicht eingegebene Werte) stehen, können in der Maske nicht verändert werden (in Bild 11.5 etwa der Geburtsmonat, der aus dem Geburtsdatum ermittelt wird). Versehentliche Änderungen können über den Button WIEDERHERSTELLEN rückgängig gemacht werden. Die Funktion BEARBEITEN | RÜCKGÄNGIG steht nach dem Ende des Datenbankdialogs allerdings nicht zur Verfügung.

Über den Button NEU kann ein neuer Datensatz eingefügt werden. Neue Datensätze werden immer am Ende der Datenbank eingefügt. Dabei werden Formatierungsmerkmale und Formeln von der letzten Zeile der Datenbank übernommen. Die Datenbank wird nicht automatisch neu sortiert.

Die vertikale Bildlaufleiste in der Datenbankmaske ermöglicht die rasche Auswahl des gewünschten Datensatzes. Die Reihenfolge der angezeigten Datensätze entspricht dabei der Reihenfolge der Datensätze in der Tabelle – wenn die Daten nach einem Kriterium geordnet auftreten sollen, müssen Sie sie vor dem Aufruf der Datenbankmaske sortieren.

Der Button SUCHKRITERIEN führt zu einer alternativen Anzeige der Datenbankmaske, in der Sie in den einzelnen Feldern Kriterien eingeben können. Mit VORHERIGEN SUCHEN oder NÄCHSTEN SUCHEN können Sie dann den jeweils nächsten Datensatz suchen (ausgehend vom gerade aktuellen Datensatz), der diese Kriterien erfüllt. Mögliche Suchkriterien sind etwa *"A*"* (alle Namen, die mit *"A"* beginnen) oder *">100"* (Zahlen, die größer als 100 sind). Die Syntax für Suchkriterien wird etwas weiter unten noch behandelt, wenn es um das Filtern von Daten geht.

Das Arbeiten mit der Datenbankmaske hat gegenüber der direkten Bearbeitung der Tabelle Vor- und Nachteile. Zuerst zu den Vorteilen:

- In der Datenbankmaske werden alle Daten eines Datensatzes kompakt angezeigt. Datenbanktabellen sind häufig so breit, daß Sie nur einen Ausschnitt sehen können.

- Die Bedienung der Datenbankmaske setzt (abgesehen von einem minimalen Windows-Grundwissen) keine Excel-Kenntnisse voraus. Datenbankmasken eignen sich daher besonders zur Eingabe von Daten durch Excel-Laien.
- Eine unbeabsichtigte Zerstörung von Daten ist weitgehend ausgeschlossen. Vorsicht ist nur bei der Neueingabe von Daten geboten: Der Button NEU muß angeklickt werden, *bevor* mit der Eingabe von Daten begonnen wird – sonst interpretiert Excel die Daten nicht als neuen Datensatz, sondern als Korrektur des aktuellen Datensatzes. (Es besteht auch die Möglichkeit, via Datenbankmaske eine Datenbank zu bearbeiten, deren Fenster am Bildschirm gar nicht sichtbar ist.)

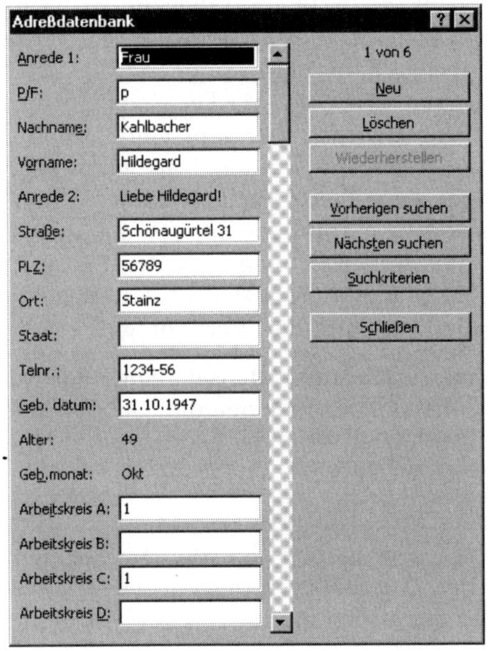

Bild 11.6: Die Excel-Datenbankmaske

Die vordefinierte Excel-Datenbankmaske ist zwar sehr bequem in der Anwendung, sie hat aber auch Nachteile:

- In der Tabelle eingestellte Filterkriterien (siehe unten) werden nicht berücksichtigt.
- Zahlreiche Datenbankkommandos – etwa das Neusortieren – können nur ausgeführt werden, indem die Maske verlassen wird.
- Der Aufbau der Maske ist starr vordefiniert. Die Beschriftung der Datenfelder stimmt mit der Beschriftung der Spalten der Datenbank überein, für alle Datenfelder ist gleich viel (oder gleich wenig) Platz vorgesehen. Es ist nicht möglich, die Maske so einzurichten, daß nur ausgewählte Datenfelder verändert werden können.

- Eine automatische Plausibilitätskontrolle der Eingabe (etwa ob im Geburtsdatumsfeld tatsächlich ein gültiges Datum eingegeben wurde) ist nicht möglich.
- Eine gleichzeitige Bearbeitung mehrerer Datensätze (etwa zum Löschen aller veralteten Datensätze) ist nicht möglich.
- Beim Verlassen der Datenbankmaske wird kein Wert an den VBA-Code zurückgegeben, der Aufschluß über den zuletzt dargestellten Datensatz gibt.

11.2.3 Daten sortieren, suchen, filtern

Daten sortieren

Eines der wichtigsten Datenbankkommandos lautet DATEN | SORTIEREN. Dieses Kommando führt zu dem in Bild 11.7 angezeigten Dialog. Darin können Sie drei Spalten der Datenbank angeben, nach denen die Daten sortiert werden sollen. Die Angabe mehrerer Sortierkriterien kann beispielsweise für den Ausdruck von Serienbriefen sinnvoll sein, bei denen Sie zur Minimierung der Postspesen die Adressen zuerst nach Staaten und anschließend nach Postleitzahlen sortieren sollten.

Das Sortierkommando sortiert in der Regel den für Excel erkennbaren Datenbankbereich, in dem sich der Zellzeiger gerade befindet. Das Kommando kann aber auch explizit zum Sortieren eines vorher markierten Zellbereichs verwendet werden, unabhängig davon, ob es sich bei diesem Bereich um eine Datenbank handelt oder nicht. Aus diesem Zusammenhang heraus wird auch die Sinnhaftigkeit der beiden Auswahlfelder »Überschriften« oder »keine Überschriften« deutlich. Normalerweise (d. h. beim Sortieren einer Datenbank) markiert Excel automatisch die gesamte Datenbank inklusive Beschriftungszeile. Die Beschriftungszeile wird aber selbstverständlich nicht mitsortiert. Wenn dagegen nur ein vorher markierter Tabellenbereich sortiert werden muß, existiert diese Beschriftungszeile häufig nicht – dann muß die Option »keine Überschriften« ausgewählt werden.

Bild 11.7: Dialog zum Sortieren von Datenbanken

Über den Button OPTIONEN kann die Ausführung des Sortierkommandos weiter gesteuert werden: Erstens kann bestimmt werden, daß Excel zwischen Groß- und Kleinschreibung unterscheiden soll (was normalerweise nicht der Fall ist). Zweitens können spezielle Sortierreihenfolgen (etwa Wochentage oder Monate) eingestellt werden. Die zur Auswahl gestellten Sortierlisten entsprechen den Listen der Autoausfüllen-Funktion und können über OPTIONEN | EXTRAS | AUTOAUSFÜLLEN eingestellt werden. Und schließlich können Sie statt Zeilen auch Spalten sortieren. Ein spaltenweises Sortieren kommt in der Praxis nur sehr selten vor. In Datenbankanwendungen ist eigentlich kein Fall vorstellbar, in dem diese Option sinnvoll wäre.

Das Sortierkommando kann unmittelbar nach seiner Ausführung mit BEARBEITEN | RÜCKGÄNGIG widerrufen werden. Dennoch sollte das Kommando mit großer Vorsicht angewendet werden – es kann den Aufbau einer Tabelle vollkommen zerstören.

Besonders kritisch ist das Sortieren von Tabellen, deren Formeln sich auf Zellen außerhalb des Datensatzes beziehen bzw. auf deren Zellen in anderen Formeln Bezug genommen wird. Excel verändert beim Sortieren alle relativen Bezüge, die innerhalb des sortierten Bereichs auf Zellen außerhalb des Datensatzes verweisen. Je nach Aufbau der Tabelle kann das sinnvoll sein – oder auch nicht! Kontrollieren Sie nach der Ausführung des Sortierkommandos unbedingt den Inhalt der Tabelle. Wenn das Ergebnis nicht dem entspricht, das Sie erwarten, machen Sie das Sortierkommando rückgängig und verändern Sie den Aufbau der Tabelle, indem Sie relative Bezüge durch absolute ersetzen (eine recht mühsame Handarbeit) oder indem Sie Formeln durch ihre Werte ersetzen (BEARBEITEN | KOPIEREN, BEARBEITEN | INHALTE EINFÜGEN | WERTE).

TIP

Wenn das Kommando DATEN | SORTIEREN ausgeführt wird, während sich der Zellzeiger in einer Pivottabelle befindet, werden die Datenfelder der Pivottabelle neu sortiert. Die Position des Zellzeigers gibt dabei an, welche Daten das Sortierkriterium darstellen.

Daten suchen

Das Kommando BEARBEITEN | SUCHEN ist eigentlich kein Datenbankkommando, es kann aber gerade in Datenbanken sinnvoll angewendet werden. Das Kommando führt zu dem in Bild 11.8 dargestellten Dialog. Wenn vor der Ausführung des Kommandos kein Zellbereich markiert wurde, sucht Excel den Suchbegriff in der gesamten aktiven Tabelle. Eine Einschränkung auf die aktuelle Datenbank ist nicht vorgesehen. Der Suchbegriff darf die beiden Jokerzeichen * (für eine beliebige Anzahl von Zeichen) und ? (für genau ein beliebiges Zeichen) enthalten, es sind aber keine Bedingungen (etwa ">3") erlaubt.

Nun zu den Optionen des »Suchen«-Dialogs, die nicht alle ganz leicht zu verstehen sind: Über die Einstellung der Suchreihenfolge können Sie die Daten wahlweise zeilen- oder spaltenweise suchen. Insbesondere bei sehr großen Tabellen hat diese Option einen erheblichen Einfluß auf die Suchzeit. (Das gilt ganz besonders für die Makroprogrammierung, wenn das Kommando häufig hintereinander aufgerufen wird.) Als Suchbeginn gilt jeweils die aktuelle Zelle.

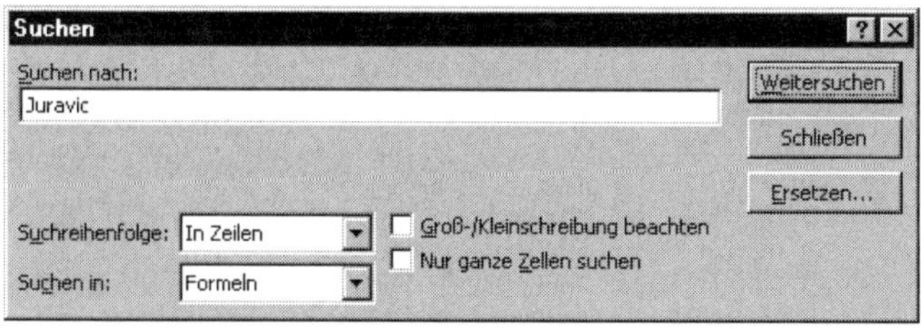

Bild 11.8: Dialog zum Suchen von Daten

Das Auswahlfeld »Suchen in« bestimmt den Ursprung der Daten: Die Standardeinstellung »Formeln« bedeutet, daß der Suchtext nur innerhalb einer Formel gefunden werden kann (etwa der Suchtext *"3"* in *"=A3"* oder in *"=A5+3"*). Die Einstellung »Werte« berücksichtigt nur das aus einer Formel resultierende Ergebnis (also die in der Zelle angezeigten Daten). Mit der Einstellung »Notizen« können Sie Informationen in den zu den Zellen angelegten Notizen suchen.

Eindeutig ist die Option »Groß- und Kleinschreibung beachten«. Mit »Nur ganze Zellen suchen« ist gemeint, daß der Suchbegriff mit dem gesamten Inhalt der Zelle – und nicht nur mit einem Teil davon – übereinstimmen muß. Diese Option ist nur für Zeichenketten von Bedeutung (nicht aber für Zahlen).

Daten filtern (Suchkriterien)

Mit dem »Filtern« von Daten ist gemeint, daß nur jene Datensätze einer Datenbank angezeigt werden, die bestimmten Kriterien entsprechen. Durch das Einrichten eines Filters können Sie sich von einer umfangreichen Datenbank nur jene Datensätze anzeigen lassen, die Sie gerade bearbeiten (ergänzen, löschen, kopieren ...) möchten.

Autofilter

Die einfachste Form, einen Filter einzurichten, bietet das Kommando DATEN | FILTER | AUTOFILTER. Es führt dazu, daß in der rechten unteren Ecke der Beschriftungszellen der Datenbank kleine Listenauswahlpfeile angezeigt werden. Das Anklicken eines dieser Pfeile führt zu einer Liste, die neben allen in dieser Datenbankspalte vorkommenden Einträgen folgende Einstellmöglichkeiten bietet:

»xyz«:	Zeigt die Datensätze an, deren Datenfeld exakt mit »xyz« übereinstimmt.
»(Alle)«:	Zeigt alle Datensätze an.
»(Leere)«:	Zeigt die Datensätze an, deren Datenfeld in der aktuellen Spalte leer ist.

»(Nichtleere)«:	Zeigt die Datensätze an, deren Datenfeld in der aktuellen Spalte nicht leer ist.
»(Benutzerdefiniert)«:	Zeigt jene Datensätze an, die dem in einer Dialogbox gewählten Kriterium (siehe Bild 11.9) entsprechen.
»(Top 10)«:	Zeigt die Datensätze mit den größten oder kleinsten Werten an. Es müssen übrigens nicht unbedingt zehn Datensätze sein – Sie können deren Anzahl in einem eigenen Optionsfeld angeben. Die Top-10-Variante ist in Excel 7 neu dazugekommen.

Sobald ein Filter ausgewählt wurde, zeigt Excel nur noch jene Zeilen der Tabelle an, deren Datensätze den Kriterien entsprechen. Der ausgewählte Filterbutton und die Zeilenköpfe werden in blauer Farbe dargestellt, um so anzuzeigen, daß momentan nicht alle Daten sichtbar sind.

Mehrere Filter können miteinander durch ein logisches »und« kombiniert werden – beispielsweise zur Auswahl aller Datensätze der Mitarbeiterdatenbank, die sowohl in Arbeitskreis A als auch in Arbeitskreis B aktiv sind. (Die Kombination von Filterkriterien mit logischem »oder« (alle Mitarbeiter, die in Arbeitskreis A oder B tätig sind) ist nur mit Spezialfiltern möglich – siehe unten.)

Wenn sich die Daten *nach* der Einstellung eines Filters ändern, hat das keinen Einfluß mehr darauf, ob dieser Datensatz angezeigt wird oder nicht. Die Überprüfung, welche Zeilen sichtbar sind und welche nicht, erfolgt nur einmal, nämlich beim Einrichten des Filters.

Das Kommando DATEN|FILTER|ALLE ANZEIGEN stellt sämtliche Autofilter wieder auf »(Alle)« zurück, führt also zur ungefilterten Anzeige aller Datensätze.

Benutzerdefinierte Autofilter

Durch benutzerdefinierte Autofilter können etwas komplexere Auswahlkriterien zusammengestellt werden. Bild 11.9 zeigt, daß ein Kriterium aus zwei Bedingungen zusammengesetzt werden kann, die wahlweise durch logisches »und« oder »oder« miteinander verknüpft werden können. Diese Kombination betrifft allerdings nur die Bedingungen für das Kriterium der aktuellen Spalte, nicht aber für mehrere Filter einer Datenbank. Als einzelne Bedingungen sind sowohl Zeichenmuster mit Jokerzeichen (etwa "=M*r" für "Mayr", "Meier", "Müller") als auch Vergleiche (etwa ">=100" oder ">A") erlaubt.

Beispiele für Autofilter

Mit Autofiltern können Sie in der Mitarbeiterdatenbank `Mitarbei.xls` etwa folgende Gruppen bilden:

- Alle Mitarbeiter, die im Arbeitskreis C mitwirken.
- Alle weiblichen Mitarbeiter im Arbeitskreis C.
- Alle Mitarbeiter, die in München wohnen.

- Alle Mitarbeiter, die außerhalb Deutschlands wohnen (Filterkriterium »(Nicht-leere)« in der Spalte Staat).
- Alle Mitarbeiter, die im Februar Geburtstag haben (Geburtsmonat: "=Feb") und mindestens 50 Jahre alt werden (Alter: ">50" oder besser Geburtsdatum: "<1.3.1946").

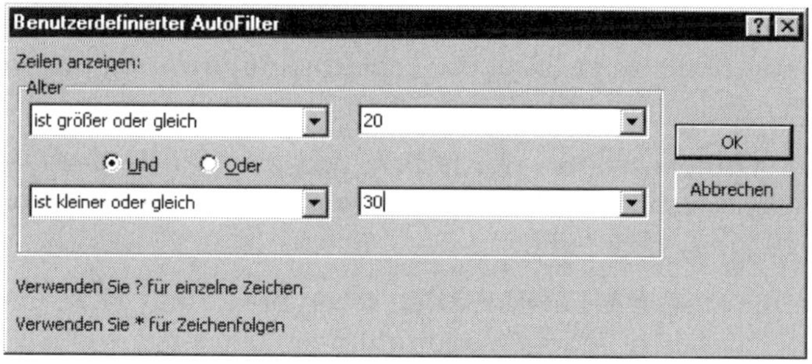

Bild 11.9: Dialog zur Einstellung eines benutzerdefinierten Autofilters

Spezialfilter

Neben den sehr einfach zu bedienenden Autofiltern stellt Excel auch sogenannte Spezialfilter zur Verfügung. Der Aufruf des Kommandos DATEN | FILTER | SPEZIALFILTER führt zu dem in Bild 11.10 dargestellten Dialog. Die Wirkung eines Spezialfilters ist im Prinzip dieselbe wie die eines Autofilters: es werden nur noch die den Kriterien entsprechenden Datensätze angezeigt. (Das Kopieren gefilterter Daten wird einige Absätze weiter unten behandelt.) Die Wirkung von Spezialfiltern kann wie bei Autofiltern mit DATEN | FILTER | ALLE ANZEIGEN aufgehoben werden.

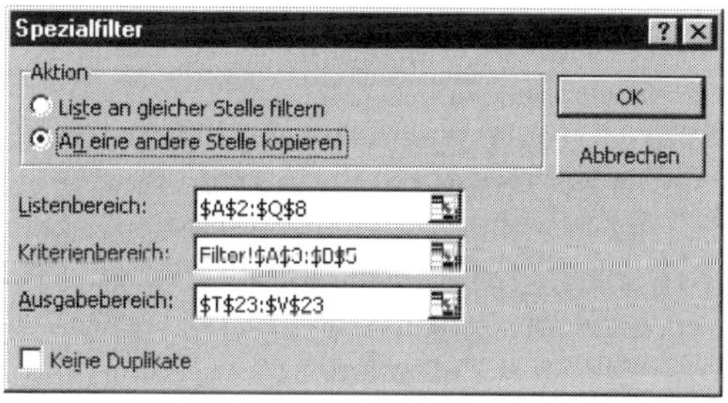

Bild 11.10: Dialog zur Einstellung eines Spezialfilters

Das entscheidende Merkmal von Spezialfiltern besteht darin, daß die Filterkriterien in einem eigenen Zellenbereich formuliert werden müssen. Dieser Bereich besteht aus einer Überschriftszeile und einer oder mehreren Kriterienzeilen. In der Überschriftszeile werden die für die Suchkriterien relevanten Spaltenüberschriften eingetragen. Die Überschriften müssen exakt mit denen der Datenbank übereinstimmen (inklusive eventuell vorhandener Leerzeichen). Die Kriterienzeilen enthalten Bedingungen für die Datenbankspalten. Mehrere Bedingungen in einer Zeile werden mit »und« verknüpft und müssen gleichzeitig erfüllt sein. Wenn mehrere Zeilen Kriterien enthalten, werden diese Kriterien mit »oder« verknüpft.

Als Bedingungen sind wie in den Autofiltern Vergleiche in der Art *">10"*, *"<=5"* oder *">=A"* sowie Zeichenmuster in der Art *"'=M*r"* erlaubt. Beachten Sie, daß Sie Zeichenvergleichen, die Excel als Formel interpretieren könnte, das Zeichen »'« voranstellen (Shift+#) – andernfalls zeigt Excel die Fehlermeldung *#Name* an, weil die Zeichenkette kein gültiger Zellenname ist.

Für manche Bedingungen ist es erforderlich, daß eine Spalte der Datenbank in den Suchkriterien gleich zweimal vorkommt – etwa um alle Mitarbeiter auszuwählen, für deren Alter ">=20" und "<=30" gilt.

Einige Beispiele für mögliche Filterkriterien sehen Sie in Bild 11.11. Beachten Sie bitte den Unterschied zwischen »oder«-Verknüpfungen (im ersten Beispiel) und »und«-Verknüpfungen (im zweiten und dritten Beispiel). Die Kriterien in Bild 11.11 wurden durch Rahmen, fette Schrift etc. ansprechend gestaltet, diese Gestaltung dient aber nur einer besseren Lesbarkeit und ist nicht zwingend erforderlich.

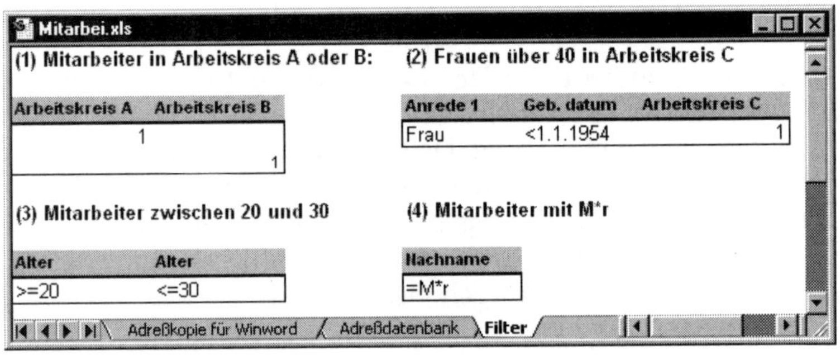

Bild 11.11: Einige Filterkriterien für die Mitarbeiterdatenbank

In der Beispieldatei `Mitarbei.xls` wurden die Filterkriterien in einem eigenen Arbeitsblatt untergebracht. Das hat den Vorteil, daß sie unabhängig vom sichtbaren Ausschnitt der Datenbanktabelle in einem eigenen Fenster angezeigt werden können. Den Zellbereichen mit den Kriterien wurden die Namen »Filter1« bis »Filter4« zugewiesen, so daß die Eingabe des Kriteriums mit DATEN | FILTER | SPEZIALFILTER bequem durchgeführt werden kann: Sie stellen den Zellzeiger irgendwo in die Datenbank, führen das gerade erwähnte Kommando aus und geben als Kriterienbereich »Filter1« bis »Filter4« an. Dazu müssen die Filterkriterien nicht einmal am Bildschirm sichtbar sein.

HINWEIS

Bei den im nächsten Teilabschnitt vorgestellten Datenbankfunktionen müssen ebenfalls Kriterien angegeben werden. Auch bei ihnen werden die Kriterien in einem Zellbereich formuliert; die Syntax ist gleichlautend wie bei Filterkriterien.

Löschen und Kopieren mit Spezialfiltern

Wenn Sie gefilterte Daten an eine andere Stelle in der Tabelle kopieren möchten, müssen Sie im »Spezialfilter«-Dialog die Option »An eine andere Stelle kopieren« auswählen und einen Ausgabebereich angeben. Der Ausgabebereich muß wie der Kriterienbereich beschriftet sein (d. h. Spaltenüberschriften). Das erscheint zwar auf den ersten Blick eine unnötige Zusatzarbeit, tatsächlich ermöglicht es aber, selektiv nur einige Spalten der Datenbank zu kopieren. Sehr viel lästiger ist hingegen die Einschränkung, daß sich der Ausgabebereich am gerade aktiven Blatt befinden muß. Oft wäre es erstrebenswert (und übersichtlicher), die gefilterten Daten in ein anderes Blatt zu kopieren; das ist zwar möglich, DATEN | FILTER | SPEZIALFILTER muß allerdings ausgeführt werden, während ein anderes Blatt aktiv ist.

Bild 11.12: Das Ergebnis des Kopierens mit einem Spezialfilter

In der Beispieldatei ist mit der Zelle T23 beginnend ein Ausgabebereich definiert, der nur die drei Spalten Vor- und Nachname sowie Telefonnummer enthält. Dieser Ausgabebereich kann unter dem Bereichsnamen »Ziel« angesprochen werden. Wenn Sie das Kopierkommando zum ersten Mal ausprobieren möchten, setzen Sie den Zellzeiger in die Datenbank, wählen das Kommando DATEN | FILTER | SPEZIALFILTER, aktivieren im Dialog den Kopiermodus und geben für Kriterien- und Zielbereich die Namen »Filter1« und »Ziel« an. Das Ergebnis können Sie am bequemsten mit BEARBEITEN | GEHE ZU (kurz F5) und der Auswahl von »Ziel« ansehen. Das Kopierkommando definiert übrigens selbständig einen weiteren Namen, nämlich »Zielbereich«. Dieser Name verweist auf den zuletzt verwendeten Zielbereich und gilt als Voreinstellung für den »Spezialfilter«-Dialog.

Ein vergleichbares Kopierkommando für Autofilter existiert leider nicht. Wenn Sie durch Autofilter ausgewählte Datensätze kopieren möchten, müssen Sie diese manuell markieren und kopieren. Dabei ist nur mit zusätzlichem Aufwand – etwa durch das Ausblenden von Spalten der Datenbank – ein selektives Kopieren einzelner Spalten möglich.

11.2.4 Datenbank-Tabellenfunktionen

Excel kennt eine Reihe sogenannter »Datenbankfunktionen«. Dabei handelt es sich um Tabellenfunktionen, die komplexere Datenbankberechnungen ermöglichen – etwa die Berechnung des durchschnittlichen Gehalts aller Mitarbeiter, die schon länger als fünf Jahre im Betrieb arbeiten. (Voraussetzung ist natürlich, daß in der Datenbank eine Spalte mit dem Gehalt und eine zweite Spalte mit dem Eintrittsdatum in den Betrieb existieren.) Die meisten Datenbankfunktionen beginnen mit den Buchstaben *DB* und weisen drei Parameter auf: *=DBfunktion(datenbank; spalte; kriterien).*

- Mit dem Parameter *datenbank* wird der Zellbereich der Datenbank inklusive der Überschriftszellen angegeben. Statt der unmittelbaren Bereichsangabe ist auch die Angabe eines Bereichnamens möglich.
- *spalte* gibt an, für welche Spalte der Datenbank die Berechnung (beispielsweise eine Mittelwertbildung) durchgeführt werden soll. Die Spalte kann entweder durch die Angabe der Beschriftungszelle dieser Spalte oder durch den in Hochkommas gestellten Spaltennamen (z. B. "Vorname") angegeben werden.
- *kriterien* verweist auf einen Zellbereich mit Kriterien. Die Datenbankfunktion berechnet das Ergebnis nur aus jenen Datensätzen der Datenbank, die die Kriterien erfüllen. (Gerade dieser dritte Parameter unterscheidet die Datenbankfunktionen von den gewöhnlichen Tabellenfunktionen!) Kriterien werden wie bei Spezialfiltern gebildet (eine Überschriftenzeile plus eine oder mehrere Zeilen mit Bedingungen – siehe den vorangegangenen Teilabschnitt).

Excel stellt folgende Datenbankfunktionen zur Verfügung:

Rechenfunktionen	
DBANZAHL	ermittelt die Anzahl der Datensätze, die den Kriterien entsprechen.
DBANZAHL2	wie oben, berücksichtigt aber nur jene Datensätze, deren Datenfelder in der angegebenen Spalte nicht leer sind.
DBMIN/DBMAX	ermittelt den kleinsten / größten Wert in der angegebenen Spalte.
DBSUMME	summiert die angegebene Spalte.
DBPRODUKT	multipliziert die Datenfelder der Spalte.
DBMITTELWERT	bildet den Mittelwert der Spalte.

Statistikfunktionen	
DBSTDABW	errechnet die Standardabweichung für eine Stichprobe (Division durch *n-1*).
DBSTDABWN	errechnet die Standardabweichung für eine vollständig erfaßte Datenmenge (Division durch *n*).
DBVARIANZ	errechnet die Varianz für eine Stichprobe.
DBVARIANZEN	errechnet die Varianz für eine vollständig erfaßte Datenmenge.

Sonstige	
DBAUSZUG	gibt den Inhalt des Datenfelds einer Spalte zurück, das den Kriterien entspricht. Die Funktion ist nur sinnvoll, wenn die Kriterien so formuliert sind, daß ihnen genau ein Datensatz entspricht. Erfüllen mehrere Datensätze die Bedingungen der Kriterien, dann liefert die Funktion den Fehlerwert *#Zahl*.
TEILERGEBNISSE	berechnet wahlweise die Summe, den Durchschnitt, das Minimum, das Maximum ... eines markierten Bereichs. Die Funktion paßt nur inhaltlich, nicht aber formal zu den Datenbankfunktionen (andere Syntax, andere Funktionsweise). Sie wird vom Kommando DATEN | TEILERGEBNISSE eingesetzt, ist ansonsten aber weitgehend sinnlos. Funktionen wie *SUMME*, *MITTELWERT* etc. können viel einfacher als *TEILERGEBNISSE* angewendet werden.

Auch wenn es in den obigen Beschreibungen nicht jedesmal explizit wiederholt wurde: Alle Funktionen mit Ausnahme von *TEILERGEBNISSE* berücksichtigen ausschließlich jene Datensätze, die den Kriterien (dritter Parameter) entsprechen.

HINWEIS

Bei Datenbankanwendungen in Excel 4 war durch das Kommando DATENBANK FESTLEGEN immer der Bereichsname »Datenbank« definiert, weswegen es sich eingebürgert hat, einfach »Datenbank« in den ersten Parameter zu schreiben. Ab Version 5 ist das nur dann zulässig, wenn Sie vorher für den gesamten Bereich der Datenbank den Namen »Datenbank« festlegen.

Excel kennt auch einige Tabellenfunktionen, die inhaltlich ähnlich wie Datenbankfunktionen funktionieren, dabei aber nicht den vorgesehenen Aufbau einer Datenbank voraussetzen (etwa *ZÄHLENWENN*, *SUMMEWENN* etc.).

Beispiel 1: Lagerverwaltung

In Bild 11.13 sehen Sie eine einfache Artikelverwaltung, die mit einigen Datenbankfunktionen ausgewertet wurde. Die Tabelle ist in der Beispieldatei `DB_Funktionen.xls` gespeichert.

Die meisten Beispiele in Bild 11.13 sprechen für sich und bedürfen keiner weiteren Erklärung. Ausnahmen: Das Kriterium für die zweite Datenbankformel besteht aus der Überschrift »Preis« und einer weiteren leeren Zelle. Damit werden *alle* Datensätze berücksichtigt, denn diese Pseudobedingung ist für alle Datensätze erfüllt. Der Wert 300 im dritten Kriterium wird dem Ergebnis der zweiten Datenbankformel entnommen. Die Zelle A20 enthält also die Formel *=F16*.

Beachten Sie, daß sämtliche Ergebnisse in `DB_Funktionen.xls` unmittelbar neu berechnet werden, sobald sich die Ausgangsdaten ändern. In Excel-Tabellen ist das zwar nichts Ungewöhnliches; es gibt aber kaum ein Datenbankprogramm, das dazu in der Lage ist.

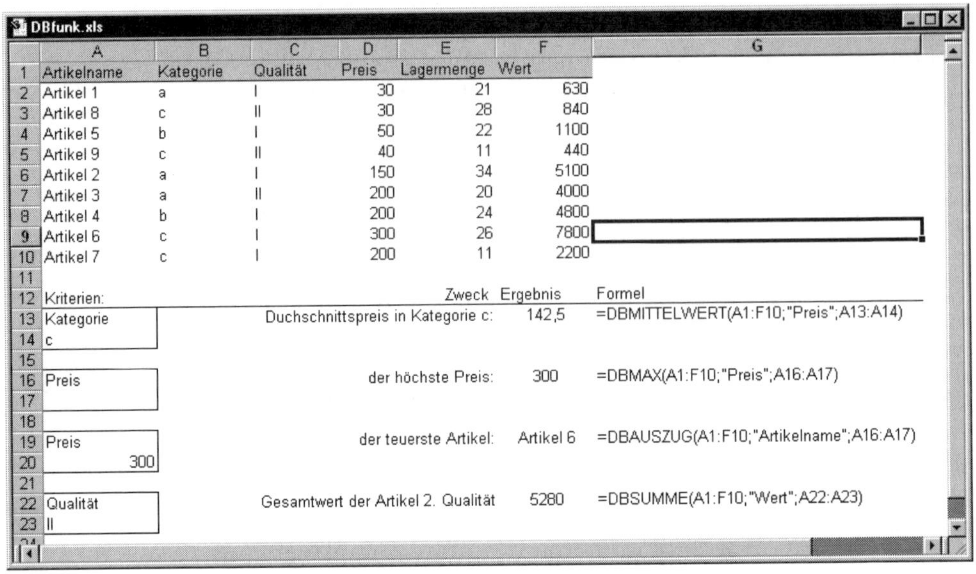

DBfunk.xls

	A	B	C	D	E	F	G
1	Artikelname	Kategorie	Qualität	Preis	Lagermenge	Wert	
2	Artikel 1	a	I	30	21	630	
3	Artikel 8	c	II	30	28	840	
4	Artikel 5	b	I	50	22	1100	
5	Artikel 9	c	II	40	11	440	
6	Artikel 2	a	I	150	34	5100	
7	Artikel 3	a	II	200	20	4000	
8	Artikel 4	b	I	200	24	4800	
9	Artikel 6	c	I	300	26	7800	
10	Artikel 7	c	I	200	11	2200	
11							
12	Kriterien:				Zweck	Ergebnis	Formel
13	Kategorie				Duchschnittspreis in Kategorie c:	142,5	=DBMITTELWERT(A1:F10;"Preis";A13:A14)
14	c						
15							
16	Preis				der höchste Preis:	300	=DBMAX(A1:F10;"Preis";A16:A17)
17							
18							
19	Preis				der teuerste Artikel:	Artikel 6	=DBAUSZUG(A1:F10;"Artikelname";A16:A17)
20	300						
21							
22	Qualität				Gesamtwert der Artikel 2. Qualität	5280	=DBSUMME(A1:F10;"Wert";A22:A23)
23	II						

Bild 11.13: Die Anwendung von Datenbankfunktionen

Beispiel 2: Häufigkeitsverteilung

Bild 11.14 zeigt eine weitere Anwendung von Datenbankfunktionen: Aus den Reaktionszeiten von 69 Versuchspersonen wird eine Häufigkeitsverteilung mit einer Klassenbreite von 0.1 Sekunden ermittelt. Der Aufbau dieser Tabelle ist trotz aller Eingabehilfen von Excel recht mühsam – es müssen 17 Kriterienbereiche und ebenso viele *DBANZAHL*-Formeln eingegeben werden. Immerhin funktioniert das Schema unabhängig von der Anzahl der Testpersonen: Wenn weitere Messungen durchgeführt werden, muß lediglich der Name »Datenbank« neu definiert werden, auf den die *DBANZAHL*-Formeln Bezug nehmen.

11.3 Zugriff auf externe Daten

11.3.1 Tabellen konsolidieren

Mit dem »Konsolidieren« von Tabellen ist gemeint, daß die Daten aus mehreren Tabellen in einer einzigen zusammengefaßt werden. Dieser Vorgang ist am leichtesten anhand konkreter Beispiele zu verstehen: Beispielsweise liegen Ihnen vier gleichartig gestaltete Berichte mit Verkaufszahlen (in Form von Excel-Dateien) vor und Sie möchten daraus die Jahreswerte (in einer neuen Datei) bilden. Oder es wurden in den vergangenen Wochen mehrere Meßprotokolle zusammengestellt, aus denen Sie die durchschnittlichen Meßwerte ermitteln möchten. Für solche oder ähnliche Aufgabenstellungen eignet sich das Kommando DATEN | KONSOLIDIEREN.

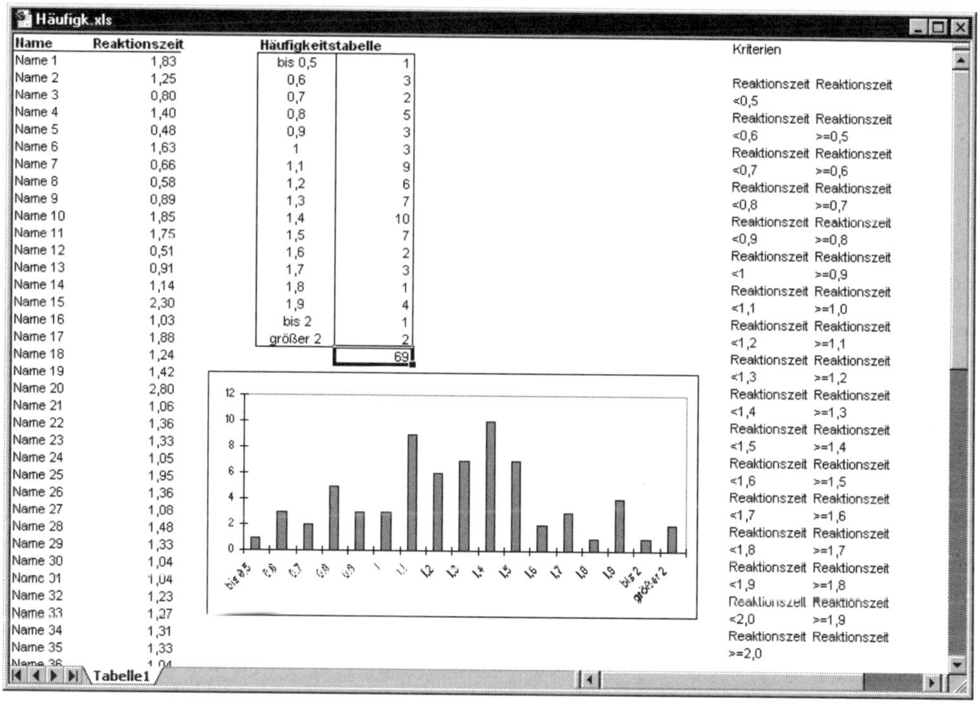

Bild 11.14: Häufigkeitsverteilung mit Datenbankfunktionen

Die Steuerung der Datenkonsolidierung erfolgt über einen Dialog, in dem mehrere Bezüge auf verschiedene Zellbereiche angegeben werden müssen. Die Zellbereiche dürfen sich im aktuellen Tabellenblatt, in anderen Tabellenblättern der aktuellen Arbeitsmappe oder in externen Excel-Dateien befinden. Bei Dateinamen sind Jokerzeichen in der Art *[Daten*.xls]Blatt1!A1:C20* erlaubt – Excel liest die Daten dann aus allen Excel-Dateien, deren erste fünf Buchstaben `Daten` lauten.

Weniger flexibel ist Excel bei der Auswahl von Tabellenblättern einer Datei: Dabei sind weder Jokerzeichen noch Bereiche (in der Art *'Blatt1:Blatt5'!A1:C20*) erlaubt. Wenn Daten aus mehreren Tabellenblättern konsolidiert werden sollen, müssen alle Tabellenblätter *einzeln* aufgezählt werden, was natürlich mühsam ist.

Excel kann beim Konsolidieren eine von mehreren Rechenoperationen (Summe, Mittelwert, Varianz etc.) ausführen. Die möglichen Operationen müssen im »Konsolidieren«-Dialog ausgewählt werden. Die eingestellte Rechenoperation gilt für *alle* Felder der Konsolidierungsbereiche. Es ist nicht möglich, bei einigen Feldern die Summe und bei anderen den Mittelwert zu berechnen.

Optionen

Im »Konsolidieren«-Dialog sind drei Optionsfelder vorgesehen, die normalerweise deaktiviert sind. Ihre Wirkung kann aus den kurzen Texten kaum erraten werden:

Durch die Aktivierung von »Beschriftung aus oberster Zeile« und »aus linker Spalte« wird ein etwas »intelligenterer« Konsolidierungsmodus aktiviert: Excel beachtet beim Zusammensetzen der neuen Tabelle jeweils die Beschriftungszellen am linken und am oberen Rand der Konsolidierungsbereiche. Excel ist in der Lage, Daten auch dann korrekt zusammenzufügen, wenn der Aufbau der einzelnen Konsolidierungsbereiche ein wenig voneinander abweicht. (Voraussetzung ist allerdings, daß alle Zeilen und Spalten korrekt und vor allem immer gleichlautend beschriftet sind!) Wenn die beiden Optionen deaktiviert bleiben, achtet Excel nicht auf die Beschriftung, sondern führt die Berechnungen für – bildlich gesehen – übereinanderliegende Zellen durch.

Durch die Aktivierung der Option »Verknüpfung mit Quelldaten« fügt Excel in die neue Tabelle zahllose Verweise auf jede einzelne Zelle in der betroffenen Tabelle ein. Diese Verweise werden dann durch gewöhnliche Excel-Formeln miteinander verknüpft. Als letzten Schritt gliedert Excel die Tabelle so, daß nur noch die Ergebniszellen zu sehen sind. Dieser hohe Aufwand hat einen Vorteil: Die Konsolidierungstabelle wird ständig auf den aktuellen Stand gebracht, jede Änderung in den Ausgangsdaten wird sofort auch in der Ergebnistabelle berücksichtigt. Dem stehen zwei gravierende Nachteile gegenüber: Sowohl der Speicheraufwand als auch der Zeitaufwand dieser dynamischen Variante ist enorm.

Wie aus dem obigen Absatz hervorgeht, sind Konsolidierungstabellen also im Regelfall statisch (es sei denn die Option »Verknüpfung mit Quelldaten« wurde aktiviert). Bedauerlicherweise existiert auch kein Kommando, mit dem die Daten – ähnlich wie bei Pivottabellen – aktualisiert werden könnten. Die einzige Möglichkeit, aktuelle Daten zu erhalten, besteht in der neuerlichen Ausführung des Konsolidierungskommandos.

TIP

Excel kann pro Tabellenblatt nur einmal die Einstellungen des »Konsolidieren«-Dialogs speichern. Aus diesem Grund sollten Sie es vermeiden, in einem Tabellenblatt mehrere Konsolidierungstabellen anzulegen – sonst müssen Sie bei jeder Aktualisierung sämtliche Bezüge neu eingeben!

Das Konsolidierungskommando ist in seiner Anwendung ziemlich unflexibel, besonders wenn es darum geht, komplexere Operationen mit mehreren Tabellen durchzuführen. Sie sollten sich daher vor einer Anwendung des Kommandos überlegen, ob es nicht sinnvoller wäre, mit gewöhnlichen Excel-Formeln zu arbeiten. Darin sind ja ebenfalls Verweise auf andere Tabellen erlaubt. Sie müssen allerdings auch berücksichtigen, daß Formeln mit Verweisen auf andere Dateien nicht besonders schnell ausgewertet werden. Bei umfangreichen Datenmengen können Sie also Schwierigkeiten mit der Rechenzeit bekommen.

Insgesamt ist das Konsolidieren von Daten eine ziemlich mühsame und fehlerträchtige Angelegenheit, die nur von erfahrenen Excel-Anwendern durchgeführt werden sollte. Eine Automatisierung dieses Vorgangs durch geeignete Makros drängt sich daher geradezu auf.

Beispiel

In Bild 11.15 sehen Sie drei Fenster: Links befinden sich zwei (von insgesamt sechs) Tabellenblätter, in denen Meßwerte einer über sechs Wochen durchgeführten Messung eingetragen sind. Rechts ist die Konsolidierungstabelle dargestellt, in der die Durchschnittswerte der sechs Messungen eingetragen sind. Die Beispielanwendung ist übrigens auch auf der beiliegenden CD-ROM zu finden, und zwar unter dem Dateinamen `Konsolid.xls`.

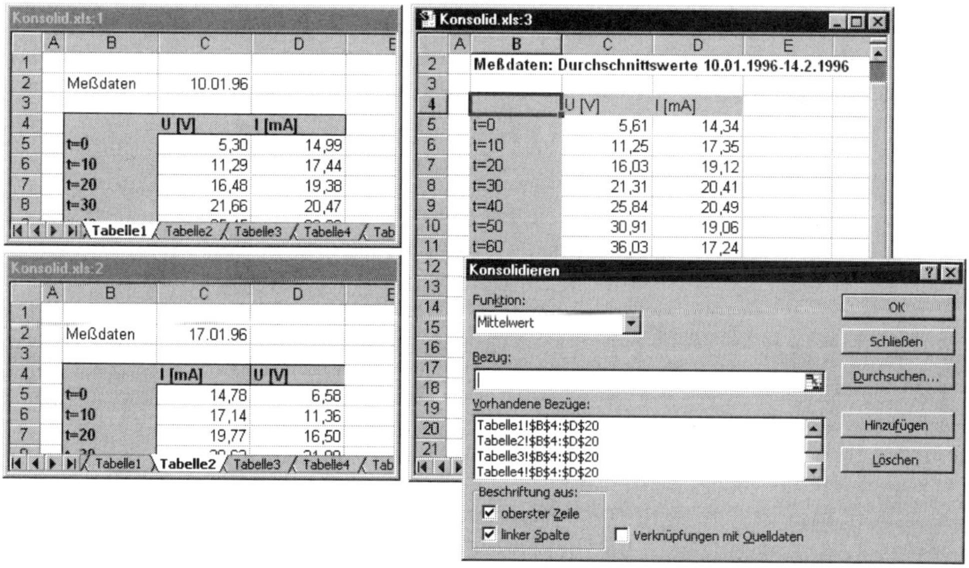

Bild 11.15: Konsolidierung von Meßdaten

> **VERWEIS**
>
> In Kapitel 12 wird ein Programm vorgestellt, das aus Meßdaten, die in Form von Tagesdateien vorliegen, Tages- und Monatsprotokolle erstellt. Auch dabei kommt es zur Konsolidierung von Daten aus zahlreichen Excel-Tabellen in einer neuen Tabelle. Allerdings wird dort nicht das (für diese Aufgabe zuwenig flexible) Kommando DATEN | KONSOLIDIEREN verwendet, vielmehr wird das Problem durch eine verhältnismäßig einfache VBA-Prozedur gelöst (siehe Abschnitt 12.3 ab der Überschrift »Monatsprotokolle«).

11.3.2 Textdateien importieren

Häufig kommt es vor, daß die in Excel zu verarbeitenden Dateien noch nicht als Excel-Tabelle vorliegen, sondern von irgendeinem anderen Programm als ASCII-Text gespeichert wurden. Der Import solcher Daten bereitet zumeist Schwierigkeiten, weil jedes Programm andere Vorstellungen davon hat, wie es den Dezimalpunkt kennzeichnet (Punkt oder Komma), wie es Daten und Zeiten darstellt, wie einzelne Einträge der Tabelle voneinander getrennt sind (Leerzeichen, Tabulator, Komma oder ein anderes Zeichen) und/oder wie Texte gekennzeichnet sind (z. B. durch Hochkommas).

Eine Hilfestellung beim Einlesen solcher Dateien bietet der Textassistent. Dieser Assistent erscheint automatisch, sobald Sie bei DATEI | ÖFFNEN eine Textdatei auswählen. In drei Schritten stellen Sie zuerst ein, wie die Spalten der Textdatei voneinander getrennt sind und in welchem Format die Daten je Spalte vorliegen.

Um es gleich vorwegzunehmen: Der Textassistent bietet zwar in vielen Fällen eine echte Hilfe, in anderen Fällen versagt er aber kläglich. Der wichtigste Mangel besteht darin, daß der Assistent nicht mit Zahlen zurechtkommt, in denen ein Punkt als Dezimalkennung verwendet wird. Praktisch jedes wissenschaftliche Programm erzeugt aber Zahlen in eben diesem Format.

ACHTUNG

Genau das umgekehrte Problem tritt auf, wenn Sie eine Makroaufzeichnung durchführen, die Methode *OpenText* also im VBA-Code verwenden. Da der VBA-Code englisch ist, gilt dort der Punkt als Dezimalzeichen. Jetzt können Sie zwar Textdateien mit Punkten als Dezimalkennung einlesen, dafür aber keine Texte mit Kommas (und die soll es ja auch geben). Besonders irritierend: Das aufgezeichnete Makro verhält sich in dieser Frage völlig anders als Excel während der Makroaufzeichnung.

Wenn Sie Probleme mit dem Textassistenten oder der entsprechenden Methode *OpenText* haben, gibt es zwei Lösungsansätze: Der eine besteht darin, daß Sie den Textassistenten zum Import der Textdaten verwenden; problematische Spalten importieren Sie dabei als Text. Anschließend bearbeiten Sie diese Spalten mit einem Makro, das den Text durch entsprechende Zahlen ersetzt. Der andere Lösungsansatz besteht darin, daß Sie zum Einlesen der Textdatei eine eigene VBA-Prozedur entwickeln. Die Nachteile: der relativ hohe Aufwand zum Programmieren und eine vergleichsweise langsame Verarbeitungsgeschwindigkeit.

VERWEIS

Ein Beispiel für die erste Vorgehensweise finden Sie in Abschnitt 11.5.1 (Programmiertechniken zur Datenbankprogrammierung), ein Beispiel für die zweite Vorgehensweise in Abschnitt 6.5 (Programmiertechniken zum Umgang mit Dateien).

Beispiel

Im Folgenden wird versucht, die dreizeilige Datei `Data.txt` zu importieren. Die Einträge dieser Datei sind durch Tabulatorzeichen getrennt.

```
12.3    12,3    1.1.96  17:30   "Text"
12.4    12,4    28.2.96 22:15   "Text mit Leerzeichen dazwischen"
.33     ,33     3.4.96  11:20   "Text mit äöü"
```

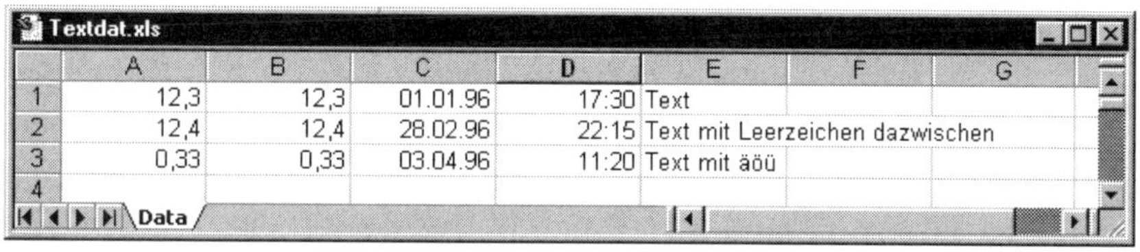
Textdat.xls

	A	B	C	D	E	F	G
1	12,3	12,3	01.01.96	17:30	Text		
2	12,4	12,4	28.02.96	22:15	Text mit Leerzeichen dazwischen		
3	0,33	0,33	03.04.96	11:20	Text mit äöü		
4							

Data

Bild 11.16: Der dritte Schritt im Textassistenten

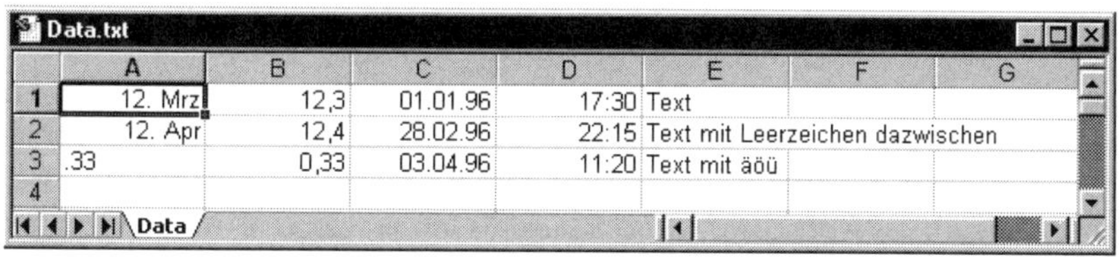
Data.txt

	A	B	C	D	E	F	G
1	12. Mrz	12,3	01.01.96	17:30	Text		
2	12. Apr	12,4	28.02.96	22:15	Text mit Leerzeichen dazwischen		
3	.33	0,33	03.04.96	11:20	Text mit äöü		
4							

Data

Bild 11.17: Das Ergebnis des Imports

Mit Ausnahme der ersten Spalte hat alles geklappt. Die Zahlen mit Dezimalpunkt in der ersten Spalte wurden allerdings als Datum (erste und zweite Zeile) bzw. als Text (dritte Spalte) interpretiert. Die Spalte war im Assistenten als »Standard« gekennzeichnet.

Die Makroaufzeichnung hat während des Imports den folgenden Code aufgezeichnet.

```
Workbooks.OpenText FileName:="H:\Code\xl-97\Data.txt", _
  Origin:=xlWindows, StartRow:=1, DataType:=xlDelimited, _
  TextQualifier:=xlDoubleQuote, ConsecutiveDelimiter:=False, _
  Tab:=True, Semicolon:=False, Comma:=False, Space:=False, _
  Other:=False, FieldInfo:=Array(Array(1, 1), Array(2, 1), _
  Array(3, 4), Array(4, 1), Array(5, 1))
```

Wenn dieser Code ausgeführt wird, sieht das Ergebnis freilich anders aus als in Bild 11.17. Jetzt werden die Zahlen der ersten Spalte korrekt interpretiert, dafür wird die zweite Spalte als Text betrachtet.

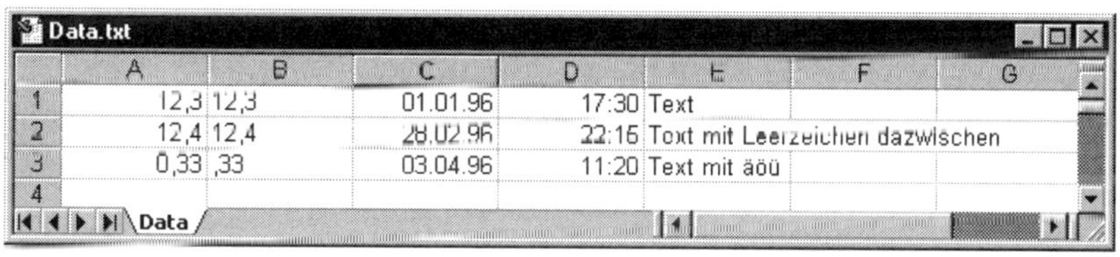
Data.txt

	A	B	C	D	E	F	G
1	12,3	12,3	01.01.96	17:30	Text		
2	12,4	12,4	28.02.96	22:15	Text mit Leerzeichen dazwischen		
3	0,33	,33	03.04.96	11:20	Text mit äöü		
4							

Data

Bild 11.18: Textimport derselben Datei durch ein Makro

11.3.3 MS-Query: Einführungsbeispiel

Was ist MS-Query?

MS-Query ist ein Zusatzprogramm für Excel, das in dem Verzeichnis `Office97\-Office` installiert ist. Das Programm ermöglicht den Zugriff auf fremde Datenbanken, die unter anderem mit Access, dBase, Foxpro, Oracle, Paradox oder mit einem SQL-Server verwaltet werden. MS-Query ist zwar primär zum Lesen von Daten konzipiert, prinzipiell ist aber auch eine Veränderung von Daten und sogar das Anlegen neuer Datenbanken möglich. (Darauf wird hier aber nicht eingegangen.)

MS-Query bietet sehr reichhaltige Möglichkeiten beim Zusammenstellen, Filtern und Sortieren der Daten. MS-Query kommt im Gegensatz zu Excel mit relationalen Daten zurecht. Das Programm wird normalerweise von Excel aus mit DATEN | IMPORTIEREN gestartet. Die aus einer Abfrage resultierenden Daten werden in MS-Query direkt als Liste angezeigt. Mit dem Kommando DATEI | DATEN AN EXCEL ZURÜCKGEBEN beenden Sie MS-Query und übertragen die angezeigten Daten in die Excel-Tabelle. Falls Sie mit WinWord arbeiten, steht Ihnen MS-Query auch in diesem Programm zur Verfügung (dort vor allem zum Lesen von Adressen für Serienbriefe).

Um es nochmals zusammenzufassen: Die Aufgabe von MS-Query besteht darin, Daten einer externen (nicht mit Excel verwalteten) Datenbank zu lesen und in Form einer Liste in eine Excel-Tabelle zu kopieren. MS-Query ist *kein* Datenbankprogramm im Sinne von dBase oder Access, mit denen Sie beispielsweise in eigenen Dialogen neue Daten eingeben, vorhandene Daten suchen, gruppieren und drucken können.

Damit Sie den Leistungsumfang von MS-Query ausschöpfen können, benötigen Sie ein einigermaßen tiefgehendes Grundlagenwissen über die Organisation und Strukturierung von (zumeist relationalen) Datenbanken. Werfen Sie gegebenenfalls nochmals einen Blick auf Abschnitt 11.1 – dort finden Sie einige einführende Informationen zu diesem Thema.

ANMERKUNG

Die meisten Beispiele dieses Kapitels orientieren sich an der Beispieldatenbank `Verlag.mdb`, die Sie im gleichnamigen Verzeichnis der Beispieldateien zu diesem Buch finden. Einige Beispiele basieren auf der mit Office mitgelieferten Datenbank *Nordwind*, die sich im Verzeichnis `Office97/Office/Beispiel` befindet. Eine kurze Beschreibung des Aufbaus und des Inhalts beider Datenbanken finden Sie ebenfalls in Abschnitt 11.1.

Überblick

Dieser Abschnitt demonstriert anhand eines konkreten Beispiels die prinzipielle Bedienung von MS-Query. Das Beispiel richtet sich vor allem an die vermutlich große Anzahl von Anwendern, die lediglich eine ganz einfache Liste nach Excel übertragen möchten, ohne sich dabei mit datenbankspezifischen Details aufzuhalten. Abschnitt

11.3.4 beschreibt einige fortgeschrittene Merkmale von MS-Query. Abschnitt 11.3.5 geht auf die Interna der Verwaltung ein.

Datenquelle auswählen

MS-Query wird von Excel mit dem Kommando DATEN | EXTERNE DATEN | NEUE ABFRAGE aufgerufen. Die Rückgabe der Daten erfolgt, sobald Sie MS-Query mit dem Kommando DATEI | DATEN AN EXCEL ZURÜCKGEBEN wieder verlassen.

Mit einer Abfrage sind alle Parameter gemeint, anhand derer MS-Query aus der Datenbank eine geordnete und nach verschiedenen Kriterien gefilterte Liste erzeugt. Durch die Bedienung von MS-Query erstellen Sie also eine Datenbankabfrage.

In MS-Query werden Sie als erstes dazu aufgefordert, eine Datenquelle anzugeben. (Eine Datenquelle ist ein Verweis auf eine Datenbankdatei.) Die dafür vorgesehenen Dialoge wurden zwar für Office 97 ein wenig verbessert, sind aber immer noch eine Zumutung für den Anwender.

Wenn Sie zum ersten Mal auf eine Datenbank zugreifen, existiert hierfür noch keine Datenquelle. Wählen Sie im Dialog DATENQUELLE AUSWÄHLEN den Eintrag »neue Datenquelle«. Im nun erscheinenden Dialog DATENQUELLE ERSTELLEN müssen Sie einen Namen für diese Datenquelle und den Datenbanktyp (z.B. Access, SQL-Server etc. angeben).

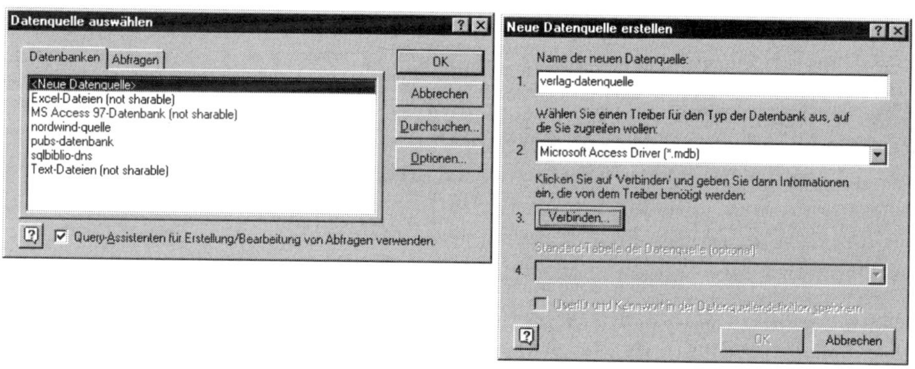

Bild 11.19: Definition einer neuen Datenquelle, Dialog eins und zwei

Mit dem VERBINDEN-Button können Sie je nach Datenbanktyp eine Verbindung zum Datenbank-Server herstellen oder den Namen der Datenbankdatei angeben (Dialoge ODBC ACCESS SETUP und DATENBANK AUSWÄHLEN).

Nachdem Sie die Dialoge zwei bis vier in umgekehrter Reihenfolge wieder verlassen haben, erscheint im ersten Dialog der neue Eintrag »verlag-datenquelle«. Durch einen Doppelklick wählen Sie diese Datenbank nun aus. (Der Vorteil dieser umständlichen Vorgehensweise besteht darin, daß alle Verbindungsdaten nun zentral gespeichert sind und beim nächsten Mal ohne Dateiauswahl sofort wieder verwendet werden können.)

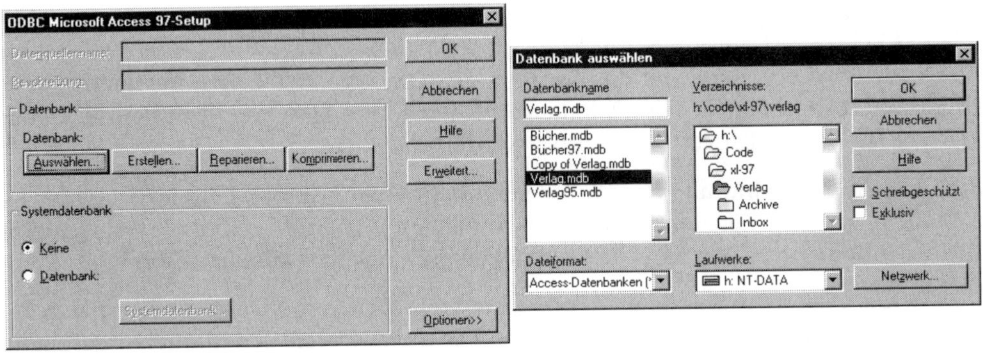

Bild 11.20: Definition einer neuen Datenquelle, Dialog drei und vier

Tabellen auswählen

Nach der erfolgreichen Auswahl einer Datenbankdatei (oder Datenquelle) besteht der nächste Schritt darin, jene Tabellen auszuwählen, aus denen Sie Daten lesen möchten. (Fast alle Datenbanken sind auf mehrere Tabellen verteilt.) Ziel dieses Beispiels ist es, eine Liste aller Bücher zu erstellen, die in der Reihe »Wissenschaft« erschienen sind. Dazu benötigen Sie drei Tabellen: *Reihen*, *Bücher* und *Autoren*. Nach dem Einfügen der drei Tabellen schließen Sie den Dialog SPALTEN HINZUFÜGEN.

MS-Query zeigt jetzt im obersten Bildschirmdrittel für jede Tabelle eine kleine Liste an, die sämtliche Datenfelder enthält. Die drei Tabellen sind durch Relationen miteinander verknüpft – MS-Query ist aber leider nicht in der Lage, diese Relationen automatisch zu erkennen. (Relationen sind erforderlich, damit MS-Query erkennt, daß der Autorenname aus der Tabelle *Autoren* zu jenen Datensätzen der Tabelle *Bücher* gehört, die im Datenfeld *Autor* die entsprechende Autorennummer enthalten.)

Um MS-Query die Relationen klar zu machen, ziehen Sie mit der Maus das Feld *R-Nr* von der *Reihen*-Tabelle in das Feld *Reihe* der *Bücher*-Tabelle; ebenso verfahren Sie mit dem Feld *A-Nr* der *Autoren*-Tabelle und ziehen es in das Feld *Autor* der *Bücher*-Tabelle. MS-Query zeichnet automatisch Verbindungslinien zwischen den Feldern (Bild 11.24).

MS-Query fügt automatisch alle Felder aller ausgewählten Tabellen in den Listenbereich im unteren Bereich des Fensters ein. Da nur ein Bruchteil dieser Felder wirklich benötigt werden, ist es am einfachsten, alle Spalten zu löschen und anschließend die Felder *Name* (*Reihen*-Tabelle), *Name* (*Autoren*-Tabelle) sowie *Titel* und *Preis* (jeweils *Bücher*-Tabelle) mit der Maus in den unteren Bereich des Abfragefensters zu ziehen. Dort werden jetzt alle Datensätze angezeigt, die dem aktuellen Zustand der Abfrage entsprechen. Das ist momentan einfach eine ungeordnete Liste aller Bücher, die bisher im Verlag erschienen sind.

Einige optische Details der Tabellen aus Bild 11.24 lassen sich noch verbessern: Durch einen Doppelklick auf die Tabellenbeschriftungsfelder gelangen Sie in den Dialog SPALTE BEARBEITEN, wo Sie die Spaltenbeschriftung (»Spaltenkopf«) neu einstellen können. Statt der beiden »Name«-Spalten können Sie so eine mit »Reihe« und die zweite mit »Autor« beschriften. Auch ein Sortieren der Tabelle nach Autorennamen ist problemlos: Klicken Sie die »Autoren«-Spalte an und führen Sie das Kommando DATENSÄTZE SORTIEREN aus.

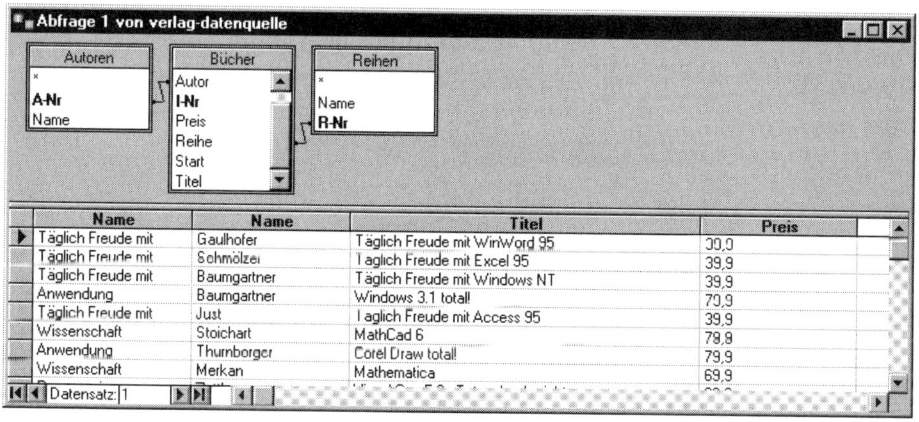

Bild 11.21: Die Abfrage in MS-Query während der Entwurfsphase

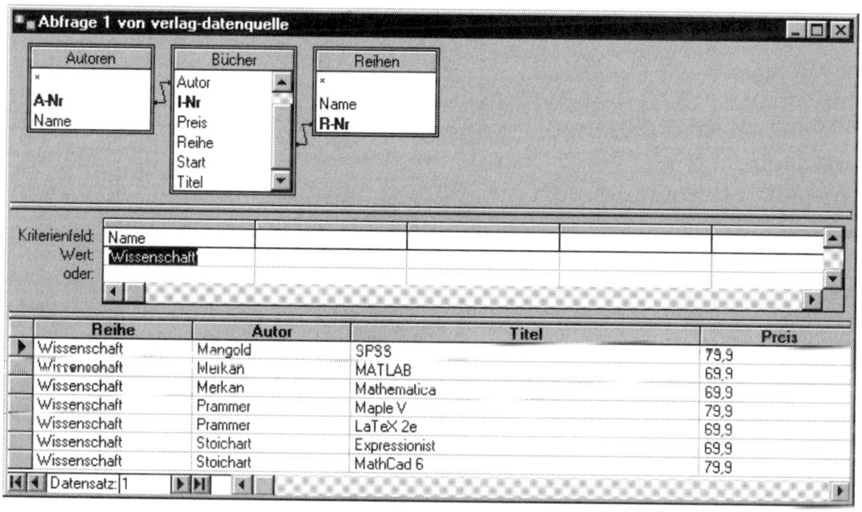

Bild 11.22: Alle Buchtitel der Reihe »Wissenschaft« geordnet nach Autorennamen

Auch nicht viel komplizierter ist es, die Tabelle auf solche Titel einzuschränken, die in der Reihe Wissenschaft erschienen sind. Dazu blenden Sie mit ANSICHT | KRITERIEN einen dritten Fensterbereich zwischen dem Tabellenbereich und der Liste ein. In diesen Bereich ziehen Sie das *Name*-Feld der *Reihen*-Tabelle. Ein Doppelklick auf das »Wert«-Feld der Kriterienspalte führt zum Dialog »Kriterien bearbeiten«, in dem Sie im »Wert«-Eingabefeld den Text »Wissenschaft« eingeben. Damit werden nur noch jene Datensätze angezeigt, deren Reihenname »Wissenschaft« lautet (Bild 11.22).

Damit ist die Arbeit in MS-Query abgeschlossen. Vor der Rückkehr zu Excel sollten Sie die Abfrageparameter mit DATEI | ABFRAGE SPEICHERN in einer eigenen `*.dqy`-Datei speichern. (Dabei wird das Verzeichnis `Office97/Abfragen` vorgeschlagen.) Die Übertragung der Daten nach Excel starten Sie mit DATEI | DATEN AN EXCEL ZURÜCKGEBEN. Daraufhin wird Excel wieder sichtbar und zeigt einen Dialog an, in dem Sie angeben, wo in der Tabelle die Daten eingefügt werden sollen.

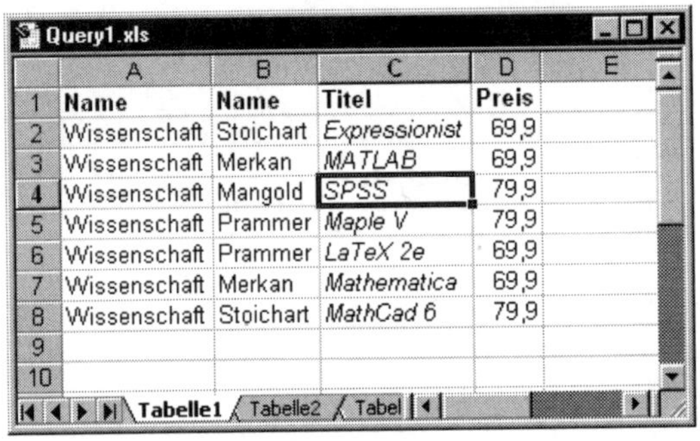
Query1.xls

	A	B	C	D	E
1	**Name**	**Name**	**Titel**	**Preis**	
2	Wissenschaft	Stoichart	*Expressionist*	69,9	
3	Wissenschaft	Merkan	*MATLAB*	69,9	
4	Wissenschaft	Mangold	*SPSS*	79,9	
5	Wissenschaft	Prammer	*Maple V*	79,9	
6	Wissenschaft	Prammer	*LaTeX 2e*	69,9	
7	Wissenschaft	Merkan	*Mathematica*	69,9	
8	Wissenschaft	Stoichart	*MathCad 6*	79,9	
9					
10					

Tabelle1 / Tabelle2 / Tabel

Bild 11.23:Die Daten in Excel nach dem Import

Sie können die jetzt in Excel angezeigten Daten jederzeit mit DATEN | DATEN AKTUALISIEREN auf den neuesten Stand bringen. (Die Ausführung dieses Kommandos ist dann sinnvoll, wenn sich die Daten innerhalb der Datenbank verändert haben.) Einige weitere Kommandos stehen in der Symbolleiste »Externe Daten« zur Verfügung, die automatisch eingeblendet wird. Über den Button ABFRAGE BEARBEITEN können Sie MS-Query neuerlich starten und dort die Abfrage (etwa Sortier- und Filterkriterien) neu gestalten.

HINWEIS

Das Ergebnis der Abfrage befindet sich in der Beispieldatei `Query1.xls`. Die zugehörende `*.dqy`-Datei wurde dagegen nicht auf die beiliegende CD-ROM kopiert, weil MS-Query den Pfad zur Datenbankdatei nur absolut gespeichert. Daher findet MS-Query die Datenbankdatei nur dann, wenn diese sich im selben Verzeichnis wie am Rechner des Autors befinden würde. Die Weitergabe von `*.dqy`-Dateien ist aus diesem Grund zwecklos. Im Prinzip gilt das auch für Excel-Dateien mit externen Daten, dort läßt sich das Problem aber per Programmcode lösen (siehe Seite 486).

11.3.4 MS-Query: Fortgeschrittene Merkmale

Tabellen und Relationen

Tabellenfelder in fetter Schrift deuten darauf hin, daß dieses Feld den »Primärindex« der Tabelle darstellt. Der Primärindex dient zur raschen und eindeutigen Identifikation von Datensätzen. Sehr häufig wird der Primärindex auch zur Herstellung von Relationen zwischen zwei Tabellen verwendet.

MS-Query ist leider nur in Ausnahmefällen in der Lage, Relationen zwischen Tabellen selbständig zu erkennen: Verbindungen zwischen zwei Tabellen mit gleichnamigen Datenfeldern, von denen eines einen Primärschlüssel darstellt, werden automatisch erstellt. Normalerweise müssen alle Relationen zwischen den Tabellen manuell definiert werden, damit Abfragen ordnungsgemäß bearbeitet werden können. Das setzt gute Kenntnisse über den Aufbau der Datenbank voraus.

Wenn eine Tabelle eine Relation auf sich selbst aufweist (z. B. in einer Mitarbeitertabelle ein Feld, das die Mitarbeiternummer des Vorgesetzten enthält), muß die Tabelle zweimal eingefügt werden, um die Relation zu definieren.

HINWEIS

Es gibt verschiedene Möglichkeiten, eine Relation zwischen den Datenfeldern zweier Tabellen zu definieren. Durch einen Doppelklick auf die Verbindungslinie zwischen den Tabellen bzw. über das Kommando TABELLE | VERKNÜPFUNGEN können Sie zwischen drei verschiedenen Relationstypen und zwischen mehreren Verbindungsoperatoren wählen. Eine Veränderung der Standardeinstellung (Verknüpfungstyp 1, Operator »=«) ist nur in ganz seltenen Fällen erforderlich und setzt ein tiefergehendes Verständnis für relationale Datenbanken voraus. In diesem Buch sind nur Relationen der Standardeinstellung berücksichtigt.

Die Datensatzliste

Im unteren Bildschirmbereich zeigt MS-Query die Liste jener Datensätze an, die durch die aktuelle Abfrage ausgewählt sind. Solange sich noch kein Datenfeld im Listenbereich befindet, bleibt diese Liste leer. Einzelne Datenfelder können sehr einfach mit der Maus aus den oberhalb angezeigten Tabellenfeldern in den Listenbereich gezogen werden. Die Datenfelder bilden dort Spalten, die sofort (d. h. nach einer kurzen Wartezeit, in der die Datenbank gelesen wird) mit konkreten Inhalten gefüllt werden. Wenn Sie *alle* Datensätze einer Tabelle in die Datensatzliste aufnehmen möchten, ziehen Sie einfach den Eintrag »*« aus der Tabelle in den Listenbereich.

Für die Bearbeitung der Datensatzliste stehen ähnliche Möglichkeiten wie unter Excel zur Verfügung: Die Spaltenbreite und die Zeilenhöhe können mit der Maus eingestellt, die Spalten gegeneinander verschoben und über FORMAT | SPALTEN EIN/AUSBLENDEN ein- bzw. ausgeblendet werden. Daten in ausgeblendeten Spalten sind nur in MS-

Query nicht sichtbar, sie können aber als Sortier- oder Filterkriterium verwendet werden und werden am Programmende wie sichtbare Spalten in Excel übertragen.

Die in der Liste verwendete Schriftart kann über FORMAT | SCHRIFTART eingestellt werden. Die Schriftart gilt allerdings für *alle* Texte der Tabelle und wird nicht in Excel übertragen.

Über DATENSÄTZE | SPALTE BEARBEITEN bzw. durch einen Doppelklick auf den Spaltenkopf gelangen Sie in den Dialog »Spalte bearbeiten«. Darin können Sie den Inhalt der Spalte, deren Beschriftung und schließlich eine Rechenfunktion definieren. Während es zur Beschriftung nicht viel zu sagen gibt – Sie können damit statt der Namen der Datenfelder aussagekräftigere (und längere) Namen angeben – bedürfen die beiden anderen Punkte einer genaueren Erklärung.

Rechenfunktionen in Feldern

Im Eingabefeld »Feld« wird normalerweise nur ein einzelnes Datenfeld in der Syntax *Tabelle.Feld* angegeben. Es ist aber auch erlaubt, in diesem Eingabefeld eine Formel einzugeben, die mehrere Datenfelder umfaßt – beispielsweise *Bücher.Preis * Verkaufszahlen.Stück* – um den Umsatz für die einzelnen Posten der *Verkaufszahlen*-Tabelle zu ermitteln. Bei der Schreibweise der Datenfelder kommt es nicht auf Groß- und Kleinschreibung an. Auf die Nennung der Tabelle darf verzichtet werden, wenn aus dem Namen des Datenfelds eindeutig hervorgeht, aus welcher Tabelle dieses Datenfeld stammt.

Im Listenauswahlfeld »Ergebnis« können Sie für das oben genannte Datenfeld bzw. für die eingegebene Formel eine von fünf Rechenfunktionen auswählen (Summe, Minimum, Maximum, Mittelwert, Anzahl). Diese Rechenfunktion kommt nur dann zur Geltung, wenn die Liste mehrere – mit Ausnahme des Datenfelds der aktuellen Spalte – vollkommen gleichlautende Datensätze enthält. In diesem Fall werden diese Datensätze in einem einzigen Datensatz vereint, wobei die Rechenfunktion angewendet wird. Es ist in MS-Query allerdings nicht möglich, Datensätze zu gruppieren und zu summieren, die nur ein gemeinsames Feld haben, sich aber in anderen Datenfeldern unterscheiden. Solche fortgeschrittenen Analysemethoden stehen erst nach Import der gesamten Liste nach Excel in Form von Pivottabellen zur Verfügung.

Sortier- und Filterkriterien

Über das Sortiersymbol (A←Z) können Sie die Datenbank nach der gerade aktuellen Spalte bzw. nach den markierten Spalten sortieren. Das Kommando DATENSÄTZE | SORTIEREN ermöglicht ähnlich wie in Excel das Sortieren nach mehreren Kriterien. Die Kriterien werden allerdings – im Vergleich zum entsprechenden Dialog in Excel – recht unübersichtlich in einer Liste angeordnet. Dabei wird zuerst nach dem ersten Eintrag dieser Liste sortiert, dann nach dem zweiten etc.

ANMERKUNG

MS-Query ist nicht in der Lage, Spalten mit einer Rechenfunktion (Summe, Mittelwert etc.) zu sortieren. Veränderungen im »Sortieren«-Dialog gehen deshalb so schleppend vor sich, weil MS-Query die Tabelle sofort nach jeder Änderung (und nicht etwa erst nach Abschluß der Eingaben im Dialog) neu sortiert. Das kann durch die Deaktivierung von DATENSÄTZE | AUTOABFRAGE verhindert werden (siehe etwas weiter unten, Überschrift »Spezialkommandos«).

Zur Einstellung der Filterkriterien ist es sinnvoll, den dritten in MS-Query vorgesehenen Fensterbereich mit ANSICHT | KRITERIEN zu aktivieren; es wird dann zwischen dem Tabellen- und dem Listenbereich eine Liste mit den Kriterien eingeblendet. Für die Kriterien gilt generell eine ähnliche Regelung wie in Excel für die sogenannten Spezialfilter (siehe auch Abschnitt 11.2.3): In der Tabelle nebeneinander formulierte Bedingungen müssen gleichzeitig erfüllt sein (logisches »Und«), untereinander formulierte Bedingungen wahlweise (logisches »Oder«).

Das Einfügen eines neuen Filterkriteriums erfolgt über KRITIERIEN | HINZUFÜGEN oder durch einen Doppelklick auf einen noch leeren Spaltenkopf in der Kriterientabelle. Im nun erscheinenden Dialog müssen das Datenfeld, der Operator (»ist gleich«, »ist größer« etc.) und ein Vergleichswert bzw. ein Vergleichstext angegeben werden. Als Datenfeld ist wiederum auch eine Verknüpfung von mehreren Datenfeldern erlaubt (z. B. *anzahl*preis*). Über den Button »Werte« können Vergleichswerte ausgewählt werden. Beachten Sie, daß dabei eine Mehrfachauswahl möglich ist! Bei der Angabe mehrerer Filterkriterien ist immer darauf zu achten, ob die Kriterien mit »Und« oder mit »Oder« verknüpft werden sollen.

Eine unmittelbare Veränderung der Einträge der Kriterientabelle ist sowohl über die Tastatur als auch – bequemer – in einem durch Doppelklick aufrufbaren Dialog möglich. Die Kriterien können in ihrer Gesamtheit mit KRITERIEN | ALLE KRITERIEN ENTFERNEN gelöscht werden. Daneben können Sie aber auch einzelne Spalten der Kriterientabelle mit der Maus markieren und löschen.

Beispiel: Corel-Draw-Umsatzzahlen

Angenommen, Sie möchten aus der Datenbank `Verlag.mdb` eine Liste mit den Umsatzzahlen aller Bücher zu Corel Draw erstellen: Dazu fügen Sie in MS-Query die beiden Tabellen *Bücher* und *Verkaufszahlen* ein und stellen eine Relation zwischen *Bücher.I-Nr* und *Verkaufszahlen.Buch* her. In den Listenbereich fügen Sie die Felder *Titel*, *Vertreter* und *Preis* ein. Das Ergebnis ist eine endlos lange Liste mit lauter scheinbar gleichen Zeilen. (In Wirklichkeit sind die dahinterliegenden Datensätze unterschiedlich – sie unterscheiden sich aber in Feldern, die nicht angezeigt werden.)

Durch einen Doppelklick auf das Beschriftungsfeld der *Preis*-Spalte gelangen Sie in den Dialog »Spalte bearbeiten«, wo Sie als Formel *Preis*Stück*, als Spaltenbeschriftung »Umsatz« und als Ergebnis »Summe« eingeben. Die resultierende Tabelle enthält jetzt die Umsatzzahlen für jedes Buch und für jeden Vertreter.

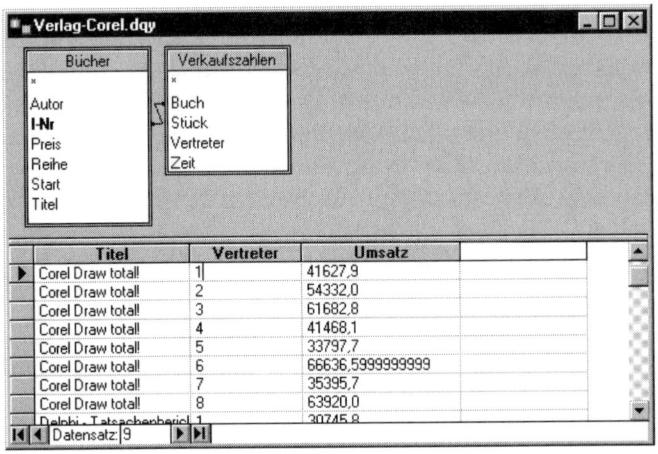

Bild 11.24: Umsatzzahlen je Buch und Vertreter

Nun definieren Sie mit KRITERIEN | HINZUFÜGEN die Bedingung, daß die Liste nur solche Bücher enthalten soll, in deren Titel »Corel Draw« vorkommt: Feld *Bücher.Titel*, Operator »enthält« und Wert »Corel Draw«. Dadurch verkleinert sich die Liste auf nur noch 16 Zeilen (Umsatzzahlen für zwei Titel mal acht Vertretern).

Wenn Sie jetzt im Listenbereich auch noch die *Vertreter*-Spalte löschen, bleiben gar nur noch zwei Zeilen übrig: Der Gesamtumsatz mit den Büchern »Corel Draw total!« und »Täglich Freude mit Corel Draw« (Bild 11.25).

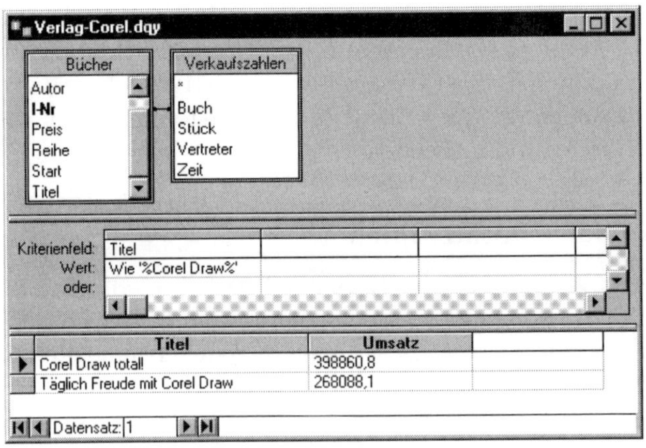

Bild 11.25: Gesamtumsatz mit Corel-Draw-Büchern

Beachten Sie insbesondere die Wirkung der Summenfunktion für das Umsatzfeld: Die Funktion summiert über alle Zeilen, deren Inhalt sich durch die restlichen Spalten unterscheidet: In Bild 11.24 waren das noch zwei Kriterien (*Titel* und *Vertreter*), jetzt ist es nur noch eines. Würden Sie auch die *Titel*-Spalte löschen, würde sich die Tabelle auf eine einzige Zeile mit der Summe der Umsatzzahlen aus Bild 11.25 reduzieren.

HINWEIS

Auch wenn Bild 11.25 nur zwei Ergebniszeilen enthält, gehen sehr viele Datensätze in dieses Ergebnis ein. Aus diesem Grund dauert die Verarbeitung der Abfrage einige Zeit.

Beispiel: Nordwind-Umsätze für einen Monat

Das folgende Beispiel bezieht sich auf die Beispieldatenbank Nordwind. Um diese Datenbank bearbeiten zu können, müssen Sie vorher wieder eine Datenquelle einrichten. Zur Formulierung der Abfrage fügen Sie die drei Tabellen *Artikel*, *Bestelldetails* und *Bestellungen* ein, fügen ein Kriterium für *Bestelldatum* ein und bilden eine Summenformel für *Bestelldetails.Einzelpreis*Bestelldetails.Anzahl*. Als Ergebnis sehen Sie die Umsätze für den angegenenen Zeitbereich.

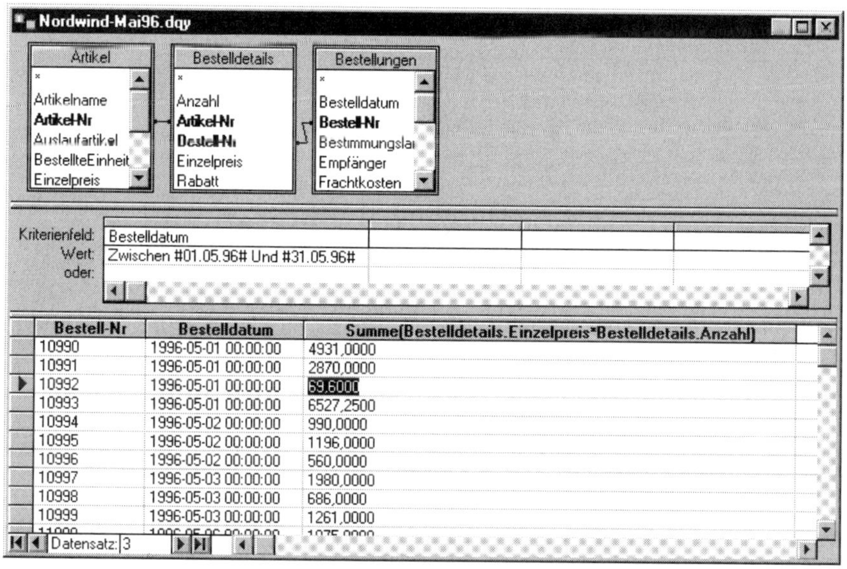

Bild 11.26: Nordwind-Umsatzzahlen für Mai 1996

Beispiel: Stückzahlen je Vertreter für die Anwenderreihe

Das letzte Beispiel basiert wieder auf der Verlagsdatenbank. Der Aufbau der Abfrage sollte eigentlich keine Probleme mehr bereiten: Sie fügen die in Bild 11.27 zu sehenden Tabellen und Relationen ein, schränken die Datensätze auf *Reihe.Name="Anwendung"* ein und bilden die Summe über *Verkaufszahlen.Stück*. Das Ergebnis ist die Anzahl der verkauften Bücher der Anwendungsreihe je Vertreter.

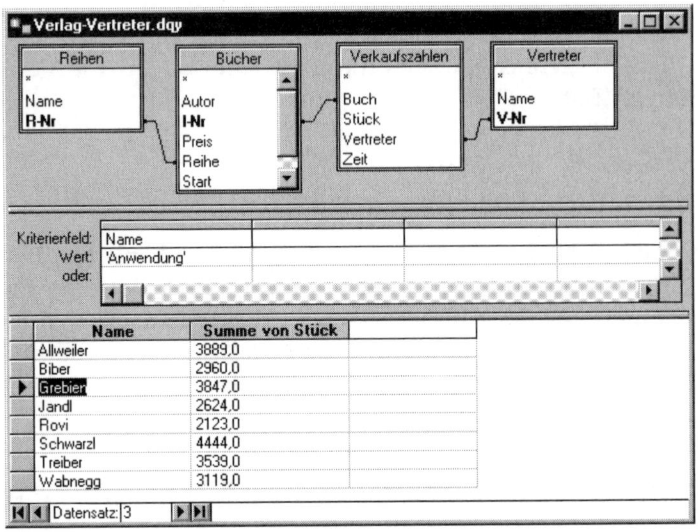

Bild 11.27: Stückzahlen der Anwendungsreihe aufgeschlüsselt nach Vertretern

11.3.5 MS-Query: Hintergrundinformationen

Die Kommunikation zwischen Excel und MS-Query

Während Excel 7 durch den Aufruf von MS-Query blockiert wurde, können die beiden Programme seit Version 97 parallel verwendet werden. Ebenso ist Excel in der Lage, eine Aktualisierung von Abfragedaten im Hintergrund durchzuführen.

Optionen beim Einfügen externer Daten

Unmittelbar bevor die aus einer neuen Abfrage resultierenden Daten in Excel importiert werden, erscheint der Dialog EXTERNE DATEN ZURÜCKGEBEN. Über dessen Button EIGENSCHAFTEN können Sie eine Menge Optionen auswählen.

»Abfragedefinition speichern« bedeutet, daß in Excel nicht nur die Daten aus der Datenbank eingetragen werden, sondern auch die Definition der Abfrage in MS-Query. Das hat den Vorteil, daß die Daten später mühelos aktualisiert werden bzw. die Abfrageparameter sogar verändert werden können.

»Kennwort speichern« ist nur bei Abfragen sinnvoll, die eine durch ein Kennwort gesicherte Datenbank betreffen. Wenn die Option aktiviert wird, speichert Excel das Kennwort zusammen mit den anderen Parametern der Abfrage. Der Vorteil: Bei der Aktualisierung der Daten muß das Kennwort nicht jedesmal neu eingegeben werden. Der Nachteil: Jeder Anwender, der Zugriff auf die Excel-Datei hat, kann über MS-Query die Datenbank ansehen und sogar verändern. Sie gehen damit also ein Sicherheitsrisiko ein.

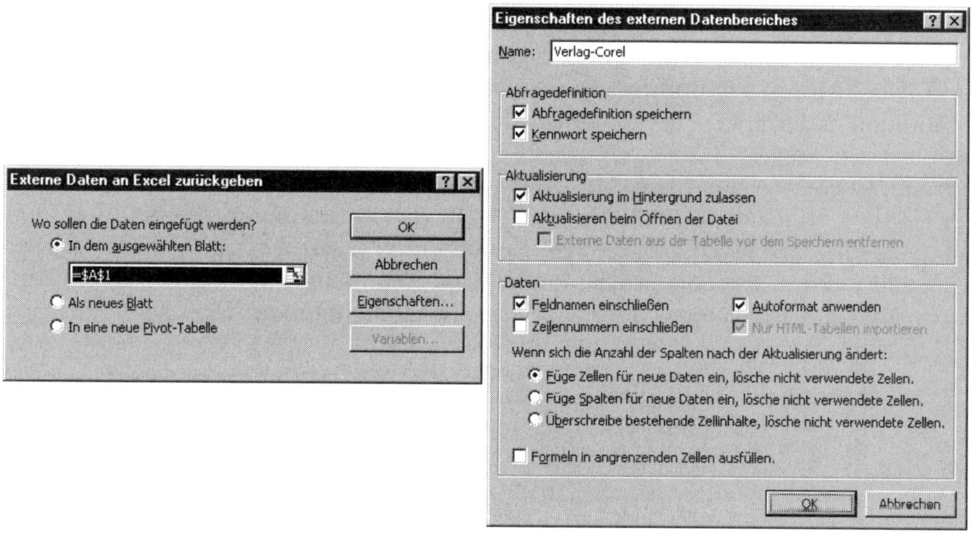

Bild 11.28: Eigenschaften externer Datenbereiche

Die Aktualisierungsoptionen geben an, ob die Daten beim Laden der Excel-Datei automatisch aktualisiert werden sollen. Das kostet natürlich Zeit und ist nur bei Daten sinnvoll, die sich häufig ändern.

Die Datenoptionen steuern schließlich, ob Spaltenbeschriftungen und Zeilennummern mit eingefügt werden sollen, ob Excel versuchen soll, die Tabelle automatisch zu formatieren und wie sich Excel verhalten soll, wenn sich die Menge der Daten bei einer Aktualisierung ändert.

TIP

Wenn Sie nicht möchten, daß Excel die Daten bei jeder Aktualisierung eigenmächtig neu formatiert, deaktivieren Sie die Option »Autoformat«. Sie können die Eigenschaften übrigens auch nachträglich ändern, indem Sie den Cursor in ein Feld der importierten Liste setzen und DATEN | EXTERNE DATEN | DATENBEREICH EIGENSCHAFTEN ausführen.

Interna

Intern legt Excel für jede importierte Tabelle ein *Name*-Objekt und ein *QueryTable*-Objekt an (neu in Excel 97). Das *Name*-Objekt definiert einen Namen für den betroffenen Zellbereich. Die Daten in `Query1.xls` (Bild 11.23) sind durch den Namen »ExterneDaten3« mit dem Adreßbereich *"=Tabelle1!$A$1:$D$8"* beschrieben. Am einfachsten können Sie eine Liste aller definierten *Name*-Objekte im Direktbereich mit der folgenden Anweisung ermitteln:

```
For Each n In Names: ?n.Name & "   " & n.Value: Next
```

Das zugeordnete *QueryTable*-Objekt speichert in zahlreichen Eigenschaften die Einstellungen des oben abgebildeten Optionendialogs. Die beiden wichtigsten Eigenschaften sind *Connection* mit Pfadinformationen zur Datenbankdatei sowie *Sql* mit der Abfragedefinition in der Syntax der Standard Query Language von Access.

ANMERKUNG

In gewisser Weise kann MS-Query als Benutzeroberfläche zum *QueryTable*-Objekt betrachtet werden. Mit MS-Query können die Eigenschaften dieses Objekts (also insbesondere das SQL-Kommando für die Abfrage) komfortabel erstellt werden. Der eigentliche Import bzw. die Aktualisierung der Daten kann später von Excel ohne die neuerliche Zuhilfenahme von MS-Query durchgeführt werden.

MS-Query kann nicht direkt durch VBA-Code gesteuert werden. Sie können aber per VBA das *QueryTable*-Objekt verändern bzw. neu erzeugen (siehe Seite 486). Außerdem ermöglicht die DAO-Bibliothek einen direkten Zugriff auf Datenbanken, der unter Umständen effizienter ist als der Umweg über MS-Query.

Abfragen laden und speichern

Wenn MS-Query von Excel aus verwendet wird, werden die Eckdaten der Abfrage mit zu Excel übertragen und dort in der Tabelle gespeichert. Daneben besteht in MS-Query die Möglichkeit, über DATEI|SPEICHERN die Abfragedaten zu speichern. Dabei werden nur die Parameter der Abfrage – etwa Tabellen, Datenfelder, Sortier- und Filterkriterien – gespeichert, nicht aber die Liste der Datensätze. Diese muß beim Laden der Abfrage neu generiert werden. Aus diesem Grund sind Abfragedateien mit der Kennung `*.dqy` sehr klein.

HINWEIS

Es wurde auf den vorangegangenen Seiten bereits darauf hingewiesen, daß in `*.dqy`-Dateien absolute Pfade zu Datenbankdateien gespeichert werden. Das macht die Weitergabe von `*.dqy`-Dateien unmöglich. Wenn MS-Query die Datenbankdatei nicht findet, ist die `*.dqy`-Datei unbrauchbar. Das Programm zeigt einen recht seltsamen »Login«-Dialog an, der aber keine Möglichkeit bietet, den neuen Dateinamen der Datenbank anzugeben. Allzuviele Gedanken haben sich Microsofts Programmierer das wohl nicht gemacht. (Das Problem gab es übrigens auch schon in der letzten MS-Query-Version.)

Datenfelder mit langen Texten betrachten

Bei den meisten Datenbanksystemen besteht die Möglichkeit, in einem einzelnen Datenfeld nicht nur Zahlen oder einzelne Wörter, sondern auch sehr umfangreiche Texte zu speichern. Da solche Texte in der Datensatzliste von MS-Query nur schlecht dargestellt werden können, besteht mit dem Kommando ANSICHT|ZOOM die Möglichkeit, den Text in einem etwas übersichtlicheren Listenfeld anzusehen.

Abfragen nur auf Aufforderung ausführen

MS-Query führt jede Veränderung der Abfrage – sei es eine neue Sortierordnung oder ein neues Filterkriterium – sofort aus. Das ist zwar zum Experimentieren mit kleinen Datenbanken ganz praktisch, führt aber bei größeren Datenbeständen zu unerträglichen Wartezeiten. Daher besteht die Möglichkeit, die automatische Abfrage durch DATENSÄTZE | AUTOABFRAGE zu deaktivieren. Excel aktualisiert die Datensatzliste im unteren Fensterbereich jetzt nicht mehr selbständig, sondern nur noch auf Aufforderung durch das mißverständlich formulierte Kommando DATENSÄTZE | AUSFÜHREN. (Wenn hier überhaupt etwas ausgeführt wird, dann eine Abfrage, aber sicherlich kein Datensatz.)

SQL-Abfragen

SQL (»Standard Query Language«) ist eine weitgehend standardisierte Sprache zur Formulierung von Datenbankkommandos. MS-Query verwendet intern SQL, um die von Ihnen via Maus und Tastatur definierten Abfragen auszudrücken und abzuarbeiten.

Wenn Sie sich ansehen möchten, wie die von Ihnen erstellte Abfrage in SQL aussieht, können Sie den SQL-Code mit ANSICHT | SQL ansehen. (Für Datenbankprofis ist das übrigens eine Methode, mit der zuverlässiger und schneller als über die Online-Hilfe bzw. die Dokumentation festgestellt werden kann, wie MS-Query wirklich funktioniert.)

Der SQL-Code darf verändert werden – MS-Query baut dann auf Basis dieses Codes auch am Bildschirm die Abfrage neu auf. Die Veränderung des SQL-Codes setzt allerdings einiges Fachwissen voraus. MS-Query kennt übrigens nur einen relativ eingeschränkten Teil des Sprachumfangs von SQL. Es ist daher nicht ohne weiteres möglich, eine Abfrage zuerst in Access zu bilden und anschließend den SQL-Code von dort nach MS-Query zu kopieren.

Auch im DATEI-Menü ist ein SQL-Kommando vorgesehen: Wenn Sie in den Dialog »SQL ausführen« einen geeigneten SQL-Code kopieren und über den Button »Datenquellen« eine Datenbank auswählen, erstellt MS-Query auf der Basis dieses Codes eine neue Abfrage.

Datenbanken in MS-Query verändern

MS-Query ist eigentlich dazu konzipiert, Daten einer externen Datenbank zu *lesen* und in andere Programme (etwa Excel, WinWord) zu übertragen. Aus unerfindlichen Gründen hat Microsoft aber die Möglichkeit zugelassen, sowohl einzelne Daten als auch die Struktur von Datenbanken zu *verändern*. Solche Veränderungen sollten erstens ausschließlich in dem Datenbankprogramm durchgeführt werden, mit dem die Daten verwaltet werden, und zweitens nur von jenen Personen, die die konkrete Datenbankanwendung entwickelt haben.

Aus diesem Grund sollten Sie die Kommandos DATEI | TABELLENDEFINITION und DATENSÄTZE | BEARBEITEN ERMÖGLICHEN meiden. Beide Kommandos sind ausschließlich für Datenbankexperten gedacht. Wenn Sie nicht ganz genau wissen, was Sie mit diesen Kommandos bewirken, können Sie enormen Schaden anrichten! Im ungünstigsten Fall können Sie die Struktur einer Datenbank soweit zerstören, daß diese vom Datenbankprogramm nicht mehr bearbeitet werden kann.

11.3.6 Excel-Daten exportieren

Bis jetzt wurde immer nur der Fall betrachtet, daß Daten aus einer externen Datenbank zu Excel importiert werden sollen. Gelegentlich tritt auch der umgekehrte Fall auf – es sollen Excel-Tabellen exportiert werden. Excel bietet dazu mehrere Möglichkeiten:

- Sie können beim Kommando DATEI | SPEICHERN UNTER als Dateityp »dBase III« oder »dBase IV« angeben. Damit wird die aktuelle Datenbank (die Zellregion, in der sich der Zellzeiger gerade befindet) des aktiven Tabellenblatts gespeichert. Wenn vor der Ausführung des Kommandos ein Zellbereich markiert wurde, wird nur dieser Zellbereich kopiert. Damit verhält sich Excel beim Speichern ähnlich wie bei der Ausführung der diversen DATEN-Kommandos. Die Beschriftung der Spalten wird auf zehn Zeichen gekürzt, eventuell vorhandene Leerzeichen werden durch »_« ersetzt. (Achten Sie also auf eine eindeutige Beschriftung der Spalten!) Der erste Datensatz der Tabelle bestimmt das Datenformat.
- Zur Konvertierung ist das Kommando DATEN | ZU MICROSOFT ACCESS KONVERTIEREN vorgesehen. Das Kommando steht nur zur Verfügung, wenn das Add-In »AccessLinks Add In« aktiviert ist. Allerdings gelang auch unter diesen Voraussetzungen kein Export einer Tabelle. Statt dessen wird ein Dateikonvertierungsassistent angezeigt, mit dem fremde Dateien nach Excel importiert werden können. Hier hat die Microsoft-Qualitätskontrolle (einmal mehr) versagt ... (In Excel 7 hat dieses Kommando – wenn auch mehr schlecht als recht – noch funktioniert.)
- Glücklicherweise können Sie den Export einer Excel-Tabelle zu Access auch aus der umgekehrten Richtung angehen: Dazu speichern und schließen Sie die Datei in Excel. Anschließend starten Sie Access und wählen beim Einfügen einer neuen Tabelle die Option »Tabelle importieren«. Im Dateiauswahlformular wählen Sie die Excel-Datei aus und gelangen damit zum Importassistenten.

Datentransfer als Textdatei

In der Liste der Dateiformate des Dialogs »Speichern unter« befinden sich auch zwei Textformate, die sich zum Datentransfer gut eignen: »Text (Tabs getrennt)« und »CSV (Trennzeichen getrennt)«. Die beiden Formate unterscheiden sich im wesentlichen nur dadurch, daß im ersten zwischen den Zellen Tabulatorzeichen eingefügt werden, im zweiten Semikola.

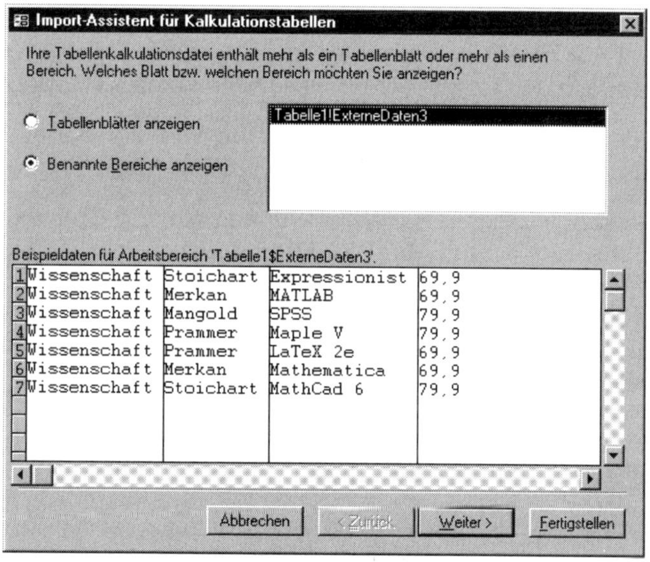

Bild 11.29: Der Access-Import-Assistent beim Import einer Excel-Tabelle

Datentransfer über die Zwischenablage

Bei Windows-Datenbankprogrammen ist in der Regel auch ein Datentransfer über die Zwischenablage möglich. Dabei ist allerdings Voraussetzung, daß im Datenbankprogramm bereits eine entsprechend gestaltete Tabelle vorhanden ist, die in ihrem Aufbau den Excel-Daten entspricht (d. h., die Spalten der Datenbank müssen so eingestellt sein, daß sie den Daten aus Excel entsprechen: Text, ganze Zahlen, Fließkommazahlen, Datum/Uhrzeit). Für den Datentransfer werden nur die eigentlichen Daten, nicht aber die Beschriftungszeile kopiert.

WinWord-Serienbriefe basierend auf Excel-Daten

Angesichts der in der Werbung immer vollmundig versprochenen Integration der Office-Komponenten ist es erschreckend, wie viele Probleme auch in Version 97 noch auftreten, wenn versucht wird, einen Serienbrief auf der Basis einer Excel-Datei auszudrucken. Dazu führen Sie in WinWord das Kommando EXTRAS|SERIENDRUCK aus und wählen als Datenquelle eine Excel-Datei aus (DATEN IMPORTIEREN|DATENQUELLE ÖFFNEN). Dabei müssen Sie aber folgende Regeln beachten:

- In der Excel-Datei sollten die Adressen durch einen benannten Bereich bezeichnet sein.
- Falls nicht mit benannten Bereichen gearbeitet wird, muß beim Speichern darauf geachtet werden, daß jenes Blatt aktiv ist, das die für WinWord aufbereiteten Adressen enthält. (WinWord bietet auch in Version 97 noch keine Möglichkeit, ei-

nes von mehreren Tabellenblättern auszuwählen!) Außerdem sollten sich auf dem Blatt möglichst nur eine Beschriftungszeile der Spalten und die Adreßdaten selbst befinden. Weitere in der Tabelle befindliche Daten können WinWord irritieren.

- Die Einträge der Beschriftungszeile gelten in WinWord als »Seriendruckfelder«, die in den Text als Platzhalter für die Daten eingesetzt werden.
- Eventuell in Excel wirksame Autofilterkriterien für die Datenbank werden von WinWord nicht berücksichtigt. WinWord liest immer *alle* Daten, die sich im aktiven Tabellenblatt befinden. Sie können aber im WinWord-Seriendruckmanager über den Button »Abfrageoptionen« ähnliche Kriterien wie in Excel definieren. Der Dialog zur Einstellung der Filterkriterien ist aber weder so komfortabel noch so leistungsfähig wie in Excel.
- Excel wird zum Einlesen der Adressen gestartet, wenn es nicht ohnedies schon läuft. Das kostet Zeit und Arbeitsspeicher.

ANMERKUNG

WinWord speichert den Datennamen der Adreßdatei relativ. Das bedeutet, daß Sie die Serienbriefdatei und die Adreßdatei gemeinsam in ein neues Verzeichnis verschieben können. WinWord findet die Adreßdatei dennoch ohne Schwierigkeiten. Im Vergleich zu MS-Query ist also zumindest dieses Detail überraschend elegant gelöst.

Beispiel zu Serienbriefen

Auf der beiliegenden CD-ROM befinden sich die Dateien `Mitarbei.xls` und `Mitarbei.doc`. Die Excel-Datei enthält eine einfache Mitarbeiterkartei und wurde in Abschnitt 11.2 bereits vorgestellt. Wenn Sie in der Datei den Button »WinWord Serienbrief vorbereiten« anklicken, werden die durch Filter ausgewählten und eventuell vorher sortierten Adressen in ein eigenes Tabellenblatt kopiert. Der Zellbereich mit den Adressen wird mit »WinWordAdressen« benannt. (Der erforderliche Programmcode wird in Abschnitt 11.5.1 beschrieben.) Damit erfolgt die Adreßauswahl direkt in Excel so bequem und effizient wie möglich.

Der WinWord-Text `Mitarbei.doc` enthält ein ganz einfaches Schema für einen Serienbrief, der auf den Daten in `Mitarbei.xls` aufbaut. (Die Excel-Datei muß sich im selben Verzeichnis befinden, andernfalls muß die Datenquelle in WinWord neu angegeben werden.)

Die einzige Besonderheit in `Mitarbei.doc` besteht in der Verwendung von bedingten Texten. Bedingte Texte werden über EINFÜGEN | FELD, Kategorie »Seriendruck«, Feldname »Wenn« in den Text eingefügt. In den nun erscheinenden Dialog können Sie eine Bedingung und zwei Texte eingeben. Die Bedingung muß den Inhalt eines Datenfelds betreffen. Von den beiden Texten wird der eine angezeigt bzw. gedruckt, wenn die Bedingung erfüllt ist, der andere, wenn die Bedingung nicht erfüllt ist.

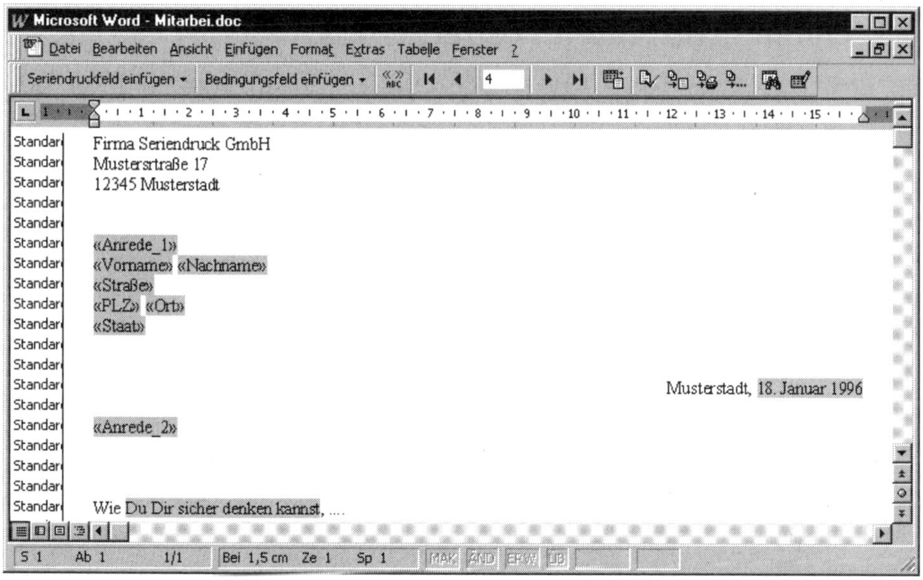

Bild 11.30: Serienbrief in WinWord

Im vorliegenden Beispiel wurde ein Bedingungsfeld zur Formulierung des einleitenden Satzes »Wie Du Dir sicher denken kannst« bzw. »Wie Sie sich sicher denken können« verwendet. Die erste Variante wird eingesetzt, wenn im PF-Feld ein kleines »p« (für eine persönliche Anrede) steht, die zweite Variante in allen anderen Fällen.

HINWEIS

Excel kann auf Datenanforderungen von WinWord nicht antworten, solange Sie eine Zelle editieren. Wenn Sie während des Editierens von Excel zu WinWord wechseln und dort einen anderen Datensatz auswählen möchten (durch das Anklicken der Pfeilsymbole in der Seriendrucksymbolleiste), dann ist WinWord blockiert, weil es auf Excel wartet. Der Eindruck, daß WinWord bereits abgestürzt ist, täuscht glücklicherweise – nach etwa einer halben Minute meldet sich WinWord mit einer Fehlermeldung wieder zurück. Wenn Sie nicht solange warten möchten, wechseln Sie zurück zu Excel und schließen dort die Zelleingabe ab!

11.4 Datenanalyse

Excel stellt umfassende Möglichkeiten für die Datenanalyse zur Verfügung. Voraussetzung für die Anwendung der in diesem Abschnitt vorgestellten Kommandos ist es, daß die Daten innerhalb von Excel zur Verfügung stehen. Die Daten können das Ergebnis eines Excel-Tabellenblatts sein; Sie können aber auch Daten aus einer externen Datenbank nach Excel importieren und dort analysieren (siehe den vorangegangenen Abschnitt).

11.4.1 Daten gruppieren (Teilergebnisse)

Hinter dem eher kryptischen Kommando DATEN | TEILERGEBNISSE verbirgt sich die Möglichkeit, vorher sortierte Daten in Gruppen einzuteilen, jede Gruppe mit einer Zwischensumme und schließlich alle Daten zusammen mit einer Endsumme abzuschließen. Statt Summen sind auch Durchschnittswerte, Minima, Maxima etc. möglich.

Die Voraussetzung dafür, daß das Kommando überhaupt sinnvoll eingesetzt werden kann, besteht in einer Spalte, durch die mehrere zusammengehörende Datensätze identifiziert werden können. Die gesamte Datenbank muß nach dieser Spalte (und eventuell nach weiteren Kriterien) sortiert werden.

Am einfachsten ist das Kommando anhand eines Beispiels zu verstehen. Bild 11.31 zeigt eine ganz einfache Artikeldatenbank (Beispieldatei `Teilerg.xls`). Die Datenbank ist primär nach der Kategorie der Waren (a-c) und sekundär nach der Qualität der Waren (I oder II) sortiert. Durch den »Teilergebnisse«-Dialog werden die Daten nach ihrer Kategorie gruppiert; gleichzeitig wird zu jeder Gruppe der Mittelwert der Preise gebildet.

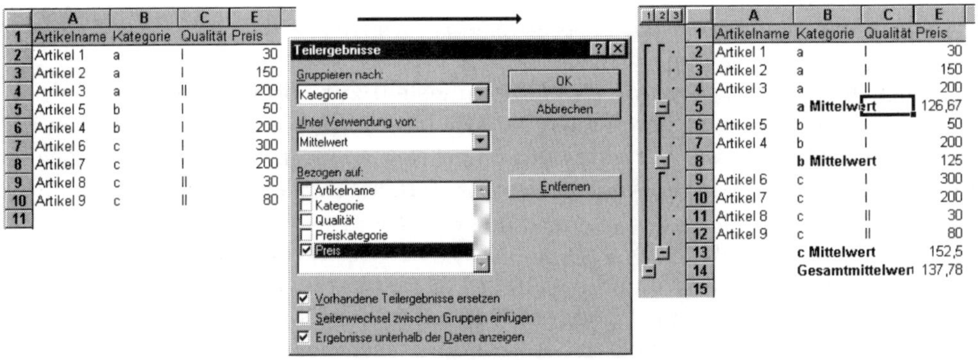

Bild 11.31: Die Artikeldatenbank wurde nach Kategorien gruppiert

Das Kommando TEILERGEBNISSE bildet nicht nur Gruppen, es gliedert die Tabelle auch automatisch nach diesen Gruppen. Sowohl die Gruppenbildung als auch die Teilergebnisse können sehr einfach wieder entfernt werden, wenn im »Teilergebnisse«-Dialog der Button ENTFERNEN angeklickt wird.

Normalerweise werden bei jeder Ausführung des Kommandos die zuletzt erstellten Gruppierungen wieder aufgelöst. Wenn Sie die Option »Teilergebnisse ersetzen« deaktivieren, fügt Excel zu den bereits vorhandenen Gruppen neue hinzu. In manchen Fällen kann dies dazu verwendet werden, um mehrstufige Gruppierungen zu bilden. Im Regelfall scheitert dieser Versuch allerdings daran, daß Excel auch die Teilergebnisse der vorherigen Gruppe in die Berechnung mit einschließt und aus diesem Grund unsinnige Ergebnisse liefert.

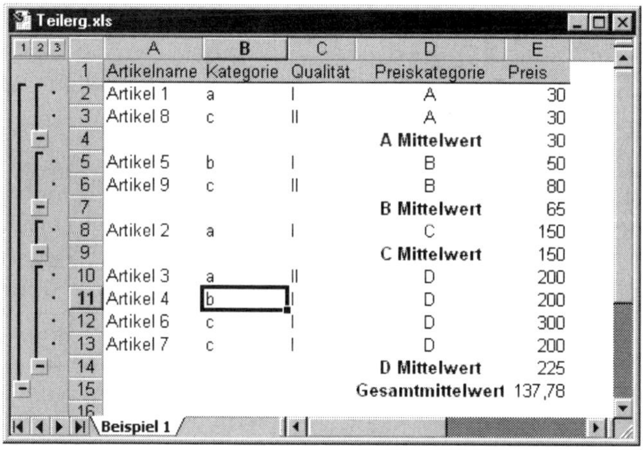

	A	B	C	D	E
1	Artikelname	Kategorie	Qualität	Preiskategorie	Preis
2	Artikel 1	a	I	A	30
3	Artikel 8	c	II	A	30
4				**A Mittelwert**	30
5	Artikel 5	b	I	B	50
6	Artikel 9	c	II	B	80
7				**B Mittelwert**	65
8	Artikel 2	a	I	C	150
9				**C Mittelwert**	150
10	Artikel 3	a	II	D	200
11	Artikel 4	b	I	D	200
12	Artikel 6	c	I	D	300
13	Artikel 7	c	I	D	200
14				**D Mittelwert**	225
15				**Gesamtmittelwert**	137,78

Bild 11.32: Die Artikeldatenbank wurde in vier Preisgruppen eingeteilt

Das Kommando ist generell nicht in der Lage, Gruppen nach der Art *0<=x<10, 10<=x<20* etc. zu bilden. Es kann also nur solche Gruppen zusammenfassen, die bereits durch ein *eindeutiges* Merkmal gekennzeichnet sind. Diese Einschränkung können Sie umgehen, indem Sie in Ihre Tabelle eine neue Spalte mit Formeln einfügen, die als Ergebnisse Kategoriecodes liefern, z. B.:

```
=WENN(E2<50;"A";WENN(E2<100;"B";WENN(E2<200;"C";"D")))
```

Die obige Formel liefert das Ergebnis "A", wenn D2 einen Wert kleiner 50 enthält, "B", wenn D2 kleiner als 100 ist etc. (Falls die Kategorieeinteilung komplexer ist, können Sie dazu auch eine neue Makrofunktion schreiben – siehe Abschnitt 6.6.) In Bild 11.32 wurde die obige Artikeldatenbank um eine Preiskategoriespalte mit der obigen Formel erweitert, danach sortiert und gruppiert.

VERWEIS

Sehr viel weitergehende Möglichkeiten zur Gruppierung von Daten stellen Pivottabellen in Kombination mit dem Kommando DATEN | GLIEDERUNG zur Verfügung. Mehr dazu in den beiden folgenden Teilabschnitten.

11.4.2 Pivottabellen (Kreuztabellen)

Pivottabellen oder Kreuztabellen (die beiden Begriffe sind synonym) stellen eine besondere Ansicht von Tabellen dar. Darin werden die Daten nach mindestens zwei Kategorien in einem Raster (in einer Matrix) zusammengefaßt. Pivottabellen eignen sich dazu, umfangreiche Datenmengen durch die Bildung zusammengehörender Gruppen sehr kompakt darzustellen. Pivottabellen stellen damit das wichtigste Werkzeug Excels zur Datenanalyse dar. Durch die Verwendung von MS-Query können Sie die Pivottabellen-Kommandos auch zur Analyse fremder Daten verwenden, die mit einem externen Datenbankprogramm verwaltet werden.

Pivottabellen sollten nach Möglichkeit an einer Stelle in einem Tabellenblatt plaziert werden, an der sowohl nach unten als auch nach rechts eine Vergrößerung problemlos möglich ist. Der Grund: Je nach Anordnen der Gliederungsfelder einer Pivottabelle kann sich deren Größe erheblich verändern.

Im Gegensatz zu den meisten anderen Excel-Funktionen weisen Pivottabellen eine statische Konzeption auf: Eine Veränderung der zugrundeliegenden Daten bewirkt *keine* Veränderung der Pivottabelle. Erst durch das Kommando DATEN | DATEN AKTUALISIEREN, das nur dann zur Verfügung steht, wenn sich der Zellzeiger gerade in einer Pivottabelle befindet, kann der Inhalt der Pivottabelle auf den aktuellen Stand gebracht werden.

ANMERKUNG

Der Umgang mit Pivottabellen ist eine ziemlich komplexe Angelegenheit. Aus Platzgründen kann dieser Abschnitt die Bedienung von Pivottabellen nur in knapper Form beschreiben. Einige weitere Beispiele zur Anwendung von Pivottabellen und zur Steuerung ihrer Funktionen per VBA-Code folgen in den Abschnitten 11.5.2 und 11.8.

Einführungsbeispiel

Bild 11.33 zeigt eine einfache Datenbank, in der 22 Artikel eines Warenlagers verwaltet werden, sowie zwei dazu passende, ebenso einfache Pivottabellen (Beispieldatei `Kreuztab.xls`). Die Datenbank enthält eine Liste mit Artikeln aus drei Produktkategorien und in zwei Qualitätsklassen. Die erste Pivottabelle gibt Auskunft darüber, wie viele verschiedene Artikel in einer bestimmten Kategorie- und Qualitätsgruppe existieren und wie groß deren Durchschnittspreis ist. Aus der Pivottabelle geht beispielsweise hervor, daß es 14 Artikel der Qualitätsklasse I, aber nur 8 Artikel der Qualitätsklasse II gibt. In der zweiten Pivottabelle sind die Gesamtwerte der gelagerten Artikel je Gruppe angegeben, allerdings diesmal in Prozent zum Gesamtwert des Lagers.

Pivottabellen werden über das Kommando DATEN | PIVOTTABELLENBERICHT erstellt. Dieses Kommando ruft den »Pivotassistenten« auf, also eine Reihe von Dialogen, die Sie ausfüllen müssen. Für die Pivottabelle 1 wurden dabei folgende Arbeitsschritte durchgeführt:

Schritt 1: Bestimmt den Ursprung der Daten, im vorliegenden Beispiel eine Excel-Datenbank.

Schritt 2: Bestimmt den Zellbereich, aus dem die Daten stammen: B4:G26.

Schritt 3: Definiert den Aufbau der Pivottabelle (siehe Bild 11.34). Dieser Schritt ist entscheidend für den Inhalt und das Aussehen der Pivottabelle. Sie müssen die im rechten Fensterrand befindlichen Datenfelder (»Artikel«, »Kat.« ...) mit der Maus in die Bereiche »Seiten«, »Zeile«, »Spalte« und »Daten« ziehen.

Die beiden Bereiche »Zeile« und »Spalte« definieren die Gruppen, in die die Tabelle untergliedert wird. Der Bereich »Daten« gibt an, welche Informationen in den einzelnen Gruppen angezeigt werden. Standardgemäß wird dabei entweder die Summe (bei numerischen Daten) oder die Anzahl (bei Texten) in einer Gruppe gebildet. Durch Doppelklick auf das Datenfeld können Sie aber auch andere Berechnungen wie Mittelwert oder Varianz auswählen. Im vorliegenden Beispiel wurde die Tabelle nach Qualität und Kategorie in ein zweidimensionales Raster gegliedert, in dem die Anzahl der Artikel und der Mittelwert ihrer Preise angezeigt werden.

Schritt 4: Bestimmt, wo die Pivottabelle im Tabellenblatt plaziert wird und wie ihr interner Name lautet. Die vier Optionsfelder müssen normalerweise nicht verändert werden.

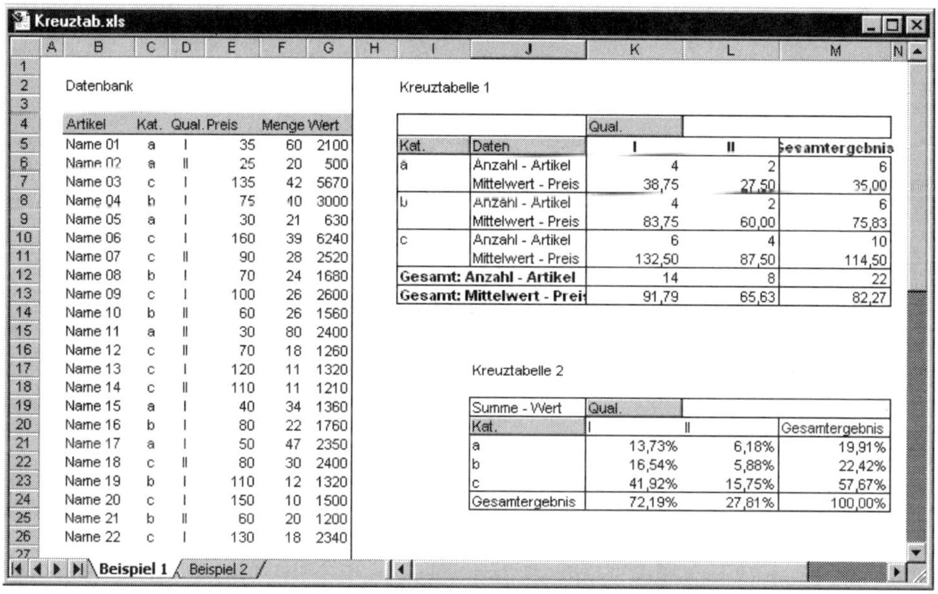

Datenbank

Artikel	Kat.	Qual.	Preis	Menge	Wert
Name 01	a	I	35	60	2100
Name 02	a	II	25	20	500
Name 03	c	I	135	42	5670
Name 04	b	I	75	40	3000
Name 05	a	I	30	21	630
Name 06	c	I	160	39	6240
Name 07	c	II	90	28	2520
Name 08	b	I	70	24	1680
Name 09	c	I	100	26	2600
Name 10	b	II	60	26	1560
Name 11	a	II	30	80	2400
Name 12	c	II	70	18	1260
Name 13	c	I	120	11	1320
Name 14	c	II	110	11	1210
Name 15	a	I	40	34	1360
Name 16	b	I	80	22	1760
Name 17	a	I	50	47	2350
Name 18	c	II	80	30	2400
Name 19	b	I	110	12	1320
Name 20	c	I	150	10	1500
Name 21	b	II	60	20	1200
Name 22	c	I	130	18	2340

Kreuztabelle 1

		Qual.		
Kat.	Daten	I	II	Gesamtergebnis
a	Anzahl - Artikel	4	2	6
	Mittelwert - Preis	38,75	27,50	35,00
b	Anzahl - Artikel	4	2	6
	Mittelwert - Preis	83,75	60,00	75,83
c	Anzahl - Artikel	6	4	10
	Mittelwert - Preis	132,50	87,50	114,50
Gesamt: Anzahl - Artikel		14	8	22
Gesamt: Mittelwert - Preis		91,79	65,63	82,27

Kreuztabelle 2

Summe - Wert	Qual.		
Kat.	I	II	Gesamtergebnis
a	13,73%	6,18%	19,91%
b	16,54%	5,88%	22,42%
c	41,92%	15,75%	57,67%
Gesamtergebnis	72,19%	27,81%	100,00%

Bild 11.33: Eine Datenbank mit zwei Pivottabellen

Für die Pivottabelle 2 sah die Vorgehensweise folgendermaßen aus:

Schritt 1 und 2: Datenursprung wie oben. (Sie können als Datenursprung auch die Pivottabelle 1 angeben, Excel erkennt dann automatisch, daß die Datenbank gemeint ist.)

Schritt 3: »Zeilen«- und »Spalten«-Bereich ebenfalls wie oben. In den »Daten«-Bereich wird nur das Feld »Wert« eingefügt. Ein Doppelklick führt zum Dialog »Pivottabellenfeld«, in dem (via »Optionen«-Button) die Datenanzeige in »% des Ergebnisses« eingestellt wird. Damit wird erreicht, daß Excel nicht die absoluten Summen, sondern die Prozente vom gesamten Lagerwert anzeigt.

Schritt 4: Wie oben.

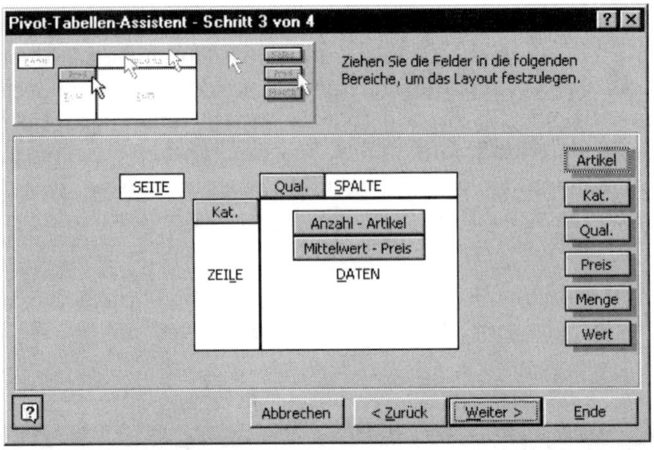

Bild 11.34: Schritt 3 des Pivotassistenten definiert den Inhalt und das Aussehen der ersten Pivottabelle

Pivottabellen nachträglich verändern

Eine bereits vorhandene Pivottabelle kann auch nachträglich verändert werden. Das wichtigste Kommando lautet dabei zweifellos DATEN | DATEN AKTUALISIEREN, das nur zur Verfügung steht, wenn sich der Zellzeiger in einer Pivottabelle befindet. Mit diesem Kommando werden die angezeigten Daten neu berechnet. Das Kommando muß ausgeführt werden, wenn sich die Ausgangsdaten verändert haben, weil Excel (im Gegensatz zu praktisch allen anderen Tabellenfunktionen) Pivottabellen nicht automatisch neu berechnet.

Eine Umgruppierung der Ergebnisse der Pivottabelle erfolgt am einfachsten durch das Verschieben der grauen Gruppenfelder mit der Maus. Dabei ist aus der Form des Mauscursors ersichtlich, ob die Verschiebeoperation erlaubt ist und welchen neuen Typ das Gruppenfeld (Zeile/Spalte/Seite) annehmen wird. Mit etwas Erfahrung im Umgang mit Pivottabellen können die Daten auf diese Weise rasch und bequem nach den unterschiedlichsten Kriterien geordnet werden.

Ähnliche Möglichkeiten bietet auch das Kommando DATEN | PIVOTTABELLENBERICHT. Damit gelangen Sie in den Pivotassistenten, Schritt 3. Durch Anklicken von ZURÜCK können Sie auch die vorangehenden Schritte des Pivotassistenten erreichen, beispielsweise um den Zellbereich der Ursprungsdaten neu zu definieren bzw. zu erweitern.

Das Feld einer Pivottabelle, auf dem der Zellzeiger gerade steht, kann über das Kommando FELD im Kontextmenü neu formatiert werden. Bei den grauen Gruppenfeldern können der Ort (Zeile/Spalte/Seite) und die Anzahl der Zwischensummen eingestellt werden. Bei Datenfeldern können ein neuer Rechentyp (beispielsweise Durchschnitt statt Summe), ein neues Anzeigeformat (z. B. Prozentwerte statt absoluter Zahlen) und ein neues Zahlenformat definiert werden. Die Änderung wirkt sich auf *alle* Pivottabellenfelder der jeweiligen Gruppe aus.

Ein Doppelklick auf ein Pivotfeld führt dazu, daß die dazugehörenden Detaildaten in einem oder in mehreren neuen Tabellenblättern angezeigt werden. Eine ähnliche Funktion erfüllt auch das Kontextmenükommando SEITEN ANZEIGEN, das allerdings nicht immer zur Verfügung steht.

Mit dem Kommando DATEN | SORTIEREN kann die Reihenfolge der Datenfelder innerhalb der Pivottabelle verändert werden. Die Position des Zellzeigers beim Aufruf des Kommandos bestimmt dabei das Sortierkriterium.

Über das Kommando FORMAT | AUTOFORMAT kann die gesamte optische Gestaltung der Pivottabelle verändert werden. Excel stellt dazu verschiedene vordefinierte Formatkombinationen zur Verfügung.

VORSICHT

Excel kann Pivottabellen nicht an eine grundlegende Veränderung der Basisdaten anpassen. Wenn Sie beispielsweise die Beschriftung Ihrer Datenbank verändern und anschließend die Pivottabelle aktualisieren möchten, liefert Excel eine Fehlermeldung und entfernt die veränderte Spalte aus der Tabelle.

Hintergrundinformationen

Excel sieht zur Gliederung von Pivottabellen drei Gruppierungsbereiche vor: Zeilen, Spalten und Seiten (Schritt 3 im Pivotassistenten). Mindestens einer dieser drei Gruppierungsbereiche muß ein Datenfeld aufnehmen, damit überhaupt eine Pivottabelle gebildet werden kann. Der einfachste Fall besteht zumeist darin, daß (wie im obigen Beispiel) das Zeilen- und Spaltenfeld je ein Datenfeld enthält, wodurch eine »klassische« Pivottabelle in Matrixform entsteht.

Wenn im Zeilen- oder Spaltenbereich mehrere Datenfelder eingefügt werden, bildet Excel Subspalten bzw. Subzeilen und erweitert die Tabelle je nach Wunsch (Dialog »Pivottabellenfeld«) mit Zwischensummen. Das macht die Tabelle zwar nicht gerade übersichtlicher, dafür können aber beliebig komplexe Kategoriegruppen gebildet werden.

Eine bessere Übersichtlichkeit kann durch die Verwendung eines oder mehrerer Seitenbereiche erreicht werden: Damit werden oberhalb der eigentlichen Pivottabelle Listenauswahlfelder angezeigt, wie sie bereits vom Autofilter-Kommando bekannt sind. Über diese Listenauswahlfelder kann eine einzelne Kategorie ausgewählt werden – die Pivottabelle wird dann auf diese Kategorie reduziert. Daneben sieht das Listenauswahlfeld die Möglichkeit vor, alle Kategorien gleichzeitig anzuzeigen.

Excel speichert normalerweise die zu einer Pivottabelle gehörenden Daten zusammen mit der Pivottabelle. Das ist besonders bei Pivottabellen, die auf Daten aus anderen Dateien basieren, recht praktisch. Es erlaubt Änderungen in der Tabellenstruktur, ohne die Daten jedesmal neu einlesen zu müssen. Die Speicherung der Ausgangsdaten ist allerdings – besonders bei großen Tabellen – mit einem erheblichen Nachteil verbunden: Der Speicherverbrauch für die Pivottabelle steigt drastisch an. Aus diesem

Grund kann automatisches Speichern durch das Deaktivieren einer Option in Schritt 4 des Pivotassistenten unterbunden werden.

Formatierung einzelner Datenfelder

Zur Formatierung einzelner Datenfelder sieht Excel sehr komplexe Optionen vor: Über das Kontextmenükommando FELD oder durch einen Doppelklick auf das Datenfeld (sowohl in der Tabelle als auch in Schritt 3 des Pivotassistenten) gelangen Sie zum Dialog »Pivottabellenfeld«, der seine ganze Komplexität erst nach dem Anklicken des OPTIONEN-Buttons zeigt (Bild 11.35).

Die Liste »Zusammenfassen mit« ermöglicht die Auswahl verschiedener Rechenfunktionen und ist leicht zu verstehen. In der Liste »Daten zeigen als« wird es schon komplizierter. Die Einstellmöglichkeiten können in zwei Gruppen unterteilt werden:

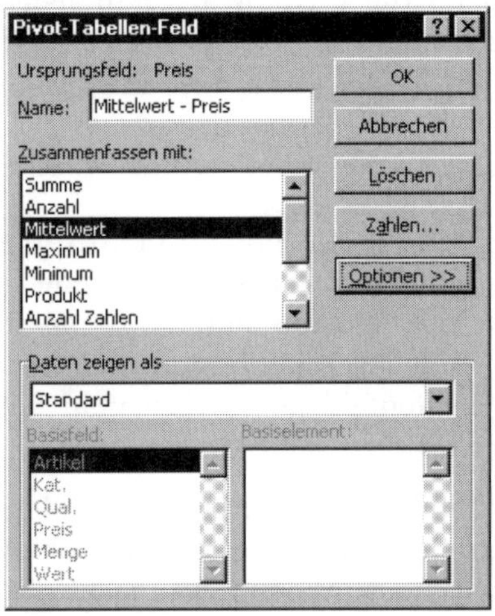

Bild 11.35: Einstellmöglichkeiten für einzelne Pivottabellenfelder

Berechnung erfolgt autonom

Standard: Zeigt die absoluten Zahlenwerte an.

% des Ergebnisses: Zeigt Prozentwerte an, die sich auf das Gesamtergebnis der Tabelle beziehen (Endsumme, Gesamtmittelwert ...).

% der Zeile/Spalte: Zeigt Prozentwerte an, die sich auf das Zeilen- bzw. Spaltenergebnis beziehen.

Index: Zeigt Maßzahlen an, durch die der Wert in Relation zu Zeilen- und Spaltenergebnissen gesetzt wird. Formel:
*(Zellenwert * Gesamtergebnis) / (Zeilenergebnis * Spaltenergebnis)*

Berechnung berücksichtigt Werte eines weiteren Datenfelds

Differenz von:	Zeigt die Differenz zu einem anderen Wert an.
% von:	Zeigt den Prozentanteil bezogen auf einen anderen Wert an.
% Differenz von:	Zeigt den Prozentanteil der Differenz bezogen auf den Basiswert an.
Ergebnis in:	Funktion unklar, laut Dokumentation Anzeige eines fortlaufenden Ergebnisses.

Zu den vier zuletzt genannten Einstellungen muß ein zweites Datenfeld angegeben werden, auf das die Berechnung bezogen wird.

Pivottabellen anderen Datenursprungs

Pivottabellen können auch dann erstellt werden, wenn sich die Ausgangsdaten noch gar nicht in einer Excel-Tabelle befinden. Der Assistent sieht dazu in »Schritt 1« einen »Konsolidierungsbereich« oder eine »externe Datenquelle« vor.

Wenn Sie die Option »Konsolidierungsbereich« auswählen, zeigt Excel die Dialoge des Konsolidierungs-Assistenten an. Damit können Sie Daten aus mehreren Tabellen zu sammenfügen. Die Konsolidierungsfunktion ist in Abschnitt 11.3.1 beschrieben.

Mit einer externen Datenquelle ist die Datei einer Datenbank gemeint. Wenn Sie diese Option anklicken, startet Excel in Schritt 2 das Zusatzprogramm MS-Query, um mit dessen Hilfe die Daten einzulesen. Die Bedienung von MS-Query wurde in den Abschnitten 11.3.3 bis 11.3.5 ausführlich beschrieben.

In jedem Fall werden die ausgewählten Daten zu Excel übertragen und intern gespeichert. Die Daten werden nur in Form der Pivottabelle (aber nicht in Form der Rohdaten) angezeigt. Achten Sie auf die richtige Einstellung der Option »Daten im Pivottabellen-Layout speichern« in Schritt 4: Wenn Sie diese Option auswählen, werden die Abfragedaten zusammen mit der Excel-Datei gespeichert. Der Vorteil: Beim nächsten Laden stehen die Daten sofort wieder zur Verfügung. Der Nachteil: Je nach Größe der externen Datenbank kann die Excel-Datei sehr groß werden.

ACHTUNG

Das in diesem Kapitel schon mehrfach erwähnte Problem mit der absoluten Speicherung des Dateinamens der Datenbank trifft leider auch für Pivottabellen zu. Excel speichert den Dateinamen des Datenursprungs mit Laufwerk und Verzeichnis. Wenn sich das Verzeichnis ändert, findet Excel die Ursprungsdaten nicht mehr und kann die Pivottabelle daher nicht aktualisieren. Es erscheint zwar ein Fehlerdialog, aber auch in diesem ist es nicht möglich, den geänderten Pfad oder Namen der Datenbank anzugeben. Um die Daten neu einzulesen, müssen Sie den Pivotassistenten aufrufen und die Abfrage in MS-Query vollkommen neu formulieren. Einen eleganteren Ausweg aus dieser Microsoft Schlamperei bietet eine Prozedur, die im *SourceData*-Parameter den Pfad zur Datenbank dynamisch verändert und die Aktualisierung selbständig durchführt – siehe Seite 490.

ANMERKUNG

Pivottabellen werden in der Originaldokumentation gelegentlich als der Stein der Weisen dargestellt. Nun ist es zweifellos richtig, daß sie ungeahnte Möglichkeiten zur Analyse von Daten bieten. Dennoch sollten Pivottabellen sinnvoll eingesetzt werden. Vor allem bei der Analyse externer Daten können Sie viele Arbeitsschritte, die Sie vielleicht aus Bequemlichkeit lieber im Pivotassistenten machen würden, bereits bei der Formulierung der Datenbankabfrage durchführen. (Einige Beispiele dazu finden Sie in Abschnitt 11.3.4.) Der Vorteil: Es müssen viel weniger Daten zu Excel importiert werden, die Systemanforderungen (Rechenleistung, Speicher) sind deutlich geringer. Der Nachteil: Da die Daten bereits in MS-Query vorselektiert wurden, stehen anschließend in Excel weniger Analyseoptionen offen.

Ergebnisse in Pivottabellen gruppieren (gliedern)

Die Ergebniszeilen einer Pivottabelle können durch das Kommando DATEN | GLIEDERUNG | GRUPPIEREN gruppiert werden. Diese Form der Weiterverarbeitung von Pivottabellen bietet sich vor allem bei zeitbezogenen Daten an. Bild 11.36 zeigt dafür ein Beispiel.

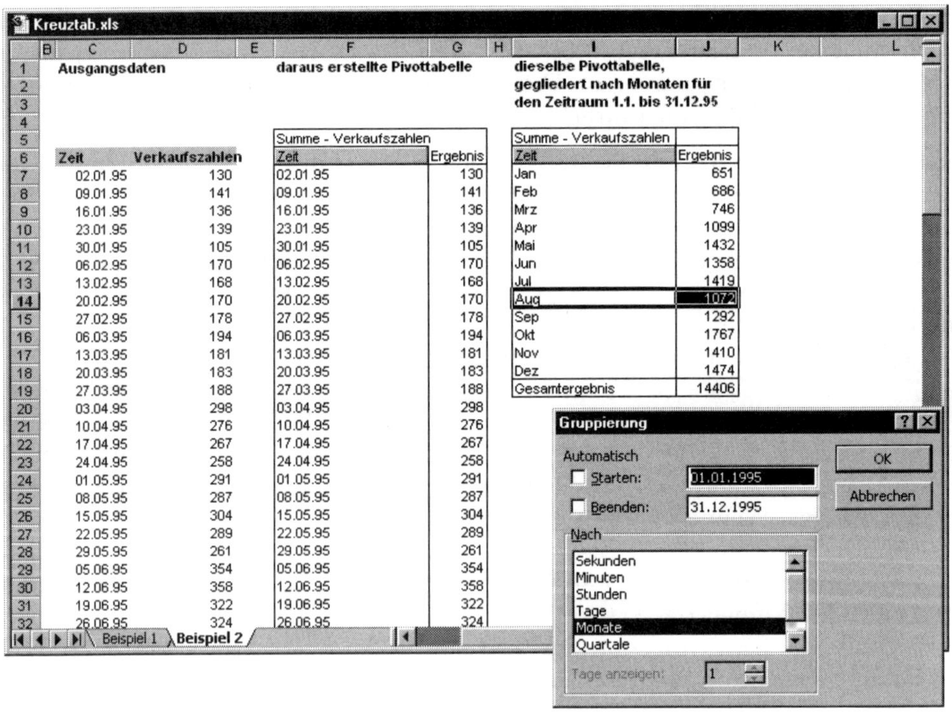

Bild 11.36: Die Verkaufszahlen des Jahres 95 wurden nach Monaten gruppiert

HINWEIS

Wenn wie im obigen Beispiel nur nach Monaten gruppiert wird, der Zeitraum aber mehr als ein Jahr umfaßt, bildet Excel dennoch nur 12 Gruppen. Die Januar-Ergebnisse von 95 und 96 werden also beispielsweise in derselben Gruppe zusammengefaßt. Dieses Problem kann umgangen werden, wenn zusätzlich auch nach Jahren gruppiert wird. Excel bildet dann zwei Hauptgruppen (1995 und 1996) und darin für jeden Monat Untergruppen.

11.5 Datenbankprogrammierung

Nachdem in den vorangegangenen Abschnitten die *Anwendung* der Datenbankfunktionen von Excel im Vordergrund stand, widmet sich der Rest des Kapitels der VBA-*Programmierung* dieser Funktionen. Dieser Abschnitt beschreibt in allgemeiner Form einige Programmiertechniken. Konkreter werden dann die folgenden Abschnitte, in denen der Code zu drei Beispielen beschrieben wird (Gestaltung einer eigenen Datenbankmaske, Verwaltung einer Excel-internen Datenbank zum Car-Sharing-Dialog aus dem vorigen Kapitel, Verwaltung einer externen Datenbank mit Abrechnungsdaten für einen Buchverlag).

Dieser Abschnitt ist in fünf Teile gegliedert:

- Abschnitt 11.5.1 beschreibt die Programmierung elementarer Excel-Kommandos zur Datenverwaltung und -analyse (Sortieren, Gruppieren und Gliedern von Daten, Import von Textdateien etc.).
- Abschnitt 11.5.2 erklärt, wie Pivottabellen per Programmcode erzeugt, aktualisiert und verändert werden können.
- Abschnitt 11.5.3 geht auf das DAO-Objektmodell ein. Dieses Objektmodell stellt eine Erweiterung zu den Excel-Objekten dar und ermöglicht einen effizienten Zugriff auf externe Datenbanken. Mit der DAO-Bibliothek können Sie unter anderem den Datenimport, der mit MS-Query interaktiv durchgeführt wird, auf eine effizientere Weise per Programmcode durchführen. Darüber hinaus haben Sie die Möglichkeit, externe Datenbanken zu erweitern bzw. zu verändern.
- Abschnitt 11.5.4 gibt eine erste Einführung in den Datenbankzugriff mit ODBC bzw. ODBCDirect (neu in Excel 97 bzw. in der DAO-Bibliothek 3.5).
- Abschnitt 11.5.5 gibt schließlich in einer Syntaxzusammenfassung einen kompakten Überblick über Objekte, Methoden und Eigenschaften.

11.5.1 Datenverwaltung innerhalb Excels

Der Aufbau dieses Abschnitts orientiert sich im wesentlichen am Aufbau des ganzen Kapitels. Es werden also zuerst Kommandos zur grundlegenden Datenverwaltung in Excel vorgestellt, dann Spezialkommandos zur Datenanalyse (Pivottabellen, statistische Funktionen) und schließlich Kommandos zum Konsolidieren mehrerer Excel-Tabellen und zum Import von Daten aus externen Datenbanken (*QueryTable*-Objekte).

Elementare Datenbankverwaltung in Excel

Eine Definition des Datenbankbereichs ist im allgemeinen nicht notwendig. Die meisten Datenbankkommandos setzen allerdings voraus, daß sich der Zellzeiger im Datenbankbereich befindet oder ein Zellbereich markiert wurde.

Ausgehend von einer Zelle kann im Regelfall mit *CurrentRegion* die dazugehörende Tabelle oder Liste ermittelt werden. (Voraussetzung ist, daß in der Tabelle keine so großen Löcher auftreten, daß einzelne Zellen von anderen vollkommen isoliert sind.) Interessant ist auch die Eigenschaft *ListHeaderRows*, die die Anzahl der Überschriftenzeilen einer Tabelle zurückgibt. (Die Online-Hilfe enthält keine Informationen darüber, wie Überschriften erkannt werden. Es ist also nicht ganz sicher, ob die Eigenschaft in jedem Fall zuverlässig ist.)

Die wichtigsten Methoden zum Aufruf von Datenbankfunktionen sind ***Sort*** (um die Datensätze einer Datenbank zu sortieren), ***Subtotal*** (um die Datensätze zu gruppieren und mit Teilergebnissen auszustatten), ***Find*** (um nach Daten zu suchen), ***AutoFilter*** (um einen Autofilter zu aktivieren) und ***AdvancedFilter*** (um einen Spezialfilter zu aktivieren). Die Anwendung dieser Methoden bereitet wenig Probleme, häufig kann der Code mit der Makroaufzeichnung erstellt werden.

Seit Excel 97 kann der Autofilter eines Tabellenblatts (es kann immer maximal ein Autofilter aktiv sein) über das gleichnamige Objekt ***AutoFilter*** angesprochen werden. Dessen Eigenschaft ***Filters*** führt dann auf ***Filter***-Objekte, die (für jede Spalte der Datenbank) die Filterkriterien beschreiben.

Bei der Anwendung von ***Sort*** müssen Sie beachten, daß diese Methode standardgemäß die erste Zeile des angegebenen Bereichs mitsortiert. Da es sich hierbei häufig um eine Beschriftungszeile handelt, deren Ort nicht veränderlich ist, muß der optionale Parameter *Header:=xlNo* angegeben werden.

ShowDataForm zum Aufruf der in Excel vordefinierten Datenbankmaske funktioniert leider nicht ganz optimal: Das Kommando nimmt an, daß die Datenbank mit der Zelle A1 beginnt – unabhängig davon, wo der Zellzeiger gerade steht. Dem können Sie abhelfen, wenn Sie dem Zellbereich mit der Datenbank den Namen »Datenbank« zuweisen und anschließend *ShowDataForm* ausführen. Das Beispiel unten geht davon aus, daß A5 eine Zelle der Datenbank ist.

```
Range("A5").CurrentRegion.Name = "Datenbank"
ActiveSheet.ShowDataForm
```

Excel sieht keine Kommandos vor, um einer Excel-Tabelle Datensätze hinzuzufügen, um Datensätze zu ändern oder zu löschen. Die Datenbankmaske kann nur aufgerufen werden, damit der Anwender des Programms selbständig darin Veränderungen vornimmt. Die in der Maske vorgesehenen Aktionen können aber nicht per Makroprogramm ausgelöst werden. Veränderungen am Inhalt der Datenbank müssen daher über den herkömmlichen Weg erfolgen: Zellen durch die *Range*- und *Cells*-Methoden auswählen, den Inhalt der Zelle über die *Value*- oder *Formula*-Eigenschaften ändern etc.

HINWEIS

Wenn Sie sich dazu entschließen, die eigentliche Datenverwaltung nicht innerhalb von Excel, sondern in einer externen Datenbank durchzuführen, stehen Ihnen dazu erheblich bessere Programmiermöglichkeiten in Form der DAO-Bibliothek zur Verfügung. Mehr dazu im nächsten Teilabschnitt.

Codebeispiel zur Vorbereitung des Serienbriefs

In Abschnitt 11.3.6 wurde beschrieben, wie eine Adreßliste aus einer Excel-Tabelle als Basis für einen WinWord-Serienbrief verwendet werden kann. Um ein möglichst bequemes Versenden von Serienbriefen zu ermöglichen, die nur an eine vorher ausgewählte Gruppe von Mitarbeitern gehen, können in der Excel-Datei `Mitarbei.xls` beliebige Selektionskriterien eingestellt werden. Durch ein Anklicken des Buttons »WinWord-Serienbrief vorbereiten« werden die selektierten Adressen in ein eigenes Tabellenblatt kopiert. Der Zellbereich wird mit »WinWordAdressen« benannt.

Der dazu erforderliche Code ist recht kurz und basiert auf elementaren Excel-Methoden. Die einzige Besonderheit ist die Methode *SpecialCells(xlVisible)*, mit der erreicht wird, daß nur die sichtbaren Datensätze kopiert werden. (Wenn in der Mitarbeiterdatenbank Filter verwendet werden, sollen diese Filter natürlich auch für die WinWord-Adreßliste berücksichtigt werden.)

```
' Mitarbei.xls, Modul »Tabelle2«
Private Sub btnWinWord_Click()
  Application.ScreenUpdating = False
  ' alle Zellen im WinWord-Tabellenblatt löschen
  Sheets("Adreßkopie Für Winword").Cells.ClearContents
  ' sichtbare Daten kopieren
  Sheets("Adreßdatenbank").[a2].CurrentRegion.SpecialCells(xlVisible) _
    .Copy Sheets("Adreßkopie für Winword").[a1]
  ThisWorkbook.Names.Add "WinwordAdressen", "=" & _
    Sheets("Adreßkopie für Winword").[a1].CurrentRegion.Address( _
      ReferenceStyle:=xlA1, external:=True)
  Application.ScreenUpdating = True
End Sub
```

Mit *Names.Add* wird schließlich der Name »WinWordAdressen« neu definiert. Der Zellbereich der Adreßliste wird mit *CurrentRegion* ermittelt und mit *Address* in eine Zeichenkette der Form *"='Adreßkopie für Winword'!$A$1:$Q$5"* umgewandelt. (»Adreßkopie für Winword« ist der Name des Tabellenblatts, in dem die Adreßliste gespeichert wird.)

VERWEIS

Weitere Codebeispiele zur Datenverwaltung innerhalb von Excel finden Sie in Abschnitt 1.6 (einführendes Datenbankbeispiel) sowie in den beiden folgenden Abschnitten 11.5.2 und 11.5.3. Die Methoden zum Umgang mit Tabellen und Zellbereichen, die eine elementare Voraussetzung für die Gestaltung eigener Datenbankprogramme sind, werden in den Abschnitten 6.1 und 6.2 behandelt.

Externe Daten

Externe Daten, die mit MS-Query in eine Excel-Tabelle importiert werden, resultieren intern in einem *QueryTable*-Objekt. Alle externe Tabellen eines Blatts werden durch die *QueryTables*-Aufzählung verwaltet, die über die gleichnamige Eigenschaft des *Worksheet*-Objekts angesprochen wird. Die Eckparameter der Datenverbindung werden durch die zwei Eigenschaften *Connection, Destination* und *Sql* hergestellt. Für die Beispieldatei `Verlag\Query1.xls` können im Direktbereich der Entwicklungsumgebung folgende Zeichenketten angezeigt werden:

```
?Worksheets(1).QueryTables(1).Connection
  ODBC;DBQ=H:\Code\xl-97\Verlag\Verlag.mdb;
  DefaultDir=H:\Code\xl-97\Verlag;
  Driver={Microsoft Access Driver (*.mdb)};DriverId=25;
  FIL=MS Access;ImplicitCommitSync=Yes;MaxBufferSize=512;
  MaxScanRows=8;PageTimeout=5;SafeTransactions=0;Threads=3;
  UID=admin;UserCommitSync=Yes;

?Worksheets(1).QueryTables(1).Sql
  SELECT Reihen.Name, Autoren.Name, Bücher.Titel, Bücher.Preis
  FROM `H:\Code\xl-97\Verlag\Verlag`.Autoren Autoren,
    `H:\Code\xl-97\Verlag\Verlag`.Bücher Bücher,
    `H:\Code\xl-97\Verlag\Verlag`.Reihen Reihen
  WHERE Autoren.`A-Nr` = Bücher.Autor AND
        Reihen.`R-Nr` = Bücher.Reihe AND
        ((Reihen.Name='Wissenschaft'))
  ORDER BY Reihen.Name

?Worksheets(1).QueryTables(1).Destination.Address
  $A$1
```

Die Ausgaben erfolgen normalerweise in einer endlosen Zeichenkette ohne Zeilenumbruch oder Leerzeichen. Sie wurde hier etwas übersichtlicher formatiert, damit sie leichter zu lesen ist. Aber auch in dieser Form wird klar, daß der Versuch, diese Zeichenketten manuell zu erstellen, zum Scheitern verurteilt ist.

Wenn Sie *QueryTable*-Objekte per Programmcode verändern möchten, wird die übliche Vorgehensweise also so aussehen, daß Sie zuerst mit MS-Query eine Abfrage erstellen, dann die resultierende Zeichenkette im Direktfenster ausgeben und als Ausgangsbasis für Ihren Programmcode verwenden.

Diese Vorgehensweise wurde auch gewählt, um das größte Manko von *QueryTable*-Objekten zu umgehen. Wenn Sie die Beispieldatei `Verlag\Query1.xls` auf Ihrem Rechner öffnen, wäre Excel nicht in der Lage, die Datenbankdatei zu finden (es sei denn, Sie installieren die Datei in dasselbe Verzeichnis wie am Rechner des Autors, also in `H:\Code\xl-97\Verlag`). In der Prozedur *Workbook_Open* werden die *Connection*- und *Sql*-Eigenschaften daher an den jeweils gültigen Pfad angepaßt. Eine Aktualisierung der Daten ist jetzt möglich, sofern sich `Query1.xls` im gleichen Verzeichnis wie die Datenbank `Verlag.mdb` befindet.

```
' Verlag\Query1.xls, Modul »DieseArbeitsmappe«
Private Sub Workbook_Open()
  Dim dbp$, dbn$, dbf
  dbp = Me.Path                  'Verzeichnis mit Datenbank
  dbn = dbp + "\verlag"          'Datenbankname ohne Dateikennung
  dbf = dbn + ".mdb"             'Dateiname
  With Worksheets(1).QueryTables(1)
    .Connection = "ODBC;DBQ=" & dbf & _
      ";DefaultDir=" & dbp & _
      ";Driver={Microsoft Access Driver (*.mdb)};" & _
      "DriverId=25;FIL=MS Access;ImplicitCommitSync=Yes;" & _
      "MaxBufferSize=512;MaxScanRows=8;PageTimeout=5;" & _
      "SafeTransactions=0;Threads=3;UID=admin;UserCommitSync=Yes;"
    .Sql = _
      "SELECT Reihen.Name, Autoren.Name, " & _
      "       Bücher.Titel, Bücher.Preis " & _
      "FROM `" & dbn & "`.Autoren Autoren, " & _
      "`" & dbn & "`.Bücher Bücher, " & _
      "`" & dbn & "`.Reihen Reihen " & _
      "WHERE Autoren.`A-Nr` = Bücher.Autor AND " & _
      "      Reihen.`R-Nr` = Bücher.Reihe AND " & _
      "      ((Reihen.Name='Wissenschaft')) " & _
      "ORDER BY Reihen.Name"
    .Refresh
  End With
End Sub
```

HINWEIS

Wenn die Zeichenketten für *Connection* oder *Sql* länger als 255 Zeichen werden, müssen sie als *Array* übergeben werden, also beispielsweise *Sql:=Array("abc", "def", ...)*.

ANMERKUNG

In Excel 7 konnte MS-Query direkt durch die Kommandos *QueryRefresh*, *QueryGetData* und *QueryGetDataDialog* gesteuert werden. Diese Kommandos waren in `Xlquery.xla` definiert. `Xlquery.xla` steht zwar aus Kompatibilitätsgründen noch immer zur Verfügung, sollte in Excel 97 angesichts des sehr viel leistungsfähigeren *QueryTable*-Objekts nicht mehr verwendet werden.

Textdateien importieren

In Abschnitt 11.3.2 wurde der Textassistent zum Importieren von Textdateien kurz beschrieben. Die zugeordnete Methode lautet ***OpenText***. Die Methode muß auf das *Workbooks*-Objekt angewendet werden. Bei der Ausführung erzeugt die Methode eine neue Arbeitsmappe mit einem Tabellenblatt, das die importierten Daten enthält. Es ist also nicht möglich, Daten unmittelbar in ein Tabellenblatt einer schon vorhandenen Arbeitsmappe zu importieren. Der Zugriff auf die erzeugte Arbeitsmappe kann mit *ActiveWorkbook* erfolgen, um die importierten Daten anschließend in eine schon vorhandene Arbeitsmappe zu kopieren.

HINWEIS

Im Gegensatz zu Excel 7 liefert *OpenText* kein Ergebnis mehr und darf nicht als Funktion verwendet werden. Eventuell mögliche Fehler müssen durch eine Fehlerbehandlungsroutine abgefangen werden.

Während der Textassistent Probleme mit Zahlen hat, die einen Punkt als Dezimalkennung aufweisen, kommt *OpenText* damit problemlos zurecht. Dafür hat die Methode jetzt Schwierigkeiten mit Zahlen, die ein Komma enthalten. Die Prozedur *TextdateiEinlesen* in `Textdat.xls` zeigt, wie dieses Problem behoben werden kann: Im Code wird zuerst die Textdatei `Data.txt` aus den Beispieldateien in eine neue Arbeitsmappe importiert. `Data.txt` enthält in der ersten Spalte Dezimalzahlen mit einem Punkt, in der zweiten Spalte Dezimalzahlen mit Komma, in den drei weiteren Spalten Datum, Uhrzeit und eine Zeichenkette:

```
12.3    12,3   1.1.96    17:30    "Text"
12.4    12,4   28.2.96   22:15    "Text mit Leerzeichen dazwischen"
.33     ,33    3.4.96    11:20    "Text mit äöü"
```

Die gewünschten Formate werden in Parameter *FieldInfo* angegeben: Spalte 1 wird im Format »Standard« importiert (Excel macht automatisch Zahlen daraus), Spalte 2 als Text, Spalte 3 als Datum im Format tt.mm.jj, Spalte 4 als »Standard« (Excel bildet automatisch Zeiten) und Spalte 5 als Text. Die importierten Daten werden aus der neuen Arbeitsmappe in die schon vorhandene Arbeitsmappe kopiert. Dort wird die zweite Spalte (also die Texte *"12,3"*, *"12,3"* und *",33"*) in ein Datenfeld kopiert und in Zahlen umgewandelt. Anschließend wird die zweite Spalte gelöscht und das Datenfeld dorthin kopiert. (Informationen zur effizienten Bearbeitung von Tabellen finden Sie übrigens in Abschnitt 6.7.3.)

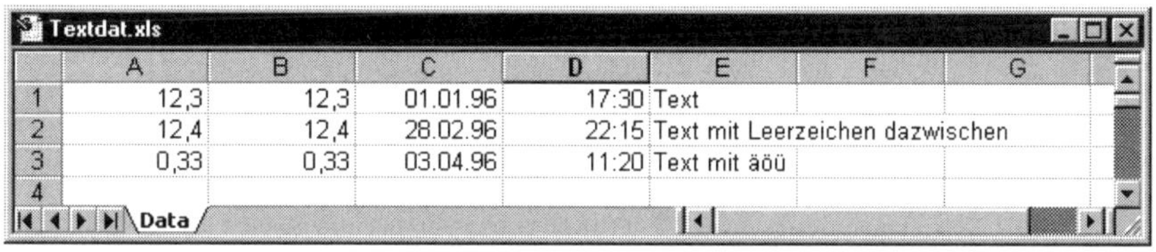

	A	B	C	D	E	F	G
1	12,3	12,3	01.01.96	17:30	Text		
2	12,4	12,4	28.02.96	22:15	Text mit Leerzeichen dazwischen		
3	0,33	0,33	03.04.96	11:20	Text mit äöü		
4							

Bild 11.37: Die importierten Daten nach der Ausführung des Makros TextdateiEinlesen

```
Sub TextdateiEinlesen()
  Dim wb As Workbook
  Dim ws As Worksheet
  Dim quelle As Range, ziel As Range
  Dim dfeld As Variant, i%, element As Variant, pos&
  ThisWorkbook.Save
  ' Textdatei in neue Arbeitsmappe importieren; data.txt enthält
  ' in der 1. Spalte Dezimalzahlen mit . (kein Problem im VBA-Code)
  ' in der 2. Spalte Dezimalzahlen mit , (wird als Text importiert)
  ' in der 3. Spalte ein Datum tt.mm.jj (wird als Datum importiert)
  ' in der 4. Spalte eine Uhrzeit hh:mm (wird als Standard importiert)
  ' in der 5. Spalte ein Text in Hochkommata (wird als Text importiert)
  On Error Resume Next
  Workbooks.OpenText Filename:=ThisWorkbook.Path + "\data.txt", _
    Origin:=xlWindows, StartRow:=1, DataType:=xlDelimited, _
    TextQualifier:=xlDoubleQuote, ConsecutiveDelimiter:=False, _
    Tab:= True, Semicolon:=False, Comma:=False, Space:=False, _
    Other:=False, FieldInfo:=Array(Array(1, 1), Array(2, 2), _
    Array(3, 4), Array(4, 1), Array(5, 2))
  If Err Then
    MsgBox "Es ist ein Fehler beim Importieren der Textdatei " & _
      "data.txt aufgetreten."
    Exit Sub
  End If
  Set wb = ActiveWorkbook
  ' bisherige Daten in dieser Arbeitsmappe löschen
  Set ws = ThisWorkbook.Sheets("data")
  ws.[a1].CurrentRegion.Clear
  ' Daten von der neuen Arbeitsmappe in diese Arbeitsmappe kopieren
  Set quelle = wb.Sheets(1).[a1].CurrentRegion
  Set ziel = ws.Evaluate(quelle.Address)
  quelle.Copy ziel
  ' neue Arbeitsmappe löschen ohne zu speichern
  wb.Close False
  ' in der Zieltabelle die erste Spalte bearbeiten
  Set quelle = Intersect(ws.[a1].CurrentRegion, ws.[b:b])
  dfeld = quelle
```

```
  For i = 1 To UBound(dfeld)
    element = dfeld(i, 1)
    If TypeName(element) = "String" Then
      pos = InStr(element, ",")
      If pos > 0 Then Mid(element, pos, 1) = "."
      dfeld(i, 1) = Val(element)
    End If
  Next i
  quelle.Clear
  quelle = dfeld
End Sub
```

11.5.2 Pivottabellen

Pivottabellen erzeugen und aktualisieren

Das Erstellen einer Pivottabelle ist ein ziemlich komplexer Vorgang, der über die ***PivotTableWizard***-Methode durchgeführt werden muß (für die *PivotTables*-Aufzählung ist keine *Add*-Methode definiert). Dabei ist es sinnvoll, das Erstellen einer Pivottabelle interaktiv durchzuführen und den Code aufzuzeichnen. Falls Sie im Schritt 2 des Pivotassistenten MS-Query aufrufen, wird der Code allerdings recht unübersichtlich (aber immerhin – im Gegensatz zu Excel 7 – syntaktisch korrekt).

Zur manuellen Anpassung des Codes ist ein wenig Hintergrundwissen erforderlich, in welcher Form *PivotTableWizard* die Parameter erwartet. Kritisch sind dabei die Parameter *SourceData* und *Connection,* in denen die Datenquelle angegeben werden muß. Diese Angabe erfolgt durch ein *Array* von Zeichenketten. (Die *Array*-Konstruktion ist erforderlich, weil normalerweise maximal 255 Zeichen an eine Eigenschaft übergeben werden können. Warum die Makroaufzeichnung einmal *Array("abc", "def")* und einmal *Array(Array("abc"), Array("efg"))* verwendet, ist allerdings unklar geblieben. Offenbar sind beide Varianten zulässig.)

Die folgenden Zeilen zeigen die prinzipielle Verwendung von *PivotTableWizard* für externe Daten. Die *SourceData*- und *Connection*-Zeichenketten wurden allerdings drastisch gekürzt. Der Aufbau sieht aus wie bei den *QueryTable*-Objekten, die kurz auf Seite 486 beschrieben wurden.

```
ActiveSheet.PivotTableWizard _
  SourceType:=xlExternal, _
  SourceData:=Array( _
    "SELECT Bestellungen.`Bestell-Nr`, ...", _
    "spiel\NORDWIND`.Bestelldetails ...", _
    "` = Bestellungen.`Bestell-Nr` ..."), _
  TableDestination:="R2C2", _
  TableName:="Pivot-Tabelle2", _
  BackgroundQuery:=False, _
  Connection:=Array( _
```

```
    Array("ODBC;DBQ=G:\office97\Office\Beispiel\NORDWIND.MDB;..."), _
    Array("iverId=25;FIL=MS Access; ..."), _
    Array("ommitSync=Yes;"))
ActiveSheet.PivotTables("Pivot-Tabelle2").AddFields _
  RowFields:="Bestelldatum"
ActiveSheet.PivotTables("Pivot-Tabelle2"). _
  PivotFields("Expr1002"). Orientation = xlDataField
```

HINWEIS

Die Makroaufzeichnung setzt den Parameter *BackgroundQuery* automatisch auf *False*. Damit wird sichergestellt, das die Pivottabelle unmittelbar nach Ausführung der *PivotTableWizard*-Methode zur Verfügung steht (und nicht erst parallel während der Ausführung des weiteren Codes erstellt wird).

Innerhalb des *PivotTable*-Objekts werden die *Connection*- und *Destination*-Informationen in den Elementen der *SourceData*-Aufzählung gespeichert. Im Direktfenster können Sie sich diese Texte am einfachsten mit der folgenden Schleife ansehen:

```
s = Worksheets(1).PivotTables(1).SourceData
For i = LBound(s) To UBound(s): ?s(i): Next
```

SourceData kann nur gelesen, nicht aber direkt verändert werden. Wenn Sie die Datenquelle einer Pivottabelle verändern möchten, müssen Sie *PivotTableWizard* verwenden.

Datenquelle dynamisch einstellen

Bei Pivottabellen, die auf externe Daten zugreifen, tritt das gleiche Problem wie bei *QueryTable*-Objekten auf: Der Name der Datenbankdatei wird absolut gespeichert. Wenn die Datenbankdatei und die Excel-Datei gemeinsam in ein anderes Verzeichnis verschoben werden, findet Excel die Datenbank nicht mehr. Dieser Umstand erschwert die Weitergabe von Datenbanken samt Excel-Dateien natürlich erheblich.

Das Problem wird durch die folgende Prozedur gelöst. Die Prozedur wird automatisch beim Öffnen der Datei ausgeführt. Sie aktualisiert die Daten für eine bereits vorhandene Pivottabelle, die dazu allerdings gelöscht und neu gebildet werden muß. Excel besteht andernfalls darauf (erst seit Version 97), vor der Ausführung von *PivotTableWizard* die Daten der Tabelle zu aktualisieren. Gerade das soll zu diesem Zeitpunkt aber vermieden werden – Excel findet die Datenbankdatei ja nicht.

```
' Verlag\Verlag.xls, Modul »DieseArbeitsmappe«
Private Sub Workbook_Open()
  MsgBox ("Die Daten der Pivot-Tabelle werden aktualisiert. " & _
    "Zum Aktualisieren wird die Datei " & _
    ThisWorkbook.Path & "\Verlag.mdb " & _
    "benötigt. Das Aktulisieren nimmt einige Zeit in Anspruch.")
  RebuildPivot
  Tabelle1.btnTitles_Click
End Sub
```

```
Sub RebuildPivot()
  Dim dbp$, dbn$, dbf$, conn$, sql1$, sql2$, sql3$
  dbp = ThisWorkbook.Path        'Verzeichnis mit Datenbank
  dbn = dbp + "\verlag"          'Datenbankname ohne Dateikennung
  dbf = dbn + ".mdb"             'Dateiname
  conn = "ODBC;DSN=MS Access 97-Datenbank;" & _
    "DBQ=" & dbf & ";DefaultDir=" & dbp & ";" & _
    "DriverId=25;FIL=MS Access;MaxBufferSize=512;" & _
    "PageTimeout=5;UID=admin;"
  sql1 = "SELECT Verkaufszahlen.Zeit, " & _
    "Vertreter.Name As `Vertretername`, " & _
    "Bücher.Titel, Reihen.Name As `Reihenname`, " & _
    "Autoren.Name As `Autorenname`, Verkaufszahlen.Stück, " & _
    "Bücher.Preis, Bücher.Preis*Stück As `Umsatz` "
  sql2 = "FROM Autoren, Bücher, Verkaufszahlen, Vertreter, Reihen "
  sql3 = "WHERE Verkaufszahlen.Vertreter = Vertreter.`V-Nr` AND " & _
    "Verkaufszahlen.Buch = Bücher.`I-Nr` AND " & _
    "Autoren.`A-Nr` = Bücher.Autor AND " & _
    "Bücher.Reihe = Reihen.`R-Nr`"

  With ThisWorkbook.Worksheets("Analyse")
    ' die vorhandene Tabelle zuerst löschen ...
    .PivotTables(1).TableRange2.Clear
    ' ... und dann neu erstellen
    .PivotTableWizard _
      SourceType:=xlExternal, _
      Connection:=conn, _
      SourceData:=Array(sql1, sql2, sql3), _
      TableDestination:="R7C3", _
      TableName:="Pivot-Tabelle1", _
      SaveData:=False, _
      BackgroundQuery:=False
  End With
End Sub
```

In *Workbook_Open* wird nicht nur *RebuildPivot* aufgerufen, sondern auch *btnTitlesClick*. Dort werden in die momentan noch leere Pivottabelle Pivotfelder eingefügt. Die Prozedur wird etwas weiter unten beschrieben.

> VERWEIS
>
> Einige Hintergrundinformationen zur Syntax von SQL finden Sie im folgenden Teilabschnitt zur DAO-Programmierung. Dort wird auch die Bedeutung der obigen SQL-Abfrage genau aufgeschlüsselt.

Pivottabellen bearbeiten

In praktischen Anwendungen werden Sie nur recht selten in die Verlegenheit kommen, Pivottabellen zu erzeugen. Viel häufiger ist der Fall, daß Sie die Pivottabelle während der Gestaltung einer Datenbankanwendung interaktiv erstellen. VBA-Code ist dann nur noch erforderlich, um die Pivottabelle nach den Wünschen des Anwenders umzugestalten, ohne diesen mit den oft schwer verständlichen Pivotformatierungsdialogen zu konfrontieren.

Ausgangspunkt für jede Manipulation an Pivottabellen sind die drei Aufzählungen *PivotTables, PivotFields* und *PivotItems*: ***PivotTables*** verweist auf alle Pivottabellen eines Tabellenblatts. Über das *PivotTable*-Objekt können neben der unten beschriebenen Methode *PivotFields* die Eigenschaften *TableRange1, TableRange2, PageRange* (Seitenbereich), *ColumnRange* (Spaltenbereich), *RowRange* (Zeilenbereich), *DataBodyRange* (Datenbereich) und *DataLabelRange* ausgewertet werden. *RowGrand* und *ColumnGrand* geben an, ob zur Pivottabelle Ergebniszeilen bzw. -spalten angezeigt werden.

	B	C	D	E	F	G	H	I
4								
5		Titel	(Alle)					
6								
7		Summe - Stück	Reihenname					
8		Vertretername	Anwendung	Programmierung	Gesamtergebnis			
9		Wabnegg	2281	2031	4312		TableRange1	C7:F17
10		Treiber	2964	1893	4857		TableRange2	C5:F17
11		Schwarzl	2993	2594	5587		ColumnRange	D7:F8
12		Rovi	1333	1136	2469		RowRange	C8:C17
13		Jandl	2069	1472	3541		PageRange	C5:D5
14		Grebien	2480	2270	4750		DataBodyRange	D9:F17
15		Biber	2429	1864	4293		DataLabelRange	C7
16		Allweiler	2983	2248	5231			
17		Gesamtergebnis	19532	15508	35040			

Bild 11.38: Bereiche einer Pivottabelle

PivotFields enthält alle für eine Tabelle definierten Pivotfelder. (Jedes Pivotfeld steht für eine Spalte der Quelldaten.) Die ***Orientation***-Eigenschaften der *PivotField*-Objekte bestimmt, ob das Feld zur Gliederung der Daten, zur Ermittlung der Ergebnisse oder überhaupt nicht genutzt wird (siehe Bild 11.39).

PivotField-Objekte steuern also die Struktur der Pivottabelle. Mit den Methoden *ColumnFields, DataFields, HiddenFields, PageFields, RowFields* und *VisibleFields* kann gezielt auf alle *PivotField*-Objekte eines bestimmten *Orientation*-Typs zugegriffen werden.

Zahlreiche *PivotField*-Eigenschaften steuern die Layout-Details einer Pivottabelle: *DataRange* und *LabelRange* geben an, wo sich die Beschriftungs- und Ergebniszellen befinden. *Function* bestimmt, nach welcher Funktion die Ergebnisse für die Datenfelder bestimmt werden sollen. *Subtotals* enthält ein Datenfeld, das angibt, welche Typen von Zwischenergebnissen in der Pivottabelle aufscheinen sollen. Bei Seitenfeldern gibt *CurrentPage* an, welche Seite gerade ausgewählt ist. (Eine Menge weiterer Eigenschaften wird in der Online-Hilfe aufgezählt und beschrieben.)

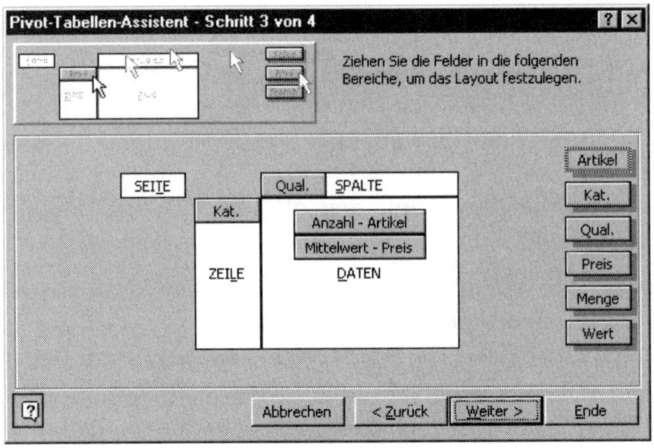

Bild 11.39: PivotField- und PivotItem-Objekte

Noch eine Ebene tiefer stehen die *PivotItem*-Objekte: Dabei handelt es sich um Ergebnisspalten oder -zeilen der Pivottabelle. *PivotItem*-Objekte sind jeweils einem *PivotField* zugeordnet. Über die *Visible*-Eigenschaft der *PivotItem*-Objekte kann beispielsweise die Sichtbarkeit einzelner Ergebnisspalten oder -zeilen verändert werden (entspricht dem Ausblenden einzelner Elemente im Dialog »Pivottabellen-Feld«; in Bild 11.39 sind beispielsweise zwei der vier *PivotItems* des *PivotFields* "Reihenname" ausgeblendet).

Beispiel

Die folgende Prozedur löscht zuerst alle sichtbaren Pivotfelder der bereits vorhandenen Pivottabelle. Anschließend wird mit den Pivotfeldern *Analyse, Vertretername* und *Jahre, Zeit* (zerlegt das Jahr in Quartale) und *Stück* eine Tabelle aufgebaut, in der horizontal die Namen der Vertreter, vertikal die Verkaufsdaten und im Datenbereich die Verkaufszahlen angegeben sind. Mit *Ungroup* wird eine eventuell vorhandene Gruppierung nach der Zeit aufgehoben. (Falls bisher keine Gruppierung vorlag, tritt ein Fehler auf. Um allfällige Fehlermeldungen zu vermeiden, beginnt die Prozedur mit *On Error Resume Next.*) Die Prozedur setzt voraus, daß eine Pivottabelle mit den im Code verwendeten Pivotfeldern bereits existiert.

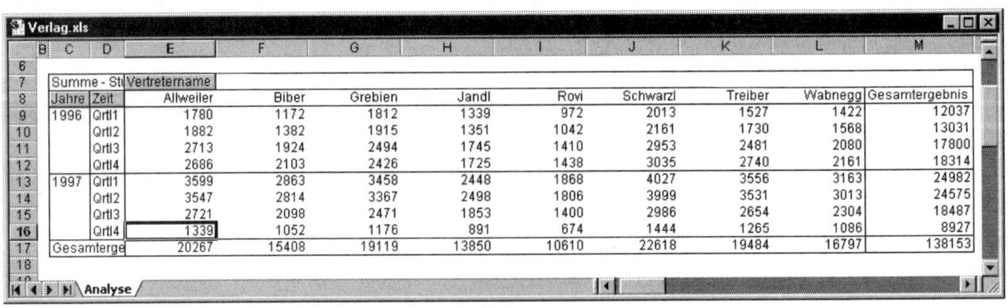

Summe - St		Vertretername								
Jahre	Zeit	Allweiler	Biber	Grebien	Jandl	Rovi	Schwarzl	Treiber	Wabnegg	Gesamtergebnis
1996	Qrtl1	1780	1172	1812	1339	972	2013	1527	1422	12037
	Qrtl2	1882	1382	1915	1351	1042	2161	1730	1568	13031
	Qrtl3	2713	1924	2494	1745	1410	2953	2481	2080	17800
	Qrtl4	2686	2103	2426	1725	1438	3035	2740	2161	18314
1997	Qrtl1	3599	2863	3458	2448	1868	4027	3556	3163	24982
	Qrtl2	3547	2814	3367	2498	1806	3999	3531	3013	24575
	Qrtl3	2721	2098	2471	1853	1400	2986	2654	2304	18487
	Qrtl4	1339	1052	1176	891	674	1444	1265	1086	8927
Gesamterge		20267	15408	19119	13850	10610	22618	19484	16797	138153

Bild 11.40: Die Pivottabelle nach der Ausführung der obigen Prozedur

```
' Verlag/Verlag.xls, Modul »Tabelle1«
' Verkaufszahlen nach Vertretern geordnet
Private Sub btnAgents_Click()
  On Error Resume Next
  Dim pf As PivotField
  Application.ScreenUpdating = False
  With Sheets("Analyse").PivotTables(1)
    For Each pf In .VisibleFields
      pf.Orientation = xlHidden
    Next
    With .PivotFields("Vertretername")
      .Orientation = xlColumnField
    End With
    With .PivotFields("Jahre")
      .Orientation = xlRowField
      .DataRange.Rows(1).Ungroup
    End With
    With .PivotFields("Zeit")
      .Orientation = xlRowField
      .DataRange.Rows(1).Ungroup
    End With
    With .PivotFields("Stück")
      .Orientation = xlDataField
    End With
  End With
End Sub
```

ANMERKUNG

Ein Problem bei der Bearbeitung von Pivottabellen per Programmcode besteht darin, daß Sie im Programm nicht wissen können, welche Einstellungen der Anwender an den Pivottabellen vorgenommen hat. Es fehlt leider eine Methode, um einen Grundzustand wiederherzustellen. Um das per Programmcode zu erreichen, müßten Sie alle Eigenschaften von allen *PivotField*- und *PivotItem*-Objekten der Tabelle in einen definierten Zustand setzen. Aufgrund der unüberschaubaren Fülle von Eigenschaften und Einstellungen wäre das aber mit einem enormen Programmieraufwand verbunden. Eine andere Alternative besteht darin, daß Sie eine manuelle Veränderung der Pivottabelle nicht zulassen. (Dazu aktivieren Sie einfach den Blattschutz für das jeweilige Tabellenblatt.)

Gruppierung von Pivottabellen

Ein Teil der Analysemöglichkeiten von Pivottabellen kann nur in Zusammenarbeit mit der Gruppierungsfunktion ausgeschöpft werden. Die dazu erforderliche ***Group***-Methode ist an sich von Pivottabellen unabhängig. Sie erwartet als Objektreferenz einfach eine Zelle oder einen Zellbereich. Wenn dieser Bereich innerhalb einer Pivottabelle liegt, wird die Gruppierung hierfür durchgeführt.

Der entscheidende Parameter von *Group* ist *Periods*: an ihn wird ein Datenfeld übergeben, das angibt, für welche Zeiteinheiten die Gruppierung durchgeführt werden soll (Sekunden, Minuten, Stunden, Tage, Monate, Quartale und Jahre).

Wenn gruppiert wird, dann sollen zumeist auch Zwischenergebnisse angezeigt werden. Dafür ist die ***Subtotals***-Eigenschaft zuständig, die wieder direkt auf ein Pivotfeld angewendet werden muß. Auch an *Subtotals* wird ein Datenfeld zugewiesen. Es gibt an, welche Typen von Zwischenergebnissen (Summe, Mittelwert etc.) gebildet werden.

Beispiel

Die folgende Prozedur setzt eine Pivottabelle voraus, die im Zeilenbereich Zeitwerte enthält (also etwa die gerade mit *btnAgents_Click* erstellte Tabelle). Mit den Methoden *DataRange* und *Rows* wird das erste Zeitfeld angesprochen und darauf die Gruppierungsmethode angewendet. Anschließend werden durch die Veränderung der *Subtotals*-Eigenschaft Zwischensummen eingefügt.

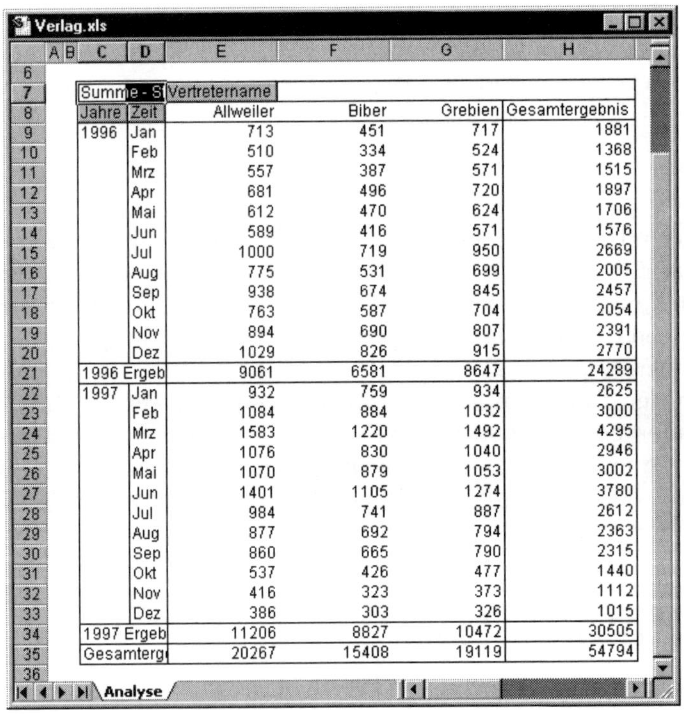
Verlag.xls

	C	D	E	F	G	H
7	Summe - S	Vertretername				
8	Jahre	Zeit	Allweiler	Biber	Grebien	Gesamtergebnis
9	1996	Jan	713	451	717	1881
10		Feb	510	334	524	1368
11		Mrz	557	387	571	1515
12		Apr	681	496	720	1897
13		Mai	612	470	624	1706
14		Jun	589	416	571	1576
15		Jul	1000	719	950	2669
16		Aug	775	531	699	2005
17		Sep	938	674	845	2457
18		Okt	763	587	704	2054
19		Nov	894	690	807	2391
20		Dez	1029	826	915	2770
21	1996 Ergeb		9061	6581	8647	24289
22	1997	Jan	932	759	934	2625
23		Feb	1084	884	1032	3000
24		Mrz	1583	1220	1492	4295
25		Apr	1076	830	1040	2946
26		Mai	1070	879	1053	3002
27		Jun	1401	1105	1274	3780
28		Jul	984	741	887	2612
29		Aug	877	692	794	2363
30		Sep	860	665	790	2315
31		Okt	537	426	477	1440
32		Nov	416	323	373	1112
33		Dez	386	303	326	1015
34	1997 Ergeb		11206	8827	10472	30505
35	Gesamterg		20267	15408	19119	54794

Analyse

Bild 11.41: Die Pivottabelle nach der Ausführung der beiden gerade beschriebenen Prozeduren (einige Vertreter wurden im Pivotfelddialog »Vertreter« manuell ausgeblendet)

```
' Verkaufszahlen nach Monaten (statt nach Quartalen) aufschlüsseln
Private Sub btnMonth_Click()
  On Error GoTo monthExit
  Application.ScreenUpdating = False
  With Sheets("Analyse").PivotTables(1)
    .PivotFields("Zeit").DataRange.Rows(1).Group _
      Start:=True, End:=True, Periods:=Array(False, False, _
      False, False, True, False, True)
    .PivotFields("Jahre").Subtotals = _
      Array(True, False, False, False, False, False, _
            False, False, False, False, False, False)
  End With
monthExit:
  Exit Sub
End Sub
```

TIP Weitere Beispiel zur Analyse der obigen Verkaufszahlen mit Pivottabellen finden Sie in Abschnitt 11.8.

Pivottabelle löschen

In Excel fehlt ein Menükommando, um eine Pivottabelle wieder zu löschen. Da überrascht es wenig, daß es auch für die *PivotTables*-Aufzählung keine *Remove*- oder *Delete*-Methode gibt. Dennoch ist es einfach, eine Pivottabelle zu löschen: Löschen Sie einfach den gesamten von der Tabelle beanspruchten Zellbereich. Damit wird automatisch auch das *PivotTable*-Objekt gelöscht:

```
PivotTables(...).TableRange2.Clear
```

11.5.3 Datenbankzugriff mit der DAO-Bibliothek

Seit Version 7 stehen in Excel alle Datenbankfunktionen von Access zur Verfügung. Die Datenbankfunktionen sind ähnlich wie beim Objektmodell von Excel in Objekten, Methoden und Eigenschaften organisiert. Damit diese zusätzlichen Objekte verwendet werden können, muß mit EXTRAS | VERWEISE die Objektbibliothek »Microsoft DAO Object Library« aktiviert werden. Access muß zur Verwendung der Library nicht installiert werden. (Die DAO-Bibliothek greift auf eine sogenannte Datenbank-Engine zurück, die die eigentliche Verwaltung der Daten übernimmt. Diese Engine wird mit Excel mitgeliefert. Access stellt dazu praktisch nur noch die Benutzeroberfläche dar.)

DAO steht für Data Access Objects und ist besonders für den Zugriff auf Access-Datenbanken optimiert. Access-Datenbanken können per Programmcode sogar erzeugt werden. Daneben werden aber auch eine Menge anderer Datenbanken direkt bzw. über den Umweg ODBC unterstützt. Der Funktionsumfang ist dabei in manchen Punkten ein wenig eingeschränkt (es gibt z. B. keine Funktionen zur Wartung der

Datenbank), es können aber in jedem Fall Daten gelesen, geschrieben und verändert werden.

Die DAO-Bibliothek ersetzt die ODBC-Bibliothek `Xlodbc.xla`, die bis zu Version 5 dazu verwendet wurde, um auf ODBC-Datenbanken zuzugreifen. Die DAO-Bibliothek ersetzt gleichzeitig auch die MS-Query-Bibliothek `Xlquery.xla`, mit der sich MS-Query per Programmcode steuern läßt. (Beide Bibliotheken werden aus Kompatibilitätsgründen noch immer mitgeliefert, sollten aber nicht mehr verwendet werden. Die DAO-Bibliothek ist besser organisiert und effizienter.)

HINWEIS

Dieser Abschnitt kann aus Platzgründen nur einen knappen Einstieg in die DAO-Bibliothek geben. Eine vollständige und beispielorientierte Beschreibung würde Hunderte Seiten füllen und sich inhaltlich recht weit vom eigentlichen Thema dieses Buchs – nämlich Excel – entfernen.

Weitere Beispiele zur Anwendung der DAO-Bibliothek finden Sie in Abschnitt 11.8 sowie in der Beispieldatei `Office97\Office\Beispiel\Beispiel.xls`.

Wenn Sie mehr Informationen zur DAO-Bibliothek benötigen, eignen sich Bücher zur Access-Programmierung oder zur Datenbankprogrammierung mit Visual Basic. Beispielsweise beschäftigt sich mein Buch zu Visual Basic 5 (Programmiertechniken, Datenbanken und Internet, erschienen im Addison-Wesley-Verlag 1997) auf über 250 Seiten mit Datenbankgrundlagen, der DAO-Bibliothek, dem Zugriff auf ODBC-Datenbanken (ODBCDirect) etc.

Objekthierarchie

DBEngine	direkter Zugriff auf die Engine (*Repair*, *Compact* etc.)
├─ *Error*	Daten zum letzten Fehler
└─ *Workspace*	Zugriff auf alle offenen Datenbanken, Transaktionen
├─ *Database*	Datenbank
│ ├─ *TableDef*	Tabellen der Datenbank
│ │ ├─ *Field*	deren Felder
│ │ └─ *Index*	und Indizes
│ │ └─ *Field*	indizierte Felder
│ ├─ *QueryDef*	in der Datenbank gespeicherte Abfragen
│ │ ├─ *Field*	Felder der Abfrage
│ │ └─ *Parameter*	Parameter der Abfrage
│ ├─ *Recordset*	Datensatzliste (Tabelle, Abfrageergebnis etc.)
│ │ └─ *Field*	Felder der Liste
│ └─ *Relation*	Verknüpfungen (Relationen) zwischen Tabellen
│ └─ *Field*	verknüpfte Felder
└─ *Connection*	ODBCDirect-Arbeitsbereich
├─ *QueryDef*	Abfragen
└─ *Recordset*	Datensatzlisten

Die Objekte der DAOs sind hierarchisch geordnet. Manche Objekte können in unterschiedlichen Hierarchiebeziehungen zueinander stehen. Die Tabelle oben gibt einen ersten Überblick über die wichtigsten zur Verfügung stehenden Objekte und ihre Bedeutung.

Alle oben aufgezählten Objektklassen mit Ausnahme von *DBEngine* und *Error* stehen auch in der Pluralform (*WorkSpaces, TableDefs* etc.) als Aufzählobjekte zur Verfügung. Aufgrund der hierarchischen Struktur der DAOs kann es zu ziemlich komplexen Ausdrücken kommen, wenn auf einzelne Objekte zugegriffen werden soll, etwa:

```
Dim db As Database
Set db = DBEngine.Workspaces(0).OpenDatabase("verlag.mdb")
Debug.Print db.TableDefs("Autoren").Fields("Name").Size
```

Um den Zugriff auf Objekte übersichtlicher und effizienter zu machen, existieren eine Menge Defaulteigenschaften, die eine kürzere Schreibweise erlauben:

Objekt	Defaulteigenschaft
DBEngine	*Workspaces* bzw. *Workspaces(0)*
Workspace	*Databases*
Databases	*TableDefs*
TableDef	*Fields*
QueryDef	*Fields*
Recordset	*Fields*
Field	*Value*

Defaulteigenschaften müssen nicht angegeben werden. Beim Zugriff auf Aufzählobjekte kann der Name des Objekts direkt angegeben werden, wobei den Objektnamen ein Ausrufezeichen vorangestellt werden muß. (Namen mit Leer- oder Sonderzeichen müssen in eckige Klammern gestellt werden.) Unter Ausnutzung der Defaulteigenschaften verkürzen sich die drei obigen Programmzeilen folgendermaßen:

```
Dim db As Database
Set db = OpenDatabase("Verlag.mdb")     'Kurzschreibweise
Debug.Print db!Autoren!Name.Size        'Kurzschreibweise
```

Die Objektklassen Workspace, Engine und Database

Ein wenig verwirrend ist die Unterscheidung zwischen *DBEngine* und *Workspace*: Ein ***Workspace***-Objekt wird dazu verwendet, mehrere gleichzeitig geöffnete Datenbanken zu verwalten. Mit den Methoden des *Workspace*-Objekts können Transaktionen gesteuert werden. (Eine Transaktion ist eine Gruppe zusammengehörender Datenbankkommandos.) Das ***DBEngine***-Objekt steht noch eine Ebene höher. Theoretisch lassen sich damit mehrere *Workspace*-Objekte öffnen. Innerhalb einer Anwendung wird das wohl selten notwendig sein.

Für den Zugriff auf eine Datenbank wird im Regelfall nur ein ***Database***-Objekt benötigt. Das *Database*-Objekt öffnet dann den Zugang zu einer bestimmten Tabelle einer Datenbank. (Auf die einzelnen Datensätze von Tabellen wird allerdings über den

Umweg des *Recordset*-Objekts zugegriffen - siehe etwas weiter unten.) Falls die Datenbank nicht im Access-Format, sondern in einem anderen Format vorliegt, müssen bei *OpenDatabase* diverse zusätzliche Parameter angegeben werden. Das gilt auch für den Zugriff auf ODBC-Datenbanken.

```
Dim db As Database
Set db = OpenDatabase("dateiname")
```

Die Objektklassen TableDef, Field, Index, QueryDef und Relation

TableDefs, Fields, Indexes, QueryDefs und *Relations* bestimmen den Aufbau einer Datenbank. Über die *CreateDatabase*-Methode und die ***Append***-Methoden zu diesen Aufzähleigenschaften kann eine vollständige Datenbank per Programmcode erzeugt werden. Mit ***Remove*** können Datenbankobjekte wieder gelöscht werden.

In den meisten Anwendungen existiert die Datenbank bereits: In diesem Fall ermöglicht *TableDefs* den Zugang auf die ***TableDef***-Objekte. Charakteristische Eigenschaften sind *Name* mit dem Namen der Tabellen, *Fields* und *Indexes* zum Zugriff auf die untergeordneten Auflistungen aller Datenfelder und Indizes, ***RecordCount*** zur Ermittlung der Anzahl der gespeicherten Datensätze, ***DateCreated*** und ***LastUpdated*** mit Informationen über den Zeitpunkt der Erstellung und der letzten Änderung sowie *Attributes* zur Einstellung einiger Tabellenoptionen.

Der Name eines ***Field***-Objekts kann mit *Name* festgestellt werden, sein Datentyp mit ***Type***, dessen Größe mit ***Size***. Wichtige Eigenschaften des ***Index***-Objekts sind wiederum *Fields* (enthält die indizierten Felder) sowie *Foreign, Primary, Required* und *Unique* zur Einstellung der Indexeigenschaften.

Das ***QueryDef***-Objekt enthält die Definition einer Abfrage. Die wichtigste Eigenschaft heißt ***SQL*** und enthält die SQL-Formulierung der Abfrage.

Das ***Relation***-Objekt spielt bei relationalen Datenbanken eine Rolle: ***Table*** und ***ForeignTable*** enthalten die Namen der beiden verknüpften Tabellen, *Fields* die zur Verknüpfung verwendeten Datenfelder und *Attributes* diverse Optionen der Relation.

Die Objektklasse Recordset

Auch wenn die restlichen Objekte zum Verständnis des DAO-Konzepts unverzichtbar sind, werden Sie es die meiste Zeit mit einer einzigen Objektklasse zu tun haben: ***Recordset***-Objekte werden verwendet, um auf die Datensätze einer Tabelle zuzugreifen sowie um auf die Datensätze zuzugreifen, die sich aus einer Abfrage ergeben haben.

Vom *Recordset*-Objekt existieren vier Typen, die zwar bis auf wenige Ausnahmen dieselben Methoden und Eigenschaften unterstützen, sich aber unterschiedlich verhalten:

- *Type=dbOpenTable*: Ermöglicht den unmittelbaren Zugriff auf alle Datensätze einer Tabelle. Die Datensätze können verändert werden.

- *Type=dbOpenDynaset*: Ermöglicht den Zugriff auf Datensätze, die als Ergebnis auf eine Abfrage entstanden sind. Die Datensätze können nur verändert werden, wenn durch die Abfrage keine neuen Zusammensetzungen der Daten gebildet wurden. Dieser *Recordset*-Typ kommt bei der Datenbankprogrammierung am häufigsten vor.

- *Type=dbOpenSnapshot*: Ein *Snapshot* ist eine statische Aufnahme einer Tabelle oder eines Abfrageergebnisses. Alle Daten müssen kopiert werden, um in das *Recordset*-Objekt aufgenommen zu werden, d. h., bei umfangreichen Listen kann der Speicherbedarf immens sein. (Bei den anderen *Recordset*-Typen werden nur Referenzen auf die Daten gespeichert.) Dafür stehen die Daten unmittelbar zur Verfügung, was unter Umständen wesentlich schneller ist. Veränderungen der Datensätze sind nicht möglich.

- *Type=dbOpenForwardOnly* (neu in Excel 97): Dieser *Recordset*-Typ ist eine Variante zu *dbOpenSnapshot*. Alle Datensätze können nur einmal mit *MoveNext* angesprochen und gelesen werden. Veränderungen sind nicht möglich, ebensowenig ein Suchen von Datensätzen mit *FindXxx* oder das Auswählen eines schon gelesenen Datensatzes mit *MovePrevious*. Dank dieser Einschränkungen können *Recordset*-Objekte dieses Typs effizienter verwaltet werden.

Recordset-Objekte werden mit der Methode ***OpenRecordset*** erzeugt. Als Basis kann eine vorhandene Tabelle (*TableDef*-Objekt), eine Abfrage (*QueryDef*-Objekt) oder ein SQL-Kommando mit einer Abfrage dienen. Bei allen drei Varianten kann der Typ des *Recordset*-Objekts durch einen optionalen Parameter eingestellt werden. (Die Einstellung *dbOpenTable* ist nur bei Tabellen zulässig.)

```
Set rec = tabledef.OpenRecordset( [typ] )
Set rec = querydef.OpenRecordset( [typ] )
Set rec = database.OpenRecordset(SQL_Abfrage [,typ] )
```

Beim Arbeiten mit einem *Recordset*-Objekt müssen Sie sich bewußt sein, daß Sie immer nur auf *einen* Datensatz zugreifen können. Viele *Recordset*-Methoden dienen daher zur Auswahl eines Datensatzes, zum Erzeugen eines neuen Datensatzes, zum Löschen eines Datensatzes etc.

MoveFirst/-Next/-Previous/-Last	aktuellen Datensatz auswählen
FindFirst/-Next/...	Datensatz suchen
Seek	Datensatz suchen (evtl. schneller als *FindXxx*)
AddNew	Platz für neuen Datensatz schaffen
Delete	aktuellen Datensatz löschen
Edit	Zugriff auf den aktuellen Datensatz für andere Programme sperren (damit Änderungen konfliktfrei durchgeführt werden können)
Update	Änderungen im aktuellen Datensatz speichern (erfolgt automatisch, sobald der aktuelle Datensatz geändert wird)

Wenn ein Datensatz ausgewählt ist, erfolgt der Zugriff auf einzelne Datenfelder in der Form *rs!Feldname* (was eine Kurzschreibweise für *rs.Fields("Author").Value* ist). Die folgende Tabelle faßt weitere wichtige Eigenschaften zusammen:

Bookmark	Zeichenkette zur eindeutigen Identifizierung eines Datensatzes
BOF	*True*, falls erster Datensatz des *Recordset*
EOF	*True*, falls letzter Datensatz des *Recordset*
NoMatch	*True*, falls das letze *FindXxx*- oder *Seek*-Kommando erfolglos war
PercentPosition	relative Position des aktuellen Datensatzes bezüglich der gesamten Datenmenge
RecordCount	Anzahl der Datensätze (diese Eigenschaft ist beim Netzwerkbetrieb nicht immer auf dem aktuellen Stand)

Wenn Sie zum gerade aktuellen Datensatz zu einem späteren Zeitpunkt rasch und ohne langwierige *FindXxx*-Kommandos zurückkehren möchten, können Sie die ***Bookmark***-Eigenschaft als Lesezeichen in einer *Variant*-Variablen speichern. (In der aktuellen Version liefert *Bookmark* ein *Byte*-Array, in der letzten Version war es eine Zeichenkette.)

Um zu diesem Datensatz zurückzukehren, müssen Sie lediglich die *Bookmark*-Eigenschaft mit dem zuvor gespeicherten Wert belegen.

```
Dim book
book = rec.Bookmark     'Lesezeichen auf aktuellen Datensatz
rec.MoveLast            'zum letzten Datensatz springen
rec.Bookmark = book     'zurück zum vorherigen Datensatz
```

Alte *Bookmark*-Daten werden ungültig, wenn der dadurch angegebene Datensatz gelöscht oder wenn *Refresh* ausgeführt wurde.

Mit ***Clone*** können Sie eine Kopie eines bereits vorhandenen *Recordset*-Objekts erzeugen. Sie erstellen damit ein zweites Recordset-Objekt, das zwar den gleichen Inhalt wie das erste Objekt hat, dessen aktuelle Datensätze aber voneinander unabhängig sind. Jede Änderung der Daten in einem Objekt (egal ob im Original oder in der Kopie) wirkt sich auch auf das andere Objekt aus. *Bookmark*-Eigenschaften gelten gleichermaßen für Original und Kopie.

Der Einsatz der *Clone*-Methode ist dann sinnvoll, wenn Sie auf zwei Datensätze eines Recordset-Objekts gleichzeitig zugreifen möchten, beispielsweise um Daten von dem Datensatz in einen zweiten zu kopieren oder um die Daten zweier Datensätze miteinander zu vergleichen.

Auswahl des aktuellen Datensatzes

Mit den Methoden *MoveFirst, MoveNext, MovePrevious* und *MoveLast* können der erste, der nächste, der vorangehende oder der letzte Datensatz eines *Recordset*-Objekts zum aktuellen Datensatz gemacht werden. Eventuelle Änderungen im zuletzt aktuellen Datensatz werden automatisch gespeichert.

Die Reihenfolge der Daten ist vom Ursprung der Daten abhängig: Normalerweise sind die Daten nicht sortiert, es sei denn, sie stammen aus einer SQL-Abfrage, in der die Daten sortiert wurden (*ORDER BY*).

Wenn Sie alle Datensätze eines Dynasets mit *MoveXxx* durcharbeiten möchten, sollten Sie die Eigenschaften *BOF* oder *EOF* ausnutzen, um den ersten bzw. letzten Datensatz zu erkennen. Die beiden folgenden Schleifen lesen sämtliche Datensätze einmal in normaler, das zweite Mal in umgekehrter Reihenfolge. *rec* bezeichnet in diesem und den folgenden Beispielen ein *Recordset*-Objekt.

```
rec.MoveFirst     'vorwärts
While Not rec.EOF
  ' ...
  rec.MoveNext
Wend
rec.MoveLast      'rückwärts
While Not rec.BOF
  ' ...
  rec.MovePrevious
Wend
```

Schon leistungsstärker sind die Methoden *FindFirst, FindNext, FindPrevios* und *FindLast*. Dabei kann eine Bedingung angegeben werden, die der zu suchende Datensatz erfüllen muß. *FindFirst* beginnt mit der Suche beim ersten Datensatz, *FindNext* beim aktuellen Datensatz. *FindLast* und *FindPrevios* suchen in umgekehrter Richtung. Ob die Suche erfolgreich war, kann anschließend über die Eigenschaft *NoMatch* des Dynasets festgestellt werden. Die *Find*-Methoden können nicht auf *Recordset*-Objekte desTyps *dbOpenTable* angewendet werden.

Durch die Programmzeilen unten wird die Autorentabelle der Datenbank `Verlag.mdb` geöffnet. Alle Titel, deren Preis größer 75 ist, werden gesucht und der Reihe nach angezeigt.

```
' Verlag\DAO-Bsp.xls, »Modul1«
Sub Beispiel1()
  Dim db As Database, rec As Recordset
  Set db = DBEngine.Workspaces(0).OpenDatabase( _
    ThisWorkbook.Path + "\verlag.mdb")
  Set rec = db.TableDefs("Bücher").OpenRecordset(dbOpenDynaset)
  rec.FindFirst "Preis>75"
  While Not rec.NoMatch
    Debug.Print rec!Titel & " Preis: " & rec!Preis
    rec.FindNext "Preis>75"
  Wend
End Sub
```

Die Bedingung für die *FindXxx*-Kommandos muß als Zeichenkette angegeben werden. In der Zeichenkette können Felder des *Recordset*-Objekts mit verschiedenen Operatoren verglichen werden. Falls die Felder des *Recordset*-Objekts Sonder- oder Leerzeichen enthalten, müssen die Feldnamen in eckigen Klammern eingeschlossen werden. Die Bedingung entspricht dem SQL-Kommando *WHERE* (siehe unten), wobei das Schlüsselwort nicht mit angegeben wird. Die folgenden Beispiele zeigen einige mögliche Bedingungen:

```
rec.FindFirst "Gehalt BETWEEN 2000 AND 4000"
rec.FindFirst "FamName = 'Huber'"
rec.FindFirst "FamName LIKE 'H*'"
rec.FindFirst "GebDatum < #1-1-60#"
rec.FindFirst "Gehalt > 3000 AND GebDatum < #1-1-60#"
```

TIP

Die oben beschriebene Vorgehensweise hat den Vorteil, daß Sie sich nicht mit SQL auseinandersetzen müssen. Sie ist aber ineffizient – und um so langsamer, je größer die Datenbank ist. Erheblich bessere Geschwindigkeiten erreichen Sie, wenn Sie zuerst mit einer SQL-Abfrage ein *Recordset*-Objekt erzeugen, das nur die Datensätze enthält, die Sie bearbeiten möchten. In der Folge können Sie alle gefundenen Datensätze sehr effizient mit *MoveNext* verarbeiten. (Mehr Informationen zum Thema SQL-Abfragen folgen unten.)

```
Sub Beispiel1_SQLVariante()
  Dim db As Database, rec As Recordset, sql$
  Set db = DBEngine.Workspaces(0).OpenDatabase( _
    ThisWorkbook.Path + "\verlag.mdb")
  sql = "SELECT Titel, Preis " & _
        "FROM Bücher " & _
        "WHERE Preis > 75  "
  Set rec = db.OpenRecordset(sql)
  While Not rec.EOF
    Debug.Print rec!Titel & " Preis: " & rec!Preis
    rec.MoveNext
  Wend
End Sub
```

Datensatz ändern

Bevor Sie mit dem Ändern eines Datensatzes beginnen, müssen Sie die Methode ***Edit*** ausführen. Sofern die *Recordset*-Eigenschaft ***LockEdits*** auf *True* steht (Defaulteinstellung), wird der Datensatz durch *Edit* für Schreibzugriffe durch andere Programme blockiert. Falls ein zweites Programm versucht, ebenfalls *Edit* auszuführen, wird dort ein Fehler ausgelöst, ein Zugriff ist nicht möglich. (Die – noch nicht aktualisierten – Daten können aber weiterhin gelesen werden.) Zum tatsächlichen Speichern der geänderten Daten in der Datenbankdatei kommt es erst, wenn die ***Update***-Methode ausgeführt wird.

Im Beispiel unten wird der erste Datensatz gesucht, in dem im Gehaltfeld ein Wert größer 4000 steht. Dieser Wert wird anschließend um 5 Prozent vergrößert.

```
rec.FindFirst "Preis > 70"
If Not rec.NoMatch Then
  rec.Edit
  rec!Gehalt = rec!Gehalt * 1.05
  rec.Update
End If
```

Bei der Ausführung von *Update* kann es zu Fehlern kommen. Die wahrscheinlichste Fehlerursache liegt darin, daß die Inhalte der Felder des Datensatzes gegen Regeln der Datenbank verstoßen. (Wenn beispielsweise eines der Felder Ihrer Tabelle durch einen Primärschlüssel indiziert ist, darf der darin enthaltene Wert oder Text nicht schon an einer anderen Stelle der Tabelle stehen.) Sie sollten den Code also mit Fehlerbehandlungsroutinen absichern.

Neue Datensätze einfügen

Wenn Sie einen neuen Datensatz einfügen möchten, müssen Sie die *AddNew*-Methode ausführen. Dadurch wird der bisher aktuelle Datensatz gespeichert (falls er verändert wurde) und ein leerer Datensatz zum *Recordset*-Objekt hinzugefügt. Der neue Datensatz wird durch die Methode *Update* gespeichert.

Ein gewisses Problem beim Einfügen neuer Datensätze kann im Erzeugen von gültigen Indexnummern liegen. In der *Bücher*-Tabelle der Verlagsdatenbank gilt das Datenfeld *I-Nr* als Primärindex (Schlüssel). Aus diesem Grund ist es erforderlich, daß jeder Datensatz eine eindeutige Indexnummer hat. Wenn das nicht der Fall ist, kommt es beim Ausführen von *Update* zu einer Fehlermeldung, der Datensatz wird nicht gespeichert.

Die folgenden Zeilen fügen einen neuen Titel in die Büchertabelle ein. Ein gültiger Index wird ermittelt, indem der Index des zuletzt gespeicherten Datensatzes ermittelt wird. (Die Methode setzt voraus, daß der letzte Datensatz auch die höchste Indexnummer hat. Das muß nicht zwangsläufig der Fall sein, kann aber durch eine entsprechende Programmierung erreicht werden.)

Bemerkenswert ist auch, wie der Autor des neuen Buchs angegeben wird: nicht etwa durch seinen Namen, sondern durch eine Nummer. Der Grund: Die Autorennamen werden nicht in der Büchertabelle gespeichert, sondern in der davon getrennten Autorentabelle. Der Autor mit der angegebenen Nummer muß bereits existieren. (Im vorliegenden Beispiel ist das der Fall. Es ist der Autor Thurnberger, der bereits Corel-Draw-Bücher zu früheren Versionen geschrieben hat. Wenn der Autor neu ist, müssen Sie *vorher* in der Autorentabelle den neuen Autor und erst dann in der Büchertabelle die restlichen Daten speichern.)

```
' Verlag\DAO-Bsp.xls, »Modul1«
Sub Beispiel2()
  Dim lastindex&
  Dim db As Database, rec As Recordset
  Set db = DBEngine.Workspaces(0).OpenDatabase("verlag.mdb")
  Set rec = db.TableDefs("Bücher").OpenRecordset
  rec.MoveLast
  lastindex = rec![I-Nr]
  rec.AddNew
  rec![I-Nr] = lastindex + 1
  rec!Autor = 5
  rec!Titel = "Corel Draw 8 total!"
  rec!Reihe = 1
  rec!Preis = 89.9
  rec!Start = #3/1/98#
  rec.Update
End Sub
```

Nach der Ausführung von *Update* ist der neue Datensatz nicht mehr der aktuelle Datensatz. Wenn Sie den Datensatz noch weiter bearbeiten möchten (das wird selten der Fall sein), müssen Sie den Datensatz anhand eines charakteristischen Merkmals mit *FindXxx* oder *Seek* wieder suchen. Dazu eignet sich am besten das Primärschlüsselfeld (im obigen Beispiel also *I-Nr*). Sie können hier übrigens nicht mit Bookmarks arbeiten, weil Bookmarks erst dann gültig sind, wenn ein Datensatz bereits gespeichert ist.

Datensätze löschen

Vergleichsweise einfach geht das Löschen von Datensätzen vor sich: Der aktuelle Datensatz wird durch *Delete* gelöscht. Der Datensatz bleibt trotz *Delete* aktuell, wenngleich auf seine Felder nicht mehr zugegriffen werden kann. Immerhin funktionieren die *Find-* und *MoveNext* bzw. *-Previos*-Methoden weiterhin, so daß Sie *Delete* bequem auch in einer Schleife zum Löschen mehrerer Datensätze verwenden können. Wenn Sie größere Mengen von Datensätzen löschen möchten, sollten Sie Aktionsabfragen verwenden (siehe unten).

SQL-Abfragen

Eine der großen Stärken der DAO-Bibliothek besteht darin, daß Sie durch SQL-Abfragen ganz gezielt Daten gruppieren, selektieren und sortieren können. Insbesondere können Sie Daten aus mehreren verknüpften Tabellen zu gemeinsamen Listen zusammenfassen (in gleicher Weise, wie dies auch in MS-Query erfolgt). Das Ergebnis einer SQL-Abfrage ist eine Liste von Datensätzen, die in Form eines *Recordset*-Objekts angesprochen wird. Sie können die gesamten Datensätze mit *CopyFromRecordset* in eine Excel-Tabelle kopieren oder mit den oben beschriebenen Methoden bearbeiten.

Voraussetzung für die Bildung von SQL-Abfragen ist aber naturgemäß die Kenntnis von SQL. SQL steht für Standard Query Language und ist eine recht flexible und weitgehend standardisierte Sprache zur Formulierung von Abfragen.

Die folgenden Absätze beschreiben ganz kurz die elementarsten SQL-Kommandos. Die Kommandos sind in der Reihenfolge beschrieben, in der sie normalerweise in SQL-Anweisungen vorkommen. SQL-Kommandos werden in diesem Buch in Großbuchstaben geschrieben, damit sie auf den ersten Blick von Visual-Basic-Schlüsselwörtern unterschieden werden können. Grundsätzlich können Sie die Groß- und Kleinschreibung der SQL-Kommandos aber beliebig wählen.

SELECT wählt Felder aus den anschließend mit *FROM* genannten Tabellen aus. Die Feldnamen werden durch Kommas voneinander getrennt. Falls die Namen der Felder Leer- oder Sonderzeichen enthalten, müssen Sie in eckige Klammern oder in nach rechts gerichtete Apostrophe »`« gestellt werden, z. B. *`I-Nr`*. Wenn in mehreren Tabellen dieselben Feldnamen verwendet werden, muß der Tabellenname dem Feldnamen vorangestellt werden, z. B. *Autoren.Name*. Das Zeichen * gilt für alle Felder der Tabelle. Mit *AS* können einzelne Felder neu benannt werden (z. B. *Autoren.Name As AutorenName*). Auf diese Weise kann vermieden werden, daß mehrere *Name*-Felder auftreten.

FROM gibt die Tabellen an, aus denen die zuvor bei *SELECT* genannten Felder entnommen werden sollen.

INNER JOIN verknüpft zwei Tabellen über ein gemeinsames Feld (z. B. eine ID-Nummer). *INNER JOIN* ist von zentraler Bedeutung in relationalen Datenbanken, wenn Daten aus mehreren Tabellen zusammengefügt werden sollen.

WHERE gibt die Bedingungen an, welche die Felder erfüllen müssen. Wenn *WHERE* nicht verwendet wird, enthält das resultierende Recordset alle Datensätze der Tabelle.

ORDER BY gibt an, nach welchen Feldern die aus den bisherigen Anweisungen resultierende Liste geordnet werden soll. Durch die nachgestellten Kommandos *ASC* oder *DESC* kann eine auf- oder absteigende Sortierreihenfolge bestimmt werden (Default aufsteigend).

HINWEIS

Wenn Sie bei der Erstellung von SQL-Abfragen Schwierigkeiten haben, versuchen Sie einfach, die Abfrage mit MS-Query oder mit Access zu formulieren. Beide Programme ermöglichen eine recht komfortable, interaktive Erstellung von Abfragen; und beide Programme verraten Ihnen anschließend den dazugehörenden SQL-Code! Falls Sie Datenbanken im Access-Format bearbeiten, können Sie Abfragen direkt in der Datenbank speichern (DAO-Zugriff als *QueryDef*-Objekte). Im VBA-Code können Sie solche vordefinierten Abfragen unmittelbar verwenden, ohne sich um den dahinterliegenden SQL-Code zu kümmern.

SQL-Anweisungen sind in den folgenden Beispielen nur aus Platz- und Übersichtsgründen mehrzeilig angeschrieben. Im Programm muß die SQL-Anweisung in einer Zeichenkette stehen.

Beispiel 1

```
SELECT FamName, NachName, Straße, PLZ, Ort
  FROM Kunden
  WHERE Ort = 'München'
  ORDER BY FamName, NachName
```

Die Kommandos der ersten drei Zeilen erstellen aus der Kundentabelle eine Liste mit den Spalten Familienname, Nachname, Straße, Postleitzahl und Ort, wobei nur die Kunden aus München berücksichtigt werden. Wenn die Anweisung durch die vierte Zeile ergänzt wird, dann wird die Liste nach den Namen der Kunden sortiert.

Beispiel 2

```
SELECT * FROM Schüler ORDER BY [Geb-Jahr] DESC, FamName, NachName
```

Das Kommando erstellt eine Liste mit allen Datenfeldern der Schülertabelle, die absteigend nach Jahrgang (d. h. die älteren Schüler zuerst), innerhalb eines Jahrs aufsteigend nach Namen geordnet ist. Das Datenfeld *Geb-Jahr* wurde wegen des Bindestrichs in eckige Klammern gestellt.

Beispiel 3

```
SELECT Verkaufszahlen.Zeit, Vertreter.Name As Vertretername,
  Bücher.Titel, Reihen.Name As Reihenname,
  Autoren.Name As Autorenname, Verkaufszahlen.Stück,
  Bücher.Preis, Bücher.Preis*Stück As Umsatz
FROM Autoren, Bücher, Verkaufszahlen, Vertreter, Reihen
WHERE Verkaufszahlen.Vertreter = Vertreter.`V-Nr`
  AND Verkaufszahlen.Buch = Bücher.`I-Nr`
  AND Autoren.`A-Nr` = Bücher.Autor
  AND Bücher.Reihe = Reihen.`R-Nr`
```

Das obige Beispiel orientiert sich wieder an der Verlagsdatenbank. Die Abfrage bildet eine ungeordnete Liste aller Verkaufszahlen. Die Relationen zwischen den Tabellen der Datenbank werden in der *WHERE*-Klausel ausgedrückt. (Wenn Sie vergessen, die Bedingungen für die Relationen anzugeben, erhalten Sie eine endlos lange Liste mit allen möglichen – zumeist unsinnigen – Kombinationen der Datensätze.)

VERWEIS

Diese Abfrage erzeugt die Quelldaten für die Pivottabelle der Beispieldatei `Verlag.xls`. Der Programmcode wurde in Abschnitt 11.5.2 abgedruckt. Er hat nichts mit DAO zu tun, weil es keine Schnittstelle zwischen den DAO-Objekten und Pivottabellen gibt. Die Gemeinsamkeit zu DAO besteht darin, daß auch der *SourceData*-Parameter des Pivotassistenten eine SQL-Anweisung erwartet.

Einige Felder der Tabelle werden umbenannt. Beachten Sie insbesondere das *Umsatz*-Feld, das aus der Multiplikation zweier anderer Felder entsteht. Die resultierende Tabelle hat in etwa das folgende Aussehen:

Zeit	Vertretername	Titel	Reihenname	Autorenname	Stück	Preis	Umsatz
7.1.96	Wabnegg	Windows 3.1 total!	Anwendung	Baumgartner	5	79,90	399,50
7.1.96	Wabnegg	Corel Draw 5 total!	Anwendung	Thurnberger	7	79,90	559,30
...							

Beispiel 4

Das folgende Beispiel ist wieder in Programmcode gekleidet: Aus der Verlagsdatenbank wird eine Liste aller Bücher ermittelt, deren Preis über 40 DM liegt. Diese Liste wird sortiert und mit *CopyFromRecordset* in das erste Tabellenblatt der Arbeitsmappe kopiert. (*CopyFromRecordset* ist ungleich schneller als eine einzelne Bearbeitung jeden Datensatzes!)

```
' Beispieldatei Verlag.xls
Sub Beispiel3()
  Dim db As Database, rec As Recordset, sql$
  Set db = DBEngine.Workspaces(0).OpenDatabase("verlag.mdb")
  sql = "SELECT Name, Titel, Preis " & _
        "FROM Bücher, Autoren " & _
        "WHERE Preis > 40 AND [A-Nr] = Autor " & _
        "ORDER BY Name"
  Set rec = db.OpenRecordset(sql)
  Sheets(1).[a1].CurrentRegion.Clear
  Sheets(1).[a1].CopyFromRecordset rec
  Sheets(1).Activate
End Sub
```

Aktionsabfragen

Die bisherigen Abfragebeispiele hatten die Aufgabe, eine nach verschiedenen Kriterien geordnete Liste zu erstellen, d. h. Daten zu lesen. Sie können in SQL aber auch Daten verändern, und zwar in vielen Fällen erheblich effizienter als durch eine satzweise Verarbeitung im Programmcode. Das gilt ganz besonders für Netzwerkanwendungen: die über das Netz zu übertragende Datenmenge für ein SQL-Kommando ist vernachlässigbar. Wenn Sie dagegen jeden Datensatz zuerst über das Netz lesen und anschließend verändert wieder schreiben müssen, geht allein für die Datenübertragung eine Menge Zeit verloren.

Aktionsabfragen können in folgende Gruppen eingeteilt werden:

- *Löschabfrage*: löscht Datensätze (z. B. alle Kunden, die mehr als zwei Jahre keine Bestellung mehr durchgeführt haben).
- *Aktualisierungsabfragen*: verändern vorhandene Datensätze (z. B. alle Preise um 10 Prozent erhöhen).
- *Anfügeabfrage*: fügt an eine vorhandene Tabelle zusätzliche Datensätze an (z. B. neue Artikel in den Artikelstamm).
- *Tabellenerstellungsabfrage*: erzeugt eine neue Tabelle auf Basis vorhandener Daten (z. B. eine Tabelle aller Kunden, deren Bestellungen im vergangenen Jahr 10000 DM überstiegen).

Zu allen vier Abfragetypen existieren eigene SQL-Kommandos:

DELETE löscht die mit *WHERE* selektierten Datensätze.

UPDATE aktualisiert einzelne mit *SET* genannte Datenfelder, sofern die unter *WHERE* genannten Bedingungen zutreffen.

INSERT INTO fügt Datensätze in eine schon vorhandene Tabelle ein.

SELECT INTO erstellt eine neue Tabelle.

Abschließend ein Beispiel:

```
DELETE  schüler.* FROM schüler, klassen,
schüler INNER JOIN klassen
  ON schüler.klassen_id = klassen.klassen_id
WHERE ((klassen.klasse LIKE "8?"))
```

Die SQL-Anweisung löscht alle Schüler aus der Schülertabelle, die die achte Klasse (8A, 8B etc.) besuchen. *INNER JOIN* wird zur Verknüpfung der Schüler- und Klassentabelle verwendet.

Aktionsabfragen werden durch die Angabe der SQL-Zeichenkette oder des Namens einer in Access formulierten Abfrage mit der *Execute*-Methode ausgeführt. *Execute* bezieht sich nicht auf ein *Recordset*-Objekt, sondern auf die ganze Datenbank.

```
db.Execute = "DELETE schüler.* FROM ...etc."
```

Falls es aus irgendeinem Grund während der Ausführung der Aktionsabfrage zu einem Fehler kommt (z. B. weil versucht wird, einen Datensatz zu löschen, auf den an einer anderen Stelle der Datenbank durch eine Relation verwiesen wird), dann wird die gesamte bisherige Abfrage rückgängig gemacht. Es kann also nicht vorkommen, daß eine Aktionsabfrage nur halb ausgeführt wird.

Schutzmechanismus gegen die gleichzeitige Veränderung der Daten durch zwei Programme (Locking)

Das Blockieren des Datensatzes wurde oben bereits andeutungsweise beschrieben. Das Blockieren ist notwendig, damit nicht zwei Programme nacheinander den gleichen Datensatz verändern können, ohne aufeinander Rücksicht zu nehmen. Wenn beispielsweise zwei Programme nacheinander auf ein Konto 1000 DM buchen, aber nichts voneinander wissen und beide vom alten Kontostand ausgehen, verändert sich der Kontostand insgesamt nur um 1000 statt um 2000 DM.

Die Access-Engine blockiert allerdings nicht nur den Datensatz, sondern gleich einen 2 kByte großen Bereich der Datenbankdatei. Davon sind in der Regel auch einige angrenzende Datensätze betroffen, was die Effizienz des Gesamtsystems mindern kann. Aus diesem Grund ist es insbesondere im Netzwerkbetrieb zweckmäßig, Änderungen möglichst rasch durchzuführen (d. h. die Zeitspanne zwischen *Edit* und *Update* gering zu halten).

Über die Eigenschaft *LockEdits* kann der oben beschriebene Blockiermechanismus abgeschaltet werden. Wenn diese Eigenschaft auf *False* gestellt wird, kommt es nur während des eigentlichen Schreibvorgangs (unmittelbar bei der Ausführung von *Update*) zu einer kurzen Blockierung. Aus den obengenannten Gründen stellt diese Vorgehensweise ein (Daten-)Sicherheitsrisiko dar.

11.5.4 Zugriff auf Datenbank-Server (ODBC/ODBCDirect)

Der vorangegangene Abschnitt ist davon ausgegangen, daß Sie auf eine Access-Datenbankdatei zugreifen. Sie können mit DAO aber auch auf diverse andere Datenbankformate und insbesonder auf Datenbank-Server wie Oracle, SQL-Server etc. zugreifen. Bereits in bisherigen DAO-Versionen gab es dazu eine ODBC-Unterstützung. ODBC steht für Open Database Connectivity und ermöglicht den Zugriff auf alle Datenbanken mit ODBC-Treiber.

Neu in Excel 97 (also in DAO-Version 3.5) ist die Erweiterung ODBCDirect. Obwohl formal weiterhin die DAO-Bibliothek verwendet wird, werden die Datenbankkommandos intern durch die neue RDO-Bibliothek verarbeitet. (RDO steht für Remote Data Objects.) Aus diesem Grund gibt es diverse neue Optionen für einen effizienteren Datenzugriff, etwa die Verarbeitung asynchroner Abfragen (die im Hintergrund ausgeführt werden, während Ihr Programm sich bereits um andere Dinge kümmert).

Dieser Abschnitt beschreibt ganz kurz, wie eine ODBC-Verbindung zu einer Datenbank hergestellt wird. Anschließend können im Prinzip die von der DAO-Programmierung bekannten Objekte und Methoden zum Zugriff auf die Daten verwendet werden. Um ODBC/ODBCDirect richtig (also effizient) auszunutzen, müssen beim Umgang mit *Recordset-* und *QueryDef-*Objekten allerdings eine Menge zusätzlicher Optionen und Parameter berücksichtigt werden – und die werden in diesem Buch aus Platzgründen nicht mehr beschrieben.

ODBC versus ODBCDirect

ODBCDirect bietet zwar Geschwindigkeitsvorteile gegenüber dem herkömmlichen ODBC-Zugriff, stellt dafür aber nur eine stark eingeschränkte Liste von Funktionen zur Verfügung. Die ODBCDirect-Programmierung setzt zudem deutlich mehr Hintergrundwissen zu Datenbanken voraus.

ODBC

- ermöglicht Veränderungen an der Tabellenstruktur
- automatische Fehlertoleranz bei Aktionsabfragen (kann bei ODBCDirect durch Transaktionen erreicht werden)
- Veränderungen in Datensatzlisten, die Felder aus mehreren Tabellen enthalten
- Unterstützung der *Find*-Methoden

ODBCDirect

- asynchrone Verarbeitung von Abfragen (auf die Durchführung der Abfrage muß nicht gewartet werden)
- optimistische Stapelaktualisierung (Änderungen an mehreren Datensätzen werden zwischengespeichert und zu einem späteren Zeitpunkt gemeinsam ausgeführt)
- genauere Cursorsteuerung
- mehr Möglichkeiten zum Aufruf gespeicherter SQL-Prozeduren, zur Übergabe von Parametern und zur Auswertung von Ergebnismengen

ODBC-Zugriff

Die Verbindung zur Datenbank wird wie bei Access-Datenbanken mit *OpenDatabase* hergestellt. Der Unterschied besteht in den übergebenen Parametern. Der erste Parameter für den Jet-Dateinamen bleibt leer. Parameter zwei und drei (Exklusive-Zugriff, Readonly-Zugriff) sind meist *False*. Interessant ist erst der vierte Parameter mit einer Zeichenkette für den Verbindungsaufbau. (Die hier vorgenommene Einstellung kann später aus der *Connect*-Eigenschaft diverser Datenbankobjekte gelesen werden.) Die *Connect*-Zeichenkette beginnt immer mit *ODBC*. Anschließend folgen diverse Parameter mit ihren Einstellungen (jeweils getrennt durch Strichpunkte):

DSN	Name der Datenquelle (Database Source Name)
UID	Benutzername
PWD	Paßwort
DATABASE	Name der Datenbank
LOGINTIMEOUT	maximale Login-Zeit (in Sekunden)

Bei *UID* und *PWD* handelt es sich hier um die Login-Informationen des SQL-Servers, die im Regelfall nicht mit den Login-Informationen des Betriebssystem übereinstimmen. Nur wenn Server und Datenquelle die Option 'vertraute Verbindung' unterstützen, werden Benutzername und Paßwort vom Betriebssystem zur Verfügung gestellt. In diesem Fall müssen UID und PWD ohne Einstellungen angegeben werden (letztes Beispiel).

```
"ODBC;DSN=LocalServer;DATABASE=pubs;"
"ODBC;DSN=datenquellename;"
"ODBC;DSN=datenquellename;UID=benutzername;"
"ODBC;DSN=datenquellename;UID=benutzername;PWD=paßwort;"
```

Wenn die Verbindungsinformationen nicht ausreichen, erscheint beim Verbindungsaufbau automatisch ein Dialog, in dem der Anwender fehlende Informationen angeben kann. Falls der SQL-Server bzw. die Datenquelle so konfiguriert ist, daß der Benutzername und das Paßwort aus den Windows-NT-Login entnommen wird ('vertraute Verbindung'), kann auf deren Eingabe verzichtet werden. Aus Sicherheitsgründen ist es selten sinnvoll, Benutzername und Paßwort im Programmcode anzugeben. In den folgenden Kommandos wird eine Verbindung zur pubs-Datenbank am lokalen SQL-Server hergestellt und ein *Recordset*-Objekt mit den Namen aller Autoren erstellt.

```
Dim db As Database
Dim rec As Recordset
Set db = OpenDatabase("", False, False, _
  "ODBC;DSN=LocalServer;DATABASE=pubs;UID=sa;")
Set rec = db.OpenRecordset("SELECT * FROM authors ORDER BY au_lname")
```

ODBCDirect-Verbindung

Über das *Database*-Objekt aus dem obigen Beispiel können Sie keine ODBCDirect-Funktionen nutzen. Statt dessen müssen Sie vor dem eigentlichen Verbindungsaufbau ein *Workspace*-Objekt vom Typ *dbUseODBC* erzeugen. Anschließend stellen Sie die Verbindung nicht über ein *Database*, sondern über ein ***Connection***-Objekt her.

```
Dim wks As Workspace
Dim conn As Connection
Dim rec As Recordset
Set wks = DBEngine.CreateWorkspace("ODBCWorkspace", "", "", _
  dbUseODBC)
Set conn = wks.OpenConnection("", dbDriverComplete, False, _
  "ODBC;DSN=LocalServer;DATABASE=pubs;UID=sa;")
Set rec = conn.OpenRecordset( _
  "SELECT * FROM authors ORDER BY au_lname", dbOpenDynamic)
```

An ***CreateWorkspace*** werden vier Parameter übergeben. Der erste Parameter ist eine Zeichenkette, die zur Identifizierung des *Workspace*-Objekts dient. Der zweite und dritte Parameter können einen Benutzernamen und ein Paßwort enthalten. In diesem Fall kann auf die entsprechenden *UID*- und *PWD*-Angaben in der *Connect*-Zeichenkette verzichtet werden.

Statt *CreateWorkspace* explizit auszuführen, können Sie auch die drei Eigenschaften *DefaultType*, *DefaultUser* und *DefaultPassword* vor dem ersten Datenbankzugriff einstellen. Der eigentliche Verbindungsaufbau erfolgt erst durch ***OpenConnection***:

```
Set conn = wks.OpenConnection(name, opt, readonly, connect)
```

An die Methode wird im ersten Parameter der Name übergeben, den das neue *Connection*-Objekt bekommen soll. Im zweiten Parameter kann durch Optionen angegeben werden, ob beim Verbindungsaufbau immer, optional oder nie ein Dialog angezeigt wird, mit dem eventuell nicht übergebene oder falsche Angaben zur Datenquelle eingegeben werden können. Im dritten Parameter kann der Zugriff auf reine Lese-Operationen eingeschränkt werden. Der vierte Parameter enthält schließlich die von *OpenDatabase* schon bekannte Zeichenkette mit *DSN-*, *UID-* und anderen Angaben.

TIP

Der Verbindungsaufbau dauert meistens einige Sekunden, wenn der Server gerade sehr beschäftigt ist oder das Netzwerk blockiert ist, auch länger. Wenn Sie als Option *dbRunAsync* übergeben, erfolgt der Verbindungsaufbau im Hintergrund und Ihr Programm wird sofort fortgesetzt. Bis Sie die Verbindung tatsächlich benötigen, können Sie andere Dinge tun. Erst jetzt testen Sie über die Eigenschaft *StillExecuting* des *Connection*-Objekts, ob der Verbindungsaufbau beendet ist (*False*). Mit *Cancel* können Sie den Verbindungsaufbau abbrechen.

Recordset-Typen

Auch bei ODBC- und ODBCDirect-Datenbankzugriffen arbeiten Sie mit dem *Recordset*-Objekt. Allerdings kann der Typ *dbOpenTable* nicht mehr verwendet werden. Dafür gibt es bei ODBCDirect-Verbindungen den neuen Typ *dbOpenDynamic*, der eine (manchmal effizientere) Variante zu *dbOpenDynaset* darstellt.

	DAO/Jet	ODBC	ODBCDirect
dbOpenTable	•		
dbOpenSnapshot	•	•	•
dbOpenForwardOnly	•	•	•
dbOpenDynaset	•	•	•
dbOpenDynamic			•

Wenn Sie den Typparameter in *OpenRecordset* nicht angeben, werden folgende Typen als Defaulteinstellung verwendet:

DAO / Jet: wenn möglich *dbOpenTable*, sonst *dbOpenDynaset* (jeweils read / write)
ODBC: *dbOpenDynaset* (read / write)
ODBCDirect: *dbOpenForwardOnly* (read only)

11.5.5 Syntaxzusammenfassung

In den folgenden Blöcken steht *wsh* für das Tabellenblatt mit der Datenbank (*WorkSheet*-Objekt), *rng* für den Zellbereich der Datenbank (*Range*-Objekt), »...« für die Angabe diverser Parameter, die hier nicht näher beschrieben werden (siehe Online-Hilfe).

Datenbankverwaltung in Excel (Sortieren, Gruppieren etc.)	
rng.Name = "Datenbank"	benennt Bereich für *ShowDataForm*
wsh.ShowDataForm	zeigt die Datenbankmaske an
rng.Sort ...	sortiert die Datenbank
rng.Subtotal ...	gruppiert die Datenbank (DATEN I TEILERGEBNISSE)
rng.Group ...	gruppiert die Datenbank (DATEN I GLIEDERUNG)
rng.Ungroup	löst die Gruppierung auf
rng.Find ...	nach Daten suchen
rng.FindNext	nochmals suchen
rng.FindPrevious	rückwärts suchen
rng.Replace ...	suchen und ersetzen
rng.Consolidate ...	mehrere Tabellen konsolidieren

Filter	
rng.AutoFilter ...	Autofilter aktivieren
rng.AdvancedFilter ...	Spezialfilter aktivieren
wsh.FilterMode	gibt an, ob die Tabelle gefilterte Daten enthält oder nicht
wsh.AutoFilter	verweist auf das *AutoFilter*-Objekt
wsh.AutoFilter.Filters(...)	verweist auf dessen *Filter*-Objekte (mit Filterkriterien)
wsh.AutoFilterMode	gibt an, ob Autofilter aktiv ist
wsh.AutoFilterMode = False	deaktiviert Autofilter
wsh.ShowAllData	entfernt Filterkriterien

ws steht für ein *Worksheet*, *qt* für ein *QueryTable*-Objekt.

QueryTable-Objekt (externe Daten in Excel-Tabellen)	
ws.QueryTables(n)	Zugriff auf die *QueryTable*-Objekte einer Tabelle
ws.QueryTables.Add	neues Objekt erstellen
qt.BackgroundQuery	Aktualisierung im Hintergrund (*True/False*)
qt.Connection	Zeichenkette(nfeld) mit Informationen zum Datenursprung
qt.Destination	Zellbereich (*Range*), in dem die Daten angezeigt werden
qt.Sql	SQL-Kommando für Abfrage
qt.Refresh	Daten aktualisieren (Methode)

tbl steht für das Tabellenblatt mit der Pivottabelle, *pt* für ein *PivotTable*-Objekt, *pf* für ein *PivotField*-Objekt.

Pivottabellen	
tbl.PivotTableWizard ...	erstellt bzw. verändert eine Pivottabelle
tbl.PivotTables(..)	Zugriff auf Pivottabellenobjekte
pt.RefreshData	aktualisiert die Pivottabelle (liest die Quelldaten neu ein)
pt.TableRange1	Zellbereich der Tabelle ohne Seitenfelder

pt.TableRange2	Zellbereich der Tabelle inklusive Seitenfelder
pt.PageRange	Zellbereich der Seitenfelder
pt.ColumnRange	Zellbereich der Spaltenfelder
pt.RowRange	Zellbereich der Zeilenfelder
pt.DataBodyRange	Datenbereich
pt.DataLabelRange	Beschriftung des Datenbereichs (Eckpunkt links oben)
pt.PivotFields(..)	Zugriff auf alle Pivotfelder der Pivottabelle
pt.VisibleFields(..)	Zugriff auf alle sichtbaren Felder
pt.PageFields(..)	Zugriff auf die Seitenfelder
pt.ColumnFields(..)	Zugriff auf die Spaltenfelder
pt.RowFields(..)	Zugriff auf die Zeilenfelder
pt.DataFields(..)	Zugriff auf die Datenfelder
pt.HiddenFields(..)	Zugriff auf die zur Zeit nicht sichtbaren Pivotfelder
pf.Orientation	Typ des Pivotfelds (*xlPageField, xlColumnField, xlRowField, xlDataField, xlHidden*)
pf.DataRange	Zellbereich der Datenfelder des Pivotfelds
pf.LabelRange	Zellbereich der Beschriftungsfelder des Pivotfelds
pf.Subtotals	steuert, welche Zwischenergebnisse angezeigt werden
pf.Function	bestimmt die Rechenfunktion (nur für Datenfelder)
pf.CurrentPage	bestimmt die gerade sichtbare Seite (nur für Seitenfelder)
pf.PivotItems(..)	Zugriff auf einzelne Pivotelemente

db steht für ein *Database*-Objekt, *tab* für ein *TableDef*-Objekt, *quy* für ein *QueryDef*-Objekt, *rec* für ein *Recordset*-Objekt, *rng* für ein *Range*-Objekt (Zellbereich in Tabellenblatt).

DAO-Programmierung	
Set db = OpenDatabase(...)	öffnet Zugang zur Datenbankdatei
db.TableDefs(...)	Liste aller Tabellen der Datenbank
db.QueryDefs(...)	Liste aller vordefinierten Abfragen
Set rec = tab.OpenRecordset(typ) *... = quy.OpenRecordset(typ)* *... = db.OpenRecordset(sql, typ)*	Datensatzliste (*Recordset*) erstellen
rec.MoveFirst/-Next/-Previus/ -Last	aktuellen Datensatz auswählen
rec.FindFirst/-Next/-Previous...	Datensatz suchen
rec.NoMatch	Ergebnis des letzten *Find*-Kommandos
rec.BOF / EOF	erster / letzter Datensatz?
rec.Edit	aktuellen Datensatz ändern
rec.Update	Änderungen speichern
rec.AddNew	Platz für neuen Datensatz schaffen
rec.Delete	aktuellen Datensatz löschen
rng.CopyFromRecordset rec	alle Datensätze in Tabellenblatt kopieren

ODBC/ODBCDirect	
OpenDatabase(..., "ODBC;...")	ODBC-Datenbank öffnen
CreateWorkspace(..., dbUseODBC)	ODBCDirect-Arbeitsbereich öffnen
OpenConnection(..., "ODBC;...")	ODBCDirect-Verbindung herstellen

SQL-Kommandos	
SELECT feld1, feld2 AS `name`	welche Felder
FROM tabelle1, tabelle2	aus welchen Tabellen
WHERE bedingung	unter welchen Bedingungen
ORDER BY feld	wie sortiert
DELETE ...	Aktionsabfrage zum Löschen von Datensätzen
UPDATE ...	Aktionsabfrage zur Aktualiserung mehrerer Datensätze
INSERT INTO ...	Aktionsabfrage, um Datensätze in Tabelle einzufügen
SELECT INTO ...	Aktionsabfrage, um eine neue Tabelle zu erstellen

11.6 Beispiel: Abrechnung eines Car-Sharing-Vereins

Das Car-Share-Beispiel hat den Charakter einer vollständigen (und nicht ganz untypischen) Excel-Anwendung. Die Anwendung `DB_Cars.xls` ist aus dem Abrechnungsformular `Share.xls` des Car-Sharing-Vereins im Abschnitt 10.3 entstanden. Das Programm ermöglicht eine durch ein Formular sehr einfach gestaltete Fahrtenabrechnung. Neu im Vergleich zu `Share.xls` ist der Umstand, daß jetzt alle Fahrten in einer monatlichen Abrechnungstabelle eingetragen werden und die Verwaltung des Fuhrparks sowie der Teilnehmer des Car-Sharing-Vereins in die Anwendung integriert sind. Die Bedienung des Programms erfolgt über ein eigenes Menü.

VERWEIS

Die Datenbankfunktionen des Car-Share-Beispiels wurden ohne DAO-Bibliothek innerhalb von Excel realisiert. Zur Speicherung der Abrechnungsdaten werden normale Excel-Tabellen verwendet. Ein DAO-Beispiel gibt das in den beiden nachfolgenden Abschnitten vorgestellte Verlagsbeispiel.

Nach dem Laden der Datei `DB_Cars.xls` erscheint am Bildschirm das aus Abschnitt 10.3 bekannte Formular zusammen mit einem eigenen Menü. Andere Bedienungselemente von Excel (Bearbeitungs-, Status- und Symbolleisten) werden deaktiviert. An der Bedienung des Formulars hat sich wenig geändert; neu ist, daß der Name des Autobenutzers jetzt sehr bequem über ein Listenfeld ausgewählt werden kann.

Das fertig ausgefüllte Formular wird mit RECHNUNG|DRUCKEN UND SPEICHERN ausgedruckt und in der Monatsabrechnung gespeichert. Die Eingabe einer weiteren Rechnung muß mit RECHNUNG|NEU eingeleitet werden. Dadurch bekommt die Rechnung eine neue (durchlaufende) Rechnungsnummer, alle Eingabeelemente des Formulars werden gelöscht.

RECHNUNG | ALTE RECHNUNG DIESES MONATS KORRIGIEREN ermöglicht die Auswahl einer in diesem Monat erstellten Fahrtabrechnung. Die Daten der Abrechnung werden in das Formular übernommen und können dort verändert werden. Anschließend kann die Rechnung mit neu ausgedruckt und gespeichert werden.

Über das Menü ANSICHT gelangen Sie in die anderen Blätter der Anwendung: ANSICHT | TEILNEHMER-DATENBANK führt in die Datenbank der Vereinsmitglieder und ermöglicht dort die Eingabe neuer Mitglieder oder die Veränderung vorhandener Daten. Der Button SORTIEREN sortiert eine erweiterte Datenbank alphabetisch. Die Reihenfolge der Namen ist für das Listenfeld des Rechnungsformulars von Bedeutung.

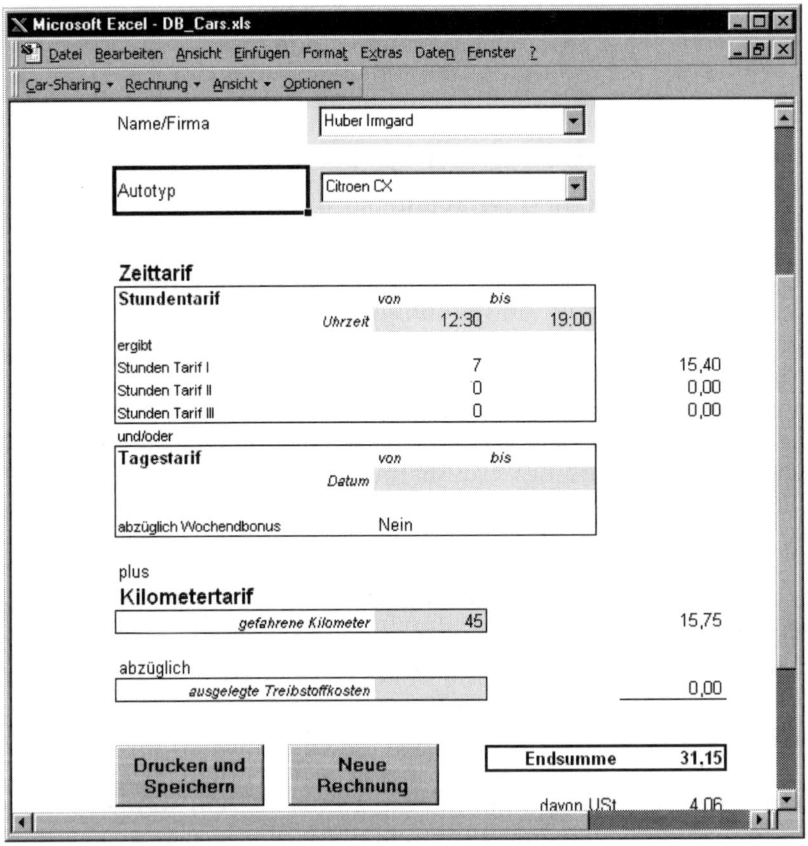

Bild 11.42: Das Startformular der Anwendung DB_Cars.xls

Beachten Sie den insbesondere den ersten Eintrag in dieser Datenbank: Dabei handelt es sich um den Text » bitte wählen Sie eine Firma aus« mit einem vorangestellten Leerzeichen. Dieses Leerzeichen bewirkt, daß dieser Eintrag vor allen anderen Einträgen sortiert wird. Der Pseudo-Eintrag wird als erster Eintrag im Listenfeld angezeigt und ermöglicht es damit, per Programmcode einen definierten Startzustand für die Liste herzustellen bzw. diesen Zustand in einer Abfrage festzustellen. (Bei der Verwendung von MS-Forms-Listenfeldern in Tabellenblättern besteht ja – anders als in Excel-5/7-Listenfeldern – keine Möglichkeit, die Auswahl der ersten Listeneintrags vom Zustand zu unterscheiden, daß überhaupt kein Listeneintrag ausgewählt wurde. Beide Zustände ergeben in der durch *LinkedCell* angegebenen Zelle den Wert 0.)

ANSICHT | AUTO-DATENBANK wechselt in ein Blatt zur Verwaltung des Fuhrparks des Vereins. In der Tabelle sind alle Autos samt ihrer Tarifdaten gespeichert.

ANSICHT | MONATSABRECHNUNG zeigt die Abrechnungstabelle des aktuellen Monats an. Die Abrechnungstabellen werden in eigenen Dateien gespeichert. Der Dateiname enthält das Jahr und den Monat, also `Car_9801.xls` für Januar 98, `Car_9802.xls` für Februar 98 etc. Beim automatischen Neuerstellen einer Datei (am Monatsanfang) wird auf die Mustervorlage `Car_vorl.xlt` zugegriffen, die sich im selben Verzeichnis wie die Anwendungsdatei `DB_Cars.xls` befinden muß.

In den zahlreichen Spalten der Monatstabelle werden die Rechnungsnummer, das Rechnungsdatum, Datum und Uhrzeit der letzten Änderung der Rechnung, der Name, das Auto, die Zeiten, zu denen das Auto genutzt wurde, die Anzahl der gefahrenen Kilometer etc. gespeichert. Die Abrechnungstabelle enthält alle relevanten Daten, um daraus in einem weiteren Arbeitsschritt (bzw. durch ein weiteres Excel-Programm) eine Monatsabrechnung für alle Mitglieder, eine Statistik über die Nutzung der Autos etc. aufzustellen.

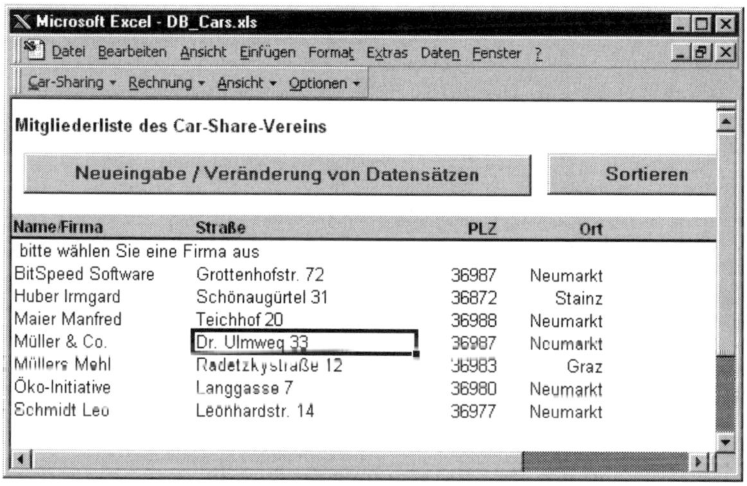

Bild 11.43: Die Verwaltung der Vereinsmitglieder

Als letztes Menü bleibt noch das DATEI-Menü zu beschreiben: SPEICHERN speichert erwartungsgemäß die Datei `DB_Cars.xls`. Dadurch werden insbesondere die Veränderungen in den Datenbanken »Autos« und »Teilnehmer« gesichert. Die Monatsabrechnung in der Datei `Car_jjmm.xls` ist von `DB_Cars.xls` vollkommen unabhängig und wird automatisch nach jeder Veränderung gesichert. Das kostet zwar etwas Zeit (vor allem, wenn die Datei umfangreicher wird), ist aber vom Standpunkt der Datensicherung die einzig vernünftige Vorgehensweise.

DATEI | BEENDEN schließt die Dateien `DB_Cars.xls` und `Car_jjmm.xls` und entfernt das Car-Sharing-Menü. Excel wird durch dieses Kommando nicht verlassen, d. h., BEENDEN bezieht sich nur auf die `DB_Cars`-Anwendung.

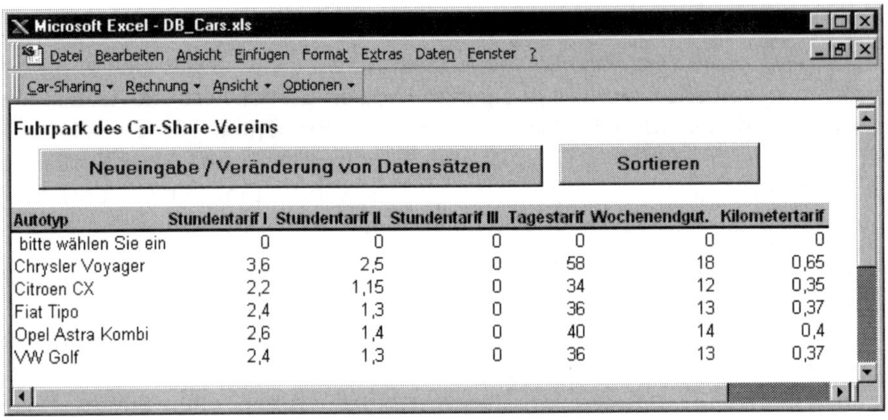

Bild 11.44: Die Verwaltung des Fuhrparks

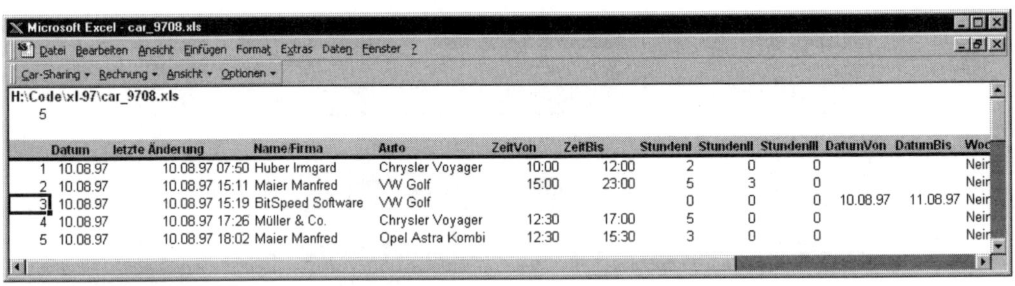

Bild 11.45: Die Monatsabrechnung

Erweiterungsvorschläge

- Das Programm entfernt beim Start alle Symbolleisten und verändert andere Bedienungselemente. Wenn das Beispiel zu einer professionellen Anwendung weiterentwickelt würde, wäre eine Restauration des bisherigen Zustands beim Programmende kein Luxus (siehe Abschnitt 9.2).
- Die Anwendung ist in der aktuellen Form so gut wie gar nicht gegen eine irrtümliche oder gar beabsichtigte Fehlbedienung abgesichert. Die Möglichkeit, vorhandene Rechnungen mit RECHNUNG | ALTE RECHNUNG KORRIGIEREN zu verändern oder die Monatstabelle überhaupt direkt zu laden und zu ändern, kann natürlich auch miß-

bräuchlich verwendet werden. Durch diverse Maßnahmen kann die Sicherheit der Daten verbessert werden (z. B. indem die Monatsabrechnungen durch Kennwörter geschützt oder Rechnungskorrekturen in der Abrechnung deutlich markiert werden etc.). Einen vollkommenen Schutz, den kein Excel-Profi überwinden könnte, wird es aber kaum geben.

- Die Monatstabellen könnten als Ausgangspunkt dienen, um allen Mitgliedern zum Monatsende eine Aufstellung der durchgeführten Fahrten und eine Rechnung zuzusenden (anstatt jede Fahrt einzeln zu verrechnen, was in der Realität viel zu aufwenig ist). In der Folge könnte der Zahlungseingang überwacht, ein Mahnwesen eingerichtet werden etc.
- Es könnte ein Buchungs- und Reservierungssystem eingerichtet werden.

Obwohl es prinzipiell möglich ist, diese neuen Merkmale auf der Basis von Excel-Tabellen durchzuführen, wäre es sinnvoller und vor allem sicherer, die Datenspeicherung in einer externen Datenbankdatei vorzunehmen.

Diese Ideen zeigen den typischen Werdegang vieler Excel-Anwendungen: Aus einer einfachen Mustervorlage (dem Abrechnungsformular aus Abschnitt 10.3) wird nach und nach eine immer umfangreichere Datenbankanwendung. Das Problem dabei besteht darin, daß Excel ein Tabellenkalkulationsprogramm und kein Datenbankprogramm ist. Obwohl fast jede Erweiterung möglich ist, steigt der Programmieraufwand im Verhältnis zum Nutzen zunehmend! Bevor sich Ihre Anwendung allzusehr in diese Richtung bewegt, erwägen Sie den Umstieg auf ein Datenbankprogramm (je früher, desto besser)!

Überblick über die Komponenten der Anwendung

Die Anwendung besteht aus mindestens zwei Dateien: `DB_Cars.xls` für den Programmcode, das Rechnungsformular und die Auto- und Teilnehmerdatenbank sowie der Mustervorlage `Car_Vorl.xlt` für die Monatsabrechnungen. Außerdem kommt mit jedem Monat, in dem das Programm verwendet wird, eine Datei `Car_jjmm.xls` mit der Monatsabrechnung dazu.

`DB_Cars.xls` besteht aus folgenden Blättern und Modulen:

Rechnung	Tabellenblatt mit Verrechnungsformular
Autos	Tabellenblatt mit Datenbank für die Autos
Teilnehmer	Tabellenblatt mit Mitgliederdatenbank des Vereins
DieseArbeitsmappe	Klassenmodul mit Ereignisprozeduren
ModulCode	Code für die Verrechnung und Verbuchung
ModulMenüereignisse	Code zum Car-Sharing-Menü
ModulTabellenfunktionen	Code mit benutzerdefinierten Tabellenfunktionen (siehe Abschnitt 10.3)
Tabelle1-3	Code zu den Tabellenblättern *Rechnung, Autos* und *Teilnehmer*

Innerhalb des Rechnungsformulars sind die meisten Ein- und Ausgabezellen benannt, so daß im Programmcode leichter darauf zugegriffen werden kann. Sowohl im Formular- als auch in den beiden Datenbankblättern sind die Zeilen- und Spaltenköpfe, die Gitterlinien und die Blattregister abgeschaltet, um den zur Verfügung stehenden Raum maximal auszunutzen.

Der Programmcode

Die folgenden Seiten beschreiben die interessantesten Details des Programmcodes. Die Prozeduren werden in der Reihenfolge ihres Vorkommens beschrieben, wobei auf einen nochmaligen Abdruck der benutzerdefinierten Tabellenfunktionen (siehe Abschnitt 10.3) verzichtet wurde.

Globale Variablen

Aufgrund der Verteilung des Programmcodes auf mehrere Module bestand die Notwendigkeit, einige Variablen als *Public* zu deklarieren. Auf diese Variablen kann in allen Modulen der Anwendung zugegriffen werden. Mit Ausnahme der Variablen *accountMonth,* die das aktuelle Jahr und den Monat als Zeichenkette enthält (z. B. "9605" für Mai 96) betreffen alle anderen Variablen die Monatstabelle: *monthReportWb, monthReport* und *accountCell* enthalten Verweise auf die Arbeitsmappe, das Tabellenblatt und die erste Zelle der Monatstabelle. Alle drei Variablen werden in *LoadMonthReport* initialisiert – siehe einige Seiten weiter unten.

```
' DB_Cars.xls, »ModulCode«
Public monthReportWb As Workbook 'Arbeitsmappe mit Monatsabrechnung
Public monthReport As Worksheet  'Tabellenblatt mit Monatsrechnung
Public accountCell As Range      'erste Zelle der Monatsrechnung (A5)
Public accountMonth$             'Jahr und Monat, z.B. "9405"
```

Excel in Workbook_Open konfigurieren

Nach dem Laden von `DB_Cars` wird automatisch die Prozedur *Workbook_Open* ausgeführt. Diese Prozedur macht das Rechnungsformular zum aktiven Blatt. Anschließend wird mit *LoadMonthReport* die Monatstabelle des aktuellen Monats geladen. *ClearMainSheet* entnimmt dieser Datei die aktuelle Rechnungsnummer und trägt sie in das Rechnungsformular ein. Gleichzeitig werden alle Eingabefelder des Rechnungsformulars gelöscht.

Die Prozedur deaktiviert alle Symbol-, Bearbeitungs- und Statusleisten von Excel. Sie sind zur Bedienung dieses Programms nicht erforderlich und nehmen nur Platz weg. Dafür wird die zusätzliche Symbolleiste »DB_Car_Sharing« mit den neuen Menüeinträgen aktiviert.

```
' DB_Cars.xls, Klassenmodul »DieseArbeitsmappe«
Private Sub Workbook_Open()
  Dim cb As CommandBar
  Application.ScreenUpdating = False
  ThisWorkbook.Activate
  Sheets("Rechnung").Select
  ThisWorkbook.Windows(1).DisplayWorkbookTabs = False
  LoadMonthReport     'Monatsabrechnungsdatei laden
  ClearMainSheet      'Eingabefelder des Formulars löschen
  ' Bearbeitungsleiste, Statusleiste und alle Symbolleisten abschalten
  Application.DisplayFormulaBar = False
  Application.DisplayStatusBar = False
  For Each cb In Application.CommandBars
    If cb.Type = msoBarTypeNormal Then cb.Visible = False
  Next cb
  With Application.CommandBars("DB_Car_Sharing")
    'eigenes Menü einschalten
    .Visible = True
    ' Option »Seitenvorschau statt Ausdruck« aktivieren
    .Controls("Optionen").Controls(1).Style = msoButtonIconAndCaption
  End With
  ActiveWindow.WindowState = xlMaximized
End Sub
```

Die Verwaltung des eigenen Menüs

Nachdem das anwendungsspezifische Menü in *Workbook_Open* aktiviert wurde, wird in den Blatt(de)aktivierungs-Prozeduren dafür gesorgt, daß dieses Menü in Zukunft beim Anklicken eines Arbeitsblatts einer anderen Excel-Datei deaktiviert, beim Anklicken eines Arbeitsblatts von `DB_Cars` aber automatisch wieder aktiviert wird. (In *Workbook_Deactivate* bleibt das Menü auch dann sichtbar, wenn die Abrechnungstabelle angeklickt wird.)

```
' DB_Cars.xls, Klassenmodul »DieseArbeitsmappe«
' Menü deaktivieren, wenn fremde Arbeitsmappe aktiviert wird
Private Sub Workbook_Deactivate()
  On Error Resume Next
  If LCase(ActiveWorkbook.Name) <> _
     "car_" + accountMonth + ".xls" Then
    Application.CommandBars("DB_Car_Sharing").Visible = False
  End If
End Sub
' sicherstellen, daß Menüleiste immer sichtbar ist
Private Sub Workbook_Activate()
  Application.CommandBars("DB_Car_Sharing").Visible = True
End Sub
```

```
Private Sub Workbook_SheetActivate(ByVal Sh As Object)
  Application.CommandBars("DB_Car_Sharing").Visible = True
End Sub
```

Excel-Datei für Monatsbericht laden

LoadMonthReport wird an verschiedenen Stellen im Programm aufgerufen, um sicherzustellen, daß die Datei mit dem Monatsbericht geladen ist. (Es kann ja passieren, daß der Anwender die Datei – unbeabsichtigt – schließt.) Die Prozedur belegt als erstes die Variable *accountMonth* mit einer Zeichenkette der Form "9805" (Mai 98) und ermittelt daraus und aus dem Pfad zu `DB_Cars` den Dateinamen der Rechnungsdatei (etwa `C:\Eigene Dateien\ Beispiele\Car_9405.xls`). Anschließend werden in einer Schleife alle bereits geladenen *Workbook*-Objekte durchlaufen. Wenn die Monatsdatei dabei gefunden ist, müssen nur noch diverse Variablen initialisiert werden.

Wenn die Datei hingegen noch nicht geladen ist, erfolgt ein Test, ob die Datei überhaupt schon existiert (auf der Festplatte). Existiert die Datei dagegen noch nicht – etwa am Beginn eines neuen Monats – dann beginnt jetzt die Suche nach der Musterdatei `Car_Template.xlt`. Falls diese Datei gefunden wird, öffnet das Programm diese Musterdatei, andernfalls öffnet es eine leere (unformatierte) Excel-Datei. Prinzipiell arbeitet das Programm auch damit klaglos, die Mustervorlage hat aber den Vorteil, daß die Monatstabelle beschriftet, die Spaltenbreite einigermaßen sinnvoll eingestellt und die einzelnen Spalten richtig formatiert sind (Datums- und Zeitformate).

In jedem Fall wird in die neue Datei der Dateiname in A1 und die aktuelle Rechnungsnummer 0 in die Zelle A2 eingetragen. Anschließend wird die Datei unter ihrem neuen Namen gespeichert. In den letzten Zeilen, die in jedem Fall ausgeführt werden (unabhängig davon, wie die Datei gefunden bzw. geöffnet wurde), wird das Fenster der Datei auf ein Icon reduziert.

```
' DB_Cars.xls, »ModulCode«
Public Sub LoadMonthReport()
  Dim wb As Workbook
  Dim reportFile$, templateFile$
  Dim loaded
  loaded = False
  accountMonth = Right(CStr(Year(Now)), 2) + Format(Month(Now), "00")
  reportFile = ThisWorkbook.Path + "\car_" + accountMonth + ".xls"
  'testen, ob Datei schon geladen ist
  For Each wb In Workbooks
    If UCase(wb.Name) = UCase("car_" + accountMonth + ".xls") Then
      Set monthReportWb = wb: Set monthReport = wb.Worksheets(1)
      loaded = True
      Exit For
    End If
  Next wb
```

```
  If Not loaded Then
    If Dir(reportFile) <> "" Then
      'Datei existiert schon --> laden
      Set monthReportWb = Workbooks.Open(reportFile)
      Set monthReport = monthReportWb.Worksheets(1)
    Else
      'Datei existiert noch nicht:
      'Mustervorlage öffnen, wenn diese existiert
      templateFile = ThisWorkbook.Path + "\car_template.xlt"
      If Dir(templateFile) <> "" Then
        Set monthReportWb = Workbooks.Open(templateFile)
      Else
        'sonst eben eine leere Datei
        Set monthReportWb = Workbooks.Add
      End If
      Set monthReport = monthReportWb.Worksheets(1)
      monthReport.[A1] = reportFile  'in A1 den Dateinamen speichern
      monthReport.[A2] = 0      'in A2 die Rechnungsnummer speichern
      monthReportWb.SaveAs reportFile
    End If
  End If
  Set accountCell = monthReport.Range("A5")
  monthReportWb.Windows(1).WindowState = xlMinimized
End Sub
```

Rechnungsformular initialisieren

An verschiedenen Stellen im Programm – beim Start, beim Anklicken des Buttons NEUE RECHNUNG etc. – muß das Rechnungsformular in einen definierten Grundzustand versetzt werden. Dabei werden alle Eingabezellen gelöscht. Diese Eingabezellen wurden im Tabellenblatt »Rechnung« benannt, so daß ein übersichtlicher Zugriff in der Form *[name]* möglich ist. Außerdem entnimmt die Prozedur der Monatstabelle die aktuelle Rechnungsnummer (die dort in der Zelle A2 steht).

In *InitializeListboxes* werden die Quelldatenbereiche (Eigenschaft *ListFillRange*) für die Listenfelder *cmbMembers* und *cmbCars* neu eingestellt. Anschließend werden die Listenfelder auf den Eintrag 0 gesetzt, so daß der jeweils erste Listeneintrag angezeigt wird (also »bitte xxx auswählen«).

```
Public Sub ClearMainSheet()
  Application.ScreenUpdating = False
  ThisWorkbook.Activate
  Sheets("Rechnung").Select
  LoadMonthReport
```

```
  With ThisWorkbook.Sheets("Rechnung")
    .[datum].Formula = "=Now()"
    .[zeitvon] = "": .[zeitbis] = ""
    .[DatumVon] = "": .[DatumBis] = ""
    .[Kilometer] = "": .[Treibstoff] = ""
    .[Rechnungsnr] = "Fahrtenabrechnung " & _
       accountMonth & "\" & monthReport.[A2] + 1
    InitializeListboxes
  End With
End Sub
' Listenfelder des Rechnungsblatts auf 0 zurücksetzen
Public Sub InitializeListboxes()
  Dim z1 As Object, z2 As Object
  With ThisWorkbook.Sheets("Rechnung")
    ' Listenfeld Teilnehmer
    Set z1 = [Teilnehmer!A4]
    Set z2 = z1.End(xlDown)
    .cmbMembers.ListFillRange = _
      "Teilnehmer!" + z1.Address + ":" + z2.Address
    .cmbMembers = 0
    ' Listenfeld Autos
    Set z1 = [Autos!A4]
    Set z2 = z1.End(xlDown)
    .cmbCars.ListFillRange = "Autos!" + z1.Address + ":" + z2.Address
    .cmbCars = 0
  End With
End Sub
```

Tastaturfokus aus Listenfeldern entfernen

Noch ein Detail ist im Zusammenhang mit den beiden Listenfeldern des Rechnungs-Tabellenblatts erwähnenswert: Nach der Auswahl eines Autos oder eines Teilnehmers per Listenfeld befindet sich der Eingabefokus im jeweiligen Listenfeld. Das kann die Ausführung weiteren VBA-Codes blockieren (ein Excel-97-Fehler). Aus diesem Grund wird durch die Ereignisprozeduren *cmbCars_Change* bzw. *cmbMembers_Change* sichergestellt, daß der Fokus sofort wieder in eine nahe gelegene Zelle gerichtet wird.

Durch den Test *ActiveSheet.Name = Me.Name* wird sichergestellt, daß das nur dann erfolgt, wenn das Rechnungs-Tabellenblatt das aktive Blatt ist. (Die Prozeduren werden auch dann aufgerufen, wenn die Listenfelder per Programmcode verändert werden – und zu diesem Zeitpunkt kann ein anderes Blatt aktiv sein; der Versuch, eine Zelle zu aktivieren, würde dann zu einem Fehler führen.)

```
' DB_Cars.xls, Klassenmodul »Tabelle1«
Private Sub cmbCars_Change()
  If ActiveSheet.Name = Me.Name Then
    [b14].Activate
  End If
End Sub
Private Sub cmbMembers_Change()
  ' wie oben
End Sub
```

Ereignisprozeduren zu den Datenbankbuttons (Datenmaske, Sortieren)

In den beiden Tabellenblättern »Mitglieder« und »Autos« gibt es jeweils zwei Buttons zur Anzeige der Datenmaske sowie zum Sortieren der Einträge. (Das Sortieren erfolgt nach dem Anzeigen der Maske übrigens auch automatisch.) Beim Verlassen des Tabellenblatts wird automatisch die oben abgedruckte Prozedur *InitializeListboxes* ausgeführt, damit alle neuen Einträge in den Listenfeldern berücksichtigt werden. Der Code ist für beide Tabellenblätter identisch:

```
' DB_Cars.xls, Modul »Tabelle2« (Autos)
' Datenbankmaske anzeigen, anschließend sortieren und
' Listenfeld neu initialisieren
Private Sub btnEdit_Click()
  Range("A3").Select
  Range("A3").CurrentRegion.Name = "Datenbank"
  ActiveSheet.ShowDataForm
  btnSort_Click
  InitializeListboxes
End Sub
Private Sub btnSort_Click()
  Range("A3").Select
  Selection.Sort Key1:=Range("A4"), Order1:=xlAscending, _
    Header:=xlGuess, OrderCustom:=1, MatchCase:=False, _
    Orientation:=xlTopToBottom
End Sub
Private Sub Worksheet_Deactivate()
  InitializeListboxes
End Sub
```

Ereignisprozeduren für Menükommandos

ModulMenüereignisse enthält diverse kurze Prozeduren, die durch die Kommandos des Car-Sharing-Menüs aufgerufen werden. Die meisten Prozeduren sind ausgesprochen kurz; der Code sollte auf Anhieb verständlich sein, weswegen hier auf einen Abdruck verzichtet wird. Eine Ausnahme stellt die Prozedur *MenuOptionPagePreview_OnClick* dar, die durch OPTIONEN | SEITENANSICHT STATT AUSDRUCK aufgerufen wird. In der Prozedur wird für diesen Menüeintrag die *Style*-Eigenschaft zwischen *msoButtonIconAndCaption* und *msoButtonCaption* umgeschaltet. Dadurch entsteht der Eindruck, der Menüeintrag wäre mit einem umschaltbaren Auswahlhäkchen ausgestattet. *CommandBar*-Menüs können ja – wie in Abschnitt 9.1.4 beschrieben – nicht mit echten Auswahlhäkchen ausgestattet werden.

Der Zustand der *Style*-Eigenschaft wird beim Ausdruck von Rechnungen durch die unten beschriebene Prozedur *PrintAndSave* beachtet. Für den Testbetrieb ist statt des Ausdrucks eine Seitenvorschau praktischer.

```
' DB_Cars.xls, »ModulMenüereignisse«
Public Sub MenuOptionPagePreview_OnClick()
  With CommandBars("DB_Car_Sharing").Controls("Optionen"). _
      Controls(1)
    If .Style = msoButtonIconAndCaption Then
      .Style = msoButtonCaption
    Else
      .Style = msoButtonIconAndCaption
    End If
  End With
End Sub
```

Das Rechnungsformular ausdrucken

Für den Ausdruck des Formulars ist die Prozedur *PrintAndSave* zuständig. Die Prozedur kopiert das ganze Rechnungsformular in ein neues Arbeitsblatt, stellt die gelbe Hintergrundfarbe der Eingabezellen auf Weiß um und druckt das neue Arbeitsblatt schließlich aus. Eine vergleichbare Prozedur *btnPrint_Click* ist in Abschnitt 10.3 abgedruckt und dort auch näher beschrieben.

Neu an *PrintAndSave* ist der Aufruf der Funktion *TestForValidInput*: Dort wird ein kurzer Test durchgeführt, ob die Eingaben im Rechnungsformular in Ordnung sind. Wenn das nicht der Fall ist, gibt die Funktion einen Fehlertext zurück, der in *PrintAndSave* in einem Meldungsdialog angezeigt wird.

```
Function TestForValidInput()
  Dim errmsg$
  With ThisWorkbook.Sheets("Rechnung")
    If IsError(.[Endsumme]) Then
      errmsg = "Endsumme fehlerhaft."
    ElseIf .[Endsumme] = 0 Then
```

```
      errmsg = "Endsumme beträgt 0."
    ElseIf .cmbMembers <= 0 Or IsNull(.cmbMembers) Then
      errmsg = "Es wurde kein Name / keine Firma angegeben."
    ElseIf .cmbCars <= 0 Or IsNull(.cmbCars) Then
      errmsg = "Es wurde kein Autotyp angegeben."
    ElseIf .[zeitvon] < 0 Or .[zeitvon] > 1 Or _
          .[zeitbis] < 0 Or .[zeitbis] > 1 Then
      errmsg = "Falsche Zeitangabe."
    ElseIf .[DatumVon] <> "" Xor .[DatumBis] <> "" Then
      errmsg = "Unvollständige Datumsangabe."
    End If
  End With
  TestForValidInput = errmsg
End Function
```

Die Daten des Rechnungsformulars in der Monatstabelle speichern

Die Prozedur *PrintAndSave* endet mit dem Aufruf von *SaveAccountData*. Diese Prozedur überträgt alle Eckdaten der Rechnung in die Monatstabelle. Die Zeile, in der die Daten eingetragen werden, ergibt sich aus der Rechnungsnummer des Formulars, die ein wenig mühsam aus einer Zeichenkette der Form »Fahrtenabrechnung 9605\3« extrahiert wird: *InStr* ermittelt den Ort des »\«-Zeichens, *Mid* liest alle Zeichen hinter diesem Zeichen und *Val* verwandelt die resultierende Zeichenkette in einen numerischen Wert. Nach der eigentlichen Datenübertragung wird die Rechnungsnummer in der Monatstabelle aktualisiert und die Datei anschließend gespeichert.

```
' Daten des Rechnungsformular in die Monatsliste übertragen
Sub SaveAccountData()
  Dim x
  Dim accountNr%                'aktuelle Rechnungsnummer
  Dim accountWs As Worksheet    'Verweis auf Rechnungsformular
  ' On Error Resume Next
  Set accountWs = ThisWorkbook.Sheets("Rechnung")
  LoadMonthReport
  x = accountWs.[Rechnungsnr]
  accountNr = Val(Mid(x, InStr(x, "\") + 1))
  accountCell.Cells(accountNr, 1) = accountNr
  accountCell.Cells(accountNr, 2) = accountWs.[datum]
  accountCell.Cells(accountNr, 3) = Now
  accountCell.Cells(accountNr, 4) = accountWs.[mitgliedname]
  ...
  accountCell.Cells(accountNr, 16) = accountWs.[Endsumme]
  If monthReport.[A2] < accountNr Then monthReport.[A2] = accountNr
  ' geänderte Datei sofort speichern
  monthReportWb.Save
End Sub
```

Bereits vorhandene Rechnung nochmals bearbeiten

Die Prozedur *ChangeOldEntry* stellt im Prinzip die Umkehrfunktion zu *SaveAccountData* dar: Diesmal sollen Daten aus der Monatstabelle in das Rechnungsformular übertragen werden, damit die Rechnung dort nochmals bearbeitet werden kann (etwa um einen Eingabefehler zu korrigieren).

Die Prozedur beginnt damit, daß mit *MenuViewMonthReport_OnClick* die Monatstabelle angezeigt und der Anwender in einem *InputBox*-Dialog dazu aufgefordert wird, jene Zeile der Monatstabelle anzuklicken, die die zu korrigierenden Daten enthält. Dazu wird bei *InputBox* als Eingabetyp 0 angegeben (eine Formel). Die resultierende Formel sieht dann etwa so aus: "=Z5S7". Mit *Mid* wird das »=«-Zeichen eliminiert. Anschließend wird die Zeichenkette mit *ConvertFormula* in die A1-Schreibweise konvertiert, mit *Range* in ein *Range*-Objekt umgewandelt, dessen Zeilennummer schließlich über *Row* gelesen werden kann. Da die ersten vier Zeilen der Tabelle zur Beschriftung verwendet werden, ergibt sich die Rechnungsnummer aus einer Subtraktion mit 4.

Sobald die Rechnungsnummer bekannt ist, kann die eigentliche Datenübertragung beginnen. Bei den meisten Eingabezellen stellt die Datenübertragung kein besonders Problem dar. Bei den beiden Listenfelder muß durch eine Schleife der passende Listeneintrag ermittelt werden.

Ein wenig verwirrend sind vielleicht die vielen *account*-Variablen: *accountWs* zeigt auf das Rechnungsformular, *accountCell* auf die erste Datenzelle in der Monatstabelle. *accountNr* enthält die Rechnungsnummer.

```
' eine bereits vorhandene Rechnung dieses Monats in das
' Rechnungsformular eintragen
Sub ChangeOldEntry()
  Dim result, accountNr%, n, i
  Dim accountWs As Object     'Verweis auf Rechnungsformular
  ' (accountWs kann hier nicht als Worksheet definiert werden;
  ' andernfalls meckert VBA, daß es die Objekte cmbMembers
  ' und cmbCars nicht kennt; offensichtlich versucht der Compiler
  ' hier early binding zu erzwingen)
  Set accountWs = ThisWorkbook.Sheets("Rechnung")
  On Error Resume Next
  MenuViewMonthReport_OnClick
  result = Application.InputBox("Geben Sie bitte die " & _
    "Rechnungsnummer an! Sie können dazu in " & _
    "der Monatsliste dieses Monats blättern " & _
    "und eine Zeile anklicken.", Type:=0)
  MenuViewMain_OnClick
  If result = False Then Exit Sub
  result = Mid(result, 2)    ' »=« im Ergebnis eliminieren
```

```
  If Not IsNumeric(result) Then
    ' aus der Formel "Z5S7" die Zeilennummer extrahieren
    ' und wiederum in result speichern
    result = Range(Application.ConvertFormula(result, _
      xlR1C1, xlA1)).Row - 4
  End If
  If result < 1 Or result > Val(monthReport.[A2]) Then
    MsgBox "Ungültige Rechnungsnummer.": Exit Sub
  End If
  accountNr = result
  Application.ScreenUpdating = False
  ' Datum ändern
  accountWs.[datum] = accountCell.Cells(accountNr, 2)
  ' Listenfeld Teilnehmer einstellen
  For i = 0 To accountWs.cmbMembers.ListCount - 1
    If accountCell.Cells(accountNr, 4) = _
        accountWs.cmbMembers.List(i) Then
      accountWs.cmbMembers = i
    End If
  Next i
  ' Listenfeld Autos einstellen
  For i = 0 To accountWs.cmbCars.ListCount - 1
    If accountCell.Cells(accountNr, 5) = accountWs.cmbCars.List(i) Then
      accountWs.cmbCars = i
    End If
  Next i
  ' diverse Eingabefelder
  accountWs.[zeitvon] = accountCell.Cells(accountNr, 6)
  accountWs.[zeitbis] = accountCell.Cells(accountNr, 7)
  ...
  accountWs.[Treibstoff] = accountCell.Cells(accountNr, 15)
  accountWs.[Rechnungsnr] = "Fahrtenabrechnung " & _
    accountMonth & "\" & accountNr
End Sub
```

11.7 Beispiel: Bestellwesen für einen Buchverlag

Hintergrund der vorliegenden Anwendung ist ein (natürlich fiktiver) Computerbuchverlag, der Anfang 96 seine ersten Bücher auslieferte. Der Kontakt zwischen dem Verlag und den Buchhandlungen wird durch acht Vertreter hergestellt.

Um das Bestellwesen und die Abrechnung so effizient wie möglich zu organisieren, hat der Verlag alle Vertreter mit einem Laptop ausgestattet, auf dem ein Excel-Programm läuft (das Beispielprogramm `Verlag\Vertret.xls`, das in diesem Abschnitt beschrieben wird). Mit Hilfe dieses Programms kann der Vertreter sehr effizient einen Bestellschein ausfüllen und drucken. Beim Ausdruck der Bestellung werden die Daten gleichzeitig in einer Excel-Datei gespeichert. Diese Dateien werden von allen Vertretern des Verlags einmal pro Woche an das Stammhaus gesandt (sei es nun per E-Mail oder als Diskette).

In der Zentrale des Verlags läuft ein zweites Excel-Programm (`Verlag\Verlag.xls`, siehe den folgenden Abschnitt), das die Wochenberichtsdateien im Excel-Format liest und in einer zentralen Datenbankdatei im Access-Format speichert. Diese Mischlösung zwischen Excel- und Access-Format hat den Vorteil, daß auf den nicht so leistungsfähigen Laptops der Vertreter kein Datenbankprogramm benötigt wird. Die Wochenberichte beanspruchen ohnedies vergleichsweise wenig Speicher. Andererseits erfolgt die zentrale Abrechnung mit einer richtigen Datenbank, die für das Datenvolumen des Verlags ausreichend sein sollte.

Bedienung der Programms

Nach dem Start des Programms erscheint ein Formular, das im wesentlichen durch eine Liste mit den Büchern geprägt ist. Um eine größtmögliche Übersichtlichkeit zu gewähren, sind neue Titel rot und Top-Ten-Titel blau markiert. In dieses Formular können in die weiße Spalte die Stückzahlen für die Bestellung eingetragen werden. Die Liste kann nach verschiedenen Kriterien sortiert und selektiert werden. Bild 11.46 zeigt beispielsweise die neuen Titel geordnet nach der ID-Nummer der Bücher.

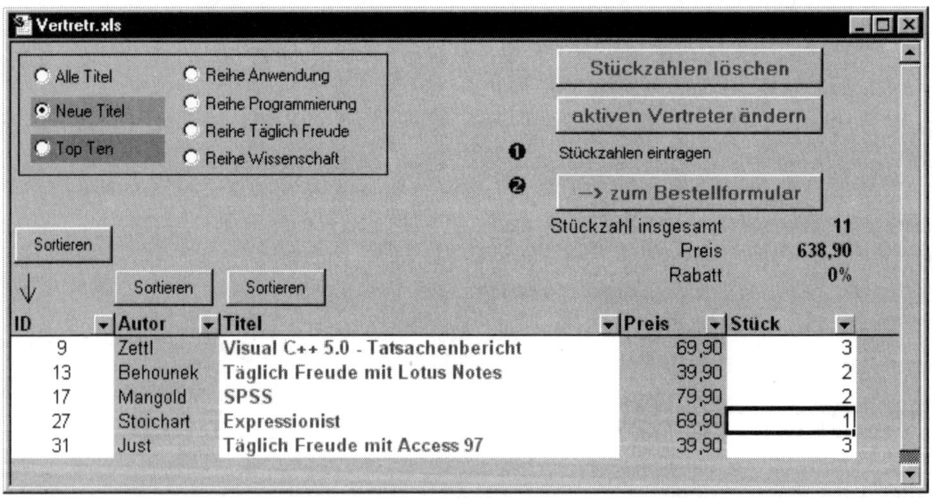

Bild 11.46: Die Titelliste

Nachdem die Stückliste ausgefüllt ist, erfolgt mit dem Button ZUM BESTELLFORMULAR ein Wechsel in das Bestellformular. Mit dem Button BESTELLDATEN ÜBERNEHMEN werden die Stückdaten aus der Titelliste ausgewertet und zu einer Bestellung zusammengefaßt. Vor dem Ausdruck der Rechnung muß nur noch der Kunde in einem Listenfeld ausgewählt werden. Falls eine Buchhandlung das erste Mal besucht wird, kann mit NEUE ADRESSE EINGEBEN eine neue Adresse aufgenommen werden.

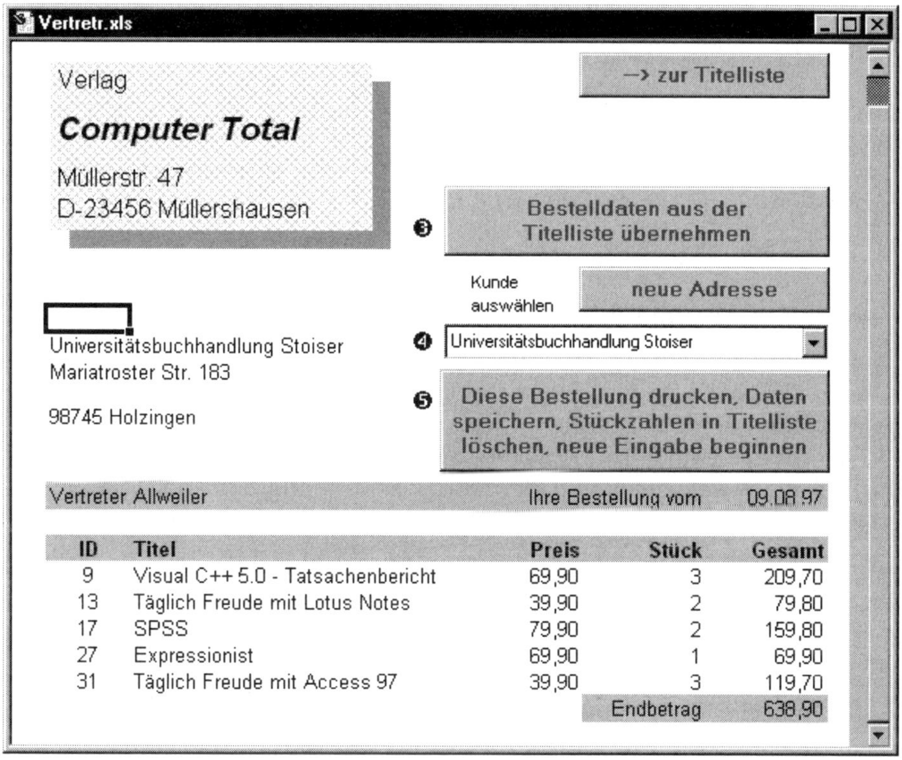

Bild 11.47: Das Bestellformular

Erweiterungsmöglichkeiten

Ziel dieses Beispiels war es wiederum, diverse Programmiertechniken praxisorientiert zu vermitteln, ohne den Code durch Details unübersichtlich zu machen. Das Ergebnis hat demzufolge nur Demonstrationscharakter, es ist kein praxistaugliches Werkzeug. Anbei einige Ideen für Verbesserungen:

- Das Programm könnte mit einem eigenen Menü ausgestattet werden.
- Das Programm arbeitet generell mit Ladenpreisen. Es fehlt die Berücksichtigung von Mehrwertsteuer / Umsatzsteuer sowie eines Händlerrabatts.
- Statt einer Organisation in Wochenberichten wäre ein variabler (möglichst kleiner) Berichtszeitraum sinnvoller. Im Idealfall wählen sich die Vertreter jeden Abend per Modem bei einem Internet-Provider ein und übermitteln die letzten Bestelldaten als E-Mail.

- Dem Programm fehlt eine Möglichkeit, die Bücherliste zu aktualisieren (Berücksichtigung von Neuerscheinungen).
- Wünschenswert wäre schließlich die Möglichkeit, Bestellungen zu stornieren, Mängel- und Freiexemplare zu verbuchen etc.

VERWEIS

In Abschnitt 13.6.1 wird das Verlags-Beispiel übrigens noch ein letztes Mal aufgegriffen. Anhand einer kleinen Prozedur wird demonstriert, wie ein sehr ansprechend gestalteter Verkaufsbericht via Access ausgedruckt werden kann. Access wird dazu mit ActiveX-Automation gesteuert.

Organisation des Programms

Nach außen hin zeigt sich das Programm durch die beiden Tabellenblätter »Titel« und »Bestellung« (siehe die beiden obigen Abbildungen). Bei beiden Blättern sind alle Zeilen und Spalten, die keine für den Anwender relevanten Daten enthalten, ausgeblendet. (Beispielsweise enthält die Titeltabelle eine Spalte zur Kennzeichnung neuer oder Top-10-Titel sowie eine zweite Spalte mit der Zuordnung des Titel zu einer der vier Reihen des Verlags.)

Die Blätter sind gegen unbeabsichtigte Eingaben geschützt. In der Titelliste können nur die Zellen für die Stückzahlen verändert werden, im Bestellformular kann überhaupt nur eine Buchhandlung mit dem Listenfeld ausgewählt werden. Alle anderen Veränderungen an der Tabelle erfolgen per Programmcode.

Neben diesen beiden Tabellenblättern gibt es noch drei unsichtbarer Blätter, so daß im Programmcode insgesamt fünf Blätter angesprochen werden (denen im Eigenschaftsfenster der Entwicklungsumgebung die Namen *Sheet1* bis *Sheet5* gegeben wurden).

Titel (*Sheet1*):	Liste alle lieferbaren Bücher
Bestellung:	Durchführung der Bestellung
WochenberichtMuster:	Vorlage für die Wochenberichte
Kunden:	Kundendatenbank (mit den Adressen der Buchhandlungen)
Vertreter (*Sheet5*):	Vertreterdatenbank (Vertreternamen und -nummern)

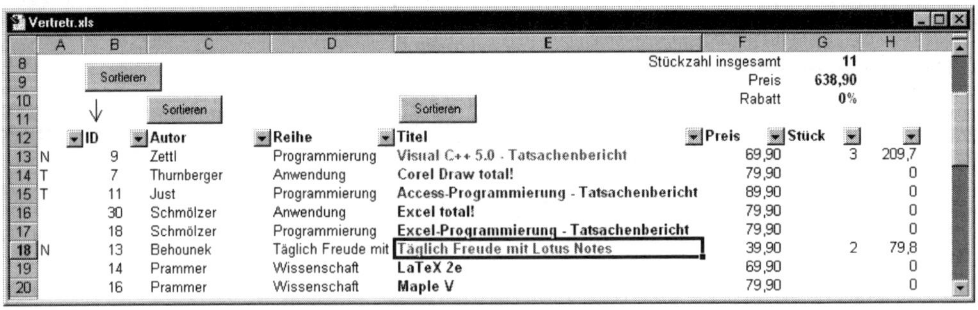

Bild 11.48: Die Struktur der Titeltabelle (inklusive der sonst ausgeblendeten Spalten)

Beim Ausdruck eines Bestellscheins öffnet das Programm die Datei `Jjww_vv.xls`. Dabei steht *j* für das Jahr, *w* für die laufende Woche und *v* für die Vertreternummer. Wenn die Datei noch nicht existiert, wird automatisch eine leere Schablone (nach dem Muster des Blatts »WochenberichtMuster«) erstellt.

Verwaltung der Titelliste (Sheet1)

Der Programmcode zur Titelliste enthält eine Menge recht trivialer Prozeduren, mit der die Titelliste nach verschiedenen Kriterien sortiert bzw. selektiert wird. Ein Teil der Prozeduren zum Verändern der Autofilter basiert auf ausgeblendeten Spalten (siehe Bild 11.48).

Die folgende Prozedur verdeutlicht das Schema, das auch für die meisten anderen Prozeduren gilt: Mit *Unprotect* wird der Schutz für das Blatt aufgehoben. Anschließend wird ein Autofilter eingerichtet, so daß alle Titel der Reihe »Programmierung« angezeigt werden.

```
' Verlag\Vertret.xls, Modul »Sheet1«
Private Sub optProgramming_Click()
  Range("b13").Select
  ActiveSheet.Unprotect
  Selection.AutoFilter
  Selection.AutoFilter Field:=4, Criteria1:="Programmierung"
  ActiveSheet.Protect
End Sub
```

Die Prozedur *btnClear_Click* löst zuerst alle eventuell geltenden Filterkriterien auf (Prozeduraufruf *optAll_Click*). Anschließend werden alle Zellen für die Eingabe der Stückzahlen gelöscht. Damit die Zellen trotz Blattschutz verwendet werden können, wird die Eigenschaft *Locked* auf *False* gesetzt.

Der zu löschende Zellbereich wird aus der Schnittmenge zwischen der Spalte G (ab der 13. Zeile) und dem Datenbankbereich ermittelt. Einfacher wäre es gewesen, einfach G13:16000 zu löschen. Das hätte allerdings den Nachteil mit sich gebracht, daß die Dateigröße von `Vertret.xls` enorm angewachsen wäre, weil Excel die Information *Locked=True* für jede einzelne Zelle zwischen G13 und G16000 gespeichert hätte. Die gewählte Vorgehensweise vermeidet diesen Nachteil – und kommt dennoch mit jeder beliebigen Listenlänge zurecht.

```
' Eingaben in der Titelliste löschen
Public Sub btnClear_Click()
  ThisWorkbook.Sheets("Titel").Activate
  With ActiveSheet
    optAll_Click
    .Unprotect
    With Intersect(.[G13:G16000], .[G13].CurrentRegion)
      .Clear
      .Locked = False
```

```
    End With
    .[G13].Select
    .Protect
  End With
End Sub
Private Sub optAll_Click()
  'ShowAllData löst Fehler aus, wenn kein Filter aktiv ist
  On Error Resume Next
  Range("b13").Select
  ActiveSheet.Unprotect
  ActiveSheet.ShowAllData
  optAll = True
  ActiveSheet.Protect
End Sub
```

HINWEIS

btnClear_Click ist im Gegensatz zu den meisten anderen Ereignisprozeduren als *Public* deklariert. Daher kann die Prozedur auch in den Modulen anderer Tabellenblätter aufgerufen werden. Die Syntax lautet dann *Sheet1.btnClear_Click*, weil *btnClear_Click* als Methode des Objekts *Sheet1* gilt. (*Sheet1* ist der VBA-Name des ersten Tabellenblatts, der im Eigenschaftsfenster der Entwicklungsumgebung so festgelegt wurde.)

Wochenberichtsdatei laden

Um einiges interessanter ist der Code zum Bestellformular. Bevor die Prozeduren zum Ausfüllen des Formulars bzw. zum Ausdruck dieses Formulars behandelt werden, müssen noch zwei Hilfsfunktionen beschrieben werden: *ReportFilename* bildet zu dem angegebenen Datum einen Dateinamen der Form `Jjvv_ww.xls`. Dabei wird die Nummer des aktuell eingestellten Vertreters berücksichtigt (Zelle B18 in der Bestelltabelle).

```
' Verlag\Vertretr.xls, Modul »Sheet2«
Private Function ReportFilename(dat As Date)
  Dim y%, w$, d%    'year, week, day
  Dim salesagent%
  y = Year(dat) Mod 100  'd.h. aus 1996 wird nur 96
  d = dat - DateSerial(Year(dat), 1, 0)
  w = Application.RoundUp(d / 7, 0)
  salesagent = Sheets("Bestellung").[b18]
  ReportFilename = Format(y, "00") + Format(w, "00") + "_" + _
    Format(salesagent, "00") + ".xls"
End Function
```

LoadWeekreport testet, ob die angebene Datei bereits geladen ist. Wenn das nicht der Fall ist, wird versucht, die Datei zu laden. Klappt auch das nicht (weil die Datei noch gar nicht existiert), dann wird sie neu erzeugt. In jedem Fall enthält die im gesamten

Modul verfügbare Variable *weekreportWb* nach Abschluß der Prozedur einen Verweis auf die Datei.

Falls die Datei neu erzeugt werden muß, erfolgt dies nach dem Muster des Blatts »WochenberichtMuster«, das in eine neue Arbeitsmappe kopiert wird. In das einzige Blatt dieser Arbeitsmappe werden einige Informationen eingetragen (das aktuelle Datum, der Vertretername aus der Zelle C17 und die Vertreternummer aus der Zelle B18). Die neue Arbeitsmappe wird sofort gespeichert und ihr Fenster verkleinert.

```
Dim loaded As Boolean
Dim weekreportWb As Workbook
Private Sub LoadWeekreport(fname$, dat As Date)
  Dim fil$, wb As Workbook
  fil = ThisWorkbook.Path + "\" + fname
  If Dir(fil) <> "" Then
    ' die Datei existiert schon
    ' testen, ob die Datei schon geladen ist
    For Each wb In Workbooks
      If UCase(wb.Name) = UCase(fname) Then
        loaded = True
        Set weekreportWb = wb
        Exit Sub
      End If
    Next wb
    ' die Datei muß geladen werden
    Set weekreportWb = Workbooks.Open(fil)
    weekreportWb.Windows(1).WindowState = xlMinimized
    ThisWorkbook.Windows(1).WindowState = xlMaximized
    loaded = True
  Else
    ' die Datei existiert noch nicht, muß also erst erzeugt werden
    Set weekreportWb = Workbooks.Add(xlWorksheet)
    weekreportWb.Windows(1).WindowState = xlMinimized
    ThisWorkbook.Sheets("WochenberichtMuster").[A1:C6].Copy
    With weekreportWb.Sheets(1)
      .Paste
      .[b2] = dat                                            'Datum
      .[b3] = ThisWorkbook.Sheets("Bestellung").[b18] 'Vertreternummer
      .[c3] = ThisWorkbook.Sheets("Bestellung").[c17] 'Vertretername
    End With
    ThisWorkbook.Windows(1).WindowState = xlMaximized
    weekreportWb.SaveAs fil
    loaded = True
  End If
End Sub
```

Bestellformular ausfüllen

Die Prozedur *btnCopyOrder_Click* löscht zuerst eventuell noch vorhandene Daten der letzten Bestellung. Anschließend wird für jede Zeile der Titelliste (Schleifenvariable *n*) getestet, ob für den jeweiligen Titel eine Stückzahl eingetragen wurde. Wenn das der Fall ist, werden die relevanten Daten (ID-Nummer, Titel, Preis, Stück) in das Bestellformular übertragen. In die Spalte neben Preis und Stückzahl wird die Formel *=ZS(-1)*ZS(-2)* eingesetzt, um den Gesamtpreis zu ermitteln. Außerdem wird die Zeile passend formatiert (grauer Hintergrund, Ausrichtung der Zellen).

Die Anzahl der Bestellposten wird in der Zelle C18 gespeichert. (Diese Zelle ist unsichtbar, d. h., die Textfarbe wurde auf weiß gestellt.) Sofern gültige Bestellposten gefunden wurden, wird unter die Liste ein dunkelgraues Feld mit einer Summenformel gesetzt. Falls außerdem mindestens 30 Bücher bestellt wurden, wird das Bestellformular noch um zwei Zeilen mit dem Rabattbetrag und dem neuen Endergebnis erweitert.

```
' Daten aus Titelliste in Bestelliste übernehmen
Private Sub btnCopyOrder_Click()
  Dim order As Worksheet, title As Worksheet
  Dim n&, i&, sourcerow As Range, destrow As Range
  Dim number&
  Set order = Sheets("Bestellung")
  Set title = Sheets("Titel")
  order.Unprotect
  Application.ScreenUpdating = False
  Application.Calculation = xlManual
  i = 20                        'erste Zeile in Bestelltabelle
  Intersect(order.[B20:F2000], order.[b20].CurrentRegion).Clear
  For n = 13 To 16000
    Set sourcerow = title.Rows(n)                'Quellzeile
    If IsEmpty(sourcerow.Cells(2)) Then Exit For 'ID-Spalte
    If Not IsEmpty(sourcerow.Cells(7)) Then      'Stück-Spalte
      If IsNumeric(sourcerow.Cells(7)) Then
        If sourcerow.Cells(7).Value <> 0 Then
          Set destrow = Intersect(order.Rows(i), order.[b:f])
          destrow.Interior.ColorIndex = 40
          destrow.Interior.Pattern = xlSolid
          destrow.Cells(1) = sourcerow.Cells(2)
          destrow.Cells(1).HorizontalAlignment = xlCenter
          destrow.Cells(2) = sourcerow.Cells(5)
          destrow.Cells(3) = sourcerow.Cells(6)
          destrow.Cells(3).NumberFormat = "0.00"
          destrow.Cells(4) = sourcerow.Cells(7)
          number = number + sourcerow.Cells(7)
          destrow.Cells(5).FormulaR1C1Local = "=ZS(-1)*ZS(-2)"
          destrow.Cells(5).NumberFormat = "0.00"
```

```
          i = i + 1
        End If
      End If
    End If
  Next n
  order.[c18] = i - 20 'in C18 die Anzahl der Bestellposten speichern
  If number > 0 Then
    Set destrow = Intersect(order.Rows(i), order.[e:f])
    destrow.Interior.ColorIndex = 15
    destrow.Interior.Pattern = xlSolid
    destrow.Cells(2).NumberFormat = "0.00"
    destrow.Cells(2).FormulaR1C1Local = "=summe(Z(-1)S:Z20S6)"
    If number >= 30 Then
      Set destrow = Intersect(order.Rows(i + 1), order.[e:f])
      destrow.Interior.ColorIndex = 15
      destrow.Interior.Pattern = xlSolid
      destrow.Cells(2).NumberFormat = "0.00"
      destrow.Cells(2).FormulaR1C1Local = "=Z(-1)S*0,05"
      destrow.Cells(1).HorizontalAlignment = xlRight
      destrow.Cells(1) = "Rabatt"
      Set destrow = Intersect(order.Rows(i + 2), order.[e:f])
      destrow.Interior.ColorIndex = 15
      destrow.Interior.Pattern = xlSolid
      destrow.Cells(2).NumberFormat = "0.00"
      destrow.Cells(2).FormulaR1C1Local = "=Z(-2)S-Z(-1)S"
      destrow.Font.FontStyle = "Fett"
    End If
    destrow.Cells(1).HorizontalAlignment = xlRight
    destrow.Cells(1) = "Endbetrag"
    cmbAdressList = 0
  Else
    MsgBox "In der Titelliste sind keine Bestellungen eingetragen!"
    Sheets("Titel").Activate
  End If
  Application.Calculation = xlAutomatic
  ' mit den beiden folgenden Zeilen wurden in Excel 7 alle nicht
  ' benötigten Zeilen ausgeblendet; in Excel 97: Absturz
  ' order.Rows("1:" & i + 3).EntireRow.Hidden = False
  ' order.Rows(i + 4 & ":65536").EntireRow.Hidden = True
  order.Protect
End Sub
```

Bestellformular drucken, Bestelldaten im Wochenbericht speichern

Als letzte Prozedur bleibt noch *btnFinish_Click* zu beschreiben: Darin wird zuerst getestet, ob überhaupt Bestelldaten vorliegen und ob im Listenfeld ein Kunde eingestellt worden ist. Wenn diese Bedingungen erfüllt sind, erfolgt der Ausdruck (in Form einer Seitenvorschau, um Papier zu sparen). Als nächstes wird das Datum des nächsten Montags errechnet (sofern der aktuelle Wochentag nicht ohnedies ein Montag ist). Für dieses Datum wird mit der oben schon beschriebenen Prozedur *LoadWeekreport* sichergestellt, daß die Wochenberichtsdatei zur Verfügung steht. In diese Datei werden die auf das wesentliche reduzierten Bestelldaten (Datum, Kunde sowie für jeden Bestellposten ID-Nummer und Stück) kopiert. Dabei wird natürlich berücksichtigt, ob in der Berichtsdatei bereits Daten gespeichert sind. Ein wenig aufwendig ist dabei die Formulierung der Quell- und Zielbereiche für die *Copy*-Methode.

```
' Bestellformular drucken, Daten speichern
Private Sub btnFinish_Click()
  Dim order As Worksheet, report As Worksheet
  Dim fil$, dat As Date                   'Dateiname, Bestelldatum
  Dim item%                               'Bestellposten
  Dim freerow%                            'freie Zeile in Bestellformular
  Dim source As Range, dest As Range      'Quell- und Zielbereich
  Set order = Sheets("Bestellung")
  If IsEmpty(order.[b20]) Then
    MsgBox "Es sind keine Bestellposten eingetragen! Geben Sie " & _
      "die gewünschten Stückzahlen in der Titelliste ein " & _
      "und übertragen Sie anschließend die Bestelldaten mit " & _
      "dem Button »Bestelldaten übernehmen« in das Bestellformular!"
    Exit Sub
  End If
  order.Unprotect
  If IsNull(cmbAdressList) Or cmbAdressList < 1 Then
    MsgBox "Wählen Sie im Kundenlistenfeld einen Kunden aus!"
    Exit Sub
  End If
  ' drucken
  ActiveWindow.SelectedSheets.PrintOut Copies:=1, Preview:=True
  Application.ScreenUpdating = False
  'nächsten Montag ermitteln
  dat = Date
  If WeekDay(dat) = 2 Then
    dat = dat + 7
  Else
    dat = dat + (9 - WeekDay(dat)) Mod 7
  End If
```

```
  ' Datei für Wochenbericht aktivieren oder laden oder neu erzeugen
  fil = ReportFilename(dat)
  LoadWeekreport fil, dat
  ' Bestelldaten übertragen
  Set report = weekreportWb.Sheets(1)
  item = order.[c18]          'Anzahl der Bestellposten
  freerow = report.[b4]       'erste freie Zeile in Berichtstabelle
  Set source = Range(order.[b20], order.[b20].Offset(item - 1))
  Set dest = report.Range(report.[a1].Offset(freerow), _
    report.[a1].Offset(freerow + item - 1))
  source.Copy dest
  Set source = Range(order.[e20], order.[e20].Offset(item - 1))
  Set dest = report.Range(report.[b1].Offset(freerow), _
    report.[b1].Offset(freerow + item - 1))
  source.Copy dest
  report.[c1].Offset(freerow) = Now                 'Datum und Uhrzeit
  report.[d1].Offset(freerow) = order.[b13]         'Buchhandlung
  report.[b4] = freerow + item
  weekreportWb.Save
  ' Bestellformular löschen
  With order
    cmbAdressList = 0
    Intersect(.[B20:F2000], [b20].CurrentRegion).Clear
  End With
  order.Protect
  ' Titelliste für neue Eingabe vorbereiten
  Worksheets(1).btnClear_Click
End Sub
```

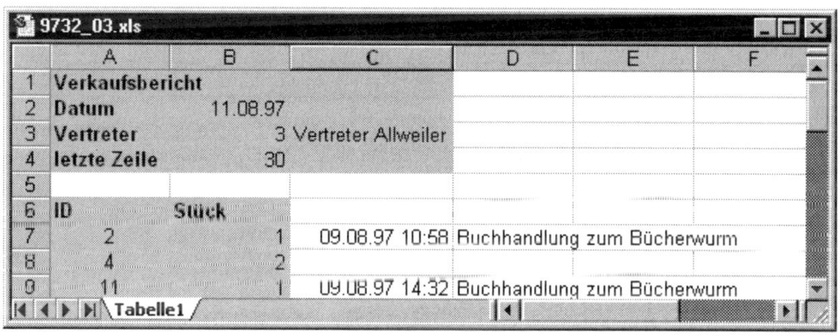

Bild 11.49: Ein Wochenbericht

11.8 Beispiel: Analyse der Verkaufszahlen eines Verlags

Der zweite Teil der Verlagsanwendung ist ein Programm, das in der Zentrale des Verlags läuft. Es ist in der vorliegenden Version recht spartanisch ausgestattet; eine Erweiterung um zahlreiche weitere Merkmale wäre aber leicht vorstellbar.

Nach dem Laden von `Verlag\Verlag.xls` wird die Datenbank neu eingelesen. Das ist erforderlich, weil in der Excel-Datei lediglich die Ergebnisse einer Pivottabelle gespeichert werden, nicht aber die zugrundeliegenden Daten. (In der Excel-Datei müßten andernfalls Tausende – womöglich schon veraltete – Datensätze gespeichert werden, was die Datei unnötig aufblähen würde.)

Mit dem Button WOCHENBERICHTE EINLESEN werden alle Excel-Dateien, die sich im Verzeichnis `Verlag\Inbox` befinden, analysiert. Wenn es sich dabei um Wochenberichte handelt, die mit `Vertret.xls` (siehe den vorangegangenen Abschnitt) erstellt wurden, werden diese Dateien geladen; die darin enthaltenen Daten werden in der Datenbankdatei `Verlag.mdb` gespeichert. Alle anderen Buttons dienen zum Verändern der Struktur der Pivottabellen.

> **HINWEIS** Auch wenn die Pivottabellen recht kompakt aussehen, stecken ziemlich große Datenmengen dahinter. Die Datenbank mit den Verkaufszahlen umfaßt immerhin mehr als 15000 Datensätze. Haben Sie also ein wenig Geduld bei der Ausführung der Kommandos.

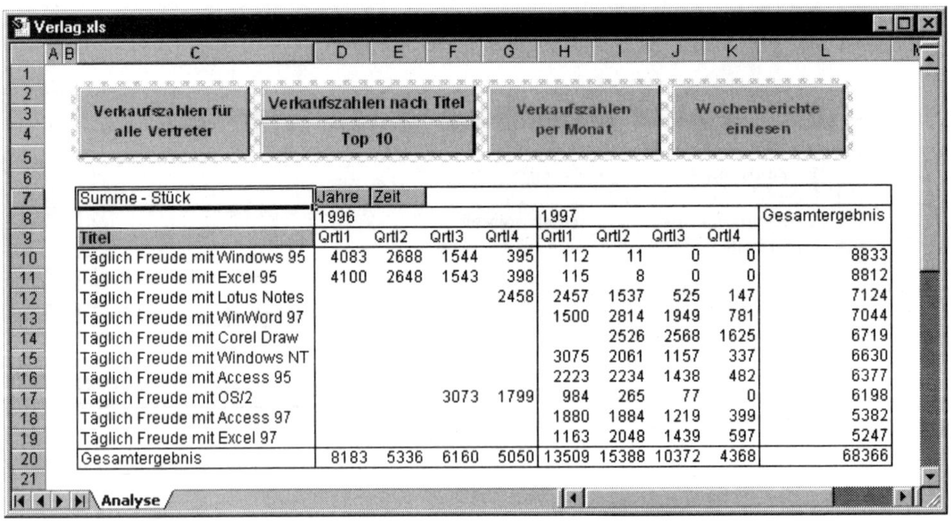

Summe - Stück	Jahre / Zeit								
	1996				1997				Gesamtergebnis
Titel	Qrtl1	Qrtl2	Qrtl3	Qrtl4	Qrtl1	Qrtl2	Qrtl3	Qrtl4	
Täglich Freude mit Windows 95	4083	2688	1544	395	112	11	0	0	8833
Täglich Freude mit Excel 95	4100	2648	1543	398	115	8	0	0	8812
Täglich Freude mit Lotus Notes				2458	2457	1537	525	147	7124
Täglich Freude mit WinWord 97					1500	2814	1949	781	7044
Täglich Freude mit Corel Draw						2526	2568	1625	6719
Täglich Freude mit Windows NT					3075	2061	1157	337	6630
Täglich Freude mit Access 95					2223	2234	1438	482	6377
Täglich Freude mit OS/2			3073	1799	984	265	77	0	6198
Täglich Freude mit Access 97					1880	1884	1219	399	5382
Täglich Freude mit Excel 97					1163	2048	1439	597	5247
Gesamtergebnis	8183	5336	6160	5050	13509	15388	10372	4368	68366

Bild 11.50: Pivottabelle mit der Top-Ten-Liste

Erweiterungsmöglichkeiten

- Es könnte mehr Zeit in eine ansprechendere Oberfläche mit Menüs, Symbolleisten etc. investiert werden.
- Beim Einlesen der Wochenberichte fehlt eine brauchbare Kontrolle, ob Verkaufszahlen irrtümlich doppelt gemeldet werden.
- Es sind zahllose weitere Analysemöglichkeiten für die Verkaufszahlen vorstellbar. Ein wichtiges Merkmal wäre die Möglichkeit, den Zeitbereich einzuschränken (etwa um die Top-Ten-Liste des aktuellen Quartals zu ermitteln, die Verkaufszahlen für ein bestimmtes Jahr etc.) Auch das automatische Erstellen von dazugehörenden Diagrammen wäre praktisch.
- Der Funktionsumfang des Programms könnte fast endlos erweitert werden: Abrechnung von Vertretern und Autoren, Lagerhaltung, Prognosen für das nächste Quartal etc.
- Es fehlen Funktionen zur Wartung der Datenbank, d. h. zum Aufnehmen von Neuerscheinungen in die Bücherliste, zum Markieren von veralteten Auflagen, zum Löschen alter Verkaufszahlen etc.
- Ein prinzipieller Mangel des Programms betrifft die Organisation der Datenbank: Zu jedem Buch kann nur ein Autor gespeichert werden. Um auch Bücher mit mehreren Autoren zuzulassen, müßte zwischen der Autoren- und der Büchertabelle eine zusätzliche Tabelle eingefügt werden, die den Zusammenhang zwischen Büchern und Autoren beschreibt. (Für Datenbankprofis: Es handelt sich um eine *n:m*-Relation, d. h., ein Autor kann mehrere Bücher schreiben und ein Buch mehrere Autoren aufweisen. *n:m*-Relationen können in einer relationalen Datenbank nur über den Umweg einer zusätzlichen Tabelle gebildet werden.)

Programmcode

Ein Teil des Programmcodes wurde bereits in Abschnitt 11.5.2 (Programmierung von Pivottabellen) abgedruckt: Es handelt sich dabei um die Prozeduren zum Aktualisieren der Pivottabelle, zum Erstellen der Pivottabelle mit den Vertreterzahlen und zur Gruppierung der Pivottabelle nach Monaten. Daher müssen hier nur noch die verbleibenden Prozeduren zum Erstellen der Top-Ten-Tabelle und zum Einlesen der Wochenberichte beschrieben werden.

Top-Ten-Tabelle erzeugen

Der Weg zu einer Top-Ten-Tabelle führt über zwei Prozeduren: In *btnTitles_Click* wird eine Liste mit den quartalsweisen Verkaufszahlen aller Titel erstellt. Durch *btnTop10_Click* wird die Liste sortiert, alle Titel außer denjenigen mit den besten Gesamtverkaufszahlen werden ausgeblendet.

btnTitles_Click beginnt damit, daß alle zur Zeit sichtbaren Pivotfelder unsichtbar gemacht werden. Damit wird die aktuelle Struktur der Pivottabelle zerstört und ein definierter Grundzustand erreicht. Anschließend wird die Grundstruktur der Top-Ten-Tabelle gebildet: Buchtitel in Zeilen, Verkaufszeitpunkt in Spalten und die Summe der Verkaufszahlen dazwischen.

ACHTUNG

An dieser Stelle tritt ein Fehler auf, wenn durch die Zeitwerte mehr als 250 Spalten entstehen. Da in der Verlagsdatenbank alle Verkaufszahlen je einem Montag zugeordnet werden, tritt dieses Problem erst auf, wenn die Datenbank beinahe fünf Jahre umfaßt. Eine mögliche Abhilfe bestünde darin, daß mit der SQL-Abfrage in *RebuildPivot* nur die Datensätze der letzten vier Jahre eingelesen werden. Eine Alternative wäre eine andere Ausrichtung der Tabelle (d. h. die Zeit in den Zeilen, die Titel in den Spalten).

Als nächstes werden die Zeitspalten nach Quartalen und Jahren gruppiert, um eine endlose Liste von Zeitwerten zu vermeiden. Außerdem werden die Zeilen mit der Methode *AutoSort* nach Titeln sortiert.

```
' Verlag/Verlag.xls, Modul »Tabelle1«
Public Sub btnTitles_Click()
  Dim pf As PivotField, i&
  Dim pit As PivotItem
  On Error Resume Next
  Application.ScreenUpdating = False
  With Sheets("Analyse").PivotTables(1)
    For Each pf In .VisibleFields
      pf.Orientation = xlHidden
    Next
    With .PivotFields("Zeit")
      .Orientation = xlColumnField
    End With
    With .PivotFields("Titel")
      .Orientation = xlRowField
      .DataRange.Rows(1).Ungroup
      .AutoSort xlAscending, "Titel"
    End With
    With .PivotFields("Stück")
      .Orientation = xlDataField
    End With
    ' Zeit nach Quartalen und Jahren gruppieren
    .PivotFields("Zeit").DataRange.Columns(1).Group _
      Start:=True, End:=True, Periods:=Array(False, False, _
      False, False, False, True, True)
    ' Top-Ten-Ausblendung deaktivieren
```

```
    With .PivotFields("Titel")
      .AutoShow xlManual
    End With
  End With
End Sub
```

btnTop10_Click setzt voraus, daß die Tabelle vorher durch die obige Prozedur vorbereitet wurde. Mit Hilfe der (in Excel 97 neu eingeführten Methode) *AutoShow* wird die Anzeige auf die zehn Zeilen mit der größten Gesamtstückzahl eingeschränkt. Die Zeilen werden außerdem nach der Stückzahl sortiert. (Bei *AutoShow* und *AutoSort* können leider nur Detailfelder als Kriterium angegeben werden. Deswegen ist es nicht ohne weiteres möglich, die Top-10-Liste für ein bestimmtes Quartal zu erzeugen. Dazu müßte entweder die SQL-Abfrage für die Daten auf diesen Zeitbereich eingeschränkt werden oder alle nicht entsprechenden Quartale müßten ausgeblendet werden.)

```
' Top 10 (geordnet nach Stückzahl)
Private Sub btnTop10_Click()
  Dim pf As PivotField
  Dim r As Range, i%
  On Error Resume Next
  Application.ScreenUpdating = False
  btnTitles_Click
  With Sheets("Analyse").PivotTables(1)
    If .PivotFields("Zeit").Orientation <> xlColumnField Then Exit Sub
    ' alle Titel außer den ersten 10 ausblenden
    With .PivotFields("Titel")
      .AutoShow xlAutomatic, xlTop, 10, "Summe - Stück"
      .AutoSort xlDescending, "Summe - Stück"
    End With
  End With
End Sub
```

Wochenberichte einlesen

Aus der Sicht der Datenbankprogrammierung ist *WochenberichteVerarbeiten* die interessanteste Prozedur. Zuerst ein kurzer Überblick, wie die Prozedur funktioniert:

- Es werden alle Wochenberichtsdateien aus `Inbox` verarbeitet.
- Zur Bearbeitung werden die Dateien geladen.
- Darin wird eine Pivottabelle erstellt, die die einzelnen Verkaufsposten zusammenfaßt: Wieviel Stück wurden von einem bestimmten Buch insgesamt verkauft?
- Diese Informationen werden in der Datenbankdatei `Verlag.mdb` gespeichert. Das Hinzufügen neuer Datensätze erfolgt unter Verwendung der DAO-Bibliothek.
- Die Wochenberichtsdateien werden anschließend nach `Archiv` verschoben, um eine irrtümliche doppelte Verarbeitung auszuschließen.

Nun zu den Details: Die Prozedur initialisiert als erstes ein Feld mit allen Dateien des `Inbox`-Verzeichnisses, die dem Muster `????_??.xls` entsprechen. Wenn dabei keine Dateien gefunden werden, wird die Prozedur abgebrochen.

```
' Verlag/Verlag.xls, Modul »Tabelle1«
Private Sub btnReadWeekReports_Click()
  Dim fil$, inboxpath$, archivepath$
  Dim files$(), nrOfFiles%
  Dim dat As Date, salesAgent%
  Dim i&, result%, valid As Boolean, ok As Boolean
  Dim wb As Workbook, ws As Worksheet, data As Range
  Dim db As Database, sale As Recordset
  On Error GoTo errorHandling
  ReDim files(100)
  inboxpath = ThisWorkbook.Path + "\inbox"
  archivepath = ThisWorkbook.Path + "\archive"
  Application.ScreenUpdating = False
  ' alle ????_??.xls-Dateien in inbox ermitteln
  fil = Dir(inboxpath + "\????_??.xls")
  Do While fil <> ""
    files(i) = fil
    i = i + 1
    If i Mod 100 = 0 Then ReDim Preserve files(i + 100)
    fil = Dir()
  Loop
  nrOfFiles = i
  If nrOfFiles = 0 Then
    MsgBox "Es wurden keine Dateien in " & inboxpath & " gefunden."
    Exit Sub
  End If
```

Mit *OpenDatabase* wird eine Verbindung zur Datenbankdatei hergestellt. In der Objektvariablen *sale* wird ein Verweis auf ein *Recordset*-Objekt gespeichert; über *sale* ist später ein direkter Zugriff auf die *Verkaufszahlen*-Tabelle möglich.

```
  fil = ThisWorkbook.Path + "\verlag.mdb"
  If Dir(fil) = "" Then
    MsgBox "Die Datenbankdatei " & fil & " wurde nicht gefunden. " & _
      "Die Prozedur wird abgebrochen!"
    Exit Sub
  End If
  Set db = OpenDatabase(fil)
  Set sale = db.OpenRecordset("Verkaufszahlen", dbOpenTable)
```

Es beginnt jetzt eine Schleife, in der alle zuvor ermittelten Dateien bearbeitet werden. Dabei werden für jede Datei einige Plausibilitätstests durchgeführt: Entspricht der Dateiname dem Schema von `Vertret.xls`? Gibt es eine gleichlautende Datei in `Archiv`?

(Das würde darauf deuten, daß die Datei schon einmal bearbeitet wurde. In diesem Fall wird eine neuerliche Bearbeitung vermieden.)

```
' alle Dateien bearbeiten
For i = 0 To nrOfFiles - 1
  fil = files(i)
  ' Name ausschlüsseln: kann es ein Vertreterbericht sein?
  valid = IsNumeric(Left(fil, 2)) And IsNumeric(Mid(fil, 3, 2)) _
    And IsNumeric(Mid(fil, 6, 2))
  If Not valid Then
    MsgBox "Die Datei " & fil & " entspricht nicht dem " & _
      "Namensschema jjww_vv.xls (Jahr, Woche, Vertreternummer). " & _
      "Die Datei wird ignoriert."
  ' existiert im Archive-Ordner eine gleichnamige Datei?
  ElseIf Dir(archivepath + "\" + fil) <> "" Then
    MsgBox "Die Datei " & fil & " wurde schon bearbeitet " & _
      "und ist bereits archiviert. Die Datei wird ignoriert."
```

Sofern die Datei nicht aus irgendeinem Grund bereits geöffnet ist, wird sie jetzt geöffnet. Anschließend wird in das Tabellenblatt eine Pivottabelle eingefügt, durch die die Verkaufszahlen zusammengefaßt werden. Bild 11.51 verdeutlicht die Sinnhaftigkeit dieser Tabelle: Während die Anzahl der Verkaufsposten sehr umfangreich sein kann, enthält die Pivottabelle nur eine Spalte pro Buch.

9604_04.xls

	A	B	C	D	E	F
1	Verkaufsbericht					
2	Datum	22.01.96				
3	Vertreter	4	Vertreter Biber			
4	letzte Zeile	54				
5						
6	ID	Stück			Summe - Stück	
7	1	1	15.01.96 15:15	Lannacher Buchhandlung	ID	Ergebnis
8	2	1			1	13
9	1	1	15.01.96 15:16	Lannacher Buchhandlung	2	4
10	2	1			3	10
11	1	1	15.01.96 15:17	Lannacher Buchhandlung	4	10
12	2	1			5	1
13	1	3	15.01.96 15:25	Lannacher Buchhandlung	6	11
14	3	3			7	9
15	4	3			8	9
16	7	3			10	9
17	8	3			11	9
18	10	3			15	9
19	11	3			20	2
20	15	3			22	9
21	22	3			24	9
22	24	3			25	2

Tabelle1

Bild 11.51: Pivottabelle zur Analyse des Wochenberichts

```
    ' Datei öffnen
    Else
      ' ist die Datei schon geöffnet?
      ok = False
      For Each wb In Workbooks
        If UCase(wb.Name) = UCase(fil) Then ok = True: Exit For
      Next
      If Not ok Then Set wb = Workbooks.Open(inboxpath + "\" + fil)
      Set ws = wb.Sheets(1)
      dat = ws.[b2]
      salesAgent = ws.[b3]
      Set data = Intersect(ws.[a:b], ws.[a7].CurrentRegion)
      ' Pivot-Tabelle einfügen
      ws.PivotTableWizard SourceType:=xlDatabase, _
        SourceData:=data.Address(ReferenceStyle:=xlR1C1), _
        TableDestination:=ws.[e6].Address(ReferenceStyle:=xlR1C1), _
        TableName:="Pivot-Tabelle1", RowGrand:=False, _
        ColumnGrand:=False, SaveData:=False
      With ws.PivotTables("Pivot-Tabelle1")
        .AddFields RowFields:="ID"
        .PivotFields("Stück").Orientation = xlDataField
      End With
```

In der folgenden Schleife werden Daten aus den Pivotspalten *ID* und *Ergebnis* in die Verlagsdatenbank übertragen. Dabei werden bei jedem neuen Datensatz auch das Verkaufsdatum und die Vertreternummer gespeichert. (Diese beiden Daten stammen aus den Zellen B2 und B3 der Wochentabelle.) Anschließend wird die Wochenberichtsdatei geschlossen, ohne die eingefügte Pivottabelle zu speichern. Durch *Name* wird die Datei anschließend in das Archiv-Verzeichnis verschoben.

```
      ' Daten der Pivottabelle in Datenbankdatei verlag.mdb speichern
      Set data = ws.[e8]
      Do While Not IsEmpty(data)
        sale.AddNew
        sale!Zeit = dat
        sale!vertreter = salesAgent
        sale!Buch = data.Value
        sale!Stück = data.Offset(0, 1).Value
        sale.Update
        Set data = data.Offset(1)
      Loop
      wb.Close False  ' Datei schließen (ohne zu speichern)
      ' Datei in den Archiv-Ordner verschieben
      Name inboxpath + "\" + fil As archivepath + "\" + fil
    End If
  Next i
```

Die Prozedur endet damit, daß die Datenbank wieder geschlossen und die geänderten Quelldaten für die Pivottabelle neu eingelesen werden. Die Zeilen ab *errorHandling* werden nur ausgeführt, wenn während der Abarbeitung der Prozedur ein Fehler auftritt.

```
  ' Datenbank schließen
  db.Close
  'PivotTabelleAktualisieren
  result = MsgBox("Die Datenbank wurde verändert. Soll die " & _
    "zugrundeliegende Pivottabelle aktualisiert werden? " & _
    "(Das kann einige Zeit dauern.)", vbYesNo)
  If result = vbYes Then
    ThisWorkbook.Sheets("Analyse").PivotTables( _
      "Pivot-Tabelle1").RefreshTable
  End If
  Exit Sub
errorHandling:
  result = MsgBox("Es ist ein Fehler aufgetreten: " & Error(Err) & " _
    "Soll versucht werden, die Anweisung nochmals auszuführen " & _
    "(wiederholen), die Prozedur mit der nächsten " & _
    "Anweisung fortzusetzen (ignorieren) oder die  " & _
    "Prozedur abzubrechen?", vbAbortRetryIgnore)
  If result = vbAbort Then
    On Error Resume Next
    db.Close
    Exit Sub
  ElseIf result = vbRetry Then
    Resume
  Else
    Resume Next
  End If
End Sub
```

12 Diagramme

Diagramme stehen im Zentrum vieler Excel-Anwendungen. Dieses Kapitel gibt einen knappen Überblick darüber, welche Diagramme Excel unterstützt, und zeigt anschließend, wie Sie Diagramme programmgesteuert erstellen und ausdrucken können. Ein längeres Beispiel zum Thema Datenprotokollierung schließt das Kapitel ab.

Kapitelübersicht

12.1 Umgang mit Diagrammen

Seien Sie unbesorgt – Sie werden an dieser Stelle nicht eine weitere Einführung in den Umgang mit Diagrammen finden. Das Thema ist in zahlreichen Excel-Büchern bereits erschöpfend behandelt worden (im wahrsten Sinne des Wortes). Das Ziel dieses Abschnitts besteht vielmehr darin, systematisch und ohne viel Rücksicht auf Bedienungsdetails die Gestaltungsmöglichkeiten von Diagrammen zu beschreiben, die Elemente von Diagrammen zu benennen und deren Funktion zu erklären. Diese Informationen stellen ein elementares Vorwissen für die Programmierung von Diagrammen dar, bei denen es von diversen *ChartXxx*-Objekten nur so wimmelt.

Diagrammblätter versus eingelagerte Diagramme in Tabellenblättern

In Excel können Sie Diagramme entweder in Tabellen einbetten oder in eigenen Diagrammblättern darstellen. Die erste Variante hat den Vorteil, daß das Diagramm zusammen mit den dazugehörenden Daten ausgedruckt werden kann. Dabei sind auch sehr kleine Diagramme möglich, die nur einen Bruchteil der Seite füllen.

Diagramme in Diagrammblättern sind in der Regel seitenfüllend. Es besteht aber auch im Tabellenblatt die Möglichkeit, das Hauptdiagramm des Diagrammblatts zu verkleinern und weitere Diagramme in das Diagrammblatt einzufügen. Dazu müssen Sie den Rahmen eines bereits vorhandenen Diagramms im Tabellenblatt einmal (nicht doppelt) anklicken und in die Zwischenablage kopieren. Dann wechseln Sie in das Diagrammblatt und fügen das Diagramm dort ein.

Ähnlich sieht die Vorgehensweise aus, wenn Sie das Hauptdiagramm eines Diagrammblatts durch ein eingebettetes Diagramm eines Tabellenblatts ersetzen möchten. Dazu müssen Sie das Diagramm im Tabellenblatt durch Doppelklick auswählen, kopieren und im Diagrammblatt einfügen.

Der Diagrammassistent

Der Weg zu einem neuen Diagramm führt in der Regel über den Diagrammassistenten. Dieser Assistent wird automatisch aufgerufen, sobald Sie ein neues Diagramm erzeugen (mit EINFÜGEN | DIAGRAMM | AUF DIESES BLATT oder ... | AUF NEUES BLATT) oder das Symbol DIAGRAMMASSISTENT anklicken. Bei eingebetteten Diagrammen müssen Sie noch vor dem ersten Schritt im Assistenten einen Rahmen im Tabellenblatt zeichnen, der Position und Größe des Diagramms angibt. (Der Rahmen kann später natürlich verändert werden.)

Im ersten Schritt des Diagrammassistenten geben Sie den gewünschten Diagrammtyp, im zweiten Schritt den Datenbereich an. Dabei darf es sich ohne weiteres um einen aus mehreren Teilbereichen zusammengesetzten Zellbereich handeln. In den weiteren

Schritten können Sie Optionen zur Gestaltung des Diagramms bestimmen. Der Diagrammassistent kann auch für bereits vorhandene Diagramme aufgerufen werden, um Details der Formatierung zu verändern.

Weiterbearbeitung von Diagrammen

Diagramme, die mit dem Diagrammassistenten erstellt werden, entsprechen oft noch nicht Ihren Vorstellungen. Die eigentliche Arbeit des Feinlayouts findet daher erst nach dem Abschluß des Diagrammassistenten statt.

Damit Sie ein Diagramm bearbeiten können, müssen Sie es durch einen Doppelklick aktivieren. Das Diagramm wird dann mit einem breiten grauen Rahmen dargestellt. Ein einfaches Auswählen des Diagramms durch einen einfachen Mausklick genügt nicht. Damit können Sie nur das Rahmenobjekt (Größe, Position, Umrandung, Schatten), nicht aber das eigentliche Diagramm bearbeiten.

Sobald das Diagramm aktiv ist, können Sie innerhalb des Diagrammbereichs beinahe alle Diagrammelemente mit der Maus anklicken: die Legende, die Achsen, einzelne Datenreihen (die in Form von Linienzügen, Balken etc. dargestellt werden), den Hintergrund des Diagramms etc. Zu jedem dieser Diagrammelemente existiert ein Kontextmenü, das zumeist reichhaltige Einstellmöglichkeiten eröffnet. In den wichtigsten Einstelldialog zum jeweiligen Element können Sie noch bequemer durch einen Doppelklick gelangen.

Wenn Sie zum ersten Mal mit Diagrammen arbeiten, werden Sie oft das Problem haben, daß Sie nicht wissen, welches Element Sie anklicken müssen, um eine ganz bestimmte Veränderung zu bewirken. Hier gibt es nur zwei Alternativen: Entweder Sie quälen sich durch das Handbuch oder Sie probieren es einfach aus.

Diagrammtypen

Obwohl es beim Arbeiten mit Diagrammen oft den Anschein hat, als wäre die Anzahl der Diagrammtypen unbeschränkt, existieren in Wirklichkeit nur vergleichsweise wenige Diagrammtypen. Alle möglichen Diagramme (inklusive der 73 vordefinierten Diagrammformen, siehe *ChartType* in der Online-Hilfe) werden aus Varianten dieser Diagrammtypen abgeleitet.

- Punktdiagramm (auch die Y-Koordinate wird durch Daten bestimmt)
- Liniendiagramm
- Flächendiagramm (Flächen unterhalb des Linienzugs)
- Säulendiagramm (vertikale Balken)
- Balkendiagramm (horizontale Balken)
- Kreisdiagramm (Kreissegmente einer Datenreihe)
- Ringdiagramm (wie Kreisdiagramm, aber für mehrere Datenreihen geeignet)
- Netzdiagramm (Liniendiagramm mit sternförmigen Achsen)
- 3D-Liniendiagramm (dreidimensionale Bänder)

- 3D-Flächendiagramm (Körper unterhalb der Bänder)
- 3D-Säulendiagramm (dreidimensionale vertikale Balken)
- 3D-Balkendiagramm (dreidimensionale horizontale Balken)
- 3D-Flächendiagramm (dreidimensionale Datenfläche)
- 3D-Kreisdiagramm (dreidimensionale Kreissegmente)

Verbunddiagramme

Verbunddiagramme sind Diagramme, in denen mehrere Diagrammtypen vereint sind (beispielsweise ein Linien- und ein Säulendiagramm). Verbunddiagramme können Sie entweder mit Hilfe von benutzerdefinierten Diagrammen erstellen (siehe unten) oder indem Sie den Diagrammtyp einer einzelnen Datenreihe (nicht des ganzen Diagramms) verändern.

Es lassen sich nur solche Diagramme kombinieren, die auf demselben Koordinatensystem aufbauen. Insofern sind die Kombinationsmöglichkeiten relativ gering. 3D-Diagramme lassen sich überhaupt nicht kombinieren.

Benutzerdefinierte Diagrammtypen (Autoformate)

Die Formatierung von Diagrammen kann auf zwei Weisen erfolgen: Sie können einen der 14 Standardtypen auswählen und anschließend das Feinlayout – also die Einstellung von Farben, Mustern und der Form von Markierungspunkten – manuell durchführen, oder Sie können sogenannte benutzerdefinierte Typen verwenden (ehemals Autoformate). In diesen Typen sind zahlreiche Formatierungsdetails gespeichert, so daß Sie sehr rasch zu ganz unterschiedlichen Diagrammen gelangen. Die Bezeichnung 'benutzerdefiniert' ist insofern irreführend, als Excel eine ganze Palette vordefinierter (integrierter) Typen kennt.

Die in Excel integrierten benutzerdefinierten Formate geben einen recht guten Überblick, welche Möglichkeiten zur Verfügung stehen. Die Formate sind in der Datei `Xl8galry.xls` im Verzeichnis `Office97/Office` gespeichert. Noch wichtiger ist die Möglichkeit, selbst benutzerdefinierte Autoformate hinzuzufügen und später wieder zu verwenden. Auf diese Weise können Sie immer wiederkehrende Grundschemata zur Formatierung Ihrer Diagramme ablegen und sehr bequem wieder aufrufen. Tatsächlich von Benutzern definierte Formate werden in der Datei `Xlusrgal.xls` gespeichert.

Diagrammelemente (Diagrammobjekte) und Formatierungsmöglichkeiten

Sowohl für das Feinlayout von Diagrammen als auch für die Programmierung von Diagrammen ist es erforderlich, daß Sie wissen, zwischen welchen Diagrammobjekten Excel unterscheidet. Eine Hilfestellung beim Experimentieren stellt übrigens die Bearbeitungsleiste dar: Dort wird im linken Listenfeld die Bezeichnung des gerade angeklickten Objekts angezeigt, etwa »Achse *n*«, »Gitternetzlinie *n*«, »R*n*« (gemeint ist eine Datenreihe) etc.

- *Diagramm*: Gemeint ist eigentlich das Objekt *ChartArea*, das für den Hintergrund des gesamten Diagramms zuständig ist (also jene Fläche, die unterhalb der Zeichnungsfläche, der Legende etc. zu sehen ist). Die hier eingestellte Schriftart gilt für alle Texte des Diagramms, bei denen nicht explizit eine andere Schriftart eingestellt wird.

- *Zeichnungsfläche*: Die Zeichnungsfläche (*PlotArea*) stellt ein Rechteck um den grafischen Bereich des Diagramms dar. Die Zeichnungsfläche beinhaltet das eigentliche Diagramm, nicht aber den Titel, die Legende etc. Bei den meisten 2D-Diagrammen zählen nicht einmal die Achsen zur Zeichnungsfläche: Wenn Sie für die Zeichnungsfläche die Hintergrundfarbe grün und für die Diagrammfläche die Hintergrundfarbe rot angeben, wird die Achsenbeschriftung rot unterlegt.

- *Bodenfläche, Wände*: Diese beiden Objekte existieren nur bei 3D-Diagrammen und beschreiben das Aussehen der Bodenfläche und der beiden vertikalen Begrenzungsflächen des Diagramms. Die Zeichnungsfläche betrifft in diesem Fall nur den rechteckigen Raum außerhalb des eigentlichen Diagramms.

- *Ecken*: Auch die Ecken existieren als eigenes Objekt nur bei 3D-Diagrammen. Ecken können zwar nicht formatiert werden, Sie können das Diagramm aber an den Ecken mit der Maus »anfassen« und dreidimensional verdrehen. Das ist oft bequemer als die Einstellung von Blickrichtung und Perspektive über den Dialog »3D-Ansicht«.

- *Datenreihen*: Eine Datenreihe beschreibt eine zusammengehörende Dateneinheit (zumeist die Werte einer Spalte aus der zugrundeliegenden Tabelle; nur wenn Sie im Diagrammassistenten »Datenreihen in Zeilen« auswählen, sind Datenreihen zeilenweise organisiert). Eine Datenreihe wird beispielsweise durch einen Linienzug dargestellt. Die Formatierungsdaten von Datenreihen betreffen die grafische Repräsentierung dieser Datenreihe – also Farbe, Markierungspunkte, Linienstil etc.

- *Datenpunkte*: Die einzelnen Werte einer Datenreihe werden durch Datenpunkte repräsentiert. Normalerweise sind die Formatierungseigenschaften aller Datenpunkte gleich und durch die Eigenschaften der Datenreihe vorgegeben. Sie können aber die Eigenschaften jedes Datenpunkts separat einstellen und so einen einzelnen Datenpunkt einer Reihe hervorheben, getrennt beschriften etc. Bei Kreisdiagrammen können Sie einzelne Segmente aus dem Diagramm hinausziehen und dadurch hervorheben – auch das betrifft eine Eigenschaft des Datenpunkts. Vorsicht: Die vertikale Position von Datenpunkten in 2D-Diagrammen kann mit der Maus verändert werden – dadurch verändert sich aber der zugrundeliegende Wert in der Datentabelle!

- *Trendlinien*: Datenreihen von 2D-Diagrammen können Trendlinien zugeordnet werden. Die Trendlinie wird zusätzlich zur normalen Repräsentierung der Daten gezeichnet. Excel kennt dabei zwei Arten von Trendlinien: Näherungskurven (fünf verschiedene Typen) und Ausgleichskurven.

- *Fehlerindikatoren*: Auch Fehlerindikatoren stellen ein Unterelement zu Datenreihen in 2D-Diagrammen dar. Sie markieren den möglichen Abweichungsbereich der Datenpunkte.
- *Koordinatenachsen*: Auch bei den Koordinatenachsen gibt es unzählige Formatierungdetails, die mit der Skalierung (Minimum, Maximum, linear oder logarithmisch) beginnen und mit der genauen Anordnung der Achsenbeschriftung enden (jeder wievielte Datenpunkt wird beschriftet, jeder wievielte Punkt durch einen Teilstrich gekennzeichnet; Teilstriche nach innen oder nach außen gerichtet etc.). Neu in Excel 97 ist die Möglichkeit, Koordinatenachsen auch mit schräger Schrift zu beschriften (Tabellenblatt AUSRICHTUNG).

  Es besteht auch die Möglichkeit, ein 2D-Diagramm mit zwei unabhängigen Y-Achsen auszustatten, wobei für einige Datenreihen die eine, für die restlichen Datenreihen die andere Achse gilt. Das ist dann nützlich, wenn Sie zwei inhaltlich verwandte, quantitativ aber unterschiedliche Größen in einem Diagramm darstellen möchten (z. B. eine Spannung und Strom). Voraussetzung für die Darstellung zweier Y-Achsen ist die Trennung der Datenreihen in zwei Gruppen. Am einfachsten erfolgt das über die Auswahl eines Verbunddiagramms im Autoformat-Kommando.
- *Gitternetzlinien*: Die Zeichnungsfläche bei 2D-Diagrammen bzw. die Bodenfläche und die Wände von 3D-Diagrammen können durch Gitternetzlinien überlagert werden. Gitternetzlinien richten sich in ihrer Position an die Teilstriche der Koordinatenachsen. Das Aussehen (Farbe, Linienform) von Haupt- und Hilfsgitterlinien ist individuell einstellbar (allerdings nur bei »normalen« Diagrammen, nicht bei Verbunddiagrammen).
- *Titel*: Das Diagramm kann mit mehreren Titeln (für das Diagramm, die Achsen etc.) ausgestattet werden. Position, Schriftart, Ausrichtung etc. sind wiederum frei einstellbar.
- *Legende*: Die Legende ermöglicht eine Zuordnung zwischen in dem Diagramm genutzten Farben und Mustern und den dazugehörenden Datenreihen. Die Beschriftung der Legende wird dem ersten Element der Datenreihe entnommen. Die Legende kann an einer beliebigen Stelle im Diagramm angeordnet werden (sogar über den Daten).

Diagrammoptionen in Extras | Optionen

Über EXTRAS | OPTIONEN | DIAGRAMM sind einige weitere Diagrammoptionen zugänglich. Diese Einstellungen betreffen nur das aktuelle Diagramm (und können auch nur verändert werden, wenn gerade ein Diagramm aktuell ist).

Die Option »Leere Zellen« bestimmt das Verhalten Excels, wenn es in der Datenreihe auf leere Zellen stößt. In der Voreinstellung »werden nicht angezeigt« tritt im Diagramm an dieser Stelle ein Loch auf (d. h. einige Balken fehlen, eine Linie ist unterbrochen etc.). Die beiden Alternativen lauten »als Nullwert zeichnen« (dann geht Excel mit leeren Zellen so um, als stünde der Wert 0 darin) oder »interpolieren« (dann versucht Excel, für den fehlenden Bereich selbst passende Daten einzusetzen).

Das Auswahlkästchen »Nur sichtbare Zellen anzeigen« bestimmt, wie Excel mit ausgeblendeten Zeilen/Spalten umgehen soll: Wenn das Kästchen aktiviert ist, dann werden Daten aus unsichtbaren Zeilen/Spalten nicht gezeichnet. Im Diagramm tritt an dieser Stelle ein Sprung (kein Loch) auf. Die Einstellung ist vor allem dann von Interesse, wenn die Diagrammdaten aus einer gefilterten Datenbank stammen.

Das Auswahlkästchen »Diagramm an Fenstergröße anpassen« ist nur für Diagrammblätter von Interesse. Wenn das Kästchen aktiviert ist, wird das Diagramm an die aktuelle Fenstergröße angepaßt. Andernfalls wird im Fenster eine Seite des eingestellten Druckers angezeigt. Damit das ganze Diagramm sichtbar ist, muß eventuell der Zoom-Faktor verändert werden (ANSICHT | ZOOM).

Trendlinien, Datenglättung

Bei Liniendiagrammen können Sie in den Formatierungseinstellungen zu Datenreihen die Option »Linie glätten« auswählen. Dadurch wird der sonst oft eckige Verlauf der Kurve ein wenig abgerundet.

Weitergehende Möglichkeiten, durch vorhandenes Datenmaterial eine Näherungs- oder Ausgleichskurve zu legen, bietet das Kommando TRENDLINIE EINFÜGEN. Excel kann eine Datenmenge durch fünf verschiedene Typen von Näherungskurven annähern: durch eine Gerade, eine Polynomkurve (maximal sechster Ordnung), eine logarithmische, exponentielle oder potentielle Kurve. Über die Optionen im Dialog »Trendlinie formatieren« können Sie angeben, ob und wie weit die Kurve über die vorhandenen Daten hinaus gezeichnet und ob die Formel der Kurve angegeben werden soll.

Über den »Trendlinien«-Dialog kann ein sechster Kurventyp angegeben werden: Ausgleichskurve nach dem Verfahren des gleitenden Durchschnitts. Dabei wird jeder Punkt der Kurve aus dem Durchschnitt der *n* vorangehenden Datenpunkte berechnet. Eventuelle statistische Meßfehler werden dadurch geglättet. Ausgleichskurven können aber im Gegensatz zu Näherungskurven nicht über den Datenbereich hinaus gezeichnet werden.

Einige Beispiele für die Anwendung der Trendlinienfunktion zeigt Bild 12.1. Die dazugehörende Beispieldatei `Trend.xls` finden Sie auf der beiliegenden CD-ROM.

Fehlerkennzeichnung

Datenreihen in 2D-Diagrammen können mit Fehlerindikatoren versehen werden. Dabei handelt es sich um kleine Linien, die jenen Bereich angeben, in dem sich der tatsächliche Wert bei Berücksichtigung eines statistischen Meßfehlers befinden kann.

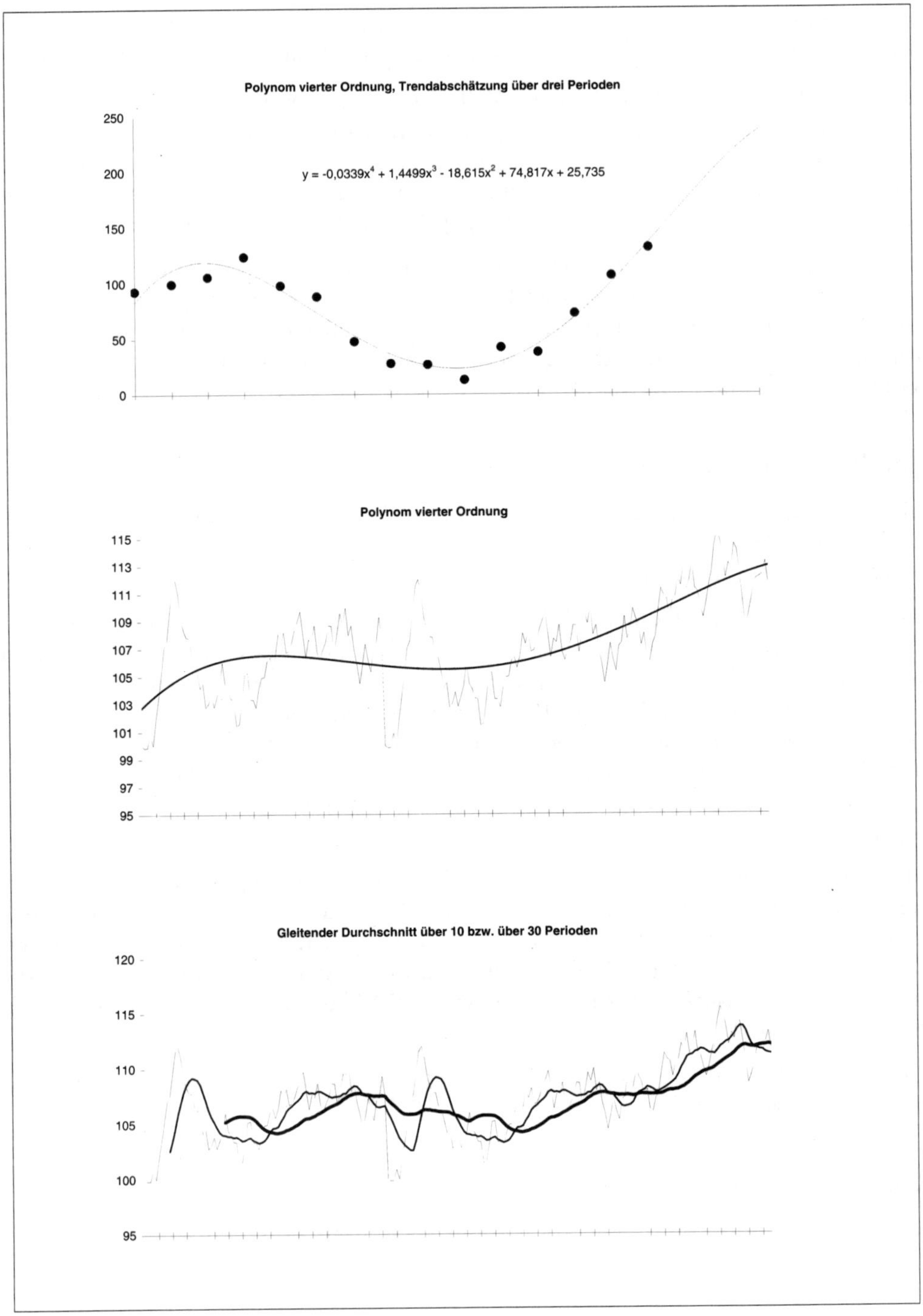

Bild 12.1: Drei Beispiele für Trendlinien

Ausdruck

Beim Ausdruck muß wieder zwischen zwei Varianten unterschieden werden: Wenn das Diagramm in ein Tabellenblatt eingebettet ist, dann erfolgt der Ausdruck im Rahmen des Tabellenausdrucks. Das einzige Problem besteht darin, daß Excel sich wenig Gedanken über den Seitenumbruch macht und ein Diagramm im ungünstigsten Fall in bis zu vier Teile zerlegt. Es schadet also nicht, sich den Ausdruck zuerst in der Seitenansicht anzusehen. Eventuell müssen Sie den Ausdruck durch einige starre Seitenumbrüche (EINFÜGEN | SEITENWECHSEL) manuell optimieren.

Wenn sich das Diagramm dagegen in einem Diagrammblatt befindet, oder wenn Sie ein eingebettetes, aber vorher durch Doppelklick aktiviertes Diagramm ausdrucken möchten, dann existieren im Dialog »Seiteneinrichtung« einige Optionen speziell für den Diagrammausdruck. Am wichtigsten ist dabei die »gedruckte Diagrammgröße«. In der Standardeinstellung »Ganze Seite verwenden« nutzt Excel die gesamte Seitengröße. Wenn das Diagramm nicht zufällig dasselbe Format wie die Seite hat, wird es dabei total verzerrt. Daher ist es zumeist sinnvoller, die Option »An Seite anpassen« auszuwählen. Excel vergrößert das Diagramm jetzt nur soweit, wie dies ohne eine Veränderung der Proportionen Länge zu Breite möglich ist. Die dritte Variante »benutzerdefiniert« läßt die Größe des Diagramms unverändert.

Mit der Option »Schwarzweiß-Druck« können Sie Farbdiagramme auch auf Schwarzweiß-Druckern widergeben. (Bei den meisten Druckern ist das allerdings auch ohne diese Option möglich.) Egal ob mit oder ohne dieser Option, brauchbare Ergebnisse werden Sie mit einem Schwarzweiß-Drucker nur dann erzielen, wenn Sie bereits bei der Formatierung des Diagramms auf Farben verzichten. Nutzen Sie unterschiedliche Linienstärken und -formen zur Unterscheidung mehrerer Datenreihen.

Da die Default- und Autoformate von Excel generell sehr farbenfreudig sind, ist eine entsprechende Schwarzweiß-Formatierung mit einem enormen Aufwand verbunden (grobe Schätzung: 100 Mausklicks für ein typisches Diagramm). Sie sollten daher, wenn diese öfters vorkommen, Schwarzweiß-Diagramme als benutzerdefinierte Diagrammtypen speichern.

12.2 Programmierung von Diagrammen

Vorbemerkungen

Die ersten Versuche, Diagramme zu programmieren, stellen sich oft als sehr mühsam heraus. Der Grund: Die Orientierung in der Unmenge von *Chart*-Objekten ist nicht eben einfach.

Ein Beispiel gefällig: Das Objekt *ChartArea* wird in der Online-Hilfe als »Diagrammfläche des Diagramms« beschrieben. Nach einer Betrachtung der zugeordneten Eigenschaften und Methoden kann man erraten, daß über dieses Objekt der Hintergrund des Diagramms gesteuert wird, also Farbe, Rahmen, Schatten etc.

Spätestens mit der Methode *ClearContents* wird die Angelegenheit wieder dubios: Welche Inhalte sind hier gemeint, wenn das Objekt nur den Diagrammhintergrund beschreibt? Ein Versuch im Direktbereich ergibt, daß die Methode einfach alles löscht, was sich im Diagramm befindet. Logischer wäre es gewesen, die Diagrammdaten über die *Delete*-Methode des *Chart*-Objekts zu löschen – aber siehe da, diese Methode liefert bei eingebetteten Diagrammen nur eine Fehlermeldung. Offensichtlich ist *Delete* nur zum Löschen von Diagramm*blättern* geeignet, während die beiden verwandten Methoden *ClearContents* und *ClearFormats* des *ChartArea*-Objekts für die Interna des Diagramms zuständig sind.

Im Gegensatz zum *ChartArea*-Objekt steht übrigens das *PlotArea*-Objekt (»Zeichnungsfläche«): Auch dieses Objekt beschreibt den Hintergrund des Diagramms, diesmal allerdings den Bereich unmittelbar unter den Diagrammlinien, -balken etc.

ANMERKUNG

Auch wenn Sie am Anfang von der Vielfalt der Objekte und ihrer Eigenschaft überwältigt werden, hat diese Vielfalt auch ihre positiven Seiten: Sie können wirklich fast alles per Programmcode steuern. Aus Platzgründen ist es hier leider nicht möglich, diese Vielfalt zur Gänze zu beschreiben. In vielen Details werden Sie also auch nach der Lektüre dieses Kapitels auf die Online-Hilfe angewiesen sein.

Anstatt lange zu suchen: Nutzen Sie die Makroaufzeichnung!

Wenn Sie wissen möchten, auf welche Weise Sie im Programm eine bestimmte Formatierung erreichen können, verwenden Sie am besten die Makroaufzeichnung als Ratgeber (die Beispiele aus der Online-Hilfe sind praktisch alle aussagelos). Je kürzer die Aufzeichnung, desto leichter tun Sie sich bei der Interpretation der Ergebnisse. Sie sollten also die Makroaufzeichnung starten, an einem bereits vorhandenen Diagramm nur ein einziges Detail verändern und die Aufzeichnung anschließend sofort wieder stoppen. Wenn Sie am Bildschirm ein Fenster mit dem Programmcode und ein weiteres mit dem Diagramm nebeneinander anordnen, können Sie während der Makroaufzeichnung sogar beobachten, wann die einzelnen Codezeilen erzeugt werden.

Der aus der Makroaufzeichnung resultierende Code funktioniert in der Regel (auf jeden Fall sind während der Arbeit an diesem Kapitel keine gegenteiligen Vorkommnisse aufgetreten), er ist aber nicht optimal. Zum Teil sind die darin enthaltenen Anweisungen unnötig umständlich, zum Teil ganz überflüssig. Eine Nachbearbeitung des Codes ist also unumgänglich.

Objekthierarchie

Die folgende Zusammenstellung gibt einen Überblick über die Objekthierarchie bei Diagrammen. Um die Struktur besser verständlich zu machen, wurden nur die wichtigsten Objekte aufgenommen und nur der Fall berücksichtigt, daß das Diagramm in ein Tabellenblatt eingelagert ist (kein Diagrammblatt). Eine vollständige Auflistung aller Diagrammobjekte finden Sie in Abschnitt 14.1.

```
Charts                              Aufzählung der Diagramme
└─ Chart                            Diagramm
     ├─ ChartArea                   Hintergrund des gesamten Diagramms
     ├─ PlotArea                    Hintergrund des Zeichnungsbereichs
     ├─ Floor                       Boden eines 3D-Diagramms
     ├─ Walls                       Seitenwände eines 3D-Diagramms
     ├─ Corners                     Ecken eines 3D-Diagramms
     ├─ ChartTitle                  Titel
     ├─ Legend                      Beschriftung der Datenreihen
     ├─ Axes                        Achsen
     │   └─ Axis
     │        ├─ TickLabels         Markierung von Achsenpunkten
     │        └─ Gridlines          Orientierungslinien
     └─ SeriesCollection            Datenreihen
         └─ Series
              ├─ Points             einzelne Datenpunkte
              │   └─ Point
              └─ Trendlines         Trend- und Ausgleichslinien
                  └─ Trendline
```

Kleines Glossar der Diagrammobjekte

Enorme Verwirrung stiften die zahlreichen, oft fast gleichlautenden *Chart*- und *Plot*-Objekte. Bild 12.2 gibt einen ersten Überblick.

Chart: Das eigentliche Diagramm, bestehend aus einigen Datenreihen, die grafisch repräsentiert werden, dem Hintergrund, den Koordinatenachsen, der Legende, dem Titel etc. Auf *Chart*-Objekte kann entweder über die Aufzählung *Charts* zugegriffen werden, wenn sich das Diagramm in einem eigenen Diagrammblatt befindet, oder über *ChartObjects(...).Chart*, wenn das Diagramm in ein Tabellenblatt eingebettet ist.

Der Diagrammtyp wird seit Excel 97 mit der Eigenschaft ***ChartType*** (ehemals *Type* und *SubType*) eingestellt. Als mögliche Einstellungen sind nicht weniger als 73 Konstanten vordefiniert (siehe Online-Hilfe oder Objektkatalog).

ChartObject: Der äußere Rahmen (»Container«) eines Diagramms. Das *ChartObject*-Objekt ist nur bei Diagrammen erforderlich, die in Tabellenblätter eingebettet sind. Es steht zwischen dem Tabellenblatt und dem *Chart*-Objekt und bestimmt die Position und die Außenmaße des Diagramms innerhalb des Tabellenblatts. Über die *Worksheet*-Methode *ChartObjects* können Sie auf die Liste aller Diagrammobjekte eines Tabellenblatts zugreifen. Zum dazugehörenden Diagramm gelangen Sie dann über die *Chart*-Eigenschaft des *ChartObject*-Objekts. (Anmerkung: Neben Diagrammen können in Tabellenblätter auch eine Menge weiterer Objekte eingebettet werden, etwa Steuerelemente, Linien, Rechtecke etc. Auf die Gesamtheit all dieser Objekte – inklusive der Diagramme – können Sie über die Methode *DrawingObjects* zugreifen.)

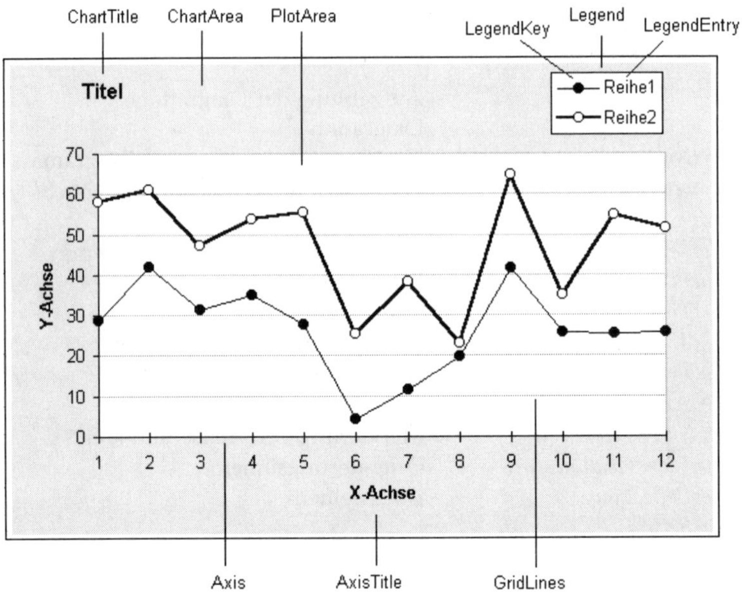

Bild 12.2: Die wichtigsten Objekte eines Diagramms

ChartArea: Der Hintergrund des Diagramms. Über die Eigenschaften dieses Objekts können Sie Farbe, Rahmen etc. einstellen. Das Objekt hat aber insofern eine weit größere Bedeutung, als sich seine Methoden *Copy*, *Clear*, *ClearContents* und *ClearFormats* auf das eigentlich untergeordnete *Chart*-Objekt beziehen. (Microsoft allein weiß warum.) Bei eingebetteten Diagrammen kann die Methode *Select* nur dann verwendet werden, wenn vorher das dazugehörende *ChartObject*-Objekt mit *Activate* aktiviert wurde.

ChartGroup: Das Objekt gruppiert unterschiedliche Diagrammtypen innerhalb eines Diagramms. Normalerweise hat ein Diagramm nur eine Diagrammgruppe. Das *ChartGroup*-Objekt ist dann irrelevant. Das Objekt hat nur dann eine Bedeutung, wenn in Verbunddiagrammen zwei oder mehrere Diagrammtypen vereinigt sind (z. B. ein Linien- und ein Balkendiagramm). In diesem Fall wird das Diagramm durch mehrere Gruppen mit verschiedenen Diagrammtypen (*Type*-Eigenschaft) verwaltet.

Charts: Das Objekt enthält die Auflistung aller Diagramm*blätter* einer Arbeitsmappe. Die gleichnamige Methode liefert unmittelbar das *Chart*-Objekt. Es gibt also kein eigenes Diagrammblatt-Objekt, das vergleichbar mit einem Tabellenblatt wäre. Für das Hauptdiagramm des Blatts entfällt das zwischengelagerte *ChartObject*-Objekt. In Diagrammblätter können allerdings wie in Tabellenblätter *weitere* Diagramme eingebettet werden (durch Einfügen und Kopieren über die Zwischenablage). Für diese zusätzlichen Diagramme gilt dann wieder das aus den Tabellenblättern bekannte Schema über *ChartObject*-Objekte.

Einige weitere Objekte beginnen zwar nicht mit »Chart«, sind aber dennoch interessant:

PlotArea: Der »grafische« Bereich innerhalb des Diagramms. Die Zeichnungsfläche enthält die Koordinatenachsen und die eigentliche Grafik. Die Hauptaufgabe des Objekts besteht darin, die Größe und Position dieses Bereichs innerhalb der Gesamtfläche des Diagramms zu bestimmen. Andere Bereiche im Diagramm sind die Legende (***Legend***-Objekt) und der Titel (***ChartTitle***-Objekt). Bei 3D-Diagrammen werden unabhängig von der *PlotArea* auch die Objekte ***Floor*** und ***Walls*** (als Subobjekte von *Chart*) verwaltet. Die beiden Objekte sind für die optische Gestaltung der Begrenzungsflächen des 3D-Diagramms zuständig.

ANMERKUNG

Wenn Sie *PlotArea.Width=n: m=PlotArea.Width* ausführen, dann ist *m* anschließend deutlich größerer als *n*. Der Grund: *PlotArea.Width* verändert in Wirklichkeit die in Excel 97 eingeführte schreibgeschützte Eigenschaft *InsideWidth*, also den Innenbereich von *PlotArea*. Zu diesem Innenbereich kommt ein Außenbereich hinzu, in dem die Beschriftung der Koordinatenachsen durchgeführt wird. (Die gleichen Probleme treten selbstverständlich auch für *Height/InsideHeight* auf). Zur Einstellung der Größe des Außenbereichs können Sie sich meistens mit folgendem Code behelfen:

```
delta = PlotArea.Width - PlotArea.InsideWidth
PlotArea.Width = n + delta
```

Ganz exakt ist diese Methode auch nicht, weil die Größe des Beschriftungsbereichs nicht konstant ist. Wenn beispielsweise ein Diagramm sehr stark verkleinert wird, verzichtet Excel ganz auf die Achsenbeschriftung und der Beschriftungsbereich wird 0.

Series, Point: Das *Series*-Objekt verweist auf die Daten einer Datenreihe des Diagramms. Die eigentlichen Zahlenwerte können der *Values*-Eigenschaft des *Series*-Objekts entnommen bzw. über diese Eigenschaft verändert werden. *Series* ist ein Subobjekt zum *Chart*-Objekt. Formatdaten, die nicht die ganze Reihe, sondern nur einen einzelnen Datenpunkt betreffen, werden in *Point*-Objekten verwaltet. Diese stellen wiederum ein Subobjekt zu den *Series*-Objekten dar.

Axis, Gridlines: Das *Axis*-Objekt ist ebenfalls ein Subobjekt zum *Chart*-Objekt. Es beschreibt die Details einer Koordinatenachse. Das *Gridlines*-Objekt stellt ein Subobjekt zum *Axis*-Objekt dar und wird über die Eigenschaften *MajorGridlines* bzw. *MinorGridlines* angesprochen.

Trendline, ErrorBars: *Trendline* und *ErrorBars* sind Subobjekte zum *Series*-Objekt. Sie beschreiben die Details einer Trendlinie zur Datenreihe bzw. das Aussehen der Fehlerindikatoren.

HINWEIS

Die Schlüsselwörter *Gridlines* und *ErrorBars* stehen im Gegensatz zu den meisten anderen Objekten im Plural, obwohl sie nicht auf Aufzählobjekte verweisen.

TIP

Wenn Sie nicht wissen, welchen Namen ein bestimmtes Objekt im Diagramm hat, können Sie das Objekt (beispielsweise eine Koordinatenachse) anklicken und im Direktfenster *?TypeName(Selection)* ausführen. Als Ergebnis erhalten Sie den Objektnamen (etwa *Axis*).

Der Diagrammassistent

Die Methode ***ChartWizard*** stellt in der Regel den schnellsten Weg zu einem Diagramm dar. Damit die Methode verwendet werden kann, muß zuerst ein *ChartObject*-Objekt erzeugt werden. Die Bedeutung der zahlreichen Parameter der Methode können Sie in der Online-Hilfe nachlesen.

```
ActiveSheet.ChartObjects.Add(30, 150, 400, 185).Name = _
  "neues Diagramm"
ActiveSheet.ChartObjects("neues Diagramm").Activate
ActiveChart.ChartWizard tabblatt.[A3:D99], xlLine, 4, xlColumns, 1, 1
```

Diagrammobjekte aktivieren oder auswählen?

Mit den Methoden ***Activate*** und ***Select*** hat Microsoft einige Verwirrung gestiftet: Mal muß die eine Methode verwendet werden (Fenster), mal die andere (Arbeitsblätter), mal sind beide erlaubt (Zellbereiche). Bei *ChartObject*-Objekten sind nicht nur beide Methoden erlaubt, sie führen jetzt sogar zu unterschiedlichen Ergebnissen!

Select entspricht dem einfachen Anklicken eines Diagramms. Die *Selection*-Eigenschaft zeigt danach auf ein *ChartObject*-Objekt. *Select* verwenden Sie dann, wenn Sie Position oder Größe des Diagramms am Tabellenblatt verändern, das eigentliche Diagramm aber nicht bearbeiten möchten.

```
Sheets(1).ChartObjects(1).Select
```

Activate entspricht dem Doppelklick auf ein Diagramm. Das Diagramm wird daraufhin mit einem breiten grauen Rand dargestellt. *Selection* verweist jetzt auf das Objekt *PlotArea* (also durchaus nicht auf *Chart*)!

```
Sheets(1).ChartObjects(1).Activate
```

Beiden Methoden ist gemein, daß anschließend über *ActiveChart* auf das *Chart*-Objekt zugegriffen werden kann.

VORSICHT

In Excel 97 bereitet der Zugriff auf Diagramme durch *ActiveChart* zum Teil erhebliche Probleme. Abhilfe: Greifen Sie direkt auf das jeweilige Objekt zu, anstatt es zuerst zu aktivieren und dann via *ActiveChart* zu verändern.

Diagrammobjekte deaktivieren

Etwas eigenwillig ist die Methode, ein aktiviertes Diagramm zu deaktivieren: Sie müssen die *Visible*-Eigenschaft des aktiven Fensters auf *False* stellen.

```
ActiveWindow.Visible = False     'Diagramm deaktivieren
```

Ohne die Makroaufzeichnung wäre es natürlich vollkommen unmöglich, jemals auf diese Idee zu verfallen. Dabei ist die Begründung gar nicht so abwegig: Diagramme werden auch innerhalb von Excel als OLE-Objekte behandelt. Nach dem Aktivieren von OLE-Objekten werden diese in einem eigenen Fenster dargestellt – auch wenn das optisch nicht immer erkenntlich ist. Prinzipiell spielt es somit keine Rolle, ob Sie ein Diagramm in Excel oder als OLE-Objekt in WinWord bearbeiten!

TIP

Während ein Diagramm aktiviert ist, verweist die Eigenschaft *ActiveSheet* auf dieses Diagramm – auch dann, wenn das Diagramm in ein Tabellenblatt eingebettet ist!

Diagramme löschen, kopieren und einfügen

ChartObject-Objekte können zusammen mit den darin enthaltenen Diagrammen direkt mit ***Copy*** kopiert und anschließend wieder in das Tabellenblatt eingefügt werden. Nach dem Einfügen verweist die *Selection*-Eigenschaft auf das neue *ChartObject*-Objekt, so daß dieses anschließend benannt werden kann. Wenn Sie ein *ChartObject*-Objekt einfach vervielfältigen möchten, können Sie statt *Copy* und *Paste* direkt die Methode ***Duplicate*** verwenden. Mit *Delete* können Sie ein *ChartObject*-Objekt samt der darin enthaltenen Daten löschen.

```
ActiveSheet.ChartObjects(1).Copy
ActiveSheet.Paste
Selection.Name = "Neues Diagramm"
' ...
ActiveSheet.ChartObjects("Neues Diagramm").Delete
```

Ein wenig anders sieht es aus, wenn Sie nur die Diagramm-Daten löschen, kopieren oder einfügen möchten, ohne dabei auch das *ChartObject*-Objekt zu verändern. In diesem Fall ist das *ChartArea*-Objekt von zentraler Bedeutung (weil für das *Chart*-Objekt keine *Copy*-Methode definiert ist). Beim Einfügen in ein anderes Diagrammobjekt müssen Sie sich dann aber auf dessen *Chart*-Objekt beziehen.

```
ActiveSheet.ChartObjects(1).Chart.ChartArea.Copy
ActiveSheet.ChartObjects(2).Chart.Paste
```

Auch beim Löschen von Diagrammdaten müssen Sie auf das *ChartArea*-Objekt zugreifen: *Clear* löscht alle Diagrammdaten, *ClearContents* nur die Diagramminhalte (gemeint sind in erster Linie die Datenreihen), *ClearFormats* nur die Formatinformationen.

Wenn Sie ein leeres *ChartObject*-Objekt in ein Tabellenblatt einfügen möchten (also einen noch leeren Diagramm-Rahmen), wenden Sie hierfür die *Add*-Methode auf *ChartObjects* an. An die Methode werden Positions- und Größenangaben übergeben (in der Einheit 1/72 Zoll, das sind etwa 0.35 mm). Dem neuen Objekt kann sofort ein Name gegeben werden.

```
ActiveSheet.ChartObjects.Add(0,0,200,100).Name = "neues diagramm"
```

Die Namensgebung ist deswegen so wichtig, weil Sie sonst keine Möglichkeit mehr haben, zu einem späteren Zeitpunkt auf das Diagramm zurückzugreifen. Excel vergibt automatisch die Namen »Diagramm *n*« – aber Sie kennen *n* normalerweise nicht.

Mehrere Diagramme ausrichten

Wenn Sie in einem Tabellenblatt zwei oder mehrere Diagramme mit der Maus plazieren, werden Sie feststellen, daß es so gut wie unmöglich ist, zwei exakt gleich große, exakt untereinander liegende Diagramme herzustellen. Als Programmierer haben Sie es da einfacher – Sie können direkt auf die *Left-*, *Top-*, *Width-* und *Height*-Eigenschaften der *ChartObject*-Objekte zugreifen und sind nicht auf eine zittrige Mauspositionierung angewiesen.

Die folgenden Anweisungen für den Direktbereich wurden verwendet, um die fünf Diagramme des Monatsprotokolls (siehe nächsten Abschnitt) horizontal nach Position und Größe des ersten Diagramms auszurichten. Alternativ können Sie natürlich auch den Dialog »Objekte ausrichten« (Beispieldatei `Objekte.xla`) einsetzen.

```
set wb = Worksheets("Monatsprotokoll")
For i=2 To 5: wb.ChartObjects(i).Left = _
  wb.ChartObjects(1).Left: Next i
For i=2 To 5: wb.ChartObjects(i).Width = _
  wb.ChartObjects(1).Width: Next i
```

Fertige Diagramme oder benutzerdefinierte Formate verwenden

Die vollständige Erstellung eines Diagramms mit allen Formatierungsdetails per Programmcode ist möglich, aber mühsam und aufwendig zu programmieren. Wenn das Aussehen des Diagramms ohnedies vorgegeben ist (und nicht von den zu verarbeitenden Daten abhängt) ist es sinnvoller, das fertige Diagramm in einem Tabellen- oder Diagrammblatt zu speichern und im Programmcode nur noch die Datenzuordnung zu ändern. Die eigentliche Formatierung des Diagramms können Sie dann direkt mit der Maus (und ohne Programmieraufwand) vornehmen. (Die Prozedur *MonatsprotokollErzeugen* im folgenden Abschnitt zeigt dafür ein Beispiel.)

Nicht ganz so minimalistisch in der Programmierung, aber immer noch besser als eine vollkommene Neuprogrammierung ist der Einsatz von Autoformaten. Durch Autoformate, die Sie wiederum aus Diagrammen entnehmen, die Sie auf herkömmliche Weise per Maus formatiert haben, können Sie praktisch alle Formatdaten eines per Programmcode generierten Diagramms mit einer einzigen Anweisung verändern. Anschließend müssen Sie höchstens noch einige Anweisungen zur optimalen Größeneinstellung der einzelnen Diagrammelemente vornehmen. Die Zuweisung eines Autoformats an ein bestehendes Diagramm erfolgt seit Excel 97 über die Methode ***ApplyCustomType*** (ehemals ***AutoFormat***).

```
ActiveChart.ApplyCustomType ChartType:=xlUserDefined, _
  TypeName:="Tagesprotokoll"
```

Etwas problematisch wird der Einsatz von Autoformaten, wenn Sie eine fertige Excel-Anwendung auf einem anderen Rechner installieren möchten. Autoformate werden nämlich nur in der Datei `Xl8galry.xls` im Verzeichnis `Office97\Office` gespeichert. Diese Datei können Sie nicht auf einen anderen Rechner kopieren, weil Sie sonst die dort definierten Autoformate überschreiben würden! Die Weitergabe von Autoformaten in einer Datei ist damit ausgeschlossen.

Es gibt aber – wie nicht anders zu erwarten – einen Weg, um auch diese Einschränkung zu umgehen. Dazu legen Sie in Ihrer Anwendung ein Tabellenblatt an, in dem Sie für jedes benötigte Autoformat ein einfaches Beispieldiagramm einbetten. Beim ersten Start des Programms aktivieren Sie der Reihe nach diese Beispieldiagramme und speichern die darin enthaltenen Formatinformationen als Autoformate am jeweiligen Rechner.

```
Application.AddChartAutoFormat Chart:=ActiveChart, _
  Name:= "Neues Autoformat", Description:=""
```

Leider besteht keine Möglichkeit festzustellen, welche Autoformate bereits definiert sind. Ein Objekt der Art *AutoFormats* existiert in der aktuellen VBA-Version nicht.

Diagramme drucken und exportieren

Der Ausdruck von Diagrammen erfolgt über die Methode ***PrintOut*** die sowohl auf *Chart-* als auch auf *Workbook*-Objekte angewendet werden kann. Neu in Excel 97 ist die Methode ***Export***, mit der Diagramme in verschiedenen Formaten in eine Grafikdatei exportiert werden können.

12.3 Beispiel: Automatische Datenprotokollierung

Die Datei `Protokol.xls` demonstriert die Anwendung von Excel zur Protokollierung von Meßdaten. Die Notwendigkeit einer Datenprotokollierung ergibt sich immer dann, wenn relativ große Datenmengen über einen längeren Zeitraum dokumentiert und oft auch analysiert werden sollen (müssen). Die Datenherkunft kann ganz unterschiedlich sein: von den automatisch gemessenen Schadstoffwerten technischer Anlagen (etwa einer Kläranlage oder einer Rauchgasentschwefelung) bis zu den Ergebnissen der Qualitätskontrolle einer beliebigen Produktion.

Aufgabe der Protokollierung ist es, aus dem Zahlenfriedhof, der entweder in vielen kleinen oder in einer großen Datei bzw. Datenbank begraben ist, informative und übersichtliche Ausdrucke zu erzeugen. Es versteht sich von selbst, daß dabei Diagramme zur Visualisierung der Daten eine große Rolle spielen.

Da auf der beiliegenden CD-ROM kein technischer Prozeß zur Datenproduktion mitgeliefert werden kann, stellt die Anwendung `Protokol.xls` das Menükommando TESTDATEN ERZEUGEN zur Verfügung. Damit werden Excel-Dateien mit simulierten Meßwerten erzeugt. In der Praxis benötigen Sie so ein Kommando natürlich nur während der Testphase des Programms. In der Regel stehen Ihnen mehr (echte) Meßdaten zur Verfügung, als Ihnen lieb ist, und Sie müssen diese Daten nicht gewaltsam durch simulierte Daten vermehren.

Die Bedienung des Beispielprogramms

Nach dem Laden der Datei erscheint ein eigenes Menü. Wenn Sie das Programm einfach schnell ausprobieren möchten, führen Sie der Reihe nach die Kommandos PROTOKOLL | TESTDATEN ERZEUGEN, | TAGESPROTOKOLL und | MONATSPROTOKOLL aus. Die dabei erscheinenden Dialoge zur Datumseingabe bestätigen Sie unverändert mit OK.

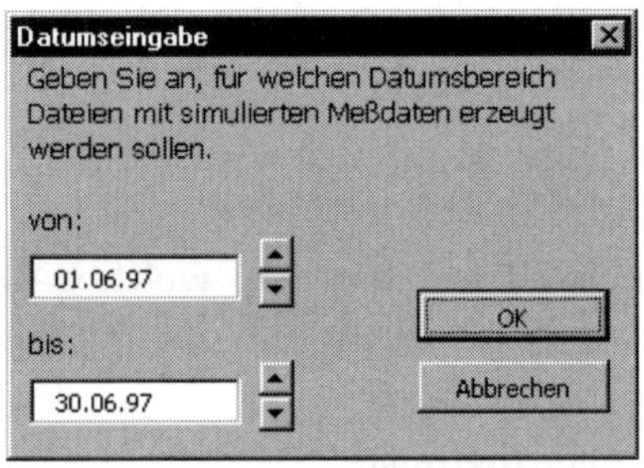

Bild 12.3: Der Dialog zur Eingabe eines Datumsbereichs

Das Programm produziert dann für jeden Tag des laufenden Monats eine Datendatei (Speicherbedarf insgesamt rund 900 kByte, Zeitaufwand knapp eine Minute auf einem Pentium 133). Anschließend wird das Tagesprotokoll des aktuellen Tags und das Monatsprotokoll des aktuellen Monats in der Seitenansicht präsentiert.

Wenn Sie die Protokolle nicht nur in der Seitenansicht ansehen, sondern sofort ausdrucken möchten, müssen Sie die Option »Seitenansicht« über das Menükommando PROTOKOLL | SEITENANSICHT STATT AUSDRUCK deaktivieren. PROTOKOLL | BEENDEN beendet das Beispielprogramm und schließt sowohl dessen Arbeitsmappe als auch das Menü. (Excel wird dadurch nicht beendet.)

Testdaten

Durch das Menükommando PROTOKOLL | TESTDATEN ERZEUGEN werden für jeden Tag Dateien mit dem Namen `D_jjmmtt.xls` erstellt (also etwa `D_980101.xls` für den 1.1.98). Diese Dateien enthalten außer den eigentlichen Meßdaten (je 96 Werte in den

Datenreihen A1, A2, A3, B und C) auch Sechsstunden-Mittelwerte und -Maxima sowie Tagesmittelwerte und Tagesmaxima (siehe Bild 12.4). Die `D_jjmmtt.xls`-Dateien können Sie nach dem Test dieses Programms natürlich wieder löschen.

d_970601.xls

Meßdaten vom 01.06.97

Zeit	A1	A2	A3	B	C
00:00	58,8	172,6	127,0	88,4	130,8
00:15	60,4	166,7	126,0	88,9	127,7
00:30	64,1	162,9	124,4	91,3	123,0
00:45	67,8	161,6	121,2	93,4	117,5
01:00	70,4	161,0	117,4	93,7	112,5
01:15	72,7	159,2	115,1	93,4	108,6
01:30	76,6	156,1	115,3	94,8	105,3
01:45	83,0	153,4	116,7	98,7	101,5
02:00	90,7	152,8	117,1	103,2	96,4
02:15	97,5	154,1	115,8	105,7	89,9
02:30	102,4	155,4	114,0	106,3	82,9
02:45	106,3	154,8	113,7	107,0	76,6
03:00	111,2	152,7	115,5	109,6	72,0
03:15	117,4	151,1	117,9	112,9	68,8
03:30	123,5	151,6	118,8	114,6	65,9
03:45	127,5	153,6	117,9	113,2	62,4
04:00	128,7	155,1	116,9	110,4	58,0
04:15	128,8	154,7	117,8	108,6	53,6
04:30	129,7	153,3	120,7	108,2	50,3
04:45	131,7	152,9	124,1	107,0	49,0

Zeit	A1	A2	A3	B	C
6-Stunden-Mittelwerte					
00:00 bis 6:00	103,1	157,1	120,2	101,4	81,5
6:00 bis 12:00	154,7	143,6	127,2	101,2	62,7
12:00 bis 18:00	168,9	137,8	114,8	81,0	125,2
18:00 bis 24:00	151,5	106,7	174,1	90,5	167,6
6-Stunden-Maxima					
00:00 bis 6:00	133,3	172,6	130,6	114,6	130,8
6:00 bis 12:00	184,6	167,9	151,8	122,7	69,4
12:00 bis 18:00	194,4	146,1	154,2	116,4	162,8
18:00 bis 24:00	184,8	130,3	212,0	144,0	176,4
Tagesmittelwert	144,5	136,3	134,1	93,5	109,2
Tagesmaximum	194,4	172,6	212,0	144,8	176,4

Tabelle1

Bild 12.4: Der Aufbau der Tagesdateien für die Meßdaten

Bei der Protokollierung der Daten wird angenommen, daß die Daten A1, A2 und A3 inhaltlich zusammengehören. Daher werden A1 bis A3 im Tagesprotokoll in einem einzigen Diagramm dargestellt (siehe Bild 12.5 etwas weiter unten). Im Monatsprotokoll war das aus Gründen der Übersichtlichkeit nicht mehr möglich, weil in den Diagrammen für jede Datenreihe sowohl der Tagesmittelwert als auch das Tagesmaximum in einem eigenen Linienzug dargestellt werden (siehe Bild 12.6).

Überblick über die Komponenten von Protokol.xls

Die Excel-Datei `Protokol.xls` besteht aus den folgenden Arbeitsblättern:

»Intro«:	Tabellenblatt mit einigen Informationen zur Bedienung der Anwendung.
»Tagesprotokoll«:	Tabellenblatt, in dem das Tagesprotokoll aufgebaut wird. Die darin enthaltenen Diagramme werden für jedes neue Protokoll gelöscht und neu aufgebaut.
»Monatsprotokoll«:	Tabellenblatt, in dem das Monatsprotokoll aufgebaut wird. Die darin enthaltenen Diagramme sind endgültig, sie werden im Programmcode nicht mehr verändert. Durch den Programmcode wird nur der Inhalt der Zellen B9:M39 verändert.
»MeßdatenVorlage«:	Tabellenblatt, das als Vorlage für die Dateien mit den simulierten Testdaten dient.

Der Aufbau der Tabellenblätter »Tagesprotokoll« und »Monatsprotokoll« sollte nicht verändert werden, da die Prozeduren des Moduls »Protokolle erzeugen« darauf aufbauen.

Der Programmcode verteilt sich auf drei Module:

»Ereignisse«:	Modul mit den Prozeduren zur Ereignisverwaltung (*Auto_Open* und *Auto_Close*, Menükommandos).
»Testdaten erzeugen«:	Modul mit den Prozeduren zur Erzeugung der Testdaten.
»Protokolle erstellen«:	Modul mit den Prozeduren zum Aufbau und Ausdruck der Tages- und Monatsprotokolle.

Der Programmcode

Auf den folgenden Seiten werden die interessantesten Details des Programmcodes beschrieben. Dabei wird dieselbe Reihenfolge wie bei der Bedienung des Programms (Testdaten erzeugen, Tagesprotokoll, Monatsprotokoll) eingehalten. Der Code demonstriert nicht nur verschiedene Möglichkeiten der Diagrammprogrammierung, er zeigt auch, wie Sie Daten aus mehreren Excel-Dateien konsolidieren können, wenn die Excel-Funktion DATEN | KONSOLIDIEREN für Ihre Anwendungen zu wenig flexibel ist.

Testdaten erzeugen

Der Programmteil zur Erzeugung der Testdaten ist insofern von geringem Interesse, als er in einer praktischen Anwendung wegfällt (dort gibt es »echte« Daten). Im vorliegenden Beispiel erzeugt *GenerateDailyWorksheet* eine neue Excel-Datei auf Basis der Mustertabelle im Blatt »MeßdatenVorlage«. Dieses Muster enthält nicht nur diverse Formatierungsdaten, sondern auch einige Formeln zur Berechnung von Sechsstundenmittelwerten und -maxima sowie von Tagesmittelwerten und -maxima.

Die simulierten Testdaten werden auf der Basis von sechs überlagerten Sinusschwingungen unterschiedlicher Frequenz errechnet. Die Parameter dieser Funktionen (Amplitude, Frequenz und Phasenverschiebung) werden im globalen Feld *rndmat* gespeichert. Die globale Variable *rndInit* gibt an, ob dieses Feld gültige Werte enthält. Damit wird vermieden, daß die Zufallszahlen für jeden Tag neu ermittelt werden.

Die Zufallszahlen werden in der (hier nicht abgedruckten) Prozedur *InitRandomnumbers* initialisiert. Dabei wird versucht, für die drei Datenreihen A1, A2 und A3 ähnliche Werte zu wählen. Für jeden Tag neu aufgerufen wird die Prozedur *DailyRandomnumbers*. Diese Prozedur verändert die vorhandenen Werte des *zfmat*-Felds geringfügig, damit die Daten nicht allzu regelmäßig aussehen.

```
' Beispieldatei Protokol.xls, Modul »Testdaten erzeugen«
Dim rndInit          'gibt an, ob Zufallszahlenmatrix initialisert ist
Dim rndmat#(5, 18)   'Zufallszahlenmatrix
Const Pi = 3.1415927
```

```
' Arbeitsmappe mit Protokollzahlen für einen Tag erzeugen
Sub GenerateDailyWorksheet(dat As Date)
  Dim filename$               'Dateiname der neue Arbeitsmappe
  Dim wb As Workbook          'Arbeitsmappe
  Dim ws As Worksheet         'Tabellenblatt in dieser Mappe
  Dim cell As Range           'Verweis auf erste Datenzelle im Blatt
  Dim i%, j%, k%              'Schleifenvariablen
  Dim x#, z                   'Zwischenspeicher, Zeit
  filename = ThisWorkbook.Path + "\d_" + Format(dat, "yymmdd")
  Application.DisplayAlerts = False
  '
  ' neue Arbeitsmappe erzeugen, 'Meßdatenvorlage'-Blatt aus dieser
  ' Arbeitsmappe dorthin kopieren, alle anderen Blätter löschen
  Set wb = Workbooks.Add
  ThisWorkbook.Sheets("MeßdatenVorlage").Copy Before:=wb.Sheets(1)
  For i = wb.Sheets.Count To 2 Step -1
    wb.Sheets(i).Delete
  Next i
  wb.Sheets(1).Name = "Tabelle1"
  '
  ' Zufallszahlen in das Tabellenblatt einfügen
  Set ws = wb.Worksheets(1)
  Set cell = ws.[A4]
  ws.[a1] = "Meßdaten vom " & dat
  If Not rndInit Then InitRandomnumbers
  DailyRandomnumbers
  Application.Calculation = xlManual
  For i = 1 To 96                                 '00:00 bis 23:45
    z = dat + CDbl(#12:15:00 AM#) * (i - 1)
    cell.Cells(i, 1) = z
    cell.Cells(i, 1).NumberFormat = "hh:mm"
    For j = 1 To 5                                'fünf Datenreihen
      x = rndmat(j, 0)
      For k = 1 To 18 Step 3
        x = x + rndmat(j, k) * _
                (1 + Sin(rndmat(j, k + 1) * z + rndmat(j, k + 2)))
      Next k
      cell.Cells(i, j + 1) = x
    Next j
  Next i
  Application.Calculation = xlAutomatic
  Application.DisplayAlerts = True
  wb.SaveAs filename
  wb.Close
End Sub
```

ANMERKUNG

Es kommt bei automatischen Meßprozessen immer wieder vor, daß aufgrund eines Fehlers für einige Zeit (Stunden, eventuell auch Tage) Meßdaten ausfallen. In der obigen Prozedur wurde auf das Simulieren von Fehlern verzichtet. Die Protokollierung durch *Tages-* oder *MonatsprotokollErzeugen* funktioniert aber auch dann, wenn Sie aus den erzeugten Dateien einige Zahlenwerte einfach löschen, oder wenn Sie ganze Tagesdateien löschen. Vorsicht ist bei der Berechnung von Mittelwerten geboten: Fehlende Meßwerte dürfen nicht als 0-Werte berücksichtigt werden! Die Excel-Tabellenfunktion *MITTELWERT* verhält sich in dieser Beziehung vorbildlich und berücksichtigt nur jene Zellen des angegebenen Bereichs, die nicht leer sind. Nur wenn *alle* Meßwerte eines Mittelwertbereichs fehlen, liefert sie als Ergebnis den Fehler »Division durch 0«.

Tagesprotokolle

Das Tagesprotokoll enthält drei Diagramme, in denen der exakte Verlauf der Meßwerte eingetragen ist. Dabei werden die Kurven A1, A2 und A3 in einem einzigen Diagramm vereint. Damit Diagramme von mehreren Tagen problemlos miteinander verglichen werden können, ist eine einheitliche Skalierung erforderlich. Aus diesem Grund ist der Y-Bereich starr auf den Wertbereich von 0 bis 300 eingestellt. (Normalerweise ändert Excel die Skalierung automatisch und paßt sie an den tatsächlich auftretenden Wertebereich an.) Mit in das Tagesprotokoll integriert wurde eine tabellarische Übersicht der Tagesmittelwerte und der Tagesmaxima der fünf Kurven.

Das Tagesprotokoll zu einem angegebenen Datum wird durch die Prozedur *DailyProtocol* erstellt. Die Diagramme werden dabei vollständig durch den Programmcode erzeugt und in das Tabellenblatt »Tagesprotokoll« eingefügt. Bereits vorhandene Diagramme dieses Tabellenblatts (vom letzten Protokoll) werden vorher gelöscht.

Die Prozedur öffnet die Datei mit den Tagesdaten und kopiert daraus einige Eckdaten (Tagesmittelwerte und -maxima) in das Tabellenblatt »Tagesprotokoll«. Außerdem wird die Überschrift des Protokolls mit dem jeweiligen Datum ergänzt.

Zur Erzeugung der neuen Diagramme werden zuerst drei leere *ChartObject*-Rahmen im Tabellenblatt plaziert. Durch *ChartWizard* wird darin ein Diagramm erzeugt, das den tatsächlichen Ansprüchen einigermaßen entspricht. Die drei *ChartWizard*-Anweisungen unterscheiden sich nur dadurch, daß den Diagrammen unterschiedliche Zellbereiche aus der Tagesdatentabelle zugeordnet werden.

Anschließend beginnt mit der Formatierung der Diagramme die eigentliche Feinarbeit. Die drei Diagramme können dabei in einer Schleife einheitlich bearbeitet werden. Die Prozedur endet damit, daß die Tagesdatendatei geschlossen wird und das Tagesprotokoll mit *PrintOut* ausgedruckt wird. Wenn neben dem Menüeintrag PROTOKOLL | SEITENANSICHT ein Auswahlhäkchen angezeigt wird (d.h. wenn *Style* = *msoButtonIconAndCaption*, siehe Abschnitt 9.1.4), erfolgt der Ausdruck nur in Form einer Seitenansicht.

```
Sub DailyProtocol(dat As Date)
  Dim filename$                     'Dateiname der Protokolldatei
  Dim protWBook As Workbook         'Arbeitsmappe der Protokolldatei
  Dim protWSheet As Worksheet       'Verweis auf Tabellenblatt in der Mappe
  Dim protRange As Range            'Verweis auf erste Datenzelle im Blatt
  Dim chartWSheet As Worksheet      'Verweis auf Tabellenblatt mit Diagramm
  Dim i%, chobj As ChartObject      'Schleifenvariablen
  On Error Resume Next
  Application.ScreenUpdating = False
  filename = ThisWorkbook.Path + "\d_" + Format(dat, "yymmdd") & ".xls"
  If Dir(filename) = "" Then
    MsgBox "Die Datei " & filename & " existiert nicht. Bitte " & _
      " erzeugen Sie zuerst Testdaten!"
    Exit Sub
  End If
  Set protWBook = Workbooks.Open(filename)
  Set protWSheet = protWBook.Worksheets(1)
  Set protRange = protWSheet.[A4]
  Set chartWSheet = ThisWorkbook.Worksheets("Tagesprotokoll")
  ' alle schon vorhandenen Diagramme dieses Blatts löschen
  For Each chobj In chartWSheet.ChartObjects
    chobj.Delete
  Next chobj
  ' Überschrift, Tagesmittelwerte und -maxima in Tabelle übertragen
  chartWSheet.[Überschrift] = "Tagesprotokoll " & dat
  protWSheet.[Tagesmittel].Range("B1:F1").Copy
  chartWSheet.[Tagesmittelwerte].PasteSpecial xlValues
  protWSheet.[Tagesmax].Range("B1:F1").Copy
  chartWSheet.[Tagesmaxwerte].PasteSpecial xlValues
  ' die drei Diagramme erstellen
  For i = 1 To 3
    chartWSheet.ChartObjects.Add(30, 150 + 200 * (i - 1), 400, 185). _
      Name = "Tagesdaten " & i
    chartWSheet.ChartObjects("Tagesdaten " & i).Activate
    If i = 1 Then
      ActiveChart.ChartWizard protWSheet.[A3:D99], xlLine, 4, _
        xlColumns, 1, 1
    ElseIf i = 2 Then
      ActiveChart.ChartWizard protWSheet.[A3:A99,E3:E99], xlLine, 4, _
        xlColumns, 1, 1
    ElseIf i = 3 Then
      ActiveChart.ChartWizard protWSheet.[A3:A99,F3:F99], xlLine, 4, _
        xlColumns, 1, 1
    End If
  Next i
```

```
  ' die Diagramme formatieren
  For Each chobj In chartWSheet.ChartObjects
    chobj.Border.LineStyle = xlNone              'Umrahmung abschalten
    With chobj.Chart
      .HasTitle = False                          'kein Titel
      .PlotArea.Border.LineStyle = xlAutomatic   'Umrandung
      .PlotArea.Interior.ColorIndex = xlNone     'innen kein Muster
      .Axes(xlCategory).TickLabelSpacing = 8
      .Axes(xlCategory).TickMarkSpacing = 4   'Beschriftung der X-Achse
      .Axes(xlValue).MinimumScale = 0         'Skalierung der Y-Achse
      .Axes(xlValue).MaximumScale = 300
      .Axes(xlCategory).TickLabels.Orientation = 45  '45 Grad-Schrift
      For i = 1 To .SeriesCollection.Count           'Darstellung der
        .SeriesCollection(i).Border.ColorIndex = 1   ' Datenlinien
        .SeriesCollection(i).Border.Weight = xlThin
        .SeriesCollection(i).Border.LineStyle = xlContinuous
        .SeriesCollection(i).MarkerStyle = xlNone
      Next i
      If .SeriesCollection.Count > 2 Then  '2. und 3. Linienzug optisch
        .SeriesCollection(2).Border.LineStyle = xlDot   'unterscheiden
        .SeriesCollection(3).Border.LineStyle = xlDash
      End If
      ' Größe des eigentlichen Diagramms und der Legende
      .PlotArea.Left = 5:    .PlotArea.Top = 5
      .PlotArea.Width = 290
      .PlotArea.Height = 140
      .Legend.Left = 340
      .Legend.Width = 50
      .Legend.Border.LineStyle = xlNone
    End With
  Next chobj
  ActiveWindow.Visible = False  'Diagramm deaktiveren
  protWBook.Close
  chartWSheet.PrintOut Preview:= _
    CommandBars("Protokoll-Menü").Controls("Protokoll"). _
      Controls("Seitenansicht statt Ausdruck").Style = _
    msoButtonIconAndCaption
End Sub
```

Tagesprotokoll 15.07.97

	A1	A2	A3	B	C
Tagesmittelwert	116,9	113,3	106,5	142,2	151,5
Tagesmaximum	181,6	187,1	194,9	166,8	191,1

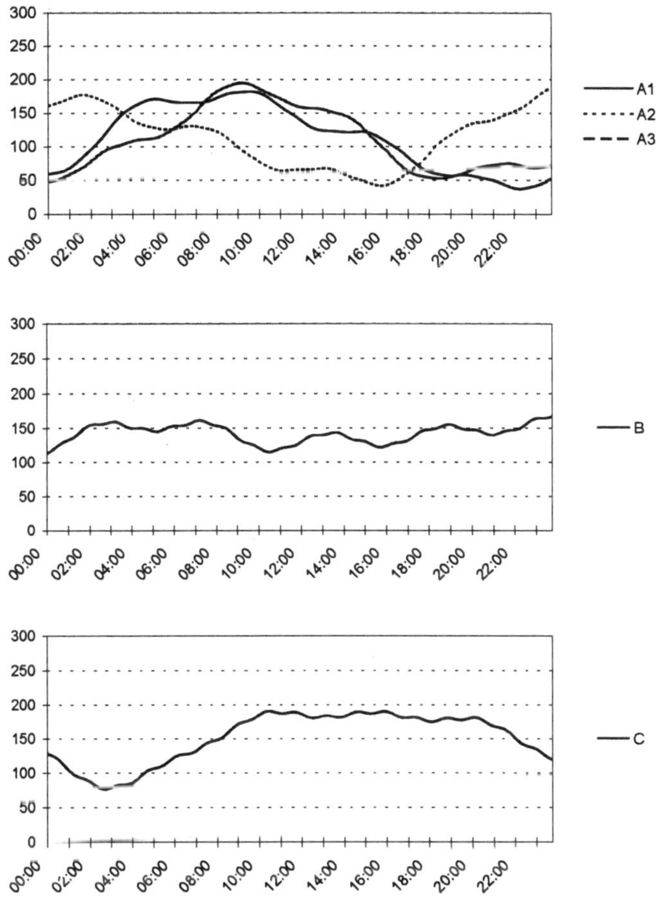

Bild 12.5. Ein Tagesprotokoll

Monatsprotokolle

Die Monatsprotokolle sind etwas aufwendiger als die Tagesprotokolle gestaltet und beanspruchen insgesamt drei Seiten. Die erste Seite besteht aus einer Übersicht aller Tagesmittelwerte und -maxima sowie aus den daraus resultierenden Monatsmittelwerten und -maxima. Die beiden folgenden Seiten enthalten drei bzw. zwei Diagramme mit dem Verlauf der Mittelwerte bzw. der Maxima. Die Kurvenzüge für die Mittelwerte sind dabei geglättet (Kurvenzug anklicken, Kontextmenü DATENREIHEN FORMATIEREN | »Muster«, Option »Linie glätten«). Bild 12.6 zeigt die zweite Seite des Monatsprotokolls mit den Kurvenzügen für die Meßwerte A1 bis A3.

Zur der Erzeugung des Monatsprotokolls wurde eine vollkommen andere Vorgehensweise als beim Tagesprotokoll gewählt. Die Diagramme wurden (per Maus) im Tabellenblatt »Monatsprotokolle« angelegt und werden von der Prozedur *MonthlyProtocol* überhaupt nicht angerührt. *MonthlyProtocol* verändert lediglich jene Datenzellen, auf die die fertigen Diagramme zugreifen.

Diese Vorgehensweise hat Vor- und Nachteile: Der Vorteil besteht darin, daß der Programmieraufwand viel geringer ist. Sie können also auch mit minimaler Erfahrung bei der Diagrammprogrammierung zu guten Ergebnissen gelangen. Den Nachteil bemerken Sie dann, wenn Sie versuchen, fünf gleiche Diagramme per Mausklick zu erzeugen. Das ist beinahe ebenso mühsam wie die Programmierung! (Selbst dann, wenn Sie zuerst ein Diagramm erstellen, dieses dann kopieren und nur noch die Zellbereiche der Datenreihen verändern.) Außerdem ist diese Vorgehensweise natürlich nur dann möglich, wenn das Diagramm wie im vorliegenden Beispiel von den Daten weitgehend unabhängig ist. Wenn dagegen die Anzahl der Datenreihen, die Anzahl der Datenpunkte, der Wertebereich der Datenreihen etc. variieren, dann führt kein Weg an einem »echten« Programm vorbei.

ANMERKUNG

Die Diagramme gehen von 31 Tagen aus. Bei den Monaten mit weniger Tagen bleiben am rechten Diagrammrand ein bis drei Datenpunkte leer. Dadurch wird zwar der zur Verfügung stehende Raum nicht ganz optimal genutzt, dafür ergibt sich aber ein wesentlicher Vorteil: Die Skalierung der X-Achse ist unabhängig von der Anzahl der Tage pro Monat. Die Diagramme sind damit besser vergleichbar.

Nun zum Programmcode, der aus den oben genannten Gründen keine einzige Zeile mit diagrammtypischen Anweisungen enthält. Die Prozedur ist eher ein Beispiel dafür, wie Daten aus bis zu 31 Dateien in einer einzigen Tabelle konsolidiert werden können. Die einzelnen Dateien werden dazu nicht geöffnet, vielmehr wird in Formeln der Art *='C:\Eigene Dateien\Test\[D_970101.XLS]Tabelle1'!$L$19* direkt auf einzelne Zellen anderer Tabellen zugegriffen. Diese Form des Datenzugriffs geht überraschend schnell vor sich. Die Erstellung des Monatsprotokolls dauert kaum länger als jene des Tagesprotokolls.

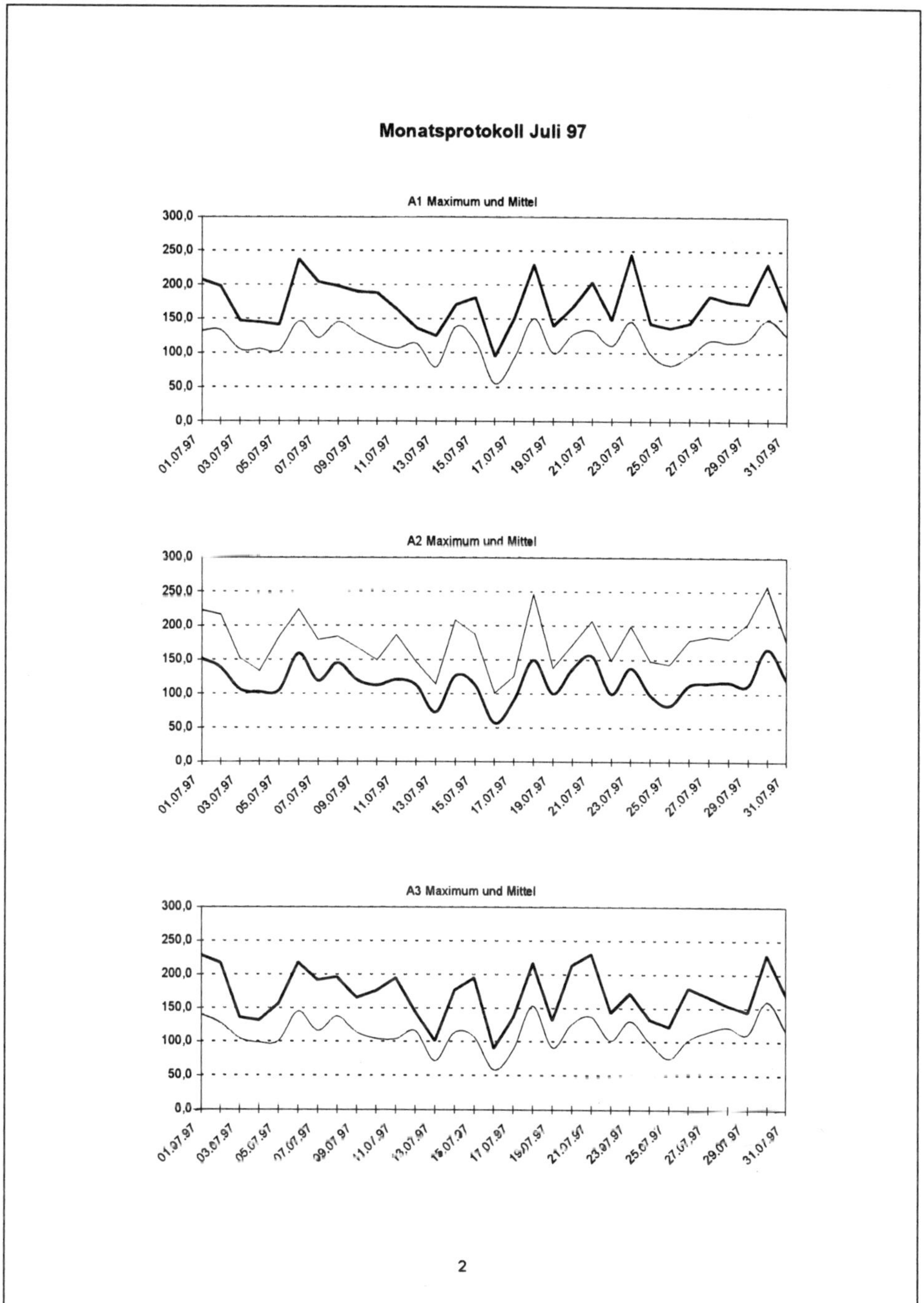

Bild 12.6: Eine Seite aus dem dreiseitigen Monatsprotokoll

Der komplizierteste Teil der Prozedur betrifft die Erzeugung dieser Formeln, die durch die Veränderung der *FormulaR1C1*-Eigenschaft der jeweiligen Zellen in die Tabelle eingetragen werden. Die Formeln müssen relativ mühsam als Zeichenketten erstellt werden. Das R1C1-Format ist für solche Aufgaben besser geeignet, weil so zumindest die Umwandlung von Spaltennummern in Buchstaben entfällt.

```
' Monatsprotokoll erzeugen
Sub MonthlyProtocol(dat As Date)
  Dim sdat, edat, nrdays          'Start- und Enddatum; Anzahl der Tage
  Dim filename$                   'Dateiname der Protokolldatei
  Dim chartWSheet As Worksheet    'Verweis auf Blatt mit Monatsdiagrammen
  Dim chartRange As Range         'Verweis auf erste Datenzelle im Blatt
  Dim z, i%, j%                   'Schleifenvariablen
  On Error Resume Next
  sdat = DateSerial(Year(dat), Month(dat), 1)
  nrdays = DateSerial(Year(dat), Month(dat) + 1, 1) - _
           DateSerial(Year(dat), Month(dat), 1)
  edat = dat + nrdays - 1
  Set chartWSheet = ThisWorkbook.Worksheets("Monatsprotokoll")
  chartWSheet.[a1].Select
  Set chartRange = chartWSheet.[B9]
  ' Monatstabelle aufstellen
  Application.Calculation = xlManual
  chartWSheet.[B1] = "Monatsprotokoll " & Format(dat, "mmmm yy")
  For i = 1 To nrdays
    z = dat + i - 1
    chartRange.Cells(i, 1) = z
    filename = ThisWorkbook.Path + "\d_" + Format(z, "yymmdd") & ".xls"
    If Dir(filename) = "" Then
      For j = 1 To 5
        chartRange.Cells(i, 1 + j).FormulaR1C1 = ""
        chartRange.Cells(i, 7 + j).FormulaR1C1 = ""
      Next j
    Else
      filename = _"='" & ThisWorkbook.Path + "\[d_" + _
                 Format(z, "yymmdd") & ".xls]Tabelle1'"
      For j = 1 To 5
        chartRange.Cells(i, 1 + j).FormulaR1C1 = _
          filename & "!R19C" & 8 + j
        chartRange.Cells(i, 7 + j).FormulaR1C1 = _
          filename & "!R21C" & 8 + j
      Next j
    End If
  Next i
```

```
  If nrdays < 31 Then
    For i = nrdays + 1 To 31
      For j = 1 To 12
        chartRange.Cells(i, j).ClearContents
      Next j
    Next i
  End If
  Application.Calculate
  chartWSheet.Range("B9:M39").Copy
  chartWSheet.Range("B9:M39").PasteSpecial Paste:=xlValues
  Application.CutCopyMode = False
  chartWSheet.PrintOut Preview:= _
    CommandBars("Protokoll-Menü").Controls("Protokoll"). _
      Controls("Seitenansicht statt Ausdruck").Style = _
    msoButtonIconAndCaption
  Application.Calculation = xlAutomatic
End Sub
```

Nachdem alle Verweise in die Tabelle eingetragen und die Tabelle auf dieser Basis neu berechnet wurde, wird der gesamte Zellbereich in die Zwischenablage kopiert. Mit *PasteSpecial* werden anschließend nur die Zahlenwerte (anstatt der Formeln) eingetragen. Dieser Vorgang spart Speicher und erhöht die weitere Verarbeitungsgeschwindigkeit. Außerdem kommt Excel nicht auf die Idee, bei nächster Gelegenheit zu fragen, ob es die vorhandenen Verweise aktualisieren soll.

Die Prozedur endet wie *DailyProtocol* mit dem Ausdruck der Tabelle samt den fünf darin enthaltenen Diagrammen. Bei der Layout-Gestaltung der Tabelle mit DATEI | SEITE EINRICHTEN wurde übrigens als Kopfzeile »keine« und als Fußzeile eine Seitennummer eingestellt (weil das Protokoll ja immerhin drei Seiten lang ist).

Menüverwaltung

Die Menüverwaltung liefert gegenüber den Beispielen der vorangegangenen Kapitel keine neuen Informationen mehr, weswegen auf den Abdruck der Ereignisprozeduren verzichtet wird. Das Menü ist als eigenes *CommandBar*-Objekt realisiert. Es wird beim Laden von `Protokol.xls` in *Auto_Open* sichtbar gemacht und in *Auto_Close* wieder verborgen. Der Eintrag SEITENANSICHT STATT AUSDRUCK ist mit einem Icon in Form eines Auswahlhäkchen ausgestattet, das zyklisch ein- und ausgeschaltet wird. Weitere Informationen zur Gestaltung von Menüs finden Sie in Abschnitt 9.1.

Dialogverwaltung

Ein wenig interessanter ist die Verwaltung des Dialogs *FormDateInput*, der universell für die drei Kommandos PROTOKOLL | TESTDATEN ERZEUGEN, ... | TAGESPROTOKOLL und ... | MONATSPROTOKOLL verwendet wird. Je nach Verwendungszweck wird der Text im Textfeld *lblInfo* geändert. Durch die Prozeduren *ProtocolMenu_GenerateNewFiles,*

_DailyProtocol und *_MonthlyProtocol*, von denen hier nur eine abgedruckt ist, werden außerdem die Texte in den Textfeldern *txtFrom* und *txtTo* voreingestellt.

Die beiden Daten können durch Drehpfeile vergrößert bzw. verkleinert werden. Dazu werden die Drehwerte auf 0 voreingestellt. Der zulässige Wertebereich geht von -1000 bis 1000, Sie können also das Datum theoretisch um plus/minus 1000 Tage verändern. (Theoretisch deswegen, weil Sie kaum soviel Geduld aufbringen werden. Viel schneller geht es, wenn Sie das Datum einfach per Tastatur eingeben.)

```
' Menükommando, um Monatsprotokoll erzeugen
Sub ProtocolMenu_MonthlyProtocol()
  Dim dat, lastmonth
  lastmonth = -1
  With FormDateInput
    .dat1 = DateSerial(Year(Now), Month(Now), 1)
    .dat2 = DateSerial(Year(Now), Month(Now), _
               DateSerial(Year(Now), Month(Now) + 1, 1) - _
               DateSerial(Year(Now), Month(Now), 1))
    .txtFrom = CStr(.dat1)
    .txtTo = CStr(.dat2)
    .spinTo = 0
    .spinFrom = 0
    .lblInfo = "Geben Sie an, für welchen Datumsbereich Sie " & _
               "Monatsprotokolle erstellen und ausgedrucken möchten."
    .Show
    If .result = False Then Exit Sub
    ' Testdaten erzeugen
    Application.ScreenUpdating = False
    Application.DisplayStatusBar = True
    For dat = CDate(.txtFrom) To CDate(.txtTo)
      If lastmonth <> Month(dat) Then
        Application.StatusBar = "Monatsprotokoll vom " & _
          Format(dat, "mmmm yy") & " erzeugen"
        MonthlyProtocol CDate(dat)
        lastmonth = Month(dat)
      End If
    Next dat
    Application.StatusBar = False
    Application.DisplayStatusBar = False
  End With
End Sub
```

Sofern die Eingabe mit OK abgeschlossen und in *btnOK_Click* kein Eingabefehler entdeckt wurde, werden in einer Schleife alle Tage des Datumbereichs durchlaufen. Jedesmal, wenn sich dabei der Monat ändert, wird *MonatsprotokollErzeugen* aufgerufen. Zugegebenermaßen ist dieser Algorithmus nicht übermäßig raffiniert programmiert – es ist aber sicherlich die einfachste Lösung, die für beliebige Zeitbereiche funktioniert (auch für mehr als 12 Monate). Eine Berechnung des Monatsersten jedes neuen Monats würde vermutlich mehr Zeit beanspruchen als ein einfaches Durchlaufen aller Tage. Auf jeden Fall hätte es ein bißchen mehr Denkaufwand beim Programmieren bedeutet, und Programmierer sind bekanntermaßen nicht immer zum Denken aufgelegt ...

Die eigentlichen Dialog-Ereignisprozeduren fallen vergleichsweise kurz und trivial aus. Beachten Sie bitte, daß das Drehfeld nicht synchronisiert wird, wenn im Textfeld ein neues Datum per Tastatur eingegeben wird. Aus diesem Grund ist es nicht möglich, ein über die Tastatur eingegebenes Datum anschließend mit dem Drehfeld zu verändern.

```
' Ereignisprozeduren zum Formular für die Datumseingabe
Option Explicit
Public result, dat1, dat2
Private Sub btnCancel_Click()
  result = False
  Hide
End Sub
Private Sub btnOK_Click()
  If IsDate(txtFrom) And IsDate(txtTo) Then
    result = True
    Hide
  Else
    MsgBox "Ungültige Datumseingabe!"
  End If
End Sub
Private Sub spinFrom_Change()
  txtFrom = CStr(dat1 + spinFrom)
End Sub
Private Sub spinTo_Change()
  txtTo = CStr(dat2 + spinTo)
End Sub
```

12.4 Syntaxzusammenfassung

Dieser Abschnitt faßt wirklich nur die allerwichtigsten Objekte, Methoden und Eigenschaften zusammen. Eine Zusammenfassung der Objekthierarchie aller Diagrammobjekte finden Sie in Kapitel 14. Dort sind auch alle Objekte (in alphabetischer Reihenfolge) kurz beschrieben. In den folgenden Syntaxboxen steht *wb* als Abkürzung für ein *Workbook*-Objekt, *ws* für ein *Worksheet*-Objekt, *chobj* für ein *ChartObject*-Objekt und *ch* für ein *Chart*-Objekt.

Diagrammobjekte	
ws.ChartObjects(..)	eingebettetes Diagrammobjekt auswählen
ws.ChartObjects.Add ..	neuen (leeren) Diagrammrahmen
chobj.Select	entspricht einfachem Mausklick
chobj.Activate	entspricht doppeltem Mausklick
ActiveWindow.Visible = False	deaktivieren
chobj.Chart	verweist auf Diagrammobjekt
chobj.Copy	Diagrammobjekt samt Diagramm kopieren
ws.Paste: Selection.Name = ".."	Diagrammobjekt samt Diagramm einfügen
chobj.Duplicate.Name = ".."	vorhandenes Diagrammobjekt duplizieren
chobj.Delete	Diagrammobjekt samt Diagramm löschen

Diagramme	
ActiveChart	verweist auf aktives Diagramm
wb.Charts(..).Select	wählt Diagrammblatt aus
ch.ChartArea.Copy	kopiert Diagramminhalt
ch.Paste	fügt Diagramminhalt ein
ch.ChartArea.Clear	löscht gesamtes Diagramm
ch.ChartArea.ClearContents	löscht nur die Daten
ch.ChartArea.ClearFormats	löscht nur die Formate
ch.ChartWizard ...	Diagramm mit Assistenten erzeugen
ch.AutoFormat ...	Autoformat verwenden
Application.AddChartAutoFormat ...	neues Autoformat speichern
ch.ChartArea	verweist auf Gesamthintergrund
ch.PlotArea	verweist auf Hintergrund der Grafik
ch.Floor, ch.Walls	verweist auf Boden und Wände (3D-Diagramme)
ch.ChartTitle	verweist auf Diagrammtitel
ch.Legend	verweist auf Legende
ch.Axes(..)	verweist auf Achsen
ch.SeriesCollection(..)	auf Datenreihen

13 VBA-Programmierung für Profis

Ob Sie nun Add-Ins erstellen, Ihre Anwendungen mit einer eigenen Online-Hilfe ausstatten, DLL-Funktionen nutzen oder über ActiveX-Automation fremde Programme steuern möchten – dieses Kapitel vermittelt das erforderliche Know-how. Das Kapitel richtet sich also explizit an fortgeschrittene Excel-Programmierer.

Kapitelübersicht

13.1 Eigene Add-Ins erstellen

13.1.1 Grundlagen

Excel wird mit einigen sogenannten Add-In-Dateien geliefert. Diese Dateien befinden sich im Verzeichnis `Office97\Office\Makro` und haben die Aufgabe, den Funktionsumfang von Excel in verschiedenen Punkten zu erweitern. Sie können über den Add-In-Manager aktiviert bzw. deaktiviert werden. Da das Laden der Add-In-Funktionen Zeit und Speicherplatz erfordert, sollten Sie nur jene Add-Ins aktivieren, die Sie wirklich benötigen. Add-In-Dateien sind an der Kennung `*.xla` zu erkennen.

Neben den vorgegebenen Add-In-Dateien besteht über das Kommando DATEI | SPEICHERN UNTERN die Möglichkeit, eigene Excel-Dateien im Add-In-Format zu speichern. Add-In-Dateien haben gegenüber normalen `*.xls`-Dateien folgende Vorteile:

- Die darin enthaltenen (benutzerdefinierten) Funktionen stehen allen anderen Arbeitsmappen zur Verfügung. Dabei muß nicht (wie sonst üblich) der Name der Add-In-Datei vorangestellt oder ein Verweis eingerichtet werden. Der Funktionsaufruf erfolgt also unmittelbar über *Funktionsname*, nicht in der Form *Dateiname!Funktionsname*. Der Zugriff auf diese Funktionen ist natürlich nur möglich, wenn die Add-In-Datei vorher geladen wird. (Darum kümmert sich der Add-In-Manager.)
- Add-In-Dateien sind im Regelfall etwas kleiner als `*.xls`-Dateien und können etwas schneller geladen werden. Bei sehr kleinen Anwendungen kann es aber auch vorkommen, daß die Add-In-Dateien größer als die dazugehörenden `*.xls`-Dateien sind.

ACHTUNG

Im Gegensatz zu Excel 5 und 7 ist der Programmcode von Add-Ins in der Entwicklungsumgebung uneingeschränkt sichtbar! Der Code kann dort bearbeitet und gespeichert werden. (Sie haben allerdings keinen Zugriff mehr auf die Tabellenblätter der Arbeitsmappe. Ebenso besteht keine Möglichkeit, ein Add-In wieder als normale Excel-Datei zu speichern. Ändern Sie daher *nie* eine Add-In-Datei, ändern Sie immer die zugrundeliegende Excel-Datei und speichern Sie diese anschließend als Add-In. Andernfalls stehen Sie vor einem Problem, wenn sich später doch noch die Notwendigkeit ergibt, Tabellenblätter des Add-Ins zu ändern.)

Wenn Sie nicht möchten, daß der Anwender den Code Ihres Add-Ins betrachtet, müssen Sie dessen Anzeige mit EXTRAS | EIGENSCHAFTEN | SCHUTZ durch ein Paßwort sperren.

Anwendungsmöglichkeiten eigener Add-Ins

- Sie können ein Add-In mit einer Sammlung neuer Tabellen- oder VBA-Funktionen schreiben, die Sie häufig benötigen. Sobald das Add-In geladen ist, stehen diese Funktionen sowohl in anderen VBA-Programmen als auch zur direkten Verwendung in Tabellen zur Verfügung. Das Add-In wird in keiner Form »sichtbar«, d. h. weder durch Menüs noch durch Symbole oder Dialoge. Funktionssammlungen bereiten programmiertechnisch die geringsten Schwierigkeiten. Das Add-In besteht ausschließlich aus Code in Modulblättern. Es ist normalerweise nicht einmal eine *Workbook_Open*-Prozedur erforderlich (es sei denn, Ihre Funktionen benötigen einige globale Variablen oder Felder, die in *Workbook_Open* initialisiert werden).
- Sie können Excel mit zusätzlichen Kommandos ausstatten. Dazu muß das Add-In das vorhandene Menü (zumeist das Tabellenmenü EXTRAS) erweitern, damit die neuen Kommandos aufgerufen werden. Die Auswahl dieser Kommandos führt dann zur Anzeige eines Dialogs, über den die weitere Bedienung der Kommandos gesteuert wird.
- Die dritte Variante besteht darin, daß Sie Add-Ins als »Verpackung« eigenständiger Anwendungen benutzen. Diese Variante ist mit dem größten Programmieraufwand verbunden. Normalerweise reichen zusätzliche Menüeinträge in den vorhandenen Menüs nicht aus, es muß also ein eigenes Menü bzw. eine Symbolleiste erstellt und verwaltet werden. In der Regel ist außerdem das Laden und Verwalten anderer Excel-Dateien erforderlich. Zu den Problemen, die bei der Realisierung von eigenständigen Add-In-Programmen auftreten, finden Sie etwas weiter unten (»Einschränkungen«) noch Informationen.

Laden von Add-In-Dateien mit bzw. ohne den Add-In-Manager

Prinzipiell bestehen zwei Möglichkeiten, Add-In-Dateien zu starten: Entweder Sie öffnen die Datei wie eine normale Excel-Datei mit DATEI | ÖFFNEN, oder Sie rufen den Add-In-Manager auf (EXTRAS | ADD-IN-MANAGER), klicken dort den Button DURCHSUCHEN an und wählen die Datei aus. Bei Add-Ins, die den ersten beiden Varianten entsprechen, ist die Installation über den Add-In-Manager sinnvoller. Sie können dann die Add-In-Datei – wie die restlichen Add-Ins – nach Belieben aktivieren und deaktivieren. Bei Add-Ins der dritten Variante (eigene Anwendungen) ist es praktischer, die Add-In-Datei nur dann über DATEI | ÖFFNEN zu laden, wenn Sie wirklich benötigt wird.

Im Add-In-Manager wird normalerweise nur der Dateiname der ausgewählten Add-In-Datei angezeigt, nicht aber (wie bei den mitgelieferten Add-Ins) eine aussagekräftigere Benennung des Add-Ins und ein kurzer Kommentar zur Bedeutung des Add-Ins. Das können Sie ändern, wenn Sie Ihrer Arbeitsmappe vor dem Umwandeln in eine Add-In-Datei mit DATEI | EIGENSCHAFTEN | DATEIINFO einen Titel geben und einen kurzen Kommentar zuordnen.

TIP

Der Dialog des Add-In-Managers hat den Nachteil, daß er keine Möglichkeit sieht, einen Eintrag aus der Add-In-Liste wieder zu löschen. Die einzige Möglichkeit besteht darin, daß Sie die entsprechende `*.xla`-Datei löschen oder umbenennen und dann versuchen, das Add-In zu aktivieren. Excel erkennt jetzt, daß das Add-In gar nicht mehr existiert, und fragt, ob der Eintrag aus der Add-In-Liste entfernt werden darf.

Verwendung von Funktionen, die in Add-Ins definiert sind

Benutzerdefinierte Funktionen, die im Code eines Add-Ins definiert sind, können unmittelbar in Tabellen verwendet werden. Die Funktionen werden auch im Dialog »Funktion einfügen« in der Gruppe »benutzerdefiniert« angezeigt. Die einzige Voraussetzung besteht darin, daß die Add-In-Datei geöffnet ist (egal ob durch DATEI | ÖFFNEN oder über den Add-In-Manager). Funktionen oder Prozeduren, die nur innerhalb des Add-Ins verwendet werden, nach außen hin aber unzugänglich bleiben sollen, müssen Sie im Programmcode mit dem Schlüsselwort *Private* kennzeichnen. !!

Wenn Sie die Funktion (oder auch eine Prozedur) im VBA-Code einer neuen Arbeitsmappe verwenden möchten, dann müssen Sie einen Verweis auf die Add-In-Datei einrichten (Kommando EXTRAS | VERWEISE). Alle verfügbaren Funktionen werden dann auch im Objektkatalog angezeigt. Siehe Abschnitt 5.3.2 zum Thema Objektkatalog und Verweise.

Im Beispiel unten (`AddInFnk.xls` bzw. `.xla`) wird die allgemein zugängliche Funktion *AITest* definiert, die den übergebenen Parameter mit sechs multipliziert. *AITest* verwendet wiederum die Funktion *InternalFunction*, die dem Anwender der Add-In-Datei nicht zur Verfügung steht.

```
' AddInFnk.xls
Function AITest(x)
  AITest = 2 * InternalFunction(x)
End Function
Private Function InternalFunction(x)
  InternalFunction = x * 3
End Function
```

Wenn Sie eine größere Funktionsbibliothek erstellen und diese weitergeben möchten, dann sollten Sie zu den Funktionen auch kurze Infotexte vorsehen, die im Funktionsassistenten bzw. im Objektkatalog angezeigt werden. Diese Texte können Sie im Objektkatalog mit dem Kontextmenükommando EIGENSCHAFTEN einstellen. In diesem Dialog können Sie auch einen Verweis auf eine Hilfedatei einrichten (siehe Abschnitt 13.2).

Ereignisprozeduren in Add-Ins

Neben den auch bei normalen Arbeitsmappen gebräuchlichen Prozeduren *Workbook_Open* und *Workbook_BeforeClose* werden bei Add-Ins zwei weitere Prozeduren automatisch ausgeführt: *Workbook_AddinInstall*, wenn ein Add-In in die Add-In-Liste des Add-In-Managers aufgenommen wird, und *Auto_AddinUninstall*, wenn das Add-In aus dieser Liste wieder entfernt wird. Die beiden Prozeduren werden also nicht bei jedem Laden des Add-Ins ausgeführt, sondern nur einmal bei der Installation als ständige Excel-Erweiterung bzw. bei der Deinstallation. Sie können diese Prozeduren dazu verwenden, um einmalige Vorbereitungsarbeiten durchzuführen (z. B. um einige Vorlagedateien in das Vorlagenverzeichnis zu kopieren) bzw. um entsprechende Aufräumarbeiten durchzuführen.

Probleme bei der Entwicklung eigener Add-Ins

Einmal geladene Add-In-Dateien können nicht mehr aus dem Excel-Speicher entfernt werden. Add-In-Dateien sind »unsichtbar«, sie können daher nicht aktiviert und anschließend geschlossen werden. Die fehlende Möglichkeit, Add-Ins zu eliminieren, ist vor allem während der Programmentwicklung lästig. Sie müssen Excel fortwährend beenden und neu starten, um eine neue Version eines Add-Ins zu testen.

Einschränkungen bei der Programmierung eigenständiger Add-In-Anwendungen

Add-In-Dateien sind vollkommen »unsichtbar«. Damit ist gemeint, daß die Tabellen- oder Diagrammblätter von Add-In-Dateien nicht angezeigt werden können! Add-In-Dateien können sich nur durch Menüerweiterungen oder eigene Menüs, durch Symbolleisten und durch Dialoge bemerkbar machen.

Die Daten aus Tabellenblättern von Add-In-Dateien stehen intern durchaus zur Verfügung und können beispielsweise durch VBA-Code in eine zu diesem Zweck neu geöffnete Arbeitsmappe übertragen und dort bearbeitet werden. Es ist aber unmöglich, eine Anwendung wie `DB_Cars.xls` (Formular- und Datenbankanwendung für Car-Sharing-Verein, siehe Abschnitt 11.6) ohne Änderungen in eine Add-In-Datei zu übersetzen. Die Anwendung basiert darauf, daß deren Tabellenblätter »Rechnung«, »Autos« und »Teilnehmer« am Bildschirm angezeigt und dort vom Anwender verändert werden können – und eben das ist bei einer Add-In-Datei nicht möglich.

Zu diesem Problem bestehen zwei Lösungsansätze. Die eine Variante besteht darin, daß Sie die Anwendung in zwei Dateien aufspalten. Die eine Datei enthält Code, Menüs und Dialoge und wird als Add-In-Datei weitergegeben. Die zweite Datei enthält die Tabellen, in denen der Anwender arbeiten kann, und wird von der ersten Datei per *Workbook_Open* geladen. In *Workbook_Open* können auch Ereignisprozeduren für die neu geladene Tabellendatei eingerichtet werden (etwa für den Blattwechsel). Diese Vorgehensweise hat zwei Nachteile: Erstens steht und fällt die Anwendung mit dem

Vorhandensein *beider* Dateien, und zweitens ist die Anwendung gegen beabsichtigte und unbeabsichtigte Veränderungen in der Tabellendatei anfällig.

Die zweite Lösungsvariante besteht darin, daß Sie weiterhin alle Tabellenblätter in der Add-In-Datei belassen. In *Workbook_Open* erzeugen Sie eine neue Arbeitsmappe und kopieren die betreffenden Tabellenblätter dorthin. Dieser zweite Lösungsansatz ist mit etwas mehr Aufwand bei der Programmierung verbunden, dafür aber weniger störanfällig bei der Anwendung.

HINWEIS

Beide Varianten funktionieren nur dann, wenn Sie keine MS-Forms-Steuerelemente in Tabellenblättern verwenden. Wie bereits mehrfach erwähnt ändert Excel 97 die Namen dieser Steuerelemente beim Kopieren der Blätter, ohne auch den dazugehörenden Code zu ändern. Abhilfe: Verwenden Sie die Excel-5/7-Steuerelemente (Symbolleiste »Formular«).

Eine Einschränkung bleibt auf jeden Fall: Obwohl Sie während des Ablaufs des Add-Ins die (unsichtbaren) Tabellen des Add-Ins verändern können, ist es nicht möglich, diese Änderungen zu speichern. Das ist beispielsweise bei Anwendungen unangenehm, in denen eine durchlaufende Seriennummer (Rechnungsnummer, Datensatznummer etc.) verwaltet werden muß, die bei jedem Programmstart den zuletzt gültigen Wert aufweist. Eine Seriennummer oder beliebige andere Daten, die Sie beim nächsten Start des Add-Ins wieder benötigen, müssen Sie in einer eigenen Datei speichern.

13.1.2 Beispiel für eine eigenständige Add-In-Anwendung

Das folgende Beispiel ist nur ein Programmfragment, das die prinzipiellen Schemata einer eigenständigen Add-In-Anwendung aufzeigt. Nach dem Schema dieser Beispielanwendung könnten auch Anwendungen mit »intelligenten« Formularen, Datenbanken etc. realisiert werden. Das Programm selbst erfüllt aber keine wirkliche Aufgabe, es hat reinen Demonstrationscharakter.

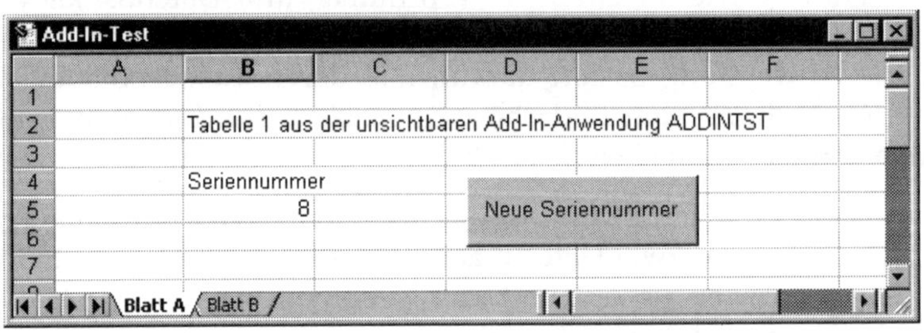

Bild 13.1: Ein Beispiel für ein eigenständiges Add-In-Programm

Beim Laden von `AddInTst.xla` erscheint ein eigenes Menü und ein Arbeitsblatt mit zwei Tabellenblättern. Die beiden Tabellenblätter werden aus der Add-In-Datei kopiert. Auf dem ersten Blatt befindet sich ein Button, durch den eine Seriennummer um eins erhöht wird. Der aktuelle Wert der Seriennummer wird gleichzeitig in `AddInTst.dat` gespeichert, so daß er bei einer späteren Verwendung von `AddInTst.xla` wieder zur Verfügung steht.

Nun zum Programmcode: In *Workbook_Open* wird die Prozedur *Initialize* aufgerufen, die die neue (sichtbare) Arbeitsmappe erzeugt. *Workbook_Close* entfernt die an das Add-In angebundene Symbolleiste mit dem Menü.

```
' AddInTst.xls, »DieseArbeitsmappe«
' diverse Initialisierungarbeiten
Private Sub Workbook_Open()
  Initialize
End Sub
' Menü entfernen
Private Sub Workbook_BeforeClose(Cancel As Boolean)
  On Error Resume Next
  Application.CommandBars("AddInTest").Delete
End Sub
```

In *Initialize* wird eine neue Arbeitsmappe geöffnet. Aus dieser Arbeitsmappe werden alle Tabellenblätter bis auf eines gelöscht. (Die Schleife wird in umgekehrter Reihenfolge durchlaufen, weil es bei einer Mappe mit ursprünglich vier Blättern kein *Sheets(3)*-Objekt mehr gibt, wenn vorher *Sheets(1)* und *(2)* gelöscht werden.) Das einzig verbleibende Blatt wird vorläufig umbenannt und etwas später ebenfalls gelöscht. Ein sofortiges Löschen ist nicht möglich, weil die Arbeitsmappe zu jedem Zeitpunkt mindestens ein Blatt beinhalten muß. Daher werden vorher die beiden Blätter »Blatt A« und »Blatt B« aus der Add-In-Datei (wo sie unsichtbar sind) in die neue Arbeitsmappe kopiert.

```
' AddInTst.xls, »Modul1«
Dim newworkbookName$            'Name der neuen Arbeitsmappe
Dim newworkbook As Workbook     'Verweis auf neue Arbeitsmappe
Dim serialNumber                'Seriennummer
' Initialisierung, wird von Workbook_Open aufgerufen
Sub Initialize()
  Dim i%, linenr%, wsname$
  Dim vbc As VBComponent
  On Error Resume Next
  ' Tabellenblätter »Blatt A« und »Blatt B« in neue (sichtbare)
  ' Arbeitsmappe kopieren
  Application.ScreenUpdating = False
  Workbooks.Add
  newworkbookName = ActiveWorkbook.Name     'Name und Objekt der neuen
  Set newworkbook = ActiveWorkbook          'Arbeitsmappe speichern
  ActiveWindow.Caption = "Add-In-Test"
  Application.DisplayAlerts = False
```

```
  ' Achtung, negative Schrittweite
  For i = ActiveWorkbook.Sheets.Count To 2 Step -1
    ActiveWorkbook.Sheets(i).Delete
  Next i
  ActiveWorkbook.Sheets(i).Name = "leeres Blatt"
  ThisWorkbook.Sheets(Array("Blatt A", "Blatt B")).Copy _
    Workbooks(newworkbookName).Sheets(1)
  ActiveWorkbook.Sheets("leeres Blatt").Delete
  Application.DisplayAlerts = True
  ' Ereignisprozedur für den Button
  ActiveWorkbook.Sheets("Blatt A").[ButtonSeriennummer]. _
     OnAction = "'" + ThisWorkbook.FullName + _
               "'!ButtonSerialNumber_OnClick"
  ' Ereignisprozedur Workbook_BeforeClose einfügen (VBIDE-Bibliothek)
  For Each vbc In ActiveWorkbook.VBProject.VBComponents
    If vbc.Properties("Name").Value = ActiveWorkbook.Name Then
      wsname = vbc.Name
      Exit For
    End If
  Next
  With ActiveWorkbook.VBProject.VBComponents(wsname).CodeModule
    linenr = .CreateEventProc("BeforeClose", "Workbook")
    .InsertLines linenr + 1, "  On Error Resume Next"
    .InsertLines linenr + 2, _
       "  Application.CommandBars(""AddInTest"").Delete"
  End With
  ' Excel aktivieren (sonst bleibt Entwicklungsumgebung sichtbar)
  AppActivate "microsoft Excel"
  ' Menü einschalten
  Application.CommandBars("AddInTest").Visible = True
  ' falls Seriennummerdatei nicht existiert: erzeugen
  If Dir(ThisWorkbook.Path + "\addintst.dat") = "" Then
    Open ThisWorkbook.Path + "\addintst.dat" For Output As #1
    Print #1, 1
    Close #1
  End If
  ' Seriennummer laden
  Open ThisWorkbook.Path + "\addintst.dat" For Input As #1
  Input #1, serialNumber
  Close #1
  newworkbook.Sheets("Blatt A").[B5] = serialNumber
  Application.ScreenUpdating = True
End Sub
```

Der nächste und vermutlich interessanteste Abschnitt der Prozedur betrifft die Ereignisprozeduren der neuen Arbeitsmappe. Zuerst wird dem Button in Blatt A die Ereignisprozedur *ButtonSerialNumber_OnClick* aus der Add-In-Datei zugewiesen. Damit VBA die Ereignisprozeduren findet, ist der vollständige Prozedurname erforderlich, also etwa *"'D:\Eigene Dateien\Test\AddinTst.xla'!ButtonSerialNumber_OnClick"*.

Etwas komplizierter ist es, in die neue Datei eine *Workbook_BeforeClose*-Ereignisprozedur einzufügen: Dazu wird die VBIDE-Bibliothek verwendet. Mit dieser Bibliothek kann die Entwicklungsumgebung gesteuert und der Code vorhandener Excel-Dateien geändert werden (siehe auch Abschnitt 5.4.5). Anschließend ist allerdings die Entwicklungsumgebung das aktive Fenster. *AppActivate* aktiviert daher Excel wieder.

Der letzte Codeabschnitt in *Initialize* betrifft die Verwaltung der Seriennummer. Diese wird in einer eigenen Datei gespeichert, die bei jeder Änderung aktualisiert wird. Falls diese Datei noch nicht existiert, erzeugt *Initialize* eine neue Datei und trägt als erste Seriennummer 1 ein.

Seriennummer erhöhen

Durch den Button NEUE SERIENNUMMER wird die Prozedur *ButtonSerialNumber_OnClick* aufgerufen. Darin wird die globale Variable *serialNumber* um eins erhöht, in die Seriennummerzelle von Blatt A eingetragen und außerdem in der Datei `AddInTst.dat` gespeichert.

```
Sub ButtonSerialNumber_OnClick()
  serialNumber = serialNumber + 1
  newworkbook.Sheets("Blatt A").[B5] = serialNumber
  Open ThisWorkbook.Path + "\addintst.dat" For Output As #1
  Print #1, serialNumber
  Close #1
End Sub
```

Programmende

Durch das Menükommando ADD-IN-TEST | SCHLIEßEN wird *MenuQuit_OnClick* aufgerufen. Die Prozedur schließt die vom Add-In erzeugte neue Arbeitsmappe, ohne die darin enthaltenen Daten zu speichern. (Bei einer echten Anwendung wäre hier natürlich eine andere Vorgehensweise erforderlich!) Die Anweisung *ThisWorkbook.Close* ist nur für die Testphase interessant – sie wird nämlich nur bei einer `*.xls`-Datei ausgeführt. Add-In-Dateien können nicht mehr aus dem Speicher entfernt werden.

```
Sub MenuQuit_OnClick()
  On Error Resume Next
  newworkbook.Close False      'ohne zu speichern
  ThisWorkbook.Close True      'wirkt nur bei *.xls, nicht bei *.xla
End Sub
```

HINWEIS

Wenn Sie die Add-In-Datei `AddInTst.xla` laden und die dann angezeigte Arbeitsmappe schließen, können Sie diesen Vorgang nicht mehr wiederholen. Der Grund: ein nochmaliges Laden von `AddInTst.xla` ist nicht mehr möglich (weil sich die Datei – wenn auch unsichtbar – noch immer im Speicher befindet). Sie müssen Excel verlassen und neu starten.

13.2 Eigene Online-Hilfe erstellen und verwalten

Professionelle Excel-Anwendungen sowie Funktionsbibliotheken sollten sich nicht nur durch einen ausgereiften und gegen Fehler gut abgesicherten Code auszeichnen, sondern auch durch eine gute Dokumentation und eine eigene Online-Hilfe, die per Tastatur, bei der Verwendung von Dialogen und bei der Auswahl von Menükommandos aufgerufen werden kann.

Wenn Sie Ihre Excel-Anwendung oder eine Bibliothek neuer Tabellenfunktionen mit einer Online-Hilfe ausstatten möchten, sind prinzipiell zwei Schritte erforderlich: Der erste Schritt (Abschnitt 13.2.1) besteht darin, eine Windows-konforme Hilfedatei (Kennung `*.hlp`) zu erzeugen. Im zweiten und einfacheren Schritt (Abschnitt 13.2.2) müssen Sie die Verbindung zwischen Ihrer Anwendung und der Hilfedatei herstellen, so daß der Hilfetext angezeigt wird, sobald der Anwender F1 drückt.

Am Ende der beiden Abschnitte werden jeweils die Details der Beispielanwendung `Hilfebsp.xls` beschrieben. Sie finden diese Beispieldatei zusammen mit allen Dateien, die zur Erzeugung der Hilfedatei erforderlich waren, im Verzeichnis `Hilfe` innerhalb der Beispieldateien zu diesem Buch. In `HilfeBsp.xls` sind die beiden neuen Funktionen *Kreisfläche* und *Kreisumfang* definiert. Zu diesen Funktionen kann über den Funktionsassistenten bzw. über den Objektkatalog Hilfe aufgerufen werden. Zu einer Anzeige von Hilfetexten kommt es auch, wenn Sie die Tastenkombination Strg+F1 drücken oder im Beispieldialog »Radius eingeben« den Button HILFE anklicken.

Andere Möglichkeiten zur Online-Dokumentation

Neben der Erstellung einer eigenen Hilfedatei stellt Excel einige weitere Möglichkeiten zur Dokumentation von Programmteilen und Funktionen zur Verfügung. Auch wenn die Möglichkeiten nicht so weitreichend wie bei einem eigenen Hilfetext sind, so ist diese Form der Dokumentation oft ausreichend; zudem ist der Aufwand um ein Vielfaches geringer als für das Erstellen einer eigenen Hilfedatei.

- Prozeduren können über den Objektkatalog, Kontextmenü EIGENSCHAFTEN, mit einem kurzen beschreibenden Text versehen werden. Bei selbstdefinierten Tabellenfunktionen wird dieser Text im Funktionsassistenten angezeigt.

- Symbolleisten können über die Eigenschaften *Name* und *StatusBar* mit einem QuickInfo-Text bzw. mit einem Informationstext für die Statuszeile ausgestattet werden.
- Analog kann *StatusBar* auch zur Einstellung von Informationstexten zu selbstdefinierten Menüeinträgen verwendet werden.
- Zellen in Tabellenblättern können mit Notizen ausgestattet werden (Methode *NoteText* des Objekts *Range*). Solche Zellen werden bei der entsprechenden Einstellung in EXTRAS | OPTIONEN | ANSICHT durch kleine rote Punkte gekennzeichnet (Eigenschaft *DisplayNoteIndicator*). Sobald die Maus über solche Zellen bewegt wird, erscheint der Notiztext wie bei den Quickinfo-Texten zu den Symbolleisten.
- Mit DATEI | EIGENSCHAFTEN können Informationen zur gesamten Excel-Datei angegeben und gespeichert werden.
- Statt einer Hilfedatei kann eine HTML-Datei erstellt werden (was zumeist mit deutlich geringerem Aufwand verbunden ist). Diese HTML-Datei kann im Internet-Explorer angezeigt werden (der sich wiederum per ActiveX-Automation durch Excel steuern läßt – mehr dazu in Abschnitt 13.6.1).

13.2.1 Der Aufbau der Hilfedatei

Vorbemerkungen

Um es gleich vorwegzunehmen: Das Erstellen von Online-Hilfetexten ist eine mühsame und zeitaufwendige Angelegenheit. Außer Zeit und Nerven benötigen Sie ein Programm zum Erzeugen von Hilfedateien, im Regelfall den Hilfe-Compiler `Hcw.exe`. Das Programm setzt voraus, daß Sie den Hilfetext in Form einer Textdatei im Rich-Text-Format (`*.rtf`) erstellen und dabei spezielle Formatierungsregeln beachten. Alternativ dazu können Sie Programme wie Help Magician, RoboHelp oder Doc to Help einsetzen, bei denen das Editieren der Hilfetexte um ein Vielfaches komfortabler ist.

Dieser Abschnitt beschreibt die Erstellung einer Hilfedatei am Beispiel des Hilfe-Compilers `Hcw.exe`. Die Informationen über Merkmale und Bedienung des Hilfe-Compilers bzw. über Gestaltungsmöglichkeiten beim Erstellen der Hilfedatei beschränken sich dabei auf ein Minimum. Es geht in diesem Abschnitt primär darum zu zeigen, wie eine Hilfedatei überhaupt entsteht.

HINWEIS

Mit der Standardversion von Office bzw. Excel wird kein Programm mitgeliefert, mit dem Sie Hilfedateien erstellen können. `Hcw.exe` wird mit diversen Programmiersprachen mitgeliefert. Die Programme Help Magician, RoboHelp oder Doc to Help sind als eigenständige Programme im Fachhandel erhältlich.

Kleines Hilfe-Glossar

Online-Hilfetexte sind generell als Hypertext organisiert. Damit ist ein Text gemeint, der nicht nach herkömmlichem Schema linear in Kapitel, Abschnitte etc. gegliedert ist, sondern aus relativ kleinen Informationsgruppen mit gegenseitigen Verweisen zusammengesetzt ist. Bevor auf das Schreiben des Hilfetextes näher eingegangen wird, müssen einige Fachausdrücke definiert werden:

Thema: Hilfetexte sind aus zahlreichen Themen zusammengesetzt. Ein Thema ist eine zusammenhängende Texteinheit, die vom Hilfeprogramm wie eine lange Textseite angezeigt wird.

Inhaltsverzeichnis: Das Inhaltsverzeichnis zu einem Hilfetext faßt Querverweise zu den wichtigsten Themen in einer inhaltlich geordneten Struktur zusammen. Themenbereiche können auf- und zugeklappt werden, damit die Liste nicht zu lang wird. Inhaltsverzeichnisse sind in dieser Form ein neues Merkmal der Hilfefunktion unter Windows 95.

Schlüsselwort: Jedem Hilfethema sind in der Regel ein oder mehrere Schlüsselwörter zugeordnet. Über den INDEX-Button des Hilfeprogramms können Sie in einer alphabetischen Liste aller Schlüsselwörter das gewünschte Hilfethema rasch finden.

Titel: Außer mit Schlüsselwörtern sind die meisten Hilfethemen auch mit einem Titel ausgestattet. Die Titeltexte werden im unteren Teil des SUCHEN-Dialogblatts angezeigt, sind also nur für die Volltextsuche von Interesse.

Querverweis oder **Verweis:** Innerhalb von Hilfetexten wird viel mit Verweisen gearbeitet. Verweise werden grün unterstrichen und ermöglichen ein Springen im Hilfetext.

Identifikationsname: Voraussetzung für jeden Verweis ist eine eindeutige Identifizierung jedes Themas. Diese erfolgt durch den Identifikationsnamen (eine Zeichenkette ohne Leerzeichen). Der Identifikationsname wird nur intern verwendet, aber nirgendwo angezeigt.

Kontextnummern oder ID-Nummern: Kontextnummern ermöglichen die Identifizierung von Hilfethemen über einen *Long*-Zahlenwert. Kontextnummern sind erforderlich, um verschiedene Hilfethemen vom Excel-Programm aus bequem aufrufen zu können (*HelpContextID*-Eigenschaft).

Begriffserklärung: Begriffserklärungen sind sehr kurze Hilfetexte, die in einem eigenen Rechteck angezeigt werden, wenn der Anwender einen grün gestrichelten Verweis anklickt.

Prinzipielle Vorgehensweise beim Schreiben eines Hilfetextes

Den eigentlichen Hilfetext müssen Sie in einem Textverarbeitungsprogramm eingeben. Bei der Erstellung des Texts müssen Sie eine Menge Spezialregeln einhalten, die unten noch aufgezählt werden. Der Text muß im Rich-Text-Format gespeichert werden (also als `*.rtf`-Datei).

Erst wenn diese Textdatei existiert, können Sie mit `Hcw.exe` eine Projektdatei zusammenstellen und den Hilfetext zu einer Hilfedatei kompilieren. Anschließend können Sie – ebenfalls mit `Hcw.exe` – das Inhaltsverzeichnis erstellen.

`*.rtf`	Textdatei im Rich-Text-Format
`*.hpj`	Projektdatei zur Steuerung des Hilfe-Compilers
`*.hlp`	Hilfedatei (Ergebnis der Kompilierung)
`*.cnt`	Inhaltsverzeichnis

Der Hilfetext

Damit der Hilfe-Compiler aus der Textdatei eine Hilfedatei mit Querverweisen, Schlüsselwörtern etc. erstellen kann, müssen beim Schreiben des Hilfetexts in einem Textverarbeitungsprogramm einige Regeln eingehalten werden:

Jedes **Thema** muß mit einem festen Seitenumbruch abgeschlossen werden. Begriffserklärungen gelten als vollständige Themen.

Identifikationsnamen, Titel, Schlüsselwörter und Sequenznummern werden als Fußnoten angegeben. Dabei müssen unterschiedliche Fußnotenzeichen verwendet werden, die in den nächsten drei Punkten beschrieben sind:

- Für **Identifikationsnamen** muß das Fußnotenzeichen **#** verwendet werden. Identifikationsnamen dürfen keine Leerzeichen enthalten, wohl aber die Zeichen ».« und »_«. Zwischen Groß- und Kleinschreibung wird nicht unterschieden. Ein Identifikationsname ist nicht zwingend vorgeschrieben, er ist aber Voraussetzung dafür, daß das Thema in Verweisen bzw. als Begriffserklärung verwendet werden kann.
- Für die **Titelangabe** muß das Fußnotenzeichen **$** verwendet werden. Im Titel sind Leerzeichen erlaubt. Es ist nur ein Titel pro Thema möglich. Es ist erlaubt, einem Thema gar keinen Titel zu geben.
- Für die **Schlüsselwörter** muß das Fußnotenzeichen **K** verwendet werden. Ein Schlüsselwort darf auch aus mehreren Wörtern bestehen, beispielsweise »Datei laden«. Wenn zu einem Thema mehrere Schlüsselwörter vergeben werden sollen, müssen die Schlüsselwörter durch Semikola getrennt werden, beispielsweise »Datei laden;Text laden;Laden«.

Verweise werden im Textverarbeitungsprogramm doppelt unterstrichen. Unmittelbar an den doppelt unterstrichenen Text anschließend (ohne ein dazwischenliegendes Leerzeichen) muß der Identifikationsname des neuen Themas als verborgener Text angegeben werden. (Sie müssen Ihr Textverarbeitungsprogramm so einstellen, daß es auch verborgenen Text anzeigt.)

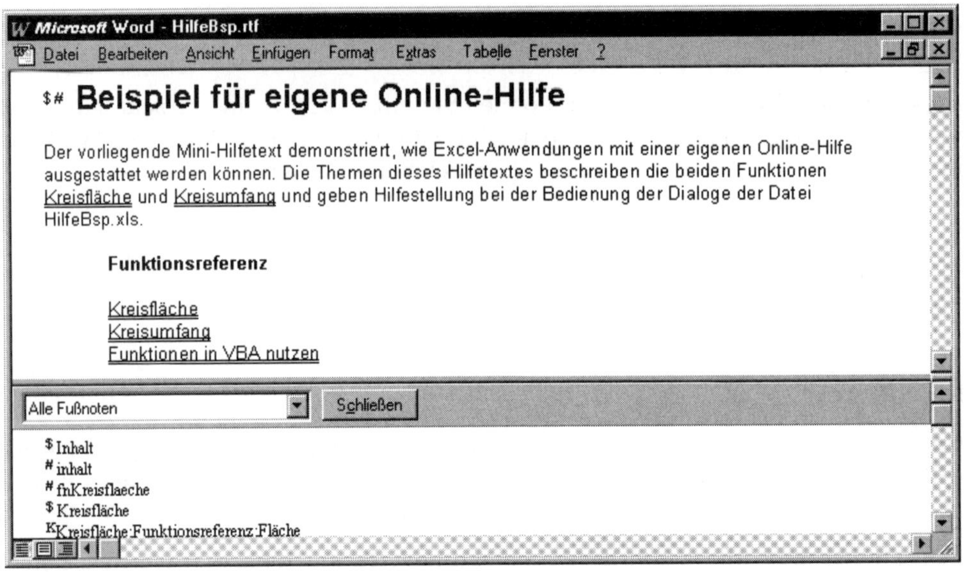

Bild 13.2: WinWord mit dem Hilfetext HilfeBsp.rtf

Begriffserklärungen werden im Text einfach unterstrichen. Unmittelbar an den unterstrichenen Text anschließend (ohne ein dazwischenliegendes Leerzeichen) muß der Identifikationsname der Begriffserklärung angegeben werden. (Die Begriffserklärung wird formal wie ein eigenständiges Thema behandelt, aber in einer rechteckigen Box dargestellt.)

Bild 13.3: Die Hilfedatei zum Text aus Bild 13.2

Grafik in der Online-Hilfe

Im Hilfetext können Bitmap- und Metafile-Grafiken angezeigt werden. Auf diese Weise kann der Hilfetext aufgelockert werden, Bedienungselemente des Programms können besser beschrieben werden etc. Es sind sowohl Farb- als auch Schwarzweiß-Bitmaps erlaubt. Schwarzweiß-Bitmaps haben den Vorteil, daß sie unabhängig vom Grafiksystem des Benutzers dargestellt werden können. Bei Farb-Bitmaps kann es unter Umständen Schwierigkeiten geben, wenn der Benutzer ein Grafiksystem mit mehr oder weniger Farben verwendet als Sie selbst. In der Regel werden aber insbesondere 16-Farben-Bitmaps praktisch auf allen Grafiksystemen akzeptabel dargestellt.

Bitmap-Grafiken werden im Textverarbeitungsprogramm nur durch ihren Dateinamen angegeben und erst durch den Hilfe-Compiler `Hcw.exe` mit der Hilfedatei verbunden. Bei der Texteingabe stehen drei Kommandos zur Verfügung:

```
{bmc dateinam.bmp}
{bml dateinam.bmp}
{bmr dateinam.bmp}
```

bmc betrachtet die Bitmap-Grafik als ein großes Textzeichen, das an einer beliebigen Stelle (auch mitten im Satz) in den Hilfetext eingefügt wird.

bml plaziert die Grafik am linken Rand des Hilfetextes. Der anschließende Absatz wird soweit eingerückt, daß er die Grafik nicht überdeckt.

bmr plaziert die Grafik am rechten Rand des Hilfetextes.

Bei allen drei Kommandos dürfen Sie nur den unmittelbaren Dateinamen der Grafikdatei angeben, nicht aber Pfad und Laufwerk. Falls sich die Bitmap-Dateien nicht in demselben Verzeichnis wie der Hilfetext befinden, müssen sich ergänzende Angaben in der Projektdatei befinden (siehe unten).

Kompilierung des Hilfetextes

Nachdem Sie die Textdatei erstellt und als `*.rtf`-Datei gespeichert haben, starten Sie den Hilfe-Compiler HCW. Dort erzeugen Sie mit FILE | NEW eine sogenannte Projektdatei, die diverse Details der Kompilierung steuert.

- Mit OPTIONEN können Sie diverse Optionen für die Kompilierung einstellen. Für die praktische Arbeit am wichtigsten ist das Ein- bzw. Ausschalten der Komprimierung. Durch die Komprimierung wird zwar die Hilfedatei kürzer, die Übersetzung dauert aber deutlich länger. Daher sollte die Komprimierung erst aktiviert werden, wenn die Hilfedatei produktionsreif ist.

- FILES dient zur Auswahl der `*.rtf`-Datei. Die im Hilfetext genannten Bitmap-Dateien brauchen nicht angegeben werden, sie müssen sich aber in demselben Verzeichnis wie der Hilfetext befinden.

- Via MAP können Sie die Kontextnummern zu den Hilfethemen angeben. Dabei meint TOPIC-ID eine Zeichenkette zur Identifizierung des Hilfetexts (#-Fußnoten in der `*.rtf`-Datei). Die Kontextnummern können Sie frei vergeben, sie müssen nur eindeutig sein. Im Excel-Programm verwenden Sie dann dieselben Nummern bei der Einstellung der *HelpContextID*-Eigenschaft. Die Eingabe der ID-Nummern ist der mühsamste Abschnitt beim Aufbau der Projektdatei. Sie können dazu die Projektdatei auch in einen Texteditor laden und dort bearbeiten – das geht rascher als im MAP-Dialog.

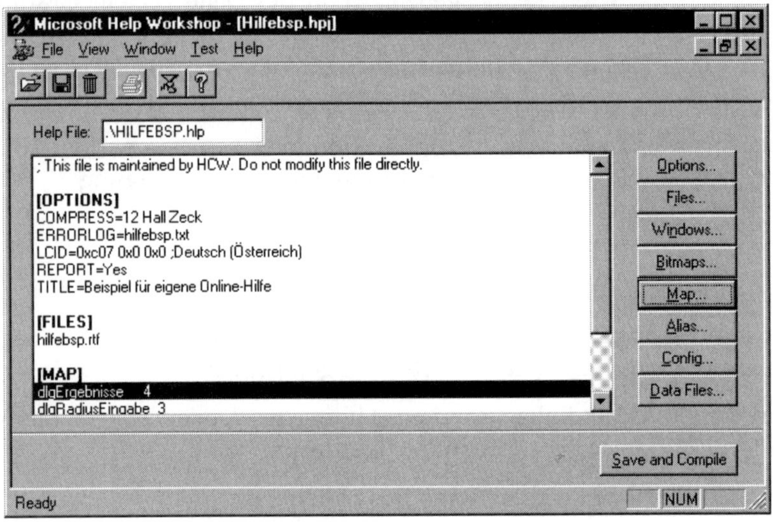

Bild 13.4: Der Hilfe-Compiler Hcw

Nach der Einstellung dieser Optionen kompilieren Sie die Textdatei mit dem Kommando FILE | COMPILE. Das Ergebnis ist (wenn alles klappt) die Hilfedatei `name.hlp`. (Die Hilfedatei bekommt den gleichen Namen wie die Projektdatei, aber eine andere Endung.)

Das Inhaltsverzeichnis (*.cnt)

Seit Windows 95 werden zu den meisten Hilfedateien Inhaltsverzeichnisse verwaltet. Ob das praktisch ist, sei dahingestellt. Ich finde den ständigen Fensterwechsel zwischen Inhaltsverzeichnis und dem eigentlichen Hilfetext eher lästig. Wie auch immer, dieses neue Merkmal wird ganz einfach durch eine `*.cnt`-Datei erreicht, die sich in demselben Verzeichnis wie die Hilfedatei befinden und denselben Dateinamen aufweisen muß.

Zur Erstellung dieser Datei verwenden Sie wieder HCW: Mit FILE | NEW erstellen Sie eine neue Datei vom Typ »Help Contents«. Im Textfeld »Default Filename« geben Sie den Namen der zugehörenden `*.hlp`-Datei an, in »Default Title« den Text, der in der Titelzeile des Fensters mit dem Inhaltsverzeichnis angezeigt werden soll.

Anschließend fügen Sie mit ADD die einzelnen Zeilen des Inhaltsverzeichnisses ein. Im nun erscheinenden EDIT-Dialog sind zumeist nur zwei Optionen interessant: HEADING zur Erstellung von Überschriften und TOPIC zur Erstellung von Verweisen auf Hilfethemen. Bei Überschriften muß nur deren Text eingegeben werden, bei Verweisen zusätzlich der ID-Name des jeweiligen Hilfethemas.

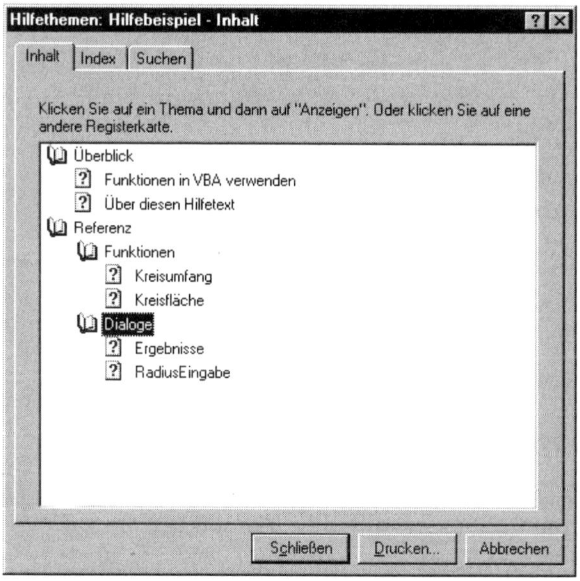

Bild 13.5: Das Inhaltsverzeichnis zu HilfeBsp.hlp

HINWEIS

Prinzipiell können Sie die `*.cnt`-Datei für das Inhaltsverzeichnis auch mit einem beliebigen Texteditor erstellen. Das Format ist sehr einfach gehalten (sehen Sie sich `HilfeBsp.cnt` auf der beiliegenden CD-ROM an), und die Eingabe kann in einem Texteditor ungleich effizienter erfolgen.

13.2.2 Online-Hilfe in die Excel-Anwendung einbinden

Nachdem die Hilfedatei `Name.hlp` und ihr Inhaltsverzeichnis `Name.cnt` vorliegen, muß jetzt nur noch eine Verbindung zwischen diesen Dateien und der Excel-Anwendung hergestellt werden. Es existieren verhältnismäßig wenige Stellen innerhalb einer Excel Anwendung, an denen eine Verbindung zur Hilfedatei hergestellt werden kann:

- Durch die Methode ***Help*** kann ein beliebiges Hilfethema angezeigt werden. *Help* kann beispielsweise in Ereignisprozeduren eingesetzt werden. Diese Ereignisprozeduren können beispielsweise durch ein Menükommando (HILFE | INHALT) oder über einen Button in einem Dialog aufgerufen werden. Die *Help*-Methode kann auch als Reaktion auf eine Fehleingabe angezeigt werden.
- Bei den drei Kommandos ***MsgBox, InputBox*** und ***InputBox*** kann durch die optionalen Parameter *HelpFile* und *Context* ein Verweis auf ein Hilfethema angegeben

werden. Der Hilfetext wird angezeigt, wenn der Anwender »Hilfe« anklickt oder F1 drückt. In Excel 97 wird bei *MsgBox* der *Context*-Parameter allerdings ignoriert.

- Allen VBA-Prozeduren kann im Objektkatalog mit dem Kontextmenüeintrag EIGENSCHAFTEN ein Hilfethema zugeordnet werden. Der Hilfetext kann dann mit F1 im Dialog »Funktion einfügen« bzw. über den Button »?« des Objektkatalogs aufgerufen werden. Diese Form der Einbindung von Hilfetexten ist vor allem dann sinnvoll, wenn Sie eine Bibliothek mit zusätzlichen Tabellen- oder VBA-Funktionen weitergeben möchten.
- Menüeinträgen und Icons in Symbolleisten kann ein Hilfetext zugeordnet werden. Dazu müssen die Eigenschaften *HelpFile* und *HelpContextID* eingestellt werden.
- MS-Forms-Dialogen bzw. den darin enthaltenen Steuerelementen kann ebenfalls über die Eigenschaft *HelpContextID* ein Hilfetext zugeordnet werden. *HelpFile* fehlt allerdings – statt dessen muß der Dateiname in EXTRAS | EIGENSCHAFTEN angegeben werden.

Die Angabe von Hilfedatei und ID-Nummer

Allen oben beschriebenen Varianten ist gemein, daß jeweils der Dateiname der Hilfedatei und eine sogenannte KontextID-Nummer angegeben werden müssen.

Zuerst zum Dateinamen: Wenn dieser ohne Pfad und Laufwerk angegeben wird, dann sucht Excel die Hilfedatei im Excel-Verzeichnis (und nicht in jenem Verzeichnis, aus dem die Arbeitsmappe geladen wurde). Da die Hilfedatei bei der Installation einer Excel-Anwendung zumeist in demselben Verzeichnis wie die Arbeitsmappe gespeichert wird, muß die Prozedur *Workbook_Open* dafür sorgen, daß die Hilfedatei in das Excel-Verzeichnis verschoben oder kopiert wird. (Eine vollständige Dateiangabe mit Pfad und Laufwerk ist in der Regel nicht möglich, weil Sie im voraus nicht wissen können, in welchem Verzeichnis der Anwender Ihre Anwendung speichert. In der Entwicklungsumgebung sollten Sie mit EXTRAS | EIGENSCHAFTEN aus diesem Grund ebenfalls nur den Dateinamen, aber keine Laufwerks- oder Pfadinformationen angeben.)

Nun zu *HelpContextID*: Dabei handelt es sich um die Identifikationsnummern der jeweiligen Hilfethemen. Diese Identifikationsnummern müssen mit den Nummern im *[MAP]*-Abschnitt der Hilfeprojektdatei übereinstimmen (siehe vorigen Abschnitt).

Abschließend zwei Beispiele für den Aufruf eines Hilfethemas (einmal direkt über die Methode *Help*, das zweite Mal nur bei Bedarf, wenn der Anwender HILFE im Meldungsdialog anklickt):

```
Application.Help "hilfebsp.hlp"      'Hilfe-Inhaltsverzeichnis
Application.Help "hilfebsp.hlp", 3   'Hilfethema mit ID=3
MsgBox "...", HelpFile:="hilfebsp.hlp"
```

Hilfe in eigenen Dialogen

Der Hilfeaufruf in eigenen Dialogen erfolgt automatisch durch F1, wenn für das *UserForm*-Objekt die *HelpContextID*-Eigenschaft korrekt eingestellt ist und eine Hilfedatei für das Projekt definiert wurde (EXTRAS | EIGENSCHAFTEN).

Hilfe per Tastatur aufrufen

Wenn Sie einen Hilfeaufruf zu jeder beliebigen Zeit ermöglichen wollen, d. h. auch dann, wenn gerade kein Dialog angezeigt wird, dann müssen Sie über *OnKey* eine Ereignisprozedur einrichten, die beim Drücken einer bestimmten Tastenkombination aufgerufen wird. Dabei sollten Sie die beiden Tastenkombinationen F1 bzw. Shift+F1 nicht verwenden, weil sonst die normale Excel-Hilfe nicht mehr aufgerufen werden kann. Verwenden Sie beispielsweise Strg+F1 als Tastenkombination für die anwendungsspezifische Hilfe. Die *OnKey*-Eigenschaft kann in *Workbook_Open* belegt und in *Workbook_Close* wieder gelöscht werden.

```
Application.OnKey "^{F1}", "HilfeProzedur"
```

Schwieriger wird es, wenn je nach dem aktuellen Zustand des Programms automatisch ein dazu passender Hilfetext erscheinen soll. Dazu muß die *Hilfeprozedur* wissen, in welchem Zustand sich das Programm gerade befindet. Das kann eventuell durch die Auswertung der Aufschrift des aktiven Fensters, des Namens des aktuellen Blatts oder des Typnamens (Funktion *TypeName*) des gerade ausgewählten Objekts festgestellt werden. Andernfalls müssen Sie in den verschiedenen Programmteilen Ihres Programms eine globale Variable *HilfeID* mit der Nummer des gerade passenden Hilfethemas belegen. Die *Hilfeprozedur* kann dann einfach das Hilfethema anzeigen, das gerade durch *HilfeID* ausgewählt ist.

Programmcode der Beispielanwendung HilfeBsp.xls

Zum Programmcode sind kaum ergänzende Kommentare erforderlich. *Workbook_Open* kopiert – falls erforderlich – die Hilfedatei vom Verzeichnis der Arbeitsmappe in das Excel-Verzeichnis und richtet eine *OnKey*-Ereignisprozedur für Strg+F1 ein. In *Workbook_Close* wird diese Ereignisprozedur wieder deaktiviert.

```
' Hilfe\HilfeBsp.xls, »DieseArbeitsmappe«
Sub Workbook_Open()
  Dim dat1$, dat2$
  dat1$ = Application.Path + "\hilfebsp.hlp"
  dat2$ = ThisWorkbook.Path + "\hilfebsp.hlp"
  If Dir(dat1) = "" Then
    If Dir(dat2) = "" Then
      MsgBox "Die Hilfedatei HilfeBsp.hlp befindet sich " & _
        "weder im Excel-Verzeichnis noch im Verzeichnis dieser " & _
        "Arbeitsmappe. Bitte kopieren Sie die HilfeBsp.hlp in das " & _
        "Excel-Verzeichnis!"
```

```
    Else
      FileCopy dat2, dat1
      FileCopy ThisWorkbook.Path + "\hilfebsp.cnt", _
        Application.Path + "\hilfebsp.cnt"
    End If
  End If
  ' Hilfe zum Programm mit Strg + F1
  Application.OnKey "^{F1}", "ShowHelp"
End Sub
Private Sub Workbook_BeforeClose(Cancel As Boolean)
  Application.OnKey "^{F1}", ""
End Sub
```

ShowHelp sieht folgendermaßen aus:

```
Sub ShowHelp()
  Application.Help "hilfebsp.hlp"
End Sub
```

Wenn der Anwender den HILFE-Button im Tabellenblatt 1 anklickt, wird die Prozedur *btnHelp_Click* aufgerufen.

```
' Hilfe\HilfeBsp.xls, »Tabelle1«
Private Sub btnHelp_Click()
  Application.Help "hilfebsp.hlp"
End Sub
```

13.3 Dynamic Link Libraries (DLLs) verwenden

Dynamic Link Libraries sind Bibliotheken mit Funktionen. Über DLLs haben Sie Zugriff auf beinahe alle Windows-Systemfunktionen und können sogar – falls notwendig – zeitkritische VBA-Prozeduren durch eigene C-Routinen in Form einer DLL ersetzen.

Die folgenden Absätze beschreiben, wie Sie DLLs in VBA aufrufen können. In jedem Fall erfordert der Einsatz von DLL-Funktionen ein hohes Maß an Hintergrundwissen über Windows-Interna bzw. Windows-Programmierung, das in diesem Abschnitt natürlich nicht vermittelt werden kann.

Der Begriff der Dynamic Link Library

Eine Library ist eine Sammlung von Funktionen. Die vorangestellten Begriffe Dynamic Link deuten an, daß die Library erst dann geladen wird, wenn sie wirklich benötigt wird. Das Laden erfolgt automatisch bei der Verwendung einer Funktion aus der DLL.

DLLs werden normalerweise in `*.dll`-Dateien gespeichert. DLLs befinden sich entweder im Windows-Systemverzeichnis (bei gemeinsamen DLLs, die von allen Programmen verwendet werden können) oder direkt im Verzeichnis eines Programms (wenn die DLL nur für ein bestimmtes Programm konzipiert ist).

Welche DLLs gibt es?

Alle den Programmierern zugängliche *Systemfunktionen* von Windows befinden sich in DLLs. Die drei wichtigsten Libraries sind die GDI-Library (Grafikfunktionen), die User-Library (Fenster, Menü, Maus) und die Kernel-Library (Speicherverwaltung).

Neben diesen Systemfunktionen (deren DLL-Dateien im Lieferumfang von Windows enthalten sind) existieren *anwendungsspezifische DLLs*. Diese DLLs sind speziell für ein bestimmtes Programm erstellt worden. Im Excel-Verzeichnis befinden sich beispielsweise drei DLLs mit Excel-spezifischen Funktionen. Diese DLLs sind für den Programmierer aber insofern uninteressant, als sie selten öffentlich dokumentiert sind. Sie wissen also nicht, welche Funktionen darin enthalten und wie sie zu verwenden sind.

Wenn Sie mit der Programmiersprache C arbeiten, können Sie *eigene DLLs* programmieren. Das hat den Vorteil, daß Sie zeitkritische VBA-Prozeduren durch einen sehr viel effizienteren C-Code ersetzen können. Jetzt werden Sie sich vielleicht denken, daß Sie dann auch gleich das ganze Programm in C schreiben können. Das wäre aber mit einem riesigen Programmieraufwand verbunden. Durch DLLs können Sie die Vorteile von VBA und C in einem Programm vereinen: Rasche Programmentwicklung von 95 Prozent Ihrer Anwendung mit VBA, zeitkritische Spezialfunktionen mit C.

Probleme und Einschränkungen

Sie werden DLLs meistens dann einsetzen, wenn eine in Windows vorgesehene Funktion nicht über ein VBA-Kommando oder eine Methode zugänglich ist. Sie können beispielsweise über eine DLL-Funktion den Ort des Windows-Verzeichnisses ermitteln, wenn Sie eine Datei aus diesem Verzeichnis laden bzw. darin speichern möchten.

Das Problem liegt nun darin, daß Sie erstens wissen müssen, welche DLLs überhaupt existieren, und zweitens, wie diese DLLs verwendet werden (welche Parameter, welche Rückgabewerte etc.). Die Windows-Systemfunktionen sind zwar recht gut dokumentiert, diese Dokumentation wird aber nicht mit Excel mitgeliefert. Aus diesen Gründen ist der Einsatz von DLL-Funktionen nur für jene Programmierer möglich, die sowohl Erfahrung als auch die erforderlichen Informationsquellen zur Windows-Programmierung besitzen.

Diese Dokumentation bekommen Sie im Rahmen aktueller Programmiersprachen (Visual Basic 5.0, Visual C++ 5.0) oder in Form des MSDN (Microsoft Developer Network, ein Abonnement einer vierteljährlich erscheinenden Doppel-CD). Zusammen mit Visual Basic bekommen Sie außerdem das Zusatzprogramm API-Viewer, das zu vielen DLL-Funktionen die dazugehörenden Deklarationen in VBA-Syntax enthält und damit viel Mühe erspart.

Wenn das Dokumentationsproblem gelöst ist, tritt unter Excel eine weitere Schwierigkeit auf: An sehr viele Systemfunktionen müssen Windows-interne Kennnummern übergeben werden – etwa die Kennummer des aktiven Fensters, die Kennnummer eines Grafik-Objekts etc. In VBA existiert aber keine Möglichkeit, die Kennnummern von Excel-Objekten festzustellen. Damit ist der Aufruf vieler elementarer DLL-Funktionen (etwa zur Ermittlung der Auflösung des Grafiksystems) unmöglich.

Kompatiblitätsprobleme mit DLLs

Falls Sie in alten Excel-Programmen unter Windows 3.1 DLL-Funktionen verwendet haben, bekommen Sie durch die Umstellung auf Windows 95 bzw. Windows NT Kompatiblitätsprobleme:

- Funktionsnamen: Bei den Funktionsnamen von DLL-Funktionen wird jetzt zwischen Groß- und Kleinschreibung unterschieden. Wenn Sie den Funktionsnamen nicht in der korrekten Schreibweise angeben, findet VBA die Funktion nicht.
- Systembibliotheken: Die Windows-Systembibliotheken wurden überarbeitet und von 16 auf 32 Bit umgestellt. Die Bibliotheken haben dabei neue Dateinamen mit der Endung 32 bekommen (also etwa `User32.exe` statt `User.exe`). Bei der Umstellung von den 16- auf die 32-Bit-Versionen reicht es nicht aus, einfach den Dateinamen beim *Lib*-Schlüsselwort in der *Declare*-Anweisung zu ändern. In den meisten Fällen haben sich auch die Datentypen der Parameter geändert (vor allem *Long* statt *Int*).
- Unicode: Manche Systemfunktionen basieren bereits auf Unicode (das ist ein neues Format mit Zeichenketten mit 2 Byte pro Zeichen), andere liegen in zwei Versionen vor (einmal für Unicode, einmal für ANSI). In VBA können Sie nur DLL-Funktionen verwenden, die ANSI-Zeichenketten erwarten. Bei Systemfunktionen, die in beiden Varianten existieren, ist die ANSI-Variante mit einem »A« am Ende des Funktionsnamens gekennzeichnet.
- Eigene DLLs: Selbst in C programmierte 16-Bit-DLLs können nicht weiterverwendet werden. (Solche DLLs müssen neu kompiliert werden und an die 32-Bit-Erfordernisse von Windows 95 angepaßt werden.)

Die Verwendung von DLL-Funktionen

Der Aufruf von DLL-Funktionen in VBA-Programmen ist im Prinzip sehr einfach: Sie deklarieren die Funktion und rufen sie dann wie jede andere VBA-Prozedur auf. Die beiden Punkte werden in den folgenden Absätzen genauer behandelt, wobei Sie feststellen werden, daß das eigentliche Problem in der Deklaration der DLL-Funktionen liegt.

DLL-Funktionen deklarieren

Bevor Sie DLL-Funktionen verwenden können, müssen Sie diese Funktionen in einem Modul (außerhalb von Prozeduren) deklarieren. Diese Deklaration ist notwendig, damit Visual Basic weiß, in welcher DLL-Datei sich die Funktion befindet, welche Parameter an die Funktion übergeben werden und welches Format der Rückgabewert der Funktion hat (sofern es überhaupt einen Rückgabewert gibt).

Die Deklaration erfolgt mit dem Befehl *Declare*. Unmittelbar hinter ***Declare*** steht entweder das Schlüsselwort *Function* (wenn die DLL-Funktion einen Rückgabewert besitzt) oder *Sub* (kein Rückgabewert). Daran schließt der Name der Funktion, das Schlüsselwort ***Lib*** und der in Hochkommata eingeschlossene Name der DLL-Bibliothek an. Ab jetzt gehorcht die Deklaration den gleichen Regeln wie bei einer VBA-Prozedur: Es folgt die Parameterliste und gegebenenfalls der Datentyp des Rückgabewerts.

```
Declare Sub subname Lib "biblioname" (parameterliste)
Declare Function funktname Lib "biblioname" (parameterliste) As
    datentyp
```

Den Datentyp des Rückgabewerts spezifizieren Sie entweder mit einem der Typenkennzeichen &, %, !, #, $ oder @ hinter dem Funktionsnamen oder mit *As datentyp* hinter der Parameterliste. Die beiden folgenden Deklarationen sind gleichwertig:

```
Declare Function fname& Lib "biblname" (parameterliste)
Declare Function fname Lib "biblname" (parameterliste) As Long
```

Der Bibliotheksname enthält normalerweise den Dateinamen der DLL, also beispielsweise `Shell32.dll`. Eine Ausnahme stellen die System-Libraries »GDI32«, »User32« und »Kernel32« dar, deren Namen ohne die Dateikennung `*.dll` angegeben werden.

Wenn Sie eine Funktion unter VBA unter einem anderen Namen aufrufen möchten, müssen Sie das Schlüsselwort *Alias* bei der Deklaration verwenden. Im Beispiel unten wird die DLL-Funktion *GetWindowsDirectoryA* so deklariert, daß sie in VBA unter dem kürzeren Namen *GetWindowsDirectory* verwendet werden kann.

```
Declare Sub GetWindowsDirectory Lib "kernel32" _
  Alias "GetWindowsDirectoryA" (parameterliste)
```

Sobald eine DLL-Funktion tatsächlich verwendet wird, sucht Windows die DLL-Datei im Windows-Verzeichnis, im Windows-Systemverzeichnis und im Excel-Verzeichnis. Wenn sich Ihre DLL in keinem dieser Verzeichnisse befindet, müssen Sie den Bibliotheksnamen exakt angeben, also beispielsweise *"c:\Eigene Dateien\Test\Meine.dll"*. Beachten Sie, daß DLLs, die sich in demselben Verzeichnis wie die Excel-Datei befinden, nur dann auffindbar sind, wenn Sie den exakten Pfad angeben.

Die Parameterliste der DLL-Deklaration

In der Parameterliste müssen Sie die Datentypen der Parameter der DLL-Funktion und die Art der Parameterübergabe angeben. Viele Schwierigkeiten resultieren aus den unterschiedlichen *Datentypen* in VBA und in der Programmiersprache C, für die die DLL-Funktionen normalerweise vorgesehen sind.

Visual Basic	C
ByVal x As Byte	`BYTE x`
x As Byte	`LPBYTE x`
ByVal x As Integer	`short x`
x As Integer	`short far *x`
ByVal x As Long	`LONG x`
x As Long	`LPLONG x`
ByVal x As Single	`float x`
x As Single	`float far *x`
ByVal x As Double	`double x`
x As Double	`double far *x`

Generell gilt, daß die meisten DLL-Funktionen *Werte* erwarten, während VBA normalerweise Zeiger übergibt. Aus diesem Grund müssen numerische Parameter fast ausnahmslos mit *ByVal* deklariert werden.

Bei *Zeichenketten* besteht das Hauptproblem darin, daß die DLL-Funktionen Zeichenketten erwarten bzw. zurückgeben, in denen das letzte Zeichen den Code 0 hat und so das Ende der Zeichenkette markiert. Bei der Übergabe von Zeichenketten an DLL-Funktionen reicht das Schlüsselwort *ByVal* für den Parameter aus: VBA hängt dann automatisch ein 0-Zeichen an die Zeichenkette an.

Etwas diffiziler ist der Umgang mit DLL-Funktionen, die Zeichenketten zurückgeben. Erstens müssen Sie die betreffende Variable schon vor dem Aufruf mit einer ausreichend langen Zeichenkette vorbelegen – sonst schreibt die DLL-Funktion unkontrolliert in den Speicher und verursacht unter ungünstigen Umständen einen Absturz. Und zweitens müssen Sie die Ergebnisvariable nach dem Aufruf auswerten und die darin enthaltene 0-terminierte Zeichenkette in eine »echte« VBA-Zeichenkette umwandeln. Beide Details werden im folgenden Beispiel demonstriert.

Falls eine DLL-Funktion einen *zusammengesetzten Datentyp* erwartet, müssen Sie diesen Datentyp durch eine *Type*-Anweisung nachbilden. Manche DLL-Funktionen sind in der Lage, *veränderliche Datentypen* zu bearbeiten. Deklarieren Sie solche Parameter mit dem Datentyp *As Any*. VBA verzichtet dann auf die automatische Datentypüberprüfung und gibt den beim Aufruf angegebenen Parameter als Adresse an die DLL-Funktion weiter. Wenn der Parameter als Wert übergeben werden soll, verwenden Sie beim Aufruf der Funktion das Schlüsselwort *ByVal*.

Die Übergabe einer *Adresse* (eines Zeigers, eines Pointers) bereitet wenig Probleme, weil VBA standardgemäß ohnedies alle Parameter »by reference« übergibt und dabei 32-Bit-far-Adressen (das Standard-Adreßformat von Windows) benutzt. Wenn Sie an eine DLL-Funktion einen NULL-Pointer übergeben möchten, müssen Sie den Datentyp dieses Parameters bei der Deklaration mit *As Any* festlegen. Beim Aufruf der Funktion geben Sie *ByVal 0&* an.

DLL-Funktionen aufrufen

Der Aufruf von DLL-Funktionen erfolgt (nachdem die DLL-Funktion vorher deklariert wurde) genauso wie der Aufruf von normalen Prozeduren.

Beispiel: Windows-Verzeichnis ermitteln

Das vorliegende Beispiel befindet sich in `DLL_test.xls`. Es ermittelt den Ort des Windows-Verzeichnisses. Dieses Verzeichnis kann sich je nach Installation auf einer beliebigen Festplatte befinden und einen beliebigen Namen haben kann. Daher existiert in der DLL-Bibliothek »Kernel« die Funktion *GetWindowsDirectory*, um den Pfad dieses Verzeichnisses zu ermitteln.

Vor der Verwendung der Funktion muß sie mit *Declare* definiert werden. Der eigentliche Aufruf der Funktion erfolgt in *WinverzErmitteln*. Dort wird die Variable *winverz* zuerst mit 128 Leerzeichen vorbelegt und anschließend an *GetWindowsDirectory* übergeben. Die DLL-Funktion liefert eine 0-terminierte Zeichenkette zurück, d. h., die wahre Länge der Zeichenkette muß über den Ort dieses 0-Zeichens festgestellt werden. Dazu wird die Funktion *NullString* aufgerufen, die alle Zeichen ab dem 0-Zeichen entfernt.

```
' Beispieldatei DLL_Test.xls
Declare Sub GetWindowsDirectory Lib "kernel32" _
  Alias "GetWindowsDirectoryA" (ByVal lpBuffer$, ByVal nSize&)
' Anzeige des Verzeichnisses in einer MsgBox
Sub WinverzAnzeigen()
  MsgBox "Der Pfad des Windows-Verzeichnisses lautet " & _
    WinverzErmitteln() & "."
End Sub
' Aufruf der DLL-Funktion
Function WinverzErmitteln()
  Dim winverz$
  winverz = Space(256)     'mit 256 Leerzeichen belegen
  GetWindowsDirectory winverz, 255
  WinverzErmitteln = NullString(winverz)
End Function
'0-terminierte Zeichenketten von DLL-Funktionen auf ihre wahre
' Länge verkürzen
Function NullString(x)
  NullString = Left(x, InStr(x, Chr(0)) - 1)
End Function
```

13.4 Fremde Programme starten und steuern

Programm starten

Wenn Sie innerhalb eines VBA-Programms ein anderes Windows- oder DOS-Programm starten möchten, dann steht Ihnen dazu das Kommando ***Shell*** zur Verfügung. Als Parameter müssen Sie den Dateinamen und einen Moduswert angeben. Der Modus bestimmt, in welcher Form das Programm am Bildschirm erscheinen soll:

1 als normales Fenster mit Fokus
2 als Icon mit Fokus (das Programm scheint zwar in der Taskleiste auf, sein Fenster wird aber nicht geöffnet)
3 als Vollbild mit Fokus
4 als normales Fenster ohne Fokus
7 als Icon ohne Fokus

Als Defaultmodus gilt merkwürdigerweise der Modus 2, der am allerwenigsten zu gebrauchen ist. Sinnvoll sind Modus 1 (wenn der Anwender mit dem Programm arbeiten soll) oder Modus 7 (wenn das Programm ungestört im Hintergrund laufen soll).

Der Dateiname muß normalerweise vollständig (mit der Endung `*.exe` und dem gesamten Pfad) angegeben werden. Auch ohne diese Angaben findet Excel Programme, die sich im Windows-Verzeichnis befinden.

Wenn *Shell* als Funktion verwendet wird, liefert sie als Ergebnis die ID-Nummer des Programms zurück. Unter dieser Nummer wird das Programm Windows-intern verwaltet. Die Nummer kann dazu verwendet werden, das Programm zu einem späteren Zeitpunkt mit *AppActivate* wieder zu aktivieren. Durch die folgende Anweisung wird das Notepad-Programm gestartet.

```
ID = Shell("notepad", 2)
```

Beachten Sie bitte, daß VBA nach einer kurzen Verzögerung die Abarbeitung der Prozedur fortsetzt. Excel und das neu gestartete Programm laufen jetzt quasi gleichzeitig und unabhängig voneinander. Es gibt in VBA keine Möglichkeit festzustellen, ob ein Programm schon oder noch läuft. (Sie müßte dazu diverse DLL-Systemfunktionen verwenden, die Informationen über alle laufenden Prozesse ermitteln. Das erfordert aber eine ziemlich diffizile Programmierung, die über den Rahmen dieses Buchs hinausginge.)

Ein schon geladenes Programm aktivieren

Das Kommando ***AppActivate*** aktiviert ein bereits geladenes Programm. Dem Kommando wird als Parameter die ID-Nummer eines früheren *Shell*-Kommandos oder der Fenstertitel des zu aktivierenden Programms übergeben. VBA verhält sich bei der Interpretation dieses Parameters ziemlich gnädig: Groß- und Kleinschreibung spielen keine Rolle. Das Programm wird aktiviert, sobald es eindeutig identifizierbar ist.

Wenn kein anderes Programm aktiv ist, dessen Fenstertitel mit »E« beginnt, dann reicht *AppActivate "E"* aus, um den Notepad-Editor zu aktivieren!

AppActivate aktiviert das Programm, verändert aber nicht dessen Zustand. Wenn das Programm gerade den Zustand eines Icons aufweist, dann bleibt dieser Zustand aufrecht. Versuche, das Programm mit *SendKeys* in einen definierten Zustand zu versetzen (etwa mit Alt+Leertaste, Strg+W) scheitern daran, daß Excel die Tastenkombination für sich in Anspruch nimmt (weil es nach *AppActivate* eine Weile dauert, bis das Programm wirklich aktiviert wird). Falls *AppActivate* das angegebene Programm nicht finden kann, kommt es zum Fehler 5 (»Ungültiger Prozeduraufruf«).

Microsoft-Anwendungsprogramme starten bzw. aktivieren

Falls Sie nicht ein beliebiges Programm starten möchten, sondern eines der Microsoft-Anwendungsprogramme (insbesondere also WinWord, Access etc.), können Sie auch die Methode ***ActivateMicrosoftApp*** verwenden. Die Methode hat gegenüber *Shell* den Vorteil, daß Sie den genauen Dateinamen des Programms nicht wissen müssen.

An *ActivateMicrosoftApp* wird eine Konstante übergeben, die das Programm identifiziert (siehe Online-Hilfe). Bedauerlicherweise fehlen in der Liste der Programme, die aktiviert werden können, die elementarsten Windows-Programme (etwa der Explorer).

Falls das Programm schon läuft, wird es wie mit *AppActivate* aktiviert. Die Methode liefert als Ergebnis *True* zurück, wenn der Programmstart bzw. die Aktivierung geglückt ist, andernfalls *False*.

```
Application.ActivateMicrosoftApp xlMicrosoftWord
```

Das aktive Programm steuern

Die einfachste Möglichkeit, ein mit *Shell*, *AppActivate* oder *ActivateMicrosoftApp* gestartetes bzw. aktiviertes Programm zu steuern, bietet das Kommando ***SendKeys***: Es simuliert für das gerade aktive Programm eine Tastatureingabe. Die Syntax für die Zeichenkette, die als Parameter an *SendKeys* übergeben wird, können Sie der Online-Hilfe entnehmen.

Auch wenn die Möglichkeiten von *SendKeys* auf den ersten Blick recht attraktiv aussehen, ist es in der Praxis so gut wie unmöglich, wirklich ein Programm zu steuern. Die Steuerung von Excel scheitert zumeist daran, daß die per *SendKeys* simulierten Tasten erst dann verarbeitet werden können, wenn kein VBA-Makro mehr läuft. Die Steuerung fremder Programme scheitert daran, daß Sie nicht in jedem Fall vorhersehen können, wie sich das Programm verhält. Außerdem müssen Sie darauf achten, daß Sie die Tasten nicht zu schnell senden – sonst werden Tasten »verschluckt« oder falsch interpretiert. Die Geschwindigkeit des zu steuernden Programms hängt wiederum von der Rechnergeschwindigkeit ab ... Kurz und gut: *SendKeys* eignet sich für ein paar nette Gags, aber nie zur Steuerung eines Programms.

Neben dieser recht inflexiblen Steuerungsmöglichkeit kennt VBA noch zwei »intelligentere« Verfahren: DDE und ActiveX-Automation. Diese Verfahren setzen mehr Programmieraufwand voraus und funktionieren nur dann, wenn sie auch vom jeweiligen Partnerprogramm unterstützt werden. DDE steht für Dynamic Data Exchange und bezeichnet einen (schon ziemlich alten) Steuerungsmechanismus, der unter Windows 95 kaum mehr Bedeutung hat und in diesem Buch nicht weiter beschrieben wird. ActiveX-Automation ist sehr viel leistungsfähiger und wird detailliert in Abschnitt 13.6 beschrieben.

13.5 Object Linking and Embedding (OLE)

Von Objekten war in diesem Buch schon oft die Rede. Bisher waren allerdings Objekte innerhalb von VBA gemeint, über die Excel gesteuert werden kann (z. B. das *Range*-Objekt). In diesem Abschnitt geht es dagegen um Objekte, die von anderen Programmen zur Verfügung gestellt werden.

Dieser Abschnitt behandelt OLE, d. h. das Einbetten und Anzeigen fremder Objekte innerhalb von Excel. Der folgende Abschnitt geht dann auf ActiveX-Automation ein. Damit ist ein neuer Mechanismus gemeint, mit dem Excel andere Programme steuern kann.

ANMERKUNG

Obwohl oft der Eindruck vermittelt wird, als wären OLE und ActiveX-Automation dasselbe oder zumindest eng verwandt, ist dies in der Programmierpraxis selten der Fall. Sie benötigen für OLE keine ActiveX-Automation und können ActiveX-Automation ohne ein sichtbares OLE-Objekt durchführen. Theoretisch ist auch die Spielart denkbar, daß ein in Excel eingebettetes OLE-Objekt per ActiveX-Automation verändert wird, diese Variante ist aber in Excel-Anwendungen selten sinnvoll.

13.5.1 Einführung

Object Linking and Embedding (OLE)

OLE steht für »Object Linking and Embedding«. Gemeint ist damit ein Mechanismus des Datenaustauschs zwischen Windows-Programmen. In einem Programm (z. B. Excel) kann über EINFÜGEN | OBJEKT ein Objekt eines anderen Programms (z. B. ein WinWord-Text, eine Corel-Draw-Zeichnung etc.) »eingebettet« werden. Das Objekt ist innerhalb von Excel sichtbar, auch wenn es von einem anderen Programm stammt.

Wenn Sie ein OLE-Objekt bearbeiten möchten, aktivieren Sie es durch einen Doppelklick. Bei älteren OLE-Programmen erscheint dann dieses Programm in einem eigenen Fenster, nach dessen Schließen das aktualisierte Objekt in Excel angezeigt wird. Bei neueren OLE-Programmen kann das Objekt unmittelbar in Excel bearbeitet werden, wobei statt der Excel-Menüleiste die Menüleiste des jeweiligen Programms angezeigt wird.

Genaugenommen müßte OLE für »Object Linking *oder* Embedding« stehen – es handelt sich dabei nämlich um zwei durchaus verschiedene Mechanismen. Was bisher beschrieben wurde, war Object Embedding: ein selbständiges Objekt wurde in Excel eingebettet. Die Daten dieses Objekts werden in der Excel-Datei gespeichert. Im Gegensatz dazu steht Object Linking: Dabei wird ein Ausschnitt einer Datei des jeweiligen Partnerprogramms kopiert und über die Zwischenablage (in Excel BEARBEITEN | INHALTE EINFÜGEN, Option »Verknüpft«) in ein zweites Programm eingefügt. Bei einer Veränderung der Daten im Ursprungsprogramm werden die Daten auch in Excel aktualisiert. Die Daten sind aber Teil der Datei des Ursprungsprogramms und werden von diesem gespeichert. Eine Bearbeitung der Daten ist nur im Ursprungsprogramm möglich (und nicht innerhalb des Objektrahmens in Excel).

TIP

Ein Ärgernis im Zusammenhang mit OLE stellen der Speicherbedarf und die Rechengeschwindigkeit dar. Da zur Bearbeitung eines OLE-Objekts das jeweilige Partnerprogramm gestartet werden muß, treten oft erhebliche Verzögerungen auf. Das ist besonders lästig, wenn große Programme (etwa WinWord) mehrmals hintereinander gestartet und wieder beendet werden. Das ständige Starten und Beenden von WinWord können Sie vermeiden, wenn Sie WinWord unabhängig von OLE starten und dort eine Datei öffnen. Damit steht WinWord für eventuelle OLE-Operationen sofort zur Verfügung und muß nicht erst geladen werden.

13.5.2 Programmierung von OLE

Vorhandene OLE-Objekte bearbeiten

Auf die in einem Tabellenblatt eingebetteten OLE-Objekte können Sie über die Methode *OLEObjects* zugreifen. Diese Methode verweist auf *OLEObject*-Objekte. Die Eigenschaft ***OLEType*** dieses Objekts gibt an, ob es sich bei dem Objekt um ein eigenständiges, eingebettetes Objekt (*xlOLEEmbed*) oder um ein verknüpftes Objekt (*xlOLELink*) handelt. Diese Unterscheidung ist für die Programmierung wichtig, weil je nach OLE-Typ unterschiedliche Eigenschaften und Methoden von *OLEObject* verwendet werden können bzw. müssen.

Eingebettete und verknüpfte Objekte

Eingebettete und verknüpfte Objekte können mit ***Select*** zum aktiven Objekt gemacht werden (entspricht dem einfachen Anklicken mit der Maus). ***Activate*** ermöglicht eine Bearbeitung des Objekts und entspricht dem Doppelklick auf das Objekt. Je nach OLE-Typ kann die Bearbeitung unmittelbar in Excel erfolgen (mit einem geänderten Menü) oder das jeweilige OLE-Programm erscheint in einem eigenen Fenster. Beachten Sie, daß *Activate* nicht vom Direktbereich aus verwendet werden kann!

Über diverse Eigenschaften von *OLEObject* können Sie Position und Größe des Objekts innerhalb des Blatts sowie optische Formatierungsdetails (Rahmen, Schatten etc.) einstellen. *Delete* löscht das Objekt (wobei bei eingebetteten Objekten die gesamten Daten verloren gehen, bei verknüpften Objekten dagegen nur der Verweis auf die im Ursprungsprogramm weiterhin vorhandenen Daten).

An die Objekte kann über die ***Verb***-Methode ein Kommando übergeben werden. Viele OLE-Programme unterstützen nur zwei Kommandos, deren Kennummern in den Konstanten *xlOpen* und *xlPrimary* gespeichert sind. *Verb xlOpen* führt dazu, daß das OLE-Objekt in einem eigenen Fenster bearbeitet werden kann (auch dann, wenn dieses OLE-Programm die direkte Bearbeitung innerhalb von Excel unterstützen würde). *Verb xlPrimary* führt das Defaultkommando des jeweiligen OLE-Programms aus. In vielen Fällen wird dadurch die Bearbeitung des Objekts innerhalb von Excel gestartet (wie durch die Methode *Activate*). Je nach OLE-Programm kann das Defaultkommando aber auch eine andere Wirkung haben. Manche OLE-Programme unterstützen daneben auch weitere Kommandos. Die Kennummern dieser Kommandos müssen Sie der Dokumentation dieser Programme entnehmen.

Nur bei verknüpften Objekten

Verknüpfte Objekte können über die Methode ***Update*** auf den neuesten Stand gebracht werden. Eventuelle Veränderungen der Daten im Ursprungsprogramm werden dann auch in Excel angezeigt. Die Eigenschaft *AutoUpdate* gibt an, ob das Objekt automatisch nach Veränderungen aktualisiert wird. Diese Eigenschaft kann nur gelesen, aber nicht verändert werden. Auch wenn die Eigenschaft auf *True* steht, erfolgt die automatische Aktualisierung nur in regelmäßigen Zeitabständen und nicht bei jeder Veränderung, da der Rechenaufwand sonst zu groß wäre.

OLE-Objekte mit ActiveX-Automation bearbeiten

Falls das OLE-Programm auch ActiveX-Automation unterstützt (was etwa bei allen Office-97-Komponenten der Fall ist), dann gelangen Sie über die *Object*-Eigenschaft des *OLEObject*-Objekts zur Schnittstelle für ActiveX-Automation. Vermutlich ist Ihnen jetzt vor lauter Objekten schwindlig geworden. Daher eine kurze Erklärung, was mit welchem »Objekt« gemeint ist: *OLEObject* ist ein normales VBA-Objekt wie *Range* oder *Font*. *Object* ist eine Eigenschaft von *OLEObject* und verweist auf ein neues Objekt, das den Ausgangspunkt für ActiveX-Automation darstellt.

Das folgende Beispiel – ein Vorgriff auf den folgenden Abschnitt, wo ActiveX-Automation ausführlich behandelt wird – fügt die beiden Worte »neuer Text« in ein WinWord-OLE-Objekt ein. Das Programm geht davon aus, daß im ersten Tabellenblatt als erstes Objekt ein OLE-WinWord-Objekt eingebettet ist (Menükommando EINFÜGEN | OBJEKT). Auf das OLE-Objekt wird über *Sheets* und *OLEObjects* zugegriffen. Über *Object.Application* gelangen Sie zum WinWord-*Application*-Objekt (das dieselbe Rolle spielt wie das Excel-*Application*-Objekt, also die Basis der Objektbibliothek darstellt). Über die Eigenschaft *Selection* kann das gleichnamige Objekt bearbeitet werden.

Die Methode *Typetext* fügt schließlich einige Zeichen Text und mit *vbCrLf* einen Zeilenumbruch ein.

Beachten Sie, daß das OLE-Objekt vor der Ausführung von Automatisierungskommandos durch *Activate* aktiviert werden muß. Ein Kommando zur Deaktivierung fehlt, daher wird anschließend einfach eine Zelle des Excel-Tabellenblatts aktiviert, wodurch die Deaktivierung von WinWord erreicht wird.

```
' OLE-WinWord.xls, »Tabelle1«
Private Sub CommandButton1_Click()
  Dim winword As Object
  Sheets(1).OLEObjects(1).Activate
  Set winword = Sheets(1).OLEObjects(1).Object.Application
  With winword
    .Selection.Typetext "neuer Text" + vbCrLf
  End With
  Sheets(1).[A1].Activate
End Sub
```

Wenn Sie in EXTRAS|VERWEISE die Objektbibliothek »Microsoft Word 8.0 Object Library« aktivieren, können Sie *WinWord* exakter deklarieren:

```
Dim winword As Word.Application
```

Das hat den Vorteil, daß jetzt die Expansion von Eigenschaften und Methoden der WinWord-Bibliothek gleichermaßen funktioniert wie bei der Excel-Bibliothek. Die WinWord-Objektbibliothek steht im Objektkatalog zur Verfügung, die Online-Hilfe kann mit F1 aufgerufen werden etc.

TIP

Wenn »Microsoft Word 8.0 Object Library« nicht im »Verweise«-Dialog angezeigt wird, klicken Sie den Button DURCHSUCHEN an und wählen die Datei `Office97/Office/MSWord8.olb` aus.

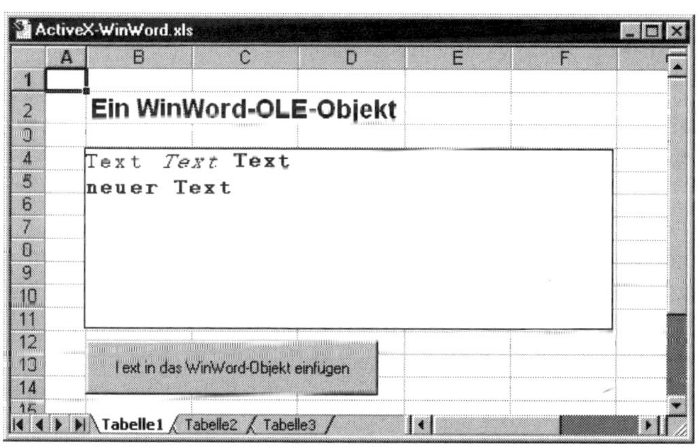

Bild 13.6: ActiveX-Automation für ein OLE-Objekt

Neue OLE-Objekte einfügen

Wenn Sie nicht – wie auf den letzten Seiten beschrieben – schon vorhandene OLE-Objekte bearbeiten möchten, sondern neue Objekte in ein Tabellen-, Diagramm- oder Dialogblatt einfügen wollen, stehen Ihnen mehrere Wege zur Auswahl: Das Einbetten eines neuen leeren OLE-Objekts, das Einbetten einer Datei, das Verknüpfen einer Datei und das Verknüpfen eines Objekts aus der Zwischenablage.

Neues, leeres OLE-Objekt einbetten

Zum Einfügen eines neuen OLE-Objekts wenden Sie *Add* auf die *OLEObjects* an, wobei Sie im ersten Parameter die Bezeichnung des OLE-Programms angeben müssen. Die Syntax dieser Bezeichnung variiert von Programm zu Programm und ändert sich beinahe mit jeder Version.

Zwei Beispiele für momentan gültige Zeichenketten sind *"Word.Document.8"* für ein WinWord-97-Objekt und *"Equation.3"* für ein Office-97-Formelobjekt. (Die erforderlichen Zeichenketten ändern sich leider mit jeder Version.) Eine Liste der auf Ihrem Rechner verfügbaren OLE-Typen und ihrer Bezeichnungen erhalten Sie im Systeminformationsprogramm, das Sie mit ?|HILFE|SYSTEMINFO starten. Das Programm zeigt in Verzeichnis »OLE-Registrierung|Registrierungseinstellungen« eine Liste der installierten OLE-Programme an.

Die folgenden Zeilen fügen in das erste Tabellenblatt Ihrer Arbeitsmappe ein leeres Objekt für eine mathematische Formel ein. Die Bearbeitung dieser Formel muß manuell erfolgen. Der Formeleditor kann nicht per ActiveX-Automation gesteuert werden.

```
' OLE-Equation.xls, »Tabelle1«
Private Sub CommandButton1_Click()
  Sheets(1).OLEObjects.Add(Equation.3).Name = "neu"
  With Sheets(1).OLEObjects("neu")
    .Left = 10   'Größe und Position
    .Top = 10
    .Width = 50
    .Height = 50
    .Activate   'OLE-Objekt bearbeiten
  End With
  Sheets(1).[a1].Activate
End Sub
```

OLE-Objekt auf der Basis einer Datei einbetten

Zum Einbetten eines neuen Objekts, dessen Inhalt durch eine Datei des jeweiligen OLE-Programms bereits vorgegeben ist, verwenden Sie wiederum *Add*. Allerdings geben Sie jetzt die beiden benannten Parameter *Filename* und *Link* an. In der Beispielanweisung unten wird das neue Objekt sofort aktiviert. Sie könnten aber auch so wie im vorherigen Beispiel vorgehen und zuerst die Position des Objekts verändern.

```
Sheets(1).OLEObjects.Add( _
  Filename:="C:\Eigene Dateien\dok2.doc", Link:=False).Activate
```

OLE-Objekt auf der Basis einer Datei verknüpfen

Programmiertechnisch besteht der einzige Unterschied darin, daß Sie jetzt *Link:=True* angeben. Das hat die Konsequenz, daß die eigentlichen Daten weiterhin vom OLE-Programm gespeichert werden (und nicht innerhalb von Excel). Außerdem ist eine Bearbeitung der Daten nur im OLE-Programm (und nicht innerhalb von Excel) möglich.

OLE-Objekt aus der Zwischenablage einfügen und verknüpfen

Das Einfügen von OLE-Daten aus der Zwischenablage erfolgt interessanterweise nicht über *OLEObjects* und *Add*, sondern über die Methoden *Pictures* und *Paste*. Das auf diese Weise eingefügte Objekt gilt aber als »normales« OLE-Objekt, das nach dem Einfügen über *OLEObjects* bearbeitet werden kann. Voraussetzung für die korrekte Ausführung der folgenden Zeile ist es, daß Sie vorher in einem geeigneten OLE-Programm Daten markieren und in die Zwischenablage kopieren (z. B. einen Absatz in einem WinWord-Text).

```
Sheets(1).Pictures.Paste(Link:=True).Select
```

13.6 ActiveX-Automation

ActiveX-Automation ist ein Steuerungsmechanismus, mit dem eine Anwendung (etwa Excel) eine andere Anwendung steuern kann. Als Steuerungssprache setzt sich zunehmend VBA durch. (Das ist keine notwendige Voraussetzung: ActiveX-Automation, die damals noch Object Automation hieß, gab es schon Jahre bevor etwa WinWord mit VBA ausgestattet wurde.)

Nur wenn beide Programme, also das steuernde Programm (Client) und das zu steuernde Programm (Server) VBA unterstützen, wird ActiveX-Automation richtig attraktiv: Im Client wird die Objektbibliothek des Servers aktiviert (EXTRAS | VERWEISE in der Entwicklungsumgebung). Anschließend können alle Objekte, Methoden und Eigenschaften des Servers wie eingebaute Schlüsselwörter verwendet werden, d.h., es stehen der Objektkatalog, die Online-Hilfe etc. zur Verfügung.

Ein Beispiel für ActiveX-Automation ist übrigens die DAO-Bibliothek zur Datenbankprogrammierung. In diesem Fall bleibt das zu steuernde Programm (die Datenbank-Engine von Access) unsichtbar. Die DAO-Bibliothek zeigt eindrucksvoll die Möglichkeiten von ActiveX-Automation: Die Bibliothek ist derart gut in Excel integriert, daß Sie beim Programmieren keinerlei Unterschied bemerken, ob Sie es mit einem normalen Excel-Objekt oder mit einem DAO Objekt zu tun haben.

Perspektiven

Mit der Kombination VBA und ActiveX-Automation tut sich eine neue Perspektive in der Windows-Programmierung auf: VBA wird zu einer anwendungsübergreifenden Programmiersprache. Sie starten die Programmentwicklung in dem Programm, das Ihrer Problemstellung am ehesten entspricht (also etwa in Excel oder in Access), können aber über ActiveX-Automation auf alle Funktionen aller anderen Anwendungsprogramme zugreifen.

Der große Vorteil von VBA besteht darin, daß die einmal erlernten Prinzipien (Umgang mit Variablen, Prozeduren, Objekte, Eigenschaften, Methoden etc.) für alle VBA-Dialekte gleichermaßen gelten. Fallweise existieren in den Anwendungen sogar gleiche oder sehr ähnliche Objekte (wie etwa das *Font*-Objekt).

Einschränkungen

So toll das Potential von ActiveX-Automation ist, so groß sind leider auch die damit verbundenen Probleme:

- Die Steuerung externer Programme ist noch immer nicht ausgereift. Ein hohes Ausmaß an Experimentierfreude ist noch immer Voraussetzung für ein funktionierendes Programm. Auch die Hoffnung, daß ein Programm zur Steuerung einer Office-Komponente der Version *n* mit der Version *n+1* noch funktioniert, erweist sich meistens als Illusion.
- ActiveX-Automation setzt voraus, daß die jeweiligen externen Programme installiert sind. Das ist vielleicht auf Ihrem Rechner der Fall, aber nicht immer am Rechner Ihrer Kunden.
- ActiveX-Automation funktioniert nur auf einem leistungsstarken Rechner in einer akzeptablen Geschwindigkeit (32 MByte RAM sollten es schon sein).
- Ein großer Vorteil der Kombination ActiveX-Automation/VBA ist die Tatsache, daß Sie nicht für jedes Programm eine eigene Programmiersprache erlernen müssen. Dieses Argument führt aber ein wenig in die Irre: Sie müssen zwar keine neue Programmiersprache lernen, dafür müssen Sie sich aber in ein vollkommen neues Objektmodell einarbeiten. Dieses Buch, in dem nur die Objekte Excels im Mittelpunkt standen (und in dem nicht einmal die vollständig beschrieben wurden), beweist, daß das keine triviale Aufgabe ist.

TIP

Sie sind gut beraten, wenn Sie in allen betroffenen Programmen eventuell ungesicherte Daten speichern, bevor Sie Experimente mit ActiveX-Automation durchführen. Abstürze eines oder beider beteiligten Programme stehen leider auf der Tagesordnung.

ActiveX-Automation und Visual Basic

So grandios VBA als Makrosprache auch ist, so hat VBA doch auch seine Grenzen. Die eigenständige Programmiersprache Visual Basic erzeugt dank eines Compilers nicht nur einen effizienteren Code, die Programme sind zudem eigenständig (und nicht an ein anderes Anwendungsprogramm wie Excel gebunden).

Visual Basic kann wie VBA zur Steuerung von ActiveX-Komponenten verwendet werden. Visual Basic bietet darüber hinaus aber zwei weitere Möglichkeiten, die die Programmiersprache auch aus der Sicht von Excel interessant machen.

- Sie können mit Visual Basic neue Objektbibliotheken erzeugen. (Aus der Sicht Visual Basics werden diese Bibliotheken als ActiveX-Server bzw. – gemäß Originaldokumentation – als Codekomponenten bezeichnet.) Gemeint sind auf jeden Fall Programme, die via ActiveX-Automation gesteuert werden. Wenn Sie also eine bestimmte Funktion in Excel vermissen, können Sie sich mit Visual Basic die entsprechenden Objekte, Methoden und Eigenschaften selbst programmieren.
- Visual Basic ermöglicht auch die Programmierung neuer ActiveX-Steuerelemente, die wie die MS-Forms-Steuerelemente in Excel-Dialogen und Tabellenblättern verwendet werden können.

Überblick über diesen Abschnitt

In den drei folgenden Teilabschnitten werden die unterschiedlichen Anwendungen von ActiveX-Automation aus der Sicht von Excel anhand einiger Beispiele beleuchtet:

- Abschnitt 13.6.1 beschreibt, wie Excel fremde Programme via ActiveX-Automation steuern kann. Es handelt sich dabei um die sicherlich häufigste Anwendung von ActiveX-Automation. In den beiden Beispielen dient Excel als Client, Access und Internet Explorer als Server.
- Abschnitt 13.6.2 beschreibt das umgekehrte Szenario, also die Steuerung von Excel durch ein fremdes Programm. Im Beispiel tritt Excel als Server auf, ein Visual-Basic-Programm als Client.
- Abschnitt 13.6.3 zeigt schließlich, wie Excel um ein neues Objekt erweitert werden kann. Diese Erweiterung setzt die Programmierung eines neuen OLE-Servers mit Visual Basic voraus. Bei der Verwendung dieser neuen Objekte tritt Excel wiederum als Client in Erscheinung.

VERWEIS

Ein erstes (kurzes) Beispiel zur ActiveX-Automation gab bereits der vorherige Abschnitt: Dort wurde gezeugt, wie ein WinWord-OLE-Objekt in einem Excel-Tabellenblatt per ActiveX-Automation bearbeitet werden kann.

13.6.1 Excel als Client (Steuerung fremder Programme)

Herstellung einer Verbindung zum Partner-Programm

Bevor Sie den Steuerungsmechanismus ActiveX-Automation verwenden können, müssen Sie zum OLE-Programm eine Verbindung herstellen. Dazu bestehen folgende Möglichkeiten:

- Sie verwenden einfach ein Startobjekt des ActiveX-Programms. Diese Variante funktioniert allerdings nur, wenn die Objektbibliothek dies unterstützt (was selten der Fall ist). Ein Beispiel ist die DAO-Bibliothek, wo die beiden folgenden Zeilen zur Herstellung einer Verbindung ausreichen:

  ```
  Dim db As Database
  Set db = OpenDatabase("dateiname.mdb")
  ```

  Diese Form von ActiveX-Automation ist die bequemste und einfachste Variante. Am Programmcode ist gar nicht zu erkennen, daß Sie ActiveX-Automation nutzen. Die Verwendung der DAO-Objekte ist übrigens in Abschnitt 11.5.3 ausführlich beschrieben.

- Sie erzeugen ein OLE-Objekt mit *CreateObject*. Als Parameter müssen Sie die Objektklasse angeben, die das OLE-Programm identifiziert. Die folgenden Zeilen stellen die Verbindung zu WinWord her:

  ```
  Dim word As Object
  Set word = CreateObject("Word.Document.8")
  ```

  Die Zeichenkette *"Word.Document.8"* identifiziert das Objekt, das Sie erzeugen wollen. Viele Anwendungsprogramme kennen mehrere Objekte – WinWord etwa »Word.Document« oder »Word.Picture.6«. Ein Teil der verfügbaren Zeichenketten wird im Systeminformationsprogramm angezeigt (?|INFO|SYSTEMINFO). Eine sehr lange Liste aller registrierten Objekte erhalten Sie mit dem Registrierungseditor (Programm `Regedit.exe` im Windows-Verzeichnis) in der Rubrik HKEY_CLASSES_ROOT.

- Sie erzeugen ein OLE-Objekt mit *GetObject*. Als Parameter müssen Sie einen Dateinamen angeben. Das dazugehörende OLE-Programm wird automatisch geladen. Diese Variante funktioniert allerdings nicht mit allen OLE-Programmen. Durch die folgenden Zeilen wird eine Verbindung zur Datenbank Access hergestellt.

  ```
  Dim access As Object
  Set access = GetObject("dateiname.mdb")
  ```

  Der Unterschied des obigen Beispiels zum ersten Beispiel besteht darin, daß mit *OpenDatabase* nur ein Zugriff auf die Datenbank erfolgt. Dazu reicht die DAO-Bibliothek aus, Access muß nicht installiert sein. Zur Ausführung von *GetObject* muß Access dagegen schon installiert sein; das Programm wird gestartet; zur Programmierung stehen nicht nur die DAO-Objekte zur Verfügung, sondern zusätzlich auch die Objekte der Oberfläche von Access.

- Sie greifen auf die *Object*-Eigenschaft eines in Excel eingefügten OLE-Objektes zurück. Diese Methode funktioniert nur, wenn das Programm OLE unterstützt.

```
Dim oleobj as OLEObject, word As Object
Set oleobj = Sheets(1).OLEObjects(1)
Set word = oleobj.Object.Application
```

Egal, nach welcher Methode Sie die Verbindung zum OLE-Server herstellen: Sofern der OLE-Server eine Objektbibliothek unterstützt, sollten Sie diese Bibliothek mit EXTRAS | VERWEISE aktivieren. Damit steht Ihnen die Online-Hilfe per F1 zur Verfügung, im Programmcode wird die Groß- und Kleinschreibung automatisch richtiggestellt und Sie können den Objektkatalog verwenden.

Sobald Sie die Objektbibliothek aktiviert haben, können Sie Objektvariablen exakter deklarieren, etwa *Dim word As Word.Application*. Das hat den Vorteil, daß die Entwicklungsumgebung alle erlaubten Methoden und Eigenschaften kennt und somit bei der Codeeingabe und bei der Syntaxüberprüfung behilflich ist.

TIP

Objektbibliotheken, die noch nie verwendet wurden, sind im »Verweise«-Dialog meist noch nicht enthalten. Klicken Sie auf DURCHSUCHEN und suchen Sie nach der Objektbibliothek. Die Bibliotheken der Office-Komponenten befinden sich in `Office97/Office` und haben die Dateikennung `*.olb`.

ANMERKUNG

Zwingend vorgeschrieben ist die Aktivierung der Objektbibliothek durch EXTRAS | VERWEISE übrigens nur bei der ersten der vier Varianten oben. Wenn die Verbindung zum ActiveX-Server mit *Create-* oder *GetObject* hergestellt wird, läuft das Programm prinzipiell auch ohne Verweis auf die Objektbibliothek. Da der Objektverweis in einer allgemeinen Objektvariablen erfolgt, kann Excel allerdings erst zur Laufzeit testen, ob die von Ihnen angegebene Methode oder Eigenschaft überhaupt funktioniert. Das ist übrigens auch einer der Gründe, warum ActiveX-Automation fallweise langsam ist.

Beispiel: Access-Bericht ausdrucken

Das folgende Beispiel setzt voraus, daß Sie Access besitzen. (Die DAO-Bibliothek ist nicht ausreichend.) Obwohl der Code recht unscheinbar aussieht, bewirkt die kurze Prozedur einiges: Access wird gestartet, die aus Kapitel 11 schon bekannte Verlagsdatenbank wird geladen. Mit der Access-Eigenschaft *DoCmd* wird anschließend der in `Verlag.mdb` definierte Bericht ausgedruckt – siehe Abschnitt 11.1. (Die Definition des Berichts ist übrigens schon im voraus in Access erfolgt. Der Ausdruck eines vergleichbaren Berichts ist prinzipiell auch in Excel möglich, wäre aber mit erheblich mehr Aufwand verbunden.)

OpenReport ist dabei eine Methode des *DoCmd*-Objekts. Insgesamt wirkt diese Objektkonstruktion recht merkwürdig: Es existiert zwar ein *Report*-Objekt samt *Reports*-Aufzählung, es kann aber nur auf Berichte zugegriffen werden, die vorher geöffnet wurden. Dabei stellt *DoCmd* ein künstliches Objekt dar, das einfach zum Aufruf aller Kommandos verwendet wird, die nicht in ein »echtes« Objektmodell wie bei Excel paßten. Erst im Vergleich mit anderen Objektbibliotheken erkennt man die Eleganz der Objekte und Methoden in Excel!

Gesamtverkaufszahlen in Stück

Autor	Titel	
Baumgartner		
	Täglich Freude mit Windows 95	8835
	Täglich Freude mit Windows NT	6642
	Windows 3.1 total!	4839
	Windows 95 total!	4431
		24747
Behounek		
	Täglich Freude mit Lotus Notes	7126
		7126
Gaulhofer		
	Täglich Freude mit WinWord 95	4998
	Täglich Freude mit WinWord 97	7055
	WinWord 97 total!	3856
		15909
Just		
	Access-Programmierung - Tatsachenbericht	3978
	Täglich Freude mit Access 95	6378
	Täglich Freude mit Access 97	5384
		15740
Mangold		
	SPSS	1974
		1974
Merkan		
	Mathematica	2393
	MATLAB	2221
	PostScript-Tatsachenbericht	4292
		8906
Prammer		
	LaTeX 2e	2869
	Maple V	1604
		4473

Dienstag, 12. August 1997 **Seite 1 von 2**

Bild 13.7: Die erste Seite des mit Access ausgedruckten Berichts

Durch den Parameter *acViewPreview* bei *OpenReport* erreichen Sie, daß der Bericht nur am Bildschirm angezeigt, nicht aber ausgedruckt wird. (Die Konstante *acViewPreview* ist in der Access-Objektbibliothek definiert.) *ActivateMicrosoftApp* macht Access zum aktiven Fenster – andernfalls wäre Access nur als Icon in der Taskleiste sichtbar.

acc wurde als statische Variable definiert, damit die Prozedur mehrfach hintereinander aufgerufen werden kann, ohne daß Access jedesmal neu gestartet werden muß. Wenn Sie Access beenden möchten, müssen Sie *Set acc=Nothing* ausführen.

```
' Verlag\ActiveX_Access.xls, »Tabelle1«
Private Sub CommandButton1_Click()
  Dim ok, fil$
  On Error GoTo report_error
  Static acc As Object
report_secondtry:
  fil$ = ThisWorkbook.Path + "\verlag.mdb"
  ' Access starten, Datenbank laden
  If acc Is Nothing Then
    Set acc = GetObject(fil)
  End If
  acc.DoCmd.OpenReport "AutorenTitelVerkaufgesamt", acViewPreview
  Application.ActivateMicrosoftApp xlMicrosoftAccess
  Exit Sub
report_error:
  ok = MsgBox("Es ist ein Fehler aufgetreten: " & Error & vbCrLf & _
    vbCrLf & "Noch ein Versuch?", vbYesNo)
  Set acc = Nothing
  If ok = vbYes Then
    GoTo report_secondtry
  End If
End Sub
```

HINWEIS

Eigentlich sollte es möglich sein, *acc* folgendermaßen zu definieren:

```
Static acc As Access.Application
```

Aus nicht nachvollziehbaren Gründen meckert Excel dann aber, daß *Access.-Application* ein unbekannter Objekttyp ist (obwohl die Access-Objektbibliothek aktiv ist und *Access.Application* im Objektkatalog angeführt ist).

Beispiel: HTML-Datei anzeigen (Internet Explorer)

Im zweiten ActiveX-Beispiel wird der Internet-Explorer gestartet (der am Rechner des Autors in Version 3 installiert ist). Darin wird anschließend eine HTML-Datei angezeigt. Diese Vorgehensweise kann z.B. als Alternative zur Anzeige eigener Hilfetexte gewählt werden. (Die Vorteile: Erstens benötigen Sie keinen Hilfe-Compiler zum Erstellen der Hilfedatei, und zweitens lassen sich HTML-Dateien sehr viel einfacher erstellen als Hilfedateien. Siehe auch Abschnitt 13.2.)

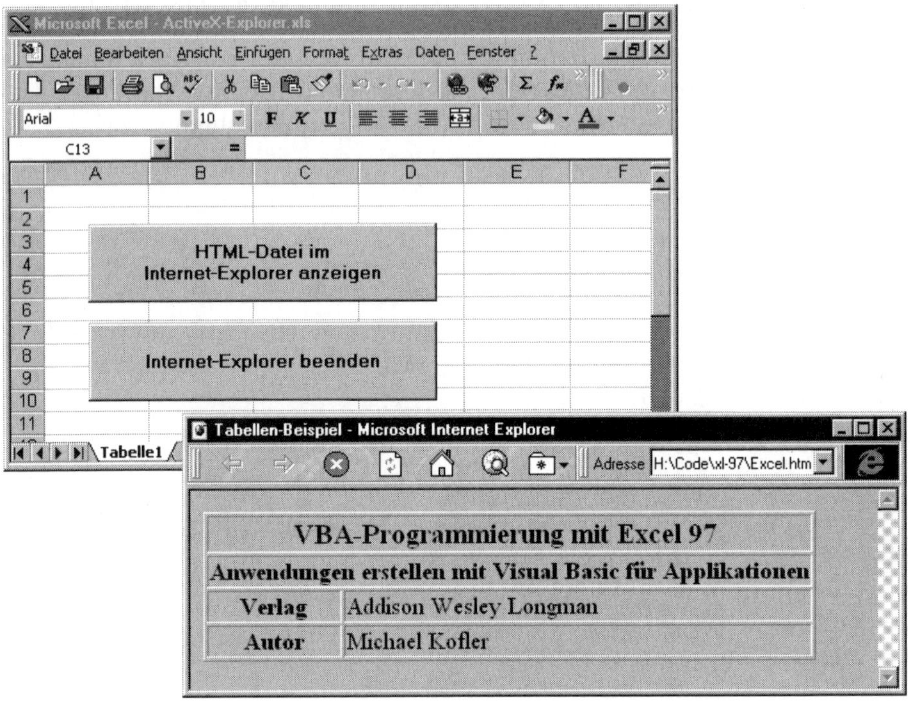

Bild 13.8: Anzeige einer HTML-Datei im Internet-Explorer

Für das Beispiel wurde die Bibliothek »Microsoft Internet Controls«, Datei `Windows\-System32\Shdocvw.dll`, aktiviert. Der Explorer wird zuerst mit *CreateObject* gestartet. Anschließend wird mit der Methode *Navigate* die Datei `Excel.htm` aus dem gleichen Verzeichnis wie das Excel-Programm geladen. In *CommandButton2_Click* wird der Explorer mit der Methode *Quit* beendet.

```
' ActiveX-Explorer.xls, »Tabelle1«
Dim obj As InternetExplorer
Private Sub CommandButton1_Click()
  On Error Resume Next
  Set obj = CreateObject("InternetExplorer.Application")
  If Dir(ThisWorkbook.Path + "\excel.htm") <> "" Then
    obj.Navigate ThisWorkbook.Path + "\excel.htm"
  Else
    obj.GoHome
  End If
  obj.StatusBar = False   'Statusleiste deaktivieren
  obj.MenuBar = False     'Menü deaktivieren
```

```
  obj.Toolbar = 1         'Toolbar aktivieren
  obj.Visible = True      'Internet Explorer anzeigen
End Sub
Private Sub CommandButton2_Click()
  On Error Resume Next
  If Not obj Is Nothing Then
    obj.Quit
    Set obj = Nothing
  End If
End Sub
```

13.6.2 Excel als Server (Steuerung durch fremde Programme)

Bisher ist immer von der Annahme ausgegangen worden, daß die Programmentwicklung mit VBA innerhalb von Excel erfolgt, und daß über ActiveX-Automation andere Programme gesteuert werden. Wie in der Einführung dieses Abschnitts bereits angedeutet wurde, ist auch ein anderes Szenario denkbar: Die Programmentwicklung erfolgt im VBA-Dialekt eines anderen Anwendungsprogramms (Access, Project) oder in der eigenständigen Programmiersprache Visual Basic. Excel wird dann von einem fremden Programm gesteuert und fungiert als ActiveX-Server.

Beispiel: Excel-Diagramm in einem Visual-Basic-Programm anzeigen

Das Beispiel dieses Abschnitts habe ich meinem Buch zu Visual Basic 5 entnommen (siehe Quellenverzeichnis). Das Beispielprogramm ist ein eigenständiges Programm (d.h., es handelt sich nicht um eine Excel-Datei, sondern um eine eigene `*.exe`-Datei). Falls Sie Visual Basic 5 auf Ihrem Rechner nicht installiert haben, müssen Sie das Setup-Programm im Beispielverzeichnis `VB5\Diagramm\Setup` ausführen, um alle erforderlichen Visual-Basic-Bibliotheken auf Ihrem Rechner zu installieren.

Nach dem Start des Programms wird automatisch auch Excel gestartet (wenn Excel nicht ohnedies schon läuft). Excel wird dazu verwendet, um ein Diagramm basierend auf der Datei `ExcelGrafik.xls` zu zeichnen. Dieses Diagramm wird im Visual-Basic-Programm in einem OLE-Feld angezeigt.

Mit dem Menükommando DIAGRAMM | PARAMETER ÄNDERN können zwei Parameter der Grafik eingestellt werden. Das Visual-Basic-Programm berechnet anschließend die z-Koordinaten für alle Punkte der Grafik neu und fügt diese Daten über die Zwischenablage in die Excel-Tabelle ein. Das Diagramm wird daraufhin auf der Basis dieser Daten neu gezeichnet. Mit zwei weiteren DIAGRAMM-Kommandos kann das Aussehen des Diagramms verändert werden. Im Programmcode werden dazu einfach die entsprechenden Excel-Dialoge eingeblendet. Mit DIAGRAMM | DRUCKEN kann das Diagramm ausgedruckt werden.

Das Visual-Basic-Programm zeigt, wie ActiveX-Automation dazu verwendet werden kann, ein 3D-Diagramm mit allen Finessen darzustellen und auszudrucken, ohne diese Funktionen alle neu zu programmieren. Wozu auch, wenn Excel das alles mühelos bewältigt?

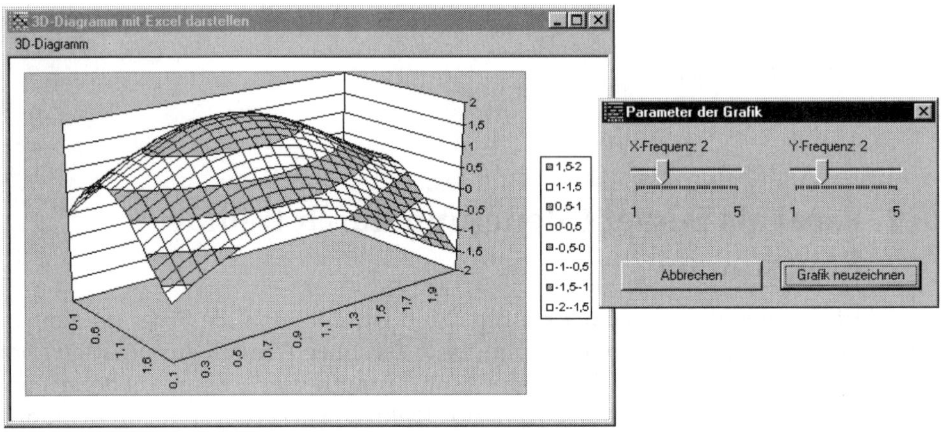

Bild 13.9: Ein Visual-Basic-Programm, das auf Excels Diagrammfunktionen zurückgreift

ANMERKUNG

Zwei Monate nach der Portierung dieses Programms auf Visual Basic 5 bzw. auf Excel 97 wurde es nochmals getestet. Ergebnis: Nichts funktioniert mehr. Ganz egal, ob das Programm in der Entwicklungsumgebung oder als kompiliertes Programm getestet wurde – das Ergebnis war eine neunstellige Automatisierungs-Fehlernummer und ein unsichtbarer Excel-Prozess (5 MByte), der nur mehr im Task-Manager beendet werden konnte. Wenn ich das Programm nicht selbst entwickelt und getestet hätte, ich wäre mir sicher gewesen: Dieses Programm hat nie funktioniert.

Nun beginnt die Fehlersuche: Test unter Windows 95 (normalerweise arbeite ich unter Windows NT), Neuinstallation von Office etc. Einen halben Tag später bemerke ich eher zufällig, daß trotz Neuinstallation das Add-In »Automatisches Speichern« aktiviert ist. Nachdem das Add-In deaktiviert ist, klappt wieder alles. Wie schön!

In Kombination mit all den anderen Automatisierungsproblemen, die im Verlauf der Entwicklung dieses kleinen Programms aufgetreten sind, stellt sich einmal mehr die Frage, ob weniger nicht mehr wäre. Weniger Funktionen, aber die dafür ausgereift, getestet und stabil. Es bleibt nur der (natürlich vergebliche) Wunsch, daß die Qualitätskontrolle bei Microsoft irgendwann so gut funktioniert wie das Marketing ...

Installation

Das Programm `ExcelGrafik.exe` befindet sich im Verzeichnis `VB5\Diagramm` als eigenständige `*.exe`-Datei. Sie können das Programm aber nur dann ausführen, wenn Sie Visual Basic 5 installiert haben. Falls das nicht der Fall ist, müssen Sie vorher das Programm `Setup/Setup.exe` ausführen. Dieses Programm installiert alle erforderlichen Visual-Basic-Bibliotheken auf Ihrem Rechner.

HINWEIS

Sie können diese Installation problemlos rückgängig machen: Durch einen Doppelklick auf das SOFTWARE-Symbol des Systemsteuerungsprogramms gelangen Sie zu dem unter Windows 95 vorgesehenen Dialog zum Deinstallieren von Programmen.

Verbindung herstellen

Die Verbindung zu Excel wird in der Prozedur *MDIForm_Load* hergestellt. Dabei wird die Methode *CreateEmbed* des OLE-Felds verwendet. Ein OLE-Feld von Visual Basic entspricht in etwa dem Excel-Objekt *OleObject*. Die Methode *CreateEmbed* ist mit *CreateObject* vergleichbar.

Es folgt eine Schleife, in der alle in Excel zur Zeit geöffneten Fenster durchgearbeitet werden, bis die gerade geladene Datei gefunden wird. Als Kennzeichen wird die Zeichenkette »ExcelGrafik.xls-ActivceX-Automation« verwendet, die bei der Datei `ExcelGrafik.xls` als Titel angegeben wurde (DATEI | EIGENSCHAFTEN | DATEI-INFO). Die Schleife umgeht eine Schwäche von *CreateEmbed*: die Methode erzeugt zwar das Objekt, liefert aber keinen Objektverweis zurück. Wenn Excel schon läuft und mehrere Dateien geöffnet sind, stellt dieses Verfahren sicher, daß nicht eine falsche Arbeitsmappe bearbeitet wird. Sobald das Fenster gefunden ist, wird über die *Parent*-Eigenschaft auf das *Workbook*-Objekt der Arbeitsmappe ermittelt und in der globalen Variable *wb* gespeichert.

```
' Beispielprogramm VB5\Diagramm\Code\OLEGrafikChild.frm
Dim wb As Workbook
Private Sub Form_Load()
  Dim xl As Object, win As Window
  On Error Resume Next
  ChDrive App.Path
  ChDir App.Path
  Me.OLE1.Visible = False   'vorläufig unsichtbar
  WartenForm.Show           'Bitte warten ...
  MousePointer = vbHourglass
  With Me
    .OLE1.CreateEmbed App.Path + "\ExcelGrafik.xls"
    Set xl = .OLE1.object.Application
    ' alle XL-Fenster durcharbeiten, das neu
    ' erzeugte Fenster suchen
```

```
    For Each win In xl.Windows
      If win.Parent.Title = "ExcelGrafik.xls-ActivceX-Automation" Then
        ' wir haben es gefunden!
        Set wb = win.Parent
        Exit For
      End If
    Next
  End With
  ' wenn bis jetzt ein Fehler aufgetreten ist, steht
  ' Excel wahrscheinlich nicht zur Verfügung
  If Err <> 0 Then
    MsgBox "Es ist ein Fehler aufgetreten. " _
      & "Das Programm wird beendet. Zur Ausführung " _
      & "dieses Beispielprogramms muß Excel 97 installiert " _
      & "sein."
    Unload Me
  End If
  DiagrammZeichnen
  Me.OLE1.Visible = True
  MousePointer = 0
  WartenForm.Hide
End Sub
```

Diagramm zeichnen

Das Zeichnen des Diagramms erfolgt in einer eigenen Prozedur. Die Idee ist einfach: In zwei Schleifen werden für jeden Punkt in einem 21*21 Elemente großen Bereich die Z-Koordinate der Fläche berechnet. Die Z-Werte werden in einer einzigen riesigen Zeichenkette aneinandergereiht, wobei die einzelnen Werte durch *vbTab* und die Zeilen durch *vbCr* (Carriage Return) voneinander getrennt werden. Diese Zeichenkette wird anschließend in die Zwischenablage übertragen.

Mit der Excel-Methode *Paste* werden die Daten dann aus der Zwischenablage in die Tabelle 1 ab Zelle B2 eingefügt. (Das Diagramm in `ExcelDiagramm.xls` erwartet seine Daten im Zellbereich A1:V22, wobei die erste Zeile und Spalte für die Beschriftung der Achsen vorgesehen und schon mit Werten versehen sind. Prinzipiell wäre es auch möglich, die Daten in einer Schleife direkt in die einzelnen Zellen des Tabellenblatts zu schreiben – aber das hat sich als viel langsamer herausgestellt.)

Nach der Übertragung der Daten wird im OLE-Feld automatisch die Tabelle (und nicht das Diagramm) angezeigt. Um diesen Mißstand zu beseitigen, wird das Diagrammblatt aktiviert und das Tabellenblatt unsichtbar gemacht. Im Prinzip sollte jede dieser Maßnahmen für sich schon ausreichen, es hat sich aber herausgestellt, daß nur beide Kommandos gemeinsam zum Ziel führen. Es sind gerade diese Kleinigkeiten, die einem zur Zeit das Leben mit ActiveX-Automation so schwer machen und eine Menge Zeit bei der Fehlersuche kosten.

```
Sub DiagrammZeichnen()
  Dim xfreq, yfreq, x#, y#, z#, data$
  xfreq = ParaForm.SliderX
  yfreq = ParaForm.SliderY
  ' neue Daten ausrechnen
  For y = 0 To 2.00001 Step 0.1
    For x = 0 To 2.00001 Step 0.1
      z = Sin(x * xfreq / 10) + Sin(y * yfreq / 10)
      data = data & DecimalPoint(Str(z)) & vbTab
    Next x
    data = data & vbCr
  Next y
  Clipboard.Clear
  Clipboard.SetText data
  wb.Sheets("Tabelle1").Paste (wb.Sheets("Tabelle1").Cells(2, 2))
  ' damit das Diagramm und nicht die Tabelle angezeigt wird
  wb.Sheets("Diagramm1").Activate
  ' Activate alleine hilft nichts - warum auch immer
  wb.Sheets("Tabelle1").Visible = False
End Sub
' Komma durch Dezimalpunkt ersetzen
Private Function DecimalPoint$(x$)
  Dim pos
  pos = InStr(x, ",")
  If pos <> 0 Then Mid(x, pos, 1) = "."
  DecimalPoint = x
End Function
```

HINWEIS

Bei der Übergabe der Daten über die Zwischenablage tritt ein weiteres Excel-Problem auf. In Version 7 war das dafür erforderliche Zahlenformat 0,123, also mit einem Komma als Dezimalkennung. In Excel 97 muß hingegen 0.123 angegeben werden. Im Programmcode sorgt die Funktion *DecimalPoint* dafür, daß Kommas durch Punkte ersetzt werden.

Es ist unklar geblieben, ob dieses Verhalten ein Fehler von Excel 7 oder einer von Excel 97 ist (eher letzteres, weil beide Version Zahlen mit Komma in die Zwischenablage kopieren; da sollten sie eigentlich auch in der Lage sein, solche Daten zu lesen). Selbstredend ist diese Inkompatibilität nirgendwo dokumentiert.

Diagramm drucken

Neue Probleme ergeben sich beim Versuch, das Diagramm auszudrucken: Die Anweisung *wb.Sheets("Diagramm1").PrintOut* kann nämlich nur dann ausgeführt werden, wenn Excel nicht aktiv ist (d.h., wenn keine Menüs, Symbolleisten etc. sichtbar sind). Das OLE-Feld bietet aber keine Möglichkeit, das Programm zu deaktivieren (sozusagen die Umkehrung zu *DoVerb*). *Close* bewirkt zwar eine Deaktivierung, nur geht dadurch auch der Objektverweis auf Excel verloren, was natürlich nicht erwünscht ist.

Per Tastatur kann diese Deaktivierung mit Esc erreicht werden – und per Programmcode nur mit einem kleinen Trick: Im MDI-Subfenster befindet sich außer dem OLE-Feld noch ein Textfeld. Dieses Textfeld ist unsichtbar, weil *Left* auf -2000 gesetzt wurde. Nichtsdestotrotz kann der Eingabefokus mit *SetFocus* in das Textfeld gerichtet werden. Dadurch verliert das OLE-Feld den Eingabefokus und das OLE-Programm wird deaktiviert. Warum einfach, wenn es auch komplizierte geht!

```
Private Sub MenuDrucken_Click()
  On Error Resume Next
  Text1.SetFocus                    'Excel deaktivieren
  wb.Sheets("Diagramm1").PrintOut   'Diagramm drucken
  If Err <> 0 Then
    MsgBox "Beim Versuch, das Diagramm zu drucken, ist " & _
           "ein Fehler aufgetreten"
  End If
End Sub
```

Der restliche Code des Programms hat mit Excel wenig zu tun und ist daher hier nicht von Interesse. Falls Sie Visual Basic besitzen, können Sie sich die verbleibenden Prozeduren damit ansehen. Falls Ihnen Visual Basic nicht zur Verfügung steht, können Sie sich die vier `*.frm`-Dateien im Verzeichnis `Vb5\Diagramm\Code` auch mit einem beliebigen Texteditor ansehen. Diese Dateien enthalten die Definition der Formulare des Programms und den Programmcode im ASCII-Format.

13.6.3 Neue Objekte für Excel

In den beiden vorangegangenen Abschnitten ist es darum gegangen, bereits vorhandene Objektbibliotheken von einem anderen Programm aus zu nutzen, wobei Excel einmal als Client und einmal als Server behandelt wurde. Visual Basic eröffnet eine noch weiterreichende Möglichkeit: Sie können mit Visual Basic einen neuen OLE-Server programmieren und diesen dann von Excel aus verwenden. Auf diese Weise können Sie selbst neue Objekte, Methoden und Eigenschaften definieren.

Dieser Abschnitt gibt dafür ein einfaches Beispiel: In Excel fehlt eine Möglichkeit, auf den Inhalt der Zwischenablage richtig zuzugreifen: Sie können zwar einen Zellbereich in die Zwischenablage einfügen oder von dort in einen anderen Zellbereich kopieren; sie können aber nicht eine Zeichenkette in die Zwischenablage schreiben oder daraus lesen. Für manche Anwendungen würden sich dadurch zusätzliche Möglichkeiten eröffnen. Insbesondere können große Datenmengen über die Zwischenablage viel effizienter in einen Zellbereich eingefügt werden als bei der herkömmlichen Vorgehensweise (d. h. Einzelbearbeitung jeder Zelle).

HINWEIS

Da dies ein Buch zu Excel und nicht zu Visual Basic ist, wird auf die Details der Server-Programmierung hier nicht eingegangen. In diesem Abschnitt geht es nur darum, die prinzipielle Möglichkeit aufzuzeigen und die Anwendung eines neuen OLE-Servers unter Excel zu demonstrieren.

Installation

Das neue *ClipBoard*-Objekt wird durch einen ActiveX-Server in Form einer DLL zur Verfügung gestellt. Dieses Programm muß in der Registrierdatenbank von Windows eingetragen werden, bevor es für ActiveX-Automation genutzt werden kann. Dazu müssen Sie das Programm `Vb5\ClipBoard\Setup\Setup.exe` ausführen. Dieses Programm installiert auch die eventuell noch erforderlichen Visual-Basic-Bibliotheken.

Verwendung des ClipBoard-Objekts in Excel

Zur Anwendung des Servers ist es erforderlich, daß mit EXTRAS | VERWEISE ein Verweis auf die Bibliothek »ClipBoard-Object« eingerichtet wird. In der Beispieldatei `Vb5\ClipBoard\ActiveX_Clip.xls` ist das natürlich schon der Fall.

Wenn diese Vorbereitungsarbeiten getätigt sind, steht Ihnen das *ClipBoard*-Objekt mit vier Methoden zur Verfügung: *Clear* löscht den Inhalt der Zwischenablage; *GetFormat* testet, ob die Zwischenablage Daten in einem bestimmten Format (z. B. Textdaten) enthält; *SetText* fügt Text in die Zwischenablage ein; und *GetText* liest den in der Zwischenablage enthaltenen Text.

Der Excel-Programmcode

Die Prozedur *test1* zeigt den prinzipiellen Umgang mit dem neuen Objekt: Mit *CreateObject* wird die Verbindung zum OLE-Server hergestellt. In der Objektvariablen *clip*, die den neuen *ClipBoard*-Objekttyp aufweist, wird der Verweis auf das neue Objekt gespeichert. Anschließend können die oben aufgezählten Methode auf *clip* angewendet werden. In *test1* wird mit *SetText* eine kurze Zeichenkette in die Zwischenablage geschrieben. Die folgenden Zeilen sind herkömmlicher VBA-Code: der aktuelle Inhalt der Zwischenablage wird in die Zelle A1 kopiert, um zu zeigen, daß *SetText* funktioniert hat.

```
' Vb5\ClipBoard\ActiveX_Clip.xls, »Modul1«
Sub test1()
  Dim clip As ClipBoard
  Set clip = CreateObject("ClipBibliothek.Clipboard")
  clip.Clear
```

```
  clip.SetText "abc"
  With Sheets("Tabelle1")
    .Activate
    .[a1].CurrentRegion.Clear
    .[a1].Select
    .Paste
  End With
End Sub
```

Nicht viel aufregender ist *test2*: Dort wird mit *GetFormat* getestet, ob die Zwischenablage Daten im Textformat enthält. An *GetFormat* muß dazu eine Kennummer übergeben werden. Für VBA-Anwendungen sind dabei nur zwei Kennummern relevant: 1 für normalen Text und 2 für Bitmaps. (Die Zwischenablage kann übrigens gleichzeitig Daten in mehreren Formaten enthalten – etwa ASCII-Text und Text mit WinWord-Formatierungscodes. Aus diesem Grund muß das Format *GetFormat* getestet werden und wird nicht direkt zurückgegeben.) Falls die Zwischenablage Text enthält, wird dieser via *GetText* gelesen und per *MsgBox* angezeigt. Zu lange Texte werden durch *MsgBox* abgeschnitten.

```
Sub test2()
  Dim clip As ClipBoard
  Set clip = CreateObject("ClipBibliothek.Clipboard")
  If clip.GetFormat(1) Then
    MsgBox "Die Zwischenablage enthält Daten im Textformat: " & _
      Chr(13) & Chr(13) & clip.GetText
  End If
End Sub
```

Geschwindigkeitsoptimierung mit ActiveX-Automation

test3 bildet eine Zeichenkette mit 100*100 Zahlen und fügt diese via Zwischenablage in einen Zellbereich ein. Diese Vorgehensweise ist viel schneller als die Einzelbearbeitung aller 10000 Zellen, aber (erst seit Excel 97) langsamer als das Einfügen der Zahlen per Feld (siehe Abschnitt 6.7.3).

```
Sub test3()
  Dim i#, j#, k#, matrix$, zeile$
  Dim clip As ClipBoard
  Set clip = CreateObject("ClipBibliothek.Clipboard")
  Sheets(1).Activate
  Sheets(1).[a1].CurrentRegion.Clear
  For i = 0 To 99
    zeile = ""
    For j = 0 To 99
      k = i * j / 500
      If j <> 99 Then
        zeile = zeile + DecimalPoint(CStr(k)) + Chr(9)
```

```
      Else
        zeile = zeile & DecimalPoint(CStr(k))
      End If
    Next
    matrix = matrix + zeile + Chr(13)
  Next
  clip.Clear
  clip.SetText matrix
  With Sheets("Tabelle1")
    .Activate
    .[a1].Select
    .Paste
  End With
End Sub
```

Der Programmcode des ActiveX-Servers

Das Visual-Basic-Programm `ClipBoard.vbp` besteht lediglich aus dem Klassenmodul `Class.cls`. Dort sind die Methoden der neuen Klassen *ClipBoard* definiert. Der Code ist sehr kurz, weil es unter Visual Basic bereits ein vordefiniertes *ClipBoard*-Objekt gibt, dessen Methoden nur angewendet werden müssen.

```
' Vb5\Clipboard\Code\Class.cls
' Instancing=5 (MultiUser)
' Methode Clear: löscht Zwischenablage
Sub Clear()
  On Error Resume Next
  ClipBoard.Clear
End Sub
' Methode GetText: liest Text aus der Zwischenablage
Function GetText$(Optional format)
  On Error Resume Next
  If IsMissing(format) Then
    GetText = ClipBoard.GetText(1)
  Else
    GetText = ClipBoard.GetText(format)
  End If
End Function
' Methode SetText: fügt Text in die Zwischenablage ein
Sub SetText(txt$, Optional format)
  On Error Resume Next
  If IsMissing(format) Then
    ClipBoard.SetText txt
  Else
    ClipBoard.SetText txt, format
  End If
```

```
End Sub
' Methode GetFormat: testet, ob die Zwischenablage
' Daten im angegebenen Format aufweist
Function GetFormat(format)
  On Error Resume Next
  GetFormat = ClipBoard.GetFormat(format)
End Function
```

Damit diese Codezeilen einen brauchbaren ActiveX-Server geben, sind außerdem diverse Einstellungen in PROJEKT|EIGENSCHAFTEN erforderlich. So lautet der Projektname »ClipBibliothek«. Als Projekttyp wurde ActiveX-DLL eingestellt.

13.7 Syntaxzusammenfassung

an steht für das *Application*-Objekt, *blt* steht für ein Tabellen-, Diagramm- oder Dialogblatt, *oleob* für ein OLE-Objekt.

DLL-Funktionen	
Declare Sub subname _ *Lib "dllname" (parameterliste)*	DLL-Funktion ohne Rückgabewert deklarieren
Declare Function funktname _ *Lib "dllname" (paraliste) As datentyp*	DLL-Funktion mit Rückgabewert
Declare Sub/Function vbname _ *Lib "dllname" Alias "dllfnname"*	DLL-Funktion, wobei der Funktionsname in der DLL und der Name im VBA-Code abweichen

Programmstart und -steuerung	
id= Shell("datname")	fremdes Programm starten
AppActivate "fenstertitel" *AppActivate id*	bereits laufendes Programm aktivieren
Application.ActivateMicrosoftApp xlXxx	MS-Programm starten / aktivieren
SendKeys ".."	simuliert Tastatureingabe

OLE, ActiveX-Automation	
blt.OLEObjects(..)	Zugriff auf OLE-Objekte
blt.OLEObjects.Add ...	neues OLE-Objekt erzeugen
blt.Pictures.Paste link:=True	OLE-Objekt aus Zwischenablage einfügen
oleob.Select	wählt Objekt aus (normaler Mausklick)
oleob.Activate	aktiviert Objekt (Doppelklick)
oleob.Verb xlOpen/xlPrimary	führt OLE-Kommando aus
oleob.Update	aktualisiert verknüpftes OLE-Objekt
oleob.Delete	löscht OLE-Objekt
oleob.Object	Verweis für ActiveX-Automation
ob = GetObject("", "ole-bezeichn")	Verweis für ActiveX-Automation

Teil IV

Referenz

Der letzte Teil dieses Buchs besteht aus nur einem einzigen Kapitel. Dieses Kapitel enthält eine alphabetische Referenz der Objekte in VBA. Ziel des Kapitels ist es, anschauliche Erklärungen zur Bedeutung und Verwendung der einzelnen Objekte und ihrer wichtigsten Eigenschaften und Methoden zu geben. Außerdem erklärt das Kapitel, wie die Objekte in die Objekthierarchie einzuordnen sind, d. h., welche anderen Objekte über- bzw. untergeordnet sind.

Der Anhang bildet die logische Fortsetzung dieses Kapitels: Anhang A enthält ein Wörterbuch aller deutschen VBA-Schlüsselwörter und ihrer Übersetzung ins Englische. Der Anhang ist bei der Konvertierung deutscher VBA-Programme eine wertvolle Hilfe. Anhang B beschreibt in einem Glossar zahlreiche Fachausdrücke, die in diesem Buch verwendet wurden.

14 Objektreferenz

Das größte Problem im Umgang mit VBA besteht in der unüberschaubaren Anzahl von Schlüsselwörtern. Dieses Referenzkapitel macht nicht den Versuch, weit über 1000 Schlüsselwörter aufzuzählen oder gar zu beschreiben. (1000 Schlüsselwörter mal zwei Absätze ergibt etwa 500 Seiten!) Diese Aufgabe erfüllt die Online-Hilfe trotz mancher Unzulänglichkeiten weitaus besser als jeder gedruckte Text.

Das Kapitel gibt vielmehr einen Überblick über etwa 200 Objekte, die in der VBA-Programmierung ständig vorkommen. In alphabetischer Reihenfolge werden die wichtigsten Objekte der Excel-, DAO-, MS-Forms-, Office-, Binder-, VBA- und VBE Bibliothek beschrieben. Dabei wird vor allem versucht, die Querverbindungen zwischen den Objekten deutlich zu machen und Eigenschaften und Methoden zu nennen, die diese Verbindungen herstellen.

Kapitelübersicht

14.1 Objekthierarchie

Dieser Abschnitt enthält einige hierarchische Listen, in denen die logische Beziehung von VBA-Objekten zueinander dargestellt ist. Die Listen beschränken sich jeweils auf Teilbereiche der Objekthierarchie. Sie erheben keinen Anspruch auf Vollständigkeit! Es ist aus Platzgründen unmöglich, eine vollständige Hierarchie *aller* Objekte darzustellen, weil die Objektliste zahllose Verästelungen aufweist, die zum Teil wieder auf ein gemeinsames Objekt führen, sich abermals teilen etc. Eine vollständige Objekthierarchie wäre viel zu lang, um dem Anspruch der Übersichtlichkeit noch gerecht zu werden.

Im Zusammenhang mit der Objekthierarchie müssen die Begriffe *oben* und *unten* geklärt werden. Ein übergeordnetes Objekt steht in den folgenden Listen oben und in Abschnitt 14.2 links vom Ausgangsobjekt. Das in der Objekthierarchie höchste Objekt ist demnach das *Application*-Objekt, über dessen Methoden und Eigenschaften alle weiteren Objekte erreicht werden können. Dazu ein Beispiel: Dem Objekt *Workbook* sind zuerst *Workbooks* und schließlich *Application* übergeordnet, während *Sheets* und einzelne Blätter untergeordnet sind.

In den folgenden Listen sind ausschließlich Objekte genannt, nicht aber Eigenschaften und Methoden, die von einem Objekt zu einem anderen führen. Fallweise irritiert dabei die Tatsache, daß es oft gleichnamige Objekte und Methoden bzw. Objekte und Eigenschaften gibt.

Innerhalb der Listen treten gelegentlich die Pfeilsymbole ⇒ auf. Diese Symbole zeigen an, daß an dieser Stelle eine weitere Verästelung auftritt, die etwas weiter unten separat dargestellt wird.

Excel

Application	Spitze der Objekthierarchie
├─ *AddIns*	Add-Ins
│ └─ *AddIn*	
├─ *Charts*	nur Diagrammblätter
│ └─ ⇒ *Chart*	
├─ *CommandBars*	Menü- und Symbolleisten
│ └─ ⇒ *CommandBar*	
├─ *Dialogs*	vordefinierte Dialoge
│ └─ *Dialog*	
├─ *Range*	über *Selection, ActiveCell*
├─ *RecentFiles*	zuletzt bearbeitete Dateien
│ └─ *RecentFile*	

	Fortsetzung
Sheets	alle Blätter der aktiven Arbeitsmappe
⇒ *Chart*, ⇒ *Worksheet*	Diagramm- und Tabellenblätter
Module, *DialogSheet*	Module und Dialoge in alten Excel-5/7-Dateien
VBE	Verweis zur VBIDE-Bibliothek
Workbooks	alle Arbeitsmappen
⇒ *Workbook*	
Windows	alle Fenster (auch ausgeblendete)
⇒ *Window*	
WorksheetFunctions	Zugriff auf Tabellenfunktionen
Worksheets	nur Tabellenblätter
⇒ *Worksheet*	

Arbeitsmappe

Workbook	
Charts	Blätter eines bestimmten Typs
⇒ *Chart*	
CustomViews	Ansichten
CustomView	
Names	benannte Zellbereiche etc.
Name	
Sheets	Blätter jeden Typs der Arbeitsmappe
⇒ *Chart*, ⇒ *Worksheet*	Diagramm- und Tabellenblätter
Module, *DialogSheet*	Module und Dialoge in alten Excel-5/7-Dateien
Styles	Formatvorlagen
Style	
Windows	Fenster der Arbeitsmappe (auch ausgeblendete)
⇒ *Window*	
Worksheets	
⇒ *Worksheet*	

Fenster

Window	
⇒ *Chart*	aktives Diagramm
Panes	für geteilte Fenster
Pane	
⇒ *Range*	sichtbarer Zellbereich
PageSetup	Druckoptionen, Druckbereich
⇒ *Range*	über *ActiveCell*, *Selection*
SelectedSheets	Gruppe ausgewählter Blätter
⇒ *Chart*, ⇒ *Worksheet*	Diagramm- und Tabellenblätter
⇒ *Worksheet*	aktives Blatt

Tabellenblatt

Worksheet	
├─ *ChartObjects*	eingebettete Diagramme
├─ *Comments*	Kommentare (Notizen)
│ └─ *Comment*	
├─ *H/VBreaks*	horizontale und vertikale Seitenumbrüche
│ └─ *H/VBreak*	
├─ *HyperLinks*	Querverweise / Internet-Links
│ └─ *Hyperlinks*	
├─ *OLEObjects*	eingebettete OLE-Objekte
├─ *Outline*	Gliederung der Tabelle
├─ *PageSetup*	Seitenlayout / Drucker
├─ *PivotTables*	Pivottabellen
│ └─ ⇒ *PivotTable*	
├─ *QueryTables*	externe Daten
│ └─ *QueryTable*	
├─ ⇒ *Range*	über *Selection, Range, Columns, UsedRange, Cells* etc.
├─ *Scenarios*	Szenarios
│ └─ *Scenario*	
└─ ⇒ *Shapes*	Zeichnungs- und Steuerelemente, Objektgruppen

Zellbereich

Range	
├─ ⇒ *Areas*	Teilbereich bei Mehrfachauswahl
│ └─ *Range*	
├─ *Borders*	Umrandung
│ └─ *Border*	
├─ *Characters*	einzelne Zeichen des Texts
│ └─ *Font*	
├─ *Comment*	Kommentar (Notiz)
├─ *Font*	Schriftart
├─ *FormatConditions*	bedingte Formatierung
│ └─ *FormatCondition*	
├─ *Interior*	Hintergrundfarbe und -muster
├─ ⇒ *PivotTable*	Pivottabellen
├─ *PivotField*	Pivotfelder
├─ *PivotItem*	Pivotelemente
├─ ⇒ *Range*	Teilbereich über *CurrentArray, CurrentRegion, Range, SpecialCells, End, EntireRow, EntireColumn, Dependents, Precedents, Previous* etc.
├─ *Style*	Formatierung des Bereichs
└─ *Validation*	Validitätsbedingungen

Pivottabelle

PivotTable	
├─ *PivotCaches*	Speicher für die zugrundeliegenden Daten
│ └─ *PivotCache*	
├─ *PivotFields*	Pivotfelder
│ └─ *PivotField*	
│ ├─ ⇒ *Range*	Daten, Beschriftung
│ └─ *PivotItems*	Pivotelemente
│ └─ *PivotItem*	
│ └─ ⇒ *Range*	Daten, Beschriftung
├─ *PivotFormulas*	Berechnungsfelder (Formelfelder)
│ └─ *PivotFormula*	
└─ ⇒ *Range*	Hauptdaten-, Spaltenbereich etc.

Shape-Objekte

Worksheet/Chart	
└─ *Shapes*	alle *Shape*-Objekte innerhalb des Blatts
└─ *Shape*	ein *Shape*-Objekt
├─ *ConnectorFormat*	Verbindung zu anderen Objekten
├─ *ControlFormat*	zusätzliche Eigenschaften für Steuerelemente
├─ *FillFormat*	Hintergrundmuster (via *Fill*-Eigenschaft)
├─ *GroupShapes*	Einzelobjekte (via *GroupItems*, wenn *Type=msoGroup*)
│ └─ *Shape*	
├─ *HyperLink*	Querverweise und Internet-Links
├─ *LineFormat*	Linieneigenschaften (via *Line*)
├─ *LinkFormat*	zusätzliche Eigenschaften für OLE-Objekte
├─ *OLEFormat*	noch mehr Eigenschaften für OLE-Objekte
├─ *PictureFormat*	Eigenschaften für Bildobjekte
├─ *Range*	Verankerungszellen (via *TopLeft-/BottomRightCell*)
├─ *Shadow*	Eigenschaften für den Schatten
├─ *ShapeNodes*	Liniensegmente (via *Nodes*, wenn *Type=msoFreeform*)
│ └─ *ShapeNode*	
├─ *ShapeRange*	Einzelobjekte bei Mehrfachbearbeitung (via *Range*)
│ └─ *Shape*	
├─ *TextEffectFormat*	Eigenschaften für WordArt-Objekt
├─ *TextFrame*	Textbox innerhalb eines AutoForm-Objekts
└─ *ThreeDFormat*	3D-Effekte (via *ThreeD*)

Diagrammobjekte

Workbook	**Teil 1: Zugriff**
└─ *Charts*	
└─ *Chart*	Hauptdiagramm in Diagrammblatt
└─ *ChartObjects*	
└─ ⇒ *Chart*	zusätzliche eingelagerte Diagramme
Worksheet	
└─ *ChartObjects*	
└─ *ChartObject*	
└─ ⇒ *Chart*	eingelagertes Diagramm in einem Tabellenblatt

Chart	**Teil 2: elementare Diagrammelemente**
├─ *Axes*	Achsen
│ └─ *Axis*	
│ ├─ *TickLabels*	Markierung von Achsenpunkten
│ └─ *Gridlines*	Orientierungslinien
├─ *ChartArea*	gesamtes Diagramm
├─ *ChartTitle*	Titel
├─ *Corners*	Ecken eines 3D-Diagramms
├─ *DataLabels*	Beschriftung einzelner Datenpunkte
│ └─ *DataLabel*	
├─ *DataTable*	Quelldaten innerhalb des Diagramms anzeigen
├─ *Floor, Walls*	Boden und Seitenwände eines 3D-Diagramms
├─ *Legend*	Beschriftung der Datenreihen
├─ *PlotArea*	nur Zeichnungsbereich
├─ *SeriesCollection*	Datenreihen
│ └─ *Series*	
│ ├─ *Points*	einzelne Datenpunkte
│ │ └─ *Point*	
│ ├─ *Trendlines*	Trend- und Ausgleichslinien
│ │ └─ *Trendline*	
│ └─ *ErrorBars*	Kennzeichnung des Fehlerbereichs
└─ *Shapes*	eigenständige (Zeichnungs-)Objekte
└─ *Shape*	

Chart	**Teil 3: Diagrammgruppen für Verbunddiagramme**
└─ *ChartGroups*	
└─ *ChartGroup*	Gruppe von Diagrammen gleichen Typs
├─ *SeriesCollection*	siehe oben
├─ *DropLines*	nur Linien- und Flächendiagramm
├─ *HiLoLines*	nur Liniendiagramm
├─ *SeriesLines*	nur bei Balken- und Säulendiagrammen
├─ *DownBars*	nur Liniendiagramm
└─ *UpBars*	nur Liniendiagramm

Datenbankprogrammierung (DAO-Bibliothek)

```
DBEngine                              direkter Zugriff auf die Engine (Repair, Compact etc.)
├─ Error                              Daten zum letzten Fehler
└─ Workspace                          Zugriff auf alle offenen Datenbanken, Transaktionen
   ├─ Database                        Datenbank
   │  ├─ TableDef                     Tabellen der Datenbank
   │  │  ├─ Field                     deren Felder
   │  │  └─ Index                     und Indizes
   │  │     └─ Field                  indizierte Felder
   │  ├─ QueryDef                     in der Datenbank gespeicherte Abfragen
   │  │  ├─ Field                     Felder der Abfrage
   │  │  └─ Parameter                 Parameter der Abfrage
   │  ├─ Recordset                    Datensatzliste (Tabelle, Abfrageergebnis etc.)
   │  │  └─ Field                     Felder der Liste
   │  ├─ Container                    Collection-Objekt für Datenbankobjekte
   │  │  └─ Document                  Gruppe gleichartiger Objekte
   │  └─ Relation                     Verknüpfungen (Relationen) zwischen Tabellen
   │     └─ Field                     verknüpfte Felder
   ├─ Connection                      ODBCDirect-Arbeitsbereich
   │  ├─ QueryDef                     Abfragen
   │  └─ Recordset                    Datensatzlisten
   ├─ User                            Datenbankbenutzer (Steuerung der Zugriffsrechte)
   │  └─ Group                        zugehörende Gruppen
   └─ Group                           Gruppe von Nutzern (Steuerung der Zugriffsrechte)
      └─ User                         zugeordnete Benutzer
```

Alle oben aufgezählten Objektklassen mit Ausnahme von *DBEngine* und *Error* stehen auch in der Mehrzahl (*WorkSpaces, TableDefs* etc.) als Aufzählobjekte zur Verfügung. Alle Objekte mit Ausnahme von *Error, QueryDef* und *Document* verweisen auf das Aufzählobjekt *Properties,* das aus Gründen der Übersichtlichkeit nicht in die obige Hierarchie aufgenommen wurde. Über *Properties* können Objekte mit zusätzlichen (selbstdefinierten) Eigenschaften ausgestattet werden.

Steuerung der Entwicklungsumgebung (VBIDE-Bibliothek)

```
VBE                                   Startobjekt (Zugriff via Application.VBE)
├─ CodePanes[s]                       Codebereich
│  ├─ CodeModule                      Code verändern
│  └─ Window                          Fenster
├─ CommandBar[s]                      Menü- und Symbolleisten
├─ VBProject[s]                       Projekte (Excel-Dateien)
│  ├─ Reference[s]                    Verweise auf Bibliotheken
│  └─ VBComponent[s]                  Module, Klassen, Dialoge der Datei etc.
│     ├─ CodeModule                   Codeanteil der Komponente
│     └─ Properties/Property          Zugriff auf Objekteigenschaften (Eigenschaftsfenster)
└─ Window[s]                          Fenster
```

Benutzerdefinierte Dialoge und Steuerelemente (MS-Forms-Bibliothek)

UserForm	Dialog (Formular)
└─ *Controls*	Steuerelemente im Dialog
├─ *CheckBox*	Auswahlkästchen
├─ *ComboBox*	Kombinationslistenfeld
├─ *CommandButton*	gewöhnlicher Button
├─ *Frame*	Rahmenfeld
│ └─ *Controls*	darin enthaltene Steuerelemente
├─ *Image*	Bildfeld
├─ *Label*	Bezeichnungsfeld
├─ *ListBox*	Listenfeld
├─ *MultiPage*	mehrblättrige Dialoge
│ └─ *Pages*	Auflistung aller Dialogblätter
│ └─ *Page*	ein Dialogblatt
│ └─ *Controls*	darin enthaltene Steuerelemente
├─ *OptionButton*	Optionsfeld
├─ *ScrollBar*	Bildlaufleiste
├─ *SpinButton*	Drehfeld
├─ *TextBox*	Textfeld (Ein- und Ausgabe)
└─ *ToggleButton*	Umschaltbutton

Menü- und Symbolleisten (Office-Bibliothek)

CommandBar[s]	Symbol- und Menüleisten, Kontextmenüs
└─ *CommandBarControls*	Auflistung aller Einträge (Eigenschaft *Controls*)
├─ *CommandBarButton*	Menükommando oder Symbol
├─ *CommandBarComboBox*	Listenfeld
└─ *CommandBarPopup*	Menü, Submenü, Subsubmenü etc.
└─ *CommandBarControls*	Auflistung aller Einträge (Eigenschaft *Controls*)
└─ ...	siehe oben

14.2 Alphabetische Referenz

In der folgenden Referenz werden alle Grundobjekte von Excel sowie die wichtigsten Objekte der Office-, MS-Forms- und der DAO-Bibliothek beschrieben. Dabei wurde versucht, die jeweils wichtigsten bzw. die charakteristischen Eigenschaften und Methoden hervorzuheben und ihre Funktion kurz zu erklären.

Aufzählobjekte

Bei Aufzählobjekten werden links die gleichnamige Methode und rechts die Parameter dieser Methode genannt. Genaugenommen handelt es sich rechts um die *Item*-Methode, die aber fast nie angeschrieben wird (d. h., statt *Axes.Item(xlValue)* schreiben Sie in der Regel die Kurzform *Axes(xlValue)*). In den meisten Fällen erfolgt die Identifizierung eines Objekts aus einer Aufzählung durch die Angabe einer Indexnummer oder eines Namens (*Sheets(1)* oder *Sheets("Tabelle 1")*.

Bei den meisten Methoden, die zu Aufzählobjekten führen, sind auch Datenfelder als Argumente erlaubt. Beispielsweise liefert die Methode *Sheets(Array(1,2,3))* ein ***Sheets***-Objekt, das die Blätter 1, 2 und 3 enthält. Jetzt können durch *Select* alle drei Blätter gemeinsam markiert werden etc.

Gleichbleibende Eigenschaften vieler Objekte

Eigenschaften, die praktisch bei allen Objekten in gleicher oder ähnlicher Form vorliegen, werden nicht jedesmal neu beschrieben. Dazu zählen insbesondere *Count* (gibt die Anzahl der Elemente eines Aufzählobjekts an), *Index* (gibt die Indexnummer eines Objekts innerhalb der Aufzählung an), *Parent* (verweist auf das jeweils übergeordnete Objekt), *Application* (verweist auf das Objekt ***Application***) und *Creator* (enthält eine Kennnummer des Programms, aus dem das Objekt stammt, in der Regel also die Kennnummer von Excel).

Defaulteigenschaften, Defaultobjekte, Kurzschreibweisen

Bei zahlreichen Eigenschaften und Methoden gilt das Objekt ***Application*** als Defaultobjekt. Ein Objekt muß nur dann genannt werden, wenn sich die Eigenschaft oder Methode auf ein anderes Objekt (z. B. auf ein bestimmtes ***Workbook***-Objekt) bezieht.

Bei allen Objekte, die eine *Value*-Eigenschaft besitzen, gilt diese Eigenschaft als Defaulteigenschaft, die nicht explizit angeschrieben werden muß.

Beim Zugriff auf Zellbereiche sowie auf Objekte in Tabellenblättern und Dialogen ist eine Kurzschreibweise in der Form *[A1]* oder *[OKButton]* erlaubt. Die vollständige Notation der beiden Beispiele wäre *Range("A1")* oder *DrawingObjects("OKButton")*. Die Kurzschreibweise mit den eckigen Klammern entspricht intern dem Aufruf der *Evaluate*- bzw. der *Item*-Methode.

Formalitäten

Damit Objekte von häufig gleichnamigen Methoden und Eigenschaften ohne weitere Hinweise unterschieden werden können, sind in diesem Abschnitt alle Objekte in fetter Schrift gesetzt.

Im linken Teil der Syntaxbox sind Methoden und Eigenschaften aufgezählt, die zum jeweils behandelte Objekt führen (Symbol ↗). Im rechten Teil der Syntaxbox sind Methoden, Eigenschaften oder Indizes aufgezählt, die vom behandelten Objekt zu anderen Objekten führen (Symbol ↘).

Im rechten oberen Eck der Syntaxboxen wird die Bibliothek angegeben, aus der die Objekte stammen. (Damit Objekte der DAO-, Binder-, Office- und MS-Forms-Bibliothek verwendet werden können, muß die jeweilige Bibliothek via EXTRAS | VERWEISE aktiviert werden.)

DAO	Ein Objekt der Data-Access-Objects-Bibliothek (Zugriff auf externe Datenbanken).
Excel	Ein normales Excel-Objekt. Diese Objekte stehen in jedem VBA-Programm unter Excel zur Verfügung.
Office	Ein Objekt der Office-Bibliothek (Dokumenteigenschaften, Menü- und Symbolleisten etc.).
OfficeBinder	Ein Objekt der OfficeBinder-Bibliothek (Sammelmappen).
MS-Forms	Steuerelemente und andere Objekte der MS-Forms-Bibliothek (Gestaltung von Formularen).
StdOLE	Ein Objekt aus der OLE-Automation-Bibliothek (betrifft nur *StdPicture* und *StdFont*).
VBA	Ein Objekt, das von der Programmiersprache VBA zur Verfügung gestellt wird (betrifft nur *Collection* und *ErrObject*).
VBE	Ein Objekt aus der VBA-Extension-Bibliothek (VBIDE im Objektkatalog).

HINWEIS

Bei allen Objekten, die neu in Excel 97 sind, wird der Bibliotheksname mit 97 ergänzt (also Excel 97, MS-Forms 97 etc.). Diese Kennzeichnung ermöglicht es, einen raschen Überblick über neue Objekte zu gewinnen.

Einordnung in die Objekthierarchie

In der grau unterlegten Syntaxbox jedes Objekts werden links die wichtigsten übergeordneten Objekte mit jener Eigenschaft oder Methode angeführt, die auf das beschriebene Objekt führen. Rechts werden die wichtigsten Eigenschaften oder Methoden des beschriebenen Objekts genannt, die zu weiteren untergeordneten Objekten führen. Auf diese Weise ist eine unmittelbare Einordnung des Objekts in die Objekthierarchie möglich.

Werfen Sie etwa einen Blick auf das ***Axis***-Objekt auf Seite 647: Die Methode *Axes* des übergeordneten ***Chart***-Objekts führt auf das ***Axis***-Objekt. Die beiden Eigenschaften *Major-* und *MinorGridlines* verweisen auf das untergeordnete Objekt ***Gridlines***.

Die Querverweise im linken wie im rechten Teil der Syntaxbox sind in vielen Fällen unvollständig. Zum ***Range***-Objekt führen beispielsweise Dutzende übergeordneter Methoden und Eigenschaften. Umgekehrt sind über die Eigenschaften und Methoden des ***Workbook***-Objekts zahllose weitere Objekte erreichbar. Eine vollständige Querreferenz ist daher aus Platz- und Übersichtsgründen zumeist unmöglich.

AddIn Excel

***Application**.AddIns(..)* ↗

Das Objekt ***AddIn*** enthält einige Daten zu den in Excel registrierten Add-Ins. Die Eigenschaft *Installed* gibt an, ob das Add-In momentan aktiviert oder deaktiviert ist. Eine Veränderung des Werts dieser Eigenschaft verändert auch den Zustand des Add-Ins. *Path, Name* und *FullName* geben den Dateinamen der Add-In-Datei an, *Title* den im »Add-In«-Dialog angezeigten Titel und *Comments* eine kurze dazugehörende Erklärung.

AddIns Excel

Application**.AddIns* ↗ (*index* oder *name*) ↘ ***AddIn

Das Objekt verweist auf die Liste aller in Excel registrierten Add-Ins. Ob diese Add-Ins tatsächlich aktiviert sind, können Sie über die *Installed*-Eigenschaft des ***AddIn***-Objekts feststellen. Mit der Methode *Add* können Sie neue Add-Ins installieren. Dazu müssen Sie lediglich den Dateinamen des Add-Ins angeben.

Adjustments Excel 97

***Shape**.Adjustments* ↗
***ShapeRange**.Adjustments* ↗

Viele ***Shape***-Objekte (zu denen unter anderem alle Auto-Formen gehören, siehe »Zeichnen«-Symbolleiste) besitzen gelbe Adjustierungspunkte, mit denen im interaktiven Betrieb das Aussehen des Objekts verändert werden kann (etwa die Breite eines Pfeils oder die Form der Spitze). Diese Veränderungen werden in mehreren Fließkommazahlen gespeichert, die mit *Adjustments(n)* angesprochen werden. Ob und wie viele Adjustierungsparameter zur Verfügung stehen, können Sie mit *Adjustments.-Count* feststellen. Schwieriger ist es, die Bedeutung des *n*-ten Parameters für das jeweilige Objekt festzustellen – die ist nämlich nicht dokumentiert. Folgen Sie dem Rat der Online-Hilfe und verwenden Sie die Makroaufzeichnung!

Application Excel

***Excel**.Application* ↗

.Workbooks ↘ ***Workbook***
.ActiveWorkbook ↘ ***Workbook***
.Windows ↘ ***Window***
.ActiveWindow ↘ ***Window***
.ActiveSheet ↘ ***Worksheet, Chart***
.Commandbars ↘ ***Commandbar***
.AddIns ↘ ***AddIn***

Das Objekt ***Application*** steht an der Spitze aller Excel-Objekte. Über diverse Eigenschaften und Methoden gelangen Sie zum Teil direkt und zum Teil indirekt zu allen anderen in diesem Kapitel beschriebenen Objekten. In der Syntaxbox oben wurden nur einige besonders häufig benötigte Eigenschaften und Methoden aufgezählt.

Application verweist auf zahlreiche Eigenschaften, die globale Excel-Optionen steuern (beispielsweise *DisplayFormulaBar, Calculation, ScreenUpdating, WindowState, DisplayFullScreen, DisplayStatusBar, DisplayAlerts*). *Path* gibt den Pfad zur `Excel.exe` an. *Version* enthält die Nummer der aktuellen Excel-Version.

Über ***Application*** kann auf einige Tabellenfunktionen zugegriffen werden, so daß diese auch im VBA-Code verwendet werden können (etwa *Count, Index, Sum, VLookup* und *Lookup*).

Application gilt bei vielen Methoden und Eigenschaften als Defaultobjekt, so daß es nicht immer explizit genannt werden muß (etwa *ActiveSheet, ActiveWindow* etc.).

Wenn Sie in einem fremden Programm via ActiveX-Automation Excel steuern, müssen Sie der *Application*-Eigenschaft *Excel* voranstellen, um so anzugeben, daß sich das Kommando auf Excel bezieht. *Excel* darf auch im VBA-Code innerhalb von Excel verwendet werden, hat dort aber keine Wirkung.

Areas — Excel

Range.*Areas* ↗ *(index)* ↘ ***Range***

Wenn Zellbereiche aus mehreren Teilbereichen zusammengesetzt sind, verweist das Objekt ***Areas*** auf die rechteckigen Teilflächen dieses Bereichs. Ob ein zusammengesetzter Bereich vorliegt, kann über die *Count*-Eigenschaft von ***Areas*** festgestellt werden.

AutoCorrect — Excel

Application.*AutoCorrect* ↗

Das ***AutoCorrect***-Objekt steuert die in Excel (optional) stattfindende automatische Korrektur während der Eingabe von Texten. Die Eigenschaft *ReplaceText* gibt an, ob die automatische Korrektur aktiv ist. *ReplacementList* enthält ein Datenfeld mit den zu ersetzenden Texten und den dazugehörenden Korrekturen. Mit den Methoden *AddReplacement* und *DeleteReplacement* können dieser Liste Einträge hinzugefügt bzw. aus ihr gelöscht werden. *CapitalizeNamesOfDays* gibt an, ob die Anfangsbuchstaben von Wochentagen automatisch groß geschrieben werden sollen; *TwoInitialCapitals* bestimmt, ob solche TIppfehler automatisch korrigiert werden sollen.

AutoFilter

Excel 97

Worksheet**.AutoFilter* ↗ *.Filters* ↘ ***Filter

Das ***AutoFilter***-Objekt ist zwar im Objektkatalog aufgezählt, aber leider nicht dokumentiert. (Gleiches gilt auch für die verwandten Objekte ***Filters*** und ***Filter***). Insofern sind die folgenden Ausführungen mit Vorsicht zu betrachten.

Mit der *AutoFilter*-Methode des ***Range***-Objekts können Sie Filter für Datenbanken bzw. Listen in Tabellenblättern eingerichten. Innerhalb eines Tabellenblatts kann immer nur ein Autofilter aktiv sein; dieser kann aber mehrere Filter enthalten (für jede Spalte der Datenbank einen). Das ***AutoFilter***-Objekt ermöglicht den Zugriff auf die entsprechenden ***Filter***-Objekte (*AutoFilter.Filters.Count* bzw. *AutoFilter.Filters(n)*). Die Eigenschaft *Range* gibt den Zellbereich der gesamten Datenbank an, die durch den Autofilter bearbeitet wird.

Axes

Excel

Chart**.Axes* ↗ *(typ, gruppe)* ↘ ***Axis

Das Aufzählobjekt ***Axes*** verweist auf die Koordinatenachsen eines Diagramms (siehe ***Axis***). Die Identifizierung erfolgt durch die Angabe des Typs (*xlValue, xlCategory* oder *xlSeries*) und optional und nur bei 2D-Diagrammen durch die Angabe der Achsengruppen (*xlPrimary* oder *xlSecondary*).

Es existieren keine Methoden zum Hinzufügen oder Löschen von Achsen. Achsen werden durch die Veränderung der *AxisGroup*-Eigenschaften der Objekte ***Chart*** und ***Series*** erzeugt bzw. entfernt.

Axis

Excel

***Chart**.Axes(..)* ↗

.AxisTitle ↘ ***AxisTitle***
.MajorGridlines ↘ ***Gridlines***
.MinorGridlines ↘ ***Gridlines***
.TickLabels ↘ ***TickLabels***

Das ***Axis***-Objekt wird in Diagrammen zur Beschreibung der Merkmale von Koordinatenachsen verwendet. Diagramme sind normalerweise mit je einer X- und Y-Achse ausgestattet, 3D-Diagramme zusätzlich mit einer Z-Achse. Bei Verbunddiagrammen sind auch je zwei voneinander unabhängige X- bzw. Y-Achsen möglich (Zuordnung durch *AxisGroup*). Der Zugriff auf sämtliche Achsen erfolgt über die Methode *Axes*.

Die wichtigsten Eigenschaften sind *Minimum-* und *MaximumScale* (Wertebereich), *Haupt-* und *MinorUnit* (Abstände für Haupt- und Hilfsteilstriche sowie für Gitterlinien), *Major-* und *MinorTickMark* (zum Ein- und Ausschalten der Teilstriche) und *ScaleType* (zur Auswahl zwischen linearer und logarithmischer Skalierung).

Optische Details der Beschriftung können über die untergeordneten Objekte ***AxisTitle*** und ***TickLabels*** eingestellt werden.

AxisTitle Excel

Axis.*AxisTitle* ↗	*.Interior* ↘ ***Interior***
	.Border ↘ ***Border***
	.Font ↘ ***Font***

Das Objekt ***AxisTitle*** beschreibt das Aussehen des Titels einer Koordinatenachse eines Diagramms. Der Text des Achsentitels wird über die *Caption-* oder die *Text-*Eigenschaft gesteuert, die Schriftart über das gleichnamige untergeordnete Objekt. Der Ort des Titels kann über *Left* und *Top* verändert werden. Damit einer noch nicht beschrifteten Achse überhaupt ein Titel zugeordnet werden kann, muß zuerst die *HasTitle-*Eigenschaft des ***Axis***-Objekts auf *True* gestellt werden.

Binder OfficeBinder

CreateObject("Office.Binder") ↗	*.ActiveSection* ↘ ***Section***
GetObject(..., "Office.Binder") ↗	*.BuiltinDocumentProperties* ↘ ***DocumentProperty***
	.CustomDocumentProperties ↘ ***DocumentProperty***
	.Sections ↘ ***Section***

Das ***Binder***-Objekt ermöglicht die VBA-Steuerung von Sammelmappen. Die Integration in das Excel-Objektmodell erfolgt mit ActiveX-Automation. Ein Objekt des Typs ***Binder*** muß daher mit *CreateObject* oder *GetObject* erzeugt werden. Anschließend kann auf die einzelnen Abschnitte der Sammelmappe über die Eigenschaften *ActiveSection* und *Sections* zugegriffen werden.

Zur Verwaltung der Sammelmappen stehen unter anderem die Methoden *Open, Close, Save, SaveAs* und *PrintOut* zur Verfügung. Die Sichtbarkeit der Sammelmappenleiste am linken Rand kann über die Eigenschaft *LeftPane* gesteuert werden. *Path* und *Name* geben Pfad und Namen der Sammelmappendatei (Kennung `*.odb`) an. Zusätzliche Sammelmappeneigenschaften können über die *XxxDocumentProperties-*Eigenschaften gelesen und verändert werden.

Border Excel

Range.*Borders(..)* ↗
diagrammobjekt.Border ↗

Das Objekt ***Border*** steuert die Umrandung bzw. die Linienform von einzelnen Zellen, Zellbereichen sowie von zahllosen Diagrammobjekten (beispielsweise ***Series, ChartObject, ChartTitle, Oval, Legend*** etc.). Die drei wesentlichen Eigenschaften sind *Color, LineStyle* (Linienform, z. B. punktiert) und *Weight* (Breite der Linien). Zur bequemen Einstellung der ***Border***-Eigenschaften für einen Zellbereich steht auch die *Range-*Methode *BorderAround* zur Verfügung.

Borders

Excel

***FormatCondition**.Borders* ↗
***Range**.Borders* ↗
***Style**.Borders* ↗

(index) ↘ ***Border***

Das Aufzählobjekt verweist auf die vier ***Border***-Objekte, die das Aussehen der Umrandungslinien eines Zellbereichs bestimmen. Als Index werden die *XlBordersIndex*-Konstanten angegeben.

CalloutFormat

Excel 97

***Shape**.CalloutFormat* ↗
***ShapeRange**.CalloutFormat* ↗

Laut Online-Hilfe steuert das ***CalloutFormat***-Objekt diverse Eigenschaften bei ***Shape***-Objekten des Typs »Legende mit Linie«. Es ist allerdings trotz mehrfacher Versuche nicht gelungen, ein AutoForm-Objekt zu erzeugen, das einen Zugriff auf ***CalloutFormat*** ohne Fehlermeldung erlaubt hätte.

Characters

Excel

***Range**.Characters(..)* ↗
***objekt**.Characters(..)* ↗

.Font ↘ ***Font***

Über die *Characters*-Methode können Sie auf einzelne Zeichen eines Textes in einer Zelle oder in einem Objekt (etwa ***ChartTitle, TextBox*** etc.) zugreifen und dessen Schriftart verändern. Die Eigenschaften *Text* und *Caption* enthalten den ausgewählten Text. An die *Characters*-Methode muß die Nummer des ersten Zeichens und die Anzahl der Zeichen übergeben werden.

Chart

Excel

***Workbook**.Charts(..)* ↗
***ChartObject**.Chart* ↗
***Workbook**.ActiveChart* ↗

.ChartArea ↘ ***ChartArea***
.Axes ↘ ***Axis***
.SeriesCollection ↘ ***Series***

Das ***Chart***-Objekt kann sowohl ein eingebettetes Diagramm in einem Tabellenblatt als auch das Hauptdiagramm eines Diagrammblatts meinen. (Es existiert kein eigener Objekttyp für Diagrammblätter.) In jedem Fall stellt ***Chart*** das Ausgangsobjekt für den Inhalt und die optische Gestaltung eines Diagramms dar. Bei Diagrammen, die in Tabellenblättern eingebettet sind, steht zwischen dem Tabellenblatt und dem Diagramm noch das ***ChartObject***, das Position und Größe des Diagramms bestimmt.

Vom ***Chart***-Objekt verweisen über 30 Eigenschaften und Methoden auf untergeordnete Objekte, über die die meisten inhaltlichen und formalen Details des Diagramms gesteuert werden. Die drei wichtigsten Eigenschaften/Methoden sind in der

Syntaxbox oben genannt. Einen vollständigen Überblick gibt die Objekthierarchieliste zum Thema »Diagrammobjekte« in Abschnitt 14.1.

Unmittelbar dem ***Chart***-Objekt zugeordnet sind die Eigenschaften *Type* und *SubType*, durch die der Diagrammtyp eingestellt wird. Die Methode *ChartWizard* erstellt ein neues Diagramm. *AutoFormat* gestaltet das Diagramm durch ein Autoformat. *Elevation, Rotation* und *Perspective* bestimmen die Blickrichtung auf 3D-Diagramme.

ChartArea

Excel

Chart.*ChartArea* ↗

.Interior ↘ ***Interior***
.Border ↘ ***Border***

Das Objekt ***ChartArea*** beschreibt die optische Gestaltung des gesamten Diagramms (inklusive Achsen, Legende, Titel etc.). Im Gegensatz zu ***ChartArea*** steht das Objekt ***PlotArea***, das nur den Hintergrund des grafischen Teils des Diagramms betrifft.

Die Gestaltung der Diagrammfläche erfolgt im wesentlichen über die Subobjekte ***Interior*** (Farbe und Muster) und ***Border*** (Umrandung). Das Objekt bekommt durch die Methoden *Copy, ClearFormats, ClearContents* und *Clear* eine zusätzliche Bedeutung: Diese Methoden betreffen nämlich nicht nur die Diagrammfläche, sondern das gesamte Diagramm.

ChartColorFormat

Excel 97

ChartFillFormat.*Fore-/BackColor* ↗

Ermöglicht die Einstellung von Farbübergängen in diversen Diagrammobjekten. Ein Unterschied zu ***ColorFormat*** ist nicht erkennbar. Siehe auch ***ChartFillFormat*** und ***ColorFormat***.

ChartFillFormat

Excel 97

diagrammobjekt.*Fill* ↗

.Fore-/BackColor ↘ ***ChartColorFormat***

Mit dem Objekt können wie mit ***FillFormat*** (siehe dort) Hintergrundeffekte eingestellt werden. Allerdings ist ***ChartFillFormat*** speziell für Diagrammobjekte vorgesehen, ***FillFormat*** dagegen nur für ***Shape*** und ***ShapeRange***.

ChartGroup

Excel

Chart.*ChartGroups(..)* ↗
Chart.*XxxGroups(..)* ↗

.SeriesCollection ↘ ***Series***

Diagrammgruppen fassen innerhalb eines Diagramms mehrere Datenreihen mit einem gemeinsamen Diagrammtyp zusammen. Diagrammgruppen sind nur für Verbunddiagramme erforderlich. (Verbunddiagramme sind Diagramme, in denen zwei

Diagrammtypen vereint sind – z. B. ein Linien- und ein Punktdiagramm oder zwei Liniendiagramme mit unterschiedlichen Y-Achsen.) Die wichtigsten Eigenschaften sind *Type* und *SubType,* durch die der Diagrammtyp der Gruppe bestimmt wird.

ChartGroups

Excel

Chart**.ChartGroups* ↗ *(name* oder *index)* ↘ ***ChartGroup

Das Aufzählobjekt verweist auf ***ChartGroup***-Objekte, die zur Bildung von Verbunddiagrammen erforderlich sind (siehe oben). Neben *ChartGroups* existieren zahlreiche weitere Methoden, die auf spezifische Teilgruppen der ***ChartGroup***-Objekte verweisen, beispielsweise *AreaGroups, PieGroups* oder *LineGroups.* Es existiert keine eigene Methode zur Bildung von Diagrammgruppen – diese entstehen einfach dadurch, daß die *Type*- oder *SubType*-Eigenschaft einzelner Datenreihen individuell eingestellt wird.

ChartObject

Excel

Worksheet**.ChartObjects(..)* ↗ *.Chart* ↘ ***Chart
.Interior ↘ ***Interior***

Das Diagrammobjekt steht zwischen einem eingebetteten ***Chart***-Objekt und dem Tabellenblatt. Es bestimmt vor allem Größe- und Position des Diagramms. Diagrammobjekte sind prinzipiell auch in Diagramm- und Dialogblättern erlaubt, kommen dort aber selten vor.

Diagrammobjekte können mit den Methoden *Duplicate* vervielfacht und mit *Copy* in die Zwischenablage kopiert werden. Wichtig ist der Unterschied zwischen den Methoden *Select* und *Activate*: *Select* entspricht einem einfachen Mausklick, *Activate* einem doppelten Mausklick. Ein aktiviertes Diagramm muß durch die Zuweisung von *False* an ***ActiveWindow**.Visible* deaktiviert werden.

ChartObjects

Excel

Worksheet**.ChartObjects* ↗ *(index* oder *name)* ↘ ***Chart

Die Aufzählung verweist auf die eingebetteten ***ChartObject***-Objekte eines Tabellen-, Dialog- oder Diagrammblatts. Siehe ***ChartObject***.

Charts

Excel

Workbook**.Charts* ↗ *(index* oder *name)* ↘ ***Chart

Das Aufzählobjekt verweist auf Diagrammblätter. Beachten Sie dabei, daß es keinen eigenen Objekttyp für Diagrammblätter gibt, weswegen ***Charts*** genaugenommen auf das Hauptdiagramm eines Diagrammblatts verweist. Das Blatt / Diagramm wird mit der Methode *Select* aktiviert und mit *PrintOut* am Drucker ausgegeben bzw. in der

Seitenansicht dargestellt. Auf eingebettete Diagramme in Tabellenblättern müssen Sie über das Objekt ***ChartObjects*** zugreifen.

ChartTitle

Excel

Chart.*ChartTitle* ↗

.*Interior* ↘ ***Interior***
.*Font* ↘ ***Font***

Das Objekt beschreibt Text, Schriftart, Position und Aussehen des Titels eines Diagramms. Ob ein Diagramm überhaupt einen Titel hat, bestimmt die ***Chart***-Eigenschaft *HasTitle*. Anschließend kann über die Eigenschaften/Methoden *Caption, Interior, Border* und *Font* das Aussehen des Titels eingestellt werden.

CheckBox

MS-Forms 97

UserForm.*Controls(..)* ↗

Das Objekt repräsentiert ein Auswahlkästchen (Ja/Nein-Entscheidung) in MS-Forms-Dialogen. Die wichtigste Eigenschaft ist *Value,* die je nach Zustand *True, False* oder *Null* (unbestimmt) enthält.

CodeModule

VBE 97

CodePane.*CodeModule* ↗
VBComponent.*CodeModule* ↗

Das ***CodeModule***-Objekt ermöglicht die Veränderung von Programmcode. Dazu stehen Methoden wie *InsertLines, DeleteLines, AddFromFile* etc. zur Verfügung.

CodePane[s]

VBE 97

VBE.*CodePanes* ↗

.*CodeModule* ↘ ***CodeModule***
.*Window* ↘ ***Window***

Die Auflistung ***CodePanes*** und die daraus abgeleiteten ***CodePane***-Objekte beschreiben Codebereiche in der VBA-Entwicklungsumgebung. (Hinweis: Wenn Sie VBA-Code verändern möchten, müssen Sie auf das ***CodeModule***-Objekt zurückgreifen.)

Collection

VBA 97

(index oder *name)* ↘ ***objekt***

Das Objekt ermöglicht die Definition eigener Auflistungen (Aufzählobjekte). Neue Objekte können mit *Add* hinzugefügt, vorhandene mit *Remove* entfernt werden. Die Anzahl der gespeicherten Objekte wird mit *Count* ermittelt.

ColorFormat

Excel 97

FillFormat.*Fore-/BackColor* ↗
LineFormat.*Fore-/BackColor* ↗
ShadowFormat.*ForeColor* ↗
ThreeDFormat.*ExtrusionColor* ↗

Bei einigen neu in Excel 97 eingeführten Objekten wird die Farbe nicht direkt als RGB-Wert, sondern über den Umweg eines ***ColorFormat***-Objektes eingestellt. Die Defaulteigenschaft von ***ColorFormat*** lautet *RGB*, je nach *Type*-Einstellung kann die Farbe aber auch über die Eigenschaft *SchemeColor* eingestellt werden. *SchemeColor* erwartet Indexnummern für die gültige Farbpalette (deren Einstellung allerdings weder gelesen noch verändert werden kann).

ComboBox

MS-Forms 97

UserForm.*Controls(..)* ↗

Das Steuerelement bietet eine Kombination aus einem ausklappbaren Listenfeld mit einem Textfeld. *List(n)* ermöglicht den Zugriff auf die Liste. Über *RowSource* kann die Liste einem Zellbereich der Tabelle entnommen werden. (Wenn das Steuerelement in einem Tabellenblatt verwendet wird, muß statt dessen *ListFillRange* verwendet werden. *LinkedCell* gibt dann an, in welche Zelle das Ergebnis der Auswahl übertragen werden soll.) *Text* enthält den ausgewählten bzw. eingegebenen Text, *Value* je nach Einstellung von *BoundColumn* ebenfalls den Text oder aber die Nummer des ausgewählten Listenelements.

CommandBar

Office 97

Application.*CommandBars(..)* ↗ .*Controls* ↘ ***CommandBarControls***

Das Objekt beschreibt eine Menü- oder Symbolleiste. Genaugenommen gibt es drei Typen (Eigenschaft *Type*): »normale« Symbolleisten (*msoBarTypeNormal*), richtige Menüleisten (*msoBarTypeMenuBar*) und Kontextmenüs (*msoBarTypePopup*).

CommandBarButton

Office 97

CommandBar.*Controls(..)* ↗

Das Objekt repräsentiert einen normalen Eintrag in einem Menü bzw. in einer Symbolleiste. Je nach Einstellung von *Style* wird das Objekt als Symbol und/oder Text dargestellt.

CommandBarComboBox Office 97

***CommandBar**.Controls(..)* ↗

Das Menüelement kann sowohl als Texteingabefeld als auch als Listenfeld (in Symbolleisten) verwendet werden. Über den Verwendungstyp entscheidet *Style* (*msoControlDropdown, msoControlEdit* oder *msoControlComboBox*). Bei der Verwendung als Listenfeld wird die Liste mit den Methoden *AddItem, RemoveItem* und *Clear* bearbeitet. In jedem Fall kann der eingegebene Text bzw. der ausgewählte Eintrag aus *Text* entnommen werden.

CommandBarControl Office 97

CommandBar**.Controls(..)* ↗ (*index* oder *name*) ↘ ***CommandBarControl

CommandBarControl dient als übergeordnetes Objekt für ***CommandBarButton, -ComboBox*** oder ***-Popup***. Welcher Objekttyp nun tatsächlich gilt, können Sie mit *Type* feststellen. (Beachten Sie bitte, daß es auch einige *CommandBar*-Typen gibt, die zwar in eingebauten Menüs vorkommen, momentan aber nicht zur Programmierung verwendet werden können und daher nicht durch eigene Objekte repräsentiert werden!)

Wichtige Eigenschaften sind *Caption* (der Beschriftungstext), *TooltipText* (der gelbe Infotext, falls dieser von *Caption* abweichen soll), *BeginGroup* (oberhalb bzw. links eine Trennlinie anzeigen) und *OnAction* (die aufzurufende Ereignisprozedur).

CommandBarControls Office 97

CommandBar**.Controls* ↗ (*index* oder *name*) ↘ ***CommandBarControl

Die Auflistung führt zu den einzelnen Einträgen einer Symbol- oder Menüleiste bzw. eines Menüs oder Submenüs. Formal handelt es sich bei den untergeordneten Objekten um ***CommandBarControl***-Objekte. Tatsächlich erhalten Sie aber zumeist ein ***CommandBarButton, -ComboBox*** oder ***-Popup***-Objekt (siehe ***CommandControl***). Mit *Add* können neue Menüelemente hinzugefügt werden.

CommandBarPopup Office 97

CommandBar**.Controls(..)* ↗ *.Controls* ↘ ***CommandBarControls

Dieses Objekt ist der Schlüssel zu eigenen Menüs in Menü- oder Symbolleisten, zu Submenüs in Menüs, zu Subsubmenüs in Submenüs etc. *Controls* verweist auf die untergeordneten Einträge, bei denen es sich um ***CommandBarButton, -ComboBox*** oder ***-Popup***-Objekte handeln kann.

Die Möglichkeit, das Objekt in jeder Hierarchieebene neuerlich einzusetzen, macht den Objektzugriff oft recht unübersichtlich. Das Objekt eignet sich übrigens nicht für

Kontextmenüs – die müssen als ***CommandBar***-Objekte mit *Position=msoBarPopup* definiert werden.

CommandBars

Office 97

Application**.CommandBars* ↗ *(index* oder *name)* ↘ ***CommandBar

Das Objekt zählt alle vor- und benutzerdefinierten Symbol- und Menüleisten auf. Bei vordefinierten Symbol- und Menüleisten muß als Index der englische Name verwendet werden, also etwa *CommandBars("Worksheet Menu Bar")* für die normalerweise angezeigte Menüleiste.

CommandButton

MS-Forms 97

UserForm**.Controls(..)* ↗ *.Picture* ↘ ***StdPicture

Die wichtigste Buttoneigenschaft lautet *Caption* für den Beschriftungstext. Optional kann im Button auch ein Bild dargestellt werden (Eigenschaften *Picture* und *PicturePosition*). Das Anklicken löst – wenig überraschend – ein *Click*-Ereignis aus.

Wenn Sie das Steuerelement in Tabellenblättern verwenden, sollten Sie *TakeFocusOnClick* auf *False* stellen. Damit vermeiden Sie, daß der Eingabefokus nach dem Anklikken des Buttons dort bleibt (was im VBA-Code zu Problemen führen kann).

Comment

Excel 97

Range**.Comment* ↗ *.Next/.Previous* ↘ ***Comment
Range**.AddComment(..)* ↗ *.Shape* ↘ ***Shape

Das Objekt speichert den Inhalt und andere Informationen zu Zellnotizen (die seit Excel 97 auch Kommentare heißen). Über die Methode *Text* kann die Notiz gelesen und verändert werden. Die Methoden *Previous* und *Next* verweisen auf weitere Notizen im Tabellenblatt. Neue Notizen können mit der Methode *AddComment* des ***Range***-Objekts erzeugt werden. ***Range**.ClearComments* löscht alle Notizen im angegebenen Zellbereich.

Comments

Excel 97

Worksheet**.Comments* ↗ *(index* oder *name)* ↘ ***Comment

Die Aufzählung ermöglicht den Zugriff auf alle Kommentare innerhalb eines Tabellenblatts, ohne dazu alle Zellen überprüfen zu müssen.

Connection DAO 97

Database*.Connection* ↗
Workspace*.Connections(..)*↗
Workspace*.OpenConnection(..)* ↗

.Database ↘ ***Database***
.QueryDefs(..) ↘ ***QueryDef***
.Recordsets(..) ↘ ***Recordset***

Das Objekt enthält die Verbindungsparameter für eine ODBCDirect-Verbindung zum effizienten Datenbankzugriff auf Datenbank-Server. Wichtige Eigenschaften sind *DefaultCursorDriver* und *QueryTimeout*. Mit *Execute* können SQL-Aktionsabfragen direkt am Server ausgeführt werden. *OpenRecordset* führt ebenfalls SQL-Kommandos aus, liefert aber ein ***Recordset***-Objekt als Ergebnis.

Connections DAO 97

Workspace*.Connections* ↗

(index oder *name)* ↘ ***Connection***

Die Auflistung verweist auf alle ODBCDirect-Verbindungen zur Datenbank.

ConnectorFormat Excel 97

Shape/ShapeRange*.ConnectorFormat* ↗

.Begin-/EndConnectedShape ↘ ***Shape***

ConnectorFormat beschreibt die Verbindung zwischen zwei *Shape*-Objeken. Beispielsweise können zwei AutoForm-Rechtecke durch eine AutoForm-Verbindungslinie verbunden werden. In diesem Fall wird die Verbindung durch das ***ConnectorFormat***-Objekt des ***Shape***-Objekts der Verbindungslinie beschrieben.

Die wichtigsten Eigenschaften sind *Begin-* und *EndConnectedShape*, die auf die beiden Objekte verweisen, die miteinandern verbunden werden. Zum Aufbau bzw. zum Lösen der Verbindung stehen die Methoden *BeginConnect/EndConnect* bzw. *BeginDisconnect/EndDisconnect* (jeweils für das Start- und das Zielobjekt) zur Verfügung.

Container DAO

Database*.Containers(..)* ↗

.Documents ↘ ***Document***

Mit dem ***Container***-Objekt werden Aufzählungen aller Art in der Datenbank verwaltet, etwa ***TableDefs***, ***QueryDefs*** etc. Einzelne Objekte dieser Aufzählungen – also ***TableDef***, ***QueryDef*** etc. – gelten als ***Document***-Objekte. ***Container*** ist demnach ein Oberbegriff für alle DAO-Aufzählungen. Mit *Containers("Reports").Documents* können beispielsweise alle Berichte einer Access-Datenbank ermittelt werden, obwohl das ***Report***-Objekt in den DAOs gar nicht enthalten ist (wohl aber in der Objektbibliothek zu Access).

Die praktische Bedeutung der ***Container***- und ***Document***-Objekte liegt darin, daß mit deren Hilfe die Zugriffsrechte auf DAO-Objekte eingestellt werden können. Die Eigenschaft *Owner* gibt den Besitzer des Objekts an; über die Eigenschaften *UserName* und

Permission kann eingestellt werden, wer was mit den Daten tun darf (lesen, schreiben, ändern etc.).

Containers DAO

Database.*Containers* ↗ (*index* oder *name*) ↘ ***Container***

Das Aufzählobjekt verweist auf ***Container***-Objekte. Die Aufzählung kann mit *Refresh* aktualisiert werden (etwa nach einer Veränderung des Aufbaus der Datenbank).

Control MS-Forms 97

Das Objekt stellt gemeinsame Eigenschaften, Methoden und Ereignisse für alle MS-Forms-Steuerelemente zur Verfügung. Es wird selten direkt verwendet (höchstens zur Deklaration von Variablen oder Parametern).

ControlFormat Excel 97

Shape.*ControlFormat* ↗

Wenn ein ***Shape***-Objekt dazu verwendet wird, um ein Steuerelement (zumeist aus der MS-Forms-Bibliothek) in ein Tabellenblatt einzubetten, stellt das ***ControlFormat***-Objekt einige Eigenschaften für das Steuerelement zur Verfügung. Das Objekt ermöglicht so die Kommunikation zwischen Tabellenblatt und Steuerelement. Zu den Eigenschaften zählen unter anderem *LinkedCell*, *ListFillRange* und *PrintObject*. Siehe auch Abschnitt 8.5.

Controls MS-Forms 97

Frame.*Controls* ↗ (*index* oder *name*) ↘ ***steuerelement***
Page.*Controls* ↗
UserForm.*Controls* ↗

Die Aufzählung verweist auf alle Steuerelemente eines Rahmenfelds, einer Dialogseite oder eines ganzen Dialogs. Als einzige Eigenschaft steht *Count* zur Verfügung. Mit den Methoden *Add* und *Remove* können per Programmcode neue Steuerelemente erzeugt bzw. wieder entfernt werden.

Corners Excel

Chart.*Corners* ↗

Das Objekt bezeichnet die Eckpunkte des Quaders, der ein 3D-Diagramm umrahmt. Als einzig sinnvolle Methode steht *Select* zur Verfügung. Das Objekt ist zum Programmieren nicht von Bedeutung. Bei der manuellen Bearbeitung von Diagrammen können die Ecken ausgewählt und das ganze Diagramm anschließend mit der Maus verdreht werden.

CustomView — Excel 97

***Workbook**.CustomViews(..)* ↗

Seit Excel 97 können zu einer Excel-Datei mehrere Einstellungen für den Drucker und für die Anzeige von Zeilen/Spalten (ein-/ausblenden) gespeichert werden. Im interaktiven Betrieb werden diese Einstellungen mit ANSICHT | ANSICHT ANPASSEN gespeichert bzw. aktiviert.

Über das ***CustomView***-Objekt kann lediglich festgestellt werden, ob für eine bestimmte Ansicht Druckereinstellungen (*PrintSettings*) oder Zeilen-/Spalteneinstellungen (*RowColSettings*) gespeichert sind. Wie diese Einstellungen aussehen, kann nur ermittelt werden, wenn die jeweilige Ansicht durch *Show* aktiviert wird.

CustomViews — Excel 97

Workbook**.CustomViews* ↗ — *(index* oder *name)* ↘ ***CustomView

Zählt alle zu einer Arbeitsmappe gespeicherten Ansichten auf. Mit der *Add*-Methode werden die aktuellen Einstellungen für den Drucker bzw. für Zeilen- und Spaltenansichten als neue Ansicht gespeichert. Siehe auch ***CustomView***.

Database — DAO

***Workspace**.Databases(..)* ↗

.QueryDefs ↘ ***QueryDef***
.RecordSets ↘ ***RecordSet***
.Relations ↘ ***Relation***
.TableDefs ↘ ***TableDef***

Das ***Database***-Objekt beschreibt die Eigenschaften einer mit *OpenDatabase* geöffneten Datenbank. Die Methode *TableDefs* verweist auf eine Auflistung aller Tabellen der Datenbank, *Relations* auf die Relationen zwischen diesen Tabellen, *RecordSets* auf die aus Abfragen resultierenden Datensatzlisten. Die eigentliche Bearbeitung der Datenbank erfolgt primär über *RecordSet*-Objekte.

Databases — DAO

Workspace**.Databases* ↗ — *(index* oder *name)* ↘ ***Database

Die Aufzählung verweist auf alle zur Zeit geöffneten Datenbanken. (In den meisten Anwendungen sind nur eine oder maximal zwei Datenbanken gleichzeitig geöffnet.)

DataLabel Excel

***Series**.DataLabels(..)* ↗	*.Interior* ↘ ***Interior***
***Point**.DataLabel* ↗	*.Border* ↘ ***Border***
***Trendline**.DataLabel* ↗	*.Font* ↘ ***Font***

Über das Objekt kann die Beschriftung einzelner Datenpunkte einer Datenreihe eines Diagramms eingestellt werden. Bevor das Objekt ***DataLabel*** verändert werden kann, muß die Eigenschaft *HasDataLabels* des Objekts ***Series*** auf *True* gestellt werden.

Der Typ der Beschriftung (Wert, Prozent oder individueller Beschriftungstext) wird über die *Type*-Eigenschaft eingestellt. Individuelle Texte werden über *Caption* oder *Text* angegeben. Die optische Formatierung erfolgt über *Orientation, Interior, Border* und *Font*.

In vielen Fällen einfacher als eine Beschriftung jedes einzelnen Datenpunktes ist der Einsatz der Methode *ApplyDataLabels*. Damit können alle Punkte eines ***Series***-Objekts oder alle Datenreihen eines ***Chart***-Objekts einheitlich durch Werte, Prozente etc. beschriftet werden.

DataLabels Excel

***Series**.DataLabels* ↗	*(index)* ↘ ***DataLabel***

Das Aufzählobjekt verweist auf ***DataLabel***-Objekte einer Datenreihe. Als *index* muß die Nummer des Datenpunktes angegeben werden. Siehe ***DataLabel***.

DataObject MS-Forms 97

Das Objekt wird bei OLE-Drop-Ereignissen (*BeforeDragOver, BeforeDropOrPaste*) an die jeweilige Ereignisprozedur übergeben. Es ermöglicht die Auswertung von Drag-and-Drop-Operationen, also beispielsweise das Ablegen einer Datei aus dem Explorer in einem MS-Forms-Dialog.

DataTable Excel 97

***Chart**.DataTable* ↗	*.Border* ↘ ***Border***
	.Font ↘ ***Font***

Seit Excel 97 können innerhalb eines Diagrammobjekts (üblicherweise unterhalb des eigentlichen Diagramms) auch die Quelldaten als Zahlenwerte angezeigt werden (DIAGRAMMOPTIONEN | DATENQUELLE). Per Programmcode wird die Datentabelle durch ***Chart**.HasDataTable=True/False* aktiviert bzw. wieder entfernt. Das Aussehen der Datentabelle kann durch die Eigenschaften von ***DataTable*** gesteuert werden, etwa durch *HasBorderOutline, ShowLegendKey* etc.

DBEngine DAO

.Workspaces ↘ ***Workspace***

Das ***DBEngine***-Objekt verweist auf die Datenbank-Engine, also auf die Funktionsbibliothek zur Verwaltung und Verarbeitung von Datenbanken. Das Objekt steht an der Spitze der DAOs. Mit den Methoden *RepairDatabase, RegisterDatabase* und *CompactDatabase* können verschiedene Verwaltungaufgaben durchgeführt werden (nur wenn die betroffenen Datenbanken nicht geöffnet sind). Der eigentliche Datenbankzugriff erfolgt über das ***Workspace***-Objekt und dessen ***Databases***-Aufzählung. *DBEngine.Workspaces(0)* gilt als Defaultobjekt und muß in VBA-Anweisungen nicht explizit angegeben werden.

Debug VBA

Beim Objekt ***Debug*** handelt es sich um ein allgemeines VBA-Objekt. ***Debug*** verweist auf das Testfenster der Programmierumgebung. Zu ***Debug*** existiert nur eine einzige Methode: *Print* führt Ausgaben im Testfenster durch.

Dialog Excel

Application*.Dialogs(..)* ↗

Das Objekt dient zur internen Verwaltung der vordefinierten Excel-Dialoge. Diese Dialoge können mit der *Show*-Methode angezeigt werden. Selbstdefinierte Dialoge werden über das ***DialogSheet***-Objekt verwaltet.

Dialogs Excel

Application*.Dialogs* ↗ *(index)* ↘ ***Dialog***

Das Aufzählobjekt enthält eine Liste aller vordefinierten Excel-Dialoge. Die Auswahl erfolgt durch die Indexangabe über *xlDialogNamexxx*-Konstanten.

Document DAO

Container*.Documents(..)* ↗

Document-Objekte enthalten die Elemente von DAO-Aufzählungen, beispielsweise alle ***TableDef***-Objekte der ***TableDefs***-Aufzählung. Das ***Document***-Objekt wird zusammen mit dem ***Container***-Objekt intern zur Verwaltung aller DAO-Aufzählungen verwendet. Über die Eigenschaften *UserName* und *Permission* können die Zugriffsrechte auf die durch das ***Container***-Objekt verwalteten DAO-Objekte gelesen bzw. verändert werden.

DocumentProperties Office

Workbook**.BuiltinDocumentProperties* ↗ (*name* oder *index*) ↘ ***DocumentProperty
***Workbook**.CustomDocumentProperties* ↗
***Binder**:XxxDocumentProperties* ↗

Das Aufzählobjekt enthält eine Liste aller Eigenschaften der angegebenen Excel-Datei bzw. der Sammelmappe. Diese Eigenschaften dienen zur Identifizierung und Suche nach Dokumenten und stellen eine Neuerung im Office-95-Paket dar. Zu den 28 vordefinierten Eigenschaften für Excel-Arbeitsmappen zählen unter anderem *"Title"*, *"Subject"*, *"Author"*, *"Last Author"*, *"Revision Number"* etc. Daneben können mit der *Add*-Methode auch eigene Eigenschaften definiert werden. Im interaktiven Betrieb können die Dokumenteigenschaften mit DATEI | EIGENSCHAFTEN eingestellt bzw. neu definiert werden.

DocumentProperty Office

***Workbook**.BuiltinDocumentProperties(..)* ↗
***Binder**.CustomDocumentProperties(..)* ↗

Das ***DocumentProperty***-Objekt beschreibt eine Eigenschaft einer Excel-Datei bzw. einer Sammelmappe. Dabei gibt *Name* den Eigenschaftsnamen, *Type* seinen Typ und *Value* die aktuelle Einstellung an. Mit den Eigenschaften *LinkSource* und *LinkToContent* kann der Wert einer eigenen (benutzerdefinierten) Eigenschaft direkt mit dem Inhalt eines Tabellenblatts verbunden werden. Dazu muß *LinkToContent* auf *True* gesetzt werden und *LinkSource* ein benannter Zellbereich zugewiesen werden.

Documents DAO

***Container**.Document* ↗

Das Aufzählobjekt verweist auf ***Document***-Objekte, also auf Elemente von DAO-Objektaufzählungen (siehe oben). Die Aufzählung kann mit *Refresh* aktualisiert werden (etwa nach einer Veränderung des Aufbaus der Datenbank).

DropLines Excel

ChartGroup**.DropLines* ↗ *.Border* ↘ ***Border

Bei Linien- und Flächendiagrammen können zu den einzelnen Datenpunkten vertikale Bezugslinien gezeichnet werden. Dazu muß die ***ChartGroup***-Eigenschaft *HasDropLines* auf *True* gestellt werden. Die Bezugslinien reichen von der X-Achse bis zum Datenpunkt. Über das Objekt ***DropLines*** (bzw. über dessen Subobjekt ***Border***) kann dann das Aussehen der Bezugslinien eingestellt werden.

ErrObject VBA 97

Das Objekt enthält Informationen zum letzten Fehler und kann beispielsweise in Fehlerbehandlungsroutinen ausgewertet werden. Die beiden wichtigsten Eigenschaften sind *Number* mit der Fehlernummer und *Description* mit einer kurzen Beschreibung. Das Objekt wird selten verwendet, weil dieselben Informationen auch über die schon bisher verfügbaren Funktionen *Err* und *Error* verfügbar sind.

Error DAO

DBEngine.*Errors(..)* ↗

Fehler beim Zugriff auf Datenbanken mit der DAO-Bibliothek werden durch ein eigenes ***Error***-Objekt protokolliert. Wenn mehrere Fehler aufgetreten sind, können diese der Reihe nach der ***Errors***-Aufzählung entnommen werden. Die Eigenschaften *Description* und *Source* geben Informationen über die Ursache des Fehlers, *HelpContext* und *HelpFile* verweisen auf dazugehörende Hilfetexte.

ErrorBars Excel

Series.*ErrorBars* ↗ *.Border* ↘ ***Border***

Fehlerindikatoren sind kleine vertikale oder horizontale Linien bei jedem Datenpunkt eines 2D-Diagramms, die den möglichen Fehlerbereich des Datenpunkts anzeigen. Fehlerindikatoren werden normalerweise mit der gleichnamigen Methode des ***Series***-Objekts erzeugt. Über das ***Border***-Subobjekt können Sie die optische Gestaltung der Fehlerlinien einstellen. Durch die Zuweisung von *False* an die ***Series***-Eigenschaft *HasErrorBars* können die Fehlerlinien wieder entfernt werden.

Errors DAO

DBEngine.*Errors* ↗ (*index* oder *name*) ↘ ***Error***

Das Aufzählobjekt enthält eine Liste mit den Fehlern, die während der letzten Datenbankoperation aufgetreten sind. Die Eigenschaft *Count* gibt die Anzahl der Fehler an.

Field DAO

RecordSet.*Fields(..)* ↗
TableDef.*Fields(..)* ↗
objekt!Feldname ↗

Das *Field*-Objekt beschreibt die Eigenschaften eines Datenfelds einer Tabelle bzw. einer Datensatzliste. Die wichtigsten Merkmale des Objekts werden durch die Eigenschaften *Type*, *Size* und *Attributes* bestimmt. Der Inhalt eines Felds wird über die *Value*-Eigenschaft gelesen oder verändert. Der Zugriff auf einzelne Felder erfolgt in der Regel fast ausschließlich in der Kurzschreibweise *objekt!Feldname* (die den längeren Ausdruck *Object.Fields("Feldname")* ersetzt.

Fields

DAO

RecordSet**.Fields(..)* ↗ (*index* oder *name*) ↘ ***Field
***TableDef**.Fields(..)* ↗

Das Aufzählobjekt verweist auf die Datenfelder einer Tabelle, einer Abfrage, eines ***Recordset***, eines Indexes oder einer Relation zwischen zwei Tabellen.

FillFormat

Excel 97

Shape/ShapeRange**.Fill* ↗ *.Fore-/BackColor* ↘ ***ColorFormat

Mit dem Objekt können für diverse Zeichnungsobjekte (***Shape***) Hintergrundeffekte eingestellt werden. Für Farbübergänge können über *Fore-* und *BackColor* zwei Farben angegeben werden; der Farbübergang wird dann durch die Eigenschaften *GradiantDegree* und *GradientStyle* gesteuert. Dem Objekt kann mit den Eigenschaften *TextureName* und *TextureType* auch eine Textur (Hintergrundbitmap) zugeordnet werden. Für Diagrammobjekte steht das verwandte Objekt ***ChartFillFormat*** zur Verfügung.

Filter

Excel 97

AutoFilter**.Filters(..)* ↗ (*index* oder *name*) / *.eigenschaft* ↘ ***Objekt

Die drei Eigenschaften *Operator*, *Criteria1* und *Criteria2* des ***Filter***-Objekts beschreiben das Filterkriterium für eine Spalte eines ***AutoFilter***-Objekts. *On* gibt an, ob der Filter aktiv ist oder nicht.

Filters

Excel 97

AutoFilter**.Filters* ↗ (*index* oder *name*) ↘ ***Filter

Das Auflistungsobjekt verweist auf alle Filter eines Autofilters (für jede Spalte der Datenbank einen).

Floor

Excel

Chart**.Floor* ↗ *.Interior* ↘ ***Interior
.Border ↘ ***Border***

Floor beschreibt die Bodenfläche von 3D-Diagrammen. Die optische Formatierung erfolgt über die beiden Subobjekte ***Interior*** und ***Border***. Die Methode *ClearFormats* stellt die Standardformatierung der Bodenfläche wieder her. Siehe auch ***Walls*** für die Seitenwände eines 3D-Diagramms.

Font

Excel

Range.*Font* ↗
Characters.*Font* ↗
diagrammobjekt.*Font* ↗

Das ***Font***-Objekt dient zur Einstellung der Schriftart von Zellbereichen, von einzelnen Textzeichen sowie von diversen Diagrammobjekten und Steuerelementen. Die wesentlichen Eigenschaften sind *Name* (für den Zeichensatznamen), *Size, Bold, Italic, Underline, Subscript, Superscript, Color* und *Background*.

FormatCondition

Excel 97

Range.*FormatConditions(..)* ↗

.Borders(..) ↘ ***Border***
.Font ↘ ***Font***
.Interior ↘ ***Interior***

Seit Excel 97 kann die Formatierung einer Zelle oder eines Zellbereichs von maximal drei Bedingungen abhängig gemacht werden (FORMAT | BEDINGTE FORMATIERUNG). Auf diese Weise können etwa automatisch alle Werte, die einen Grenzwert überschreiten, durch fette Schrift hervorgehoben werden.

Die Eigenschaften *Formula1* und *-2* sowie *Operator* beschrieben die Bedingung, *Borders, Font* und *Interior* die daraus resultierende Formatierung. Mit *Delete* kann die bedingte Formatierung gelöscht werden.

FormatConditions

Excel 97

Range.*FormatConditions* ↗

(index oder *name)* ↘ ***FormatCondition***

Die Aufzählung verweist auf die maximal drei bedingten Formate einer Zelle bzw. eines Zellbereichs. Durch *Add* kann ein neues Format hinzugefügt werden. *Delete* löscht alle bedingten Formate.

Frame

MS-Forms 97

UserForm.*Controls(..)* ↗

.Controls(..) ↘ ***steuerelement***

Das Rahmenfeld dient zur optischen Gliederung von MS-Forms-Dialogen. Im Rahmen enthaltene Steuerelemente werden mit diesem Container-Feld verschoben und können unabhängig vom restlichen Dialog durch *Zoom* vergrößert oder verkleinert werden. *Controls* ermöglicht den Zugriff auf die Steuerelemente.

FreeFormBuilder Excel 97

***Shapes**.BuildFreeForm(..)* ↗

Freihandformen sind aus einer beliebigen Anzahl von Linien oder Kurven zusammengesetzt und werden normalerweise im interaktiven Betrieb gezeichnet. Wenn Sie Freihandobjekte per Code erzeugen möchten, müssen Sie die Methode *BuildFreeForm* verwenden. Die Methode liefert ein ***FreeFormBuilder***-Objekt zurück, das anschließend mit der Methoden *AddNodes* erweitert werden kann. Die Methode *ConvertToShape* wandelt das Objekt schließlich in ein ***Shape***-Objekt um.

Gridlines Excel

Axis**.MajorGridlines* ↗ *.Border* ↘ ***Border
***Axis**.MinorGridlines* ↗

Das Objekt beschreibt die Gitternetzlinien im Hintergrund von Diagrammen. Gitternetzlinien sind jeweils einer Koordinatenachse zugeordnet, d. h. horizontale Linien der Y-Achse und vertikale Linien der X-Achse. Ob und welche Gitternetzlinien angezeigt werden, bestimmen die beiden ***Axis***-Eigenschaften *HasMajor-* und *HasMinorGridlines*. Der Abstand von Hauptlinien wird durch die ***Axis***-Eigenschaft *MajorUnit* bestimmt. Hilfslinien werden dazwischen gezeichnet, und zwar im Abstand *MinorUnit*. Die optische Gestaltung von Gitternetzlinien (Farbe und Linienform) erfolgt durch das Subobjekt ***Border***.

Das Objekt ***Gridlines*** hat nichts mit den Gitternetzlinien in Tabellenblättern zu tun. Ob und wie dieses Gitternetz angezeigt wird, ist durch die ***Window***-Eigenschaften *DisplayGridlines* und *GridlineColor* bestimmt.

Group DAO

User**.Group* ↗ *.Users* ↘ ***User
***WorkSpace**.Groups(..)* ↗

Das *Group*-Objekt faßt eine Gruppe von Datenbanknutzern zusammen, für die gemeinsame Zugriffsrechte gelten. Mit *CreateUser* kann ein neuer Nutzer zur Gruppe hinzugefügt werden. Wie verschiedene Nutzer bzw. Gruppen auf Daten zugreifen dürfen, wird über die *Permission*-Eigenschaft der ***Document***- oder ***Container***-Objekte festgelegt.

GroupShapes Excel 97

Shape/ShapeRange**.GroupItems* ↗ *(index oder name)* ↘ ***Shapes

Wenn mehrere Objekte durch das Kontextmenükommando GRUPPIERUNG zu einer Objektgruppe zusammengefaßt werden, erzeugt Excel ein neues ***Shape***-Objekt, dem die bisherigen Einzelobjekte untergeordnet werden. Der Zugriff auf die Einzelobjekte erfolgt durch die ***GroupShapes***-Aufzählung, deren zwei wichtigsten Eigenschaften *Count* und *Item* sind. Siehe auch ***Shape*** .

Groups DAO

WorkSpace.*Groups* ↗ (*index* oder *name*) ↘ ***Group***

Das Aufzählobjekt verweist auf alle für die Datenbank definierten Gruppen von Benutzern. Bei Access-Datenbanken sind drei Benutzergruppen vordefiniert, nämlich *"Admins"* (kann den Aufbau der Datenbank verändern), *"Users"* (kann Daten verändern) und *"Guests"* (kann Daten nur lesen). Mit der Methode *CreateGroup* für das ***WorkSpace***-Objekt kann eine neue Gruppe definiert werden.

HiLoLines Excel

ChartGroup.*HiLoLines* ↗ .*Border* ↘ ***Border***

Das Objekt beschreibt das Aussehen von Spannweitenlinien in Liniendiagrammen. Spannweitenlinien sind vertikale Linien, die die jeweils kleinsten und größten Datenpunkte aus mehreren Datenreihen verbinden. Ob im Diagramm Spannweitenlinien angezeigt werden, wird über die ***ChartGroup***-Eigenschaft *HasHiLoLines* bestimmt. Das Aussehen der Linien wird durch das Subobjekt ***Border*** eingestellt.

HPageBreak Excel 97

Worksheet.*HPageBreaks(..)* ↗ .*Location* ↘ ***Range***

Das Objekt bezeichnet einen horizontalen Seitenumbruch in einem Tabellenblatt.

HPageBreaks Excel 97

Worksheet.*HPageBreaks* ↗ (*index* oder *name*) ↘ ***HPageBreak***

Die Auflistung ermöglicht den Zugriff auf alle manuellen Seitenumbrüche im Tabellenblatt.

HyperLink Excel 97

objekt.*eigenschaft* ↗ .*Range* ↘ ***Range***
Shape.*HyperLink* ↗ .*Shape* ↘ ***Shape***

Das Objekt beschreibt einen Querverweis auf ein Dokument. Dabei kann es sich sowohl um eine bestimmte Stelle in der aktiven Datei, um eine andere lokale Datei oder um ein Dokument im Internet handeln. Die Adresse bzw. der Dateiname wird in *Address* angegeben, die genaue Position im Dokument (beispielsweise eine Zelladresse) in *SubAddress*.

HyperLinks Excel 97

Chart/Worksheet**.Hyperlinks* ↗ *(index* oder *name)* ↘ ***HyperLink
***Range**.Hyperlinks* ↗

Die Aufzählung ermöglicht den Zugriff auf alle Querverweise bzw. Internet-Links eines Blatts oder eines Zellbereichs.

Image MS-Forms 97

UserForm**.Controls(..)* ↗ *.Picture* ↘ ***StdPicture

Das Bildfeld dient zur Anzeige von Bitmaps in Dialogen. Die Eigenschaft *Picture* verweist auf ein ***StdPicture***-Objekt der StdOLE-Bibliothek. Das Bild kann durch die Funktion *LoadPicture* aus einer Datei geladen werden. Diverse Eigenschaften von ***Image*** bieten Formatierungsoptionen (Clipping, Anpassung des Bilds an die Größe des Steuerelements etc.)

Index DAO

TableDef**.Indexes(..)* ↗ *.Fields* ↘ ***Field

Das ***Index***-Objekt beschreibt, welche Felder einer Tabelle auf welche Weise indiziert sind. Der Index wird vor allem durch die Eigenschaften *Primary, Unique* und *IgnoreNulls* beschrieben. Welches bzw. welche Felder indiziert sind, wird durch die ***Fields***-Aufzählung angegeben.

Indexes DAO

TableDef**.Indexes* ↗ *(index* oder *name)* ↘ ***Index

Das Aufzählobjekt verweist auf alle Indizes einer Datenbanktabelle.

Interior Excel

***Range**.Interior* ↗
***diagrammobjekt**.Interior* ↗

Das Objekt beschreibt Farbe und Muster des Innenbereichs (also des Hintergrunds) von zahllosen Objekten. Beinahe alle Diagrammobjekte, Formatvorlagen etc. verweisen auf das ***Interior***-Objekt. Die wichtigsten Eigenschaften sind *Color, Pattern* und *PatternColor*. Farben werden durch die Zuweisung eines *RGB*-Werts eingestellt. Alternativ können die Eigenschaften *Colors* bzw. *PatternColorIndex* verwendet werden, denen ein Farbindexwert zwischen 1 und 56 oder die Konstanten *xlNone* oder *xlAutomatic* zugewiesen werden.

Label MS-Forms 97

UserForm**.Controls(..)* ↗ *.Font* ↘ ***NewFont

Das Labelfeld (Bezeichnungsfeld) dient zur Beschriftung anderer Steuerelemente in MS-Forms-Dialogen. Der Text wird mit *Caption* eingestellt.

LeaderLines Excel 97

Series**.LeaderLines* ↗ *.Border* ↘ ***Border

Das Objekt ermöglicht bei einigen Diagrammtypen (etwa Kreisdiagrammen) die Formatierung von Linien, die zwischen Diagrammelementen und Beschriftungstext gezeichnet werden (im interaktiven Betrieb: DATENREIHE FORMATIEREN | DATENBESCHRIFTUNG | FÜHRUNGSLINIEN ANZEIGEN). Die Linien werden nur angezeigt, wenn die Eigenschaft *HasLeaderLines* von ***Series*** auf *True* gesetzt wird.

Legend Excel

Chart**.Legend* ↗ *LegendEntries* ↘ ***LegendEntry
Border ↘ ***Border***

Das ***Legend***-Objekt beschreibt die Legende eines Diagramms. (Die Legende ist ein rechteckiges Kästchen, in dem die Linien, Farben oder Muster des Diagramms aufgeschlüsselt und beschriftet sind.)

Über die Eigenschaften des Objekts werden Position, Größe und Format bestimmt (*Left, Top, Width, Height, Interior, Border, Font, Shadow*). Ob ein Diagramm überhaupt mit einer Legende ausgestattet ist, bestimmt die ***Chart***-Eigenschaft *HasLegend*. Die eigentlichen Details der Legende, d. h. die Muster und deren Beschriftung, werden über das Subobjekt ***LegendEntry*** eingestellt.

LegendEntries Excel

Legend**.LegendEntries* ↗ *(index)* ↘ ***LegendEntry

Das Aufzählobjekt verweist auf die Einträge in der Legende eines Diagramms. Es besteht keine Möglichkeit, die Anzahl der Einträge durch *Add* zu vergrößern; jeder Datenreihe und Trendlinie ist ein Legendeneintrag starr zugeordnet.

LegendEntry Excel

Legend**.LegendEntries(..)* ↗ *.Font* ↘ ***Font
.LegendKey ↘ ***LegendKey***

Das Objekt beschreibt einen einzelnen Eintrag innerhalb der Legende eines Diagramms. Das Objekt hat relativ wenig eigene Eigenschaften bzw. Methoden: *Font* für den Beschriftungstext, *LegendKey* für die optische Darstellung der Datenreihe (siehe etwas weiter unten) und *Delete* zum Löschen des ganzen Eintrags. (Der Eintrag kann allerdings nicht wiederhergestellt oder neu eingefügt werden. Sie müssen die ganze Legende mit ***Chart**.HasLegend=False* löschen und mit *..=True* wieder neu – mit allen Legendeneinträgen – erzeugen.)

Der Beschriftungstext des Legendeneintrags wird durch die *Name*-Eigenschaft des ***Series***-Objekts bestimmt. Die Anordnung der Legendeneinträge innerhalb der Legende wird von Excel automatisch vorgenommen (je nachdem, wieviel Platz zur Verfügung steht).

LegendKey Excel

LegendEntry**.LegendKey* ↗ *.Border* ↘ ***Border

Das Objekt bestimmt die optische Darstellung einer Datenreihe innerhalb der Legende (siehe ***Legend***-Objekt). Eine Veränderung der Formatierung verändert auch die Formatierung der zugeordneten Datenreihe im Diagramm (und umgekehrt). Die wichtigsten Eigenschaften lauten *MarkerStyle, MarkerBackground-* und *MarkerForegroundColor* sowie *Border*.

LineFormat Excel 97

Shape/ShapeRange**.Line* ↗ *.Fore-/Backcolor* ↘ ***ColorFormat

Das Objekt beschreibt das Aussehen von Linien und Pfeilen, die durch AutoForm-Objekte (siehe ***Shape***) dargestellt werden. Zu den wichtigsten Eigenschaften zählen *Fore-* und *BackColor, DashStyle* und *Weight*. Pfeileigenschaften werden durch *BeginArrowheadLength, -Style* und *-Width* bzw. *EndArrowheadLength, -Style* und *-Width* eingestellt.

LinkFormat Excel 97

***Shape**.LinkFormat* ↗

Das Objekt enthält im wesentlichen die Eigenschaft *AutoUpdate*, die bei verknüpften OLE Objekten angibt, ob das Objekt bei einer Veränderung der Quelldaten automatisch aktualisiert wird. Die Methode *Update* führt diese Aktualisierung manuell durch.

ListBox MS-Forms 97

***UserForm**.Controls(..)* ↗

Das Listenfeld ermöglicht die bequeme Auswahl eines oder mehrerer Einträge aus einer Liste. Der Zugriff auf die Listenelemente erfolgt über *List*. Über *RowSource* kann die Liste einem Zellbereich der Tabelle entnommen werden. (Wenn das Steuerelement in einem Tabellenblatt verwendet wird, muß statt dessen *ListFillRange* verwendet werden. *LinkedCell* gibt dann an, in welche Zelle das Ergebnis der Auswahl übertragen werden soll.) *Text* enthält den ausgewählten bzw. eingegebenen Text, *Value* je nach Einstellung von *BoundColumn* ebenfalls den Text oder aber die Nummer des ausgewählten Listenelements.

Mailer

Excel

***Workbook**.Mailer* ↗

Das Objekt steuert die Weiterleitung (Übertragung) der Arbeitsmappe via Netzwerk. Das Objekt ist nur von Interesse, wenn Sie auf einem Apple Macintosh mit der Netzwerkerweiterung PowerTalk arbeiten. Um eine Wurfsendung durchzuführen, stellen Sie die Eigenschaften von ***Mailer*** ein und starten die Verteilung mit *SendMailer*.

MultiPage

MS-Forms 97

UserForm**.Controls(..)* ↗ — *.Pages(..)* ↘ ***Page

Das Objekt dient zur Verwaltung mehrblättriger Dialoge. Jedes Dialogblatt wird durch ein eigenes ***Page***-Objekt repräsentiert (Zugriff über *Pages(n)*). *Value* gibt die gerade sichtbare Seite des Dialogs an.

Name

Excel

***Workbook**.Names(..)* ↗

Das Objekt beschreibt normalerweise einen benannten Zellbereich. Dieser Zellbereich kann sowohl in Tabellenformeln als auch im VBA-Code durch die Angabe seines Namens (beispielsweise *[Gewinn]* statt *[F17]*) verwendet werden. Aus Kompatibilitätsgründen zu Excel 4 können ***Name***-Objekte auch auf herkömmliche Makros verweisen, was sich in zahlreichen, ansonsten überflüssigen Eigenschaften niederschlägt.

Die wichtigsten Eigenschaften sind *Name* (mit den Namen des ***Name***-Objekts) und *RefersTo* (mit einer Formel, die den Zellverweis enthält, z. B. *"=Tabelle1!$A$1"*).

Names

Excel

Workbook**.Names* ↗ — *(index* oder *name)* ↘ ***Name

Das Aufzählobjekt verweist auf alle definierten Namen einer Arbeitsmappe. Namen werden in der Regel zur Bezeichnung von Zellbereichen verwendet (Kommando EINFÜGEN | NAMEN | FESTLEGEN). Im Programmcode können Bereiche einfach durch die Veränderung der *Name*-Eigenschaft des Bereichs benannt werden.

NewFont — MS-Forms 97

***steuerelement**.Font* ↗

Das Objekt dient zur internen Darstellung von Zeichensätzen (*Font*-Eigenschaft vieler Steuerelemente). Dieselbe Funktion erfüllt auch das Objekt ***StdFont*** der StdOLE-Bibliothek.

ODBCError — Excel 97

***Application**.ODBCErrors(n)* ↗

Das Objekt enthält in der Eigenschaft *ErrorString* eine Fehlermeldung zum letzten ODBC-Fehler. Solche Fehler können beim Datenbankzugriff auf Datenbankserver auftreten. Vielleicht würden Sie das Objekt eher in der DAO-Bibliothek zur Datenbankprogrammierung vermuten. ODBC-Fehler können aber auch direkt in Excel auftreten, etwa wenn in Pivottabellen oder ***QueryTable***-Objekten auf externe Daten zugegriffen wird.

ODBCErrors — Excel 97

Application**.ODBCErrors* ↗ *(index)* ↘ ***ODBCError

Das Objekt listet alle beim letzten ODBC-Zugriff aufgetretenen Fehler auf. (Datenzugriffe via ODBC werden von einem ganzen Konglomerat von Funktionsbibliotheken verarbeitet. In jeder Ebene – die unterste stellt der Datenbank-Server selbst dar – können Fehler auftreten. Aus diesem Grund ist es möglich, daß ein ODBC-Zugriff gleich mehrere Fehlermeldungen liefert.) Ob Fehler aufgetreten sind, können Sie über die *Count*-Eigenschaft feststellen.

OLEObject — Excel

Worksheet**.OLEObjects(..)* ↗ *.Object* ↘ ***oleprogramm

OLE-Objekte sind Objekte anderer Windows-Programme, die innerhalb Excels eingebettet sind und dort angezeigt werden (beispielsweise Corel-Draw-Zeichnungen). OLE-Objekte können in benutzerdefinierten Dialogen, Diagrammen oder Tabellenblättern enthalten sein.

OLEObject beschreibt einige äußere Eigenschaften des Objekts, die von Excel aus (ohne Aufruf des OLE-Programms) verändert werden können – etwa Position, Größe, Rahmen und Schatten. Die Eigenschaft *OLEType* gibt an, wie das Objekt in Excel eingebunden ist: als eingebettetes, eigenständiges Objekt oder als verknüpftes Objekt einer anderen Datei. *Object* verweist auf das OLE-Programm und ermöglicht Object-Automation-Anwendungen.

Die Methode *Activate* ruft das zugeordnete OLE-Programm auf. *Update* bringt die Daten auf den neuesten Stand (das erfolgt normalerweise in regelmäßigen Abständen automatisch). Über *Verb* können (sehr wenige) vordefinierte Kommandos an das OLE-Programm übergeben werden.

OLEObjects

Excel

Worksheet.*OLEObjects* ↗ (*index* oder *name*) ↘ ***OLEObject***

Das Aufzählobjekt verweist auf alle Objektgruppen in einem benutzerdefinierten Dialog, Diagramm oder Tabellenblatt. Siehe ***OLEObject***.

OptionButton

MS-Forms 97

UserForm.*Controls* ↗

Das Optionsfeld ermöglicht die bequeme Auswahl einer von mehreren Optionen. Jede Option wird durch ein eigenes Optionsfeld gebildet. Zusammengehörende Optionsfelder müssen durch eine einheitliche *GroupName*-Einstellung gekennzeichnet werden (nur erforderlich, wenn in einem Dialog mehrere Optionsgruppen verwendet werden). Zur Auswertung muß die *Value*-Eigenschaft aller Optionsfelder getestet werden.

Outline

Excel

Worksheet.*Outline* ↗

Das Objekt ***Outline*** dient zur internen Darstellung von Gliederungen in Tabellen. (Gliederungen nutzen den hierarchischen Aufbau von Tabellen durch Datenzellen, Teilergebnissen und Gesamtergebnissen aus. Die Zeilen und Spalten werden je nach ihrer Verwendung in Formeln in unterschiedliche Hierarchieebenen eingeteilt, die nach Belieben ein- und ausgeblendet werden können.)

Das ***Outline***-Objekt selbst ist mit wenig brauchbaren Eigenschaften oder Methoden ausgestattet: Die Methode *ShowLevels* gibt an, wie viele Zeilen- oder Spaltenebenen angezeigt werden sollen. Die Eigenschaften *SummaryColumn* und *SummaryRow* geben an, ob sich Ergebniszellen rechts bzw. unterhalb der Daten befinden (Defaulteinstellung) oder links bzw. oberhalb.

Aufbau und Veränderungen an Gliederungen erfolgen durch Methoden und Eigenschaften des ***Range***-Objekts. Am einfachsten werden Gliederungen für den angegebenen Zellbereich durch *AutoOutline* erstellt bzw. durch *ClearOutline* gelöscht. Eine individuelle Gliederung ist durch die Methoden *Group* und *Ungroup* möglich, wobei hierfür als Bereich ganze Zeilen oder Spalten angegeben werden müssen (verwenden Sie die Eigenschaften *EntireRow* bzw. *EntireColumn*). Die Eigenschaft *OutlineLevel* gibt die Gliederungsebene einer einzelnen Spalte/Zeile an bzw. verändert sie. Die Eigenschaft *ShowDetail* einer Ergebnisspalte/-zeile bestimmt, ob die untergeordneten Detaildaten angezeigt werden oder nicht.

Über die ***Window***-Eigenschaft *DisplayOutline* können Sie Gliederungen ein- bzw. ausblenden, ohne den Aufbau der Gliederung zu verändern.

Page

MS-Forms 97

MultiPage.*Pages(..)* ↗ *.Controls(..)* ↘ ***steuerelement***

Das Objekt repräsentiert eine Seite aus einem mehrblättrigen Dialog (***MultiPage***). Die darin enthaltenen Steuerelemente werden über *Controls* angesprochen. Die Seite wird mit *Caption* beschriftet.

Pages

MS-Forms 97

MultiPage.*Pages* ↗ *(index oder name)* ↘ ***Page***

Das Objekt listet alle Seiten eines mehrblättrigen Dialogs auf.

PageSetup

Excel

Chart.*PageSetup* ↗
Worksheet.*PageSetup* ↗

Das Objekt beschreibt alle druckerspezifischen Daten für die Seitengestaltung. Es steht für alle vier Blatttypen sowie für das ***Window***-Objekt zur Verfügung. Die Druckereinstellung muß für jedes Blatt individuell durchgeführt werden, die Daten gelten also *nicht* für eine ganze Arbeitsmappe!

Kopf- und Fußzeilen werden über die sechs Eigenschaften *Left-*, *Center-* und *RightHeader* bzw. *-Footer* eingestellt. *Left-*, *Right-*, *Top-* und *BottomMargin* bestimmen das Ausmaß der Seitenränder. *Orientation* bestimmt, ob im Hoch- oder Querformat gedruckt werden soll. *Zoom* definiert einen generellen Skalierungsfaktor für den Ausdruck (10 bis 400 Prozent).

Bei Tabellenblättern gibt *PrintArea* den zu druckenden Zellbereich an. *PrintTitleColumns* und *-Line* bestimmen jene Spalten/Zeilen, die auf *jeder* Seite gedruckt werden sollen. Bei Diagrammen bestimmt *ChartSize*, wie die zur Verfügung stehende Seitengröße genutzt werden soll.

Der eigentliche Ausdruck wird durch die Methode *PrintOut* gestartet, die für diverse Objekte (***Range***, alle drei Blatttypen, ***Workbook***) zur Verfügung steht. In Tabellenblättern können über die *H/VPageBreaks*-Aufzählungen horizontale und vertikale Seitenumbrüche eingefügt werden.

Pane

Excel

Window*.Panes(..)* ↗
Window*.ActivePane* ↗

.VisibleRange ↘ ***Range***

Das Objekt ***Pane*** beschreibt einen von maximal vier Fensterausschnitten, die durch das Teilen (und Fixieren) von Fenstern entstehen. Die Methode *Activate* wählt den gerade aktiven Ausschnitt aus. Die beiden Eigenschaften *ScrollColumn* und *ScrollRow* geben die Nummer der ersten sichtbaren Spalte/Zeile im Ausschnitt an bzw. verändern diese Spalte/Zeile. *VisibleRange* verweist auf den im Ausschnitt sichtbaren Zellbereich.

Panes

Excel

Window*.Panes* ↗

(index) ↘ ***Pane***

Das Aufzählobjekt ***Panes*** verweist auf die Ausschnitte eines Fensters (siehe ***Pane***). Wenn das Fenster nicht geteilt ist, enthält die Eigenschaft *Count* den Wert 1. Ungeteilte Fenster können durch die Veränderung der ***Window***-Eigenschaften *Split* und *FreezePanes* an der aktuellen Cursorposition geteilt werden.

Parameter

Excel 97

QueryTable*.Parameters(..)* ↗

.SourceRange ↘ ***Range***

Wenn in einem ***QueryTable***-Objekt eine SQL-Abfrage mit Parametern verwendet wird (? im SQL-Text), dann können diese Parameter mit der *SetParam*-Methode des ***Parameter***-Objekts eingestellt werden. Eine andere Vorgehensweise besteht darin, den Parameter via *SourceRange* aus einem Tabellenfeld zu lesen. Zur Aktualisierung der Daten muß anschließend in jedem Fall die *Refresh*-Methode von ***QueryTable*** ausgeführt werden.

Parameter

DAO

QueryDef*.Parameters(..)* ↗

Das ***Parameter***-Objekt ermöglicht die Bildung von Abfragen, in die der Inhalt von variablen Parametern eingeht. Der Parameter wird durch die Eigenschaften *Name* und *Type* charakterisiert. Der Wert der Parameters wird über die *Value*-Eigenschaft eingestellt. (Wenn Sie eine Objektvariable als ***Parameter*** deklarieren möchten, müssen Sie *DAO.**Paramater*** verwenden, damit VBA weiß, daß Sie das ***Parameter***-Objekt der DAO-Bibliothek meinen.)

Parameters Excel 97

QueryTable**.Parameters* ↗ *(index* oder *name)* ↘ ***Parameter

Die Aufzählung listet alle Parameter einer SQL-Abfrage eines ***QueryTable***-Objekts auf. (Aus jedem ?-Zeichen im SQL-Kommando resultiert ein Parameter.)

Parameters DAO

***QueryDef**.Parameters* ↗

Das Aufzählobjekt verweist auf alle Parameter einer Abfrage. In der Abfrage werden die Parameter nicht durch Eigenschaften oder Methoden definiert, sondern durch das SQL-Schlüsselwort *PARAMETERS*.

PictureFormat Excel 97

***Shape/ShapeRange**.PictureFormat* ↗

Das Objekt beschreibt Merkmale von Bildern, die in ***Shape***-Objekten dargestellt werden (*Type=mso[Linked]Picture* oder *msoXxxOLEObject*). Zu den wichtigsten Eigenschaften zählen *Brightness* und *Contrast*. Mit *CropLeft*, *-Bottom*, *-Top* und *-Right* kann der sichtbare Bildausschnitt eingestellt werden.

Anmerkung: Bitmap-Dateien sollten mit ***Shapes**.AddPicture* eingefügt werden. Die Makroaufzeichnung greift statt dessen noch auf die nicht mehr unterstützte *Pictures*-Aufzählung zurück.

PivotCache Excel 97

***Workbook**.PivotCaches(..)* ↗
***PivotTable**.PivotCache* ↗

Über das ***PivotCache***-Objekte werden die einer Pivottabelle zugrundeliegenden Daten gespeichert. Das Objekt spielt insbesondere dann eine große Rolle, wenn die Basisdaten nicht aus einer Excel-Tabelle, sondern aus einer externen Datenbank stammen. In diesem Fall können Sie einstellen, ob die Basisdaten in der Excel-Datei mit gespeichert werden sollen (Option SPEICHER OPTIMIEREN). Der Vorteil: Wenn die Datei wieder geladen wird, stehen die Daten sofort wieder zur Verfügung, ohne daß neuerlich eine Verbindung zur Datenbank hergestellt wird. Der Nachteil: Die Größe der Excel-Datei kann sehr stark wachsen. (Wenn eine Excel-Datei unerwartet groß wird, gibt der Ausdruck von *MemoryUsed* für alle *PivotCache*-Objekte oft eine schlüssige Begründung.)

Im ***PivotCache***-Objekt werden nicht nur die Quelldaten gespeichert (die Sie übrigens nicht direkt ansprechen können), sondern auch die Abfrageparameter. Das Objekt hat in dieser Beziehung eine große Ähnlichkeit mit ***QueryTable*** (siehe dort).

PivotCaches Excel 97

Workbook**.PivotCaches* ↗ *(index* oder *name)* ↘ ***PivotCache

Die Auflistung verweist auf alle ***PivotCache***-Objekte in einer Excel-Arbeitsmappe.

PivotField Excel

PivotTable**.PivotFields* ↗ *.PivotItems* ↘ ***PivotItem

Pivotfelder sind die Gliederungsfelder von Pivottabellen. Es handelt sich dabei um jene Felder, die Sie im dritten Schritt des Pivottabellen-Assistenten in die Bereiche »Seite«, »Zeile«, »Spalte« und »Daten« verschieben. Die Eigenschaften von Pivotfeldern steuern den eigentlichen Inhalt der Pivottabelle.

Über die Methoden *Pivot-, Hidden-, Visible-, Parent-* und *ChildItems* kann auf einzelne Pivotelemente eines Pivotfelds zugegriffen werden.

PivotFields Excel

PivotTable**.PivotFields* ↗ *(index* oder *name)* ↘ ***PivotField

Das Aufzählobjekt verweist auf die ***PivotField***-Objekte einer Pivottabelle. Siehe ***PivotField***.

PivotFormula Excel 97

***PivotTable**.PivotFormulas(..)* ↗

Das ***PivotFormula***-Objekt beschreibt ein Formelfeld in einer Pivottabelle. (Im interaktiven Betrieb werden Formelfelder durch das FORMELN-Submenü erstellt.)

PivotFormulas Excel 97

PivotTable**.PivotFormulas* ↗ *(index)* ↘ ***PivotFormula

Die Aufzählung listet alle Formelfelder einer Pivottabelle auf. (Die meisten Pivottabellen kommen ohne Formeln aus.)

PivotItem Excel

PivotField**.PivotItems(..)* ↗ *.ChildItems* ↘ ***PivotItems

Pivotelemente sind die kleinsten Dateneinheiten einer Pivottabelle. Sie enthalten die Gruppen, in die ein Pivotfeld aufgeteilt wurde. (Bei einer Artikelliste, in der die Preiskategorien I, II und III vorkommen, existieren zum Pivotfeld »Preis« die Pivotelemente »I«, »II« und »III«.) Pivotelemente besitzen kaum eigene Eigenschaften, die Aufbau und Inhalt der Pivottabelle verändern. Einzig *ShowDetail* verändert die Anzeige von untergeordneten Details.

PivotItems Excel

PivotField*.PivotItems(..)* ↗ *(index* oder *name)* ↘ ***PivotItem***

Das Aufzählobjekt verweist auf die ***PivotItem***-Objekte eines Pivotfelds. Siehe ***PivotItem***.

PivotTable Excel

Worksheet*.PivotTables* ↗ *.PivotFields* ↘ ***PivotField***

Pivottabellen (Kreuztabellen) sind das wichtigste Instrument von Excel zur Analyse tabellarischer Daten (Listen). In Pivottabellen werden die Tabelleneinträge nach verschiedenen Kriterien zu Gruppen zusammengefaßt und in einem Raster dargestellt. ***PivotTable*** dient zur Verwaltung von Pivottabellen. Die Eigenschaft *SourceData* verweist auf die Ausgangsdaten der Tabelle. Zahlreiche Eigenschaften wie *DataBodyRange, RowRange, ColumnRange* etc. verweisen auf jene Bereiche, in denen die Ergebnisse der Pivottabelle angezeigt werden.

Mit der Methode *AddFields* kann die Pivottabelle erweitert werden. *RefreshTable* bringt die Tabelle auf den neuesten Stand. *ShowPages* erstellt für ein ausgewähltes Seitenfeld eine oder mehrere neue Pivotdetailtabellen (in neuen Tabellenblättern).

Die Methoden *PivotFields, HiddenFields, DataFields, PageFields, ColumnFields* und *RowFields* verweisen jeweils auf ausgewählte ***PivotField***-Objekte.

PivotTables Excel

Worksheet*.PivotTables* ↗ *(index* oder *name)* ↘ ***PivotTable***

Das Aufzählobjekt verweist auf alle Pivottabellen eines Tabellenblatts. Es existiert keine *Add*-Methode; neue Pivottabellen werden über die Methode *PivotTableWizard* erzeugt. Siehe ***PivotTable***.

PlotArea Excel

Chart*.PlotArea* ↗ *.Interior* ↘ ***Interior***
.Border ↘ ***Border***

Das Objekt beschreibt den Hintergrund des Zeichnungsbereichs eines Diagramms. Der Zeichnungsbereich ist jener Teilbereich des Diagramms, in dem die eigentliche Grafik angezeigt wird. Das Objekt steht im Gegensatz zu ***ChartArea***, durch das der gesamte Diagrammbereich (inklusive Titel, Legende etc.) beschrieben wird. Die Gestaltung des Zeichnungsbereichs erfolgt im wesentlichen über die Subobjekte ***Interior***

(Farbe und Muster) und ***Border*** (Umrandung). Siehe auch ***Floor*** und ***Walls*** für die Begrenzungsflächen von 3D-Diagrammen.

Point

Excel

***Series**.Points(..)* ↗

.Border ↘ ***Border***
.DataLabel ↘ ***DataLabel***

Das ***Point***-Objekt beschreibt einen einzelnen Datenpunkt eines Diagramms. Datenpunkte sind innerhalb des Diagramms zu Datenreihen zusammengefaßt, also zu Gruppen zusammengehörender Daten. Über das ***Point***-Objekt können der Datenpunkt selbst, der Linienabschnitt vom vorigen Datenpunkt zu diesem Datenpunkt und die Beschriftung des Datenpunktes optisch gestaltet werden. Dazu stehen die Eigenschaften *DataLabel, MarkerStyle, MarkerBackground-* und *MarkerForegroundColor* sowie *Border* zur Verfügung.

Points

Excel

***Series**.Points* ↗

(index) ↘ ***Point***

Das Aufzählobjekt verweist auf die Datenpunkte einer Datenreihe. Als *index* muß die Nummer des Datenpunktes angegeben werden (also 5 für den fünften Datenpunkt). Siehe ***Point***.

Properties

DAO

DAO-Objekt.Properties ↗

(*index* oder *name*) ↘ ***Property***

Die Aufzählung verweist auf alle Eigenschaften eines DAO-Objekts. In der Regel handelt es sich dabei nur um die vordefinierten Eigenschaften, auf die auch direkt zugegriffen werden kann: so ist *db.Name* lediglich eine kürzere Formulierung zu *db.Properties("Name")*. Zu einigen DAO-Objekten können mit *CreateProperty* auch neue Eigenschaften definiert werden. Beim Zugriff auf eigene Eigenschaften muß die *Properties*-Methode angegeben werden, die Kurzschreibweise ist dort nicht erlaubt.

Property

DAO

DAO-Objekt.Properties(..) ↗

Das ***Property***-Objekt dient zur internen Verwaltung aller Eigenschaften von DAO-Objekten. (Ein vergleichbares Objekt existiert im ursprünglichen Excel-Objektmodell nicht. Die Office-Bibliothek definiert allerdings ein ***DocumentProperty***-Objekt, dessen Funktion ähnlich dem ***Property***-Objekt ist.)

Zu jedem DAO-Objekt können über die ***Properties***-Aufzählung alle definierten Objekte ermittelt werden. Die Eigenschaften *Name, Type* und *Value* geben den Namen, Datentyp und aktuellen Inhalt der Eigenschaft.

Properties/Property VBE 97

***VBComponent**.Properties* ↗

Die Aufzählung listet alle Eigenschaften (*Name*) und deren Einstellungen (*Value*) einer VBA-Komponente auf.

QueryDef DAO

***Database**.QueryDefs(..)* ↗

.Fields ↘ ***Field***
.Parameters ↘ ***Parameter***

Das ***QueryDef***-Objekt beschreibt die Merkmale einer Datenbankabfrage. Die beiden wichtigsten Eigenschaften lauten *SQL* und *Type*. *SQL* enthält das SQL-Kommando der Abfrage, *Type* gibt den Typ der Abfrage an (Auswahlabfrage, Aktionsabfrage, Löschabfrage etc.). Die Aufzählungen ***Fields*** und ***Parameters*** geben die in der Abfrage berücksichtigten Felder und die darin enthaltenen Parameter an.

Mit der Methode *OpenRecordset* kann eine Datensatzliste auf der Basis einer Abfrage erstellt werden. Aktionsabfragen werden mit *Execute* ausgeführt und verändern die davon betroffenen Tabellen.

QueryDefs DAO

***Database**.QueryDefs* ↗
***Database**.CreateQueryDef(..)* ↗

(*index* oder *name*) ↘ ***QueryDef***

Das Aufzählobjekt enthält alle zu einer Datenbank definierten Abfragen. Mit der Methode *CreateQueryDef* können neue Abfragen definiert werden.

QueryTable Excel 97

***Range**.QueryTable* ↗
***Worksheet**.QueryTables(..)* ↗

Das Objekt speichert alle relevanten Daten zur Durchführung einer Datenbankabfrage, wie sie mit MS-Query formuliert werden kann. Die beiden wichtigsten Eigenschaft sind *Connection* mit Zugriffsinformationen zur Datenbankdatei bzw. zum Datenbank-Server sowie *Sql* mit der Abfragedefinition. Über *Recordset* kann die resultierende Datenmenge wie beim DAO-*RecordSet*-Objekt ausgewertet werden. Die Abfrage kann mit *Refresh* aktualisiert werden.

QueryTables Excel 97

***Worksheet**.QueryTable* ↗

(*index* oder *name*) ↘ ***QueryTable***

Die Auflistung verweist auf alle externen Datenquellen in einer Excel-Datei.

Range Excel

Worksheet**.Range(..)* ↗ *.Cells* ↘ ***Range
Worksheet**.Cells(..)* ↗ *.Areas* ↘ ***Range
Application**.ActiveCell* ↗ *.Font* ↘ ***Font
Application**.Selection* ↗ *.Border* ↘ ***Border

Das Objekt ***Range*** kann eine einzelne Zelle, einen ganzen (unter Umständen aus mehreren Teilbereichen zusammengesetzten) Zellbereich sowie ganze Zeilen oder Spalten einer Tabelle umfassen. Es gibt zahllose Eigenschaften und Methoden, die von den verschiedensten Objekten auf Bereiche verweisen. Umgekehrt können ausgehend von einem ***Range***-Objekt beinahe beliebig viele andere (Teil-)Bereiche angesprochen werden (z. B. über die Eigenschaften bzw. Methoden *CurrentRegion, SpecialCells, End, Dependents, EntireColumn, EntireRow, Precedents* etc.).

Aus mehreren Teilbereichen zusammengesetzte Bereiche müssen generell durch die Auswertung von *Areas* weiterverarbeitet werden. Das *Range*-Objekt liefert in diesem Fall nur den ersten Teilbereich.

Die Zeichenkette zur Beschreibung eines Zellbereichs kann mit *Address* ermittelt werden. (Wenn die Zellen A1:B4 ausgewählt sind, dann liefert *Selection.Address* die Zeichenkette "$A$1:$B$4".) Über mehrere Parameter kann das gewünschte Adreßformat (absolut, relativ, A1 oder Z1S1, extern) ausgewählt werden.

Der Inhalt von Zellen kann über die Eigenschaften *Val* und *Formula* ausgelesen bzw. verändert werden. Bei Bereichen mit mehreren Zellen wird beim Lesen nur der Inhalt der ersten Zelle ermittelt, während das Schreiben alle Zellen verändert. Die *Text*-Eigenschaft einer Zelle kann nur gelesen, aber nicht verändert werden.

Die wichtigsten Eigenschaften und Methoden zur Formatierung von Zellen sind *Font, Border, Interior* (für die Hintergrundfarbe), *Orientation* (Textrichtung: horizontal, vertikal), *HorizontalAlignment* (links, zentriert, rechts, Blocksatz), *VerticalAlignment* (oben, Mitte, unten), *NumberFormat, Style, ColumnWidth* und *RowHeight.*

Zur Bewegung des Zellzeigers bzw. zur Veränderung des markierten Bereichs stehen die beiden Methoden *Select* und *Offset* zur Verfügung.

RecentFile Excel 97

***Application**.RecentFiles(..)* ↗

Das Objekt gibt den Dateinamen (Eigenschaften *Name* und *Path*) einer vor kurzem verwendeten Excel-Datei an. Mit der Methode *Open* kann diese Datei wieder geöffnet werden.

RecentFiles

Excel 97

Application**.RecentFiles* ↗ *(index)* ↘ ***RecentFile

Die Auflistung zählt die zuletzt geöffneten Excel-Dateien auf.

RecordSet

DAO

***Database**.Recordset(..)* ↗
***Database**.OpenRecordset(..)* ↗

.Fields ↘ ***Field***

Das ***Recordset***-Objekt ermöglicht die Bearbeitung einer Gruppe von Datensätzen. Für die Praxis der DAO-Programmierung ist es das wichtigste Objekt und wird in Abschnitt 11.5.3 ausführlich beschrieben.

Die Herkunft der Daten eines ***Recordset***-Objekts kann unterschiedlich sein: es kann sich einfach um die Datensätze einer Tabelle handeln, die Liste kann aber auch das Ergebnis einer Abfrage sein. ***RecordSet***-Objekte werden auf der Basis einer Tabelle oder Abfrage mit *OpenRecordset* gebildet.

Der Zugriff auf die Liste erfolgt über den aktuellen Datensatz. Dieser Datensatz kann mit *MoveXxx-*, *FindXxx-* oder *Seek*-Methoden ausgewählt werden. Einzelne Felder des aktuellen Datensatzes werden im Regelfall in der Kurzschreibweise *rec!feldname* angesprochen (entspricht *rec.Fields("feldname")*).

RecordSets

DAO

Database**.Recordsets* ↗ (*index* oder *name*) ↘ ***RecordSet

Das Aufzählobjekt verweist auf alle geöffneten *Recordset*-Objekte der Datenbank.

RefEdit

RefEdit 97

***UserForm**.Controls(..)* ↗

Das ***RefEdit***-Steuerelement (Formelfeld) ist nicht Teil der MS-Forms-Bibliothek, sondern wird in der eigenständigen RefEdit-Bibliothek zur Verfügung gestellt. Es stellt eine Variante zum Textfeld dar und ermöglicht die komfortable Eingabe von Zellbezügen. *Value* enthält den eingegebenen Text bzw. den Zellbezug als Zeichenkette.

Reference[s]

VBE 97

***VBProject**.References(..)* ↗

References zählt alle Objektverweise (Bibliotheken) auf, die in einem VBA-Projekt benutzt werden. Über die Eigenschaften des untergeordneten ***Reference***-Objekts können deren Name, Dateiname, eine kurze Beschreibung etc. ermittelt werden.

Relation DAO

Database**.Relations(..)* ↗ *.Fields* ↘ ***Field

Das ***Relation***-Objekt definiert eine Verknüpfung zwischen zwei Tabellen. Die Eigenschaften der Relation werden durch die *Attributes*-Eigenschaft bestimmt. Die beiden miteinander verknüpften Tabellen werden durch *Table* und *ForeignTable* angegeben.

Relations DAO

Database**.Relations* ↗ (*index* oder *name*) ↘ ***Relation

Das Aufzählobjekt gibt alle Verknüpfungen zwischen Tabellen der Datenbank an. Neue Verknüpfungen können mit *Append* gebildet werden.

RoutingSlip Excel

***Workbook**.RoutingSlip* ↗

Das Objekt steuert die Weiterleitung (Übertragung) von Arbeitsmappe via Netzwerk. Das Objekt ist nur von Interesse, wenn Sie mit Windows for Workgroups arbeiten. Die wichtigsten Eigenschaften sind *Recipients* (Liste jener Personen/Rechner, denen die Mappe gesandt werden soll), *Message* und *Thema* (Inhaltsangabe) und *Delivery*. Die Übertragung der Arbeitsmappen wird durch die ***Workbook***-Methode *Route* gestartet. Siehe auch ***Mailer*** für die Verteilung von Arbeitsmappen am Apple Macintosh.

Scenario Excel

Worksheet**.Scenarios(..)* ↗ *.ChangingCell* ↘ ***Range

Szenarios sind ein Hilfsmittel, um verschiedene Änderungen an Ausgangsdaten eines Tabellenmodells miteinander zu vergleichen. Das ***Scenario***-Objekt beschreibt, welche Zellen der Tabelle wie zu ändern sind. Das Objekt kennt zwei charakteristische Eigenschaften: *ChangingCell* verweist auf einen zumeist zusammengesetzten Zellbereich mit den variablen Zellen. *Values* enthält ein Datenfeld, das jene Zahlenwerte angibt, die in die Zellen einzusetzen sind. Die Methode *ChangeScenario* stellt eine Möglichkeit dar, beide Eigenschaften gleichzeitig zu verändern.

Scenarios Excel

Worksheet**.Scenarios* ↗ (*index* oder *name*) ↘ ***Scenario

Das Aufzählobjekt verweist auf die in einem Tabellenblatt definierten Szenarios. *Add* erstellt ein neues Szenario. Die Methode *CreateSummary* erstellt auf der Basis aller Szenarios einen Gesamtbericht (in einem neuen Tabellenblatt), in dem alle veränderten Zellen und die daraus resultierenden Ergebnisse angegeben werden.

ScrollBar MS-Forms 97

***UserForm**.Controls* ↗

Mit der Bildlaufleiste kann ein Zahlenwert (*Value*) innerhalb eines vorgegebenen Bereichs (*Min* bis *Max*) eingestellt werden.

Section Binder

***Binder**.ActiveSection* ↗
***Binder**.Sections(..)* ↗

Das ***Section***-Objekt beschreibt einen Abschnitt einer Sammelmappe. Die *Type*-Eigenschaft gibt an, um welchen Objekttyp es sich handelt. Die Eigenschaft gibt eine Zeichenkette zurück, die den OLE-Objekttyp (in der Syntax von *GetObject* bzw. *CreateObject*) beschreibt. Die *Object*-Eigenschaft ermöglicht den direkten Zugriff auf das zugrundeliegende Programm (Excel für eine Tabelle, WinWord für einen Text etc.). Zur Verwaltung des Abschnitts stehen die Methoden *Activate, Copy, Delete, Move, PrintOut* und *SaveAs* zur Verfügung.

Sections Binder

***Binder**.Sections(..)*

Das Aufzählobjekt listet alle Abschnitte einer Sammelmappe auf. Mit der *Add*-Methode können neue Abschnitte hinzugefügt werden.

Series Excel

***Chart**.SeriesCollection(..)* ↗
***ChartGroup**.SeriesCollection(..)* ↗

.Trendlines ↘ ***Trendline***
.Points ↘ ***Point***
.ErrorBars ↘ ***ErrorBars***
.DataLabels ↘ ***DataLabel***

Datenreihen enthalten Gruppen zusammengehörender Datenpunkte eines Diagramms. Eine Datenreihe kann beispielsweise alle Werte für einen Linienzug in einem Liniendiagramm enthalten. Falls im Diagramm mehrere Linienzüge dargestellt werden sollen, sind auch mehrere Datenreihen erforderlich.

Über das Objekt ***Series*** können verschiedene Formatierungsmerkmale für die grafische Anzeige der gesamten Datenreihe verändert werden. Dazu stehen generell dieselben Eigenschaften/Methoden wie für die individuelle Formatierung einzelner ***Point***-Objekte zur Verfügung – siehe etwas weiter oben.

Type bestimmt den Diagrammtyp für die einzelne Datenreihe. (Durch die Wahl unterschiedlicher Diagrammtypen für mehrere Datenreihen entstehen aus Diagrammgruppen zusammengesetzte Verbunddiagramme.) Über *AxisGroup* wird die Datenreihe einer von zwei möglichen Koordinatenachsen zugeordnet. *PlotOrder* rückt einzelne Datenreihen in 3D-Diagrammen nach vorne oder nach hinten. *Smooth* bestimmt, ob die Kurve eines Liniendiagramms geglättet wird. Zusätzliche Effekte lassen sich über die Subobjekte ***ErrorBars*** und ***Trendline*** erzielen.

SeriesCollection

Excel

Chart.*SeriesCollection* ↗
ChartGroup.*SeriesCollection* ↗

(index oder *name)* ↘ ***Series***

Das Aufzählobjekt verweist auf die Datenreihen eines Diagramms bzw. einer Diagrammgruppe in einem Verbunddiagramm (siehe ***Series***). Über die Methoden *Paste* bzw. *Add* kann die Anzahl der Datenreihen vergrößert werden. *Extend* vergrößert die Anzahl der Datenpunkte der Datenreihen.

SeriesLines

Excel

ChartGroup.*SeriesLines* ↗

.Border ↘ ***Border***

Verbindungslinien verbinden die Balken oder Säulen eines gestapelten Balken- oder Säulendiagramms. (»Gestapelt« bedeutet, daß mehrere Datenreihen nicht in eigenen Säulen, sondern in Teilen einer Säule übereinander dargestellt werden.) Verbindungslinien verdeutlichen so die Entwicklung der einzelnen Werte. Das Aussehen der Verbindungslinien wird über das ***Border***-Subobjekt gesteuert.

ShadowFormat

Excel 97

Shape/ShapeRange.*ShadowFormat* ↗

.ForeColor ↘ ***ColorFormat***

Das Objekt beschreibt die Schatteneffekte von ***Shape***-Objekten. Die wichtigsten Eigenschaften sind *ForeColor* (die Farbe des Schattens), *OffsetX* und *-Y*.

Shape

Excel 97

Comment.*Shape* ↗
ConnectorFormat.*Begin/EndConnectedShape* ↗
FreeFormBuilder.*ConvertToShape(..)* ↗
Hyperlink.*Shape* ↗
Shapes.*AddShape(..)* ↗
Worksheet.*Shapes(..)* ↗

ConnectorFormat. ↘ ***ConnectorFormat***
ControlFormat ↘ ***ControlFormat***
GroupItems ↘ ***GroupShapes***
Nodes ↘ ***ShapeNodes***
TopLeftCell, BottomRightCell ↘ ***Range***
...

Das ***Shape***-Objekt dient primär zur Darstellung von AutoFormen (Linien, Rechtecke, Pfeile, Sterne etc. – siehe Symbolleiste »Zeichnen«). Es löst damit die diversen Zeichnungsobjekte aus Excel 5 / 7 ab. Verwirrung stiftet allerdings die große Anzahl verwandter Objekte:

- Die ***Shapes***-Aufzählung ermöglicht den Zugriff auf alle ***Shape***-Objekte eines Tabellen- oder Diagrammblatts.
- ***ShapeRange*** ermöglicht die gemeinsame Bearbeitung mehrerer ***Shape***-Objekte (in gleicher Weise, als wären diese Objekte mit Shift und der Maus markiert).
- Freihandformen (also etwa frei gezeichnete Linienzüge) stellen eine Sonderform von ***Shape***-Objekten dar. In diesem Fall verweist die Eigenschaft *ShapeNodes* auf eine gleichnamige Auflistung von ***ShapeNode***-Objekten. Diese Objekte enthalten unter anderem die Koordinatenpunkte der einzelnen Liniensegmente.
- Ein ***Shape***-Objekt wird auch zur Verwaltung einer sogenannten Gruppe verwendet (im interaktiven Betrieb: Kontextmenükommandos GRUPPIERUNG). In diesem Fall führt die Eigenschaft *GroupItems* zu einem ***GroupShape***-Objekt, das seinerseits die Verwaltung der Gruppenelemente übernimmt. Als Gruppenelemente kommen nicht nur ***Shape***-Objekte in Frage, sondern auch Diagramme, OLE-Objekte etc.
- ***Shape*** wird schließlich zur Verwaltung vollkommen fremder Objekte verwendet – etwa für MS-Forms-Steuerelemente (*Type=msoOLEControlObject*). In diesem Fall steht ***Shape*** zwischen dem Tabellen- und Diagrammblatt und dem eigentlichen Objekt. ***Shape*** kümmert sich dann unter anderem um die Positionierung des Steuerelements. Zur Kommunikation zwischen Blatt und Steuerelement wird das ***ControlFormat***-Objekt verwendet, das über die gleichnamige Eigenschaft von ***Shape*** angesprochen wird. ***ControlFormat*** ist zumeist transparent, weil dessen Eigenschaften im Eigenschaftsfenster des Steuerelements auftauchen und wie Steuerelementeigenschaften verwendet werden können.

Typ: Nach dieser langen Einleitung nun zu den Eigenschaften und Methoden von ***Shape***: Am wichtigsten ist sicherlich die *Type*- und *AutoShapeType*-Eigenschaften. Wenn *Type= msoAutoShape*, dann wird durch *AutoShapeType* einer der zahllosen AutoForm-Typen angegeben (es gibt über 130!). Wenn durch das ***Shape***-Objekt dagegen keine AutoForm repräsentiert wird, wird der Objekttyp durch die *msoShapeType*-Konstanten angegeben. Elemente wie *msoChart, msoComment, msoEmbeddedOLEObject, msoFreeForm, msoGroup, msoOLEControlObject* oder *msoTextBox* beweisen, daß Excel-intern jedes Objekt, das sich außerhalb einer Zelle befindet, durch ***Shape***-Objekte verwaltet wird.

Positionierung: Zu jedem Objekt wird der linke obere Eckpunkt (*Left* und *Top*) sowie Breite und Höhe (*Width* und *Height*) gespeichert. Diese Koordinaten beziehen sich auf das linke obere Eck des Dialogs bzw. Tabellenblatts. *TopLeftCell* und *BottomRightCell* geben darüber hinaus die Zellen unter dem linken oberen bzw. unter dem rechten unteren Eck an. *Placement* bestimmt, wie sich das Steuerelement bei einer Veränderung der Tabelle verhalten soll (*xlMoveAndSize, xlMove* oder *xlFreeFloating*).

Format: Die Möglichkeiten zur optischen Gestaltung sind beinahe grenzenlos. Jede der folgenden Eigenschaften führt auf ein eigenes Objekt (dessen Name in Klammern angegeben wird, wenn er vom Eigenschaftsnamen abweicht): *Adjustments, Callout (CalloutFormat), Fill (FillFormat), Hyperlink, Line (LineFormat), PictureFormat, Shadow*

(ShadowFormat), TextEffect (TextEffectFormat), TextFrame und *ThreeD (ThreeDFormat)*. Ob dieser Überschfluß an Objekten nicht zu viel des Guten ist?

Sonstiges: Je nach dem, welche Objekte durch ***Shape*** repräsentiert werden, stehen weitere Eigenschaften zur Verfügung: *ConnectorFormat* (wenn das Objekt mit anderen Objekten verbunden ist), *ControlFormat* (bei Steuerelementen), *GroupItems* (bei Objektgruppen), *Nodes* (bei Freihandobjekten) sowie *LinkFormat* und *OLEFormat* (bei OLE-Objekten).

Hinweis: Beachten Sie, daß die *Shape*-Objekte zwar in der Excel-Bibliothek definiert sind, die zugeordneten Konstanten allerdings in der Office-Bibliothek. In Excel-5/7-Dateien ist die Office-Bibliothek normalerweise nicht aktiviert – dies muß mit EXTRAS | VERWEISE erfolgen.

ShapeRange Excel 97

Shapes.*Range(Array(..,..,..))* ↗ *(index* oder *name)* ↘ ***Shape***
Charts/OLEObjects.*ShapeRange* ↗

Das Objekt ermöglicht die gemeinsame Berabeitung einer ganzen Ansammlung von ***Shape***-Objekten. Dazu stehen die meisten Eigenschaften und Methoden des ***Shape***-Objekts zur Verfügung. Darüber hinaus kann durch *Group* bzw. *ReGroup* eine Objektgruppe gebildet werden (liefert ein neues *Shape*-Objekt, das die Ansammlung vereint. Die Einzelobjekte können jetzt nur noch via ***Shape***.*GroupItems* angesprochen werden. Diese Eigenschaft führt wiederum auf ein ***GroupShape***-Objekt.)

ShapeNode Excel 97

Shape/ShapeRange.*Nodes(..)* ↗

Das Objekt beschreibt ein Segment (also ein Linienstück oder eine Kurve) einer Freiform. Die Koordinatenpunkte werden über *Points* gelesen. Die Eigenschaft liefert ein zweidimensionales *Array* als Ergebnis. (Ein eindimensionales Feld hätte eigentlich auch gereicht.) Der Zugriff auf die beiden Koordinaten wird durch die folgenden Zeilen demonstriert.

```
'erster Koordinatenpunkt des ersten Shape-Objekts
'setzt Type=msoFreeform voraus
pt = Shapes(1).Nodes(1).Points
x = pt(1,1)
y = pt(1,2)
```

Andere wichtige Eigenschaften sind *SegmentType* (Linie oder Kurve) und *EditingType* (z.B. Eckpunkt oder Symmetriepunkt). Alle drei Eigenschaften können nur gelesen werden. Zur Veränderung müssen die *SetXxx*-Methoden des ***ShapeNodes***-Objekt verwendet werden.

ShapeNodes — Excel 97

Shape/ShapeRange**.Nodes* ↗ — *(index* oder *name)* ↘ ***ShapeNode

Wenn ein ***Shape***-Objekt eine Freiform enthält (etwa einen frei gezeichneten Linienzug, ***Shape**.Type=msoFreeform*), dann verweist dessen Eigenschaft *Nodes* auf die Aufzählung ***ShapeNodes***, über die die einzelnen Eckpunkte des Linienzugs angesprochen werden können. Außerdem können mit den Methoden *Insert* und *Delete* zusätzliche Liniensegmente eingefügt und mit *SetEditingType, SetPosition* und *SetSegmentType* bearbeitet werden. Siehe auch ***FreeformBuilder***.

Shapes — Excel 97

Chart**.Shapes* ↗ — *(index* oder *name)* ↘ ***Shape
WorkSheet**.Shapes* ↗ — *.Range* ↘ ***ShapeRange

Die Auflistung zählt alle ***Shape***-Objekte eines Tabellenblatts oder Diagramms auf. Neben den Zugriff auf einzelne ***Shape***-Objekte kann mit *Range* auch auf mehrere Objekte gleichzeitig zugegriffen werden. Zum Erzeugen neuer ***Shape***-Objekte stehen unzählige *Add*-Methoden zur Auswahl, etwa *AddShape, AddLine, AddCurve, AddOLEObject* etc. *SelectAll* selektiert alle ***Shape***-Objekte .

Sheets — Excel

Application**.Sheets* ↗ — *(index* oder *name)* ↘ ***Chart
Workbook**.Sheets* ↗ — *(index* oder *name)* ↘ ***Worksheet
***Window**.SelectedSheets* ↗

Das Aufzählobjekt verweist auf alle Blätter einer Arbeitsmappe bzw. der gerade aktiven Arbeitsmappe (wenn das Objekt ***Application*** oder gar kein Objekt angegeben wird) bzw. auf die in einem Fenster gemeinsam markierte Blattgruppe.

Beachten Sie bitte, daß es kein gemeinsames ***Sheet***-Objekt gibt. ***Sheets*** verweist je nach Blatttyp auf ein ***Chart***, oder ***Worksheet***-Objekt! In Excel-5/7-Dateien kann *Sheets* auch auf Objekte der Typen *DialogSheet* oder *Module* verweisen.

Über das ***Sheets***-Objekt sind alle Eigenschaften bzw. Methoden der jeweiligen ***XxxSheets***-Objekte zugänglich. Insbesondere können mit *Add* und *Delete* Blätter erzeugt bzw. gelöscht werden. *Select* aktiviert ein ausgewähltes Blatt. Die Eigenschaft *Visible* gibt an, ob ein Blatt im Blattregister angezeigt werden soll oder nicht. Mit der Methode *FillAcrossSheets* kann ein Zellbereich eines Tabellenblatts in alle durch ***Sheets*** erfaßte Blätter kopiert werden.

SoundNote Excel

Range.*SoundNote* ↗

Über das ***SoundNote***-Objekt können einer Tabellenzelle Klänge bzw. Tonfolgen zugeordnet werden. Ihr Rechner muß dazu mit einer Sound-Karte ausgestattet sein. Die Zuordnung der Toninformation erfolgt über die Methoden *Play* oder *Import*. Mit der Methode *Play* wird die Tonfolge am Lautsprecher des Rechners ausgegeben.

SpinButton MS-Forms 97

UserForm.*Controls* ↗

Mit dem Drehfeld kann ein Zahlenwert (*Value*) innerhalb eines vorgegebenen Bereichs (*Min* bis *Max*) eingestellt werden.

StdFont StdOLE

objekt.*Font* ↗

Das Objekt dient zur internen Darstellung von Zeichensätzen (*Font*-Eigenschaft vieler Objekte). Dieselbe Funktion erfüllt auch das Objekt ***NewFont*** der MS-Forms-Bibliothek.

StdPicture StdOLE

Image.*Picture* ↗

Das Objekt dient zur internen Darstellung von Bildern (Bitmaps, *Picture*-Eigenschaft bei diversen MS-Forms-Steuerelementen). Die StdOLE-Bibliothek stellt auch die beiden Funktionen *Load*- und *SavePicture* zur Verfügung, mit denen Bitmap-Dateien geladen bzw. gespeichert werden können.

Style Excel

Workbook.*Styles(..)* ↗ .*Interior* ↘ ***Interior***
Range.*Style* ↗ .*Borders* ↘ ***Borders***
.*Font* ↘ ***Font***

Formatvorlagen sind vordefinierte Formate, die zur raschen Formatierung von Zellen bzw. Zellbereichen verwendet werden können. Formatvorlagen gehören zu den Daten einer Arbeitsmappe und werden mit ihr gespeichert. Um einen Zellbereich mit einer Formatvorlage zu gestalten, muß lediglich der ***Range***-Eigenschaft *Style* die entsprechende Vorlage zugewiesen werden.

Formatvorlagen enthalten Informationen über Schriftart, Farben und Muster (Eigenschaft *Interior*), Umrandung der Zelle (Methode *Borders* für die vier Linien links, rechts, oben und unten), Zahlenformat (*NumberFormat*), Textausrichtung (*Orientation*, *Vertical*- und *HorizontalAlignment*, *WrapText*) und Zellschutz (*Locked*). Die sechs Eigenschaften *IncludeAlignment*, *-Pattern* etc. geben an, welche der sechs Teilformate durch die Formatvorlage verändert werden sollen. Sie können also auch Formate definieren, die nur Schriftart und Zahlenformat verändern und die restlichen Formatinformationen des Bereichs unverändert belassen.

Styles Excel

Workbook.*Styles* ↗ (*index* oder *name*) ↘ ***Style***

Das Aufzählobjekt verweist auf die in einer Arbeitsmappe definierten Formatvorlagen. Über die Methoden *Add* bzw. *Merge* werden weitere Formatvorlagen in die Liste aufgenommen.

TableDef DAO

Database.*TableDefs(..)* ↗ .*Fields* ↘ ***Field***
Database.*CreateTableDef(..)* ↗ .*Indexes* ↘ ***Index***

Das ***TableDef***-Objekt beschreibt die Merkmale einer Datenbanktabelle. Von zentraler Bedeutung ist die ***Fields***-Aufzählung, die auf alle Datenfelder der Tabelle (und über die *Field*-Objekte auf deren Eigenschaften, also Datentyp, Größe etc.) verweist. Indizierte Felder werden durch die ***Indexes***-Aufzählung bestimmt.

Wichtige Eigenschaften der Tabelle sind *Attributes* und *RecordCount* (Anzahl der gespeicherten Datensätze). Mit den Methoden *CreateField* und *CreateIndex* können der Tabelle neue Felder oder Indizes zugefügt werden. Zum Lesen oder Bearbeiten der Datensätze muß mit *OpenRecordset* ein ***Recordset***-Objekt geöffnet werden.

TableDefs DAO

Database.*TableDefs* ↗ (*index* oder *name*) ↘ ***TableDef***

Das Aufzählobjekt gibt alle Tabellen der Datenbank an. (Bei Datenbanken im Access-Format existieren neben den selbstdefinierten Tabellen auch einige Tabellen mit internen Verwaltungsdaten, die von *TableDefs* ebenfalls zurückgegeben werden. Diese Tabellen sollten nicht verändert werden.)

TextBox MS-Forms 97

UserForm.*Controls* ↗ .*Font* ↘ ***NewFont***

Das Textfeld ermöglicht die Eingabe (auch mehrzeiligen) Texts in eigenen Dialogen. Die wichtigste Eigenschaft lautet naturgemäß *Text*.

TextEffectFormat

Excel 97

Shape/ShapeRange.*TextEffect* ↗

Das Objekt beschreibt Merkmale eines WordArt-Objekts (***Shape***-Objekt mit *Type=msoTextEffect*).

TextFrame

Excel 97

Shape/ShapeRange.*TextEffect* ↗ .*Characters* ↘ ***Characters***

Das Objekt beschreibt den Textbereich eines AutoForm-Objekts (***Shape***-Objekt mit *Type=msoAutoShape*). Der Zugriff auf den eigentlichen Text erfolgt durch das ***Characters***-Objekt, das eine individuelle Formatierung jedes einzelnen Buchstabens ermöglicht. Die Textausrichtung wird durch *Horizontal-* und *VerticalAlignment* eingestellt, der Rand zum AutoForm-Objekt durch *MarginLeft*, *-Top*, *-Right*, und *-Bottom*.

ThreeDFormat

Excel 97

Shape/ShapeRange.*ThreeD* ↗ .*ExtrusionColor* ↘ ***ColorFormat***

Das Objekt beschreibt das 3D-Aussehen von ***Shape***-Objekten. Durch geeignete Einstellungen können die an sich flachen ***Shape***-Objekte dreidimensional erweitert werden.

Tip: Bevor Sie die Eigenschaften ergründen, sollten Sie ein wenig mit der 3D-Symbolleiste experimentieren (3D-Symbol in der »Zeichnen«-Symbolleiste).

TickLabels

Excel

Axis.*TickLabels* ↗ .*Font* ↘ ***Font***

Das Objekt beschreibt, wie die Teilstriche auf einer Koordinatenachse eines Diagramms beschriftet werden sollen. Charakteristische Eigenschaften und Methoden sind *Orientation*, *Font*, *NumberFormat* und *NumberFormatLinked* (*True*, wenn die Zahlenformate aus der Tabelle übernommen werden sollen).

Das Objekt hat weder Einfluß auf Ort und Inhalt der Beschriftung noch auf die Anzahl der Beschriftungspunkte. Diese Details werden durch ***Axis***-Eigenschaften gesteuert, und zwar durch *TickLabelSpacing* und *-Position* sowie durch *TickMarkSpacing* (für X-Achsen) oder *MajorUnit* (für Y-Achsen).

ToggleButton

MS-Forms 97

UserForm**.Controls* ↗ — *.Picture* ↘ ***StdPicture

Der Umschaltbutton ist eine Variante zum gewöhnlichen Button. Die Besonderheit besteht darin, daß der Button nicht automatisch, sondern erst durch ein nochmaliges Anklicken wieder zurückspringt.

Trendline

Excel

Series**.Trendlines(..)* ↗ — *.Border* ↘ ***Border, *.DataLabel* ↘ ***DataLabel***

Das Objekt beschreibt Trend-, Näherungs- oder Ausgleichskurven in Diagrammen. Trendlinien sind einzelnen Datenreihen zugeordnet und können nur bei einigen zweidimensionalen Diagrammtypen angezeigt werden. *Type* bestimmt den Typ der Trendlinie (z. B. *xlPolynomial, xlLogarithmic*). Bei Ausgleichskurven bestimmt *Period* die Anzahl der Datenpunkte, über die gemittelt wird. Bei polynomischen Näherungskurven bestimmt die Eigenschaft *Order* die Ordnung des Polynoms (2 bis 6). *Forward* und *Backward* bestimmen, wie viele Perioden die Kurve über den vorhandenen Datenbereich hinaus in die Zukunft oder in die Vergangenheit gezeichnet wird (zur Trendabschätzung).

Die optische Gestaltung der Kurve erfolgt über die Subobjekte ***DataLabel*** und ***Border***. *DisplayEquation* und *DisplayRSquared* bestimmen, ob die Formel der Kurve und ein Koeffizient für das Ausmaß der erzielten Annäherung an die Daten in einem Textfeld angezeigt werden soll.

Trendlines

Excel

Series**.Trendlines* ↗ — *(index* oder *name)* ↘ ***Trendline

Das Aufzählobjekt verweist auf die Trend-, Näherungs- oder Ausgleichskurven einer Datenreihe. Siehe ***Trendline***.

UpBars

Excel

ChartGroup**.UpBars* ↗ — *.Interior* ↘ ***Interior, *.Border* ↘ ***Border***

Das Objekt beschreibt das Aussehen von positiven Abweichungsbalken zwischen zwei Datenreihen eines Liniendiagramms. Details finden Sie bei ***DownBars*** (für negative Abweichungsbalken).

User DAO

***Group**.Users(..)* ↗
***Workspace**.Users(..)* ↗

Das ***User***-Objekt beschreibt einen Nutzer der Datenbank. Über *Name, Password* und *PID* werden der Name, das Paßwort und ein eindeutiger Zugriffscode gespeichert. Ein neuer Benutzer kann mit *CreateUser* erzeugt und mit *Append* der ***Users***-Aufzählung und einem ***Group***-Objekt zugeordnet werden. Welche Zugriffsrechte der Nutzer hat, wird über die *Permission*-Eigenschaft der ***Container***- und ***Document***-Objekte eingestellt.

UserForm MS-Forms 97

Dialogname ↗

.ActiveControl ↘ ***steuerelement***
.Controls ↘ ***Controls***
.steuerelementname ↘ ***steuerelement***

Das *UserForm*-Objekt ist das Basisobjekt für alle MS-Forms-Dialoge. Es stellt eine Menge Eigenschaften zur Gestaltung des Dialogs zur Verfügung. *StartupPosition* beeinflußt den Ort, an dem der Dialog erscheint. *Picture* kann eine Bitmap enthalten, die als Dialoghintergrund angezeigt wird. Mit *Zoom* kann der gesamte Dialoginhalt verkleinert oder vergrößert werden.

Über die Aufzählung *Controls* können alle enthaltenen Steuerelemente angesprochen werden. (Im Programmcode wird aber zumeist direkt der Name der jeweiligen Steuerelemente verwendet.) *ActiveControl* verweist auf das gerade aktive Steuerelement (mit Tastaturfokus).

Users DAO

***Group**.Users* ↗
***Workspace**.Users* ↗

(*index* oder *name*) ↘ ***User***

Das Aufzählobjekt enthält alle Benutzer, die einer Gruppe angehören bzw. die in der angegebenen Sitzung auf die Datenbank zugreifen.

Validation Excel 97

***Range**.Validation* ↗

Das Objekt beschreibt, welche Eingaben in einem Zellbereich zulässig sind (interaktive Einstellung durch DATEN | GÜLTIGKEIT). Der zulässige Zahlentyp (beispielsweise Ganzzahl, Datum etc.) wird durch *Type* eingestellt. Der Zahlenbereich kann durch Grenzwerte in *Formula1* und -2 eingeschränkt werden. Dazu muß mit *Operator* ein Vergleichsoperator angegeben werden (etwa *xlBetween, xlGreater* etc.) *Formula1* und -2 können sowohl Werte als auch Zelladressen enthalten. (Im zweiten Fall werden die

Grenzwerte aus den Zellen gelesen.) *InputMessage* gibt einen kurzen Infotext zur Eingabe, *ErrorMessage* enthält die Fehlermeldung, die bei Mißachtung der Regeln angezeigt wird.

VBComponent[s]

VBE 97

***VBProject**.VBComponents(..)* ↗

.CodeModule ↘ ***CodeModule***
.Properties(..) ↘ ***Property***

VBComponents enthält eine Auflistung aller Komponenten eines VBA-Projekts (also Module und Dialoge, *Type*-Eigenschaft). Der Codeanteil einer Komponente wird via *CodeModule* angesprochen, die Eigenschaften via *Properties*. Wenn die Komponente einen Designer hat (damit ist etwa der Dialogeditor gemeint), kann mit *HasOpenDesigner* festgestellt werden, ob dieser aktiv ist.

VBE

VBE 97

***Application**.VBE* ↗

.CodePanes(..) ↘ ***CodePane***
.CommandBars(..) ↘ ***CommandBars***
.VBProjects(..) ↘ ***VBProject***
.Window(..) ↘ ***Window***

VBE ist das Startobjekt der gleichnamigen Bibliothek zur Programmierung der VBA-Entwicklungsumgebung. (Im Objektkatalog wird diese Bibliothek mit VBIDE bezeichnet.) Die Hauptaufgabe von ***VBE*** besteht darin, den Zugriff auf die untergeordneten Objekte zu ermöglichen (siehe Syntaxbox). Außerdem können über *ActiveCodePane*, *ActiveVBProject*, *ActiveWindow* und *SelectedVBComponent* die gerade aktiven Komponenten der Entwicklungsumgebung angesprochen werden.

VBProject[s]

VBE 97

***VBE**.ActiveVBProject* ↗
***VBE**.VBProjects* ↗

.References(..) ↘ ***Reference***
.VBComponents(..) ↘ ***VBComponent***

VBProjects enthält Verweise auf alle zur Zeit geladenen Projekte (Excel-Dateien und Add-Ins). Über die Eigenschaften *VBComponents* und *References* können die einzelnen Komponenten (gemeint sind Module und Dialoge) und die Verweise auf externe Objektbibliotheken angesprochen werden.

VPageBreak

Excel 97

***Worksheet**.VPageBreaks(..)* ↗

.Location ↘ ***Range***

Das Objekt bezeichnet einen vertikalen Seitenumbruch in einem Tabellenblatt.

VPageBreaks — Excel 97

Worksheet**.VPageBreaks* ↗ — *(index* oder *name)* ↘ ***VPageBreak

Die Auflistung ermöglicht den Zugriff auf alle manuellen Seitenumbrüche im Tabellenblatt.

Walls — Excel

Chart**.Walls* ↗ — *.Interior* ↘ ***Interior
.Border ↘ ***Border***

Das Objekt beschreibt die beiden Seitenwände eines 3D-Diagramms. Durch die Subobjekte ***Interior*** und ***Border*** können Farbe und Umrandung dieser Wände eingestellt werden, allerdings nur für beide Wände gemeinsam. Siehe auch ***Floor*** für den Boden eines 3D-Diagramms.

Window — Excel

Workbook**.Windows(..)* ↗ — *.Panes* ↘ ***Pane
Application**.ActiveWindow* ↗ — *.SelectedSheets* ↘ ***Sheets

Das Objekt verweist auf ein Fenster innerhalb von Excel. Fenster werden mit *Activate* zum aktiven Fenster gemacht. Die Methoden *ActivateNext* bzw. *-Previous* wechseln zum nächsten bzw. vorangegangenen Fenster. Durch *NewWindow* und *Close* werden neue Fenster erzeugt bzw. geschlossen. Mit *Split* und *FreezePanes* werden Fenster in mehrere Ausschnitte geteilt.

Die Eigenschaft *Visible* bestimmt, ob ein Fenster ausgeblendet (unsichtbar) ist oder nicht. Über *WindowState* wird die Größe des Fensters (Icon, normal, maximiert) eingestellt. *Caption* enthält den Fenstertitel. Die Eigenschaften *ScrollColumn* bzw. *ScrollRow* bestimmen die Nummer der ersten sichtbaren Spalte / Zeile. *DisplayGridlines* gibt an, ob im Fenster Gitterlinien dargestellt werden.

Die ***Window***-Eigenschaften bzw. Methoden *ActivePane, ActiveSheet, ActiveChart, ActiveCell, Panes, Selection* und *SelectedSheets* verweisen auf diverse untergeordnete Objekte.

Windows — Excel

Workbook**.Windows* ↗ — *(index* oder *aufschrift)* ↘ ***Window

Das Aufzählobjekt verweist auf die Fenster einer Arbeitsmappe. Der Zugriff erfolgt durch die Angabe der (internen) Fensternummer oder des Fenstertitels (*Caption*-Eigenschaft des ***Window***-Objekts).

Window[s]

VBE 97

***VBE**.Windows* ↗

Die Aufzählung ***Windows*** und das daraus abgeleitete ***Window***-Objekt ermöglichen den Zugriff auf die Fenster der VBA-Entwicklungsumgebung. Bei Namenskonflikten mit den Excel-***Window[s]***-Objekten müssen Sie *VBE* voranstellen, also etwa *Dim w As VBE.Window*.

Workbook

Excel

***Application**.Workbooks(..)* ↗
***Application**.ActiveWorkbook* ↗

.Charts ↘ ***Chart***
.DialogSheets ↘ ***DialogSheet***
.Modules ↘ ***Module***
.Worksheets ↘ ***Worksheet***
.Windows ↘ ***Window***

Das Objekt ***Workbook*** beschreibt eine Excel-Datei. Über die oben angeführten Methoden kann auf die Blätter der Arbeitsmappe zugegriffen werden, wobei nach den vier möglichen Blatttypen differenziert wird. Die Methode *Sheets* ermöglicht den Zugriff auf alle Blätter der Arbeitsmappe (unabhängig von ihrem Typ). *Windows* verweist auf die zur Arbeitsmappe gehörenden Fenster.

Die Arbeitsmappe kann mit den Methoden *Save* bzw. *SaveAs* gespeichert werden. *Close* schließt die Arbeitsmappe, wobei die Arbeitsmappe durch die Angabe eines optionalen Parameters ebenfalls gespeichert werden kann.

Workbooks

Excel

***Application**.Workbooks* ↗

(*index* oder *name*) ↘ ***Workbook***

Workbooks enthält die Liste aller geladenen Arbeitsmappen (auch der unsichtbaren, weil deren Fenster ausgeblendet sind). Der Verweis auf einzelne Arbeitsmappen kann entweder durch die Angabe der Indexnummer oder über den Dateinamen (ohne Pfad) erfolgen. Über *Add* kann eine neue, leere Arbeitsmappe angegeben werden. *Open* lädt eine bereits vorhandene Arbeitsmappe.

Worksheet

Excel

***Workbook**.Worksheets* ↗
***Application**.ActiveSheet* ↗

.Range ↘ ***Range***
.Cells ↘ ***Range***
.XxxObjekts ↘ ***XxxObjekt***

Tabellenblätter gehören neben Dialog-, Diagramm- und Modulblättern zu den Blättern einer Arbeitsmappe. Zahllose Methoden und Eigenschaften verweisen einerseits auf Zellbereiche (*Range, Rows, Columns, Cells*) und andererseits auf eingelagerte Steuerelemente, Zeichnungsobjekte, Diagramme, Pivottabellen etc.

Der Datenaustausch über die Zwischenablage erfolgt über die Methoden *Copy, Paste* und *PasteSpecial*. *Calculate* führt zu einer manuellen Neuberechnung der Tabelle (nur erforderlich, wenn die ***Application***-Eigenschaft *Calculation* auf *xlManual* steht). Über die Eigenschaften *ConsolidationFunction, -Options* und *-Sources* werden die Details eines Konsolidierungsvorgangs eingestellt, der anschließend mit ***Range***.*Consolidate* ausgeführt werden kann.

WorksheetFunctions — Excel 97

Application.*WorksheetFunctions* ↗

Über das Objekt können Excel-Tabellenfunktionen im VBA-Programmcode verwendet werden.

Worksheets — Excel

Workbook.*Worksheets* ↗ — (*index* oder *name*) ↘ ***Worksheet***

Das Aufzählobjekt verweist auf die Tabellenblätter einer Arbeitsmappe. Über die Methoden *Add* und *Copy* können neue Tabellenblätter erzeugt werden. *Select* macht ein Tabellenblatt zum aktiven Blatt.

Workspace — DAO

DBEngine.*Workspaces(..)* ↗ — .*Databases* ↘ ***Database***
.*Groups* ↘ ***Group***
.*Users* ↘ ***User***

Das ***Workspace***-Objekt steht zwischen der Datenbank-Engine und der eigentlichen Datenbank. Es dient primär zur Verwaltung mehrerer Datenbanken (die gleichzeitig geöffnet sein dürfen) und der darauf zugreifenden Benutzer und Benutzergruppen. Mit den Methoden *BeginTrans, CommitTrans* und *Rollback* können mehrere Datenbankkommandos zu einer Gruppe (Transaktion) gebündelt und gemeinsam ausgeführt oder abgebrochen werden.

Workspaces — DAO

DBEngine.*Workspaces* ↗ — (*index* oder *name*) ↘ ***Workspace***

Die Aufzählung verweist auf die zur Zeit aktiven Sitzungen (***Workspace***-Objekte). Im Regelfall ist nur das Defaultobjekt *Workspaces(0)* aktiv, das weder geöffnet noch im Programmcode angegeben werden muß. Zusätzliche Sitzungen können mit der Methode *Append* eingerichtet bzw. mit *Close* wieder beendet werden.

Glossar

A

Abfrage: Als Abfrage wird die Definition einer Datensatzliste in MS-Query oder in einem Datenbankprogramm bezeichnet. Abfragen sind durch die ausgewählten Datensätze, die Sortierreihenfolge und die Filterkriterien charakterisiert.

Access: MS Access ist ein Windows-Datenbankprogramm. Die Datenbankfunktionen können auch in Excel benutzt werden (ohne daß Access installiert werden muß).

ActiveX: Microsoft bezeichnet seit geraumer Zeit alle möglichen neuen Technologien, die in irgendeiner Form mit Komponenten zu tun haben, mit dem Modewort ActiveX: ActiveX-Steuerelemente, -Dokumente, -Automation etc.

ActiveX-Automation: Dieser Mechanismus (ehemals Object Automation) erlaubt die Steuerung fremder Programme oder Komponenten. Als Programmiersprache wird in der Regel VBA verwendet. Beispielsweise kann Excel ein fremdes Programm (WinWord) per ActiveX-Automation steuern. Umgekehrt kann Excel von anderen Programmen gesteuert werden.

ActiveX-Steuerelemente: ActiveX-Steuerelemente sind Zusatzsteuerelemente, die in MS-Forms-Formularen, im Internet Explorer sowie in diversen Programmiersprachen (Visual Basic, Delphi) als Komponenten verwendet werden können.

Add-Ins: Add-Ins erweitern die vorhandenen Excel-Funktionen oder -Kommandos. Sie sind in Form von `*.xla`-Dateien gespeichert.

Aktivierreihenfolge: Damit ist die interne Reihenfolge der Steuerelemente in einem Dialog gemeint. Mit Tab gelangen Sie jeweils zu dem in der Aktivierreihenfolge nächsten Steuerelement, mit Shift+Tab in das vorangegangene Steuerelement.

Ansicht: Eine Ansicht bezeichnet einen Ausschnitt einer Tabelle inklusive der aktuellen Fensteranordnung und der Einstellung der Druckparameter. Mehrere Ansichten können zu einem gemeinsamen Bericht zusammengefaßt werden.

Arbeitsbereich: Als Arbeitsbereich gilt eine Gruppe von Dateien sowie deren Fensteranordnung am Bildschirm. Durch das Speichern eines Arbeitsbereichs kann eine Bildschirmeinteilung zu einem späteren Zeitpunkt rasch wiederhergestellt werden.

Arbeitsmappe: Eine Arbeitsmappe ist eine Excel-Datei, die in der Regel mehrere Tabellenblätter und eventuell in weiteren Blättern Diagramme, Makrovorlagen, Dialoge oder Visual-Basic-Module enthält. Eine Arbeitsmappe nach der Nomenklatur von Version 4 heißt seit Version 5 Arbeitsbereich.

Aufzählmethode: Damit werden Methoden bezeichnet, die auf Aufzählobjekte verweisen. Über Aufzählmethoden kann entweder auf ein einzelnes Element (z. B. *Sheets(1)*) oder auf eine ganze Liste von Elementen (nur *Sheets*) zugegriffen werden.

Aufzählobjekt: Aufzählobjekte verwalten mehrere gleichartige Elemente (Fenster, Arbeitsblätter, Menüeinträge, Symbole).

Ausfüllen: Ausfüllen bezeichnet das Kopieren von Zellinhalten (Formeln, Texte, Zahlen) durch das Verschieben des Ausfüllkästchens am rechten unteren Zellen- oder Markierungsrand. Excel generiert dabei automatisch Zahlenreihen.

Ausschnitt: Ein Ausschnitt ist ein Teilbereich des Fensters. Mehrere Ausschnitte existieren nur dann, wenn das Fenster geteilt ist.

Auto-Ausfüllen: Damit wird der Vorgang bezeichnet, ausgehend von einigen bereits ausgefüllten Zellen, weitere Zellen mit Inhalten zu füllen. Der Unterschied zum normalen Ausfüllen besteht darin, daß vordefinierte Textreihen (Januar, Februar ..; Montag, Dienstag .. etc.) verwendet werden.

Auto-Prozeduren: Das sind Prozeduren, die beim Öffnen bzw. Schließen einer Arbeitsmappe automatisch ausgeführt werden. Seit Excel-97 können statt Auto-Prozeduren auch Ereignisprozeduren für die jeweiligen Objekte verwendet werden (etwa *Workbook_Open*).

Autofilter: Damit wird eine besonders einfach zu bedienende Funktion zur Auswahl von Datensätzen einer Datenbank bezeichnet. Siehe auch Filter.

Autoformat: Autoformate stellen ein wichtiges Hilfsmittel zur Formatierung von Diagrammen dar. Autoformate enthalten alle Formatierungsinformationen (Diagrammtyp, Farben, Beschriftung,..) und können einem bereits vorhandenen Diagramm rasch zugewiesen werden. Excel kennt zahlreiche vordefinierte Autoformate und bietet dem Anwender daneben die Möglichkeit, selbst Autoformate zu definieren.

Automatische Mustervorlagen: Wenn das Verzeichnis `Xlstart` die Dateien `Mappe.xlt`, `Tabelle.xlt` und `Dialog.xlt` enthält, dann werden diese Dateien (ohne Rückfrage) als Muster beim Erzeugen neuer Arbeitsmappen bzw. beim Einfügen neuer Tabellen- oder Diagrammblätter verwendet. Siehe auch Mustervorlagen.

Bearbeitungsfeld: Das Steuerelement wird in selbstdefinierten Dialogen verwendet und ermöglicht die Eingabe von Zahlen, Texten, Formeln und Zellbezügen.

Benannte Zellbereiche: Zellbereichen (etwa A3:D7) kann über EINFÜGEN|NAMEN|FESTLEGEN ein Name zugewiesen werden – das Ergebnis ist ein benannter Zellbereich (oder auch nur eine einzelne benannte Zelle). Benannte Zellbereiche können die Übersichtlichkeit von Formeln enorm erhöhen.

Bereich: Im Zusammenhang mit einem Tabellenkalkulationsprogramm bezeichnet ein »Bereich« eine Gruppe nebeneinanderliegender Tabellenzellen, beispielsweise A1:D4.

Bericht: Ein Bericht ist eine Gruppe mehrerer Ansichten und Szenarios, die gemeinsam gedruckt werden können.

Bezeichnungsfeld: Ein Bezeichnungsfeld ist ein Steuerelement, das in benutzerdefinierten Dialogen zur Beschriftung verwendet werden kann. Bezeichnungsfelder werden in diesem Buch zumeist als Labelfelder bezeichnet.

Bibliothek: Damit ist eine Datei gemeint, in der zusätzliche VBA-Funktionen, Methoden oder Eigenschaften definiert sind. Diese Funktionen können nur dann verwendet werden, wenn in der aktuellen Arbeitsmappe ein Verweis auf die Bibliotheksdatei eingerichtet wird. Auch ganz normale Arbeitsmappen, in denen eigene Funktionen definiert sind, können in diesem Sinn als Bibliotheken gelten.

Bildlaufleiste: Die Bildlaufleiste ist ein Steuerelement, das zur Auswahl eines Bereichs verwendet wird. Praktisch jedes Fenster ist mit einer vertikalen und einer horizontalen Bildlaufleiste ausgestattet. Bildlaufleisten können auch in benutzerdefinierten Dialogen zur Einstellung von Werten verwendet werden.

Button: Ein Button ist eine kleine, rechteckige Fläche am Bildschirm, die durch eine besondere grafische Gestaltung dreidimensional wie ein Druckknopf hervorgehoben ist. Durch das Anklicken von Buttons können verschiedene Aktionen ausgelöst werden. Buttons werden in der Microsoft-Dokumentation als »Befehlschaltflächen« oder kurz als »Schaltflächen« bezeichnet.

Buttonleiste (Symbolleiste): Buttonleisten werden aus einer Reihe grafischer Buttons (Symbole) gebildet. Durch das Anklicken dieser Symbole werden verschiedene Kommandos ausgeführt.

Datenbank: Datenbank hat sich in Excel als Oberbegriff für jede strukturierte Sammlung von Daten eingebürgert. In Excel haben Datenbanken immer Tabellenform. Prinzipiell kann beinahe jede Excel-Tabelle als Datenbank interpretiert werden. Zusammengehörende Daten (z. B. Name, Adresse und Telefonnummer) stehen in einer Zeile und bilden einen Datensatz.

Datenkanal: Ein Datenkanal bezeichnet eine durch eine Kanalnummer gekennzeichnete Verbindung zu einer Datei. In VBA können Dateien nur über Datenkanäle gelesen bzw. verändert werden.

Datenquelle: Als Datenquelle wird in MS-Query eine Datenbankdatei oder ein Datenbankformat bezeichnet.

Datensatz: siehe Datenbank.

Defaulteigenschaft: Damit ist eine Eigenschaft gemeint, die nicht explizit angegeben werden muß. Manche Objekte kennen *Value* als Defaulteigenschaft.

Defaultobjekt: Das Defaultobjekt braucht bei einer bestimmten Methode nicht explizit angegeben zu werden. So bezieht sich die Eigenschaft *ActiveSheet* automatisch auf das Objekt *Application*, wenn nicht ein anderes Objekt (z. B. ein Fenster) angegeben wird.

Dialog: Als Dialog wird ein Fenster bezeichnet, in dem der Anwender verschiedene Eingaben durchführen kann (z. B. einen Dateinamen auswählen, Optionen einstellen etc.). Auch der Begriff Formular ist üblich. Excel kennt zahllose vordefinierte Dialoge und bietet außerdem die Möglichkeit, selbst eigene Dialoge zu definieren.

Dialogfeld: Siehe Steuerelement.

Dialogfeldrahmen: Damit wird innerhalb des Dialogblatts der Rahmen für den Dialog definiert. Alle Steuerelemente, die sich innerhalb des Rahmens befinden, werden bei der Ausführung in einem eigenen Fenster (in der Größe des Rahmens) angezeigt.

Dialogeditor: Damit sind alle Bedienungselemente von Excel zur Definition eigener Dialoge gemeint, nämlich das Dialogblatt mit seinen Kontextmenüs, die »Dialog«-Symbolleiste und die Bearbeitungszeile. Der Dialogeditor ist Teil der VBA-Entwicklungsumgebung.

Dialogelement: Selbstdefinierte Dialoge sind aus Steuerelementen (Dialogelementen) zusammengesetzt. Beispiele für Steuerelemente sind Buttons, Bearbeitungsfelder, Bildlaufleisten, Listenfelder etc.

DLL: DLL ist die Abkürzung für »Dynamic Link Library« und meint Funktionsbibliotheken auf Betriebssystemebene. Alle Betriebssystemfunktionen liegen in Form von DLLs vor. Die meisten dieser Funktionen können auch innerhalb von VBA aufgerufen werden.

Drehfeld: Ein Drehfeld ist ein kleines Steuerelement, das aus zwei nach oben bzw. nach unten gerichteten Pfeilen besteht. Das Drehfeld wird normalerweise dazu eingesetzt, Zahlenwerte per Mausklick um Eins zu vergrößern bzw. zu verkleinern.

Dropdown-Liste: Dieses Steuerelement ermöglicht die Auswahl eines Eintrags aus einer Liste. Normalerweise wird nur dieses eine (ausgewählte) Listenelement angezeigt. Die gesamte Liste erscheint erst, wenn der nach unten gerichtete Dropdown-Pfeil angeklickt wird. Beispiel: Das Listenfeld zur Auswahl der Schriftart in der »Format«-Symbolleiste.

Eigenschaft: Eine Eigenschaft bezeichnet ein Merkmal eines Objekts (z. B. Position und Größe eines Fensters). Die Einstellung bestimmt die aktuelle Ausprägung dieses Merkmals.

Eingabefeld: Diese Methode aktiviert einen vordefinierten Dialog, in dem der Anwender einen Text, eine Zahl, eine Formel oder einen Zellbezug eingeben kann.

Eingabefokus: Als (Eingabe-)Fokus wird die Eigenschaft eines Steuerelements in einem Dialog bezeichnet, Tastatureingaben entgegenzunehmen. Das gerade aktive Steuerelement eines Dialogs wird durch eine graue Umrandung oder durch einen blinkenden Cursor gekennzeichnet.

Ereignis: Ein Ereignis resultiert aus einer Aktion des Anwenders (Maus- oder Tastatureingabe) und kann zum automatischen Aufruf einer Ereignisprozedur führen. Mögliche Ereignisse sind das Anklicken eines Buttons, die Auswahl eines Menüeintrags, das Drücken einer bestimmten Tastenkombination, das Aktivieren eines Tabellenblatts, das Verstreichen einer zuvor bestimmten Zeit etc.

Ereignisprozeduren: Das sind Prozeduren, die beim Eintreten eines Ereignisses automatisch aufgerufen werden.

Fehlerbehandlungsroutine: Damit ist ein Programmteil innerhalb einer Prozedur gemeint, der beim Eintreten eines Fehlers aufgerufen wird. Voraussetzung ist, daß die Routine am Beginn der Prozedur mit *On Error* angemeldet wird. Innerhalb der Fehlerbehandlungsroutine kann die Ursache des Fehlers behoben werden oder ein kontrollierter Ausstieg aus der Prozedur erfolgen.

Filter: Mit einem Filter ist ein Selektionskriterium in einer Datenbank gemeint. Wenn ein Filter aktiviert ist, werden nur jene Daten angezeigt, die dem Filterkriterium (der Bedingung) entsprechen.

Fokus: Siehe Eingabefokus.

Formatvorlage: Eine Formatvorlage umfaßt die Kombination mehrerer Formate (Zahlen, Ausrichtung, Farbe, Rahmen), die unter einem eindeutigen Namen gespeichert ist.

Formular: Formular stellt eine synonyme Bezeichnung für einen Windows-Dialog dar, also für ein Fenster, in dem der Anwender verschiedene Eingaben durchführen und Optionen auswählen kann.

Funktion: Der Begriff Funktion ist vieldeutig: Er kann eine vordefinierte Tabellenfunktion, eine vordefinierte VBA-Funktion oder eine durch eine VBA-Prozedur definierte Funktion meinen.

Gliederung: Durch eine Gliederung wird der hierarchische Aufbau einer Tabelle in Gliederungsebenen umgesetzt, die wahlweise ein- und ausgeblendet werden können. Dadurch ist eine übersichtliche Bearbeitung komplexer Tabellen möglich. Insbesonders können damit nur die Ergebniszeilen bzw. -spalten ab einer bestimmten Gliederungsebene angezeigt werden, nicht aber die dazugehörenden Daten.

Gruppenfeld: Das Gruppenfeld wird in benutzerdefinierten Dialogen dazu verwendet, andere Steuerelemente (zumeist Auswahlkästchen oder Optionsfelder) zu Gruppen zusammenzufassen.

Intelligente Formulare: Als »intelligente« Formulare werden in diesem Buch Tabellen bezeichnet, die ein vorgefertigtes Formular (Layout, Formeln) enthalten. Der Anwender muß nur noch einige Werte eingeben, die Ergebnisse werden dann automatisch berechnet. Siehe Kapitel 10.

Klasse: Siehe Objektklasse.

Konsolidieren: Konsolidieren bezeichnet einen Vorgang, in dem Excel die Daten aus mehreren Tabellen in einer neuen Tabelle zusammenfaßt (in Form von Summen oder von Durchschnittswerten).

Kontrollkästchen: Dieses Steuerelement ermöglicht eine sehr bequeme Form von Ja/Nein-Entscheidungen. Der aktuelle Zustand des Steuerelements (aktiviert oder nicht aktiviert) wird durch ein kleines »x« in einem quadratischen Kästchen ausgedrückt.

Kreuztabelle (Pivottabelle): Eine Pivottabelle stellt eine matrixförmige Zusammenfassung von ansonsten spaltenförmig angeordneten Informationen dar.

Kombinationsfeld: Das Steuerelement kombiniert ein Bearbeitungsfeld (zur Eingabe eines beliebigen Textes) und ein Listenfeld (zur bequemen Auswahl eines Listeneintrags).

Kontextmenü: Damit werden Menüs bezeichnet, die nach dem Drücken der rechten Maustaste über einem beliebigen Excel-Objekt erscheinen. Kontextmenüs enthalten die wichtigsten Menüeinträge zur Bearbeitung des jeweiligen Objekts.

Labelfeld: Das Steuerelement wird zur Beschriftung anderer Steuerelemente in einem Dialog verwendet. Die offizielle Microsoft-Bezeichnung lautet »Bezeichnungsfeld«.

Listenfeld: Das Steuerelement ermöglicht die bequeme Auswahl eines oder mehrerer Listeneinträge. Es kann in benutzerdefinierten Dialogen verwendet werden.

Makro: Makro ist ein zweideutiger Begriff. Bis Version 4 war damit eine Reihe von Anweisungen in der herkömmlichen Makrosprache gemeint. Ab Version 5 bezeichnet Makro sowohl ein herkömmliches Makro als auch eine Visual-Basic-Prozedur. In diesem Buch wird Makro für beide Arten Makros verwendet. *Anmerkung*: In der Microsoft-Dokumentation heißt es »der Makro«, in diesem Buch bleibt es bei dem in der deutschen Computerliteratur eingebürgerten neutralen »das Makro«.

Matrix: Eine Matrix in Excel bezeichnet einen Zellbereich, in dessen Zellen eine Matrixformel angegeben ist. Die Formel ist in allen Zellen gleich, das Ergebnis hängt aber vom Ort der Zelle innerhalb des Bereichs ab (d. h. in der ersten Zelle des Bereichs wird ein anderer Ergebniswert angezeigt als in der zweiten Zelle).

Menü: Die Menüleiste wird in der obersten Zeile eines Fensters angezeigt. Sie ermöglicht die Auswahl von Menüs und innerhalb dieser Menüs die Auswahl einzelner Menüelemente.

Methode: Eine Methode stellt ein Kommando bzw. eine Funktion zur Bearbeitung eines Objekts dar. (Als Objekte gelten in VBA praktisch alle Elemente von Excel – etwa Zellbereiche, Diagramme etc.)

Modul, Modulblatt: VBA-Programmcode kann auf mehrere Module verteilt werden. Ein Modul bezeichnet damit eine Gruppe zusammengehörender Prozeduren und Variablen. Module werden in eigenen Modulblättern dargestellt, die zusammen mit Tabellen-, Dialog- und Diagrammblättern eine Arbeitsmappe (Datei) bilden.

MS-Forms-Bibliothek: Die MS-Forms-Bibliothek enthält eine Sammlung von Steuerelementen, die für Office 97 und den Internet Explorer (ab Version 3) entwickelt wurde. Die MS-Forms-Steuerelemente lösen die aus Excel-5/7 bekannten Steuerelemente ab.

MS-Query: MS-Query ist ein Zusatzprogramm zu Excel, mit dem Daten aus externen Datenbanken in Excel-Tabellen eingelesen werden können.

Mustervorlagen: Mustervorlagen sind Excel-Dateien mit der Dateikennung `*.xlt`, die als Muster für neue Tabellen, Diagramme oder Arbeitsmappen dienen. Mustervorlagen können auch mit Programmcode kombiniert werden, um sogenannte »intelligente Formulare« zu schaffen. Mustervorlagen werden erstellt, indem beim Speichern der Tabelle als Dateityp »Mustervorlage« angegeben wird. Mustervorlagen werden normalerweise in einem eigenen Vorlagenverzeichnis gespeichert (`Office97\Office\Vorlagen`) und können beim Öffnen einer neuen Datei mit DATEI|NEU ausgewählt werden. `*.xlt`-Dateien im Verzeichnis `Xlstart` gelten dagegen als automatische Mustervorlagen und werden automatisch (ohne Rückfrage) verwendet, wenn eine neue Arbeitsmappe mit dem Symbol »Neue Arbeitsmappe« erzeugt oder neue Blätter in eine vorhandene Arbeitsmappe eingefügt werden.

Object Automation: Siehe ActiveX-Automation.

Object Linking and Embedding (OLE): OLE ermöglicht die Integration von Daten aus fremden Programmen in Excel bzw. umgekehrt die Integration von Excel-Tabellen oder -Diagrammen in fremde Programme.

Objekt: Als Objekt gelten in VBA praktisch alle Elemente von Excel – etwa Zellbereiche, Diagramme etc. Objekte werden über Methoden und Eigenschaften bearbeitet.

Objektkatalog: Der Objektkatalog ist ein Hilfsmittel bei der Suche nach Schlüsselwörtern. Im Objektkatalog sind alle definierten Objekte und die dafür anwendbaren Eigenschaften und Methoden verzeichnet.

Objektklasse: Eine Objektklasse beschreibt die Merkmale von Objekten. In VBA können durch Klassenmodule neue Objektklassen gebildet werden. Zudem besteht die Möglichkeit, vorhandene Objekte in Klassenmodulen zu erweitern (»DieseArbeitsmappe«, »Tabelle1« etc.).

ODBC: ODBC steht für »Open Database Connectivity«. Dahinter verbirgt sich ein Standard zum einheitlichen Zugriff auf verschiedene Datenbankformate. MS-Query kann dank ODBC die Datenbankformate von dBase, Paradox, SQL etc. lesen.

OnEvent-Prozeduren: In den Excel-Versionen 5 und 7 wurden Ereignisprozeduren über den Umweg von *OnEventXxx*-Eigenschaften realisiert, in denen der Name der aufzurufenden Prozedur angegeben wurde. Seit Excel 97 steht ein eleganterer Mechanismus zur Verfügung, bei dem für viele Ereignisse vordefinierte Schablonen in den jeweiligen Klassenmodulen zur Verfügung stehen.

Optionsfeld: Dieses Steuerelement tritt immer in einer Gruppe auf und ermöglicht eine Auswahlentscheidung innerhalb dieser Gruppe. Das ausgewählte Element ist durch einen schwarzen, ausgefüllten Kreis gekennzeichnet.

Parameter: Ein Parameter hat eine ähnliche Funktion wie eine Variable, er ist aber explizit für die Datenübergabe an Funktionen vorgesehen. Beim Aufruf einer Funktion muß der Inhalt des Parameters in Klammern hinter dem Funktionsnamen angegeben werden. Bei der Definition einer eigenen VBA-Prozedur werden dagegen der Name des Parameters und sein Datentyp angegeben.

Persönliche Makroarbeitsmappe: Diese Arbeitsmappe enthält Makros, die beim Starten von Excel automatisch geladen werden und somit immer zur Verfügung stehen. Die persönliche Makroarbeitsmappe hat normalerweise den Dateinamen `Personl.xls` und ist im `Xlstart`-Verzeichnis gespeichert.

Pivottabelle (Kreuztabelle): Eine Pivottabelle stellt eine matrixförmige Zusammenfassung von ansonsten spaltenförmig angeordneten Informationen dar.

Prozedur: Eine Prozedur stellt eine eigenständige Programmcodeeinheit innerhalb eines Moduls dar. Eine Prozedur wird mit *Sub* oder mit *Function* eingeleitet und mit *End Sub/Function* beendet. *Sub*-Prozeduren werden fallweise auch als Unterprogramme bezeichnet, *Function*-Prozeduren einfach als Funktionen. Die Begriffe Prozedur und Makro sind gleichwertig und werden in diesem Buch synonym verwendet.

Rückgabeparameter: Ein Parameter einer Prozedur wird als Rückgabeparameter bezeichnet, wenn eine Veränderung des Inhalts dieses Paramters sich auch auf die Variable auswirkt, die beim Aufruf der Prozedur genannt wurde. In VBA gelten alle Parameter als Rückgabeparameter, die nicht explizit durch *ByVal* gekennzeichnet sind.

Sammelmappe: Sammelmappen sind eine Neuerung von Office 95. Damit können verschiedene Dokumente des Office-Pakets – also Texte, Tabellen, Diagramme etc. – zentral als Sammelmappe verwaltet und in einer einzelnen Datei (Kennung `*.odb`) gespeichert werden.

Serienbrief: Ein Serienbrief ist ein gleichlautender Brief, der an mehrere Personen versandt wird. Beinahe jedes Textverarbeitungsprogramm ermöglicht den Ausdruck von Serienbriefen.

Sprungmarke: Eine Sprungmarke markiert innerhalb einer VBA-Prozedur eine Programmzeile. Durch das Kommando *On Error* kann die Programmausführung beim Auftreten eines Fehlers an der Stelle einer Sprungmarke fortgesetzt werden.

SQL: SQL stellt die Abkürzung für »Standard Query Language« dar. Damit ist eine international standardisierte Datenbanksprache gemeint, die unter anderem auch intern im Programm MS-Query verwendet wird.

Spezialfilter: Als »Spezialfilter« wird die Auswahl jener Datensätze einer Datenbank bezeichnet, die bestimmten Kriterien entsprechen.

Steuerelement: Steuerelemente sind die Bestandteile von Dialogen. Beispiele für Steuerelemente sind Buttons, Labels (Beschriftungsfelder), Bearbeitungsfelder, Listenfelder etc.

Submenü: Ein Submenü stellt eine Gruppe von Menükommandos dar, die erst bei der Auswahl eines »normalen« Menüeintrags angezeigt werden.

Symbolleiste: Eine Symbolleiste besteht aus mehreren grafischen Symbolen, deren Anklicken verschiedene Kommandos auslöst.

Szenario: Ein Szenario ist ein Hilfsmittel, mit dem Auswirkungen auf eine Tabelle (auf ein Modell) beobachtet werden können, die sich durch die Veränderung einiger Eingangswerte ergeben.

Tabellenfunktionen: Tabellenfunktionen sind vordefinierte Funktionen, die in Formeln in den Zellen einer Tabelle verwendet werden können. Im Gegensatz dazu stehen Funktionen der Programmiersprache Visual Basic, die nur in VBA-Makros verwendet werden können. (Dafür können in VBA-Makros keine Tabellenfunktionen verwendet werden. Fallweise existieren aber gleichnamige Funktionen sowohl zur Verwendung in Tabellen als auch zum Einsatz im VBA-Code.) Tabellenfunktionen werden (im Gegensatz zu VBA-Funktionen) generell in Großbuchstaben angeschrieben.

Untermenü: Siehe Submenü.

Unterprogramm: Unterprogramme sind eigenständige Programmteile innerhalb eines Moduls. Unterprogramme können im Gegensatz zu Funktionen keine Werte zurückgeben.

VBA: VBA ist die Abkürzung für Visual Basic für Applikationen.

Variable: Eine Variable ist ein Platzhalter für einen Zahlenwert, eine Zeichenkette oder andere vom Programm verwaltete Daten.

Verbunddiagramm: Ein Verbunddiagramm ist eine besondere Diagrammform, bei der unterschiedliche Diagrammtypen (z. B. Punkt- und Liniendiagramm) überlagert werden.

Verweis: Der Begriff »Verweis« ist innerhalb von VBA zweideutig. Zum einen kann eine Objektvariable auf ein Datenobjekt (z. B. auf ein Diagramm) verweisen. Zum anderen können bei der Entwicklung eines Programms mit EXTRAS | VERWEISE andere Dateien (Bibliotheken) angegeben werden, die zusätzliche Prozeduren oder Objekte enthalten.

Visual Basic: Auch »Visual Basic« ist ein zweideutiger Begriff. Visual Basic kann sowohl die neue Makrosprache VBA als auch die davon unabhängige Windows-Programmiersprache Visual Basic (aktuelle Version 5) meinen. In diesem Buch ist fast immer VBA gemeint, wenn nicht explizit auf das Gegenteil hingewiesen wird.

Wertparameter: Ein Parameter einer Prozedur gilt als Wertparameter, wenn an die Prozedur nur der Wert, nicht aber der Verweis auf die ursprüngliche Variable übergeben wird. Wertparameter können durch die Prozedur nicht verändert werden (im Gegensatz zu Rückgabeparametern). Wertparameter müssen in VBA durch *ByVal* gekennzeichnet werden.

Zeichenkette (Zeichenfolge): Eine Zeichenkette besteht aus einer Gruppe von Textzeichen. Im Programmcode müssen Zeichenketten in Hochkommas eingeschlossen werden, z. B. *"abc"*. Zeichenketten bilden in VBA einen eigenen Datentyp. Es gibt zahlreiche Kommandos, die speziell zur Bearbeitung von Zeichenketten geeignet sind.

Zelle: Eine Zelle ist die kleinste Dateneinheit innerhalb einer Excel-Tabelle. Jedes Feld der Tabelle – etwa A1 oder D17 – wird als »Zelle« bezeichnet.

Zellbereich: Wenn mehrere aneinanderliegende Zellen mit der Maus markiert werden, dann gilt diese Gruppe von Zellen als Zellbereich. Excel kennt zahllose Kommandos, die nicht einzelne Zellen, sondern ganze Zellbereiche bearbeiten.

Zugriffstaste: Bezeichnet eine Tastaturabkürzung, über die ein Steuerelement ausgewählt werden kann. Die Zugriffstaste ist in der Beschriftung des Steuerelements unterstrichen. Das Steuerelement kann mit Alt+Anfangsbuchstabe aktiviert werden.

B

VBA-Wörterbuch

Dieser Anhang gibt eine Hilfestellung für den Umstieg von der deutschen VBA-Variante auf die englische Variante. In der Liste sind die wichtigsten Schlüsselwörter der Programmiersprache VBA zusammengefaßt (Kommandos, Methoden, Eigenschaften, Objektnamen, benannte Parameter). In der Liste fehlen aus Platzgründen die vordefinierten Konstanten.

> ANMERKUNG
>
> Dieser Anhang basiert grundsätzlich auf der Datei `Office97\Office\Vbaliste.xls`. Diese Datei wurde von Microsoft allerdings von der Vorgängerversion 7 übernommen, ohne die sich durch Excel 97 ergebenden Änderungen zu berücksichtigen. Daher nennt `Vbaliste.xls` jede Menge Objekte, die in Excel 97 zwar noch aus Kompatibilitätsgründen unterstützt werden, die aber nicht mehr verwendet werden sollten.
>
> Ich habe mich bemüht, die Liste an die Änderungen in Excel 97 anzupassen. Beispielsweise verweist *Bogen* jetzt auf *Shape* (statt auf das nicht mehr unterstützte Objekt *Arcs*). Ich kann allerdings nicht versprechen, daß ich wirklich alle Unstimmigkeiten bemerkt habe.

Abbrechen → *Cancel*
AbbruchtasteAktivieren → *EnableCancelKey*
AbgerundeteEcken → *RoundedCorners*
Abonnieren → *SubscribeTo*
Abs → *Abs*
Abstand → *GapWidth*
Achse → *Axis*
AchseListe → *Axes*
Achsengruppe → *AxisGroup*
Achsenobjekt → *AxisObj*
Achsentitel → *AxisTitle*
AchseZwischenRubriken → *AxisBetweenCategories*
AddIn → *AddIn*
AddInListe → *AddIns*
Adressieren → *Address*
Aktion → *Action*
AktiveArbeitsmappe → *ActiveWorkbook*
AktiveMenüleiste → *ActiveMenuBar*
AktiverAusschnitt → *ActivePane*
AktiverDialog → *ActiveDialog*
AktiverDrucker → *ActivePrinter*
AktivesBlatt → *ActiveSheet*
AktivesDiagramm → *ActiveChart*
AktivesFenster → *ActiveWindow*
AktiveZelle → *ActiveCell*
AktiveZelleAnzeigen → *DisplayActiveCell*
AktiviereAnw → *AppActivate*
Aktivieren → *Activate*
Aktiviert → *Checked*
Aktualisieren → *Update*
AktualisierenVonDatei → *UpdateFromFile*
Aktualisierungsdatum → *RefreshDate*
Aktualisierungsname → *RefreshName*
AktuelleMatrix → *CurrentArray*
AktuelleRegion → *CurrentRegion*
AktuelleSeite → *CurrentPage*
AktVerz → *CurDir*
Alle → *Each*
AlleDatenZeigen → *ShowAllData*
AlleEinträgeEntfernen → *RemoveAllItems*
AllenAntworten → *ReplyAll*
AllesLöschen → *Clear*

Als → *As*
AlsSymbolAnzeigen → *DisplayAsIcon*
AlsWert → *ByVal*
AlsZeiger → *ByRef*
AltesDateiformatSpeichern → *SaveAsOldFileFormat*
Analysieren → *Parse*
Anderes → *Other*
AnderesZeichen → *OtherChar*
ÄnderungenSpeichern → *SaveChanges*
Änderungsnummer → *RevisionNumber*
Änderungsprotokoll → *ShowRevisionHistory*
AnfänglicherDateiname → *InitialFilename*
AnFensterAnpassen → *SizeWithWindow*
Anhängen → *Append*
AnimationAktivieren → *EnableAnimations*
Anlagen → *Enclosures*
Anordnen → *Arrange*
Anordnung → *Structure*
Anordnungsstil → *ArrangeStyle*
Antworten → *Reply*
Anw → *App*
Anwendung → *Application*
Anzahl → *Count*
AnzahlDatenreihenbeschrift... → *NumSeriesLabels*
AnzahlRubrikenbeschrift... → *NumCategoryLabels*
Äqv → *Eqv*
Arbeitsmappe → *Workbook*
ArbeitsmappeListe → *Workbooks*
ArbeitsmappenregAnzeigen → *DisplayWorkbookTabs*
ArbeitsmappenregDurch... → *ScrollWorkbookTabs*
ArbeitsmappeWeiterleiten → *RouteWorkbook*
ArcTan → *Atn*
Arg0 → *Arg0*
Argument → *ArgName*
ArgumentListe → *ParamArray*
Attribute → *Attributes*
AudioNotiz → *SoundNote*
AufeinanderfolgendeTrenn... → *ConsecutiveDelimiter*
Auflageoptionen → *EditionOptions*
Aufruf → *Caller*
Aufschrift → *Caption*
Aufzeichnen → *Record*
Ausblenden → *Hide*
Ausdruck → *Expression*
Ausdrucken → *PrintOut*
AusdruckInDatei → *PrintToFile*
Ausführen → *Run*
Ausgabe → *Output*
Ausgabe → *Edition*
Ausgabebezug → *EditionRef*
Ausgeblendet → *Hidden*
AusgeblendeteFormel → *FormulaHidden*
AusgeblendetesElementListe → *HiddenItems*
AusgeblendetesFeldListe → *HiddenFields*
Ausgewählt → *Selected*
AusgewähltesBlattListe → *SelectedSheets*
Ausrichtung → *Orientation*
AusrichtungZelle → *Alignment*
Ausschneiden → *Cut*
AusschneidenKopierenModus → *CutCopyMode*
Ausschnitt → *Pane*
AusschnittListe → *Panes*
Auswahl → *Selection*
AuswahlAufheben → *Deselect*
Auswählen → *Select*
Auswerten → *Evaluate*
Auszug → *Explosion*
AutoAktualisierung → *AutoUpdate*
AutoAusfüllen → *AutoFill*
AutoEingabe → *AutoComplete*
AutoEingabeAktivieren → *EnableAutoComplete*
AutoFilter → *AutoFilter*
AutoFilterAktivieren → *EnableAutoFilter*
AutoFilterModus → *AutoFilterMode*
AutoFormatieren → *AutoFormat*
AutoGliedern → *AutoOutline*
AutoGliederung → *AutomaticStyles*
AutoGrösse → *AutoSize*
AutoHauptintervall → *MajorUnitIsAuto*
AutoHilfsintervall → *MinorUnitIsAuto*
AutoHöchstwert → *MaximumScaleIsAuto*
AutoKleinstwert → *MinimumScaleIsAuto*
AutoKorrektur → *AutoCorrect*
AutoLaden → *AutoLoad*
AutoMakrosAusführen → *RunAutoMacros*
Automatisch → *Automatic*
AutoName → *NameIsAuto*
Autor → *Author*
AutoSeite → *AutoPage*
AutoSeitenwechselAnz... → *DisplayAutomaticPage...*
AutoSkalierung → *AutoScaling*
AutoText → *AutoText*
AutoTrendlinieSchnittpunkt → *InterceptIsAuto*
Balkengruppe → *BarGroup*
Balkengruppe3D → *Bar3DGroup*
BalkengruppeListe → *BarGroups*
BasiertAuf → *BasedOn*
Basis → *Base*
Basiselement → *BaseItem*
Basisfeld → *BaseField*
BCCEmpfänger → *BCCRecipients*
Bearbeiten → *Edit*
Bearbeitungsfähig → *Editable*
Bearbeitungsfeld → *TextBox*
BearbeitungsfeldListe → *Shapes, Controls*
BearbeitungsleisteAnzeigen → *DisplayFormulaBar*

Beenden → *Quit*
Bei → *On*
BeiAktion → *OnAction*
BeiBerechnung → *Calculate*
BeiBlattaktivierung → *Activate*
BeiBlattdeaktivierung → *Deactivate*
BeiDoppelklick → *BeforeDoubleClick*
BeiEingabe → *Change*
BeiFensterwechsel → *WindowActivate*
BeiGleicherSpalteEntfällt → *OmitColumn*
BeiGleicherZeileEntfällt → *OmitRow*
BeiRückgängig → *OnUndo*
BeiSpeichern → *BeforeSave*
BeiTaste → *OnKey*
BeiWiederholung → *OnRepeat*
BeiZeit → *OnTime*
BelegterSpeicher → *MemoryUsed*
Benachrichtigung → *Notify*
Benenne → *Name*
BenutzDokumentEigen... → *CustomDocumentProp...*
BenutzerdefListeAnzahl → *CustomListCount*
BenutzerdefListeHinzufügen → *AddCustomList*
BenutzerdefListeLöschen → *DeleteCustomList*
BenutzerdefReihenfolge → *OrderCustom*
BenutzerdefWörterbuch → *CustomDictionary*
Benutzername → *UserName*
BenutzerStatus → *UserStatus*
Berechnen → *Calculate*
Berechnung → *Calculation*
Bereich → *Range*
Bereich1 → *Range1*
Bereich2 → *Range2*
BereichMarkierung → *RangeSelection*
BereichSeitenwechsel → *PageBreaks*
Berichtstyp → *ReportType*
Beschreibung → *Description*
Beschriftungsbereich → *LabelRange*
BesondereZellen → *SpecialCells*
Bestätigen → *ReturnReceipt*
Bestimme → *Let*
BestimmtheitsmassAnzeigen → *DisplayRSquared*
Betrachtungshöhe → *Elevation*
Betrag → *Amount*
Betreff → *Subject*
Betriebssystem → *OperatingSystem*
Bezeichnungsfeld → *Label*
BezeichnungsfeldListe → *Shapes, Controls*
Bezug → *Reference*
Bezugsart → *ReferenceStyle*
Bezugslinien → *DropLines*
Biblio → *Lib*
Bibliothekspfad → *LibraryPath*
Bild → *Shape*
Bildeinheit → *PictureUnit*
Bildformatierung → *PictureType*
BildKopieren → *CopyPicture*
Bildlauf → *Scroll*
Bildlaufleiste → *ScrollBar*
BildlaufleisteListe → *Shapes, Controls*
BildlaufleistenAnzeigen → *DisplayScrollBars*
BildListe → *Shapes*
BildschirmAktualisierung → *ScreenUpdating*
Binär → *Binary*
Bis → *To*
Bis → *To*
BisWahr → *Until*
Blatt → *Sheet*
BlätterAusfüllen → *FillAcrossSheets*
BlätterInNeuerArbeitsmappe → *SheetsInNewWorkbook*
Blatthintergrund → *SheetBackground*
BlattListe → *Sheets*
Blau → *Blue*
Bodenfläche → *Floor*
Bogen → *Shape*
BogenListe → *Shapes*
Boolesch → *Boolean*
Breite → *Width*
Breite → *Width*
BündigAnordnen → *Justify*
Byte → *MatchByte*
CCEmpfänger → *CCRecipients*
CDekl → *CDecl*
Code → *Asc*
Compilat → *Build*
Container → *Container*
Cos → *Cos*
Cursor → *Cursor*
Dann → *Then*
DarstellenNach → *PlotBy*
Darstellung → *Appearance*
Darstellungsreihenfolge → *PlotOrder*
Datei → *File*
DateiEinfügen → *InsertFile*
Dateifilter → *FileFilter*
Dateiformat → *FileFormat*
Dateifreigabemodus → *AccessMode*
DateiInfoAnfrage → *PromptForSummaryInfo*
DateiKopieren → *CopyFile*
DateilisteAnzeigen → *DisplayRecentFiles*
DateiManager → *FindFile*
Dateiname → *Filename*
Dateinummer → *FileNumber*
Dateiumwandler → *FileConverters*
DateizugriffÄndern → *ChangeFileAccess*
Daten → *Data*

Datenbereich → *DataRange*
Datenbeschriftung → *DataLabel*
DatenbeschriftungAnwenden → *ApplyDataLabels*
DatenbeschriftungListe → *DataLabels*
Datenblatt → *DataSheet*
Dateneingabemodus → *DataEntryMode*
Datenfeld → *Array*
DatenfeldListe → *DataFields*
DatenImportieren → *ImportData*
Datenkopfzeile → *DataLabelRange*
DatenmaskeZeigen → *ShowDataForm*
Datenpunkt → *Point*
DatenpunktListe → *Points*
Datenpunktmarkierungsart → *MarkerStyle*
Datenquelle → *SourceData*
Datenreihe → *Series*
DatenreiheIn → *DataSeriesIn*
DatenreiheListe → *SeriesCollection*
Datenreihenbeschriftungen → *SeriesLabels*
DatenSpeichern → *SaveData*
Datentyp → *DataType*
DAttr → *FileAttr*
Datum → *Date*
Datum → *Date*
Datum1904 → *Date1904*
Datumswert → *DateValue*
Datumszahl → *DateSerial*
DatumZeit → *Date*
DDatumZeit → *FileDateTime*
DDEAbfragen → *DDERequest*
DDEAnwRückgabewert → *DDEAppReturnCode*
DDEAusführen → *DDEExecute*
DDEKanalÖffnen → *DDEInitiate*
DDEKanalSchliessen → *DDETerminate*
DDESenden → *DDEPoke*
DDEThema → *Topic*
DefBoolesch → *DefBool*
DefDatumZeit → *DefDate*
DefDoppelt → *DefDbl*
DefEinfach → *DefSng*
DefGanz → *DefInt*
DefLang → *DefLng*
DefObjekt → *DefObj*
DefVariant → *DefVar*
DefWährung → *DefCur*
DefZnF → *DefStr*
Deklariere → *Declare*
DEnde → *EOF*
DerTabelleHinzufügen → *AddToTable*
DetailZeigen → *ShowDetail*
DGrösse → *LOF*
Diagramm → *Chart*
Diagrammassistent → *ChartWizard*
Diagrammfläche → *ChartArea*
Diagrammgrösse → *ChartSize*
Diagrammgruppe → *ChartGroup*
DiagrammgruppeListe → *ChartGroups*
Diagramminnenraum → *CrtInterior*
DiagrammListe → *Charts*
Diagrammobjekt → *ChartObject*
DiagrammobjektListe → *ChartObjects*
Diagrammrand → *CrtBorder*
Diagrammtitel → *ChartTitle*
Diagrammtyp → *Gallery*
DiagrAssistentAnzeigen → *ChartWizardDisplay*
DiagrAutoFormatHinzufügen → *AddChartAutoFormat*
DiagrAutoFormatLöschen → *DeleteChartAutoFormat*
DiagrImportieren → *ImportChart*
Dialog → *Dialog*
Dialogblatt → *UserForm*
DialogblattListe → *UserForm*
Dialogfeld → *UserForm*
Dialogfeldrahmen → *UserForm*
DialogListe → *Dialogs*
DieseArbeitsmappe → *ThisWorkbook*
Dim → *Dim*
DirekteEmpfänger → *ToRecipients*
DirekteNachfolger → *DirectDependents*
DirekteVorgänger → *DirectPrecedents*
DirekteZellbearbeitung → *EditDirectlyInCell*
DKopiere → *FileCopy*
DLänge → *FileLen*
DLösche → *Kill*
DNrNeu → *FreeFile*
Dokument → *Document*
DokumentAblegen → *Post*
DokumentEigenschaften → *BuiltinDocumentProp...*
DokumentListe → *Documents*
Doppelklick → *DoubleClick*
Doppelt → *Double*
DPos → *Seek*
Drehfeld → *SpinButton*
DrehfeldListe → *Shapes, Controls*
Drehung → *Rotation*
DropDown → *ComboBox*
DropDownListe → *Shapes, Controls*
DropDownZeilen → *DropDownLines*
Druckbereich → *PrintArea*
Drucke → *Print*
Druckqualität → *PrintQuality*
Duplizieren → *Duplicate*
Durchlaufe → *Do*
Durchstreichen → *Strikethrough*
EbenenZeigen → *ShowLevels*
EchoAn → *EchoOn*
EchoAnSetzen → *SetEchoOn*

Ecken → *Corners*
Eigenschaft → *Property*
Einfach → *Single*
Einfügen → *Paste*
Eingabe → *Input*
Eingabeaufforderung → *Prompt*
Eingabeaufforderung → *Prompt*
EingabeB → *InputB*
EingabeDlg → *InputBox*
Eingabefeld → *InputBox*
Eingabetyp → *InputType*
Einsetzen → *Insert*
Eintrag → *Item*
EintragEntfernen → *RemoveItem*
EintragHinzufügen → *AddItem*
EinzugHinzufügen → *AddIndent*
Ellipse → *Shape*
EllipseListe → *Shapes*
Empfangen → *Received*
Empfänger → *Recipients*
Ende → *End*
Ende → *End*
EndeSolange → *Wend*
EndeWenn → *EndIf*
Endformat → *EndStyle*
Endwert → *Stop*
Entfernen → *Remove*
EntferneVerz → *RmDir*
Enthält → *Include*
EnthältAusrichtung → *IncludeAlignment*
EnthältBIFF → *ContainsBIFF*
EnthältMuster → *IncludePatterns*
EnthältPICT → *ContainsPICT*
EnthältRahmen → *IncludeBorder*
EnthältRTF → *ContainsRTF*
EnthältSchriftart → *IncludeFont*
EnthältSchutz → *IncludeProtection*
EnthältVALU → *ContainsVALU*
EnthältZahlen → *IncludeNumber*
Entsperre → *Unlock*
Entwurfsqualität → *Draft*
Ereignisse → *DoEvents*
Ereignisse → *Events*
Ergebniszellen → *ResultCells*
Erhaltend → *Preserve*
Ersetzen → *Replace*
Ersetzung → *Replacement*
ErstelleObjekt → *CreateObject*
ErstelleVerz → *MkDir*
ErsterSegmentwinkel → *FirstSliceAngle*
ErsteSeitennummer → *FirstPageNumber*
Erweitern → *Extend*
Excel4IntlMakroblatt → *Excel4IntlMacroSheet*
Excel4IntlMakroblattListe → *Excel4IntlMacroSheets*
Excel4MakroAusführen → *ExecuteExcel4Macro*
Excel4Makroblatt → *Excel4MacroSheet*
Excel4MakroblattListe → *Excel4MacroSheets*
Excel4MenüsAnzeigen → *DisplayExcel4Menus*
ExemplareSortieren → *Collate*
Exklusivmodus → *ExclusiveAccess*
Exp → *Exp*
Explizit → *Explicit*
Extern → *External*
Extratitel → *ExtraTitle*
F → *F*
Fall → *Case*
Falsch → *False*
Farbe → *Color*
Farbe → *Color*
Farben → *Colors*
FarbIndex → *ColorIndex*
Farbpalette → *ColorPalette*
Fehler → *Error*
Fehlerindikator → *ErrorBar*
Fehlerindikatoren → *ErrorBars*
FehlerNr → *Err*
FehlerspurenZeigen → *ShowErrors*
FehlerZeile → *Erl*
Feld → *Field*
FelderHinzufügen → *AddFields*
Feldinfo → *FieldInfo*
Fenster → *Window*
Fensterart → *WindowStyle*
FensteraufbauSchützen → *ProtectWindows*
FensterFixieren → *FreezePanes*
FensterListe → *Windows*
Fensternummer → *WindowNumber*
Fensterzustand → *WindowState*
FernabfragenIgnorieren → *IgnoreRemoteRequests*
FernbezügeAktualisieren → *UpdateRemoteReferences*
FesteDezimalstelle → *FixedDecimal*
FesteDezimalstelleAnzahl → *FixedDecimalPlaces*
Fett → *Bold*
FilterIndex → *FilterIndex*
Filtermodus → *FilterMode*
Firmenname → *OrganizationName*
Fläche → *Area*
FlächeListe → *Areas*
Flächengruppe → *AreaGroup*
Flächengruppe3D → *Area3DGroup*
FlächengruppeListe → *AreaGroups*
Fokus → *Focus*
FormÄndern → *Reshape*
Format → *Format*
Format → *Format*
FormatAnzeigen → *DisplayFormat*

FormateLöschen → *ClearFormats*
Formatname → *FormatName*
Formatvorlage → *Style*
FormatvorlageListe → *Styles*
Formel → *Formula*
FormelAnzeigen → *DisplayFormula*
Formeln → *Formulas*
FormelnAnzeigen → *DisplayFormulas*
FormelUmwandeln → *ConvertFormula*
FreierSpeicher → *MemoryFree*
Freigabemodus → *MultiUserEditing*
FrühesteZeit → *EarliestTime*
Funktion → *Function*
Funktion → *Function*
FunktionsAssistent → *FunctionWizard*
Für → *For*
Fusszeilenrand → *FooterMargin*
Ganz → *Integer*
GanzenBildschirmAnzeigen → *DisplayFullScreen*
GanzerName → *FullName*
GanzeSpalte → *EntireColumn*
GanzeZeile → *EntireRow*
Gedrückt → *Pushed*
GeheZu → *GoTo*
GeheZu → *Goto*
Gemeinsam → *Shared*
GenauigkeitWieAngezeigt → *PrecisionAsDisplayed*
Gesamt → *Whole*
Gesamtebenen → *TotalLevels*
GesamterSpeicher → *MemoryTotal*
Gesamtliste → *TotalList*
Gesamtrahmen → *BorderAround*
Geschlossen → *Closed*
Gespeichert → *Saved*
Gesperrt → *Locked*
GesperrterText → *LockedText*
Gitternetzfarbe → *GridlineColor*
GitternetzfarbeIndex → *GridlineColorIndex*
Gitternetzlinien → *Gridlines*
GitternetzlinienAnzeigen → *DisplayGridlines*
GitternetzlinienDrucken → *PrintGridlines*
Glatt → *Smooth*
Gliederung → *Outline*
GliederungAktivieren → *EnableOutlining*
GliederungAnzeigen → *DisplayOutline*
GliederungEntfernen → *ClearOutline*
Gliederungsebene → *OutlineLevel*
GliederungsebenePivot → *GroupLevel*
GliederungsformatZuweisen → *ApplyOutlineStyles*
Global → *Global*
Graph → *Graph*
GrenzeO → *UBound*
GrenzeU → *LBound*
Gross → *UCase*
GrossbuchstabenIgnorieren → *IgnoreUppercase*
Grösse → *Size*
GrösseÄndern → *Resize*
GrosseBewegung → *LargeChange*
Grössentitel → *ValueTitle*
GrossKlein → *MatchCase*
Grün → *Green*
Gruppen → *GroupShape*
Gruppenfeld → *Frame*
Gruppieren → *Group*
GruppierenNach → *GroupBy*
GruppierungAufheben → *Ungroup*
HatAchse → *HasAxis*
HatAutoFormat → *HasAutoFormat*
HatBezugslinien → *HasDropLines*
HatDatenbeschriftung → *HasDataLabel*
HatDatenbeschriftungen → *HasDataLabels*
HatFehlerindikatoren → *HasErrorBars*
HatFormel → *HasFormula*
HatHauptgitternetz → *HasMajorGridlines*
HatHilfsgitternetz → *HasMinorGridlines*
HatLegende → *HasLegend*
HatMenü → *HasMenu*
HatNetzachsenbeschriftung → *HasRadarAxisLabels*
HatPosNegAbwBalken → *HasUpDownBars*
HatShortcutTaste → *HasShortcutKey*
HatSpannweitenlinien → *HasHiLoLines*
HatTitel → *HasTitle*
HatVerbindungslinien → *HasSeriesLines*
HatVerkn → *HasLinks*
HatVerteiler → *HasRoutingSlip*
HatWurfsendung → *HasMailer*
Hauptdatenbereich → *DataBodyRange*
Hauptgitternetzlinien → *MajorGridlines*
Hauptintervall → *MajorUnit*
Hauptspalte → *SummaryColumn*
Hauptteilstriche → *MajorTickMark*
Hauptversion → *MajorVersion*
Hauptzeile → *SummaryRow*
Hex → *Hex*
Hilfe → *Help*
Hilfedatei → *HelpFile*
Hilfedatei → *HelpFile*
HilfeIdentifikation → *HelpContextID*
HilfeKontextID → *Context*
HilfeSchaltfläche → *HelpButton*
Hilfsgitternetzlinien → *MinorGridlines*
Hilfsintervall → *MinorUnit*
Hilfsteilstriche → *MinorTickMark*
Hilfsversion → *MinorVersion*
Hintergrund → *Background*
HintergrundEntfällt → *OmitBackground*

Hintergrundgrafik → SetBackgroundPicture
Hinzufügen → Add
Hochgestellt → Superscript
Höchstwert → MaximumScale
Höhe → Height
Hole → Get
HoleAttr → GetAttr
HoleObjekt → GetObject
HorizontaleAusrichtung → HorizontalAlignment
HorizontaleBildlaufleiste → DisplayHorizontalScr....
HorizontalesTeilungsfeld → SplitHorizontal
HorizontalSync → SyncHorizontal
HorizontalZentriert → CenterHorizontally
IMEStatus → IMEStatus
ImmerBerechnen → Volatile
ImmerVorschlagen → AlwaysSuggest
Imp → Imp
Importieren → Import
In → In
InAbsolut → ToAbsolute
InBereichKopieren → CopyToRange
InBezugsart → ToReferenceStyle
InDenHintergrund → SendToBack
InDenVordergrund → BringToFront
Index → Index
InfoanzeigeFestlegen → SetInfoDisplay
InfoFenster → DisplayInfoWindow
Inhalt → Contents
InhaltBenutzerdefListe... → GetCustomListContents
InhalteEinfügen → PasteSpecial
InhalteLöschen → ClearContents
InhalteSchützen → ProtectContents
Inkrement → Step
InMatrix → HasArray
Innenbereich → Interior
InnenliegendesDetail → InnerDetail
Installiert → Installed
Integriert → BuiltIn
IntegriertesSymbolbild → BuiltInFace
Interaktiv → Interactive
International → International
InvertierungWennNegativ → InvertIfNegative
InZnF → InStr
InZnFB → InStrB
Ist → Is
IstDatenfeld → IsArray
IstDatumZeit → IsDate
IstFehlend → IsMissing
IstFehler → IsError
IstLeer → IsEmpty
IstLücke → IsGap
IstNull → IsNull
IstObjekt → IsObject
IstZahl → IsNumeric
Iteration → Iteration
Jahr → Year
Jetzt → Now
Kanal → Channel
KannAudioNotizAufzeichnen → CanRecordSounds
KannAudioNotizWiedergeben → CanPlaySounds
Kategorie → Category
Kennummer → Id
Kennwort → Password
Kennwortfeld → TextBox
Kennwortgeschützt → HasPassword
Klasse → Class
Klassentyp → ClassType
Klein → LCase
KleineBewegung → SmallChange
Kleinstwert → MinimumScale
Kmt → Rem
Komma → Comma
Kommentare → Comments
KonfliktLösung → ConflictResolution
Konfliktprotokoll → ShowConflictHistory
Konsolidieren → Consolidate
Konsolidierungsfunktion → ConsolidationFunction
Konsolidierungsoptionen → ConsolidationOptions
Konsolidierungsquellen → ConsolidationSources
Konst → Const
Konstante → Constant
Konstanten → Constants
KontextMenü → CommandBar
Kontextmenüs → CommandBars
Kontrollkästchen → CheckBox
KontrollkästchenListe → Shapes, Controls
Kontur → OutlineFont
KonvertiereZnF → StrConv
Konvertierung → Conversion
KopfzeilenAnzeigen → DisplayHeadings
Kopfzeilenrand → HeaderMargin
Kopien → Copies
Kopieren → Copy
KopiertVonDatensatz → CopyFromRecordset
KopieSpeichernUnter → SaveCopyAs
KorrekturHinzufügen → AddReplacement
KorrekturListe → ReplacementList
KorrekturLöschen → DeleteReplacement
KorrekturText → ReplaceText
Kreisgruppe → PieGroup
Kreisgruppe3D → Pie3DGroup
KreisgruppeListe → PieGroups
Kriterienbereich → CriteriaRange
Kriterium1 → Criteria1
Kriterium2 → Criteria2
Kursiv → Italic

Kürze → *Trim*
KürzeL → *LTrim*
KürzeR → *RTrim*
Lang → *Long*
Länge → *Len*
Länge → *Length*
Länge → *Length*
LängeB → *LenB*
Laufwerk → *Drive*
Leer → *Empty*
Leerzeichen → *Space*
LeerzellenAnzeigenAls → *DisplayBlanksAs*
LeerzellenÜberspringen → *SkipBlanks*
Lege → *Put*
Legende → *Legend*
Legendeneintrag → *LegendEntry*
LegendeneintragListe → *LegendEntries*
Legendenschlüssel → *LegendKey*
LegendenschlüsselZeigen → *ShowLegendKey*
Lese → *Read*
LetzteÄnderung → *LatestEdition*
LetztenAnhängen → *AppendLast*
Linie → *Shaoe*
LinieListe → *Shapes*
Linienart → *LineStyle*
Liniengruppe3D → *Line3DGroup*
LiniengruppeListe → *LineGroups*
LinkeFusszeile → *LeftFooter*
LinkeKopfzeile → *LeftHeader*
LinkerRand → *LeftMargin*
LinkeSpalte → *LeftColumn*
Links → *Left*
Links → *Left*
LinksAusfüllen → *FillLeft*
LinksB → *LeftB*
Liste → *List*
ListeKopfzeilen → *ListHeaderRows*
Listenbereich → *ListFillRange*
Listeneinträge → *ListCount*
Listenfeld → *ListBox*
ListenfeldListe → *Shapes, Controls*
Listenindex → *ListIndex*
Listenmatrix → *ListArray*
Listennummer → *ListNum*
Ln → *Log*
Lokal → *Local*
LokalAdressieren → *AddressLocal*
LokaleFormel → *FormulaLocal*
LokaleKategorie → *CategoryLocal*
LokalerIndex → *IndexLocal*
LokalerName → *NameLocal*
LokalerText → *TextLocal*
LokalesZahlenformat → *NumberFormatLocal*
Lösche → *Erase*
Löschen → *Delete*
LZn → *Space*
MacID → *MacID*
MacScript → *MacScript*
MailAbmelden → *MailLogoff*
MailAnmelden → *MailLogon*
MailSitzung → *MailSession*
MailSystem → *MailSystem*
MarkierungHintergrundf... → *MarkerBackgroundColor*
MarkierungHi.farbenIndex → *MarkerBack.ColorIndex*
MarkierungVordergrundf... → *MarkerForegroundColor*
MarkierungVo.farbenIndex → *MarkerFore.ColorIndex*
MathCoprozessorVorh... → *MathCoprocessorAvail...*
Matrixformel → *FormulaArray*
MausVorhanden → *MouseAvailable*
Max → *Max*
MaxÄnderung → *MaxChange*
MaxIterationen → *MaxIterations*
MaxSpalten → *MaxColumns*
MaxZeilen → *MaxRows*
Mehrfachauswahl → *MultiSelect*
Mehrfachoperation → *Table*
Mehrzeilen → *MultiLine*
Meldung → *Prompt*
MeldungsDlg → *MsgBox*
MenüXxx → *CommandBarXxx*
MicrosoftAnwAktivieren → *ActivateMicrosoftApp*
Min → *Min*
Minuswerte → *MinusValues*
Minute → *Minute*
Mit → *With*
MittlereFusszeile → *CenterFooter*
MittlereKopfzeile → *CenterHeader*
Mod → *Mod*
Modus → *Mode*
Monat → *Month*
Muster → *Pattern*
Musterfarbe → *PatternColor*
MusterfarbenIndex → *PatternColorIndex*
Mustervorlage → *Template*
Nach → *By*
NachEingabeRichtung → *MoveAfterReturnDir...*
NachEingabeVerschieben → *MoveAfterReturn*
NachErledigungZurück → *ReturnWhenDone*
Nachfolgend → *After*
Nachfolger → *Dependents*
NachfolgerZeigen → *ShowDependents*
NachLinks → *ToLeft*
NachOben → *Up*
NachRechts → *ToRight*
Nachrichtentext → *Message*
NachrichtSenden → *SendMail*

NachRubrikenVariieren → VaryByCategories
Nächste → Next
Nächste → Next
NächsteNachrichtLesen → NextLetter
NächstenSuchen → FindNext
NächstesAktivieren → ActivateNext
NachUnten → Down
NachZeile → ByRow
Name → Name
NameListe → Names
NamenAnwenden → ApplyNames
NamenAnzeigen → DisplayNames
NamenAuflisten → ListNames
NamenÜbernehmen → CreateNames
Navigationspfeil → NavigateArrow
NegAbwBalken → DownBars
Netzachsenbeschriftung → RadarAxisLabels
Netzgruppe → RadarGroup
NetzgruppeListe → RadarGroups
NeueAufzählung → NewEnum
NeueDatenreihe → NewSeries
NeueNachrichtLesen → DownloadNewMail
NeuerName → NewName
NeuesFenster → NewWindow
Nicht → Not
Nichts → Nothing
Notiz → Note
NotizAnzeigen → DisplayNote
Notizanzeiger → DisplayNoteIndicator
NotizenDrucken → PrintNotes
NotizenLöschen → ClearNotes
Notiztext → NoteText
Null → Null
NullwerteAnzeigen → DisplayZeros
NummerBenutzerdefListe... → GetCustomListNum
NurBenutzerschnittstelle → UserInterfaceOnly
NurSichtbareZellen → PlotVisibleOnly
NurZiffern → ConstrainNumeric
NutzbareBreite → UsableWidth
NutzbareHöhe → UsableHeight
Oben → Top
ObenAusfüllen → FillUp
ObereLinkeZelle → TopLeftCell
ObererRand → TopMargin
Oberflächengruppe → SurfaceGroup
ObersteZeile → TopRow
Objekt → Object
Objekt → Object
ObjektDrucken → PrintObject
ObjekteAnzeigen → DisplayDrawingObjects
Objekteigenschaft → Placement
ObjekteSchützen → ProtectDrawingObjects
Objektgruppe → GroupShape
ObjektgruppeListe → Shapes
ObjektMitZellenKopieren → CopyObjectsWithCells
Oder → Or
Öffentlich → Public
Öffne → Open
Öffnen → Open
ÖffnenDateinameErmitteln → GetOpenFilename
OhneDuplikate → Unique
Okt → Oct
OLEObjekt → OLEObject
OLEObjektListe → OLEObjects
OLETyp → OLEType
Operator → Operator
OptimalAnpassen → AutoFit
Option → Option
Option → Option
Optional → Optional
Optionsfeld → OptionButton
OptionsfeldListe → Shapes, Controls
Original → Alias
Papiergrösse → PaperSize
ParentWorksheet → ParentWorksheet
PenWindows → WindowsForPens
Periode → Period
Perspektive → Perspective
Pfad → Path
Pfad → Path
Pfadname → PathName
Pfadtrennzeichen → PathSeparator
PfeilXxx → Shape, LineFormat
PivotElement → PivotItem
PivotElementListe → PivotItems
PivotFeld → PivotField
PivotFeldListe → PivotFields
PivotTabelle → PivotTable
PivotTabelleAktivieren → EnablePivotTable
PivotTabelleListe → PivotTables
PivotTabellenAssistent → PivotTableWizard
Pos → Loc
PosAbwBalken → UpBars
PosInTabelle → LocationInTable
Position → Position
PosLZn → Spc
PosTab → Tab
Präfixzeichen → PrefixCharacter
Priorität → Priority
Privat → Private
Prozedur → Procedure
ProzentualeHöhe → HeightPercent
ProzentualeTiefe → DepthPercent
Prüfe → Select
Punktgruppe → XYGroup
PunktgruppeListe → XYGroups

Quelle → *Source*
Quelle → *Source*
Quellen → *Sources*
Quellentyp → *SourceType*
QuickInfoZeigen → *ShowToolTips*
R → *B*
Rahmen → *Border*
RahmenListe → *Borders*
Rechenoperation → *Operation*
Rechteck → *Shape*
RechteckListe → *Shapes*
RechteFusszeile → *RightFooter*
RechteKopfzeile → *RightHeader*
RechterRand → *RightMargin*
Rechts → *Right*
Rechts → *Right*
RechtsAusfüllen → *FillRight*
RechtsB → *RightB*
RechtschreibungPrüfen → *CheckSpelling*
RechtsNachLinksAnzeigen → *DisplayRightToLeft*
RechtwinkligeAchsen → *RightAngleAxes*
Redim → *ReDim*
RegGrössenverhältnis → *TabRatio*
RegisterXLL → *RegisterXLL*
RegistrierteFunktionen → *RegisteredFunctions*
Reihe → *DataSeries*
Reihenfolge → *Order*
Reihenfolge1 → *Order1*
Reihenfolge2 → *Order2*
Reihenfolge3 → *Order3*
ReihenfolgeSchützen → *ProtectStructure*
RelativAbsolutIgnorieren → *IgnoreRelativeAbsolute*
RelativZu → *RelativeTo*
Reserviert → *Reserved*
Ressource → *Resource*
RF → *BF*
RGB → *RGB*
Richtung → *Direction*
Ringgruppe → *DoughnutGroup*
RinggruppeListe → *DoughnutGroups*
Ringinnendurchmesser → *DoughnutHoleSize*
Rot → *Red*
Rubrikenbeschriftungen → *CategoryLabels*
Rubrikennamen → *CategoryNames*
Rubrikentitel → *CategoryTitle*
RückgabeTyp → *ReturnType*
Rückgängig → *Undo*
Rückwärts → *Backward*
Rufe → *Call*
RufeMarke → *GoSub*
RundeAb → *Int*
Säulengruppe → *ColumnGroup*
Säulengruppe3D → *Column3DGroup*
SäulengruppeListe → *ColumnGroups*
Schaltfläche → *CommandButton*
SchaltflächeListe → *Shapes, Controls*
Schaltflächentext → *Caption*
Schatten → *Shadow*
Schatten3DAnzeigen → *Display3DShading*
Scheitelpunkt → *Vertex*
Scheitelpunkte → *Vertices*
ScheitelpunktHinzufügen → *AddVertex*
Schleife → *Loop*
Schliesse → *Close*
SchliesseAlles → *Reset*
Schliessen → *Close*
Schlüssel1 → *Key1*
Schlüssel2 → *Key2*
Schlüssel3 → *Key3*
Schlüsselwörter → *Keywords*
Schneide → *Fix*
Schnittmenge → *Intersect*
Schnittpunkt → *Crosses*
SchnittpunktBei → *CrossesAt*
Schreibe → *Write*
Schreibgeschützt → *ReadOnly*
Schreibschutz → *WriteResPassword*
SchreibschutzDurch → *WriteReservedBy*
SchreibschutzEmpfehlen → *ReadOnlyRecommended*
Schreibschutzempfign... → *IgnoreReadOnlyRecom...*
SchreibschutzKennw → *WritePassword*
SchreibschutzKennwort → *WriteReserved*
Schriftart → *Font*
Schriftstil → *FontStyle*
Schrittweite → *Step*
Schutz → *Protection*
SchutzAnzeigen → *DisplayProtection*
SchutzAufheben → *Unprotect*
Schützen → *Protect*
SchutzModus → *ProtectionMode*
SchwarzWeiss → *BlackAndWhite*
SeitenAnpassenBreit → *FitToPagesWide*
SeitenAnpassenHoch → *FitToPagesTall*
Seitenansicht → *PrintPreview*
Seitenbereich → *PageRange*
SeitenBildlauf → *LargeScroll*
Seiteneinrichtung → *PageSetup*
Seitenfeld → *PageField*
SeitenfeldListe → *PageFields*
Seitenwechsel → *PageBreak*
SeitenZeigen → *ShowPages*
Sekunde → *Second*
Semikolon → *Semicolon*
SendedatumZeit → *SendDateTime*
Sender → *Sender*
SendeTastenF → *SendKeys*

Setze → Set
SetzeAttr → SetAttr
SetzeL → LSet
SetzeR → RSet
ShortcutTaste → ShortcutKey
SicherungsdateiErstellen → CreateBackup
Sichtbar → Visible
SichtbarerBereich → VisibleRange
SichtbaresElementListe → VisibleItems
SichtbaresFeldListe → VisibleFields
Signal → Beep
Sin → Sin
Skalierungsart → ScaleType
Skript → Script
Solange → While
Sonst → Else
SonstWenn → ElseIf
Sortieren → Sort
Sortiermethode → SortMethod
Spalte → Column
SpalteAbsolut → ColumnAbsolute
SpalteAnordnen → ScrollColumn
SpalteListe → Columns
Spaltenbereich → ColumnRange
Spaltenbreite → ColumnWidth
Spaltenebenen → ColumnLevels
Spalteneingabe → ColumnInput
SpaltenfeldListe → ColumnFields
SpaltenGesamt → ColumnGrand
Spaltengrösse → ColumnSize
SpaltenIndex → ColumnIndex
Spaltenteilung → SplitColumn
Spaltenunterschiede → ColumnDifferences
SpaltenVerschieben → ColumnOffset
Spannweitenlinien → HiLoLines
SpätesteZeit → LatestTime
Speichern → Save
SpeichernUnter → SaveAs
SpeichernUnterErmitteln → GetSaveAsFilename
Sperre → Lock
SpeziellFiltern → AdvancedFilter
SpeziellSortieren → SortSpecial
SpurenEntfernen → ClearArrows
Standard → Default
Standard → Default
Standardarbeitsverzeichnis → DefaultFilePath
Standardbreite → StandardWidth
StandardbreiteVerwenden → UseStandardWidth
Standardhöhe → StandardHeight
StandardhöheVerwenden → UseStandardHeight
Standardschriftart → StandardFont
Standardschriftgrösse → StandardFontSize
Stärke → Weight
Start → Start
Starte → Shell
Starten → Launch
Startpfad → StartupPath
Startzeile → StartRow
Statisch → Static
Status → Status
Statusleiste → StatusBar
StatusleisteAnzeigen → DisplayStatusBar
StatusVerfolgen → TrackStatus
Stop → Stop
Strikt → Strict
Stunde → Hour
Sub → Sub
Suchen → Find
SuchenIn → LookIn
Suchreihenfolge → SearchOrder
Suchrichtung → SearchDirection
Suchvergleich → LookAt
Symbolbeschriftung → IconLabel
SymbolbildEinfugen → PasteFace
SymbolbildKopieren → CopyFace
Symboldateiname → IconFileName
SymbolIndex → IconIndex
SymbolleisteXxx → CommandBarXxx
Szenario → Scenario
SzenarioÄndern → ChangeScenario
SzenarioListe → Scenarios
SzenariosSchützen → ProtectScenarios
Tab → Tab
TabelleAktualisieren → RefreshTable
TabelleBeginnenIn → TableDestination
Tabellenbereich1 → TableRange1
Tabellenbereich2 → TableRange2
Tabellenblatt → Worksheet
TabellenblattListe → Worksheets
Tabellenname → TableName
Tag → Day
Tan → Tan
Taste → Key
Tastenfolge → Keys
TastenfolgeSenden → SendKeys
Teilen → Split
Teilergebnis → Subtotal
TeilergebnisLöschen → RemoveSubtotal
Teilergebnisse → Subtotals
Teilstrichabstand → TickMarkSpacing
Teilstrichbeschriftungen → TickLabels
Teilstrichbeschriftungsabst → TickLabelSpacing
Teilstrichbeschriftungspos → TickLabelPosition
TeilZnF → Mid
TeilZnFB → MidB
Test → Debug

Text → *Text*
Textfeld → *Shape*
TextfeldListe → *Shapes*
TextInSpalten → *TextToColumns*
Textkennzeichner → *TextQualifier*
TextÖffnen → *OpenText*
TextSpezial → *Text*
Tiefgestellt → *Subscript*
TipAssistentAktivieren → *EnableTipWizard*
TipAssistentZurücksetzen → *ResetTipWizard*
Titel → *Title*
Titel → *Title*
Transponieren → *Transpose*
Trend → *Trend*
TrendformelAnzeigen → *DisplayEquation*
Trendlinie → *Trendline*
TrendlinieListe → *Trendlines*
TrendlinieSchnittpunkt → *Intercept*
Trennzeichen → *Delimiter*
Typ → *Type*
Typ → *Type*
TypName → *TypeName*
ÜbergeordnetesDetail... → *ParentShowDetail*
ÜbergeordnetesElement → *ParentItem*
ÜbergeordnetesElementListe → *ParentItems*
ÜbergeordnetesFeld → *ParentField*
ÜbergeordnetesObjekt → *Parent*
Überlappung → *Overlap*
ÜbersichtsberichtErstellen → *CreateSummary*
UmgekehrteZeichenfolge → *ReversePlotOrder*
Umstellen → *Move*
UmstiegAltAusdrBerechn → *TransitionExpEval*
UmstiegAltBewTasten → *TransitionNavigKeys*
UmstiegAltFormeleing → *TransitionFormEntry*
UmstiegAltMenütaste → *TransitionMenuKey*
UmstiegAltMenütasteAk... → *TransitionMenuKeyAct...*
Umwandeln → *Convert*
Umwandler → *Converter*
Unbekannt → *Unknown*
Unbestimmt → *Any*
Und → *And*
Unten → *Bottom*
UntenAusfüllen → *FillDown*
UntereRechteZelle → *BottomRightCell*
UntererRand → *BottomMargin*
UntergeordnetesElementListe → *ChildItems*
UntergeordnetesFeld → *ChildField*
Unterstreichen → *Underline*
Urheber → *Creator*
Ursprung → *Origin*
Ursprungsname → *SourceName*
Variable → *VarName*
Variant → *Variant*
Variante → *SubType*
VarTyp → *VarType*
VeränderbareZelle → *ChangingCell*
VeränderbareZellen → *ChangingCells*
Verb → *Verb*
Verbindungslinien → *SeriesLines*
Vereinigung → *Union*
Vergleich → *Comparison*
Vergleiche → *Compare*
VergleicheZnF → *StrComp*
Verkn → *Link*
VerknAktualisieren → *UpdateLink*
VerknAktualisierenAnfrage → *AskToUpdateLinks*
VerknÄndern → *ChangeLink*
VerknBezüge → *LinkSources*
VerknErstellen → *CreateLinks*
VerknInfo → *LinkInfo*
VerknNummer → *LinkNumber*
VerknObjekt → *LinkedObject*
Verknüpfungen → *Links*
VerknüpfungenAktualisieren → *UpdateLinks*
VerknüpfungenÖffnen → *OpenLinks*
VerknWerteSpeichern → *SaveLinkValues*
VerknZahlenformat → *NumberFormatLinked*
VerknZelle → *LinkedCell*
Verlasse → *Exit*
VerlegerErstellen → *CreatePublisher*
Verschieben → *Shift*
Versetzen → *Offset*
Version → *Version*
Verteiler → *RoutingSlip*
Verteilungsart → *Delivery*
VertikaleAusrichtung → *VerticalAlignment*
VertikaleBildlaufleiste → *DisplayVerticalScrollBar*
VertikalesTeilungsfeld → *SplitVertical*
VertikalSync → *SyncVertical*
VertikalZentriert → *CenterVertically*
VerweistAuf → *RefersTo*
VerweistAufBereich → *RefersToRange*
VerweistAufLokal → *RefersToLocal*
VerweistAufZ1S1 → *RefersToR1C1*
VerweistAufZ1S1Lokal → *RefersToR1C1Local*
VerwendeterBereich → *UsedRange*
Verz → *Dir*
Verzeichnis → *Root*
Von → *Of*
Von → *From*
VonBezugsart → *FromReferenceStyle*
Vor → *Before*
Vorgänger → *Precedents*
VorgängerZeigen → *ShowPrecedents*
Vorherig → *Previous*
VorherigeAuswahlen → *PreviousSelections*

VorherigenSuchen → FindPrevious
VorherigesAktivieren → ActivatePrevious
VorlagenNetzwerkpfad → NetworkTemplatesPath
Vorlagenpfad → TemplatesPath
Vorschau → Preview
VorSpeichernBerechnen → CalculateBeforeSave
Vorwärts → Forward
VorzugsformFestlegen → SetDefaultChart
VZchn → Sgn
Wählbar → Enabled
Wahlfrei → Random
Wahr → True
Währung → Currency
Wände → Walls
WändeUndGitternetz... → WallsAndGridlines2D
WarnungenAnzeigen → DisplayAlerts
WarnungVorÜberschreiben → AlertBeforeOverwriting
Warten → Wait
Wartezeit → Wait
Was → What
WechsleLW → ChDrive
WechsleVerz → ChDir
Weiter → Resume
Weitergeleitet → Routed
Weiterleiten → Route
Welche → Which
WelcheAdresse → WhichAddress
Wenn → If
Wert → Val
Wert → Value
Werte → Values
Wie → Like
Wiedergeben → Play
Wiederherstellen → Restore
Wiederholen → Repeat
Wiederholungsspalten → PrintTitleColumns
Wiederholungszeilen → PrintTitleRows
Wobei → Where
Wochentag → WeekDay
WochentageGrossbuchst... → CapitalizeNamesOfDays
Wort → Word
Wurfsendung → Mailer
WurfsendungSenden → SendMailer
WurfsendungWeiterleiten → ForwardMailer
Wurzel → Sqr
X1 → X1
XOder → Xor
XPosition → XPos
XWerte → XValues
Y1 → Y1
YPosition → YPos
Z1S1 → R1C1
Z1S1Formel → FormulaR1C1
Z1S1LokaleFormel → FormulaR1C1Local
Zahl → Number
Zahl → Number
Zahlenformat → NumberFormat
ZahlenformatLöschen → DeleteNumberFormat
Zeichen → Character
Zeichen → Characters
Zeichencode → CharCode
ZeichenF → String
Zeichenfolge → String
ZeichnungXxx → ShapeXxx
Zeigen → Show
Zeile → Row
ZeileAbsolut → RowAbsolute
ZeileAnalysieren → ParseLine
ZeileAnordnen → ScrollRow
ZeileListe → Rows
Zeilen → Line
Zeilenbereich → RowRange
ZeilenBildlauf → SmallScroll
Zeilenebenen → RowLevels
Zeileneingabe → RowInput
ZeilenfeldListe → RowFields
ZeilenGesamt → RowGrand
Zeilengrösse → RowSize
Zeilenhöhe → RowHeight
ZeilenIndex → RowIndex
Zeilenkopf → Header
ZeilenSpaltenköpfeDrucken → PrintHeadings
ZeilenSpaltenNamenVerw... → UseRowColumnNames
Zeilenteilung → SplitRow
Zeilenumbruch → WrapText
Zeilenunterschiede → RowDifferences
ZeilenVerschieben → RowOffset
ZeileSpalte → Rowcol
Zeit → Time
Zeit → Time
Zeitgeber → Timer
Zeitplan → Schedule
Zeitraum → Periods
Zeitwert → TimeValue
Zeitzahl → TimeSerial
Zelle → Cell
Zelle1 → Cell1
Zelle2 → Cell2
ZelleListe → Cells
ZellenDragDrop → CellDragAndDrop
Zentimeter → Centimeters
ZentimeterInPunkte → CentimetersToPoints
Ziel → Destination
Zielbereich → Destination
Zielordner → DestName
Zielwert → Goal

Zielwertsuche → *GoalSeek*
Zirkelbezug → *CircularReference*
Zn → *Chr*
ZnF → *Str*
ZnFolge → *String*
Zoll → *Inches*
ZollInPunkte → *InchesToPoints*
Zoom → *Zoom*
ZPosition → *ZOrder*
ZuBoolesch → *CBool*
ZuDatumZeit → *CDate*
ZuDoppelt → *CDbl*
ZuEinfach → *CSng*
ZufallInit → *Randomize*
Zufallszahl → *Rnd*
ZuFehler → *CVErr*
ZuGanz → *CInt*
Zugriff → *Access*
Zugriffstaste → *Accelerator*
ZugriffstastenAnzeigen → *CommandUnderlines*
ZugriffstastePhonetisch → *PhoneticAccelerator*
ZuLang → *CLng*
Zurück → *Return*
Zurücksetzen → *Reset*
Zusammenfassung → *Summary*
ZusammenfassungUnten → *SummaryBelowData*
Zusammenführen → *Merge*
ZusStartpfad → *AltStartupPath*
ZuVariant → *CVar*
ZuVariantDatumZeit → *CVDate*
ZuVorgänger → *TowardPrecedent*
ZuWährung → *CCur*
ZuZnF → *CStr*
ZweiGrossbuchstaben → *TwoInitialCapitals*
Zwischenablagefenster → *DisplayClipboardWindow*
Zwischenablageformate → *ClipboardFormats*
Zwischenraum → *GapDepth*

Q

Quellenverzeichnis

Josef Broukal: *Excel schneller, rascher, sicherer mit VBA.* Seminarunterlagen zur VBA-Programmierung, Wien 1995.

Michael Kofler: *Visual Basic 5. Programmiertechniken, Datenbanken und Internet.* Addison Wesley 1997. Das Buch hat mit Excel insofern zu tun, als viele fortgeschrittene Programmiertechniken (Datenbankzugriff mit DAO/ODBC/ODBCDirect, Verwendung von DLL-Funktionen, Gestaltung eigener Online-Hilfe, ActiveX-Automation) in Visual Basic 5 und in Visual Basic für Applikationen vollkommen gleich funktionieren. Das Buch enthält Beispiele zu ActiveX-Automation (Steuerung von Excel durch ein Visual-Basic-Programm) und zur Programmierung von OLE-Servern (Erstellung neuer Objektbibliotheken).

Microsoft: *Originalhandbücher und Online-Hilfe* zu Excel 97, Access 97, WinWord 97 und zur Programmiersprache Visual Basic 5.

Microsoft: *Microsoft Developer Network,* insbesondere *Microsoft Office Development* mit technischer Dokumentation und dem *Microsoft Office 97 Resource Kit*

Eric Wells: *Lösungen entwickeln mit Microsoft Excel.* Microsoft Press 1995. Inhaltlich ein exzellentes Buch, das vor allem auf Datenbankanwendungen mit Excel detailliert eingeht. Fallweise irritierend sind nur die in den Text eingestreuten Lobeshymnen auf Excel, die eher an einen Prospekt erinnern.

Stichwortverzeichnis

S

C

G

I

J

K

THE SIGN OF EXCELLENCE

VBA mit Access 97 lernen

Einstieg in die Welt
der Makroprogrammierung

Alexander Kunert,
Patrizia S. Prudenzi

Die ungeahnten Möglichkeiten von Access entfalten sich erst im programmierenden Zugriff mit Visual Basic für Applikationen. Dieses Buch eröffnet Ihnen die Welt der relationalen Datenbanken und der VBA-Programmierung. Anhand eines geschlossenen praxisnahen Beispiels werden die Phasen des Entwurfs, Designs und der Implementierung einer relationalen Datenbank exemplarisch gezeigt. Anschließend wird mit VBA eine eigene, maßgeschneiderte grafische Oberfläche geschaffen. Besondere Aufmerksamkeit findet das Thema Datenaustausch mit anderen Office-Anwendungen.

Lernen-Reihe
450 Seiten, brosch., 49,90 DM, mit CD
ISBN 3-8372-1300-7

ADDISON-WESLEY